Artur-Axel Wandtke (Hrsg.)

Medienrecht
Praxishandbuch

Band 3:
Wettbewerbs- und Werberecht

Medienrecht

Praxishandbuch

Herausgegeben von
Artur-Axel Wandtke

Band 3:
Wettbewerbs- und Werberecht

Redaktionelle Bearbeitung:
Dr. Kirsten-Inger Wöhrn

2., neu bearbeitete Auflage

De Gruyter

Herausgeber:
Dr. *Artur-Axel Wandtke*, em. o. Professor der Humboldt-Universität zu Berlin

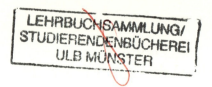

ISBN 978-3-11-024870-8
e-ISBN 978-3-11-024871-5

Bibliografische Information der Deutschen Nationalbibliothek

Die Deutsche Nationalbibliothek verzeichnet diese Publikation
in der Deutschen Nationalbibliografie; detaillierte bibliografische Daten sind im Internet
über http://dnb.d-nb.de abrufbar.

© 2011 Walter de Gruyter GmbH & Co. KG, Berlin/Boston

Datenkonvertierung/Satz: WERKSATZ Schmidt & Schulz GmbH, Gräfenhainichen
Druck: Hubert & Co. GmbH & Co. KG, Göttingen

∞ Gedruckt auf säurefreiem Papier

Printed in Germany

www.degruyter.com

Vorwort

Die Medien spielen für die Unternehmen und für die Nutzer in den Informations- und Kommunikationsprozessen eine immer stärker werdende Rolle. Dem Medienrecht als Gestaltungsmittel kommt dabei sowohl ein kulturelles als auch ein wirtschaftliches Gewicht zu. Die rechtlichen Rahmenbedingungen für die Produktion, Verbreitung und Nutzung von Medienprodukten werden für die Unternehmen und für die Nutzer immer komplexer. Das betrifft zB die Schutzfähigkeit von Medienprodukten genauso wie Werbemaßnahmen und den Schutz von Persönlichkeitsrechten. Mit der vorliegenden Publikation wird der Versuch unternommen, eine systematische und problemorientierte Darstellung der Rechtsfragen auf dem Gebiet des Medienrechts aufzuzeigen. Es werden schwerpunktmäßig in der zweiten Auflage die Rechtsfragen aufgeworfen, die sich vor allem aus der Vermarktung der Medienprodukte zwischen den Unternehmen in der realen und der virtuellen Medienwelt ergeben. Das betrifft die Produktion, Distribution und Konsumtion immaterieller Güter als Medienprodukte (zB Zeitungsartikel, Musikwerke, Computerspiele, Filme) im Internet und die Vermarktung von Persönlichkeitsrechten. Deshalb werden medienrechtliche Grundsätze und Spezifika einzelner Rechtsgebiete erläutert (zB Presse-, Rundfunk-, Werbe-, Wettbewerbs-, Urheber-, Kartell-, Telemedien-, Telekommunikations-, Design-, Marken-, Datenschutz- und Medienstrafrecht) und deren Anwendungsprobleme dargestellt. Da das Medienrecht ein stark expandierendes Rechtsgebiet ist, war es erforderlich, vor allem die neuen höchstrichterlichen Entscheidungen *sowie neuere Literatur* einzuarbeiten. In der zweiten Auflage sind zudem auch neue Rechtsgebiete (Theater- und Sportrecht) aufgenommen *sowie bereits bearbeitete ausgeweitet* worden. Aufgrund des Umfangs des Medienrechts wurde eine fünfbändige Herausgabe desselben als notwendig erachtet. In den einzelnen Bänden werden die spezifischen Rechtsprobleme angesprochen.

Die Publikation wendet sich in erster Linie an Rechtsanwälte, Richter, Staatsanwälte und Juristen in den Unternehmen. Sie gilt aber auch für die Masterausbildung von Rechtsanwälten auf dem Spezialgebiet des Medienrechts.

Im dritten Band werden vor allem wettbewerbsrechtliche Fragen der Vermarktung von Medienprodukten erörtert. Es finden Konzentrationsprozesse in der Medienindustrie (Verlage oder Rundfunkanstalten oä) statt, die bspw durch Fusionen kartellrechtliche Fragen aufwerfen. Ebenso ist der Schutz von Werktiteln und Marken, Signets und Logos sowie Domains Gegenstand des dritten Bandes. Ein Schwerpunkt bildet die Werbung, die zur Vermarktungsstrategie eines Unternehmens gehört.

Mein Dank gilt vor allem meiner wissenschaftlichen Mitarbeiterin, Frau Dr. Kirsten-Inger Wöhrn, die mit Engagement das schwierige Publikationsprojekt zu organisieren und redaktionell zu bearbeiten vermochte.

Den Lesern bin ich für kritische Hinweise und Anregungen dankbar.

Berlin, im Juni 2011 Artur-Axel Wandtke

Verzeichnis der Bearbeiter

Rechtsanwältin Dr. **Sabine Boksanyi**, Fachanwältin für Urheber- und Medienrecht, München
Professor Dr. **Oliver Castendyk**, MSc. (LSE), Berlin
Rechtsanwalt Dr. **Ilja Czernik**, Salans, Berlin
Rechtsanwältin Dr. **Claire Dietz**, LL.M. (Fordham University), Linklaters LLP, Berlin
Rechtsanwalt Dr. **Jan Ehrhardt**, Ehrhardt Anwaltssozietät, Berlin
Rechtsanwalt Dr. **Soenke Fock**, LL.M., Fachanwalt für Gewerblichen Rechtsschutz, Wildanger Rechtsanwälte, Düsseldorf
Rechtsanwalt **Alexander Frisch**, LOH Rechtsanwälte, Berlin
Hon. Professor **Hans Joachim von Gottberg**, Freiwillige Selbstkontrolle Fernsehen e.V., Berlin
Rechtsanwalt **Matthias Hartmann**, HK2 Rechtsanwälte, Berlin
Professor Dr. **Bernd Heinrich**, Humboldt-Universität zu Berlin
Dr. **Thomas Tobias Hennig**, LL.M., Georg-August-Universität Göttingen
Rechtsanwalt Dr. **Ulrich Hildebrandt**, Lubberger Lehment, Berlin, Lehrbeauftragter der Heinrich-Heine-Universität, Düsseldorf
Professor Dr. **Thomas Hoeren**, Westfälische Wilhelms-Universität Münster
Rechtsanwalt Dr. **Ole Jani**, CMS Hasche Sigle, Berlin
Rechtsanwalt Dr. **Michael Kauert**, Heither & von Morgen – Partnerschaft von Rechtsanwälten, Berlin
Rechtsanwalt Dr. **Volker Kitz**, LL.M. (New York University), Köln,
Rechtsanwalt Dr. **Alexander R. Klett**, LL.M. (Iowa), Reed Smith LLP, München
Dr. **Gregor Kutzschbach**, Bundesministerium des Innern, Berlin
Rechtsanwältin **Andrea Kyre**, LL.M., Leiterin der Rechtsabteilung Grundy UFA TV Produktions GmbH, Berlin
Rechtsanwalt Dr. **Wolfgang Maaßen**, Justiziar des BFF Bund Freischaffender Foto-Designer, Düsseldorf
Professor Dr. **Ulf Müller**, Fachhochschule Schmalkalden
Dr. **Maja Murza**, LL.M., Justiziarin, Berlin
Rechtsanwältin Dr. **Claudia Ohst**, Berlin, Fachanwältin für Informationstechnologierecht, Justiziarin der BBAW, Lehrbeauftragte der Humboldt-Universität zu Berlin
Rechtsanwalt Dr. **Stephan Ory**, Püttlingen, seit 2001 Lehrbeauftragter der Universität des Saarlandes, Vorsitzender des Medienrates der Landesmedienanstalt Saarland
Rechtsanwalt Dr. **Jan Pohle**, DLA Piper UK LLP, Köln, Lehrbeauftragter der Carl-von-Ossietzky-Universität Oldenburg sowie der Heinrich-Heine-Universität Düsseldorf
Rechtsanwalt Dr. **Cornelius Renner**, LOH Rechtsanwälte, Berlin, Fachanwalt für Gewerblichen Rechtsschutz, Lehrbeauftragter an der Humboldt-Universität zu Berlin
Professor Dr. **Sebastian Schunke**, Professor für privates Wirtschaftsrecht, Hochschule für Wirtschaft und Recht, Berlin
Rechtsanwalt Dr. **Axel von Walter**, München, Fachanwalt für Urheber- und Medienrecht, Lehrbeauftragter an der Ludwig-Maximilians-Universität München
Professor Dr. **Artur-Axel Wandtke**, em. o. Professor der Humboldt-Universität zu Berlin
Rechtsanwalt Dr. **Bernd Weichhaus**, LL.M., Lubberger Lehment, Berlin
Rechtsanwalt Dr. **Marcus von Welser**, LL.M., München, Fachanwalt für Gewerblichen Rechtsschutz, Lehrbeauftragter an der Humboldt-Universität zu Berlin
Rechtsanwältin Dr. **Kirsten-Inger Wöhrn**, Dierks + Bohle Rechtsanwälte, Berlin

Inhaltsübersicht

Abkürzungsverzeichnis		XI

Kapitel 1	Medienbezogenes Lauterkeitsrecht und Werberecht	1
§ 1	Einführung	3
§ 2	Internationale Bezüge des Lauterkeitsrechts	8
§ 3	Materielles Lauterkeitsrecht	15
§ 4	Rechtsfolgen unlauterer geschäftlicher Handlungen	68

Kapitel 2	Medienkartellrecht	77
§ 1	Besonderheiten des Medienkartellrechts	82
§ 2	Grundzüge des Kartellrechts	91
§ 3	Kartellrecht für die klassischen Medien	107
§ 4	Kartellrecht in der Internetökonomie	155

Kapitel 3	Rundfunkwerberecht	191
§ 1	Rundfunkwerberecht – Allgemeiner Teil	193
§ 2	Rundfunkwerberecht – Besonderer Teil	209
§ 3	Die sechs Säulen des Fernsehwerberechts	227
§ 4	Sponsoring	235

Kapitel 4	Heilmittelwerberecht	239
§ 1	Einführung	241
§ 2	Heilmittelwerberecht	242
§ 3	Gesundheitsbezogene Werbung für Lebensmittel-Neuregelungen durch die Health Claims Verordnung	281

Kapitel 5	Marken-/Kennzeichenrecht	305
§ 1	Begriffsdefinitionen und Grundfunktionen des Kennzeichenrechts	306
§ 2	Das Recht der Marken	312
§ 3	Beendigung des Markenrechts	356
§ 4	Eintragungs- und Widerspruchsverfahren	358
§ 5	Geschäftliche Bezeichnungen	361
§ 6	Namen	371
§ 7	Domains	374
§ 8	Geografische Herkunftsangaben	377

Kapitel 6	Urheber- und wettbewerbsrechtlicher Werktitelschutz . . .	379
§ 1	Grundlagen des Werktitelschutzes	380
§ 2	Schutzobjekte des Werktitelschutzes	381
§ 3	Entstehung und Dauer des Werktitelschutzes	382
§ 4	Persönlicher und räumlicher Schutzbereich des Werktitelschutzes	393
§ 5	Übertragbarkeit des Titelschutzes	394
§ 6	Werktitelschutz außerhalb des Kennzeichenrechts?	396

Inhaltsübersicht

Kapitel 7	**Rechtlicher Schutz von Signets und Logos**	399
§ 1	Einführung	399
§ 2	Markenrechtlicher Schutz	400
§ 3	Urheberrechtlicher Schutz	402
§ 4	Geschmacksmusterrechtlicher Schutz	404
§ 5	Wettbewerbsrechtlicher Schutz	406
§ 6	Zivilrechtlicher Schutz	408
Kapitel 8	**Rechtsprobleme beim Erwerb von Domains**	411
§ 1	Praxis der Adressvergabe	415
§ 2	Kennzeichenrechtliche Vorgaben	423
§ 3	Pfändung und Bilanzierung von Domains	460
§ 4	Streitschlichtung nach der UDRP	463
§ 5	Streitschlichtung rund um die EU-Domain	467
Register		473

Abkürzungsverzeichnis

aA	anderer Ansicht
abl	ablehnend
ABl	Amtsblatt der Europäischen Gemeinschaft
Abs	Absatz
abw	abweichend
AbzG	Gesetz betreffend die Abzahlungsgeschäfte (Abzahlungsgesetz)
aE	am Ende
aF	alte Fassung
AfP	Archiv für Presserecht
AG	Amtsgericht; Arbeitsgemeinschaft
AGB	Allgemeine Geschäftsbedingungen
AGC	Automatic Gain Control
AGICOA	Association de Gestion Internationale Collective des Œuvres Audiovisuelles
AIPPI	Association Internationale pour la Protection de la Propriété Industrielle
allg M	allgemeine Meinung
Alt	Alternative
AmtlBegr	Amtliche Begründung
Anm	Anmerkung
AP	Arbeitsrechtliche Praxis (Nachschlagewerk des Bundesarbeitsgerichts)
ArbG	Arbeitsgericht
ArbNErfG	Gesetz über Arbeitnehmererfindungen
ARD	Arbeitsgemeinschaft der öffentlich-rechtlichen Rundfunkanstalten der Bundesrepublik Deutschland
ARGE	Arbeitsgemeinschaft
ASCAP	American Society of Composers, Authors and Publishers (www.ascap.com)
ASCII	American Standard Code for Information Interchange
AuR	Arbeit und Recht
ausdr	ausdrücklich
Az	Aktenzeichen
AVA	Allgemeine Vertragsbestimmungen zum Architektenrecht
BAG	Bundesarbeitsgericht
BAGE	Entscheidungen des Bundesarbeitsgerichts
BayObLG	Bayerisches Oberstes Landesgericht
BB	Betriebs-Berater
BDS	Bund Deutscher Schriftsteller
BdÜ	Bund deutscher Übersetzer
Begr	Begründung
Bek	Bekanntmachung
Beschl	Beschluss
BFH	Bundesfinanzhof
BG	(Schweizerisches) Bundesgericht
BGB	Bürgerliches Gesetzbuch
BGBl	Bundesgesetzblatt
BGH	Bundesgerichtshof
BGHSt	Entscheidungen des Bundesgerichtshofes in Strafsachen
BGHZ	Entscheidungen des Bundesgerichtshofes in Zivilsachen

Abkürzungsverzeichnis

BIEM	Bureau International gérant les Droits de l'Enrégistrement et de la Reproduction Méchanique
BKartA	Bundeskartellamt
BlPMZ	Blatt für Patent-, Muster- und Zeichenwesen
BMJ	Bundesministerium der Justiz
BNotO	Bundesnotarordnung
BOS(chG)	Bühnenoberschiedsgericht
BPatG	Bundespatentgericht
BR-Drucks	Bundesrats-Drucksache
BRegE	Entwurf der Bundesregierung
BRRG	Beamtenrechtsrahmengesetz
BSHG	Bundessozialhilfegesetz
Bsp	Beispiel
bspw	beispielsweise
BT	Bundestag
BT-Drucks	Bundestags-Drucksache
BuB	Buch und Bibliothek
Buchst	Buchstabe
BVerfG	Bundesverfassungsgericht
BVerfGE	Entscheidungen des Bundesverfassungsgerichts
BVerfGG	Gesetz über das Bundesverfassungsgericht (Bundesverfassungsgerichtsgesetz)
BVerwG	Bundesverwaltungsgericht
bzgl	bezüglich
bzw	beziehungsweise
CGMS	Copy Generation Management System
CIS	Common Information System
CISAC	Confédération Internationale des Sociétés d'Auteurs et Compositeurs
CLIP	European Max Planck Group for Conflict of Laws in Intellectual Property
CMMV	Clearingstelle Multimedia (www.cmmv.de)
CORE	Internet Council of Registrars (www.corenic.org)
CPRM/CPPM	Content Protection for Recordable and Prerecorded Media
CR	Computer und Recht
CRi	Computer und Recht International
CSS	Content Scrambling System
c't	Magazin für computertechnik
DAT	Digital Audio Tape
DB	Der Betrieb
DEFA	Deutsche Film AG (www.defa-stiftung.de)
DENIC	Domain Verwaltungs- und Betriebsgesellschaft eG (www.denic.de)
ders	derselbe
dies	dieselbe(n)
DIN-Mitt	Mitteilungen des Deutschen Instituts für Normung e.V.
Diss	Dissertation
DLR-StV	Staatsvertrag über die Körperschaft des öffentlichen Rechts „Deutschlandradio"
DMCA	Digital Millennium Copyright Act (US-Bundesgesetz)
DOI	Digital Object Identifier
Dok	Dokument
DPMA	Deutsches Patent- und Markenamt
DRiG	Deutsches Richtergesetz
DRM	Digital Rights Management
DStR	Deutsches Steuerrecht

DTCP	Digital Transmission Content Protection
DtZ	Deutsch-Deutsche Rechts-Zeitschrift
DuD	Datenschutz und Datensicherheit
DVB	Digital Video Broadcasting
DVBl	Deutsches Verwaltungsblatt
DVD	Digital Versatile Disc
DZWIR	Deutsche Zeitschrift für Wirtschafts- und Insolvenzrecht
E	Entwurf
ECMS	Electronic Copyright Management System
EG	Europäische Gemeinschaft
EGBGB	Einführungsgesetz zum Bürgerlichen Gesetzbuch
EGV	Vertrag zur Gründung der Europäischen Gemeinschaft
Einf	Einführung
Einl	Einleitung
EIPR	European Intellectual Property Review
ENTLR	Entertainment Law Review
EPA	Europäisches Patentamt
epd-medien	Evangelischer Pressedienst – Medien
EU	Europäische Union
EuFSA	Europäisches Fernsehschutzabkommen
EuG	Europäisches Gericht erster Instanz
EuGH	Europäischer Gerichtshof
EuGV(V)O	Verordnung (EG) Nr. 44/2001 des Rates über die gerichtliche Zuständigkeit und die Anerkennung und Vollstreckung von Entscheidungen in Zivil- und Handelssachen
EuGVÜ	Europäisches Gerichtsstands- und Vollstreckungsübereinkommen
EUPL	European Union Public Licence
EuZW	Europäische Zeitschrift für Wirtschaftsrecht
EV	einstweilige Verfügung
EVertr	Einigungsvertrag
EWG	Europäische Wirtschaftsgemeinschaft, jetzt EG
EWiR	Entscheidungen zum Wirtschaftsrecht
EWS	Europäisches Wirtschafts- und Steuerrecht
f	folgende
FDGewRS	Fachdienst Gewerblicher Rechtsschutz
ff	folgende
FFG	Gesetz über Maßnahmen zur Förderung des deutschen Films (Filmförderungsgesetz)
FIDE	Féderation Internationale pour le droit Européen
FinG	Finanzgericht
Fn	Fußnote
FS	Festschrift
FSK	Freiwillige Selbstkontrolle der deutschen Filmwirtschaft
FuR	Film und Recht
GA	Goltdammer's Archiv für Strafrecht
GATT	General Agreement on Tariffs and Trade
GBl	Gesetzblatt (der DDR)
GebrMG	Gebrauchsmustergesetz
gem	gemäß
GEMA	Gesellschaft für musikalische Aufführungs- und mechanische Vervielfältigungsrechte (www.gema.de)
GeschmMG	Geschmacksmustergesetz

Abkürzungsverzeichnis

GewStG	Gewerbesteuergesetz
GG	Grundgesetz
ggf, ggfs	gegebenenfalls
gif	Graphic Interchange Format (Format für Bilddateien)
GmbH	Gesellschaft mit beschränkter Haftung
GMBl	Gemeinsames Ministerialblatt
GNU	GNU's Not Unix
GPL	GNU General Public License
GPRS	General Packet Radio Service
grds	grundsätzlich
GRUR	Gewerblicher Rechtsschutz und Urheberrecht
GRUR Int	Gewerblicher Rechtsschutz und Urheberrecht International
GRUR-RR	Gewerblicher Rechtsschutz und Urheberrecht Rechtsprechungs-Report
GrZS	Großer Senat für Zivilsachen
GTA	Genfer Tonträgerabkommen
GÜFA	Gesellschaft zur Übernahme und Wahrnehmung von Filmaufführungsrechten (www.guefa.de)
GVBl	Gesetz- und Verordnungsblatt
GVL	Gesellschaft zur Verwertung von Leistungsschutzrechten (www.gvl.de)
GWB	Gesetz gegen Wettbewerbsbeschränkungen
GWFF	Gesellschaft zur Wahrnehmung von Film- und Fernsehrechten (www.gwff.de)
Halbbd	Halbband
HalblSchG	Gesetz über den Schutz der Topographien von mikroelektronischen Halbleitererzeugnissen (Halbleiterschutzgesetz)
HS	Halbsatz
HauptB	Hauptband
Hdb	Handbuch
HDCP	High-bandwidth Digital Content Protection
hL	herrschende Lehre
hM	herrschende Meinung
Hrsg	Herausgeber
ICANN	Internet Corporation for Assigned Names and Numbers (www.icann.org)
idF	in der Fassung
idR	in der Regel
idS	in diesem Sinne
iE	im Ergebnis
IFPI	International Federation of the Phonographic Industry (www.ifpi.org)
IIC	International Review of Industrial Property and Copyright Law
IMHV	Interessengemeinschaft Musikwissenschaftlicher Herausgeber und Verleger (Gründungsname v. 1.3.1966 der heutigen VG Musikedition)
insb	insbesondere
InstGE	Entscheidungen der Instanzgerichte zum Recht des geistigen Eigentums
IPQ	Intellectual Property Quaterly
IPR	Internationales Privatrecht
IPRax	Praxis des Internationalen Privat- und Verfahrensrechts
ISO	International Standards Organization
iSd	im Sinne des/der
iSv	im Sinne von
IT	Informationstechnologie
ITRB	Der IT-Rechtsberater
ITU	International Telecommunication Union
IuKDG	Informations- und Kommunikationsdienste-Gesetz

IuR	Informatik und Recht
iVm	in Verbindung mit
jpg	Dateinamenerweiterung von Bilddateien im Format JPEG, benannt nach der *Joint Photographic Experts Group* der ITU und der ISO
Jura	Juristische Ausbildung
jurisPR-WettbR	juris PraxisReport Wettbewerbs- und Immaterialgüterrecht
jurisPT-ITR	juris PraxisReport IT-Recht
JurPC	Internet-Zeitschrift für Rechtsinformatik und Informationsrecht
JVEG	Justiz-Vergütungs- und Entschädigungsgesetz
JW	Juristische Wochenschrift
JZ	Juristenzeitung
Kap	Kapitel
KG	Kammergericht; Kommanditgesellschaft
krit	kritisch
KSVG	Gesetz über die Sozialversicherung der selbständigen Künstler und Publizisten (Künstlersozialversicherungsgesetz)
KUG	Gesetz betreffend das Urheberrecht an Werken der bildenden Künste und der Photographie
KUR	Kunstrecht und Urheberrecht
K&R	Kommunikation und Recht
KWG	Kreditwesengesetz
LAG	Landesarbeitsgericht
LAN	Local Area Network
LG	Landgericht; *(in Österreich:)* Landesgericht
LGPL	GNU Lesser General Public License
lit	litera (Buchstabe)
LM	Lindenmaier/Möhring, Nachschlagewerk des Bundesgerichtshofes
LPG	Landespressegesetz
LUG	Gesetz betreffend das Urheberrecht an Werken der Literatur und der Tonkunst
LZ	Leipziger Zeitschrift für Deutsches Recht
MA	Der Markenartikel
MarkenG	Markengesetz
MarkenR	Zeitschrift für deutsches, europäisches und internationales Markenrecht
MDR	Monatsschrift für Deutsches Recht
MDStV	Mediendienste-Staatsvertrag
Mio	Million
MIR	Medien Internet und Recht
Mitt	Mitteilungen (der deutschen Patentanwälte)
MMA	Madrider Markenrechtsabkommen
MMR	Multimedia und Recht, Zeitschrift für Informations-, Telekommunikations- und Medienrecht
mp3	Dateinamenerweiterung für bestimmte mpeg-Tondateien
mpeg	Komprimierungsstandard für digitale Bewegtbilder und Toninformationen, benannt nach der *Moving Pictures Experts Group* der ISO
MPL	Mozilla Public License
MR-Int	Medien und Recht international
MünchKommBGB	Münchener Kommentar zum BGB
mwN	mit weiteren Nachweisen
Nachw	Nachweise
nF	neue Fassung

XV

Abkürzungsverzeichnis

NJ	Neue Justiz
NJW	Neue Juristische Wochenschrift
NJW-RR	NJW-Rechtsprechungs-Report Zivilrecht
NJW-CoR	NJW-Computerreport
NJWE-WettbR	NJW-Entscheidungsdienst Wettbewerbsrecht (jetzt GRUR-RR)
n rkr	nicht rechtskräftig
NV	Normalvertrag
ÖBGBl	Österreichisches Bundesgesetzblatt
ÖBl	Österreichische Blätter für gewerblichen Rechtsschutz und Urheberrecht
ÖSGRUM	Österreichische Schriftenreihe zum Gewerblichen Rechtsschutz, Urheber- und Medienrecht
öUrhG	öst. UrhG
OGH	Oberster Gerichtshof (Wien)
ÖJZ	Österreichische Juristenzeitung
OLG	Oberlandesgericht
OLGZ	Entscheidungen der Oberlandesgerichte in Zivilsachen
OMPI	Organisation Mondiale de la Propriété Intellectuelle
OPAC	Online Public Access Catalogue
OVG	Oberverwaltungsgericht
OWiG	Gesetz über Ordnungswidrigkeiten
PatG	Patentgesetz
PDA	Personal Digital Assistant
pdf	portable document format
PGP	Pretty Good Privacy
php	PHP: Hypertext Preprocessor
PIN	Personal Identification Number
pma	post mortem auctoris
PR	Public Relations
PrPG	Gesetz zur Stärkung des Schutzes des geistigen Eigentums und zur Bekämpfung der Produktpiraterie
PVÜ	Pariser Verbandsübereinkunft zum Schutz des gewerblichen Eigentums
RA	Rom-Abkommen
RabelsZ	Zeitschrift für ausländisches und internationales Privatrecht
RBÜ	Revidierte Berner Übereinkunft zum Schutz von Werken der Literatur und der Kunst
RdA	Recht der Arbeit
RefE	Referentenentwurf
RegE	Regierungsentwurf
RG	Reichsgericht
RGBl	Reichsgesetzblatt
RGSt	Entscheidungen des Reichsgerichts in Strafsachen
RGZ	Entscheidungen des Reichsgerichts in Zivilsachen
RIAA	Recording Industry Association of America
RIDA	Revue Internationale du Droit d'Auteur
RiStBV	Richtlinien für das Strafverfahren und das Bußgeldverfahren
RIW	Recht der Internationalen Wirtschaft
RL	Richtlinie
Rn	Randnummer
Rspr	Rechtsprechung
RzU	E. Schulze (Hg), Rechtsprechung zum Urheberrecht
S	Seite, Satz

Abkürzungsverzeichnis

s	siehe
SACEM	Société des Auteurs, Compositeurs et Éditeurs de Musique (www.sacem.fr)
SatÜ	Brüsseler Satellitenübereinkommen
SchSt	Schiedsstelle nach dem Gesetz über die Wahrnehmung von Urheberrechten und verwandten Schutzrechten
SCMS	Serial Copyright Management System
SigG	Gesetz zur digitalen Signatur – Signaturgesetz
SJZ	Süddeutsche Juristenzeitung
SMI	Schweizerische Mitteilungen zum Immaterialgüterrecht
so	siehe oben
sog	so genannte(r/s)
SortenSchG	Sortenschutzgesetz
SpuRt	Zeitschrift für Sport und Recht
STAGMA	Staatlich genehmigte Gesellschaft zur Verwertung musikalischer Urheberrechte
StGB	Strafgesetzbuch
StPO	Strafprozessordnung
str	strittig
stRspr	ständige Rechtsprechung
StV	Staatsvertrag
su	siehe unter/unten
TCPA	Trusted Computing Platform Alliance
TDG	Gesetz über die Nutzung von Telediensten (Teledienstegesetz)
TKG	Telekommunikationsdienstegesetz
TKMR	Telekommunikations- & Medienrecht
TMG	Telemediengesetz
TRIPS	WTO-Übereinkommen über handelsbezogene Aspekte der Rechte des geistigen Eigentums
TV	Tarifvertrag
TVG	Tarifvertragsgesetz
Tz	Textziffer
ua	unter anderem
uä	und ähnliches
UFITA	Archiv für Urheber-, Film-, Funk- und Theaterrecht
UMTS	Universal Mobile Telecommunications System
UmwG	Umwandlungsgesetz
URG	Urheberrechtsgesetz (der DDR)
UrhG	Urheberrechtsgesetz
UrhGÄndG	Gesetz zur Änderung des Urheberrechtsgesetzes
Urt	Urteil
UStG	Umsatzsteuergesetz
UWG	Gesetz gegen den unlauteren Wettbewerb in der Fassung vom 3. Juli 2004
Var	Variante
VerlG	Gesetz über das Verlagsrecht
VersG	Versammlungsgesetz
VFF	Verwertungsgesellschaft der Film- und Fernsehproduzenten (www.vffvg.de)
VG	Verwertungsgesellschaft; Verwaltungsgericht
VG Bild-Kunst	Verwertungsgesellschaft Bild-Kunst (www.bildkunst.de)
VGF	Verwertungsgesellschaft für Nutzungsrechte an Filmwerken
vgl	vergleiche
VG Media	Gesellschaft zur Verwertung der Urheber- und Leistungsschutzrechte von Medienunternehmen mbH

XVII

Abkürzungsverzeichnis

VG Musikedition	Verwertungsgesellschaft zur Wahrnehmung von Nutzungsrechten an Editionen (Ausgaben) von Musikwerken (www.vg-musikedition.de)
VG Satellit	Gesellschaft zur Verwertung der Leistungsschutzrechte von Sendeunternehmen
VG WORT	Verwertungsgesellschaft der Wortautoren (www.vgwort.de)
VO	Verordnung
VPRT	Verband Privater Rundfunk und Telemedien
VS	Verband deutscher Schriftsteller
WahrnG	Gesetz über die Wahrnehmung von Urheberrechten und verwandten Schutzrechten
WAN	Wide Area Network
WAP	Wireless Application Protocol
WCT	WIPO Copyright Treaty
WIPO	World Intellectual Property Organization (www.wipo.org)
WM	Wertpapier-Mitteilungen
WPPT	WIPO Performances and Phonograms Treaty
WRP	Wettbewerb in Recht und Praxis
WRV	Weimarer Reichsverfassung
WTO	World Trade Organization (www.wto.org)
WUA	Welturheberrechtsabkommen
WuW	Wirtschaft und Wettbewerb
XML	Extensible Markup Language
zB	zum Beispiel
ZBR	Zeitschrift für Beamtenrecht
ZBT	Zentralstelle Bibliothekstantieme
ZDF	Zweites Deutsches Fernsehen
ZEuP	Zeitschrift für Europäisches Privatrecht
ZfBR	Zeitschrift für deutsches und internationales Bau- und Vergaberecht
ZFS	Zentralstelle Fotokopieren an Schulen
ZfZ	Zeitschrift für Zölle
ZGR	Zeitschrift für Unternehmens- und Gesellschaftsrecht
ZHR	Zeitschrift für das gesamte Handels- und Wirtschaftsrecht
ZIP	Zeitschrift für Wirtschaftsrecht
zit	zitiert
ZKDSG	Zugangskontrolldiensteschutzgesetz
ZPO	Zivilprozessordnung
ZPÜ	Zentralstelle für private Überspielungsrechte
ZS	Zivilsenat
ZSEG	Gesetz über die Entschädigung von Zeugen und Sachverständigen (Zeugen- und Sachverständigen-Entschädigungsgesetz)
ZSR NF	Zeitschrift für Schweizerisches Recht – Neue Folge
ZUM	Zeitschrift für Urheber- und Medienrecht
ZUM-RD	Rechtsprechungsdienst der ZUM
zust	zustimmend
ZVV	Zentralstelle Videovermietung
ZZP	Zeitschrift für Zivilprozess

Kapitel 1
Medienbezogenes Lauterkeitsrecht

Literatur

Baumbach/Hefermehl Gesetz gegen den unlauteren Wettbewerb, 29. Aufl 2011; *Beater* Das gezielte Behindern im Sinne von § 4 Nr 10 UWG, WRP 2011, 7; *Bornkamm/Seichter* CR 2005, 747 Das Internet im Spiegel des UWG; *Engels/Brunn* Wettbewerbsrechtliche Beurteilung von telefonischen Kundenzufriedenheitsbefragungen, WRP 2010, 687; *Fezer* Lauterkeitsrecht: Kommentar zum Gesetz gegen den unlauteren Wettbewerb, 2005; *ders* Eine Replik: Die Auslegung der UGP-RL vom UWG aus?, WRP 2010, 677, 683; *Glöckner* Ist die Union reif für die Kontrolle an der Quelle?, WRP 2005, 795; *Gloy/Loschelder/Erdmann* Handbuch des Wettbewerbsrechts, 4. Aufl 2010; *Harte-Bavendamm/Henning-Bodewig* Gesetz gegen den unlauteren Wettbewerb, 2. Aufl 2009; *Henning-Bodewig* Herkunftslandsprinzip im Wettbewerbsrecht: Erste Erfahrungen, GRUR 2004, 822; *Heermann* Lauterkeitsrechtliche Informationspflichten bei Verkaufsförderungsmaßnahmen, WRP 2005, 141; *Heermann/Hirsch* Münchener Kommentar zum Lauterkeitsrecht, 2006; *Hoeren* Das neue UWG und dessen Auswirkungen auf den B2B-Bereich, WRP 2009, 789; *Illmer* Keyword Advertising – Quo vadis? WRP 2007, 399; *Jackowski* Der Missbrauchseinwand nach § 8 Abs 4 UWG gegenüber einer Abmahnung, WRP 2010, 38; *Jankowski* Nichts ist unmöglich! Möglichkeiten der formularmäßigen Einwilligung in die Telefonwerbung, GRUR 2010, 495; *Jarass/Pieroth/Jarass* Grundgesetz für die Bundesrepublik Deutschland, 10. Aufl 2009; *Köhler* Das neue UWG NJW 2004, 2121; *ders* Die Unlauterkeitstatbestände des § 4 UWG und ihre Auslegung im Lichte der Richtlinie über unlautere Geschäftspraktiken GRUR 2008, 841; *ders* Kopplungsangebote neu bewertet GRUR 2010, 177; *ders* Neujustierung des UWG am Beispiel der Verkaufsförderungsmaßnahmen, GRUR 2010, 767; *ders* Redaktionelle Werbung WRP 1998, 349; *ders* Was ist vergleichende Werbung?, GRUR 2005, 273; *ders* Werbung gegenüber Kindern: Welche Grenzen zieht die Richtlinie über unlauterere Geschäftspraktiken, WRP 2008, 700; *ders* Grenzstreitigkeiten im UWG WRP 2010, 1293; *ders* Die Verwendung unwirksamer Vertragsklauseln: ein Fall für das UWG, WRP 2010, 1047; *ders* „Gib mal Zeitung" oder „Scherz und Ernst in der Jurisprudenz" von heute, WRP 2010, 571; *ders* Neubeurteilung der wettbewerbsrechtlichen Haftung des Rechtsnachfolgers eines Unternehmers?, WRP 2010, 475; *Köhler/Bornkamm* UWG, 29. Aufl 2011; *Köhler/Lettl* Das geltende europäische Lauterkeitsrecht, der Vorschlag für eine EG-Richtlinie über unlautere Geschäftspraktiken und die UWG-Reform, WRP 2003, 1019; *Lettl* Werbung mit einem Telefonanruf gegenüber einem Verbraucher nach § 7 Abs 2 Nr 2 Alt 1 UWG nF, WRP 2009, 1315; *Mankowski* Können ausländische Schutzverbände der gewerblichen Wirtschaft „qualifizierte Einrichtungen" im Sinne der Unterlassungsklagerichtlinie sein und nach § 8 III Nr 3 UWG klagen?, WRP 2010, 186; *Micklitz/Kessler* Dogmatische und ökonomische Aspekte einer Harmonisierung des Wettbewerbsverhaltensrechts im europäischen Binnenmarkt, GRUR Int 2002, 885; *Ohly* – Herkunftslandprinzip und Kollisionsrecht GRUR Int 2001, 899; *ders* Hartplatzhelden.de oder: Wohin mit dem unmittelbaren Leistungsschutz?, GRUR 2010, 487; *Peukert* Hartplatzhelden.de – Eine Nagelprobe für den wettbewerbsrechtlichen Leistungsschutz, WRP 2010, 316; *Piper/Ohly/Sosnitza* Gesetz gegen den unlauteren Wettbewerb, 5. Aufl 2010; *Quiring* Die Abwerbung von Mitarbeitern im Licht der UWG-Reform – und vice versa WRP 2003, 1181; *Renner* Metatags und Keyword Advertising mit fremden Kennzeichen im Marken- und Wettbewerbsrecht, WRP 2007, 49; *Ruhl/Bohner* Vorsicht Anzüge! Als Information getarnte Werbung nach der UWG-Reform 2009, WRP 2011, 375; *Sack* Das internationale Wettbewerbs- und Immaterialgüterrecht nach der EGBGB-Novelle, WRP 2000, 269; *ders* Vergleichende Werbung ohne Vergleich?, WRP 2008, 170; *Scherer* Partielle Verschlechterung

Kapitel 1 Medienbezogenes Lauterkeitsrecht

der Verbrauchersituation durch die europäische Rechtsvereinheitlichung bei vergleichender Werbung?, WRP 2001, 89; *ders* Kinder als Konsumenten und Kaufmotivatoren, WRP 2008, 430; *ders* Die „Verbrauchergeneralklausel" des § 3 II 1 UWG – eine überflüssige Norm, WRP 2010, 586; *Schweizer* Grundsätzlich keine Anwendbarkeit des UWG auf die Medien- und insgesamt auf die Markt- und Meinungsforschung ZUM 2010, 400; *Steinbeck* GRUR Zulässige wertvolle Zugabe ohne Wertangabe 2006, 163; *von Walter* Rechtsbruch als unlauteres Marktverhalten, 2007; *Wehlau/von Walter* Das Alkopopgesetz – lebensmittelrechtliche und wettbewerbsrechtliche Aspekte ZLR 2004, 645.

Übersicht

	Rn			Rn
§ 1	**Einführung**	1	j)	Gezielte Mitbewerberbehinderung
I.	Medien- und Lauterkeitsrecht	1		(Nr 10) 93
II.	Entwicklung des Lauterkeitsrechts	4	k)	Allgemeine Marktbehinderung 99
III.	Lauterkeitsrecht und die Mediengrundrechte aus Art 5 GG	6	l)	Rechtsbruch (Nr 11) 100
			2.	Irreführende Werbung (§§ 5, 5a UWG) 106
			a)	Grundlagen des Irreführungsverbots . 108
§ 2	**Internationale Bezüge des Lauterkeitsrechts**	15	b)	Maßstab für die Beurteilung der Irreführung 109
I.	Sekundäres Unionsrecht und Lauterkeitsrecht	15	c)	Einzelfragen zur Irreführung 111
1.	Die Richtlinie über irreführende und vergleichende Werbung	16	d)	Geschäftliche Relevanz der Irreführung 116
2.	Richtlinie über elektronischen Geschäftsverkehr	17	e)	Beispiele der Irreführung (§ 5a UWG) 117
			f)	Irreführung durch Unterlassen 118
3.	Richtlinie über audiovisuelle Mediendienste	18	3.	Vergleichende Werbung (§ 6 UWG) .. 119
			4.	Auffangfunktion der Generalklausel . 131
4.	Datenschutzrichtlinie für elektronische Kommunikation	20	5.	Konkretisierung durch höherrangiges Recht 132
5.	Richtlinie über unlautere Geschäftspraktiken 2005/29/EG	21	VI.	Unzumutbare Belästigung (§ 7 UWG) 135
II.	Kollisionsrecht nach der Rom II-Verordnung	22	1.	Kleine Generalklausel (§ 7 Abs 1 S 1 UWG) 136
III.	Internationales Verfahrensrecht	27	a)	Grundtatbestand 136
			b)	Haustürwerbung 137
§ 3	**Materielles Lauterkeitsrecht**	29	c)	Ansprechen in der Öffentlichkeit ... 138
I.	Allgemeines	29	d)	Unbestellte Waren und Dienstleistungen 139
II.	Geschäftliche Handlung	31	e)	Werbung im Internet 140
III.	Die Generalklausel in § 3 UWG	38	2.	Stets unzumutbare Belästigungen (§ 7 Abs 2 UWG) 141
IV.	„Die schwarze Liste" (Anhang zu § 3 Abs 3 UWG)	42	a)	Werbung mit sonstigen kommerziellen Kommunikationsmitteln 142
V.	Konkretisierung des Begriffs der Unlauterkeit für § 3 Abs 1 UWG	56	b)	Telefonwerbung (§ 7 Abs 2 Nr 2 UWG) 143
1.	Beispieltatbestände in § 4	57	c)	Werbung unter Verwendung elektronischer Kommunikationsmittel (§ 7 Abs 2 Nr 3 und Abs 3 UWG) .. 148
a)	Unlautere Beeinträchtigung der Entscheidungsfreiheit (Nr 1)	58		
b)	Ausnutzung besonderer Umstände (Nr 2)	59	**§ 4**	**Rechtsfolgen unlauterer geschäftlicher Handlungen** 151
c)	Getarnte Werbung (Nr 3)	64	I.	Ansprüche 151
d)	Transparenzgebot für Verkaufsfördermaßnahmen (Nr 4)	80	1.	Abwehransprüche auf Unterlassung und Beseitigung (§ 8 UWG) 152
e)	Transparenzgebot für Preisausschreiben und Gewinnspiele (Nr 5)	81	2.	Schadensersatz (§ 9 UWG) 153
f)	Kopplung von Gewinnspielen mit Produktabsatz (Nr 6)	82	3.	Gewinnabschöpfung (§ 10 UWG) ... 155
			4.	Sonstige Ansprüche 156
g)	Herabsetzung von Mitbewerbern (Nr 7)	83	5.	Verjährung (§ 11 UWG) 157
h)	Anschwärzung (Nr 8)	85	6.	Durchsetzung der Ansprüche 158
i)	Ergänzender lauterkeitsrechtlicher Nachahmungsschutz (Nr 9)	87	II.	Anspruchsberechtigte 159
			1.	Mitbewerber 160

		Rn			Rn
2.	Marktgegenseite	162	5.	Kammern (§ 8 Abs 3 Nr 4 UWG)	166
3.	Verbände zur Förderung gewerblicher oder selbstständiger beruflicher Interessen (§ 8 Abs 3 Nr 2 UWG)	163	III.	Anspruchsverpflichtete	167
			1.	Täterschaft	168
			2.	Teilnehmer (Anstifter und Gehilfe)	171
4.	Qualifizierte Einrichtungen zum Schutz von Verbraucherinteressen (§ 8 Abs 3 Nr 3 UWG)	165	3.	Unternehmensinhaber	173

§ 1
Einführung

I. Medien und Lauterkeitsrecht

Das Lauterkeitsrecht begegnet den Medienschaffenden auf unterschiedlichen Ebenen und in unterschiedlichen Rollen. Medienunternehmen sind zunächst selbst unmittelbar mit Ihrer Marktteilnahme Subjekt des Lauterkeitsrechts. Zum einen stehen sie im **Wettbewerb um Abnehmer ihrer Medienprodukte** und Inhalte. Zum anderen werben sie zugleich um Abnehmer der von Ihnen bereit gestellten oder erzeugten **Werbe-/Anzeigenplätze**. Beide Wettbewerbsebenen sind eng miteinander verknüpft, denn der Erfolg auf Konsumentenseite – gemessen in der Reichweite – bedingt zugleich den Erfolg bei der Vermarktung der Werbekapazitäten. Dabei ist das unmittelbare Wettbewerbsverhältnis um Konsumenten der Medienprodukte nicht auf die jeweilige Mediengattung beschränkt, sondern geht über die Gattungsgrenzen hinaus. So konkurrieren bspw Zeitungsverlage mit Ihren Verlagsprodukten immer auch mit Produkten von audiovisuellen Mediendiensten und umgekehrt. Der Wettbewerb um Leser, Zuschauer, Zuhörer oder Nutzer kann neben den primären wirtschaftlichen Produktfaktoren – gemeint sind bspw Preis, Vertriebskanäle und -gebiete – auch über Inhalte geführt werden, so dass die Konkurrenzsituation im Medienmarkt auch Einfluss auf den redaktionellen Inhalt haben wird. Die vielgenannte Niveau-Assimilation auch über reißerischen Sensationsjournalismus oder der rücksichtslose Umgang mit den Persönlichkeitsrechten von Personen des öffentlichen Lebens sind als Mittel im Wettbewerb um Aufmerksamkeit nicht fernliegend. So wünschenswert dem einen oder anderen hier ein korrigierendes Eingreifen durch das UWG in diesen Wettbewerb über Inhalte erscheinen mag, kann es jedoch nicht Aufgabe des Lauterkeitsrechts sein, inhaltliche (Fehl-)Entwicklungen im Medienbereich zu korrigieren, zumal der Wettbewerb über Meinungen und Inhalte für die Pluralität der Meinungen in einem demokratisch verfassten Staat unabdingbar ist. **1**

Medienunternehmen kommen aber auch als **Multiplikatoren** von redaktionellen und **werblichen Inhalten Dritter** mit den Vorgaben des Lauterkeitsrechts in Berührung. Zum einen unterliegt die Möglichkeit, Medien durch Werbung und Sponsoring zu finanzieren auch lauterkeitsrechtlichen Schranken. Hier ist insb das Gebot der Trennung von redaktionellem Inhalt und Werbung zu nennen, aber auch spezialgesetzliche Werbebeschränkungen, wie das Tabakwerbeverbot oder bestimmte Werbebeschränkungen bezüglich der Werbung gegenüber Kindern und Jugendlichen sind lauterkeitsrechtlich fundiert. Zum anderen unterliegen auch die Werbemittel der Anzeigen- und Werbekunden den lauterkeitsrechtlichen Schranken, so dass sich für das jeweilige Medienunternehmen als Verbreiter und Multiplikator der jeweiligen Werbung auch Fragen der **lauterkeitsrechtlichen Mitverantwortung** stellen können. **2**

3 Bei allen medienbezogenen lauterkeitsrechtlichen Fragen ist jedoch immer die **gesellschaftliche Funktion der Medien** zu berücksichtigen. Nach der Rechtsprechung des BVerfG kann die der Presse zufallende „öffentliche Aufgabe" nicht von der staatlichen Gewalt erfüllt werden. Die Medienunternehmen arbeiten nach privatwirtschaftlichen Grundsätzen und in privatrechtlichen Organisationsformen und sie stehen miteinander in geistiger und wirtschaftlicher Konkurrenz, in die die öffentliche Gewalt grundsätzlich nicht eingreifen darf.[1] Diesbezüglich ist es also Aufgabe des Lauterkeitsrechts, unlauteren Wettbewerb zwischen den einzelnen Wettbewerbern im Medienbereich zu verhindern. Zugleich gilt aber weiterhin das Gebot, durch rechtliche Vorgaben den Wettbewerb im Medienbereich umfassend zu erhalten.

II. Entwicklung des Lauterkeitsrechts

4 In einem ersten Gesetz zur Bekämpfung des unlauteren Wettbewerbs vom 27.5. 1896 waren die wettbewerbswidrigen Verhaltensweise in den §§ 1 bis 10 enumerativ aufgeführt. Da die enumerative Aufzählung von Einzeltatbeständen sich bald als zu unflexibel zur Reaktion auf die mannigfaltigen Erscheinungsformen und Entwicklungen der Wettbewerbshandlung erwies, wurde schon bald auf die deliktsrechtlichen Generalklauseln in §§ 823, 826 BGB zurückgegriffen, was deutlich die historische und **charakterliche Nähe des Lauterkeitsrechts zum allgemeinen Deliktsrecht** zeigt. Um flexibel auf neue Entwicklungen im Marktverhalten reagieren zu können, wurde dann mit einem neuen Gesetz gegen unlauteren Wettbewerb vom 17.6.1909 eine Generalklausel als zentrale Norm des Lauterkeitsrechts etabliert. Die Generalklausel in § 1 UWG aF lautete: *„Wer im geschäftlichen Verkehr zu Zwecken des Wettbewerbs Handlungen vornimmt, die gegen die guten Sitten verstoßen, kann auf Unterlassung und Schadensersatz in Anspruch genommen werden."* Um diese Generalklausel für die Rechtspraxis auszudifferenzieren, hat die Rechtsprechung unterschiedliche Fallgruppen zur Generalklausel gebildet. Diese Fallgruppen dienten jedoch nur der systematischen Einordnung von standardisierten Sachverhalten in Literatur und Rechtsprechung. Grundsätzlich war jedoch eine Gesamtbewertung der Wettbewerbshandlung nötig. Diese Grundsystematik hielt sich mit einigen wenigen Änderungen und Ergänzungen durch Spezialtatbestände (zB die sog „kleine" Generalklausel zur irreführenden Werbung in § 3 UWG aF) 85 Jahre, bevor man mit dem UWG 2004 eine Modernisierung und Europäisierung des Wettbewerbsrechts in Angriff nahm. Nach Abschaffung von Rabattgesetz und Zugabeverordnung im Jahre 2001 verfolgte der Gesetzgeber weiter den Kurs der Deregulierung im Wettbewerbsrecht und verzichtete in dem neuen UWG (2004) auf die abstrakten Gefährdungstatbestände der §§ 6 ff aF (Insolvenzwarenverkauf, Hersteller- und Großhändlerwerbung, Einkaufsausweise und das Recht der Sonderveranstaltungen). Gleichzeitig wurden mit dem UWG 2004 auch die europarechtlichen Vorgaben der **RL 84/450/EWG über irreführende Werbung**, die **Datenschutz-RL 2002/58/EG für elektronische Kommunikation** sowie die **RL 2000/31/EG über den elektronischen Geschäftsverkehr** in nationales Recht umgesetzt. Ferner griff der Gesetzgeber ausdrücklich das vom EuGH entwickelte und bereits vom BGH in seiner Rechtsprechung übernommene Verbraucherleitbild des durchschnittlich informierten, aufmerksamen und verständigen Durchschnittsverbrauchers auf. Rege-

---

[1] Vgl BVerfG NJW 1966, 1603 – *Spiegel*;
BVerfG NJW 1984, 1741 – *Springer/Wallraff*.

lungstechnisch hat der Gesetzgeber zwar das Prinzip der Generalklausel in § 3 UWG 2004 grundsätzlich beibehalten, diese jedoch mit den Beispieltatbeständen in § 4 UWG sowie den §§ 5, 6 UWG kodifikatorisch konkretisiert. Aufgrund der Umsetzungsverpflichtung der **RL 2005/29/EG über unlautere Geschäftspraktiken** (UGP-RL) wurde das UWG 2004 bereits 2008 erneut überarbeitet. Die UGP-RL sieht in ihrem Anwendungsbereich eine Vollharmonisierung vor, so dass der deutsche Gesetzgeber keinen sachlichen Gestaltungsspielraum bei der Umsetzung der europäischen Vorgaben hatte. Zwar wurde der Aufbau des Gesetzes weitgehend unangetastet gelassen, jedoch ergaben sich im Rahmen der Umsetzung der UGP-RL weitergehende Änderungen für den Anwendungsbereich des UWG, der Konzeption der Generalklausel sowie einzelne Unlauterkeitstatbestände. Praktisch relevant ist zum Beispiel die Einführung der sog „Schwarzen Liste", die geschäftliche Handlungen gegenüber Verbrauchern auflistet, die *per se* unzulässig sind.

Auch wenn das UWG 2008 in seinen Formulierungen und in seinem Regelungsgehalt stark durch die europarechtlichen Richtlinien-Vorgaben geprägt ist, bleibt das UWG seiner Geschichte und seiner zivilrechtlichen Einbettung nach **Sonderdeliktsrecht**. Der sonderdeliktsrechtliche Charakter ist bspw dann von entscheidender Bedeutung, wenn mangels Regelungen im UWG auf die **allgemeinen deliktsrechtlichen Vorschriften** zurückzugreifen ist. Praktische Bedeutung hat dies bei der Frage der Verantwortlichkeit für Verstöße gegen das Lauterkeitsrecht.

III. Lauterkeitsrecht und die Mediengrundrechte aus Art 5 GG

Medienrecht ist aufgrund der Bedeutung der Medien für den Bestand der demokratischen Grundordnung und dem konsequenten grundrechtlichen Schutz der Medienschaffenden aus **Art 5 GG** immer auch praktisches Verfassungsrecht. Nichts anderes gilt für die medienbezogene Anwendung der lauterkeitsrechtlichen Vorschriften. Deswegen sind die in Art 5 GG niedergelegten **medienbezogenen Grundrechte** der **Meinungs-, Informations-, Presse-, Rundfunk-, Filmfreiheit** (alle Art 5 Abs 1 GG) sowie auch der **Freiheit von Kunst und Wissenschaft** (Art 5 Abs 3 GG) grundsätzlich auch bei der Anwendung der lauterkeitsrechtlichen Vorschriften, insb in Abwägungsfällen zu berücksichtigen. Wie das gesamte Medienrecht steht selbstredend auch das medienbezogene Lauterkeitsrecht im ständigen Spannungsverhältnis zu den Mediengrundrechten aus Art 5 Abs 1 GG, insb der Presse- und Meinungsfreiheit.

Der Schutzbereich der **Pressefreiheit** umfasst den gesamten Inhalt eines Presseorgans, darunter **auch Werbeanzeigen**.[2] Soweit Meinungsäußerungen Dritter, die den Schutz des Art 5 Abs 1 S 1 GG genießen, in einem Presseorgan veröffentlicht werden, schließt die Pressefreiheit diesen Schutz mit ein: Einem Presseorgan darf die Veröffentlichung einer fremden Meinungsäußerung nicht verboten werden, wenn dem Meinungsträger selbst ihre Äußerung und Verbreitung zu gestatten ist.[3] In diesem Umfang kann sich das Presseunternehmen auf eine Verletzung der Meinungsfreiheit Dritter in einer gerichtlichen Auseinandersetzung berufen. Das gilt auch in einem Zivilrechtsstreit über wettbewerbsrechtliche Unterlassungsansprüche.[4] Der – hier in den Schutz der Pressefreiheit eingebettete – Schutz des Art 5 Abs 1 S 1 GG **erstreckt sich auch auf kommerzielle Meinungsäußerungen** sowie reine Wirtschaftswerbung, die einen wer-

---

[2] Vgl BVerfGE 21, 271, 278; BVerfGE 102, 347, Rn 39.
[3] Vgl BVerfGE 102, 347, Rn 39.
[4] Vgl BVerfGE 102, 347, Rn 39.

tenden, meinungsbildenden Inhalt hat.[5] Soweit eine Meinungsäußerung – eine Ansicht, ein Werturteil oder eine bestimmte Anschauung – in einem Bild zum Ausdruck kommt, fällt auch dieses in den Schutzbereich von Art 5 Abs 1 S 1 GG.[6]

8 Die Grundrechte in Art 5 Abs 1 GG werden gemäß Art 5 Abs 2 GG jedoch **durch die allgemeinen Gesetze beschränkt**. Die lauterkeitsrechtliche Generalklausel – jetzt § 3 UWG – ist nach der Rechtsprechung des BVerfG ein allgemeines Gesetz iSd Art 5 Abs 2 GG.[7] Die Ziele des UWG stehen nach Auffassung des BVerfG mit der Wertordnung des Grundgesetzes in Einklang.[8] Das BVerfG hat darüber hinaus auch festgestellt, dass die für das Lauterkeitsrecht gewählte Regelungstechnik der Generalklausel verfassungsrechtlich nicht zu beanstanden ist. In einer noch zu § 1 UWG aF ergangenen Entscheidung hat das BVerfG festgestellt, dass der Gesetzgeber im Hinblick auf die unübersehbare Vielfalt möglicher Verhaltensweisen im geschäftlichen Wettbewerb mit § 1 UGW aF die missbilligten Wettbewerbshandlungen in verfassungsrechtlich unbedenklicher Weise umschrieben worden sind.[9] Eine genauere Regelung erscheine nach der Eigenart des zu ordnenden Sachverhalts und mit Rücksicht auf den Normzweck kaum möglich, so dass unter diesen Voraussetzungen unbestimmte Rechtsbegriffe und Generalklauseln grundsätzlich unbedenklich erscheinen.[10] Diese vom BVerfG zu § 1 UWG aF festgestellten Grundsätze haben erst Recht für das insoweit regelungstechnisch weiter konkretisierte UWG 2008 Geltung.

9 Grundsätzlich haben Gerichte jedoch den Grundrechten aus Art 5 Abs 1 S 1 GG **bei der Auslegung und Anwendung des Privatrechts Rechnung** zu tragen, wenn eine zivilrechtliche Entscheidung die Meinungsfreiheit berührt.[11] Insoweit ist das medienbezogene Lauterkeitsrecht fortdauernd an den Grundrechten aus Art 5 Abs 1 GG zu messen. Denn Einschränkungen des für eine freiheitliche, demokratische Staatsordnung schlechthin konstituierenden Rechts der freien Meinungsäußerung bedürfen grundsätzlich einer Rechtfertigung durch hinreichend gewichtige Gemeinwohlbelange oder schutzwürdige Rechte und Interessen Dritter.[12] Es ist für das Grundrecht auf Meinungsfreiheit nach Art 5 Abs 1 GG grundsätzlich unerheblich, ob Meinungsäußerungen auch für oder im Rahmen von Wirtschaftswerbung getätigt werden. Der Grundrechtsschutz besteht auch unabhängig davon, ob eine Meinungsäußerung rational oder emotional, begründet oder grundlos ist, und ob sie von anderen für nützlich oder schädlich, wertvoll oder wertlos gehalten wird.[13]

10 Auch wenn also die generalklauselartigen Regelungen im UWG im Lichte des Art 5 Abs 1 S 1 GG auszulegen und anzuwenden sind, kann das Grundrecht auf Meinungsfreiheit im Einzelfall in Abwägungswiderspruch zu anderen Grundrechten – wie bspw der **Menschenwürde** – stehen. Art 1 Abs 1 GG verpflichtet den Staat, alle Menschen gegen Angriffe auf die Menschenwürde wie Erniedrigung, Brandmarkung, Verfolgung, Ächtung usw zu schützen.[14] Werbeanzeigen, die einzelne Personen oder Personengruppen in einer die Menschenwürde verletzenden Weise ausgrenzen, verächtlich machen, verspotten oder sonst wie herabwürdigen, können daher grundsätz-

---

[5] Vgl BVerfGE 102, 347, Rn 40; BVerfGE 71, 162, 175.
[6] Vgl BVerfGE 102, 347, Rn 40; BVerfGE 30, 336, 352; BVerfGE 71, 162, 175.
[7] Vgl BVerfGE 62, 230, 245; BVerfGE 85, 248, 263; BVerfGE 102, 347, Rn 45.
[8] Vgl BVerfGE 102, 347, Rn 45.
[9] Vgl BVerfGE 32, 311, 317.
[10] Vgl BVerfGE 102, 347, Rn 47.
[11] St Rspr; vgl BVerfGE 7, 198, 206 ff; BVerfGE 86, 122, 128 f; BVerfGE 102, 347, Rn 51.
[12] BVerfGE 102, 347, Rn 53.
[13] Vgl BVerfGE 30, 336, 347; BVerfGE 93, 266, 289; BVerfGE 102, 347, Rn 62.
[14] Vgl BVerfGE 1, 97, 104.

lich auch dann wettbewerbsrechtlich untersagt werden, wenn sie den Schutz der Kommunikationsgrundrechte aus Art 5 GG oder anderweitigen Grundrechtsschutz genießen.[15] Die Verletzung der Menschenwürde hat das BVerfG entgegen der Auffassung des BGH aber bspw für ein Anzeigenmotiv, das einen im Sterben liegenden und mit den Buchstaben „HIV" gekennzeichneten Menschen nicht angenommen.[16] Die Menschenwürde setzt der Meinungsfreiheit auch im Wettbewerbsrecht eine **absolute Grenze**.[17] Die Menschenwürde als Fundament aller Grundrechte ist mit keinem Einzelgrundrecht abwägungsfähig. Da aber die Grundrechte insgesamt die Konkretisierung des Prinzips der Menschenwürde sind, bedarf die Annahme, dass der Gebrauch eines Grundrechts die unantastbare Menschenwürde verletzt, stets einer sorgfältigen Begründung.[18] Bei der Auslegung der lauterkeitsrechtlichen Generalklausel gilt das insb auch deshalb, weil bei Annahme eines Verstoßes gegen die Menschenwürde die sonst notwendige Rechtfertigung des Eingriffs in die Meinungsfreiheit durch einen hinreichend wichtigen Belang, insb durch eine Gefährdung des an der Leistung orientierten Wettbewerbs, entfällt.[19] Der Schutz der Menschenwürde rechtfertigt im Rahmen der lauterkeitsrechtlichen Generalklausel unabhängig vom Nachweis einer Gefährdung des Leistungswettbewerbs ein Werbeverbot, wenn die Werbung wegen ihres Inhalts auf die **absolute Grenze der Menschenwürde** stößt. Wird diese Grenze jedoch beachtet, kann nicht allein der Werbekontext dazu führen, dass eine ansonsten zulässige Meinungsäußerung die Menschenwürde verletzt.[20] Das BVerfG konstatiert jedoch, dass eine Anzeige, die Leid nicht im sonst üblichen politischen, karitativen oder berichterstattenden, sondern in einem kommerziellen Kontext thematisiert, als befremdlich empfunden oder für ungehörig gehalten werden könne.[21]

11 Auch das lauterkeitsrechtliche Verbot der getarnten Werbung bzw das lauterkeitsgerichtliche **Gebot der Trennung von Werbung und redaktionellen Inhalten** ist nach Auffassung des BVerfG verfassungsrechtlich nicht zu beanstanden. Es widerspricht nicht dem Grundrechtsschutz aus Art 5 Abs 1 GG, dass getarnte Werbung grundsätzlich wettbewerbswidrig ist.[22] Allerdings darf mit dem Gebot, redaktionelle Beiträge und Werbung in Zeitungen zu trennen, keine übermäßige Beschränkung der Meinungs- und Pressefreiheit einhergehen. Der Presse müsse es möglich bleiben, in ihrem redaktionellen Teil über bestimmte Unternehmen sowie über Produkte und Erzeugnisse zu berichten. Nicht schon jede positive Erwähnung eines Firmennamens oder Vertriebsweges bedeute eine rechtlich zu beanstandende getarnte Werbung.[23]

12 Die **Einordnung einer Äußerung als Werturteil oder als Tatsachenbehauptung** ist für die rechtliche Beurteilung von Eingriffen in das Grundrecht auf Meinungsfreiheit nach ständiger Rechtsprechung von weichenstellender Bedeutung.[24] Führt eine Tatsachenbehauptung zu einer Rechtsverletzung, hängt das Ergebnis der Abwägung der kollidierenden Rechtsgüter vom Wahrheitsgehalt der Äußerung ab. Bewusst unwahre Tatsachenäußerungen genießen den Grundrechtsschutz überhaupt nicht.[25] Ist die

[15] Vgl BVerfGE 102, 347, Rn 66.
[16] Vgl BVerfGE 102, 347 ff – *Schockwerbung*.
[17] Vgl BVerfGE 102, 347, 366 f; BVerfGE 107, 275.
[18] Vgl BVerfGE 93, 266, 293 – *Soldaten sind Mörder*; BVerfGE 107, 275 – *H.I.V. positiv*.
[19] Vgl BVerfGE 107, 275, Rn 26 mit Verweis auf BVerfG NJW 2002, 1187, 1188.
[20] Vgl BVerfGE 107, 275, Rn 27.
[21] Vgl BVerfGE 102, 347, 363; BVerfGE 107, 275, Rn 27 aE.
[22] Vgl BVerfG NJW 2005, 3201 – *Getarnte Werbung in der Boulevard-Presse*.
[23] Vgl BVerfG NJW 2005, 3201, Tz 12 – *Getarnte Werbung in der Boulevard-Presse*.
[24] Vgl BVerfG WRP 2003, 69 – *Anwaltsranking II* unter Hinweis auf BVerfGE 61, 1, 7 f; BVerfGE 99, 185, 196 f.
[25] BVerfGE 54, 208, 219.

Wahrheit nicht erwiesen, wird die Rechtmäßigkeit der Beeinträchtigung eines anderen Rechtsguts davon beeinflusst, ob besondere Anforderungen, etwa an die Sorgfalt der Recherche, beachtet worden sind. Werturteile sind keinem Wahrheitsbeweis zugänglich und sind grundsätzlich frei. Sie können nur unter besonderen Umständen beschränkt werden.[26] Bezogen auf das UWG bedeutet dies, dass für Werturteile eine auf die Regelungen des UWG gestützte Einschränkung der Meinungsfreiheit in jedem Fall eine Gefährdung eines Schutzgutes des UWG erfordert, das in einer Abwägung Vorrang vor der Meinungsfreiheit genießt.[27]

13   Die **Wissenschafts- und Forschungsfreiheit** aus Art 5 Abs 3 GG wird für den Bereich der echten wissenschaftlichen Markt- und Meinungsforschung beansprucht.[28] Ferner genießen auch künstlerische Äußerungen den Schutz des Art 5 Abs 3 GG. Dem Schutz der **Kunstfreiheit** unterfallen nicht nur Werke, die über eine gewisse Gestaltungshöhe verfügen. Die Kunstfreiheit schützt grundsätzlich jede künstlerische Aussage, so dass ihrem Schutzbereich zB auch eine satirische Werbepostkarte unterfällt, in der die Eindrücke des Künstlers von den Marken und deren Werbung humorvoll-satirisch aufgegriffen werden.[29] Durch die Kunstfreiheit nach Art 5 Abs 3 GG geschützt sind auch diejenigen Personen, die etwa als Verleger eine Vermittlungsfunktion zwischen dem Künstler und dem Publikum übernehmen.[30]

14   Auch wenn Art 5 Abs 3 GG nicht der Schranke des allgemeinen Gesetzesvorbehalts des Art 5 Abs 2 GG unterliegt, ist das Grundrecht der Kunst-, Wissenschafts- und Forschungsfreiheit nicht schrankenlos gewährt.[31] Vielmehr wird die Freiheit durch **kollidierendes Verfassungsrecht** beschränkt, wobei für Eingriffe jeweils eine gesetzliche Konkretisierung vorliegen muss.[32] Bspw können das aus Art 2 Abs 1 iVm Art 1 Abs 1 GG entwickelte **Allgemeine Persönlichkeitsrecht**,[33] das **Recht auf Informationelle Selbstbestimmung** oder auch das **Eigentumsrecht** aus Art 14 GG den Grundrechten aus Art 5 Abs 3 GG entgegenstehen. Diese kollidierenden Rechte mit Verfassungsrang sind – soweit diese Rechte in die Schutzbestimmung des UWG mit einfließen – durch die jeweilig anwendbaren Vorschriften des UWG konkretisiert.

§ 2
Internationale Bezüge des Lauterkeitsrechts

I. Sekundäres Unionsrecht und Lauterkeitsrecht

15   Grundsätzlich hat der europäische Gesetzgeber zwei unterschiedliche Wege zur Hand, europäisches Recht zu setzen. Direkt und unmittelbar geltendes Recht kann der europäische Gesetzgeber als Verordnung erlassen. Dieses Instrument hat den Vorzug, dass die betreffende Regelung sofort und unmittelbar Geltung bekommt. Für das Lauterkeitsrecht spielt das Instrument der Verordnung allerdings eine völlig untergeordnete Rolle. Der Gesetzgeber hat sich jedoch vielfach des Instruments der Richtlinie

---

26 Vgl BVerfGE 85, 1, 16 f.
27 Vgl BVerfG WRP 2003, 69 Tz 13 – *Anwaltsranking II*.
28 Vgl *Schweizer* ZUM 2010, 400, 404.
29 BGH GRUR 2005, 583, 584 – *Lila-Postkarte*.
30 Vgl BVerfG NJW 1971, 1645 – *Mephisto*.
31 Vgl zB BVerfG NJW 1971, 1645 – *Mephisto*; BGH GRUR 2005, 583, 584 – *Lila-Postkarte*.
32 Jarass/Pieroth/*Jarass* Grundgesetz für die Bundesrepublik Deutschland, Art 5, Rn 131.
33 Vgl dazu BVerfG GRUR 2007, 1085 – *Esra*.

bedient.³⁴ Da die Richtlinien zunächst keine unmittelbare Wirkung in den Mitgliedstaaten entfalten, entsteht ein entsprechender Umsetzungsbedarf durch die nationalen Gesetzgeber. Je nachdem, ob es sich bei den Richtlinien um teilharmonisierende oder vollharmonisierende Richtlinien handelt, fallen die nationalen Vorschriften der Mitgliedstaaten in Umsetzung der jeweiligen Richtlinie graduell unterschiedlich aus. Eine Folge daraus ist, dass bspw bei mindestharmonisierenden Richtlinien durch die Umsetzung in den Mitgliedstaaten theoretisch 27 unterschiedlich lauterkeitsrechtliche Anforderungen an die Marktteilnehmer entstehen könnten, die grenzüberschreitend ihre Produkte anbieten. Dies veranlasste den europäischen Gesetzgeber dazu, soweit als möglich das sog **Herkunftslandprinzip** zu implementieren.³⁵ Das Herkunftslandprinzip besagt zusammengefasst, dass die Zulässigkeit einer geschäftlichen Handlung – ggf unter Abweichung des am Marktort geltenden Rechts – nach den Vorschriften desjenigen Mitgliedstaats zu beurteilen ist, in dem der Handelnde seinen Sitz hat. Rechtspolitisch sollen damit die Unternehmen von der Aufgabe entlastet werden, vor europaweiten geschäftlichen Handlung die jeweils möglicherweise divergierenden rechtlichen Anforderungen der Zielländer erschöpfend prüfen zu müssen. Andererseits werden dadurch die Verbraucher in den jeweiligen Zielländern möglicherweise mit geschäftlichen Handlungen unterschiedlichen Schutzniveaus konfrontiert. Das Herkunftslandprinzip ist aus diesem Grund nicht unumstritten.³⁶ Nachfolgend sollen kurz die Richtlinien mit Bezügen zum Lauterkeitsrecht, insb solche mit Auswirkungen auf Medienrecht skizziert werden.

1. Die Richtlinie über irreführende und vergleichende Werbung

Die RL 2006/114/EG über irreführende und vergleichende Werbung³⁷ bezweckt nach Art 1 den **Schutz der Gewerbetreibenden vor irreführender Werbung** und deren unlautere Auswirkungen sowie die Festlegung der Bedingungen für zulässige vergleichende Werbung. Der verbraucherbezogene Irreführungsschutz ist hingegen in der RL 2005/29/EG über unlautere Geschäftspraktiken (UGP-RL) geregelt. Während sich die RL 2006/115/EG im Hinblick auf die Irreführung gegenüber Gewerbetreibenden auf eine Mindestharmonisierung beschränkt, stellt sie für die **vergleichende Werbung** eine **vollharmonisierte abschließende Regelung** auf.³⁸ Während den Mindeststandards über irreführende Werbung gegenüber Gewerbetreibenden mit §§ 5, 5a UWG ausreichend Genüge getan ist, bleibt die RL 2006/114/EG besonders im Hinblick auf die vergleichende Werbung als vollharmonisierter europäischer Maßstab für die Anwendung des § 6 UWG von Bedeutung.

---

34 Vgl *Micklitz/Kessler* GRUR Int 2002, 885, 886.
35 Vgl dazu *Köhler/Lettl* WRP 2003, 1019, 1030; *Ohly* GRUR Int 2001, 899; *Micklitz/Kessler* GRUR Int 2002, 885, 886; *Glöckner* WRP 2005, 795.
36 Vgl zum Streitstand mit weiteren Nachweisen aus der Literatur Köhler/Bornkamm/*Köhler* Einleitung UWG, Rn 3.40.

37 RL 2006/114/EG des Europäischen Parlaments und des Rates vom 12.12.2006 über irreführende und vergleichende Werbung, ABl Nr L 376, S 21.
38 Vgl EUGH GRUR 2003, 533, 536, Tz 43, 44 – *Pippik Augenoptik/Harlauer*.

Kapitel 1 Medienbezogenes Lauterkeitsrecht

2. Richtlinie über elektronischen Geschäftsverkehr

17 Mit der RL 2000/31/EG über bestimmte rechtliche Aspekte der Dienste der Informationsgesellschaft, insb des elektronischen Geschäftsverkehrs, im Binnenmarkt („Richtlinie über den elektronischen Geschäftsverkehr")[39] sorgt der europäische Gesetzgeber für die Sicherstellung des **freien Verkehrs von Diensten der Informationsgesellschaft** zwischen den Mitgliedstaaten für eine Angleichung bestimmter für die Dienste der Informationsgesellschaft geltender innerstaatlicher Regelungen, die den Binnenmarkt, die Niederlassung der Diensteanbieter, kommerzielle Kommunikation, elektronische Verträge, die Verantwortlichkeit von Vermittlern, Verhaltenskodizes, Systeme zur außergerichtlichen Beilegung von Streitigkeiten, Klagemöglichkeiten sowie die Zusammenarbeit zwischen den Mitgliedstaaten betreffen (Art 1 Abs 1 und 2 der RL 2000/31/EG). Die Richtlinie ist in Deutschland im Wesentlichen durch das **Telemediengesetz (TMG)** bzw den **Rundfunkstaatsvertrag (RStV)** in nationales Recht umgesetzt. Darüber hinaus haben die Regelungen der RL 2000/31/EG lauterkeitsrechtlichen Einfluss auf den Tatbestand der Irreführung durch Unterlassen in § 5a UWG und den Rechtsbruchstatbestand des § 4 Nr 11 UWG. Zentrale Bedeutung erlangt die Richtlinie jedoch über Art 3, der das **Herkunftslandprinzip** für den elektronischen Geschäftsverkehr etabliert. Danach hat jeder Mitgliedstaat dafür Sorge zu tragen, dass die Dienste der Informationsgesellschaft, die von einem in seinem Hoheitsgebiet niedergelassenen Diensteanbieter erbracht werden, den in diesem Mitgliedstaat geltenden innerstaatlichen Vorschriften entsprechen, die in den koordinierten Bereich fallen. Ferner dürfen die Mitgliedstaaten im freien Verkehr Dienste der Informationsgesellschaft aus einem anderen Mitgliedstaat nicht aus Gründen einschränken, die in den koordinierten Bereich fallen (Art 3 Abs 2 der RL 2000/31/EG). Nach diesen Grundsätzen dürfen die Mitgliedstaaten grenzüberschreitende Werbekommunikation, zB über das Internet diese Kommunikation nach den innerstaatlichen Vorschriften bewerten, gleichzeitig aber in dieser Bewertung nicht strenger sein darf, als das Recht des Mitgliedstaats, in dem der Werbungtreibende seinen Sitz hat.[40] Das Herkunftslandprinzip nach der RL 2000/31/EG gilt jedoch nicht uneingeschränkt, da Art 3 Abs 4 RL 2000/31/EG bestimmte Bereiche ausklammert. So sind bspw Vorschriften zum Schutz der öffentlichen Ordnung (Verhütung, Ermittlung, Aufklärung und Verfolgung von Straftaten, einschließlich Jugendschutz und der Bekämpfung der Hetze aus Gründen der Rasse, des Geschlechts, des Glaubens oder der Nationalität sowie Verletzung der Menschenwürde), Gesundheit, öffentlichen Sicherheit, Verbraucher sowie auf das Urheberrecht und gewerbliche Schutzrechte und die Frage der Rechtswahl für die Vertragsparteien vom Herkunftslandprinzip ausgenommen.

3. Richtlinie über audiovisuelle Mediendienste

18 Die RL 2010/13/EU zur Koordinierung bestimmter Rechts- und Verwaltungsvorschriften der Mitgliedstaaten über die Bereitstellung audiovisueller Mediendienste (Richtlinie über audiovisuelle Mediendienste)[41] ersetzt die frühere Fernseh-RL 89/552/

---

[39] RL 2000/31/EG des Europäischen Parlaments und des Rates v 8.6.2000 über bestimmte rechtliche Aspekte der Dienste der Informationsgesellschaft, insb des elektronischen Geschäftsverkehrs, im Binnenmarkt („Richtlinie über den elektronischen Geschäftsverkehr"), ABl Nr L 178 S 1.

[40] Vgl OLG Hamburg GRUR 2004, 880; *Henning-Bodewig* GRUR 2004, 822.
[41] RL 2010/13/EU des Europäischen Parlaments und des Rates v 10.3.2010 zur Koordinierung bestimmter Rechts- und Verwaltungsvorschriften der Mitgliedstaaten über die Bereitstellung audiovisueller Mediendienste

EWG, geändert ua durch die RL 2007/65/EG. Sie **harmonisiert die audiovisuelle Kommunikation** und im Besonderen die **Fernsehwerbung** und das **Teleshopping**. Nach Erwägungsgrund 5 der Richtlinie sind audiovisuelle Mediendienste gleichermaßen Kultur- und Wirtschaftsdienste. Ihre immer größere Bedeutung für die Gesellschaft, die Demokratie – vor allem zur Sicherung der Informationsfreiheit, der Meinungsvielfalt und des Medienpluralismus –, die Bildung und die Kultur rechtfertigt nach Auffassung des europäischen Gesetzgebers die Anwendung besonderer Vorschriften auf diese Dienste. Ein audiovisueller Mediendienst im Sinne der RL 2010/13/EU ist gem Art 1 Abs 1 lit a i eine Dienstleistung, für die ein Mediendiensteanbieter die redaktionelle Verantwortung trägt und deren Hauptzweck die Bereitstellung von Sendungen zur Information, Unterhaltung oder Bildung der allgemeinen Öffentlichkeit über elektronische Kommunikationsnetze ist. Bei diesen audiovisuellen Mediendiensten handelt es sich entweder um Fernsehprogramme, dh einen linearen audiovisuellen Mediendienst oder um audiovisuelle Mediendienste auf Abruf, dh einen nichtlinearen audiovisuellen Mediendienst sowie die audiovisuelle kommerzielle Kommunikation (Art 1 Abs 1 lit a ii der RL 2010/13/EU).

Auch die Richtlinie über audiovisuelle Mediendienste sieht in Art 2 Abs 1 das **Herkunftslandprinzip** vor. Danach hat jeder Mitgliedstaat dafür Sorge zu tragen, dass alle audiovisuellen Mediendienste, die von seiner Rechtshoheit unterworfenen Mediendiensteanbieter übertragen werden, den Vorschriften des Rechtssystems entsprechen, die auf die für die Allgemeinheit bestimmte audiovisuelle Mediendienste in diesem Mitgliedstaat anwendbar sind. Gleichzeitig haben gem Art 3 Abs 1 die Empfangsstaaten zu gewährleisten, dass die Weiterverbreitung von audiovisuellen Mediendiensten aus anderen Mitgliedstaaten in ihrem Hoheitsgebiet aus Gründen, die Bereiche betreffen, die durch die RL 2010/13/EU tangiert sind, nicht behindert werden. Übertragen auf das Lauterkeitsrecht bedeutet dies, dass das Lauterkeitsrecht des Sendestaates gilt, soweit es nach den Art 9 ff, 19 ff durch die RL 2010/13/EU koordiniert ist. Eine abschließende Koordinierung des Lauterkeitsrechts findet jedoch in den Art 9 ff der RL 2010/13/EU nicht statt, insb ist die irreführende und vergleichende Werbung nicht erfasst, so dass das Herkunftslandprinzip der RL 2010/13/EU die Empfangsstaaten nicht daran hindert, ihr Lauterkeitsrecht in diesem Bereich für anwendbar zu erklären.[42] Die Regelungen der RL 2010/13/EU erlangen ihre lauterkeitsrechtliche Umsetzung insb über die Verbote der Schleichwerbung in § 4 Nr 3 UWG oder über den Rechtsbruchtatbestand in § 4 Nr 11 UWG iVm den Vorschriften des Rundfunkstaatsvertrags, des Jugendmedienschutzstaatsvertrags.

19

4. Datenschutzrichtlinie für elektronische Kommunikation

Die RL 2002/58/EG über die Verarbeitung personenbezogener Daten und Schutz der Privatsphäre in der elektronischen Kommunikation (Datenschutz-RL für elektronische Kommunikation)[43] ist Grundlage für den lauterkeitsrechtlichen Umgang mit **unerbetener elektronischer Kommunikation**, geregelt in § 7 UWG. Bei der Anwendung der Vorschriften des § 7 Abs 2 und 3 UWG ist also immer zu berücksichtigen,

20

(Richtlinie über audiovisuelle Mediendienste), ABl Nr L 95 S 1, ber ABl 2010 Nr L 263 S 15.
[42] *Sack* WRP 2000, 269, 284; Köhler/Bornkamm/*Köhler* Einleitung UWG, Rn 3.52.
[43] RL 2002/58/EG des Europäischen Parlaments und des Rates v 12.7.2002 über die Verarbeitung personenbezogener Daten und den Schutz der Privatsphäre in der elektronischen Kommunikation (Datenschutz-RL für elektronische Kommunikation), ABl Nr L 201 S 37.

dass es sich im europäischen Kontext dieser Regelungen eigentlich um Regelungen des Datenschutzrechts aus der RL 2002/58/EG handelt.

5. Richtlinie über unlautere Geschäftspraktiken 2005/29/EG

21 Die RL 2005/29/EG über unlautere Geschäftspraktiken[44] (UGP-RL) stellt den zentralen und vollharmonisierten Lauterkeitsmaßstab für geschäftliche Handlungen gegenüber **Verbrauchern** dar. Zweck der Richtlinie ist es gem Art 1, durch Angleichung der Rechts- und Verwaltungsvorschriften der Mitgliedstaaten über unlautere Geschäftspraktiken, die die wirtschaftlichen Interessen der Verbraucher beeinträchtigen, zu einem reibungslosen Funktionieren des Binnenmarkts und zum Erreichen eines hohen Verbraucherschutzniveaus beizutragen. Die Richtlinie strebt insoweit eine **Vollharmonisierung des verbraucherbezogenen Lauterkeitsrechts** an. Das Verhältnis von Unternehmen zu Unternehmen (B2B) und anderen Marktteilnehmern wird jedoch von der Richtlinie nicht berührt. Den Schutz von Unternehmen vor Mitbewerbern, die sich nicht an die lauterkeitsrechtlichen Regelungen der Richtlinie halten, erfolgt hier nur mittelbar.[45]

Zu dem Aufbau und den Regelungen im Einzelnen siehe Rn 30.

II. Kollisionsrecht nach der Rom II-Verordnung

22 Für Sachverhalte ab dem 11.1.2009 ist das Kollisionsrecht innerhalb der Union durch die Verordnung (EG) Nr 864/2007 des Europäischen Parlaments und des Rates vom 11.7.2007 über das auf das **außervertragliche Schuldverhältnisse** anzuwendende Recht („Rom II") vereinheitlicht. Die Rom II – Verordnung ersetzt die Art 44 ff EGBGB, die jedoch für „Altfälle" vor dem 11.1.2009 weiterhin gelten.[46] Lediglich Dänemark hat die Rom II – Verordnung nicht angenommen, die damit für Dänemark nicht bindend oder anwendbar ist.[47] Nach Art 3 der Rom II – Verordnung ist das nach der Verordnung bezeichnete Recht auch dann anzuwenden, wenn es nicht das Recht eines Mitgliedstaats ist. Damit finden die Kollisionsregeln der Rom II – Verordnung **universelle Anwendung**.

23 Nach der allgemeinen Kollisionsnorm des Art 4 Abs 1 der Rom II – Verordnung ist auf ein außervertragliches Schuldverhältnis aus **unerlaubter Handlung** das Recht des Staates anzuwenden, in dem der Schaden eintritt, unabhängig davon, in welchem Staat das schadensbegründende Ereignis oder indirekte Schadensfolge eingetreten sind, soweit in der Rom II – Verordnung nichts weiteres vorgesehen ist. Diese allgemeine Kollisionsnorm wird durch eine Sonderregelung in Art 6 präzisiert.[48] Nach Art 6

---

[44] RL 2005/29/EG des Europäischen Parlaments und des Rates v 11.5.2005 über unlautere Geschäftspraktiken von Unternehmen gegenüber Verbrauchern im Binnenmarkt und zur Änderung der RL 84/450/EWG des Rates, der RLen 97/7/EG, 98/27/EG und 2002/65/EG des Europäischen Parlaments und des Rates sowie der Verordnung (EG) Nr 2006/2004 des Europäischen Parlaments und des Rates (Richtlinie über unlautere Geschäftspraktiken), ABl Nr L 149 S 22, ber ABl 2009 Nr L 253 S 18.

[45] Vgl Erwägungsgrund 8, S 2 der RL 2005/29/EG.
[46] Vgl BGH NJW 2010, 3780 – *Ausschreibung in Bulgarien*.
[47] Vgl Erwägungsgrund 40 der Rom II – Verordnung.
[48] Vgl Erwägungsgrund 21 der Rom II – Verordnung.

Abs 1 Rom II – Verordnung ist auf außervertragliche **Schuldverhältnisse aus unlauterem Wettbewerbsverhalten** das Recht des Staates anzuwenden, in dessen Gebiet die Wettbewerbsbeziehungen oder die kollektiven Interessen der Verbraucher beeinträchtigt worden sind oder wahrscheinlich beeinträchtigt werden. Sinn und Zweck dieser Kollisionsnorm ist es, die Wettbewerber, die Verbraucher und die Öffentlichkeit zu schützen und das reibungslose Funktionieren der Marktwirtschaft sicherzustellen. Durch eine Anknüpfung an das Recht des Staates, in dessen die Wettbewerbsbeziehung oder die kollektiven Interessen der Verbraucher beeinträchtigt worden sind oder aber beeinträchtigt zu werden drohen, können diese Ziele nach Auffassung des europäischen Gesetzgebers im Allgemeinen erreicht werden.[49] Bei der Anwendung des Art 6 der Rom II – Verordnung ist zu beachten, dass die enthaltenen Grundbegriffe „außervertragliches Schuldverhältnis" sowie „unlauteres Wettbewerbsverhalten" als **autonome Begriffe des Unionsrechts** zu verstehen sind, dessen verbindliche Auslegung letztendlich dem EUGH obliegt. Der Verordnungsgeber hat explizit auf die autonome Auslegung für den Begriff „außervertragliches Schuldverhältnis" im Erwägungsgrund 11 der Rom II – Verordnung hingewiesen. Art 6 Abs 1 der Rom II – Verordnung stellt jedoch selbst klar, dass unlauteres Wettbewerbsverhalten eine besondere unerlaubte Handlung darstellt.[50] Mithin stellt „unlauteres Wettbewerbsverhalten" iSd Art 6 Abs 1 der Rom II – Verordnung ein außervertragliches Schuldverhältnis her. Gleichwohl ist zu beachten, dass strafrechtliche Bestimmung – wie bspw § 16 ff des UWG – nicht unter die Rom II – Verordnung fallen, es sei denn deren Verwirklichung stellt zugleich ein unlauteres Wettbewerbsverhalten iSd Art 6 Abs 1 der Rom II – Verordnung dar.[51] Der Begriff des unlauteren Wettbewerbsverhaltens in Art 6 Abs 1 Rom II – Verordnung wird sich mit dem Anwendungsbereich der RL 2005/29/EG über „Unlautere Geschäftspraktiken" (UGP-RL) und RL 2006/114/EG über „Irreführende und vergleichende Werbung" decken. Letztendlich sind also grenzüberschreitende Sachverhalte, die dem UWG als Umsetzungsgesetz der genannten Richtlinien unterfallen, Kollisionsnormen des Art 6 Abs 1 Rom II – Verordnung zu unterstellen.

Anknüpfungspunkt für das anzuwendende Recht nach Art 6 Abs 1 Rom II – Verordnung ist das Recht des Staates, in dessen Gebiet die Wettbewerbsbeziehungen oder die kollektiven Interessen der Verbraucher beeinträchtigt worden sind oder wahrscheinlich beeinträchtigt werden. Wettbewerbsbeziehungen werden dann beeinträchtigt, wenn das betreffende Verhalten die Bezugschancen eines Mitbewerbers beeinträchtigt. Die Verbraucherinteressen sind dann beeinträchtigt, wenn das betreffende unlautere Verhalten die Interessen einer Mehrzahl von Verbrauchern schädigt oder schädigen könnte. Es genügt aber auch eine gegenüber einem einzelnen Verbraucher vorgenommene Handlung, wenn sie ihrer Art nach auf Fortsetzung angelegt ist und damit in ihrem Gewicht und ihrer Bedeutung über den Einzelfall hinausreicht (zB unerbetene Email-Werbung oder Telefonwerbung gegenüber einem einzelnen Verbraucher).[52] Maßgebend ist der Ort, an dem diese Beeinträchtigungen wirken. Die deutsche Rechtsprechung spricht auch unter Geltung der Rom II – Verordnung insoweit vom „Marktort".[53] Die Bestimmung des Marktortes ist im Medienbereich insb auf

24

---

[49] Vgl Erwägungsgrund 21 der Rom II – Verordnung.
[50] Vgl Erwägungsgrund 19 der Rom II – Verordnung.
[51] Vgl dazu die Ausführungen zu § 4 Nr 11 UWG, Rn 100 ff.
[52] Köhler/Bornkamm/*Köhler* UWG, Einleitung, Rn 5.32.
[53] Vgl BGH NJW 2010, 3780 – *Ausschreibung in Bulgarien*, Tz 19.

die Verbreitung des Medium abzustellen. Es geht um den Ort, an dem die durch das Medium übermittelten Informationen die Empfänger bestimmungsgemäß erreichen. In Art 6 Abs 1 Rom II – Verordnung ist keine besondere Regelung für sog **Multi-State-Wettbewerbshandlungen** vorgesehen, die insb im Medienbereich auftreten können. Zeitschriften, Fernsehsendungen und insb Internetmedien sind in der Regel grenzüberschreitend wirkend. Soweit nicht Spezialregelungen hier das Herkunftslandprinzip vorsehen, ist auch bei Multi-State-Wettbewerbshandlungen jeweils das Marktortprinzip anzuwenden, so dass hier mehrere Rechte nebeneinander zur Anwendung gelangen können.[54] Für die Werbung in Funk und Fernsehen kommen damit alle Gebiete als Marktort in Betracht, in denen die Sendung ausgestrahlt wird.[55] Hierbei ist insb das Herkunftslandprinzip zu beachten, wie es in der Richtlinie Audiovisuelle Mediendienste geregelt ist.[56]

25 Werbung im **Internet** ist grundsätzlich überall abrufbar, so dass auch territorial unbeschränkt eine Einwirkung auf die Interessen der Mitbewerber und der Verbraucher iSd Art 6 Abs 1 Rom II – Verordnung denkbar ist.

26 Nach Art 6 Abs 4 kann von dem nach Art 6 anzuwendendem Recht **nicht durch eine Vereinbarung über die Rechtsabwahl** abgewichen werden. Die Dispositionsfreiheit der beteiligten Parteien ist insoweit beschränkt, was dadurch gerechtfertigt ist, das im Lauterkeitsrecht immer auch Kollektivinteressen des Marktes und seiner Teilnehmer berührt sind.

III. Internationales Verfahrensrecht

27 Bei wettbewerbsrechtlichen Auseinandersetzungen mit internationalen Bezügen steht verfahrensrechtliche die Frage nach der **internationalen Zuständigkeit** deutscher Gerichte im Vordergrund.

28 Grundsätzlich bestimmt sich die Frage, ob ein deutsches Gericht zur Entscheidung einer wettbewerbsrechtlichen Frage mit internationalem Bezug gerufen ist, nach den Vorschriften über die örtliche Zuständigkeit. Hier kommen insb die Vorschriften des **§§ 12 ff ZPO** in Betracht. Allerdings sind die Vorschriften der Verordnung Nr 44/2001 vom 22.12.2000 über die gerichtliche Zuständigkeit und die Anerkennung und Vollstreckung von Entscheidungen in Zivil- und Handelssachen (**EUGVVO**) in ihrem Anwendungsbereich vorrangig vor nationalen Zuständigkeitsvorschriften. Für Wettbewerbsstreitigkeiten hat der in Art 5 Nr 3 EUGVVO geregelte Gerichtsstand des Begehungsorts einer unerlaubten Handlung besondere Bedeutung. Denn zu diesen unerlaubten Handlungen zählen auch Wettbewerbsverstöße.[57] Begehungsort ist sowohl der Handlungs- als auch der Erfolgsort.[58] Bei Wettbewerbsverstößen im Internet ist Erfolgsort auch im Inland belegen, wenn sich der Internetauftritt bestimmungsgemäß im Inland auswirken soll.[59] Anders als die Frage des anzuwendenden materiellen Rechts sind Vereinbarungen der Parteien über die Zuständigkeit eines Gerichts zulässig, bedürfen aber bestimmter Formerfordernisse (Art 23 Abs 1 lit a EUGVVO).

---

[54] Vgl Köhler/Bornkamm/*Köhler*, Einleitung UWG, Rn 5.39.
[55] Vgl BGH GRUR 1994, 530, 532 – *Beta*; BGH GRUR 1998, 495, 496 – *Co-Verlagsvereinbarung*; Köhler/Bornkamm/*Köhler* Einleitung UWG, Rn 5.32.
[56] S dazu Rn 18.
[57] Vgl BGH GRUR 2005, 431 – *Hotel Maritime*; BGH GRUR 2005, 519 – *Vitamin-Zell-Komplex*; BGH GRUR 2008, 275 Tz 18 – *Versandhandel mit Arzneimitteln*.
[58] EUGH GRUR Int 1998, 298 Tz 20 – *Shevell*.
[59] BGH GRUR 2006, 513 Tz 21 – *Arzneimittelwerbung im Internet*.

§ 3
Materielles Lauterkeitsrecht

I. Allgemeines

Das deutsche Lauterkeitsrecht und namentlich das UWG 2008 sind im Wesentlichen von der **RL 2005/29/EG über unlautere Geschäftspraktiken** bestimmt, auch wenn die UGP-RL nur das verbraucherbezogene Lauterkeitsrecht harmonisiert. Vor diesem Hintergrund sollten in der Rechtsanwendung geschäftliche Handlungen mit Verbraucherbezug an den Regelungen der vollharmonisierenden UGP-RL gemessen und beurteilt werden und anschließend das Ergebnis der Prüfung in die Vorschriften des UWG übersetzt werden. Auch wenn es in der Anwendungspraxis schwerfallen wird, zunächst die mehr als 100jährige Tradition des deutschen Wettbewerbsrechts auszublenden und die Beurteilung einer geschäftlichen Handlung gegenüber Verbrauchern anhand der Vorgaben der UGP-RL zu prüfen, sind die Vorschriften der UGP-RL **europarechtlich autonom auszulegen und anzuwenden**. Nationale Vorschriften oder Gepflogenheiten können europarechtliche Begrifflichkeiten nicht bindend ausfüllen. Freilich wird man bei der Anwendung der Vorschriften der UGP-RL, die gefestigten Erfahrungen der Rechtsprechung und Rechtspraxis des deutschen Wettbewerbsrechts mit heranziehen können, dies jedoch immer nur unter Berücksichtigung des gesamteuropäischen Kontexts und der Wertungen und Prinzipien des europäischen Gesetzgebers. Die nachfolgende Darstellung des materiellen Lauterkeitsrechts folgt gleichwohl zur besseren Handhabbarkeit durch den Anwender der hergebrachten Vorschriftensystematik des UWG jeweils unter Berücksichtigung der europarechtlichen Vorgaben.

29

Zuvor lohnt jedoch noch ein kurzer einführender Blick auf die Regelungshintergründe und die Systematik der UGP-RL, in deren Kontext die Vorschriften des UWG anzuwenden sind.

Erklärtes Ziel der UGP-RL ist der Schutz der **Entscheidungsfreiheit der Verbraucher bei geschäftlichen Entscheidungen in Bezug auf Produkte**.[60] Die Richtlinie bezieht sich nicht auf die gesetzlichen Anforderungen in Fragen der guten Sitten und des Anstands, die in den Mitgliedstaaten sehr unterschiedlich sind.[61] Konsequenterweise regelt die Richtlinie daher zwei große Komplexe unlauterer Geschäftspraktiken. Umfasst sind zum einen **irreführende Geschäftspraktiken** (Art 6 und 7 der UGP-RL) und zum anderen **aggressive Geschäftspraktiken**, die durch Belästigung, Nötigung oder ähnlicher Beeinflussung die Entscheidungs- oder Verhaltensfreiheit des Verbrauchers beeinträchtigen (vgl Art 8 und 9 der UGP-RL). **Art 5 der RL** ist die zentrale Norm der UGP-RL, die auch die Prüfungsreihenfolge für geschäftliche Handlungen gegenüber Verbrauchern vorgibt. **Art 5 Abs 5 UGP-RL** verweist auf den **Anhang 1**, der eine Liste jener Geschäftspraktiken enthält, die unter allen Umständen als unlauter anzusehen sind. Diese Liste gilt einheitlich in allen Mitgliedstaaten und kann nur durch eine Änderung der UGP-RL selbst abgeändert werden. Die 31 Einzeltatbestände des Anhang 1 sind ebenfalls in die Kategorien „irreführende Geschäftspraktiken" und „aggressive Geschäftspraktiken" (ab Tatbestand 24) unterteilt. In einem ersten Schritt sind also zunächst diese Tatbestände zu prüfen, da ein geschäftliches Verhalten, das einen solchen Tatbestand erfüllt, ohne weitere Voraussetzungen unlauter ist. Sofern

30

---

[60] Vgl Erwägungsgrund 7 der UGP-RL. [61] Vgl Erwägungsgrund 7 der UGP-RL.

die Tatbestände des Anhang 1 nicht erfüllt sind, wäre entsprechend Art 5 Abs 4 UGP-RL zu prüfen, ob die allgemeinen Regelungen zu irreführenden Handlungen – nämlich **Art 6 und 7 UGP-RL** – oder zu aggressiven Geschäftspraktiken – **nämlich Art 8 und 9 UGP-RL** – erfüllt sind. In der lauterkeitsrechtlichen Praxis wird der Schwerpunkt der Prüfung in diesem Bereich liegen. Zu guter Letzt hält **Art 5 in Abs 2 UGP-RL** eine generalklauselartige Formulierung bereit, die abschließend zu prüfen ist. Danach ist eine Geschäftspraxis unlauter, wenn sie den **Erfordernissen der beruflichen Sorgfaltspflicht** widerspricht und sie in Bezug auf das jeweilige Produkt das wirtschaftliche Verhalten des Durchschnittsverbrauchers, den sie erreicht oder an den sie sich richtet oder des durchschnittlichen Mitglieds einer Gruppe von Verbrauchern, wenn sich eine Geschäftspraxis an eine bestimmte Gruppe von Verbrauchern wendet, wesentlich beeinflusst oder dazu geeignet ist, es wesentlich zu beeinflussen. Diese durch die Systematik der UGP-RL vorgegebene Prüfungsreihenfolge ist bei der Anwendung der Vorschriften des UWG aufgrund des Vollharmonisierungsanspruchs der UGP-RL zwingend zu berücksichtigen. Ferner haben selbstredend auch die in **Art 2 UGP-RL** enthaltenen **Definitionen** maßgeblichen Einfluss auf die Anwendung des UWG.

II. Geschäftliche Handlung

31 Über die Anwendbarkeit des Lauterkeitsrechts entscheidet der Begriff der geschäftlichen Handlung. Denn jeder lauterkeitsrechtliche Verbotstatbestand – namentlich § 3 mit seinen Verbotstatbeständen in den Abs 1, 2 und 3 und § 7 UWG – knüpft an eine „geschäftliche Handlung" an. Letztendlich dient der Begriff der geschäftlichen Handlung dazu, den Anwendungsbereich des Lauterkeitsrechts gegenüber dem allgemeinen Deliktsrecht (§ 823 ff BGB) abzugrenzen.[62] Der Begriff der geschäftlichen Handlung ersetzt die vormals im deutschen Wettbewerbsrecht verwendeten Begriffe des „Handelns im geschäftlichen Verkehr zu Zwecken des Wettbewerbs" (UWG 1909) und der „Wettbewerbshandlung" (UWG 2004). Der Begriff der geschäftlichen Handlung ist in § 2 Abs 1 Nr 1 UWG legal definiert. Danach bedeutet „geschäftliche Handlung" **jedes Verhalten einer Person zugunsten des eigenen oder eines fremden Unternehmens vor, bei oder nach einem Geschäftsabschluss, dass mit der Förderung des Absatzes oder des Bezugs von Waren oder Dienstleistungen oder mit dem Abschluss oder der Durchführung eines Vertrages über Waren oder Dienstleistungen objektiv zusammenhängt, wobei als Dienstleistungen auch Rechte und Verpflichtungen gelten.** Diese Definition lehnt sich an den Begriff der „Geschäftspraxis" in Art 2 lit d der RL 2005/29/EG über unlautere Geschäftspraktiken (UGP-RL) an und ist auch in dessen Lichte europarechtskonform auszulegen, soweit eine geschäftliche Handlung gegenüber Verbrauchern zu beurteilen ist.

32 Entgegen des Wortlauts des Zentralbegriffs der geschäftlichen Handlung ist damit jegliches Verhalten gemeint und umfasst. Der Gesetzgeber wollte nicht nur aktive „Handlungen", sondern **auch Unterlassen** mit umfasst wissen.[63] Allerdings steht das Unterlassen dem positiven Tun nur dann gleich, soweit das Gesetz Handlungspflichten vorsieht oder aber nach den allgemeinen deliktsrechtlichen Grundsätzen für den handelnden Unternehmer eine **Erfolgsabwendungspflicht** besteht.[64] Dieses delikts-

---

[62] Köhler/Bornkamm/*Köhler* § 2 UWG Rn 3.
[63] Vgl Begründung zum Regierungsentwurf UWG 2008 zu § 2 BT-Drucks 16/10/145, S 20.
[64] Köhler/Bornkamm/*Köhler* § 2 UWG Rn 12.

rechtliche Allgemeingut hat durch die sich in Online-Medien bietenden Möglichkeiten neue Bedeutung gewonnen. Denn eine Erfolgsabwendungspflicht kann darin bestehen, einem Dritten an einem unlauteren Verhalten zu hindern. Gemeint sind hier insb die Fälle der lauterkeitsrechtlichen Verkehrspflichten, die der BGH deutlich in seiner Entscheidung „Jugendgefährdende Medien bei eBay" postuliert.[65]

Wie sich aus der Legaldefinition ergibt, muss das Verhalten einen **Unternehmensbezug** aufweisen, in dem es „zugunsten des eigenen oder eines fremden Unternehmens" erfolgt. Handlungen ohne Unternehmensbezug sind im Wesentlichen Handlungen, die dem Privat- oder einem hoheitlichen Sektor zuzuordnen sind. Gemeint sind bspw Privatkäufe und -verkäufe von Verbrauchern oder Verhalten von Idealvereinen, Stiftungen oder religiösen Körperschaften in ihrem originären bestimmungsgemäßen Bereich agieren ohne, dass sie Handlungen entfalten, die im Wettbewerb zu erwerbswirtschaftlich tätigen Personen und Organisationen zählen. Soweit die öffentliche Hand erwerbswirtschaftlich tätig wird, liegt ebenfalls eine geschäftliche Handlung mit Unternehmensbezug vor. Das Verhalten muss sich auf ein Unternehmen beziehen, wobei der Begriff des Unternehmens weit auszulegen ist. Denn maßgebend ist bei der gebotenen weiten Auslegung nicht die rechtliche Form der Organisation des Handelnden, sondern die tatsächliche Stellung im Wettbewerb.[66] Erforderlich ist lediglich eine für eine gewisse Dauer angelegte, selbständige wirtschaftliche Betätigung, die darauf gerichtet ist, Waren oder Dienstleistungen gegen Entgelt zu vertreiben.[67] Diese Abgrenzung erhält durch **Markplätze und Mitmach-Medien im Internet** neue Bedeutung. Bei der Frage, ob ein Angebot auf Dauer angelegt und damit planmäßig ist, kommt es auf die Umstände im Einzelfall in einer Gesamtschau an. Anhaltspunkte für eine diesbezüglich unternehmerische Tätigkeit sind nach der Rechtsprechung des BGH bspw Art und Anzahl der angebotenen Produkte oder auch häufige Kundenbewertungen.[68]

Medienunternehmen, die eigene Produkte bewerben oder um Abnehmer der eigenen Produkte werben, unterfallen diesbezüglich stets den Vorschriften des UWG, da insoweit eine geschäftliche Handlung iSd § 2 Abs 1 Nr 1 UWG vorliegt. Die objektive Eignung des Verhaltens eines Medienunternehmens, den Absatz eigener Produkte zu begünstigen, begründet zwar wegen des dem Medienunternehmen zukommenden allgemeinen Presse- und Rundfunkprivilegs nach Art 5 Abs 1 GG keine Vermutung für einen objektiven Zusammenhang zur Absatzförderung,[69] jedoch sprechen dann im konkreten Einzelfall die konkreten Umstände dafür, dass der Absatzförderungszweck nicht völlig hinter den Informations- und Meinungsbildungszwecken zurücktritt.[70]

Neben dem Verhalten zugunsten des eigenen Unternehmens ist auch das Handeln zur Förderung eines **fremden Unternehmens** als geschäftliche Handlung iSd § 2 Abs 1 Nr 1 UWG erheblich. Konkret bedeutet dies, dass ein eigener Geschäftsbetrieb für eine „geschäftliche Handlung" nicht erforderlich ist, denn es kann auch ein fremder Geschäftszweck gefördert werden, auch durch Privatpersonen.[71] In Frage kommt hier

---

[65] BGH GRUR 2007, 890, Tz 22, 26 ff – *Jugendgefährdende Medien bei eBay*.
[66] BGH GRUR 1976, 370, 371 – *Lohnsteuerhilfevereine*.
[67] St Rspr; vgl zB BGH GRUR 2009, 871, 874, Tz 33 – *Ohrclips*.
[68] Vgl dazu BGH GRUR 2009, 871, Tz 23 – 25, 33 – *Ohrclips*; BGH GRUR 2008, 702, Tz 46 – *Internetversteigerung III*.
[69] Vgl hierzu BGH GRUR 1995, 270, 272 – *Dubioses Geschäftsgebaren*; BGH GRUR 2002, 987, 993 – *Wir Schuldenmacher*.
[70] Vgl hierzu BGH GRUR 2002, 987, 993 – *Wir Schuldenmacher*; zur Wettbewerbsabsicht nach UWG aF.
[71] Vgl OLG Hamburg GRUR-RR 2002, 113, 114 zu einem Fachverband für Windenergie-Erzeuger.

insb das Verhalten von gesetzlichen Vertretern, Mitarbeitern und Beauftragten, wobei ein Verhalten zur Förderung des Unternehmens zu vermuten ist, wenn die fragliche Handlung in den betreffenden Aufgabenkreis des Handelnden fällt.[72] Eine ähnliche Vermutung trifft Unternehmensverbände, die kraft Satzung die Belange ihrer Mitgliedsunternehmen fördern bei entsprechenden Maßnahmen.[73] Der Unternehmensbezug zu fremden Unternehmen hat für Medienunternehmen eine herausgehobene Bedeutung. Entsprechend der gesellschaftlichen Stellung der Medienunternehmen und ihrer verfassungsrechtlich geschützten Aufgabe, die Öffentlichkeit über Vorgänge von allgemeiner Bedeutung zu unterrichten und überdies zur öffentlichen Meinungsbildung beizutragen, ist es der Tätigkeit der Medienunternehmen immanent, Verhalten, das auf andere Unternehmen bezogen sein mag, zu entfalten. Um die verfassungsmäßige besondere Stellung der Medienunternehmen im Wettbewerbsrecht zu berücksichtigen, hat die Rechtsprechung früher die für einen Unterlassungsanspruch nach dem UWG aF erforderliche Wettbewerbsabsicht nicht vermutet.[74] Die objektive Eignung des Verhaltens eines Medienunternehmens, den Absatz der Dienstleistungen von fremden Unternehmen zu fördern – bspw durch Erwähnung in der redaktionellen Berichterstattung – begründet wegen des den Medienunternehmen zukommenden **allgemeinen Presseprivilegs nach Art 5 Abs 1 GG** keine Vermutung für eine Wettbewerbsabsicht.[75] Vielmehr bedurfte es in Fällen, in denen keine Vermutung für das Vorliegen einer Wettbewerbsförderungsabsicht bestand, der Feststellung konkreter Umstände, wonach neben der Wahrnehmung der publizistischen Aufgabe die Absicht des Presseorgans, eigenen oder fremden Wettbewerb zu fördern, eine größere als nur eine notwendigerweise begleitende Rolle gespielt hat.[76] Die Legaldefinition der „geschäftlichen Handlung" nach § 2 Abs 1 Nr 1 UWG (2008) erfordert keine „Wettbewerbsförderungsabsicht" mehr, wie es für das UWG aF der Fall war. Maßgeblich ist nun ein „objektiver Zusammenhang" zwischen dem Verhalten und der Förderung des Absatzes oder des Bezugs von Waren oder Dienstleistungen. Der Gesetzgeber wollte aber ausdrücklich Äußerungen, die nur der Information der Leserschaft dienen, aus dem Begriff der geschäftlichen Handlung heraus halten und den insoweit objektiven Zusammenhang zwischen Verhalten und Absatz von Waren verneinen.[77] Die Abgrenzungsfrage lautet aber weiterhin, ob ein Beitrag nur der Information und Meinungsbildung oder aber vorrangig der Werbung für ein fremdes Unternehmen dient. Wird dem Medienunternehmen oder dem handelnden Redakteur in irgendeiner Form ein **Entgelt für die Berichterstattung** gewährt – wobei hierunter jeder wirtschaftlicher Vorteil zu verstehen ist – liegt immer eine geschäftliche Handlung iSd § 2 Abs 1 Nr 1 UWG vor. Da in der Praxis der Nachweis einer Entgeltlichkeit der Veröffentlichung schwer zu führen ist, behilft sich die Rechtsprechung mit **objektivierten Anknüpfungspunkten**, die für einen „objektiven Zusammenhang" mit der Absatzförderung für das fremde Unternehmen spricht. Bspw ist ein solcher Absatzförderungszusammenhang indiziert, wenn dem Beitrag jegliche Objektivität und Unvoreingenommenheit gegen-

---

[72] Vgl OLG München GRUR-RR 2006, 268, 271.
[73] Vgl BGH GRUR 1973, 371, 372 – *Gesamtverband*; BGH GRUR 1992, 707, 708 – *Erdgassteuer*.
[74] Vgl zuletzt BGH GRUR 2006, 875, Tz 23 – *Rechtsanwalts-Ranglisten*.
[75] BGH GRUR 2006, 875, Tz 23 – *Rechtsanwalts-Ranglisten*; BGH GRUR 1995, 270, 272 – *Dubioses Geschäftsgebaren*; BGH GRUR 2000, 703, 706 – *Mattscheibe*.
[76] BGH GRUR 2006, 875, Tz 23 – *Rechtsanwalts-Ranglisten*; BGH GRUR 1997, 912, 913 – *Die Besten I*; BGH GRUR 1997, 914, 915 – *Die Besten II*.
[77] Vgl Begründung zum Regierungsentwurf UWG 2008 zu § 2, BT-Drucks 16/10/145, S 21.

über dem Unternehmen und seinen Produkten fehlt und einseitig und unkritisch deren Vorzüge herausstreicht.[78] In dieser Hinsicht auffällig sind auch Publikationen, die eine auffallend hohe Zahl an positiven Berichten über Unternehmen aufweisen, die auch in dieser Publikation inserieren.

Von der redaktionellen Berichterstattung der Medienunternehmen strikt zu trennen ist das **Anzeigengeschäft.** Jede veröffentlichte Werbeanzeige ist gerade dazu bestimmt, absatzfördernde Wirkung zugunsten fremder Unternehmen zu entfalten. Für eine Förderung des Absatzes des Auftraggebers spricht daher eine tatsächliche Vermutung.[79] Unabhängig von der Frage, ob das Anzeigengeschäft der Medienunternehmen den Begriff der geschäftlichen Handlung des Lauterkeitsrechts unterfällt, ist die Frage, inwieweit die Medienunternehmen unter Berücksichtigung des Schutzes der Pressefreiheit nach Art 5 Abs 1 S 2 GG besondere Haftungsprivilegierungen bzw -einschränkungen genießen.[80]

36

Nach der Legaldefinition der geschäftlichen Handlung in § 2 Abs 1 Nr 1 UWG wird entgegen der bisherigen Rechtslage nun mit dem UWG (2008) das **Verhalten vor, bei oder nach einem Geschäftsabschluss** erfasst, das die übrigen Tatbestandsmerkmale der geschäftlichen Handlung erfüllt. Insoweit ist der Anwendungsbereich des Lauterkeitsrechts seit der Umsetzung der RL 2005/29/EG auch auf das Verhalten nach Vertragsschluss gegenüber Vertragspartner ausgedehnt. Das UWG beschränkt sich daher nicht mehr auf ein „Wettbewerbsrecht" im Sinne der Regelung des Marktverhaltens im Wettbewerb, sondern hat sich zu einem Lauterkeitsrecht in Bezug auf das Verhalten bei Abschluss und die Durchführung von Verträgen weiter entwickelt.[81] Voraussetzung ist lediglich, dass ein objektiver Zusammenhang mit dem Abschluss oder der Durchführung eines Vertrages über Waren oder Dienstleistungen besteht. Ein „objektiver Zusammenhang mit der Durchführung eines Vertrages über Waren oder Dienstleistungen" soll dann gegeben sein, wenn das Verhalten des Unternehmers objektiv darauf gerichtet ist, die geschäftlichen Entscheidungen des Vertragspartners bei Durchführung des Vertrages zu beeinflussen.[82] Schutzzweck des verbraucherbezogenen Lauterkeitsrechts nach der UGP-RL ist ua der Schutz der freien geschäftlichen Entscheidung. Es geht allerdings nicht darum, vertragliche Schlechterfüllung zusätzlich über das UWG zu sanktionieren. Eine Vertragspflichtverletzung des Unternehmers ist nach dem UWG nur dann als geschäftliche Handlung zu bewerten, wenn diese auf die Beeinflussung einer geschäftlichen Entscheidung des Verbrauchers gerichtet ist. Dies hat der BGH bspw bei einer Bank angenommen, die irreführende Angaben über den Kontostand macht und dies den Kunden veranlassen könnte, sein Konto zu überziehen und damit ein Produkt der Bank – nämlich den Überziehungskredit – in Anspruch zu nehmen.[83] Ähnlich lag es bei einem Telekommunikationsunternehmen, das einen Auftrag des Kunden zur Umstellung des Telefonanschlusses auf einen anderen Anbieter (sog Pre-Selection-Auftrag) nicht ausführte. Der BGH sah darin ein Maßnahme, die die vertragliche Bindung des Kunden weiter aufrecht erhielt und damit die Maßnahme objektiv darauf gerichtet sei, diese Bindung und damit den Absatz der

37

---

[78] Vgl auch Köhler/Bornkamm/*Köhler* § 2 UWG, Rn 67.
[79] BGH GRUR 1994, 841, 842 – *Suchwort*; BGH GRUR 1997, 909, 910 – *Branchenbuch-Nomenklatur*.
[80] Vgl dazu Rn 154.
[81] Köhler/Bornkamm/*Köhler* § 2 UWG, Rn 74.

[82] Köhler/Bornkamm/*Köhler* § 2, Rn 80; Handbuch Wettbewerbsrecht *Erdmann* § 31, Rn 84.
[83] BGH GRUR 2007, 805, Tz 13 ff – *Irreführender Kontoauszug*.

eigenen Dienstleistung aufrecht zu erhalten.[84] Auch die Verwendung unwirksamer Vertragsklauseln stellt eine geschäftliche Handlung im Sinne des § 2 Abs 1 Nr 1 UWG dar.[85] Übertragen auf den Medienbereich könnten also bspw die unwahre Angabe gegenüber dem Kunden, das eine Frist zur Kündigung des Abonnements bereits abgelaufen sei und der Kunde damit zur Weiterabnahme des Produkts bewogen wird, als nachvertragliche geschäftliche Handlung nach dem UWG zu beurteilen sein. Auch die Abwehr vertraglicher Rechte des Vertragspartners ist eine geschäftliche Handlung, da der Vertragspartner dadurch beeinflusst werden könnte, seine ihm zustehenden Rechte doch nicht weiter gelten zu machen. Das könnte bspw im Zusammenhang mit dem Verbraucherwiderrufsrecht eine Rolle spielen. Beruft sich ein Unternehmen entgegen der Rechtslage darauf, dass ein Widerrufsrecht des Kunden nicht besteht, so liegt darin eine geschäftliche Handlung, die sich am Maßstab des UWG messen lassen muss.[86]

III. Die Generalklausel in § 3 UWG

38 Entsprechend der Struktur des Art 5 UGP-RL bildet die Generalklausel in § 3 UWG (2008) die zentrale Norm des Lauterkeitsrechts und gibt ebenfalls die Prüfungssystematik vor. § 3 ist die **zentrale Verbotsnorm** des UWG (2008) und wird lediglich durch die §§ 4 bis 6 UWG (2008) hinsichtlich des Tatbestandsmerkmals der Unlauterkeit konkretisiert. Der Tatbestand der unzumutbaren Belästigung in § 7 UWG (2008) hingegen ist als selbstständiger Verbotstatbestand ausgestaltet. Beiden Verbotstatbeständen – also sowohl § 3 als auch § 7 UWG – ist die Grundvoraussetzung des Vorliegens einer „geschäftlichen Handlung" iSd § 2 Abs 1 Nr 1 UWG gemein.[87] Die Generalklausel in § 3 UWG gliedert sich in drei Tatbestände unzulässiger geschäftlicher Handlungen. Der Systematik in Art 5 UGP-RL folgend nimmt § 3 Abs. 3 UWG Bezug auf den Anhang zu § 3 Abs 3 UWG, der listenförmig Einzeltatbestände aufführt, die stets unzulässig sind. Dieser Anhang zu § 3 Abs 3 UWG wird auch als **„schwarze Liste"** bezeichnet. Diese Konstellation entspricht Art 5 Abs 5 iVm Anhang 1 der UGP-RL. Der in § 3 Abs 2 UWG geregelte Tatbestand entspricht den Vorgaben des Art 5 Abs 2 und 3 UGP-RL. In § 3 Abs 1 spiegelt sich die historische Generalklausel des UWG aF wieder.

39 So eindeutig die Entstehungsgeschichte der drei Tatbestände in § 3 UWG zu benennen ist, so unklar ist jedoch die Bestimmung des **Prüfungs- und Rangverhältnisses** der Tatbestände untereinander. Insb zur Funktion des § 3 Abs 2 S 1 UWG werden unterschiedliche Thesen vertreten. Zusammengefasst geht eine These davon aus, dass § 3 Abs 2 S 1 UWG letztlich überflüssig ist, da die einschlägigen Fälle allesamt über § 3 Abs 1 UWG zu lösen seien.[88] Nach einer anderen These sind § 3 Abs 1 UWG und § 3 Abs 2 S 1 UWG nebeneinander anwendbar, wobei die Erwägung zugrunde liegt, dass § 3 Abs 1 UWG durch § 3 Abs 2 S 1 UWG präzisiert wird.[89] Eine dritte These geht davon aus, dass auf geschäftliche Handlungen gegenüber Verbrauchern ausschließlich

---

[84] Vgl BGH GRUR 2007, 987 – *Änderung der Voreinstellung I.*
[85] Vgl dazu ausf *Köhler* GRUR 2010, 1047, 1048
[86] Vgl OLG Jena GRUR-RR 2008, 83, zum Hinweis, ein Verbraucherrücktrittsrecht bestehe nicht.

[87] S zur geschäftlichen Handlung ausf Rn 31.
[88] Vgl *Scherer* WRP 2010, 586, 592.
[89] Vgl Piper/Ohly/Sosnitza *Sosnitza* UWG, 5. Aufl, § 3, Rn 80; Handbuch Wettbewerbsrecht/*Lubberger* 4. Aufl, § 43 Rn 24.

§ 3 Abs 2 S 1 UWG anzuwenden ist und § 3 Abs 1 UWG insoweit gesperrt ist.[90] Letztendlich ist das Verhältnis der drei Unlauterkeitstatbestände in § 3 UWG anhand der **zwingenden Vorgaben der UGP-RL** zu bestimmen. Danach geht § 3 Abs 3 UWG allen anderen Tatbeständen des § 3 UWG vor, denn ist ein Tatbestand des Anhangs verwirklicht, ist die betreffende geschäftliche Handlung unzulässig, ohne Rücksicht auf die anderen Tatbestände in § 3 (vgl den Wortlaut: „Sind stets unzulässig"). § 3 Abs 2 S 1 UWG knüpft erkennbar an die Regelung in Art 5 Abs 2 der UGP-RL an. Art 5 Abs 2 UGP-RL kommt nach der oben dargestellten Prüfungssystematik als Generalklausel jedoch nur dann zum Tragen, wenn die allgemeinen Tatbestände der Irreführung (Art 6 und 7 UGP-RL) oder der aggressiven Geschäftspraktik (Art 8 und 9 UGP-RL) nicht einschlägig sind. Übersetzt in das UWG 2008 bedeutet dies, dass § 3 Abs 2 S 1 UWG ebenfalls als Auffanggeneralklausel nur dann Anwendung finden kann, soweit die Tatbestände des UWG, die die Art 6, 7, 8 und 9 der UGP-RL umsetzen, nicht einschlägig sind. Die Tatbestände der Art 6 bis 9 UGP-RL hat der deutsche Gesetzgeber dem Regelungssystem des UWG 2004 folgend nicht einzeln ausgestaltet, sondern als den Begriff der Unlauterkeit konkretisierende Einzeltatbestände in den § 4 Nr 1 bis 6 und §§ 5, 5a UWG (2008) integriert. Daraus folgt für das Rangverhältnis der Tatbestände des § 3 UWG, dass Fälle der benannten konkretisierenden Tatbestände in den §§ 4, 5, 5a UWG (2008) über den Verbotstatbestand des § 3 Abs 1 zu lösen sind und für den Tatbestand des § 3 Abs 2 S 1 UWG als Auffanggeneralklausel kein Raum mehr bleibt. § 3 Abs 2 S 1 UWG übernimmt die Funktion des Art 5 Abs 1 und 5 Abs 2 UGP-RL als Auffangtatbestand.[91] Das Verbot des § 3 Abs 2 S 1 UWG kommt also erst und nur dann zur Anwendung, wenn eine geschäftliche Handlung weder den Tatbestand des § 3 Abs 3 UWG iVm dem Anhang noch den Tatbestand einer unzulässigen irreführenden geschäftlichen Handlung iSd §§ 3 Abs 1, 5, 5a Abs 2 bis 4 UWG oder der §§ 3 Abs 1, 4 Nr 3 bis 5 UWG noch den Tatbestand einer unzulässigen aggressiven geschäftlichen Handlung iSd §§ 3 Abs 1, 4 Nr 1 und 2 UWG erfüllt.[92] Anders herum begrenzt § 3 Abs 2 S 1 UWG den Anwendungsbereich des § 3 Abs 1 UWG als Auffangtatbestand für sonstige unlautere geschäftliche Handlungen gegenüber Verbrauchern, die weder von den §§ 4 bis 6 UWG erfasst werden noch den Tatbestand des § 3 Abs 2 S 1 UWG erfüllen. Denn § 3 Abs 2 S 1 UWG hat auch die Ausschlussfunktion des Art 5 Abs 2 UGP-RL zu gewährleisten, so dass nicht mit Hilfe der Generalklausel in § 3 Abs 1 UWG an den zwingenden Voraussetzungen des § 3 Abs 2 S 1 UWG vorbei geschäftliche Handlungen verboten werden können.[93] *Köhler* prognostiziert, dass der Anwendungsbereich des § 3 Abs 2 S 1 UWG in der Kontrolle von Verkaufsförderungsmaßnahmen oder der Kontrolle unwirksamer allgemeiner Geschäftsbedingungen oder bei geschäftlichen Handlungen nach Vertragsschluss liegen könnte.[94]

Bei verbraucherbezogenen geschäftlichen Handlungen – dh im Anwendungsbereich der UGP-RL – ist für die Generalklausel in § 3 UWG folgende **Prüfungsreihenfolge** vorgegeben:

40

1. **§ 3 Abs 3 UWG:** Liegt ein Tatbestand der „**Schwarzen Liste**" vor?
2. **§ 3 Abs 1 UWG:** Liegt ein allgemeiner Fall der **irreführenden** oder **aggressiven** geschäftlichen Handlung iSd § 4 Nr 1 bis 6 oder §§ 5, 5a UWG oder aber eine **unzulässige vergleichende Werbung** iSd § 6 Abs 2 UWG vor?

---

[90] Vgl *Fezer* WRP 2010, 677, 683.
[91] *Köhler* WRP 2010, 1293, 1298.
[92] *Köhler* WRP 2010, 1293, 1298, der insgesamt ausf das Verhältnis der Verbotstatbestände in § 3 UWG beschreibt und abgrenzt.
[93] Vgl *Köhler* WRP 2010, 1293, 1299.
[94] *Köhler* WRP 2010, 1293, 1303.

3. **§ 3 Abs 2 S 1 UWG**: Liegt eine sonstige geschäftliche Handlung vor, die nicht der für den Unternehmer geltenden **fachlichen Sorgfalt** entspricht und geeignet ist, die **Entscheidungsfähigkeit** der Verbraucher spürbar zu beeinträchtigen?

41 In § 3 Abs 2 UWG finden sich neben dem Auffangverbotstatbestand in Satz 1 ferner die Beurteilungsmaßstäbe der Sätze 2 und 3, wonach bei der Beurteilung der geschäftlichen Relevanz einer unlauteren geschäftlichen Handlung „**auf den durchschnittlichen Verbraucher oder, wenn sich die geschäftliche Handlung an eine bestimmte Gruppe von Verbrauchern wendet, auf ein durchschnittliches Mitglied dieser Gruppe abzustellen**" ist. Auch wenn die Stellung als Sätze 2 und 3 in Abs 2 nahelegen, dass diese Beurteilungsmaßstäbe lediglich für den Auffangtatbestand des § 3 Abs 2 S 1 gelten, müssen diese richtigerweise für alle unlauteren geschäftlichen Handlungen gegenüber Verbrauchern angewendet werden. Die Regelungen in § 3 Abs 2 S 2 und 3 UWG dienen der Umsetzung des Art 5 Abs 2 und Abs 3 UGP-RL und hätten an sich in einen eigenen Absatz aufgenommen werden müssen.[95] Nach dem allgemeinen Beurteilungsmaßstab des § 3 Abs 2 S 2 UWG ist der Durchschnittsverbraucher als Maßstab zu nehmen, der angemessen gut unterrichtet und angemessen aufmerksam und kritisch ist, wobei soziale, kulturelle und sprachliche Faktoren zu berücksichtigen sind.[96] Das entspricht der bisherigen Rechtslage.[97] In § 3 Abs 2 S 3 UWG wird ein besonderer Beurteilungsmaßstab dahingehend festgelegt, dass auch das durchschnittliche Mitglied einer bestimmten Gruppe besonders schutzbedürftiger Verbraucher abzustellen ist, wenn die geschäftliche Handlung zwar nicht auf diese Verbrauchergruppe abzielt, es für den Unternehmer aber vorhersehbar war, dass seine geschäftliche Handlung das wirtschaftliche Verhalten gerade dieser Verbraucher beeinflussen werde.[98] Damit muss der Unternehmer bei der Konzeption von Werbemaßnahmen immer auch Mitglieder besonders schutzbedürftiger Verbraucherkreise berücksichtigen, was sich praktisch besonders dann auswirken kann, wenn bspw Kinder voraussichtlich Konsumenten des beworbenen Produktes sein können. Die besondere Schutzbedürftigkeit iSd § 3 Abs 2 S 3 UWG ist allerdings auf **geistige oder körperliche Gebrechen**, das **Alter** oder die **Leichtgläubigkeit** begrenzt. Andere möglicherweise schutzbedürftigkeitsauslösende Merkmale sind hier nicht zu berücksichtigen (zB wirtschaftliche Zwangslagen oder dergleichen). Zu beachten ist, dass der Begriff des Alters hier universell Verwendung findet und sowohl besonders junge Verbraucher als auch besonders alte Verbraucher entsprechend schutzbedürftig sein können.

IV. „Die schwarze Liste" (Anhang zu § 3 Abs 3 UWG)

42 § 3 Abs 3 UWG knüpft in Umsetzung an Art 5 Abs 5 iVm Anhang 1 der UGP-RL an eine abschließende Liste von Tatbeständen geschäftlicher Handlungen, die „stets unlauter" sind. Der Anhang 1 der UGP-RL respektive der Anhang zu § 3 Abs 3 UWG wird geheimhin auch als die „**schwarze Liste**" bezeichnet. Die Prüfung der Tatbestände der schwarzen Liste steht nach der durch die UGP-RL zwingend vorgegebenen Systematik am Anfang der lauterkeitsrechtlichen Prüfung und Bewertung einer geschäftlichen Handlung. Auch die Tatbestände der schwarzen Liste sind richtlinienkon-

---

[95] Köhler/Bornkamm/*Köhler* § 3 Rn 12.
[96] Vgl Erwägungsgrund 18 der RL 2005/29/EG über unlautere Geschäftspraktiken.
[97] Köhler/Bornkamm/*Köhler* § 3 Rn 13;
Begr Regierungsentwurf UWG 2008, BT-Drucks 16/10145 S 22.
[98] Begr Regierungsentwurf UWG 2008, BT-Drucks 16/10145 S 22.

§ 3 Materielles Lauterkeitsrecht

form unter Berücksichtigung der UGP-RL auszulegen. Zum Teil muss zu einem besseren Verständnis der Tatbestände auf die englische bzw französische Sprachfassung zurückgegriffen werden.[99] Zu beachten ist ferner, dass erklärtes Ziel des europäischen Gesetzgebers bei Schaffung der schwarzen Liste eine „größere Rechtssicherheit" war.[100] Hiervon ausgehend und unter Berücksichtigung des Umstands, dass die Tatbestände der schwarzen Liste *per se* zum Unlauterkeitsverdikt führen, ohne dass eine zusätzliche Spürbarkeitsabwägung stattfinden kann, muss zu einer **engen Wortlautauslegung** führen. Auch ist eine analoge Anwendung der Tatbestände ausgeschlossen.[101] Eine enge Auslegung der Tatbestände führt auch nicht zu einem niedrigeren Verbraucherschutzniveau, denn eine geschäftliche Handlung, die nicht einen Tatbestand der schwarzen Liste erfüllt, muss sich ferner an den **allgemeinen Tatbeständen der Irreführung** bzw **aggressiven Geschäftspraktiken** und sonstigen lauterkeitsrechtlichen Vorgaben messen lassen. Der Umkehrschluss, dass eine geschäftliche Handlung, die keinen Tatbestand der schwarzen Liste erfüllt, insgesamt zulässig sein muss, gibt es nicht.

Die Tatbestände der schwarzen Liste betreffen nur geschäftliche Handlung im Verhältnis zwischen Unternehmern und Verbrauchern. Gleichwohl wird vertreten, dass die den Tatbeständen **zugrundeliegenden Wertungen** auch für die Beurteilung von geschäftlichen Handlungen **zwischen Unternehmen** herangezogen werden können.[102] Nachfolgend soll kurz auf die für die Medienunternehmen besonders relevanten Tatbestände der schwarzen Liste eingegangen werden. **43**

Unzulässige geschäftliche Handlungen iSd § 3 Abs 3 sind: **44**

Nr 1: Die unwahre Angabe eines Unternehmers, zu den Unterzeichnern eines Verhaltenskodexes zu gehören.

Die Nr 1 der schwarzen Liste behandelt als *per se* unlauter lediglich den Umstand der Behauptung, einen Verhaltenskodex unterzeichnet zu haben, obgleich dies nicht der Fall ist. Nicht davon umfasst ist die Frage, ob der Unternehmer die in dem Kodex niedergelegten Verhaltensweisen auch einhält. Freilich kann das Nichteinhalten der Regelungen des Kodexes unter dem Gesichtspunkt der Irreführung nach § 5 UWG geahndet werden. Der Begriff des Verhaltenskodex ist in § 2 Abs 1 Nr 5 UWG legal definiert als „Vereinbarungen oder Vorschriften über das Verhalten von Unternehmern, zu welchem diese sich in Bezug auf Wirtschaftszweige oder einzelne geschäftliche Handlungen verpflichtet haben, ohne dass sich solche Verpflichtungen aus Gesetzes- oder Verwaltungsvorschriften ergeben." Hierunter fallen auch medienbranchenbezogene Leitlinien oder Verbandskodize.

Nr 2: Die Verwendung von Gütezeichen, Qualitätskennzeichen oder ähnlichem ohne die erforderliche Genehmigung. **45**

Bei den in Rede stehenden Zeichen und Bezeichnungen soll es sich um unternehmens- oder produktbezogene Auszeichnungen handeln, die aufgrund einer objektiven

---

[99] Köhler/Bornkamm/*Köhler* Anhang zu § 3 Abs 3 UWG, Rn 0.7.
[100] So ausdr Erwägungsgrund 17 der UGP-RL: „Es ist wünschenswert, dass diejenigen Geschäftspraktiken, die unter allen Umständen unlauter sind, identifiziert werden, um größere Rechtssicherheit zu schaffen. Anhang I enthält daher eine umfassende Liste solcher Praktiken."
[101] Köhler/Bornkamm/*Köhler* Anhang zu § 3 Abs 3 UWG, Rn 0.8.
[102] So Köhler/Bornkamm/*Köhler* Anhang zu § 3 Abs 3 UWG, Rn 0.12; *Hoeren* WRP 2009, 789, 792.

Prüfung vergeben werden und im Verkehr als Hinweis auf eine besondere Güte oder Qualität verstanden werden.[103] Bspw fallen hier Zertifizierungen eines Qualitätsmanagementsystems darunter. Aus dem Tatbestandsmerkmal, dass die Verwendung „ohne die erforderliche Genehmigung" erfolgt, ist zu entnehmen, dass die Güte-/Qualitätskennzeichen durch eine dritte Stelle – gleich ob staatlich oder privat – vergeben werden muss. Allgemeine Produktbezeichnungen, die bei den angesprochenen Verkehrskreisen gewisse Qualitätsvorstellungen hervorrufen, fallen also nicht darunter.

46 Nr 7: Die unwahre Angabe, bestimmte Waren oder Dienstleistungen seien allgemein oder zu bestimmten Bedingungen nur für einen sehr begrenzten Zeitraum verfügbar, um den Verbraucher zu einer sofortigen geschäftlichen Entscheidung zu veranlassen, ohne dass dieser Zeit und Gelegenheit hat, sich aufgrund von Informationen zu entscheiden.

Dieser Tatbestand erfasst die Fälle der äußerst kurzen Befristung attraktiver Angebote, in der Absicht, den Verbraucher zu einer sofortigen Entscheidung zu veranlassen, obgleich das Angebot auch über die Befristung hinaus zu den angekündigten Konditionen verfügbar ist.

47 Nr 11: Der vom Unternehmer finanzierte Einsatz redaktioneller Inhalte zu Zwecken der Verkaufsförderung, ohne dass sich dieser Zusammenhang aus dem Inhalt oder aus der Art der optischen oder akustischen Darstellung eindeutig ergibt (als Information getarnte Werbung).

Die als Information getarnte Werbung, gemein hin als „redaktionelle Werbung" bezeichnet, ist als Tatbestand der schwarzen Liste *per se* unlauter. Während die Vorschrift des § 4 Nr 3 UWG[104] allgemein getarnte Werbung verbietet, setzt der Tatbestand der Nr 11 der schwarzen Liste auf den **Zusammenhang** zwischen **werblicher Veröffentlichung** und **Finanzierung** durch den Unternehmer. Gleichwohl ist der Begriff der Finanzierung weit zu verstehen und umfasst jedes direkte im Zusammenhang mit der Veröffentlichung stehende Entgelt im Sinne einer wirtschaftlich fassbaren Gegenleistung. Sog „Barter-Deals" stellen auch ein direktes Austauschverhältnis her und unterfallen im Falle redaktioneller Werbung unmittelbar dem Tatbestand der Nr 11. Denkbar ist jegliche Gegenleistung, sogar das Versprechen eines Anzeigenauftrags.[105] Allerdings ist die bloße Tatsache, dass ein Unternehmen in dem Medium gleichzeitig regulär, bspw mittels Anzeigen, wirbt, noch keinen Rückschluss zu, dass dies ein Entgelt für die redaktionelle Werbung darstellt.[106] Ein Verstoß gegen das in Nr 11 vorgesehene Verbot als Information getarnter Werbung liegt bei einer mehrseitigen Zeitschriftenwerbung nicht vor, wenn der Werbecharakter nach dem Inhalt der gesamten Werbung unverkennbar ist und bei einer Kenntnisnahme nur der ersten Seite deren isolierter Inhalt keine Verkaufsförderung bewirkt.[107] Auch die Ankündigung eines Gewinnspiels mit der Vorstellung des Angebots eines Unternehmens und der Verlosung von Preisen mit Waren und Leistungen des vorgestellten Unternehmens erfüllt den Tatbestand der redaktionellen Werbung, denn ohne besondere Anhaltspunkte wird es von den Lesern nicht als Werbung sondern als Teil der redaktionellen Berichterstattung angesehen.[108]

---

[103] Köhler/Bornkamm/*Köhler* Anhang zu § 3 Abs 3 UWG, Rn 2.2.
[104] Vgl dazu Rn 64.
[105] Vgl OLG Hamburg WRP 2010, 1183, 1184.
[106] OLG Hamburg WRP 2010, 1183, 1184; Köhler/Bornkamm/*Köhler* Anhang zu § 3 Abs 3 UWG, Rn 11.4.
[107] BGH WRP 2011, 210 – *Flappe*.
[108] OLG Hamburg WRP 2010, 1183.

Auch von den Unternehmen mitfinanzierten und mitgetragenen Verkaufsförderungsaktionen, wie Gewinnspiele oder dergl in redaktioneller Ausgestaltung müssen deutlich als Anzeige gekennzeichnet sein.[109] Entsprechend des Verhältnisses der schwarzen Liste zu den allgemeinen Unlauterkeitstatbeständen des UWG gilt auch hier: Soweit der **Nachweis der Finanzierung** der redaktionellen Werbung nicht geführt werden kann, kommt immer noch ein Verbot nach § **4 Nr 3 UWG** in Betracht. Auch die **Richtlinie über audiovisuelle Mediendienste 2010/13/EU** enthält Spezialvorschriften zur Trennung von Fernsehwerbung und Teleshopping von redaktionellen Inhalten (Art 19 Abs 1 der RL 2010/13/EU), die im deutschen Recht durch § **7 Abs 3 Rundfunkstaatsvertrag** umgesetzt wurde.[110] Zu den einzelnen Voraussetzungen der Anforderungen an die ausreichende Kenntlichmachung von werblichen Inhalten siehe Rn 70 ff.

Nr 16: Die Angabe, durch eine bestimmte Ware oder Dienstleistung ließen sich die Gewinnchancen bei einem Glücksspiel erhöhen. 48

Sinn und Zweck dieses Tatbestands ist, zu verhindern, dass Verbraucher Produkte in der Erwartung erwerben, dass sich ihre Gewinnchancen bei einem Glücksspiel erhöhen. Davon abzugrenzen ist die Kopplung des Absatzes mit der Gewinnspielteilnahme oder Preisausschreiben. Solche Kopplungsgeschäfte unterfallen nicht der Nr 16 der schwarzen Liste, sondern allenfalls § 4 Nr. 6 UWG.[111] Denkbar wären hier also bspw Medienprodukte, die den angesprochenen Verkehrskreisen Unterstützung und Chancenerhöhung bei Glücksspielen versprechen, sei es durch redaktionelle Inhalte oder entgeltliche Mehrwertdienstleistungen, wie bspw eine „astrologische Beratung" zu Lotto-Gewinntagen.[112]

Nr 20: Das Angebot eines Wettbewerbs- oder Preisausschreibens, wenn weder die in Aussicht gestellten Preise noch ein angemessenes Äquivalent vergeben werden. 49

Dieser Tatbestand umfasst alle Preisausschreiben, in denen die ausgelobten Preise nicht zu gewinnen sind, weil sie schlicht nicht existieren oder nicht beabsichtigt ist, diese zu vergeben.

Nr 21: Das Angebot einer Ware oder Dienstleistung als „gratis", „umsonst", „kostenfrei" oder dergleichen, wenn hierfür gleichwohl Kosten zu tragen sind; Dies gilt nicht für Kosten, die im Zusammenhang mit dem Eingehen auf das Waren- oder Dienstleistungsangebot oder für die Abholung oder Lieferung der Ware oder die Inanspruchnahme der Dienstleistung unvermeidbar sind. 50

Dieser Irreführungstatbestand umfasst die wahrheitswidrige Verwendung der besonders anlockenden Worte „gratis", „umsonst" und „kostenfrei", wenn der Kunde entgegen der geweckten Erwartung **doch Kosten zu tragen** hat. Die Vorschrift ist in der Praxis ihrem Zweck nach als Transparenzgebot anzuwenden. Das bedeutet, dass wenn auf Kosten, die der Kunde zu tragen hat, um in den Genuss der als „gratis" oder ähnlich beworbenen Ware zu kommen, eindeutig hingewiesen wird, der Tatbestand der Nr 21 nicht greift.[113] Auch mit unvermeidbaren Kosten, die üblicherweise

---

[109] OLG Hamburg WRP 2010, 1183.
[110] S ausf zum *Ory* Band 4 Teil 1 Kap 1.
[111] Siehe hierzu Rn 82.
[112] Vgl dazu bspw OLG Stuttgart NJW-RR 1988, 934 zur „astrologischen Berechnung der persönlichen Lotto-Gewinntage".
[113] OLG Köln GRUR 2009, 608.

entstehen, rechnet der Kunde, so dass Nr 21 nicht einschlägig ist. Zu unvermeidbare Kosten können bspw Portokosten, Telefonkosten oder Fahrtkosten gehören.

51 Nr 23: **Die unwahre Angabe oder das Erwecken des unzutreffenden Eindrucks, der Unternehmer sei Verbraucher oder nicht für Zwecke seines Geschäfts, Handels, Gewerbes oder Berufs tätig.**

Hierbei handelt es sich um die seit jeher dem Irreführungsverbot unterliegende Irreführung über den **gewerblichen Charakter** eines Angebots. Dies betrifft insb den Kleinanzeigenbereich in Medien, in dem gewerbliche Anzeigen von Unternehmern veröffentlicht werden, ohne auf den gewerblichen Charakter ausdrücklich hinzuweisen.

52 Nr 26: **Bei persönlichem Aufsuchen der Wohnung die Nichtbeachtung einer Aufforderung des Besuchten, diese zu verlassen oder nicht zu ihr zurückzukehren, es sei denn, der Besuch ist zur rechtmäßigen Durchsetzung einer vertraglichen Verpflichtung gerechtfertigt.**

Dieser Tatbestand hat erhebliche Bedeutung für Vertriebsstrukturen, die auf den direkten Besuch bei potentiellen Kunden setzen (bspw Medienberater im Vertrieb von Telekommunikationsprodukten oder die klassische Zeitschriftenwerbung an der Haustür). Es handelt sich hierbei um eine Konkretisierung des Verbots aggressiver geschäftlicher Handlungen.

53 Nr 28: **Die in eine Werbung einbezogene unmittelbare Aufforderung an Kinder, selbst die beworbene Ware zu erwerben oder die beworbene Dienstleistung in Anspruch zu nehmen oder ihre Eltern oder andere Erwachsene dazu zu veranlassen.**

Zweck dieser Regelung ist der **Schutz der Kinder vor unmittelbaren Kaufaufforderungen**[114] und soll zugleich auch die Eltern der Kindern und sonstige Erwachsende vor einer **Manipulation der Kaufentscheidung durch Einschaltung von Kindern** bewahren.[115] Für die praktische Rechtsanwendung von besonderer Bedeutung sind hier die Tatbestandsmerkmale „Kinder" sowie „unmittelbare Aufforderung zum Kauf der beworbenen Produkte". Für die Auslegung des Begriffs „Kinder" darf nicht auf nationale Vorschriften, wie etwa die entsprechende Festlegung im deutschen Jugendschutzrecht zurückgegriffen werden, denn der Begriff ist europarechtlich autonom im Sinne der UGP-RL auszulegen. Praktisch wird man jedoch den Altersbereich der „Kinder" bis zum 14. Lebensjahr annehmen können.[116] Die Aufforderung zum Kauf der beworbenen Produkte muss nach dem Tatbestand der Nr 28 **„unmittelbar"** erfolgen. Eine bloße indirekte oder mittelbare Aufforderung in der Weise, dass Kinder erst aus sonstigen Umständen darauf schließen sollen, ein Produkt zu kaufen, reicht nicht aus.[117] Entscheidend ist also, dass das Kind eine Kaufaufforderung – gleich ob verbal oder bildlich oder auf sonstige Weise – **in Form eines Imperativs** anspricht. Die Abgrenzung kann in der Praxis im Einzelfall schwierig sein. Vermieden werden sollten daher Formulierungen, die sich an Kinder richten, wie „Holt Euch …!" oder „Jetzt zu-

---

[114] Vgl Erwägungsgrund 18 der UGP-RL.
[115] Köhler/Bornkamm/*Köhler/Bornkamm* Anhang zu § 3 UWG Rn 28.2.
[116] Köhler/Bornkamm/*Köhler/Bornkamm* Anhang zu § 3 Abs 3 UWG Rn 28.5 mit ausführlicher Auslegung im Kontext korrespondierender europäischer Regelungen.
[117] Vgl *Köhler* WRP 2008, 800, 702 aF; *Scherer* WRP 2008, 430, 435.

schlagen!" oder „Nicht verpassen!". Eine Formulierung wie „Jetzt im Fachhandel erhältlich!" mag hingegen noch keine unmittelbare Kaufaufforderung enthalten. Auch keine unmittelbare Kaufaufforderung hat der BGH in der Formulierung „Einfach 25 N-Screens sammeln, die sich auf vielen N-Schoko-Riegeln befinden" gesehen.[118] Im Zweifel sollten die **Anforderungen nicht überspannt** werden und der Tatbestand eng gefasst werden. Denn selbst wenn eine Kaufaufforderung gegenüber Kindern nicht unmittelbar dem Tatbestand der Nr 28 der Schwarzen Liste unterfällt, können geschäftliche Handlungen gegenüber Kindern und Jugendlichen selbstverständlich über §§ 4 Nr 1, 4 Nr 2 UWG mit entsprechender Interessenabwägung lauterkeitsrechtlich bewertet und ggf unterbunden werden.

In **Art 9 Abs 1 lit g der RL 2010/13/EU über audiovisuelle Mediendienste** findet sich ebenfalls ein Spezialtatbestand zur Werbung gegenüber Minderjährigen. Diese Regelung unterscheidet sich gegenüber der Nr 28 der Schwarzen Liste dadurch, dass sie nicht auf die Altersgruppe der „Kinder", sondern auf **Minderjährige insgesamt** zielt und auch keine unmittelbare Aufforderung zum Kauf erforderlich ist. Die direkte Umsetzung dieser in Art 9 der Richtlinie über audiovisuelle Mediendienste war für das deutsche Recht entbehrlich, da die dort genannten Umstände über § 4 Nr 1 und § 4 Nr 2 UWG sowie über § 4 Nr 11 iVm § 6 Abs 2 Jugendmedienschutzstaatsvertrag erfasst werden können.

54

Nr 29: Die Aufforderung zur Bezahlung nicht bestellter Waren oder Dienstleistungen oder eine Aufforderung zur Rücksendung oder Aufbewahrung nicht bestellter Sachen, sofern es sich nicht um eine nach den Vorschriften über Vertragsabschlüsse im Fernabsatz zulässige Ersatzlieferung handelt.

55

Der mit Nr 29 beschriebene Sachverhalt erfüllt daneben auch weitere lauterkeitsrechtliche Tatbestände (Irreführung gem § 5 UWG, getarnte Werbung iSv § 4 Nr 3 UWG und als unzumutbare Belästigung nach § 7 Abs 1 UWG). Letztendlich ist aber Nr 29 als Tatbestand der schwarzen Liste vorrangig. Unbestellt iSd Nr 29 ist eine Ware dann, wenn der Empfänger keine verbindliche Veranlassung für das Zusenden der Ware gesetzt hat. Ausgenommen soll der Fall sein, dass der Unternehmer irrtümlich von einer Bestellung ausging oder über den Empfänger irrte.[119] Neben der Zusendung der unbestellten Ware muss zugleich eine Aufforderung zur Bezahlung oder zur Rücksendung oder Verwahrung der Ware erfolgen. Ob der Verbraucher der Aufforderung des Unternehmers nachkommt, ist für den Tatbestand der Nr 29 nicht entscheidend.

V. Konkretisierung des Begriffs der Unlauterkeit für § 3 Abs 1 UWG

War es im UWG (1909) noch allein der Rechtsprechung überlassen, das als Generalklausel gefasste Verbot unlauterer („sittenwidriger") geschäftlicher Handlungen in der Rechtsanwendung zu konkretisieren,[120] hat der Gesetzgeber mit dem UWG (2004) den **Begriff der unlauteren Handlung** aus der Generalklausel teilweise bereits

56

---

[118] BGH GRUR 2009, 71 – *Sammelaktion für Schoko-Riegel*.
[119] Vgl *Köhler/Lettl* WRP 2003, 1019, 1045.
[120] Vgl die nach *Hefermehl* entwickelten Fallgruppen zur Systematisierung der Rechtsprechung: *Kundenfang, Behinderung, Ausbeutung, Marktstörung* und *Rechtsbruch* (Baumbach/Hefermehl *Hefermehl* 22. Aufl, Einl UWG, Rn 158 ff, 160).

durch gesetzlich kodifizierte Beispieltatbestände – angelehnt an die Ausdifferenzierung in Rechtsprechung und Schrifttum – näher ausgestaltet. Für § 3 Abs 1 UWG (2008) wird der Begriff der Unlauterkeit durch die Beispieltatbestände der §§ 4, 5, 5a und 6 UWG konkretisiert. § 7 UWG stellt einen eigenen Verbotstatbestand dar und konkretisiert § 3 Abs 1 UWG daher nicht.

1. Beispieltatbestände in § 4

57 In § 4 UWG findet sich ein **nicht abschließender Katalog** von Beispieltatbeständen zur Konkretisierung der Unlauterkeit einer geschäftlichen Handlung. Dieser Katalog wurde mit dem UWG 2004 eingeführt und greift teilweise auf die Fallgruppen der Rechtsprechung zu § 1 UWG (1909) zurück. Die durch die *RL 2006/114/EG über irreführende und vergleichende Werbung* harmonisierten Unlauterkeitstatbestände der Irreführung und der vergleichenden Werbung finden sich hingegen in §§ 5 und 6 UWG und wurden mit Umsetzung der UGP-RL um den Tatbestand der Irreführung durch Unterlassen in § 5a UWG ergänzt. Nachfolgend soll ein Überblick über die Katalogtatbestände gegeben werden, die für die Medienwirtschaft von besonderem Interesse sind.

58 a) **Unlautere Beeinträchtigung der Entscheidungsfreiheit (Nr 1)**. Nach § 4 Nr 1 UWG sind geschäftliche Handlungen unlauter, die geeignet sind, **die Entscheidungsfreiheit der Verbraucher** oder sonstiger Marktteilnehmer durch **Ausübung von Druck, in menschenverachtender Weise** oder durch **sonstigen unangemessenen unsachlichen Einfluss** zu beeinträchtigen. Normzweck ist der Schutz der geschäftlichen Entscheidungsfreiheit der Verbraucher und sonstigen Marktteilnehmer vor unsachlicher Beeinflussung. Soweit es allerdings um den Schutz der Verbraucher vor unsachlicher Beeinflussung geht, ist der Tatbestand des § 4 Nr 1 UWG richtlinienkonform nach den Regelungen der UGP-RL auszulegen. Der Gesetzgeber hat den § 4 Nr 1 UWG als **Umsetzung der Art 8 und 9 UGP-RL** („**aggressive Geschäftspraktiken**") verstanden.[121] Letztendlich ist der Tatbestand des § 4 Nr 1 UWG damit auf aggressive Geschäftspraktiken – jedenfalls für den verbraucherbezogenen Geschäftsverkehr – beschränkt. Art 8 UGP-RL führt abschließend die Handlungsformen auf, die zu einer erheblichen Beeinträchtigung der Entscheidungs- oder Verhaltensfreiheit des Verbrauchers führen können soll. Namentlich sind dies die *Belästigung,* die *Nötigung, einschließlich der Anwendung körperlicher Gewalt* und die *unzulässige Beeinflussung.* Der Tatbestand des § 4 Nr 1 UWG nennt als Beispiele für unzulässige Beeinflussung der Entscheidungsfreiheit der Verbraucher oder sonstiger Marktteilnehmer konkret die „Ausübung von Druck", Beeinträchtigung in „menschenverachtender Weise" oder „durch sonstigen unangemessenen unsachlichen Einfluss". Für die Medienbranche von besonderer Bedeutung ist allenfalls die Alternative der Beeinträchtigung der Entscheidungsfreiheit durch „sonstigen unangemessenen unsachlichen Einfluss", wobei die UGP-RL diesen Begriff nicht kennt. Vielmehr ist dieser Begriff richtlinienkonform unter die Fälle der „Belästigung" und der „unzulässigen Beeinflussung" zu fassen.[122] Bisher war die Grenze für Unlauterkeit nach § 4 Nr 1 UWG dadurch gekennzeichnet, dass eine geschäftliche Handlung geeignet ist, die Rationalität der Nachfrageentschei-

---

[121] Vgl BT-Drucks 16/10145, A IV 8; BGH WRP 2010, 1388, Tz 16 – *Ohne 19 % Mehrwertsteuer.*

[122] Vgl BGH WRP 2010, 746, Tz 17 – *Stumme Verkäufer II.*

dung der angesprochenen Marktteilnehmer vollständig in den Hintergrund treten zu lassen.[123] Diese Formel hat der BGH in neuerer Rechtsprechung stillschweigend aufgegeben. So soll die Schwelle zur wettbewerbsrechtlichen Unlauterkeit nur dann überschritten sein, wenn die geschäftliche Handlung geeignet ist, in der Weise unangemessen unsachlichen Einfluss auszuüben, dass die freie Entscheidung der Verbraucher beeinträchtigt zu werden, droht. Diese Voraussetzung sei in der Regel erfüllt, wenn ein Fall einer aggressiven Geschäftspraktik iSd Art 8 und 9 der UGP-RL gegeben ist.[124] Vor diesem Hintergrund kann auch die kostenlose Abgabe entgeltlicher Medienprodukte nicht mehr als unsachliche Einflussnahme iSd § 4 Nr. 1 UWG gesehen werden.[125]

59 b) **Ausnutzung besonderer Umstände (Nr 2).** Nach § 4 Nr 2 UWG sind geschäftliche Handlungen unlauter, die geeignet sind, **geistige oder körperliche Gebrechen**, das **Alter**, die **geschäftliche Unerfahrenheit**, die **Leichtgläubigkeit**, die **Angst** oder die **Zwangslage** von Verbrauchern auszunutzen. § 4 Nr 2 UWG dient dem Schutz besonders schutzbedürftiger Verbrauchergruppen, wie bspw **Kinder und Jugendliche** oder **Erwachsene mit Handicap** oder solchen, die sich in Zwangssituationen oder ähnlichem befinden. Darüber hinaus sollen auch Fälle der **Datenerhebung zu Werbezwecken** von § 4 Nr 2 UWG erfasst sein.[126] Da § 4 Nr 2 UWG dem Wortlaut nach sich auf verbraucherbezogene geschäftliche Handlungen bezieht, hat die Auslegung des Tatbestands ausschließlich richtlinienkonform zu erfolgen. Maßstab für die Auslegung sind auch hier Art 8 und 9 der UGP-RL. Für die Anwendung der Art 8 und 9 der UGP-RL ist im Rahmen des § 4 Nr 2 insb der Beurteilungsmaßstab des Art 5 Abs 3 S 1 UGP-RL von praktischer Bedeutung. Danach sind Geschäftspraktiken, die voraussichtlich in einer für den Gewerbetreibenden vernünftigerweise vorhersehbaren Art und Weise das wirtschaftliche Verhalten nur eine eindeutig identifizierbaren Gruppe von Verbrauchern beeinflussen, die aufgrund von geistigen oder körperlichen Gebrechen, Alter oder Leichtgläubigkeit im Hinblick auf diese Praktiken oder die ihnen zugrunde liegen Produkte besonders schutzbedürftig sind, aus der Perspektive eines durchschnittlichen Mitglieds dieser Gruppe zu beurteilen. Dieser Maßstab findet sich umgesetzt in § 3 Abs 2 S 3 UWG, der auch für § 4 Nr 2 UWG unmittelbar anwendbar ist.

60 Der Tatbestand stellt auf zwei Arten der Schutzbedürftigkeit ab. Zum einen geht es um **eigenschaftsbezogene Schutzbedürftigkeit**, die alle Verbraucher mit entsprechenden Eigenschaften, wie „geistigen oder körperlichen Gebrechen", ihrer „geschäftlichen Unerfahrenheit" etc. schutzbedürftig sind. Zum anderen können Verbraucher auch **auf bestimmten Situationen basierend** erhöhten Schutzbedarf haben. Diese situationsbezogene Schutzbedürftigkeit kann sich bspw aus Fällen der „Angst" und/oder der „Zwangslage" ergeben. Zur Konkretisierung des Ausnutzens der besonderen Schutzbedürftigkeit behilft sich die Praxis mit der Bildung von Fallgruppen zu § 4 Nr 2 UWG. Von besonderer Bedeutung für den **Medienbereich** ist hier die Ausnutzung der geschäftlichen Unerfahrenheit bei Kindern und Jugendlichen. Bevor geschäftliche Handlungen gegenüber Kindern und Jugendlichen unter dem Gesichtspunkt des

---

[123] Bisherige st Rspr; vgl nur BGH WRP 2008, 777 – *Nachlass bei der Selbstbeteiligung.*
[124] BGH WRP 2010, 1388 Tz 16 – *Ohne 19 % Mehrwertsteuer.*
[125] So nach BGH GRUR 1996, 778 – *Stumme Verkäufer I*; aufgegeben bereits durch BGH GRUR 2010, 455 – *Stumme Verkäufer II.*
[126] Köhler/Bornkamm/*Köhler* UWG § 4 Rn 2.2 unter Verweis auf BGH WRP 2010, 278 – *Happy Digits.*

§ 4 Nr 2 UWG geprüft werden, ist jedoch der Tatbestand Nr 28 der Schwarzen Listen (Kaufaufforderung an Kinder) zu beachten.[127] Grundsätzlich ist bei Minderjährigen von einer geschäftlichen Unerfahrenheit auszugehen, wie sich schon aus den zivilrechtlichen Wertungen der §§ 104 bis 115 UWG ergibt. Es sind jedoch altersbezogene Abstufungen hinsichtlich der geschäftlichen Unerfahrenheit vorzunehmen.[128] Denn die geschäftliche Unerfahrenheit im Vergleich zum erwachsenen Durchschnittsverbraucher nimmt mit zunehmenden Alter ab und besteht nicht *per se*, wie es im Übrigen auch der Taschengeldparagraf § 110 BGB wertungsmäßig impliziert. Im Gegensatz zu Erwachsenen sind aber Kinder und Jugendliche typischerweise noch nicht in ausreichendem Maße in der Lage, Waren- oder Dienstleistungsangebote kritisch zu beurteilen.[129] Allerdings ist eine geschäftliche Handlung, die sich erkennbar nur an geschäftlich unerfahrene Kinder und Jugendliche wendet, nicht *per se* unlauter iSv § 4 Nr 2 UWG.[130] Entscheidend ist, dass die geschäftliche Handlung geeignet sein muss, diese Unerfahrenheit auszunutzen.[131] Letztendlich soll es darauf ankommen, ob ein durchschnittliches Mitglied der angesprochenen Altersgruppe die Tragweite der ihm angesonnenen geschäftlichen Entscheidung nicht hinreichend kritisch beurteilen kann, weil sein Urteilsvermögen dazu nicht ausreicht.[132] Werbegeschenke oder Cover-Mounts-Zeitschriften sind auch gegenüber Minderjährigen grundsätzlich zulässig, weil damit keinerlei weitergehende Belastungen und Risiken verbunden sind. Letztlich können Kinder und Jugendliche im Rahmen der Wertung des Taschengeldparagrafen § 110 BGB die Werthaltigkeit von Angeboten mit Zugaben selbst abschätzen.[133] Die Frage, ob ein Zugabegeschenk mit Werthaltigkeitsaussagen beworben wird, die später nicht erfüllt werden (bspw „hochwertige Luxus-Sonnenbrille" für ein minderqualitatives Billigprodukt) ist dann nicht über § 4 Nr 2 UWG, sondern über den Irreführungstatbestand des § 5 UWG unter Berücksichtigung des Beurteilungsmaßstabs der besonderen angesprochenen Verkehrskreise – nämlich Kinder – zu lösen.

61 Allerdings kommt eine Ausnutzung der geschäftlichen Unerfahrenheit iSd § 4 Nr 2 UWG dann in Betracht, wenn Minderjährige mit **aleatorischen Reizen** umschmeichelt werden. Bspw soll Unterlauterkeit dann anzunehmen sein, wenn nur die Sammelleidenschaft oder der Spieltrieb von Minderjährigen ausgenutzt wird, um sie zu einem Kauf über Bedarf zu veranlassen.[134]

62 Daneben bestehen noch **gesetzliche Werbeverbote** zum Schutz von Kindern und Jugendlichen, bspw medienspezifische Werbeverbote (§ 6 Jugendmedienschutzstaatsvertrag) und produktspezifische Werbeverbote (vgl § 22 vorläufiges Tabakgesetz). Diese Vorschriften kommen lauterkeitsrechtlich jedoch unter dem Gesichtspunkt des Rechtsbruchs zur Anwendung.

63 Der Tatbestand des § 4 Nr 2 UWG erfasst nicht nur konkrete Verkaufsförderungsmaßnahmen, die unmittelbar darauf abzielen, den Werbeadressaten zu einer Kaufhandlung zu veranlassen, sondern auch **Handlungen im Vorfeld konkreter Verkaufs-**

---

[127] S dazu oben Rn 53.
[128] Köhler/Bornkamm/*Köhler* § 4 Rn 2.24; Steinbeck GRUR 2006, 163, 164.
[129] BGH GRUR 2009, 71, Tz 14 – *Sammelaktion für Schokoriegel*; BGH GRUR 2006, 776, Rn 22 – *Werbung für Klingeltöne*.
[130] OLG Frankfurt GRUR 2005, 782.
[131] Vgl BGH GRUR 2006, 776, Tz 22 – *Werbung für Klingeltöne*; BGH GRUR 2009, 71, Tz 14 – *Sammelaktion für Schokoriegel*.

[132] BGH GRUR 2006, 161, Tz 22 – *Zeitschrift mit Sonnenbrille*; BGH GRUR 2009, 71, Tz 16 – *Sammelaktion für Schokoriegel*.
[133] Vgl BGH GRUR 2006, 161 – *Zeitschrift mit Sonnenbrille*, wo es um die Abgabe einer Jugendzeitschrift mit Sonnenbrille zum Gesamtkaufpreis von DM 4,50 ging.
[134] BGH GRUR 2009, 71, Tz 19 – *Sammelaktion für Schokoriegel*.

förderungsmaßnahmen, insb die Datenerhebung zu Werbezwecken können den Tatbestand unterfallen.[135] Die **Erhebung von Daten** bei Verbrauchern zur kommerziellen Verwertung ist für sich allein nicht unlauter iSv § 4 Nr 2 UWG.[136] Werden Kinder oder Jugendliche unter Umgehung der Eltern zur Überlassung ihrer Daten gegen ein gewährten Vorteil (bspw die Gewinnchance bei einem Gewinnspiel oder ein Werbegeschenk) dazu veranlasst, personenbezogene Daten preiszugeben, liegt ein Ausnutzen der geschäftlichen Unerfahrenheit von Kindern vor.[137]

c) **Getarnte Werbung (Nr 3)**. Nach § 4 Nr 3 UWG handelt unlauter, wer den Werbecharakter von geschäftlichen Handlungen verschleiert. Das Verbot getarnter Werbung beruht auf der Erwägung, dass die angesprochenen Verkehrskreise regelmäßig objektiv und neutral wirkenden Handlungen und Äußerungen größere Bedeutung und Beachtung beimessen als offen in Erscheinung tretende Werbeaussagen.[138] Das Verbot der getarnten Werbung, neben Nr 11 der Schwarzen Liste konkretisiert in § 4 Nr 3 UWG, ist im Lichte höherrangigen Rechts auszulegen und zu konkretisieren. Aus Sicht der **Grundrechte** stehen sich hier der Schutz der Werbeadressaten aus Art 2 Abs 1 GG dem Schutz des Werbenden aus Art 5 Abs 1 S 1 GG gegenüber.[139] Diese Kollision ist im Rahmen der Anwendung des § 4 Nr 3 UWG als allgemeines Gesetz iSd Art 5 Abs 2 GG zu berücksichtigen.[140] Eine solche Abwägung im Rahmen des Art. 5 Abs 2 GG findet jedoch bei Kunstwerken iSd Art 5 Abs 3 GG nicht statt. Daher kann eine **getarnte Werbung als Kunstwerk**, bspw eine in einem Spielfilm enthaltene getarnte Werbung, nicht gänzlich verboten werden. Dies wäre nach Abwägung der konkurrierenden Grundrechte unverhältnismäßig. Gleichwohl kann dem Werbenden aufgegeben werden, das Publikum vor der Vorführung des Films auf seinen besonderen Werbecharakter hinzuweisen.[141] Das Verbot der getarnten Werbung in § 4 Nr 3 UWG ist aber auch im Unionsrecht fest verankert. Nach den Maßstäben der UGP-RL handelt es sich hierbei um eine Form der Täuschung über die kommerziellen Absichten des Handelnden und damit um einen Fall der **Irreführung iSd Art 6 und 7**, insb Art 7 Abs 2 der UGP-RL. Ferner findet sich mit Nr 11 in der Schwarzen Liste ein Spezialtatbestand zur getarnten Werbung. Auch nach Art 6 lit a der RL 2000/31/EG über den elektronischen Geschäftsverkehr (E-Commerce-RL) sind kommerzielle Kommunikationen klar als solche erkennbar zu machen. Vergleichbare Spezialtatbestände finden sich auch in der RL 2010/13/EU über audiovisuelle Mediendienste.

Auch zur **Verschleierung des Werbecharakters** von geschäftlichen Handlungen hat die Rechtspraxis Fallgruppen entwickelt. Bspw fällt hierunter auch die Verschleierung eines **werblichen Kontakts**, dh wenn der Werbende unter einem nichtgeschäftlichen Vorwand einen Kontakt zu Verbrauchern herstellt, um sie dann mit einem geschäftlichen Angebot zu konfrontieren und zu einer geschäftlichen Entscheidung zu veranlassen.[142] Dies kommt insb bei der Verschleierung des Werbecharakters von Mei-

---

[135] Vgl OLG Frankfurt GRUR 2005, 785, Tz 31.
[136] Vgl Köhler/Bornkamm/*Köhler* § 4, Rn 2.41 mit Verweis auf OLG Frankfurt GRUR 2005, 785, Tz 31.
[137] OLG Frankfurt GRUR 2005, 785, Tz 31.
[138] Vgl die st Rspr; zB BGH GRUR 1995, 744 – *Feuer, Eis & Dynamit I*; BGH WRP 2011, 210 – *Flappe*.
[139] Vgl BVerfG WRP 2003, 69, 71 – *Veröffentlichung von Anwaltsranglisten*.
[140] Vgl BVerfG WRP 2003, 69 – *Veröffentlichung von Anwaltsranglisten*.
[141] BGH GRUR 1995, 744 – *Feuer, Eis & Dynamit I*.
[142] Köhler/Bornkamm/*Köhler* § 4 Rn 3.13.

nungsumfragen in Betracht. Eine weit verbreitete Methode zur getarnten Adresserhebung ist die Verschleierung als Meinungsumfrage.[143] Ferner werden Meinungsumfragen unter Verstoß gegen § 4 Nr 3 UWG auch als Vorwand für den Absatz von Produkten verwendet. Kein Verstoß gegen § 4 Nr 3 UWG stellen jedoch solche Meinungsumfragen dar, die von Anfang an klar die dahinterstehenden kommerziellen Interessen erkennen lassen.

66 Unter § 4 Nr 3 fallen **alle Arten der getarnten Werbung**. Gegen das Verbot des § 4 Nr 3 UWG verstoßen mithin auch alle Äußerungen mit werblicher Intention, die als **wissenschaftliche, fachliche** oder **private Äußerung** verbreitet werden. Gerade wissenschaftliche Publikationen oder Beiträge von sog „Experten" genießen in den angesprochenen Verkehrskreisen besonders hohe Wertschätzung im Hinblick auf den objektiven Aussagegehalt. Werden diese Äußerungen jedoch als geschäftliche Handlung getätigt, mithin zur Förderung des Absatzes des eigenen oder eines fremden Unternehmens, verstoßen sie gegen das Verbot der getarnten Werbung. Bei der zunehmenden Verbreitung interaktiver und sozialer Medien im Internet gewinnt auch die Fallgruppe der **Tarnung als private Äußerung** größere Bedeutung. So sind Äußerungen, die in Absatzförderungsabsicht getätigt werden, unlauter nach § 4 Nr 3 UWG, wenn sie nicht als werblich gekennzeichnet sind. So ist bspw eine lobende Produktbewertung auf einem Internethandelsportal, die der Geschäftsführer des Herstellerunternehmens als privat erscheinende Meinung eines Käufers abgibt, unlauter unter dem Gesichtspunkt der getarnten Werbung. Denn potentielle Käufer vertrauen in der Regel darauf, dass es sich bei den auf Internethandelsplattformen abgegebenen Produktbewertungen um Erfahrungsberichte von Kunden handelt, die auf objektiven Nutzererfahrungen beruhen.

67 Ein Teilgebiet der getarnten Werbung stellt die sog **redaktionelle Werbung** dar. Ausgangspunkt ist hier das **presserechtliche Gebot der Trennung von Werbung und redaktionellem Text**.[144] Grundlage für das Verbot der redaktionellen Werbung ist die damit regelmäßig einhergehende Irreführung des Lesers, der den Beitrag aufgrund seines redaktionellen Charakters unkritischer gegenübertritt und größere Beachtung und Bedeutung beimisst als einer entsprechenden anpreisenden Angabe des Werbenden selbst.[145]

68 Selbstverständlich dient die Trennung von Werbung und redaktionellem Teil auch der Wahrung der **Unabhängigkeit der Medien** und der ungehinderten Erfüllung des publizistischen Auftrags.[146] Gleichwohl muss dieser Schutzzweck im Rahmen des Lauterkeitsrechts unberücksichtigt bleiben, da Schutz der Meinungsvielfalt und die verfassungsrechtliche Sonderstellung der Medien **nicht Gesetzeszweck des UWG** (vgl § 1 UWG) ist. Vielmehr geht es aus lauterkeitsrechtlicher Sicht lediglich um den Schutz der angesprochenen Verkehrskreise vor Irreführung über den werblichen Charakter der Äußerung.

69 Die Fallgruppe der getarnten Werbung ist nicht eindeutig eingegrenzt, sondern bei der Rechtsanwendung im hohen Maße auf wertende Einschätzungen und der Prognosen der Folgen einer solchen Werbung angewiesen.[147] In der Rechtsanwendung stellte sich daher das Problem, Abgrenzungskriterien zu entwickeln, wann die **Grenze von**

---

[143] ZB OLG Frankfurt WRP 2000, 1195.
[144] Vgl BVerG WRP 2003, 69, 71 – Veröffentlichung von Anwaltsranglisten.
[145] BGH GRUR 1997, 907, 909 – Emil-Grünbär-Club.
[146] Vgl BGHZ 110, 278, 288 f – Werbung im Programm.
[147] BVerfG WRP 2003, 69, 71 – Veröffentlichung von Anwaltsranglisten.

der redaktionellen Berichterstattung mit dem Anspruch auf Unabhängigkeit, Neutralität und kritische Distanz zur getarnten Werbung überschritten ist.[148] In jedem Fall ist eine als redaktioneller Beitrag präsentierte Anzeige getarnte Werbung iSd § 4 Nr 3 UWG. Soweit sich die Entgeltlichkeit einer solchen getarnten Anzeige nachweisen lässt, ist bereits der vorrangige Tatbestand Nr 11 der Schwarzen Liste erfüllt.

Gleichzeitig sehen auch die **Landespressegesetze** eine deutliche Kennzeichnung von entgeltlichen Anzeigen vor. Beispielhaft soll hier § 9 Pressegesetz (Mustergesetz)[149] genannt werden:

70

§ 9 Kennzeichnung entgeltlicher Veröffentlichung Hat der Verleger eines periodischen Druckwerks oder der Verantwortliche (§ 8 Abs 2 S 4 Pressegesetz) für eine Veröffentlichung ein Entgelt erhalten, gefordert oder sich versprechen lassen, so muss diese Veröffentlichung, soweit sie nicht schon durch Anordnung und Gestaltung allgemein als Anzeige zu erkennen ist, deutlich mit dem Wort „Anzeige" bezeichnet werden.

Ein Verstoß gegen dieses landespressegesetzlichen Anforderungen zur Kennzeichnung von Anzeigen ist nicht nur unter dem Gesichtspunkt der getarnten Werbung nach § 4 Nr 3 UWG, sondern auch unter dem Gesichtspunkt des Rechtsbruch nach § 4 Nr 11 UWG unlauter. Der Wortlaut der landesrechtlichen Regelungen, die dem oben zitierten Mustergesetz folgen, ist hinsichtlich der Kennzeichnung eindeutig. Redaktionell aufgemachte Werbeanzeigen sind mit dem Wort „Anzeige" zu kennzeichnen.[150] Aus Sicht des § 4 Nr 3 UWG genügen allerdings auch gleichwertige Ausdrücke wie bspw „Werbeinformation".[151] Eine solche Kennzeichnung ist nur dann nicht erforderlich, wenn die bezahlte Veröffentlichung bereits durch ihre optische Darstellung als solche erkennbar ist.[152] Soweit der Anzeigentext als redaktioneller Beitrag aufgemacht ist, sind allerdings an die Kennzeichnung als Werbung hohe Anforderungen zu stellen.[153] Eine formale Kennzeichnung als „Anzeige" genügt auch dann nicht, wenn im konkreten Einzelfall der Leser diese Kennzeichnung wahrscheinlich nicht wahrnehmen wird, bspw weil die Schrifttype zu klein ist.[154] Die Kennzeichnung muss eindeutig sein. Zweifel gehen zu Lasten des Kennzeichnenden. So sind bspw Werbeanzeigen mit der Kennzeichnung als „PR-Mitteilungen"[155], „PR-Anzeige"[156], „Sonderveröffentlichung"[157] oder sonstige Hinweise wie „Promotion"[158] nicht zur Kennzeichnung ausreichend. Bei einer Zeitschrift, die sich ihrem Inhalt nach an Kinder und Jugendliche im Alter zwischen 6 und 14 Jahren richtet, sind an die Trennung zwischen redaktionellem Teil und bezahlten Anzeigen besonders hohe Anforderungen zu stellen. Werden in einer solchen Zeitschrift auf einer Seite mehrere Anzeigen nebeneinander geschaltet, so reicht die im Plural erfolgte Kennzeichnung „Anzeigen" nicht aus, um dieser Zielgruppe deutlich zu machen, dass alle auf dieser Seite abgedruckten, redaktionell aufgemachten Texte bezahlte Anzeigen sind.[159]

---

148 Köhler/Bornkamm/*Köhler* § 4 Rn 3.20.
149 Nahezu wortgleich: § 10 BW, § 8 BE, § 8 HB, § 10 ND, § 10 NW, § 13 RT, § 13 SL, § 9 ST, § 10 TH, § 11 BB, § 10 HH, § 9 MV, § 10 SH. Abweichender Wortlaut, aber sinngemäß: Art 9 BY, § 8 HE, § 9 SN.
150 Zur Abgrenzung redaktionell aufgemachte Werbeanzeigen von erkennbarer Werbung s *Ruhl/Bohner* WRP 2011, 375.
151 Vgl BGH GRUR 1996, 791, 793 – *Editorial II*.
152 Vgl LG Frankfurt/aM WRP 2010, 157; *Ruhl/Bohner* WRP 2011, 375, 377.

153 OLG Düsseldorf WRP 2009, 1311, 1312; OLG München WRP 2010, 161; Köhler/Bornkamm/*Köhler* § 4, Rn 3.21a.
154 OLG Frankfurt WRP 2010, 156.
155 OLG Düsseldorf WRP 1972, 145.
156 OLG Düsseldorf GRUR 1979, 165.
157 LG München I WRP 2006, 775, 776.
158 OLG Düsseldorf WRP 2011, 127; OLG München WRP 2010, 671; LG Hamburg WRP 2011, 518.
159 LG Frankfurt/aM WRP 2010, 157, best d OLG Frankfurt/aM m Beschl v 24.4.2009, Az 6 U 101/09.

71 Bei der Prüfung, ob eine werbliche Veröffentlichung bereits durch ihre **optische Darstellung** eindeutig erkennen lässt, dass es sich um Werbung handelt, ist jeweils auf den konkreten Einzelfall abzustellen.[160] Gleichwohl werden in der Rechtsprechung entsprechende Erfahrungssätze herangezogen. So soll bspw ein **großer Textanteil** beim Betrachter eher den Eindruck eines redaktionellen Beitrages erwecken.[161] Ein in Spalten angeordneter **Fließtext**, der **durch Fotos aufgelockert** wird, entspricht der typischen Erscheinungsform redaktioneller Inhalte.[162] Die Verwendung von Trennstrichen ist bspw dann nicht geeignet, den redaktionellen Teil vom Anzeigenteil zu trennen, wenn solche Trennstriche auch im redaktionellen Teil als Gestaltungselement verwendet werden.[163] Bei der Beurteilung soll aber auch das **textliche bzw inhaltliche Umfeld** einzubeziehen sein. Bspw erwarte der sitationsadäquat aufmerksame Leser im redaktionellen Abschnitt einer Zeitschrift, der sich mit Geschichten um Adelige befasst, keinen redaktionellen Beitrag über ein gesundheitsförderndes pflanzliches Medikament unter dem Titel: „Wichtig zu wissen 2. Akute Bronchitis hat viele Symptome!".[164] Grundsätzlich können als abstrakte Kriterien für den **typischen Werbecharakter** herangezogen werden: hervorgehobene Produktabbildungen, anpreisende Überschriften oder hervorgehobene Erwähnung des Produkts und ein deutlicher Abstand zur sonstigen Erscheinungsaufmachung der Publikation (sog „look and feel"). Unklarheiten gehen allerdings zu Lasten des werbenden Verlags.[165]

72 Die gleichen Grundsätze gelten im Übrigen auch für die **redaktionelle Berichterstattung auf Internetseiten**. So kann sich die Tarnung einer Anzeige auch daraus ergeben, dass ein Link zu einer Werbeseite führt, ohne das deren werblicher Charakter vorher erkennbar ist.[166] Es kann nicht davon ausgegangen werden, dass Internetnutzer mit einem höheren Aufmerksamkeitsgrad als Zeitungsleser Werbung und Redaktion unterscheiden[167].

73 Ebenfalls ein Fall der Vortäuschung eines redaktionellen Beitrags ist die **unveränderte Übernahme von Beiträgen Dritter**. Die angesprochenen Leserkreise gehen in der Regel davon aus, dass die redaktionell dargestellten Beiträge auch aus der Feder der insoweit als objektiv und meinungsbildend angesehenen Redaktion stammt. Übernimmt die Redaktion jedoch vorgefertigte Berichte über Marktteilnehmer mit in der Regel fremden Inhalt, so liegt hierin ebenfalls eine getarnte Werbung, denn die lobende Berichterstattung beruht gerade nicht auf der Recherche und Meinungsbildung der Redaktion. Soweit dem entgegengehalten wird, dass eine Irreführung über die Urheberschaft des Artikels letztendlich nicht für eine nachfolgende Kaufentscheidung relevant ist, ist dem entgegenzuhalten, dass redaktionelle Beiträge von Lesern insgesamt weniger kritisch beurteilt werden und daher schon leichte positive Berichterstattung einen ungleich höheren und erschlichenen Werbewert gegenüber klassischer Anzeigenwerbung erhält.

74 Diese Grundsätze sind regelmäßig auch auf **Anzeigenblätter, Kundenzeitschriften** oder sog „**Special-Interest"-Zeitschriften**" anwendbar. Gleichwohl wird der Leser von

---

[160] BGH GRUR 1997, 541 – *Produkt-Interview*.
[161] OLG Düsseldorf WRP 2011, 127, 128 – *Promotion*.
[162] Vgl OLG Düsseldorf WRP 2011, 127, 128 – *Promotion*.
[163] Vgl OLG Düsseldorf WRP 2010, 1067 – *Redaktionelle Werbung für Arzneimittel*.
[164] OLG Hamburg WRP 2011, 268, 270 – *Anzeige in redaktioneller Gestalt*.
[165] OLG München WRP 2010, 161.
[166] KG GRUR 2007, 254, 255; LG Hamburg WRP 2011, 518.
[167] LG Hamburg WRP 2011, 518.

Anzeigenblättern nicht die gleiche Unabhängigkeit erwarten, wie von einer Tageszeitung oder einem Nachrichtenmagazin.[168] Allerdings gilt auch hier, dass eine Publikation, die den Schein redaktioneller Berichterstattung erweckt, die damit verbundene Leseerwartung nicht enttäuschen darf. Auch wenn die angesprochenen Leserkreise möglicherweise Abstriche hinsichtlich der Intensität der journalistischen Recherche und Auswahlarbeit vermuten, werden sie dennoch von einem möglicherweise auf geringerer Faktenbasis gefällten sachlichen Urteil der Redaktion ausgehen. Bezahlte redaktionelle Werbung ist auch in Anzeigenblättern selbstverständlich nicht zulässig. Etwas anderes kann nur dann gelten, wenn die Publikation insgesamt als reine Werbung wahrgenommen wird. Das sind bspw als Kundenzeitschrift aufgemachte Produktkataloge einzelner Anbieter oder entsprechend gekennzeichnete Werbepublikationen. Auch hier gilt der Grundsatz, dass Werbung dem angesprochenen Leser offen entgegentreten muss und nicht getarnt sein darf. Daher sind entsprechend hohe Anforderungen an die klare Kommunikation des werblichen Charakters einer Publikation bereits auf dem Titelblatt erforderlich. Ein entsprechender Hinweis im Impressum reicht dazu nicht aus. Bspw ist es unter dem Gesichtspunkt der getarnten Werbung unzulässig ein Programmheft für ein Musikfestival herauszugeben, in dem sich als redaktionelle Beiträge getarnte Kritiken zu Künstlern oder Gastronomiebetrieben finden, die tatsächlich aber in einem Zusammenhang zu Anzeigenaufträgen in dem Programmheft stehen. Hier reicht weder der Charakter des Programmhefts noch ein entsprechender Hinweis im Impressum dafür aus, den angesprochenen Musikfreunden den Charakter der Beiträge als Werbung offen zu kommunizieren.

75 Die Grundsätze zur Veröffentlichung redaktioneller Beiträge werbenden Inhalts können allerdings nicht ohne weiteres auf **Preisrätsel**, bei denen Gewinne ausgelobt werden, übertragen werden.[169] Auch wenn Preisrätsel dem redaktionell gestalteten und zu verantwortenden Bereich einer Zeitschrift im weitesten Sinne zuzuordnen sind, gelten für sie andere Maßstäbe als für den der Unterrichtung der Leserkreise und der Meinungsbildung dienenden engeren redaktionellen Bereich.[170] Bei Preisrätseln steht nicht die Meinungsbildung und Unterrichtung über aktuelles Zeitgeschehen im Vordergrund, sondern die spielerische Unterhaltung und die Gewinnchancen. Letztendlich stellen Preisrätsel für den Verkehr auch eine Form der Werbung für die Zeitschrift dar und werden als solche regelmäßig mit anderen Augen gesehen und in ihrem Aussagegehalt anders beurteilt als ein redaktioneller Beitrag zu Tagesthemen.[171] Eine positiv gehaltene Vorstellung der ausgelobten Preise gehört zur Natur des Preisrätsels und stellt deshalb noch keine verdeckte redaktionelle Werbung dar. Allerdings kann die Präsentation des Gewinns zu beanstanden sein, wenn die Grenzen des „normalen und seriöserweise Üblichen" überschritten wird.[172] Steht also die werbliche Herausstellung der Preise bei dem Gewinnspiel im Vordergrund, so handelt es sich um eine unzulässige getarnte Werbung.[173]

76 Auch wenn ein Medienunternehmen für die Veröffentlichung eines redaktionellen Beitrags werblichen Charakters **keine Gegenleistung** erhält, kann eine getarnte Wer-

---

168 Vgl Köhler/Bornkamm/*Köhler* § 4 UWG, Rn 3.25; *Lorenz* WRP 2008, 1494.
169 BGH GRUR 1997, 145 – *Preisrätselgewinnauslobung IV*; GRUR 1996, 804 – *Preisrätselgewinnauslobung III* und GRUR 1994, 821, 823 – *Preisrätselgewinnauslobung I und II*; OLG Hamburg 2010, 1183.
170 BGH GRUR 1994, 821 – *Preisrätselgewinnauslobung I*.

171 BGH GRUR 1997, 145, 146 – *Preisrätselgewinnauslobung IV*.
172 BGH GRUR 1994, 821 – *Preisrätselgewinnauslobung I*.
173 Vgl BGH GRUR 1997, 145 – *Preisrätselgewinnauslobung IV*.

bung iSd § 4 Nr 3 UWG vorliegen.¹⁷⁴ Vor dem Hintergrund der Mediengrundrechte aus Art 5 GG ist hier aber eine besonders genaue Abgrenzung im Lauterkeitsrecht vorzunehmen. Denn nicht schon jeder lobende Artikel über ein Unternehmen oder ein Produkt stellt eine unerlaubte getarnte Werbung dar. Vielmehr ist für die Frage, ob eine unlautere getarnte Werbung vorliegt, auf den **werblichen Überschuss** ohne sachliche Rechtfertigung zu stellen, der üblicherweise anhand mehrerer Kriterien geprüft wird.¹⁷⁵ Entscheidend kann bspw die Aufmachung des Beitrags sein. Auch Art und Maß der Darstellung ist für die Beurteilung des werblichen Überschusses ohne sachliche Rechtfertigung maßgebend. Pauschale Anpreisungen des Unternehmens oder eines Produkts oder sonstige sachlich nicht gerechtfertigte besondere Hervorhebungen sprechen für die werbliche Intention des Verfassers hinter der gebotenen sachlichen Information der angesprochenen Leser.¹⁷⁶ Die zentrale Unterscheidung zwischen getarnter Werbung und erlaubten redaktionellem Inhalt ist aber an der Prüfung des sog **„publizistischen Anlasses"** festzumachen. Denn so lange es für den Beitrag ein Informationsbedürfnis der angesprochenen Leserkreise gibt und so lange sich die Darstellung an dem Informationsbedürfnis der Leserschaft und dem publizistischem Anlass orientiert, fällt die Abwägung in der Regel zu Gunsten der erlaubten redaktionellen Berichterstattung aus. Auch hier gilt, dass im konkreten Einzelfall abzuwägen ist, ob **Art und Maß der Darstellung** zu dem **publizistischen Anlass** passen. Eher für getarnte Werbung spricht daher ein ganzseitiger Artikel in einem Hochglanzmagazin über ein Einzelhandelsgeschäft aus Anlass der Geschäftseröffnung oder dergleichen. Darüber hinaus ist die Berichterstattung unter Nennung des Firmen- oder Produktnamens getarnte Werbung, wenn die Unterrichtung der Leser auch ohne Nennung dieser Namen geschehen könnte.¹⁷⁷ Allerdings ist die konkrete Abwägung und Bemessung des gerechtfertigen Überschusses auch im Kontext des jeweiligen Presseerzeugnisses zu sehen. An dieser Stelle kann es bspw von entscheidender Bedeutung sein, ob die Berichterstattung in einer klassischen Tageszeitung erfolgt oder in einem Anzeigenblatt. Denn auch § 4 Nr 3 UWG ist richtlinienkonform auszulegen und im Kern als Irreführungstatbestand zu sehen. Daher spielen die Erwartungen des Lesers an die Objektivität der Berichterstattung für den Irreführungstest eine entscheidende Rolle.¹⁷⁸

77 Soweit eine Sonderwerbeform den Eindruck einer redaktionellen Berichterstattung erweckt, **ohne jedoch für sich genommen eine Verkaufsförderung** zu bewirken, weil weder ein beworbenes Produkt oder ein Unternehmen erkennbar, liegt nach einem neuern Urteil des BGH keine getarnte Werbung vor.¹⁷⁹ In dem zu entscheidenden Fall ging es um eine sog Zeitschriften-Flappe, die als halbseitige Umschlagseite dem Magazin Wirtschaftswoche hinzugefügt wurde. Auf der Vorderseite der Flappe, die ebenso aufgemacht war, wie die Titelseite des Magazins, fand sich der Titel „Deutschlands Manager: ‚Wir verplempern zuviel Zeit [...]'". Darunter fand isch in kleinerer Schrift der Hinweis an den Abonnenten des Magazins: „Das sehen Sie genauso? Dann drehen Sie die Zeitschrift um [...]". Auf der Rückseite befand sich eine ganzseitige Umschlagseitenwerbung eines Verkehrsunternehmens. Der BGH hat für die Vorderseite der

---

174 Vgl BGH GRUR 1997, 541, 543 – *Produkt-Interview*; vgl auch LG Itzehoe Urt v 6.4.2010, Az 5 O 81/09.
175 Vgl BGH GRUR 1997, 912, 913 – *Die Besten I*.
176 Vgl dazu die Fälle BGH GRUR 1997, 139 – *Orangenhaut*; BGH GRUR 1996, 293 – *Akne-mittel*; BGH GRUR 1994, 441 – *Kosmetikstudio*.
177 Vgl Köhler/Bornkamm/*Köhler* § 4, Rn 3.27c.
178 Vgl *Köhler* WRP 1998, 349, 356.
179 Vgl BGH GRUR 2011, 163 – *Flappe*.

Flappe angenommen, dass sie den Eindruck redaktioneller Berichterstattung erwecke, gleichwohl aber eine Verkaufsfördernde eigenschaft abgelehnt. Die Rückseite hingegen sei klar als Werbeanzeige zu erkennen, so dass keine Fehlvorstellung der angesprochenen Verkehrskreise erfolge. Letztendlich lässt sich daraus herauslesen, dass der BGH einen redaktionell aufgemachten Aufmerksamkeitsfänger ohne eigene Werbeaussage, der die Aufmerksamkeit lediglich auf eine klar als solche erkennbare Werbung lenkt, nicht als getarnte Werbung iSd § 4 Nr 3 UWG bzw der Nr 11 der Schwarzen Liste ansieht. Gleichwohl bedenklich ist nach der hier vertretenen Auffassung, dass sich der Werbende durch solche Werbeformen die Aufmerksamkeit der Werbeadressaten durch die als redaktionellen Beitrag getarnte Aufmachung quasi „erschleicht" und sie für die Werbung empfänglicher macht. Insoweit liegt darin ein getarntes **Eindringen in die Aufmerksamkeitssphäre** des Lesers, um dort überraschend eine Werbebotschaft zu platzieren. Letztendlich soll aber nach dem BGH offenbar die redaktionell getarnte Förderung einer Verkaufsförderung nicht dem Verbot der getarnten Werbung unterfallen. Aus diesem Urteil kann jedoch keinesfalls eine generelle Liberalisierung des Verbots getarnter Werbung herausgelesen werden, so dass eine Einzelfallabwägung unter Beachtung der bisherigen strengen Rechtsprechung auch weiterhin erforderlich sein wird.

Die Präsentation von Produkten oder Unternehmen in Rundfunkprogrammen wird auch als **Product Placement** bezeichnet und ist durch die RL über Audiovisuelle Mediendienste bzw durch den RStV geregelt. Außerhalb gekennzeichneter Werbesendungen besteht auch hier nach § 7 Abs 7 RStV ein strenges Verbot der Schleichwerbung.[180]   **78**

Für redaktionell getarnte Werbung für **Heilmittel** gibt es eine besondere Regelung im HWG, insb den § 11 Abs 1 Nr 9 HWG.[181]   **79**

d) Transparenzgebot für Verkaufsfördermaßnahmen (Nr 4). Nach § 4 Nr 4 UWG sind bei **Verkaufsförderungsmaßnahmen** wie Preisnachlässen, Zugaben oder Geschenken die **Bedingungen für ihre Inanspruchnahme klar und eindeutig anzugeben**. Sinn und Zweck der Regelung des § 4 Nr 4 ist, dass der Verbraucher bei Verkaufsförderungsmaßnahmen die Gelegenheit bekommt, sich vor der Kaufentscheidung über die Voraussetzungen für die Inanspruchnahme dieser Verkaufsfördermaßnahme, wie bspw zeitliche Befristungen der Aktion, eventuelle Beschränkungen des Teilnehmerkreises oder Mindest- oder Maximalabnahmemengen oder andere Voraussetzungen zu informieren.[182] Als Verkaufsförderungsmaßnahmen iSd § 4 Nr 4 UWG können bei einer weiten Auslegung des Begriffs alle geldwerten Vergünstigungen, wie **Preisnachlässe, Zugaben** und **Geschenke** oder auch **Zusatzgarantien** oder **Kundenbindungssysteme** gefasst werden.[183] Umgangssprachlich kann man den Anwendungsbereich des § 4 Nr 4 UWG vielleicht mit dem Begriff „Werbeaktionen" umschreiben. Dabei ist der Begriff der „Bedingungen der Inanspruchnahme" im Interesse eines effektiven Verbraucherschutzes weit auszulegen.[184] Der Begriff der Bedingung in § 4 Nr 4 UWG umfasst daher alle aus der Sicht des Verbrauchers nicht ohne weiteres zu erwartenden   **80**

---

[180] Zur Rundfunkwerbung und den Voraussetzungen zulässigem Product Placements s *Castendyk* Kap 3 Rn 95 ff.
[181] S dazu *Murza* Kap 3 Rn 101.
[182] BGH GRUR 2009, 1064 – *Geld-Zurück-Garantie II*.
[183] Vgl Köhler/Bornkamm/*Köhler* § 4, Rn 4.7; *Heermann* WRP 2005, 141, 144.
[184] BGH GRUR 2010, 247, Tz 13 – *So lange der Vorrat reicht*.

Umstände, die die Möglichkeit einschränken, in den Genuss der Vergünstigung zu gelangen.[185] Allerdings enthält § 4 Nr 4 UWG keine Verpflichtung für den Werbenden, überhaupt Bedingungen aufzustellen. Vielmehr ist hier nur der Hinweis auf *bestehende* Bedingungen geschuldet.[186] Auch wenn das Gesetz selbst keine Aussage zum **Zeitpunkt der Informationen** nennt, ist nach Sinn und Zweck der Regelung klar, dass der Verbraucher alle relevanten Bedingungen **vor einer Kaufentscheidung bzw Teilnahmeentscheidung** zur Verfügung haben muss.[187] Daraus ergibt sich für den Inhalt und Umfang der Informationen in Werbemaßnahmen die Unterscheidung, dass eine Aufforderung zur unmittelbaren Inanspruchnahme der Verkaufsförderungsmaßnahme die Information unmittelbar zugänglich sein muss, und zwar ohne Medienbruch.[188] Soweit sich die Werbung jedoch in der bloßen Ankündigung der Verkaufsförderungsmaßnahme erschöpft, müssen dem Kunden noch nicht alle Informationen zwingend zur Verfügung gestellt werden. Unerwartete Beschränkungen oder sonstige überraschende Teilnahmebedingungen sind jedoch stets unmittelbar zu offenbaren.[189]

81   e) **Transparenzgebot für Preisausschreiben und Gewinnspiele (Nr 5).** Nach § 4 Nr 5 UWG sind bei Preisausschreiben oder Gewinnspielen mit Werbecharakter die Teilnahmebedingungen klar und eindeutig anzugeben. Die Vorschrift des § 4 Nr 5 UWG verlangt die **transparente Aufklärung** potentieller Teilnehmer von Preisausschreiben oder Gewinnspielen mit Werbecharakter. Grundsätzlich besteht hier der gleiche dahinterstehende Aufklärungszweck und die entsprechenden Anforderungen, wie bei § 4 Nr 4 UWG. Auch hier ist der angesprochene Verkehrskreis so rechtzeitig über die Teilnahmebedingungen und Modalitäten aufzuklären, dass ein durchschnittlich informierter, aufmerksamer und verständiger Kunde sie bei seiner Entscheidung über die Teilnahme berücksichtigen kann.[190] Im Übrigen kann auf die Grundsätze und Ausführungen zu § 4 Nr 4 UWG verwiesen werden.

82   f) **Kopplung von Gewinnspielen mit Produktabsatz (Nr 6).** Nach dem Wortlaut des § 4 Nr 6 UWG ist es unlauter, die Teilnahme von Verbrauchern an einem Preisausschreiben oder Gewinnspiel von dem Erwerb einer Ware oder der Inanspruchnahme einer Dienstleistung abhängig zu machen, es sei denn, das Preisausschreiben oder Gewinnspiel ist naturgemäß mit der Ware oder der Dienstleistung verbunden. Bei § 4 Nr 6 UWG handelt es sich um einen Unterfall der unangemessenen und unsachlichen Beeinflussung iSd § 4 Nr 1 UWG.[191] Allerdings hat die praktische Bedeutung dieses Tatbestands seit dem „Millionenchance"-Urteil des EuGH[192] deutlich abgenommen. Denn der EUGH hat entschieden, dass § 4 Nr 6 UWG in seiner bisherigen Anwendung als *per se*-Verbot mit den Vorgaben der vollharmonisierenden UGP-RL unvereinbar ist. *Per se*-Verbote sind nach den Vorgaben der UGP-RL nämlich nur der sog Schwarzen Liste vorbehalten, die aber einen vergleichbaren Tatbestand wie § 4 Nr 6 UWG nicht enthält. Insoweit dürfen auch deutsche Gerichte das Kopplungsverbot des § 4 Nr 6 UWG **nicht mehr in seiner** *per se*-**Auslegung anwenden.**

---

[185] BGH GRUR 2010, 247, Tz 13 – *So lange der Vorrat reicht.*
[186] Vgl BGH GRUR 2008, 1114, Tz 13 – *Räumungsfinale.*
[187] Vgl insoweit auch BGH GRUR 2009, 1064 – *Geld-Zurück-Garantie II.*
[188] Vgl OLG Naumburg GRUR-RR 2007, 157.

[189] BGH GRUR 2009, 1064, Tz 39 – *Geld-Zurück-Garantie II.*
[190] BGH GRUR 2010, 158, Tz 17 – *FIFA-WM-Gewinnspiel.*
[191] BGH GRUR 2009, 875, Tz 9 – *Jeder 100. Einkauf gratis.*
[192] EuGH GRUR 2010, 244 – *Plus Warenhandelsgesellschaft.*

Allerdings könnte ein enger Anwendungsbereich für den § 4 Nr 6 UWG dahingehend verbleiben, dass die Kopplung von Warenabsatz und Gewinnspielteilnahme bei besonders schutzbedürftigen Verbrauchergruppen, wie Kinder, gegen die **fachliche Sorgfalt iSd Art 5 Abs 2 UGP-RL** verstößt oder eine irreführende Geschäftspraxis iSd Art 6, 7 UGPRL darstellt und daher auch richtlinienkonform unlauter ist.[193] Im Übrigen dürfte die praktische Relevanz der Vorschrift entfallen. Sollte sie einmal doch zum Tragen kommen, enthält der Tatbestand des § 4 Nr 6 UWG eine **Ausnahmeregelung**, die insb bei **Preisausschreiben** und **Gewinnspielen** in Zeitschriften von Bedeutung war. Denn dort ist die Teilnahmemöglichkeit an Preisausschreiben und Gewinnspielen naturgemäß mit dem Erwerb des Presseprodukts verbunden. Gleiches gilt für Gewinnspiele und Preisrätsel im Radio oder Fernsehen.

g) Herabsetzung von Mitbewerbern (Nr 7). Nach § 4 Nr 7 UWG ist es unlauter, **83** die Kennzeichen, Waren, Dienstleistungen, Tätigkeiten oder persönlichen oder geschäftlichen Verhältnisse eines Mitbewerbers herabzusetzen oder zu verunglimpfen. Die Regelungen in § 4 Nr 7 konkretisiert die Generalklausel in § 3 Abs 1 UWG dahingehend, dass Unternehmen davor geschützt werden, durch **herabsetzende oder verunglimpfende Äußerungen** durch Mitbewerber in ihren **Geschäftschancen** beeinträchtigt werden. Denn solche Äußerungen können auf die potentiellen Marktpartner des Unternehmens einwirken und verfälschen damit den Wettbewerb, der nicht auf der Stufe der Geschäftsehre, sondern über das Produktangebot geführt werden soll. Es geht also hier um die Vermeidung der Verfälschung des Wettbewerbs durch Beeinträchtigung der Wettbewerbschancen. Es geht aber nicht in erster Linie um den Schutz der sogenannten Geschäftsehre des Unternehmers im Sinne des Unternehmerpersönlichkeitsrechts.[194] Das **UWG dient nicht dem Schutz von Persönlichkeitsrechten** sondern hat ausschließlich die Lauterkeit des Wettbewerbs im Visier. Die Vorschrift des § 4 Nr 7 UWG bezweckt auch nicht den Schutz der Verbraucher und fällt insoweit aus dem Anwendungs- und Harmonisierungsbereich der UGP-RL heraus. Erfolgt die Äußerung im Rahmen einer vergleichenden Werbung im Sinne des § 6 UWG, so wird § 4 Nr 7 UWG durch die insoweit vorrangigen Vorschriften über die vergleichende Werbung gesperrt. Daher verbleibt als eigenständiger Anwendungsbereich für § 4 Nr 7 UWG nur Äußerungen, die entweder keine Werbung im Sinne des § 6 Abs 1 UWG darstellen oder ein Vergleich als Gegenüberstellung ist nicht gegeben.

Die Begriffe der „Herabsetzung" und der „Verunglimpfung" sind im Sinne der einheitlichen Anwendung des UWG entsprechend im Tatbestand des § 6 Abs 2 Nr 5 UWG zu verstehen.[195] Da die Begriffe gleichrangig verwendet werden, ist eine Unterscheidung nicht erforderlich. Eine Herabsetzung soll in der **sachlich nicht gerechtfertigten Verringerung der Wertschätzung** des Mitbewerbers seines Unternehmens und/oder seiner Leistungen in den Augen der angesprochenen oder von der Mitteilung erreichten Verkehrskreise liegen, wobei es gleichgültig ist, ob dies durch eine Tatsachenbehauptung oder ein Werturteil erfolgt.[196] Maßgeblich ist das Verständnis des durchschnittlich informierten und verständigen Mitglieds der angesprochenen Ver-

---

[193] BGH Urt v 5.10.2010, Az I ZR 4/06, LS 2 – *Millionenchance II*; Vorgeschlagen von *Köhler* in GRUR 2008, 841, 845; *ders* GRUR 2010, 177; *ders* GRUR 2010, 767, 771.
[194] Köhler/Bornkamm/*Köhler* § 4 UWG Rn 7.2.
[195] Köhler/Bornkamm/*Köhler* § 4 UWG Rn 7.12.
[196] Köhler/Bornkamm/*Köhler* § 4 UWG Rn 7.12.

kehrskreise.[197] Dabei ist zu berücksichtigen, dass nicht jede negative Äußerung über einen Mitbewerber zwangsläufig dessen Wertschätzung beeinträchtigt. Werbung lebt zu einem nicht unerheblichen Teil von Humor und Ironie, die vielleicht Aufmerksamkeit und Schmunzeln erzielt, nicht aber zwingend vom Verkehr wörtlich und ernst genommen wird.[198]

Da § 4 Nr 7 UWG konkret an Äußerungen anknüpft, liegt der Bezug zu den Mediengrundrechten aus Art 5 GG nahe. Auch kommerzielle Meinungsäußerungen sowie reine Wirtschaftswerbung mit wertendem, meinungsbildendem Inhalt sind durch Art 5 Abs 1 GG geschützt.[199] Allerdings gilt auch hier, dass Art 5 Abs 1 GG gemäß Art 5 Abs 2 GG durch die Vorschriften des UWG eingeschränkt sind. Insoweit hat hier eine Interessenabwägung unter Gesamtwürdigung aller Umstände zu erfolgen, bei der dem Bedeutungsgehalt des Art 5 Abs 1 GG und dem Grundsatz der Verhältnismäßigkeit Rechnung zu tragen ist.[200]

85 h) **Anschwärzung (Nr 8).** Nach § 4 Nr 8 WUG handelt unlauter, wer über die Waren, Dienstleistungen oder das Unternehmen eines Mitbewerbers oder über den Unternehmer oder ein Mitglied der Unternehmensleitung **Tatsachen behauptet oder verbreitet, die geeignet sind, den Betrieb des Unternehmens oder den Kredit des Unternehmers zu schädigen, sofern die Tatsachen nicht erweislich wahr sind.** Handelt es sich um vertrauliche Mitteilungen und hat der Mitteilende oder der Empfänger der Mitteilung an ihr ein berechtigtes Interesse, so ist die Handlung nur dann unlauter, wenn die Tatsachen der Wahrheit zuwider behauptet oder verbreitet wurden.

86 Anders als § 4 Nr 7 UWG betrifft § 4 Nr 8 UWG lediglich **Tatsachenbehauptungen**. Mitbewerber sollen vor unwahren geschäftsschädigenden Tatsachenbehauptungen geschützt werden. Wahre Tatsachenbehauptungen sind tatbestandlich nicht von § 4 Nr 8 UWG erfasst. Für wahre Tatsachenbehauptungen, die gleichwohl geschäftsschädigende Wirkung haben können, bleibt der Maßstab der §§ 4 Nr 7, 6 Abs 2 UWG. Auch Werturteile sind tatbestandlich nicht erfasst und müssen an § 4 Nr 7 UWG oder § 6 Abs 2 Nr 5 UWG bzw. am Maßstab des allgemeinen Deliktsrechts des BGB gemessen werden. Die Abgrenzung zwischen Tatsachenäußerungen und Meinungsäußerungen erfolgt auch im Lauterkeitsrecht anhand der äußerungsrechtlichen Kriterien. Insoweit bestehen keine lauterkeitsrechtlichen Besonderheiten.

87 i) **Ergänzender lauterkeitsrechtlicher Nachahmungsschutz (Nr 9).** Nach § 4 Nr 9 UWG handelt derjenige unlauter, der Waren oder Dienstleistungen anbietet, die eine Nachahmung der Waren oder Dienstleistungen eines Mitbewerbers sind, wenn er (a) eine vermeidbare Täuschung der Abnehmer über die betriebliche Herkunft herbeiführt, (b) die Wertschätzung der nachgeahmten Ware oder Dienstleistung unangemessen ausnutzt oder beeinträchtigt oder (c) die für die Nachahmung erforderlichen Kenntnisse oder Unterlagen unredlich erlangt hat.

88 Mit § 4 Nr 9 UWG werden gemeinhin die **Immaterialgüterrechte lauterkeitsrechtlich ergänzt.** Gegenstand des ergänzenden lauterkeitsrechtlichen Nachahmungsschutzes ist der Schutz des Mitbewerbers vor der Ausbeutung eines von ihm geschaffenen

---

[197] BGH GRUR 2002, 982, 984 – Die „Steinzeit" ist vorbei!.
[198] Piper/Ohly/Sosnitza/*Ohly* § 4.7 UWG Rn 7/14.
[199] BVerfG GRUR 2001, 170, 172 – Benetton Schockwerbung I.
[200] BGH GRUR 1997, 916, 919 – Kaffeebohne.

Leistungsergebnisses mit unlauteren Mitteln oder Methoden.[201] Gleichzeitig werden die angesprochenen Verbraucherkreise vor einer Irreführung über die betriebliche Herkunft des Zeugnisses geschützt. Insoweit steht § 4 Nr 9 UWG gleichberechtigt neben den anderen Regelungen zum Verbot herkunftstäuschender geschäftlicher Handlungen in den §§ 5 Abs 1 S 2 Nr 1, 5 Abs 2, 6 Abs 2 Nr 3 UWG sowie dem Tatbestand Nr 13 der Schwarzen Liste.

89 Im Medienbereich wird § 4 Nr 9 UWG allerdings oftmals **durch das Urheberrecht verdrängt**. Soweit Urheberrechtsschutz nach § 2 UrhG besteht, scheidet der lauterkeitsrechtliche Nachahmungsschutz aus.

90 Der lauterkeitsrechtliche Nachahmungsschutz setzt tatbestandlich voraus, dass ein Unternehmen ein Leistungsergebnis eines Mitbewerbers nachahmt und auf dem Markt anbietet, das wettbewerbliche Eigenarten aufweist und besondere Umstände vorliegen, die sein Verhalten als unlauter erscheinen lassen.[202] Dem Nachahmungsschutz können als Leistungsergebnis alle Waren und Dienstleistungen unterfallen, wobei der Begriff weit zu fassen ist. Aus Mediensicht können insbesondere Fußballspiele[203], Formate von Fernsehsendungen[204], Werbeslogans[205] dem Nachahmungsschutz des § 4 Nr 9 UWG unterliegen. Die Filmaufzeichnung eines Fußballspiels ist jedoch keine Nachahmung des Fußballspiels selbst oder in dessen Veranstaltung und Durchführung bestehende Leistung. Sie stellt vielmehr eine lediglich daran anknüpfende eigenständige Leistung dar.[206] Allerdings ist nicht jedes Leistungsergebnis nach § 4 Nr 9 UWG schutzfähig, denn der Schutz vor Nachahmung soll auf solche Leistungsergebnisse beschränkt werden, die eine **wettbewerbliche Eigenart** dahingehend besitzen, dass die konkrete Ausgestaltung oder bestimmte Merkmale des Erzeugnisses geeignet sind, die angesprochenen Verkehrskreise auf seine betriebliche Herkunft oder seine Besonderheiten hinzuweisen.[207] Allerweltsprodukte oder -formate sind lauterkeitsrechtlich nicht schutzwürdig. Die wettbewerbliche Eigenart kann auf **ästhetischen** oder **technischen Merkmalen** oder **sonstigen kennzeichnenden Mitteln** beruhen. Entscheidend ist, dass der Verkehr aufgrund des Merkmals auf die **betriebliche Herkunft** des Erzeugnisses schließen kann.

91 Die Nachahmung von Leistungsergebnissen mit wettbewerblicher Eigenart ist jedoch nur nach § 4 Nr 9 UWG unlauter, wenn besondere Umstände vorliegen, die das Verhalten der Nachahmung als unlauter erscheinen lassen. Solche Umstände können in der **Herkunftstäuschung**, der **Ausnutzung oder Beeinträchtigung der Wertschätzung** des nachgeahmten Produkts (sogenannte „Rufausbeutung"), der **unredlichen Erlangung von Kenntnissen und Unterlagen**[208] oder in der **Behinderung** des Schöpfers des Originals in dessen Vermarktungschancen.

92 Bei Verletzung des § 4 Nr 9 UWG kann der aktiv legitimierte Schöpfer des Originalerzeugnisses auch **Schadensersatz im Wege der dreifachen Schadensberechnung**

---

[201] Köhler/Bornkamm/*Köhler* § 4 UWG Rn 9.2.
[202] Köhler/Bornkamm/*Köhler* § 4 UWG Rn 9.17.
[203] OLG Stuttgart, MMR 2009, 395, 396 – *Hartplatzhelden*; aufgehoben durch BGH, Urteil vom 28.10.2010, Az I ZR 60/09; vgl a *Ohly* GRUR 2010, 487; Peukert WRP 2010, 316.
[204] Offen gelassen in BGH GRUR 2003, 876, 878 – *Sendeformat*; Eickmeier/Fischer-Zernin, GRUR 2008, 755.
[205] Vgl BGH GRUR 1997, 308 – *Wärme fürs Leben*.
[206] BGH Urteil vom 28.10.2010, Az IZR 60/09 – *Hartplatzhelden.de*.
[207] St Rspr; vgl zuletzt BGH GRUR 2010, 80, Tz 23 – *LIKEaBIKE*.
[208] Vgl BGH GRUR 1961, 40 – *Wurftaubenpresse*; BGH GRUR 2003, 356, 357 – *Präzisionsmessgeräte*.

vom Verletzer verlangen. Insoweit ahmt das UWG das Sanktionsregime des Materialgüterschutzes nach.[209]

93 **j) Gezielte Mitbewerberbehinderung (Nr 10).** Nach § 4 Nr 10 UWG ist die gezielte Behinderung von Mitbewerbern unlauter. Bei § 4 Nr 10 UWG handelt es sich um einen ausschließlich Mitbewerber schützenden Tatbestand, so dass diese Regelung nicht in den Anwendungsbereich der UGP-RL fällt.[210] Eine unlautere Behinderung von Mitbewerbern nach § 4 Nr 10 UWG setzt eine **Beeinträchtigung der wettbewerblichen Entfaltungsmöglichkeit** der Mitbewerber voraus, die zusätzlich zu der mit jedem Wettbewerb verbundenen Beeinträchtigung weitere Unlauterkeitsmerkmale aufweist, damit von einer unzulässigen individuellen Behinderung gesprochen werden kann.[211] Unlauter ist die Beeinträchtigung im allgemeinen dann, wenn gezielt der Zweck verfolgt wird, Mitbewerber an ihrer Entfaltung zu hindern und sie dadurch zu verdrängen, oder wenn die Behinderung doch dazu führt, dass die beeinträchtigten Mitbewerber ihre Leistung am Markt durch eigene Anstrengungen nicht mehr in angemessener Weise zur Geltung bringen können.[212] Nach einer anderen Ansicht soll sich die Zulässigkeit einer geschäftlichen Handlung gegenüber dem Mitbewerber nach den Wirkungen der Handlung auf den Wettbewerb beurteilen. Ein gezieltes Behindern liege danach vor allem dann nahe, wenn die Handlung die Möglichkeiten der Marktgegenseite und damit den Wettbewerb einschränkt.[213] In der Praxis folgt man jedoch lässt sich nur aufgrund einer Gesamtwürdigung der Umstände des Einzelfalls unter Abwägung der widerstreitenden Interessen der Wettbewerber beurteilen, wobei sich die Bewertung an den von der Rechtsprechung entwickelten Fallgruppen zu orientieren hat.[214]

94 Zentrales Tatbestandsmerkmal des § 4 Nr 10 UWG ist das Erfordernis der „gezielten" Behinderung. Als „gezielt" ist eine Behinderung dann anzusehen, wenn bei objektiver Würdigung aller Umstände die Maßnahme in erster Linie nicht auf die Förderung der eigenen wettbewerblichen Entfaltung, sondern auf die Beeinträchtigung der wettbewerblichen Entfaltung des Mitbewerbers gerichtet ist.[215] Eine „gezielte" und damit unlautere Behinderung ist daher stets gegeben, wenn gezielt der Zweck verfolgt wird, den Mitbewerber an seiner Entfaltung zu hindern und ihn dadurch zu verdrängen, also die Maßnahme **subjektiv von einer Behinderungsabsicht getragen** ist.[216] Allerdings soll der Tatbestand der individuellen Behinderung nicht ausschließlich von subjektiven Erfordernissen, insbesondere einer auf die Behinderung gerichteten Absicht, abhängig sein.[217] Lässt sich eine Verdrängungsabsicht nicht feststellen, so ist daher zu fragen, ob die Maßnahme ihrer Art nach darauf gerichtet ist, den Mitbewerber an der wettbewerblichen Entfaltung zu hindern.[218] Damit wird die eigentlich sub-

---

[209] St Rspr; vgl zuletzt BGH GRUR 2007, 431, Tz 21 – *Steckverbinderghäuse*.
[210] Vgl auch BGH GRUR 2010, 346, Tz 10 – *Rufumleitung*.
[211] BGH GRUR 2010, 346, Tz 12 – *Rufumleitung*.
[212] BGH GRUR 2009, 878, Tz 13 – *Fräsautomat*.
[213] Vgl *Beater* WRP 2011, 7 mit einem „*more economic Approach*" zu § 4 Nr 10 UWG.
[214] BGH GRUR 2010, 346, Tz 12 – *Rumleitung*; BGH GRUR 2001, 1061 – *Mitwohnzentrale.de*; BGH GRUR 2002, 902, 905 – *Vanity-Nummer*.
[215] BGH GRUR 2007, 800, Tz 23 – *Außendienstmitarbeiter*.
[216] Vgl BGH GRUR 2001, 1061 – *Mitwohnzentrale.de*.
[217] BGH GRUR 2007, 800, Tz 22 – *Außendienstmitarbeiter*.
[218] *Köhler/Bornkamm/Köhler* § 4 UWG Rn 10.10; *Köhler* NJW 2004, 2121; OLG Hamm WRP 2005, 525.

jektive Zielrichtung der geschäftlichen Handlung objektiviert und in der Praxis der Nachweis der „gezielten" Behinderung erleichtert. Die subjektive Behinderungsabsicht ist auch dann für den Tatbestand des § 4 Nr 10 UWG entbehrlich, wenn der Mitbewerber seine Leistung am Markt durch eigene Anstrengung nicht mehr in angemessener Weise zur Geltung bringen kann.[219]

Grundsätzlich unterteilt die Rechtsprechung und Literatur die Erscheinungsformen der unlauteren gezielten Behinderung in **Fallgruppen**. Die für die Medienwirtschaft praktisch relevanten Fallgruppen sind insbesondere die Fälle der **Absatzbehinderung**, der **Werbebehinderung**, des **Boykotts** und der **gezielten Preisunterbietung**.

95

Grundlagen und Beispiele gezielter Behinderung:

Absatzbehinderung. Das gezielte Abwerben von Kunden ist grundsätzlich nicht unlauter. Der **Kundenkreis ist kein geschütztes Rechtsgut**. Das Abwerben von Kunden gehört zum Wesen des Wettbewerbs, auch wenn die Kunden noch an den Mitbewerber gebunden sind.[220] Das Ausspannen und Abfangen von Kunden ist nur wettbewerbswidrig, wenn besondere, die Unlauterkeit begründende Umstände hinzutreten.[221] Eine unlautere Behinderung des Mitbewerbers ist gegeben, wenn auf Kunden, die bereits dem Wettbewerber zuzurechnen sind, in unangemessener Weise eingewirkt wird, um sie als eigene Kunden zu gewinnen oder zu erhalten.[222] Eine solche unangemessene Einwirkung auf den Kunden liegt nach der Rechtsprechung insbesondere dann vor, wenn sich der Abfangende gewissermaßen zwischen den Mitbewerber und dessen Kunden stellt, um diesem eine Änderung seines Entschlusses, die Waren oder Dienstleistungen des Mitbewerbers in Anspruch zu nehmen, aufzudrängen.[223] Vor dem Wertungshintergrund der europarechtlichen Grundlagen des UWG wären Maßnahmen, die dem Anlocken von Kunden dienen, nur dann als unlauter anzusehen, wenn dabei der Kunde unzumutbar belästigt (§ 7), unter Druck gesetzt oder sonst unangemessen unsachlich beeinflusst (§ 4 Nr 1 iVm Art 8 UGP-RL) oder irregeführt (§§ 5, 5a) wird, oder wenn die Maßnahmen auf die Verdrängung des Mitbewerbers abzielen.[224] Beispiele: Die **Registrierung von Gattungsbegriffen als Domain-Namen** ist keine unlautere Behinderung;[225] **adword-Anzeigen** in Internet-Suchmaschinen, die als Schlüsselwort („keyword") ein fremdes Kennzeichen benutzen, stellen kein unlauteres Abfangen von Kunden dar, sofern die Werbung erkennbar von den Trefferanzeigen abgegrenzt ist.[226] Es ist grundsätzlich zulässig, einem vertraglich noch gebundenen Kunden dadurch bei einer ordentlichen Kündigung zu helfen, dass ihm ein **vorbereitetes Kündigungsschreiben** vorgelegt wird, das nach Einfügung des Kündigungstermins

96

---

[219] Vgl BGH GRUR 2001, 1061– *Mitwohnzentrale.de*; BGH GRUR 2002, 902 – *Vanity-Nummer*; BGH GRUR 2007, 800, Tz 22 – *Außendienstmitarbeiter*.
[220] BGH GRUR 2002, 548, 549 – *Mietwagenkostenersatz*; BGH GRUR 2009, 500 Tz 23 – *Beta Layout*.
[221] BGH GRUR 2009, 500 Tz 23 – *Beta Layout*.
[222] BGH GRUR 2001, 1061 – *Mitwohnzentrale.de*.
[223] BGH GRUR 2007, 987, Tz 25 – *Änderung der Voreinstellung*; BGH GRUR 2009, 876, Tz 21 – *Änderung der Voreinstellung II*.

[224] Köhler/Bornkamm/*Köhler* § 4 UWG Rn 10.25, ebenso BGH GRUR 2009, 416 Tz 16 – *Küchentiefstpreis-Garantie*.
[225] BGH GRUR 2001, 1061 – *Mitwohnzentrale.de*.
[226] BGH GRUR 2009, 500 Tz 23 – *Beta Layout*; OLG Düsseldorf WRP 2007, 440, 442; *Piper/Ohly/Sosnitza* § 4 Rn 10/53b; aA *Illmer* WRP 2007, 399; *Renner* WRP 2007, 49, 54; zu prüfen ist aber, ob im Einzelfall kennzeichenrechtliche Ansprüche gegen die Verwendung eines geschützten Kennzeichens als AdWord bestehen.

nur noch zu unterschreiben ist.[227] Ein **Verleiten zum Vertragsbruch** ist allerdings unlauter und liegt vor, wenn gezielt und bewusst darauf hingewirkt wird, dass ein anderer eine ihm obliegende Vertragspflicht verletzt;[228] Das Verleiten zum Vertragsbruch ist zu unterscheiden vom bloßen **Ausnutzen eines Vertragsbruchs**. Letzteres ist mangels gezielter Einwirkung (eines bewussten Hinwirkens auf den Vertragsbruch oder dessen Veranlassung) nicht als unlauter anzusehen[229]; Der Bezug von **Eintrittskarten zu Großveranstaltungen** beim Veranstalter zum Zwecke der AGB-widrigen Weiterveräußerung an Dritte (bspw auf dem Schwarzmarkt) erfüllt den Tatbestand des „Schleichbezugs" als Unterfall der gezielten Mitbewerberbehinderung, wobei der Schwerpunkt des Unlauterkeitsvorwurfs in der Behinderung eines Vertriebskonzepts, mit dem der Hersteller oder Dienstleistungserbringer legitime Absatzinteressen verfolgt liegen soll.[230]

97   **Werbebehinderung.** Grundsätzlich kann die Beeinträchtigung der Werbung eines Mitbewerbers – etwa durch deren Zerstörung, Beschädigung, Beseitigung oder Verdeckung – im Einzelfall eine unlautere Behinderung des Mitbewerbers darstellen.[231] Allerdings stellen die Werbung und der Vertrieb eines Werbeblockers und die Ausstrahlung von Befehlssignalen für diesen auch unter Berücksichtigung des verfassungsrechtlichen Schutzes, den das Fernsehsendeunternehmen aus Art GG Artikel 5 und GG Artikel 12 GG genießt, weder unter dem Gesichtspunkt einer produktbezogenen Behinderung noch wegen Werbebehinderung eine unlautere Behinderung iSd § 4 Nr 10 UWG dar.[232] Eine Werbebehinderung liegt auch nicht vor, wenn im Internet durch „**deep links**" der Nutzer an der Werbung auf der Homepage eines Dritten „vorbeigeführt" wird.[233]

98   **Boykott.** Unter einem **Boykottaufruf** ist die Aufforderung zu einer Liefer- oder Bezugssperre zu verstehen.[234] Mithin sind immer drei Beteiligte für einen Boykott erforderlich: Der **Verrufer**, der den **Adressaten** dazu auffordert, an einer Liefer- oder Bezugssperre gegen den **Verrufenen** teilzunehmen. Ein Boykottaufruf ist demnach per se eine gezielte Behinderung, denn der Aufruf erfolgt ja gerade in der Absicht, die Teilnahme des Verrufenen am Markt zu behindern. Boykottaufrufe sind daher idR unlauter iSd § 4 Nr 10 UWG, es sei denn es ergibt sich in der **Abwägung der Interessen** aller Beteiligten unter Berücksichtigung der grundgesetzlichen Wertungen und des Schutzzwecks des § 1 UWG eine sachliche Rechtfertigung für das Verhalten.[235] Für den Medienbereich wirken sich jedoch die Mediengrundrechte in besonderem Maße aus. Der **Schutz der Meinungs- und Pressefreiheit** erstreckt sich auch auf kommerzielle Meinungsäußerungen sowie reine Wirtschaftswerbung, die einen wertenden, meinungsbildenden Inhalt hat.[236] Ein Boykottaufruf kann als geschäftliche Handlung daher zunächst ebenfalls von Art 5 Abs 1 GG gedeckt sein. Allerdings gilt auch hier wiederum die Schranke des Art 5 Abs 2 GG iVm § 4 Nr 10 UWG als allgemeines Gesetz, die eine Interessenabwägung unter Berücksichtigung der Reichweite des Grundrechts und

---

[227] BGH GRUR 2005, 603 – *Kündigungshilfe.*
[228] BGH GRUR 2007, 800 – *Außendienstmitarbeiter.*
[229] BGH GRUR 2006, 879 Tz 12 – *Flüssiggastank*; BGH GRUR 2007, 800 – *Außendienstmitarbeiter.*
[230] BGH GRUR 2009, 173 – *bundesligakarten.de.*
[231] BGH GRUR 2004, 877, 879 – *Werbeblocker.*

[232] BGH GRUR 2004, 877, 879 – *Werbeblocker.*
[233] BGH GRUR 2003, 958, 963 – *Paperboy.*
[234] Köhler/Bornkamm/*Köhler* § 4 UWG, Rn 10.116.
[235] Vgl BGH GRUR 1980, 242 – *Denkzettel-Aktion;* Köhler/Bornkamm/*Köhler* § 4 UWG, Rn 10.122.
[236] BVerfG GRUR 2001, 170 – *Schockwerbung.*

des Schutzzwecks des UWG iSd § 1 UWG in jedem Einzelfall erfordert. Das BVerfG hat für die **Zulässigkeit eines Boykottaufrufs** drei Voraussetzungen aufgestellt:[237] Es muss sich unter Berücksichtigung der politischen, sozialen oder kulturellen Motive und Ziele der Aufforderung um eine **Angelegenheit von öffentlicher Bedeutung** handeln. Ferner muss der Aufruf **verhältnismäßig** sein und darf das Maß der nach den Umständen notwendigen und angemessenen Beeinträchtigung des Angegriffenen oder des Betroffenen nicht überschreiten. Die **Mittel der Durchsetzung des Boykottaufrufs** müssen schlussendlich verfassungsrechtlich zu billigen sein, dh ohne physischen, wirtschaftlichen oder vergleichbaren Druck auf die Adressaten auskommen.

k) **Allgemeine Marktbehinderung.** Die Fallgruppe der allgemeinen Marktbehinderung ist nicht in § 4 UWG als Beispieltatbestand kodifiziert, gleichwohl aber von der Rechtsprechung als Konkretisierung der Generalklausel des § 3 Abs 1 UWG anerkannt. Eine allgemeine Marktbehinderung liegt nach der Rechtsprechung vor, wenn ein zwar nicht von vornherein unlauteres, aber doch wettbewerblich bedenkliches Wettbewerbsverhalten für sich allein oder in Verbindung mit den zu erwartenden gleichartigen Maßnahmen von Mitbewerbern die ernstliche Gefahr begründet, dass der **Wettbewerb in erheblichem Maße eingeschränkt** wird.[238] Diese Fallgruppe hat besondere Bedeutung im Bereich des Pressevertriebs erlangt. Gerade im Pressebereich will die Rechtsprechung über diese Fallgruppe vor allem das **Interesse der Allgemeinheit** am verfassungsrechtlichen Schutz des **Bestandes der Presse** als Institution zur Bildung der Meinungsvielfalt berücksichtigen.[239] Auch hier behilft sich die Rechtsprechung mit Unterfallgruppen. Die Unterfallgruppe der **Preisunterbietung** ist für den Medienbereich nicht von besonderer Bedeutung. Gleichwohl ist darauf hinzuweisen, dass eine Preisunterbietung für sich allein noch nicht unlauter, sondern Ausdruck von „gesundem Wettbewerb" ist.[240] Die Grenze der Preisunterbietung liegt hier – wie bei § 4 Nr 10 UWG – in einer sachlich nicht gerechtfertigten Verdrängungseignung mit der Folge, dass der Wettbewerb auf dem betroffenen Markt völlig oder nahezu aufgehoben wird.[241] Eine größere Bedeutung hat die Unterfallgruppe der **unentgeltlichen Abgabe von Presseleistungen**. Aus dem Umstand heraus, dass Art 5 Abs 1 S 2 GG die Pressefreiheit nicht nur als Grundrecht, sondern auch als Institution gewährleistet, ist dies im Rahmen des Lauterkeitsrechts zu berücksichtigen. Letztendlich hat die Rechtsprechung für den Bereich der Presse und Medienleistungen Grundsätze entwickelt, die sich aber an den allgemeinen lauterkeitsrechtlichen Anforderungen orientieren. Die unentgeltliche Verteilung von reinen **Anzeigenblättern** oder **Kundenzeitschriften** soll nach der Rechtsprechung unbedenklich sein.[242] Soweit aber ein Anzeigenblatt durch einen redaktionellen Teil geeignet ist, für eine nicht unerheblichen Teil des Publikums eines Tageszeitung zu ersetzen und wenn die ernsthafte Gefahr besteht, dass deshalb die Tagespresse als Institution in ihrem verfassungsrechtlich garantierten Be-

---

[237] Köhler/Bornkamm/*Köhler* § 4 UWG, Rn 10.123 unter Hinweis auf BVerfG GRUR 1984, 357, 359 – *markt-intern*; BVerfG NJW 1989, 381, 382; BVerfG 1992, 1153, 1154.
[238] BGH WRP 2004, 247, 247 – *Zeitung zum Sonntag*; BGH GRUR 2004, 606, 603 – *20 Minuten Köln*; BGH GRUR 2010, 455, Tz 20 – *Stumme Verkäufer II*.
[239] BGH GRUR 2004, 602, 604 – *20 Minuten Köln*.
[240] BGH GRUR 1990, 687, 688 – *Anzeigenpreis II*.
[241] Vgl BGH GRUR 1990, 687, 688 – *Anzeigenpreis II*; BGH GRUR 1992, 191, 193 – *Amtsanzeiger*.
[242] Köhler/Bornkamm/*Köhler* § 4 UWG Rn 12.21

stand bedroht ist, soll die unentgeltliche Verteilung lauterkeitsrechtlich bedenklich sein.[243] In diesem Bereich hat sich jedoch die Rechtsprechung weiter entwickelt und auch die unentgeltliche **Abgabe rein anzeigenfinanzierter Tageszeitungen** mit anspruchsvollem redaktionellem Teil zugelassen.[244] Allerdings soll die unentgeltliche Abgabe entgeltlicher Zeitungen über ungesicherte sogenannte „stumme Verkäufer" lauterkeitsrechtlich bedenklich sein.[245] Im Hinblick auf die Rechtsprechung zu den rein werbefinanzierten Tageszeitungen hat der BGH die frühere strenge Rechtsprechung jedoch aufgegeben.[246] Unter den gleichen Erwägungen müssen auch vorübergehend unentgeltliche Abgaben von Presseerzeugnissen unbedenklich sein, so dass **Probeabonnements** grundsätzlich möglich sind. Allerdings soll hierfür eine allgemeine **Frist von etwa zwei Wochen** gelten und bei darüber hinaus gehenden Maßnahmen unter dem Gesichtspunkt der Marktverstopfung im Hinblick auf Neubezieher und Einzelkäufer Bedenken bestehen.[247]

100 l) **Rechtsbruch (Nr 11).** Nach § 4 Nr 11 UWG handelt ein Unternehmer unlauter, der einer gesetzlichen Vorschrift zuwiderhandelt, die auch dazu bestimmt ist, im Interesse der Marktteilnehmer das Marktverhalten zu regeln.

Der **Rechtsbruchtatbestand** ist das Einfallstor für außerwettbewerbsrechtliche Marktverhaltensnormen in das UWG. Die Frage, ob eine geschäftliche Handlung unlauter ist, weil sie gegen eine gesetzliche Vorschrift verstößt, gehört zu den schwierigsten und umstrittensten des Lauterkeitsrechts.[248] Der Anwendungsbereich des Rechtsbruchtatbestands hat sich im Vergleich zum UWG aF verengt. Vor dem Hintergrund des Schutzzweckes in § 1 UWG sanktioniert § 4 Nr 11 UWG nur noch **Verstöße gegen Marktverhaltensnormen.** Der Gedanke, dass jeder Gesetzesverstoß aufgrund des dadurch möglicherweise erzielten Vorsprungs gegenüber gesetzestreuen Mitbewerbern unlauter sein soll – sog „Vorsprung durch Rechtsbruch" – ist spätestens mit dem UWG 2004 aufgegeben worden.[249]

101 Allerdings ist der Rechtsbruchtatbestand – wie alle anderen potentiell verbraucherbezogenen Tatbestände des § 4 UWG – im Lichte der UGP-RL **richtlinienkonform anzuwenden.** Aufgrund seines Transformationscharakters bestimmt sich die Frage der richtlinienkonformen Anwendung maßgeblich nach der Primärnorm, gegen die der Unternehmer verstoßen hat. Denn § 4 Nr 11 UWG knüpft inhaltsneutral an die **außerwettbewerbsrechtliche Marktverhaltensnorm** an. Soweit die Marktverhaltensregelung im konkreten Einzelfall in den Anwendungsbereich der UGP-RL fällt, ist § 4 Nr 11 UWG in Verbindung mit der Marktverhaltensnorm unmittelbar anwendbar. Darüber hinaus ist allerdings **Art 3 UGP-RL** maßgeblich, der den **Anwendungsbereich** der Richtlinie für bestimmte Regelungskomplexe einschränkt. So fallen Rechtsvorschriften, die lediglich Marktverhalten im Verhältnis von Mitbewerbern untereinander oder sonstigen Marktteilnehmern regeln, von vornherein nicht in den Anwendungsbereich der UGP-RL, da die Richtlinie nach Art 3 Abs 1 UGP-RL allein dem

---

[243] BGH GRUR 1985, 881, 882 – *Bliestal-Spiegel*; BGH GRUR 1992, 191, 193 – *Amtsanzeiger*.
[244] Vgl bspw BGH WRP 2004, 746, 747 – *Zeitung zum Sonntag*; BGH GRUR 2004, 602, 603 – *20 Minuten Köln*.
[245] BGH GRUR 1996, 778, 780 – *Stummer Verkäufer I*.
[246] BGH GRUR 2010, 455 – *Stumme Verkäufer II*.
[247] Vgl dazu Köhler/Bornkamm/*Köhler* § 4 UWG Rn 12.29
[248] Köhler/Bornkamm/*Köhler* § 4 UWG Rn 11.1
[249] Zur Entwicklung und Neuausrichtung des Rechtsbruchtatbstands s *von Walter*, S 9 ff.

Geschäftsverkehr zwischen Unternehmern und Verbrauchern betrifft.[250] Hier bleibt § 4 Nr 11 UWG uneingeschränkt anwendbar. Da die UGP-RL nur den Schutz der Verbraucher vor einer unlauteren Beeinflussung der geschäftlichen Entscheidung bezweckt[251], fallen Vermarktungsverbote und -beschränkungen ebenfalls nicht in den Anwendungsbereich der UGP-RL.[252] Deswegen sind beispielsweise die Regelungen zum Jugendschutz aus dem Anwendungsbereich der UGP-RL auszunehmen, denn diese zielen nicht auf die unbeeinflusste Entscheidungsfreiheit der Jugendlichen, sondern schützen vielmehr die Entwicklung der Persönlichkeit der Kinder und Jugendlichen. Vorschriften in Bezug auf Gesundheits- und Sicherheitsaspekte von Produkten sind nach Art 3 Abs 3 UGP-RL ebenfalls aus dem Anwendungsbereich ausgenommen. Ferner ist die UGP-RL nicht auf Glücksspielvorschriften, wie beispielsweise § 284 StGB oder § 5 GlüStV anwendbar.[253] Zu guter Letzt gehen Spezialregelungen des Gemeinschaftsrechts, die besondere Aspekte unlauterer Geschäftspraktiken regeln, der UGP-RL vor. Unter diese Ausnahme vom Anwendungsbereich der UGP-RL fallen beispielsweise nationale Vorschriften, die aufgrund der Werbe-RL 2006/114/EG, der E-Commerce-RL 2000/31/EG oder RL 2007/65/EG über audio-visuelle Mediendienste beruhen. Weitere Richtlinien mit Regelungen zu unlauteren Geschäftspraktiken im Sinne der UGP-RL sind denkbar. Letztendlich bestehen noch Einzelausnahmen für bestimmte Berufsgruppen, beispielsweise für „reglementierte Berufe" (vgl Art 3 Abs 8 UGP-RL) oder in Bezug auf Finanzdienstleistungen und Immobilien (vgl Art 3 Abs 9 UGP-RL). Vorschriften, die aus dem Harmonisierungsbereich der UGP-RL ausgenommen sind, können bei Vorliegen der Voraussetzung von § 4 Nr 11 UWG weiterhin uneingeschränkt lauterkeitsrechtlich geahndet werden.

102 Da der Rechtsbruchtatbestand des § 4 Nr 11 UWG Verhaltensregelungen aus anderen Rechtsgebieten in das Lauterkeitsrecht übersetzt, besteht in der tatsächlichen Rechtsanwendung seit jeher das Problem des **Nebeneinanders verschiedener Sanktionen, Auslegungen oder des Vollzugs zwischen dem Rechtsgebiet der Primärnorm und dem Lauterkeitsrecht**. Grundsätzlich ist das aber hinzunehmen, da es bei § 4 Nr 11 UWG nicht um eine ergänzende Sanktionsnorm für das Rechtsgebiet der Primärnorm handelt, sondern um einen eigenständigen lauterkeitsrechtlichen Tatbestand, der an den Bruch einer Marktverhaltensregelung anknüpft. Etwas anderes kann sich aber ergeben, wenn der Regelungskomplex der Primärnorm in sich abgeschlossen ist. Als insoweit **abschließende Regelungen** werden ua das **Kartellrecht**[254], das **Buchpreisbindungsgesetz**[255] und das **Markenrecht** angesehen.

103 Tatbestandlich setzt § 4 Nr 11 UWG ein Verstoß gegen eine **gesetzliche Vorschrift** voraus. Das ist jede Rechtsnorm (vgl Art 2 EGBGB), die in Deutschland Geltung besitzt.[256] Das beinhaltet nicht nur formelle Gesetze, sondern auch Rechtsverordnungen, autonome Satzungen oder Gewohnheitsrecht. Keine gesetzlichen Vorschriften im Sinne des § 4 Nr 11 UWG sind hingegen Gerichtsentscheidungen, interne Verwaltungsvorschriften[257], Verwaltungsakte, Verträge, Verbands- oder Vereinssatzungen, Wettbewerbsregeln und Verhaltenskodizes[258], DIN-Normen.

---

[250] BGH GRUR 2010, 654, Tz 15 – *Zweckbetrieb*.
[251] Vgl Erwägungsgrund 7 S 1 UGP-RL.
[252] Vgl Köhler/Bornkamm/*Köhler* § 4 UWG Rn 11.6c.
[253] Vgl BGH MMR 2010, 547, Tz 11 – *Internet-Sportwetten vor 2008*.
[254] Vgl BGH GRUR 2006, 773, Tz 13–16 – *Probeabonnement*.
[255] Vgl § 9 BuchpreisbindungsG; BGH GRUR 2003, 807, 808 – *Buchpreisbindung*.
[256] BGH GRUR 2005, 960, 961 – *Friedhofsruhe*.
[257] BGH GRUR 2009, 606, Tz 23 – *Buchgeschenk vom Standesamt*.
[258] BGH GRUR 2006, 773, Tz 19, 20 – *Probeabonnement*.

Kapitel 1 Medienbezogenes Lauterkeitsrecht

104 Die gesetzliche Vorschrift muss auch dazu bestimmt sein, **im Interesse der Marktteilnehmer das Marktverhalten zu regeln.** Zum Marktverhalten gehören alle Tätigkeiten und Handlungen eines Unternehmers mit Wirkung am Markt, dh idR Angebot und Nachfrage von Produkten oder Werbung. Interne Tätigkeiten wie Produktion, Forschung und Entwicklung oder dergleichen stellen kein Marktverhalten dar. Entsprechend des Schutzzwecks des § 1 UWG muss die Vorschrift dieses Marktverhalten im Interesse der Marktteilnehmer regeln. Die Marktteilnehmer müssen insofern also gerade auch in ihrer Eigenschaft als Marktteilnehmer geschützt werden. Schützt eine Norm ein gewichtiges Gemeinschaftsgut, wie zB die Umwelt, so sind davon in der Regel die Marktteilnehmer betroffen, aber nicht in ihrer Funktion als Marktteilnehmer geschützt. Letztendlich sind daher Umweltschutzvorschriften **keine nach § 4 Nr 11 UWG sanktionierbaren Marktverhaltensregelungen.**[259] Ebenso haben **Arbeitnehmerschutzvorschriften,** Steuervorschriften[260], Verkehrsvorschriften[261], **Datenschutzrecht** mit Ausnahme von § 28 BDSG[262] oder das **allgemeine Persönlichkeitsrecht** keinen Marktbezug. Auch **Marktzutrittsregelungen,** wie handelsrechtliche Wettbewerbsverbote, kommunalrechtliche Verbote zur werbewirtschaftlichen Betätigung von kommunalen Gebietskörperschaften[263] oder baurechtliche Vorschriften stellen keine Markverhaltensregelung im Sinne des § 4 Nr 11 UWG dar. Das frühere Erfordernis der **Planmäßigkeit des Gesetzesverstoßes** oder die **Vorsprungserzielungsabsicht** sind für § 4 Nr 11 UWG unerheblich und spielen für die lauterkeitsrechtliche Bewertung **keine Rolle mehr.**

105 Beispiele für Regelungen, die **§ 4 Nr 11 UWG** unterfallen: Das **Rechtsdienstleistungsgesetz,** dass das Rechtsberatungsgesetz abgelöst hat[264], **Werbebeschränkungen** der freien Berufe, **Produktkennzeichnungspflichten** und **Produktinformationspflichten**[265], produktbezogene Werbebeschränkungen nach dem **HWG, Glücksspielstaatsvertrag** und **Rundfunkstaatsvertrag** für alkoholische Getränke, **Preisangabevorschriften** sowie **gesetzliche Informationspflichten.** Zu den gesetzlichen Informationspflichten gehören auch die pressrechtlichen **Impressumspflichten**[266] sowie alle **Informationspflichten aus dem E-Commerce.** Auch strafrechtliche Regelungen, wie Bestechlichkeit und Bestechung (§ 299 StGB) oder Glücksspielbezogene Straftatbestände (§§ 284, 287 StGB) sind Marktverhaltensregelungen im Sinne des § 4 Nr 11 UWG. Das **Jugendschutzrecht** stellt ebenfalls Marktverhaltensregelungen auf.[267] Auch die Verwendung von nach §§ 305 ff BGB unwirksamer Vertragsklauseln kann nach § 4 Nr 11 UWG unlauter sein.[268]

---

[259] Vgl bspw BGH GRUR 2007, 162, Tz 12 – *Mengenausgleich in Selbstentsorgergemeinschaft.*
[260] Vgl BGH GRUR 2010, 654, Tz 19 – *Zweckbetrieb;* OLG München GRUR 2004, 169 – *Städtisches Krematorium;* Köhler/Bornkamm/*Köhler* § 4 Rn 11.39; Harte/Henning/*v Jagow* § 4 Nr 11 UWG Rn 43; *von Walter,* S 200; aA *Wehlau/v Walter* ZLR 2004, 645, 663 für Lenkungssteuern.
[261] BGH WRP 2006, 1117, Tz 16 – *Kraftfahrzeuganhänger mit Werbeschild.*
[262] Vgl dazu ausführlich Köhler/Bornkamm/ *Köhler* § 4 UWG Rn 11.42.
[263] Bspw GRUR 2002, 825, 826 – *Elektroarbeiten.*
[264] Vgl BGH WRP 2009, 1380, Tz 20 – *Finanzierung;* BGH GRUR 2002, 987, 993 – *Wir Schuldenmacher* noch zu Art 1 § 1 RBerG aF.
[265] Vgl BGH WRP 2010, 1143, Tz 16 – *Gallardo Spyder* zur PKW-EnVKV.
[266] Vgl BGH GRUR 1989, 830, 832 – *Impressumspflicht.*
[267] Vgl bspw BGH GRUR 2007, 890, Tz 35 – *Jugendgefährdende Medien bei eBay.*
[268] BGH GRUR 2010, 1117 – *Gewährleistungsausschluss im Internet;* Köhler GRUR 2010, 1047.

2. Irreführende Werbung (§§ 5, 5a UWG)

106 Ein zentraler Bereich des deutschen wie auch europäischen Lauterkeitsrechts ist der Bereich des Verbots der Irreführung.[269] Seit der UWG-Novelle 2008 finden sich neben den in § 4 UWG enthaltenen Sonderkonkretisierungen des Irreführungsverbots (bspw § 4 Nr 3, 4, 5, 9 UWG) in den §§ 5 und 5a UWG die zentralen Regelungen zum Verbot irreführender geschäftlicher Handlungen. Dabei ist zu berücksichtigen, dass die Regelungen in §§ 5, 5a UWG auf zwei unterschiedlichen europarechtlichen Richtlinien fußen. Die §§ 5, 5a UWG setzen zum Einen die Vorgaben der **Richtlinie über irreführende und vergleichende Werbung 2006/114/EG**[270] sowie die **RL 2005/29/EG über unlautere Geschäftspraktiken (UGP-RL)** um. Da die UGP-RL jedoch nur den Bereich der geschäftlichen Handlungen gegenüber Verbrauchern harmonisiert, ist für irreführende Handlung gegenüber sonstigen Marktteilnehmern auf die Werbe-RL 2006/114/EG zurückzugreifen. Das Irreführungsverbot in den §§ 5, 5a UWG dient vor allem dem Schutz der Marktgegenseite, d.h. private Letztverbraucher oder gewerbliche Abnehmer, aber auch die Mitbewerber vor den wettbewerbsverzerrenden Wirkungen irreführender geschäftlicher Handlungen.[271] Neben dem allgemeinen Irreführungsverbot im UWG gibt es zahlreiche **spezialgesetzliche Regelungen zur Irreführung**. Insbesondere sind das Vorschriften aus dem Bereich des **Lebensmittelrechts**, des **Arzneimittelrechts** oder sonstiger **produktkennzeichnender Vorschriften**. Auch das **Markenrecht** weist starke Bezüge zum generellen Verbot der Irreführung auf, da das Markenrecht im Wesentlichen den Schutz der Herkunftskennzeichnung und damit dem Schutz der Wahrheit über Angaben zur Produktverantwortung dient. Neben dem gemeinsamen Schutzzweck des lauterkeitsrechtlichen Irreführungsverbots und dem Kennzeichenrecht gibt es seit der UWG-Novelle 2008 eingeführten § 5 Abs 2 UWG auch einen Tatbestand an der Schnittstelle zwischen Lauterkeitsrecht und Markenrecht.

107 Die Bedeutung des Irreführungsverbots des Lauterkeitsrechts ist durch die UGP-RL nochmals gewachsen. Denn die für verbraucherbezogene geschäftliche Handlungen allein maßgebliche UGP-RL sieht im Kern nur zwei Bedrohungen für die freie geschäftliche Entscheidungsfähigkeit der Verbraucher: Das sind zum Einen aggressive Geschäftspraktiken im Sinne der Art 8, 9 UGP-RL und zum Anderen irreführende Geschäftspraktiken gemäß Art 6 und 7 der UGP-RL. Auch die Einzeltatbestände der Schwarzen Liste im Anhang 1 der UGP-RL gliedern sich in irreführende Geschäftspraktiken und aggressive Geschäftspraktiken. Das lauterkeitsrechtliche Irreführungsverbot gliedert sich im UWG 2008 auf die Tatbestände § 5 und § 5a UWG. Während § 5 UWG die Generalklausel des Irreführungsverbots kumuliert ist, übernimmt § 5a UWG den Komplex der **Irreführung durch Unterlassen**. Neu an § 5a UWG ist dabei lediglich, dass der Tatbestand der Irreführung durch Unterlassen nunmehr explizit geregelt ist, wobei die Irreführung durch Unterlassen bisher im allgemeinen Irreführungstatbestand mit enthalten war. Darüber hinaus konkretisiert § 5a UWG jedoch noch konkrete Informationspflichten, die über das allgemeine Irreführungsverbot hinausgehen.

---

[269] Bereits das Gesetz gegen den unlauteren Wettbewerb von 1896 stellte ein spezifisches Irreführungsverbot auf, das später in der kleinen Generalklausel des § 3 UWG 1909 aufging. Auf europäischer Ebene wurde die Irreführung durch die RL 97/55/EG harmonisiert und für den Verbraucherbereich nochmals durch die UGP-RL grundlegend geändert.
[270] Früher RLen 84/450/EWG und 97/7/EG.
[271] Vgl Köhler/Bornkamm/*Bornkamm* § 5 UWG Rn 1.8 f.

108 **a) Grundlagen des Irreführungsverbots.** Das Irreführungsverbot ist im UWG kein eigenständiger Verbotstatbestand, sondern konkretisiert wiederum die Generalklausel des § 3 Abs 1 UWG. Daher setzt auch die Irreführung zunächst eine geschäftliche Handlung iSd § 2 Nr 1 UWG voraus.[272] Nach § 5 Abs 1 S 1 UWG handelt unlauter, wer eine irreführende geschäftliche Handlung vornimmt. Wann eine irreführende geschäftliche Handlung vorliegt, konkretisiert § 5 Abs 1 S 2 UWG. Danach ist eine geschäftliche Handlung irreführend, wenn sie **unwahre Angaben** enthält oder **sonstige zur Täuschung geeignete Angaben** über die § 5 Abs 1 S 2 Nr 1 bis 7 UWG aufgeführten Umstände enthält. Zentrales Tatbestandsmerkmal des Irreführungsverbots ist danach der Begriff der „**Angaben**". Angaben sollen danach Aussagen oder Äußerungen eines Unternehmens sein, die sich auf Tatsachen beziehen und daher inhaltlich nachprüfbar sind.[273] Insofern ist auch im Rahmen des Irreführungsverbots die **Abgrenzung zwischen Tatsachenäußerung und reinem Werturteil** von entscheidender Erheblichkeit. Auch hier können die im Medienrecht verbreiteten Grundsätze über die Abgrenzung der Tatsachenbehauptung von einer bloßen Meinungsäußerung herangezogen werden. Eine Werbeaussage, die nach Auffassung des Verkehrs inhaltlich nichts aussagt, ist begrifflich keine Angabe, weil ihr der Informationsgehalt fehlt.[274] Neben diesen **nichtssagenden Anpreisungen** sind auch nicht nachprüfbare Anpreisungen keine Angaben iSd § 5 Abs 1 S 2 UWG. Die Anpreisung „Deutschlands schönstes Beauty Magazin" wäre eine ästhetische Wertung, die keinen objektiv nachprüfbaren Inhalt hat und daher keine Angabe iSd § 5 Abs 1 S 2 UWG darstellt. Sofern in subjektiven Wertungen oder Meinungen jedoch ein objektiv nachprüfbarer Aussagekern steckt, bleibt das Irreführungsverbot bzw § 5 UWG anwendbar. Die Form der Angabe ist unerheblich. Sie kann – wie § 5 Abs 3 UWG – auch in der bildlichen Darstellung oder in dem Aussehen der Waren oder in ihrer Aufmachung[275] oder sogar in einer lautmalerischen Umrahmung einer Rundfunkwerbung liegen.[276]

109 **b) Maßstab für die Beurteilung der Irreführung.** Die §§ 5, 5a UWG verbieten irreführende geschäftliche Handlungen. Letztendlich kommt es daher in der Praxis darauf an, die Eignung zur Täuschung einer Angabe bzw eines Unterlassens festzustellen. Abstrakt formuliert, **ist eine Angabe irreführend, wenn sie dazu geeignet ist, bei den angesprochenen Verkehrskreisen eine Vorstellung zu erzeugen, die mit den wirklichen Verhältnissen nicht im Einklang steht.**[277] Letztendlich kommt es daher auf das Verständnis der angesprochenen Verkehrskreise an. Es kommt nicht auf den objektiven Wortsinn und nicht darauf an, wie der Werbende selbst seine Aussage über die Ware oder gewerbliche Leistung verstanden haben will.[278] Entscheidend ist die **Auffassung der Verkehrskreise**, an die sich die Werbung richtet.[279] Maßstab für die Beurteilung der geschäftlichen Handlung ist also stets der Empfängerhorizont. *Bornkamm* schlägt für die Feststellung, ob eine geschäftliche Handlung irreführend ist folgende **Prüfungs-**

---

[272] Siehe dazu oben Rn 31.
[273] Köhler/Bornkamm/*Bornkamm* § 5 UWG Rn 2.37.
[274] BGH GRUR 1964, 33, 35 – *Bodenbeläge*.
[275] Vgl BGH GRUR 1971, 313, 315 – *Bocksbeutelflasche*; EuGH GRUR Int 1984, 291 – *Bocksbeutel*.
[276] Vgl BGH GRUR 1961, 544 – *Hühnergegacker*, wonach das Hühnergegacker im Radiowerbespot als Angabe für die Verwen-

dung von Frischei bei Teigwaren verstanden wurde.
[277] Vgl BGH GRUR 2005, 442 – *Direkt ab Werk*; BGH GRUR 2007, 161 Tz 9 – *Dentalästhetiker II*.
[278] Köhler/Bornkamm/*Bornkamm* § 5 UWG Rn. 2.67.
[279] St Rspr vgl BGH GRUR 1996, 910, 912 – *Der meistverkaufte Europas*; BGH GRUR 2004, 244, 245 – *Marktführerschaft*.

schritte vor: (1) Zunächst ist festzustellen, welche **Verkehrskreise** von der geschäftlichen Handlung angesprochen werden. (2) Das **Verständnis dieser Verkehrskreise** ist sodann zu ermitteln. (3) Die ermittelte Auffassung der angesprochenen Verkehrskreise ist mit den **wirklichen Verhältnissen** zu vergleichen. (4) Weicht die Vorstellung von den wirklichen Verhältnissen ab, liegt eine Irreführung jedoch nur dann vor, wenn diese falsche Vorstellung **für die geschäftliche Entscheidung** der angesprochenen Verkehrskreise **relevant ist**. (5) Schlussendlich kann im Einzelfall eine **Interessenabwägung** erforderlich sein.[280]

Bei der Bestimmung der angesprochenen Verkehrskreise kommt es auch auf das die Angabe übermittelnde Medium an. So werden sich Fachpublikationen in Regel an entsprechende Fachkreise wenden, wohingegen Angaben in Kinder- und Jugendzeitschriften aus der Perspektive der angesprochenen minderjährigen Leserschaft zu beurteilen sind. Auch regionale Unterschiede können eine Rolle spielen.[281] Lässt sich kein speziell eingrenzbarer Empfängerkreis bestimmen, ist dem Verkehrsverständnis das allgemeine Verbraucherleitbild zugrunde zu legen. Seit 1999 stellt der BGH hierfür auf den „**durchschnittlich informierten und verständigen Verbraucher**" ab, der der Werbung die **der Situation angemessene Aufmerksamkeit** entgegenbringt.[282] Der Grad der Aufmerksamkeit der angesprochenen Verkehrskreise richtet sich nach den Umständen des Einzelfalls, aber insbesondere auch nach dem vermittelnden Medium. Für Radio- oder Fernsehspots werden sicherlich andere Aufmerksamkeitswerte zugrunde zu legen sein als Printanzeigen und dergleichen. Im Zusammenhang damit ist auch die sogenannte **Blickfangwerbung** zu berücksichtigen. Unter Blickfangwerbung wird gemeinhin eine einzelne Angabe verstanden, die den angesprochenen Verkehrskreisen zunächst isoliert und herausgehoben anspricht. Dabei gilt der Grundsatz, dass die Blickfangwerbung selbst nicht irreführend sein darf. Dazu hat die neuere Rechtsprechung drei **Grundsätze für die Praxis** entwickelt: (1) Blickfang selbst darf keine objektive Unrichtigkeit enthalten, denn eine dreiste Lüge, für die kein vernünftiger Anlass besteht, kann auch nicht zugelassen werden, wenn ein Sternchen-Hinweis eine Korrektur enthält.[283] (2) Sofern der Blickfang nicht objektiv unrichtig ist, aber Interpretationsspielraum enthält, muss dieser Interpretationsspielraum durch einen am Blickfang teilnehmenden Hinweis klar gestellt werden. Ein solcher Hinweis kann durch einen deutlichen Sternchen-Hinweis erfolgen. (3) Eine mit dem Blickfang verbundene Fehlvorstellung kann in ausgewählten Fällen auch durch eine allgemeine salvatorische Klausel korrigiert werden.[284] Hierbei handelt es sich um die Fälle der Werbebeilagen mit dem allgemeinen Hinweis, dass die beworbene Ware für eine gewisse Zeit vorrätig sei.

110

c) **Einzelfragen zur Irreführung. Mehrdeutige und unklare Angaben.** Der Werbende muss grundsätzlich jede Deutung einer Werbeangabe gegen sich gelten lassen.[285]

111

---

[280] Köhler/Bornkamm/*Bornkamm* § 5 UWG Rn 2.74.
[281] Vgl BGH GRUR 1983, 32 – *Stangenglas I*; BGH GRUR 1986, 469 – *Stangenglas II* – bei Verwendung eines Stangenglases im Raum Köln als geographische Herkunftsangabe für den Brauort von „Kölsch".
[282] BGH GRUR 2000, 619, 621 – *Orientteppichmuster*; Köhler/Bornkamm/*Bornkamm* § 5 Rn 2.87 ff mwN aus der Rechtsprechung.

[283] Vgl BGH GRUR 2001, 78, 79 – *Falsche Herstellerpreisempfehlung*.
[284] Köhler/Bornkamm/*Bornkamm* § 5 UWG Rn 2.99.
[285] St Rspr, BGH GRUR 1957, 128, 130 – *Steinhäger*; BGH GRUR 2000, 436, 438 – *Ehemalige Herstellerpreisempfehlung*.

112 **Werbung mit Selbstverständlichkeiten.** Bei Werbung mit Selbstverständlichkeiten wird mit objektiv richtigen Angaben der unwahre Eindruck erweckt, dass sich bei dem werblich herausgestellten Aspekt um eine Besonderheit handelt.

113 **Übertreibungen.** In der Werbesprache sind Übertreibungen gemeinhin verbreitet und die allgemeinen Verkehrskreise wissen auch, dass nicht jede Werbeaussage wörtlich zu nehmen ist. Anpreisungen, die keinen objektiv nachprüfbaren Inhalt haben, stellen ohnehin keine Angabe im Sinne des § 5 UWG dar, so dass eine Irreführung von vornherein ausscheidet. Bei Aussagen, die zwar objektiv nachprüfbar sind, aber unschwer als reklamehafte Übertreibung identifiziert werden können, fehlt es ebenfalls an einer Irreführung, da der Verkehr die Angaben als Tatsachenbehauptung nicht ernst nimmt.[286]

114 **Alleinstellungswerbung und Spitzengruppenwerbung.** Die Alleinstellungs- oder Spitzengruppenwerbung ist nicht per se unlauter. Gleichwohl sind an Werbeaussagen, in denen der Unternehmer für sich eine besondere Stellung am Markt beansprucht, strenge Anforderungen zu stellen. Auch Spitzen- und Alleinstellungsbehauptungen müssen wahr sein. Dafür genügt es nach der Rechtsprechung nicht, kurzfristig einen geringfügigen Vorsprung vor den Mitbewerbern zu haben. Vielmehr ist ein **deutlicher Vorsprung von gewisser Dauer** gegenüber seinen Mitbewerbern erforderlich, denn die behauptete Spitzenstellung muss **Aussicht auf eine gewisse Stetigkeit** bieten.[287]

115 **Werbung mit Äußerung Dritter.** Wer sich zu Werbezwecken fremder Äußerungen bedient, macht sich diese zu Eigen, auch wenn es sich dabei um wissenschaftliche Auffassungen handelt.[288]

116 d) **Geschäftliche Relevanz der Irreführung.** Als eigenständiges Merkmal des Irreführungstatbestands steht die geschäftliche Relevanz der Irreführung. Das bedeutet, dass nur solche irreführenden Angaben unlauter sein sollen, die geeignet sind, bei einem erheblichen Teil der umworbenen Verkehrskreise irrige Vorstellungen über das Angebot hervorzurufen und die zu treffende Marktentschließung in wettbewerblich relevanter Weise zu beeinflussen.[289] Bei der Relevanzschwelle des Irreführungsverbots handelt es sich im Grunde um einen dem Irreführungstatbestand innewohnende **Bagatellschwelle.** Nicht jede messbare Abweichung einer Angabe von den tatsächlichen Umständen soll ein lauterkeitsrechtliches Irreführungsverbot Folge haben. So werden bspw die Kunden einer Apotheke nicht relevant Irre geführt, wenn das mit Bild- und Faksimile-Unterschrift des jeweiligen Apothekers versehene Editorial einer Kundenzeitschrift, mit dem die Kunden persönlich angesprochenen werden, nicht vom Apotheker persönlich verfasst worden ist.[290]

117 e) **Beispiele der Irreführung.** Die produktbezogene Irreführung bildet einen wichtigen Teil in der medienbezogenen Rechtsprechung zur Irreführung. Die produktbezogene Irreführung findet sich im gesetzlichen Tatbestand des § 5 Abs 1 S 2 Nr 1 UWG

---

[286] Vgl Köhler/Bornkamm/*Bornkamm* § 5 UWG Rn 2.127.
[287] St Rspr; BGH GRUR 1991, 850, 851 – *Spielzeug-Autorennbahn*; BGH GRUR 1996, 910, 911 – *Der meistverkaufte Europas*; BGH GRUR 1998, 951 – *Die große deutsche Tages- und Wirtschaftszeitung*; BGH GRUR 2004, 786 – *Größter Onlinedienst*.
[288] BGH GRUR 1962, 45, 49 – *Betonzusatzmittel*; BGH GRUR 2002, 633, 634 – *Hormonersatztherapie*.
[289] Begr zum Regierungsentwurf zu § 5 UWG BT-Drucks 15/1487 S 19; st Rspr vgl BGH GRUR 1995, 125, 126 – *Editorial I*; BGH GRUR 2004, 437, 438 – *Fortfall einer Herstellerpreisempfehlung*.
[290] BGH GRUR 1995, 125 – *Editorial I*.

wieder. Letztendlich geht es hier um die Produkteigenschaften, Qualität und Quantität und dergleichen. Irreführende Angaben mit Produktbezug werden in der Regel relevante Irreführungen im Sinne der Relevanzschwelle sein. Hinsichtlich Verlagsprodukten sind bspw **Vordatierungen** im Bereich der Tageszeitung produktbezogen irreführend, denn der Käufer erhält damit den unrichtigen Eindruck, er erwerbe eine aktuelle Ausgabe.[291] Auch bei der Angabe der **Auflagenhöhe** handelt es sich um eine produktbezogene Beschaffenheitsangabe. So wurde es von der Rechtsprechung als irreführend angesehen, gegenüber Lesern mit der Aussage „Soester Anzeiger – Auflagenstärkste Tageszeitung im Kreis Soest – Auflage: 29.996 Exemplare" zu werben, wenn es sich hierbei nicht um die verkaufte, sondern um die verbreitete Auflage handelt.[292] Sorgfalt ist insoweit auch bei der Werbung mit **Werbeträgeranalysen** geboten.[293] Es ist bspw als irreführend beanstandet worden, dass eine Zeitschrift, die in einer Leseranalyse die größere Reichweite zuerkannt wurde, ihre Marktführerschaft werblich herausgestellt hat, ohne deutlich zu machen, dass sie in der verkauften Auflage gegenüber dem Mitbewerber deutlich zurückliegt.[294] Der Begriff der Marktführerschaft wird in der Regel zunächst auf die verkaufte Auflage bezogen. Darüber hinaus ist die Werbung mit Zahlen einer Werbeträgeranalyse irreführend, wenn sich der werbende Verlag nicht auch die Einteilung der Marktsegmente der Werbeträgeranalyse hält. Der Verlag darf die Marktsegmente nicht so verändern, dass er als Marktführer erscheint.[295]

f) **Irreführen durch Unterlassen (§ 5a UWG).** Nach § 5a Abs 2 UWG handelt **118** unlauter, wer die Entscheidungsfähigkeit von Verbrauchern dadurch beeinflusst, dass er eine Information vorenthält, die im konkreten Fall unter Berücksichtigung aller Umstände einschließlich der Beschränkung des Kommunikationsmittels wesentlich ist. Darüber hinaus stellt § 5 Abs 3 UWG einen Katalog von wesentlichen Informationen im Sinne des Abs 2 auf. Ferner sollen nach § 5a Abs 4 UWG auch Informationen als wesentlich im Sinne des Abs 2 gelten, die dem Verbraucher aufgrund europarechtlicher Vorgaben nicht vorenthalten werden dürfen. § 5a UWG begründet aber keine allgemeine Informationspflicht zur Offenlegung aller, insbesondere auch der weniger vorteilhaften oder gar negativen Eigenschaften des eigenen Angebots. Dazu ist der Kaufmann nur verpflichtet, wenn und soweit dies zum Schutz des Verbrauchers auch unter Berücksichtigung der berechtigten Interessen des Werbenden unerlässlich ist.[296] Eine Aufklärungspflicht trifft den Werbenden jedoch dann, wenn sie sich aus Gesetz, Vertrag oder vorangegangenem Tun ergibt. Hierzu hat die Rechtsprechung bereits unter dem UWG aF Fallgruppen gebildet.[297] Darüber hinaus stellt § 5a Abs 3 UWG nun einen **Katalog von speziellen Informationspflichten** auf, die bei werblichen Angeboten berücksichtigt werden müssen. So müssen alle wesentlichen Merkmale des Produkts in dem verwendeten Kommunikationsmittels angemessenen Umfang sowie Identität und Anschrift des Unternehmers, der Endpreis bzw der Grundpreis, Zahlungs-, Liefer- und Leistungsbedingungen und Informationen zum Rücktritts- oder Widerrufsrecht angegeben werden. Aber auch aus Spezialregelwerken des Unionsrechts ergeben sich nach § 5a Abs 4 UWG spezielle Informationspflichten.

---

291 Vgl ÖOGH ÖBL 1961, 28 – *Kurier.*
292 OLG Hamm WRP 1991, 328.
293 Zur Werbung mit Zeitungs- und Zeitschriftenanalysen siehe auch ZAW-RL.
294 Vgl BGH GRUR 2004, 244, 246 – *Marktführerschaft.*
295 OLG Hamburg GRUR-RR 2002, 298.

296 St Rspr bereits zu § 5 UWG aF oder § 3 UWG aF; BGH GRUR 1989, 682, 683 – *Konkursvermerk*; BGH GRUR 1999, 757, 758 – *Auslaufmodelle I.*
297 Vgl die Darstellung bei Köhler/Bornkamm/Bornkamm § 5a UWG Rn 12 ff.

3. Vergleichende Werbung (§ 6 UWG)

119   Mit der Regelung in § 6 UWG konkretisiert der Gesetzgeber den Bereich der **vergleichenden Werbung abschließend** für die Generalklausel des § 3 Abs 1 UWG. Die Regelung im § 6 UWG dient der Umsetzung der RL 2006/114/EG über irreführende und vergleichende Werbung, die die mehrfach geänderte RL 84/450/ EWG neu gefasst hat. Die Regelungen in § 6 UWG sind demnach **richtlinienkonform** auszulegen, wobei bei der Auslegung auch die insoweit gleichwertigen RL **2005/29/EG über unlautere Geschäftspraktiken** sowie die **Markenrechts-RL 2008/95/EG** zu berücksichtigen sind. Sinn und Zweck der Regelung über vergleichende Werbung ist zum Einen die Förderung des Wettbewerbs durch objektive Vergleiche und zum anderen die Verfälschung des Wettbewerbs durch unzulässige vergleichende Werbung zu unterbinden.[298] Vergleichende Werbung kann nach Auffassung des europäischen Gesetzgebers, wenn sie wesentliche, relevante, nachprüfbare und typische Eigenschaften vergleicht und nicht irreführend ist, ein zulässiges Mittel zur Unterrichtung der Verbraucher über ihre Vorteile darstellen.[299] Systematisch konkretisiert die Regelung in § 6 Abs 2 UWG den Begriff der Unlauterkeit aus § 3 Abs 1 UWG. Lediglich die UGP-RL hat mit § 5 Abs 2 UWG ebenfalls eine Tatbestand der vergleichenden Werbung aus der Irreführungsperspektive etabliert. Darüber hinaus ist die Regelung in § 6 UWG jedoch abschließend und es ist insbesondere nicht möglich, über die Generalklausel des § 3 Abs 1 UWG direkt andere Maßstäbe für vergleichende Werbung aufzustellen.[300] Auch darf die Anwendung der Tatbestände des § 4 UWG nicht zu einem von den Vorschriften über die vergleichende Werbung abweichenden Ergebnis führen.

120   § 6 Abs 1 UWG definiert die **vergleichende Werbung** als jede Werbung, die unmittelbar oder mittelbar einen Mitbewerber oder die von einem Mitbewerber angebotenen Waren oder Dienstleistungen **erkennbar** macht. Der Wortlaut dieser Definition entspricht im Wesentlichen dem Art 2 lit c der RL 2006/114/EG. Über diesen Wortlaut hinaus wurde in Rechtsprechung und Literatur die Frage erörtert, ob der Tatbestand der vergleichenden Werbung in § 6 Abs 1 UWG als quasi ungeschriebenes Tatbestandsmerkmal auch einen Vergleich voraussetzt. Der EuGH hatte zunächst die Erforderlichkeit eines Vergleichs verneint und allein auf die Erkennbarkeit des Mitbewerbers bzw seiner Produkte abgestellt.[301] Die entgegengesetzte Auffassung vertrat die Ansicht, dass der Tatbestand teleologisch zu erweitern sei und entsprechend des Zwecks der Richtlinie über vergleichende Werbung eine Gegenüberstellung von Herstellern oder Produkten Voraussetzung für eine vergleichende Werbung ist.[302] Nach einer neueren Auffassung handelt es sich hierbei jedoch um ein Scheinproblem, denn der Vergleich ergebe sich automatisch als Folge des Mitbewerberbezugs der Werbung entsprechend der Legaldefinition in § 6 Abs 1 UWG.[303] Danach liegt eine vergleichende Werbung immer dann vor, wenn die Werbung **das Angebot des Werbenden dem Angebot eines anderen Unternehmers gegenüberstellt und die von beiden Unternehmern angebotenen Waren oder Dienstleistungen bis zu einem gewissen Grad aus-**

---

[298] Vgl Erwägungsgrund 6 und Erwägungsgrund 3 der RL 2006/114/EG über irreführende und vergleichende Werbung.
[299] Erwägungsgrund 8 der RL 2006/114/EG über irreführende und vergleichende Werbung.
[300] Vgl insoweit Köhler/Bornkamm/*Köhler* § 6 Rn 19.

[301] EuGH GRUR 2002, 354 – *Toshiba Europe*.
[302] Vgl BGH GRUR 2005, 163 – *Aluminiumräder*; Köhler GRUR 2005, 273, 278; Sack WRP 2008, 170, 174 f; Piper/Ohly/Sosnitza/*Ohly* § 6 Rn 36.
[303] Vgl die ausführliche Begründung bei Köhler/Bornkamm/*Köhler* § 6 UWG Rn 48 ff.

tauschbar sind.[304] Das kennzeichnende der vergleichenden Werbung kann nach der zitierten Auffassung darin liegen, dem Verbraucher eine **Kaufalternative** zum Konkurrenzprodukt vor Augen zu führen. Deswegen liegt in einer Parfümvergleichsliste, in der den bekannten Luxusparfümmarken preisgünstige Imitate gegenübergestellt werden, eine vergleichende Werbung.[305] Dem entgegen ist eine reine Kritik am Mitbewerber – die unstreitig nach der Definition des § 6 Abs 1 UWG einen Mitbewerber erkennbar macht – keine vergleichende Werbung iSd § 6 UWG. Auch die reine Anlehnung an einen fremden Ruf ist keine vergleichende Werbung iSd § 6 UWG, da insoweit keine Kaufalternative angezeigt wird.[306] Gleichwohl ist der Mitbewerber nicht schutzlos gestellt, denn es gelten die allgemeinen Grundsätze über die Anlehnung der Rufausbeutung nach den §§ 4 Nr 9 bzw § 4 Nr 10 UWG. Eine bloße **Aufforderung zum Vergleich**, bspw durch die Anregung sich über das Angebot der Mitbewerber zu informieren, stellt ebenfalls keine vergleichende Werbung iSd § 6 Abs 1 UWG dar.[307] Am Merkmal der Kaufalternative fehlt es auch bei einer bloßen **Komplementarität der gegenüber gestellten Leistungen**, denn hier wird die Ware lediglich als Ergänzung angepriesen.[308] Ohne Mitbewerberbezug ist der Tatbestand der vergleichenden Werbung im Sinne des § 6 Abs 1 UWG ebenfalls nicht erfüllt, so dass der Vergleich eigener Produkte (sog **Eigenvergleich**) keine echte vergleichende Werbung im Sinne des Lauterkeitsrechts ist.[309] Folgt man der dargestellten Auffassung konsequent, so geben sich Anknüpfungspunkte für die vergleichende Werbung im Zusammenhang mit der Adword-Werbung. Denn bei der **Adword-Werbung**, bei der der Werbeinserent sich technisch mit seiner Anzeige auf das Kennzeichen eine Mitbewerbers bezieht, ist oftmals auch die Intention maßgeblich, das eigene Angebot schlichtweg als Kaufalternative zu dem Mitbewerberangebot zu platzieren. Insoweit wird man hierin eine vergleichende Werbung sehen müssen, was auch Auswirkungen auf die markenrechtlichen Überlegungen zu Adword-Werbung haben wird. Denn die Richtlinie über irreführende und vergleichende Werbung steht gleichberechtigt neben der Markenrechts-RL, so dass eine nach § 6 UWG zulässige vergleichende Werbung nicht über das Markenrecht verboten werden darf.

121 Der Tatbestand des § 6 Abs 1 UWG fordert überdies, dass sich die gegenständliche Äußerung als „**Werbung**" darstellt. Der Begriff der Werbung ist ebenfalls richtlinienkonform nach Art 2 lit a der RL 2006/114/EW zu bestimmen. Danach fällt darunter „jede Äußerung bei der Ausübung eines Handels, Gewerbes, Handwerks oder freien Berufs mit dem Ziel, den Absatz von Waren oder die Erbringung von Dienstleistungen, einschließlich unbeweglicher Sachen, Rechte und Verpflichtungen zu fördern". Diese Definition der Werbung ist zwingend für § 6 Abs 1 UWG heranzuziehen.[310] Der Begriff der Äußerung ist weit zu verstehen. Die Äußerung muss der Definition entsprechend einen Absatzförderungszweck folgen. Auch dieses Tatbestandsmerkmal ist weit zu verstehen, so dass sowohl dem Tatbestandsmerkmal „Äußerung" als auch dem Tatbestandsmerkmal „Absatzförderungsabsicht" keine echte beschränkende Wirkung zukommt. Allerdings bestehen Besonderheiten bei Werbung durch Dritte. So soll

---

[304] Köhler/Bornkamm/*Köhler* § 6 UWG Rn 51.
[305] Vgl EuGH GRUR 2009, 756, Tz 52 – *L'Oréal/Bellure*.
[306] Vgl Köhler/Bornkamm/*Köhler* § 6 UWG Rn 54.
[307] Vgl BGH GRUR 1999, 501 – *Vergleichen Sie*.
[308] Köhler/Bornkamm/*Köhler* § 6 UWG Rn 57.
[309] Vgl BGH WRP 2007, 1181, Tz 16 – *Eigenpreisvergleich*.
[310] BGH GRUR 2008, 628, Tz 18 – *Imitationswerbung*; EuGH GRUR 2009, 756, Tz 52 – *L'Oréal/Bellure*.

von Presseunternehmen durchgeführten Vergleichen – schon im Hinblick auf die Pressefreiheit – ebenfalls eine Absatzförderungsabsicht nicht zu vermuten sein, so dass es insoweit konkreter Anhaltspunkte bedarf.[311] Entsprechend sind auch Vergleiche durch unabhängige Dritte, wie zB **Testinstitute** mit dem Ziel der Verbraucherinformation keine „Werbung" iSd § 6 UWG.[312]

122 Die vergleichende Werbung muss einen oder mehrere Mitbewerber **unmittelbar oder mittelbar erkennbar** machen. Der Mitbewerber muss durch die angesprochenen Verkehrskreise **individualisierbar** sein. Während bei der unmittelbaren Erkennbarkeit der oder die Mitbewerber explizit in der Werbung genannt werden, liegt eine mittelbare Erkennbarkeit vor, wenn aufgrund einer Anknüpfung an bestimmte Anknüpfungspunkte im Rahmen der Werbung die Bezugnahme auf bestimmte Mitbewerber oder ihre Produkte eindeutig naheliegen. Solche Anknüpfungspunkte können insbesondere sein: Die Werbung des Mitbewerbers, Verwendung einer Gruppenbezeichnung für überschaubaren Kreis der Mitbewerber oder überhaupt durch eine begrenzte Mitbewerberzahl, wenn bspw nur einer oder wenige Mitbewerber auf dem Markt konkurrieren.[313] Allerdings reicht eine allgemeine Bezugnahme auf alle Mitbewerber für eine Erkennbarkeit nicht aus.[314]

123 Da § 6 Abs 2 UWG den Begriff der Unlauterkeit für die Generalklausel in § 3 Abs 1 UWG konkretisiert, ist der Tatbestand der vergleichenden Werbung als Verbotstatbestand formuliert. Danach handelt unlauter, wer vergleichend wirbt, wenn der Vergleich nicht den in Nrn 1 bis 6 aufgeführten Anforderungen gerecht wird. Die aufgezählten Bedingungen müssen kumulativ erfüllt werden, um als zulässig zu gelten.[315] Die aufgezählten Forderungen dienen entsprechend den Erwägungsgründen 2, 7 und 9 der Richtlinie im Interesse aller Beteiligten an einer vergleichenden Werbung, nämlich der Förderung des Wettbewerbs zwischen den Anbietern von Produkten im Interesse der Verbraucher durch die objektive Herausstellung der Vorteile der unterschiedlichen Erzeugnisse einerseits und dem Interesse der Mitbewerber wettbewerbsverzerrende Vergleiche oder schädigende Einflüsse zu unterbinden.[316] Die genannten involvierten Interessen der Marktteilnehmer sind bei der Auslegung der Anforderungen in § 6 Abs 2 UWG stets zu berücksichtigen.

124 **Waren oder Dienstleistungen für den gleichen Bedarf oder die selbe Zweckbestimmung (§ 6 Abs 1 Nr 1 UWG).** Verglichen werden dürfen nur Waren oder Dienstleistungen. Unternehmensbezogene Vergleiche, die bspw auf die persönlichen oder geschäftlichen Verhältnisse der Mitbewerber abheben, sind nicht statthaft. Entsprechend dem übergeordneten Zweck der Regelungen zur vergleichenden Werbung – nämlich den Verbrauchern Informationen über Kaufalternativen in werblicher Form zur Verfügung zu stellen – ist für die dargestellten Produkte ein „hinreichender Grad an Austauschbarkeit" erforderlich.[317] Eine völlige Funktionsidentität braucht hingegen nicht vorzuliegen.[318] Ein Vergleich ist schon deshalb nicht nach § 6 Abs 2 Nr 1

---

[311] Vgl dazu BGH GRUR 1997, 912, 913 – *Die Besten I*; BGH GRUR 1997, 914, 915 – *Die Besten II*; BGH WRP 2006, 1109, Tz 22 – *Rechtsanwalts-Ranglisten*; Köhler/Bornkamm/*Köhler* § 6 UWG Rn 67.
[312] Vgl BGH GRUR 1999, 69, 70 – *Preisvergleichsliste II*.
[313] Vgl hierzu Köhler/Bornkamm/*Köhler* § 6 UWG Rn 91 mit Beispielen aus der Rechtsprechung.
[314] Vgl OLG Hamburg GRUR-RR 2006, 170, 172 – *Europas größtes People-Magazin*.
[315] EuGH GRUR 2009, 756, Tz 67 – *L'Oréal/Bellure*.
[316] EuGH GRUR 2009, 756, Tz 69 – *L'Oréal/Bellure*.
[317] Vgl EuGH GRUR 2007, 69, Tz 26 – *LIDL Belgium/Colruyt*; EuGH GRUR 2007, 511, Tz 44 – *De Landtsheer/CIVC*.
[318] BGH GRUR 2009, 418, Tz 26 – *Fußpilz*.

UWG unlauter, weil unterschiedliche Wirkstoffe in Arzneimitteln mit unterschiedlichen Anwendungsgebieten verglichen werden.[319]

Objektivierbarer Eigenschaftsvergleich (§ 6 Abs 2 Nr 2 UWG). Ein zulässiger Vergleich muss sich **objektiv** auf eine oder mehrere **wesentliche, relevante, nachprüfbare** und **typische Eigenschaften** oder den **Preis** dieser Waren oder Dienstleistungen beziehen. Entsprechend dem Zweck, Kaufalternativen darzustellen, kann sich ein zulässiger Vergleich nur auf Eigenschaften beziehen, die einerseits nachprüfbar und andererseits für die Kaufentscheidung wesentlich sind. Ob dies der Fall ist, beurteilt sich aus Sicht der angesprochenen Verkehrskreise.[320] Nach dem BGH kann ein solcher Eigenschaftsvergleich einen Vergleich der Leserschaft von Zeitungen beinhalten.[321] Die Tatsache, welche Leser eine bestimmte Zeitung bevorzugen, lässt Rückschlüsse auf den Inhalt und die Ausrichtung der Zeitung zu. Die Struktur der **Leserschaft** gehört daher zu den Eigenschaften einer Zeitung.[322] Anders soll es hingegen bei einem **Vergleich der Umsätze** konkurrierender Produkte liegen, weil hieraus kein Rückschluss auf die Produkteigenschaften möglich sei.[323] Unter Eigenschaft soll daher jedes unterscheidungskräftige Merkmal eines Produkts zu verstehen sein, d.h. jede Angabe mit Bezug zum Produkt, die eine nützliche Information für die Nachfrageentscheidung enthalten kann.[324] Neben der Leserschaft von Zeitungen und Zeitschriften sollen auch die **Reichweitenzahlen** oder **Auflagenzahlen** von Zeitschriften, soweit es um die Werbung von Anzeigenkunden geht, Eigenschaft iSd § 6 Abs 2 Nr 2 UWG sein.[325] Nach § 6 Abs 2 Nr 2 UWG dürfen auch Preise verglichen werden. Der Eigenschaftsvergleich muss nach § 6 Abs 2 Nr 2 UWG objektiv sein. **Objektivität** ist in diesem Zusammenhang jedoch nicht als Sachlichkeitsgebot zu verstehen, sondern zielt nach Auffassung des EuGH darauf ab, **subjektive Wertungen** des Vergleichenden auszuschließen.[326] Die angesprochenen Verbraucherkreise sollen nicht mit vergleichenden subjektiven Wertungen konfrontiert werden, sondern mit einer Vergleichsaussage, die objektiv aufgrund der zugrundeliegenden Tatsachenbehauptungen nachvollziehbar seien.[327] Nachprüfbar sind nur Tatsachenbehauptungen, so dass es auch hier wieder auf die Unterscheidung zwischen Tatsachenbehauptung und Werturteil ankommt.[328] Vergleiche mit rein subjektiver Wertung, wie Produkt „A ist besser als Produkt B" können nicht nachgeprüft werden und sind damit von vornherein unlauter. Grundlage für diesen objektiven Vergleich müssen folglich nachvollziehbare und vergleichbare Eigenschaften sein.

125

Die verglichenen Eigenschaften müssen darüber hinaus auch **wesentlich** sein und dürfen sich nicht in völlig unwichtigen und bedeutungslosen Eigenschaften erschöpfen, die damit den Gesamteindruck des Produkts verzerren. Die Richtlinie über ver-

126

---

[319] BGH GRUR 2009, 418, Tz 26 – *Fußpilz*.
[320] BGH GRUR 2010, 161, Tz 26 – *Gib mal Zeitung*.
[321] BGH GRUR 2010, 161, Tz 26 – *Gib mal Zeitung* bezogen auf den Vergleich der Leserschaft der BILD-Zeitung mit der Leserschaft der taz; vgl z Eigenschaftsvergleich der Leser a *Köhler* WRP 2010, 571, 573, der schon einen Vergleich ablehnt.
[322] BGH GRUR 2010, 161, Tz 27 – *Gib mal Zeitung*.
[323] Vgl BGH GRUR 2007, 605, Tz 30 – *Umsatzzuwachs*.

[324] BGH GRUR 2004, 607, 611 – *Genealogie der Düfte*; BGH GRUR 2005, 172, 174 – *Stresstest*; BGH GRUR 2010, 161, Tz 27 – *Gib mal Zeitung*.
[325] Vgl OLG München GRUR-RR 2003, 189.
[326] EuGH GRUR 2007, 69, Tz 46 – *LIDL Belgium/Colruyt*.
[327] Vgl Köhler/Bornkamm/*Köhler* § 6 UWG Rn 118.
[328] BGH GRUR 1999, 69, 71 – *Preisvergleichsliste II*.

gleichende Werbung beabsichtigt aber gerade verzerrte Produktvergleiche auszuschließen, so dass nur solche Eigenschaften verglichen werden sollen, die nicht völlig unbedeutend für die Abnehmer im Hinblick auf die vorgesehene Verwendung des Produkts sind.[329]

127 **Verwechslungsgefahr (§ 6 Abs 2 Nr 3 UWG).** Vergleichende Werbung ist unlauter, wenn sie zu einer Gefahr von Verwechslung zwischen dem Werbenden und einem Mitbewerber oder zwischen den von diesen angebotenen Waren oder Dienstleistungen oder den von ihnen verwendeten Kennzeichen führt. Diese Regelung steht an der Schnittstelle zum Markenrecht und ist deswegen erforderlich, weil die vergleichende Werbung grundsätzlich die Rechte des Markeninhabers dahingehend beschränkt, dass er dem Werbenden mit Benutzung einer Marke oder eines ähnlichen Zeichens verbieten, wenn der Werbende alle Zulässigkeitsbedingungen zur vergleichenden Werbung des Art 4 Abs 2 der RL 2006/114/EG über irreführende und vergleichende Werbung erfüllt.[330] Aufgrund dieser grundsätzlichen Beschränkung des Rechts aus einer Marke im Rahmen der vergleichenden Werbung ist unter Berücksichtigung des Sinn und Zwecks der vergleichenden Werbung ein Werbevergleich dann unzulässig, wenn er zur Verwechslungsgefahr und damit zu einer Irreführung der angesprochenen Verkehrskreise führt.

128 **Rufausnutzung und Rufbeeinträchtigung (§ 6 Abs 2 Nr 4 UWG).** Eine vergleichende Werbung ist nach § 6 Abs 2 Nr 4 UWG unlauter, wenn der Vergleich den **Ruf des von einem Mitbewerber verwendeten Kennzeichens** in unlauterer Weise ausnutzt oder beeinträchtigt. Kennzeichen im Sinne des Tatbestands sind Marken, Handelsnamen und andere Unterscheidungszeichen.[331] Der Begriff des Kennzeichens ist insoweit nicht aus der Perspektive des Firmen- oder Kennzeichenrechts formalistisch zu sehen Im Einzelfall können auch bloße Artikelnummern des Mitbewerbers als Kennzeichen anzusehen sein, wenn der durchschnittlich informierte, aufmerksame, verständige Adressat das Zeichen als von einem bestimmten Unternehmen stammend identifizieren würde.[332] Der Ruf des Kennzeichens ist das **Ansehen**, das dem Kennzeichen im Verkehr zukommt.[333] Dieser Ruf wird in unlauterer Weise ausgenutzt, wenn zum Einen der Ruf der Erzeugnisse des Mitbewerbers auf die Erzeugnisse des Werbenden übertragen werden (sog **Imagetransfer**).[334] Zum Anderen muss dieser Imagetransfer in unlauterer Weise erfolgen. Die bloße Nennung des Kennzeichens genügt dafür nicht.[335] Hier kommt es auf die Umstände des Einzelfalls an, wobei eine Interesseabwägung zwischen den Interessen des Werbenden, des Mitbewerbers und der Verbraucher unter Berücksichtigung des erklärten Zwecks der Richtlinie über vergleichende Werbung zu erfolgen hat.

129 **Herabsetzung und Verunglimpfung (§ 6 Abs 2 Nr 5 UWG).** Werbevergleiche, die Waren, Dienstleistungen, Tätigkeiten oder persönliche oder geschäftliche Verhältnisse eine Mitbewerbers herabsetzt oder verunglimpft, sind nach § 6 Abs 2 Nr 5 UWG unlauter. Der Maßstab für die Herabsetzung und Verunglimpfung des § 4 Nr 7 UWG

---

[329] Vgl GRUR 2004, 607, 612 – *Genealogie der Düfte*; BGH GRUR 2010, 161, Tz 29 – *Gib mal Zeitung*.
[330] EuGH GRUR 2008, 698, Tz 45 ff – *O2 und O2 (UK)*.
[331] Vgl Art 4 lit f der Richtlinie über vergleichende Werbung.
[332] Vgl BGH GRUR 2005, 348, 349 – *Bestellnummernübernahme*.

[333] Köhler/Bornkamm/*Köhler* § 6 UWG Rn 152.
[334] Vgl EuGH GRUR 2002, 354, Tz 52, 57 – *Toshiba Europe*; BGH GRUR 2005, 348, 349 – *Bestellnummernübernahme* und BGH GRUR 2010, 161, Tz 33 – *Gib mal Zeitung*.
[335] Vgl BGH GRUR 2010, 161, Tz 32 – *Gib mal Zeitung*.

kann hier insoweit herangezogen werden. § 6 Abs 2 Nr 5 UWG ist jedoch eine Spezialregelung und verdrängt insoweit die Anwendung des § 4 Nr 7 UWG. Eine Herabsetzung iSd § 6 Abs 2 Nr 5 UWG setzt mehr voraus als die einem kritischen Werbevergleich immanente Gegenüberstellung der Vorteile und Nachteile der verglichenen Produkte. Maßgeblich ist, ob die angegriffene Werbeaussage sich noch in den Grenzen einer sachlichen Erörterung hält oder bereits eine **pauschale Abwertung** der fremden Erzeugnisse darstellt.[336] Eine Herabsetzung im Rahmen eines Werbevergleichs liegt daher nur dann vor, wenn zudem die mit jedem Werbevergleich verbundenen Wirkungen für die Konkurrenz besondere Umstände hinzutreten, die ihn als unangemessen abfällig, abwertend oder unsachlich erscheinen lassen.[337] Der BGH hat dazu auch betont, dass Werbung zu einem nicht unerheblichen Teil von **Humor** und **Ironie** lebt und begleitet wird.[338] Wo genau die Grenze zwischen leiser Ironie und nicht hinnehmbarer Herabsetzung verläuft, bedürfe danach stets in jedem Einzelfall einer sorgfältigen Prüfung. Nach dem BGH liegt keine Abwertung des Mitbewerbers oder des konkurrierenden Angebots vor, so lange der Werbende mit ironischen Anklängen lediglich **Aufmerksamkeit und Schmunzeln** erzielt.[339] Die Grenze zur unzulässigen Herabsetzung soll erst dann überschritten sein, wenn die Werbung den Mitbewerber dem **Spott** oder der **Lächerlichkeit** preisgibt oder von den Adressaten der Werbung wörtlich und damit ernst genommen und daher als Abwertung verstanden wird.[340] Bei der Beurteilung ist auch hier die Presse- und Meinungsfreiheit angemessen zu berücksichtigen.[341] Beispiele: Die Abbildung eines typischen BILD-Zeitungslesers in einem Werbespot der taz ist keine Herabsetzung;[342] Darstellung unterschiedlich großer Hunde zur Verdeutlichung unterschiedlicher Reichweitenzahl von Magazinen ist ebenfalls keine Herabsetzung;[343] die Äußerung „Fühlen sich manche feuchten Toilettentücher nicht ein bisschen steif an?" soll herabsetzend sein, wenn sie mit der Abbildung eines Stachelschweins verbunden wird.[344]

Darstellung einer Ware als Imitation oder Nachahmung (§ 6 Abs 2 Nr 6). Die **130** sogenannte „**Parfümklausel**" in § 6 Abs 2 Nr 6 UWG[345] verbietet Werbevergleiche, die eine Ware oder Dienstleistung als Imitation oder Nachahmung einer unter einem geschützten Kennzeichen vertriebenen Ware oder Dienstleistung darstellt. Diese Regelung betrifft also lediglich den Fall, dass der Werbende sein eigenes Produkt offen als Imitation oder Nachahmung eines fremden Produkts darstellt.[346] Das betrifft hingegen nicht die Fälle, in denen konkurrierende Produkte als gleichwertig bezeichnet werden, denn anderenfalls würde die Intension, vergleichende Werbung zum Nutzen der Verbraucher zuzulassen, über Gebühr eingeschränkt.[347]

---

[336] BGH GRUR 2010, 161, Tz 16 – *Gib mal Zeitung*.
[337] BGH GRUR 2002, 72 – *Preisgegenüberstellung im Schaufenster*; GRUR 2003, 633, 635 – *Hormonersatztherapie*; GRUR 2008, 443, Tz 18 – *Saugeinlagen*.
[338] BGH GRUR 2010, 161, Tz 17 – *Gib mal Zeitung*.
[339] BGH GRUR 2010, 161, Tz 17 – *Gib mal Zeitung*.
[340] BGH GRUR 2010, 161, Tz 20 – *Gib mal Zeitung*; Köhler/Bornkamm/*Köhler* § 6 UWG Rn 172; *Köhler* WRP 2010, 571, 575.

[341] BGH GRUR 2010, 161, Tz 23 – *Gib mal Zeitung*.
[342] BGH GRUR 2010, 161 – *Gib mal Zeitung*.
[343] Vgl OLG München GRUR-RR 2003, 189 – *Dogge*.
[344] OLG Frankfurt GRUR-RR 2005, 137.
[345] Vgl Köhler/Bornkamm/*Köhler* § 6 UWG Rn 182.
[346] BGH GRUR 2008, 628, Tz 28 – *Imitationswerbung*.
[347] Vgl auch Regierungsentwurf zum UWG 2004 BT-Drucks 14/2959 S 12; *Scherer* WRP 2001, 89, 95.

4. Auffangfunktion der Generalklausel

131 Der Gesetzgeber hat seit dem UWG 2004 zur Konkretisierung der Unlauterkeit Beispieltatbestände in den §§ 4–6 UWG geschaffen. Mithin kommt damit der Generalklausel des § 3 Abs 1 UWG selbst grundsätzlich nur noch eine **Auffangfunktion** zu. Eine geschäftliche Handlung kann unlauter iSd § 3 Abs 1 UWG sein, auch wenn Sie nicht von den Beispielstatbeständen der §§ 4–6 UWG erfasst wird, allerdings mit entsprechendem **Unwertgehalt** den anständigen Gepflogenheiten in Gewerbe und Handel zuwiderläuft.348 Allerdings dürfen über den Rückgriff auf § 3 Abs 1 UWG keine geschäftlichen Handlungen verboten werden, die im Anwendungsbereich der vollharmonisierenden UGP-RL nach deren Vorgaben nicht zu beanstanden sind. Darüber hinaus darf die Generalklausel auch nicht dazu missbraucht werden, eine wertende Inhaltskontrolle nach sittlichen oder geschmacksbezogenen Wertungen oder sonstigen Sozialnormen vorzunehmen. Das UWG hat sich solcher gesellschaftlich fundierten Wertungen zu enthalten, denn es hat sich vom „sittlichen Kaufmannsbild"349 längst entfernt und ist nun ausschließlich unter marktfunktionalen Gesichtspunkten anzuwenden. Die inhaltliche Prüfung auch von geschäftlichen Handlungen hat anhand der einschlägigen Vorschriften, bspw des Jugendschutzrechts oder Strafrechts zu erfolgen. Letztendlich ist für die Inkorporation von außerwettbewerblichen Normen in das Lauterkeitsrecht der Regelungskomplex der lauterkeitsrechtlichen Behandlung des Rechtsbruchs – § 4 Nr 11 UWG – maßgeblich. Eine Umgehung des § 4 Nr 11 UWG mit seinen strengen Anforderungen über die Auffangnorm des § 3 Abs 1 UWG ist aber nicht möglich.350 Ein **Rückgriff auf die Generalklausel** ist insb in Fällen geboten, in denen die Tatbestände der §§ 4–7 UWG zwar bestimmte Gesichtspunkte der lauterkeitsrechtlichen Beurteilung erfassen, aber keine umfassende Bewertung der Interessen der durch das Wettbewerbsverhältnis betroffenen Marktteilnehmer ermöglichen.351 Der aktuell wichtigste Bereich für einen Rückgriff auf die Generalklausel des § 3 Abs 1 UWG ist die vom BGH relativ neu entwickelte **lauterkeitsrechtliche Verkehrssicherungspflicht**.352

5. Konkretisierung durch höherrangiges Recht

132 Bei der Konkretisierung der Generalklausel in § 3 Abs 1 UWG sind die Gerichte unzweifelhaft an höherrangiges Recht gebunden. Bei geschäftlichen Handlungen mit grenzüberschreitender Wirkung sind bspw die **Grundfreiheiten der Art 34, 49 und 56 AEUV** sowie die **europäischen Grundrechte** zu berücksichtigen. Dies kann bspw im Rahmen des Rechtsbruchtatbestands eine Rolle spielen. Denn verstößt eine nationale Regelung gegen Unionsrecht, kann ihre Verletzung keinen Rechtsbruch im Sinne des

---

348 BGH BGHReport 2006, 1481 – *Kontaktanzeigen* m Anm *v Walter*; OLG Saarbrücken GRUR 2007, 344, 347; Köhler/Bornkamm/*Köhler* § 3 UWG Rn 64; Fezer/*Fezer* UWG, § 3 Rn 68; Harte/Henning/*Schünemann* UWG, § 3 Rn 69.
349 Das UWG 1909 hatte als Sittlichkeitsmaßstab den „billig und gerecht denkenden Kaufmann" der Generalklausel des § 1 UWG aF zugrundegelegt.
350 Vgl a BGH WRP 2010, 876, Tz 25 – *Zweckbetrieb*; Vgl *v Walter* Rechtsbruch als unlauteres Marktverhalten, 2007, S 151 ff mit ausführlicher Begründung.
351 BGH GRUR 2009, 1080 Tz 13 – *Auskunft der IHK*; BGH GRUR 2006, 426 Tz 16 – *Direktansprache am Arbeitsplatz II*; BGH GRUR 2008, 262, Tz 9 – *Direktansprache am Arbeitsplatz III*.
352 BGH GRUR 2007, 890 Tz 22, 36 ff – *Jugendgefährdende Medien bei eBay*; vgl dazu ausf die Darstellung unter Rn 169.

konkretisierenden Tatbestands des § 4 Nr 11 UWG darstellen.[353] Darüber hinaus haben die Gerichte im Rahmen der grundrechtskonformen Anwendung der Generalklausel die Grundrechte des Grundgesetzes zu beachten. Insb setzt die **Menschenwürde** aus Art 1 Abs 1 GG eine absolute Grenze.[354] Die menschenwürdeverletzende geschäftliche Handlung müssen daher immer nach § 3 Abs 1 UWG unlauter und verboten sein. Freilich stellt sich in der Praxis damit die entscheidende Frage, wann die Menschenwürde durch eine geschäftliche Handlung verletzt wird. In der Vergangenheit ist der BGH mit dem Vorwurf der Verletzung der Menschenwürde schnell bei der Hand gewesen.[355] Das BVerfG hingegen hat den Kernbereich der Menschenwürde enger gezogen als der BGH und darauf hingewiesen, dass die Grundrechte insgesamt Konkretisierungen des Prinzips der Menschenwürde seien, so dass es stets einer **sorgfältigen Begründung** bedürfe, wenn angenommen werden solle, dass der Gebrauch eines Grundrechts – namentlich Art 5 und 12 GG – durch den Handelnden die unantastbare Menschenwürde verletze.[356]

133 Das Grundrecht der **Meinungsfreiheit** aus Art 5 Abs 1 GG kann für eine Wirtschaftswerbung dann in Anspruch genommen werden, wenn die Werbung einen wertenden, meinungsbildenden Inhalt hat oder Angaben enthält, die der Meinungsbildung dienen.[357] Produktwerbung besitzt meinungsbildenden Charakter schon deshalb, weil sie ein Produkt zum Kauf empfiehlt.[358] Sofern in einer Aufmerksamkeitswerbung eine Meinungsäußerung enthalten ist, unterfällt diese auch dem Maßstab des Art 5 Abs 1 GG. Dies kann auch unter Verwendung von meinungsbildenden Bildern geschehen.[359]

134 Letztendlich handelt es sich bei den Vorschriften des UWG um allgemeine das Grundrecht nach § 5 Abs 1 GG einschränkende Gesetze iSd Art 5 Abs 2 GG.[360] An dieser Stelle soll nur der Bezug zu den Mediengrundrechten in Art 5 GG genannt werden. Selbstredend können ganz allgemein auch andere Grundrechte Einfluss auf die Auslegung und Konkretisierung der Generalklausel des § 3 Abs 1 UWG haben.[361]

VI. Unzumutbare Belästigung (§ 7 UWG)

135 Mit § 7 UWG ist ein eigenständiger Verbotstatbestand für geschäftliche Handlungen, durch die ein Marktteilnehmer in **unzumutbarer Weise** belästigt wird, vorgesehen. Der eigenständige Verbotstatbestand bezweckt den Schutz der Marktteilnehmer vor Beeinträchtigung der privaten oder beruflichen Sphären. Auch dieser Verbotstatbestand ist als **Generalklausel mit einer kodifizierten Konkretisierung** konzipiert. § 7 Abs 1 S 1 UWG enthält die generalklauselartige Aussage, dass eine geschäftliche

---

[353] BGH WRP 2008, 661 – *Oddset*.
[354] Vgl BVerfG 2001, 170, 174 – *Schockwerbung* zum Verhältnis der Menschenwürde zur Meinungsfreiheit.
[355] Köhler/Bornkamm/*Köhler* § 3 UWG, Rn 73 unter Nennung der Beispiele BGH GRUR 1995, 592, 594 – *Busengrapscher*; BGH GRUR 1995, 600 – *H.I.V. positiv I* und BGH GRUR 2002, 360 – *H.I.V. positiv II*.
[356] BVerfG GRUR 2001, 170, 174 – *Schockwerbung*; BVerfG GRUR 2003, 442, 443 – *Benetton Werbung II*.
[357] BVerfG WRP 1997, 424, 426 – *Rauchen schadet der Gesundheit*.
[358] Köhler/Bornkamm/*Köhler* § 3 UWG Rn 82 mwN.
[359] Vgl die Rechtsprechung zur Benetton-Schockwerbung: BVerfG 2001, 170, 173 – *Schockwerbung*; BVerfG GRUR 2003, 442, – *Benetton-Werbung II*.
[360] Zum Verhältnis des UWG zu den Grundrechten aus Art 5 GG s eingehend oben Rn 6.
[361] Für die entsprechende Darstellung s Köhler/Bornkamm/*Köhler* § 3 UWG, Rn 72 ff.

Handlung, durch die ein Marktteilnehmer in unzumutbarer Weise belästigt wird, unzulässig ist. Diese Generalklausel wird in § 7 Abs 1 S 2 UWG in einem ersten Schritt auf Werbung konkretisiert, bei der erkennbar ist, dass der angesprochene Marktteilnehmer diese Werbung nicht wünscht. In § 7 Abs 2 UWG hingegen findet sich eine „kleine Schwarze Liste" für den Bereich der unzumutbaren Belästigungen, denn die in § 7 Abs 2 Nr 1 bis 4 UWG genannten Tatbestände sind „stets unzumutbare Belästigungen". Für diese Tatbestände, die in jedem Fall vorrangig vor der Generalklausel in § 7 Abs 1 UWG zu prüfen sind, findet dann auch keine Unzumutbarkeitsprüfung mehr statt. Soweit ein Tatbestand in § 7 Abs 2 UWG erfüllt ist, liegt stets eine unzulässige geschäftliche Handlung vor. In § 7 Abs 3 UWG gibt es eine Ausnahme zur unzumutbaren Belästigung durch Werbung unter Verwendung elektronischer Kommunikationsmittel (§ 7 Abs 2 Nr 3 UWG).

1. Kleine Generalklausel (§ 7 Abs 1 S 1 UWG)

136 a) **Grundtatbestand.** Für den **Grundtatbestand** des § 7 Abs 1 S 1 UWG muss eine unzumutbare Belästigung vorliegen. Dabei ist unter Belästigung die **Art und Weise** der werblichen Ansprache gemeint, **nicht jedoch der Inhalt** der Werbung. Die Vorschrift des § 7 UWG stellt kein Instrument zur Kontrolle des Inhalts von Werbung dar.[362] Eine **Belästigung** alleine ist für ein Unlauterkeitsverdikt nach dem Willen des Gesetzgebers nicht ausreichend, vielmehr muss diese zusätzlich **unzumutbar** sein. Letztendlich ist die Frage der Unzumutbarkeit im Wege einer Interessenabwägung zu beurteilen, wobei im Interesse eines effektiven Schutzes der Marktteilnehmer vor Belästigungen keine strengen Maßstäbe anzulegen seien sollen.[363] Im Rahmen dieses Abwägungsvorgangs sind auch die Grundrechte zu berücksichtigen. Zum Einen ist das Interesse des Unternehmers an Werbung durch Art 5 Abs 1 und Art 12 GG geschützt, das Interesse der Werbeadressaten wird hingegen durch Art 2 Abs 1 GG und im Rahmen der negativen Informationsfreiheit auch über Art 5 Abs 1 GG geschützt. Bei der Abwägung dieser grundgesetzlich geschützten Interessen von Werbenden und Umworbenen ist grundsätzlich das Interesse des Umworbenen an einer ungestörten Individualsphäre höher zu bewerten, weil dem Werbenden idR ausreichende sonstige Werbemöglichkeiten zu Gebote stehen.[364] Auch hier hat die Rechtsprechung Fallgruppen entwickelt:

137 b) **Haustürwerbung.** Als Haustürwerbung versteht die Rechtsprechung das Aufsuchen potentieller Kunden in deren privaten oder beruflichen Umfeld mit dem Ziel der Absatzförderung. Die Haustürwerbung hat zwar in Europa eine lange Tradition[365] birgt aber seit jeher einen hohen Grad an Belästigung und Überrumpelungsgefahr. Letzteres hat der Gesetzgeber zum Anlass genommen und das haustürgeschäftsbezogene Widerrufsrecht zivilrechtlich verankert. Fraglich und umstritten ist lediglich, ob diese Belästigung **unzumutbar** iSd § 7 Abs 1 UWG ist. In jedem Fall unzumutbar ist Haustürwerbung **gegen den erklärten Willen** des Umworbenen, der sich beispielsweise durch Schilder „Hausieren verboten" äußern kann. Die Rechtsprechung hat Haustürwerbung – soweit kein entgegenstehender Wille des Umworbenen erkennbar war –

---

[362] Vgl BVerfG GRUR 2001, 170, 174 – *Schockwerbung*.
[363] Vgl insoweit Begründung zum Regierungsentwurf UWG 2004 zu § 7 Abs 1 UWG.
[364] Köhler/Bornkamm/*Köhler* § 7 UWG Rn 22
unter Verweis auf BGH WRP 2005, 485, 487 – *Ansprechen in der Öffentlichkeit II*.
[365] Vgl Generalanwalt Tesauro im Fall EuGH Slg 1989, 1235, 1240 – *Buet*.

traditionell als zulässig erachtet.366 Hiergegen wenden sich zunehmend Stimmen in der Literatur.367 Danach soll nun im Gegensatz zur bisherigen Rechtsprechung die Haustürwerbung gegenüber Verbrauchern **nur mit deren vorheriger tatsächlicher oder mutmaßlicher Einwilligung** zulässig sein.368 Insoweit werden Parallelen zur Telefonwerbung gezogen.

c) **Ansprechen in der Öffentlichkeit.** Unter dem Ansprechen in der Öffentlichkeit ist die gezielte individuelle Kontaktaufnahme zu Verbrauchern an einem allgemein zugänglichen Ort mit dem Ziel der Absatzförderung zu verstehen.369 Eine unzumutbare Belästigung soll nach der Rechtsprechung in jedem Fall dann vorliegen, wenn der Werber sich nicht als solcher zu erkennen gibt.370 Denn ist der Werber nicht von vornherein als solcher erkennbar, erschleicht er sich quasi den Sozialkontakt mit dem Passanten für die verdeckt gehaltenen geschäftlichen Zwecke. Dieses Vorgehen schließt zu dem Elemente der getarnten Werbung ein (vgl dazu § 4 Nr 3 UWG). Ist der Werber jedoch von vornherein eindeutig als solcher erkennbar, ist nicht per se von einer unzumutbaren Belästigung auszugehen, denn der Passant kann sich durch entsprechendes Verhalten dem Werbekontakt entziehen.371 Dem folgend stellt es eine unzumutbare Belästigung dar, wenn der Werber dem Passanten insoweit nachsetzt und hartnäckig versucht, ihn in ein Verkaufsgespräch zu verwickeln oder ihn an einem Ort anspricht, an dem ein Ausweichen nur schwer möglich ist.372 Das bloße Verteilen von Werbematerial ist lauterkeitsrechtlich unbedenklich.373

138

d) **Unbestellte Waren und Dienstleistungen.** Das Zusenden unbestellter Waren und Dienstleistungen erfüllt in der Regel auch den Tatbestand der unzumutbaren Belästigung. Dabei ist aber Nr 29 der Schwarzen Liste vorrangig zu beachten.

139

e) **Werbung im Internet.** Werbung mittels **Interstitials** oder **Pop-Up-Fenstern** haben durchaus belästigende Wirkung, sind jedoch dann nicht zu beanstanden, soweit sich der Nutzer der Werbung durch Wegklicken oder durch Verlassen der Seite unschwer entziehen kann.374 Anders soll es jedoch liegen, wenn es dem Nutzer durch das Öffnen immer neuer Fenster unmöglich gemacht wird, die ursprünglich aufgerufene Seite zu verlassen (sog Exit-Pop-Up-Fenster).375

140

2. **Stets unzumutbare Belästigungen (§ 7 Abs 2 UWG)**

Im Zeitalter der digitalen Medien und Kommunikation haben die **Tatbestände des § 7 Abs 2 UWG** die praktisch größte Bedeutung im Bereich der unzumutbaren Belästigungen eingenommen. Die in § 7 Abs 2 UWG aufgeführten Fälle sind stets unzumutbare Belästigungen, so dass hier keine Interessenabwägung mehr stattfinden kann.

141

---

366 BGH GRUR 2004, 699, 701 – *Ansprechen in der Öffentlichkeit I*.
367 Vgl Köhler/Bornkamm/*Köhler* § 7 UWG Rn 45 mwN.
368 *Köhler/Lettl* WRP 2003, 1019, 1045, Tz 118; MünchKomm UWG/Leible § 7 Rn 228; Pieper/Ohly/*Sosnitza* § 7 Rn 80; Köhler/Bornkamm/*Köhler* § 7 Rn 51.
369 Köhler/Bornkamm/*Köhler* § 7 Rn 63.
370 BGH GRUR 2004, 699, 701 – *Ansprechen in der Öffentlichkeit I*; BGH GRUR 2005, 443, 444 – *Ansprechen in der Öffentlichkeit II*.
371 Vgl bspw OLG Frankfurt GRUR 2008, 353.
372 Vgl BGH GRUR 2005, 443, 445 – *Ansprechen in der Öffentlichkeit II*.
373 Vgl BGH GRUR 1994, 339 – *Pinguin-Apotheke*.
374 Vgl *Bornkamm/Seichter* CR 2005, 747, 752.
375 Vgl LG Düsseldorf MMR 2003, 486.

Erfüllt ein Verhalten einen Tatbestand der Nr 1 bis 4 im § 7 Abs 2 UWG, so ist dieses geschäftliche Verhalten unlauter.

142   a) **Werbung mit sonstigen kommerziellen Kommunikationsmitteln (§ 7 Abs 2 Nr 1 UWG).** Der Tatbestand umfasst alle kommerzielle Kommunikationsmittel, die nicht in den Nr 2 und 3 des Abs 2 des § 7 UWG aufgeführt sind, mithin nicht-elektronische Fernkommunikationsmittel wie **Briefe, Prospekte, Kataloge** und dergleichen. Danach ist unzulässig, ein hartnäckiges und unerwünschtes Ansprechen mittels dieser Kommunikationsmittel. Das bedeutet, dass Briefkastenwerbung beispielsweise dann nicht erlaubt ist, wenn der Empfänger dies erkennbar nicht wünscht (bspw durch einen Sperrvermerk am Briefkasten kenntlich gemacht). Briefwerbung ist dann **hartnäckig** im Sinne des § 7 Abs 2 Nr 1, wenn der Verbraucher wiederholt angesprochen wird, obgleich er der Werbeform widersprochen hat. Dieser Widerspruch muss für den Werbenden erkennbar sein, was auch über die Robinson-Liste des Deutschen Direktmarketingverbandes eV folgen kann.[376]

143   b) **Telefonwerbung (§ 7 Abs 2 Nr 2 UWG).** Nach § 7 Abs 2 Nr 2 UWG ist die Werbung mit einem Telefonanruf gegenüber einem Verbraucher ohne dessen vorherige ausdrückliche Einwilligung oder gegenüber einem sonstigen Marktteilnehmer ohne dessen zumindest mutmaßliche Einwilligung stets eine unzumutbare Belästigung und damit unzulässig. Zur Konkretisierung des Begriffs der **Werbung** ist die Definition aus der Richtlinie über irreführende vergleichende Werbung (dort Art 2 lit a) heranzuziehen.[377] Werbung ist danach jede Äußerung mit dem Ziel, den Absatz von Waren oder die Erbringung von Dienstleistungen zu fördern. Allerdings ist der Begriff der Werbung in allen Tatbeständen des § 7 Abs 2 UWG auch auf die Nachfragewerbung, also im Sinne der Definition in Art 2 lit a der Richtlinie über irreführende vergleichende Werbung zum Zwecke der Förderung des Bezugs von Waren oder Dienstleistungen zu erstrecken.[378] Keine Werbung im Sinne des § 7 Abs 2 UWG sind bspw telefonische Kommunikationsvorgänge zur Durchführung eines Vertrages bspw Beratungsgespräche im Rahmen eines Beratungsverhältnisses oder ähnliches. Auch echte Kundenzufriedenheitsbefragungen, die der Vertragsabwicklung und nicht der Produktverbesserung dienen, sollen danach zulässig sein.[379] Problematisch hingegen ist die unaufgeforderte telefonische Nachbearbeitung gekündigter Abonnements, denn hier hat der Vertragspartner (dh der bisherige Abonnement) eindeutig zu erkennen gegeben, dass er einen Fortbestand des Vertragsverhältnisses nicht mehr wünscht. Das Nachbearbeiten mit dem Zweck, den Abonnenten zum Verbleib im Vertragsverhältnis zu bewegen, dient daher nicht mehr lediglich der Vertragsdurchführung, sondern der Absatzwerbung für die Zeit nach dem bevorstehenden Ende des derzeitigen Abonnementsverhältnisses.[380]

144   Für werbliche Anrufe ist stets eine **Einwilligung** erforderlich. Bei Verbrauchern muss diese Einwilligung zwingend **vor dem Anruf** vorliegen.[381] Eine nachträgliche Genehmigung des Anrufs ist nicht möglich.[382] Der Anrufer trägt die Beweislast für die

---

[376] Vgl Köhler/Bornkamm/*Köhler* § 7 Rn 115.
[377] BGH GRUR 2009, 980, Tz 13 – *E-Mail-Werbung II*.
[378] Vgl zur Faxwerbung BGH GRUR 2008, 923, Tz 12 – *Faxanfrage im Autohandel*; BGH GRUR 2008, 925, Tz 16 – *FC Troschenreuth*.

[379] Vgl *Engels/Brunn* WRP 2010, 687, 690.
[380] Vgl zB OLG Koblenz WRP 1991, 332.
[381] St Rspr; vgl BGH GRUR 1989, 753, 754 – *Telefonwerbung II* bis GRUR BGH 1995, 220 – *Telefonwerbung V*.
[382] BGH GRUR 1994, 380 – *Lexikothek*.

vorherige Zustimmung.³⁸³ Die Einwilligung selbst ist keine rechtsgeschäftliche Handlung im Sinne des BGB. Hintergrund ist, dass es sich europarechtlich bei den Tatbeständen des § 7 Abs 1 Nr 2 und 3 UWG um **Datenschutzrecht** handelt. Diese Tatbestände beruhen auf der **Datenschutz-RL für die elektronische Kommunikation 2002/58/EG**. Insoweit sollten bei der Beurteilung der Wirksamkeit der Einwilligung datenschutzrechtliche Maßstäbe herangezogen werden, wobei § 104 ff BGB ergänzend hinzugezogen werden können, soweit die einzelne Bestimmung nach ihrem Sinn und Zweck dies rechtfertigt.³⁸⁴ Da es sich bei § 7 Abs 2 Nr 2 UWG um die Umsetzung der Datenschutz-RL 2002/58/EG handelt, ist insoweit auf die Definition der Einwilligung zurückzugreifen, wobei insoweit auf Art 2 lit h RL 95/46/EG verwiesen wird. Danach ist eine Einwilligung jede Willensbekundung, die ohne Zwang, für den konkreten Fall und in Kenntnis der Sachlage erfolgt und mit der die betroffene Person akzeptiert, dass personenbezogene Daten, die sie betreffen, verarbeitet werden. Wesentlich sind hier die Tatbestandsmerkmale „**ohne Zwang**", „**für den konkreten Fall**" und „**in Kenntnis der Sachlage**". Da es sich bei der Einwilligung nicht um eine rechtsgeschäftliche Erklärung handelt, kann sie insoweit auch keine Bindungswirkung für den Betroffenen entfalten. Vielmehr ist die **Einwilligung grundsätzlich jederzeit frei widerruflich**. Die Erteilung der Einwilligung ist grundsätzlich schriftlich, elektronisch oder auch mündlich möglich. Da bei einwilligungsbasierten Direktmarketingmaßnahmen immer auch personenbezogene Daten erhoben bzw verarbeitet werden, sind allerdings die **datenschutzrechtlichen Formvorschriften** über die Erteilung der Einwillig zur erblichen Datennutzung zu beachten. Sofern die Einwilligung zur Datennutzung nicht schriftlich erfolgt, hat die nutzende Stelle nach den Vorgaben des § 28 Abs 3a BDSG dem Betroffenen den Inhalt der Einwilligung schriftlich zu bestätigen, es sei denn, dass die Einwilligung elektronisch erklärt wird und die verantwortliche Stelle sicherstellt, dass die Einwilligung protokolliert wird und der Betroffene deren Inhalt jederzeit abrufen und die Einwilligung jederzeit mit Wirkung für die Zukunft widerrufen kann. Eine schriftliche Bestätigung einer Einwilligung setzt aber voraus, dass eine solche Einwilligung auch tatsächlich von dem Betroffenen erklärt wurde. Das LG Berlin hatte einem Zeitungsverlag in diesem Zusammenhang unter dem Gesichtspunkt des **Erschleichens einer Einwilligung** verbieten müssen, Verbrauchern in Briefen die Zustimmung zu Werbung per Telefon, E-Mail oder SMS zu bestätigen, wenn die Adressaten sich damit zuvor nicht einverstanden erklärt hatten.³⁸⁵

Von besonderer praktischer Bedeutung ist die Erteilung der **Einwilligung durch vorformulierte Erklärungen** – sei es in Online-Medien oder durch Vordrucke. Vorformulierte Einwilligungserklärungen unterliegen nach ständiger Rechtsprechung der AGB-Kontrolle nach den §§ 305 ff BGB.³⁸⁶ Unabhängig von der Rechtsnatur der Einwilligung ist mit Rücksicht auf den Schutzzweck der Vorschriften über die AGB-Kontrolle in §§ 305 ff BGB auch auf eine vom Verwender vorformulierte einseitige Erklärung des anderen Teils anzuwenden, die im Zusammenhang mit einem Vertragsverhältnis steht.³⁸⁷ Für die AGB-Kontrolle vorformulierte Einwilligungserklärungen gelten daher die üblichen Prüfungsmaßstäbe der §§ 305 ff BGB. Insoweit kann eine Einwilligungsklausel beispielsweise schon deswegen unwirksam sein, weil es an einer

145

---

383 BGH GRUR 2004, 517, 519 – *E-Mail-Werbung*.
384 Vgl Köhler/Bornkamm/*Köhler* § 7 Rn 134.
385 LG Berlin Beschluss vom 16.02.2011, Az 96 O 17/11.

386 Vgl BGH GRUR 2000, 818, 819 – *Telefonwerbung VI*; BGH GRUR 2008, 1010, Tz 18 – *Payback*.
387 BGH GRUR 2000, 818 – *Telefonwerbung VI*.

wirksamen Einbeziehung unter dem Gesichtspunkt einer **überraschenden Klausel** (§ 305c Abs 1 BGB) fehlt. Auch eine für den Verbraucher nicht verständliche Einwilligungsklausel ist wegen **fehlender Transparenz** gemäß § 307 Abs 1 S 2 BGB unwirksam. Hierunter fallen auch die **nicht hinreichend bestimmten Einwilligungsklauseln**. Nach der Rechtsprechung nicht hinreichend bestimmt sind beispielsweise Einwilligungsklauseln für Telefonwerbung „in Geldangelegenheiten"[388] oder „aus dem Abonnementbereich"[389] oder den begünstigten Peis auf „deren Partner"[390] erstrecken will. Darüber hinaus muss sich eine Einwilligungsklausel für Telefonwerbung auch dem Maßstab der unangemessenen Benachteiligung im Sinne des § 307 Abs 1, Abs 2 S 1 BGB stellen. Eine vorformulierte Einwilligung in Telefonwerbung soll aber noch keine generell unangemessene Benachteiligung des Kunden darstellen.[391] Nach der Rechtsprechung soll für Telefonwerbung eine unangemessene Benachteiligung in der Verwendung einer sogenannten „**Opt-Out**"-Klausel liegen.[392] Unter Berücksichtigung der vorgenannten datenschutzrechtlichen Wertungen kann man als Faustformel festhalten, dass eine vorformulierte Einwilligungserklärung dem Verbraucher **jederzeit klar vor Augen führen muss, von welchen Unternehmen (spezifisch bestimmbar) er welche Werbeformen zu welchen Produkten (spezifisch bestimmbar) möglicherweise erhalten wird.** Nur dann kann von einer hinreichenden Konkretisierung gesprochen werden.

146 Die Telefonwerbung gegenüber Verbrauchern erfordert nach § 7 Abs 2 Nr 2 UWG stets der vorherigen ausdrücklichen Einwilligung. **Arbeitnehmern**, die unter ihrer dienstlichen oder privaten Telefonnummer zum Zwecke der Abwerbung angerufen werden, gelten in diesem Zusammenhang nicht als Verbraucher, sondern als sonstige Marktteilnehmer bezogen auf den hier relevanten Arbeitsmarkt.[393]

147 Anders als bei Verbrauchern, bei welchen stets eine vorherige ausdrückliche Einwilligung erforderlich ist, ist für **Telefonwerbung gegenüber sonstigen Marktteilnehmern** eine „**zumindest mutmaßliche Einwilligung**" ausreichend. Bei sonstigen Marktteilnehmern bezweckt die Regelung nicht mehr den Schutz der Privatsphäre, sondern den Schutz vor **unerwünschten Störungen der beruflichen Tätigkeit** des Angerufenen.[394] In jedem Fall ausreichend ist ein vorheriges ausdrückliches oder konkludentes Einverständnis als tatsächliche Einwilligung. Wie bei konkludenten Willenserklärungen ist für eine konkludente Einwilligung ein schlüssiges Verhalten ausreichend, aus dem auf ein Einverständnis zu Werbeanrufen zu schließen ist. Keine konkludente Einwilligung liegt in einem Eintrag in einem Telefonverzeichnis oder im Bestehen einer Geschäftsbeziehung vor. Bei sonstigen Marktteilnehmern ist aber auch die bloße „mutmaßliche Einwilligung" ausreichend. Maßgeblich soll dafür sein, ob der Werbende bei verständiger Würdigung der Umstände annehmen durfte, der Anzurufende erwarte einen solchen Anruf oder werde ihm jedenfalls aufgeschlossen gegenüberstehen.[395] Noch keine konkreten Umstände in diesem Sinne bilden allerdings Umstände,

---

[388] BGH GRUR 2000, 818, 819 – *Telefonwerbung VI*.
[389] OLG Hamburg WRP 2009, 1282, 1284.
[390] OLG Hamburg VuR 2010, 104.
[391] BGH GRUR 2000, 818, 819 – *Telefonwerbung VI*; vgl z den Möglichkeiten der formularmäßigen Einwilligung von a Jankowski GRUR 2010, 495.
[392] BGH GRUR 2008, 1010, Tz 33 – *Payback*.

[393] Köhler/Bornkamm/*Köhler* § 7 Nr 146; Quiring WRP 2003, 1181, 1183; aA Lettl WRP 2009, 1315, 1324 bei Anrufen unter der Privatnummer des Arbeitnehmers.
[394] Vgl BGH WRP 2010, 1249, Tz 20 – *Telefonwerbung nach Unternehmenswechsel*.
[395] BGH GRUR 2007, 607, Tz 21 – *Telefonwerbung für „Individualverträge"*; BGH GRUR 2010, 939, Tz 21 – *Telefonwerbung nach Unternehmenswechsel*.

die eine „allgemeine Sachbezogenheit" nahelegen. Deswegen reicht eine Branchennähe oder der generelle Verdacht, dass Unternehmen des Typs des Angerufenen üblicherweise an den Produkten des Anrufers interessiert seien. Konkrete Gründe können bspw in einer Geschäftsverbindung[396] oder einem geäußerten Interesse liegen.

c) **Werbung unter Verwendung elektronischer Kommunikationsmittel (§ 7 Abs 2 Nr 3 und Abs 3 UWG).** Nach § 7 Abs 3 Nr 3 UWG ist die Werbung unter Verwendung einer **automatischen Anrufmaschine**, eines **Faxgerätes** oder **elektronischer Post**, ohne dass eine vorherige ausdrückliche Einwilligung des Adressaten vorliegt, stets eine unzumutbare Belästigung und damit unzulässig. Die Regelung für elektronische Kommunikationsmittel ist daher im Geschäftsbereich deutlich schärfer als die Regelung zur Telefonwerbung (siehe oben). Denn für Werbung unter Verwendung der genannten elektronischen Kommunikationsmittel ist stets eine vorherige ausdrückliche Einwilligung des Adressaten erforderlich. Eine konkludente oder gar mutmaßliche Einwilligung reichen unter keinen Umständen aus. Auch hier ist der Begriff der „vorherigen ausdrücklichen Einwilligung" richtlinienkonform im Sinne der Datenschutz-RL für elektronische Kommunikation 2002/58/EG iVm Art 2 lit h der Datenschutz-RL 95/46/EG auslegen. Diesbezüglich kann auf die Ausführungen der Telefonwerbung gegenüber Verbrauchern verwiesen werden.[397] Im Zusammenhang mit der Werbung mittels **E-Mail** ergibt sich in der Praxis eine Rechtsunsicherheit bei Werbung, die als **Bestandteil privater E-Mails** betrieben wird. Nutzer, die einen der vielen kostenlosen E-Mail-Services im Internet verwenden, verschicken über diesen Dienst private Nachrichten. Dabei kommt es vor, dass die übersendete Privatnachricht im Nachrichtenfuß auch kommerzielle Kommunikation zB Werbung enthält. Darüber hinaus stellt sich die Problematik auch bei E-Mail-basiertem viralen Marketing oder in Form der sogenannten „Tell-A-Friend"-Funktionen. Bei allen genannten Formen handelt es sich um Werbung im Sinne des § 7 UWG. Diese Werbeformen würden nach dem Wortlaut des Gesetzes das vorherige ausdrückliche Einverständnis des Empfängers voraussetzen. Da dies praxisfern ist, wird vorgeschlagen in diesen Fällen gegen Abwehransprüche den **Einwand der Unverhältnismäßigkeit** (§ 242 BGB) ausnahmsweise zuzulassen.[398]

Für **E-Mail-Werbung** findet sich in § 7 Abs 3 UWG eine eng anzuwendende **Ausnahme** vom strikten Einwilligungserfordernis. Danach kann abweichend von den Anforderungen in Abs 2 Nr 3 E-Mail-Werbung betrieben werden, wenn (1) der Unternehmer **im Zusammenhang mit dem Verkauf** einer Ware oder Dienstleistung von dem Kunden dessen elektronische Postadresse erhalten hat, (2) der Unternehmer die Adresse zu Direktwerbung **für eigene ähnliche Waren oder Dienstleistungen** verwendet, (3) der Kunde **der Verwendung nicht widersprochen** hat und (4) der Kunde **bei Erhebung** der Adresse und **bei jeder Verwendung klar und deutlich darauf hingewiesen wird**, dass er der Verwendung jederzeit widersprechen kann, ohne dass hierfür andere als die Übermittlungskosten nach dem Basistarifen entstehen. Diese Regelung entspricht nahezu wörtlich der Datenschutz-RL für elektronische Kommunikation 2002/58/EG. Hierbei handelt es sich technisch um die **einzige Opt-Out-Regelung** im

---

[396] Vgl BGH GRUR 2008, 189, Tz 18 – *Suchmaschineneintrag*; BGH GRUR 2010, 939, Tz 27 – *Telefonwerbung nach Unternehmenswechsel*.

[397] S oben Rn 143 ff.
[398] Vgl Köhler/Bornkamm/*Köhler* § 7 UWG Rn 201.

Bereich der elektronischen Fernkommunikationsmittel.[399] Diese Opt-Out-Regelung ist auch wiederum im Kontext der datenschutzrechtlichen Anforderung an eine Einwilligung zu lesen. Das Datenschutzrecht geht immer von der Freiwilligkeit und Informiertheit als Grundvoraussetzungen für eine Einwilligung aus. Dementsprechend setzt der europäische Gesetzgeber bei der Ausnahmeregelungen für elektronische Post auf einen hohen Grad an Information, indem er vorgibt, dass der Verbraucher sowohl bei der Erhebung der Adresse als auch bei jeder nachfolgenden werblichen Verwendung eine Aufklärung über die Verwendung und die bestehende Widerspruchsrechte erhält. Diese Informiertheit ist dann Voraussetzung für die freiwillige Entscheidung des Verbrauchers, der künftigen Nutzung seiner E-Mail-Adresse zu widersprechen oder nicht. Um eine ausgedehnte und umfassende werbliche Nutzung der E-Mail-Adresse im Opt-Out-Verfahren auszuschließen, hat der Gesetzgeber ferner die Verwendung auf **eigene ähnliche Waren oder Dienstleistungen** beschränkt. Die Adresse darf also nicht für Verwendung von Produkten von Drittanbietern verwendet werden. Darüber hinaus darf die beworbene Ware oder Dienstleistung nur dem gleichen erkennbaren oder typischen Verwendungszweck oder Bedarf des Kunden entsprechen.[400] Die Abgrenzung ist jedoch im Einzelfall schwierig.

150 **Anonyme elektronische Werbung (§ 7 Abs 2 Nr 4 UWG).** Eine unzumutbare und damit unzulässige Belästigung liegt in einer Werbung mit einer Nachricht, bei der die Identität des Absenders, in dessen Auftrag die Nachricht übermittelt wird, verschleiert oder verheimlicht wird oder bei der keine gültige Adresse vorhanden ist, an die sich der Empfänger mit einer Aufforderung zur Einstellung solcher Nachrichten wenden kann. Für die Rechtspraxis wenig relevante Vorschrift basiert auf Art 13 Abs 4 der Datenschutz-RL über elektronische Kommunikation 2002/58/EG und soll sicherstellen, dass die Identität des Werbenden klar erkennbar ist. Eine ähnliche Regelung enthält im Übrigen § 6 Abs 2 TMG nach der dem Unternehmen verboten ist, bei E-Mail-Werbung, in der Kopf- und Betreffzeile den Absender und den kommerziellen Charakter der Nachrichten zu verheimlichen oder zu verschleiern.

§ 4
Rechtsfolgen unlauterer geschäftlicher Handlungen

I. Ansprüche

151 Während die §§ 3 bis 7 (innerhalb des 1. Kapitels „Allgemeine Bestimmungen") die Unlauterkeitstatbestände definieren, sind die Rechtsfolgen in den **§§ 8 bis 10** UWG (2. Kapitel „Rechtsfolgen") geregelt. Das 2. Kapitel regelt im Hinblick auf die Rechtsfolgen sowohl alle Anspruchsarten als auch die Aktivlegitimation. Das UWG überlässt die Durchsetzung des Lauterkeitsrechts – mit Ausnahme der Straftatbestände in den §§ 16 bis 19 – grds dem **Zivilrecht** und den am Markt Beteiligten – zum Teil Repräsentiert durch die Verbände und Kammern. Eine staatliche Überwachung und Sanktionierung von Marktverhalten durch Verwaltungsbehörden kennt das deutsche Lauterkeitsrecht nicht.

---

[399] Bei nicht-elektronischen Fernkommunikationsmitteln – wie Briefe, Prospekte und dergleichen – kann nach den allgemeinen Vorschriften des BDSG wirksam mit vorformulierten Opt-Out-Regelungen gearbeitet werden, vgl BGH GRUR 2008, 1010 – *Payback*.
[400] Vgl Köhler/Lettl, WRP 2003, 1019, 1028, Tz 35.

§ 4 Rechtsfolgen unlauterer geschäftlicher Handlungen

1. Abwehransprüche auf Unterlassung und Beseitigung (§ 8 UWG)

152 Wer eine nach § 3 oder § 7 UWG unzulässige geschäftliche Handlung vornimmt, kann nach § 8 Abs 1 S 1 UWG auf Beseitigung und bei Wiederholungsgefahr oder Erstbegehungsgefahr auf Unterlassung in Anspruch genommen werden. Hinsichtlich dieses Unterlassungs- und Beseitigungsanspruchs bestehen keine lauterkeitsrechtlichen Besonderheiten, so dass insoweit auf die allgemeine Darstellung in diesem Werk verwiesen werden kann.[401] Nach § 8 Abs 4 UWG ist die Geltendmachung der in § 8 Abs 1 UWG genannten Abwehransprüche unzulässig, wenn sie unter Berücksichtigung der gesamten Umstände missbräuchlich ist, insbesondere wenn sie vorwiegend dazu dient, gegen den Zuwiderhandelnden einen Anspruch auf Ersatz von Aufwendungen oder Kosten der Rechtsverfolgung entstehen zu lassen.[402] Diese Regelung ist als Korrektiv zu dem weitgefassten Kreis der Aktivlegitimierten zu sehen.[403] In der Vergangenheit wurde durch extensive Mehrfachabmahnungen und Mehrfachverfolgungen das in Deutschland bewährte System der Selbstkontrolle durch die Marktbeteiligten in Misskredit gebracht.[404]

2. Schadensersatz (§ 9 UWG)

153 Wer vorsätzlich oder fahrlässig eine nach § 3 oder § 7 UWG unzulässige geschäftliche Handlung vornimmt, ist den Mitbewerbern nach § 9 S 1 UWG zum Ersatz des daraus entstehenden Schadens verpflichtet. Da es sich beim Lauterkeitsrecht um Sonderdeliktsrecht handelt, sind auf den lauterkeitsrechtlichen Schadensersatzanspruch **ergänzend die Vorschriften des allgemeinen Deliktsrechts** anwendbar, soweit das UWG keine spezielleren Regelungen vorsieht.[405] Insoweit bestehen für den lauterkeitsrechtlichen Schadensersatzanspruch keine Besonderheiten. Als ersatzfähige Schadenspositionen wurden im Lauterkeitsrecht insbesondere die Kosten der **Rechtsverfolgung**,[406] **Marktverwirrungsschäden** (bspw erforderliche Aufwendungen für berichtigende Werbung, Aufklärung der Kunden oder Rückrufaktionen)[407] oder **entgangenem Gewinn** anerkannt.[408] In Ausnahmefällen – bspw bei Verletzungen des § 4 Nr 9 UWG – kommt auch die **dreifache Schadensberechnung** analog der Regelungen im Recht des geistigen Eigentums in Betracht.[409]

154 Für den Medienbereich ist die **Pressepriviligierung** in § 9 S 2 UWG von Bedeutung. Danach kann gegen verantwortliche Personen von **periodischen Druckschriften** der Anspruch auf Schadensersatz nur bei einer **vorsätzlichen Zuwiderhandlung** geltend gemacht werden. Dem Wortlaut nach gilt das Privileg nur für periodische Druckschriften, dh Zeitungen, Zeitschriften und dergl. Der Grund für die Begrenzung der Privilegierung auf die periodischen Druckschriften liegt in dem typischerweise herrschenden hohen **Zeitdruck bei der Erstellung der Publikationen**, insbes bei Prüfung der Anzeigen. Die Privilegierung soll aber über den Wortlaut hinaus auch auf sonstige

---

[401] S *v Welser* Band 1 Kap 4.
[402] Vgl den Überblick zum Missbrauchseinwand v *Jackowski* WRP 2010, 38.
[403] Vgl BGH GRUR 2000, 1089 – *Missbräuchliche Mehrfachverfolgung*.
[404] Vgl BGH GRUR 2002, 357 358 – *Missbräuchliche Mehrfachabmahnung*.
[405] Köhler/Bornkamm/*Köhler* § 9 UWG, Rn 1.2.
[406] Vgl bspw BGH GRUR 1990, 1012, 1014 f – *Pressehaftung*.
[407] Vgl bspw BGH GRUR 2001, 841, 845 – *Entfernung der Herstellungsnummer II*.
[408] Vgl bspw BGH GRUR 2005, 519, 520 – *Vitamin-Zellkomplex*.
[409] Vgl dazu die Ausführungen *v Welser* Band 1 Kap 4.

Medien entsprechend anwendbar sein, soweit sie den Schutz des Art 5 Abs 1 GG genießen.[410] Allerdings kann sich nicht auf das Privileg berufen, wer aktiv an der Gestaltung der streitgegenständlichen Werbeanzeige mitgewirkt hat. Das betrifft insbesondere die Fälle der Verschleierung von Werbung im Redaktionellen Teil der Publikation.

3. Gewinnabschöpfung (§ 10 UWG)

155 Verbände, die nach § 8 Abs 3 Nrn 2 bis 4 UWG aktivlegitimiert sind, können bei vorsätzlichen Verstößen gegen § 3 oder § 7 UWG, die zur Erzielung eines Gewinns **zulasten einer Vielzahl von Abnehmern** führen, gemäß § 10 Abs 1 UWG einen Anspruch auf Herausgabe des Gewinns an den Bundeshaushalt geltend machen (Gewinnabschöpfung). Diese Gewinnabschöpfung ist den Verbänden vorbehalten und kann nicht von Mitbewerbern geltend gemacht werden. In der Praxis kommt der Gewinnabschöpfungsanspruch nur selten vor, was auch an der fehlenden Motivation der Verbände liegen mag, auf eigenes Risiko einen Anspruch zugunsten des Bundeshaushalts einzuklagen.

4. Sonstige Ansprüche

156 Daneben können auch unter lauterkeitsrechtlichen Gesichtspunkten bei Vorliegen der allgemeinen Anspruchsvoraussetzungen **Bereicherungsansprüche** oder **Auskunfts-, Rechnungslegungs- und Besichtigungsansprüche** in Betracht kommen.

5. Verjährung (§ 11 UWG)

157 Zu beachten ist, dass die lauterkeitsrechtlichen Ansprüche aus §§ 8, 9 und 12 Abs 1 S 2 UWG abweichend von den allgemeinen deliktsrechtlichen Verjährungsvorschriften nach § 11 UWG in **sechs Monaten seit Kennen(müssen)** der anspruchsbegründenden Umstände seitens des Anspruchstellers verjähren.

6. Durchsetzung der Ansprüche

158 Die Durchsetzung der lauterkeitsrechtlichen Ansprüche folgt dem gleichen Prinzip, wie im Recht des geistigen Eigentums. In § 12 Abs 1 UWG ist daher als Sollvorschrift zum Ausdruck gebracht, dass der Anspruchsteller den Anspruchsgegner zunächst außergerichtlich auffordern soll (**Abmahnung**). Die dafür anfallenden Kosten hat der zu Recht Abgemahnte Anspruchsgegner zu tragen (vgl § 12 Abs 1 S 2 UWG). Im Übrigen kann auf die allgemeinen Ausführungen zur Anspruchsdurchsetzung in diesem Werk verweisen werden.[411]

II. Anspruchsberechtigte

159 Die (zivilrechtlichen) Anspruchsinhaber im Lauterkeitsrecht werden in den §§ 8 ff UWG abschließend bekannt. Für die unterschiedlichen Ansprüche der §§ 8 ff sieht das Gesetz jeweils auch unterschiedliche Anspruchsberechtigte vor. Für die **Abwehr-**

---

[410] Köhler/Bornkamm/*Köhler* §9 UWG, Rn 2.13.   [411] Vgl *v Welser* Band 1 Kap 5.

ansprüche nach § 8 Abs 1 UWG (Unterlassung und Beseitigung) sind Mitbewerber, Wirtschafts- und Verbraucherschutzverbände sowie die Kammern aktivlegitimiert. Der **Schadensersatzanspruch** nach § 9 Abs 1 UWG steht ausschließlich Mitbewerbern zu, wohingegen für den **Gewinnabschöpfungsanspruch** nach § 10 UWG allein die Verbände und Kammern aktivlegitimiert sind.

1. Mitbewerber

Mitbewerber sind nach § 8 Abs 3 Nr 1 UWG für **Abwehransprüche** (Unterlassung und Beseitigung) und nach § 9 Satz 1 UWG für **Schadensersatzansprüche** aktivlegitimiert. Nach der Legaldefinition in § 2 Abs 1 Nr 3 UWG ist **Mitbewerber** jeder Unternehmer, der mit einem oder mehreren Unternehmen als Anbieter oder Nachfrager von Waren oder Dienstleistungen in einem *konkreten* Wettbewerbsverhältnis steht. Ein **konkretes Wettbewerbsverhältnis** liegt nach ständiger Rechtsprechung des BGH dann vor, wenn die Unternehmen die gleichen oder gleichartigen Waren oder Dienstleistungen innerhalb desselben Abnehmerkreises abzusetzen versuchen mit der Folge, dass die beanstandete Wettbewerbshandlung das andere Unternehmen (Mitbewerber) beeinträchtigen, dh in seinem Absatz behindern oder stören kann.[412] Insoweit besteht ein **unmittelbares Wettbewerbsverhältnis**. Auch ein **mittelbares Wettbewerbsverhältnis** kann ein ein konkretes Wettbewerbsverhältnis darstellen, bspw wenn die Unternehmen auf verschiedenen Wirtschaftsstufen für letztendlich den **gleichen Absatzmarkt** tätig sind.[413]

Ein konkretes Wettbewerbsverhältnis setzt also voraus, dass sich die beteiligten Unternehmen auf **demselben sachlich, räumlich und zeitlich relevanten Markt** betätigen oder zumindest zu betätigen beabsichtigen(**potenzieller Wettbewerb**).[414] Für die **Eingrenzung des sachlichen Marktes** kommt es darauf an, ob aus der Sicht der angesprochenen Verkehrskreise die angebotenen **Waren oder Dienstleistungen austauschbar** sind. Das ist insbes der Fall, wenn Konkurrenzunternehmen oder Konkurrenzangebote (Waren oder Dienstleistungen) einander gegenüberstehen und dem Werbeadressaten dabei Kaufalternativen aufgezeigt werden, die geeignet sind, die Kaufentscheidung des Umworbenen zu beeinflussen. Der Absatz des einen Unternehmens muss mithin auf Kosten des anderen Unternehmens gehen können.[415] Die **Austauschbarkeit** und damit das konkrete Wettbewerbsverhältnis können im Einzelfall auch erst durch die konkrete Werbemaßnahme hergestellt werden (sog. *ad hoc*-Wettbewerb). So tritt ein Kaffeehersteller mit dem Slogan „Statt Blumen ONKO-Kaffee" in konkreten Wettbewerb mit Blumenhändlern.[416] Der räumlich relevante Markt kann **örtlich begrenzt** sein, zB regionale oder örtliche Fachgeschäfte,[417] oder sich auf das gesamte Bundesgebiet erstrecken, zB bei Fernseh- oder Internetwerbung.[418] Da sich Werbung im Internet für Dienstleistungen oder Warenangebote, die über das Internet vertrieben werden prinzipiell auf die potenziellen Kundenkreise aller im Geltungsbereich des

---

[412] BGH GRUR 2007, 978 – *Rechtsberatung durch Haftpflichtversicherer*; BGH GRUR 2006, 1042 – *Kontaktanzeigen,* jeweils mit weiteren Nachweisen aus der RSpr.
[413] Bspw BGH GRUR 2006, 1042 Tz 16 – *Kontaktanzeigen.*
[414] BGH GRUR 2001, 78 – *Falsche Herstellerpreisempfehlung.*
[415] BGH GRUR 2002, 828, 829 – *Lottoschein.*
[416] BGH GRUR 1972, 553 – *Statt Blumen ONKO-Kaffee.*
[417] BGH GRUR 1998, 1039 – *Fotovergrößerungen.*
[418] Vgl für regionale Begrenzung: BGH GRUR 2001, 78 – *Falsche Herstellerpreisempfehlung*; Für bundesweite Wirkung: BGH GRUR 1997, 479, 480 – *Münzangebot.*

Kapitel 1 Medienbezogenes Lauterkeitsrecht

UWG tätigen branchennahen Unternehmen auswirken kann, besteht auch zu diesen Unternehmen trotz der möglichen großen räumlichen Distanz immer auch ein konkretes Wettbewerbsverhältnis.

2. Marktgegenseite

162 Die Marktgegenseite ist nach der Konzeption des UWG nicht individuell aktivlegitimiert. Anders als Mitbewerber haben also **Verbraucher, Lieferanten oder Vertragspartner** als solche *keine* eigenständige Anspruchsposition aus dem UWG

3. Verbände zur Förderung gewerblicher oder selbstständiger beruflicher Interessen (§ 8 Abs 3 Nr 2 UWG)

163 Für die **Abwehransprüche** aus § 8 Abs 1 UWG sind neben den Mitbewerbern auch Verbände zur Förderung gewerblicher oder selbstständiger beruflicher Interessen aktiv legitimiert (§ 8 Abs 3 Nr 2 UWG). Für den **Schadensersatzanspruch** des § 9 UWG sind Verbände *nicht* aktivlegitimiert. Stattdessen sind die Verbände für den **Gewinnabschöpfungsanspruch** gem § 10 UWG aktivlegitimiert.

164 Dem Verband müssen zudem eine **erhebliche Zahl von Mitbewerbern** des Verletzers iS eines konkreten Wettbewerbsverhältnisses[419] mitgliedschaftlich **angehören**. Dabei kommt es *nicht* auf die Zugehörigkeit zu derselben **Wirtschafts- oder Handelsstufe** an.[420] Verbände, die also bspw hauptsächlich **Großhändler** als Mitglieder haben können wegen des bestehenden mittelbaren Wettbewerbsverhältnisses auch gegen unzulässige geschäftliche Handlungen von **Einzelhändlern** wettbewerbsrechtlich vorgehen. Diese Kriterien erfüllen insbes **Handwerksinnungen**[421] sowie **Berufsständische Kammern** der Ärzte, Zahnärzte, Steuerberater, Architekten, Ingenieure, Rechtsanwälte[422].

4. Qualifizierte Einrichtungen zum Schutz von Verbraucherinteressen (§ 8 Abs 3 Nr 3 UWG)

165 Neben den klagebefugten Verbänden, die die Interessen der Mitbewerber und Unternehmen repräsentieren, sind nach § 8 Abs 3 Nr 3 UWG auch qualifizierte Einrichtungen zum Schutz von Verbraucherinteressen lauterkeitsrechtlich aktivlegitimiert. Dabei handelt es sich um die qualifizierten Einrichtungen, die nachweisen, dass sie in die **Liste qualifizierter Einrichtungen** nach § 4 UKlaG oder in dem Verzeichnis der Kommission der Europäischen Gemeinschaft nach Art 4 der RL 98/27/EG des Europäischen Parlaments und des Rates vom 19. Mai 1998 über Unterlassungsklagen zum Schutz der Verbraucherinteressen eingetragen sind. Auch ausländische Schutzverbände, die primär den Verbraucherschutz als Zweck verfolgen, können nach § 8 Abs 3 Nr 3 UWG klagebefugt sein.[423]

---

[419] Siehe dazu oben Rn 160.
[420] Vgl BGH GRUR 1996, 804, 805 – *Preisrätselgewinnauslobung III*.
[421] BGH GRUR 1996, 70, 71 – *Sozialversicherungsfreigrenze*.
[422] Vgl bspw BGH GRUR 2006, 598 Tz 12 – *Zahnarztbriefbogen*.
[423] Vgl Mankowski WRP 2010, 186.

5. Kammern (§ 8 Abs 3 Nr 4 UWG)

Eine eigenständige Anspruchsberechtigung nach § 8 Abs 3 Nr 4 UWG haben die öffentlich-rechtlich etablierten **Industrie- und Handelskammern** und **Handwerkskammern**.

166

III. Anspruchsverpflichtete

Schuldner der lauterkeitsrechtlichen Ansprüche ist jeder, der eine nach § 3 oder § 7 UWG **unzulässige geschäftliche Handlung** vornimmt. Dies schließt mit ein, dass für eine Zuwiderhandlung auch gleichzeitig mehrere Personen verantwortlich sein können, unabhängig von ihrem Tatbeitrag. Der Begriff der geschäftlichen Handlung in diesem Sinne umfasst sowohl positives Tun als auch pflichtwidriges Unterlassen oder Dulden. Zur Bestimmung der wettbewerbsrechtlich verantwortlichen Personen ist eine Rückbesinnung auf den Charakter des Lauterkeitsrechts als Sonderdeliktsrecht hilfreich. Als lauterkeitsrechtliche Anspruchsgegner kommen **Täter und Teilnehmer im deliktsrechtlichen Sinne** infrage. Der dem Sachenrecht entnommene Begriff des Störers ist im lauterkeitsrechtlichen Kontext nicht mehr zu verwenden.

167

1. Täterschaft

Täter ist, wer die unzulässige geschäftliche Handlung **selbst (unmittelbare Täterschaft) oder durch einen anderen (mittelbare Täterschaft)** begeht. Nach der Legaldefinition der „geschäftlichen Handlung" (§ 2 Abs 1 Nr 1 UWG) kommt grds jedes Verhalten einer Person zugunsten des eigenen oder eines fremden Unternehmens vor, bei oder nach einem Geschäftsabschluss in Betracht, das mit der Förderung des Absatzes oder des Bezugs von Waren oder Dienstleistungen oder mit dem Abschluss oder der Durchführung eines Vertrags über Waren oder Dienstleistungen objektiv zusammenhängt. Geschäftliche Handlungen können also nicht nur Mitarbeiter und Beauftragte eines Unternehmens, sondern vielmehr auch Privatleute, Verbände und sogar die öffentliche Hand vornehmen und damit Täter eines Wettbewerbsverstoßes sein.

168

Nach der neueren Rechtsprechung des *BGH* können zu den lauterkeitsrechtlichen Verhaltensregeln nunmehr auch **wettbewerbsrechtliche Verkehrspflichten** gehören, denn wer durch sein Handeln im geschäftlichen Verkehr in einer ihm zurechenbaren Weise die ernsthafte Gefahr begründet, dass Dritte durch das Wettbewerbsrecht geschützte Interessen von Marktteilnehmern verletzen, ist wettbewerbsrechtlich dazu verpflichtet, diese Gefahr iRd möglichen und zumutbaren zu begrenzen.[424] **Wer in dieser Weise gegen eine wettbewerbsrechtliche Verkehrspflicht verstößt, ist Täter einer unlauteren Wettbewerbshandlung.**[425] Bspw konkretisiert sich die wettbewerbsrechtliche Verkehrspflicht des Betreibers einer Internet-Auktionsplattform hinsichtlich fremder jugendgefährdender Inhalte als Prüfungspflicht, zu deren Begründung es eines konkreten Hinweises auf ein bestimmtes jugendgefährdendes Angebot eines bestimmten Anbieters bedarf. Der Betreiber der Plattform ist nicht nur verpflichtet, dieses konkrete Angebot unverzüglich zu sperren, sondern muss auch zumutbare Vorsorgemaßnahmen treffen, damit es möglichst nicht zu weiteren gleichartigen Rechtsverletzungen kommt.[426]

169

---

[424] BGH WRP 2007, 1173 Tz 22 ff, 36 ff – *Jugendgefährdende Medien bei eBay*.
[425] BGH WRP 2007, 1173 LS 2 – *Jugendgefährdende Medien bei eBay*.
[426] BGH WRP 2007, 1173 LS 3 – *Jugendgefährdende Medien bei eBay*.

Kapitel 1 Medienbezogenes Lauterkeitsrecht

170 Die Kategorie der **Störerhaftung** ist für das Wettbewerbsrecht (anders als bei Immaterialgütern) endgültig *überwunden*, denn die für die Störerhaftung charakteristischen zumutbaren Prüfungs- und Überwachungspflichten können über die Generalklausel des § 3 UWG nunmehr als echte wettbewerbsrechtliche Handlungspflichten begriffen werden.[427]

2. Teilnehmer (Anstifter und Gehilfe)

171 Neben dem wettbewerbsrechtlichen Verletzer als Täter kommen entsprechend der allgemeinen deliktsrechtlichen Kategorien auch Teilnehmer in Betracht. Teilnehmer sind Anstifter und Gehilfe. Soweit die wettbewerbsrechtlichen Ansprüche **verschuldensunabhängig** sind, wie bspw. die Abwehransprüche des § 8 Abs 1 Satz 1 UWG (Unterlassung und Beseitigung), bedürfen die Teilnehmerkategorien in ihren tatbestandlichen Vorraussetzungen einer **teleologische Reduktion**. Die Teilnehmerhaftung kann nämlich wegen der Akzessorietät der Teilnehmerhaftung in Bezug auf die tatbestandlichen Vorraussetzungen der Haupttat keine strengeren Anforderungen stellen, als an die Verantwortlichkeit des Haupttäters selbst. Der Haupttäter haftet bei den lauterkeitsrechtlichen Abwehransprüchen des § 8 Abs 1 UWG verschuldensunabhängig. Das Vorsatzerfordernis beschränkt sich hier auf die *vorsätzliche Mitwirkung* an der Verwirklichung des objektiven lauterkeitsrechtlichen Verletzungstatbestands durch den Täter.[428]

172 Eine Gehilfenhaftung kommt ausnahmsweise dann nicht in Betracht, wenn und soweit Personen zwar rein tatsächlich an einer wettbewerbswidrigen Handlung mitwirken, aber selbst **nicht entscheidend und lediglich in völlig untergeordneter Stellung** tätig sind. Diese Personen – typischerweise Plakatkleber, Postboten, Prospektverteiler, Druckereimitarbeiter oder ähnliche Hilfspersonen – können daher nicht wettbewerbsrechtlich in Anspruch genommen und sie sollen im Zweifel ein Leistungsverweigerungsrecht gegen lauterkeitsrechtliche Ansprüche nach § 275 BGB unter dem Gesichtspunkt der Unmöglichkeit bzw. Unzumutbarkeit ggü dem Unterlassungsgläubiger haben.[429]

3. Unternehmensinhaber

173 Neben Täter und Teilnehmer können bei einer unzulässigen geschäftlichen Handlung auch der Inhaber des Unternehmens, in dessen Zurechnungsbereich die unlautere Handlung erfolgte, in Anspruch genommen werden. Die Haftung des Unternehmers im Wettbewerbsrecht ergibt sich aus § 8 Abs 2 UWG bzw bei Schadensersatzansprüchen über die allgemeine deliktsrechtliche Zurechnungsregel des § 831 BGB. Die Zurechnungsregel des § **8 Abs 2** UWG ist auf die Abwehransprüche in § 8 Abs 1 UWG, dh den **Unterlassungs- bzw Beseitigungsanspruch** beschränkt. Diese Ansprüche sind auch gegen den Inhaber des Unternehmens begründet, wenn und soweit Zuwiderhandlungen in einem Unternehmen **von einem Mitarbeiter oder Beauftragten begangen** werden. Nach § 8 Abs 2 UWG richten sich die Abwehransprüche und diese

---

[427] Vgl BGH WRP 2007, 1173 – *Jugendgefährdende Medien bei eBay*; Köhler/Bornkamm/Köhler, § 8 UWG Rn. 2.5.
[428] OLG Brandenburg GRUR-RR 2006, 18, 19 – *indiziertes Bildmaterial*.

[429] Köhler/Bornkamm/Köhler § 8 UWG Rn 2.7.

vorbereitende Auskunftsansprüche wegen aller in einem Unternehmen von Angestellten oder Beauftragten begangenen wettbewebswidrigen Handlungen **ohne Entlastungsmöglichkeit** gegen den Inhaber des Unternehmens.[430] Sinn und Zweck der strengen **Erfolgshaftung für Abwehransprüche** ist, dass sich der Inhaber eines Unternehmens, dem die Wettbewerbshandlungen zugutekommen sollen, sich nicht hinter von ihm abhängigen Dritten verstecken können soll.[431]

174 Für Handlungen von Mitarbeitern in ihrem **privaten Bereich** gilt dieser Rechtsgedanke allerdings *nicht*. Nach § 8 Abs 2 UWG werden dem Inhaber eines Unternehmens Zuwiderhandlungen eines Mitarbeiters, die dieser in seinem privaten Bereich begeht, nicht zugerechnet, auch wenn die Tätigkeit ihrer Art nach zur Unternehmenstätigkeit gehört.[432]

175 Der Begriff des **Mitarbeiters** ist dabei weit zu verstehen, um den Sinn und Zweck des § 8 Abs 2 UWG gerecht zu werden. Mitarbeiter sind also alle Personen, die weisungsabhängige Dienste im Rahmen der unternehmerischen Betätigung leisten, wie bspw Arbeitnehmer, Auszubildende, Praktikanten oder – bei der öffentlichen Hand – Beamte. Der Begriff des **Beauftragten** ist ebenfalls weit auszulegen. Beauftragter im wettbewerbsrechtlichen Sinne ist nach der Rechtsprechung des BGH jeder, der kraft eines Rechtsverhältnisses in den Betriebsorganismus dergestalt eingegliedert ist, dass einerseits der Erfolg der Handlung zumindest auch dem Unternehmer zugutekommt und andererseits dem Unternehmer ein bestimmender Einfluss jedenfalls auf diejenige Tätigkeit eingeräumt ist, in deren Bereich das beanstandete Verhalten fällt.[433]

176 **Gesetzliche Vertreter** des Unternehmensinhabers haften selbst nicht nach § 8 Abs 2 UWG, sondern allenfalls nach den allgemeinen deliktsrechtlichen Vorschriften.

177 **Rechtsnachfolger** – zB Erwerber eines Unternehmens – treten nicht in eine gegen den Rechtsvorgänger nach § 31 BGB (analog) oder § 8 Abs 2 UWG begründete Haftung für einen Wettbewerbsverstoß ein. Die Fortführung des Unternehmens kann allenfalls eine originäre Haftung des Rechtsnachfolgers als Erstbegehungsgefahr begründen, insbesondere wenn die Verantwortlichen bzw Beauftragten auch nach der Unternehmensübernahme in der gleichen Position tätig sind.[434]

---

[430] Vgl BGH GRUR 2000, 907, 909 – *Filialleiterfehler*.
[431] BGH GRUR 2003, 453, 454 – *Verwertung von Kundenlisten*.
[432] BGH GRUR 2007, 994 Tz 19 – *Gefälligkeit*.
[433] St Rspr; vgl BGH GRUR 1995, 605, 607 – *Franchise-Nehmer*.
[434] *Köhler* WRP 2010, 475, 481.

Kapitel 2
Medienkartellrecht

Literatur

Ahlborn/Seeliger Business to Business Exchanges, EuZW 2001, 552; *Alexander* Preisbindung von Zeitungen und Zeitschriften – die kartellrechtliche Zulässigkeit nach deutschem, österreichischem und europäischem Recht, GRUR Int 2010, 803; *Apon* Cases against Microsoft: similar cases, different remedies, ECLR 2007, 327; *Areeda* Essential Facilitites: An Epithet in need of limiting principles, 58 Antitrust L.J. 841 (1989); *Arlt* Marktabschottend wirkender Einsatz von DRM-Technik. Eine Untersuchung aus. wettbewerbsrechtlichem Blickwinkel GRUR 2005, 1003; *Asschenfeldt* B2B-Marktplätze – Aktuelle wettbewerbsrechtliche Problemstellungen MMR Beilage 2001 Nr 9, 5; *Barthelmeß/Gauß* Die Lizenzierung standardessentieller Patente im Kontext branchenweit vereinbarter Standards unter dem Aspekt des Art 101 AEUV, WuW 2010, 626; *Bechtold, R* Kartellgesetz: GWB Gesetz gegen Wettbewerbsbeschränkungen – Kommentar, 6. Aufl München 2010; *Bechtold, R/Bosch/Brinker/Hirsbrunner* EG-Kartellrecht – Kommentar, 2. Aufl München 2009; *Bechtold, S* Trusted Computing CR 2005, 393; *Beckmerhagen* Die essential facilities doctrine im US-Amerikanischen und europäischen Kartellrecht, Baden-Baden 2002; *Beier* Missbrauch einer beherrschenden Stellung durch Ausübung gewerblicher Schutzrechte? in Festschrift für Quack, Berlin, New York 1991; *Bellamy & Child: Roth/Rose* European Community Law of Competition, 5th ed Oxford 2001; *Beth* Rechtsprobleme proprietärer Standards in der Softwareindustrie, Göttingen 2004; *Bing* Die Verwertung von Urheberrechten, Berlin 2002; *Böge* Die Herausforderungen einer internationalen Wettbewerbspolitik in Zeiten globalisierter Märkte WUW 2005, 590; *ders* Reform der Europäischen Fusionskontrolle, WUW 2004, 138; *ders* Reform der Pressefusionskontrolle: Forderungen, Vorschläge, Konsequenzen MMR 2004, 227; *Bornemann* Wie die KEK gefühlte Meinungsmacht in eine Eingriffskompetenz umrechnet MMR 2006, 275; *Bornkamm* Cui malo? – Wem schaden Kartelle GRUR 2010, 501; *Buchholtz* Gibt es einen Fernsehzuschauermarkt im Sinne des Gesetzes gegen Wettbewerbsbeschränkungen? ZUM 1998, 108; *Buchner* Generische Domains GRUR 2006, 984; *Bunte* Kartellrecht, 2.Aufl München 2008; *Callies/Ruffert* Das Verfassungsrecht der Europäischen Union mit Europäischer Grundrechtecharta, 3. Aufl München 2007; *Clausen-Muradian* Konzentrationstendenzen und Wettbewerb im Bereich des privaten kommerziellen Rundfunks und die Rechtsprobleme staatlicher Rundfunkaufsicht, Frankfurt aM 1998; *Commichau/Schwartz* Grundzüge des Kartellrechts, München 2002; *Conde Gallego* Die Anwendung des kartellrechtlichen Missbrauchsverbots auf „unerlässliche" Immaterialgüterrechte im Lichte der IMS Health- und Standard-Spundfass-Urteile GRUR Int 2006, 16; *de Bronett* Gemeinschaftsrechtliche Anmerkungen zum „Orange-Book-Standard"-Urteil des BGH WuW 2009, 899; *Deringer* Wandlungen des Urheberrechts unter dem Einfluss des Europäischen Gemeinschaftsrechts NJW 1985, 513; *Dillenz* Harmonisierung des Rechts der Verwertungsgesellschaften in Europa GRUR Int 1997, 315; *Drexl* WTO und Kartellrecht – Zum Warum und Wie dieser Verbindung in Zeiten der Globalisierung ZWeR 2004, 191; *Elsenbast* Ökonomische Konzepte zur Regulierung „neuer Märkte" in der Telekommunikation MMR 2006, 575; *Emmerich* Kartellrecht, 11. Aufl München 2008; *Engel* Medienordnungsrecht, Baden-Baden 1996; *Fezer* Preisbindung elektronischer Verlagserzeugnisse WRP 1994, 669; *Fichert/Sohns* Wettbewerbsschutz auf dem Markt für Server-Betriebssysteme WuW 2004, 907; *Fleischer/Körber* Marktmacht, Machtmissbrauch und Microsoft K&R 2001, 623; *Franck* Ökonomie der Aufmerksamkeit, München 1998; *Frey* Von den Landesmedienanstalten zur Ländermedienanstalt ZUM 1998, 985; *Freytag/Gerlinger* Kombinationsangebote im Pressemarkt WRP 2004, 537; *Fuchs* Die 7. GWB-Novelle – Grundkonzeption und praktische

Kapitel 2 Medienkartellrecht

Konsequenzen WRP 2005, 1386; *von Gamm* Urheberrechtliche Verwertungsverträge und Einschränkungen durch den EWG-Vertrag GRUR Int 1983, 403; *Gassner* Internetplattformen im Spiegel des Kartellrechts MMR 2001, 140; *Gastner* Kartellrecht und geistiges Eigentum: Unüberbrückbare Gegensätze im EG-Recht? CR 2005, 247; *Geiger* Ende Patente? EuZW 2004, 65; *Geppert/Piepenbrock/Schütz/Schuster* (Hrsg) Beck'scher TKG-Kommentar, 3. Aufl München 2006; *Gleiss/Hirsch* Kommentar zum EG-Kartellrecht, 4. Aufl Heidelberg 1993; *Golz* Der sachlich relevante Markt bei Verlagserzeugnissen, Heidelberg 2003; *Gounalakis* Medienkonzentrationskontrolle versus allgemeines Kartellrecht AfP 2004, 394; *Graham/Smith* Competition, Regulation and the New Economy, Oxford 2004; *Grob/vom Brocke* Internetökonomie, Vahlen 2006; *von den Groeben/Schwarze* Vertrag über die Europäische Union und Vertrag zur Gründung der Europäischen Gemeinschaft – Kommentar, 6. Aufl Baden-Baden 2003; *Gröhn* Netzwerkeffekte und Wettbewerbspolitik, Tübingen 1999; *Hahn/Altes* (Hrsg) Beck'scher Kommentar zum Rundfunkrecht, 2. Aufl München 2008; *Hain* Vorherrschende Meinungsmacht iSd § 26 Abs 1, 2 RStV – Die Kontroverse um „quantitative" oder „qualitative" Bestimmung MMR 2000, 537; *Hansen/Schmidt-Bischoffhausen* Ökonomische Funktionen von Verwertungsgesellschaften – Kollektive Wahrnehmung im Lichte von Transaktionskosten- und Informationsökonomik GRUR Int 2007, 461; *Hartog* Die 7. GWB-Novelle WRP 2005, 1397; *Heinemann* Immaterialgüterschutz in der Wettbewerbsordnung, Tübingen 2002; *ders* Gefährdung von Rechten des geistigen Eigentums durch Kartellrecht? – Der Fall „Microsoft" und die Rechtsprechung des EuGH MMR 2006, 705; *ders* Kartellrecht und Informationstechnologie CR 2005, 715; *Heinrich* Medienökonomie Band 2. Hörfunk und Fernsehen, Wiesbaden 1999; *Hellmann/Bruder* Kartellrechtliche Grundsätze der zentralen Vermarktung von Sportveranstaltungen EuZW 2006, 359; *Hepach* Der Kompetenzrahmen der KEK nach dem Sechsten Rundfunkänderungsstaatsvertrag ZUM 2003, 112; *Hieber* Lizenzverträge über technische Schutzrechte, Marken und Urheberrechte nach der 6. GWB-Novelle, Frankfurt aM 2002; *Hoeren/Sieber* Handbuch Multimedia-Recht, München, Stand: 06/2010, 25 EL 2010; *Hoeren* Anmerkung zu BGH: Mitwohnzentrale MMR 2001, 666; *ders* Suchmaschinen, Navigationssysteme und das Wettbewerbsrecht MMR 1999, 649; *ders* Urheberrecht 2000 – Thesen für eine Reform des Urheberrechts MMR 2000, 3; *Hoffmann-Riem* Rundfunkrecht neben Wirtschaftsrecht, Baden-Baden 1991; *Hohmann* Die essential facility doctrine im Recht der Wettbewerbsbeschränkungen, Tübingen 2001; *Holznagel* Konvergenz der Medien – Herausforderungen an das Recht NJW 2002, 2351; *Holznagel/Enaux/ Nienhaus* Telekommunikationsrecht, 2. Aufl München 2006; *Holznagel/Krone/Jungfleisch* Von den Landesmedienanstalten zur Ländermedienanstalt, Münster 2002; *Holznagel/Krone* Wie frei ist die KEK? Ein Beitrag zur Auslegung des § 26 Abs 2 S 2 RStV MMR 2005, 666; *Holznagel/ Hombergs* Das SMP-Regulierungsverfahren in der Review 2006 – Nachbesserungs- und Reformbedarf MMR 2006, 285, 286; *Immenga/Mestmäcker* EG-Wettbewerbsrecht – Kommentar zum Europäischen Kartellrecht, Bd 1 und 2, 4. Aufl München 2007; *Immenga/Mestmäcker* Wettbewerbsrecht – Kommentar zum Deutschen Kartellrecht, 4. Aufl München 2007; *Jaeger/Pohlmann/Rieger/Schroeder* (Hrsg) Frankfurter Kommentar zum Kartellrecht, Bd 2 und 4, Stand: 11/2010, 72 EL; *Janik* Kapitulation vor der eingetretenen Konzentration? AfP 2002, 104; *Jonquères* Die Patentierbarkeit der Computersoftware GRURInt 1987, 465; *Kaestner* Missbrauch von Immaterialgüterrechten, München 2005; *Kahlenberg/Haellmigk* Neues deutsches Kartellgesetz BB 2005, 1510; *Kanter* IP and Compulsory Licensing on Both Sides of the Atlantic ECLR 2006, 351; *Katz/Shapiro* Network externalities, competition and compability, The American Economic Review, Vol 75 Nr 3 (1985), 424; *Keller* Kartellrechtliche Schranken für Lizenzverträge, Bern 2004; *Kilian/Heussen* (Hrsg) Computerrechts-Handbuch, Stand: 04/2010, 28 EL; *Klotz* Der Referentenentwurf zum TKG im Licht der europarechtlichen Vorgaben MMR 2003, 495; *ders* Wettbewerb in der Telekommunikation: Brauchen wir die ex-ante-Regulierung noch? ZWeR, 283; *Knothe/Lebens* Rundfunkspezifische Konzentrationskontrolle des Bundeskartellamts AfP 2000, 125; *Koenig/Kulenkampff/Kühling/Loetz/Smit* Internetplattformen in der Unternehmenspraxis, Heidelberg 2002; *Koenig/Neumann* Anforderungen des EG-Wettbewerbsrechts an vertrauenswürdige Systemumgebungen – TCPA, TCG, Palladium und NGSCB MMR 2003, 695; *Koenig/Neumann* Standardisierung und EG-Wettbewerbsrecht – ist bei vertrauenswürdigen Systemumgebungen wettbewerbspolitisches Misstrauen angebracht? WuW 2003, 1138; *Koenig/ Neumann* Standardisierung – ein Tatbestand des Kartellrechts? WuW 2009, 382; *Koenig/Neu-

mann/Katzschmann Trusted Computing, Heidelberg 2004; *Körber* Meilenstein oder Pyrrhussieg? K&R 2005, 193; *ders* Sektorspezifische Rundfunkregulierung oder „Wettbewerb 2.0"? ZWeR 2009, 314; *Krempl* Mautstellen für das Internet c't 2006, Heft 14, S 78; *Lange* Neue Marketingstrategien im Internet – ökonomische und rechtliche Analyse BB 2002, 561; *Lanham* The Economics of Attention, Style and Substance in the Age of Information, Chicago 2006; *Laub* Patentfähigkeit von Softwareerfindungen: Rechtliche Standards in Europa und in den USA und deren Bedeutung für den internationalen Anmelder GRURInt 2006, 629; *Laxton* The End of Net Neutrality, 2006 Duke L & Tech Rev 15, 3 (2006); *Leßmann* Verwertungsgesellschaften nach deutschem und europäischem Kartellrecht und deren Herausforderungen im Hinblick auf digitale Techniken, Münster 2001; *Lewis/Lofaro* Google/DoubleClick: The Search for a Theory of Harm ECLR 2008, 717; *Lochen* Elektronische Marktplätze, München 2005; *Loewenheim/Meessen/ Riesenkampff* Kartellrecht Kommentar, 2. Aufl München 2009; *Lux* Verwertungsgesellschaften, Kartellrecht und 6. GWB-Novelle WRP 1998, 31; *Martinek/Semler/Habermeier* (Hrsg) Handbuch des Vertriebsrechts, 3. Aufl München 2010; *Meier-Wahl/Wrobel* Wettbewerbsregulierung in einem dynamischen Markt – Der Fall Microsoft WuW 1999, 28; *Melichar* Die Wahrnehmung von Urheberrechten durch Verwertungsgesellschaften, Tübingen 1983; *Mestmäcker* Zur Rechtsstellung urheberrechtlicher Verwertungsgesellschaften im europäischen Wettbewerbsrecht, in Festschrift für Rittner, München 1991; *ders* Medienkonzentration und Meinungsvielfalt, Baden-Baden 1978; *Mestmäcker/Schweitzer* Europäisches Wettbewerbsrecht, 2. Aufl München 2004; *Meyer/Müller U* Die Zukunft des Geheimwettbewerbs in einer vernetzten Welt WuW 2007, 117; *von Merveldt* Der Ausschluss kartellrechtlicher Einwendungen im kartellrechtlichen Patentverletzungsverfahren WuW 2004, 19; *Moser/Scheuermann* (Hrsg) Handbuch der Musikwirtschaft, 6. Aufl München 2003; *Möschel* Kommentar: Perspektiven einer internationalen Wettbewerbsordnung WuW 2005, 479; *Müller, U* Deutsches Medienkartellrecht – ein Scherbenhaufen? MMR 2006, 125; *ders* Marktkonzentration ohne Konvergenz? MMR 2004, 1; *Müller, U/Rodenhausen* The Rise and Fall of the Essential Facility Doctrine ECLR 2008, 310; *Ott* Urheber- und wettbewerbsrechtliche Probleme von Linking und Framing, München 2004; *ders* Ich will hier rein! Suchmaschinen und das Kartellrecht MMR 2006, 195; *Pautke/Schultze* Internet und Vertriebskartellrecht BB 2001, 317; *Peatow* (Hrsg) Konzentrationskontrolle im Rundfunk und wettbewerbliche Fusionskontrolle, Berlin 2001; *Parlasca* Medienkonzentration und Medienverflechtung WuW 1994, 210; *Pfeiffer* Zur Diskussion der Softwareregelungen im Patentrecht GRUR 2003, 581; *Pilny* Schnittstellen in Computerprogrammen – Zum Rechtsschutz in Deutschland, den USA und Japan GRUR Int 1990, 431; *ders* Mißbräuchliche Marktbeherrschung gemäß Art 86 EWGV durch Immaterialgüterrechte – Die Magill-Entscheidung des EuGH als Schnittstelle zwischen europäischem Wettbewerbs- und nationalem Urheberrecht GRUR Int 1995, 960; *Pischel* Der Internetvertrieb nach der neuen Schirm-Gruppenfreistellungsverordnung für den Vertikalvertrieb und deren Leitlinien GRUR 2010, 972; *Pohlmeier* Netzwerkeffekte und Kartellrecht, Baden-Baden, 2004; *Preuss Neudorf* Grundversorgung und Wettbewerb im dualen Rundfunksystem, Bielefeld 1993; *Prinz* Medienrecht im Wandel, Baden-Baden 1996; *Rahm* Watching over the Web: A substantive Equality Regime for Boradband Apllications, 24 Yale J on Reg 1, 12 ff (2007); *Reinbothe* Schlichtung im Urheberrecht, München 1978; *ders* Die kollektive Wahrnehmung von Rechten in der Europäischen Gemeinschaft, in Ganea ua (Hrsg) Urheberrecht. Gestern-Heute-Morgen, FS Dietz zum 65. Geburtstag, München 2001; *Rösler* Kartellrecht im Mediensektor – Strukturen und Perspektiven WuW 2009, 1014; *Rombach* Die kartellrechtliche Zwangslizenz im Patentverletzungsverfahren, in FS Hirsch, München 2008, 311; *Roth* Schnittstellenkooperation und europäisches Kartellrecht CR 1988, 195; *Rötzer* Die Telepolis? – Urbanität im digitalen Zeitalter, Mannheim 2004; *Rubinfeld* Wettbewerb, Innovation und die Durchsetzung des Kartellrechts in dynamischen, vernetzten Industrien GRUR Int 1999, 479; *Säcker* Fusions- und Kartellerleichterungen für Zeitungsverlage aus wettbewerbsrechtlicher Sicht AfP 2005, 24; *ders* Berliner Kommentar zum Telekommunikationsgesetz, Frankfurt aM 2006; *Schalast/Abrar* Wettbewerb und Regulierung in Netzsektoren: Modell Breitband-Telekommunikationsmarkt? ZWeR 2009, 85; *Schaub* Europäische Wettbewerbsaufsicht über die Telekommunikation MMR 2000, 211; *Scheuffele* Die Essential-Facilities-Doktrin, München 2003; *Schmidt, I* Wettbewerbspolitik und Kartellrecht, 8. Aufl München 2005; *Schmidt, K-E* Gibt es einen Fernsehzuschauermarkt im Sinne des Gesetzes gegen Wettbewerbsbeschränkungen? ZUM 1997, 472;

Kapitel 2 Medienkartellrecht

Schrey/Frevert Muss die Bundesnetzagentur die Neztzneutralität verteidigen? Eine Standortbestimmung zur Zulässigkeit des Bandbreitenmanagements MMR 2010, 596; *Schröter/Jakob/ Mederer* Kommentar zum Europäischen Wettbewerbsrecht, Baden-Baden 2003; *Schultze/Pautke/ Wagener* Die Gruppenfreistellungsverordnung für Technologietransfer – Praxiskommentar, Frankfurt aM 2005; *Schultze-Petzold* Die Marktabgrenzung für Dienste im rückkanalfähigen Breitbandkabelnetz WuW 2001, 134; *Schulz/Held/Kops* Perspektiven der Gewährleistung freier öffentlicher Kommunikation, Baden-Baden 2002; *Schulz/Held/Laudien* Suchmaschinen als Gatekeeper in der öffentlichen Kommunikation, Berlin 2005; *Schumacher/Ernstschneider/Wiehager* Domain-Namen im Internet, Berlin 2002; *Schumpeter* Kapitalismus, Sozialismus und Demokratie, München 1952; *Schütz* Vielfalt oder Einfalt? Zur Entwicklung der Presse in Deutschland 1945–1995, abrufbar unter: http://www.lpb-bw.de/publikationen/presse/schuetz.htm; *Schwarz van Berk* Der Zugang zu wesentlichen Einrichtungen nach europäischem und deutschem Kartellrecht – Eine rechtsvergleichende Untersuchung der Essential Facility-Doktrin im Rahmen von Art 82 EGV und § 19 Abs 4 Nr 4 GWB, Berlin 2003; *Schwarze* Europäisches Wettbewerbsrecht im Zeichen der Globalisierung, Baden-Baden 2002; *Slot/McDonnell* Procedure and Enforcement in EC and US Competition Law, London 1993; *Spieler* Fusionskontrolle im Medienbereich, Tübingen 1988; *Spies* Kampf um die Netzneutralität MMR 2006, XXI; *Stopper* Der Microsoft-Beschluss des EuG ZWeR 2005, 87; *Strohmayr* Lizenzvergabe und Zusammenschlusskontrolle GRUR 2010, 583; *Sucker* Normsetzung durch Kartelle und Marktbeherrscher im Bereich der Datenverarbeitungsindustrie CR 1988, 271; *Szilágyi* THE ECJ Has Spoken: Where do we stand with Standard of Proof in Merger Control? ECLR 2008, 726; *Trafkowski* Die sachliche Abgrenzung der Märkte im Internet MMR 1999, 630; *ders* Medienkartellrecht – Die Sicherung des Wettbewerbs auf den Märkten der elektronischen Medien, München 2002; *Thum* Netzwerkeffekte, Standardisierung und staatlicher Regelungsbedarf, Tübingen 1996; *Topel* Das Verhältnis zwischen Regulierungsrecht und allgemeinem Wettbewerbsrecht nach dem europäischen Rechtsrahmen in der Telekommunikation und dem TKG ZWeR 2006, 27; *Tränkle* Die „Essential facilities"-Doktrin im Europäischen Wettbewerbsrecht, Tübingen 2001; *Ventroni/Poll* Musiklizenzerwerb durch Online-Dienste MMR 2002, 648; *Waldenberger* Preisbindung bei Zeitungen und Zeitschriften: Der neue § 15 GWB NJW 2002, 2914; *Wallenberg* Die Regelungen im Rundfunkstaatsvertrag zur Sicherung der Meinungsvielfalt im privaten Rundfunk WuW 1991, 963, 966; *Wandtke/Bullinger* Praxiskommentar zum Urheberrecht: UrhG, 3. Aufl München 2008; *Weyand/ Haase* Anforderungen an einen Patentschutz für Computerprogramme GRUR 2004, 198; *Wiedemann* Handbuch des Kartellrechts, 2. Aufl München 2008; *Wielsch* Wettbewerbsrecht als Immaterialgüterrecht EuZW 2005, 391; *Wiring* Kartellrecht und eCommerce – Neue Leitlinien der Kommission konkretisieren kartellrechtliche Vorgaben für den Onlinehandel MMR 2010, 659; *Wirtz* Die Kontrolle von Verwertungsgesellschaften, Frankfurt aM 2002; *Wirtz/Mathieu* Internet-Ökonomie und B2B-Marktplätze WISU 2001, 825; *Wissmann* Telekommunikationsrecht – Praxishandbuch, 2. Aufl München 2006; *Wolf* Kartellrechtliche Grenzen von Produktinnovationen, Baden-Baden 2002; *Zagouras* Konvergenz und Kartellrecht München 2002; *Zerdick/Picot* Die Internetökonomie, 3. Aufl Berlin 2001; *Zimmerlich* Der Fall Microsoft – Herausforderungen für das Wettbewerbsrecht durch die Internetökonomie WRP 2004, 1260; *Zimmerlich/Aufderheide* Herausforderungen für das Wettbewerbsrecht durch die Internetökonomie, Arbeitsbericht Nr 4 des Kompetenzzentrums für Internetökonomie und Hybridität Münster, Münster 2004; *Zimmerlich/David/Veddern* Übersicht B2B Marktplätze im Internet – Branchenspezifische B2B-Marktplätze, Arbeitsbericht Nr 28 des Kompetenzzentrums für Internetökonomie und Hybridität Münster, Münster 2005; *Zimmerlich/Müller, U* Entgeltberechnung bei Infrastrukturzugang (§ 19 Abs 4 Nr 4 GWB) N&R 2006, 46.

Kapitel 2 Medienkartellrecht

Übersicht

		Rn
§ 1	Besonderheiten des Medienkartellrechts	1
I.	Geistiges Eigentum und Kartellrecht	3
II.	Medienkonzentration und Meinungsmacht	10
§ 2	Grundzüge des Kartellrechts	17
I.	Das Verhältnis von europäischem zu deutschem Kartellrecht	17
II.	Die kartellrechtlichen Regulierungsinstrumente	21
1.	Marktabgrenzung	22
2.	Wettbewerbsbeschränkende Vereinbarungen, insb. Kartellverbot	27
a)	Europäisches Recht	27
b)	Deutsches Recht	32
c)	Gruppenfreistellungsverordnungen	34
3.	Fusionskontrolle	39
a)	Aufgreifkriterien	43
aa)	Zuständigkeit der Kommission bzw des BKartA	45
bb)	Zusammenschluss	46
cc)	Schwellenwerte	50
b)	Eingreifkriterien	52
4.	Verhinderung des Missbrauchs einer marktbeherrschenden Stellung	57
a)	Europäisches Recht	60
b)	Deutsches Recht	64
aa)	Missbrauchsverbot, § 19 GWB	65
bb)	Diskriminierungsverbot, § 20 GWB	69
III.	Ausblick: Die Internationalisierung des Wettbewerbsrechts	70
§ 3	Kartellrecht für die klassischen Medien	73
I.	Medienspezifische Kartellrechtsregelungen	73
1.	Technologietransfer-Gruppenfreistellungsverordnung (TT-GVO)	73
2.	§§ 35, 38 GWB: Schwellenwerte bei der Fusionskontrolle im Medienbereich	74
3.	§ 30 GWB: Preisbindung bei Zeitungen und Zeitschriften	77
4.	§ 1 BuchPrG: Buchpreisbindung	78
5.	UrhWG: Die wettbewerbliche Stellung der Verwertungsgesellschaften	80
a)	Deutsches Kartellrecht	82
b)	Europäisches Kartellrecht	87
c)	Zusammenfassung	92
II.	Medienkartellrecht im Spannungsverhältnis zu Telekommunikations- und Rundfunkrecht	93
1.	Verhältnis von Kartellrecht und Telekommunikationsrecht	94
2.	Verhältnis von Kartellrecht und Rundfunkrecht	97
III.	Wettbewerbssituation auf klassischen Medienmärkten	98
1.	Ökonomischer und publizistischer Wettbewerb	98
a)	Ökonomischer Wettbewerb	99

		Rn
b)	Publizistischer Wettbewerb	101
2.	Konzentrationstendenzen im Medienbereich	105
a)	Horizontale Konzentration auf den klassischen Medienmärkten	106
b)	Vertikale Konzentration und multimediale Verflechtungen	109
3.	Bedrohung der klassischen Medienmärkte durch die neuen Medien?	112
4.	Die Konvergenz der Medien und ihre Bedeutung für das Kartellrecht	115
IV.	Marktabgrenzung für Medienprodukte und -dienstleistungen	118
1.	Verlagsprodukte	120
a)	Bücher	121
b)	Zeitungen und Zeitschriften	123
c)	Austauschbarkeit von Printmedien mit elektronischen Erzeugnissen?	125
d)	Musikproduktion und -vertrieb	130
aa)	Bespielte Tonträger	131
bb)	Musikverlagswesen	133
2.	Verbreitungsdienstleistungen	136
a)	Telekommunikation	136
b)	Rundfunk	139
3.	Medienvertrieb	145
V.	Wettbewerbsbeschränkende Vereinbarungen	146
1.	Europäisches Recht	146
a)	Wettbewerbsbeschränkende Vereinbarungen und Immaterialgüterrechte	147
aa)	Lizenzverträge	148
bb)	Schutzrechtsübertragungen	156
cc)	Abgrenzungsvereinbarungen	158
b)	Weitere Anwendungsfälle	159
2.	Deutsches Recht	161
3.	Insb: Übertragungsrechte (Champions League, Bundesliga)	162
VI.	Fusionskontrolle	166
1.	Nebeneinander kartellrechtlicher und medienspezifischer Konzentrationskontrolle	167
2.	Grundzüge der kartellrechtlichen Konzentrationskontrolle im Medienbereich	171
a)	Europarechtliche Vorgaben	171
b)	Medienkonzentrationskontrolle nach dem GWB	173
3.	Praxis der Fusionskontrolle im Medienbereich	174
a)	Beispiel Bücher: Random House/Heyne	175
b)	Beispiel Presse: Holtzbrinck/Tagesspiegel	178
c)	Beispiele Fernsehen	181
aa)	Liberty Media/Deutsche Telekom	181
bb)	RTL/ntv	187
d)	Beispiel Musikproduktion: Sony/BMG	192
e)	Beispiel Zusammenführung von Medien: Springer/ProSiebenSat.1	196
aa)	Beurteilung durch das BKartA	197
bb)	Beurteilung durch die KEK	200

Ulf Müller

Kapitel 2 Medienkartellrecht

		Rn			Rn
VII.	Verhinderung des Missbrauchs einer marktbeherrschenden Stellung	204	c)	Märkte für Internetinhalte	273
1.	Marktbeherrschung auf klassischen Medienmärkten	204	d)	Spezifika der Marktabgrenzung im Internetbereich	275
2.	Ausübung von Urheber- und Patentrechten	206	aa)	Marktabgrenzungsfaktoren für Online-Produkte	276
3.	Fallgruppen des Machtmissbrauchs im Medienbereich	209	bb)	Marktabgrenzungsfaktoren für hybride Produkte	278
a)	Ausbeutungsmissbrauch	209	3.	Insb: Markt für Online-Musik	279
aa)	Aufnahmebedingungen der Urheberrechts-Verwertungsgesellschaften	210	III.	Wettbewerbsbeschränkende Vereinbarungen im Internetbereich	284
bb)	Unangemessene Gebühren für Lizenzen an Immaterialgüterrechten	211	IV.	Fusionskontrolle	290
			1.	B2B-Marktplätze	291
b)	Kopplung	212	a)	Absprachen und Informationsaustausch	295
c)	Gezielte Preisunterbietung	214	b)	Bündelung von Angebots- oder Nachfragemacht	298
d)	Geschäftsverweigerung	216	2.	Fallbeispiel: AOL/Time Warner	302
e)	Verhinderung des Zugangs zu wesentlichen Einrichtungen (*essential facility*-Doktrin)	218	3.	Fallbeispiel: Bild.de/T-Online	307
			4.	Fallbeispiel: Adobe/Macromedia	310
aa)	Die *essential facility*-Doktrin im US-amerikanischen Recht	219	V.	Missbrauch einer marktbeherrschenden Stellung	315
bb)	Die *essential facility*-Doktrin im europäischen Recht	224	1.	Beispiel Preismissbrauch: Entgelte für Telekommunikationsdienstleistungen	316
(1)	Magill	226	2.	Beispiel Kopplung: Microsoft Media-Player und Internet Explorer	320
(2)	Oscar Bronner/Mediaprint	230	3.	Zugangsverweigerung zu wesentlichen Einrichtungen:	323
cc)	Die essential facility-Doktrin im deutschen Recht	232	a)	Beispiel IMS Health	324
§ 4	Kartellrecht in der Internetökonomie	233	b)	Beispiel: Windows Schnittstellen-Informationen	326
I.	Ökonomische und kartellrechtliche Bedingungen der Internetökonomie	236	c)	Kritik an der *essential facility*-Rechtsprechung	332
1.	Ökonomische Besonderheiten der Internetökonomie	238	d)	Sonstige Fallgestaltungen	336
2.	Grenzüberschreitende Internetökonomie und nationale Wettbewerbsregulierung	246	4.	Sonstige Missbrauchssituationen	337
			a)	Missbrauch durch Standardisierung	338
II.	Abgrenzung von Internetmärkten	247	aa)	Multilaterale Standards	340
1.	Sachliche Marktabgrenzung	249	bb)	Unilaterale Standardisierung	345
a)	Internetzugangsmärkte	253	bb)	Marktabschottung durch DRM-Techniken	346
b)	Märkte für B2B-Marktplätze	258	c)	Diskriminierung im Internetbereich	348
c)	Märkte für Internetinhalte	261	VI.	Ausblick: Die Diskussion um die Netzneutralität	349
2.	Räumliche Marktabgrenzung	268	1.	Die Diskussion in den USA	351
a)	Internetzugangsmärkte	269	2.	Die Diskussion in Europa	353
b)	Märkte für B2B-Marktplätze	271	3.	Stellungnahme	355

§ 1
Besonderheiten des Medienkartellrechts

1 Unter Medienkartellrecht kann man im engeren Sinn die speziell auf Medienprodukte zugeschnittenen wettbewerbsrechtlichen Regelungen (vor allem §§ 30, 38 GWB sowie § 1 BuchPrG) verstehen (s hierzu Rn 73–92). Da Medienprodukte aus ökonomischer Sicht Produkte wie andere sind und daher die allgemeinen kartellrechtlichen Vorschriften auf sie anwendbar sind,[1] wird hier ein entsprechend **weiter Ansatz des**

---

[1] S nur zum europarechtlichen Verzicht auf eine kartellrechtliche Sonderbehandlung Immenga/Mestmäcker/*Ullrich* EG Teil 2, GRUR A Rn 1.

Medienkartellrechts zugrunde gelegt. Zum Medienkartellrecht gehören damit sowohl die Anwendung allgemeiner kartellrechtlicher Regelungen auf Medienprodukte als auch speziell auf Medienprodukte zugeschnittene Wettbewerbsregelungen.

Medienprodukte weisen gegenüber anderen Produkten Besonderheiten auf, die in der kartellrechtlichen Regulierung von Medienmärkten zu beachten sind. Zum einen sind in Medienprodukten typischerweise Inhalte integriert, die durch **geistigen und gewerblichen Eigentumsschutz**, vor allem über das Urheberrecht, geprägt sind. Mit dem Verhältnis immaterialgüterrechtlicher Ausschließlichkeitsrechte zur durch das Kartellrecht angestrebten weitgehenden Wettbewerbsfreiheit haben sich in den letzten Jahren Rechtsprechung und Literatur eingehend befasst (dazu I). Zum anderen dienen Medienprodukte der Information und Unterhaltung des Konsumenten und sind dadurch geeignet, Meinungen zu beeinflussen und zu steuern. Die **Konzentration von meinungsbildenden Medien** „in einer Hand" kann die Freiheit des demokratischen Meinungsbildungsprozesses berühren. Diese Freiheit soll durch das Kartellrecht flankierende Regulierungsinstrumente gewährleistet werden (dazu II).

I. Geistiges Eigentum und Kartellrecht

Urheberrecht und gewerbliche Schutzrechte einerseits und Kartellrecht andererseits sollen sich nicht ausschließen, sondern das gleiche Ziel mit unterschiedlichen Mitteln verfolgen, nämlich den Schutz des **durch Innovationen und Investitionen geprägten Leistungswettbewerbs**.[2] Daher kann „die Verweigerung einer Lizenz als solche keinen Missbrauch einer beherrschenden Stellung darstellen (…), selbst wenn sie von einem Unternehmen in beherrschender Stellung ausgehen sollte".[3] Dabei dienen die Schutzrechte der individuellen Sicherung vor allem von Innovationen, aber auch – wie sich an den Beispielen Marken und Datenbanken zeigt – von Investitionen. Das Kartellrecht soll dagegen den Leistungswettbewerb als Institution schützen und dabei die durch Innovation und Investition erlangte Marktposition. Das deutsche und europäische Kartellrecht wollen daher nicht Marktmacht als solche bekämpfen, sondern nur die Erlangung von Marktmacht außerhalb des Leistungswettbewerbs (also zB durch Zusammenschlüsse) beschränken und die missbräuchliche Ausnutzung einer erlangten Marktmacht verhindern.

In diesem Zusammenhang ist die durch das Immaterialgüterrecht geschaffene Rechtsstellung des Urhebers und Schutzrechtsinhabers zu sehen. Das sich teilweise findende Verständnis dieser Stellung als (natürliches) Monopol[4] bezieht sich ausschließlich auf die rechtliche Ausschlusswirkung gegenüber Dritten (Rechtsmacht), nicht aber auf die ökonomische Position (Marktmacht).[5] Monopol oder Marktmacht im kartellrechtlichen Sinn bezieht sich auf die ökonomische Stellung eines Unternehmens innerhalb eines Marktes. Ein immaterialgüterrechtliches Ausschließlichkeitsrecht wirkt daher als ökonomisches Monopol nur, wenn die das Recht bewirkende geschützte

---

[2] Vgl EuGH GRUR 2004, 524 zur „Abwägung zwischen dem Interesse am Schutz des Rechts des geistigen Eigentums und der wirtschaftlichen Handlungsfreiheit seines Inhabers auf der einen und dem Interesse am Schutz des freien Wettbewerbs auf der anderen Seite"; umfassend Immenga/Mestmäcker/*Ullrich* EG Teil 1, IV. Abschnitt A Rn 2.

[3] EuGH GRUR 2004, 524; EuGH GRUR Int 1995, 490 – Magill TV Guide.
[4] S zu der Begrifflichkeit *Heinemann* 1, 28.
[5] So auch Immenga/Mestmäcker/*Ullrich* EG Teil 2, GRUR A Rn 3.

Leistung einen eigenständigen Markt bildet. Das einzelne urheberrechtlich geschützte Werk ist jedoch regelmäßig austauschbar[6] mit anderen Werken der gleichen Kategorie;[7] das einzelne Patent sperrt nicht die Nutzung gleichartiger Erfindungen für austauschbare Produkte. „(D)ie Eigenschaft als Inhaber eines Immaterialgüterrechts (kann) allein keine beherrschende Stellung begründen (...)."[8] Dreh- und Angelpunkt für das Verständnis des Verhältnisses von Schutzrechten und Kartellrecht wird so die **Marktabgrenzung**.[9] Nicht ausgeschlossen ist, dass immaterialgüterschutzrechtliche Leistungen zumindest ökonomische Quasi-Monopole darstellen können, wie zB das nach §§ 69a UrhG geschützte Computerprogramm Windows von Microsoft auf dem Markt für PC-Betriebssoftware.[10]

5 Das wohl austarierte Nebeneinander von Immaterialgüterschutz und Kartellrecht innerhalb der Gesamtrechtsordnung stößt zunehmend an seine Grenzen durch die gesetzgeberische und gerichtliche **Ausweitung der individuellen schutzrechtlichen Stellung ohne gleichzeitige Berücksichtigung der Belange der institutionellen Wettbewerbsfreiheit und -gleichheit**.[11] Der Umfang der Immaterialgüterrechte und insb des Urheberrechts bestimmt sich nach einer Abwägung ideeller und wirtschaftlicher Interessen des Berechtigten und der Allgemeinheit. Die Aufstellung von Schutzvoraussetzungen und Beschränkung des Schutzrechts durch Schrankenregelungen führen zwar zu einem starken, aber gerade nicht zu einem umfassenden Ausschließlichkeitsrecht. Die Einräumung des Wettbewerbvorteils für den Berechtigten aufgrund seiner starken Rechtsstellung soll nicht die Entwicklung der Gesamtwirtschaft beeinträchtigen oder auf einer geschützten Leistung aufbauende Innovationen und Investitionen hemmen. Das Ausschließlichkeitsrecht soll eben nicht zu einer ökonomischen Marktabschottung genutzt werden. Dafür wurde bisher häufiger auf das **Konzept der Zwangslizenzierung** verwiesen (zB § 24 Abs 1 PatG und eingeschränkt § 42a UrhG), das allerdings aufgrund seiner engen Voraussetzungen in der Praxis nur selten Anwendung gefunden hat.[12] Die gesetzlich festgelegten Grenzen des Ausschließlichkeitsrechts dienen dem freien und – weitgehend – gleichen Wettbewerb. Direkten Konkurrenten und Wettbewerbern auf vor- oder nachgelagerten Märkten muss der Zugriff auf geschützte Leistungen im Rahmen der schutzrechtsimmanenten Schrankenregelungen oder aufgrund übergeordneter verfassungsrechtlicher Rechtfertigungen offen stehen. Wird durch Einführung neuer Schutzrechte (zB Datenbankschutz, §§ 87a ff UrhG), Einschränkung von gesetzlichen Schranken oder Beschränkung der Schrankenausübung (zB durch technische Schutzmaßnahmen, §§ 95a ff UrhG) einseitig die ökonomische Position des Rechtsinhabers zu Lasten der Nutzer gestärkt, wirkt sich dies auch auf die wettbewerbliche Position der aktuellen und potentiellen Wettbewerber aus.

6 Nicht zu verkennen ist, dass auf europäischer Ebene bei Konflikten zwischen Immaterialgüterrechten und kartellrechtlichen Zugangsansprüchen bisher **zugunsten der Wettbewerbsfreiheit und Marktöffnung** entschieden und somit einer einseitigen

---

[6] S zum Bedarfsmarktkonzept näher unten Rn 24.
[7] Vgl beispielhaft die Marktabgrenzung für Sprachwerke BKartA v 24.11.2003, B6-7/03 – Bertelsmann/Heyne, 16-30, s krit dazu *Müller* MMR 2004, 1.
[8] EuGH GRUR Int 1995, 490 – Magill TV Guide.
[9] EuGH GRUR Int 1968, 99; EuGH GRUR Int 1971, 279, 281; EuGH GRUR Int 1976, 398,

401; EuGH GRUR Int 1995, 490 – Magill TV Guide. S allgemein dazu *Beier* FS Quack, 15.
[10] S dazu Kommission vom 24.3.2004, COMP/C-3/37.792 – Microsoft. S dazu *Zimmerlich* WRP 2004, 1260.
[11] S zu diesen Schutzzielen des Kartellrechts Immenga/Mestmäcker/*Zimmer* § 1 GWB Rn 13 ff, und Wiedemann/*Wiedemann* § 1 Rn 1 ff.
[12] Näher dazu *Heinemann* 178 ff.

Stärkung des Immaterialgüterrechts entgegen gewirkt wurde. Meilenstein war hierfür der *Magill*-Fall,[13] in dem der EuGH die Verweigerung der Offenlegung von (nach irischem Recht urheberrechtlich geschützten) Fernsehprogrammen, die für die Herstellung einer wöchentlichen Fernsehzeitschrift erforderlich waren, als missbräuchlich ansah.[14] Im *Microsoft*-Fall hat die Kommission – und sie bestätigend das EuG[15] – dem Wettbewerb den Vorzug vor dem Schutz von Computerprogrammen, Schnittstellen und Geschäftsgeheimnissen gegeben.[16] Sehr weitgehend war dagegen die Entscheidung des EuGH in der Sache *IMS Health*, weil sich hier der kartellrechtliche Zugangsanspruch auf eine leistungsschutzrechtlich geschützte Datenbankstruktur (§§ 87a ff UrhG) bezog, die weitgehend aus öffentlich zugänglichen Informationen erstellt und von dem Unternehmer ausschließlich intern genutzt wurde.[17] Ausgehend von der Maxime, dass im Leistungswettbewerb kein Unternehmen verpflichtet sein kann, seinen Konkurrenten zu helfen und auf – vor allem durch eigene Leistung geschaffene – Wettbewerbsvorteile zu verzichten,[18] hätte ein Verweis der nachfragenden Wettbewerber näher gelegen, auf Basis der öffentlichen Informationen ihre eigene Datenbank zu entwickeln. Ansonsten besteht die Gefahr, dass innovative Unternehmen keinen Wettbewerbsvorteil mehr aus ihrer Leistung ziehen können, weil die Konkurrenten unter Verweis auf das Kartellrecht Zugang zu den Innovationen erlangen können. Erforderlich ist daher, einen Ausgleich zwischen Immaterialgüterrechten und Kartellrecht derart zu finden, dass innovative oder mit hohen Investitionen verbundene Leistungen zumindest zur Abschöpfung von Pioniergewinnen[19] genutzt werden können, solange keine Marktabschottung im Einzelfall erfolgt. Denn Immaterialgüterrecht und Kartellrecht stehen nicht im Widerstreit, sondern ergänzen sich.[20] Das Kartellrecht soll eben auch die innovative Leistung im Wettbewerb, dh vor einer unberechtigten Inanspruchnahme durch Wettbewerber schützen. Das Immaterialgüterrecht soll Wettbewerbsvorteile sichern, aber nicht aktuellen oder potentiellen Wettbewerb verhindern.

Um einem zunehmenden Ungleichgewicht zwischen Immaterialgüterschutz und freiem Wettbewerb zu begegnen, ist in der europäischen Rechtsprechung – ua in den genannten Fällen *Magill* und *IMS Health* – und Literatur in den letzten Jahren die sog *essential facility*-Doktrin propagiert worden[21] als Art „moderner Zwangslizenz".[22] Ungeachtet der problematischen historischen Herleitung dieser Doktrin[23] birgt die weitgehende Anwendung einer Lehre ohne klare Voraussetzungen und Begrenzungen das Risiko, das Gleichgewicht zwischen Immaterialgüterrechten und Kartellrecht zugunsten der Wettbewerbsfreiheit zu verschieben. Durch die Anwendung der *essential facility*-Doktrin können geistige und gewerbliche Schutzrechte ausgehebelt werden, indem – wie beim *IMS Health*-Fall – auf die Wesentlichkeit der geschützten fremden Leistung für die eigene gewerbliche Tätigkeit verwiesen wird. Die Übertragung der

7

---

13 EuGH Slg 1995 I 743 Rn 50 – RTE und ITV/Kommission (Magill).
14 S näher zu dem Fall Magill unten Rn 223–226.
15 EuG v 17.9.2007, Rs T-201/04 – Microsoft.
16 Kommission v 24.3.2004, COMP/C-3/37.792 – Microsoft. Zusammenfassend *Zimmerlich* WRP 2004, 1260. Zur Problematik der Geschäftsgeheimnisse *Meyer/Müller* WuW 2007, 117.
17 EuGH Slg 2004 I 5039 – IMS Health.
18 Besonders deutlich im US-Kartellrecht die Trinko-Entscheidung des US Supreme Court, Verizon Communications, Inc -v- Law Offices of Curtis V Trinko LLP, 540 US 398 (2004).
19 S dazu näher *Zimmerlich/Müller* N&R 2006, 46, 48.
20 *Heinemann* 629.
21 Zur *essential facility*-Doktrin umfassend *Beckmerhagen*; *Tränkle*; *Hohmann*; *Schwarz van Berk*; Immenga/Mestmäcker/*Möschel* EG Teil I, Art 82 Rn 239 ff; Immenga/Mestmäcker/*Möschel* § 19 GWB Rn 217 ff.
22 S auch *Heinemann* 512.
23 S dazu *Müller/Rodenhausen* ECLR 2008, 310.

ursprünglich für physische Infrastrukturen (Eisenbahn, Hafenanlagen) entwickelten Doktrin auf Immaterialgüterrechte bedarf erheblicher Vorsicht. Immaterialgüterrechte sollen wesensmäßig aufgrund der Einmaligkeit einer Leistung bereits eine Ausschließlichkeitsstellung verschaffen.[24] Diese Einmaligkeit darf nicht mit Wesentlichkeit im Sinne der Doktrin verwechselt werden. Es wird eher die Ausnahme sein, dass die Konkurrenten zu einer geistigen oder gewerblichen Leistung keine Alternative entwickeln können.[25] Das **Nebeneinander von Immaterialgüterrecht und Kartellrecht** verweist nämlich die Konkurrenten darauf, ihre Wettbewerbsposition zunächst durch eigene Innovations- oder Investitionsleistung zu gestalten. Nur wenn dies aufgrund der Eigenart der geschützten Leistung unmöglich ist, kann ein kartellrechtlicher Zugangsanspruch gerechtfertigt sein. Kartellrechtliche Zugangsansprüche dienen jedenfalls nicht dazu, von eigener innovativer Wettbewerbsleistung zu befreien. Diese Überlegung zeigt die Problematik auf, Wesentlichkeit im Sinne der Doktrin bereits bei einer finanziellen Überforderung anzunehmen.[26] In jedem Fall muss bei Anwendung der *essential facility*-Doktrin verhindert werden, dass allein die in einer technisierten Medienwelt möglichen Netzeffekte einer geistigen oder gewerblichen Leistung ihre Wesentlichkeit begründen. Zurückhaltung bei der Anwendung – und im Rahmen der europäischen Rechtsprechung zunehmenden Ausweitung[27] – der Doktrin ist zudem geboten, da im Mutterland der Doktrin die Rechtsprechung des Supreme Court bereits ihre Existenz überhaupt in Zweifel zieht.[28] Angesichts der zunehmenden Internationalisierung des Kartellrechts[29] und der Kooperation amerikanischer und europäischer Kartellbehörden ist ein allzu weites Auseinanderdriften der jeweiligen Entscheidungspraxen unangezeigt.

8 Mit der zunehmenden Konzentration von Medienherstellung und -nutzung auf Computer und andere softwarebasierte Produkte eröffnet sich ein zusätzliches Spannungsverhältnis zwischen dem Urheberrechtsschutz – vor allem §§ 69a ff, 87a ff UrhG, aber auch der Digitalisierung anderer geschützter Inhalte – und dem Kartellrecht. Die Technisierung der Medienprodukte erfordert deren **Kompatibilität** sowohl bei der Produktion als auch dem Konsum moderner Medien. Zuletzt zeigte die Diskussion zwischen den großen Filmproduktionsfirmen über die Nachfolgetechnologie zur DVD – BlueRay oder HD-DVD – die Bedeutung einheitlicher Standards für Verbraucher.[30] Das Problem inkompatibler Technologien ist nicht neu, so hat vor 20 Jahren der VHS-Standard die BetaMax- und Video2000-Technologien verdrängt. Soweit die Durchsetzung einer Technologie im Wege des Leistungswettbewerbs erfolgt, ist dies kartellrechtlich unproblematisch. Die zunehmende **Konvergenz** digitaler Medienträger und Multimediaprodukte,[31] ihre Vernetzung vor allem über das Internet und die Abspielfähigkeit auf verschiedenen Geräten macht für den Nutzer die Kompatibilität nicht nur wünschenswert, sondern ausschlaggebend für die Kaufentscheidung. Kompatibilität wird durch die Setzung von technischen Standards erreicht. Allseitige Standards, die vor allem von Industrievereinigungen gesetzt werden, stellen kartellrechtlich nur ein geringes Problem dar, soweit der Zugang zu den Industrievereinigungen und zum Standard selbst für alle Interessierten offen ist.[32] So haben sich die größ-

---

[24] EuGH Slg 1988, 6211 Rn 8 – Volvo/Veng.
[25] S dazu Rn 223 ff, 329 ff.
[26] So aber EuGH Slg 1998 I 7791 – Oscar Bronner/Mediaprint.
[27] S unten Rn 218 ff und 323 ff.
[28] Verizon Communications, Inc -v- Law Offices of Curtis V Trinko LLP, 540 US 398 (2004).
[29] S dazu unten Rn 70 ff.
[30] S auch *Dreher* ZWeR 2009, 149, 150.
[31] Näher *Wandtke* Band 1 Kap 1.
[32] S dazu unten Rn 338.

ten Hardware-, Software- und Internetunternehmen in der sog *Trusted Computing Group (TCG)* auf Standards zur Stärkung der Sicherheit bei Internet-Nutzung geeinigt.[33]

Die **einseitige Standardsetzung** (unilaterale Standards) durch ein Unternehmen kann dagegen schon aufgrund der Netzeffekte digitaler Medienprodukte und Technologien die Gefahr der Marktabschottung oder der Diskriminierung in sich bergen. Im *Microsoft*-Fall sah die Kommission diese Gefahr gegeben durch die mit über 90 % Marktanteil starke Stellung der Betriebssoftware Windows, mit der Komplementärprodukte wie der Windows Media Player am Markt durchgesetzt werden konnten.[34] Unilaterale Standards können – anders als durch Normungsinstitute aufgestellte Standards (vgl § 5 Abs 1 UrhG) – einen eigenständigen Urheberrechtsschutz genießen (§ 5 Abs 3 UrhG). Sie können daneben dem weiten und von qualitativen Kriterien befreiten[35] Computerprogrammbegriff (§§ 69a Abs 1, 3 UrhG) unterfallen oder durch das Patentrecht[36] geschützt sein. Mittels der Ausschließlichkeitsstellung kann der Entwickler eines Standards für Konkurrenten den Zugang zum Standard schließen und sich so Märkte vorbehalten oder unverhältnismäßige Lizenzgebühren fordern, soweit er Zugang gewährt. Unter Verweis auf die marktabschottende Wirkung des de facto-Standards hatten auch die Wettbewerber von *IMS Health* den Zugang zur nur intern genutzten Datenbank erstritten.[37] Die behauptete Abhängigkeit der Nutzer von den enthaltenen Informationen begründete dabei nicht nur die Wesentlichkeit der Datenbankstruktur im Sinne der *essential facility*-Doktrin, sondern führte auch zu ihrer Einstufung als Standard. Dabei wird der Begriff des Standards in urheber- und kartellrechtlichem Zusammenhang häufig missverständlich genutzt. Nicht jede neue oder auch nur marktstarke Technologie stellt bereits einen alternative Lösungen ausschließenden unilateralen Standard dar. Im Leistungswettbewerb obliegt es den Konkurrenten, durch eigene technologische Alternativen eine bestehende Marktmacht zu brechen. Nach dem *Schumpeter*schen Konzept der **schöpferischen Zerstörung** ist selbst ein vorübergehendes Monopol hinzunehmen, um den Wettbewerb durch Imitation, aber auch durch konkurrierende Innovation zu fördern.[38] Diese Überlegung verbietet es daher, jegliche Marktmacht durch technologische Leistung als Standard zu verstehen. Im Gegensatz zum durch Einigung aufgestellten einheitlichen und regelmäßig offenen multilateralen Standard, entstehen unilaterale Standards aus der einseitigen Marktdurchsetzung einer technologischen Lösung aufgrund des Fehlens von Alternativen. Damit setzt eine Technologie, die zum unilateralen Standard wird, eine eigene Innovationsleistung voraus und muss immaterialgüterrechtlichen Schutz genießen. Erst wenn technologische Alternativen rechtlich, technisch oder wirtschaftlich ausgeschlossen sind oder die Marktdurchsetzung nicht mittels Leistungswettbewerb erreicht wird, kann ein Eingreifen des Kartellrechts zur Öffnung des Zugangs eines Standards gerechtfertigt sein. Standardisierung ist kartellrechtlich daher nur bedenklich, wenn sie zur mono- oder oligopolistischen Marktabschottung genutzt wird.

---

[33] S dazu unten Rn 341.
[34] Kommission v 24.3.2004, COMP/C-3/37.792 – Microsoft.
[35] BGH GRUR 1994, 36 – Buchhaltungsprogramm; BGH GRUR 1994, 363 – Holzhandelsprogramm.
[36] Vgl LG Düsseldorf NJOZ 2007, 2100 – MPEG2-Standard. S aber zur Problematik der Softwarepatentierung *Weyand/Haase* GRUR 2004, 198; *Pfeiffer* GRUR 2003, 581; *Laub* GRUR Int 2006, 629; *Jonquères* GRUR Int 1987, 465.
[37] EuGH Slg 2004 I 5039 – IMS Health.
[38] *Schumpeter* 134 ff; dazu, unter dem Blickwinkel des Telekommunikationsrechts, *Elsenbast* MMR 2006, 575.

II. Medienkonzentration und Meinungsmacht

10 Die Macht, über Medien die öffentliche Meinung zu beeinflussen, weckt in weiten Teilen der deutschen Bevölkerung die Befürchtung, dass die Konzentration von Medienträgern in einer Hand zu einer **publizistischen Gefahr für die freie Meinungsbildung** führen kann.[39] Historisches Menetekel ist dabei der Hugenberg-Konzern, in dem ua die Filmproduktions- und -verleihfirma UFA, der größte Anzeigenvermarkter, eine Nachrichtenagentur sowie viele auflagenstarke Lokalzeitungen und Zeitschriften vereinigt waren und der durch die Parteinahme seiner Publikationen für Adolf Hitler und rechtskonservative Ideen dem nationalsozialistischen System erheblichen Vorschub geleistet hat.[40] Die Sorge um die pluralistische Meinungsbildungsfreiheit (Art 5 Abs 1 S 1 GG) als „schlechthin konstituierendes" Element der freiheitlich demokratischen Staatsordnung des Grundgesetzes[41] bei publizistischer Konzentration hat auch das BVerfG dazu bewogen, eine Medienkonzentrationskontrolle als unverzichtbar anzusehen.[42] Insb der Rundfunk als „Medium" und „Faktor" des verfassungsrechtlich geschützten Prozesses freier Meinungsbildung durch Kommunikation und Information[43] müsse angesichts seiner Privatisierung vor einer Auslieferung an eine oder einzelne gesellschaftliche Gruppe und der Meinungsmachtkonzentration geschützt werden.[44]

11 Wichtig ist dabei die **Unterscheidung von publizistischer Meinungs- und ökonomischer Medienmacht**.[45] Um den Gefahren einer publizistischen Meinungsmacht zu begegnen und eine pluralistische Meinungsbildung zu gewährleisten, existieren mit dem §§ 11, 25 ff RStV sowie den landesrechtlichen Mediengesetzen[46] Sonderregelungen für die angesichts ihrer Breitenwirkung, Aktualität und Suggestionskraft[47] besonders problematischen Medien Rundfunk und Fernsehen. Trotz der – teilweise kritisch begleiteten[48] – Einführung eines dualen Rundfunksystems mit dem Ziel einer stärkeren Diversifizierung der Anbieterseite wurde eine Medienkonzentrationskontrolle stets für erforderlich gehalten.[49] Diese rundfunkrechtliche Medienkonzentrationskontrolle[50] wird ergänzt durch die wettbewerbsrechtliche Verzwanzigfachung der Umsatzerlöse bei Zusammenschlüssen von Rundfunkunternehmen (§ 38 Abs 3 GWB).[51] Durch diese Vorschrift wird erreicht, dass Fusionen zwischen Rundfunkunternehmen trotz im Gesamtindustrievergleich typischerweise geringen Umsätzen aufgrund (angeblicher) Regionalisierung[52] der wettbehördlichen Kontrolle unterliegen. Durch diese zweigleisige Kontrolle der Medienkonzentration – rundfunk- und wettbewerbsrecht-

---

[39] Aus jüngster Zeit etwa *Gounalakis* AfP 2004, 394; *Janik* AfP 2002, 104 mwN.
[40] S zu dieser Einschätzung für die Person Alfred *Hugenberg*, allerdings vornehmlich auf seine politische Position bezogen, BVerwG NVwZ 2005, 1192, 1194.
[41] S Rspr des BVerfG, ua BVerfGE 7, 198, 208; 12, 205, 259 ff; 59, 231, 265; 73, 118, 122; 114, 371, 386 f.
[42] BVerfGE 57, 295, 323.
[43] BVerfGE 57, 295, 319.
[44] BVerfGE 57, 295, 325.
[45] Ausf unten Rn 98–104. Zu den ökonomischen Besonderheiten von Medien allgemein und Rundfunk im besonderen *Heinrich* Bd 2, 24 ff; *Schulz/Held/Kops* 107 ff.
[46] S näher dazu *Holznagel* Von den Landesmedienanstalten zur Ländermedienanstalt.
[47] BVerfG NVwZ 2007, 1287 ff.
[48] S nur BVerfGE 57, 295, 323 ff.
[49] S aus jüngster Zeit *Gounalakis* AfP 2004, 394 ff; *Janik* AfP 2002, 104 ff mwN sowie BVerfG NVwZ 2007, 1287, 1289.
[50] S dazu *Janik* AfP 2002, 104.
[51] Näher zu dieser Vorschrift unten Rn 75. Zur europäischen Fusionskontrolle im Medienbereich s *Frey* ZUM 1998, 985 ff.
[52] S dazu Wiedemann/*Richter* § 19 Rn 62; Immenga/Mestmäcker/*Mestmäcker/Veelken* § 38 GWB Rn 33.

lich – wird die wirtschaftliche Betätigung von deutschen Rundfunkunternehmen im Vergleich zu anderen Branchen erheblich beeinträchtigt, wie sich insb deutlich an der gescheiterten Übernahme von ProSiebenSat.1 durch den Springer-Verlag zeigte.[53]

Das **duale Rundfunksystem** ist in den letzten Jahren zunehmend in Schieflage geraten, was vor allem an einer zunehmenden Werbefinanzierung der öffentlich-rechtlichen Rundfunkanstalten bei gleichzeitiger qualitativer Angleichung an privatrechtlich veranstaltete Programme[54] und gesteigerter Rigidität bei der Durchsetzung individueller Gebührenpflichten durch die GEZ liegt.[55] So hat selbst das BVerfG die nur geringfügige Reduzierung einer von ARD und ZDF verlangten und von der KEK abgesegneten Gebührenerhöhung durch die Ministerpräsidenten für nicht mit der Rundfunkfreiheit (Art 5 Abs 1 GG) vereinbar erklärt.[56] Die von den Ministerpräsidenten beschlossene Reform der Rundfunkgebühr weg von einem Gerätebezug hin zu einer an Wohn- und Betriebsstätten orientierten Zahlungspflicht wird weder das stetige wachsende Höhe der Gebühr ändern noch zu einer steigenden Qualität des zwangsweise finanzierten Programms führen. Vor allem die großen Sender ARD und ZDF kommen inzwischen nur noch in begrenztem Maße der politischen, sozialen und kulturellen Grundversorgung nach, sondern sie treten mit verstärkten und zusätzlichen Unterhaltungsprogrammen in inhaltliche Konkurrenz zu den privaten Anbietern. Gebühreneinnahmen werden für die Finanzierung der Senderechte für Sportveranstaltungen (Bundesliga, Fußball-WM, Olympische Spiele, aber auch Boxkämpfe) gesteckt, die auch von werbefinanzierten Sendern gezeigt werden könnten. Es ist aber politisch gewollt, dass ARD und ZDF sich als Konkurrenz zu privaten Anbietern präsentieren. Dazu sind die öffentlich-rechtlichen Sendeanstalten inzwischen mit einem Gebührenaufkommen von € 8 Mrd ausgestattet. Aber auch die früher regional ausgerichteten Dritten Programme zeigen immer seltener landesbezogene Sendungen.

12

Durch die Einfügung neuartiger Werbemethoden wie Sponsoring (§ 8 RStV) für Sendungen wie „Wetten dass …?" und „Tatort" sowie zwar unzulässiger (vgl § 7 Abs 4 RStV), aber dennoch über Jahre praktizierter Schleichwerbung ua bei Vorabendserien wie „Marienhof" haben die öffentlich-rechtlichen Sender die Konkurrenz gegenüber privaten Veranstaltern daneben auf dem bei der wettbewerbsrechtlichen Betrachtung allein maßgeblichen[57] **Werbemarkt** verschärft. Dennoch fällt bisher der Anteil von ARD und ZDF an diesem Markt wegen des – ua mit Sponsoring abgemilderten – Werbeverbots nach 20 Uhr nicht ins Gewicht. Die wirtschaftliche Größe eines Senders entscheidet sich aber nicht allein an seinen Werbeeinnahmen, sondern an der gesamten Attraktivität der Programme für Zuschauer. Die Attraktivität von ARD und ZDF zeigt sich schon daran, dass sie Werbepartner für ihre beliebten abendlichen Sendungen finden. Damit ist die vollständige Außerachtlassung der Zuschaueranteile bei der Marktdefinition im Rundfunkbereich fragwürdig. Vielmehr wird für das Kartellrecht nur eine kombinierte Sicht auf Werbeeinnahmen und Zuschaueranteile den tatsächlichen Wirtschafts- und Marktverhältnissen gerecht.[58] Nur so kann eine dem dualen Rundfunksystem, in dessen Gesamtspektrum eben nicht von einem Duopol mit der RTL-Gruppe und ProSiebenSat.1 gesprochen werden kann, angemessene Beurteilung erfolgen.

13

---

[53] BGH Beschl v 8.6.2010, KVR 4/09. Zu dem Verfahren insgesamt *Müller* MMR 2006, 125 f; *Holznagel/Krone* MMR 2005, 666 ff; *Bornemann* MMR 2006, 275 ff.
[54] *Müller* MMR 2006, 126.
[55] S allein Artikelserie der Frankfurter Allgemeinen Zeitung v 27.8.–11.9.2007.
[56] BVerfG NVwZ 2007, 1287, 1289.
[57] S dazu unten Rn 141.
[58] Zustimmend *Körber* ZWeR 2009, 315, 339.

Kapitel 2 Medienkartellrecht

14 Eine dem Rundfunk entsprechende Einschränkung der Konzentration findet sich für Printmedien nicht. Zwar wird durch § 38 Abs 3 GWB auch für Zeitschriften und Zeitungen eine Verzwanzigfachung des Umsatzes für die Berechnung der fusionsrechtlichen Schwellenwerte angeordnet. Es fehlt jedoch ein duales System, aus der eine Verquickung von wirtschaftlicher und publizistischer Meinungsmacht erfolgen könnte. Dennoch hat sich die ökonomische Medienmacht des Springer-Verlags im Verlagsbereich beim gescheiterten Zusammenschluss mit der Fernsehsendergruppe ProSiebenSat.1 als Hindernis dargestellt. Die Kommission zur Ermittlung der Konzentration im Medienbereich (KEK) hat dabei – abseits gesetzlicher Vorgaben – die Marktstärke der Bild und Bild am Sonntag dem Marktanteil von ProSiebenSat.1 zugerechnet. Es fehlt bisher an einer abgesicherten Formel, um mögliche **Querverbindungen zwischen verschiedenen Medienträgern** zu beurteilen. Zu bedenken ist vor allem, dass es für die Sicherung der Meinungsvielfalt und der pluralistischen Meinungsbildung allein um die Beurteilung der publizistischen, nicht aber die ökonomischen Querverbindungen gehen kann. Soweit der wirtschaftliche Übernehmer eines Medienunternehmens durch kartellrechtliche Zusagen aber verspricht, keinen redaktionellen Einfluss zu nehmen, liegen publizistische Querverbindungen nicht vor. Aus einer Zusammenrechnung der Marktanteile verschiedener Medienträger in ihren Märkten könnte ansonsten nur der Schluss auf einen Gesamtmedienmarkt mit einem entsprechend diversifizierten Wettbewerberfeld gezogen werden.

15 Die starke und teilweise zweigleisige deutsche Medienkonzentrationskontrolle stellt sich bei zunehmend zusammenwachsenden internationalen und insb europäischen Medienmärkten als problematisch dar. Die deutschen Institutionen wie die KEK, Landesmedienanstalten und die Wettbewerbsbehörden können bei der Übernahme von inländischen Rundfunksendern oder Zeitungen durch ausländische Medienunternehmen nicht die transnationale Marktstärke oder eine publizistische Einflussnahme berücksichtigen. Die Kommission selbst gibt innereuropäische Rundfunkzusammenschlüsse – selbst bei Dimensionen wie im Fall Springer/ProSiebenSat.1 – bisher immer ohne Auflagen frei. Eine publizistische Meinungsmachtkontrolle findet auf europäischer Ebene nicht statt. Bei dieser Entwicklung können leicht **globale Medienkonzerne** entstehen, deren Einfluss auf die multinationale öffentliche Meinung nicht durch deutsche Behörden kontrolliert werden kann. Eine stärkere europäische oder sogar globale Sichtweise der deutschen Behörden wäre daher sicher sinnvoll.

16 Für die Zukunft wird sich die Frage nach der **Sinnhaftigkeit einer zweigleisigen ökonomischen und publizistischen Medienkonzentrationskontrolle** stellen. Angesichts der gesetzgeberischen Entscheidung für ein duales Rundfunksystem und die Bedeutung der pluralistischen Meinungsbildung wird man dieses Konzept derzeit hinnehmen müssen. Allerdings kann sich das zweigleisige Konzentrationskontrollsystem nur dann dauerhaft bewähren, wenn die kritische Sicht der zuständigen Behörden gleichmäßig auf die inhaltliche Entwicklung privater und öffentlich-rechtlicher Sendeunternehmen gerichtet ist. Bei Entscheidungen über Zusammenschlüsse von Medienunternehmen sollten die Fragen nach wirtschaftlicher und publizistischer Medienmacht getrennt werden. Für das Kartellrecht kann ein solcher Zusammenschluss jedenfalls nur problematisch sein, wenn die wirtschaftliche Kontrolle über Medienunternehmen die freie Entwicklung des Markts und der Wettbewerber zum Nachteil der Mediennutzer behindert.

§ 2
Grundzüge des Kartellrechts

I. Das Verhältnis von europäischem zu deutschem Kartellrecht

Das Verhältnis zwischen europäischem und deutschem Kartellrecht ist auch nach der 7. GWB-Novelle[59] kompliziert. Die beiden Rechtsordnungen wirken auf **drei Ebenen** ineinander: Erstens beim materiellen Kartellrecht, zweitens bei den zivilrechtlichen Folgen einer Kartellrechtsverletzung, und drittens beim kartellrechtlichen Verwaltungsverfahren.[60]   **17**

Im materiellen Kartellrecht gilt der **Vorrang des europäischen vor dem deutschen Kartellrecht**.[61] Soweit der Anwendungsbereich der Vorschriften des EU-Kartellrechts reicht, ist ein entgegenstehendes deutsches Kartellrecht unbeachtlich.[62] Dieser vom EuGH schon 1969 postulierte Grundsatz[63] ist in den heute geltenden EU-Kartellvorschriften für alle drei „Säulen" des Kartellrechts im Grundsatz ausdrücklich niedergelegt: Im Bereich der wettbewerbsbeschränkenden Vereinbarungen besteht gem Art 3 Abs 1 S 1 und Art 3 Abs 2 S 1 VO 1/2003 ein Verbot jeglicher Abweichung der nationalen Vorschriften von Art 101 AEUV (Vollharmonisierung); im Bereich der Fusionskontrolle ist den Mitgliedstaaten gem Art 21 Abs 3 FKVO die Anwendung der nationalen Kontrollvorschriften auf Zusammenschlüsse mit gemeinschaftsweiter Bedeutung untersagt; beim Verbot des Missbrauchs von Marktmacht gem Art 3 Abs 1 S 2 VO 1/2003 darf das nationale Kartellrecht nicht unter den Standard des EU-Rechts abfallen. Im Bereich der zuletzt genannten „Säule" des Kartellrechts, dem Verbot des Machtmissbrauchs, findet sich die einzige Ausnahme vom Grundsatz des Anwendungsvorrangs des EU-Kartellrechts im materiellen Recht: Gem Art 3 Abs 2 S 2 VO 1/2003 ist es dem nationalen Gesetzgeber unbenommen, strengere innerstaatliche Vorschriften zur Unterbindung oder Ahndung einseitiger Handlungen von Unternehmen zu erlassen oder anzuwenden. Art 102 AEUV bildet beim Missbrauch marktbeherrschender Stellung auch bei Fallgestaltungen mit europäischer Bedeutung nur einen Mindeststandard.[64] Der deutsche Gesetzgeber hat durch die Beibehaltung spezieller Missbrauchs-Verbote in §§ 19–21 GWB von dieser Möglichkeit Gebrauch gemacht.   **18**

Die zivilrechtlichen Folgen von Kartellrechtsverletzungen sind im EU-Recht nur punktuell geregelt. So ordnet Art 101 Abs 2 AEUV die Nichtigkeit der kartellrechtswidrigen Vereinbarungen und gefassten Beschlüsse an. Im Übrigen ist die **zivilrechtliche Sanktionierung dem nationalen Recht** überlassen.[65] Das GWB 2005 enthält in § 33 diesbezüglich nähere Bestimmungen.   **19**

Im kartellrechtlichen Verwaltungsverfahren gilt seit Inkrafttreten der VO 1/2003 ein **dezentrales Zuständigkeitssystem**,[66] in dem gem Art 5 VO 1/2003 die nationalen Kartellbehörden für die Anwendung von Art 101 und 102 AEUV zuständig sind. Die europaweit einheitliche Anwendung dieser Vorschriften wird durch eine enge Zu-   **20**

---

[59] Trat am 1.7.2005 in Kraft.
[60] Loewenheim/Meessen/Riesenkampff/*Meessen* Einf Rn 82.
[61] Zum Verhältnis von EU- und deutschem Recht grundlegend: EuGH Slg 1964, 1251, 1269 ff – ENEL; BVerfGE 73, 339 – Solange II; BVerfGE 89, 155 – Maastricht.
[62] *Bechtold/Bosch/Brinker/Hirsbrunner* Einleitung Rn 21.
[63] EuGH Slg 1969, 1, 14 – Walt Wilhelm.
[64] *Bechtold/Bosch/Brinker/Hirsbrunner* Einleitung Rn 26; Loewenheim/Meessen/Riesenkampff/*Meessen* Einf Rn 86.
[65] Loewenheim/Meessen/Riesenkampff/*Meessen* Einf Rn 92.
[66] Loewenheim/Meessen/Riesenkampff/*Meessen* Einf Rn 94.

sammenarbeit zwischen den nationalen Kartellbehörden und der Kommission (Art 11 Abs 1–5 VO 1/2003) sowie ein Eintrittsrecht der Kommission in nahezu allen wichtigen Entscheidungen (vgl Art 11 Abs 6 VO 1/2003) abgesichert.

II. Die kartellrechtlichen Regulierungsinstrumente

21 Sowohl die europäische, als auch die deutsche Kartellrechtsordnung stützen sich auf drei Instrumentarien, den sog **drei „Säulen" des Kartellrechts:** Dem Verbot wettbewerbsbeschränkender Vereinbarungen und sonstiger Koordinierungen (Art 101 AEUV bzw § 1 GWB), dem Verbot des Missbrauchs einer marktbeherrschenden Stellung und sonstiger einseitiger Beeinträchtigung (Art 102 AEUV bzw §§ 19–21 GWB), sowie der Fusionskontrolle (FKVO bzw §§ 35–43 GWB)[67]. Vor der Anwendung der Instrumente Marktmachtmissbrauch und Fusionskontrolle muss der relevante Markt abgegrenzt werden.

1. Marktabgrenzung

22 Die europäischen und deutschen Kartellrechtsordnungen schützen lediglich den **Wettbewerb auf Märkten**, so dass die Marktabgrenzung Vorbedingung sowohl der Verhinderung und Sanktionierung von wettbewerbsbeschränkenden Vereinbarungen, der Fusionskontrolle als auch der Missbrauchskontrolle ist. Eine marktunabhängige kartellrechtliche Kontrolle findet nicht statt.

23 Die Abgrenzung des relevanten Marktes erfolgt stets im Einzelfall. Dabei ist der Markt der ökonomische **Ort, an dem Angebot und Nachfrage zusammentreffen.**[68] Dieser ideale Ort hat eine sachliche und eine räumliche (und in Ausnahmefällen auch eine zeitliche) Komponente.[69]

24 Der **sachlich relevante Markt** umfasst nach der Bekanntmachung der Kommission über die Definition des relevanten Marktes sämtliche Produkte, die vom Nachfrager hinsichtlich ihrer Eigenschaften, Preise und ihres vorgesehenen Verwendungszwecks als austauschbar oder substituierbar angesehen werden.[70] Zur Ermittlung der Substituierbarkeit prüft die Kommission, inwieweit die Nachfrager bei einer geringen, nicht nur vorübergehenden Erhöhung der Preise der Produkte des sachlich relevanten Marktes auf andere Produkte ausweichen würden. Wäre die Preiserhöhung für die Anbieter im sachlich relevanten Markt aufgrund des zu erwartenden Absatzrückgangs nicht erträglich, so bezieht die Kommission die anderen Produkte mit ein (sog hypothetischer Monopoltest oder „SSNIP-Test").[71]

---

[67] Die FKVO trat (in erster Fassung) 1990 in Kraft; vorher fand auf europäischer Ebene keine Fusionskontrolle statt. Deutschland führte die Fusionskontrolle mit der zweiten GWB-Novelle 1973 ein. Vgl Loewenheim/Meessen/Riesenkampff/*Simon* Einf FKVO Rn 1.
[68] BGH WuW/E 1276, 1279 – Ölfeldrohre; vgl *Trafkowski* 31 mwN.
[69] *Bechtold/Bosch/Brinker/Hirsbrunner* Art 82 Rn 5; Immenga/Mestmäcker/*Möschel* § 19 GWB Rn 23; *Trafkowski* 31.
[70] Kommission, Bekanntmachung über die Definition des relevanten Marktes, ABl EG 1997 Nr C 372, 5 Rn 7. Vgl auch EuGH Slg 1973, 215, 248 – Continental Can; Kommission, ABl EG 1988 Nr L 272, 27, 33 ff – Tetra Pak I; Kommission, ABl EG 1988 Nr L 317, 47, 49 f – SABENA; *Bechtold* § 19 Rn 7; *Commichau/Schwartz* Rn 287; *Emmerich* § 4 Rn 64; *Schmidt* 50; *Trafkowski* 31.
[71] Kommission, Bekanntmachung über die Definition des relevanten Marktes (vgl Fn 70), Rn 15–17. Vgl EuGH Slg 1975, 499, 519 f – Kali und Salz; EuGH Slg 1978, 207, 282 – United Brands; EuGH Slg 1979, 461, 517 – Hoffmann-La Roche; *Dreher* ZWeR 2009, 149, 157.

Darüber hinaus wird in Ausnahmefällen auf das **Kriterium der Angebotsumstel- 25 lungsflexibilität** auf Anbieterseite abgestellt.[72] Danach wird die Möglichkeit anderer Anbieter geprüft, kurzfristig und ohne erhebliche Zusatzkosten in den sachlich relevanten Markt einzutreten.

Beim **räumlich relevanten Markt** handelt es sich nach der Rechtsprechung des 26 Europäischen Gerichtshofes (EuGH) und der Entscheidungspraxis der Kommission mit Blick auf Art 9 Abs 7 FKVO[73] um einen abgegrenzten Bereich, in dem das fragliche Erzeugnis vertrieben wird und in dem die Wettbewerbsbedingungen hinreichend homogen sind, während es sich von benachbarten Gebieten durch spürbar unterschiedliche Wettbewerbsbedingungen unterscheidet, die ua von den Transportkosten, Sprachbarrieren und rechtlichen Rahmenbedingungen abhängen.[74] Dabei wird wie bei der sachlichen Marktabgrenzung ebenfalls auf die Kriterien der Produktaustauschbarkeit auf Nachfrageseite und der Angebotsumstellungsflexibilität auf Angebotsseite zurückgegriffen.[75] Dies gilt auch für das deutsche Recht.[76]

2. Wettbewerbsbeschränkende Vereinbarungen, insb. Kartellverbot

a) **Europäisches Recht.** Art 101 Abs 1 AEUV erklärt Vereinbarungen zwischen 27 Unternehmen, Beschlüsse für Unternehmensvereinigungen und aufeinander abgestimmte Verhaltensweisen, welche den Handel zwischen Mitgliedstaaten zu beeinträchtigen geeignet sind, und eine Verhinderung, Einschränkung oder Verfälschung des Wettbewerbs innerhalb des Gemeinsamen Marktes bezwecken oder bewirken, für unvereinbar mit dem Gemeinsamen Markt und verboten.[77]

Zentrales Tatbestandsmerkmal des Art 101 Abs 1 AEUV ist die **Wettbewerbsbe- 28 schränkung.** Hierbei kommt es auf die Beeinträchtigung der wirtschaftlichen Handlungsfreiheit der Unternehmen an.[78] Nach dem EuGH bedeutet dies, dass Vereinbarungen die wirtschaftliche Selbständigkeit des Handelns der Unternehmer nicht berühren dürfen (Selbständigkeitspostulat).[79] Hiervon ist nicht bei sog Arbeitsgemeinschaften zwischen unabhängigen Unternehmen auszugehen, die den Marktzutritt oder die Marktzugehörigkeit sichern. Von einer zulässigen Arbeitsgemeinschaft kann jedoch nicht ausgegangen werden, wenn davon auszugehen ist, dass die beteiligten Unternehmen ein Produkt auch alleine am Markt erfolgreich anbieten könnten.[80]

Horizontale Vereinbarungen wie Preiskartelle, Gebiets- und Kundenaufteilungsver- 29 einbarungen, sowie Produktions- und Absatzbeschränkungsvereinbarungen stellen

---

[72] Kommission, Bekanntmachung über die Definition des relevanten Marktes (s oben Fn 70), Rn 20 ff; vgl EuGH Slg 1983, 3461, 3505 – *Michelin*; EuGH Slg 1979, 1869, 1895 ff – *Hugin*; *Emmerich* § 4 Rn 67; *Dreher* ZWeR 2009, 149, 158 f.
[73] Zur FKVO s oben Fn 66.
[74] EuGH Slg 1978, 207 Rn 10 f – *United Brands*; EuGH Slg 2002, II-4075, 4115 Rn 153 ff; Kommission, Bekanntmachung über die Definition des relevanten Marktes (s oben Fn 70), Rn 8.
[75] EuGH Slg 1978, 207 – *United Brands*, Rn 45, 56; Kommission, Bekanntmachung über die Definition des relevanten Marktes (s oben Fn 70), Rn 10 ff.

[76] BGH WuW/E 1655, 1657 – Zementmahlanlage II; BKartA WuW/E 2114, 2115 f – Coop Schleswig-Holstein-Deutscher Supermarkt; BKartA WuW/E 2161, 2162 – Coop-Wandmaker; Immenga/Mestmäcker/*Möschel* § 19 GWB Rn 35; Loewenheim/Meessen/Riesenkampff/*Götting* § 19 GWB Rn 22.
[77] Zur wirtschaftlichen Schädlichkeit von Kartellen s *Bornkamm* GRUR 2010, 501 ff.
[78] EuGH Slg 1970, 661, 700 – Chemiefarma/Kommission; EuGH Slg 1975, 1663, 1965 – Suiker Unie.
[79] EuGH Slg 1975, 1663, 1965 – Suiker Unie; EuGH Slg 1993, I-1575, 1599 – Ahlström.
[80] BKartA WuW 2008, 1327, 1334 – MBS (Kooperationsvertrag).

grundsätzlich eine offensichtliche Verletzung des Wettbewerbs dar, die die Kommission als sog **hardcore-** oder **Kernbeschränkung** ansieht.[81] Jeglicher Informationsaustausch zwischen Wettbewerbern kann Ansatzpunkt für eine wettbewerbsssbeschränkende Vereinbarung sein, die auch in nationalen Verfahren zu berücksichtigen wäre.[82] Auch vertikale Vereinbarungen können zu einer Beeinträchtigung der Handlungsfreiheit führen, indem Pflichten und Restriktionen auferlegt werden, so dass eine Beschränkung des tatsächlichen oder potentiellen Wettbewerbs gegeben ist.[83]

30 Als ungeschriebenes Tatbestandsmerkmal erfasst Art 101 Abs 1 AEUV die **Spürbarkeit der Wettbewerbsbeschränkung**.[84] Nach der „de minimis"-Bekanntmachung der Kommission[85] ist eine Wettbewerbsbeschränkung nicht spürbar, wenn der Marktanteil beider Parteien einer Vereinbarung zwischen Wettbewerbern weniger als 10 % beträgt bzw die einzelnen Marktanteile bei Vereinbarungen zwischen Nichtwettbewerbern weniger als 15 % betragen.

31 Das Verbot des Art 101 Abs 1 AEUV setzt des Weiteren voraus, dass die wettbewerbsbeschränkende Vereinbarung geeignet ist, den Handel zwischen den Mitgliedstaaten zu beeinträchtigen (sog **Zwischenstaatlichkeitsklausel**). Dadurch soll der Anwendungsbereich der EG-Wettbewerbsregeln von dem des nationalen Wettbewerbsrechts abgegrenzt werden.[86] Der EuGH hat in ständiger Rechtsprechung niedrige Anforderungen an Erfüllung der Zwischenstaatlichkeitsklausel gestellt.[87] Laut den „Leitlinien über den Begriff der Beeinträchtigung des zwischenstaatlichen Handels"[88] vermutet die Kommission, dass eine Beeinträchtigung des zwischenstaatlichen Handels nicht spürbar ist, wenn der gemeinsame Marktanteil der Parteien unter 5 % und der gemeinsame Jahresumsatz an den betroffenen Produkten unter € 40 Mio liegt.[89]

32 b) **Deutsches Recht.** Im deutschen Wettbewerbsrecht wurde bis zu der am 1.7. 2005 in Kraft getretenen 7. GWB-Novelle zwischen horizontalen und vertikalen Wettbewerbsbeschränkungen unterschieden. Horizontale Wettbewerbsbeschränkungen waren – vorbehaltlich der Möglichkeit einer Freistellung – verboten. Vertikale Wettbewerbsbeschränkungen hingegen unterlagen lediglich einer mit hohen Eingriffsschwellen verbundenen Missbrauchsaufsicht. Mittlerweile ist § 1 GWB an Art 101 Abs 1 AEUV angepasst worden und erfasst **alle Wettbewerbsbeschränkungen**. Die speziellen Freistellungstatbestände im GWB aF für horizontale Wettbewerbsbeschränkungen wurden nahezu vollständig durch Einführung einer Generalklausel zur Freistellung bestimmter horizontaler und vertikaler Wettbewerbsbeschränkungen in Anlehnung an Art 101 Abs 3 AEUV ersetzt.

---

[81] Kommission, Leitlinien zur Anwendbarkeit von Art 81 EG auf Vereinbarungen über horizontale Zusammenarbeit, ABl 2001 Nr C 3/02 (Horizontalleitlinien) Rn 2; Loewenheim/Meessen/Riesenkampff/*Amato/Gonzalez/Diaz* Art 81 EGV Abs 1 Rn 112; Immenga/Mestmäcker/*Emmerich* EG Teil I, Art 81 Abs 1 Rn 142.
[82] EuGH v 4.6.2009, Rs C-8/08 – T-Mobile Netherlands; *Schroeder* WuW 2009, 718, 719 f.
[83] Kommission, Leitlinien für vertikale Beschränkungen, ABl 2000 Nr C 291/1.
[84] *Schröter/Jakob/Mederer/Schröter* Art 81 Abs 1 Rn 65.
[85] Kommission, Bekanntmachung über Vereinbarungen von geringer Bedeutung, die den Wettbewerb gem Art 81 Abs 1 EG nicht spürbar beschränken (de minimis), ABl 2001 Nr C 368/13 („de minimis"-Bekanntmachung).
[86] *Bechtold/Bosch/Brinker/Hirsbrunner* Art 81 Rn 80, 102 ff; *Emmerich* § 3 Rn 18; Schröter/Jakob/Mederer/*Schröter* Art 81 Abs 1 Rn 192.
[87] EuGH v 16.6.1981, Slg 1981, 1563 – Salonia/Poidomani; EuGH v 28.5.1998, Slg 1998 I-3111, 3160 Rn 73–78 – John Deere; vgl Loewenheim/Meessen/Riesenkampff/*Gippini-Fournier* Art 81 Abs 1 Rn 191.
[88] Kommission, Leitlinien über den Begriff der Beeinträchtigung des zwischenstaatlichen Handels, ABl 2004 Nr C 101/81.
[89] Dazu Loewenheim/Messen/Riesenkampff/*Gippini-Fournier* Art 81 EGV Abs 1 Rn 186 f.

Bis auf die Zwischenstaatlichkeitsklausel ist § 1 GWB **wortgleich mit Art 101** **33**
Abs 1 AEUV. Die Tatbestandsmerkmale des § 1 GWB sind im Lichte der zu Art 101
Abs 1 AEUV ergangenen europäischen Rechtsprechung und Rechtsanwendungspraxis
auszulegen und anzuwenden.[90]

c) **Gruppenfreistellungsverordnungen.** Nach Art 101 Abs 3 AEUV kann das Kar- **34**
tellverbot des Art 101 Abs 1 AEUV auf Vereinbarungen zwischen Unternehmen, auf
Beschlüsse von Unternehmensvereinigungen und auf aufeinander abgestimmte Verhaltensweisen oder auf Gruppen von solchen für unanwendbar erklärt werden, wenn
zugleich die dort festgelegten Freistellungsvoraussetzungen erfüllt sind. Seit Inkrafttreten der VO (EG) Nr 1/2003 am 1. Mai 2004 ist das zentralisierte Anmeldesystem
abgeschafft und zu einem **Legalsystem** umfunktioniert worden.[91] Nach Art 1 Abs 2
der Verordnung sind nunmehr alle Vereinbarungen von Anfang an wirksam, die zwar
in den Anwendungsbereich des Art 101 Abs 1 AEUV fallen, aber ebenfalls die Voraussetzungen des Art 101 Abs 3 AEUV erfüllen. Vereinbarungen, für die kein Freistellungstatbestand greift, sind nach wie vor von Anfang an nichtig. Die Unternehmen
beurteilen die Rechtmäßigkeit ihrer Vereinbarungen und Verhaltensweisen selbst,
müssen jedoch das Risiko einer Fehleinschätzung tragen.

Auch für Sachverhalte, die nicht geeignet sind, den Handel zwischen EU-Mitglied- **35**
staaten zu beeinträchtigen (Zwischenstaatlichkeitsklausel) und deshalb allein dem
nationalen Kartellrecht unterliegen, wurde das Prinzip der Legalausnahme eingeführt.
Die bislang bestehende grundsätzliche Anmelde- und Genehmigungspflicht für wettbewerbsbeschränkende Vereinbarungen und Verhaltensweisen ist entfallen. Nunmehr
sind derartige Verhaltenskoordinierungen **automatisch vom Verbot des § 1 GWB freigestellt**, wenn sie die tatbestandlichen Voraussetzungen der Ausnahme des § 2 GWB
erfüllen, ohne dass dies einer vorherigen behördlichen Entscheidung im Einzelfall
bedarf. Insofern ergeben sich für das Kartellverbot im deutschen Recht kaum Unterschiede zum EU-Recht.

Um nach Art 101 Abs 3 AEUV **freigestellt** zu sein, muss eine Vereinbarung vier **36**
Voraussetzungen erfüllen:
- sie muss zur Verbesserung der Warenerzeugung oder -verteilung oder zur Förderung des technischen oder wirtschaftlichen Fortschritts beitragen,
- sie muss die Verbraucher an dem entstehenden Gewinn angemessen beteiligen,
- sie darf den beteiligten Unternehmen keine Beschränkungen auferlegen, die für die
Verwirklichung dieser Ziele nicht unerlässlich sind, und
- darf keine Möglichkeit eröffnen, für einen wesentlichen Teil der betreffenden Ware
den Wettbewerb auszuschließen.[92]

Die Kommission kann daneben Gruppen von Vereinbarungen freistellen, dh das **37**
Kartellverbot für derartige Vereinbarungen außer Kraft setzen. Für den MultimediaBereich sind folgende **Gruppenfreistellungsverordnungen** besonders bedeutsam:[93]
- Verordnung (EG) Nr 330/2010 über die Anwendung von Art 101 Abs 3 AEUV auf
Gruppen von vertikalen Vereinbarungen und aufeinander abgestimmten Verhaltensweisen (sog GVO-Vertikal),[94]

---

[90] Loewenheim/Meessen/Riesenkampff/*Nordemann* § 1 Rn 6; *Hartog* WRP 2005, 1397; *Kahlenberg/Haellmigk* BB 2005, 1510; *Fuchs* WRP 2005, 1386.
[91] Kommission, VO (EG) 1/2003, EG ABl 2003 L 1/1.
[92] Vgl *Bechtold/Bosch/Brinker/Hirsbrunner* Art 81 Rn 139.
[93] Zu den geplanten Änderungen der GVOs s Stellungnahme der GRUR, GRUR 2010, 897 ff.
[94] ABl 2010 Nr L 1021.

Kapitel 2 Medienkartellrecht

- Verordnung (EG) Nr 772/2004 über die Anwendung von Art 81 Abs 3 EG auf Gruppen von Technologietransfer-Vereinbarungen (TT-GVO),[95]
- Verordnung (EG) Nr 1217/2010 über die Anwendung von Art 101 Abs 3 AEUV auf bestimmte Gruppen von Vereinbarungen über Forschung und Entwicklung (FuE-GVO).[96]

Die Vertikal-GVO stellt gem Art 2 iVm Art 101 Abs 3 AEUV vertikale wettbewerbsbeschränkende Vereinbarungen von der Anwendung des Art 101 Abs 1 AEUV frei.[97] Bestimmte vertikale Beschränkungen werden indes in den folgenden Artikeln von diesem Grundsatz ausgenommen. In der Praxis haben die sog Kernbeschränkungen (wettbewerblich schädliche Vereinbarungen, die nicht freigestellt werden) des Art 4 GVO-Vertikal die größte Bedeutung.

38 Im deutschen Recht ist die Möglichkeit der Freistellung wettbewerbsbeschränkender Vereinbarungen parallel zum europäischen Recht größtenteils wortidentisch geregelt. Zentraler Freistellungstatbestand des novellierten GWB ist § 2 Abs 1 GWB, der eine dem Art 101 Abs 3 AEUV nachgebildete Generalklausel enthält. Die nach Art 101 Abs 3 AEUV ergangenen Freistellungsverordnungen erzeugen für das deutsche Recht unmittelbare Freistellungswirkung; dies folgt aus der **dynamischen Verweisung in § 2 Abs 2 GWB**.

3. Fusionskontrolle

39 Sowohl das europäische Recht als auch das deutsche Kartellrecht halten in der Fusionskontrollverordnung (FKVO) bzw in §§ 35 ff GWB eigenständige Regelungskomplexe für die kartellrechtliche Fusionskontrolle bereit. **Fusionskontrolle ist Strukturkontrolle.** Ihr Zweck ist es, das Anwachsen wirtschaftlicher Macht durch die Fusion von Unternehmen zu kontrollieren und, wenn notwendig, zu beschränken.[98] Die Form des Zusammenschlusses ist für die Anwendung der FKVO oder der §§ 35 ff GWB unerheblich. So kann auch der Abschluss von **Lizenzverträgen** zwischen marktstarken Verlagsunternehmen als Zusammenschluss gewertet werden.[99]

40 Der BGH beschreibt die Ziele der Fusionskontrolle wie folgt: „Die Untersagung des Zusammenschlusses soll einer **weiteren Verkrustung der Märkte entgegenwirken** und den auf den beherrschten Märkten noch vorhandenen aktuellen oder potentiellen Wettbewerb vor weiteren – durch den Zusammenschluss zu erwartenden – Beschränkungen schützen. Eine Verstärkung ist schon dann anzunehmen, wenn sich die Größen, die die Marktmacht bestimmen, derart verändern, dass die die Macht auf einem bestimmten Markt neutralisierende Wirkung des Wettbewerbs im Wege der Änderung von markt- und unternehmensbezogenen Strukturen in noch höherem Maße eingeschränkt wird, als dies vor dem Anteilserwerb der Fall war."[100] Für die Fusionskontrolle kommt es folglich auf eine Prognose über die Marktstrukturentwicklung an; sie stellt mithin ein präventives Mittel der Wettbewerbskontrolle dar.

41 Gem Art 4 FKVO bzw § 39 GWB müssen solche Zusammenschlüsse, welche die geltenden Umsatzschwellen überschreiten, vor ihrem Vollzug bei der Kommission bzw

---

[95] ABl 2004 Nr L 123/11; s dazu unten Rn 73, 151–152.
[96] ABl 2010 Nr L 102/5.
[97] Zur Anwendung des Art 101 Abs 1 AEUV s oben Rn 27 ff; s zur neuen Vertikal-GVO *Wiedemann* WuW 2010, 611.
[98] Immenga/Mestmäcker/*Immenga/Körber*

EG Teil I, FKVO – Einleitung Rn 8; *Zagouras* 95.
[99] Umfassend *Strohmayr* GRUR 2010, 583 ff; ablehnend im konkreten Fall BGH GRUR 2007, 517 – National Geographic.
[100] BGH v 6.10.1992 WuW/E 2795, 2805 – Pinneberger Tageblatt.

beim BKartA **angemeldet** werden, wobei die zur Beurteilung des Zusammenschlusses notwendigen Angaben mitzuliefern sind.[101] Das Entscheidungsprogramm des BKartA gliedert sich anschließend in drei Stufen: zunächst hat es die Zuständigkeit im Verhältnis zur Kommission zu prüfen; anschließend ermittelt es, ob der Zusammenschluss der wirtschaftlichen Tragweite nach bestimmte Schwellenwerte erreicht, welche die Anwendung der GWB-Fusionskontrolle überhaupt erst ermöglichen (sog Aufgreifkriterien); schließlich entscheidet es, ob der Zusammenschluss unter wettbewerblicher Sicht genehmigt werden kann oder untersagt werden muss (sog Eingreifkriterien).

Bevor die Kommission bzw. das BKartA die Freigabe für den Zusammenschluss erteilt haben, unterliegt er einem **Vollzugsverbot** (Art 7 FKVO bzw § 41 GWB), von welchem im Einzelfall Ausnahmen zugelassen werden können.   42

a) **Aufgreifkriterien.** Ein Zusammenschluss unterliegt der Fusionskontrolle nach der **europäischen FKVO,** wenn   43
– ein Zusammenschlusstatbestand iSv Art 3 FKVO vorliegt,
– und der Zusammenschluss gemeinschaftsweite Bedeutung hat, also die Umsatzschwellen des Art 1 FKVO überschritten sind.

Ein Zusammenschluss unterliegt der **deutschen Fusionskontrolle,** wenn   44
– die EG-Fusionskontrolle nach der VO (EWG) Nr 4064/98 keine Anwendung findet (§ 35 Abs 3 GWB),
– ein Zusammenschlusstatbestand iSv § 37 GWB gegeben ist,[102]
– die Umsatzschwellen des § 35 Abs 1 GWB erfüllt sind,
– und die Ausnahmevorschrift des § 35 Abs 2 GWB nicht eingreift.

aa) **Zuständigkeit der Kommission bzw des BKartA.** Nach Anmeldung eines Zusammenschlusses stellt sich zunächst die Frage der Zuständigkeit des BKartA im Vergleich zur Kommission. Die Zuständigkeit der Kommission schließt die Zuständigkeit des BKartA und anderer nationaler Behörden innerhalb der EU aus (Art 21 Abs 2 FKVO; exklusive Zuständigkeit oder *One-Stop-Shop*);[103] sie ist dann gegeben, wenn die Umsatzschwellen aus Art 1 FKVO überschritten sind, der Zusammenschluss also gemeinschaftsweite Bedeutung hat.   45

bb) **Zusammenschluss.** Nach europäischem Recht fallen die **Fusion** und – als häufigster Fall – der **Kontrollerwerb** unter den Zusammenschlussbegriff (Art 3 Abs 1 FKVO). Die Begriffe sind in der Mitteilung der Kommission über den Begriff des Zusammenschlusses[104] näher erläutert. Ob ein Vorgang zur Erlangung von Kontrolle führt, hängt von einer Reihe rechtlicher und/oder tatsächlicher Faktoren ab. Die Erlangung von Eigentumsrechten und Aktionärsabsprachen sind wichtige, aber nicht die einzigen Kriterien; auch rein wirtschaftliche Beziehungen können entscheidend   46

---

[101] *Emmerich* § 18 Rn 8 ff, § 36 Rn 5.
[102] *Bunte* 243.
[103] Für den Anwendungsbereich des GWB stellt dies § 35 Abs 3 GWB klar. Eine Ausnahme von der Regel der ausschließlichen Zuständigkeit der Kommission für Zusammenschlüsse mit gemeinschaftsweiter Bedeutung macht Art 21 Abs 4 FKVO. Danach können die Mitgliedstaaten geeignete Maßnahmen zum Schutz von berechtigten Interessen treffen, die nicht von der FKVO erfasst werden, also nicht allein dem Schutz des Wettbewerbs innerhalb des Binnenmarktes vor Verfälschung (Erwägungsgrund 2 der FKVO). Als berechtigtes Interesse gilt die Medienvielfalt (Art 21 Abs 4, Unterabs 2). Durch diesen Ausnahmetatbestand rechtfertigt sich bspw die Anwendung der rundfunkrechtlichen Konzentrationskontrolle nach §§ 35 ff RStV auf Zusammenschlüsse mit gemeinschaftsweiter Bedeutung.
[104] Mitteilung der Kommission v 2.3.1998, ABl C 66/02.

Kapitel 2 Medienkartellrecht

sein. In Ausnahmefällen kann sogar eine wirtschaftliche Abhängigkeit faktisch zur Erlangung der Kontrolle führen.[105]

47 Auch die **Erlangung gemeinsamer Kontrolle** fällt unter den Tatbestand des Art 3 Abs 1 FKVO.[106] Zusätzlich zu dem Erfordernis der gemeinsamen Kontrolle muss das Gemeinschaftsunternehmen ein „Vollfunktionsgemeinschaftsunternehmen" sein, dh es muss gem Art 3 Abs 2 auf Dauer alle Funktionen einer selbständigen Wirtschaftseinheit erfüllen.[107]

48 Mit der 6. Novelle des GWB erfolgte eine Anpassung der deutschen Fusionskontrolle an das EU-Recht. Dabei wurden zum einen die wesentlichen Vorschriften aus dem Katalog des bisherigen § 23 Abs 2 – in gestraffter Form – übernommen, zum anderen der Zusammenschlusstatbestand „Kontrollerwerb" in Anlehnung an Art 3 Abs 1 lit b) iVm Abs 3 FKVO neu in das GWB eingefügt.[108] Obschon der Kontrollerwerb an sich als Generalklausel dazu geeignet wäre, alle anderen Fälle des Zusammenschlusses zu erfassen, hat der Gesetzgeber an den Einzeltatbeständen festgehalten.[109] Jedoch decken die verschiedenen Tatbestände auch Zusammenschlüsse, die unterhalb des Kontrollerwerbs liegen, so zB bei nur **Beteiligungen** ab 25 % (§ 37 Abs 1 Nr 3 GWB) oder **Erlangung wettbewerblich erheblichen Einflusses** (§ 37 Abs 1 Nr 4 GWB) und gewähren damit einen weitergehenden Schutz;[110] insofern greift das deutsche Fusionskontrollrecht weiter als jenes der EU.[111] Der Tatbestand der Erlangung wettbewerblich erheblichen Einflusses ist gegenüber den anderen Zusammenschlusstatbeständen subsidiär und betrifft hauptsächlich Minderheitsbeteiligungen unter 25 %.[112]

49 Wie im europäischen Recht fällt unter Kontrollerwerb der Erwerb alleiniger und gemeinsamer Kontrolle. Insb durch die Tatbestände des Anteilserwerbs und des Erwerbs wettbewerblich erheblichen Einflusses können nach deutschem Recht unterhalb der Schwelle des Kontrollerwerbs bloße **Minderheitsbeteiligungen** anmeldepflichtig sein.

50 cc) **Schwellenwerte.** Die Zuständigkeit der Kommission richtet sich nach den Schwellenwerten in Art 1 FKVO.[113] Die Grundsätze der **Umsatzberechnung** finden

---

[105] Mitteilung der Kommission v 2.3.1998, ABl C 66/02 Rn 9.
[106] Siehe für alle Einzelheiten Mitteilung der Kommission v 2.3.1998, ABl C 66/02 Rn 18 ff.
[107] Zu den Einzelheiten siehe Mitteilung der Kommission über den Begriff des Vollfunktionsgemeinschaftsunternehmens v 2.3.1998, ABl C 66/01.
[108] Begr zum RegE, BT-Drucks 13/9720 (1998), 43.
[109] Krit *Emmerich* § 33 Rn 1 f, 8 ff mwN.
[110] Begr zum RegE, BT-Drucks 13/9720 (1998), 43.
[111] *Bunte* 254.
[112] Loewenheim/Meessen/Riesenkampff/*Riesenkampff/Lehr* § 37 GWB Rn 25 f.
[113] Nach Art 1 Abs 2 FKVO ist die Kommission zuständig, wenn die folgenden Voraussetzungen kumulativ erfüllt sind:
• weltweiter Gesamtumsatz aller beteiligten Unternehmen zusammen von mehr als € 5 Mrd
• ein gemeinschaftsweiter Gesamtumsatz von mindestens zwei beteiligten Unternehmen von jeweils mehr als € 250 Mio
• keines der beteiligten Unternehmen erzielt mehr als zwei Drittel des gemeinschaftsweiten Gesamtumsatzes in ein und demselben Mitgliedstaat (sog Zwei-Drittel-Regel).
Alternativ greift Art 1 Abs 3 FKVO, für den Fall das die Schwellenwerte des Art 1 Abs 2 FKVO nicht erfüllt sind:
• weltweiter Gesamtumsatz aller beteiligten Unternehmen zusammen von mehr als 2,5 Mrd EUR
• Gesamtumsatz aller beteiligten Unternehmen in mindestens drei Mitgliedstaaten übersteigt jeweils € 100 Mio
• Gesamtumsatz von mindestens zwei beteiligten Unternehmen ist jeweils höher als

sich in Art 5 FKVO. Beteiligte Unternehmen sind die direkten Teilnehmer an dem Zusammenschluss.[114] Grundsätzlich werden die Verkaufserlöse der beteiligten Unternehmen berücksichtigt, die diese in dem Geschäftsjahr vor dem Zusammenschluss erzielten, es sei denn es sind nach Erstellung des Jahresabschlusses signifikante Veränderungen eingetreten. Gehört das beteiligte Unternehmen einem Konzern an, ist der Umsatz des Konzerns heranzuziehen. Umsätze zwischen Konzernunternehmen iSd Art 5 Abs 4 FKVO sowie Rabatte, Steuern und Abgaben werden abgezogen. Schließlich bestimmt Art 5 Abs 1 FKVO, dass sich die geographische Zuordnung der Umsätze nach dem Standort des Kunden zu Zeit der Transaktion richtet. Die Verwaltungspraxis der zum Teil komplexen Umsatzberechnung hat die Kommission in ihrer Mitteilung zur Umsatzberechnung niedergelegt.[115]

Der Anwendungsbereich der Zusammenschlusskontrolle des GWB und die damit verbundene Zuständigkeit des BKartA richtet sich nach § 35 GWB. Zunächst müssen die Schwellenwerte des § 35 Abs 1 GWB erfüllt sein.[116] Des Weiteren darf die sog **Bagatellklausel** des § 35 Abs 2 S 1 GWB nicht einschlägig sein.[117] Die Grundsätze der Umsatzberechnung finden sich in § 38 GWB (zu den Besonderheiten im Presse- und Medienbereich Rn 74 ff). 51

b) Eingreifkriterien. Sofern die FKVO einschlägig ist, der Zusammenschluss also gemeinschaftsweite Bedeutung hat, wird er von der (hierzu ausschließlich zuständigen) Kommission geprüft. Gem Art 2 Abs 3 und 4 FKVO ist ein Zusammenschluss, durch den der wirksame Wettbewerb im Gemeinsamen Markt oder in einem wesentlichen Teil desselben erheblich behindert würde, mit dem Gemeinsamen Markt unvereinbar. Ein Zusammenschluss führt dann zu einer erheblichen Behinderung wirksamen Wettbewerbs, wenn bei einer Untersagung des Zusammenschlusses die Wettbewerbsfunktionen besser erfüllt wären als bei einer Genehmigung des Zusammenschlusses.[118] Die FKVO von 2004 richtet die Beurteilung nicht mehr allein an der Frage aus, ob durch den fraglichen Zusammenschluss eine marktbeherrschende Stellung begründet oder verstärkt würde, sondern beinhaltet einen sog SIEC-Test (*significant impediment to effective competition*).[119] Hierin liegt – zumindest formal – ein 52

- € 25 Mio in mindestens drei der oben genannten Mitgliedstaaten
- gemeinschaftsweiter Gesamtumsatz von mindestens zwei beteiligten Unternehmen jeweils höher als € 100 Mio

keines der beteiligten Unternehmen erzielt mehr als zwei Drittel des gemeinschaftsweiten Gesamtumsatzes in ein und demselben Mitgliedstaat (sog Zwei-Drittel-Regel).

[114] S dazu ausf Mitteilung der Kommission über den Begriff der beteiligten Unternehmen in der Verordnung (EWG) Nr 4064/89 des Rates über die Kontrolle von Unternehmenszusammenschlüssen (98/C 66/03) v 2.3.1998, ABl C 66/14.

[115] Mitteilung der Kommission über die Berechnung des Umsatzes im Sinne der Verordnung (EWG) Nr 4064/89 des Rates über die Kontrolle von Unternehmenszusammenschlüssen (98/C 66/04) v 2.3.1998, ABl C 66/25.

[116] Dies ist der Fall, wenn im letzten Geschäftsjahr

- der weltweite Gesamtumsatz aller beteiligten Unternehmen mehr als € 500 Mio betragen hat und
- mindestens ein beteiligtes Unternehmen im Inland Umsatzerlöse von mehr als € 25 Mio erzielt hat.

[117] Danach gilt § 35 Abs 1 GWB nicht, wenn

- ein nicht iSd § 36 Abs 2 GWB abhängiges Unternehmen im letzten Geschäftsjahr weltweit Umsatzerlöse von weniger als € 10 Mio erzielt hat oder
- ein Markt betroffen ist, auf dem seit mindestens fünf Jahren Waren oder gewerbliche Leistungen angeboten werden und auf dem im letzten Jahr weniger als € 15 Mio umgesetzt wurden.

[118] Loewenheim/Meessen/Riesenkampff/*Riesenkampff/Lehr* FKVO Art 2 Rn 53.

[119] Vgl dazu *Böge* WuW 2004, 138, 143.

wesentlicher Unterschied zur deutschen Beurteilung nach § 36 GWB. Jedoch bleibt das Kriterium der marktbeherrschenden Stellung im Rahmen des SIEC-Tests von großer Bedeutung, da es gem Art 2 Abs 2, 3 FKVO zur Prüfung einer Wettbewerbsbehinderung vornehmlich zu prüfen ist. Gemäß Erwägungsgrund 32 der FKVO 2004 indiziert ein Marktanteil der beteiligten Unternehmen von unter 25 % die Vereinbarkeit des Vorhabens mit dem Gemeinsamen Markt. Umgekehrt ist – in Anknüpfung an die Entscheidungspraxis zur alten FKVO – bei einem gemeinsamen Marktanteil der beteiligten Unternehmen von über 50 % eine marktbeherrschende Stellung und somit die Unvereinbarkeit mit dem Gemeinsamen Markt zu vermuten.[120] Der europäische SIEC-Test lehnt sich an den im US-amerikanischen Recht entwickelten SLC-Test (*substantial lessening of competition*) an,[121] ist jedoch – wie schon die Terminologie vermuten lässt – nicht deckungsgleich mit seinem Vorbild.

53 Die Frage, ob bei Vorliegen der Aufgreifkriterien das BKartA tatsächlich eingreifen muss, richtet sich nach § 36 GWB. Danach muss das BKartA den Zusammenschluss untersagen, wenn es durch den Zusammenschluss zu einer Begründung oder Verstärkung einer marktbeherrschenden Stellung der beteiligten Unternehmen kommt. Somit ist das Eingreifkriterium für die deutsche Fusionskontrolle die **Begründung oder Verstärkung einer marktbeherrschenden Stellung**. Dabei reicht die Erwartung, dass zukünftig eine solche marktbeherrschende Stellung begründet wird, aus.[122] Daraus ergibt sich die zentrale Schwierigkeit der Fusionskontrolle: Es muss eine Prognose über die zukünftige Entwicklung der Marktstruktur getroffen werden. Im Rahmen dieser Prognose kommt aufgrund der Unsicherheit über die zukünftige Entwicklung den zeitnah und unmittelbar mit dem Zusammenschluss eintretenden Folgen ein größeres Gewicht zu als die absehbare weitere Entwicklung wie technische Neuerungen, Marktzutritte oder politische Veränderungen.[123] Dabei ist aber stets zu beachten, dass der Zusammenschluss für die Begründung oder Verstärkung der marktbeherrschenden Stellung zumindest mitursächlich sein muss.[124]

54 Für die Feststellung der marktbeherrschenden Stellung ist die Definition des § 19 Abs 2 S 1 GWB zugrunde zu legen.[125] Maßgeblich soll dabei sein, ob dem Unternehmen ein übermäßiger, vom Wettbewerb **nicht mehr hinreichend kontrollierter Verhaltensspielraum** zur Verfügung steht.[126] Von § 36 Abs 1 GWB wird zudem die in § 19 Abs 2 S 2 GWB definierte oligopolistische Marktbeherrschung sowie die Oligopolvermutungen des § 19 Abs 3 GWB erfasst. Demnach muss das BKartA auch eingreifen, wenn die Marktbeherrschung durch ein Oligopol droht. Diese Prüfung entspricht der Prüfung im Rahmen des § 19 Abs 2 S 1 Nr 2 GWB.[127]

55 Die Ermittlung, ob durch den Zusammenschluss eine marktbeherrschende Stellung begründet oder verstärkt wird, erfolgt durch eine Gesamtschau aller für den betroffenen Markt relevanten Merkmale. Während ursprünglich das Verhalten von Unternehmen im Mittelpunkt dieser Gesamtschau stand, wird die Beurteilung heutzutage in erster Linie anhand von **wettbewerbs-, markt-, und unternehmensbezogenen Struk-**

---

120 *Lochen* 66.
121 *Lochen* 63.
122 Loewenheim/Meessen/Riesenkampff/*Kahlenberg* § 36 GWB Rn 6.
123 *Emmerich* § 34 Rn 2 ff.
124 BGHZ 115, 354, 361 – Lübecker Nachrichten/Stormaner Tagesblatt; Immenga/Mestmäcker/*Mestmäcker*/*Veelken* § 36 GWB Rn 123.
125 Loewenheim/Meessen/Riesenkampff/*Kahlenberg* § 36 GWB Rn 1; Wiedemann/*Richter* § 18 Rn 8.
126 BGHZ 79, 62, 67 – Klöckner/Becorit.
127 Loewenheim/Meessen/Riesenkampff/*Kahlenberg* § 36 GWB Rn 126 ff.

turmerkmalen vorgenommen.¹²⁸ Einen abschließenden Katalog gibt es nicht. Von regelmäßiger Bedeutung sind aber Marktanteile, Ressourcenbetrachtungen, Zugänge zu Absatz- und Beschaffungsmärkten, Marktzutrittsschranken, der potentielle Wettbewerb und die Phase, in der sich der zu untersuchende Markt befindet.¹²⁹

Ist nach der Prognose des BKartA die Begründung oder Verstärkung einer marktbeherrschenden Stellung durch die Fusion zu erwarten, darf den betroffenen Unternehmen der Zusammenschluss nach § 36 Abs 1 GWB dennoch nicht versagt werden, sofern den Unternehmen der Nachweis gelingt, dass durch den Zusammenschluss auch **Verbesserungen der Wettbewerbsbedingungen** eintreten und diese die negativen Effekte überwiegen. **56**

4. Verhinderung des Missbrauchs einer marktbeherrschenden Stellung

Die dritte Säule der kartellrechtlichen Regulierung stellt die sog Missbrauchsaufsicht dar (Art 102 AEUV, §§ 19, 20 GWB) zur **Verhinderung der unangemessenen Ausnutzung von Marktstärke zum Nachteil der Wettbewerber** und damit auch durch befürchtete **Effizienzverluste zum Nachteil von Nachfragern**. Die Missbrauchsaufsicht soll allerdings nicht die durch Leistungswettbewerb und insb durch Innovationen erworbene Marktmacht beschneiden, sondern erst ihre missbräuchliche Ausnutzung.¹³⁰ **57**

Weitgehend einheitlich nennen sowohl Art 102 AEUV als auch § 19 GWB als Voraussetzungen die Marktbeherrschung, einen Missbrauchstatbestand sowie eine fehlende sachliche Rechtfertigung. Im Rahmen des § 20 GWB, der als besondere Missbrauchstatbestände für das deutsche Recht Diskriminierung und unbillige Behinderung nennt, kommt es anstelle der Marktbeherrschung auf die Marktstärke eines Unternehmens an. Art 102 AEUV und §§ 19, 20 GWB sind parallel anwendbar, wobei Art 102 AEUV aufgrund der Zwischenstaatlichkeitsklausel nur bei grenzüberschreitenden Sachverhalten eingreift. Rechtsfolgen eines missbräuchlichen Verhaltens sind die Anordnung der Untersagung des Verhaltens, die Verhängung von teilweise erheblichen Bußgeldern¹³¹ sowie die **Unwirksamkeit von Rechtsgeschäften**, die auf den Missbrauch zurückgehen. **58**

EuGH,¹³² Kommission¹³³ sowie die deutschen Kartellbehörden und -gerichte¹³⁴ legen für die Beurteilung der Marktbeherrschung ihren Entscheidungen das **Marktmacht- und das Bedarfsmarktkonzept** zugrunde.¹³⁵ Nach dem Marktmachtkonzept ist kein Unternehmen per se marktbeherrschend. Fälle einer reinen Größenmacht werden **59**

---

¹²⁸ *Emmerich* § 34 Rn 15 ff; Immenga/Mestmäcker/*Mestmäcker/Veelken* § 36 GWB Rn 150.
¹²⁹ Vgl BKartA, Auslegungsgrundsätze 2005.
¹³⁰ *Wessely* in Frankfurter Kommentar Bd 2, Anwendungsgrundsätze zu Art 82 EGV Rn 11.
¹³¹ Im Fall Microsoft hat die Kommission ein Bußgeld in Höhe von € 497,2 Mio verhängt, Kommission v 24.3.2004, COMP/37.792 – Microsoft.
¹³² Etwa EuGH Slg 1997, II-1439, 1472 ff; EuGH Slg 1997 II-1689, 1713 Rn 54.
¹³³ Kommission, Bekanntmachung über die Definition des relevanten Marktes, ABl 1997 Nr C 372/5 Rn 7, 13 ff; Kommission, Leitlinien für vertikale Beschränkungen (s oben Fn 81), Rn 90.
¹³⁴ BGH WuW/E 1435, 1440 – Vitamin B 12; BGH WuW/E 2150, 2153 – Edelstahlbestecke; BGH WuW/E 2433 – Gruner – Jahr/Zeit II; BGH WuW/E 2771, 2772 – Kaufhof/Saturn; BGH WuW/E 3026, 3028 – Backofenmarkt; BKartA WuW/E 2591, 2593 – Fresenius/Semina mwN; BKartA v 15.4.1993 WuW BKartA 2521, 2526 – Zahnradfabrik Friedrichshafen/Allison.
¹³⁵ Immenga/Mestmäcker/*Möschel* EG Teil I, Art 82 Rn 43; Loewenheim/Meessen/Riesenkampff/*Bergmann* Art 82 EGV Rn 82; Loewenheim/Meessen/Riesenkampff/*Götting* § 19 GWB Rn 10; Wiedemann/*Wiedemann* § 2 Rn 8.

nicht erfasst.[136] Eine bestehende Marktmacht kann unbeachtlich sein, wenn ihr eine Marktgegenmacht auf Nachfragerseite gegenübersteht. Erforderlich ist aber, dass der Marktgegenmacht ausreichend Ausweichmöglichkeiten zur Verfügung stehen.[137] Beim Bedarfsmarktkonzept wird nach der Austauschbarkeit von Produkten aus Sicht der Nachfrager und nach der Angebotsumstellungsflexibilität aus Sicht der Anbieter gefragt.[138]

60 a) **Europäisches Recht.** Art 102 S 1 AEUV verbietet die missbräuchliche Ausnutzung einer beherrschenden Stellung auf dem Gemeinsamen Markt oder auf einem wesentlichen Teil desselben durch ein oder mehrere Unternehmen, soweit dies dazu führen kann, den Handel zwischen den Mitgliedsstaaten zu beeinträchtigen. Art 102 AEUV stellt ein unmittelbar geltendes Verbot auf, für das **keine Freistellungsmöglichkeit** existiert.

61 Ein Unternehmen ist nach ständiger Rechtsprechung des EuGH[139] und Entscheidungspraxis der Kommission[140] marktbeherrschend, wenn es eine wirtschaftliche Machtstellung innehat, die das Unternehmen in die Lage versetzt, die Aufrechterhaltung eines wirksamen Wettbewerbs auf dem relevanten Markt zu verhindern, indem sie ihm die **Möglichkeit zu einer unabhängigen Marktstrategie** im Verhältnis zu seinen Marktpartnern verschafft.[141] Ob dies der Fall ist, wird anhand einer Gesamtabwägung sämtlicher markt- und unternehmensbezogener Faktoren im Einzelfall beurteilt.[142] Im Vordergrund dieser Beurteilung steht regelmäßig der Marktanteil des betreffenden Unternehmens.[143] Mehrere Unternehmen können mitunter gemeinsam eine marktbeherrschende Stellung innehaben.[144] Das Vorliegen einer Marktbeherr-

---

[136] *Emmerich* § 9 Rn 5; Loewenheim/Meessen/Riesenkampff/*Lübbig* Art 82 EGV Rn 25; vgl auch *Bechtold/Bosch/Brinker/Hirsbrunner* Art 82 Rn 17 ff; Immenga/Mestmäcker/*Möschel* EG Teil I, Art 82 Rn 63 ff.
[137] Kommission WuW 2009, 1201, 1204 f – Intel.
[138] Immenga/Mestmäcker/*Möschel* § 19 GWB Rn 24–31; Loewenheim/Meessen/Riesenkampff/ *Götting* § 19 GWB Rn 12–20; *Bechtold/ Bosch/Brinker/Hirsbrunner* Art 82 Rn 7 ff; *Emmerich* § 4 Rn 66 ff, § 8 Rn 8 ff.
[139] EuGH v 14.2.1978, Slg 1978, 207, 286 – United Brands; EuGH vom 13.2.1979, Slg 1979, 461, 520 – Hoffmann-La Roche; EuGH v 9.11.1983, Slg 1983, 3461 – Michelin; EuGH v 30.10.1985, Slg 3261, 3275 – CBEM/CLT; EuGH v 4.5.1988, Slg 1988, 2479, 2514 – Bodson/Pompes Funèbres; EuGH v 5.10.1988, Slg 1988, 5987, 6008 – Alsatel/Novasam; EuGH v 12.12.1991, Slg 1991 II, 1439, 1480 – Hilti; EuGH v 17.12.2003, Slg 2003 II, 5917 – Virgin/ British Airways.
[140] Kommission v 14.12.1985, ABl 1985, Nr L 374, 1, 17 – ECS/AKZO II; Kommission v 29.7.1987, ABl 1987, Nr L 286, 36, 39 – BBI/ Boosey & Hawkes; Kommission v 5.12.1988, ABl 1989, Nr L 10, 50, 64 – BPB; Kommission v 19.12.1990, ABl 1991, Nr L 152, 21, 30 – Soda-Solvay; Kommission v 19.12.1990, ABl 1991, Nr L 152, 40, 48 – Soda-ICI; Kommission, Diskussionspapier zur Anwendung des Art 82 EG, 12/2005, Tz 20.
[141] *Bechtold/Bosch/Brinker/Hirsbrunner* Art 82 Rn 17, 18; Loewenheim/Meessen/Riesenkampff/ *Bergmann* Art 82 EG Rn 93 f; *Wessely* in Frankfurter Kommentar Bd 2, Normadressaten Art 82 EGV Rn 83.
[142] *Bechtold/Bosch/Brinker/Hirsbrunner* Art 82 Rn 22 ff; Loewenheim/Meessen/Riesenkampff/ *Bergmann* Art 82 EG Rn 95.
[143] *Wessely* in Frankfurter Kommentar Bd 2, Normadressaten Art 82 EGV Rn 106; *Bechtold/ Bosch/Brinker/Hirsbrunner* Art 82 Rn 22; *Emmerich* § 9 Rn 25 ff; Immenga/Mestmäcker/ *Möschel* EG Teil I, Art 82 Rn 74; Loewenheim/ Meessen/Riesenkampff/*Bergmann* Art 82 EG Rn 96.
[144] *Wessely* in Frankfurter Kommentar Bd 2 Normadressaten Art 82 EGV Rn 139 ff; Immenga/Mestmäcker/*Möschel* EG Teil I, Art 82 Rn 105 ff; Loewenheim/Meessen/Riesenkampff/*Bergmann* Art 82 EGV Rn 121 ff.

schung nimmt die Kommission regelmäßig bei einer **Marktanteilsquote von 40 %**,[145] der EuGH erst bei 50 % an.[146]

Die Entscheidungspraxis belegt, dass sich im europäischen Kartellrecht drei Arten **62** des Missbrauchs der beherrschenden Stellung finden, nämlich der **Behinderungsmissbrauch**, der auf die Behinderung von Wettbewerbern auf beherrschten oder dritten Märkten zielt, der **Ausbeutungsmissbrauch** zum Nachteil der Verbraucher und Abnehmer und schließlich der **Marktstrukturmissbrauch** als gezielter Eingriff in die Struktur des Wettbewerbs.[147]

Als Leitlinien für die Entwicklung des Missbrauchs einer marktbeherrschenden **63** Stellung können die in Satz 2 beispielshalber normierten Fälle dienen, ein System unverfälschten Wettbewerbs zu schaffen. Der Missbrauch kann danach insb in Folgendem bestehen:

- unmittelbare oder mittelbare Erzwingung von unangemessenen Einkaufs- oder Verkaufspreisen oder sonstigen Geschäftsbedingungen (**Preis- und Konditionenmissbrauch**);
- Einschränkung der Erzeugung, des Absatzes oder der technischen Entwicklung zum Schaden der Verbraucher;
- **Anwendung unterschiedlicher Bedingungen** bei gleichwertigen Leistungen gegenüber Handelspartnern, wodurch diese im Wettbewerb benachteiligt werden;
- an den Abschluss von Verträgen geknüpften Bedingung, dass die Vertragspartner zusätzliche Leistungen annehmen, die weder sachlich noch nach Handelsbrauch in Beziehung zum Vertragsgegenstand stehen (**Kopplung**).

b) **Deutsches Recht.** Durch die 6. GWB-Novelle im Jahre 1998 wurde das Verbot **64** des Missbrauchs einer marktbeherrschenden Stellung des § 19 GWB in ein **gesetzliches Verbot** umgestaltet. Damit einher ging eine Angleichung des § 19 GWB an Art 102 AEUV.[148] Auf eine weitergehende Anpassung an das europäische Recht im Zuge der 7. GWB-Novelle – entsprechend der Anpassung des Kartellverbots (§ 1 GWB) an Art 101 AEUV[149] – wurde indes verzichtet. Vielmehr wurden die strengeren deutschen Vorschriften zur Missbrauchsaufsicht (§§ 19–21 GWB) beibehalten. Zur Begründung berief sich der Gesetzgeber auf Art 3 Abs 2 S 2 der VO (EG) Nr 1/2003, wonach die Mitgliedsstaaten in ihrem Hoheitsgebiet strengere Vorschriften zur Unterbindung einseitiger Handlungen anwenden dürfen.[150]

aa) **Missbrauchsverbot, § 19 GWB.** § 19 Abs 1 GWB untersagt die missbräuch- **65** liche Ausnutzung einer marktbeherrschenden Stellung. Die Marktbeherrschung setzt die Abgrenzung des relevanten Marktes voraus[151] und richtet sich nach § 19 Abs 2 GWB. In § 19 Abs 2 S 1 GWB sind verschiedene Fälle der Marktbeherrschung eines

---

[145] Kommission v 4.11.1988, ABl 1988, Nr L 317, 47, 52 – London European/SABENA; vgl Immenga/Mestmäcker/*Möschel* EG Teil I, Art 82 Rn 83; Loewenheim/Meessen/Riesenkampff/*Bergmann* Art 82 EGV Rn 102 f.
[146] EuGH v 13.2.1979, Slg 1979, 461, 528 – Hoffmann-La Roche; vgl Immenga/Mestmäcker/*Möschel* EG Teil I, Art 82 Rn 83; *Wessely* in Frankfurter Kommentar Bd 2, Normadressaten Art 82 EGV Rn 110 f.
[147] Vgl *Emmerich* § 10 Rn 4 ff; zu den Schutzgütern des Art 82 EGV umfassend *Wessely* in Frankfurter Kommentar Bd 2, Anwendungsgrundsätze Art 82 EGV Rn 54 ff.
[148] *Emmerich* § 27 Rn 3; Loewenheim/Meessen/Riesenkampff/*Götting* § 19 GWB Rn 6.
[149] Vgl dazu oben Rn 27 ff.
[150] Referentenentwurf zur 7. GWB-Novelle, BT-Drucks 15/3640, 29, 31, 46.
[151] S dazu bereits oben Rn 22 ff.

Unternehmens normiert, wobei zwischen diesen Fällen in der Praxis kaum unterschieden wird.[152] Zur Feststellung der Marktbeherrschung ist stets eine **Gesamtbetrachtung sämtlicher Kriterien** des § 19 Abs 2 S 1 Nr 2 GWB erforderlich.[153] Die kollektive Marktbeherrschung ist in § 19 Abs 2 S 2 GWB geregelt. Bei der Feststellung einer marktbeherrschenden Stellung sind darüber hinaus die widerlegbaren Vermutungen der Marktbeherrschung in § 19 Abs 3 GWB zu beachten.

66 Neben der Generalklausel des Abs 1 enthält § 19 GWB in Abs 4 verschiedene **Regelbeispiele missbräuchlichen Verhaltens** einer marktbeherrschenden Stellung und ist auch insofern mit Art 102 S 2 AEUV vergleichbar. Zu den Regelbeispielen des § 19 Abs 4 GWB gehören
- der Behinderungsmissbrauch (§ 19 Abs 4 Nr 1 GWB),
- der Preismissbrauch (§ 19 Abs 4 Nr 2 GWB),
- die Diskriminierung gleichartiger Abnehmer (§ 19 Abs 4 Nr 3 GWB) und
- die Verweigerung des Zugangs zu wesentlichen Einrichtungen (§ 19 Abs 4 Nr 4 GWB).

67 Im Gegensatz zu den auf Grundlage einer Generalklausel entwickelten Zugangsansprüchen nach Art 102 AEUV enthält das deutsche Wettbewerbsrecht mit § 19 Abs 4 Nr 4 GWB somit eine ausdrückliche gesetzliche Normierung von **Zugangsansprüchen zu Infrastruktureinrichtungen**. Da im Bereich Multimedia häufig internationale Sachverhalte auftreten, spielt § 19 Abs 4 Nr 4 GWB hier kaum eine Rolle. Vielmehr bildet Art 102 AEUV in solchen Sachverhalten, die geeignet sind, den zwischenstaatlichen Handel zu beeinträchtigen (sog Zwischenstaatlichkeitsklausel), die Untergrenze der Regulierung (Art 3 Abs 1 S 2 VO (EG) 1/2003).

68 § 19 Abs 4 Nr 4 GWB wurde im Rahmen der 6. GWB-Novelle 1999 ins GWB eingefügt. Ziel des Gesetzgebers bei der Normierung eines allgemeinen kartellrechtlichen Zugangsanspruchs war, auf diese Weise der wachsenden volkswirtschaftlichen Bedeutung sog Netzindustrien und anderer für die Aufnahme des Wettbewerbs wesentlicher Einrichtungen, vor allem im Rahmen der wachsenden globalen Informationsgesellschaft, Rechnung zu tragen.[154] Der Begriff der **wesentlichen Einrichtung** wurde auf Betreiben des Bundesrates durch den Begriff der Infrastruktureinrichtung ersetzt, damit Lizenzen für geistiges Eigentum aus dem Anwendungsbereich herausfallen.[155] Somit ist der Anwendungsbereich der deutschen Vorschrift enger als derjenige der europäischen *essential facility*-Doktrin, nach denen geistige Schutzrechte wesentliche Einrichtungen sein können. Im Falle einer Lizenzverweigerung kann allerdings an einen Behinderungsmissbrauch iSv § 19 Abs 4 Nr 1 GWB gedacht werden.

69 bb) **Diskriminierungsverbot, § 20 GWB.** § 20 Abs 1 GWB enthält darüber hinaus ein Diskriminierungsverbot, welches sich weitgehend mit § 19 Abs 4 Nr 1 GWB deckt.[156] Gem § 20 Abs 2 GWB wird der Adressatenkreis des Abs 1 auf sog **marktstarke Unternehmen** – Unternehmen, von denen kleine und mittlere Unternehmen abhängig sind – ausgedehnt. Über § 20 Abs 3 GWB werden des Weiteren mittelbare Diskriminierungen in das Verbot einbezogen. Durch § 20 Abs 4 GWB sind horizontale Behinderungen von Unternehmen mit gegenüber kleinen und mittleren Unter-

---

[152] *Emmerich* § 27 Rn 33.
[153] Loewenheim/Meessen/Riesenkampff/*Götting* § 19 GWB Rn 26, 31.
[154] Begründung zum Regierungsentwurf, BT-Drucks 13/9720.
[155] BT-Drucks 13/9720, 79 f.
[156] *Emmerich* § 27 Rn 4.

nehmen überlegener Marktmacht erfasst. Relevant wird insb § 20 Abs 4 S 2 GWB, wonach der nicht nur gelegentliche Verkauf unter Einstandspreis untersagt ist. Im Bereich des Pressevertriebs wurde § 20 GWB bei der Kündigung eines Pressegrossovertriebsvertrags angewendet, weil die Auswahls unter den Anbietern eines Nachfolgevertrags nicht nach fairen und objektiven Kriterien erfolgte.[157]

III. Ausblick: Die Internationalisierung des Wettbewerbsrechts

„Die Internationalisierung der Märkte und die durch sie bedingte Durchlässigkeit politischer Grenzen führen zunehmend dazu, dass grenzüberschreitende unternehmerische Aktivitäten aus dem Geltungsbereich ihrer Rechtsordnungen herauswachsen. Besorgnis erwecken insb die mit fortschreitender Liberalisierung und Intensivierung des Welthandels zu beobachtenden grenzüberschreitenden Fusionsaktivitäten. Die Sorge ist begründet, dass bei fortschreitender Unternehmensverflechtung die **wettbewerbsbeschränkende Vermachtung wichtiger Weltmärkte** droht. Nicht nur die Verbraucher würden dadurch geschädigt. Auch kleine und mittlere Unternehmen können dadurch in Mitleidenschaft gezogen werden. Deshalb stellt sich immer drängender die Frage nach einer Internationalisierung des Wettbewerbsrechts."[158] Diese Stellungnahme der Enquete-Kommission des deutschen Bundestags zu den Folgen der ökonomischen Globalisierung zeigt sehr plastisch die Folgen zunehmender Inkongruenz globalen Handels und Unternehmensverflechtungen einerseits und der national begrenzten Kompetenz von Wettbewerbsbehörden andererseits.[159] Auf den Medienmärkten sind längst Konzerne wie

70

- *Vivendi* (ua Universal Music Group, Activision Blizzard, Canal Plus Group, SFR),
- *Time Warner* (ua Warner Bros., HBO, Turner Broadcasting System (TBS), Time Inc, CNN),
- *Viacom* (ua Paramount Pictures, DreamWorks SKG, MTV Networks, Blockbuster Video),
- *Sony* (ua Columbia Studios, MGM, UA, Sony Music Entertainment, Sony Computer Entertainment mit der Playstation),
- *News Corporation* (ua 20th Century Fox, Sky Deutschland, Fox Networks, MySpace, Jamba, HarperCollins, Zeitungsverlage wie The Sun, New York Post etc) oder
- *Bertelsmann* (ua RTL-Group, Random House, Gruner + Jahr, Bertelsmann Club)

international tätig. Diese Konzerne stellen nicht nur eine erhebliche Wirtschaftsmacht dar, sondern haben das Potenzial, die öffentliche Meinungsbildung erheblich zu beeinflussen. Dennoch sind die Konzerne aufgrund ihrer globalen Struktur mit dem nationalen Instrumentarium des Wettbewerbs- und Rundfunkrechts nicht kontrollierbar. In keinem oder nur in einzelnen Ländern haben diese Konzerne eine marktbeherrschende Stellung auf einem Medienteilmarkt inne, während diese Konzerne weltweit nahezu alle Medienmärkte unter sich aufteilen. Die gescheiterte Fusion Springer/ProSieben-

---

[157] LG Hannover WuW 2009, 1293, 1295 – Pressegrossovertrieb Stade, aufgehoben durch OLG Celle WuW 2010, 425 – Beendigung langjährigen Pressevertriebs wegen Fehlern in der räumlichen Marktabgrenzung.
[158] Schlussbericht der Enquete-Kommission „Globalisierung der Weltwirtschaft – Herausforderungen und Antworten" (eingesetzt vom Bundestag am 15.12.1999, BT-Drucks 14/2350) v 13.5.2002, Kap 3.4, abrufbar unter http://www.bundestag.de/gremien/welt/glob_end/3_4.html.
[159] S dazu allgemein auch *Böge* WuW 2005, 590 ff.

Sat.1 wurde auf deutscher Ebene verhindert,[160] während die Kommission bei einem europäischen Zusammenschluss der gleichen oder sogar größeren Dimension voraussichtlich keine Schwierigkeiten mit einer Genehmigung hätte. Bspw unterlag die in einer vergleichbaren Größenordnung wie die Springer-Fusion liegende Übernahme der SBS Broadcasting Group durch ProSiebenSat.1-Media (Transaktionvolumen: € 3,3 Mrd) im Juni 2007 nicht einmal einer Genehmigungspflicht.[161]

71 Die Forderung nach einer Internationalisierung des Wettbewerbsrechts muss daher insb für die **globale Verflechtung von Medienmärkten** gelten. Angesichts des weitgehend angewendeten (reinen oder qualifizierten) **Auswirkungsprinzips** im internationalen Kartellrecht[162] können deutsche und europäische Wettbewerbsbehörden in die Belange exterritorialer Unternehmen eingreifen.[163] Die dadurch entstehenden parallelen Zuständigkeiten von Wettbewerbsbehörden können zu konträren Entscheidungen, wie in den Missbrauchsverfahren gegen Microsoft (Vergleich in den USA, Bußgeld in der EU),[164] oder sogar Verwerfungen zwischen den Behörden oder betroffenen Staaten führen.[165] Dabei funktioniert – trotz teilweise offen artikulierter Verärgerung über Einzelentscheidungen[166] – die Kooperation zwischen europäischen und US-amerikanischen Kartellbehörden schon weitgehend. Grundlage hierfür ist das EG-US-Kartellrechtsabkommen von 1998.[167] Bisher geht die Zusammenarbeit aber über gegenseitige Mitteilung und Information über anhängige Verfahren sowie eine Koordinierung von Durchsetzungsmaßnahmen nicht hinaus.[168] Eine gegenseitige Beteiligung an den Verfahren ist ebenso wenig vorgesehen wie die gegenseitige Einschränkung des Auswirkungsprinzips zur Rücksichtnahme auf den anderen („**Comity**"), wodurch die Jurisdiktion nur einer Kartellbehörde überlassen bliebe.[169] Nur in „wichtigen Belangen" der jeweils anderen Seite ist eine Zurückhaltung bei der Geltungmachung der eigenen kartellrechtlichen Zuständigkeit vorgesehen.[170] Der Gesichtspunkt der „wichtigen Be-

---

[160] S abschließend BGH v 8.6.2010, KVR 4/09 – Springer/ProSiebenSat.1.
[161] Pressemeldung der ProSiebenSat1-Media AG v 30.9.2007, abrufbar unter http://www.prosieben.com/pressezentrum/prosiebensat1media ag/2007/06/x02744/.
[162] EuG v 25.3.1999, Slg 1999 II 753 Tz 50 ff – Gencor/Lonrho; Kommission v 19.12.1984, ABl 1985 Nr L 92/1, 36 ff – Aluminiumeinfuhren (st Entscheidungspraxis); Kommission v 3.7.2001, ABl 2002 Nr L 59/18, 42 – IMS Health; Bellamy/Child/*Roth* Rn 2-157 f; von den Groeben/Schwarze/*Meng* Vor Art 81 Rn 79; Immenga/Mestmäcker/*Rehbinder* EG Teil I, IntWbR A Rn 26; *Mestmäcker/Schweitzer* § 6 Rn 6, 9, 34; Schwarze/*Schwarze* 37.
[163] S dazu zusammenfassend Immenga/Mestmäcker/*Rehbinder* EG/Teil I, IntWbR A Rn 6–26.
[164] Einerseits United States -v- Microsoft Corp, 231 F Supp 2d 144 (D.D.C. 2002), 253 F.3d 34, 95 (DC Cir 2001), 84 F Supp 2d 9 (DDC 1999) und 87 F Supp 2d 30 (DDC 2000), und andererseits EuG v 17.9.2007, T-201/04 – Microsoft.
[165] S zu früheren parallelen Kartellverfahren auch Immenga/Mestmäcker/*Völcker* EG Teil I, IntWbR B Rn 2.

[166] S für die Auseinandersetzung zwischen dem US-Justizministerium (Assistant Attorney General *Barnett*) und der EU-Kommissarin *Kroes* nach der Entscheidung des EuG in der Sache Microsoft, T-201/04 v 17.9.2007 vor allem http://www.usdoj.gov/atr/public/press_releases/2007/226070.htm (v 17.9.2007) und http://www.heise.de/newsticker/meldung/96260 (v 20.9.2007).
[167] S dazu Immenga/Mestmäcker/*Völcker* EG Teil I, IntWbR B Rn 7 ff sowie zum Vorgängerabkommen von 1991 Slot/McDonnell/*Haagsma* 229.
[168] Zum Instrumentarium des Abkommens: Immenga/Mestmäcker/*Völcker* EG Teil I, IntWbR B Rn 14–36.
[169] Zur nur eingeschränkten Anwendung des „Comity"-Gedankens US Supreme Court, Hartford Fire Insurance Co -v- California, 113 Ct 2891 (1993) und EuGH v 11.11.1981, Slg 1981, 2639 Tz 2 f – IBM; EuG v 25.9.1999, Slg 1999 II 753 Tz 103–105 – Gencor/Lonrho.
[170] Bspw nahm die Kommission v 30.7.1997, ABl 1997 Nr L 336/16 – Boeing/McDonnell Douglas Rücksicht auf verteidigungspolitische Interessen der USA.

lange" ist von Seiten der US-Regierung zB im *Microsoft*-Verfahren geltend gemacht worden, weil die nach europäischem Recht mögliche Zugangsverpflichtung zu geistigem Eigentum[171] der Entscheidung des US-Gesetzgebers zu Innovationsanreizen widerspräche. Möglich, aber wenig verbreitet ist das „Positive Comity", bei der die andere Seite um die Einleitung eines Kartellverfahrens gebeten wird. Neben dieser institutionalisierten Form der internationalen, aber lediglich bilateralen Kooperation von Kartellbehörden verblassen die multinationalen Ansätze der OECD und WTO.[172] Inwieweit das 2001 gegründete *International Competition Network* (ICN) der nationalen Wettbewerbsbehörden eine Internationalisierung des Wettbewerbsrechts durch Gründung einer „Weltkartellbehörde" oder klare internationale Zuweisungsregelungen wird erreichen können, bleibt abzuwarten.[173]

Die bisherigen Ansätze zur Internationalisierung des Wettbewerbsrechts genügen sicherlich nicht, um die zunehmende Globalisierung von Medienunternehmen zu beschränken. Eine solche Beschränkung wäre aber nur notwendig, soweit eine potentielle globale Meinungsmacht dieser Unternehmen verhindert werden soll. Da es bisher an einer einheitlichen Position auch nur der Industrieländer zur Konzentration von Medienunternehmen und Meinungsmacht fehlt, wird jede echte Internationalisierung des Medienkartellrechts zu spät kommen, um noch die **globale Dominanz weniger Medienkonzerne** brechen zu können. Es werden dann nur noch Maßnahmen wie eine internationale Missbrauchskontrolle und die Verhinderung von Zusammenschlüssen zwischen diesen Konzernen den Meinungspluralismus aufrechterhalten können. Bis dahin bleibt nur die Hoffnung, dass gerade die Vielfalt und unterschiedliche inhaltliche Ausrichtung der genannten Medienkonzerne sowie ihrer Produkte die Meinungsvielfalt nicht nur auf nationaler, sondern sogar auf globaler Ebene sichert.

72

§ 3
Kartellrecht für die klassischen Medien

I. Medienspezifische Kartellrechtsregelungen

1. Technologietransfer-Gruppenfreistellungsverordnung (TT-GVO)

In den Anwendungsbereich der VO (EG) Nr 772/2004 (TT-GVO), einer Gruppenfreistellungsverordnung iSv Art 101 Abs 3 AEUV, fallen **Technologietransfer-Vereinbarungen**. Damit betrifft sie hauptsächlich Vereinbarungen über Patente, Gebrauchsmuster, Geschmacksmuster, Softwarelizenzen oder Know-How (vgl Art 1 Abs 1 lit b, h, i TT-GVO). Technologietransfer-Vereinbarungen sind gem Art 2 TT-GVO von dem Verbot des Art 101 Abs 1 AEUV generell freigestellt, soweit die Ausnahmen in Art 3–5 TT-GVO nicht einschlägig sind. Bei Auslegung und Anwendung der TT-GVO sind stets die Leitlinien über die Anwendung von Art 101 AEUV auf Technologietransfer-Vereinbarungen zu beachten.[174]

73

---

171 S dazu näher unten Rn 323 ff.
172 S zum Doha-Abkommen der WTO v 20.11.2001 (WTO-Doc WT/MIN(01)/DEC/1) sowie zur Unsicherheit dessen Umsetzung *Drexl* ZWeR 2004, 191, 192 ff; *Böge* WuW 2005, 590, 592.
173 S dazu optimistisch *Böge* WuW 2005, 590,

592 und eher skeptisch Immenga/Mestmäcker/ *Völcker* EG Teil I, IntWbR B Rn 67; zusammenfassend *Möschel* WuW 2005, 479 ff.
174 Kommission, Leitlinien über die Anwendung des Art 81 EG auf Technologietransfer-Vereinbarungen, ABl 2004, Nr C 101/2.

2. §§ 35, 38 GWB: Schwellenwerte bei der Fusionskontrolle im Medienbereich

74 Für Presse- und Medienzusammenschlüsse gelten bei der Prüfung der Schwellenwerte zwei Besonderheiten. Erstens ist gem § 35 Abs 2 S 2 GWB die Bagatellklausel des § 35 Abs 2 S 1 Nr 1 GWB, nach der Unternehmen mit einem weltweiten Jahresumsatz von unter € 10 Mio aus der Fusionskontrolle herausfallen, unanwendbar, soweit durch den Zusammenschluss der Wettbewerb beim Verlag, bei der Herstellung oder beim Vertrieb von Zeitungen oder Zeitschriften oder deren Bestandteilen beschränkt wird. Zweck der **Nichtanwendung der Bagatellklausel auf Presseunternehmen** ist es, das Aufkaufen von kleinen oder mittleren Verlagen mit lokal starken Marktstellungen durch größere Verlage zu verhindern.[175]

75 Zweitens ist gem § 38 Abs 3 GWB für den Verlag, die Herstellung und den Vertrieb von Zeitungen, Zeitschriften und deren Bestandteilen, die Herstellung, den Vertrieb und die Veranstaltung von Rundfunkprogrammen und den Absatz von Rundfunkwerbezeiten das Zwanzigfache der Umsatzerlöse in Ansatz zu bringen (sog **Multiplikationsregel**). Somit greift bei Medienzusammenschlüssen schon dann die Fusionskontrolle ein, wenn gemeinsam ein weltweiter Erlös von € 25 Mio und ein inländischer Erlös von € 1,25 Mio erzielt wird. Sinn und Zweck der erheblichen Herabsetzung der Eingreifschwelle im Medienbereich gem § 38 Abs 3 GWB ist es, Zusammenschlüsse im regionalen und lokalen Presse- und Rundfunkbereich zu erfassen.[176] Sie wurde 1976 eingeführt, nachdem allein zwischen 1954 und 1974 die Zahl der deutschen Zeitungsverlage um mehr als 50 % zurückgegangen war.[177] Die Gesetzgebungskompetenz des Bundes für die pressespezifische Regelung in § 38 Abs 3 GWB folgt aus Art 76 Nr 16 GG (Verhütung des Missbrauchs wirtschaftlicher Machtstellung). Der inhaltliche Bezug zum Pressewesen allein führt nicht zu einer ausschließlichen Zuständigkeit der Länder; vielmehr besteht ein vorrangiger Bezug zum Kartellrecht.[178] Trotz vehementer Forderungen der Presseunternehmen, die sich vor allem angesichts der Konkurrenz aus dem Internet in einer tiefen Krise wähnten, änderte der Gesetzgeber die verschärfte Kontrollpflicht von Pressefusionen in der GWB-Novelle von 2005 nicht ab.[179]

76 Bei Einführung des § 38 Abs 3 GWB im Jahre 1976 bezog sich die Regelung zunächst nur auf Pressemärkte, nicht auf Rundfunkmärkte. Dies änderte der Gesetzgeber 1999, indem er die Vorschrift auf die **Herstellung, den Vertrieb und die Veranstaltung von Rundfunkprogrammen** sowie den Absatz von Rundfunkwerbezeiten erweiterte. Auch für diese Tätigkeiten ist demnach seit 1999 das Zwanzigfache der Umsatzerlöse in Ansatz zu bringen, so dass die Eingreifschwelle der Fusionskontrolle auch in diesen Sektoren erheblich herabgesetzt ist. Internetangebote dürften grundsätzlich nicht unter die verschärfte Kontrolle gem § 38 Abs 3 GWB fallen. Sie lassen sich weder unter die in der Vorschrift genannten Presseerzeugnisse, noch unter den Begriff „Rundfunkprogramme" subsumieren. Allerdings greift die Regelung dann ein, wenn über das Internet Rundfunkprogramme verbreitet werden, das Internet also nur als Medium für ein Angebot dient, welches nach den medienrechtlichen Kriterien als Rundfunk zu bezeichnen ist.[180]

---

[175] Immenga/Mestmäcker/*Mestmäcker/Veelken* Vor § 35 GWB Rn 46.
[176] Loewenheim/Meessen/Riesenkampff/*Bauer* § 38 GWB Rn 14 f; vgl *Säcker* AfP 2005, 24, 25.
[177] Vgl *Schütz* Vielfalt oder Einfalt? Zur Entwicklung der Presse in Deutschland 1945–1995, 3 (www.lpb.bwue.de/publikat/presse/schuetz. htm); *Böge* MMR 2004, 227, 228.
[178] BGHZ 76, 55, 64 ff.
[179] Zu den Forderungen der Presseunternehmen ausf *Böge* MMR 2004, 227.
[180] Gem § 2 Abs 1 RStV ist Rundfunk „die für die Allgemeinheit bestimmte Veranstaltung und

3. § 30 GWB: Preisbindung bei Zeitungen und Zeitschriften

§ 30 GWB erlaubt die vertikale Preisbindung für Zeitungen und Zeitschriften und stellt somit eine Ausnahme zu § 1 GWB dar, der solche Bindungen verbietet.[181] Demnach dürfen Verlage gegenüber ihren Weiterverkäufern diejenigen Preise bestimmen, die letztere von den Drittabnehmern fordern dürfen. Die Vorschrift wird kultur- und bildungspolitisch begründet[182] und rechtfertigt sich vor allem aus den strukturellen Besonderheiten des Zeitungs- und Zeitschriftenvertriebs.[183] Zeitungen und Zeitschriften werden durch Großhändler (Grossisten) vertrieben, die in der Regel über Gebietsmonopole verfügen und Einzelhändler beliefern. Die Einzelhändler haben gegenüber den Grossisten das Recht, unverkaufte Exemplare an den Grossisten zurückzugeben, der wiederum ein Rückgaberecht gegenüber dem Verlag hat, so dass letzterer das wirtschaftliche Risiko für den Absatz der Zeitungen und Zeitschriften trägt. Das Rückgaberecht (sog Remissionsrecht) stärkt die **Vielfalt des Zeitungs- und Zeitschriftenangebots**, da die Einzelhändler sich nicht aus wirtschaftlichen Gründen auf gewinnbringende Produkte beschränken müssen. Im Gegenzug für die Freistellung der Einzel- und Zwischenhändler vom wirtschaftlichen Risiko erscheint es sachgerecht, dem Verlag die Befugnis zur Preisbindung zu erteilen.[184] Anders als beim Vertrieb von Büchern hat der Gesetzgeber für Zeitungen und Zeitschriften keine Preisbindungspflicht eingeführt, was wiederum kulturpolitische Gründe hat.[185]

4. § 1 BuchPrG: Buchpreisbindung

Das deutsche Buchpreisbindungsgesetz (BuchPrG) trat 2002 in Kraft und verfolgt gem § 1 das Ziel, das **Kulturgut Buch zu schützen**. § 3 schreibt – anders als für Zeitungen und Zeitschriften, s oben Rn 77 – beim Vertrieb neuer Bücher eine Preisbindungspflicht vor, so dass die Buchhändler vertikale Preisabsprachen über die jeweils nächsten Verkaufsstufen treffen müssen. Auf diese Weise will der Gesetzgeber ein breites Buchangebot sowie eine große Anzahl von Verkaufsstellen erhalten (§ 1 S 2 und 3). Gem § 4 BuchPrG gilt die Verpflichtung zur Preisbindung nicht für grenzüberschreitende Verkäufe innerhalb des Europäischen Wirtschaftsraums – anderenfalls wäre das BuchPrG nicht mit Art 101 AEUV vereinbar.[186] Allerdings soll die Preisbindung gem § 4 Abs 2 BuchPrG ausnahmsweise dann auf grenzüberschreitende Buchverkäufe innerhalb Europas Anwendung finden, wenn die betreffenden Bücher allein zum Zwecke ihrer Wiedereinfuhr ausgeführt worden sind, also zur Umgehung des § 3 BuchPrG.

Verbreitung von Darbietungen aller Art in Wort, in Ton und in Bild unter Benutzung elektromagnetischer Schwingungen ohne Verbindungsleitung oder längs oder mittels eines Leiters." Rundfunk zeichnet sich gegenüber Telemedien durch eine größere Relevanz für die öffentliche Meinungsbildung aus.

[181] Umfassend *Alexander* GRUR Int 2010, 803 ff; Loewenheim/Meessen/Riesenkampff/*Nordemann* § 30 GWB Rn 2.
[182] Begr zum RegE 6. GWB-Novelle, BRat-Drucks 857/97, 36; grundlegend BGH NJW 1979, 1412 ff – Sammelrevers; *Waldenberger* NJW 2002, 2914, 2915; *Fezer* WRP 1994, 669.
[183] Zur Begründung von § 30 GWB auch Loewenheim/Meessen/Riesenkampff/*Nordemann* § 30 GWB Rn 3.
[184] *Waldenberger* NJW 2002, 2914, 2915; *Freytag/Gerlinger* WRP 2004, 537, 540.
[185] Loewenheim/Meessen/Riesenkampff/*Nordemann* § 30 GWB Rn 4.
[186] S zur Unzulässigkeit einer solchen Regelung im österreichischen Buchpreisbindungsgesetz EuGH WuW EU-R 1585, 1586 f – Fachverband/LIBRO.

79 Bücher im Sinne des BuchPrG sind gem § 2 auch Musiknoten, kartographische Produkte und solche Produkte, die „Bücher, Musiknoten oder kartographische Produkte reproduzieren oder substituieren und bei Würdigung der Gesamtumstände als überwiegend verlags- oder buchhandelstypisch anzusehen sind".[187] Der BGH hat 1997 – also vor Einführung des BuchPrG – den Begriff „**Verlagserzeugnisse**" aus § 16 GWB aF weit ausgelegt und festgestellt, dass auch neuartige Produkte erfasst würden, wenn und soweit durch sie herkömmliche Verlagserzeugnisse substituiert werden.[188] Demnach würden sowohl Trägermedien wie CD-ROMs, als auch Onlineprodukte unter das BuchPrG fallen, sofern sie einen entsprechenden Inhalt sowie eine entsprechende Vertriebsform aufweisen.[189] An der Preisbindung von digitalen Büchern wurde allerdings (insb. vom Börsenverein des Deutschen Buchhandels) kritisiert, dass der Zweck des BuchPrG auf e-Books nicht übertragbar sei.[190] Da e-Books zunehmend das gedruckte Buch ersetzen werden, ist aber von einer Substituierbarkeit des herkömmlichen Verlagserzeugnisses auszugehen. Voraussetzungen sollten aber die Wiedergabe des vollständigen Buchinhalts und der Verkauf in einem dem Buchhandel entsprechend organisierten gewerbsmäßigen Vertriebs- oder Dienstleistungssystem sein.[191] Die Preisbindungsfähigkeit von Hörbüchern wird hingegen einhellig verneint.[192]

5. UrhWG: Die wettbewerbliche Stellung der Verwertungsgesellschaften

80 Die Verwertungsgesellschaften nehmen die Rechte einer Vielzahl von Urhebern wahr (vgl § 1 Abs 1 UrhWG) und lassen sich zu diesem Zwecke die entsprechenden Rechte von den Urhebern abtreten.[193] Zwar besteht für die Mehrzahl der Urheber kein rechtlicher, wohl aber ein **faktischer Zwang zur Übertragung seiner Rechte auf eine Verwertungsgesellschaft**. Aufgrund dessen können weitgehende Verpflichtungen zur Abtretung gegenwärtiger und zukünftiger Urheberrechte, welche die Gesellschaften den Urhebern als Beitrittsbedingung auferlegen, aus kartellrechtlicher Perspektive einen Missbrauch von Marktmacht darstellen.[194] In dem für diese Frage wegweisenden Urteil BRT/SABAM und Fonior[195] forderte der EuGH 1974, es müsse ein „ausgewogenes Verhältnis" gefunden werden zwischen dem Höchstmaß an Freiheit für die Urheber und dem Interesse an der praktischen Verwertung.[196] Eine Abtretung der Rechte sei nur insoweit zulässig, wie sie notwendig ist, um der Tätigkeit der Verwertungsgesellschaften „das erforderliche Volumen und Gewicht zu verleihen".[197] Diese Grenze sei dann überschritten, wenn eine marktbeherrschende Verwertungsgesellschaft die Abtretung sämtlicher gegenwärtiger und zukünftiger Urheberrechte auch mit Wirkung für einen längeren Zeitraum nach Ende der Mitgliedschaft fordere.[198]

---

[187] Loewenheim/Meessen/Riesenkampff/*Wallenfels* Anh zu § 30 GWB Rn 8.
[188] BGH NJW 1997, 1911, 1913 – NJW auf CD-ROM.
[189] Loewenheim/Meessen/Riesenkampff/*Wallenfels* Anh zu § 30 GWB Rn 9.
[190] Loewenheim/Meessen/Riesenkampff/*Wallenfels* Anh zu § 30 GWB Rn 10.
[191] Ähnlich Loewenheim/Meessen/Riesenkampff/*Wallenfels* Anh zu § 30 GWB Rn 10.
[192] Begründung der BReg zum BuchPrG, BT-Drucks 14/9196.
[193] Zur Funktion der Verwertungsgesellschaften und ihrer Stellung im Wettbewerbsrecht

ausf Hoeren/Sieber/*Müller* Teil 7.5, sowie *Mestmäcker/Schweitzer* § 30.
[194] *Mestmäcker* in FS Rittner, 391; Immenga/Mestmäcker/*Möschel* EG Teil 1, Art 82 Rn 152.
[195] EuGH Slg 1974, 313 – BRT/SABAM und Fonior; dazu *Mestmäcker/Schweitzer* § 30 Rn 19–21; Immenga/Mestmäcker/*Möschel* EG Teil 1, Art 82 Rn 152 f.
[196] EuGH Slg 1974, 313, 316 f – BRT/SABAM und Fonior.
[197] EuGH Slg 1974, 313, 317 – BRT/SABAM und Fonior.
[198] EuGH Slg 1974, 313, 317 – BRT/SABAM und Fonior. S umfassend zu den kartellrecht-

Ein Machtmissbrauch in Richtung der Lizenznehmer verhindert § 11 Abs 1 **81**
UrhWG. Durch diese Vorschrift werden die Verwertungsgesellschaften verpflichtet, jedermann zu angemessenen Bedingungen Lizenzen für die von ihnen wahrgenommenen Rechte zu erteilen. Die Vorschrift ist somit eine **spezielle Ausprägung des kartellrechtlichen Verbots des Machtmissbrauchs.**

a) **Deutsches Kartellrecht.** Bereits der Gesetzgeber hat das Problem gesehen, dass **82**
Verwertungsgesellschaften ein Monopol für die Lizenzierung bestimmter Arten von Urheberrechten (zB Aufführungsrechte) erhalten.[199] Diese Monopolstellung[200] ist vom Gesetzgeber gewollt, um den Interessen von Urhebern und Verwertern bei der Lizenzierung der „kleinen Rechte"[201] zu dienen, den Verwaltungsaufwand hierbei gering zu halten (Reduktion der Transaktionskosten) und eine effektive Wahrnehmung der Rechte zu gewährleisten.[202] Den Gefahren aus einer Monopolstellung sollte mit der angesichts der verfassungsrechtlichen Vereinigungsfreiheit (Art 9 GG) kritisch[203] betrachteten **Erlaubnispflicht** sowie der **Tätigkeitskontrolle** durch das DPMA begegnet werden.[204]

Die Bildung von Verwertungsgesellschaften kann tatbestandsmäßig gegen das **Kar-** **83**
tellverbot in § 1 GWB verstoßen.[205] Verwertungsgesellschaften werden von als Unternehmen tätigen[206] und miteinander im Wettbewerb stehenden Urhebern gegründet, die sich zusammenschließen, um – abgesehen vom Filmbereich – unter Ausschluss anderer Gesellschaften konkurrierender Urheber ihre Interessen gemeinsam wahrzunehmen.[207] Die Urheber schließen bei der Gründung der Verwertungsgesellschaften zusätzlich Vereinbarungen über Preisgestaltungen ab. Verwertungsgesellschaften sind für ihren nach Werkarten abgegrenzten Tätigkeitsbereich regelmäßig die einzige Organisation, die Zweitverwertungsrechte einräumt. Sie sind daher selbst **marktbeherrschend** gem § 19 Abs 2 Nr 1 GWB. Marktbeherrschende Unternehmen tragen die Tendenz einer Ausnutzung ihrer Stellung in sich (vgl § 19 Abs 1 GWB). Verwertungsgesellschaften können ihre Stellung zB durch unangemessene Tarife gegenüber den Verwertern bei Einräumung von Nutzungsrechten oder durch unangemessene Vertragsbedingungen gegenüber den Urhebern, deren Rechte sie wahrnehmen, ausnutzen.[208]

Die Bildung von Verwertungsgesellschaften für die **Wahrnehmung verwertungs-** **84**
gesellschaftspflichtiger Ansprüche (zB § 54h UrhG) ist unproblematisch.[209] In allen

---

lichen Problemen bei Verwertungsgesellschaften im digitalen Umfeld Hoeren/Sieber/*Müller* Teil 7.5 Rn 12 ff.
[199] Vgl Amtl Begr, BT-Drucks IV/271, 9; s zum Monopol der Verwertungsgesellschaften *Wirtz* 10; *Leßmann* 26 ff; *Bing* 196 ff.
[200] Etwas anderes gilt im Bereich der Filmwerke, da hier mehrere Verwertungsgesellschaften tätig sind, von denen keine marktbeherrschend oder gar monopolistisch ist.
[201] S zum Begriff *Melichar* 21.
[202] Amtl Begr, BT-Drucks IV/271, 9 f. Umfassend zu diesen ökonomischen Aspekten *Hansen*/*Schmidt-Bischoffshausen* GRUR Int 2007, 461 ff.
[203] Näher *Reinbothe* 10; allerdings ist fraglich, ob Verwertungsgesellschaften angesichts ihres teilweisen Zwangscharakters in ihrer gesamten Tätigkeit Art 9 Abs 1 GG unter fallen.

[204] Amtl Begr, BT-Drucks IV/271, 9 f.
[205] S näher *Lux* WRP 1998, 31, 32; Loewenheim/Meessen/Riesenkampff/*Nordemann* § 1 GWB Rn 231–235.
[206] BGH ZUM 1989, 80, 83 – GEMA-Wertungsverfahren; *Bechtold* Vor § 28 Rn 8; Immenga/Mestmäcker/*Immenga* § 1 GWB Rn 71; Loewenheim/Meessen/Riesenkampff/*Nordemann* § 1 GWB Rn 231; *Leßmann* 40; aA *Deringer* NJW 1985, 513, 515.
[207] IE ebenfalls *Melichar* 30 ff; *Leßmann* 50; *Wirtz* 113.
[208] Ablehnend aus tatsächlicher Sicht *Nordemann* GRUR 1992, 584, 584f.
[209] Loewenheim/Meessen/Riesenkampff/*Nordemann* § 1 GWB Rn 232.

anderen Fällen kann aber allein der wirtschaftliche Vorteil für die Urheber die Kartellbildung nicht rechtfertigen.[210] Kartelle sind in den meisten Fällen für ihre Mitglieder kaufmännisch sinnvoll. Der kartellrechtliche Arbeitsgemeinschaftsgedanke greift nur dort durch, wo die Kartellierung von Unternehmen genügend Raum lässt für konkurrierende Unternehmen bzw Arbeitsgemeinschaften.[211] Diese Situation ist bei Verwertungsgesellschaften gerade nicht gegeben. Ob eine Freistellung von Verwertungsgesellschaften ansonsten nach § 2 GWB möglich ist, dürfte angesichts der Voraussetzungen dieser Vorschrift nur durch eine Einzelfallprüfung beantwortet werden können. Schon die angemessene Beteiligung der Verbraucher ist jedoch zweifelhaft. Die durch § 36 UrhG zugelassene Bildung von Preiskartellen erfordert schon nach der Wortwahl des Gesetzgebers keine Verwertungsgesellschaften, sondern kann durch Interessenverbände ohne eigenständige Geschäftstätigkeit erfolgen. Maßgeblich für die Zulässigkeit der Bildung von Verwertungsgesellschaften kann vielmehr nur sein, ob diese erforderlich sind. Die **Erforderlichkeit** muss in Zeiten der Digitalisierung unter Berücksichtigung neuer technologischer Möglichkeiten einer individuellen Verwertung von Erst-, Zweit- und weiteren Rechten bestimmt werden. Hierin liegt ein wesentlicher Unterschied zur Situation bei der analogen Werkverwertung. Kann der Urheber technisch seine Rechte individuell wahrnehmen, entscheidet er auch allein darüber, ob und in welchem Umfang er „unternehmerisch sinnvoll" tätig sein will (Stichworte: Open Source License, Creative Commons License). Eine solche **Entkollektivierung der Rechtewahrnehmung** stärkt den Wettbewerb. Wettbewerbsrechtlich und -politisch wäre ein stärkeres Nebeneinander der Individual- und Kollektivverwertung von Zweit- oder Drittverwertungsrechten jedenfalls gegenüber monopolistisch organisierten Verwertungsgesellschaften vorzugswürdig.

85 Allerdings bedeutet die Monopolstellung von Verwertungsgesellschaften nicht, dass diese verboten wären. Vielmehr muss ihre gesamte Tätigkeit frei von Missbräuchen gegenüber den vertretenen Berechtigten und den Nutzern sein (§§ 19, 20 GWB). Die **Gleichbehandlung von Berechtigten sowie von Nutzern** ist durch den doppelten Kontrahierungszwang für Verwertungsgesellschaften in §§ 6 Abs 1, 11 Abs 1 UrhWG sichergestellt. Die Verteilung der den Urhebern zustehenden Einnahmen muss nach festen Regeln erfolgen (§ 7 S 1 UrhWG). Die von den Verwertungsgesellschaften festgesetzten allgemeingültigen Tarife müssen angemessen und transparent sein (vgl § 13 Abs 2, Abs 3 UrhWG). Nach § 13a UrhWG muss vor Festlegung der Tarife für Geräte und Speichermedien den Herstellerverbänden Gelegenheit zur Stellungnahme gegeben werden. Im UrhWG sind damit gesetzliche Vorkehrungen dafür getroffen, missbräuchliches Verhalten der Verwertungsgesellschaften weitgehend auszuschließen. Die Ausnutzung ihrer marktbeherrschenden Stellung durch Verwertungsgesellschaften im Einzelfall kann dadurch nicht verhindert werden. Um dieser Gefahr zu begegnen, genügt allerdings eine Missbrauchsaufsicht durch die zuständige Kartellbehörde,[212] die durch die allgemeine Tätigkeitsaufsicht seitens des DPMA (§§ 18 ff UrhWG) ergänzt wird.

86 Die marktbeherrschende Stellung der Verwertungsgesellschaften begegnet keinen Bedenken, soweit die kollektive Rechtewahrnehmung der einzige Weg zur Handhabung der massenhaften Lizenzierung ist. Kritischer ist hingegen das Monopol der Verwertungsgesellschaften, soweit die Lizenzierung durch freiwillige Vereinigungen erfolgen kann. Für die Wahrnehmung verwertungsgesellschaftspflichtiger Rechte sind

---

[210] Anders Loewenheim/Meessen/Riesenkampff/*Nordemann* § 1 GWB Rn 233.
[211] Großzügiger *Nordemann* GRUR 2007, 214.
[212] *Lux* WRP 1998, 31, 37 f; *Wirtz* 116.

Verwertungsgesellschaften Zwangsvereinigungen, in denen zwar nicht die Urheber als Personen, aber die ihnen zustehenden Rechte zusammengefasst werden. Dieser Zwangscharakter wird kombiniert mit der Vergabe von anderen Zweit-, teilweise sogar von Erstverwertungsrechten durch die Verwertungsgesellschaften. Ein freiwilliger Zusammenschluss von Urhebern neben Verwertungsgesellschaften ist angesichts deren umfassender Repertoires an Rechten ökonomisch sinnlos.[213] Dem einzelnen Urheber wird die Möglichkeit genommen, alleine oder mit anderen Urhebern zusammen als Unternehmen seine Rechte selbst auszuüben. Aus rechtspolitischen Gründen ist es zwar wünschenswert, die „schwachen" Urheber im Verhältnis zu Verwertern zu schützen. Den „starken" Urhebern wird aber gleichzeitig die Möglichkeit genommen, auf eigene Faust ihre Interessen wahrzunehmen.[214] Verwertungsgesellschaften verhindern also den ökonomisch möglichen Wettbewerb auf dem Markt der Verwertung von Urheberrechten. Die Tätigkeit der Verwertungsgesellschaften sollte daher aus kartellrechtlichen Gründen auf die **Vergabe von Nutzungsrechten für typischerweise massenhafte Verwertung beschränkt** sein.[215] Damit sind im Wesentlichen Zweit- bzw. Drittverwertungsrechte erfasst. Die Beschränkung muss sich auf die Vertragsgestaltung zwischen Verwertungsgesellschaft und Urheber auswirken.

b) Europäisches Kartellrecht. Der räumliche Tätigkeitsbereich von Verwertungsgesellschaften ist rechtlich nicht auf das Gebiet der Bundesrepublik Deutschland beschränkt. Dies wird schon aus dem Adressatenkreis in § 6 Abs 1 UrhWG deutlich. Den Verwertungsgesellschaften steht daneben aufgrund der Gegenseitigkeitsabkommen mit ausländischen Verwertungsgesellschaften ein „Weltmonopol" zu.[216] In den letzten Jahren ist innerhalb der Europäischen Union ein Wettbewerb zwischen nationalen Verwertungsgesellschaften, die für die gleichen Werkarten zuständig sind, um die Lizenzierung aufgrund gegenseitiger Tarifgefälle entstanden.[217] Durch **Zentrallizenzen** erhalten Tonträgerhersteller von einer nationalen Verwertungsgesellschaft Lizenzen für die gesamte EU. Die Tätigkeit der Verwertungsgesellschaft kann aus diesen Ansatzpunkten dem Europäischen Wettbewerbsrecht (vor allem Art 101 Abs 1 AEUV) unterliegen.[218]

87

Der Erlaubnisvorbehalt in Art 101 Abs 2 AEUV für Unternehmen, die Dienstleistungen von allgemeinem wirtschaftlichen Interesse erbringen, ist nach der bisherigen Spruchpraxis der Kommission nicht auf Verwertungsgesellschaften anwendbar.[219] Auch eine **Einzelfreistellung** gem Art 101 Abs 3 AEUV zugunsten der Verwertungsgesellschaften ist bisher nicht erfolgt.[220] Seit Geltung der Legalausnahme gem Art 1 VO 1/2003 ist eine Einzelfreistellung nicht mehr erforderlich; jedoch sind Verwertungsgesellschaften aufgrund der oben geäußerten Bedenken nicht „per legem" gem Art 101 Abs 3 AEUV iVm Art 1 VO 1/2003 vom Kartellverbot ausgenommen.

88

---

[213] Umfassend zur ökonomischen Situation bei der Verwertung von Urheberrechten *Bing* 169 ff; *Hansen/Schmidt-Bischoffshausen* GRUR Int 2007, 461 ff.
[214] Ebenso *Wirtz* 61.
[215] Für eine Beschränkung der Rechtewahrnehmung durch Verwertungsgesellschaften *Hoeren* MMR 2000, 3, 5.
[216] Amtl Begr, BT-Drucks IV/271, 9; s dazu auch *Leßmann* 128.
[217] Näher dazu *Dillenz* GRUR Int 1997, 315, 321; *Ventroni/Poll* MMR 2002, 648, 652.

[218] Ebenso *Dillenz* GRUR Int 1997, 315, 317 f; *Leßmann* 126 ff.
[219] Vgl Kommission ABl EG 1971 Nr L 134, 15, 27 – GEMA I; Kommission ABl EG 1981 Nr L 370, 49, 58 – GVL; ebenso EuGH Slg 1974, 313, 318, Rz 16/17 – BRT/Sabam und Fonior; EuGH Slg 1983, 483, 504, Rz 32 – GVL/Kommission; krit zB *Melichar* 59 f.
[220] Nach *Leßmann* 147, dürfte eine Freistellung durch die Kommission nicht erfolgen.

89 Bisher hat die Kommission kein Verbotsverfahren gegen die Bildung von Verwertungsgesellschaften durchgeführt.[221] Auch die Verfahren gegen die CISAC[222] als Dachverband der Verwertungsgesellschaften und ihre Mitgliederzielen zielen lediglich auf eine Änderung der Vergabepraxis für musikalische Online-Rechte ab. Auch der EuGH hat in den Verfahren, in denen Verwertungsgesellschaften beteiligt waren, deren Zulässigkeit nicht angezweifelt.[223] Grund für diese Zurückhaltung dürfte die Erkenntnis sein, dass Verwertungsgesellschaften eine notwendige Institution für das kollektive Urheberrecht sind.[224] Als **Korrelat zur Duldung von Verwertungsgesellschaften** werden diese – zumindest bei grenzüberschreitenden Aktivitäten – darauf achten müssen, dass sie ihre marktbeherrschende Stellung im Verhältnis zu Urhebern und Verwertern nicht ausnutzen (vgl Art 102 AEUV).[225] „Die wettbewerbsbeschränkenden Verpflichtungen der beteiligten Unternehmen müssen sich (...) nach ihrem Gegenstand, Inhalt und Auswirkungen in den Grenzen dessen halten, was zur Erreichung der angestrebten Vorteile unbedingt erforderlich ist."[226] Die oben zum deutschen Kartellrecht aufgestellten Forderungen zur nicht missbräuchlichen Tätigkeit von Verwertungsgesellschaften finden damit auch unter dem europäischen Kartellrecht Anwendung.

90 Die Urheber dürfen nicht daran gehindert werden, frei über die Ausübung ihres Urheberrechts zu entscheiden.[227] **Missbräuche der marktbeherrschenden Stellung** können im Verhältnis zu den Urhebern durch vertragliche Laufzeiten und Kündigungsfristen der Wahrnehmungsverträge, durch den Umfang der Rechtseinräumung in den Verträgen[228] oder durch Satzungsbestimmungen über die Gegnerfreiheit vorliegen. Die Werknutzer dürfen nicht durch Gebietsbeschränkungen,[229] Marktabschottung,[230] die Verweigerung von Direktlizenzen an ausländische Nachfrager,[231] Vergabe von Gesamtlizenzen gegenüber Lizenzen über ein Teilrepertoire[232] oder überhöhte und ineffektiv gestaltete Tarife[233] unangemessen behandelt werden. Problematisch kann zudem – wie im Fall MTV./.VPL und IFPI – das exklusive Mandat einer Verwertungsgesellschaft sein, wenn der überwiegende Anteil ihres Repertoires von nur wenigen Rechteinhabern (hier 80% von vier Tonträgerherstellern) gehalten wird und daher eine Einzellizenzierung möglich wäre.[234]

91 Besondere Beachtung aus Sicht des europäischen Wettbewerbsrechts verdient daneben das Verhältnis der nationalen Verwertungsgesellschaften zu ihren **Schwesterorga-**

---

[221] Zur Diskussion um eine Vereinheitlichung des Rechts der Verwertungsgesellschaften unter kartellrechtlicher Sicht *Reinbothe* FS Dietz, 517, 525.
[222] CISAC = International Confederation of Societies of Authors and Composers.
[223] Zuletzt EuGH WuW 2009, 221, 222 – Kanal 5/STIM.
[224] Weitergehend sieht der RegE zu 6. GWB-Novelle (BT-Drucks 13/9720) 54, eine kartellrechtliche Sonderstellung der Verwertungsgesellschaften durch die Rspr des EuGH; ebenso *von Lewinski* FS Schricker, 406.
[225] Beispielhaft EuGH WuW 2009, 221, 222 ff – Kanal 5/STIM.
[226] *Leßmann* 145.
[227] EuGH Slg 1974, 313, 317, Rn 6–8 – BRT/Sabam und Fonior.
[228] Beispielhaft der Fall U2/The Performing Right Society LTD (PRS), dargestellt bei *Leß-*

mann 182 ff; s die Entscheidung der britischen Monopolies and Mergers Commission (MMC) von Februar 1996, abgedruckt bei *Schulze* Rechtsprechung zum Urheberrecht (Stand: Oktober 1998), Ausl Großbritannien 28, Kap 1 ff, 1 ff.
[229] Kommission, 13. Wettbewerbsbericht (1983), 94 f.
[230] EuGH Slg 1981, 147 ff – Musikvertrieb Membran/GEMA sowie bereits früher Kommission, ABl EG Nr L 134, 15 ff – GEMA.
[231] Dazu *Leßmann* 207 ff.
[232] EuGH Slg 1989, 2521, 2576 – Strafverfahren gegen Tournier.
[233] EuGH Slg 1989, 2521, 2578 – Strafverfahren gegen Tournier; EuGH Slg 1989, 2811 ff – Lucazeau ua/SACEM ua; EuGH WuW 2009, 221, 223 Rn 29 ff – Kanal 5/STIM.
[234] S dazu *Leßmann* 194 ff.

nisationen in anderen EU-Staaten. Die Gegenseitigkeitsverträge sahen vor, dass ausländische Nachfrager auf das Repertoire ihrer jeweils national „zuständigen" Verwertungsgesellschaft verwiesen werden („Barcelona Agreement" für Vervielfältigungsrechte, „Santiago Agreement" für Rechte zur öffentlichen Wiedergabe einschließlich Online-Übertragung[235]). Diese Klausel verstößt wegen der territorialen Abschottung nach zutreffender Auffassung der Kommission gegen Art 101 Abs 1 AEUV,[236] so dass beide Abkommen seit Anfang 2005 nicht mehr praktiziert werden. Allerdings soll eine entsprechende Praxis ohne vertragliche Absprache als bloßes Parallelverhalten zulässig sein.[237] Die Selbstbeschränkung der Verwertungsgesellschaften auf ein Mitgliedsland sei wegen der tatsächlichen Schwierigkeiten, einen eigenen Verwaltungs- und Kontrollapparat aufzubauen, gerechtfertigt. Die faktische Verhinderung von Wettbewerb zwischen den einzelstaatlichen Verwertungsgesellschaften kann jedenfalls nicht mit dem Argument gerechtfertigt werden, dass der wettbewerbsimmanente Wettbewerb um den niedrigsten Preis zu Lasten der Urheber ginge.[238] Es existiert kein Grundsatz, wonach das Wettbewerbsrecht hinter den Rechten des Urhebers (nicht „dem Urheberrecht"!) oder gar nur seinen wirtschaftlichen Interessen zurückzustehen habe. Vielmehr ist ein angemessener Ausgleich zwischen den Interessen des Urhebers einerseits, aber auch der Allgemeinheit und der Verbraucher andererseits zu schaffen. Für den Bereich der Lizenzierung von Onlinemusik versucht die Kommission europaweiten Wettbewerb zwischen den Verwertungsgesellschaften zu begründen.[239]

c) **Zusammenfassung.** Der Missbrauchsgefahr durch monopolistische Verwertungsgesellschaften kann durch einen **geeigneten Regulierungsrahmen** sowie eine kombinierte Errichtungs- und Tätigkeitskontrolle begegnet werden. Missbräuchliches Verhalten im Einzelfall kann hierdurch nicht verhindert werden. Eine aktive Missbrauchs- und allgemeine Tätigkeitsaufsicht kann diesen Gefahren entgegenwirken. Kartellrechtliche Gründe können gegen die Bildung von Verwertungsgesellschaften nicht herangezogen werden. Vielmehr ist die Tätigkeit der Verwertungsgesellschaften für die Verwertung von Urheberrechten unentbehrlich, soweit es um nur kollektiv verwertbare Rechte geht. Die zutreffenden Bedenken gegen die Bildung und Tätigkeit von Verwertungsgesellschaften unter dem Blickwinkel des EU-Wettbewerbsrechts greifen bei einer **räumlichen Selbstbeschränkung** auf ein Mitgliedsland nicht durch. Allerdings bleibt gerade im grenzenlosen Internet fraglich, wie eine solche Selbstbeschränkung faktisch umgesetzt werden kann.

92

II. Medienkartellrecht im Spannungsverhältnis zu Telekommunikations- und Rundfunkrecht

Das Medienkartellrecht ist in **mehrere Instrumente** zersplittert, deren Verhältnis mitunter schwer zu durchschauen ist.[240] Im Kern findet die kartellrechtliche Kontrolle im Medienbereich im „Dreieck" Kartellrecht, Telekommunikationsrecht und Rund-

93

---

[235] S ausf zum nicht mehr angewendeten „Santiago Agreement" und „Barcelona Agreement" *Kreile/Becker* in Moser/Scheuermann, 638.
[236] S schon EuGH Slg 1989, 2521, 2578 – Strafverfahren gegen Tournier; EuGH Slg 1989, 2811, 2828 – Lucazeau ua/SACEM ua.
[237] EuGH Slg 1989, 2811, 2828 – Lucazeau ua/SACEM ua.

[238] So aber *Kreile/Becker* in Moser/Scheuermann, 638.
[239] S ausf dazu Hoeren/Sieber/*Müller* Teil 7.5 Rn 41 ff.
[240] *Trafkowski* 1; vgl auch *Müller* MMR 2006, 125.

funkrecht statt. Während das Telekommunikationsrecht aufgrund seiner gleichen Zielsetzung, dem Schutz des Wettbewerbs, das allgemeine Kartellrecht in seinem Anwendungsbereich verdrängt, verfolgt das Rundfunkrecht mit der Sicherung der Meinungsvielfalt einen anderen Ansatz als das Kartellrecht und ist daher parallel anzuwenden.

1. Verhältnis von Kartellrecht und Telekommunikationsrecht

94 Telekommunikationsdienstleistungen unterliegen im europäischen Rechtskreis im Wesentlichen einer zweigleisigen Regulierung: vorrangig durch das Telekommunikationsrecht, das als **sektorspezifischer Regulierungsrahmen** eine Art Sonderkartellrecht für Telekommunikationsdienste darstellt,[241] und subsidiär durch das allgemeine Kartellrecht (§ 2 Abs 3 TKG).[242] Die sektorspezifische Telekommunikationsregulierung ist dabei zum größten Teil eine intensivere kartellrechtliche Kontrolle des Missbrauchs von Marktmacht in einem Wirtschaftszweig, der aufgrund seiner Entstehungsgeschichte[243] und seiner Spezifika als Netzwirtschaft[244] einer schärferen Überwachung und Regulierung[245] bedarf.

95 Aufgrund seiner Verwandtheit mit der kartellrechtlichen Missbrauchskontrolle basiert die spezifische Telekommunikationsregulierung maßgeblich auf der Überwachung von Marktmacht, welche wiederum eine Marktabgrenzung voraussetzt. Das TKG enthält dabei keine eigenständigen Kriterien zur Bestimmung der Begriffe „Markt" oder „Marktmacht", sondern lehnt sich vollständig an die **Begrifflichkeiten des allgemeinen Kartellrechts** an.[246] Der Marktabgrenzung nachgelagert ist die Identifizierung und Aussonderung jener Märkte, die für die schärfere, sektorspezifische Telekommunikationsregulierung in Frage kommen (Marktdefinition, § 10 TKG).[247] In einem dritten Schritt überprüft die BNetzA schließlich, welche von den Märkten, die aufgrund ihrer Mängel für eine sektorspezifische Regulierung prinzipiell in Betracht kommen, tatsächlich regulierungsbedürftig sind (Marktanalyse, § 11 TKG).[248] Jene abgrenzbaren Märkte, die nicht für eine telekommunikationsrechtliche Regulierung in Betracht kommen, also nicht mit Defiziten gem § 10 Abs 2 S 1 TKG behaftet sind, bleiben für das allgemeine Kartellrecht offen. Jene Märkte, die für eine sektorspezifische Regulierung in Frage kommen, dürfen soweit dem allgemeinen Kartellrecht unterworfen werden, wie das TKG keine abschließenden Regelungen enthält.[249]

---

[241] Wissmann/*Schütze* Kap 2 Rn 1.
[242] Zum Verhältnis von TKG und GWB ausf Beck'scher TKG-Kommentar/*Schuster* § 2 TKG Rn 39–49; *Topel* ZWeR 2006, 45 ff; *Haus* ZWeR 2009, 356, 364 f.
[243] Zur Entwicklung des deutschen Telekommunikationsrechts: Beck'scher TKG-Kommentar/*Schuster* Einleitung, A Rn 79 ff.
[244] *Holznagel/Enaux/Niehaus* § 1 Rn 5–11.
[245] Das TKG eröffnet der BNetzA, die als Sonderbehörde für die sektorspezifische Regulierung zuständig ist, Überwachungs- und Eingriffsbefugnisse, die über die Befugnisse der allgemeinen Kartellbehörden weit hinausgehen, insb Möglichkeiten der Ex-ante-Kontrolle, Wissmann/*Schütze* Kap 2 Rn 1.

[246] Wissmann/*Schütze* Kap 2 Rn 25; Beck'scher TKG-Kommentar/*Schuster* § 2 TKG Rn 49.
[247] Beck'scher TKG-Kommentar/*Pape* Vor § 9 TKG Rn 18; *Topel* ZWeR 2006, 29 ff; *Klotz* MMR 2003, 495, 496 f; *Klotz* ZWeR 2003, 283, 294 f. Zum mehrstufigen Verfahren der Marktregulierung s auch Hoeren/Sieber/*Oster* Teil 4 Rn 34 ff.
[248] Näher zur Marktabgrenzung im Telekommunikationsbereich unten Rn 136–138.
[249] Beck'scher TKG-Kommentar/*Schuster* § 2 TKG Rn 39 ff.

Die Bedeutung eines Nebeneinanders von Telekommunikations- und Kartellrecht zeigt sich deutlich in der Entscheidung des EuGH zu den Ausnahmeregelungen für eine **Regulierung neuer Telekommunikationsmärkte** zugunsten der DTAG nach § 9a TKG.[250] Zum Schutz des freien Wettbewerbs und insb des Zugangs von nachfragenden Konkurrenten auf die von der DTAG neu erschlossenen Märkte hat der EuGH eine nationale Regelung des Telekommunikationsrechts – das ja sektorspezifisch den Wettbewerb schützen soll – für unzulässig erklärt. Die Überlegungen der Bundesregierung mit § 9a TKG der DTAG einen legitimen Schutz von Investitionen im Wettbewerb zu verschaffen, konnten den EuGH nicht überzeugen. **96**

2. Verhältnis von Kartellrecht und Rundfunkrecht

Anders als für Telekommunikationsdienste existiert für Rundfunkdienste **kein sektorspezifisches Kartellrecht**, so dass für Fragen der Marktmacht auf dem Rundfunkmarkt das allgemeine Kartellrecht gilt. Der Rundfunkstaatsvertrag (RStV) enthält mit §§ 25–34 ein rundfunkspezifisches Konzentrationsrecht, welches sich allerdings nicht mit der Konzentration von Marktmacht befasst, sondern ausschließlich die Sicherung der Meinungsvielfalt bezweckt, also auf die Meinungsmacht abstellt.[251] Das rundfunkspezifische Konzentrationsrecht soll den medialen Besonderheiten des Rundfunks – Breitenwirkung, Aktualität und Suggestivkraft – begegnen.[252] Beide Kontrollinstrumentarien (GWB und §§ 26–34 RStV) sind aufgrund ihrer unterschiedlichen Bezugspunkte nebeneinander anwendbar.[253] **97**

III. Wettbewerbssituation auf klassischen Medienmärkten

1. Ökonomischer und publizistischer Wettbewerb

Medienunternehmen verfolgen eine **doppelte Zielsetzung**. Zum einen sind sie auf wirtschaftlichen Ertrag ausgerichtet (was für öffentlich-rechtliche Medienanstalten eingeschränkter gilt), zum anderen buhlen sie um die Gunst der Rezipienten, sprich: um Quote. Beide Zielsetzungen sind miteinander verquickt, da der wirtschaftliche Erfolg weitgehend von der Nutzerakzeptanz abhängt. Aus wettbewerbs- und gesellschaftspolitischen sowie verfassungsrechtlichen Gründen ist der ökonomische Wettbewerb dennoch vom publizistischen Wettbewerb streng zu unterscheiden.[254] Ein funktionierender wirtschaftlicher Wettbewerb ist zwar für den publizistischen Wettbewerb förderlich, jedoch keineswegs hinreichend.[255] **98**

a) Ökonomischer Wettbewerb. Der ökonomische Wettbewerb findet auf Märkten statt, wobei ein Markt als ein Ort definiert ist, an dem Angebot und Nachfrage aufeinandertreffen.[256] Die Abgrenzung eines oder mehrerer konkreter Märkte ist Vorbedingung jeder kartellrechtlichen Beurteilung; eine vom Marktbegriff losgelöste Überprüfung der Wettbewerbsverhältnisse findet nicht statt.[257] Im Medienbereich lässt sich **99**

---

250 EuGH MMR 2010, 119 ff.
251 *Janik* AfP 2002, 104, 107; s auch ausf oben Rn 11–14.
252 Vgl *Körber* ZWeR 2009, 315, 324–325.
253 Beck'scher Kommentar zum Rundfunkrecht/*Trute* § 26 RStV Rn 2–9.
254 *Trafkowski* 8 f.
255 BVerfGE 57, 295, 319 ff; BVerfGE 73, 118, 172, 174 ff; BVerfGE 74, 297, 325, 331 ff; *Trafkowski* 9.
256 *Trafkowski* 6.
257 Zum sog Marktmachtkonzept unter § 19 GWB: Immenga/Mestmäcker/*Möschel* § 19 GWB Rn 58.

eine Vielzahl von Märkten abgrenzen, welche grob in vier Kategorien unterteilt werden können:
- Märkte, auf denen die Medienunternehmen um die Rezipienten konkurrieren, also um Leser, Zuschauer bzw generell um zahlendes Publikum (**Rezipientenmärkte**); inwieweit auch der Wettbewerb um die Rezipienten als solche, also losgelöst von wirtschaftlichen Gegenleistungen ebenjener, kartellrechtlich relevant ist, ist umstritten,[258]
- Märkte für den Absatz von Werbung (**Werbemärkte**), wobei dieser bei einigen Medienprodukten in engem Zusammenhang zum Rezipienten- (oder Leser-)Markt stehen kann, so dass man von einem **zweiseitigen Markt** spricht,[259]
- Märkte für Vorleistungen, die dem Absatz des jeweiligen Mediums vorgeschaltet sind, also vor allem Märkte für Inhalte und Rechte (**Vorleistungsmärkte**),
- Märkte für den Vertrieb bzw die Übertragung der jeweiligen Medien (**Distributionsmärkte**).[260]

100 Der ökonomische Wettbewerb erfüllt vorrangig wirtschaftspolitische Funktionen, indem er **Innovation, Allokation und Effizienz** fördert. Die von einigen Autoren zuerkannte gesellschaftspolitische Bedeutung des ökonomischen Wettbewerbs, die in der Förderung einer ausgeglichenen Machtverteilung in Wirtschaft und Gesellschaft begründet sein soll, tritt jedenfalls deutlich in den Hintergrund.[261]

101 b) **Publizistischer Wettbewerb.** Der publizistische Wettbewerb, also der Wettbewerb um die Rezipientengunst als solche, ist von Gegenleistungen der Rezipienten oder Dritter zunächst unabhängig, wenn auch die primäre Intention der Medienbetreiber selten eine Dominanz im Meinungswettbewerb, als vielmehr der wirtschaftliche Ertrag sein wird, der durch Entgelte oder Werbeeinnahmen erzielt wird. Der Begriff des publizistischen Wettbewerbs wird – in Gegenüberstellung zum ökonomischen Wettbewerb – mit der Konkurrenz verschiedener Gedanken, Ansichten und Argumente auf einem „**Marktplatz der Meinungen**" assoziiert.[262] Auf dem publizistischen Markt konkurrieren die Medienbetreiber demnach um die Köpfe der Rezipienten, nicht um wirtschaftliche Gewinne.

102 Die Funktionen des publizistischen Wettbewerbs sind nicht etwa wirtschaftspolitischer, sondern gesellschaftspolitischer Art. Der Wettbewerb auf dem „Marktplatz der Meinungen" bewirkt eine qualitative Verbesserung der Vermittlung von Meinungen, Information, Kultur und Unterhaltung.[263] Die freie kommunikative Auseinandersetzung ist die Grundbedingung zum Finden von (relativen) Wahrheiten im Prozess des menschlichen und gesellschaftlichen Fortschritts.[264] Das BVerfG bezeichnet die publizistische Konkurrenz als „**Lebenselement der Meinungsfreiheit**".[265]

103 Mit dem Aufstieg der entgeltlichen Medien seit Erfindung des Buchdrucks ist die kommunikative Auseinandersetzung kommerzialisiert worden.[266] Wie bereits angedeutet, wird die ökonomische Zielsetzung eines jeden publizistischen Unternehmens kaum von seinem Anspruch auf Meinungsmacht zu trennen sein, da publizistische

---

[258] Dazu *Schmidt* ZUM 1997, 472.
[259] BKartA WuW 2009, 75, 78 f – Intermedia/Health&Beauty. Nach dieser Entscheidung kann auf zweiseitigen Märkten die kostenlose Abgabe von Presseprodukten an Leser rational sein, wenn dadurch Erfolge auf dem Anzeigenmarkt erzielt werden sollen; s auch BKartA WuW 2009, 1071, 1073 – NPG/Detjen.
[260] Vgl *Trafkowski* 7.
[261] Vgl *Trafkowski* 6.
[262] *Hoffmann-Riem* 22.
[263] *Preuss Neudorf* 118.
[264] *Hoffmann-Riem* 21.
[265] BVerfGE 74, 297, 332.
[266] Vgl *Hoffmann-Riem* 23.

Reichweite Grundbedingung des wirtschaftlichen Erfolges und somit Existenzgrundlage jedes von Mäzenen oder dem Staat unabhängigen Mediums ist.[267] Dennoch ist der publizistische Wettbewerb als idealtypische Konstruktion beizubehalten; die **Meinungsmärkte gehen keinesfalls in den ökonomischen Märkten auf**.[268] So hat das BVerfG in zahlreichen Entscheidungen die Sicherung des „Meinungsmarktes" sowohl gegen staatliche, als auch gegen privatwirtschaftliche Vereinnahmung gefordert; es müsse sichergestellt werden, dass alle oder wenigstens ein nennenswerter Teil der gesellschaftlichen Gruppen und geistigen Richtungen auch tatsächlich zu Wort komme.[269]

Instrument zum Schutz des publizistischen Wettbewerbs und zur Verhinderung der Konzentration von Meinungsmacht im Rundfunkbereich sind die §§ 25–34 RStV, nach denen es der **Kommission zur Ermittlung der Konzentration im Medienbereich (KEK)** obliegt, die Akkumulation von Meinungsmacht (vornehmlich in Gestalt von Zuschauerquoten im TV) zu verhindern. Zum Verhältnis von Kartellrecht und den Konzentrationsvorschriften des RStV s oben Rn 97. Die kartellrechtlichen Kontrollmechanismen, die auf Medienunternehmen ebenfalls anzuwenden sind, stellen aufgrund des weitgehenden Gleichlaufs von wirtschaftlicher und publizistischer Macht einen mittelbaren, jedoch gewichtigen Beitrag zur Verhinderung der Konzentration von Meinungsmacht dar. **104**

2. Konzentrationstendenzen im Medienbereich

Die Mehrzahl der klassischen Medienmärkte neigt aufgrund ihrer Eigenheiten seit jeher zur horizontalen Konzentration.[270] Insb im Zeitungsmarkt musste sich das BKartA in den letzten Jahren mit einer Vielzahl von Zusammenschlüssen von Zeitungsverlagen befassen, da in der Konkurrenz mit Online-Informationsangeboten und angesichts des Rückgangs des Anzeigenvolumens die Herausgabe regionaler und lokaler Zeitungen kaum noch wirtschaftlich möglich ist.[271] Mit der steigenden Zahl der medialen Darstellungswege lassen sich nunmehr verstärkt **vertikale** (**intermediäre**) **Verflechtungen** beobachten. **105**

a) **Horizontale Konzentration auf den klassischen Medienmärkten.** Die Gründe für die Konzentrationstendenzen auf den klassischen Medienmärkten wie Fernsehen und Presse liegen in deren spezifischen ökonomischen Vorbedingungen. Wichtigste konzentrationsfördernde Eigenschaft der Medienmärkte ist die **besondere Kostenstruktur**. Die Kosten für die Erzeugung des (immateriellen) Inhalts sind vergleichsweise hoch, während der Absatz und die Verbreitung der erzeugten Inhalte in der Regel einen niedrigen Kostenaufwand bedingen. Da die Fixkosten für die Produktion der Inhalte sowie für die Bereitstellung der Infrastruktur des Medienbetriebs zunächst unabhängig von der Anzahl der Nutzer sind, steigt der wirtschaftliche Ertrag auf Medienmärkten mit der Nutzerzahl stärker als in Industrien, in denen physische Güter produziert werden. Somit bestehen auf Medienmärkten ausgeprägte Größenvorteile, was vornehmlicher Grund für die Konzentration ist.[272] **106**

---

267 Vgl *Trafkowski* 9; *Hoffmann-Riem* 23.
268 *Hoffmann-Riem* 23.
269 BVerfGE 57, 295, 323.
270 Dazu umfassend *Parlasca* WuW 1994, 210.
271 Vgl nur die Entscheidungsarchive des BKartA für die Jahre 2007, 2008 und 2009 unter http://www.bundeskartellamt.de/wDeutsch/archiv/EntschFusArchiv/ArchivFusionW3DnavidW2650.php.
272 *Trafkowski* 10 f.

Kapitel 2 Medienkartellrecht

107 Im Zeitungsmarkt wird der Zusammenhang zwischen Größe und Wirtschaftlichkeit eines Unternehmens gemeinhin mit dem Begriff „**Auflagen-Anzeigen-Spirale**" gekennzeichnet.[273] Zeitungsverlage erwirtschaften in der Regel höhere Beträge durch die Schaltung von Anzeigen als durch den Absatz der Zeitungen.[274] Der Preis, der für das Schalten einer Anzeige verlangt werden kann, hängt mit der Auflagenstärke zusammen. Die Auflagenstärke hängt ihrerseits primär von der Qualität der Inhalte, also der Attraktivität für den Leser, sowie von der Werbung für das Erzeugnis ab. Die Werbung und die Produktion hochwertiger Inhalte sind wiederum mit großen Kosten verbunden. Steigen also Qualität der Inhalte sowie der Werbeaufwand, erhöht sich die Reichweite der Zeitung, was wiederum die Anzeigenpreise in die Höhe treibt und somit die Einnahmen steigert. Die Folge der Größenvorteile in Form der Auflagen-Anzeigen-Spirale sind traditionell hochkonzentrierte Zeitungsmärkte.[275] Eine Ausnahme bildet hier der Markt für überregionale Abonnement-Tageszeitungen, auf dem die Süddeutsche Zeitung, die Frankfurter Allgemeine Zeitung, die Welt, sowie weitere Produkte in einem konstanten Wettbewerb stehen. Der Konzentration auf den Zeitungsmärkten wurde schon 1976 durch die Einführung von § 38 Abs 3 GWB entgegengewirkt.[276]

108 Ebenfalls hochkonzentriert sind die deutschen Rundfunkmärkte:[277] auf dem Fernsehmarkt konkurrieren die **öffentlich-rechtlichen Sendeanstalten** und die **beiden multimedialen Konzerne** ProSiebenSat.1-Media und die Bertelsmann-AG, zu der die RTL-Sendergruppe gehört. Diese Konzentration erklärt sich teilweise durch die erläuterten ökonomische Gründe, vor allem durch die Größenvorteile: so ist es profitabel, Film- und Serienrechte für eine ganze Senderfamilie zu kaufen und deren Zuschauerpotenzial auf den unterschiedlichen Programmen systematisch auszuschöpfen. Zudem bestehen bessere Möglichkeiten zur zielgerichteten Platzierung von Fernsehwerbung in den einzelnen Programmen, was die Einnahmen erheblich steigert. Die Hörfunkmärkte werden – bis auf wenige Großstädte – von den jeweiligen lokalen Ablegern der öffentlich-rechtlichen Rundfunkanstalten dominiert.[278]

109 b) **Vertikale Konzentration und multimediale Verflechtungen.** Zu den beschriebenen horizontalen Konzentrationstendenzen gesellen sich mit Zunahme der multimedialen Vielfalt vertikale beziehungsweise medienübergreifende Zusammenschlüsse und Kooperationen.[279] Moderne Medienunternehmen zielen darauf ab, ihren *content* auf möglichst vielen Ebenen, dh auf möglichst vielen Empfangsebenen zu verwerten, also bspw in Fernsehen, in Printmedien und im Internet. Allein schon die Möglichkeit der **crossmedialen Werbung** ist äußerst attraktiv. Die vertikalen Konzentrationstendenzen werden die Konvergenz der Medien (dazu unten) begünstigt und verstärkt.

110 Die neben der RTL-Gruppe des Bertelsmann-Konzerns[280] größte Privatfernsehgruppe, die deutsche ProSiebenSat.1-Gruppe, die sich bis heute auf Tätigkeiten auf dem Fernsehmarkt beschränkt, war in der Vergangenheit mehrmals das Ziel von Übernahmeabsichten. 2002 wäre es beinahe zur Fusion mit der KirchMedia gekommen, die aber an der Insolvenz der KirchMedia scheiterte. 2005 kündigte der Axel Springer Verlag die **Übernahme der ProSiebenSat.1 Gruppe** an, die zur Entstehung

---

[273] BKartA WuW 2009, 75, 78 – Intermedia/Health & Beauty; *Spieler* 37; *Trafkowski* 11; *Zagouras* 133.
[274] *Spieler* 37.
[275] *Parlasca* WuW 1994, 210.
[276] Dazu oben Rn 75.
[277] *Parlasca* WuW 1994, 211.
[278] *Parlasca* WuW 1994, 211.
[279] *Spieler* 148 ff; vgl *Mestmäcker* 36.
[280] S dazu oben Rn 70.

eines zweiten deutschen multimedialen Konglomerats geführt hätte. Das Vorhaben untersagten jedoch sowohl das BKartA, als auch die Kommission zur Ermittlung der Konzentration im Medienbereich (KEK) in jeweils spektakulären Verfahren.[281]

Eine besondere Konzentrationstendenz zeigt sich auf dem Markt für die Übertragung von **Fernsehsignalen über Breitband-Internetverbindungen** (IPTV). Der gerade in der Entstehung befindliche neue Markt zeichnet eine Entwicklung vor, die beispielhaft für die internetbasierten Medienangebote der Zukunft stehen dürfte. Während das klassische Fernsehen auf dem Weg von der Produktion der Inhalte bis zur Signalübertragung zum Empfänger mehrere Marktstufen (Produktion der Inhalte, Vermarktung der Rechte, Programmangebot, Signalübertragung, technische Dienstleistungen) durchlief, auf der sich separate Anbieter befanden, zeichnet sich der IPTV-Markt durch eine Konzentration der genannten Funktionen auf einen „Plattformbetreiber" aus. So bietet bspw die Deutsche Telekom mit „T-Home" ein Gesamtpaket an, in dem sie lediglich die Lizenzen zur Sendung fremder Programme über ihr DSL-Netz einkauft, auf allen anderen Marktstufen aber selbst tätig wird. Angesichts dieser Funktionskonzentration fordern Medienwächter eine Neuausrichtung der heute auf Rundfunkbetreiber zentrierten Konzentrationskontrolle (§§ 26–34 RStV) hin zu einer „Plattformregulierung". 111

3. Bedrohung der klassischen Medienmärkte durch die neuen Medien?

Der Untergang des Zeitungsmarktes wird seit langem propagiert, ist aber immer noch nicht eingetreten und für die nahe Zukunft unwahrscheinlich. Die **Nachfrage nach Printmedien** ist den Möglichkeiten der elektronischen Publikation zum Trotz nach wie vor vorhanden. Nicht nur altmodische Leser wollen zur Morgenlektüre nicht den Computer einschalten. Allerdings ist nicht zu übersehen, dass die Online-Verfügbarkeit von redaktionellen Inhalten die Zeitungslandschaft insgesamt verändert: lokale und regionale Zeitungen schließen sich für überregionale Inhalte zu größeren Einheiten zusammen, andere Lokalzeitungen müssen den Betrieb einstellen, überregionale Zeitungen suchen nach neuen Vermarktungsstrategien wie ausschließliche Internet-Veröffentlichkeit gegen Bezahlung. Trotz dieser Veränderung ist nicht erkennbar, dass die Zeitung als Institution insgesamt verschwinden wird. Einige Zeitungen schaffen es auch heutzutage, ihre Auflage zu steigern. Auch dem Buch droht auf mittlere Sicht nicht die Mottenkiste,[282] auch wenn die Firma Google mit ihrem Service Google Books derzeit alte Buchbestände einscannt und elektronisch verfügbar macht. 112

Die Vorteile der elektronischen Publikation zeigen sich allerdings im Bereich der **wissenschaftlichen Veröffentlichungen**. So schaffen bspw Datenbanken mit juristischen Fachbeiträgen wie der deutsche Dienst beck-online oder das amerikanische Angebot Westlaw erhebliche Arbeitserleichterungen. Der große Vorteil der Digitalisierung liegt in der Möglichkeit der elektronischen Recherche. So wird der Bereich der wissenschaftlichen Publikationen einer der ersten sein, in dem die traditionellen Printmedien tatsächlich an Bedeutung verlieren. 113

Auch der Fernsehmarkt wird durch neue Formen des Entertainments wie YouTube nicht verschwinden. Er wird vielmehr Gegenstand einer – schon heute erkennbaren – **Konvergenzentwicklung** werden. 114

---

[281] Zusammenfassend *Rösler* WuW 2009, 1014, 1017 f; s auch Rn 197 ff.

[282] S nur den Bericht in der FAZ v 13.10.2007, 15.

4. Die Konvergenz der Medien und ihre Bedeutung für das Kartellrecht

115 Die elektronischen Medien befinden sich seit Jahren in einem Prozess der Annäherung und des Zusammenwachsens (Konvergenz), der sowohl die technischen Plattformen, wie auch die Endgeräte und die betroffenen Märkte umfasst.[283] Ziel der Entwicklung ist dabei keine universelle, neue Medienform, sondern vielmehr eine Kombinierbarkeit und Interaktion der einzelnen Medienformen durch **technische Annäherung und Interoperablität**.[284] Das Zusammenwachsen der technischen Plattformen ist vor allem dem Siegeszug des Internet-Protokolls (IP) zu verdanken: so kann über eine DSL-Leitung heute nicht nur im Internet gesurft, sondern auch telefoniert (*Voice over IP*) und ferngesehen (IPTV) werden. Beispiel für multimediale Endgeräte sind die modernen Smartphones. Die technische Konvergenz, also das Zusammenwachsen von Netzen und Endgeräten, zieht eine wirtschaftliche Konvergenz, also das Zusammenwachsen von Märkten, nach sich. Bspw sind die ehemaligen Telefonanbieter heute zumeist gleichzeitig Internet-Service-Provider, und seit Einführung von IPTV auch Fernsehanbieter.

116 Diese tatsächlichen Konvergenzentwicklungen stellen die Medienregulierung vor die Frage einer angemessen Reaktion: muss auf die Konvergenz der Medien die Konvergenz des Medienrechts folgen? Bislang kann von einer **Vereinheitlichung des Medienrechts** keine Rede sein. Im Gegenteil: Sowohl die Rechtsinstitute, als auch die Aufsichtsstrukturen im Mediensektor sind in Deutschland stark zersplittert.[285] Die mediale Massenkommunikation wird durch das Rundfunkrecht geregelt, die damit zusammenhängende Signalübertragung durch das Telekommunikationsrecht; in beiden Sektoren greift subsidiär das allgemeine Kartellrecht ein. In der Grauzone zwischen Individual- und Massenkommunikation befinden sich die sog „Telemedien", die seit März 2007 vom TMG reguliert werden. Über die Einhaltung des RStV wachen 15 Landesmedienanstalten, die in Medienfragen untereinander sowie mit der BNetzA und dem BKartA kooperieren müssen.

117 Angesichts dieser unüberschaubaren Struktur der Medienregulierung könnte man versucht sein, das allgemeine Kartellrecht verstärkt als **zentrale Regelungsmaterie** in der Medienregulierung zu etablieren und Schritt für Schritt sektorspezifische Regelungsinstrumente abzubauen.[286] Dem stehen jedoch verfassungsrechtliche Grenzen entgegen. Zum einen lässt die grundgesetzliche Kompetenzverteilung zwischen Bund und Ländern eine „Superregulierungsbehörde" für Rundfunk- und Telekommunikationsfragen derzeit nicht zu, da die Telekommunikationsregulierung dem Bund, die Rundfunkregulierung jedoch den Ländern übertragen ist. Zum anderen obliegt es dem Gesetzgeber, die Vielfalt in den Medien zu gewährleisten und eine übermäßige Konzentration von Meinungsmacht zu verhindern.[287] Eine vollständige Ersetzung der medienspezifischen Konzentrationskontrolle dieses Instrumentariums unter Rückgriff auf die ökonomische Konzentrationskontrolle des Kartellrechts ist somit derzeit nicht angezeigt. Die Medienkonvergenz wird sich allerdings in der Abgrenzung der relevan-

---

[283] Kommission, Grünbuch zur Konvergenz, KOM (97) 623, endg; *Zagouras* 1 ff; s krit zur allgemeinen Diskussion um Medien und Konvergenz *Müller* MMR 2004, 1, 2.
[284] Vgl *Zagouras* 5.
[285] *Holznagel* NJW 2002, 2351, 2352.
[286] Dies ist eine von zwei Handlungsalternativen, welche die Kommission in ihrem Grünbuch zur Konvergenz vorschlägt, KOM(97) 623, 30 ff; dazu *Holznagel* NJW 2002, 2351, 2353.
[287] Vgl BVerfGE 57, 295, 321; BVerfGE 87, 181, 198.

ten Medienmärkte niederschlagen und insofern zu neuen Entwicklungen in der medienkartellrechtlichen Praxis führen.

IV. Marktabgrenzung für Medienprodukte und -dienstleistungen

Die Marktabgrenzung für Medienprodukte und -dienstleistungen wird, der Rechtspraxis entsprechend, im Folgenden nach dem Bedarfsmarktkonzept vorgenommen. Demnach besteht ein abgrenzbarer Markt für ein Medienprodukt aus sämtlichen Medienprodukten, die vom Nachfrager hinsichtlich ihrer Eigenschaften, Preise und ihres vorgesehenen Verwendungszwecks als austauschbar oder substituierbar angesehen werden.[288] Entsprechendes gilt für medienbezogene Dienstleistungen. Für die Substituierbarkeit eines Produktes aus Nutzersicht kommt es auf die Spezifika desselben an, wobei die Nutzerpräferenzen für ein mediales Produkt maßgeblich durch zwei Eigenschaften bestimmt werden: dem **konkreten Inhalt und den technischen Eigenschaften**, also der Art des Mediums.

118

Für die Kaufentscheidung steht der Inhalt des jeweiligen Produkts in aller Regel vollständig im Vordergrund. Das Medium hat dabei untergeordnete Bedeutung, es erfüllt nur eine Trägerfunktion und ist Mittel zum Zweck.[289] Nur in Ausnahmefällen kommt es dem Rezipienten gerade auf die technischen Eigenschaften der einzelnen Trägermedien wie bspw Büchern, Zeitungen, Audio-CDs und DVDs an.[290] Somit könnte die Art des Mediums mit ihren spezifischen Eigenschaften – isoliert vom Inhalt – niemals einen eigenen Markt begründen, sondern lediglich einen gemeinsamen Markt ausschließen.[291] Eine positive Marktabgrenzung wäre nur unter Berücksichtigung des gewünschten Inhalts möglich. Jedoch würde die Marktabgrenzung allein unter dem Gesichtspunkt der Austauschbarkeit aus Rezipientensicht zu einer Unzahl von sehr kleinen relevanten Märkten führen; eine solche Zersplitterung würde den Wettbewerbsbeziehungen zwischen den Marktteilnehmern nicht hinreichend Rechnung tragen.[292] Trotz der Dominanz des Inhalts bei der Nutzerpräferenz werden deshalb gemeinhin **Märkte für bestimmte Arten von Medien** abgegrenzt.

119

1. Verlagsprodukte

Im Bereich der **Fachliteratur** hat der Inhalt typischerweise ein solches Gewicht für die Kaufentscheidung, dass es auf die Art des Mediums kaum ankommen wird, während ihr bei Unterhaltungsmedien mitunter eine höhere Bedeutung zukommen kann. So wird es dem recherchierenden Wissenschaftler egal sein, ob er einen Aufsatz in einer Zeitschrift findet oder ihn als elektronisches Dokument im Internet erwirbt.[293]

120

a) **Bücher.** Die für die Nutzerpräferenz maßgebliche Eigenschaft des Buches ist, dass es sich hervorragend als dauerhaftes Speichermedium für Informationen eignet.[294] In Abgrenzung zu anderen Druckerzeugnissen wie Zeitungen und Zeitschriften

121

---

[288] S oben Rn 24.
[289] *Golz* 100, 183.
[290] Vgl *Golz* 102 f.
[291] *Golz* 103.
[292] Kommission v 4.5.1999, Fall IV/M.1377, ABl C 122, 19 Tz 10 f – Bertelsmann/Wissenschaftsverlag Springer; vgl *Golz* 183 f.
[293] Vgl Kommission vom 4.5.1999, Fall IV/M.1377, ABl C 122, 19 Tz 13 – Bertelsmann/Wissenschaftsverlag Springer.
[294] Vgl zum Ganzen *Golz* 116 ff.

mangelt es Büchern in der Regel an der periodischen Erscheinungsform. Der Inhalt eines Buches ist zumeist umfangreicher, dafür aber weniger aktuell als derjenige periodischer Druckerzeugnisse. In der Regel erhebt der Inhalt eines Buches Anspruch auf **thematische Abgeschlossenheit.** Auch werden Bücher öfter als periodische Erzeugnisse zur dauerhaften Aufbewahrung von Informationen verwendet; der Preis eines Buches ist regelmäßig höher als der einer Zeitung oder Zeitschrift. Aufgrund der vorgenannten Eigenheiten bilden Bücher gegenüber anderen Arten von Printmedien (Zeitungen und Zeitschriften) einen eigenen Markt.[295] Wie unter Rn 125 ff erläutert werden wird, ist auch eine Austauschbarkeit mit elektronischen Publikationen zu verneinen.

122 Innerhalb des Marktes für Bücher wird ein eigener **Teilmarkt für Taschenbücher** abgegrenzt.[296] Taschenbücher zeichnen sich durch ein geringeres Gewicht aus und eignen sich dadurch besser zum häufigen Transport. Sie sind günstiger als Hardcover-Ausgaben, dafür aber weniger widerstandsfähig gegen Umwelteinflüsse und in der äußeren Erscheinung eher unästhetisch.[297] Eine weitergehende Unterteilung des Buchmarkts hält das BKartA für erforderlich, wenn eine Austauschbarkeit bestimmter Bücher auch bei einem weit gefächerten Leseinteresse nicht besteht,[298] so zB bei Nachschlagewerken und Lexika.[299]

123 b) **Zeitungen und Zeitschriften.** Zeitungen und Zeitschriften bilden gegenüber dem Medium Buch aufgrund der im vorigen Abschnitt dargestellen Eigenheiten eigene ökonomische Märkte. Auf dem Markt für Zeitungen und Zeitschriften ist jeweils zwischen **Lesermärkten** und **Anzeigenmärkten** zu unterscheiden.[300] Den Zeitungsverlagen als Anbietern stehen auf dem einen Markt also die Leser, auf dem anderen Markt die Mieter von Anzeigenflächen als Nachfrager gegenüber.[301]

124 Die Lesermärkte im Bereich von Zeitungen und Zeitschriften differenzieren sich weiter aus, und zwar nach **Erscheinungszeit** (Tages- und Wochenzeitungen), **Verbreitungsgebiet** (regional, überregional) und **Vertriebsmethode** (Abonnement, Straßenverkauf) sowie nach inhaltlichen Kriterien (Fachzeitschrift, Boulevard).[302]

125 c) **Austauschbarkeit von Printmedien mit elektronischen Erzeugnissen?** Für sämtliche Druckerzeugnisse (vor allem Bücher, Zeitungen, Zeitschriften) stellt sich die Frage, inwieweit sie aus Nutzersicht mit elektronischen Erzeugnissen substituierbar sind, insb mit dem angesichts verwendbarer Tablet-Computer zunehmenden Angebot an elektronischen Büchern. Dies kann nicht pauschal beurteilt werden, sondern richtet sich nach dem Inhalt des jeweiligen Mediums.[303] **Wissenschaftliche Literatur** wird oftmals durch zusätzliche Informationen auf elektronischen Medien ergänzt. Bspw wer-

---

[295] Immenga/Mestmäcker/*Möschel* § 19 GWB Rn 34.
[296] KG v 13.10.1982, WuW/E OLG 2825, 2831 ff – Taschenbücher; BKartA v 24.11.2003, B6-7/03, 26 – Random House, Heyne ua; BKartA v 29.4.2009, B6-9/09, Rn 32 – Bertelsmann/Brockhaus; vgl *Golz* 129 ff; s aber krit dazu *Müller* MMR 2004, 2.
[297] Vgl BKartA v 24.11.2003, B6-7/03, 19–26 – Random House, Heyne ua.
[298] KG v 13.10.1982, WuW/E OLG 2825, 2831 ff – Taschenbücher.
[299] BKartA v 29.4.2009, B6-9/09, Rn 34 ff – Bertelsmann/Brockhaus.

[300] BKartA WuW 2009, 1071, 1074 – NPG/Detjen; BKartA WuW 2009, 1080, 1082 f – shz/Blickpunkt; Immenga/Mestmäcker/*Mestmäcker/Veelken* Vor § 35 GWB Rn 52.
[301] Vgl *Golz* 133.
[302] BKartA WuW 2009, 1071, 1074 – NPG/Detjen; BKartA WuW 2009, 1080, 1082 f – shz/Blickpunkt, beide zu Regionalzeitungen. Allgemein Immenga/Mestmäcker/*Mestmäcker/Veelken* Vor § 35 GWB Rn 53.
[303] *Golz* 104.

den Büchern zur Erlernung von Fremdsprachen häufig Audio-CDs beigelegt; Fachbüchern über die Anwendung von Programmiersprachen enthalten regelmäßig CD-ROMs mit Anwendungsbeispielen. Diese elektronischen Medien stellen aus Nachfragersicht kein Substitut für das gedruckte Hauptwerk da, sondern ergänzen dieses nur.[304] Anders sind aber elektronische Produkte zu beurteilen, die wissenschaftliche Texte vollständig abbilden. Im Bereich der Rechtswissenschaft haben elektronische Publikationen erhebliche Bedeutung erlangt.

126 Die Vorteile der elektronischen wissenschaftlichen Presse liegen in der **erleichterten Recherchierbarkeit und Archivierbarkeit**. Das Auffinden bestimmter Dokumente kann durch die Nutzung elektronischer Suchmasken und Verweisungen (Links) um ein Vielfaches beschleunigt werden. Einem Wissenschaftler kommt es in der Regel nicht darauf an, eine Papierversion eines fachlichen Textes vorliegen zu haben, da er lediglich die enthaltenen Informationen benötigt.[305] Ästhetische Gesichtspunkte treten in den Hintergrund. Aufgrund der genannten Vorteile elektronischer wissenschaftlicher Publikationen können diese unter bestimmten Umständen aus Nutzersicht Substitut für die gedruckten Versionen (Bücher, Zeitschriften) desselben Inhalts darstellen, so dass für beide Produktarten derselbe Markt bestünde.[306] Gleichzeitig können die Vorteile der elektronischen Publikationen aber auch dazu führen, dass sich eigene Märkte entwickeln; ein Nutzer würde dann die gedruckte Version einer Publikation aufgrund der fehlenden elektronischen Recherchierbarkeit und Archivierbarkeit nicht mehr als Substitut für die elektronische Version betrachten.[307]

127 Im Zusammenhang mit **elektronischen Plattformen und Datenbanken** sind zwei Märkte zu trennen: erstens dem Markt für die angebotenen Inhalte (hierzu das vorangehend Gesagte) und zweitens dem Markt für die Plattformen oder Datenbanken an sich. Die Plattformen und Datenbanken als solche bilden aufgrund des Komplettangebots und der Kommunikationsmöglichkeit für den Nachfrager eigene Märkte und sind nicht durch einzelne Quellen wie Zeitschriften oder Fachkongresse substituierbar.[308]

128 Bei **schöngeistiger Literatur** ist die Art des Trägermediums in der Regel von derartiger Bedeutung, dass bisher medienübergreifende Märkte für die gleichen Inhalte ausschieden.[309] Für den durchschnittlichen Konsumenten von Unterhaltungsliteratur ist die elektronische Version eines Buches (zB im PDF-Format) schon aufgrund der Abhängigkeit von entsprechenden Wiedergabesystemen und der resultierenden Einschränkung in der freien Verfügbarkeit des Inhalts ein wesentlicher Nachteil; so kann ein elektronisches Buch schwerlich überall gelesen werden.[310] Selbst ein Notebook ist als Wiedergabegerät unhandlicher als ein Buch. Derzeit (Stand: März 2011) wächst das Angebot an handlichen und leichten Tablet-Computern, mit denen elektonischen Büchern deutlich bequemer gelesen werden können als mit den herkömmlichen Computern.[311] Dadurch ist das Angebot an elektronischen Büchern ebenfalls stark gewachsen, teilweise kostenlos über das Digitalisierungsprojekt Gutenberg, teilweise aber auch als kostenpflichtige Angebote von Verlagen. Auf absehbare Zeit kann dieses Angebot daher als Substitut für das Angebot gedruckter Bücher dienen.

---

[304] *Golz* 105.
[305] Vgl Kommission v 4.5.1999, Fall IV/M.1377, ABl C 122, 19 Tz 13 – Bertelsmann/Wissenschaftsverlag Springer.
[306] Vgl BGH NJW 1997, 1911, 1913.
[307] *Golz* 113 f.
[308] Kommission v 26.11.1997, Fall IV/M.972, ABl C 360, 8; vgl *Golz* 115.
[309] *Golz* 106 f.
[310] *Golz* 109.
[311] S dazu auch *Körber* ZWeR 2009, 315, 323.

Kapitel 2 Medienkartellrecht

129 **Hörbücher** können die gedruckte Ausgabe eines schöngeistigen Werkes nicht adäquat ersetzen.[312] Neben der räumlichen Bindung der Rezeption des Inhalts an Wiedergabegeräte unterscheidet sich ein Hörbuch vor allem durch den reduzierten Freiraum für Phantasie und Vorstellungskraft vom Buch.[313] Darüber hinaus sind Hörbücher in der Regel bei selbem Inhalt deutlich teurer.

130 d) **Musikproduktion und -vertrieb.** Im Bereich der klassischen Produktion und dem Vertrieb von Musik lassen sich in sachlicher Hinsicht zwei rudimentäre Marktstrukturen unterscheiden: erstens den Bereich der **bespielten Tonträger** und zweitens das **Musikverlagswesen**.[314] Die Kommission hat sich im Verfahren Sony/BMG[315] im Jahre 2004 ausführlich mit diesen Marktstrukturen befasst.

131 aa) **Bespielte Tonträger.** Der sachlich relevante Markt im Bereich der bespielten Tonträger umfasst die Aktivitäten der Musikverlage den Verkauf von Tonträgern, sowie die Untervertragnahme von Künstlern und die Aufzeichnung und Vermarktung.[316] Fraglich ist, ob sich eine **sachliche Marktabgrenzung nach Musikgenres** vornehmen lässt. Die Kommission lässt diese Entscheidung offen, befürwortet aber zumindest eine grobe Unterteilung nach den Musikrichtungen Pop und Klassik.[317] Sie zieht darüber hinaus eine sachliche Abgrenzung zwischen internationaler und nationaler Popmusik, sowie zwischen einzelnen Musikrichtungen wie Jazz, Heavy Metal und Techno in Betracht.[318]

132 Die Frage des räumlich relevanten Marktes für Herstellung und Vertrieb von physischen Tonträgern beantwortet die Kommission nicht endgültig, lässt jedoch eine **Präferenz für die Abgrenzung von nationalen Märkten** in diesem Bereich erkennen.[319] Sie begründet dies mit der überwiegend national ausgerichteten Organisationsstruktur der Musikkonzerne sowie der nationalen Unterschiede in den Verbrauchervorlieben und im Preisniveau. Die Sprache eines Musiktextes soll nach Ansicht der Kommission aber kein Kriterium für die Einordnung eines Stückes als internationaler oder nationaler Titel sein.[320]

133 bb) **Musikverlagswesen.** In sachlicher Hinsicht umfasst das Musikverlagswesen den Erwerb von Rechten an musikalischen Werken und ihrer anschließenden Verwertung gegen eine Vergütung, die der Urheber dem Musikverlag in der Regel in Form einer Provision zukommen lässt.[321] Der Musikverlag erwirbt in der Regel ein **umfassendes Paket an Rechten** an einem bestimmten Werk, vor allem die Vervielfältigungs-, Aufführungs-, Sende-, Synchronisations- und Druckrechte. Die Haupttätigkeiten eines Musikverlages sind die Entdeckung von Textern und Komponisten, ihre künstlerische und finanzielle Unterstützung, der rechtliche Schutz der Werke, ihre kommerzielle

---

[312] *Golz* 107.
[313] *Golz* 106 f.
[314] S zum speziellen Markt der Online-Musik unten Rn 279–280.
[315] Kommission v 19.7.2004, COMP/M.3333.
[316] Kommission v 19.7.2004, COMP/M.3333, Rn 10 – *Sony/BMG*; s schon Kommission v 27.4.1992, Fall IV/M.202, Rz 9 – EMI/Virgin.
[317] Kommission v 19.7.2004, COMP/M.3333, Rn 10 – Sony/BMG; s schon Kommission v 27.4.1992, Fall IV/M.202, Rn 9 – EMI/Virgin.
[318] Kommission v 19.7.2004, COMP/M.3333, Rn 10 – Sony/BMG; s schon Kommission v 21.9.1998, Fall IV/M.1219 – Seagram/Polygram.
[319] Kommission v 19.7.2004, COMP/M.3333, Rn 14 – Sony/BMG; Kommission v 21.9.1998, Fall IV/M.1219, Rn 15 – Seagram/Polygram.
[320] Kommission v 21.9.1998, Fall IV/M.1219, Rn 14 – Seagram/Polygram.
[321] Kommission v 19.7.2004, COMP/M.3333, Rn 40 – Sony/BMG.

Nutzung sowie die Verwaltung der Rechte.³²² Zur Rechteverwertung überträgt der Musikverlag häufig einzelne Rechte zur Wahrnehmung an Verwertungsgesellschaften.

134 Während die Musikverlage teilweise einen einzigen, großen sachlichen Musikverlagsmarkt abgrenzen wollten, will die Kommission **tendenziell kleinere Märkte, entsprechend den verschiedenen Verwertungsrechten,** unterteilen.³²³ Als Begründung führt sie an, dass die einzelnen Rechte (Vervielfältigungsrechte, Synchronisationsrechte usw.) verschiedene Kundenbedürfnisse befriedigen und auf der Anbieterseite, also auf der Seite der Musikverlage, unterschiedliche wirtschaftliche Bedeutungen haben und jeweils andere Verwertungssysteme erfordern.³²⁴

135 Bei der räumlichen Marktabgrenzung im Musikverlagswesen will die Kommission **zwischen einzelnen Verwertungsrechten** differenzieren. Die Mehrzahl der Verwertungsrechte würde national von Verwertungsgesellschaften verwaltet und die Nutzungsgebühren seien national festgelegt. Beim mechanischen Vervielfältigungsrecht seien allerdings Anzeichen für transnationale Märkte zu erkennen, da für diese Form der Verwertung länderübergreifende Vereinbarungen zwischen den Verwertungsgesellschaften bestünden.³²⁵

2. Verbreitungsdienstleistungen

136 a) Telekommunikation. Wie oben bereits erläutert wurde, ist die Telekommunikationsregulierung in wesentlichen Teilen ein sektorspezifisches Kartellrecht, das vor allem den Missbrauch von Marktmacht beschränken will. Das TKG enthält dabei keine eigenständigen Kriterien zur Bestimmung der Begriffe „Markt" oder „Marktmacht", sondern lehnt sich vollständig an die Begrifflichkeiten des allgemeinen Kartellrechts an.³²⁶ Somit setzt auch die telekommunikationsrechtliche Regulierung (in Deutschland nach dem TKG) – als ersten Schritt – eine Marktabgrenzung voraus. Für die Abgrenzung von Telekommunikationsmärkten greifen die oben dargelegten Grundsätze der Marktabgrenzung, insb das **Bedarfsmarktkonzept** zur Bestimmung sachlicher Angebotsmärkte.³²⁷

137 Der Marktabgrenzung nachgelagert ist die **Identifizierung und Aussonderung jener Märkte**, die für die schärfere, sektorspezifische Telekommunikationsregulierung in Frage kommen (Marktdefinition, § 10 TKG).³²⁸ Zur telekommunikationsrechtlichen Marktdefinition werden aus den abgrenzbaren Märkte diejenigen Märkte ausgesondert, die durch „Marktzutrittsschranken gekennzeichnet sind, längerfristig nicht zu wirksamem Wettbewerb tendieren und auf denen die Anwendung des allgemeinen Wettbewerbsrechts allein nicht ausreicht, um dem betreffenden Marktversagen ent-

---

³²² Kommission v 19.7.2004, COMP/M.3333, Rn 40 – Sony/BMG; Kommission v 21.9.1998, Fall IV/M.1219, Rn 16 – Seagram/Polygram.
³²³ Kommission v 19.7.2004, COMP/M.3333, Rn 41 f – Sony/BMG; Kommission v 21.9.1998, Fall IV/M.1219, Rn 17 – Seagram/Polygram.
³²⁴ Kommission v 19.7.2004, COMP/M.3333, Rn 42 – Sony/BMG.
³²⁵ Kommission v 19.7.2004, COMP/M.3333, Rn 45 – Sony/BMG.
³²⁶ Wissmann/*Schütze* Kap 2 Rn 25; Beck'scher TKG-Kommentar/*Schuster* § 2 TKG Rn 49.

³²⁷ Beck'scher TKG-Kommentar/*Pape* Vor § 9 TKG Rn 21 ff; zur Anwendung des allg Kartellrechts und eventuellen Besonderheiten ausf *Topel* ZWeR 2006, 27, 39 ff; teilweise abweichend zu Breitbandkabelmärkten *Schultze-Petzold* WuW 2001, 134 ff.
³²⁸ Beck'scher TKG-Kommentar/*Pape* Vor § 9 TKG Rn 18; *Topel* ZWeR 2006, 27, 29 ff; *Klotz* MMR 2003, 495, 496 f; *Klotz* ZWeR 2003, 283, 294 f; zum mehrstufigen Verfahren der Marktregulierung auch Hoeren/Sieber/*Oster* Teil 4 Rn 34 ff.

Kapitel 2 Medienkartellrecht

gegenzuwirken" (§ 10 Abs 2 S 1 TKG). Die Marktdefinition wird von der BNetzA vorgenommen, die sich gem § 10 Abs 2 S 3 TKG allerdings weitgehend an der Empfehlung der Kommission[329] orientieren muss.[330] Die Kommission hat insgesamt 18 Märkte[331] benannt, die für eine sektorspezifische Regulierung in Betracht kommen. Die BNetzA hat für die meisten Märkte das Definitions- und Analyseverfahren durchgeführt.[332] Sieben dieser Märkte sind Endkundenmärkte (zB die Märkte für den Zugang zum öffentlichen Telefonnetz für Privatkunden und andere Kunden), elf sind Vorleistungsmärkte (zB der Markt für Breitbandzugang für Großkunden).

138 In einem dritten Schritt überprüft die BNetzA schließlich, welche von den Märkten, die aufgrund ihrer Mängel für eine sektorspezifische Regulierung prinzipiell in Betracht kommen, tatsächlich **regulierungsbedürftig** sind (Marktanalyse, § 11 TKG). Tatsächlich regulierungsbedürftig sind solche Märkte, auf denen kein wirksamer Wettbewerb besteht; dies wiederum ist der Fall, wenn ein oder mehrere Unternehmen auf diesem Markt über beträchtliche Marktmacht verfügen (§ 11 TKG). Die Feststellung von beträchtlicher Marktmacht ist nicht sektorspezifisch geregelt, sondern richtet sich nach dem allgemeinen Kartellrecht, also nach § 19 Abs 2, 3 GWB.[333]

139 b) **Rundfunk.** Die Abgrenzung ökonomischer Rundfunkmärkte erfolgt nach den allgemeinen **kartellrechtlichen Kriterien**; spezielle Vorschriften oder Verfahren zur Marktabgrenzung wie im Telekommunikationsbereich bestehen für den Rundfunkbereich nicht.

140 Bei den Fernsehmärkten sind zunächst die Märkte aus Sicht des Rezipienten (Zuschauermärkte) und die **Werbemärkte** zu unterscheiden.[334] Auf der Seite der **Zuschauermärkte** lässt sich ein Markt für Pay-TV abgrenzen, auf dem der wirtschaftliche Austausch aufgrund der Kostenpflichtigkeit direkt zwischen den Rezipienten und dem Pay-TV-Anbieter stattfindet.[335]

141 Umstritten ist, ob neben dem Zuschauermarkt für Pay-TV außerdem ein **Markt für Free-TV** existiert. Der überwiegende Teil des Schrifttums[336] sowie die Praxis[337] gehen in Übereinstimmung mit einem Gutachten der Monopolkommission von 1984/85[338] davon aus, dass ein Zuschauermarkt für Free-TV im Sinne des GWB nicht existiere, da es beim Free-TV gerade am konstitutiven Merkmal des Marktes, nämlich am Leistungsaustausch, zwischen Free-TV-Anbieter und Rezipient fehle. Nach einer im Vordringen befindlichen Gegenauffassung ist die Anerkennung von Zuschauermärkten im

---

[329] Kommission, Empfehlung in Bezug auf relevante Produkt- und Dienstmärkte nach Art 15 Abs 1 der RL 2002/21/EG, ABl EG 2003 Nr L 114, 45 ff.
[330] BVerwG WuW 2008, 990, 992; *Topel* ZWeR 2006, 27, 30; *Holznagel/Hombergs* MMR 2006, 286.
[331] Eine Übersicht über diese Märkte in: Beck'scher TKG-Kommentar/*Schütz* § 10 TKG Rn 23 ff.
[332] Eine Übersicht über alle offiziellen Dokumente (incl Downloadlinks) des Marktregulierungsverfahrens geben *Neumann/Koch* auf http://www.tkrecht.de unter dem Punkt „Marktregulierung".
[333] Dazu ausf Beck'scher TKG-Kommentar/ *Pape* Vor § 9 TKG Rn 70-115; *Klotz* MMR 2003, 495, 497; *Klotz* ZWeR 2003, 283, 292 f; zu Besonderheiten in der Anwendung der allgemeinen Grundsätze ausf *Topel* ZWeR 2006, 44 ff.
[334] *Trafkowski* 32.
[335] BKartA v 28.12.2004, B7-150/04 Rn 159 – SES/DPC; BKartA v 1.10.1998, B6-72/98 – Premiere.
[336] Immenga/Mestmäcker/*Mestmäcker/Veelken* Vor § 35 GWB Rn 88; *Parlasca* WuW 1994, 214; *Frey* ZUM 1998, 985, 987 f; weitere Nachweise bei *Trafkowski* 33.
[337] ZB BKartA v 11.4.2006, B6-142/05, 13 – RTL/ntv.
[338] Monopolkommission, VI. Hauptgutachten 1984/85 Rn 584.

Free-TV erforderlich, um solche Wettbewerbshandlungen der Free-TV-Anbieter zu erfassen, die sich nicht auf den Werbemarkt auswirken.[339] In der Tat ist schwer einzusehen, warum den Free-TV-Kanälen, nach denen offensichtlich eine Nachfrage besteht, die Qualität eines Wirtschaftsgutes abgesprochen werden sollte, nur weil die Finanzierung der Programme über den Umweg von Gebühren und Werbeinnahmen erfolgt.[340] Auch das BKartA spricht in seinen neueren Entscheidungen von einem Nebeneinander von Pay-TV-Markt und Free-TV-Markt,[341] was einen Zuschauermarkt für Free-TV zumindest nahe legt. Die Kommission hat die Frage im Verfahren Endemol Entertainment[342] angerissen, letztlich aber offen gelassen.

Demgegenüber besteht ein **einheitlicher Fernsehwerbemarkt**, der die Bereitstellung von Werbezeiten seitens aller Veranstalter von Fernsehprogrammen umfasst.[343] Anbieter auf diesem Markt sind Free-TV Anbieter und Pay-TV Anbieter, sofern sie Werbezeit bereitstellen.

In räumlicher Hinsicht ist aufgrund der Verbreitungstechnik und der Sprache der Programme in der Regel von **nationalen Werbe- wie Zuschauermärkten** auszugehen, sofern nicht regionale Aspekte im Vordergrund stehen (wie zB bei Lokalsendern). Aufgrund neuer Übertragungstechnologien wie IPTV erscheinen zunehmend auch grenzüberschreitende Fernsehmärkte realistisch. Besonders englischsprachige Programme wie CNN werden, auch in konventioneller Übertragung, zunehmend als Ersatz für nationale Programme akzeptiert.[344]

Für die Hörfunkmärkte gelten die Überlegungen zur sachlichen Marktabgrenzung von Fernsehmärkten analog, so dass auch hier zu überlegen ist, ob Zuschauermärkte für kostenfreie Hörfunkprogramme überhaupt abgegrenzt werden können.[345] Bei der räumlichen Marktabgrenzung fällt die überwiegend **regional geprägte Hörfunkpolitik** der Bundesländer ins Gewicht, so dass nur in Ausnahmefällen von bundesweiten Hörfunkmärkten auszugehen ist.[346]

3. Medienvertrieb

Neben die erforderliche Marktabgrenzung bei den Medienträgern tritt die Marktabgrenzung beim Vertrieb der Medien. Die sachliche Marktabgrenzung erfolgt üblicherweise anhand der Medienträger. Differenzierter kann aber das Bild bei der Abgrenzung von räumlichen Märkten sein. Hier können vor allem unterschiedliche nationale Rechts- und Lizenzsysteme, abgegrenzte Sprachräume bei sprachgebundenen Medien oder ein regional begrenzter Bedarf zu eingeschränkteren Märkten führen. Der räumliche Markt für den Vertrieb von Zeitungen und Zeitschriften ist, obwohl es mit wenigen Ausnahmen pro **Vertriebsgebiet** nur einen Grossisten gibt, der ausschließlich von den Verlagen beliefert wird, nicht das gesamte Bundesgebiet. Viel-

---

[339] *Trafkowski* 34; *Schmidt* ZUM 1997, 472 ff; *Engel* 34; *Körber* ZWeR 2009, 315, 338; Monopolkommission, XIII. Hauptgutachten 1998/99 Rn 611; Bundesministerium für Wirtschaft, Offene Medienordnung, Dokumentation Nr 473 Rn 49.
[340] *Trafkowski* 34; *Körber* ZWeR 2009, 315, 338 f.
[341] BKartA v 28.12.2004, B7-150/04 Rn 159 f – SES/DPC.
[342] Kommission v 20.9.1995, ABl EG 1996 Nr L 134, 32, 37 ff, WUW/E EV 2371 – Endemol Entertainment.
[343] BKartA v 28.12.2004, B7-150/04 Rn 159 f – SES/DPC; *Trafkowski* 37.
[344] Beispiele für international erfolgreiche Programme sind CNN oder BBC.
[345] *Trafkowski* 39.
[346] Bundesweit sendet bspw der Deutschlandfunk.

Kapitel 2 Medienkartellrecht

mehr soll nur das jeweilige Vertriebsgebiet maßgeblich sein, weil aus Sicht des Abnehmers ein Austausch des ihm monopolistisch zugewiesenen Gebiets mit einem anderen nicht möglich ist.[347]

V. Wettbewerbsbeschränkende Vereinbarungen

1. Europäisches Recht

146 Im Gemeinschaftsrecht bestehen für die kartellrechtliche Beurteilung von wettbewerbsbeschränkenden Vereinbarungen im Mediensektor keine Sonderregeln. Vielmehr ist für alle wettbewerbsbeschränkenden Vereinbarungen ausschließlich die Vorschrift des Art 101 AEUV maßgeblich.[348] Relevant sind darüber hinaus verschiedene **Gruppenfreistellungsverordnungen**. Gegenstand dieses Abschnitts ist die Fragestellung, wann wettbewerbsbeschränkende Vereinbarungen auf den klassischen Medienmärkten unter Art 101 AEUV fallen.[349]

147 a) **Wettbewerbsbeschränkende Vereinbarungen und Immaterialgüterrechte.** Wettbewerbsbeschränkungen, die sich aus der vertraglichen Verwertung und der Ausübung von Ausschließlichkeitsrechten des geistigen Eigentums oder von sonst geschützten Kenntnissen (Know-how) durch Lizenzverträge, Schutzrechtsübertragungen oder Abgrenzungsvereinbarungen ergeben, spielen in der Praxis auf den Medienmärkten eine große Rolle. Damit stellt sich zunächst die Frage, inwieweit das Spannungsverhältnis zwischen nationalen Ausschließlichkeitsrechten des geistigen Eigentums und dem auf Wettbewerbsfreiheit ausgerichteten Kartellrecht zu behandeln ist.[350] Der EuGH hat bereits früh klargestellt, dass für **Schutzrechte keine Ausnahme von den Wettbewerbsrechten** gilt.[351] Dabei ist der spezifische Bestand des betreffenden Immaterialgüterrechts geschützt. Jedoch kann die Ausübung der Schutzrechte unter Art 101 AEUV fallen.[352] Der EuGH hat hierzu eine Grundformel aufgestellt, nach der die Schutzrechtsverwertung immer dann unzulässig ist, wenn sie den Gegenstand, das Mittel oder die Folge einer Kartellabsprache darstellt.[353]

148 aa) **Lizenzverträge.** Als Lizenzverträge werden – für den deutschen Rechtskreis durchaus sprachlich bedenklich –Verträge bezeichnet, durch die der Inhaber eines Schutzrechts einem anderen die Ausübung an sich dem Rechtsinhaber aufgrund des Schutzrechts vorbehaltener Tätigkeiten gestattet.[354] Erfasst werden von dieser Defini-

---

347 OLG Celle WuW 2010, 425, 430 – Beendigung langjährigen Pressevertriebs.
348 Vgl dazu oben Rn 27 ff; zur Problematik des Roaming *Pohle* Teil 5, 2. Kap Rn 129.
349 Eine Einordnung von wettbewerbsbeschränkenden Vereinbarungen in der *Internetökonomie* folgt unten in Rn 284 ff.
350 Vgl dazu oben Rn 3–9.
351 EuGH Slg 1966, 322 – Grundig/Consten; EuGH Slg 1966, 458.
352 EuGH Slg 1981, 191 – Dansk Supermarked/Imerco. Loewenheim/Meessen/Riesenkampff/*Nordemann* § 1 GWB Rn 204; Schröter/Jakob/Mederer/*Sucker/Guttuso/Gaster* Art 81 Rn 10 ff; krit Loewenheim/Meessen/Riesenkampff/*Axster/Schütze* Art 81–86 GRUR Rn 85.
353 Vgl zu dieser Formel aus EuGH Slg 1971, 69 Rn 9 – Sirena/Novimpex; EuGH Slg 1971, 487 – Deutsche Grammophon/Metro-SB-Großmärkte; EuGH Slg 1976, 811 Rn 24 – EMI Records/CBS-Schallplatten; EuGH Slg 1976, 1039 Rn 6 – Terrapin/Terranova; EuGH Slg 1982, 2015 Rn 28 – Nungesser/Kommission. Siehe auch Loewenheim/Meessen/Riesenkampff/*Axster/Schütze* Art 81–86 GRUR Rn 81; Immenga/Mestmäcker/*Heinemann*, EG Teil 1, IV. Abschnitt B Rn 10.
354 *Emmerich* § 6 Rn 1; mwN *Kreutzmann* 39 ff.

tion folglich insb Verträge über die Einräumung von **Nutzungsrechten an Markenrechten, Patentrechten oder Urheberrechten.**

Dabei beschränkt die einfache Lizenzerteilung den Wettbewerb nicht.[355] Anders verhält es sich jedoch, wenn der Inhaber eines Schutzrechts die Lizenzierung zur **Absicherung seiner Marktposition** einsetzt, indem er die Erteilung einer Lizenz von der Übernahme wettbewerbsbeschränkender Verpflichtungen durch den Lizenznehmer abhängig macht (zB Preisbindungen, Export- und Reimportverbote, Bezugs- und Vertriebsbindungen, Rückgewähr- und Nichtangriffsklauseln). Dies kann zu Lizenzvertragssystemen führen, welche hohe **Marktzutrittsschranken für Neueinsteiger** mit sich bringen.[356] Andererseits können Lizenzverträge als wettbewerblich positiv einzustufen sein, da sie dem Lizenznehmer überhaupt erst die Möglichkeit eröffnen, auf einem ansonsten nicht erreichbaren Gebiet tätig zu werden.[357] Werden Lizenzen an mehrere Unternehmen erteilt, hat die Lizenzvergabe gerade die Entstehung von Wettbewerb zur Folge, wovon letztendlich der einzelne Verbraucher profitieren kann.[358]

149

Aus den soeben umrissenen, unterschiedlichen wettbewerblichen Auswirkungen von Lizenzverträgen ergibt sich mithin, dass Lizenzverträge durchaus Wettbewerbsbeschränkungen iSv Art 101 AEUV Abs 1 hervorrufen können. Allerdings haben Kommission und EuGH schon frühzeitig unter Anwendung der „**Nebenabreden-Doktrin**"[359] eine Reihe von Beschränkungen der wirtschaftlichen Handlungsfreiheit von Unternehmen durch Lizenzverträge vom Tatbestand des Art 101 Abs 1 AEUV ausgenommen. Selbst die Gewährung einer ausschließlichen Lizenz kann gerechtfertigt sein, wenn anderenfalls der Wettbewerb auf nachgelagerten, neuen Märkten im Keim erstickt würde. Genauso können besondere Marktbedingungen zu dem Ergebnis führen, dass die Ausschließlichkeit der Lizenzerteilung nicht geeignet ist, den Wettbewerb zu beeinträchtigen.[360] Deshalb ist der Erwerb durch Unternehmen zulässig, die in dem betreffenden Markt bislang nicht vertreten waren und sich durch den Erwerb auf dem Markt etablieren wollen.[361] Des Weiteren sind Gruppen- und Einzelfreistellungen nach Art 101 Abs 3 AEUV möglich.

150

Für Lizenzverträge spielt in diesem Rahmen die VO (EG) Nr 772/2004 (sog TT-GVO)[362] eine große Rolle. In den Anwendungsbereich der Verordnung fallen sog Technologietransfer-Vereinbarungen. Damit betrifft die Verordnung Vereinbarungen über Patente, Gebrauchsmuster, Geschmacksmuster, Softwarelizenzen oder Know-How (vgl Art 1 Abs 1 lit b), h), i) TT-GVO). Vereinbarungen über Markenrechte und urheberrechtlich geschützte Werke sind damit grundsätzlich nicht erfasst. Allerdings werden Lizenzen über **urheberrechtlich geschützte Software** durch die TT-GVO reguliert. Den Leitlinien der Kommission zufolge gilt die TT-GVO darüber hinaus für Urheberrechte und Markenrechte, soweit diese Rechte mit der Nutzung der lizenzierten Technologie unmittelbar verbunden sind und nicht den Hauptgegenstand der Vereinbarung darstellen.[363] Zugleich betrachtet die Kommission die Vergabe von

151

---

[355] Loewenheim/Meessen/Riesenkampff/ *Axster/Schütze* Art 81–86 GRUR Rn 94.
[356] Loewenheim/Meessen/Riesenkampff/ *Axster/Schütze* Art 81–86 GRUR Rn 94; *Emmerich* § 6 Rn 3, 4.
[357] *Bechtold/Bosch/Brinker/Hirsbrunner* Einf VO 772/2004 Rn 1.
[358] *Hieber* 19.
[359] Vgl Loewenheim/Meessen/Riesenkampff/ *Amato/Gonzalez/Diaz* Art 81 Abs 1 Rn 140 ff.

[360] EuGH Slg 1982, 3381 – Coditel/Ciné-Vog Films (Coditel II); s auch Loewenheim/Meessen/Riesenkampff/*Axster/Schütze* Art 81–86 GRUR Rn 96; mwN *Heinemann* 398 ff.
[361] *Trafkowski* 132.
[362] Loewenheim/Meessen/Riesenkampff/ *Axster/Schütze* Art 81–86 GRUR Rn 97.
[363] Kommission, Leitlinien zur Anwendung von Art 81 EG-Vertrag auf Technologietransfer-Vereinbarungen, ABl EG 2004 C 101, 2 ff Rn 50.

Ulf Müller

Lizenzen für die Vervielfältigung und Verbreitung eines geschützten Werks, dh die Herstellung von Kopien für den Weiterverkauf, als eine der Lizenzierung von Technologie ähnliche Form der Lizenzvergabe. Damit wendet die Kommission generell die in der TT-GVO aufgestellten Grundsätze an, wenn sie solche Lizenzvereinbarungen auf der Grundlage von Art 101 AEUV prüft.[364] Ausgenommen werden indes ausdrücklich Lizenzen von Wiedergaberechten, da sich hierbei ganz spezielle Fragen stellen.[365]

152 Technologietransfer-Vereinbarungen werden gem Art 2 TT-GVO von dem Verbot des Art 101 Abs 1 AEUV generell freigestellt, soweit die Ausnahmen in Art 3–5 TT-GVO nicht einschlägig sind. Die neue TT-GVO wählt dabei einen wirtschaftlich orientierten Ansatz, bei der die Bedingungen des jeweiligen Marktes besondere Beachtung finden.[366] Demzufolge macht Art 3 TT-GVO die Freistellung von den Marktanteilen der Vertragsparteien abhängig. Art 4 TT-GVO enthält die sog **Kernbeschränkungen**, von denen wiederum Ausnahmen gemacht werden. Dabei wird differenziert, ob sich es sich bei den Vertragsparteien um konkurriende Unternehmen (Abs 1) handelt oder nicht (Abs 2). Erlaubt sind insb Preisempfehlungen und Höchstpreisvereinbarungen (Art 4 Abs 2 lit a) TT-GVO). Auch Mindestlizenzgebühren und Stücklizenzen sind unbedenklich.[367] Gem Art 4 Abs 2 lit b) vi) TT-GVO darf der Lizenznehmer ferner auf die Großhandelsfunktion beschränkt werden. Überdies ist nach Art 4 Abs 2 lit c) TT-GVO der Aufbau eines selektiven Vertriebssystems möglich. Nicht durch die TT-GVO freigestellte Vereinbarungen können allenfalls durch Einzelfreistellung nach Art 101 Abs 3 EG vom Kartellverbot ausgenommen werden. Hierbei berücksichtigt die Kommission wiederum die Leitlinien über die Anwendung des Art 101 AEUV auf Technologietransfer-Vereinbarungen heran. Unwahrscheinlich ist allerdings, dass Kernbeschränkungen des Art 4 TT-GVO auf die Weise noch freigestellt werden.[368]

153 Der Entscheidungspraxis von Kommission und EuGH nach sind insb gebietsmäßige Beschränkungen für den Vertrieb von körperlichen Werkexemplaren unvereinbar mit Art 101 AEUV, sobald die Ware einmal mit Zustimmung des Rechteinhabers in den Vekehr gebracht worden ist (**Erschöpfung**).[369] Eine Freistellung kommt allerdings in Betracht, wenn die gebietsmäßige Beschränkung der Einführung eines neuen Produktes oder der Erschließung eines neuen Marktes dient.[370] Seit Einführung der Technologie-GVO ist zudem die Privilegierung aus Art 4 Abs 2 lit b) ii) TT-GVO zu beachten, wonach der passive Verkauf in andere Exklusivgebiete für zwei Jahre untersagt werden darf. Für die unkörperliche Verwertung urheberrechtlich geschützter Sendeinhalte ist anerkannt, dass der Rechteinhaber das Gebiet für die Nutzung – auch innerhalb der EU – aufteilen kann.[371]

---

[364] Kommission, Leitlinien zur Anwendung von Art 81 EG-Vertrag auf Technologietransfer-Vereinbarungen, ABl EG 2004 C 101, 2 ff Rn 51; krit Loewenheim/Meessen/Riesenkampff/*Nordemann* § 1 GWB Rn 216.
[365] Kommission, Leitlinien zur Anwendung von Art 81 EG-Vertrag auf Technologietransfer-Vereinbarungen, ABl EG 2004 C 101, 2 ff Rn 52.
[366] Loewenheim/Meessen/Riesenkampff/*Axster/Schütze* Art 81–86 GRUR Rn 97.
[367] Kommission, Leitlinien zur Anwendung von Art 81 EG-Vertrag auf Technologietransfer-Vereinbarungen, ABl EG 2004 C 101, 2 ff Rn 79 f.

[368] Loewenheim/Meessen/Riesenkampff/*Axster/Schütze* Art 81–86 GRUR Rn 97.
[369] EuGH Slg 1971, 487, 500 – Deutsche Grammophon/Metro; EuGH Slg 1982, 329, 346 – Polydor/Harleking; EuGH Slg 1989, 79, 96 – EMI/Patricia; Loewenheim/Meessen/Riesenkampff/*Nordemann* § 1 GWB Rn 219.
[370] Kommission, ABl EG 1978 70/69 – Campari.
[371] EuGH Slg 1980, 881 – Coditel I; EuGH Slg 1982, 3381 – Coditel II; Kommission ABl EG 1989 L 284/36; Loewenheim/Meessen/Riesenkampff/*Nordemann* § 1 GWB Rn 219.

Urheberechte dürfen auschließlich vergeben werden.[372] Kartellrechtliche Verstöße **154**
können jedoch begründet werden, wenn Vorführungsrechte für eine unangemessen
lange Zeit vergeben werden. Maßgeblich sind dabei die Konkurrenzsituation zu anderen Medien, die Amortisationszeit für notwendige Verwerterinvestitionen und die
Finanzierungsbedingungen.[373] Eine übermäßige Vertragsdauer nahm die Kommission
in Vereinbarungen über **Exklusivrechte** zur Ausstrahlung von amerikanischen Filmen
und Serien, die sich auf eine Zeit von 15 Jahren erstreckte.[374] Die negativen Auswirkungen konnten indes durch die Verpflichtung der Lizenznehmerin, anderen Unternehmen Unterlizenzen einzuräumen, abgeschwächt werden. Zugleich profitierte der
deutsche Fernsehmarkt durch das größere Filmangebot und die einzelnen Verbraucher
wegen der sinkenden Preise. Folgerichtig gewährte die Kommission eine Freistellung
nach Art 101 Abs 3 AEUV.[375]

Wenn aus der Gründung eines Gemeinschaftsunternehmens eine Beschränkung des **155**
Wettbewerbs um internationale Senderechte resultiert, kann eine solche Gründung
gegen Art 101 AEUV verstoßen.[376] Zudem kann die Koordinierung beim Erwerb und
bei der Nutzung von Fernsehrechten im Rahmen eines Zusammenschlusses von mehreren Rundfunkanstalten unter Art 101 AEUV fallen.[377] Eine **Einzelfreistellung** gem
Art 101 Abs 3 AEUV ist allerdings denkbar, soweit Nichtmitgliedern unter bestimmten Konditionen Zugang zu den Übertragungsrechten gewährt wird.[378] Kartellrechtlich bedenklich ist überdies die Vergabe von Senderechten für eine sehr große Anzahl
von Sportereignissen.[379] Ebenso rückt die zentrale Vermarktung von Senderechten
durch Sportverbände in das Blickfeld der Kommission. Eine Freistellung derartiger
Modelle kommt allerdings in Betracht, wenn durch die Zentralvermarktung die finanzielle Grundlage vieler Vereine für die Beteiligung am Wettbewerb erst geschaffen werden kann.[380]

bb) Schutzrechtsübertragungen. Obgleich Schutzrechtsübertragungen im Regelfall **156**
keinen wettbewerblichen Bedenken ausgesetzt sind, schließt die mit dem Eigentumsrecht verbundene Übertragungsbefugnis eine kartellrechtliche Unzulässigkeit nicht
aus.[381] Schutzrechtsübertragungen fallen unter Art 101 Abs 1 AEUV, soweit sich in
Bezug auf Zweck oder Wirkung der Schutzrechtsübertragung wettbewerbliche Bedenken ergeben. Insofern gilt die zu Art 101 Abs 1 AEUV entwickelte Grundformel[382],
dass Art 101 Abs 1 AEUV immer dann betroffen ist, wenn Schutzübertragungen
Gegenstand, Mittel oder Folge einer wettbewerbsbeschränkenden Absprache sind.[383]

Schutzrechtsübertragungen können wettbewerbsrechtlichen Bedenken ausgesetzt **157**
sein, soweit im Rahmen von Kooperationen zwischen Unternehmen oder bei der

---

[372] EuGH Slg 1988, 2605, 2630 – Warner Bros/Christiansen. Zur Vergabe von Ausschließlichkeitsrechten vgl bereits oben Rn 6 ff.
[373] EuGH Slg 1980, 881 – Coditel I; EuGH Slg 1982, 3381 – Coditel II; Kommission, ABl EG 1989 L 284/36; *Keller* 203; *Trafkowski* 133.
[374] Kommission ABl EG 1989 L 284/36.
[375] Vgl dazu *Keller* 203; *Trafkowski* 132.
[376] Kommission ABl EG 1991 L 63/43 – Screecsport/EBU-Mitglieder.
[377] Kommission ABl EG 1993 L 179/23 ff; EuG EuZW 1999, 660 ff.
[378] PM der Kommission v 12.5.2000, IP/00/472 – EBU.
[379] *Trafkowski* 133.
[380] Vgl iE unten Rn 162 ff.
[381] Loewenheim/Meessen/Riesenkampff/*Axster/Schütze* Art 81–86 GRUR Rn 90; Immenga/Mestmäcker/*Heinemann* EG Teil 1, IV. Abschnitt B Rn 27.
[382] S oben Rn 6.
[383] EuGH Slg 1994 I 2789 Rn 59 – IHT Internationale Heiztechnik/Ideal Standard; Loewenheim/Meessen/Riesenkampff/*Axster/Schütze* Art 81–86 GRUR Rn 91; Immenga/Mestmäcker/*Heinemann* EG Teil 1, IV. Abschnitt B Rn 27; s auch EuGH Slg 1966, 321 – Consten/Grundig.

Gründung von Gemeinschaftsunternehmen erfolgen.[384] Weitere Beispiele sind **Wettbewerbsverbote** und **Rückübertragungspflichten**.[385] Hierbei gilt wiederum, dass allein die wettbewerblichen Wirkungen der betreffenden Bestimmungen maßgeblich sind. Damit ist unbeachtlich, ob eine Vereinbarung als Schutzrechtsübertragung bezeichnet wird.[386] Sofern das Risiko der Verwertung beim Veräußerer verbleibt, ist die Kommission allerdings der Auffassung, dass Schutzrechtsübertragungen von Patenten, Knowhow sowie diesen gleichgestellte Schutzrechten wie Lizenzvereinbarungen zu behandeln sind, die der Technologietransfer-Gruppenfreistellungsverordnung (TT-GVO) unterfallen.[387]

158 cc) **Abgrenzungsvereinbarungen.** Abgrenzungsvereinbarungen sind im Sinne des Gerichtshofs nur zulässig, wenn sie **allein zur Vermeidung von Konflikten zwischen den Schutzrechtsinhabern** dienen,[388] das heißt, wenn zwei Schutzrechtsinhaber Vereinbarungen über die beiderseitige Nutzung der Schutzrechte treffen, um zB Verwechslungen auszuschließen.[389] Das Gericht verfolgt die Ansicht, dass die Begrenzung des Benutzungsumfangs durch die Vereinbarung nur den geringsten Eingriff in die ansonsten bestehende Befugnis der Schutzrechte darstellen darf.[390] Es muss daher im konkreten Einzelfall entschieden werden, was zur Konfliktbewältigung absolut notwendig ist. Über dieses Maß hinaus dürfen keine Beschränkungen festgelegt werden. Weiterhin unzulässig sind Bestimmungen, die den gegenseitigen Nichtangriff der Schutzrechte beinhalten, es sei denn, sie sind zeitlich begrenzt und auf das konkret zur Debatte stehende Schutzgut bezogen.[391] Wird eine Konfliktlage hingegen zB durch ein rechtskräftiges Urteil aufgehoben, werden die Schutzrechtsbeschränkungen zu wettbewerbsbeschränkenden Abreden iSv Art 101 Abs 1 AEUV.[392]

159 b) **Weitere Anwendungsfälle.** Ob Art 101 Abs 3 AEUV einschlägig ist, ist insb bei der Beurteilung von Kooperationen zur Entwicklung von digitalen Plattformen fraglich. Derartige Kooperationen sind zumeist aus finanziellen Gründen unentbehrlich. Eine zu strenge Kartellkontrolle würde demnach die **technische Entwicklung neuer Multimediadienste** abschneiden. Andererseits ist eine frühzeitige Marktabschottung zu vermeiden.[393] Dementsprechend hat die Kommission wettbewerbsbeschränkende Klauseln des französischen Pay-TV-Unternehmens TPS und des britischen Unternehmens Open nur für eine bestimmte Dauer freigestellt.[394]

160 Im Rahmen des Art 101 Abs 3 AEUV seien zudem, so deutete die Kommission in ihrer Entscheidung zur European Broadcasting Union (EBU) an, **pluralismussichernde Maßnahmen im Bereich des Rundfunks** möglicherweise freistellungsfähig.[395] Dieser Ansicht hat indes das EuG eine Absage erteilt mit der Begründung, die Kommission habe sich nicht hinreichend auf konkrete wirtschaftliche Daten verlassen.[396] Der

---

[384] Loewenheim/Meessen/Riesenkampff/ *Axster/Schütze* Art 81–86 GRUR Rn 92; Immenga/Mestmäcker/*Heinemann* EG Teil 1, IV. Abschnitt B Rn 12, 27.
[385] Loewenheim/Meessen/Riesenkampff/ *Axster/Schütze* Art 81–86 GRUR Rn 93.
[386] Immenga/Mestmäcker/*Heinemann* EG Teil 1, IV. Abschnitt B Rn 12, 27.
[387] Loewenheim/Meessen/Riesenkampff/ *Axster/Schütze* Art 81–86 GRUR Rn 92.
[388] EuGH Slg 1985, 383, 385 – BAT.
[389] Loewenheim/Meessen/Riesenkampff/ *Axster/Schütze* Art 81–86 GRUR Rn 87; Immenga/Mestmäcker/*Fuchs*, EG Teil 1, III. Abschnitt G Rn 78.
[390] EuGH Slg 1985, 383, 385 – BAT.
[391] Loewenheim/Meessen/Riesenkampff/ *Axster/Schütze* Art 81–86 GRUR Rn 89.
[392] Loewenheim/Meessen/Riesenkampff/ *Axster/Schütze* Art 81–86 GRUR Rn 89.
[393] Vgl *Trafkowski* 127.
[394] Vgl *Trafkowski* 128 f.
[395] Kommission v 25.5.1998, ABl 1993, Nr L 179, 23 Rn 5, 72 – EBU.
[396] EuG EuZW 1996, 660, 668 Rn 120.

Erwägung des EuG liegt zugrunde, dass nichtwirtschaftliche Gesichtspunkte im EU-Vertrag nur berücksichtigt werden, wenn dies ausdrücklich vorgesehen ist.[397]

2. Deutsches Recht

Abgesehen von einem Ausnahmebereich[398] bietet das deutsche Recht wie das Europäische Recht für wettbewerbsbeschränkende Vereinbarungen auf den klassischen Medienmärkten keine speziellen Vorschriften an. Somit sind die allgemeinen Vorschriften der §§ 1 ff GWB anzuwenden, welche den Regelungen in Art 101 AEUV weitestgehend entsprechen.[399] Eine Entscheidungspraxis hat sich vor allem auf den Fernseh- und Hörfunkmärkten herausgebildet.[400] So untersagte das BKartA im Jahre 1985 einen Vertrag, in dem der Deutsche Sportbund ARD und ZDF das Recht zur ausschließlichen Verwertung zahlreicher Sportveranstaltungen einräumte (sog **Globalvertrag**). Die entsprechende Vereinbarung hätte nach Ansicht des BKartA eine unbillige Beschränkung des Marktzutritts für andere Fernsehanbieter zufolge gehabt.[401] Mittlerweile haben sich jedoch die Marktverhältnisse dahingehend gewandelt haben, dass die finanzielle Leistungsfähigkeit der privaten Fernsehanbieter als mindestens ebenbürtig einzustufen ist. Dementsprechend sah das BKartA bei der Gründung eines Gemeinschaftsunternehmens von ARD und ZDF zur Bündelung der eigenen Nachfrage bei der Vergabe von Sportrechten von einem Eingreifen ab.[402] Als Anwendungsfall kommen weiterhin Koordinierungen zwischen einzelnen Anbieter in Betracht. Im Hinblick auf die Gewährleistung der Grundversorgung wird jedoch bei Programmabstimmungen zwischen öffentlich-rechtlichen Sendeanstalten das Kartellverbot durch Art 5 Abs 1 S 2 GG überlagert und ist daher nicht einschlägig.[403] Anders zu beurteilen sind aber möglicherweise Fälle, in denen private Anbieter nicht nur ihre Programme, sondern auch ihre Vermarktung und die technische Organisation abstimmen.[404]

161

3. Insb: Übertragungsrechte (Champions League, Bundesliga)

Hochklassige Sportveranstaltungen sind für private und öffentlich-rechtliche Fernsehsender sowie für Pay-TV-Anbieter wirtschaftlich unverzichtbar. Dementsprechend bedeutsam sind die Verwertungsrechte[405] an diesen Sportveranstaltungen, mit denen sich bereits die Kommission bezüglich der kartellrechtlichen Fragestellungen befasst hat. Kartellrechtliche Probleme ergeben sich insb bei **zentralen Vermarktungsmodellen**, die Rechte verschiedener Veranstaltungen für einen längeren Zeitraum zu einer exklusiven Verwertung bündeln.[406]

162

Im Jahr 2003 hat die Kommission im Fall „UEFA Champions League"[407] erstmals ein zentrales Vermarktungsmodell durch **förmliche Freistellung** gem Art 101 Abs 3

163

---

[397] *Frey* ZUM 1999, 528, 531; *Trafkowski* 126.
[398] S oben Rn 77.
[399] Vgl oben Rn 38.
[400] *Trafkowski* 68.
[401] Bestätigt durch BGH NJW 1990, 2815 ff.
[402] BKartA Tätigkeitsbericht 1995/96, 153.
[403] *Wallenberg* WuW 1991, 963, 966.
[404] *Trafkowski* 70.
[405] Zum Inhalt der Verwertungsrechte bei Sportveranstaltungen s *Hellmann/Bruder* EuZW 2006, 359.

[406] *Hellmann/Bruder* EuZW 2006, 360.
[407] Kommission v 23.7.2003, COMP/C.2-37.398, ABl EG 2003 Nr L 291/25 – UEFA; anders noch BKartA WuW/E BKartA 2682 ff – Fußball-Fernsehübertragungsrecht I; BKartA WuW/E BKartA 2696 ff – Fußball-Fernsehübertragungsrecht II; BGH WuW 1998, 163 ff – Europapokalheimspiele; zustimmend *Trafkowski* 70 ff.

Kapitel 2 Medienkartellrecht

AEUV vom Kartellverbot ausgenommen und in den Jahren 2005 und 2006 die zentrale Vermarktung der Deutschen Fußball Liga (DFL) bzw der FA Premier League für die deutsche Bundesliga[408] bzw die englische Premier League[409] gebilligt, indem sie ihre Verpflichtungszusagen für rechtsverbindlich erklärt hat.[410]

164 Fraglich ist, wie der **relevante Markt für Sportveranstaltungen** abzugrenzen ist. Die Kommission ist der Auffassung, dass aufgrund des unterschiedlichen Interesses für verschiedene Sportarten, insb durch das besondere Interesse an regelmäßig stattfindenden Fußballwettbewerben (Champions League, Bundesliga) der Markt für Sportübertragungsrechte in weitere Produktmärkte aufzuteilen ist.[411] Unstreitig ist der Veranstalter Inhaber der Rechte, wobei der Veranstalter derjenige ist, der die wesentlichen wirtschaftlichen Leistungen und die Vermarktung der Übertragungsrechte erbringt.[412] Zu beachten ist aber, dass der Verband durch umfangreiche organisatorische Leistungen überhaupt erst den Wettbewerb ermöglicht und den Marktwert mitbestimmt, so dass der Verband als (Mit-)Eigentümer zu betrachten ist.[413] Aus der Miteigentümerschaft ergibt sich wiederum die Frage, ob die Vermarktung überhaupt eine Wettbewerbsbeschränkung darstellen kann, weil Absprachen zwischen dem Veranstalter und dem Verband in ihrer Eigenschaft als Miteigentümer rechtlich erforderlich sind.[414] Die Kommission erkennt die Miteigentümerstellung an, sieht aber die Wettbewerbsverletzung darin, dass es den Vereinen bei einer zentralen Vermarktung durch den Verband nicht möglich ist, durch eigene Verhandlungen mit Medienunternehmen oder Sportrechteagenturen eigene Preisentscheidungen treffen zu können.[415]

165 Die Kommission hält die zentrale Vermarktungsmodelle unter bestimmten Voraussetzungen für **freistellungsfähig gem Art 101 Abs 3 AEUV**, wodurch ein angemessener Ausgleich zwischen Vor- und Nachteilen für den Verbraucher geschaffen werden soll.[416] Die zentrale Vermarktung sei zur gerechten Verteilung der Einnahmen unerlässlich, weil durch sie vielen Vereinen erst die finanzielle Grundlage zur Beteiligung im Wettbewerb gegeben wird und somit der Wettbewerb selbst eigentlich erst aufgrund der zentralen Vermarktung entstehen kann.[417] In jedem Fall müssen bestimmte Einschränkungen, wie die Begrenzung des Umfangs der Rechtevergabe und der Vertragslaufzeiten (maximal 3 Jahre), Nutzung sämtlicher Rechte und Berücksichtigung aller Rechteinhaber, Durchführung eines fairen Vergabeverfahrens, Bündelung verschiedener Einzelpakete, sowie maximale Nutzung der Rechte an den neuen Medien, bestehen.[418]

---

[408] Kommission v 19.1.2005, COMP/C-2/37.214 – Gemeinsame Vermarktung der Medienrechte an der deutschen Bundesliga, abrufbar unter http://ec.europa.eu/comm/competition/antitrust/cases/decisions/37214/de.pdf.
[409] Kommission v 22.3.2006, COMP/38.173 – FA Premier League.
[410] *Hellmann/Bruder* EuZW 2006, 359 f.
[411] Kommission v 23.7.2003, COMP/C.2-37.398, ABl EG 2003 Nr L 291/25 – UEFA.
[412] BGHZ 137, 297 – Europapokal.
[413] Kommission v 23.7.2003, COMP/C.2-37.398, ABl EG 2003 Nr L 291/25 – UEFA.

[414] *Hellmann/Bruder* EuZW 2006, 361.
[415] Kommission v 23.7.2003, COMP/C.2-37.398, ABl EG 2003 Nr L 291/25 – UEFA, Kommission v 19.1.2005, COMP/C-2/37.214 – Bundesliga, Kommission v 22.3.2006, COMP/38.173 – FA Premier League.
[416] Kommission v 23.7.2003, COMP/C.2-37.398, ABl EG 2003 Nr L 291/25 – UEFA.
[417] *Hellmann/Bruder* EuZW 2006, 362.
[418] Kommission v 23.7.2003, COMP/C.2-37.398, ABl EG 2003 Nr L 291/25 – UEFA; Kommission v 22.3.2006, COMP/38.173 – FA Premier League.

VI. Fusionskontrolle

Auch für den Bereich der Medien stellen die §§ 35 ff GWB das primäre wettbewerbsrechtliche Instrumentarium zur Kontrolle externen wirtschaftlichen Wachstums dar. Spezielle Regelungen bestehen für die Presse (Pressezusammenschlusskontrolle gem § 38 Abs 3 Var 1 GWB) und für den Rundfunk (Rundfunkfusionskontrolle gem § 38 Abs 3 Var 2 GWB). Ferner existieren sektorspezifische Modifikationen im Bereich des Telekommunikationsrechts. Diese drei besonderen Instrumentarien betreffen ebenso wie die §§ 35 ff GWB die Kontrolle von ökonomischen Machtakkumulationen durch Fusionen, also **externen Machtzuwachs**.[419] Im Gegensatz hierzu dienen die §§ 25 ff RStV (medienspezifische Konzentrationskontrolle) der Verhinderung der Bildung von vorherrschender Meinungsmacht.[420] Sie ermöglichen – neben der Fusionskontrolle – die Beschränkung internen Wachstums, können also auch außerhalb von Fusionstatbeständen eingreifen.

166

1. Nebeneinander kartellrechtlicher und medienspezifischer Konzentrationskontrolle

Während das GWB durch die Vorschriften zur Fusionskontrolle in §§ 35 ff die Akkumulation wirtschaftlicher Macht verhindern will, soll die medienspezifische Fusionskontrolle in §§ 25 ff RStV der **Sicherung der Meinungsvielfalt** als Ausprägung der grundrechtlich gewährleisteten Informations- und Meinungsfreiheit (Art 5 GG) dienen.[421] Die konzentrationsrechtlichen Regelungen des GWB und des RStV stehen in keinem Spezialitätsverhältnis, sondern sind aufgrund ihrer unterschiedlichen Schutzzwecke parallel nebeneinander anwendbar.[422] Auf denselben Fusionssachverhalt angewendet, führen beide Instrumentarien häufig zum selben Ergebnis (Untersagung oder Erlaubnis), da wirtschaftliche Macht im Mediensektor zur Beeinflussung der öffentlichen Meinung genutzt werden kann.

167

Im Detail bestehen dennoch einige Differenzen. Vor allem begrenzt die Medienkontrolle nach dem RStV auch internes Wachstum der privaten Fernsehanbieter, indem der Zuschaueranteil für den Einzelveranstalter grundsätzlich auf 30 % begrenzt wird.[423] Ferner ist für die kartellrechtliche Verhinderung des Missbrauchs von Marktmacht gem Art 102 AEUV und §§ 19–21 GWB eine kartellrechtliche Marktabgrenzung notwendig. Die Regeln zur Verhinderung der Konzentration von Meinungsmacht in §§ 25–34 RStV beziehen sich hingegen nicht auf Marktmacht, sondern auf Meinungsmacht. Eine Abgrenzung von „Meinungsmärkten" ist im Rahmen dieser Beurteilung nicht erforderlich; vielmehr wird nach dem sog **Zuschaueranteilsmodell** eine vorherrschende Meinungsmacht vermutet, wenn die einem Unternehmen zurechenbaren Programme im Jahresdurchschnitt einen Zuschaueranteil von 30 % erreichen (§ 26 Abs 2 S 1 RStV). Jedoch macht sich die rundfunkspezifische Konzentrationskontrolle den kartellrechtlichen Marktbegriff zu eigen, indem gem § 26 Abs 2 S 2 RStV auch für solche Fälle eine vorherrschende Meinungsmacht vermutet wird, in denen ein Unternehmen zwar lediglich einen Zuschaueranteil von 25 % erreicht, aber gleichzeitig „auf einem **medienrelevanten verwandten Markt**" eine marktbeherrschende

168

---

[419] *Zagouras* 96.
[420] S zur Unterscheidung von ökonomischer Marktmacht und publizistischer Meinungsmacht oben Rn 93 ff.
[421] *Bunte* 342; *Buchholz* ZUM 1998, 108, 110.
[422] *Zagouras* 284.
[423] *Bunte* 343.

Stellung hat oder eine Gesamtbeurteilung seiner Aktivitäten im Fernsehen und auf medienrelevanten verwandten Märkten ergibt, dass der dadurch erzielte Meinungseinfluss dem einem Unternehmen mit einem Zuschaueranteil von 30 von Hundert im Fernsehen entspricht." Die Begrifflichkeiten „Markt" und „marktbeherrschende Stellung" gem § 26 Abs 2 S 2 RStV bestimmten sich nach den Kriterien des allgemeinen Kartellrechts, also des § 19 Abs 2, 3 GWB.[424] Als medienrelevante Märkte sollen nach der Gesetzesbegründung zu § 26 Abs 2 RStV vor allem die Märkte für Werbung, Hörfunk, Presse, Rechte und Produktion berücksichtigt werden.[425] Allerdings sind die medialen Verbindungen zwischen den verschiedenen Medienträgern bisher unklar, so dass die Berücksichtigung „medienrelevanter verwandter Märkte" in der Praxis nur zu zufälligen Ergebnissen führen kann (Bsp Springer/ProSiebenSat.1).

169 In der Anwendung gestaltet sich das Nebeneinander von Rundfunk- und Kartellrecht problematisch, was sich vor allem bei Fusionsvorhaben im Medienbereich offenbart. Das System krankt an der **Vielzahl der beteiligten Entscheidungsträger**[426], sowie an der Unbestimmtheit der Eingreifkriterien beider Regulierungsinstrumente. Während für die kartellrechtliche Kontrolle das BKartA zuständig ist, beurteilt auf rundfunkrechtlicher Seite zunächst die Kommission zur Ermittlung der Konzentration im Medienbereich (KEK, § 35 Abs 2 Nr 1 RStV) die Medienfusionen (§ 36 Abs 1 RStV), wonach sie aber von der Konferenz der Direktoren der Landesmedienanstalten (KDLM, § 35 Abs 2 Nr 2 RStV) mit Drei-Viertel-Mehrheit überstimmt werden kann (§ 37 Abs 2 und 3 RStV).

170 Beispielhaft für die Inkonsistenz des Verfahrens steht der Streit um die gescheiterte Übernahme der ProSiebenSat.1-Gruppe durch den Springer-Verlag in 2005/2006. Die KEK, die für die Anwendung der rundfunkspezifischen Konzentrationskontrolle in §§ 25–23 RStV zuständig ist, entschied zwar im Einklang mit dem BKartA[427] negativ über den geplanten Zusammenschluss;[428] sie verwendete für ihre Entscheidung jedoch eine äußerst **umstrittene Auslegung der Eingreifkriterien** in § 26 Abs 2 RStV.[429] Während die KEK die Untergrenze von § 25 % Marktanteil auf dem Fernsehmarkt aus § 26 Abs 2 S RStV als reine Vermutungsregel auslegt, an die sie im Zweifel nicht gebunden ist,[430] betrachtet die KDLM die 25 %-Schwelle als Untergrenze, die für eine Untersagung zwingend überschritten sein muss.[431]

2. Grundzüge der kartellrechtlichen Konzentrationskontrolle im Medienbereich

171 a) **Europarechtliche Vorgaben.** Wirtschaftliche Tätigkeiten auf Rundfunkmärkten unterliegen den Wettbewerbsvorschriften des AEUV (Art 101, 102). Der europäische

---

[424] Beck'scher Kommentar zum Rundfunkrecht/*Trute* § 26 RStV Rn 47.
[425] Beck'scher Kommentar zum Rundfunkrecht/*Trute* § 26 RStV Rn 49.
[426] *Müller* MMR 2006, 125.
[427] BKartA v 19.1.2006, B6-103/05 – Springer/ProSiebenSat.1.
[428] KEK v 10.1.2006, Zeichen 293-1 bis 5 – Springer/ProSiebenSat.1.
[429] Zur Auslegung von § 26 Abs 2 RStV ausf *Holznagel/Krone* MMR 2005, 666; *Bornemann* MMR 2006, 275, sowie schon *Hain* MMR 2000, 537.
[430] Grundlegend KEK 026, 20 ff – Premiere;

vgl daran anknüpfend nur KEK 007/029, 25 – ProSieben Media AG; KEK 040, 30 f – RTL Television GmbH; KEK 003/036, 14 – DSF DeutschesSportFernsehen GmbH; KEK 038, 7 – N24 Gesellschaft für Nachrichten und Zeitgeschehen mbH iGr; KEK 045, 6 – Unitel Film- und Fernsehproduktionsgesellschaft mbH & Co; KEK 055, 12 – VOX Film- und Fernseh-GmbH & Co KG; sämtliche Entscheidungen abrufbar unter: www.kek-online.de.
[431] KDLM v 7.11.1998, ZUM 1998, 1054, 1056 ff; gleicher Ansicht: *Hepach* ZUM 2003, 112, 115 f; *Clausen-Muradian* 164; Prinz/*Paschke/Plog* 103 f; Paetow/*Mestmäcker* 88 f.

Gesetzgeber hat für den Rundfunksektor insofern **keine Bereichsausnahme** geschaffen.432 Im Verhältnis zur deutschen Fusionskontrolle ist die europäische Fusionskontrolle vorrangig, sobald die Umsatzschwellen aus Art 1 Abs 2 und 3 FKVO überschritten sind, der Zusammenschluss also gemeinschaftsweite Bedeutung hat (Art 21 Abs 3 S 1 FKVO).

Die Vorrangigkeit der europäischen Fusionskontrolle nach Art 21 Abs 3 S 1 FKVO eröffnet die Frage, ob die medienspezifische Konzentrationskontrolle nach §§ 25–34 RStV **auf Zusammenschlüsse mit gemeinschaftsweiter Bedeutung** angewendet werden darf. Eine Antwort hierauf liefert Art 21 Abs 4 S 1 FKVO, wonach die Mitgliedstaaten geeignete Maßnahmen zum Schutz anderer berechtigter Interessen als derjenigen treffen dürfen, welche in der FKVO berücksichtigt werden. Art 21 Abs 4 S 2 FKVO nennt als Beispiel für ein solches berechtigtes Interesse die Meinungsvielfalt. Ebendiese wird durch die Konzentrationskontrolle aus §§ 25–34 RStV geschützt.433 Folglich sind die §§ 24–35 RStV auch auf Zusammenschlüsse mit gemeinschaftsweiter Bedeutung anzuwenden.

172

b) **Medienkonzentrationskontrolle nach dem GWB.** Wie bereits dargestellt, schließt die medienspezifische Konzentrationskontrolle der §§ 25 ff RStV eine Anwendung der GWB-Fusionskontrolle auf Zusammenschlüsse im Mediensektor nicht aus.434 Die allgemeinen Fusionsvorschriften des GWB werden jedoch durch **zwei Sonderregeln** für den Medienbereich modifiziert: § 35 Abs 2 S 2 und § 38 Abs 3 GWB.

173

3. Praxis der Fusionskontrolle im Medienbereich

Durch zwei Entwicklungen ist in einigen Bereichen der Medienwirtschaft eine verstärkte Tendenz zu **Unternehmenszusammenschlüssen** zu erkennen. Die Konkurrenz zu Printmedien durch Internetangebote hat für viele regionale und lokale Zeitungsverlage zu Umsatzeinbrüchen und damit zur Notwendigkeit von Einsparungen durch Kooperationen geführt.435 Im Zuge der Wirtschaftskrise sind aber auch die Werbeeinnahmen für allgemeine Medienunternehmen eingebrochen und haben zu Fusionen selbst größerer Unternehmen spezieller Informationsangeboten geführt.436

174

a) **Beispiel Bücher: RandomHouse/Heyne.** Im Jahre 2003 kündigte die zur Bertelsmann AG gehörende Verlagsgruppe **Random House** an, die Kontrolle über die Verlagsgruppe **Ullstein Heyne List** übernehmen zu wollen. Sowohl zur Verlagsgruppe Random House als auch zur Verlagsgruppe Ullstein Heyne List gehörten zahlreiche Buchverlage mit hohen Marktanteilen auf den deutschen Büchermärkten.

175

Im Rahmen der Marktabgrenzung identifizierte das BKartA einen **eigenen Markt für Taschenbücher,** der von den Märkten für Hardcover- und Paperbackausgaben abzugrenzen sei.437 Aufgrund der verschiedenartigen Ausstattung (weicher, flexibler

176

---

432 Immenga/Mestmäcker/*Mestmäcker*/*Veelken* Vor § 35 GWB Rn 75 ff.
433 Immenga/Mestmäcker/*Mestmäcker*/*Veelken* Vor § 35 GWB Rn 79 ff.
434 Vgl oben Rn 97.
435 S nur BKartA WuW 2009, 1071, 1074 – NPG/Detjen; BKartA WuW 2009, 1080, 1082 f – shz/Blickpunkt, beide zu Regionalzeitungen.
436 S Kommission v 19.2.2008, COMP/M.4726 – Thomson Corporation/Reuters Group für den Zusammenschluss der führenden Finanzinformationsunternehmen in Europa, der erst nach weitgehenden Verpflichtungen der beteiligten Unternehmen freigegeben wurde.
437 BKartA v 24.11.2003, B6-7/03, 26 – Random House, Heyne ua.

Kartoneinband), der besonderen Erscheinungsweise (idR in Reihen), der besonderen Verwertungskette (idR als Zweitausgabe 18–24 Monate nach Erstveröffentlichung) und des Preisunterschiedes stellten Taschenbücher einen eigenen Markt dar.[438]

177 Auf diesem Markt drohte die Bertelsmann AG als Muttergesellschaft der Random House durch Übernahme der Ullstein Heyne List einen **Marktanteil von fast 40 %** zu erlangen, sowie Strategiemöglichkeiten, um den Marktvorsprung weiter auszubauen.[439] Folgerichtig beantwortete das BKartA die Anmeldung des Fusionsvorhabens nach vorläufiger Beurteilung mit einer Ablehnung.[440] Daraufhin reduzierte Random House sein Übernahmevorhaben auf den Erwerb der Wilhelm Heyne Verlag GmbH, einen Buchverlag aus dem ursprünglichen Übernahmeziel, der Ullstein Heyne List.[441] Dieses Vorhaben führte nach Berechnung des BKartA lediglich zu einem Marktanteil auf dem relevanten Markt für deutschsprachige Taschenbücher der allgemeinen Informations- und Unterhaltungsliteratur von unter 30 %.[442] Damit war die Schwelle von einem Drittel Marktanteil, bei der gem § 19 Abs 3 S 1 GWB eine marktbeherrschende Stellung vermutet wird, unterschritten. Der Zusammenschluss von Random House und Wilhelm Heyne wurde genehmigt.

178 b) **Beispiel Presse: Holtzbrinck/Tagesspiegel.** Die **Holtzbrinck KG**, ein in Stuttgart ansässiges Verlagshaus (ua Tagesspiegel), meldete im Oktober 2003 den Erwerb der Kontrolle über die **Berliner Verlag KG**, Berlin (ua Berliner Zeitung, Berliner Kurier) an. Dieses Vorhaben stieß beim BKartA aufgrund der möglichen **Vormachtstellung auf dem Berliner Zeitungsmarkt** auf Bedenken.

179 Den relevanten Markt für das Zusammenschlussvorhaben bildete nach Ansicht des BKartA der Berliner Lesermarkt für Abonnement-Tageszeitungen mit lokaler und regionaler Berichterstattung.[443] Diese Art von Publikationen sei von den überregionalen Tageszeitungen und den Straßenverkaufszeitungen (Boulevardzeitungen) abzugrenzen, da sie das spezifische Bedürfnis des im Verbreitungsgebiet wohnenden Lesers nach lokalen und regionalen Informationen befriedigten.[444] Auf diesem Markt hätte die Holtzbrinck KG, die nach der Übernahme den Tagesspiegel und die Berliner Zeitung kontrollieren würde, einen **alleinigen Marktanteil von über einem Drittel** erreicht und somit der Vermutung aus § 19 Abs 3 S 1 GWB nach eine marktbeherrschende Stellung begründet.

180 Im Jahr 2009 ließ das BKartA auf dem gleichen räumlichen Markt die Übernahme der BV Deutsche Zeitungsholding GmbH und der BVZ Berliner Medien GmbH, die den Berliner Verlag und den Morgenpost Verlag betrieben und die „Berliner Zeitung" herausgeben, durch den Verlag M DuMont Schauberg zu, weil es **keine räumlichen Überschneidungen der Zeitungstätigkeit** zwischen den beiden Parteien gab.[445]

181 c) **Beispiele Fernsehen. aa) Liberty Media/Deutsche Telekom.** Eines der wettbewerbsrechtlich umstrittensten Projekte ist die Liberalisierung der deutschen Breitband-

---

[438] BKartA v 24.11.2003, B6-7/03, 19–26 – Random House, Heyne ua.
[439] BKartA, PM v 22.5.2003.
[440] BKartA, PM v 22.5.2003.
[441] BKartA, PM v 25.11.2003.
[442] BKartA v 24.11.2003, B6-7/03, 41 – Random House, Heyne ua; BKartA, PM v 25.11.2003.
[443] BKartA v 2.2.2004, B6-120/03, 22 – Holtzbrinck/Berliner Verlag ua.

[444] BKartA v 2.2.2004, B6-120/03, 22 – Holtzbrinck/Berliner Verlag ua; so schon BGH WuW/E 1854, 1857 – Zeitungsmarkt München, und BGH WuW/E 2425, 2428 – Niederrheinische Anzeigenblätter.
[445] BKartA v 11.2.2009, B6-15/09 – BV Deutsche Zeitungsholding/DuMont.

Kabelnetze.[446] Das prominenteste Verfahren war die untersagte Übernahme des Kabelnetzes der Deutschen Telekom AG (DTAG) durch Liberty Media. Im September 2001 meldete das amerikanische Medien- und Kommunikationsunternehmen Liberty Media beim BKartA seine Absicht an, im Zuge eines Unternehmenserwerbs die Kontrolle über die bis dahin von der DTAG kontrollierten deutschen **TV-Kabelnetze** zu erwerben.[447] Das BKartA untersagte im Februar 2002 die Übernahme, da es auf mehreren mit der Verbreitung von Kabelfernsehen zusammenhängenden Märkten eine marktbeherrschende Stellung von Liberty Media befürchtete.[448] Liberty Media hätte nach der Übernahme ca 60 % aller Breitbandkabelkunden in Deutschland versorgt.[449] Zu diesem Zweck gründeten die Parteien eine neue Holdinggesellschaft, in der die von Liberty zu erwerbenden Vermögenswerte von der Telekom eingebracht werden sollten.[450] Liberty Media sollte 95 % der Anteile der Holding, sowie eine Option auf weitere 5 % erwerben.

182 Von dem Vorhaben der Liberty Media betroffen waren die folgenden **drei Märkte**: der Markt für die Belieferung von Endkunden mit Rundfunksignalen (Endkundenmarkt), der Markt für die Einspeisung von Signalen in Breitbandkabelnetze (Einspeisemarkt), sowie der Markt für die Belieferung von Netzbetreibern der Netzebene 4 des Breitbandkabelnetzes mit Signalen (Signallieferungsmarkt).[451]

183 Auf dem **Endkundenmarkt** für die Belieferung mit Rundfunksignalen treten die Kabelnetzbetreiber als Anbieter und die Endkunden als Nachfrager auf. Gegenstand der Lieferbeziehungen ist das Zur-Verfügung-Stellen eines Kabelanschlusses sowie die Belieferung mit Hörfunk- und Fernsehsignalen.[452] Wichtig ist die vom BKartA vorgenommene räumliche Marktabgrenzung, nach der für jedes Kabelnetz ein gesonderter räumlicher Markt besteht, da die an das jeweilige Netz angeschlossenen Haushalte nicht zu einem räumlich anders angesiedelten Netzbetreiber wechseln könnten.[453] Nach dieser Abgrenzung ergeben sich regionale Teilmärkte für Kabelnetze, auf denen jeweils die einzelnen Netzbetreiber in aller Regel marktbeherrschend sind.[454] Folglich hätte die Übernahme der sechs regionalen Kabelnetzbetreiber der DTAG, die jeweils für sich marktbeherrschend sind, durch die Liberty Media, die bereits Kontrolle über andere Teilnetze besaß und damit selbst regional marktbeherrschend war, zu einer weiteren Schwächung des Wettbewerbs und der Verstärkung einer marktbeherrschenden Stellung geführt.[455]

184 Der **Einspeisemarkt** ist derjenige Markt, auf dem Anbieter von Inhalten von den Kabelnetzbetreibern die Einspeisung ihrer Inhalte in die Kabelnetze nachfragen.[456] Auch diese Märkte sind nach Ansicht des BKartA regional begrenzt, so dass auch für diese Märkte regionale (Quasi-)Monopole der einzelnen Kabelnetzbetreiber bestehen.[457]

---

[446] Umfassend zu den kartellrechtlichen Verfahren und zur ökonomischen Bedeutung *Schalast/Abrar* ZWeR 2009, 85 ff.
[447] BKartA v 22.2.2002, B7-168/01, 4 ff – Liberty ua.
[448] BKartA, PM v 31.1.2002.
[449] BKartA v 22.2.2002, B7-168/01, 41 – Liberty ua.
[450] BKartA v 22.2.2002, B7-168/01, 7 ff – Liberty ua.
[451] BKartA v 22.2.2002, B7-168/01, 13 f – Liberty ua.
[452] BKartA v 22.2.2002, B7-168/01, 14 – Liberty ua.
[453] BKartA v 22.2.2002, B7-168/01, 19 – Liberty ua.
[454] BKartA v 22.2.2002, B7-168/01, 20 – Liberty ua.
[455] BKartA v 22.2.2002, B7-168/01, 28 – Liberty ua; BKartA, PM v 31.1.2002.
[456] BKartA v 22.2.2002, B7-168/01, 37 – Liberty ua.
[457] BKartA v 22.2.2002, B7-168/01, 38 f – Liberty ua.

Folgerichtig hätte der ins Auge gefasste Zusammenschluss auch auf diesen Märkten zu einer Verstärkung der Marktbeherrschung geführt.[458]

185 Der **Signallieferungsmarkt**, der ebenfalls regional abzugrenzen ist, hat die Überleitung von Signalen aus dem Breitbandkabelnetz (Ebene 3) in das weiter verzweigte Zuführungsnetz (Ebene 4) zum Inhalt.[459] Auch auf diesen regionalen Teilmärkten verfügten die jeweiligen Kabelnetzbetreiber über marktbeherrschende Stellungen, die durch den Zusammenschluss verstärkt worden wären.[460]

186 Aufgrund der vorhergesehenen negativen Entwicklung auf den drei betroffenen Märkten untersagte das BKartA die Übernahme der Kabelgesellschaften durch Liberty Media. Letztere drang mit ihrer Argumentation, die durch den Zusammenschluss zu erwartenden Verbesserungen auf dem Markt für Sprachtelefonie würden die **Wettbewerbsnachteile ausgleichen** (sog Abwägungsklausel, § 36 Abs 1 HS 2 GWB), nicht durch.[461] Anfang 2010 wurde Liberty Global die Übernahme des deutschen Kabelnetzbetreiber Unitymedia genehmigt, der als Nachfolger der Unternehmen ish und iesy die Kabelnetze in Hessen und Nordrhein-Westfalen unterhält.[462]

187 bb) **RTL/ntv.** Ende 2005 kündigte der Sender RTL Television, eine Tochter der RTL Group, an, ihre Anteile an dem **Nachrichtensender ntv** von knapp unter 50 % auf 100 % zu erhöhen. Das Vorhaben fiel in die Zuständigkeitsbereiche sowohl des BKartA, welches die Risiken für den ökonomischen Wettbewerb überprüfte, als auch der KEK, welche die negativen Auswirkungen auf die Meinungsvielfalt zu ergründen hatte. Beide Stellen genehmigten den Zusammenschluss.[463]

188 Der für die kartellrechtliche Beurteilung relevante Markt war der **Markt für Fernsehwerbung**, also der Markt, auf dem Veranstalter werbefinanzierter Free-TV-Programme und – soweit sie Werbezeiten anbieten – PayTV-Sender Werbezeiten anbieten.[464] Einen Fernsehzuschauermarkt im FreeTV erkannte das BKartA, in Einklang mit weiten Teilen der Literatur,[465] nicht an. Räumlich unterteilte das BKartA den Fernsehwerbemarkt in einen bundesweiten Werbemarkt, in den sämtliche bundesweit empfangbare Fernsehsender einzubeziehen sind, und regionale Werbemärkte.[466]

189 Auf dem nationalen Fernsehmarkt bestand nach Ansicht des BKartA – schon vor dem Zusammenschluss – eine **gemeinsame marktbeherrschende Stellung der Sendergruppen RTL Group und ProSiebenSat.1-Media** gem § 19 Abs 2 S 2 GWB.[467] Voraussetzung für eine gemeinsame marktbeherrschende Stellung ist, dass zwischen den fraglichen Unternehmen kein wesentlicher Wettbewerb besteht. Dieses Kriterium erachtete das BKartA im Falle der Unternehmen RTL Group und ProSiebenSat.1-Media als erfüllt. Die beiden Unternehmensgruppen, deren Marktanteile seit Jahren konstant bei jeweils etwa 40 % lag,[468] seien auf unterschiedliche Arten auf dem Werbemarkt ver-

---

[458] BKartA v 22.2.2002, B7-168/01, 39 – Liberty ua.
[459] BKartA v 22.2.2002, B7-168/01, 41 – Liberty ua.
[460] BKartA v 22.2.2002, B7-168/01, 41 f – Liberty ua.
[461] BKartA v 22.2.2002, B7-168/01, 43 ff – Liberty ua.; BKartA, PM v 31.1.2002 und v 26.2.2002.
[462] Kommission, PM v 25.1.2010 – IP/10/49.
[463] BKartA v 11.4.2006, B6-142/05 – RTL/ntv; KEK v 8.5.2006, Zeichen KEK 309 – RTL/ntv.
[464] BKartA v 11.4.2006, B6-142/05, 13 – RTL/ntv.
[465] S oben Rn 140–141.
[466] BKartA v 11.4.2006, B6-142/05, 14 – RTL/ntv.
[467] BKartA v 11.4.2006, B6-142/05, 17 f – RTL/ntv.
[468] BKartA v 11.4.2006, B6-142/05, 17 f, 20 – RTL/ntv.

flechtet. Unter anderem hielten beide Sendergruppen Anteile an mehreren gemeinsamen Unternehmen.[469] Das Duopol sei ferner keinem Außenwettbewerb ausgesetzt; als nächstfolgender Wettbewerber auf dem Werbemarkt hielt RTL II (wobei der Sender ebenfalls teilweise zur RTL-Gruppe gehört) einen Marktanteil von 5 %.[470]

Dennoch erlaubte das BKartA die Übernahme. Es stützte sich dabei auf die Begründung, dass ntv ohne den Zusammenschluss nicht existenzfähig sei und betonte damit die **Sanierungsfunktion** der Übernahme, die ausnahmsweise einen an sich wettbewerbskritischen Zusammenschluss erlaube.[471] Die Marktanteile wären im Falle des Einstellens des Sendebetriebs von ntv ohnehin den beiden Sendergruppen zugefallen.[472] **190**

Die Genehmigung des Zusammenschlusses auch durch die KEK[473] verwundert nicht weiter, da die Zuschaueranteile von ntv aufgrund der 50 %igen Beteiligung gem § 28 Abs 1 S 2 RStV ohnehin schon RTL zugerechnet wurden und der Zusammenschluss insofern **keine Veränderung der Meinungsmacht** bewirkte. **191**

d) **Beispiel Musikproduktion: Sony/BMG.** Anfang 2004 meldeten die Bertelsmann AG und der Medienkonzern Sony ein Zusammenschlussvorhaben bei der Kommission an, bei dem das weltweite Tonträgergeschäft beider Parteien in mindestens drei neue Unternehmen eingebracht werden sollte, die als **Joint-Venture-Unternehmen** unter dem Namen Sony BMG betrieben werden sollten.[474] Der weltweite Gesamtumsatz der beiden Unternehmen lag zum Zeitpunkt des Vorhabens bei über € 80 Mrd,[475] so dass der Anwendungsbereich der europäischen Fusionskontrolle gem Art 1 FKVO eröffnet war. **192**

Vom Zusammenschluss betroffen waren **folgende Märkte:** **193**
– der Markt für bespielte Tonträger
– der Markt für Online-Musik
– der Markt für Musikverlagswesen.[476]

Laut der Prognose der Kommission bedrohte der geplante Zusammenschluss von Sony BGM den Wettbewerb auf keinem der drei betroffenen Märkte.[477] Die **Märkte für bespielte Tonträger**, die national abzugrenzen seien,[478] würden durch die Fusion nicht negativ beeinträchtigt, was hauptsächlich der Tatsache geschuldet ist, dass neben den Konzernen Sony und BMG noch jeweils drei große Konkurrenten (Universal, EMI und Warner) tätig sind.[479] Eine mögliche Begründung oder Verstärkung einer marktbeherrschenden Stellung auf dem Markt für Online-Lizenzen für Musik sei schon deshalb nicht prognostizierbar, weil der Online-Musikmarkt sich noch in einem sehr frühen Stadium befinde und tragfähige Vorhersagen über die Wettbewerbsentwicklung daher nicht möglich seien.[480] Der Wettbewerb auf den Musikverlagsmärk- **194**

---

[469] BKartA v 11.4.2006, B6-142/05, 27 – RTL/ntv.
[470] BKartA v 11.4.2006, B6-142/05, 29 – RTL/ntv.
[471] BKartA v 11.4.2006, B6-142/05, 39 ff – RTL/ntv.
[472] BKartA v 11.4.2006, B6-142/05, 41 – RTL/ntv.
[473] KEK v 8.5.2006, Zeichen KEK 309 – RTL/ntv.
[474] Kommission v 19.7.2004, COMP/M.3333 Rn 2 – Sony/BMG.
[475] Sony: € 62,519 Mrd, Bertelsmann: € 18,312 Mrd im Jahr 2003.
[476] Zur Abgrenzung dieser Märkte s oben Rn 130 ff.
[477] Kommission v 19.7.2004, COMP/M.3333 Rn 55 – Sony/BMG.
[478] S oben Rn 132.
[479] Kommission v 19.7.2004, COMP/M.3333 Rn 48 – Sony/BMG.
[480] Kommission v 19.7.2004, COMP/M.3333 Rn 51 – Sony/BMG.

ten sei nicht gefährdet, da eine Koordination der Verlagstätigkeit zwischen den beiden Mutterunternehmen schon deshalb unwahrscheinlich sei, weil die Verwaltung der Verwertungsrechte in erster Linie von den Verwertungsgesellschaften vorgenommen wird und den Konzernen nur ein geringer Koordinationsspielraum zustehe.[481] Im Ergebnis stellte die Kommission mit Beschluss vom 19.7.2004 die Vereinbarkeit des Vorhabens mit dem Gemeinsamen Markt gem Art 8 Abs 2 FKVO fest.

195   Die Genehmigung des Zusammenschlusses durch die Kommission wurde im Jahre 2006 vom EuG auf eine Nichtigkeitsklage einer Vereinigung von Musikproduzenten hin überprüft und für nichtig erklärt.[482] Die Kommission habe nicht hinreichend dargelegt, warum keine Verschlechterung der Wettbewerbssituation auf den betroffenen Märkten zu erwarten sei. Die Kommissionsentscheidung sei unzureichend begründet und mit einem **offenkundigen Beurteilungsfehler** behaftet.[483] Daraufhin oblag es der Kommission, den Zusammenschluss erneut zu prüfen.[484] Am 3.10.2007 hat sie, unter Berücksichtigung der Kritik des Gerichtshofes, die **Fusion zum zweiten Mal genehmigt**.[485] Der EuGH hat in der Zwischenzeit die Nichtigkeitsentscheidung des EuG für rechtsfehlerhaft erklärt und an das Gericht wegen nichtausreichender Prüfung aller Klagegründe zurückverwiesen.[486] Diese Entscheidung steht noch aus.

196   e) Beispiel Zusammenführung von Medien: Springer/ProSiebenSat.1. Die für 2006 geplante Übernahme der Sendergruppe ProSiebenSat.1 Media AG durch die Axel Springer AG wurde zum **umstrittensten medienkartellrechtlichen Fall der letzten Jahre**. Unter großen Bedenken der Fachliteratur[487] untersagten im Januar 2006 das BKartA[488] und die KEK[489] den Zusammenschluss.[490]

197   aa) Beurteilung durch das BKartA. ProSiebenSat.1 hatte zum Entscheidungszeitpunkt einen Anteil auf dem Fernsehwerbemarkt von etwa 40 % und bildete nach Einschätzung des BKartA mit der gleichstarken RTL-Gruppe (RTL, ntv, Vox ua) ein sog **wettbewerbsloses Duopol**.[491] Das BKartA fürchtete, dass es durch den Zusammen-

---

[481] Kommission v 19.7.2004, COMP/M.3333 Rn 54 – Sony/BMG.
[482] EuG v 13.7.2006, Rs T-464/04, ABl 2006 Nr C 224 Rn 39 – Impala/Kommission.
[483] EuG v 13.7.2006, Rs T-464/04, ABl 2006 Nr C 224 Rn 542 – Impala/Kommission.
[484] Kommission, PM v 1.3.2007, IP/07/272.
[485] Kommission, PM v 3.10.2007, IP/07/1437: Nach eigenen Angaben „führte die Kommission eine der umfassendsten und komplexesten ökonometrischen Untersuchungen durch, die je im Rahmen eines Fusionskontrollverfahrens stattfand. Sie analysierte sämtliche Nettopreise, Preisnachlässe und Großhandelspreise für alle CD-Alben in den Charts, die von allen großen Tonträgergesellschaften zwischen 2002 und 2006 an Kunden im EWR verkauft wurden (also Millionen von Daten), um ein etwaiges abgestimmtes Verhalten der Tonträgergesellschaften nachzuweisen. Außerdem wurden auch die Entwicklungen seit 2004 auf dem Lizenzmarkt für digitale Musik, der bei der ersten Kommissionsuntersuchung noch in seinen Anfängen steckte, vollständig untersucht."
[486] EuGH WuW 2009, 106 ff – Impala/Kommission; s dazu auch *Szilagyi* ECLR 2008, 726 ff.
[487] *Holznagel/Krone* MMR 2005, 666; *Müller* MMR 2006, 125; *Bornemann* MMR 2006, 275; *Körber* ZWeR 2009, 315, 331; anders *Steger* WuW 2010, 282, 285 f.
[488] BKartA v 19.1.2006, B6-103/05– Springer/ProSiebenSat.1.
[489] KEK v 10.1.2006, Zeichen 293-1 bis 5 – Springer/ProSiebenSat.1.
[490] Zusammenfassend *Rösler* WuW 2009, 1014, 1017 f.
[491] BKartA v 19.1.2006, B6-103/05, 29 f – Springer/ProSiebenSat.1; s dazu Besprechung der Übernahme von ntv durch RTL unter Rn 188 ff. Das Vorliegen eines Duopols wird gestützt durch ein Verfahren des BKartA gegen die Werbevermarkter von RTL und ProSiebenSat.1 (vgl heise-online v 19.5.2010, abrufbar unter http://www.heise.de/newsticker/meldung/1003781), die Kommission hat dagegen eine Kooperation der beiden Unternehmen (IP Deutschland und SevenOne Media) mit

schluss von Springer und ProSiebenSat.1 zu einer Angleichung und Verflechtung der Konglomerate (Bertelsmann und Springer) und einer weiteren Absicherung des Duopols kommen würde.[492] Ferner prognostizierte das BKartA, dass der Axel Springer AG seine beherrschenden Stellungen auf dem Lesermarkt für Straßenverkaufszeitungen[493] (80 % Marktanteil durch BILD) und dem Anzeigenmarkt für Zeitungen[494] (40 % durch BILD und Welt) durch die Fusion verstärken würde, indem er die medialen Möglichkeiten der ProSiebenSat.1-Gruppe zur Vermarktung („*crossmediale Promotion*") einsetzen[495] würde.

198 Springer hatte mehrere **Lizenzauflagen** angeboten, um die Bedenken des Kartellamts zu zerstreuen. Unter anderem wollte Springer sich verpflichten, keine Programminhalte unter der Marke BILD zu gestalten, die Werbezeit der Senderfamilie getrennt vom Anzeigenangebot zu vermarkten sowie diverse Beteiligungen an Unternehmen zu veräußern, an denen gleichzeitig Bertelsmann beteiligt ist. Diese Maßnahmen wies das BKartA aber mit der Begründung zurück, dass eine Verstärkung des Duopols von Bertelsmann und Springer dadurch nicht verhindert würde.

199 Gegen das Verbot des Zusammenschlusses legte Springer Beschwerde beim OLG Düsseldorf ein. Im anschließenden Verfahren wurde letztendlich vom BGH die **Untersagung bestätigt**.[496]

200 **bb) Beurteilung durch die KEK.** Die KEK, die den Sachverhalt unter dem Gesichtspunkt der Meinungsmacht zu beurteilen hatte[497] und deren Entscheidung einen Tag später als die des BKartA erging, erteilte der Übernahme der ProSiebenSat.1-Gruppe durch Springer **keine Freigabe**.[498] Diese Entscheidung ist in der Literatur nicht unwidersprochen geblieben.[499]

201 Zur Bestimmung des Begriffes der vorherrschenden Meinungsmacht enthält § 26 Abs 2 RStV Vermutungsregeln.[500] Ab einem TV-Zuschaueranteil von 30 % ist von einer vorherrschenden Meinungsmacht auszugehen (§ 26 Abs 2 S 1 RStV), sowie ab einem Zuschaueranteil von 25 % bei Vorliegen bestimmter zusätzlicher Voraussetzungen (§ 26 Abs 2 S 1 RStV). Das Problem im Falle der Übernahme lag darin, dass die der ProSiebenSat.1 Media AG und der Springer AG zurechenbaren Programme zusammen nur einen Zuschaueranteil von 22,06 % erreicht hätten und **beide Vermu-**

---

anderen Werbevermarktern genehmigt, Kommission v 21.1.2010, COMP/M.5676 – SevenOne Media/G+J Electronic Media Services/Tomorrow Focus Portal/IP Deutschland/JV.
[492] BKartA v 19.1.2006, B6-103/05, 40 – Springer/ProSiebenSat.1.
[493] BKartA v 19.1.2006, B6-103/05, 41 – Springer/ProSiebenSat.1.
[494] BKartA v 19.1.2006, B6-103/05, 58 – Springer/ProSiebenSat.1.
[495] BKartA v 19.1.2006, B6-103/05, 46 – Springer/ProSiebenSat.1.
[496] Das OLG Düsseldorf hatte die von Springer gegen die Kartellamtsentscheidung erhobene Beschwerde am 29.9.2006 (VI-3 Kart 7/06) mit dem Argument abgewiesen, die Rechtssache habe sich durch endgültige Aufgabe des Fusionsvorhabens durch Springer erledigt. Da-

raufhin erhob Springer vor dem BGH Rechtsbeschwerde mit dem Antrag, dass von dem OLG Düsseldorf die Beurteilung des BKartA doch noch überprüft werde. Diesem Antrag gab der BGH am 25.9.2007 (KVR 30/06) statt. Die darauf erfolgte Bestätigung der Untersagungsverfügung durch das OLG Düsseldorf (B v 3.12.2008) hat auch der BGH bestätigt (B v 8.6.2010, KvR 4/09). Damit ist die Untersagungsverügung rechtskräftig.
[497] Zum Unterschied von Markt- und Meinungsmacht s Rn 98.
[498] KEK v 10.1.2006, Zeichen 293-1 bis 5 – Springer/ProSiebenSat.1.
[499] *Holznagel/Krone* MMR 2005, 666; *Hain* MMR 2000, 537; *Bornemann* MMR 2006, 275.
[500] Dazu Rn 104.

tungsgrenzen aus § 26 Abs 2 RStV unterschritten waren.[501] Für die Beurteilung maßgeblich war also die Frage, ob die Vermutungsregeln aus § 26 Abs 2 RStV die Generalklausel aus § 26 Abs 1 RStV in zwingender und abschließender Form konkretisieren oder lediglich unverbindliche Auslegungs- und Beweislastregeln aufstellen. Im erstgenannten Fall könnte eine vorherrschende Meinungsmacht nur bei Überschreiten der Mindestgrenzen (30 % bzw 25 %) angenommen werden, im letztgenannten auch bei Unterschreitung der Grenzen, sofern insgesamt dennoch eine vorherrschende Meinungsmacht festzustellen wäre.

202 Die KEK vertritt in der Praxis seit Längerem den sog **„qualitativen"** Ansatz, der § 26 Abs 1 RStV als eigenständigen Tatbestand betrachtet, der unabhängig von der Einschlägigkeit der Vermutungsregeln aus § 26 Abs 2 RStV erfüllt sein könnte.[502] Somit war im Falle Springer-ProSiebenSat.1 die Annahme einer vorherrschenden Meinungsmacht durch die Unterschreitung von 25 % Zuschaueranteil nicht ausgeschlossen.

203 Nach Ansicht der KEK hätte der Zusammenschluss eine vorherrschende Meinungsmacht iSv § 26 Abs 1 RStV begründet.[503] Dies leitet sich zum einen aus dem Zuschaueranteil der TV-Programme der ProSiebenSat.1-Gruppe, zum anderen aus den Aktivitäten des Springer-Verlages auf den sog **medienrelevanten verwandten Märkten** (vgl § 26 Abs 2 S 2 RStV) ab. Bei der Tagespresse nahm (und nimmt) der Springer-Verlag eine überragende Stellung ein: der Anteil am Markt für überregionale Tageszeitungen betrug, vor allem dank der BILD-Zeitung, im Erhebungszeitraum ca 76 %.[504] Insgesamt würde der Springer-Verlag nach der Übernahme über eine Meinungsmacht verfügen, die einem TV-Zuschaueranteil von 42 % entsprochen hätte.[505] Konsequenterweise untersagte die KEK den Zusammenschluss.

VII. Verhinderung des Missbrauchs einer marktbeherrschenden Stellung

1. Marktbeherrschung auf klassischen Medienmärkten

204 In der kartellrechtlichen Kontrolle des Mediensektors steht die Verhinderung des Machtmissbrauchs in ihrer Bedeutung weit hinter der medienrechtlichen Fusionskontrolle zurück. Die Rarität der medienrechtlichen Entscheidungen zum Missbrauchstatbestand liegt in der **grundsätzlichen Pluralität und schnellen Entwicklung der Medienlandschaft** begründet, die dem Erwachsen einer marktbeherrschenden Stellung entgegensteht, ohne welche ein kartellrechtsrelevanter Missbrauch jedoch ausscheidet. Eine Ausnahme von diesem Grundsatz bilden die Zeitungsmärkte, die hochkonzentriert sind.[506]

205 In der jüngeren Zeit sind auch im Fernsehbereich Marktbeherrschungstendenzen festzustellen. Wegen eines möglichen Machtmissbrauchs sind im Juni 2007 die TV-Sendergruppen ProSiebenSat.1 und RTL ins Visier des BKartA geraten. Der Vorwurf des BKartA lautete, die Sendergruppen hätten bei der **Vermarktung von Werbezeiten**

---

[501] KEK v 10.1.2006, Zeichen 293-1 bis 5, 85 – Springer/ProSiebenSat.1; KEK, PM v 10.1.2006 – Springer/ProSiebenSat1.
[502] KEK v 10.1.2006, Zeichen 293-1 bis 5, 71 ff mwN – Springer/ProSiebenSat.1.
[503] KEK v 10.1.2006, Zeichen 293-1 bis 5, 2 – Springer/ProSiebenSat.1.
[504] KEK v 10.1.2006, Zeichen 293-1 bis 5, 90 – Springer/ProSiebenSat.1.
[505] KEK v 10.1.2006, Zeichen 293-1 bis 5, 102 – Springer/ProSiebenSat.1.
[506] Dazu oben Rn 107.

ihre marktbeherrschende Stellung missbraucht sowie wettbewerbsbeschränkende Vereinbarungen getroffen. Die beiden Unternehmen, die für die Sendergruppen die Werbezeiten vermarkten (IP Deutschland für RTL und SevenOne Media für ProSiebenSat.1), hätten durch sog Share-Deals ihre marktbeherrschende Stellung auf dem Fernsehwerbemarkt[507] missbraucht. Bei einem **Share-Deal** sichern Werbekunden oder Medienagenturen den Sendern zu, einen bestimmten (pauschalen) Prozentsatz für Werbung bei dem entsprechenden Sender auszugeben. Im Gegenzug sollen IP Deutschland und SevenOne Media den Werbekunden erhebliche Rabatte (zB in Form kostenloser Werbespots) gewährt haben. Das BKartA stellte die Ermittlungen gegen die beiden Sendergruppen jedoch ein, als sie sich im Oktober 2007 zu Bußgeldzahlungen von € 120 Mio (ProSiebenSat.1) bzw € 96 Mio (RTL) bereit erklärt hatten, um ein mögliches Verfahren abzuwenden.[508]

2. Ausübung von Urheber- und Patentrechten

Die Existenz von Urheber- und Patentrechten stellt für sich gesehen kein kartellrechtliches Problem dar.[509] Immaterialgüterrechte mit **Ausschließlichkeitswirkung** sind Ausdruck eines auf Innovationen aufbauenden Leistungswettbewerbs. Die aus Innovation und Kreativität gewonnene dynamische Effizienz ist eine Zielfunktion von Wettbewerb.[510] Besteht ausreichender Substitutionswettbewerb tangiert die Existenz des aus Immaterialgüterrechten abgeleiteten „rechtlichen Monopols" das Kartellrecht nicht (s auch Art 36 EG).[511] Dieses „rechtliche Monopol" kann in ein wirtschaftliches Monopol umschlagen, soweit das Immaterialgüterrecht mangels tatsächlicher oder potentieller Alternative Alleinstellung genießt.[512] Soweit solche Fallgestaltungen gegeben sind, wird teilweise für eine Anwendung der vom EuGH in der *IMS Health*-Entscheidung herausgearbeiteten Kriterien „Ausschluß jeglichen Wettbewerbs auf einem abgeleiteten Markt" und „Verhinderung eines neuen Markts"[513] plädiert, teilweise das Vorliegen einer sachlich ungerechtfertigten Diskriminierung für erforderlich gehalten, wie sie der BGH in der *Standard-Spundfass*-Entscheidung[514] und weiterführend in der *Orange-Book-Standard*-Entscheidung[515] für § 20 Abs 1 GWB vertreten hat.[516] Ein weitverbreiteter Lösungsweg, um eine angemessene Lizenzierung von „unentbehrlichen" Patenten (essential patents) sicherzustellen, ist der sog RAND-Standard.[517] RAND steht für „reasonable and non-discriminatory", also angemessen und nicht-

206

---

[507] Zur Abgrenzung des Fernsehwerbemarktes s Rn 140–141; zur marktbeherrschenden Stellung von RTL und ProSiebenSat.1 Media auf diesem s BKartA vom 11.4.2006, B6-142/05, 17 f, 20 – RTL/ntv.
[508] http://www.heise.de/newsticker/meldung/96986.
[509] S auch *Wielsch* EuZW 2005, 391 ff.
[510] *Heinemann* 24 ff; *Conde/Galliega* GRUR Int 2006, 28.
[511] Immenga/Mestmäcker/*Ullrich*, EG Teil 1, IV. Abschnitt A Rn 60.
[512] Kommission, COMP/38.636 – Rambus (eingestellt im Dezember 2009 aufgrund von Verpflichtungszusagen, ABl 2009 Nr C 133, 13); Kommission, COMP/39.247 – Texas Instrument/Qualcomm (eingestellt im November 2009); Kommission, COMP/39.615 –

Nokia/Bosch u IPCom (eingestellt); *Conde Gallego* GRUR Int 2006, 25; *Wielsch* EuZW 2005, 393 („unentbehrlich"). Für § 20 Abs 1 GWB BGH GRUR 2004, 966 ff – Standard Spundfass.
[513] S dazu unten Rn 321–322.
[514] BGH GRUR 2004, 966 ff – Standard Spundfass.
[515] BGH WuW DE-R 2613 – Orange-Book-Standard. S dazu *de Bronett* WuW 2009, 899 ff.
[516] S umfassend dazu *Conde Gallego* GRUR Int 2006, 25–28; *Rombach* FS Hirsch 310, 318 ff.
[517] Teilweise wird auch die Abkürzung FRAND verwendet, die dem Begriff noch den Bestandteil „fair" zufügt.

diskriminierend. Damit soll ein gleichmäßiger Zugang aller interessierten Patentnachfrager ermöglicht wird.[518] Die Kommission hält regelmäßig die Verpflichtungszusage zur zukünftigen Lizenzierung nach RAND-Standard für ausreichend, um Missbrauchsverfahren einzustellen.[519] Der genaue Inhalt des RAND-Standards wird durch verschiedene Standardisierungsorganisationen, zB JEDEC,[520] ausgefüllt.[521]

207 Die Diskussion um eine allgemeine kartellrechtliche Unzulässigkeit der Zugangsverweigerung zu „unerlässlichen" oder **„unentbehrlichen" Immaterialgüterrechten** verwischt die ohnehin undeutlichen Grenzen der *essential facility*-Fallgruppe und der Standardisierung. Schutzrechte sollen auch bei eng begrenzten Märkten als Sicherung der Marktbeherrschung dienen.[522] Die Aufweichung des legalen Marktabschottungsmechanismus von Schutzrechten durch Zugangsansprüche sollte im Sinne eines im Wesentlichen durch Innovationen geprägten Leistungswettbewerbs möglichst eng gehalten werden. Das Abstellen auf „Unerlässlichkeit" eines Immaterialgüterrechts hilft dabei nicht weiter: je bedeutender eine Innovation ist, um so eher wird sie ein starkes Schutzrecht generieren, einen eigenständigen Markt abschotten können und als „unerlässlich" zu qualifizieren sein. Bei einer derart bedeutenden Innovation wird der Rechtsinhaber aber eines stärkeren rechtlichen Schutzes bedürfen, um die ihm zustehenden Erträge aus seiner Innovation ziehen zu können. Ein allgemeiner kartellrechtlicher Zugangsanspruch bei Unerlässlichkeit eines Immaterialgüterrechts würde das Recht entwerten.[523] Vielmehr müssen im Rahmen der eng anzuwendenden kartellrechtlichen Fallgruppen der *essential facility*-Doktrin und des Missbrauchs durch Standardisierung Kriterien herausgearbeitet werden, die den **Zweck des Schutzrechts** und die Erfordernisse einer Marktöffnung in ein angemessenes Gleichgewicht bringen.

208 Festzuhalten ist: Das Innehaben eines gewerblichen Schutzrechts allein genügt nicht, um eine marktbeherrschende Stellung,[524] geschweige denn den Vorwurf des Missbrauchs einer solchen zu begründen.[525] Jedoch kann die **Ausübung des jeweiligen Schutzrechtes** im Einzelfall die kartellrechtlichen Missbrauchstatbestände erfüllen.[526] Der Missbrauch kann insb darin liegen, dass der Inhaber eines Schutzrechts seine Konkurrenten und sonstigen Nachfrager in einen sog Schutzrechtshinterhalt – vor allem Patenthinterhalt – lockt, indem er zunächst die Innehabung von für die Lizenzierung nach RAND-Standards relevante Rechten verschweigt, um nach der Nutzung dieser Rechte Lizenzgebühren zu verlangen.[527]

---

[518] S dazu auch LG Düsseldorf WUW 2007, 1278, 1281 – MPEG2-Standard.
[519] So Kommission, COMP/39.247 – Texas Instrument/Qualcomm (eingestellt im November 2009); Kommission, COMP/39.615 – Nokia/Bosch u IPCom (eingestellt Dezember 2009).
[520] Kommission, COMP/38.636 – Rambus (eingestellt im Dezember 2009 aufgrund von Verpflichtungszusagen, ABl 2009 Nr C 133, 13).
[521] S die Übersicht bei *Välimäki* ECLR 2008, 686, 687.
[522] Immenga/Mestmäcker/*Heinemann* EG Teil 1, IV. Abschnitt B Rn 50; *Wielsch* EuZW 2005, 395.

[523] Anders *Wielsch* EuZW 2005, 395 f.
[524] St Rspr, vgl EuGH v 29.2.1968, Slg 1968, 85, 122 f – Parke Davis; EuGH v 18.2.1971, Slg 1971, 69, 84 – Sirena/EDA; EuGH v 8.6.1971, Slg 1971, 487, 501 – Deutsche Grammophon; EuGH vom 6.4.1995, Slg 1995 I-743, 822 – Magill.
[525] EuGH Slg 1971, 487, 501 – Deutsche Grammophon.
[526] Umfassend *Barthelmeß/Gauß* WuW 2010, 626 ff; näher Rn 321–322.
[527] So in Kommission, COMP/38.636 – Rambus (eingestellt im Dezember 2009 aufgrund von Verpflichtungszusagen, ABl 2009 Nr C 133, 13).

3. Fallgruppen des Machtmissbrauchs im Medienbereich

a) Ausbeutungsmissbrauch. Die Fälle des **Preis- und Konditionenmissbrauchs** im Bereich der klassischen Medien, mit denen sich die EG-Institutionen in der Vergangenheit zu befassen hatten, betreffen im wesentlichen zwei Themengebiete: erstens die Aufnahmebedingungen der Urheberrechts-Verwertungsgesellschaften; zweitens die Gegenleistungen für die Vergabe von Lizenzen zur Nutzung gewerblicher Schutzrechte.

209

aa) Aufnahmebedingungen der Urheberrechts-Verwertungsgesellschaften. Die Verwertungsgesellschaften nehmen die Rechte einer Vielzahl von Urhebern wahr (vgl § 1 Abs 1 UrhWG) und lassen sich zu diesem Zwecke die entsprechenden Rechte von den Urhebern abtreten.[528] Zwar besteht für die Mehrzahl der Urheber kein rechtlicher, wohl aber ein faktischer Zwang zur Übertragung seiner Rechte auf eine Verwertungsgesellschaft. Aufgrund dessen können weitgehende Verpflichtungen zur Abtretung gegenwärtiger und zukünftiger Urheberrechte, welche die Gesellschaften den Urhebern als Beitrittsbedingung auferlegen, aus kartellrechtlicher Perspektive einen Missbrauch von Marktmacht darstellen.[529] In dem für diese Frage wegweisenden Urteil *BRT/SABAM und Fonior*[530] forderte der EuGH 1974, es müsse ein „**ausgewogenes Verhältnis**" gefunden werden zwischen dem Höchstmaß an Freiheit für die Urheber und dem Interesse an der praktischen Verwertung.[531] Eine Abtretung der Rechte sei nur insoweit zulässig, wie sie notwendig ist, um der Tätigkeit der Verwertungsgesellschaften „das erforderliche Volumen und Gewicht zu verleihen".[532] Diese Grenze sei dann überschritten, wenn eine marktbeherrschende Verwertungsgesellschaft die Abtretung sämtlicher gegenwärtiger und zukünftiger Urheberrechte auch mit Wirkung für einen längeren Zeitraum nach Ende der Mitgliedschaft fordere.[533]

210

bb) Unangemessene Gebühren für Lizenzen an Immaterialgüterrechten. Unternehmen im Multimediabereich missbrauchen ihre marktbeherrschende Stellung, wenn sie **übermäßig hohe Lizenzgebühren** zur Nutzung von Immaterialgüterrechten fordern.[534] Als Maßstab für die Angemessenheit der Lizenzgebühren sind die Gebühren heranzuziehen, die der Lizenzgeber von anderen Benutzergruppen für die gleiche Leistung fordert oder die für vergleichbare Schutzrechte auf Vergleichsmärkten verlangt werden.[535] Voraussetzung der Anwendung von Art 102 AEUV ist immer die marktbeherrschende Stellung des Lizenzgebers; der Missbrauch eines gewerblichen Schutzrechtes fällt anderenfalls nicht in den Regelungsbereich des Art 102 AEUV.[536] Auch begründet die Inhaberschaft an einem Immaterialgüterrecht nicht automatisch eine marktbeherrschende Stellung; erforderlich ist vielmehr, dass das Recht in einer kartellrechtlich relevanten Weise eingesetzt wird, bspw zur Produktion von Waren.[537]

211

---

[528] Zur Funktion der Verwertungsgesellschaften und ihrer Stellung im Wettbewerbsrecht s ausf oben Rn 80 ff.
[529] *Mestmäcker* FS Rittner 391; Immenga/Mestmäcker/*Möschel* EG Teil 1, Art 82 Rn 152.
[530] EuGH v 27.3.1974, Slg 1974, 313 – BRT/SABAM und Fonior; dazu *Mestmäcker/Schweitzer*, § 30 Rn 19–21; Immenga/Mestmäcker/*Möschel*, EG Teil 1, Art 82 Rn 152 f.
[531] EuGH v 27.3.1974, Slg 1974, 313, 316 f – BRT/SABAM und Fonior.
[532] EuGH v 27.3.1974, Slg 1974, 313, 317 – BRT/SABAM und Fonior.
[533] EuGH Slg 1974, 313, 317 – BRT/SABAM und Fonior; s umfassend zu den kartellrechtlichen Problemen bei Verwertungsgesellschaften im digitalen Umfeld: Hoeren/Sieber/*Müller* Teil 7.5 Rn 10 ff.
[534] EuGH Slg 1982, 3381, 3402 – Coditel; EuGH Slg 1988, 6039, 6073 – CICRA/Renault; Kommission WuW 2010, 719, 723 – Rambus; Immenga/Mestmäcker/*Möschel* EG Teil 1, Art 82 Rn 158 mwN.
[535] EuGH Slg 1989, 2521, 2581 – Tournier.
[536] *Heinemann* GRUR 2006, 705, 706.
[537] *Kaestner* 16, 81.

Kapitel 2 Medienkartellrecht

212 b) **Kopplung.** Von einer unzulässigen Kopplung von Produkten spricht man, wenn der Nachfrager das Produkt A nicht unabhängig vom Produkt B erwerben kann. Dieser **Ausschluss von Wahlfreiheit für den Nachfrager** ist allerdings nur dann missbräuchlich, wenn a) die Produkte A und B unterschiedlichen Märkten angehören, also keine einheitliche Leistung darstellen, b) eine marktbeherrschende Stellung auf dem Markt für das gewünschte Produkt besteht, c) Wahlfreiheit für den Nachfrager tatsächlich nicht gegeben ist und d) eine Rechtfertigung für die Wettbewerbsbeschränkung fehlt.[538]

213 Praxisbeispiele für den Kopplungstatbestand im Bereich der Medien finden sich auf den **Zeitungsmärkten**. So kritisierte das KG im Jahr 1977 das Angebot eines „Kombinationstarifes" des Springer-Verlages an Werbetreibende, bei dem die Schaltung von Anzeigen in einer bestimmten Zeitung (Berliner Morgenpost) mit der Schaltung der Anzeigen in einer anderen Zeitung (Die Welt) kombiniert wurde.[539] Der Verlag erhoffte sich durch diese Kombination die Steigerung der Auflage der Welt. Laut dem KG verfolgte der Verlag durch die Kopplung vorrangig das Ziel, das schwächere Produkt durch die sachfremde Kombination der Anzeigenangebote „mitzuziehen", was aufgrund der beherrschenden Stellung des Verlags auf dem relevanten Zeitungsmarkt grundsätzlich unzulässig war. Zu einer ähnlichen Bewertung gelangte der BGH in einem anderen Fall aus dem Jahre 1982,[540] in dem über die Zulässigkeit der Zusammenlegung der Anzeigenteile von Zeitungen im Stuttgarter Raum zu entscheiden war.[541]

214 c) **Gezielte Preisunterbietung.** Eine missbräuchliche Ausnutzung einer marktbeherrschenden Stellung liegt des Weiteren vor, wenn das betreffende Unternehmen durch Niedrigpreise unter Inkaufnahme erheblicher Verluste versucht, Wettbewerber aus dem bereits beherrschten oder aus einem anderen Markt zu verdrängen (sog **Kampfpreisunterbietung** oder *predatory pricing*). Andererseits ist es einem Marktbeherrscher gestattet, am Preiswettbewerb im eigenen Interesse teilzunehmen.[542] Insofern bereitet die Abgrenzung zwischen den unterschiedlichen Verhaltensformen Schwierigkeiten. Die Kommission hatte ursprünglich auf den Zweck der Preisunterbietung abgestellt.[543] Dagegen rückte der EuGH das Verhältnis zwischen Preisen und Kosten in den Vordergrund.[544] Da die Kosten jedoch leicht manipuliert werden können, hat der EuGH zuletzt wieder vermehrt auf das Merkmal der Verdrängungsabsicht zurückgegriffen.[545]

215 Eine besondere Erscheinungsform der Preisunterbietung stellt der Fall der sog „**Preis-Kosten-Schere**" dar. Hiervon wird ein vertikal integriertes Unternehmen erfasst, wenn es seinen Wettbewerbern auf dem nachgelagerten Markt für den Zugang

---

[538] Loewenheim/Meessen/Riesenkampff/*Lübbig* Art 82 EGV Rn 156 ff; Immenga/Mestmäcker/*Möschel* EG Teil 1, Art 82 Rn 202 ff; Callies/Ruffert/*Weiß* Art 82 Rn 63 ff.
[539] KG BB 1977, 559 mit Anm *Ulmer*.
[540] BGH v 9.11.1982 WuW/E 1965 – gemeinsamer Anzeigenteil, dazu: Immenga/Mestmäcker/*Möschel* § 19 GWB Rn 133 ff.
[541] Im konkreten Fall war die Zusammenlegung der Anzeigenteile der verschiedenen Zeitungen aufgrund deren Sanierungsfunktion dennoch nicht missbräuchlich.

[542] *Emmerich* § 10 Rn 58, 61; Loewenheim/Meessen/Riesenkampff/*Lübbig* Art 82 EGV Rn 172.
[543] Kommission v 14.12.1985 – IV/30.698 – AKZO.
[544] EuGH Slg 1991, I-3439, 3453 ff – AKZO.
[545] S dazu *Emmerich* § 10 Rn 62 f; Loewenheim/Meessen/Riesenkampff/*Lübbig* Art 82 EGV Rn 175.

zu einer Vorleistung derart hohe Entgelte berechnet, dass diese auf dem nachgelagerten Markt nicht mehr konkurrenzfähig sein können.[546] „Preis-Kosten-Scheren" treten oftmals im Bereich der Telekommunikation auf. Als Beispiel aus der jüngeren Vergangenheit ist die Preispolitik der Deutschen Telekom AG (DTAG) beim Zugang ihrer Konkurrenten zu den Teilnehmeranschlussleitungen zu nennen.[547]

d) Geschäftsverweigerung. Der auf dem freien Markt in Europa und in den Binnenmärkten geltende Grundsatz, dass ein Unternehmen seine Absatzpolitik frei bestimmen und hierbei seine geschäftlichen Interessen verfolgen kann, wird durch das wettbewerbsrechtliche Ziel eingeschränkt, ein Mindestmaß an Wettbewerb aufrecht zu erhalten.[548] Bei der möglichen **Auferlegung eines Kontrahierungszwanges** ist abzuwägen, dass einerseits durch die Geschäftsverweigerung der freie Wettbewerb beeinträchtigt werden könnte, dass aber andererseits ein Kontrahierungszwang den Anreiz zu Investitionen in die betreffenden Leistungen vermindern könnte.[549] **216**

Im Medienbereich hat die Fallgruppe der Geschäftsverweigerung, auch abseits von den Fällen der *essential facilities*, mehrere Male Bedeutung erlangt. So hat der EuGH eine Kontrahierungspflicht für ein Monopolunternehmen erstmals im Fall Sacchi[550] festgestellt, in dem eine Rundfunk- und Fernsehanstalt, die ein **nationales Monopol auf die Ausstrahlung von Werbung** besitzt, den Verkauf von Werbezeiten an Unternehmen anderer Mitgliedstaaten verweigert hatte.[551] Ferner stellten Kommission und EuGH übereinstimmend fest, dass Verwertungsgesellschaften die Rechtewahrnehmung bestimmten Personengruppen, die hierauf angewiesen sind, nicht verweigern dürfen.[552] **217**

e) Verhinderung des Zugangs zu wesentlichen Einrichtungen (*essential facility*-Doktrin). Die Verhinderung des Zugangs zu wesentlichen Einrichtungen (*essential facility*-Doktrin) stellt eine **Unterfallgruppe des Missbrauchs einer marktbeherrschenden Stellung** durch Geschäftsverweigerung dar. Im Mediensektor ist die *essential facility*-Doktrin von erheblicher Bedeutung.[553] **218**

aa) Die *essential facility*-Doktrin im US-amerikanischen Recht. Obgleich die Entwicklungsgeschichte und Konturierung der *essential facility*-Doktrin im Einzelnen umstritten ist, finden sich ihre frühesten Spuren im US-amerikanischen Antitrust Law.[554] Die rechtliche Ausgestaltung von Zugangsansprüchen gründet in der US-amerikanischen Rechtsprechung auf Sec 2 Sherman Act. Das Monopolisierungsverbot aus Sec 2 Sherman Act wird als Einfallstor für Zugangsansprüche von Wettbewerbern **219**

---

[546] *Emmerich* § 10 Rn 59 f; Loewenheim/Meessen/Riesenkampff/*Lübbig* Art 82 EGV Rn 175.
[547] Kommission v 21.3.2003, COMP/37.451, 37.578, 37.579 – Deutsche Telekom AG. Siehe dazu die weiteren Ausführungen bei *Pohle* Band 5 Kap 2 Rn 67–68.
[548] Vgl EuGH v 9.11.1983, Slg 1983, 3461, 3511 – Michelin; EuGH v 13.2.1979, 461, 541 – Hoffmann-La Roche; Immenga/Mestmäcker/*Möschel* EG Teil 1, Art 82 Rn 220.
[549] Immenga/Mestmäcker/*Möschel* EG Teil 1, Art 82 Rn 220.
[550] EuGH Slg 1974, 409 – Sacchi.
[551] EuGH Slg 1974, 409, 431 – Sacchi.
[552] Kommission v 2.6.1971, ABl 1971, Nr L 134, 15, 21 – GEMA I; EuGH v 2.3.1983, Slg 1983, 483, 507 ff – GVL.
[553] Vgl unten Rn 323 ff, wo internetspezifische Anwendungsfelder der Doktrin erläutert und eine Bewertung der europäischen Rechtspraxis in Bezug auf die Doktrin vorgenommen werden.
[554] 224 U.S. 383 (1912) – Terminal Railroad; 326 U.S. 1 (1945) – Associated Press; 410 U.S. 366 (1973) – Otter Tail; *Beckmerhagen* 25; *Scheuffele* 19; krit zur historischen Grundlage *Müller/Rodenhausen* ECLR 2008, 310 ff.

herangezogen, um die **Kontrolle von *bottleneck*-Bereichen** durch Monopolisten zu regulieren. Auf Grundlage dieser Vorschrift könnten also Marktteilnehmer den Zugang zu wesentlichen Einrichtungen verlangen.

220 Die **Definition** der *essential facility*-Doktrin[555] findet sich in der instanzgerichtlichen Entscheidung *Hecht -v- Pro-Football*. Der Federal Court of Appeals für den District of Columbia stellt in seinem Urteil fest:

"The essential facility doctrine, also called the 'bottleneck principle,' states that 'where facilities cannot practicably be duplicated by would-be competitors, those in possession of them must allow them to be shared on fair terms. It is illegal restraint of trade to foreclose the scarce facility.'"[556]

221 In der Folge wurde im US-amerikanischen Kartellrecht für *bottleneck*-Situationen üblicherweise das nachfolgende **viergliedrige Prüfungsschema** angewendet, das auf die Entscheidung des Court of Appeals 7th Circuit in der Sache *MCI Communications Corp -v- AT&T* aus dem Jahre 1983 zurückgeht:[557]
- ein Monopolist muss die Kontrolle über eine wesentliche Einrichtung ausüben,
- die Duplizierung der wesentlichen Einrichtung durch den Wettbewerber ist faktisch unmöglich oder wirtschaftlich unvernünftig,
- der Monopolist gestattet den Zugang zu seiner Einrichtung entweder gar nicht oder nur zu unangemessenen Konditionen,
- und die Zugangsgewährung muss technisch möglich und dem Inhaber zumutbar sein.

222 Im Hinblick auf diesen Gedanken der **Hebelwirkung** (*leverage*) als wettbewerbstheoretische Begründung der *essential facility*-Doktrin muss die Monopolstellung auf dem Markt für die Zur-Verfügung-Stellung der Einrichtung bestehen.[558] Nach Auffassung des Federal Circuit handelt es sich dann um einen *bottleneck*-Bereich, wenn die Einrichtung unverzichtbar für das Auftreten potentieller Wettbewerber ist, da keine Alternativen existieren und es für den Zugangspetenten wirtschaftlich unmöglich ist, die Einrichtung zu duplizieren.[559]

223 Mangels ausdrücklicher Anerkennung der *essential facility*-Doktrin durch den US Supreme Court als oberstes Gericht in den USA war die Doktrin in den folgenden Jahrzehnten immer wieder Kritik aus der Literatur ausgesetzt.[560] In dem 2004 erlassenen **Urteil *Verizon/Trinko***, das mittelbar telekommunikationsrechtliche Zugangsansprüche zum Gegenstand hatte, stellte der Supreme Court darauf ab, dass er eine solche Doktrin nie anerkannt habe und es keinen Anlass für ihre Anerkennung gäbe.[561] Das Gericht sieht solche Zugangsansprüche nur bei spezialgesetzlicher Normierung wie den sektorspezifischen Vorschriften im Telekommunikationsbereich als gegeben an. In der Folge kam die Doktrin in der amerikanischen Rechtsprechung nicht mehr zur Anwendung.

---

[555] Zur Entwicklung der *essential facility*-Doktrin im US-Recht Grob/vom Brocke/*Aufderheide/Lindner/Zimmerlich* 132 ff.
[556] Hecht -v- Pro-Football, 570 F. 2d 982, 992 (DC Cir. 1977).
[557] MCI Communications Corp -v- AT&T, 708 F. 2d 1081 (7th Cir 1983).
[558] Vgl die Rechtsprechungsnachweise bei *Beckmerhagen* 54 f.
[559] Hecht -v- Pro-Football, 570 F 2d 982 (DC Cir 1977).
[560] *Areeda* 58 Antitrust LJ 841 (1989) mwN.
[561] 540 US 398 (2004). Weitgehend bestätigt durch US Supreme Court v 8.12.2008, 07-512 – AT&T -v- Linkline, dazu *Haus* ZWeR 2009, 356 ff.

bb) Die *essential facility*-Doktrin im europäischen Recht. Im europäischen Recht ist die *essential facility*-Doktrin inzwischen stärker verankert als im US-amerikanischen Kartellrecht,[562] wenn auch nicht allseits anerkannt. Sowohl ihr Ursprung als auch ihre konkreten Voraussetzungen im EG-Recht sind schwer zu umreißen. Dies ist einer **unklaren und inkohärenten Entscheidungspraxis** der Kommission, des EuG und des EuGH in Bezug auf Fallgestaltungen mit wesentlichen Einrichtungen geschuldet. Rechtsgrundlage für die Verpflichtung zur Gewährung von Zugang zu einer wesentlichen Einrichtung ist im europäischen Kartellrecht Art 102 AEUV. Diese Vorschrift verbietet die missbräuchliche Ausnutzung einer beherrschenden Marktstellung. Anders als das amerikanische *Antitrust Law* setzt sie nicht schon beim bloßen Erwerb einer marktbeherrschenden Stellung, sondern fordert zusätzlich ihre missbräuchliche Ausnutzung. 224

Auf Grundlage des Missbrauchsverbots aus Art 102 AEUV verpflichteten Kommission, EuG und EuGH in einer Reihe von Entscheidungen[563] Inhaber von wesentlichen Einrichtungen zur **Gewährung von Zugang**.[564] Für den Mediensektor sind von Bedeutung: 225

(1) Magill. Im Fall *Magill*[565] weigerten sich die in Irland sendenden Rundfunkanstalten RTE, ITP und BBC, dem Verlag Magill TV Guide Ltd **wöchentliche Vorschauen über ihre Fernsehprogramme** zur Verfügung zu stellen. Hierdurch war es der Firma Magill nicht möglich, vollständige Fernsehprogrammzeitschriften herzustellen. Hingegen veröffentlichten die Sendeanstalten selbst Programmzeitschriften. 226

Die Verweigerung der Herausgabe der Programmvorschau stützten RTE, ITP und BBC auf ihr tatsächlich **bestehendes Urheberrecht an den Vorschauen**. Die Kommission entschied aber 1988, dass die Verweigerung durch RTE, ITP und BBC einen Verstoß gegen Art 86 Abs 2 lit b EGV aF (= Art 102 Abs 2 lit b AEUV) bedeute, wonach ein Missbrauch zu sehen ist in der „Einschränkung der Erzeugung, des Absatzes oder der technischen Entwicklung zum Schaden der Verbraucher".[566] Die Sendestationen missbrauchten ihre beherrschende Stellung auf dem Markt für die wöchentliche Programmvorschau, um die Einführung eines neuen Produkts auf dem Markt, nämlich eines umfassenden wöchentlichen Programmführers, zu verhindern.[567] 227

Das EuG bejahte den Machtmissbrauch letztlich mit folgender Begründung: „Ein derartiges Verhalten – das darin besteht, dass die Klägerin mit dem alleinigen Ziel, ihr Monopol aufrechtzuerhalten, die Herstellung und den Vertrieb eines neuen Erzeugnisses, nach dem eine potentielle Nachfrage der Verbraucher besteht, auf dem **abgeleiteten Markt** der Fernsehprogrammführer verhindert und dadurch jeden Wettbewerb auf diesem Markt ausschließt – geht offensichtlich über das hinaus, was zur Verwirklichung der wesentlichen Funktion des Urheberrechts, wie sie im Gemeinschaftsrecht anerkannt ist, unerläßlich ist."[568] 228

---

[562] Tränkle 38.
[563] EuGH Slg 1974, 223 – Commercial Solvents; Kommission v 11.6.1992, EG-Bulletin Nr 6 1992, Tz 1.3.30 – Sealink I; Kommission v 21.12.1993, IV/34.689 Rn 62 – Sea Containers/Sealink (Sealink II); Kommission v 21.12.1993 – Rödby; EuGH Slg 1995, I-743 – Magill; EuGH Slg 1998, I-7791 – Bronner/Mediaprint; Kommission v 24.3.2004, COMP 37.792 – Microsoft; EuGH Slg 2004, I-5039 – IMS Health.
[564] S zur Kritik an der Entscheidungspraxis Rn 329–333.
[565] EuGH Slg 1995, I-743 – Magill.
[566] Kommission, 89/205/EWG, ABl L 78, 43 Rn 23 – Magill.
[567] Kommission, 89/205/EWG, ABl L 78, 43 Rn 23 – Magill.
[568] EuG Slg 1991, II-485 – RTE; EuG Slg 1991, II-575 – Magill; bestätigend EuGH Slg 1995, I-743 – Magill.

229 Somit führte das EuG für die Fallgestaltung, in der ein geistiges oder gewerbliches Schutzrecht die wesentliche Einrichtung darstellt, eine zusätzliche Voraussetzung für die Bejahung eines Missbrauchs ein: die **Verhinderung des Angebots eines neuen Produkts**, nach dem potentielle Nachfrage besteht. Die Verschärfung der Voraussetzungen ist der Tatsache geschuldet, dass die Ausübung von Ausschließlichkeitsrechten an sich kein missbräuchliches Verhalten darstellt und daher erhöhte Anforderungen an die Wettbewerbsbeeinträchtigung zu stellen sind. Dieser Verschärfung schloss sich der EuGH an.[569]

230 (2) **Oscar Bronner/Mediaprint.** Im Urteil *Oscar Bronner/Mediaprint*[570] befasst sich der EuGH mit dem Zugang zu einem Zustellungssystem von Tageszeitungen in Österreich. Das Unternehmen Mediaprint betrieb das einzige landesweite System der Hauszustellung von Zeitschriften und verlegte außerdem zwei Tageszeitungen, die beinahe einen Anteil von 50 % des landesweiten Zeitschriften Marktes ausmachten. Die Gesellschaft Oscar Bronner war Verlegerin der weitaus auflagenschwächeren Zeitung „Der Standard" und verlangte, dass Mediaprint den „Standard" gegen ein angemessenes Entgelt in ihr **Hauszustellung-Vertriebssystem** aufnimmt. Dies verweigerte Mediaprint.

231 Nach Meinung des EuGH war die Verweigerung zur Aufnahme in das Zustellungssystem seitens Mediaprint *nicht* missbräuchlich iSv Art 86 EG aF (heutiger Art 102 AEUV). Zur Begründung bezieht sich der EuGH auf die Entscheidungen *Commercial Solvents*[571], *CBEM*[572] und *Magill*:

„Selbst wenn diese Rechtsprechung zur Ausübung eines gewerblichen Schutzrechts [*gemeint ist die Magill-Entscheidung, Verf*] auf die Ausübung eines beliebigen Eigentumsrechts anwendbar wäre, ließe sich aus dem Urteil Magill bei einem Sachverhalt wie dem, der Gegenstand der ersten Vorlagefrage ist, nur dann auf einen Mißbrauch iSd Artikels 86 EG-Vertrag schließen, wenn die Verweigerung der in der Hauszustellung liegenden Dienstleistung zum einen geeignet wäre, **jeglichen Wettbewerb** auf dem Tageszeitungsmarkt durch denjenigen, der die Dienstleistung begehrt, **auszuschalten**, und nicht objektiv zu rechtfertigen wäre, und zum anderen die Dienstleistung selbst für die Ausübung der Tätigkeit des Wettbewerbers in dem Sinne unentbehrlich wäre, daß kein tatsächlicher oder potentieller Ersatz für das Hauszustellungssystem bestünde."

Der EuGH ging davon aus, dass das Hauszustellungssystem im konkreten Fall nicht unentbehrlich war.

232 cc) **Die *essential facility*-Doktrin im deutschen Recht.** Im Gegensatz zu den auf Grundlage von Generalklauseln (Sec 2 Sherman Act bzw Art 102 AEUV) entwickelten Zugangsansprüchen enthält das deutsche Wettbewerbsrecht mit § 19 Abs 4 Nr 4 GWB eine **ausdrückliche gesetzliche Normierung** von Zugangsansprüchen für Infrastruktureinrichtungen.[573]

---

[569] EuGH Slg 1995, I-743 Rn 50 f – Magill.
[570] EuGH Slg 1998, I-7791 – Oscar Bronner/Mediaprint.
[571] EuGH Slg 1974, 223 – Commercial Solvents.
[572] EuGH Slg 1985, 3261 – CBEM.
[573] S bereits oben Rn 68.

§ 4
Kartellrecht in der Internetökonomie

In den letzten Jahren ist verstärkt das Wettbewerbsverhalten von Unternehmen der Internetökonomie nicht nur in die Aufmerksamkeit der Kartellbehörden, sondern auch in das Bewusstsein der Öffentlichkeit gelangt. Nachdem bis Mitte der 2000er Jahre vor allem Microsoft durch verschiedene Geschäftspraktiken im Mittelpunkt der kartellrechtlichen Diskussion stand,[574] stehen jetzt auch Google und Apple in teilweise heftiger Kritik. Problematisch in der Internetökonomie ist vor allem die **leichte Übertragbarkeit von Marktmacht** auf einen benachbarten digitalen Markt. Hier setzt vor allem der wettbewerbsrechtliche Vorwurf gegen Apple als Hersteller von Abspielgeräten wie iPod, iPhone und iPad und gleichzeitigem Betreiber des iTunes-Portals für digitale Inhalte wie Musik, Filme oder e-Books.[575]

233

Im Gegensatz zu Apple ist **Google** als Konzern durch sein vielfältiges Verhalten in wenigen Jahren zum Buhmann der Internetindustrie geworden.[576] Im Zentrum der Kritik stehen vor allem die mangelnde Berücksichtigung von Urheberrechten beim Aufbau des Buchsuchprojekts Google BookSearch und Eingriffe in Persönlichkeitsrechte und Datenschutzverstöße im Zusammenhang mit dem Dienst Google Streetview. Insb Verlage stören sich daneben an dem Angebot Google News, mit dem online verfügbare Nachrichten auf der Google-Plattform zusammengeführt werden, und das sowohl mit einer Kartellbeschwerde angegriffen[577] wurde als auch Anlass für die Einführung eines neuen Leistungsschutzrechts für Verleger in Deutschland ist. In Vorbereitung ist ein ebenfalls kritisch beobachtetes Geschäftsmodell, in dem Google als Internet-Fernsehanbieter auftreten wird.[578] Diese Informationsangebote sind Erweite-

234

---

[574] S dazu vor allem unten Rn 317 ff, 323 ff; die aufgrund der verschiedenen Kartellrechtsverfahren eröffnete Kartellaufsicht durch das US-amerikanische Department of Justice über Microsoft ist mittlerweile bis März 2011 verlängert worden, vgl heise-online vom 17.04.2009, abrufbar unter http://www.heise.de/newsticker/meldung/136316.
[575] Folgende Verfahren waren und sind in der Zwischenzeit anhängig: 1. Über iTunes können die Internetnutzer Musikdateien nur von der jeweiligen nationalen Homepage erwerben, wobei das Musikangebot und die Preise von Land zu Land differieren. Seit April 2007 untersuchte die Kommission, ob die Territorialisierung des Online-Musikangebotes von iTunes gegen Art 101 AEUV verstößt, s Kommission, PM v 3.4.2007, COMP 39.154 – *iTunes*, vgl auch MEMO/07/126. Das Verfahren wurde im Januar 2008 nach Verpflichtungszusagen durch Apple eingestellt, Kommission, PM v 9.1.2008, IP/08/22; 2. In den USA läuft ein kartellrechtliches Verfahren gegen Apple wegen der Behinderung seines Online-Musik-Konkurrenten Amazon, vgl heise-online v 26.5.2010, abrufbar unter http://heise.de/newsticker/meldung/1007808; 3. Vorwurf der Preisabsprachen zwischen Apple und Amazon beim Vertrieb von e-Books durch die US-Justiz (Generalstaatsanwaltschaft von Connecticut), vgl heise-online v 3.8.2010, abrufbar unter http://www.heise.de/newsticker/meldung/ 1049512; 4. von Google ausgehender und von der US-amerikanische Federal Trade Commission untersuchter Vorwurf, App-Entwicklern für iPhone und iPad die Nutzung konkurrierender Werbeplattformen wie Google und Microsoft vertraglich zu verbieten, vgl heise-online v 11.6.2010, abrufbar unter http://www.heise.de/newsticker/meldung/ 1020684.
[576] Insgesamt lag nach Angaben des BKartA im August 2008 „eine zweistellige Zahl ernst zu nehmender Beschwerden" gegen Google vor, vor allem im Zuge seiner Werbeplattform AdSense, vgl heise-online v 23.8.2010, abrufbar unter http://www.heise.de/newsticker/meldung/ 1063601. Ebenso liegen der Kommission einige Beschwerden vor, vgl heise-online v 9.7.2010, abrufbar unter heise-online.de/newsticker/meldung/1035152.
[577] Vgl heise-online v 16.1.2010, abrufbar unter http://www.heise.de/newsticker/meldung/ 906195.
[578] Vgl heise-online v 12.11.2010, abrufbar unter http://www.heise.de/newsticker/meldung/ 1135471.

rungen des Kerngeschäfts von Google, dem Betrieb einer Suchmaschine, und waren nur aufgrund der Marktstärke in diesem Kerngeschäft (Marktanteil in Europa ca 80 %) ökonomisch umsetzbar. Insb bei Google BookSearch wäre alternativen Anbietern ein ähnlich umfangreiches Angebot nicht möglich. Zudem besteht die Befürchtung, dass Google durch die BookSearch diskriminierende Preisabsprachen mit Verlagen führen könnte und zumindest bei der digitalen Verwertung „verwaister Werke" ein Monopol erlangen könnte.[579] Weiteren Einfluss auf benachbarten Märkten erlangte Google in den letzten Jahren durch Übernahme von Internet-Werbeanbieter Doubleclick und Ad-Mob[580] sowie Kooperation mit Breitbandkabelbetreibern wie dem US-amerikanischen Anbieter Verizon.[581] Die wettbewerbsrechtlichen Vorwürfe müssen Googles Selbstverständnis als altruistisches Unternehmen stark treffen. Von objektiver Warte aus sind jedoch die Monopolisierungsgefahren auf benachbarten digitalen Märkten durch Google auf mittlere Sicht aufgrund der möglichen Ausnutzung von Lock-in-Effekten und Netzeffekten[582] kaum von der Hand zu weisen.

235 Das bedeutet jedoch nicht, dass innerhalb der Internetökonomie kein oder kein ausreichender Wettbewerb stattfände. Mit den beiden Antipoden Microsoft und Google, die sich gegenseitig als treibende Kräfte hinter den kartellrechtlichen Verfahren und deren Nutznießer sehen,[583] versuchen die wichtigsten Unternehmen sich durch **Allianzen und Kooperationen** mit Anbietern anderer Internet-Dienstleistungen gegen ihre unmittelbaren Konkurrenten aufzustellen.[584] Bemerkenswert ist dabei, dass in diesen Allianzen und Kooperationen Unternehmen zusammenarbeiten, die nach klassischer sachlicher Marktabgrenzung in ihrem jeweiligen Kerngeschäft nicht im Wettbewerb stehen, aber deren digitale Produkte als leicht austauschbar angesehen werden können. Die Allianzen und Kooperationen sind daher trotz der Branchenverschiedenheit der beteiligten Unternehmen häufig kartellrechtlich problematisch, insb aufgrund von wettbewerbsbeschränkenden Absprachen wie der Vereinbarung sich nicht gegenseitig Mitarbeiter abzuwerben.[585]

---

[579] Vgl heise-online v 10.6.2009, abrufbar unter http://www.heise.de/newsticker/meldung/180059.
[580] Beide Übernahmen wurden als kartellrechtlich unbedenklich beurteilt: das DoubleClick-Verfahren wurde von der Kommission freigegeben, vgl Kommission v 11.3.2008, COMP/M.4731 – Google/DoubleClick, s dazu auch *Lewis/Lofaro* ECLR 2008, 717 ff; das AdMob-Verfahren wurde vom US-amerikanischen FTC freigegeben, vgl heise-online v 22.5.2010, abrufbar unter http://www.heise.de/newsticker/meldung/1005802.
[581] Diese Vereinbarung hat in den USA für Bedenken in Hinsicht auf die Einhaltung von Netzneutralität (s dazu Rn 347 ff), vgl heise-online v 10.8.2010, abrufbar unter http://heise.de/newsticker/meldung/1053595.

[582] S dazu Rn 236.
[583] Vgl nur heise-online v 10.5.2009, abrufbar unter http://www.heise.de/newsticker/meldung/137581 (Microsoft: EU-Kartellauflagen könnten Googles Dominanz stärken) und heise-online v 6.9.2010, abrufbar unter http://www.heise.de/newsticker/meldung/1072965 (Google sieht Microsoft hinter Wettbewerbsbeschwerden).
[584] Vgl heise-online v 23.11.2009, abrufbar unter http://www.heise.de/newsticker/meldung/866069 (Online-Medien: Microsoft + News Corp. vs Google) und heise-online v 29.7.2009, abrufbar unter http://www.heise.de/newsticker/meldung/142731 (Microsoft und Yahoo arbeiten gegen Google zusammen).
[585] Vgl nur heise-online v 3.6.2009, abrufbar unter http://www.heise.de/newsticker/meldung/139788.

I. Ökonomische und kartellrechtliche Bedingungen der Internetökonomie

236 Die Internetökonomie, definiert als eine im Wesentlichen digital basierte und elektronisch vernetzte Ökonomie, welche die computerbasierte Vernetzung nutzt, um Kommunikation, Interaktion und Transaktion in einem globalen Rahmen zu ermöglichen, bringt neue Ursachen- und Wirkungszusammenhänge hervor, die auch auf kartellrechtliche Bewertungen Auswirkungen haben.[586] Die Entwicklung moderner Informations- und Telekommunikationstechnologien, insb des Internets, ermöglicht Unternehmen die Verfolgung einer hybriden Marktstrategie. Neben **reinen Online-Produkten**, die ausschließlich für den digitalen Handel und die digitale Distribution entwickelt werden und bei denen sämtliche Transaktionsprozesse online abgewickelt werden können, ist durch die Kombination von herkömmlichen Offline-Gütern mit den Merkmalen der Internetökonomie ein neuer Bereich der **hybriden Märkte** geschaffen worden. Die Vorteile des Internets werden dabei verstärkt im Rahmen einzelner Transaktionsphasen zur Unterstützung der Transaktionsabwicklung eingesetzt. Die Frage ist, wie sich diese Fortschritte im Rahmen der Internetökonomie auf die kartellrechtliche Bewertung derartiger Sachverhalte auswirken.

237 Abzugrenzen ist die Internetökonomie von der **Computerindustrie**, die in den letzten Jahren mehrfach in das Blickfeld der Wettbewerbsbehörden geraten ist.[587] Computer und ihre Bestandteile sind zwar notwendige Bedingung für die Nutzung des Internets. Kartellrechtlich handelt es sich aber bei ihnen um Produkte im herkömmlichen Sinne. Dies zeigt sich insb im spektakulären *Intel*-Verfahren, das mit der Verhängung einer Geldbuße von mehr als € 1 Mrd endete, indem es um die Ausübung von Marktmacht im Produktvertrieb durch ungerechtfertigte Rabatte ging.[588]

1. Ökonomische Besonderheiten der Internetökonomie

238 Das Kartellrecht soll die Freiheit des Wettbewerbs sicherstellen und wirtschaftliche Macht begrenzen, soweit sie die Wirksamkeit des Wettbewerbs beeinträchtigt. Diese Zielrichtung gilt auch für die Internetökonomie. Durch die nahezu grenzenlosen Möglichkeiten, die das Internet eröffnet, ist es Unternehmen möglich, sich die Vorteile des Internets auch in der Offline-Welt zunutze zu machen. Einer kartellrechtlichen Beobachtung bedarf es insb aufgrund der Besonderheiten der Internetökonomie. Neben der **Ubiquität des Internets** sind diesbezüglich auch Netz-, *Lock-In*- und Skaleneffekte von besonderer Bedeutung.[589]

239 Der Begriff **Netzeffekt** beschreibt auf der Nachfrageseite den Wertzuwachs, den eine Ware oder Dienstleistung allein dadurch erhält, dass andere Nutzer das Produkt beziehen oder verwenden. Je mehr andere Nutzer es gibt, umso attraktiver wird im Falle von Netzeffekten das Produkt aus Sicht eines potentiellen Käufers. Netzeffekte sind in der Internetökonomie sowie generell in Netzwirtschaften ein bestimmendes Moment. Bspw ist ein Online-Marktplatz unwirtschaftlich, wenn nur wenige Nutzer ihn ansteuern. Wenn der Wert eines Produkts mit der Zahl seiner Benutzer steigt,

---

[586] *Zimmerlich* WRP 2004, 1260.
[587] Kommission WuW 2009, 1201, 1204 f – Intel; Kommission, COMP/38.636 – Rambus (eingestellt im Dezember 2009 aufgrund von Verpflichtungszusagen, ABl 2009 Nr C 133, 13).
[588] Kommission WuW 2009, 1201 ff – Intel; auch in den USA ist ein Kartellverfahren gegen Intel wegen ähnlicher Vorwürfe eröffnet worden, vgl heise-online vom 16.12.2009, http://www.heise-online.de/newsticker/meldung/887834.
[589] Zusammenfassend *Dreher* ZWeR 2009, 149, 152 ff.

bezeichnet man dieses als direkten Netzeffekt.⁵⁹⁰ Steigt der Wert eines Produkts mit der Menge der darauf aufbauenden Produkte, liegen indirekte Netzeffekte vor.⁵⁹¹ Die Größe des Nutzens für den Konsumenten und damit der Wert des Produkts hängen vom Verhalten der anderen Marktteilnehmer ab.⁵⁹² Die Attraktivität des Produktes steigt auch bei den Herstellern von komplementären Gütern, weil diese sich durch die hohe Nachfrage mehr Umsatz versprechen.⁵⁹³ So erhöht sich die Menge der Komplementärprodukte, was wiederum das Hauptprodukt attraktiver macht.

240 Unter **Lock-In-Effekt** versteht man die (Kapital-)Bindung, die dadurch zustande kommt, dass ein Nutzer sich für ein bestimmtes Produkt oder eine bestimmte Dienstleistung entscheidet. Investiert ein Nutzer bspw in ein bestimmtes Betriebssystem, so ist er gezwungen, von nun an nur noch mit diesem System kompatible Hardware und Software zu erwerben, sofern seine Investition in das Betriebssystem kein vergeblicher Aufwand gewesen sein soll.

241 Auf Angebotsseite liegen **Skaleneffekte** vor, wenn bei Ausdehnung der Produktion die Durchschnittskosten pro Ausbringungseinheit im relevanten Bereich der Nachfrage sinken. Dies ist vor allem immer dann der Fall, wenn vergleichsweise hohe Fixkosten und nur geringe variable Stückkosten auftreten. Allgemein treten derartige Phänomene dann auf, wenn eine Subadditivität der Kostenstruktur vorliegt, also jeweils ein großer Anbieter den Markt zu geringeren Durchschnittskosten versorgen kann als mehrere kleine.

242 Angebotsseitige Netzeffekte dagegen treten dadurch auf, dass die **Bereitstellung von Komplementärprodukten** attraktiver wird, je größer das jeweilige Netz bzw je größer die Nachfrage nach dem Ursprungsprodukt. So wird etwa für Produzenten von Anwendungssoftware das Bereitstellen eines Angebots attraktiver, je stärker das zugrunde liegende Betriebssystem nachgefragt wird.⁵⁹⁴ Dieser angebotsseitige Effekt ist insofern derivativ, als ihm ein nachfrageseitiger Netzeffekt, wie oben beschrieben, zugrunde liegt. Allerdings wirkt er als Verstärker (positiver Feedback-Effekt), da das Vorliegen einer breiten Angebotspalette von Komplementärprodukten die Attraktivität des originären Produkts (Betriebssystem) aus Nachfragesicht erhöht. Diese Selbstverstärkungseffekte sind ein wesentlicher ökonomischer Zweck indirekter Netzeffekte.⁵⁹⁵

243 Die Geschäftsmodelle in der Internetökonomie sind häufig von Skalen- sowie von Netzeffekten oder *Lock-In*-Effekten beeinflusst. Bspw sind **Online-Handelsplattformen** nur überlebensfähig, wenn viele Käufer und Verkäufer sie in Anspruch nehmen. Der Hardware- und Softwaremarkt ist hingegen im Falle proprietärer Schnittstellen primär von *Lock-In*-Effekten geprägt, da es in solchen Fällen jeweils auf die Systemkompatibilität ankommt. Auf Softwaremärkten für standardisierte Produkte dominieren angebotsseitig Skaleneffekte, die sich wechselseitig mit vorhandenen Netzeffekten verstärken.

244 Die soeben umrissene Effekte **begünstigen eine Konzentration von Marktmacht**. Sobald ein Anbieter eine innovative Lösung für einen Bedarf auf den Markt gebracht

---

⁵⁹⁰ *Pohlmeier* 30.
⁵⁹¹ BKartA WuW 2009, 75, 77 – Intermedia/Health & Beauty; *Pohlmeier* 43; *Zimmerlich* WRP 2004, 1260, 1261; *Dreher* ZWeR 2009, 149, 153.
⁵⁹² *Thum* 5; *Gröhn* 25; *Zimmerlich* WRP 2004, 1260, 1261.
⁵⁹³ *Roth* CR 1988, 196.
⁵⁹⁴ Zu Netzeffekten vgl grundlegend *Katz/Shapiro*, 75 The American Economic Review 424–440 (1985).
⁵⁹⁵ *Pohlmeier* 32; *Beth* 59.

hat und eine kritische Schwelle von Kunden bzw Nutzern überschritten hat, beschleunigt sich die Machtkonzentration selbst. Dies gilt, solange die Nachfrage nicht durch neue, überlegene Konkurrenzprodukte auf einen Wettbewerber umgelenkt wird, für die dann wiederum vergleichbare Mechanismen gelten (Wettbewerb um den Markt statt Wettbewerb auf dem Markt). Hierdurch wird es Unternehmen vereinfacht, Einfluss auf den Wettbewerb und die eigene Marktposition zu nehmen.

Diese internetspezifischen Effekte auf dem Wettbewerb sind, jeweils für sich genommen, nichts völlig Neues. Sie haben jedoch in ihrem **Zusammenwirken** eine besonders nachhaltige Wirkung für die Wettbewerbssituation der beteiligten Wettbewerber. Hier machen gerade die Wechselwirkungen und Interdependenzen zwischen den einzelnen Modalitäten die Besonderheiten der Internetökonomie aus. **245**

2. Grenzüberschreitende Internetökonomie und nationale Wettbewerbsregulierung

Daneben stellt das Fehlen sichtbarer Grenzen im Internet das national – oder im Bereich der Europäischen Union supranational – gebundene internationale Kartellrechtssystem vor neue Fragen. Bisher existiert keine spezifische gesetzliche Grundlage oder Rechtsprechung, die es ermöglicht, auf diese Herausforderung zu reagieren. Die Diskrepanz zwischen einer im und **über das Internet global zusammenwachsenden Ökonomie** und national gebundener Regulierung der Wirtschaft muss mit den vorhandenen Mitteln des Kartellrechts gelöst werden. **246**

II. Abgrenzung von Internetmärkten

Die Marktabgrenzung in der Internetökonomie erfolgt nach den **gleichen Grundsätzen** wie in der traditionellen, physisch gebundenen Wirtschaft.[596] **247**

Für B2B-Marktplätze, Internetzugangsmärkte (*Access*) und Märkte für Internetinhalte[597] kann bereits auf eine umfangreiche Entscheidungspraxis zurückgegriffen werden. Im Gegensatz dazu sind andere Produktangebote der Internetökonomie bislang nur ganz vereinzelt Gegenstand von Marktabgrenzungen europäischer und deutscher Gerichte und Kartellbehörden geworden. Für das Internet-Hosting (vor allem Bereitstellung von Speicherplatz, Rechenleistung, Datentransfervolumen) hat das BKartA in einer neueren Entscheidung eine konkrete Marktabgrenzung ausdrücklich offengelassen.[598] Daher haben sich hier **noch keine festen Abgrenzungsparameter in diesen dynamischen Märkten** herausgebildet. Vielmehr wird teilweise von den Behörden ausdrücklich aufgrund eines hohen Innovationsdruck auf spezifischen Internet-Märken (zB Markt für soft- und hardwarebasierte Digital Rights Management-Systeme) die Marktabgrenzung nur sehr oberflächlich vorgenommen oder selbst bei hohen Marktanteilen Zusammenschlüsse zugelassen.[599] **248**

---

[596] S dazu oben Rn 22 ff; ebenso *Dreher* ZWeR 2009, 149, 175.
[597] Zuletzt Kommission WuW 2005, 99, 99–101 – Wanadoo Interactive.
[598] BKartA v 18.12.2009, B7-104/09 – Strato/DTAG.
[599] BKartA v 20.3.2009, B7-23/09.

1. Sachliche Marktabgrenzung

249 Im Zuge des Substitutionslückenkonzepts wird teilweise vertreten, dass die Anbieter im Internet nicht in einem Produktwettbewerb stünden. Vielmehr würde auf dieser Stufe um die allgemeine Aufmerksamkeit der potentiellen Nachfrager gekämpft, um sie auf die eigene Website zu leiten.[600] Alle Anbieter im Internet stünden daher auf der gleichen Stufe; in der Folge könnte eine Separierung von Märkten anhand von Produkten nicht erfolgen. Allerdings löst sich der **Kampf um Aufmerksamkeit** im Internet durch die Bekanntheit von Internet-Adressen und Suchmaschinen schnell auf. Von einer besonderen Wettbewerbssituation im Gegensatz zur mit Produkt- oder Imagewerbung arbeitenden Offline-Wirtschaft um die Aufmerksamkeit der Nachfrager kann nicht gesprochen werden.

250 Die sachliche Marktabgrenzung ist vielmehr nach den herkömmlichen Methoden vorzunehmen.[601] Sofern bei Internetanwendungen offene Standards oder Industriestandards Verwendung finden, stellt sich auf Nachfrageseite keine Bindungswirkung ein, und die gehandelten Produkte können isoliert voneinander gesehen und die Märkte entsprechend trennscharf abgegrenzt werden. Anders verhält es sich, wenn bspw an Schnittstellen zwischen Geräten und/oder Softwareapplikationen proprietäre Standards gesetzt werden, deren Nutzung Wettbewerbern nicht oder nur sehr eingeschränkt zur Verfügung steht. Ist dies der Fall, so sind gegebenenfalls benachbarte oder nachgelagerte Produktmärkte mit einzubeziehen, um die Möglichkeit einer **Übertragung von Monopolmacht** (*leveraging*) von einem Markt auf einen (vermeintlich) anderen systematisch erfassen zu können, wie dies im Microsoft-Fall nahe liegt.[602]

251 Fraglich ist, ob **digitalisierte Produkte**, die sowohl ausschließlich über das Internet (Online-Produkte) als auch auf herkömmliche Weise – also verkörpert auf Datenträgern – vertrieben werden, **in einen sachlich relevanten Markt** zu fassen sind. Die Kommission nimmt an, dass der Markt für die Online-Verbreitung von Musik vom Markt für die körperliche Verbreitung von Musik zu unterscheiden sei.[603] In dem Fusionskontrollverfahren AOL/Time Warner prognostizierte die Kommission auf dem ersteren Markt eine marktbeherrschende Stellung und genehmigte den Zusammenschluss daher nur unter Auflagen.[604] Diese Entscheidung wird im Schrifttum als politisch motiviert kritisiert. Um regulatorisch in den (sich neu entwickelnden) Markt für Online-Musik eingreifen zu können, habe die Kommission das Kriterium der Nachfragesubstituierbarkeit nicht hinreichend berücksichtigt.[605]

252 Die vorstehenden Ausführungen zeigen, dass sich bei internetbasiertem Geschäft keine juristischen Besonderheiten für die sachliche Marktabgrenzung ergeben.[606] Zwar sind die wirtschaftlichen Gegebenheiten beim Produktabsatz im internetbasierten Geschäft teilweise unterschiedlich zum Offline-Geschäft. So ergibt das Nebenein-

---

[600] *Lanham* The Economics of Attention (1994); *Franck* Ökonomie der Aufmerksamkeit (1998). Vgl zusammenfassend *Zerdick* 17, 36 ff.
[601] S dazu auch *Trafkowski* MMR 1999, 630, 634 ff.
[602] Vgl hierzu *Zimmerlich/David/Veddern* und *Zimmerlich/Aufderheide*.
[603] Kommission v 11.10.2000, COMP/M.1845 Rn 18 ff – AOL/Time Warner; vgl auch Kommission v 20.07.2000, COMP/JV.48 – Vodafone/Vivendi/Canal Plus; Kommission v 19.7.2004, COMP/M.3333, Rn 23 – Sony/BMG. Zum Markt für Online-Musik s unten Rn 279, 280.
[604] Kommission v 11.10.2000, COMP/M.1845 Rn 46 ff – AOL/Time Warner.
[605] Graham/Smith/*Monti* 25 ff; krit auch *Europe Economics* Market Definition in the Media Sector: Economic Issues – Report for the European Commission, 75 f.
[606] So im Ergebnis auch *Trafkowski* 31, 32.

ander des Angebots von Internet-Infrastrukturen und Angebot bzw Nachfrage nach über diese Infrastruktur gehandelten Produkten in der Hand des gleichen Unternehmens eine **besondere Druckposition gegenüber Nachfragern** nach der Infrastruktur. Diese Unterschiede rechtfertigen kein Abweichen von den bewährten juristischen Marktabgrenzungsmethoden. Die rechtliche Betrachtung der Produktmärkte verändert sich nicht. Die verschiedenen Produktmärkte, auf denen sich ein Unternehmen bewegt, können mit den bestehenden Methoden einzeln, aber auch mit dem gegenseitigen Einfluss aufeinander betrachtet werden.

a) **Internetzugangsmärkte.** Der sachliche Markt für den Internetzugang wurde in der Entscheidungspraxis der Kommission **nach Zugangsart und Übertragungsraten differenziert.**[607] In der Entscheidung *WorldCom/MCI* hatte die Kommission zunächst zwischen drei Märkten unterschieden: dem Markt für Verbindungen vom Zentralrechner zum Präsenspunkt, also dem Endverbraucher, (sog *Retail Internet Access Market*)[608], dem Markt für Internetzugangsdienstleistungen[609] und dem Markt für die Bereitstellung von Top-Level-Verbindungen[610]. 253

Den *Retail Internet Access Market* hat die Kommission anschließend weiter ausdifferenziert. Sie unterscheidet nunmehr zwischen dem Markt für den Zugang über Schmalbandkabel und dem Markt für den Zugang über Breitbandkabel[611] (wie DSL). Im Rahmen des Marktes für den Zugang über Schmalbandkabel hat sie dabei den Markt für den *Dial-Up-Access* für Private und kleine und mittlere Unternehmen[612] vom Markt für den *Dedicated-Access* für große Unternehmen (Standleitungen)[613] abgegrenzt. In der Sache *Vodafone/Vivendi/Canal Plus* hat die Kommission darüber hinaus die Existenz eines Marktes für den Zugang über andere Infrastrukturen (zB über den Mobilfunk oder mit Hilfe von digitalen TV-Set-Top-Boxen)[614] angedeutet. 254

Im Rahmen der Abgrenzung des **Marktes für Internetzugangsdienstleistungen** stellte die Kommission fest, dass Internetzugangsdienste nicht mit anderen Formen von Datenübertragungsdiensten austauschbar sind. So könnten zuletzt genannte Dienste nur die Übertragung von Daten an eine begrenzte Anzahl von Nutzern gewährleisten, wohingegen über Internetzugangsdienste sämtliche Internet-Nutzer erreicht werden könnten. Zudem seien die weiteren Dienstleistungen der Internetzugangsanbieter – wie die Bereitstellung von Hardware und Software, die Netzwerkkonfiguration und der Kundenservice – in diesem Sinne zu berücksichtigen.[615] 255

Dem **Markt für die Bereitstellung von Top-Level-Verbindungen** gehören nur diejenigen Anbieter an, welche in der Lage sind, eigenständig eine vollständige Internet- 256

---

[607] Kommission v 13.10.1999, IV/M.1439 – Telia/Telenor; Kommission v 27.3.2000, COMP/M.1838 – BT/Esat; Kommission v 20.7.2000, COMP/JV.48 Rn 34, 37 – Vodafone/Vivendi/Canal Plus; Kommission WuW 2005, 99, 99–101 – Wanadoo Interactive.
[608] Kommission v 8.7.1998, IV/M.1069 Rn 58 f – WorldCom/MCI.
[609] Kommission v 8.7.1998, IV/M.1069 Rn 60 f – WorldCom/MCI.
[610] Kommission v 8.7.1998, IV/M.1069 Rn 62 ff – WorldCom/MCI.
[611] Kommission v 11.10.2000, COMP/M.1845 Rn 38 ff – AOL/Time Warner; Kommission v 21.5.2003, COMP/C-1/37.451, 37.578, 37.579 Rn 78 ff – Deutsche Telekom AG.
[612] Kommission v 11.10.2000, COMP/M.1845 Rn 33 f – AOL/Time Warner; Kommission v 13.10.1999, IV/M.1439 – Telia/Telenor; Kommission v 21.5.2003, COMP/C-1/37.451, 37.578, 37.579 Rn 76 – Deutsche Telekom AG.
[613] Kommission v 27.3.2000, COMP/M.1838 Rn 7 ff – BT/Esat.
[614] Kommission v 20.7.2000, COMP/JV.48 Rn 32, 37 – Vodafone/Vivendi/Canal Plus.
[615] Kommission v 8.7.1998, IV/M.1069 Rn 60 f – WorldCom/MCI.

Anschlussfähigkeit zu gewährleisten (Inhaber eines sog Spitzennetzes). Nicht erfasst sind indes zweitrangige Diensteanbieter, die Internetverbindungen gewährleisten, indem sie sich die Nutzung eines Spitzennetzes in einer sog Gegenzugvereinbarung einräumen lassen.[616]

257 Ob dieser Ansatz angesichts der **fortschreitenden technologischen Entwicklung** beim Internetzugang noch haltbar ist, wurde bisher in der Entscheidungspraxis nicht problematisiert. Eine sachliche Abgrenzung der Märkte anhand der Übertragungsraten ist zumindest dann vertretbar, wenn und solange diese Unterschiede unterschiedliche technische Vorteile bieten und unterschiedliche Kundenkreise ansprechen. Dies ist in der derzeitigen Situation jedenfalls zu bejahen, wird aber einer fortlaufenden Kontrolle unterliegen müssen. Durch die weite Verbreitung von hoch-bitratigen DSL-Zugängen auch im Bereich privater Internetnutzung erscheint die Differenzierung inzwischen soweit überholt.

258 b) **Märkte für B2B-Marktplätze.** Mehrfach beschäftigten sich die Kommission[617] und das BKartA[618] mit der Marktabgrenzung für **Internet-Plattformen**.[619]

259 In *Governet* hatte die Kommission elektronische Marktplätze noch als **Unterfall der IT-Dienstleistungen** angesehen und so einen „Markt für IT-Dienstleistungen für e-commerce Plattformen" ausgemacht.[620] Alle anderen Entscheidungen differenzieren zwischen dem **Markt für die über die Plattform gehandelten Güter und dem Markt für Internet-Plattformen,** teilweise genauer für B2B-Plattformen. Bei der Abgrenzung des Marktes für die über die Plattform gehandelten Güter nahmen Kommission und BKartA jeweils eine Austauschbarkeit des Online-Angebots der gehandelten Güter mit dem entsprechenden Offline-Angebot an sowie eine Austauschbarkeit von verschiedenen Internet-Plattformen untereinander.[621] Eine Abgrenzung eines engeren Produktmarktes IT-Dienstleistungen im A2B-Bereich ließ die Kommission offen.[622]

260 Das BKartA hat hingegen schon frühzeitig auf das Nebeneinander der Märkte für – teilweise weiter unterteilt in allgemeine und branchenspezifische – Internetmarktplätze

---

[616] Kommission v 8.7.1998, IV/M.1069 Rn 65 ff – WorldCom/MCI.
[617] Vgl Kommission v 20.6.2000, COMP/M.1916 – RTL NewMedia/Primus-Online; Kommission v 13.7.2000, COMP/M.2027 – Deutsche Bank/SAP; Kommission v 20.7.2000, COMP/JV.48 – Vodafone/Vivendi/Canal Plus; Kommission v 4.8.2000, COMP/M.1969 – UTC/Honeywell/i2/MyAircraft.com; Kommission v 2.10.2000, COMP/M.2138 – SAP/Siemens; Kommission v 6.10.2000, COMP/M.2096 – Bayer/Deutsche Telekom/Infraservom; Kommission v 7.11.2000, COMP/M.2172 – Babcock Borsig/MG Technologies/SAP Markets/ec4ec; Kommission v 25.4.2001, COMP/M.2398 – Linde/Jungheinrich; Kommission v 2.5.2001, COMP/M.2374 – Telenor/Ergogroup/DNB/Accenture; Kommission v 25.10.2002, COMP/M.2830 – Lufthansa Cargo/Air France Finance/British Airways/Global Freight Exchange; Kommission v 16.2.2004, COMP/M.3334 – Arcelor/ThyssenKrupp/Steel 24-7.
[618] BKartA v 25.9.2000, B5-40/00 – Daimler-Chrysler/Ford/General Motors; BKartA v 23.10.2000, B3-76/00 – BASF/Degussa-Hüls/Henkel/SAP; BKartA v 26.1.2001, B3-110/00 – Goodyear/Michelin; BKartA v 26.3.2001, B5-14/01 – DaimlerChrysler/DCX.Net/T-Online; BKartA v 29.6.2001, B5-24/01 – Arbed/Corus/ThyssenKrupp/Usinor; BKartA v 27.2.2002, B6-136/01 – Gruner+Jahr/Bankgesellschaft Berlin ua.
[619] S zusammenfassend *Dreher* ZWeR 2009, 149, 161.
[620] Kommission v 2.10.2000, COMP/M.2138 Rn 11 – SAP/Siemens.
[621] ZB Kommission v 7.11.2000, COMP/M.2172 Rn 11 – Babcock Borsig/MG Technologies/SAP Markets/ec4ec; Kommission v 25.4.2001, COMP/M.2398 Rn 10, 14 – Linde/Jungheinrich; Kommission v 25.10.2002, COMP/M.2830 Rn 10 – Lufthansa Cargo/Air France Finance/British Airways/Global Freight Exchange.
[622] Kommission v 2.10.2000, COMP/M.2138 Rn 13 – SAP/Siemens.

und für die über den Marktplatz gehandelten Produkte abgestellt.[623] In der *BerlinOnline.de*-Entscheidung hat es einschränkender über die Abgrenzung eines **Marktes für Regionalportale** nachgedacht.[624] Regelmäßig lässt das BKartA aber klare Aussagen zur Marktabgrenzung fehlen, da „die Dynamik in dieser frühen Phase der Entwicklung der Internetmärkte (...) noch keine festen Konturen der sich künftig herauskristallisierenden sachlichen Märkte erkennen" lässt.[625]

c) **Märkte für Internetinhalte.** Von den Internetzugangsmärkten und den Märkten für elektronische Marktplätze ist der **Markt für Inhalte und Informationen**, die über das Internet verbreitet werden, zu unterscheiden. Dieser Markt umfasst nach Auffassung der Kommission den Markt für Internetwerbung[626], den Markt für Internetportale[627], den Markt für die Herstellung von Websites[628] sowie den Markt für Breitbandinhalte[629] und den Markt für Online-Computer-Spiele[630]. Nicht anerkannt wurden hingegen ein Markt für Suchmaschinen[631] und ein Markt für Gateways[632] unter Verweis auf die Unentgeltlichkeit der entsprechenden Dienste. **261**

Im **Markt für Internetwerbung** konkurrieren Anbieter von Informationsinhalten im Internet um Werbeeinnahmen. Die Eigenständigkeit dieses Marktes wurde zum Teil in Frage gestellt. Internetwerbung sei in einen umfassenden Werbemarkt von Werbung in Zeitungen, Fernsehen und Hörfunk usw einzubeziehen. Dies sah die Kommission jedoch lediglich als Nachweis dafür, dass Produzenten ihre Produkte über mehrere Marketingkanäle bewerben. Eine Austauschbarkeit dieser Kanäle sei indes nicht gegeben.[633] **262**

In der Entscheidung *Vodafone/Vivendi/Canal Plus* begründete die Kommission erstmals einen **separaten Markt für Internetportale**. Dabei ist zwischen vertikalen Portalen und horizontalen Portalen zu unterscheiden. Vertikale Portale sind Portale, die sich mit Inhalten aus einem speziellen Bereich an bestimmte Arten von Nutzer richten (zB Portale, die sich auf Sportangebote beschränken).[634] Im Gegensatz dazu umfassen horizontale Portale ein breit gefächertes Angebot, welches sich auf Homepages, E-Mails oder Internet-Shopping[635] erstreckt. Ihre Dienste können nicht nur über den PC, sondern auch über Mobiltelefone und digitale Sep-Top-Boxen abgerufen werden. Ob der Markt für horizontale Portale weiter zu segmentieren ist, hat die Kommission offen gelassen.[636] **263**

---

[623] BKartA v 26.1.2001, B3-110/00 Rn 25 – Goodyear/Michelin; BKartA v 23.10.2000, B3-76/00 Rn 24 – BASF/Degussa-Hüls/Henkel/SAP; BKartA v 25.9.2000, B5-40/00 Rn 11–14 – DaimlerChrysler/Ford/General Motors; BKartA v 29.6.2001, B5-24/01 Rn 13–17 – Arbed/Corus/ ThyssenKrupp/Usinor.
[624] BKartA v 27.2.2002, B6-136/01 Rn 13, 14 – Gruner+Jahr/Bankgesellschaft Berlin ua.
[625] BKartA v 25.9.2000, B5-40/00 Rn 15 – DaimlerChrysler/Ford/General Motors; BKartA v 29.6.2001, B5-24/01 Rn 19 – Arbed/Corus/ ThyssenKrupp/Usinor.
[626] Kommission v 13.10.1999, IV/M.1439 Rn 107 – Telia/Telenor.
[627] Kommission v 20.7.2000, COMP/JV.48 Rn 47 ff – Vodafone/Vivendi/Canal Plus.
[628] Kommission v 27.5.1998, IV/JV.1 Rn 16 – Telia/Telenor/Schibsted.
[629] Kommission v 11.10.2000, COMP/M.1845 Rn 35 – AOL/Time Warner.
[630] Kommission v 5.5.1999, IV/JV.16 Rn 7 – Bertelsmann/Viag/Gamechannel.
[631] Kommission v 28.9.1998, IV/JV.8 Rn 11 – Deutsche Telekom/Springer/Holtzbrink/Infoseek/Webseek; dazu umfassend *Ott* MMR 2006, 195, 196–199.
[632] Kommission v 27.5.1998, IV/JV.1 Rn 14 – Telia/Telenor/Schibsted.
[633] Kommission v 13.10.1999, IV/M.1439 Rn 107 – Telia/Telenor.
[634] Kommission v 20.7.2000, COMP/JV.48 Rn 50 – Vodafone/Vivendi/Canal Plus.
[635] Vgl dazu die Abgrenzung von Märkten für B2B-Marktplätze Rn 258, 259.
[636] Kommission v 20.7.2000, COMP/JV.48 Rn 51 ff – Vodafone/Vivendi/Canal Plus.

264 Bei Abgrenzung des Marktes für die **Herstellung von Websites** ging die Kommission davon aus, dass diese Dienstleistung sowohl künstlerische als auch technische Fähigkeiten voraussetzt. Dabei sei eine so weitreichende Spezialisierung des Anbieters erforderlich, dass die Einstufung als eigenständigen Markt gerechtfertigt sei.[637]

265 Den **Markt für über das Internet verbreitete Breitbandinhalte** (wie zB Filme oder TV-Programme) grenzte die Kommission in der Entscheidung AOL/TimeWarner von dem Markt für die Verbreitung entsprechender Inhalte über die herkömmlichen Rundfunkkanäle ab. Dabei verglich sie die Anbieter von Breitbandinhalten über das Internet mit einem Supermarktbetreiber, der ein breites Angebot sich gegenseitig ergänzender Produkte aufweisen kann. Ein entsprechendes Angebot sei über den traditionellen Rundfunk nicht denkbar.[638]

266 Ein **Markt für Online-Computer-Spiele** kommt nach Auffassung der Kommission in Betracht, soweit die Spielmöglichkeiten für den Nutzer nicht unentgeltlich sind. Zu klären ist sodann, inwieweit ein solcher Markt auch das Angebot von Offline-Spielen umfasst. Ferner ist das Verhältnis zum Markt für Internet-Breitbandinhalte zu bestimmen. Bislang hat die Kommission diese Fragen nur aufgeworfen, jedoch im konkreten Fall offen lassen können.[639]

267 Die Entscheidungspraxis der Kommission kann durchaus als konsistent eingestuft werden. Ob sie jedoch den neueren Entwicklungen standhalten wird, darf angezweifelt werden. Da immer mehr Internet-Angebote **über Werbung finanziert** werden und insofern kein besonderes Entgelt vom einzelnen Nutzer verlangt wird, könnte zukünftig das Kriterium der Unentgeltlichkeit im Rahmen der sachlichen Marktabgrenzung zu hinterfragen sein. Bei der Abgrenzung von Märkten für Breitbandinhalte muss zudem der Konvergenzentwicklung im Bereich der Telekommunikation und des Rundfunks Rechnung getragen werden.[640]

2. Räumliche Marktabgrenzung

268 Neben den Herausforderungen für die sachliche Marktabgrenzung stellt die **A-Territorialität des Internets** die unveränderte Anwendung der Methoden räumlicher Marktabgrenzung vor neue Herausforderungen. Geklärt ist inzwischen, dass das Internet gesellschaftliches und wirtschaftliches Leben nicht vollständig von einem territorialen Bezug löst.[641] Das Internet kann Anbieter und Nachfrager aus geographisch bedingten Hemmnissen des Produktabsatzes wie notwendigen Transport- und Logistiksystemen, räumlich beschränkte Absatzgebiete von Werbemittlern wie Fernsehen oder Zeitungen oder von rechtlicher und steuerlicher Regulierung lösen. Anbieter und Nachfrager bleiben zwar trotz Internet den physischen Orten verbunden, von denen aus sie ins Internet gehen können. Der Raum aber, in dem sie die jeweilige Marktgegenseite finden, vergrößert sich und ist im extremen Fall global.[642] Diese **Auflösung regionaler und nationalstaatlicher Begrenzungen von Kommunikation und Güteraustausch** macht es erforderlich, die Kriterien für eine Abgrenzung geographischer Märkte im internetbasierten Geschäft zu bestimmen. Die Kommission hat den räum-

---

[637] Kommission v 27.5.1998, IV/JV.1 Rn 16 – Telia/Telenor/Schibsted.
[638] Kommission v 11.10.2000, COMP/M.1845 Rn 35 – AOL/Time Warner.
[639] Kommission v 5.5.1999, IV/JV.16 Rn 7 – Bertelsmann/Viag/Gamechannel.
[640] Zur Marktabgrenzung in diesen Bereichen vgl oben Rn 136–145.
[641] *Rötzer* 90.
[642] *Lange* BB 2002, 561; *Wirtz/Mathieu* WISU 2001, 825, 826.

lich relevanten Markt im Bereich der elektronischen Kommunikation bisher anhand von zwei wesentlichen Kriterien bestimmt: dem von einem Netz erfassten Gebiet und den dort bestehenden Rechts- und anderen Verwaltungsinstrumenten.643 Diese Kriterien spiegeln sich in der Entscheidungspraxis zu den räumlichen Märkten von den Internetzugangsmärkten, den B2B-Plattformen und den Internetinhaltsmärkten wider.

a) **Internetzugangsmärkte.** Beim Internetzugang wurde der räumliche Markt durch die Kommission entsprechend der **nationalen Ausrichtung der Internetzugang anbietenden Telekommunikationsunternehmen** im Wesentlichen national abgegrenzt.644 Diese räumliche Marktabgrenzung beim Internetzugang ist nicht verallgemeinerungsfähig für andere Internetdienste. Beim Internetzugang ist zunächst für die herkömmliche stationäre Variante zwingend eine physische Präsenz des Zugangspunktes erforderlich. Hierdurch fehlt dem Geschäft für Internet-Zugang bereits im Ansatz der virtuelle Charakter; er ist mit Telekommunikations- und sonstigen Netzgangsmärkten vergleichbar. Selbst bei der im Vordringen befindlichen Variante des drahtlosen Internet-Zugangs (vor allem über WLAN) benötigt der Nutzer eine Verbindung zu terrestrisch verlegten Netzen. Damit ist er immer auf ein physisch vorhandenes Netz angewiesen und auf die Dienste des Netzbetreibers. Aus diesem Grund ist es angebracht, den Markt räumlich auf die weitgehend noch immer nur im Rahmen nationaler Grenzen tätigen Netzbetreiber abzugrenzen.

269

Etwas anderes ergibt sich jedoch beim Markt für die Bereitstellung von Top-Level-Verbindungen. Dieser Markt hat durch große **Unternehmen, die häufig auf internationaler Ebene tätig sind**, eine internationale Prägung erhalten. Eine Erhöhung der Preise für den Zugang wirkt sich daher auf die Verbraucher auf der ganzen Welt aus. Demzufolge stufte die Kommission den Markt für die Bereitstellung von Top-Level-Verbindungen als globalen Markt ein.645

270

b) **Märkte für B2B-Marktplätze.** Mehrfach hatten Kommission und BKartA sich mit der räumlichen Marktabgrenzung von B2B-Plattformen zu befassen. Wesentlich uneinheitlicher als die Ausführungen zur sachlichen Marktabgrenzung fallen die Überlegungen der Wettbewerbsbehörden zur geographischen Marktabgrenzung aus. Bei einigen Entscheidungen – so zB in dem *Covisint*-Verfahren646 – wird die Frage des räumlichen Markts überhaupt nicht behandelt. In *MyAircraft* nahm die Kommission einen weltweiten Markt für die gehandelten Güter aufgrund der **Charakteristika des E-Commerce** an.647 Offener grenzte die Kommission in *Governet* einen europaweiten Markt für IT-Dienstleistungen für E-commerce und die elektronische öffentliche Verwaltung ab und spekulierte weitergehend über eine regionale Marktabgrenzung angesichts regionaler Behörden und Behördensprachen.648 Andere marktbegrenzende

271

---

643 Kommission, Leitlinien der Kommission zur Marktanalyse und Ermittlung beträchtlicher Marktmacht nach dem gemeinsamen Rechtsrahmen für elektronische Kommunikationsnetze und -dienste, ABl 2002 Nr C 165/03 Rn 59.
644 Kommission v 13.10.1999, IV/M.1439 – Telia/Telenor; Kommission v 27.3.2000, COMP/M.1838 – BT/Esat; Kommission v 20.7.2000, COMP/JV.48 Rn 34, 37 – Voda-
fone/Vivendi/Canal Plus; Kommission WuW 205, 99, 99-101 – Wanadoo Interactive.
645 Kommission v 8.7.1998, IV/M.1069 Rn 82 – WorldCom/MCI.
646 BKartA v 25.9.2000, B5-40/00 – DaimlerChrysler/Ford/General Motors.
647 Kommission v 4.8.2000, COMP/M.1969 Rn 14 – UTC/Honeywell/i2/MyAircraft.com.
648 Kommission v 6.10.2000, COMP/M.2096 Rn 14 – Bayer/Deutsche Telekom/Infraserv.

272 Faktoren waren die Sprache des Marktplatzes,[649] markterweiternd wirkte die Ausrichtung des Markts für die gehandelten Güter.[650] Für die Plattform Steel 24-7 vermutete sie angesichts der Reichweite des Internets einen zumindest EWR-weiten Markt, jedenfalls aber soweit wie die geographische Ausbreitung des Angebots.[651] Bemerkenswert, allerdings bisher noch ohne Nachfolger war die Entscheidung des BKartA zur räumlichen Marktbestimmung in dem *BerlinOnline.de*-Verfahren. Da die Nutzung dieses Portals nahezu ausschließlich in Berlin stattfinde, handele es sich um einen **regionalen Markt**.[652] Dass auch für auswärtige Benutzer die Möglichkeit der Nutzung bestünde, sollte nach Einschätzung der Behörde keine besondere Rolle spielen. Eine „signifikant über Berlin hinausgehende oder gar bundesweite Geschäftstätigkeit des Unternehmens" sei eindeutig zu verneinen. Das gelte auch für überregionale Werbekunden. Da eine Methode zur Ermittlung des überregionalen Geschäftstätigkeit einer Internetplattform fehlt, sind die Erwägungen des BKartA schon aus faktischer Sicht fragwürdig.

273 c) **Märkte für Internetinhalte.** Den geographisch relevanten Markt für Internetwerbung hat die Kommission als **zumindest national** eingestuft. Aufgrund sprachlicher und kultureller Ähnlichkeiten (zB zwischen Norwegen und Schweden) sei jedoch eine andere Bewertung denkbar. Dies ließ die Kommission indes im konkreten Fall offen.[653] Entsprechende Überlegungen hat die Kommission für den Markt für die Herstellung von Websites[654] und den Markt für Internetportale[655] angestellt. Einen weltweiten Markt hat die Kommission des Weiteren beim Markt für über das Internet angebotene Spiele abgelehnt. Im Allgemeinen würden für jedes Land spezielle Sprachversionen produziert, so dass die Existenz eines nationalen Marktes nahe läge.[656] Vergleichbar damit ist die Situation beim Markt für Breitbandinhalte. Filme und TV-Programm sprächen üblicherweise ein nationales Publikum an. Die Kommission räumt allerdings ein, dass eine andere Beurteilung bei Dienstleistern möglich ist, die vornehmlich US-amerikanische Produktionen mit internationaler Ausrichtung über das Internet verbreiten. Derartige Produktionen seien in aller Regel zumindest in Europa sehr beliebt.[657]

274 Die soeben skizzierte Entscheidungspraxis der Kommission dürfte weitestgehend dem aktuellen Stand der Entwicklung entsprechen. Klärungsbedürftig bleibt jedoch, inwiefern die **Entfaltung des Web 2.0** – insb im Bereich von Videoportalen – neue Ansätze bei der räumlichen Marktabgrenzung erforderlich macht.

275 d) **Spezifika der Marktabgrenzung im Internetbereich.** Eine Unterscheidung für die räumliche Marktabgrenzung kann zwischen direkt im Internet verfügbaren Pro-

---

[649] Kommission v 2.10.2000, COMP/M.2138 Rn 16 – SAP/Siemens.
[650] Kommission v 7.11.2000, COMP/M.2172 Rn 12 – Babcock Borsig/MG Technologies/SAP Markets/ec4ec; Kommission v 25.10.2002, COMP/M.2830 Rn 12 – Lufthansa Cargo/Air France Finance/British Airways/Global Freight Exchange.
[651] Kommission v 16.2.2004, COMP/M.3334 Rn 15, 16 – Arcelor/ThyssenKrupp/Steel 24-7.
[652] BKartA v 27.2.2002, B6-136/01 Rn 16, 17 – Gruner+Jahr/Bankgesellschaft Berlin ua.
[653] Kommission v 13.10.1999, IV/M.1439 Rn 127 – Telia/Telenor.
[654] Kommission v 27.5.1998, IV/JV.1 Rn 21 – Telia/Telenor/Schibsted.
[655] Kommission v 20.7.2000, COMP/JV.48 Rn 47 ff – Vodafone/Vivendi/Canal Plus.
[656] Kommission v 5.5.1999, IV/JV.16 Rn 10 – Bertelsmann/Viag/Gamechannel.
[657] Kommission v 11.10.2000, COMP/M.1845 Rn 36 – AOL/Time Warner.

dukten („Online-Produkte") und solchen zwar im Internet erwerbbaren, aber nur physisch lieferbaren Produkten („hybride Produkte") gemacht werden. Hybride Produkte erfordern aufgrund ihrer physischen Existenz eine Lieferung – bei Waren – oder Erbringung – bei Dienstleistungen – in der physischen Welt. Online-Produkte sind hingegen digitale oder digitalisierbare Waren (vor allem Software, Musik, Filme), deren Existenz internetgebunden ist. Für die Unterscheidung spricht, dass Online-Produkte technisch und auf niedriger Kostenbasis tatsächlich über Grenzen und globale Distanzen hinweg online geliefert werden können, während der Absatz hybrider Produkte angesichts der **Notwendigkeit physischen Transports** durch die oben genannten geographischen Hemmnisse gehindert werden kann. Ein weiterer Unterschied sind die besonders niedrigen variablen Kosten bei der Herstellung von Online-Produkten, die im Gegensatz zur Produktion hybrider Produkte den Markteintritt, aber auch den Marktaustritt erleichtert.[658]

aa) **Marktabgrenzungsfaktoren für Online-Produkte.** Bei Online-Produkten besteht potentiell die **Möglichkeit eines weltweiten Vertriebs**, da angesichts des *free flow of data* keine geographischen, logistischen, rechtlichen oder steuerlichen Gesichtspunkte zu einer Beschränkung der räumlichen Absatzmärkte führen. Transportkosten spielen für den Vertrieb von Online-Produkten keine Rolle. Die Kommission hat in ihren Entscheidungen in Richtung eines weltweiten Marktes tendiert, diese Frage jedoch offen gelassen.[659] Die Verfügbarkeit eines Online-Produkts kann dadurch beeinträchtigt werden, dass nationales Recht das Wahrnehmen von bestimmten Internetangeboten, vor allem das Abrufen bestimmter Sites im World Wide Web, verbietet.[660] Führt ein staatliches Verbot trotz Umgehungsmöglichkeiten tatsächlich dazu, dass ein bestimmtes Online-Produkt in einem Gebiet keine Abnehmer finden kann, so ist der relevante Markt um das betroffene Gebiet zu verkleinern.

276

Sprachbarrieren[661] bestehen für mehrere Arten von Online-Produkten überhaupt nicht (zB internationale Pop-Musik zum Download) bzw sind irrelevant (zB bei Weltsprachen wie Englisch oder Spanisch).[662] Sprachbarrieren als Ansatzpunkt für die Abgrenzung besonderer räumlicher Märkte für Online-Produkte und Websites lassen sich daher nur für räumlich zentrierte Sprachen wie Chinesisch, Russisch oder Deutsch rechtfertigen. Die Ausrichtung von Online-Angeboten auf bestimmte geographische Kundenvorlieben und -gebräuche (*customizing*) ändert jedoch nichts an dem Ansatz der grundsätzlich globalen Märkte für Online-Produkte.

277

bb) **Marktabgrenzungsfaktoren für hybride Produkte.** Die potentiell weltweite Nachfrageransprache in der Internetökonomie führt **nicht zu globalen Märkten für hybride Produkte.** Bei Konsumgütern kommt es häufig auf eine räumliche Nähe zwischen Anbieter und Nachfrager wegen schneller Lieferzeiten und niedriger Lieferkosten auch bei Internetgeschäften an. Niedrigere Kosten der Waren im Ausland können den Nachfrager nicht dazu verleiten, dort über das Internet einzukaufen. Zusätzliche

278

---

[658] Hoeren/Sieber/*Picot/Neuburger* Teil 2 Rn 53 f; *Zerdick* 165 f.
[659] Kommission v 11.10.2000, COMP/M.1845 Rn 27 – AOL/Time Warner; Kommission v 20.7.2000, COMP/JV.48 Rn 33 – Vodafone/Vivendi/Canal Plus.
[660] *Ott* 219. Insgesamt gibt es solche Beschränkungen in mehr als 20 Staaten, unter anderem in China, Iran, Singapur und den Vereinigten Arabischen Emiraten.
[661] *Nelson* Sprachenkluft bedroht Zugang zu Information, abrufbar unter: http://www2.swissinfo.ch/sde/swissifo.html?siteSect=2105&sid=4460821&cKey=1070267869000.
[662] Beispielhaft BKartA v 20.3.2009, B7-23/09.

Kapitel 2 Medienkartellrecht

Lieferkosten können das eigentlich niedrigere Angebot wirtschaftlich unattraktiv machen. In vielen Fällen werden daher Märkte für hybride Produkte nicht über Staatengrenzen hinausgehen, teilweise sogar lokal oder regional begrenzt bleiben.

3. Insb: Markt für Online-Musik

279 Die Musikindustrie war der Meinung, die Onlinebereitstellung von Musik und der Vertrieb mittels physischer Tonträger stellten lediglich zwei Vertriebsmethoden für ein und dasselbe Produkt dar, weshalb kein eigener Markt für Online-Musik bestehen könne.[663] Dem ist jedoch mit der Kommission entgegenzuhalten, dass sowohl aus Nachfrager-, als auch aus Anbietersicht sachliche Unterschiede zwischen den Vertriebsformen für getrennte sachliche Märkte für Online- und Offline-Musik sprechen.[664] Der Kauf von Online-Musik, bspw beim derzeitigen Marktführer iTunes,[665] ist für den Nutzer bequemer als der physische Einkauf. Ferner können beim Onlinekauf einzelne Songs auswählt werden, während in Tonträgerform meist nur ganze Alben angeboten werden. Aus Anbietersicht erfordert der Onlinevertrieb völlig andere strukturelle Voraussetzungen als der physische Vertrieb.[666] Der demnach **eigenständige Online-Musikmarkt** umfasst nach Ansicht der Kommission zwei Submärkte: den Markt für die Vergabe von Großhandels-Lizenzen zum Vertrieb von Online-Musik sowie den Markt für den Online-Vertrieb an den Endnutzer.[667]

280 Die räumliche Marktabgrenzung im Bereich der Online-Musik ist schwieriger zu bewerkstelligen. Auf den ersten Blick spricht die weltweite Verfügbarkeit über das Internet für internationale Märkte.[668] Die Märkte für Lizenzen zum Vertrieb von Online-Musik (Großhandel) sind indes streng national abgegrenzt. Die Preise für die Lizenzen differieren je nach Zielnation. Den Online-Musikanbietern als Lizenznehmern werden territoriale Beschränkungen auferlegt,[669] zB dürfen sie die Musikstücke nur an Inländer verteilen.[670] Als Folge der **Territorialisierung im Lizenzgeschäft** sind auch die nachgeordneten Märkte für den Online-Vertrieb der Musik an Endnutzer national unterteilt.[671]

281 In der Zwischenzeit hat sich eine Vielzahl verschiedener Plattformen im Internet gebildet, über die Musikwerke vertrieben werden. Die sog majors, die vier großen Tonträgerhersteller (Universal, Warner Music Group, Sony und EMI), haben diesen

---

[663] Kommission v 19.7.2004, COMP/M.3333 Rn 21 – Sony/BMG; s oben Rn 131, 132.
[664] Kommission v 19.7.2004, COMP/M.3333 Rn 23 – Sony/BMG. So bereits Kommission v 11.10.2000, COMP/M.1845 Rn 18 ff – AOL/Time Warner; Kommission v 20.07.2000, COMP/JV.48 – Vodafone/Vivendi/Canal Plus.
[665] Vgl http://www.heise.de/newsticker/meldung/93620.
[666] Kommission v 19.7.2004, COMP/M.3333 Rn 23 – Sony/BMG.
[667] Kommission v 19.7.2004, COMP/M.3333 Rn 24 – Sony/BMG.
[668] So noch Kommission v 11.10.2000, COMP/M.1845 – AOL/Time Warner.
[669] Kommission v 19.7.2004, COMP/M.3333 Rn 30 – Sony/BMG.
[670] Diese Praxis geriet im Falle des Online-Musikangebotes iTunes von Apple in das Fadenkreuz der Kommission. Über iTunes können die Internetnutzer Musikdateien nur von der jeweiligen nationalen Homepage erwerben, wobei das Musikangebot und die Preise von Land zu Land differieren. Seit April 2007 untersuchte die Kommission, ob die Territorialisierung des Online-Musikangebotes von iTunes gegen Art 101 AEUV verstößt. S Kommission, PM v 3.4.2007, COMP 39.154 – iTunes, vgl auch MEMO/07/126. Das Verfahren wurde im Januar 2008 nach Verpflichtungszusagen durch Apple eingestellt, Kommission, PM v 9.1.2008, IP/08/22.
[671] Kommission v 19.7.2004, COMP/M.3333 Rn 33 – Sony/BMG. Ebenso LG Mannheim WuW 2009, 534 ff.

Vertriebsweg als Alternative zum herkömmlichen Trägermedienvertrieb erkannt, sich aber trotz ihrer starken Marktstellung nicht gegen die zum Apple-Konzern gehörende Plattform iTunes[672] oder das Internet-Kaufhaus Amazon durchsetzen können.[673] Diese **Musikplattformen**, mit denen der Erscheinung von Musiktauschbörsen im Internet begegnet werden soll, erlauben einen Direktvertrieb ohne Herstellung von Trägermedien.

Starke Bedeutung beim Online-Vertrieb von Musik haben die Verwertungsgesellschaften. Verschiedene ausländische Verwertungsgesellschaften im Musikbereich (ASCAP, MCPS-PRS, BUMA/STERMA, SOCAN) haben bereits ein **internationales Joint Venture** zur zentralen Kooperation beim Online-Vertrieb von Musik gebildet. Die GEMA hat mittlerweile mit der britischen Verwertungsgesellschaft MCPS-PRS den Central European Licensing and Administration Service (CELAS) zur Vergabe paneuropäischer Onlinelizenzen für das Repertoire von EMI gegründet. Bedeutsam ist insb die Vereinbarung einer solchen Lizenz mit Apple für dessen iTunes-Service. Die Kommission versucht auf politischem Weg, eine weitere Liberalisierung des Markts und grenzüberschreitende Lizenzierung durchzusetzen.[674] **282**

Eine neuartige kartellrechtliche Frage beim Online-Vertrieb von Musik ist in Frankreich entstanden. Zur Bekämpfung des illegalen Musik-Downloadings hat Frankreich für die besonders relevante Tätergruppe der 12- bis 25-Jährigen die sog Carte musique eingeführt, mit der Musik-Downloads staatlich subventioniert werden. Die EU hat dieses Projekt unter wettbewerbsrechtlichen Gesichtspunkten genehmigt, weil „Verbraucher (...) leichter und günstiger auf legalem Wege Online-Musik erwerben" können.[675] Ob die nationale **Subventionierung von Musik-Downloads** gerade im europaweiten Verkehr sinnvoll ist oder zu einer Wettbewerbsverzerrung führt, wird die weitere Entwicklung zeigen. Jedenfalls besteht die Befürchtung, dass die Entscheidung der Kommission stärker den Interessen an einem Rechtsschutz der Urheberrechtsinhaber dient als dem Wettbewerb. **283**

III. Wettbewerbsbeschränkende Vereinbarungen im Internetbereich

Wettbewerbschränkende Vereinbarungen im Internetbereich unterliegen denselben Regeln wie wettbewerbsbeschränkende Vereinbarungen im klassischen Medienkartellrecht.[676] Aufgrund der wirtschaftlichen Besonderheiten der Internetökonomie haben jedoch bestimmte Vorschriften – wie auch die **Vertikal- und Technologie-GVO**[677] – eine besondere Relevanz. **284**

Im Bereich des Internetsvertriebs ist vor allem Art 4 lit b GVO-Vertikal[678] zu beachten. Danach sind Beschränkungen des Gebiets oder des Kundenkreises, in das oder an den der Käufer die Produkte des Lieferanten verkaufen darf, grundsätzlich unzulässig. Eine Ausnahme sieht Art 4 lit b 1. Spiegelstrich GVO-Vertikal vor. So ist die Beschränkung des aktiven Verkaufs in Gebieten oder an Gruppen von Kunden, die **285**

---

672 In den USA läuft ein kartellrechtliches Verfahren gegen Apple wegen der Behinderung seines Online-Musik-Konkurrenten Amazon, vgl heise-online v 26.5.2010, http://heise.de/newsticker/meldung/1007808.
673 In den USA besteht der Vorwurf, dass die majors durch kartellrechtswidrige Preisabsprachen den Markt für Online-Musik beeinflusst haben, s heise-online v 15.1.2010, http://heise.de/newsticker/meldung/905093.
674 Kommission PM v 20.10.2009, IP/09/1548.
675 Kommission PM v 12.10.2010, IP/10/1320.
676 S dazu oben Rn 146 ff.
677 S zu den GVOs oben Rn 37.
678 S näher dazu oben Rn 37.

der Lieferant sich selbst vorbehalten oder ausschließlich einem anderen Käufer zugewiesen hat, zulässig, sofern dadurch Verkäufe seitens der Kunden des Käufers nicht begrenzt werden. Beschränkungen des passiven Verkaufs hingegen sind in jedem Falle unzulässig.[679] Unter aktivem Verkauf sind Verkäufe zu verstehen, die auf entsprechende Bemühungen des Verkäufers zurückzuführen sind, sei es durch allgemeine Werbemaßnahmen oder durch direkte Kundenansprache. Bei einem **passiven Verkauf** ist im Gegensatz dazu der Verkauf auf die Aktivität des Kunden zurückzuführen, der von sich aus den Verkäufer aufsucht oder anspricht (sog Komm-Kunde).[680] In den Leitlinien für vertikale Beschränkungen stuft die Kommission Internetwerbung und -verkauf grundsätzlich als passiven Verkauf ein, im Hinblick darauf, dass sich die potentiellen Kunden eigeninitiativ in das Netz einwählen und die Website auffinden müssen.[681] Lediglich das gezielte Ansprechen des Kunden per E-Mail ist ihrer Auffassung nach als aktiver Verkauf zu sehen.[682] Ähnliches kann bei der Einrichtung von Werbebannern und Metatags gelten.[683]

286 Das OLG München hat das an die Vertragshändler gerichtete Verbot, Waren über **Auktionsplattformen** zu vertreiben, nicht als Verstoss gegen Art 4 lit b Vertikal-GVO gewertet, weil keine Gruppe der Kunden von Internet-Auktionsplattformen abgrenzbar sei.[684]

287 Ungeachtet dessen darf der Lieferant beim Internetvertrieb seiner Produkte durch den Käufer generell Qualitätsanforderungen an dessen Internetauftritt stellen. Dies kann insb für den **selektiven Vertrieb** (Art 1 lit d Vertikal-GVO) bedeutsam sein.[685] Bei ihnen ist die Auswahl der zugelassenen Wiederverkäufer nach den Anforderungen des betroffenen Produkts sowie die fachliche Eignung des Widerverkäufers ausgerichtet. Nach dem OLG Karlsruhe soll ein selektiver Vertrieb nicht nur auf Luxusgüter beschränkt sein, sondern sich auch auf Markenartikel beziehen können.[686] Daher hat das Gericht die Untersagung eines Vertriebs von Markenartikeln über Internet-Auktionsplattformen für zulässig erklärt.[687] Ferner kann der Lieferant nach Ansicht des BGH im Rahmen des selektiven Vertriebs den Käufer vertraglich verpflichten, neben dem Internetverkauf auch einen stationären Vertrieb zu betreiben, ohne dass eine solche Vereinbarung unter Art 4 lit c Vertikal-GVO fiele.[688] Die Kommission hat spätestens in der neuen Vertikal-GVO sich gegen diese Einschätzung gestellt und entspre-

---

[679] *Schultze/Pautke/Wagener* Rn 566.
[680] *Bechtold/Bosch/Brinker/Hirsbrunner* Art 4 Vertikal-GVO Rn 13; *Pautke/Schultze* BB 2001, 320; Martinek/Semler/Habermeier/*Rinne* § 29 Rn 54.
[681] Kommission, Leitlinien für vertikale Beschränkungen (s oben Fn 81) Rn 52 f; vgl auch *Wiring* MMR 2010, 659, 660; *Pischel* GRUR 2010, 972; *Bechtold/Bosch/Brinker/Hirsbrunner* Art 4 Vertikal-GVO Rn 13.
[682] Kommission, Leitlinien für vertikale Beschränkungen (s oben Fn 83) Rn 53; zustimmend: Loewenheim/Meessen/Riesenkampff/ *Baron* Art 4 GVO-Vertikal Rn 191; der Kommission gegenüber krit *Schultze/Pautke/Wagener* Rn 536 ff; der BGH WRP 2004, 374, 376 – Depotkosmetik im Internet, hat die Streitfrage offen gelassen.
[683] S auch *Pischel* GRUR 2010, 972, 973.

[684] OLG München WuW 2009, 1068, 1070 – Internet-Auktionsplattformen.
[685] Kommission, Leitlinien für vertikale Beschränkungen (s oben Fn 83) Rn 54.
[686] OLG Karlsruhe WuW 2010, 205, 207 f – Schulranzen.
[687] OLG Karlsruhe WuW 2010, 205 ff – Schulranzen; ebenso schon Vorinstanz LG Mannheim WuW 2008, 856, 857 – Schulranzen; dagegen hat das BKartA ein Bußgeld iHv € 11,5 Mio gegen den Hersteller von Kontaktlinsen verhängt, der ähnliche Verbote gegenüber seinen Wiederverkäufern erließ; s BKartA, PM v 25.9.2009.
[688] BGH WRP 2004, 374, 376 – Depotkosmetik im Internet; zur Kritik im Schrifttum vgl Loewenheim/Meessen/Riesenkampff/*Baron* Art 4 GVO-Vertikal Rn 195, 214.

chende Verfahrensweisen als Kernbeschränkung erklärt.[689] Auch hinsichtlich der Beurteilung der Marktanteilsschwelle iSv Art 3 Vertikal-GVO kann der Bereich der Internetökonomie Probleme aufwerfen. Hierzu ist eine Abgrenzung der Märkte erforderlich, für welche internetspezifisch keine speziellen Regeln vorhanden sind.[690]

288 Nach der Vertikal-GVO dürfen zeitlich begrenzte Einschränkungen des Internetvertriebs nur in Markterschließungsphasen[691] erfolgen. Ebenso ist das sog **Dual Pricing** – dh das Verlangen eines höheren Preises bei Online- als bei Offline-Verkäufen – verboten. Daneben sieht die Vertikal-GVO Vorgaben für Beschränkungen des passiven Verkaufs in Allein- und selektiven Vertriebssystemen.

289 Die derzeitigen kartellrechtlichen Regeln zum Internetvertrieb von Waren sind insofern problematisch, als dass sie das tradierte System **geographischer Vertriebsbeschränkungen** nach nationalen Märkten unterstützen. Internetvertrieb ist aber – gerade aus Nachfragersicht – technisch grenzenlos möglich. Aus diesem Grund gab es unter der früheren EU-Wettbewerbskommissarin *Kroes* Überlegungen, wie diese Vertriebsbeschränkungen für den Internethandel überwunden werden können. Nach dem Austausch der Kommission Anfang 2010 sind auf diesem Weg bisher (Stand: November 2010) keine weiteren Schritte unternommen worden.

IV. Fusionskontrolle

290 Bisher von nur geringer Bedeutung ist die Fusionskontrolle im Internetbereich mit Ausnahme der Bildung von B2B-Marktplätzen. Existenzgründer haben die Märkte bestimmt. Aber die Entwicklung der letzten beiden Jahre, in denen große Unternehmen der Internetunternehmen durch **externes Wachstum** ihre Position im Markt für die Zukunft verbessern wollten – zB Googles Übernahme von YouTube oder Doubleclick,[692] Microsofts Beteiligung an Facebook oder seine Übernahme der Suchmaschinensparte von Yahoo[693] – scheinen für eine Trendwende zu sprechen. Nur bedingt zu den Besonderheiten der Internetökonomie gehören die Fusion zwischen zwei Anbietern von Navigationssoftware[694] oder die Übernahme eines Datenbankherstellers durch einen Konkurrenten.[695] Unproblematisch sind häufig Joint Ventures von größeren Medienanbietern zur Gründung neuer Internetportale.[696] Untersagt hat das BKartA eine geplante Web-TV-Plattform von RTL und ProSiebenSat.1.[697]

1. B2B-Marktplätze

291 Der Betrieb von oder die Teilnahme an elektronischen B2B-Handelsplattformen kann im europäischen und deutschen Kartellrecht unter verschiedenen Aspekten Probleme aufwerfen. Die Gründung eines elektronischen Marktplatzes und der Zusam-

---

[689] Kommission, Leitlinien für vertikale Beschränkungen (s oben Fn 83) Rn 52 lit c); näher *Wiring* MMR 2010, 659, 660.
[690] Speziell zur Marktabgrenzung in der Internetökonomie s oben Rn 244 ff.
[691] Zur Problematik des Begriffs der Markterschließung *Wiring* MMR 2010, 659, 660.
[692] Kommission v 11.3.2008, COMP/M.4731 – Google/DoubleClick.
[693] Kommission v 15.1.2010, COMP/M.5727 –

Microsoft/Yahoo! Search Business, freigegeben aufgrund der geringen Marktstellung beider Unternehmen in Europa.
[694] Kommission v 14.5.2008, COMP/M.4854 – TomTom/Tele Atlas.
[695] Kommission, PM v 21.1.2010, IP/10/40 – Oracle/Sun Microsystems.
[696] Bsp Kommission v 8.1.2008, COMP/M.5019 – Holtzbrinck/Seven One/JV.
[697] BKartA, PM v 18.3.2011.

menschluss bestehender elektronischer Marktplätze unterliegen unter bestimmten Voraussetzungen der **Fusionskontrolle auf EU-Ebene durch die FKVO**. Tatsächlich beruhten die meisten kartellrechtlichen Entscheidungen der Kommission zu B2B-Plattformen auf einer Analyse nach der FKVO.[698] Das für die Anwendbarkeit der FKVO maßgebliche Erfordernis eines Zusammenschlusses mit gemeinschaftsweiter Bedeutung (Art 1 Abs 1 FKVO) ist bei der Fusion bestehender elektronischer Marktplätze unproblematisch zu bejahen. Die Neugründung eines B2B-Marktplatzes fällt in der Regel ebenfalls unter den Begriff des Zusammenschlusses, und zwar als „Gründung eines Gemeinschaftsunternehmens, das auf Dauer alle Funktionen einer selbstständigen wirtschaftlichen Einheit erfüllt", Art 3 Abs 4 FKVO.[699] Ob eine gemeinschaftsweite Bedeutung vorliegt, hängt gem Art 1 Abs 2, 3 FKVO von der Überschreitung bestimmter Umsatzschwellen ab.

292 Sofern die **Gründung eines oder der Zusammenschluss mehrerer B2B-Marktplätze** einen Zusammenschluss von gemeinschaftsweiter Bedeutung darstellen, wird die Handlung gem Art 2 FKVO auf ihre Vereinbarkeit mit dem Gemeinsamen Markt geprüft.

293 Soweit die **gemeinschaftsweite Bedeutung des Zusammenschlusses fehlt**, ist nationales Kartellrecht der Mitgliedsstaaten zur Bewertung der Zulässigkeit heranzuziehen. So sind B2B-Plattformen mit rein deutschlandweiter Auswirkung unter den Zusammenschlussregeln des GWB (§§ 35 ff GWB) und dem Kartellverbot (§ 1 GWB) zu prüfen. Da sich inhaltlich keine wesentliche Abweichung zur europarechtlichen Bewertung der B2B-Plattformen ergibt, wird in der folgenden Darstellung lediglich das europäische Recht berücksichtigt.

294 Zu beachten ist ferner, dass gem Art 2 Abs 4 FKVO parallel zur Fusionskontrolle die Gründung einer B2B-Plattform am **Kartellverbot des Art 101 Abs 1 AEUV** gemessen werden kann. Die nachfolgenden Absätze, die mit Art 101 Abs 1 AEUV kollidierende Verhaltensweisen betreffen, könnten also bei der Gründung einer B2B-Plattform oder der Vereinigung bestehender Plattformen inzident zu prüfen sein.

295 a) **Absprachen und Informationsaustausch.** Sofern ein B2B-Marktplatz als Kommunikationskanal dazu benutzt wird, klassische Kartellvereinbarungen wie Preisabsprachen oder Marktaufteilungen zu treffen, liegt in diesem Verhalten ohne Weiteres ein Verstoß gegen Art 101 Abs 1 AEUV.[700] Abseits dieser offensichtlichen Kartellrechtsverstöße könnte schon das Einstellen von sensiblen Informationen wie Preislisten, Vorratsmengen oder Produktionskapazitäten ins Internet mit dem **Gebot des Geheimwettbewerbs**[701] und dem Selbstständigkeitspostulat[702] in Konflikt geraten.

296 Die Bedenken im Bereich der B2B-Plattformen beziehen sich auf die Möglichkeit für Nutzer der Plattform, **vertrauliche Informationen über Preise und Mengen** auszutauschen oder in Erfahrung zu bringen. Diese Gefahr ist bei horizontalen Plattformen wegen der Branchenidentität der Nutzer offensichtlich. Bei vertikalen Plattformen begegnen sich Anbieter und Abnehmer. Aufgrund des Aufbaus des Systems und insb der Offenheit, mit der die individuellen Daten anderer Teilnehmer behandelt werden,

---

[698] *Lochen* 61.
[699] *Koenig/Kulenkampff/Kühling/Loetz/Smit* 203 ff; *Lochen* 63 f.
[700] *Ahlborn/Seeliger* EuZW 2001, 552, 556; vgl allgemein *Emmerich* § 5 Rn 5, 10 ff; *Schroeder* WuW 2009, 718 ff; Loewenheim/Meessen/

Riesenkampff/*Wägenbaur* Art 81 EG Rn 204 ff, 288 ff.
[701] S zu diesem Problem in der Internetökonomie umfassend *Meyer/Müller* WuW 2007, 117.
[702] EuGH Slg 1975, 1663, 1965 – Suiker Unie.

ist problematisch, dass durch die neue Qualität der Datenverarbeitung ein Ungleichgewicht zwischen den Marktteilnehmern entstehen kann. Dadurch können Teilnehmer von B2B-Marktplätzen den Markt besser einschätzen und zu ihren Gunsten steuern. Die Informationstransparenz von B2B-Plattformen unterfällt dem Kartellverbot, wenn eine Beeinträchtigung des von Art 101 AEUV geschützten Geheimwettbewerb gegeben ist.[703] Prinzipiell sind diese Probleme dem Kartellrecht insb durch die Marktinformationssysteme schon lange vertraut. Die Effekte dieser Marktinformationssysteme werden durch den Einsatz neuer Kommunikationstechnologien – wie das Internet – jedoch verstärkt. So kann der standardisierte Informationsaustausch über das Internet einerseits zu einer Erweiterung der räumlichen Märkte und damit zu einer Erhöhung der Wettbewerbsintensität führen, andererseits Kollusionspraktiken der Marktteilnehmer erleichtern.

Grundsätzlich besteht bei B2B-Plattformen die kartellrechtliche Gefahr, dass die technischen Tools **Informationsasymmetrien** erlauben, die den Gründern der Plattform (evtl auch Stammkunden) Einblick in vertrauliche Informationen (zB Gebote) gewähren. Bereits der Verdacht, dass die Gründerunternehmen Einblick in die Kostenstruktur der Zulieferer bekommen, übt auf diese einen starken Preisdruck aus, so dass es im Ergebnis doch zu einer Bündelung von Marktmacht kommt.[704] Der Geheimwettbewerb ist allerdings durch den Daten- und Informationsaustausch über Internet-Marktplätze nicht per se als gefährdet anzusehen. Eine solche Annahme würde verkennen, dass B2B-Marktplätze zu einer Stärkung des Wettbewerbs und des grenzüberschreitenden Handels beitragen können, wenn zum Beispiel Marktzutrittsschranken sehr niedrig oder gar nicht vorhanden sind und die Markttransparenz für einen verbesserten Zugang zur Marktgegenseite sorgt. Ob eine derartige Beeinträchtigung des Geheimwettbewerbs bei B2B-Plattformen im Internet eintritt, hängt von der Beschaffenheit des konkreten Marktes und somit vom Einzelfall ab.[705] Bei der Beurteilung der möglichen Folgen des Informationsaustausches für den Wettbewerb sind folgende Faktoren zu berücksichtigen: Qualität und Ausmaß der preisgegebenen Informationen, Aktualität der ausgetauschten Informationen, Häufigkeit des Informationsaustausches, Zugänglichkeit der Informationen für weitere Unternehmen und Verwertbarkeit der Informationen für andere Marktteilnehmer. Bei B2B-Plattformen lässt sich die Gefahr eines Kartellverstoßes durch einen beschränkten Zugang derselben eindämmen.

297

b) **Bündelung von Angebots- oder Nachfragemacht.** Über B2B-Plattformen im Internet können räumlich weit verstreute Unternehmen sehr viel leichter potentielle Partner für **Einkaufs- oder Verkaufsgemeinschaften** finden. Mit dieser Möglichkeit geht die Gefahr einher, dass sich Einkaufs- oder Verkaufskooperationen bilden, die einen unangemessenen wirtschaftlichen Druck ausüben oder zu wettbewerbswidrigen Zwecken gebildet werden. Die über B2B-Marktplätze entstehenden Nachfrage- oder Angebotsbündelungen könnten einerseits gegen das Verbot wettbewerbsbeschränkender Absprachen gem Art 101 Abs 1 AEUV, andererseits gegen das Verbot des Missbrauchs einer marktbeherrschenden Stellung gem Art 102 Abs 1 AEUV verstoßen.

298

---

[703] *Bechtold/Bosch/Brinker/Hirsbrunner* Art 81 Rn 187; *Gassner* MMR 2001, 140, 142; *Asschenfeldt* MMR Beilage 9/2001, 5, 6; *Koenig/Kulenkampff/Kühling/Loetz/Smit* 243.
[704] BKartA v 25.9.2000, B5-40/00 – Covisint, Abschnitt C II 1.
[705] EuGH Slg 1998, II 1048 ff; *Bechtold/Bosch/Brinker/Hirsbrunner* Art 81 Rn 188; *Emmerich* § 21 Rn 64 ff.

299 Eine Einkaufsgemeinschaft verstößt jedenfalls dann gegen das Kartellverbot aus Art 101 Abs 1 AEUV, wenn zwischen den Teilnehmern einer Einkaufsgemeinschaft ein **Bezugszwang** vereinbart wird.[706] Die wirtschaftliche Entfaltungsfreiheit der an der Vereinbarung Beteiligten wird insofern in wettbewerbsbeschränkender Weise beeinträchtigt. Sofern kein Bezugszwang vereinbart wird, misst die Kommission die Einkaufsgemeinschaften an einem ausdifferenzierten Beurteilungskonzept, dass sie in Rn 115 ff der Leitlinien der EG zur Anwendbarkeit von Art 81 EG (jetzt Art 101 AEUV) auf Vereinbarungen über horizontale Zusammenarbeit[707] niedergelegt hat.[708] Sofern ein Wettbewerbsverhältnis zwischen den Beteiligten vorliegt, hängt die Vereinbarkeit der Nachfragebündelung vor allem von der Marktmacht der Beteiligten auf dem relevanten Nachfragemarkt ab.

300 In der Praxis haben die Gründungsunternehmen von B2B-Marktplätzen die möglichen Bedenken der Kommission gegen zu erwartende Einkaufskooperationen dadurch zerstreut, dass sie Gruppeneinkäufe von vornherein ausgeschlossen haben, so bspw die Gründer der Marktplätze Covisint, Eutilia und Endorsia.[709] Sofern ein Kartellrechtsverstoß nach Art 101 Abs 1 AEUV bejaht werden muss, kommt eine Freistellung durch eine **Gruppenfreistellungsverordnung** oder durch eine **Legalausnahme** im Einzelfall gem Art 101 Abs 3 AEUV in Betracht.

301 Das BKartA wendet bei B2B-Plattformen dieselben Regeln wie für **herkömmliche Einkaufsgemeinschaften** an.[710]

2. Fallbeispiel: AOL/Time Warner

302 Nach umfassender Prüfung gab die Kommission den Zusammenschluss des weltweit größten Anbieters von Online-Diensten AOL mit einem der weltweit größten Medien- und Unterhaltungskonzerne Time Warner unter Auflagen frei. Zu berücksichtigen hatte die Kommission dabei insb die **strukturelle Verbindung** von AOL mit dem Konkurrenten von Time Warner, Bertelsmann.

303 Die Kommission betrachtete zunächst den Markt für den **Download von Online-Musik**.[711] Hier erwartete sie eine marktbeherrschende Stellung von AOL/TimeWarner. So habe AOL/Time Warner zusammen mit Bertelsmann nicht nur bis 40 % der Musikverlagsrechte inne. Gestützt darauf in Verbindung mit dem Know-How und der Kundschaft von AOL im Internetbereich sei das zusammengeschlossene Unternehmen in der Lage, einen proprietären technischen Standard[712] für die Verbreitung von Musik über das Internet durchzusetzen. Mit Hilfe dieses Standards sei AOL/Time Warner in der Lage, den gesamten Markt für die Online-Verbreitung von Musik zu kontrollieren. Kein anderes Unternehmen sei derart vertikal integriert, so dass kein wirksamer Wettbewerb entgegengesetzt werden könnte.[713]

304 Eine marktbeherrschende Stellung prognostizierte die Kommission darüber hinaus auf dem **Markt für Musikabspiel-Software**. AOL/Time Warner habe das Potential,

---

[706] *Lochen* 121.
[707] S oben Fn 81.
[708] Dazu ausf *Lochen* 122.
[709] *Lochen* 123.
[710] BKartA, Bericht des Bundeskartellamts über seine Tätigkeit in den Jahren 1999/2000 sowie über die Lage und Entwicklung auf seinem Aufgabengebiet, BT-Drucks 14/6300, 48.

[711] Zu den Marktabgrenzungsfragen der Entscheidung vgl schon oben Rn 279.
[712] Zur Standardisierung im Allgemeinen vgl Rn 336 ff.
[713] Kommission v 11.10.2000, COMP/M.1845 Rn 46 ff – AOL/Time Warner.

einen proprietären technischen Standard für das Abspielen der eigenen Musikinhalte und der Musikinhalte von Bertelsmann zu entwickeln, welcher nur von Winamp entschlüsselt werden könnte. Könne Winamp als einziges Programm sämtliche Abspielformate lesen, könne es ungeachtet seiner derzeit geringen Marktanteile von bis zu 20 % in kurzer Zeit zum weltweit populärsten Musik-Player aufsteigen.[714]

Bedenken hatte die Kommission des Weiteren auf dem **Markt für Internetzugangsdienste**. AOL/Time Warner könne durch die Verbreitung des eigenen Musikbestands und des Musikbestands von Bertelsmann ausschließlich über den eigenen Internetzugangsdienst eine Vielzahl neuer Kunden gewinnen und sich auf diese Weise zum marktbeherrschenden Unternehmen entwickeln. Zur Verdeutlichung entwickelte die Kommission das Bild des *walled garden*. Dementsprechend gewänne die Mehrheit der Internetnutzer den Eindruck, dass über die Internetdienste von AOL/Time Warner praktisch alles zu finden sei, ohne dass ein Rückgriff auf andere Internetdienste erforderlich sei.[715] 305

Infolgedessen genehmigte die Kommission den Zusammenschluss von AOL und Time Warner nur unter der **Auflage**, dass Bertelsmann nach und nach die strukturelle Verbindung mit AOL beende.[716] 306

3. Fallbeispiel: Bild.de/T-Online

2002 prüfte das BKartA den Zusammenschluss von Bild.de und T-Online als Gemeinschaftsunternehmen. Das Gemeinschaftsunternehmen sollte ein Entertainment- und News-Portal betreiben. Das BKartA rückte die Auswirkungen des Zusammenschlusses auf die **Märkte für Internetzugangsdienste, für kostenpflichtige Inhalte im Internet und für Micro-Payment** in sein Blickfeld. Auf dem nationalen Markt für Internetzugangsdienste bestand aus Sicht des BKartA zwar bereits eine marktbeherrschende Stellung von T-Online. Unter drei Auflagen werde diese Stellung allerdings nicht durch den Zusammenschluss verstärkt. So habe sich Bild.de/T-Online im Gesellschaftsvertrag verpflichtet, den Internetzugang von T-Online nur zu bewerben, nicht jedoch zu vermarkten. Des Weiteren sei geregelt, dass der Zugang zu kostenpflichtigen Inhalten auch über andere Internetzugangsanbieter gewährleistet sei. Schließlich dürfe keine ausschließliche Abrechnung kostenpflichtiger Inhalte über T-Online erfolgen.[717] 307

Nach Ansicht des BKartA befand sich des Weiteren der Markt für kostenpflichtige Inhalte im Internet noch in der **Entwicklungsphase**. Es gäbe jedoch eine Vielzahl zum Teil ressourcenstarker Wettbewerber. T-Online garantiere seinen Nutzern die Möglichkeit, Inhalte dieser Wettbewerber abzurufen und schaffe somit kein geschlossenes System (*walled garden*[718]). Mitunter stelle die Verpflichtung von Bild.de/T-Online, nicht ausschließlich über T-Online abzurechnen, sicher, dass eine potentielle marktbeherrschende Stellung von T-Online auf dem Markt für Micro-Payment zumindest nicht verstärkt werde. 308

Unter den soeben aufgeführten Auflagen **genehmigte** das BKartA den Zusammenschluss von Bild.de und T-Online. 309

---

[714] Kommission v 11.10.2000, COMP/M.1845 Rn 60 ff – AOL/Time Warner.
[715] Kommission v 11.10.2000, COMP/M.1845 Rn 66 ff – AOL/Time Warner.
[716] Kommission v 11.10.2000, COMP/M.1845 Rn 95 – AOL/Time Warner.

[717] BKartA v 7.3.2002, B 6-144/01 Rn 23 ff – Bild.de/T-Online.
[718] S dazu schon das Fallbeispiel AOL/Time-Warner Rn 299 ff.

4. Fallbeispiel: Adobe/Macromedia

310 Im Jahre 2005 entschied das BKartA über den Zusammenschluss der US-amerikanischen Softwareunternehmen Adobe und Macromedia. Das BKartA prüfte dabei die Begründung einer marktbeherrschenden Stellung von Adobe/Macromedia auf den sachlich relevanten Märkten für Webdesign-, Bildbearbeitungs- und Vektorgrafiksoftware. In geographischer Hinsicht ging das BKartA von **weltweiten Märkten** aus, wobei es die Reichweite des Marktes für Vektorgrafiksoftware aufgrund der sich zwischen europäischer und globaler Betrachtung ergebenen signifikanten Marktanteilsunterschiede offen ließ.[719]

311 Auf dem **Markt für Webdesign-Software** erfüllten die Marktanteile von Adobe/Macromedia und dem Marktführer Microsoft die Vermutung einer kollektiven Marktbeherrschung nach § 19 Abs 3 S 2 Nr 1 GWB. Jedoch war nach Ansicht des BKartA auch der in den Marktanteilen nicht abgebildete Wettbewerb durch Open Source Software zu berücksichtigen. Ferner sprächen marktstrukturelle Gründe, nämlich die hohe Entwicklungsdynamik im Bereich der Web-Techniken und der damit verbundene Innovations- und Wettbewerbsdruck für die etablierten Anbieter von Webdesign-Software, gegen eine kollektive Marktbeherrschung.[720]

312 Auch auf dem **Markt für Bildbearbeitungssoftware** läge zwar formell eine marktbeherrschende Stellung von Adobe wegen eines Marktanteils von bis zu 70 % nahe. Dieser Marktanteil werde durch den Zusammenschluss mit Macromedia geringfügig ergänzt. In marktstruktureller Hinsicht relativiere jedoch zum einen der hohe Innovationsdruck den hohen Marktanteil. Zum anderen sei Wettbewerb zukünftig nicht nur durch Open Source Software, sondern auch aufgrund des möglichen Markteintritts von Microsoft zu erwarten. Zudem sei der potentielle Wettbewerb von Seiten der Hersteller von Videobearbeitungsprogrammen und sonstiger verwandter Software zu berücksichtigen.[721]

313 Auf dem **Markt für Vektorgrafiksoftware** sei ebenfalls keine beherrschende Stellung zu erwarten. Dabei verwies das BKartA vor allem auf die unterschiedliche weltweite Marktanteilsverteilung. Stelle man auf einen weltweiten Markt ab, sei Adobe/Macromedia führend. Ein umgekehrtes Bild ergebe sich indessen bei Betrachtung des europäischen und nationalen Marktes. Berücksichtige man nunmehr den Innovationsdruck und Wettbewerbsdruck – insb den potentiellen Wettbewerb durch den geplanten Markteintritt von Microsoft – auf dem Markt für Vektorgrafiksoftware, so könne kein unbeschränkter Verhaltensspielraum und damit keine marktbeherrschende Stellung von Adobe/Macromedia angenommen werden.[722]

314 Angesichts dieser Erwägungen erteilte das BKartA den Zusammenschluss von Adobe und Macromedia **die Freigabe.**

---

[719] BKartA v 23.12.2005, B7-162/05 Rn 18 ff – Adobe/Macromedia.
[720] BKartA v 23.12.2005, B7-162/05 Rn 39 ff – Adobe/Macromedia.
[721] BKartA v 23.12.2005, B7-162/05 Rn 47 ff – Adobe/Macromedia.
[722] BKartA v 23.12.2005, B7-162/05 Rn 64 ff – Adobe/Macromedia.

V. Missbrauch einer marktbeherrschenden Stellung

315 Erhebliche Bedeutung für die Internetökonomie hat die Missbrauchsaufsicht (Art 102 AEUV, §§ 19, 20 GWB). Aufgrund der oben geschilderten ökonomischen Besonderheiten[723] tendieren die Internetmärkte zu monopolistischen Strukturen. Die durch Netz- und *Lock-In*-Effekte gestärkte Marktmacht der Internetunternehmen kann im Vergleich zu traditionellen Produktmärkten zur **Abschottung von Märkten** genutzt werden. In diesem Zusammenhang sind auch die eine Marktbeherrschung absichernde Wirkung von IP-Rechten für Technologien und Standards zu berücksichtigen. In den letzten Jahren sind zunehmend Verfahren für missbräuchliche Ausnutzung marktbeherrschender Stellung in der Internetökonomie eingeleitet worden, zB bezüglich der Paypal-Pflicht auf der eBay-Plattform,[724] möglicher Preisabsprachen zwischen Amazon und Apple bei der Vermarktung von e-Books.[725]

1. Beispiel Preismissbrauch: Entgelte für Telekommunikationsdienstleistungen

316 Die Wettbewerbsregeln des EG-Vertrages sind neben der sektorspezifischen Telekommunikationsregulierung insoweit anwendbar, wie die speziellen Vorschriften (wie bspw das deutsche TKG) **keine abschließenden Regelungen** enthalten und die nationalen Behörden keine entgegenstehenden Entscheidungen treffen. Die Kommission hat auf dieser Grundlage mehrere Verfahren gegen Telekommunikationsunternehmen wegen Preismissbrauchs gem Art 102 lit a AEUV geführt.[726]

317 Ständiges Streitthema und Gegenstand mehrerer Kommissionsentscheidungen waren die **Entgelte für Mobilfunkroaming**.[727] Nachdem die Kommission 2004 und 2005 Preismissbrauchs-Verfahren gegen die größten Mobilfunkbetreiber im Vereinigten Königreich (MMO und Vodafone)[728] und in Deutschland (T-Mobile und O2)[729] geführt hatte, gilt seit dem 30.7.2007 eine Verordnung zur Regulierung der Roaming-Entgelte im Mobilfunk. Die Telekommunikationsunternehmen müssen aufgrund dieser Verordnung ihre Entgelte entsprechend gesenkt haben. Mit Wirkung dieser Verordnung werden Streitigkeiten über die Höhe der Roaming-Entgelte der Vergangenheit angehören.

318 Als Preismissbrauch sieht die Kommission auch einen „zweifachen Preisdruck" (*margin squeeze*)[730] an. Auf Grundlage von Art 82 EG (jetzt Art 102 AEUV) hat die Kommission – nach einem früheren ähnlichen Verfahren gegen die DTAG –[731] ein förmliches Verfahren gegen das spanische Telekommunikationsunternehmen Telefónica eingeleitet, weil bei deren Preisgestaltung für den Breitbandzugang die Spanne zwischen den von Wettbewerbern verlangten Großkundentarifen und den von Ver-

---

[723] S dazu oben Rn 235–242.
[724] Vgl heise-online v 26.2.2010, http://www.heise.de/newsticker/meldung/941075.
[725] Vgl heise-online v 3.8.2010, http://www.heise.de/newsticker/meldung/1049512.
[726] Säcker/*Schröter*/Klotz Anh II Rn 43; zu den einzelnen Verfahren Säcker/*Schröter*/Klotz, Anh II Rn 44 ff; *Schaub* MMR 2000, 211, 213.
[727] „Roaming" ist die Weiterleitung eines Telekommunikationssignals von Netzbereichen eines Anbieters in Netzbereiche eines anderen Anbieters, so dass das Kommunikationsendgerät oder auch die Teilnehmeridentität in einem anderen Netzwerk (visited network) als dem Heimatnetzwerk (home network) verwendet werden kann.
[728] Kommission, PM v 26.7.2004, IP/04/994.
[729] Kommission, PM v 10.2.2005, IP/05/161; dazu Säcker/*Schröter*/Klotz, Anh II Rn 49.
[730] S dazu näher *Moore* ECLR 2008, 721 ff.
[731] Kommission v 21.5.2003, COMP/37.451, ABl EG 2003 Nr L 263, 9. Diese Entscheidung ist inzwischen bestätigt durch EuG WuW 2008, 873 ff – Deutsche Telekom/Kommission und letztinstanzlich EuGH v 14.10.2010, C-280/08.

brauchern zu zahlenden Endkundenpreisen nicht die Kosten für die Erbringung der Internet-Endkundendienste deckt („Preis-Kosten-Schere").⁷³² Telefónica selbst wären bei Zahlung der verlangten Großkundentarife erhebliche Verluste entstanden. Potentielle Wettbewerber auf dem Markt für Internet-Endkundendienste, die auf den Zugang zur Netzinfrastruktur von Telefónica angewiesen sind, hätten nur eine unzureichende Gewinnspanne erlösen können. Dieser zweifache Preisdruck wirkt sich daher als Marktzutrittsschranke aus.

319 Ein weiteres Verfahren gegen die DTAG wegen des Vorwurfs von Preismissbrauch hat das BKartA eingeleitet. Beim Absatz von DSL-Zugängen für Großkunden soll die DTAG durch erhebliche **Rabatte** unzulässig niedrige Preise anbieten.⁷³³

2. Beispiel Kopplung: Microsoft Media-Player und Internet Explorer

320 Die Kommission verhängte in einem Missbrauchsverfahren nach Art 82 EG (jetzt Art 102 AEUV) ein Bußgeld in Höhe von fast € 500 Mio gegen den Softwarehersteller Microsoft.⁷³⁴ Die Kommission prüfte die **Kopplung der Medien-Abspielsoftware Windows Media Player an das PC-Betriebssystem Windows** als Verstoß gegen Art 82 S 2 lit d EG (jetzt Art 102 S 2 lit d AEUV).⁷³⁵ Befürchtet wurde eine Verlagerung der unstreitigen Marktmacht auf dem Markt für Client-PC-Betriebssysteme auf den Markt für Medien-Abspiel-Software, indem sich der Windows Media Player durch seine Verbindung mit dem Windows-Betriebssystem als Standard durchsetzt. Da der Windows Media Player auf Quellcodeebene im Betriebssystem integriert war, argumentierte Microsoft jedoch, dass technisch nur ein Produkt vorlag. Zudem sei der Media Player keine zusätzliche Leistung, da kein zusätzliches Entgelt gezahlt werden müsste, kein Zwang zur Nutzung und keine Sperre alternativer Abspiel-Software bestünde. Trotzdem ging die Kommission mit Bezug auf die Rechtsprechung des EuGH⁷³⁶ und auf das Angebot separater Medien-Abspiel-Software vom Vorliegen zweier getrennter Produkte aus.⁷³⁷ Für die Trennung der Produkte sprach die Sicht der Nachfrager; auf die technischen Umstände stellte die Kommission hingegen nicht ab. Eigenständige Produkte seien schon anzunehmen, soweit unabhängige Hersteller existieren. Durch die Kopplung erfolgte nach Auffassung der Kommission ein Ausschluss des Wettbewerbs.

321 Der Windows Media Player würde durch das Ausnutzen des Vertriebssystems von Windows **unabhängig von seiner Qualität** verbreitet. Die Wahlfreiheit des Nachfragers sei eingeschränkt, weil Windows nicht ohne Media Player erhältlich sei. Auch wenn kein klassischer Fall der Marktabschottung vorläge, könnten Wettbewerber nicht die gleiche Präsenz erreichen wie der Windows Media Player. Microsoft verwies darauf, dass die Nachfrager auf alternative Abspiel-Software ausweichen könnten. Von einer Abschottung könne nicht gesprochen werden, soweit die Kommission nicht

---

⁷³² Kommission v 22.2.2006, MEMO/06/91; s dazu näher *Haus* ZWeR 2009, 356 ff, vor allem zum US-amerikanischen Fall US Supreme Court v 8.12.2008, 07-512 – AT&T v Linkline; BKartA v 6.8.2008 – B7-11/09 – MABEZ-Dienste lehnt eine „Preis-Kosten-Schere" ab.
⁷³³ Vgl heise-online v 3.12.2009, http://www.heise.de/newsticker/meldung/876295.
⁷³⁴ Kommission v 24.3.2004, COMP/37.792 – Microsoft.

⁷³⁵ Kommission v 24.3.2004, COMP/37.792 – Microsoft; dazu Immenga/Mestmäcker/*Heinemann*, EG Teil 1, IV. Abschnitt Rn 62 f; *Zimmerlich* WRP 2004, 1260.
⁷³⁶ EuGH Slg 1996, I-5951 – Tetra Pak II; Kommission v 24.3.2004, COMP/37.792 Rn 801 f – Microsoft.
⁷³⁷ Kommission v 24.3.2004, COMP/37.792 Rn 825 – Microsoft.

eine neue Entscheidungspraxis begründen wolle. Nach Einschätzung der Kommission orientieren sich aber die Inhalteanbieter durch die hohe Verbreitung am Windows Media Player.[738] Microsofts Argument, dass fast 80 % der im Frühjahr 2004 meistgefragtesten Websites auch Inhalte in konkurrierenden Real-Networks-Formaten anböten, überzeugte die Kommission nicht. Aus ihrer Sicht, konnten die Vorteile eines Windows Media Player-Standards die Nachteile für den Wettbewerb nicht überwiegen.[739] Daher stellte die Kommission einen Verstoß gegen Art 82 S 2 lit d EG (jetzt Art 102 S 2 lit d AEUV) fest und hat Microsoft aufgegeben eine Windows-Version ohne integrierten Media-Player am Markt anzubieten.[740] Diese Version ist inzwischen erhältlich; allerdings sollen die Absatzzahlen gering sein.[741]

Die Grundsätze der Entscheidungspraxis bei Kopplungen bestätigte die Kommission in einem weiteren Verfahren gegen Microsoft aus dem Jahr 2007, diesmal wegen der Kopplung des **Webbrowsers Internet Explorer** mit dem Windows-Betriebssystem.[742] Die Kommission hat dabei insb die Wettbewerbswidrigkeit einer innovationshemmenden Kopplung herausgestellt.[743] Einigkeit besteht inzwischen bei den Wettbewerbsbehörden, dass den Wettbewerbsgefahren durch Kopplungsmöglichkeiten mit Verpflichtungszusagen wirksam begegnet werden kann.[744] Microsoft hat sich dazu verpflichtet, seinen Kunden ein Fenster für die Auswahl zwischen verschiedenen Internetbrowsern zur Verfügung zu stellen.

322

3. Zugangsverweigerung zu wesentlichen Einrichtungen:

Die Internetökonomie bietet in der europäischen Rechtsprechung ein weites Feld für die Anwendung der *essential facility*-Doktrin. Die Fälle *IMS Health* und *Microsoft* sind Gegenstände intensiver kartellrechtlicher, auch internationaler Diskussion. Diese Fälle zeigen zudem deutlich die **Grenzen und Fehlentwicklungen innerhalb der *essential facility*-Doktrin** auf.

323

a) **Beispiel IMS Health.** In *IMS Health*[745] knüpfte der EuGH an die Entscheidungen *Magill* und *Bronner/Mediaprint*[746] an. Das Unternehmen IMS Health erstellte in Datenbanken (§ 87a UrhG) Marktberichte über den Absatz von Arzneimitteln und Gesundheitserzeugnissen und benutzte zur Einteilung der geographischen Absatzgebiete eine spezielle Bausteinstruktur, die es vor allem aus öffentlich zugänglichen Daten und in Zusammenarbeit mit der Pharmaindustrie erarbeitet hatte. Die Bausteinstruktur der Datenbank von IMS Health wurde auf dem **Markt für Berichte über den Absatz von Arzneimitteln ein gebräuchlicher Standard**. Der EuGH stellte in dem Vorabentscheidungsverfahren fest, dass die Zurückhaltung der Lizenz ein Machtmissbrauch iSv Art 82 EG (jetzt Art 102 AEUV) sei, wenn folgende Bedingungen erfüllt sind:

324

---

[738] Kommission v 24.3.2004, COMP/37.792 Rn 944 – Microsoft.
[739] Kommission v 24.3.2004, COMP/37.792 Rn 556–570 – Microsoft.
[740] Kommission v 24.3.2004, COMP/37.792 Rn 970 – Microsoft.
[741] Immenga/Mestmäcker/*Heinemann*, EG Teil 1, IV. Abschnitt Rn 63.
[742] Kommission WuW 2010, 595 ff – Microsoft (Kopplung).
[743] Kommission WuW 2010, 595, 604, 607 – Microsoft (Kopplung).
[744] Kommission WuW 2010, 595, 605 ff – Microsoft (Kopplung); BKartA WuW 2008, 1327, 1335 ff.
[745] EuGH Slg 2004, I-5039 – IMS Health.
[746] EuGH Slg 1998, I-7791 – Bronner/Mediaprint.

Kapitel 2 Medienkartellrecht

- das Unternehmen, das die Lizenz begehrt hat, beabsichtigt, auf dem Markt für die Lieferung der betreffenden Daten neue Erzeugnisse oder Dienstleistungen anzubieten, die der Inhaber des Rechts des geistigen Eigentums nicht anbietet und für die eine potentielle Nachfrage der Verbraucher besteht;
- die Weigerung nicht aus sachlichen Gründen gerechtfertigt ist;
- die Weigerung geeignet ist, dem Inhaber des Rechts des geistigen Eigentums den Markt für die Lieferung der Daten über den Absatz von Arzneimitteln in dem betreffenden Mitgliedsstaat vorzubehalten, indem jeglicher Wettbewerb auf diesem Markt ausgeschlossen wird.[747]

325 Insb wird die Verhinderung eines neuen Produkts bzw. einer neuen Dienstleistung gefordert, um die missbräuchliche Ausnutzung eines geistigen Ausschließlichkeitsrechts bejahen zu können. Auffällig ist allerdings, dass der EuGH nicht mehr – wie in *Magill* – ausdrücklich verlangt, dass auf einem abgeleiteten Markt jeglicher Wettbewerb ausgeschlossen werden muss. Der EuGH will die Voraussetzung der Eignung zur Ausschaltung des Wettbewerbs auf einem nachgelagerten Markt aber nicht beseitigen, sondern präzisiert nur den Begriff des abgeleiteten Marktes: Es genüge, dass ein potentieller oder auch nur **hypothetischer nachgelagerter Markt** bestimmt werden kann. Dies sei der Fall, sobald die Erzeugnisse oder Dienstleistungen für eine bestimmte Tätigkeit unerlässlich sind und nach ihnen eine tatsächliche Nachfrage seitens der Unternehmen besteht, für deren Tätigkeit sie unerlässlich sind.[748] Entscheidend sei folglich, dass zwei Produktionsstufen unterschieden werden können, die dadurch miteinander verbunden sind, dass das vorgelagerte Erzeugnis ein für die Lieferung des nachgelagerten Erzeugnisses unerlässliches Element ist.[749]

326 b) **Beispiel: Windows Schnittstellen-Informationen.** Einen Missbrauch gem Art 82 EG (jetzt Art 102 AEUV) sah die Kommission in dem Missbrauchsverfahren gegen Microsoft neben der Kopplung[750] in der Weigerung, Wettbewerbern Informationen zur **Herstellung von Interoperabilität zwischen Netzwerkservern und dem Betriebssystem Windows** bereitzustellen.[751] Nach Ansicht der Kommission hatte Microsoft eine marktbeherrschende Stellung auf den Märkten für PC-Betriebssysteme und für Arbeitsgruppen-Betriebssysteme.[752] Gestützt auf die Vorgaben dieser Entscheidungen bezüglich der Weigerung zur Bereitstellung von Schnittstellen-Informationen, kommt die Kommission zu folgendem Schluss:
- Die über Jahre entwickelte und ausgebaute marktbeherrschende Stellung auf dem Markt der PC-Betriebssysteme („Quasi-Monopol") versetzte Microsoft in die Lage, in weitem Maße und unabhängig von seine Wettbewerbern einen de facto-Standard für die Interoperabilität mit Arbeitsgruppen-Betriebssystemen zu etablieren. Die Interoperabilität mit dem Windows-System sei aber für alle Arbeitsgruppen-Betriebssystem essentiell, um auf dem Markt bestehen zu können.
- Aufgrund der erhobenen Marktdaten bestehe ein erhebliches Risiko der Beseitigung von Wettbewerb auf dem Markt für Arbeitsgruppen-Betriebssysteme. Es fehle auch eine Alternative zur Offenlegung der Interoperabilitäts-Informationen durch Microsoft.

---

[747] EuGH Slg 2004, I-5039 Rn 52 – IMS Health.
[748] EuGH Slg 2004, I-5039 Rn 44 – IMS Health.
[749] EuGH Slg 2004, I-5039 Rn 45 – IMS Health; s dazu auch *Wielsch* EuZW 2005, 393.
[750] S dazu oben Rn 317–318.
[751] *Zimmerlich* WRP 2004, 1260, 1264; *Fichert/Sohns* WuW 2004, 907–917; vgl zum parallelen US-amerikanischen Verfahren *Meier-Wahl/Wrobel* WuW 1999, 28–33.
[752] Kommission v 24.3.2004, COMP/37.792 Rn 429–472, 473–541 – Microsoft.

- Die Weigerung von Microsoft zur Offenlegung bremst die Innovation auf dem relevanten Markt und verringert die Auswahl für die Verbraucher, die in eine homogene Microsoft-Lösung eingeschlossen seien.[753]

327 Auch ohne Erwähnung der *essential facility*-Doktrin sah die Kommission also die Schnittstellen-Informationen zur Herstellung der Interoperabilität zwischen Netzwerkservern und dem Betriebssystem Windows als wesentlich zur Herstellung von Wettbewerb an. Anstatt die in dem Urteil *Magill* entwickelten Voraussetzungen ausdrücklich als Maßstab heranzuziehen, bewegte sich die Kommission strikt in den Begrifflichkeiten des Art 82 S 2 lit b EG (jetzt Art 102 S 2 lit b AEUV).

328 Diese 2004 ergangene Entscheidung der Kommission hat einige der Besonderheiten der Internetökonomie in das wettbewerbsrechtliche Blickfeld gerückt. Neben der Problematik der Standardisierung qualifizierte die Entscheidung die Weigerung Microsofts, Wettbewerbern Informationen zur Herstellung von Interoperabilität zwischen Netzwerkservern und dem PC-Betriebssystem Windows bereitzustellen, als Missbrauch einer marktbeherrschenden Stellung. Die von Microsofts Wettbewerbern geforderten Informationen über Schnittstellen-Spezifikationen sind als Teil des Arbeitsgruppen-Betriebssystems **Gegenstand geistiger Eigentumsrechte**, insb des Urheberrechts an Computerprogrammen, sein.[754] Die Ausübung dieser Rechte und damit die Verweigerung der Lizenzierung stellen jedoch nach Einschätzung der Kommission – jedenfalls in dieser Konstellation – keinen Missbrauch einer marktbeherrschenden Stellung nach Art 82 EG (jetzt Art 102 AEUV) dar.

329 Bei Bewertung des Verhaltens als missbräuchlich im Sinn des Art 82 EG (jetzt Art 102 AEUV) ist nach Auffassung der Kommission bereits die Gefahr einer Wettbewerbsbeschränkung ausreichend, die besonders in Softwaremärkten durch die starken Netzeffekte gegeben sei, da in diesen Märkten eine eingetretene Wettbewerbsbeschränkung nur schwer umkehrbar sei. Als Folge der von Microsoft zurückgehaltenen Informationen und der hierdurch bedingten fehlenden Interoperabilität zwischen Arbeitsgruppenservern der Wettbewerber und Windows befürchtet die Kommission eine Beeinträchtigung der Konsumentenwohlfahrt, da der Verbraucher auf die von Microsoft angebotenen **Komplettsysteme** umsteigen werde und so nicht mehr von den Innovationen der Wettbewerber profitieren könne. Gleichzeitig sei für Wettbewerber mangels ausreichender Nachfrage seitens der Verbraucher kein Anreiz mehr für die Entwicklung neuer Produkte gegeben, so dass auch der Innovationswettbewerb zum Erliegen kommen könnte.

330 Das Unternehmen ist den Forderungen der Kommission teilweise nachgekommen, hat allerdings demnach **Rechtsmittel** eingelegt.[755] Jedoch bestätigte der EuG die Kommissionsentscheidung am 17.9.2007 in den entscheidenden Punkten,[756] was Microsoft schließlich zum Einlenken bewog. Im Oktober 2007 erklärte das Unternehmen schließlich, den geforderten Zugang zu den Schnittstellen zu gewähren. Die Kommission beabsichtigt inzwischen, die Verpflichtung zur Weitergabe von für die Interoperabilität von IT-Systemen notwendiger Informationen gesetzlich zu regeln.[757]

---

[753] Kommission v 24.3.2004, COMP/37.792 Rn 779–782 – Microsoft.
[754] Aus diesem Grund hat sich Microsoft auch auf das Recht zur Geheimhaltung dieser Informationen berufen, vgl dazu Meyer/Müller WuW 2007, 117, 120.
[755] Zum gescheiterten Antrag von Microsoft auf einstweiligen Rechtsschutz beim EuG *Stopper* ZWeR 2005, 87–109; *Körber* K&R 2005, 193–198.
[756] EuG v 17.9.2007, Rs T-201/04 – Microsoft.
[757] S dazu heise-online v 14.6.2010, http://www.heise.de/newsticker/meldung/1021532.

Kapitel 2 Medienkartellrecht

331 Ein weitgehend paralleles Verfahren des US-amerikanischen *Department of Justice* gegen Microsoft – Vorwürfe waren ebenfalls die fehlende Interoperabilität sowie die Kopplung des Windows-Systems mit einem anderen Produkt, in dem Fall des Internet Explorers – wurde hingegen 2001 durch einen inzwischen **gerichtlich bestätigten Vergleich** beendet.[758]

332 c) **Kritik an der *essential facility*-Rechtsprechung.** Die bisherige europäische Rechtsprechung zu sog *essential-facility*-Fallgestaltungen erweist sich als inkonsistent.[759] Während in einigen der zugrunde liegenden Fälle ein Missbrauch uneingeschränkt bejaht werden kann – zB *Magill* –, ist in anderen Fällen die Entscheidung zugunsten von Zugangsansprüchen zu immaterialgüterrechtlich geschützten Leistungen bedenklich – im *IMS Health*-Fall – oder zumindest zweifelhaft – bei *Microsoft*.[760] Die Voraussetzungen der Fallgruppe werden fast mit jeder Entscheidung zu ähnlich gelagerten Sachverhalten erweitert oder wieder begrenzt. Die meisten Fälle könnten auch mittels anderer Fallgruppen gelöst werden, vor allem als **missbräuchliche Lieferverweigerung** (*refusal to deal*).[761] Die generelle Anwendbarkeit der Fallgruppe ist zumindest nach der *Microsoft*-Entscheidung unsicher, da trotz Vorliegen der Voraussetzungen die Kommission ihre frühere Entscheidungspraxis nicht heranzieht.

333 Die zunächst engen und an Ausnahmesituationen ausgerichteten Voraussetzungen der *essential-facility*-Rechtsprechung sind nach und nach aufgeweicht worden. Wesentlichkeit heißt spätestens seit dem *Bronner*-Urteil des EuGH nicht mehr Alternativlosigkeit, sondern liegt schon vor bei **technischer oder wirtschaftlicher Unverhältnismäßigkeit der Duplizierung einer Einrichtung** vor.[762] Besonders bedenklich ist die unbegrenzte Ausweitung des sachlichen Anwendungsgebiets der Doktrin. Standen zunächst physische Infrastruktureinrichtungen wie Eisenbahn-, Hafen- und Telekommunikationsanlagen im Mittelpunkt, hat sich die Diskussion auf die Zugangsöffnung von durch geistige und gewerbliche Schutzrechte geschützte Leistungen verlagert. In dieser Ausrichtung bietet die Doktrin einen einfachen Ansatzpunkt, das durch Immaterialgüterrechte gewährte Monopol- und Abschottungsrecht an urheber- oder patentrechtlich geschützten Produkten zu umgehen.[763] Daher verwundert es nicht, dass diese offene Variante der Doktrin sich inzwischen wachsender Beliebtheit erfreut. So wird unter diesem Aspekt der Zwang zur Lizenzierung „unerlässlicher" Immaterialgüterrechte[764] und der Zugang zu elektronischen Plattformen wie eBay[765] oder Suchmaschinen wie Google ebenso untersucht wie die Nutzung der Root-Server der ICANN[766] sowie ihrer DNS-Datenbanken für Anbieter alternativer Internet-Adressierungssysteme.[767]

---

[758] S zu diesem Verfahren zusammenfassend *Apon* ECLR 2007, 327–328; *Stopper* ZWeR 2005, 87, 90; *Fleischer/Körber* K&R 2001, 623 ff.

[759] Näher *Müller/Rodenhausen* ECLR 2008, 301 ff; vgl zur Rechtsprechung von EuG und EuGH zusammenfassend *Gaster* CR 2005, 247, 250–253.

[760] *Gaster* CR 2005, 247, 253 weist daraufhin, dass es sich immer um „borderline cases" handelte.

[761] Zu dieser Fallgruppe: Immenga/Mestmäcker/*Möschel* EG Teil 1, Art 82 Rn 219 ff; Loewenheim/Meessen/Riesenkampff/*Lübbig* Art 82 Rn 170 f.

[762] EuGH Slg 1998, I-7791 Rn 42–44 – Bronner/Mediaprint.

[763] *Geiger* EuZW 2004, 65; *von Merveldt* WuW 2004, 19 ff.

[764] *Conde Gallego* GRUR Int 2006, 16, 21–28; *Kanter* ECLR 2006, 351–364.

[765] Grob/von Brocke/*Aufderheide/Lindner/Zimmerlin* 150 ff; zu Suchmaschinen *Ott* MMR 2006, 195, 201–202.

[766] S zur ICANN näher *Schumacher/Ernstschneider/Wiehager* 6 f; Hoeren/Sieber/*Mayer-Schönberger* Teil 3 Rn 4–44.

[767] *Müller* MMR 2006, 427, 429–432.

Die Öffnung des sachlichen Anwendungsbereichs der Fallgruppe auf immaterielle **334**
Güter erschwert die Ausgrenzung von nicht-infrastrukturellen Wirkungen einer Einrichtung. Insb für die Internetnetökonomie ist dabei der besondere **Stellenwert der Netzeffekte** physischer Einrichtungen, Immaterialgüterrechte und Internet-Plattformen zu bedenken.

Die weitgehend unklare Einbindung der essential-facility-Fallgruppe in die Struk- **335**
tur des Missbrauchstatbestands, die Ausweitung der Voraussetzungen und die mangelnde Abwägung zwischen Marktöffnung einerseits und **angemessenem Innovations- und Investitionsschutz innerhalb des Leistungswettbewerbs** andererseits machen die Doktrin jedenfalls in ihrer derzeitigen Gestalt fragwürdig, insb für die Internetökonomie. Für das US-amerikanische *anti trust law* hat der Supreme Court bereits erhebliche Zweifel an der Existenz der Doktrin geäußert.[768] Für das europäische Recht wäre zumindest eine Begrenzung der Voraussetzungen durch die Rechtsprechung in naher Zukunft wünschenswert.

d) **Sonstige Fallgestaltungen.** Daneben wird teilweise ein Teilhabeanspruch – auch **336**
als *Domain-Sharing*-Anspruch bezeichnet – an generischen Domains[769] auf § 19 Abs 4 Nr 4 GWB gestützt.[770] Inwiefern allerdings eine generische Domain als „Infrastruktureinrichtung" einzustufen ist, ist zweifelhaft. Schließlich ist eine Domain als solche kein körperlicher Gegenstand. Genauso stellt sich die Frage, ob das bloße Innehaben einer generischen Domain überhaupt zu einer marktbeherrschenden Stellung führt.[771] Wenn auch in Einzelfällen ein Teilhabeanspruch an generischen Domains als wünschenswert erscheinen kann, ist ein *Domain-Sharing* aus Praktikabilitätsgesichtspunkten abzulehnen. So bleibt es beim bewährten Prinzip „Wer zuerst kommt, mahlt zuerst".[772]

4. Sonstige Missbrauchssituationen

Sonstige Internet-spezifische Missbräuche marktbeherrschender Stellungen wurden **337**
in der Literatur bei der Standardisierung, der Marktabschottung durch sog DRM-Techniken[773] und bei der Ausübung von **Urheber- und Patentrechten** gesehen.

a) **Missbrauch durch Standardisierung.** Standardisierung lässt sich als „Festlegung **338**
technischer oder qualitätsmäßiger Anforderungen an bestehende oder zukünftige Erzeugnisse, Herstellungsverfahren oder Methoden" definieren.[774] Hierbei wird zwischen **offenen und proprietären Standards** unterschieden. Bei proprietären Standards bestehen Eigentumsrechte an einer Technologie, die sich zum Standard entwickelt hat. An offenen Standards bestehen in der Regel keine Eigentumsrechte, oder es wird auf

---

[768] "We have never recognized such a doctrine, [...] and we find no need either to recognize it or to repudiate it here." US Supreme Court v 13.1.2004, 540 US 398, 411.
[769] Domains, deren Name nur aus einem Gattungsbegriff besteht (zB www.fahrrad.de).
[770] So etwa *Buchner* GRUR 2006, 984, 988; ähnl *Hoeren* MMR 2001, 669, 671.
[771] Vgl oben die entsprechenden Überlegungen bei Immaterialgüterrechten Rn 207 ff; s auch *von Gamm* GRUR Int 1983, 403, 406.
[772] In diesem Sinne die ständige Rechtsprechung des BGH; vgl BGH GRUR 2005, 687, 688 – weltonline.de; BGH GRUR 2002, 622, 625 – shell.de; BGH GRUR 2002, 706, 709 – vossius.de; BGH GRUR 2001, 1061 – mitwohnzentrale.de.
[773] S dazu umfassend Hoeren/Sieber/*Bechtold* Teil 7.11 Rn 17–19.
[774] Kommission, Leitlinien zur Anwendbarkeit von Art 81 EG auf Vereinbarungen über horizontale Zusammenarbeit, ABl 2001 Nr C 3/02 (Horizontalleitlinien) Rn 159.

Kapitel 2 Medienkartellrecht

ihre Wahrnehmung verzichtet. Die Nutzung der Technologie ist ohne Einflussnahme ihres Entwicklers möglich. Jedermann kann seine Produkte dem Standard anpassen oder diesen verändern (zB Linux-Software).[775]

339 Die Festlegung auf eine technische Norm kann auf zwei Wegen erfolgen:[776] Standards können de jure durch Gesetzgeber bzw öffentliche Normierungsorganisationen festgesetzt werden, sog **multilaterale Standardisierung** (Bsp Standards des Deutschen Instituts für Normung: DIN; Standards des Europäischen Instituts für Standardisierung im Telekommunikationsbereich: ETSI).[777] Standardisierung kann auch de facto durch die Privatwirtschaft erfolgen, indem andere Unternehmen die neue Technologie übernehmen (**unilaterale Standardisierung**).[778] Auf dem Markt für Informationstechnologie können vor allem Netzeffekte zur Etablierung eines Standards beitragen.

340 aa) **Multilaterale Standards.** Der Eigentümer eines proprietären Standards erlangt eine Monopolstellung. Diese kann er nur verlieren, indem seine Technologie durch eine neue ersetzt wird, deren Nutzen die Wechselkosten (switching costs) aufwiegt.[779] Bei einem offenen Standard findet der **Wettbewerb nicht um, sondern auf dem Markt** statt.[780] Der Marktzugang wird für alle potentiellen Wettbewerber kostengünstig. Dies erhöht die Anzahl der Wettbewerber und intensiviert den Wettbewerb auf dem Primärmarkt.[781] Durch proprietäre Standards erlischt zwar der Wettbewerb auf dem Primärmarkt, aber dessen Wachstum vergrößert auch die vor- oder nachgelagerten Märkte. Dies führt dort zu einer Intensivierung des Leistungswettbewerbs.[782]

341 An kartellrechtliche Grenzen stoßen Standardsetzer dann, wenn durch sie das Risiko von Wettbewerbsbehinderungen oder -verzerrungen entsteht. Diese Risiken können sowohl bei der **Beeinflussung des Standardisierungsprozesses** als auch bei der Ausnutzung der entstehenden Marktposition vorliegen. Dann kann je nach Einzelfall ein Verstoß gegen Art 101 bzw Art 102 AEUV gegeben sein.[783]

342 Bei proprietären Standards sind neue Wettbewerber auf dem Primärmarkt in der ungünstigen Situation, dass sie über keine Nutzerbasis verfügen, weshalb zu ihren Gunsten keine Netzeffekte wirken. Wenn sie nicht auf die Nutzerbasis des Standardsetzers zugreifen können, erschwert der vorhandene Standard ihnen den Zutritt zum Markt. Daher sind sie auf **Kompatibilität zum Standard** angewiesen. Wird diese verweigert, werden künstlich Marktzutrittschranken auf dem Primärmarkt aufgebaut.[784] Der Inhaber des Standards kann seine Position auf dem Primärmarkt als Hebel benutzen, um auf nachgelagerte Märkte vorzudringen.[785] Marktzutrittsschranken, Marktmachtverlagerung und *Lock-In*-Effekte behindern den Innovationswettbewerb, wenn potentielle Wettbewerber den Markteintritt als aussichtslos betrachten.[786]

343 Unter dem Gesichtspunkt der Standardisierung ist insb das Vorhaben der sog *Trusted Computing Group* (TCG) zu bewerten, einem Zusammenschluss von Hardware- und Software-Herstellern sowie Internetdienstleistern. Beim *Trusted Computing*

---

[775] *Beth* 39; *Thum* 23; *Gröhn* 30.
[776] Zusammenfassend *Conde Gallego* GRUR Int 2006, 22–23.
[777] http://www.normung.din.de; http://www.etsi.org (Stand: 28.11.2010); zu diesen Fallgestaltungen auch BGH GRUR 2004, 966 ff – Standard-Spundfass, aber zu § 20 Abs 1 GWB.
[778] *Beth* 36; diese Konstellation betrifft auch EuGH Slg 2004, I-5039 – IMS Health; vgl dazu zusammenfassend oben Rn 321–322.
[779] *Pohlmeier* 81.
[780] *Wolf* 94.
[781] *Thum* 23.
[782] *Gleiss/Hirsch* Rn 330.
[783] Näher *Koenig/Neumann* WuW 2009, 382 ff.
[784] *Pilny* GRUR Int 1990, 431, 435; *Sucker* CR 1988, 271, 272.
[785] *Rubinfeld* GRUR Int 1999, 479, 485.
[786] *Zimmerlich* WRP 2004, 1260, 1267.

handelt es sich um ein Konzept, das entwickelt wurde, um die Sicherheit von Rechnern und Rechnersystemen zu erhöhen.[787] Bei *Trusted Computing*-Systemen handelt es sich um eine vertrauenswürdige Rechnerplattform, um eine neue Prozessorarchitektur und um ein sicheres Betriebssystem.[788] Angesichts der Marktstärke der TCG-Mitglieder und bei Kenntnis um die Verwendungsmöglichkeiten der *Trusted Computing*-Technologie besteht die Gefahr, dass die technisch eng verwobenen IT-Märkte abgeschottet werden. Daraus folgen die Vernichtung des Wettbewerbs und eine extreme Machtkonzentration in den Händen eines privatwirtschaftlichen Industriekonsortiums.[789] Die Gefahr der Marktabschottung durch die TCG ist dabei gem Art 101 AEUV zu beurteilen. Die Bewertung der Nutzung der Technologie durch Betriebssystem und Software erfolgt gem Art 102 AEUV. Hinsichtlich der Auswirkungen der Standardisierung auf Dritte kann eine Wettbewerbsbeschränkung vorliegen, wenn Mitglieder der Initiative einen Wissensvorsprung erlangen und Nichtmitglieder den Standard erst nach seiner Veröffentlichung mit zeitlicher Verzögerung übernehmen können.[790] Wettbewerbsbeschränkungen gegenüber Dritten können aber auch entstehen, wenn bei der Implementierung der Technologie auf gewerbliche Schutzrechte zurückgegriffen werden muss.[791]

344 Durch den vertrauenswürdigen Speicher können **unumgehbare Kompatibilitätsschranken** aufgebaut werden. Dies trägt das Risiko, dass marktstarke Unternehmen proprietäre Dateiformate erstellen, die von Produkten der Wettbewerber unmöglich gelesen werden können.[792] Hierdurch werden Wettbewerber mit kleinerer Nutzerbasis aus dem Markt gedrängt, potentielle Wettbewerber vom Markteintritt abgehalten und ein proprietärer Standard aufgebaut.[793] Ein Verstoß gegen Art 102 AEUV kann bei Vorliegen besonderer Umstände sogar durch ein Verhalten möglich sein, dass sich nur auf einen benachbarten Markt auswirkt.[794]

345 bb) **Unilaterale Standardisierung.** In Bezug auf unilaterale Standardisierung sind besonders hervorzuheben die Verfahren der Kommission gegen IBM und die Kopplung des Windows-Betriebssystems mit dem Windows Media Player durch Microsoft.[795] Der IBM-Rechner System/370 war kein Gesamtsystem, sondern beruhte als erster Rechner auf austauschbaren, steckerkompatiblen Modulen. Bis Anfang der siebziger Jahre hatte IBM interessierten Herstellern die Schnittstellen-Informationen dieses Rechners zugänglich gemacht. Mit der Zeit drangen immer mehr Hersteller von Peripheriegeräten auf den Markt, die auf die Kompatibilität mit den IBM-Komponenten angewiesen waren. Die Intensivierung des Wettbewerbs veranlasste IBM dazu, die Schnittstellen-Informationen nun erst nach Auslieferung der eigenen Produkte preiszugeben, so dass **kompatible Konkurrenzprodukte nur verspätet** auf den Markt kamen.[796] Daraufhin leitete die Kommission ein Verfahren nach Art 102 AEUV wegen des Verdachts des Missbrauchs einer marktbeherrschenden Stellung gegen IBM ein. Ohne ausdrückliche Anerkennung einer eventuellen Verfehlung akzeptierte IBM 1984 einen Vergleich und verpflichtete sich dazu, die Schnittstellen-Informationen für

---

[787] *Bechtold* CR 2005, 393, 394.
[788] Zur uneinheitlichen Benennung der Komponenten *Koenig/Neumann* MMR 2003, 695, 695.
[789] Statt vieler *Anderson*, TCPA – FAQ, abrufbar unter http://www.cl.cam.ac.uk/~rja14/tcpa-faq.html#additions (Stand: 28.11.2010).
[790] *Roth* CR 1988, 195, 196.
[791] *Koenig/Neumann/Katzschmann* 122.
[792] *Bechtold* CR 2005, 394, 401.
[793] *Arlt* GRUR 2005, 1003 ff.
[794] *Koenig/Neumann* WuW 2003, 1138, 1150.
[795] S zum Microsoft-Verfahren oben Rn 317 f, 323 ff.
[796] *Kilian/Heussen/Schroeder* Kap 63 Rn 14; *Wolf* 22; *Sucker* CR 1988, 271, 274.

jedes innerhalb der EU erscheinenden Produkts an jeden Wettbewerber ohne ungerechtfertige Verzögerung zu liefern.[797] Damit setzte sich, im Gegensatz zu Entscheidungen in den USA, in Europa die Auffassung durch, dass IBM den eigenen Industriestandard nicht dazu einsetzen durfte, um sich die benachbarten Märkte für Hard- und Software vorzubehalten.[798]

346 b) **Marktabschottung durch DRM-Techniken.** Die Nutzung digitaler Produkte kann durch sog DRM-Techniken beschränkt werden. DRM-Techniken sind vor allem zum Schutz urheberrechtlich geschützter Leistungen zulässig (§§ 95a ff UrhG). Der Einsatz dieser Techniken ermöglicht die **Verhinderung von Kompatibilität der eigenen Produkte mit gleichartigen Produkten** oder dafür technisch vorgesehenen Abspielgeräten, sowie die Setzung von de-facto-Standards.[799] Aus kartellrechtlicher Sicht ist die Möglichkeit der Marktabschottung durch den Einsatz dieser Techniken bedenklich.[800] Auch die Kommission scheint diese Gefahr bei der iTunes-Technologie von Apple zu sehen, die eine Nutzbarkeit der über die iTunes-Seite herunter geladenen Musiktitel ausschließlich durch das von Apple produzierte Abspielgerät iPod zulässt.[801] Der Missbrauchsvorwurf kann sich allerdings nur in Extremfällen realisieren. Zunächst ist darauf zu achten, dass nicht jedes mit DRM-Techniken ausgestattete Produkt einen separaten Markt darstellt.[802] Allein die mangelnde allseitige Kompatibilität eines Produkts bedeutet noch nicht, dass die Nachfragersicht auf die verbliebenen kompatiblen Produkte reduziert würde. Damit würde jedem Hersteller von digitalen Produkten verwehrt werden, gewisse Systemlösungen für seine Produkte zu entwickeln. Die Nachfrager haben im Regelfall eine Auswahlmöglichkeit zwischen mehreren gleichartigen Produkten. Soweit sie sich für eine Systemlösung entscheiden, sind sie wegen der eingeschränkten Kompatibilität an dieses System gebunden (*Lock-in*-Effekt). Aber die Herstellung eines *Lock-in*-Effekts bei einem Produkt, der wegen der unnötigen System- und zusätzlichen Wechselkosten (*sunk costs* und *switching costs*) beim Nachfrager führt, ist nicht per se missbräuchlich. Die Nachteile können durch Vorteile von Systemlösungen, zB bei Qualität und Preisen, aufgewogen werden. Die Entscheidung des Herstellers für eine integrierte Systemlösung ist dem Nachfrager in den meisten Fällen bei seiner Auswahlentscheidung auch offensichtlich.

347 Problematisch kann die technische Produktabschottung dann werden, wenn eine zunächst bestehende Kompatibilität eines Produktes nach Erreichen einer marktbeherrschenden Stellung durch Einsatz von DRM-Techniken beseitigt wird. Die Nachfrager werden nachträglich in einem System „gefangen", Anbieter auf bisherigen Komplementär- oder Sekundärmärkten werden vom Zugang zu dem marktbeherrschenden Produkt abgeschottet. Hier kann die **zulässige Produkt- zur missbräuchlichen Marktabschottung** werden (Bsp Microsoft). Aber selbst in diesem Fall muss eine Betrachtung erfolgen, ob der Einsatz der DRM-Technologie dem urheberrechtlichen Schutzzweck der §§ 95a ff UrhG oder allein zur Marktabschottung dient.[803] Nur im letzteren Fall ist ein Missbrauch nach Art 102 AEUV zu bejahen.

348 c) **Diskriminierung im Internetbereich.** Im Schrifttum wird diskutiert, inwieweit § 20 GWB Zugangsansprüche zu den Leistungen einer **Suchmaschine** begründet. Da-

---

[797] Vgl EG-Bulletin Nr 10 1984, 105 ff.
[798] *Heinemann* CR 2005, 715, 716.
[799] *Pilny* GRUR Int 1995, 960.
[800] Vor allem *Arlt* GRUR 2005, 1003 ff mwN.
[801] Kommission, PM v 3.4.2007, MEMO/07/126 – COMP 39.154.
[802] So aber wohl *Arlt* GRUR 2005, 1006.
[803] Ähnl *Arlt* GRUR 2005, 1004 f; Wandtke/Bullinger/*Wandtke/Ohst* § 95a UrhG Rn 5, 53.

bei wird zumeist auf den Markt für die Aufnahme in den Suchmaschinenindex[804] und den Markt für die kontextbezogene Werbung bei Suchmaschinen abgestellt.[805] Berücksichtigt werden darüber hinaus diejenigen Drittmärkte[806], auf denen die verlinkten Unternehmen tätig sind.[807] Für ein marktstarkes Unternehmen ergibt sich auf den genannten Märkten ein Diskriminierungsverbot aus § 20 Abs 1 GWB. Nur in Ausnahmefällen kommt die sachliche Rechtfertigung einer Ungleichbehandlung in Betracht, so zum Beispiel, wenn das nachfragende Unternehmen gegen ein Gesetz oder gegen die Richtlinien des Suchmaschinenanbieters verstößt.[808] Eines Rückgriffs auf § 19 GWB bedarf es damit nicht.[809]

VI. Ausblick: Die Diskussion um die Netzneutralität

Bislang war die sog Netzneutralität (*network neutrality/net neutrality*) eine selbstverständliche Eigenheit der weltweiten Netze, deren Zusammenschluss das Internet begründet. Der Begriff der Netzneutralität meint dabei im Wesentlichen, dass für jeden der offene Zugang zu einem Netz gesichert ist und sämtliche Daten im Netz unterschiedslos übertragen werden.[810] Aufgrund des technischen Fortschritts sind allerdings „intelligente" Netze nunmehr in der Lage, die Quelle – den Computer, von dem die Datei versendet wird – sowie den Inhalt einer Datei herauszufinden. Dies ermöglicht einerseits **eine qualitative oder quantitative Vorzugsbehandlung bei der Datenübertragung**, andererseits eine Filterung oder Blockierung unliebsamer Datenpakete.[811]

349

Somit haben die Netzbetreiber die technischen Mittel, die Neutralität des Internets einzuschränken und dadurch zusätzliche Entgelte von Inhalteanbieter für die zugesicherte und schnelle Durchleitung ihrer Daten zu verlangen. Kritiker sehen deswegen die Entwicklung des Internets und darüber hinaus das Wachstum der Internetökonomie bedroht. Unter diesem Gesichtspunkt stellt sich mithin die Frage, inwieweit **neue Regeln zur Sicherung der Netzneutralität** erforderlich sind. Wie sich insofern die Diskussion in den USA und Europa entwickelt hat, sei zunächst aufgezeigt. Auf dieser Grundlage soll sodann in der gebotenen Kürze Stellung bezogen werden.

350

1. Die Diskussion in den USA

Mitte 2005 markiert das Urteil des US Supreme Court in der Sache *National Cable & Telecommunications Association -v- Brand X Internet Services* einen Wendepunkt für die Gewährung von Netzneutralität.[812] Die großen Breitbandnetzbetreiber (wie die Telekommunikationsunternehmen AT&T und Verizon oder der Kabelnetzbetreiber Comcast) sind entschiedene Gegner einer unbegrenzten Netzneutralität. Sie möchten die Möglichkeit haben, für besondere Leistungsmerkmale – wie eine garan-

351

---

[804] Die Existenz dieses Marktes ist sehr umstritten; befürwortend *Hoeren* MMR 1999, 649 ff; *Ott* MMR 2006, 195, 197; ablehnend *Schulz/Held/Laudien* 58 ff; auf europäischer Ebene hat die Kommission einen Markt für Suchmaschinen nicht anerkannt.
[805] *Ott* MMR 2006, 195, 196 ff mwN.
[806] Der BGH bejaht den Schutz von Drittmärkten über § 19 GWB. Ob dies auch für § 20 GWB zutrifft, hat er indessen offen gelassen; vgl BGH WuW/E DE-R 1206, 1207 – Strom und Telefon I.

[807] *Knothe/Lebens* AfP 2000, 125, 128; *Ott* MMR 2006, 195, 198; aA *Buchholtz* ZUM 1998, 108, 111 f; *Schulz/Held/Laudien* 64.
[808] *Ott* MMR 2006, 195, 200 f mwN.
[809] *Hoeren* MMR 1999, 649; *Ott* MMR 2006, 195, 200 f.
[810] *Laxton* 2006 Duke L & Tech Rev 15, 3 (2006); *Spies* MMR 2006, Heft 8, XXI.
[811] *Krempl* c't 2006, Heft 14, 78, 79.
[812] 545 US 967 (2005), abrufbar unter http://www.supremecourtus.gov/opinions/04pdf/04-277.pdf.

tierte oder besonders zügige Übertragung von Inhalten – zusätzliche Gebühren zu verlangen und auf diese Weise „Mautstellen" für das Internet einzurichten.[813] Dies sei als **Anreiz für zukünftige Investitionen** in den Netzausbau unentbehrlich.[814] Zur Unterbindung von wettbewerbswidrigem Verhalten sei das allgemeine Wettbewerbsrecht ausreichend.[815] Die Verfechter einer uneingeschränkten Netzneutralität sind vor allem Internetdiensteanbieter (wie Amazon, eBay oder Google), die nicht gesondert für den Breitbandnetzzugang zahlen möchten, aber auch eine breite, bunt gemischte Koalition[816] aus kleinen Unternehmen, Internetaktivisten und Wissenschaftlern. Sie argumentieren, neutrale Netze seien unabdingbare Voraussetzung für die Innovationskraft des Internets, und warnen vor den Gefahren für den Wettbewerb, die von Seiten der Netzbetreiber ausgehen können.[817]

352 Nachdem mehrere Gesetzesentwürfe, die eine strenge Netzneutralität vorsahen, im Laufe des Jahres 2006 nicht die erforderliche Mehrheit im Kongress fanden, ist nunmehr eine Regelung im Sinne der Befürworter der Netzneutralität in weite Ferne gerückt.[818] Die US-amerikanische Kartellbehörde – Federal Trade Commission (FTC) – vertritt den Standpunkt, dass in den dynamischen Internetmärkten der **Wettbewerb unter den Anbietern** selbst für die Aufrechterhaltung eines offenen Internets sorge.[819] Dieser Ansicht hat sich das Justizministerium angeschlossen,[820] die Federal Communications Commission (FCC) will dagegen an gesetzlichen Regelungen zur Netzneutralität festhalten[821], nachdem parallele Verhandlungen mit den Breitbandnetzbetreibern über einen Kompromiss gescheitert sind.[822] Allerdings hat das für Washington D.C. zuständige amerikanische Berufungsgericht eine Abmahnung der FCC gegen den Kabelnetzbetreiber Comcast zur Durchsetzung der Netzneutralität für nichtig erklärt.[823]

2. Die Diskussion in Europa

353 Unterdessen hat die Diskussion über die Netzneutralität Europa erreicht, allerdings in **abgeschwächter Form**. Nur wenige Stimmen verlangen neue Regelungen.[824] Sie verweisen insb auf das Beispiel des Telekommunikationsunternehmens Vodafone, welches seit Anfang des Jahres die Nutzung von VoIP-Diensten über sein UMTS-Netz blockiert. Auch die Kommission setzt bei der Netzneutralität auf eine Klärung durch den Markt.[825]

---

[813] *Krempl* c't 2006, Heft 14, 78.
[814] *Spies* MMR 2006, Heft 8, XXI.
[815] Vgl *Krempl* c't 2006, Heft 14, 78, 80; so auch *Laxton* 2006 Duke L & Tech Rev 15, 37 (2006).
[816] Siehe http://www.savetheinternet.com.
[817] Vgl im Einzelnen zu den möglichen Diskriminierungsformen *Spies* MMR 2006, Heft 8, XXI, XXII f.
[818] Vgl cnet-News vom 6.9.2007, abrufbar unter http://www.news.com/8301-13578_3-9773538-38.html. Ein wiederbelebter Gesetzentwurf ist kürzlich gescheitert, vgl heise-online vom 30.9.2010, abrufbar unter http://www.heise.de/newsticker/meldung/1099263.
[819] Vgl FTC Staff Report, Juni 2007, Broadband Connectivity Competition Policy, abrufbar unter http://www.ftc.gov/reports/broadband/v070000report.pdf.
[820] Vgl heise-online v 7.9.2007, abrufbar unter http://www.heise.de/newsticker/meldung/95641.
[821] Vgl heise-online v 23.9.2009, abrufbar unter http://www.heise.de/newsticker/meldung/838305.
[822] Vgl heise-online v 6.8.2010, abrufbar unter http://www.heise.de/newsticker/meldung/1051725.
[823] Vgl heise-online v 7.4.2010, abrufbar unter http://www.heise.de/newsticker/meldung/971726.
[824] Vgl heise-online v 21.1.2010, abrufbar unter http://www.heise.de/newsticker/meldung/909887; s ads c't-Interview mit *van Schewick* v 16.7.2006, abrufbar unter http://www.heise.de/ct/hintergrund/meldung/75525.
[825] Vgl heise-online v 12.11.2010, abrufbar unter http://www.heise.de/newsticker/meldung/1135759.

Dagegen wird vertreten, dass sich die Frage einer Regelung der Netzneutralität **354**
unter dem aktuellen europäischen Rechtsrahmen nicht stelle. Verwiesen wird insb auf
den **Grundsatz der Technologieneutralität**[826], wonach sowohl herkömmliche Telekommunikationsnetze als auch Kabelnetze unter die sektorspezifische Regulierung des
EG-Rechtsrahmen fallen können. Des Weiteren werden die Instrumente der Zugangsregulierung[827] als ausreichend eingeschätzt, um den freien Netzzugang zu gewährleisten.[828] Darüber hinaus sei der Wettbewerb der Breitbandnetzbetreiber in Europa
wesentlich stärker als in den USA ausgeprägt.[829] Diese Ansicht hat die Kommission
im Rahmen des sog *Review 2006* geteilt.[830] Damit ist es recht unwahrscheinlich, dass
in absehbarer Zeit strengere Vorschriften zur Netzneutralität in das europäische Recht
eingeführt werden.

3. Stellungnahme

Der derzeitige Rechtsrahmen in Europa bietet den Wettbewerbsbehörden nicht nur **355**
effektive, sondern auch **flexible Maßnahmen zur Regulierung der Telekommunikationsmärkte**.[831] Darüber hinaus gibt es eine Vielzahl von Anbietern, die für einen
wirksamen Wettbewerb in Europa sorgen. Daher sollte vor einer Einführung neuer,
strengerer Vorschriften zur Regelung der Netzneutralität die Entwicklung des Marktes
abgewartet werden.

Anders sieht es in den USA aus. Hier hat die FCC die sektorspezifische Regulierung der Breitbandnetzbetreiber aufgehoben. Abgesehen davon gibt es einen wesentlichen strukturellen Unterschied zu Europa. So sind auf den lokalen Telekommunikationsmärkten vielfach nur ein Kabel- und ein Telekommunikationsnetzbetreiber tätig.
Damit ist das Wettbewerbspotential wesentlich geringer.[832] Dennoch kann mit der
FTC angesichts noch immer herrschender **Dynamik in den internetbasierten Märkten**
ein Abwarten der weiteren Entwicklung unterstützt werden. **356**

Zu berücksichtigen ist in jedem Fall, dass mit der Einführung einer Vielzahl neuer **357**
Internetdienste der **Bedarf an Übertragungskapazitäten** gewachsen ist. Daher ist ein
weiterer Netzausbau unabdingbar. Die dafür erforderlichen finanziellen Aufwendungen tragen die Breitbandnetzbetreiber. Insofern darf man ihnen nicht untersagen, für
bevorzugte Übertragungsleistungen ein zusätzliches Entgelt als Investitionsausgleich
zu fordern. Dieses Entgelt darf hingegen nicht die Innovationskraft von Internetdiensteanbietern beeinträchtigen. Dazu muss den Wettbewerbsgefahren, die vor allem von
vertikal integrierten Netzbetreibern ausgehen, entgegengewirkt werden.[833] Zu diesem
Zweck sollte jedem Nutzer das Recht gegenüber den Netzbetreibern eingeräumt werden, sämtliche Dienste und Inhalte mit einem Mindestmaß an Qualität und Geschwindigkeit anzubieten und abzurufen.

---

[826] Vgl Art 8 Abs 2 der RL 2002/21/EG.
[827] Vgl Art 8 – 13 der RL 2002/19/EG.
[828] *Spies* MMR 2006, Heft 8, XXI, XXIII; vgl heise-online v 28.2.2007, abrufbar unter http://www.heise.de/newsticker/meldung/85968.
[829] S *Krempl* c't 2006, Heft 14, 78, 80.
[830] Vgl das Arbeitspapier der Kommission zur Überprüfung des EU-Rechtsrahmens für elektronische Kommunikationsdienste v 28.6.2006, 26 f, 32, abrufbar unter http://ec.europa.eu/information_society/policy/ecomm/doc/info_centre/public_consult/review/staffworkingdocument_final.pdf.
[831] MwN zum europäischen Rechtsrahmen *Holznagel/Enaux/Nienhaus* Rn 775 ff.
[832] *Rahm* 24 Yale J on Reg 1, 12 ff (2007).
[833] Ähnl auch *Schrey/Frevert* MMR 2010, 596, 599.

Kapitel 3
Rundfunkwerberecht

Literatur

Ahrens Redaktionelle Werbung – Korruption im Journalismus GRUR 1995, 307; *Baerns* Schleichwerbung lohnt sich nicht! Neuwied, Kriftel, Berlin 1996; *Behrens/Esch/Leischner/Neumaier*, Gabler Lexikon Werbung, Wiesbaden 2001 *Beucher/Leyendecker/v Rosenberg* Mediengesetze, München 1999; *Bork* Eigenwerbung im Fernsehprogramm ZUM 1990, 11; *ders* Product Placement und Wettbewerbsrecht – zu den Grenzen „medialer" Fernsehwerbung GRUR 1988, 264; *ders* Werbung im Programm, München 1989; *Castendyk* Die Neuregelung der Produktplatzierung im Fernsehen, ZUM 2010, 29; *ders* Ausstrahlung von Teleshoppingsendungen außerhalb von Teleshoppingfenstern MMR 2000, 82; *ders* Das Recht im Fernsehen als „Popular Legal Culture" – ein vielversprechender Ansatz aus den USA? ZRP 1992, 63; *ders* Werbeintegration im TV-Programm – wann sind Themen Placements Schleichwerbung oder Sponsoring ZUM 2005, 857; *Castendyk/Dommering/Scheuer* European Media Law, Alphen a/d Rijn, Kluwer Law International 2008 (zit Castendyk/Dommering/Scheuer/*Bearbeiter*); *Castendyk/Woesler* Werbeverbote für überregionale Hörfunksender und Verfassungsrecht JURA 2007, 791; *Cornils* Die Ausgestaltung der Grundrechte – Untersuchungen zur Grundrechtsbindung des Ausgestaltungsgesetzgebers, Bonn, Tübingen, 2005; *von Danwitz* Zur Regulierung von „product placement" bei der Novellierung der EU-Fernsehrichtlinie AfP 2005, 417; *Engel* Privater Rundfunk vor der Europäischen Menschenrechtskonvention, Baden-Baden 1993; *Engels* Das Recht der Fernsehwerbung für Kinder, Baden-Baden 1997; *Engels/Giebel* Das neue Fernsehwerberecht ZUM 2000, 265; *Fechner* Medienrecht, 7. Aufl Tübingen 2006; *Gersdorf* Grundzüge des Rundfunkrechts, München 2003; *Gleich/Groebel* Agenda-Setting – Die Thematisierungsfunktion der Medien neu betrachtet (ARD-Forschungsdienst) Media Perspektiven 1994, 517; *Gounalakis* Werbung im Rundfunkprogramm – Zwischen Trennungsgrundsatz und Schleichwerbungsverbot WRP 2005, 1476; *Greffenius/Fikentscher* Werbeformen bei Sportübertragungen im Fernsehen und ihre wettbewerbsrechtliche Zulässigkeit ZUM 1992, 526; *Großkopf* Fernsehen als genuin europäischer Dienstleistung AfP 1995, 464; *Hahn/Vesting* (Hrsg) Beck'scher Kommentar zum Rundfunkrecht, München 2003 (zit Hahn/Vesting/*Bearbeiter*); *Hartel* Anmerkung zum Urteil des VG Berlin „Feuer, Eis und Dynamit" vom 15.4.1999 (VG Berlin ZUM 1999, 742) ZUM 1999, 750; *von Hartlieb/Schwarz* Handbuch des Film- Fernseh- und Videorechts, 4. Aufl München 2004 (zit von Hartlieb/Schwarz/*Bearbeiter*); *Hartstein/Ring/Kreile/Dörr/Stettner* Rundfunkstaatsvertrag – Loseblattsammlung, 31. Aktualisierung Stand September 2010; *Hefermehl/Köhler/Bornkamm* Gesetze gegen den unlauteren Wettbewerb, 26. Aufl München 2008; *Henning-Bodewig* Product Placement und andere Arten der „absatzfördernden Kommunikation" – Die neuen Formen der Schleichwerbung BB Beilage 1986 Nr 18, 2; *dies* Die Trennung von Werbung und Programm im deutschen und europäischen Rundfunk- und Werberecht GRUR Int 1987, 538; *dies* Werbung im Kinospielfilm GRUR 1996, 32; *Hesse* Rundfunkrecht, 3. Aufl München 2003; *Hochstein* Neue Werbeformen im Rundfunk AfP 1991, 696; *Hoffmann-Riem* Rundfunkrecht neben Wirtschaftsrecht, Baden-Baden 1991; *Höfling/Möwes/Pechstein* Europäisches Medienrecht – Textausgabe mit Erläuterungen, München 1991; *Jahn* Cross-Promotion im Fernsehen – Zur geltenden Rechtslage in Deutschland und anderen EU-Mitgliedstaaten, Frankfurt aM 2007; *Jarass/Pieroth* Grundgesetz für die Bundesrepublik Deutschland, 8. Aufl München 2006 (zit Jarass/Pieroth/*Bearbeiter*); *Kogler/Kramler/Traimer* Österreichische Rundfunkgesetze, 1. Aufl Wien 2002; *Köhler* Redaktionelle Werbung WRP 1998, 349; *Ladeur* Verantwortung für Verstöße gegen das Rundfunkwerberecht ZUM 2001, 643; *Laukemann* Fernsehwerbung im Programm, Frankfurt aM 2002; *Lesch* Besprechung des Beschlusses des OLG Celle 222 Ss 34/02 (OWi) vom 23. Mai 2002 –

Kapitel 3 Rundfunkwerberecht

Schleichwerbung Big Brother ZUM 2003, 44; *Lilienthal* Die Bavaria-Connection epd medien 42/2005, 3; *Luhmann* Soziale Systeme, 2. Aufl Frankfurt aM 1988; *Paschke* Medienrecht, 2. Aufl Berlin, Heidelberg, New York 2001; *Mallick* Product Placement in den Massenmedien, Baden-Baden 2009, 234; *Petersen* Medienrecht, 4. Aufl München 2009; *Piper/Ohly* Gesetz gegen den unlauteren Wettbewerb, 4. Aufl München 2006 (zit Piper/ Ohly/*Bearbeiter*); *Platho* Cross-Promotion in TV-Senderfamilien MMR 2002, 21; *Ricker/Schiwy* Rundfunkverfassungsrecht, München 1997; *Rüthers* Rechtstheorie, München 1999; *Sachs* Grundgesetz. Kommentar, 4. Aufl München 2007; *Sack* Neue Werbeformen im Fernsehen – rundfunk- und wettbewerbsrechtliche Grenzen AfP 1991, 704; *ders* Zur wettbewerbsrechtlichen Problematik des Product Placements im Fernsehen ZUM 1987, 103; *Schaar* Das Recht der programmintegrierten Werbung, Baden-Baden 2001; *Scherer* „Product Placement" im Fernsehprogramm, Baden-Baden 1990; *Schultze* Product Placement im Spielfilm, München 2001; *Schwarz/Eichler* Der Werbebegriff im Rundfunkstaatsvertrag AfP 1996, 228; *Thommen* Das Publikum mag integrierte Werbung epd medien 82/2005, 29; *Ullmann* Einige Bemerkungen zur Meinungsfreiheit in der Wirtschaftswerbung GRUR 1996, 948; *Umbach/Clemens* (Hrsg) Grundgesetz – Mitarbeiterkommentar und Handbuch Band I, Heidelberg 2002 (zit Umbach/Clemens/*Bearbeiter*); *Völkel* Product Placement aus der Sicht der Werbebranche und seine rechtliche Einordnung ZUM 1992, 55; *Volpers/Herkströter/Schnier* Die Trennung von Werbung und Programm im Fernsehen, Opladen 1998; *Wieben* Die Trennung von Programm und redaktioneller Werbung, Münster 2001; ZAW – Zentralverband der deutschen Werbewirtschaft (Hrsg) Werbung in Deutschland, Berlin 2010.

Übersicht

		Rn			Rn
§ 1	**Rundfunkwerberecht – AllgemeinerTeil**	1		die Erbringung von Dienstleistungen gegen Entgelt zu fördern	81
I.	Wirtschaftliche Bedeutung der Rundfunkwerbung	1	III.	Schleichwerbung	84
II.	Werbeformen	5	1.	Einführung	84
III.	Die inhaltliche Struktur des Rundfunkwerberechts	9	2.	Die Erwähnung oder Darstellung	85
1.	Allgemeine Regeln	10	3.	Von Waren, Dienstleistungen, Namen, Marken oder Tätigkeiten eines Herstellers von Waren oder Dienstleistungen in Programmen	86
2.	Inhaltliche Werbegrenzen	11			
3.	Werbehöchstmengen	12			
4.	Unterbrecherwerbung	13	4.	Vom Veranstalter absichtlich zu Werbezwecken vorgesehen	88
5.	Sponsoring und Teleshopping	14			
6.	Gesetzliche Definitionen	15	a)	Werbeabsicht/Indizien	89
IV.	Rechtsgrundlagen	16	b)	Werbeabsicht des Veranstalters	92
V.	Konkurrenz zwischen Werberecht im RStV und im UWG	23	5.	Irreführung	93
			IV.	Produktplatzierung	94
VI.	Die Ziele des Gesetzgebers bei der Regulierung der Rundfunkwerbung	30	1.	Einführung	94
			2.	Der Begriff der Produktplatzierung	95
1.	Regelungsspezifische Ziele	30	3.	Grundsätzliche Zulässigkeit von Produktplatzierungen	99
2.	Allgemeine Ziele	31			
VII.	Verfassungsrechtliche Basis	42	4.	Erfordernisse für eine zulässige Produktplatzierung	102
VIII.	Europarechtlicher Schutz	57			
IX.	Verantwortlichkeit Dritter	58	5.	Konkurrenzen/Verhältnis Werbung zu Schleichwerbung	107
§ 2	**Rundfunkwerberecht – Besonderer Teil**	62	V.	Sponsoring	108
I.	Definitionen	62			
II.	Der Begriff der Fernsehwerbung	63	§ 3	**Die sechs Säulen des Fernsehwerberechts**	119
1.	Jede Äußerung	64	I.	Das Verbot der Programmbeeinflussung	120
2.	Bei der Ausübung eines Handels, Gewerbes, Handwerks oder freien Berufs	66	II.	Das Trennungsgebot	128
3.	Die im Rundfunk von einem öffentlich-rechtlichen oder privaten Veranstalter	72	III.	Kennzeichnungs- bzw Erkennbarkeitsgebot	130
4.	Gegen Entgelt oder eine ähnliche Gegenleistung oder als Eigenwerbung gesendet wird	73	IV.	Inhaltliche Werbebeschränkungen	137
			V.	Werbemengenbeschränkungen	140
			VI.	Werbeunterbrechungen	143
5.	Das Ziel, den Absatz von Waren oder		§ 4	**Sponsoring**	148

§ 1
Rundfunkwerberecht – Allgemeiner Teil

I. Wirtschaftliche Bedeutung der Rundfunkwerbung

Die Werbung ist ein bedeutender **Wirtschaftszweig**. In den Staaten der Europäischen Union machten die Ausgaben für Werbung im Jahr 2009 1,49 % des Bruttoinlandsprodukts aus. Allein in Deutschland wurden für Werbung im Jahr 2009 € 28,84 Mrd ausgegeben.[1] Der Anteil am Bruttoinlandsprodukt liegt bei 1,2 %, damit allerdings unter den Werten aus den 80er Jahren.

Werbung für Produkte und Dienstleistungen findet häufig in Medien statt; im Fernsehen, im Hörfunk, in der Zeitung, im Internet, sogar im Videospiel. Die Werbeeinnahmen der Medien **im Jahr 2009** betrugen € 18,3 Mio. Die **Aufteilung der Werbeausgaben** zwischen den verschiedenen Medien hat sich mit der Zulassung des privaten Fernsehens stark geändert. So verdoppelte sich der Anteil der Fernsehwerbung zwischen 1985 und 1995 von rund 10 % auf rund 20 %. Seitdem ist die Aufteilung in etwa stabil geblieben. Der wichtigste Werbeträger sind nach wie vor Printmedien; in Deutschland beträgt ihr Anteil rund 50 %.[2] Der Anteil der Hörfunkwerbung ist dagegen mit 4 % vergleichsweise gering. Der Anteil der Kinowerbung liegt unter 1 %.[3] Obwohl die Online-Werbung wächst, hat ihr Marktanteil an den gesamten Werbeausgaben im Jahr 2009 gerade 4 % erreicht.[4]

Werbung bietet zusammen mit Sonderformen wie dem Sponsoring die entscheidende finanzielle Basis des privaten Rundfunks. Beim privaten Free-TV und Radio wäre ohne Werbeeinnahmen das **Geschäftsmodell** beendet.[5] Aber auch das öffentlich-rechtliche Free-TV und sogar das Pay-TV generieren einen kleinen Teil ihrer Einnahmen mit der Ausstrahlung von Werbebotschaften Dritter.

Werbebuchungen im Fernsehen werden noch heute im Prinzip ähnlich gehandhabt wie zu Zeiten des öffentlich-rechtlichen Fernsehmonopols, als nur wenig Werbezeit zur Verfügung stand: Im dritten Quartal eines jeden Jahres nehmen die großen Werbeagenturen bei den Fernsehsendern bzw ihren Vermarktungsgesellschaften ihre **Ersteinbuchung** für das folgende Jahr vor. Es werden das Buchungsvolumen insgesamt festgelegt und die besonderen Wünsche der Werbetreibenden angemeldet. Mit Bestätigung des Senders kommt ein Vertrag über die erfüllbaren Buchungswünsche zustande. Diese Buchungen werden im Laufe des Jahres **optimiert**, um für das beworbene Produkt möglichst reichweitenstarke und inhaltlich optimale Programmumfelder zu suchen. Im Durchschnitt wird jeder Spot bis zu seiner Ausstrahlung acht- bis neunmal **umgebucht**. Diese Umbuchungen – und darin liegt die entscheidende Änderung in der Praxis – sind teilweise noch wenige Stunden vor Ausstrahlung möglich. Laut den Allgemeinen Geschäftsbedingungen der meisten Sender sind **Stornierungen bis zu vier Wochen vor dem geplanten Ausstrahlungstermin** möglich. In der Praxis werden Stornierungen jedoch sogar bis zu zwei Wochen vor dem Termin noch zugelassen: Die frei gewordenen Werbeplätze können dann von kleineren Agenturen und schnell entschlossenen Werbekunden noch gebucht werden. Die Sender vereinbaren für möglicherweise

---

[1] ZAW Werbung in Deutschland 2010, 9 f.
[2] ZAW Werbung in Deutschland 2010, 17.
[3] ZAW Werbung in Deutschland 2010, 16.
[4] ZAW Werbung in Deutschland 2010, 9, 17.
[5] Schon der Rückgang der Werbeeinnahmen von rund € 4,7 auf € 3,8 Mrd in den Jahren 2002–2004 stellte die privaten Veranstalter vor erhebliche Probleme; zur Bedeutung der Fernsehwerbung instruktiv: BGH NJW 2004, 3032 ff – Werbeblocker „Fernsehfee".

im letzten Moment noch frei werdende Plätze in Werbeblocks eine Art „**Stand-By-Rabatt**", der oft von „**Direct-Response-Anbietern**" (Teleshopping, Hotlines etc) genutzt wird. Bei diesen Buchungen hat der Buchende keinen Anspruch auf Schaltung des Spots; sie erfolgt nur, wenn ein Sendeplatz aufgrund einer kurzfristigen Stornierung frei wird. Der **Zentralverband der deutschen Werbewirtschaft eV (ZAW)** hat von der in § 22 Abs 2 Nr 2 iVm Abs 3 Nr 2 GWB eröffneten Möglichkeit Gebrauch gemacht und „**Einheitliche Grundsätze zur Gestaltung und Ausführung von Aufträgen im Bereich der Rundfunkwerbung**" empfohlen.

II. Werbeformen

5 Die Formen der Rundfunkwerbung (im weiten Sinn) haben sich in den letzten zehn Jahren stark ausdifferenziert. Der klassische Werbespot hat Konkurrenz bekommen. Ein Indiz dafür sind die vielen – häufig aus dem angloamerikanischen Raum stammenden – Bezeichnungen[6] wie „split screen", „virtual advertising", „infomercials", „cut in", „crawl", „frame split", „Teleshopping", „Telepromotion", aber auch deutsche Bezeichnungen wie etwa „Dauerwerbesendung". Ordnet man die verschiedenen Werbeformen nach ihrer **Länge**, liegen am einen Ende des Spektrums die sehr kurzen Botschaften, wie zB eine Produktplatzierung, eine Trikot- oder Bandenwerbung, der sog „reminder" oder ein kurzer Sponsorhinweis. In der Mitte des Spektrums läge der **klassische Werbespot** mit einer Länge von 20–30 Sekunden. Dazu gehören aber auch **DR-TV** (direct response TV)-Spots und kurze **Teleshopping-Spots**. Sie erlauben, das Produkt nicht nur in einem positiven Umfeld darzustellen, sondern auch Produktinformationen und Produktemotionen zu kommunizieren. Die ausführlichste Werbekommunikation sind **Dauerwerbesendungen** in Form von Infomercials, Promostory, Storymercials, Showmercials oder Teleshoppingfenstern.

6 Rechtlich ebenfalls bedeutsam ist der **Grad der Integration** der Werbung in das Programm. Man unterscheidet in die sog „**instrumentale**" und die sog „**mediale**" Werbung. Erstere ist vom Programm getrennte, klar erkennbare Werbung, wie zB ein Werbespot. Bei der „medialen" Werbung handelt es sich um Werbung, bei der werbliche und nicht-werbliche Inhalte vermischt werden. Im fiktionalen Kontext spricht man auch von „programmintegrierter Werbung", im non-fiktionalen von sog „redaktioneller Werbung". Es gibt zulässige Formen, wie zB „infomercials" oder „showmercials", wie die Show „Der Preis ist heiß", die jedoch als Dauerwerbesendungen gekennzeichnet werden muss.

7 Ordnet man die verschiedenen Formen **medialer Werbung** nach dem **Grad der Einbindung** in den Programmen üblichen Inhalt, so lassen sich – am Beispiel eines Coca-Cola-Placements **drei Stufen** unterscheiden: (1.) Im Film erscheint ein Werbeplakat für Coca-Cola. Hier ist zumindest deutlich, dass es sich um eine werbliche Aussage handelt. (2.) Auf dem Frühstückstisch des Protagonisten sieht man eine Coca-Cola Dose. (3.) Die Coca-Cola wird – selbstverständlich positiv – in die Handlung eingebaut, zB trinkt der Protagonist eine Dose. Noch tiefer ginge die Integration des Produkts in das Programm, wenn der Protagonist nach dem Absetzen der Dose das Getränk loben oder sich einen Dialog über die Vorteile dieses Softdrinks gegenüber anderen Markenprodukten entspinnen würde.

---

[6] Eine umfangreiche Liste von neuer Sonderwerbeformen im Fernsehen findet sich in *ZAW* Werbung in Deutschland 2007, 310 f.

Eine Rechtsordnung kann auf das vielstimmige Crescendo an Werbeformen unterschiedlich reagieren: Sie kann regulieren, verbieten und einschränken, oder sie kann die Entwicklung den Marktkräften überlassen. Die europäische Tendenz einer eher detaillierten **Regulierung** mag dabei nicht der einzig gangbare Weg sein. Gibt man bei YouTube zB das Stichwort „Product Placement" ein, finden sich ausführliche Sammlungen von Product Placements in bekannten US-Spielfilmen und US-Serien. Englischsprachige Zuschauer machen sich den Spaß, hunderte von Programmstunden nach versteckten werblichen Botschaften abzusuchen und sie anschließend ins Netz zustellen. Geht man von dieser Art der Konsumenten aus, ist Regulierung nicht mehr erforderlich.[7] Bis die Mehrheit der Fernsehzuschauer in Europa derartig „media savvy" ist, wird allerdings noch Zeit vergehen.

8

III. Die inhaltliche Struktur des Rundfunkwerberechts

Das im Wesentlichen im Rundfunkstaatsvertrag geregelte **Rundfunkwerberecht** weist eine Vielzahl von Regelungen auf. Zum Teil gehen die Regelungen sehr ins Detail; man denke bspw an die Regelung zur Dauer und zur Aufmachung des Werbetrenners, der vor Beginn eines Werbeblocks ausgestrahlt werden muss. Diese Vielfalt ist neben der rechtlichen Ausdifferenzierung auch der Tatsache geschuldet, dass der Gegenstandsbereich, wie oben beschrieben, selbst immer vielfältiger wird. Dennoch lässt sich das Rundfunkwerberecht auf wenige Grundprinzipien und Regelungsbereiche herunterbrechen:

9

1. Allgemeine Regeln

Die zentralen **allgemeinen Regeln** sind: das **Trennungsgebot**, das **Erkennbarkeits-** oder **Kennzeichnungsgebot** bzw Schleichwerbeverbot sowie das **Beeinflussungsverbot**. Das Trennungsgebot fordert vom Rundfunksender, redaktionelles Programm und werbliche Botschaften voneinander zu trennen. Dies geschieht zB über Werbetrenner oder einen gut sichtbaren Balken beim sog „split screen". Das Trennungsprinzip wird als „Eckpfeiler"[8] oder „Magna Charta"[9] des Rundfunkrechts und als „tragendes Prinzip des Medienrechts"[10] bezeichnet. Für Printprodukte findet es sich in § 10 des jeweiligen Landespressegesetzes.[11] Das Erkennbarkeitsgebot geht weniger weit; es verlangt nur, dass Werbung als solche erkennbar ist und nicht schleichend daherkommt. Dies erreicht man durch entsprechende Kennzeichnung. Fehlt sie bei werblichen Inhalten, die ins Programm integriert sind, so spricht man von „Schleichwerbung". Das Beeinflussungsverbot möchte verhindern, dass die ökonomische Macht der Werbewirtschaft die redaktionelle Unabhängigkeit gefährdet. Nähers zur Erläuterung dieser Regeln in Rn 120 ff.

10

---

[7] In diese Richtung gehen auch Studien, die nahe legen, dass das TV-Publikum (erkennbare) integrierte Werbung der getrennten Werbung (in Werbeblöcken) vorzieht, vgl *Thommen* epd medien 82/2005, 29.
[8] *Hartstein/Ring/Kreile/Dörr/Stettner* § 7 Rn 26.
[9] *Engels/Giebel* ZUM 2000, 265, 269.
[10] *Hesse* Kap 4 Rn 56.
[11] Vgl dazu *Henning-Bodewig* GRUR 1996, 321 ff.

2. Inhaltliche Werbegrenzen

11 Des Weiteren gibt es eine Reihe von **inhaltlichen Werbebeschränkungen**; das berühmteste und älteste im deutschen Rundfunk ist das Tabakwerbeverbot. Zu diesen inhaltlichen Beschränkungen gehören aber auch komplexere gesetzliche Maßgaben, wie etwa § 7 Abs 1 RStV; danach darf Werbung „nicht irreführen, den Interessen der Verbraucher nicht schaden und nicht Verhaltensweisen fördern, die die Gesundheit oder Sicherheit der Verbraucher sowie den Schutz der Umwelt gefährden."

3. Werbehöchstmengen

12 Anders als beim Kinofilm oder bei den Printmedien überlässt der Gesetzgeber die Werbemenge im Rundfunk nicht den Marktkräften. Es werden Höchstmengen festgelegt, die zwischen öffentlich-rechtlichen und privaten Sendern differieren.

4. Unterbrecherwerbung

13 Die künstlerische Integrität der Programme und die Geduld der Rezipienten werden zumindest teilweise durch Beschränkungen der Unterbrecherwerbung geschützt. So darf zB nach geltendem TV-Werberecht ein Kinofilm nur alle 30 durch Werbeblöcke unterbrochen werden.

5. Sponsoring und Teleshopping

14 Im Rundfunk gibt es Sonderformen kommerzieller Botschaften, die weder unter die Definition von Werbung noch der von Schleichwerbung fallen. Die wichtigste Sonderform ist das Sponsoring. Aber auch das Teleshopping enthält viele werbliche Elemente und muss deswegen zumindest von der Rundfunkwerbung abgegrenzt und in den Grundzügen dargestellt werden.

6. Gesetzliche Definitionen

15 Bevor die oben genannten Regeln und Vorschriften auf bestimmte Sachverhalte angewendet werden, muss die **Tür zum Rundfunkwerberecht** überhaupt geöffnet sein. Ob eine kommerzielle Botschaft Werbung im Sinne des Rundfunkrechts ist, richtet sich nach der gesetzlichen **Definition** von Werbung und Schleichwerbung im Rundfunkstaatsvertrag. So schließt der Begriff der Rundfunkwerbung bspw die politische Werbung nicht mit ein. Das Verbot der politischen Werbung im § 7 Abs 8 RStV stellt daher eine Sonderregelung dar, für die etwa Werbemengenbegrenzungen nicht gelten.

IV. Rechtsgrundlagen

16 In Deutschland ist das **Rundfunkwerberecht** in den §§ 1(c)–(e), 7, 7a und 8 RStV geregelt. Die §§ 15–18 RStV gelten für die öffentlich-rechtlichen Rundfunksender, die §§ 43–45a RStV enthalten spezielle Regelungen für die privaten Sender. Daneben gibt es ein Verbot[12] der Tabakwerbung und Beschränkungen bei der Arzneimittelwerbung im Heilmittelwerbegesetz.

---

[12] ZAW Werbung in Deutschland 2007, 126.

Diese Normen basierten zu großen Teilen auf Vorgaben der **Fernseh-RL** „Fernsehen ohne Grenzen" aus dem Jahr 1997.[13] Gem Art 27 Abs 1 FsÜ[14] ist die Fernseh-RL die vorrangige Norm, die im Verhältnis von EU-Mitgliedsstaaten allein Anwendung findet. Die Fernseh-RL wurde durch die am 19.12.2007 in Kraft getretene Audiovisuelle Mediendienste Richtlinie[15] (AVMDR) novelliert, die in Deutschland mit dem 13. RÄndStV (Rundfunkänderungsstaatsvertrag) mit Wirkung zum 1.4.2010 umgesetzt wurde.

Nicht auf europäischen Vorgaben beruhen vereinzelte Regelungen mit einem Rundfunkbezug, zB der derzeit bis zum Ende 2012 befristete Glücksspielstaatsvertrag, der Werbeverbote für Glücksspiel im Fernsehen und im Internet enthält (§ 5 Abs 3 des Glücksspielstaatsvertrages).

Für den **Hörfunk** gilt zwar ebenfalls der Rundfunkstaatsvertrag, teilweise jedoch mit einigen Sonderregelungen. § 16 Abs 5 RStV iVm dem jeweiligen Landesrundfunkgesetz (zB WDR-Gesetz) begrenzt die tägliche Werbung für den öffentlich-rechtlichen Hörfunk auf 90 Minuten pro Tag, während zB die Höchstgrenze für das Erste Fernsehprogramm 20 Minuten im Jahresdurchschnitt beträgt.

Häufig finden sich in den **Landesmediengesetzen** und **Landesrundfunkgesetzen** der einzelnen Bundesländer **gleichlautende oder weitergehende Werberegelungen**. Sie sind jedoch nur heranzuziehen, wenn sie im Verhältnis zum RStV abweichende Regelungen enthalten (§ 1 Abs 2 RStV). Die Landesmedienanstalten haben gem § 46 RStV gemeinsame Richtlinien zur Interpretation und Durchführung dieser Normen, die sog **DLM-Werbe-RLen**[16] erlassen. Inhaltlich ähnliche **Werberichtlinien** haben sich auch ARD und ZDF gegeben. Daneben gelten – ergänzend[17] – das Werberecht des UWG sowie in Verbindung mit dem Wettbewerbsrecht auch die branchenübergreifenden **Selbstverpflichtungskataloge**, wie zB die **Verhaltensregeln des deutschen Werberates über alkoholische Getränke**.[18] Ob letztere – zusammen mit der Generalklausel in § 7 Abs 1 S 1 RStV – die fehlende Umsetzung von Art AVMBR ersetzen, ist zweifelhaft. Die Verhaltensregeln des Werberats sind weniger streng und lassen sich wettbewerbsrechtlich nur eingeschränkt durchsetzen.[19] Für den **privaten Hörfunk** gibt es eine eigene Richtlinie zu Werbung und Sponsoring.

Streitig ist, ob es sich bei den **Werberichtlinien** um **norminterpretierende** oder **normkonkretisierende** Verwaltungsvorschriften handelt, zumindest soweit es sich um die Rechtsfolgenseite geht. Die hM geht davon aus, dass die Richtlinie lediglich norminterpretierenden Charakter haben und dass auf ihrer Basis getroffene Entscheidungen im Werbebereich gerichtlich voll überprüfbar sind.[20] Über die gesetzlichen Bestimmungen des Rundfunkstaatsvertrags hinaus können sie keine Einschränkungen vorsehen. Sie dienen der Vereinheitlichung der Verwaltungspraxis. Anders ist es nur, so-

---

[13] RL 89/552/EWG des Rates v 3.10.1989 zur Koordinierung bestimmter Rechts- und Verwaltungsvorschriften der Mitgliedstaaten über die Ausübung der Fernsehtätigkeit.
[14] Europäisches Übereinkommen über das grenzüberschreitende Fernsehen vom 5.5.1989, abgedr ua in *Höfling/Möwes/Pechstein* 42 ff.
[15] RL 2007/65/EG des Europäischen Parlaments und des Rates v 11.12.2007.
[16] Gemeinsamen Richtlinie der Landesmedienanstalten für die Werbung, zur Durchführung der Trennung von Werbung und Programm und für das Sponsoring im Fernsehen/im Hörfunk (Werbe-RLen) v 21.2.2000.
[17] S unten Rn 23 ff.
[18] Abgedr bei *Hartstein/Ring/Kreile/Dörr/Stettner* § 7 Rn 107.
[19] *Beucher/Leyendecker/von Rosenberg* § 7 Rn 72.
[20] Statt vieler *Hartstein/Ring/Kreile/Dörr/Stettner* § 46 Rn 2; aA *Hahn/Vesting/Ladeur* § 46 Rn 10.

Kapitel 3 Rundfunkwerberecht

weit der Gesetzgeber den Landesmedienanstalten Satzungsautonomie zubilligt, wie etwa bei den Kabelbelegungssatzungen.

22 Die Rundfunkanstalten der **ARD** und des **ZDF** müssen gem § 16 f RStV zur seiner Durchführung Werberichtlinien erlassen. Auch hier handelt es sich häufig um norminterpretierende Verwaltungsvorschriften – allerdings **ohne Außenwirkung**, weil sie sich damit nur selbst binden. Das Selbstverwaltungsrecht der Rundfunkanstalten und das Intendantenprinzip lassen es allerdings auch zu, über das Gesetz hinauszugehen. Die Rechtsaufsicht (das zuständige Bundesland) kann die Richtlinien auf Gesetzeskonformität hin überprüfen.

V. Konkurrenz zwischen Werberecht im RStV und im UWG

23 Das Gebot der **Trennung** von Werbung und Programm, der **Erkennbarkeit** von Werbung bzw das Verbot der **Schleichwerbung** finden sich sowohl im Rundfunkstaatsvertrag als auch im UWG. Einschlägig ist das Regelbeispiel in § 4 Nr 3 UWG. Danach handelt unlauter, wer den Werbecharakter von Wettbewerbshandlungen verschleiert[21]. Ist die UWG-Norm im Fernsehbereich neben § 7 Abs 6 S 1 RStV und der Definition in § 2 Abs 2 Nr 6 RStV anwendbar oder stellen die rundfunkrechtlichen Regelungen für den Rundfunk eine abschließende Spezialregelung dar? Dieses Problem wurde bisher von Rechtsprechung und Literatur nur gestreift.[22]

24 Zweifel an einer parallelen Anwendbarkeit von Regelbeispiel und rundfunkrechtlicher Regelung ergeben sich aus dem Umstand, dass im Rundfunkstaatsvertrag Regelungen der Fernseh-RL in deutsches Recht umgesetzt worden sind. Der Europäische Gerichtshof (EuGH) ist in einem Fall der Konkurrenz zwischen Rundfunk- und Wettbewerbsrecht zu dem Ergebnis gelangt, dass die Richtlinie in dem von ihr koordinierten Bereich eine abschließende Regelung darstellt[23]. In diesem Fall ging es um eine nach schwedischem Wettbewerbsrecht verbotene Kinderwerbung. Die Wettbewerbsbehörde untersagte schwedischen Unternehmen, an Kinder gerichtete Fernsehwerbung in TV 10 zu schalten. Bei TV 10 handelte es sich um einen in Großbritannien niedergelassen Fernsehveranstalter, der im Besitz einer rundfunkrechtlichen Sendeerlaubnis der britischen Rundfunkbehörde war. Zwar hatte der schwedische „Konsumentenombudsmann" keine Zuständigkeit für TV 10. Obwohl das Programm sich an das schwedische Publikum richtete, konnte er nicht verlangen, Kinderwerbung zu unterlassen. Dies ergibt sich aus dem **Sendelandsprinzip** in Art 2a der Fernseh-RL. Aber auch die mittelbare Erzwingung des schwedischen Kinderwerbeverbots über die schwedischen Werbetreibenden wurde dem „Konsumentenombudsmann" vom EuGH verwehrt. In dem von der Richtlinie koordinierten Bereich gehe die Richtlinie vor, auch wenn das Wettbewerbsrecht des Mitgliedsstaates davon abweicht.

25 Ginge es also um Schleichwerbung in einem im EU-Ausland zugelassenen Sender, wäre es europarechtlich ausgeschlossen, von den Regelungen und Definitionen der Fernseh-RL abzuweichen. Mitgliedstaaten können gem Art 3 der Fernseh-RL Fern-

---

[21] Ein Unterlassungsanspruch von Wettbewerbern ergibt sich dann aus § 8 iVm § 3 und dem Regelbeispiel.

[22] Hefermehl/Köhler/Bornkamm/*Köhler* § 4 Rn 3.7 geht zu Recht davon aus, dass § 7 Abs 6 S 1 RStV gegenüber dem Regelbeispiel in Nr 3 lex specialis ist; stattdessen kommt nur eine Wettbewerbswidrigkeit nach dem Regelbeispiel Nr 11 (Vorsprung durch Rechtsbruch) in Verbindung mit der rundfunkrechtlichen Regelung in Betracht.

[23] EuGH Slg 1997, I-3875 – de Agostini.

sehveranstalter, die ihrer Rechtshoheit unterworfen sind, allerdings strengeren oder ausführlicheren Bestimmungen unterwerfen, als die Fernseh-RL selbst vorsieht. Diese Möglichkeit entbindet jedoch nicht von der Pflicht, Regelungen im koordinierten Bereich **richtlinienkonform** auszulegen. Das heißt, es wäre zulässig, im Rundfunkstaatsvertrag oder auch im UWG ein weitergehendes Verbot aufzustellen – etwa in dem man anstelle der jetzt geforderten Schleichwerbeabsicht des Senders auch bewusste Fahrlässigkeit des Senders mit Bezug auf den Werbezweck der Schleichwerbung ausreichen lassen würde. Dabei müsste es sich aber um eine gesetzliche Regelung handeln. Bei der Interpretation einer bestehenden Norm muss hingegen die Richtlinie und der von ihr koordinierte Bereich beachtet werden.

Diese europarechtliche Argumentation wird durch systematische Überlegungen unterstützt. Die Feststellung, ob und in welchem Umfang eine Vorschrift als „**lex specialis**" anzusehen ist, richtet sich nach den üblichen Auslegungsgrundsätzen; dabei kommt es entscheidend auf den Vergleich der Normzwecke der konkurrierenden Vorschriften an.[24] **26**

Das Regelbeispiel in § 4 Nr 3 UWG spricht von der Verschleierung des Wettbewerbscharakters von Wettbewerbshandlungen. Damit ist Schleichwerbung gemeint, obwohl der Wortlaut sich von der engeren Definition der Schleichwerbung im Fernsehen in § 2 Abs 2 Nr 6 RStV unterscheidet.[25] UWG und Rundfunkstaatsvertrag regeln also im Bereich der Fernsehwerbung denselben Sachverhalt. In der **Gesetzgebungsgeschichte** findet sich kein Anhaltspunkt dafür, dass der Gesetzgeber bei der Neuregelung des Wettbewerbsrechts eine für den Fernsehbereich oder auch für alle Medien strengere Regelung treffen wollte. Im Gegenteil scheint er davon auszugehen, dass es sich beim Trennungs- und Erkennbarkeitsgebot um allgemeine Prinzipien handelt, welche „auch in Spezialvorschriften der Landespresse- und Landesmediengesetze vorkommen."[26] Das rundfunkrechtliche Gebot hat nur zusätzlich den aus Art 5 Abs 1 S 2 GG fließenden Schutz der Unabhängigkeit des Programmveranstalters vor der Beeinflussung durch die werbetreibende Wirtschaft im Auge und nicht nur das Interesse der Wettbewerber an der Neutralität der Medien im Wettbewerb und das der Verbraucher, nicht über den Werbecharakter des Inhalts irregeführt zu werden. Da das wettbewerbsrechtliche Schleichwerbeverbot keine über das rundfunkrechtliche Schleichwerbeverbot hinausgehenden Normzwecke verfolgt, ist auch aus diesem Grunde eine Konkurrenz beider Normen im Bereich der Schleichwerbung im Fernsehen nicht erforderlich. **27**

Eine Besonderheit des Schleichwerbetatbestandes im Rundfunkstaatsvertrag ist der Umstand, dass die Werbeabsicht beim Veranstalter vorliegen muss. Wendet man den Tatbestand auf den Fernsehproduzenten an, kann dieser den Tatbestand nicht erfüllen.[27] Und umgekehrt begeht der Sender keine Schleichwerbung, wenn er die Schleichwerbung des von ihm beauftragten Produzenten nicht erkennt (näher zu dieser Problematik vgl Rn 88 ff). Außerdem findet sich im Rundfunkrecht eine Spezialregelung zum erlaubten „Product Placement", die eine Einschränkung des allgemeinen Verbots der Schleichwerbung darstellt. **28**

Aus den genannten Gründen ist eine **differenzierende Betrachtung** sinnvoll: Soweit das Schleichwerbeverbot und die Regeln zur Produktplatzierung unmittelbar Anwen- **29**

---

[24] *Rüthers* Rn 771.
[25] Vgl etwa Hefermehl/Köhler/Bornkamm/ *Köhler* § 4 Rn 3.7, 3.43 ff.
[26] Gesetzesbegründung, BT-Drucks 15/1487, 17.
[27] AA Hahn/Vesting/*Ladeur* § 7 Rn 57 mwN.

dung finden, also insb gegenüber Fernsehsendern, gehen die Vorschriften des Rundfunkstaatsvertrages vor. Klagt also bspw ein Fernsehsender gegen den anderen auf Unterlassung von Schleichwerbung, dürfte er dies nicht auf § 4 Nr 3 UWG stützen, sondern auf das Regelbeispiel in § 4 Nr 11 UWG (Vorsprung durch Rechtsbruch) iVm § 7 Abs 6 RStV und § 2 Abs 2 Nr 6 RStV. Geht es um Fernsehwerbung bzw Schleichwerbung im Fernsehen und ist kein Fernsehveranstalter betroffen, sind RStV und UWG nebeneinander anwendbar[28]. Allerdings kann der Begriff der Schleichwerbung im Regelbeispiel aus § 4 Nr 3 UWG bei der *Schleichwerbung im Rundfunk* nicht anders ausgelegt werden als für die unmittelbar betroffenen Fernsehveranstalter gem § 2 Abs 2 Nr 6 RStV. Diese fernsehspezifische Definition der Schleichwerbung bzw der erlaubten Produktplatzierung ist vorrangig. Mit anderen Worten: § 4 Nr 3 UWG muss mit Bezug auf Rundfunk rundfunkrechtlich und damit auch richtlinienkonform ausgelegt werden. Es kommt daher auf die Frage, ob das Regelbeispiel in § 4 Nr 3 UWG möglicherweise einen weiteren oder engeren Schleichwerbebegriff enthält als § 2 Abs 2 Nr 6 RStV, für den Bereich der Fernsehwerbung nicht mehr an.

VI. Die Ziele des Gesetzgebers bei der Regulierung der Rundfunkwerbung

1. Regelungsspezifische Ziele

30 Es gibt **regelungsübergreifende** und **regelungsspezifische Ziele** des Gesetzgebers bei der Regulierung der Rundfunkwerbung. Letztere sind so vielfältig wie die Regelungen selbst. So hat das Verbot der Tabakwerbung die Reduktion des Tabakkonsums in Deutschland zum Ziel. Das Verbot der Unterbrechung von Gottesdienstübertragungen will den sakralen Kern solcher Veranstaltungen vor Verwässerung durch kommerzielle Botschaften schützen. In all diesen Regelungen liegen die gesetzlichen Zwecke klar zu Tage. Soweit erforderlich, soll auf sie deshalb auch erst im Kontext der Darstellung bzw Interpretation der entsprechenden Spezialregelung eingegangen werden.

2. Allgemeine Ziele

31 Sehr viel schwieriger hingegen ist die Herausarbeitung der **allgemeineren Ziele**, insb der ratio legis des **Trennungs-, Kennzeichnungs- bzw Erkennbarkeitsgebots** und des **Beeinflussungsverbots**. Alle drei Prinzipien sind in § 7 Rundfunkstaatsvertrag (RStV) verankert. Gem § 7 Abs 3 S 1 RStV müssen Werbung und Teleshopping als solche klar **erkennbar** sein. Nach S 3 müssen Werbung und Teleshopping im Fernsehen durch optische Mittel, im Hörfunk durch akustische Mittel eindeutig von anderen Programmteilen **getrennt** sein. Das **Beeinflussungsverbot** findet sich zunächst in § 7 Abs 2 RStV und § 8 Abs 2 RStV verbieten, dass Inhalt und Programmplatz durch Werbetreibende oder Sponsoren in der Weise beeinflusst werden, dass die Verantwortung und die redaktionelle Unabhängigkeit des Rundfunkveranstalters beeinträchtigt werden.

32 Das **Trennungsprinzip** gilt als gefestigter Grundsatz des Medienwerberechts.[29] Der Verband Deutscher Zeitungsverleger akzeptierte bereits 1901 ein einheitliches Verbot

---

[28] Die Lösung über „Vorsprung durch Rechtsbruch" ist nicht möglich, wenn und insoweit der Dritte (zB der Werbetreibende oder der Fernsehproduzent) nicht Adressat der verwaltungsrechtlichen Vorschriften des RStV sein kann.
[29] S oben Fn 8, 9, 10; *Wieben* 48 ff.

der Vermengung von redaktionellen und Anzeigenteil in einer, wie man es heute nennen würde, freiwilligen Selbstbeschränkung.[30] Das 1933 verabschiedete Schriftleitergesetz enthielt eine Vorschrift die alles untersagte, „was eigennützige Zwecke mit gemeinnützigen in einer die Öffentlichkeit irreführenden Weise vermengt."[31] Das Trennungsgebot hat eine lange Tradition im deutschen Presserecht; es wurde bereits 1957 in einem Urteil des OLG Celle als „gefestigte Standesauffassung" bezeichnet.[32]

Trennungs- oder **Kennzeichnungs-** oder **Erkennbarkeitsgebot** werden häufig synonym verwendet. Das ist jedoch irreführend. Das Gesetz unterscheidet nicht ohne Grund zwischen dem Erkennbarkeits- und dem Trennungsgebot. Der Unterschied zwischen den beiden lässt sich an folgendem kleinen Beispiel illustrieren: Nehmen wir an, ein Showmaster, nimmt während der Show sein Handy aus der Jackentasche, lobt das Design und gewisse technische Eigenschaften des Geräts und verrät am Ende mit einem Augenzwinkern, dass der Handy Hersteller für diese Aussage „eine Menge Geld" bezahlt habe. Das Trennungsprinzip wäre verletzt, weil Programm und werbliche Aussage untrennbar vermischt werden. Das Erkennbarkeitsgebot hingegen wäre nicht verletzt, weil es für jeden erkennbar gewesen wäre, dass es sich um eine werbliche Botschaft handelte. Ein zweites Beispiel: Nehmen wir an, werbliche Artikel zu den Themen „Auto und Motorsport" wären einer Tageszeitung mit einer Beilage beigelegt worden. Es ist klar, dass die Tageszeitung und die Beilage getrennt voneinander wären. Dennoch mag vielen Lesern nicht deutlich geworden sein, dass es sich bei der Beilage um Werbung handeln würde. Deswegen fordern die Landespressegesetze auch eine Kennzeichnung, zB durch das Wort „Anzeige".

33

Wie zentral der Unterschied zwischen **Trennung** und **Erkennbarkeit** ist, zeigt sich an der Diskussion um die Zulassung des „Product Placement". Vereinfacht ausgedrückt (für Details s unten Teil 1 Kap 3 Rn 167 ff), lassen §§ 7 VII, 15 und 44 RStV Produktplatzierung zu, wenn sie bestimmte Voraussetzungen erfüllt und wenn sie als solches gekennzeichnet ist. Eine **Trennung** von werblichen und redaktionellen Teil kann es bei diesem Konzept einer programmintegrierten Werbung nicht geben. Daran würde man auch nichts ändern, wenn man – wie vor der Legalisierung der Produktplatzierung diskutiert wurde – den Warnhinweis nicht nur vor und nach der Sendung platzieren würde, sondern unmittelbar jedes einzelne Placement mit einem Signet als werbliches Elemente kennzeichnen würde. Mit anderen Worten: Lässt man programmintegrierte Werbung zu, ist das Trennungsprinzip verletzt, selbst wenn die Werbung gekennzeichnet und erkennbar ist.

34

Es stellt sich die Frage, ob Trennungs- und Erkennbarkeitsgebot, wie oft behauptet,[33] dieselben **gesetzlichen Zwecke** verfolgen. Die Antwort auf die Frage hat Auswirkungen auch auf Interpretationen und systematische Problemstellungen, etwa das Problem, ob der Begriff der Schleichwerbung ein besonderer Unterfall der Rundfunkwerbung ist. Dieser Zusammenhang wird deutlich, wenn man zB die These beleuchtet, Zweck der Trennung der Werbung sei (auch) die Erkennbarkeit der Werbung. Dann wäre die Trennung (nur) eine von vielen Methoden, um Erkennbarkeit zu

35

---

30 *Baerns* 10.
31 *Baerns* 12.
32 OLG Celle DB 1958, 652.
33 Die meisten Autoren behandeln Trennungs- und Kennzeichnungsgebot undifferenziert nebeneinander: *Paschke* Rn 367 ff, 537 ff; *Gersdorf* Rn 256 ff; *Fechner* Rn 971 ff; *Petersen* § 15 Rn 2 ff; *Hesse* 3. IV 1 Rn 56 ff; *Beucher/Leyendecker/von Rosenberg* § 7 Rn 27; *Hartstein/Ring/Kreile/Dörr/Stettner* § 7 Rn 27; *Bork* GRUR 1988, 264 ff; zu Recht differenzierend hingegen Hahn/Vesting/*Ladeur* § 7 Rn 28 ff und *Gounalakis* WRP 2005, 1476, 1477.

36 gewährleisten und stünde damit diesbezüglich **neben** den Kennzeichnungsverpflichtungen. So einfach liegt die Sache jedoch nicht.

36 Das **Erkennbarkeitsgebot hat zwei Ziele:** Zunächst schützt es die **Entscheidungsfreiheit** des **Verbrauchers.** Der Medienrezipient (sei es als Zuschauer, Zuhörer, oder Leser) soll nicht darüber getäuscht werden, ob er oder sie eine werbliche oder redaktionelle Botschaft wahrnimmt. Konsumenten tendieren dazu, Werbebotschaften (bzw generell „pro domo" gesprochene Botschaften) kritischer zu würdigen und ihnen weniger Glauben zu schenken als redaktionellen. Schutzobjekt ist also zunächst der Konsument.[34]

37 Das **zweite Ziel** ist der faire **Leistungswettbewerb**.[35] Wettbewerber fordern von den Medien, auf der Basis fairer möglichst objektiver Kriterien verglichen und bewertet zu werden. Dies ist jedoch nicht der Fall, wenn ein Unternehmen, zB ein besonders finanzkräftiger Arzneimittelhersteller, dafür bezahlt, dass sein Produkt in einer Ratgebersendung als besonders wirksam und preisgünstig herausgestellt wird. Bei einem Verstoß gegen die Neutralität des Rundfunks gegenüber sachfremden Einflüssen der Werbewirtschaft ist die Gleichheit der wettbewerblichen Ausgangsbedingungen verletzt.

38 Etwas komplexer müsste die Argumentation sein, wenn man nicht die Verhinderung einzelner Verstöße, sondern die **Gesamtregelung**, also zB das Verbot der Schleichwerbung generell in den Blick nimmt: Wäre Schleichwerbung auch dann wettbewerbspolitisch problematisch, wenn jeder Wettbewerber es dürfte? Hätten nicht wieder alle Wettbewerber die gleichen Chancen für diese heimlichen Werbeaussagen im redaktionellen Programm zu sorgen? Meines Erachtens böte der damit ausgelöste sekundäre Wettbewerb um versteckte Werberplätze nicht die Gewähr, dass es zu einem fairen Leistungswettbewerb in den Medien kommt. Letztlich aber bedürfte es einer tiefergehenden ökonomischen Analyse, um diese Frage zu beantworten.

39 Die Ziele des **Trennungsprinzips** sind mit den erwähnten des Erkennbarkeitsgebots nur vordergründig identisch. Nur wenn man die Trennung von Werbung und Programm als (eine) Methode, Werbung erkennbar zu machen ansieht, dient das Trennungsgebot dem gleichen Zweck wie das Erkennbarkeitsgebot. Es verfolgt jedoch ein über den Verbraucher- und Wettbewerbsschutz hinausgehendes Ziel: die Unabhängigkeit des Rundfunks von werblichen Aussagen oder, etwas abstrakter formuliert, die **Autonomie der Medien** gegenüber der ökonomischen Sphäre.[36] Es bezweckt die Autonomie der Programmgestaltung, schützt das Vertrauen des Zuschauers in eben diese Autonomie und fördert somit die Aufgabe des Rundfunks, zu einer umfassenden öffentlichen und individuellen Meinungsbildung beizutragen. Dasselbe Ziel wird auch vom **Beeinflussungsverbot** verfolgt.

40 Das Trennungsgebot ist für den Erhalt der Medienautonomie praktisch bedeutsamer als das Beeinflussungsverbot. Während das Beeinflussungsverbot interne Kenntnisse zur Kommunikation zwischen dem werbetreibenden Unternehmen und dem Medienunternehmen voraussetzen würde, um Verstöße dagegen festzustellen, sind Verstöße gegen das Trennungsgebot sehr **viel leichter zu ermitteln.** Definiert man, wie wir später sehen werden, werbliche Aussagen, objektiv und gewissermaßen mit dem Blick von „außen" (zB allein durch die Tatsache, dass das Produkt übermäßig und in

---

[34] BGH GRUR 1990, 611, 615 – Wer erschoss Boro?; *Ahrens* GRUR 1995, 307, 308.
[35] So BGH GRUR 1990, 611, 615 – Wer erschoss Boro?; krit dagegen *Schultze* 93 f.
[36] So auch *Gounalakis* WRP 2005, 1476 ff; in ähnl Richtung *von Danwitz* AfP 2005, 417, 419.

werblich anmutender Weise herausgestellt ist), so lassen sich derartig offensichtlich werbliche Aussagen gut erkennen. Ein Richter kann die Prüfung durch einfache Lektüre des jeweiligen Artikels oder durch Anschauen der Aufzeichnungen der jeweiligen Sendung an seinem Schreibtisch vornehmen. Weil die Durchsetzung vergleichsweise einfach ist, besitzt das Trennungsgebot eine praktisch weitaus größere Bedeutung als das Beeinflussungsverbot. Betrachtete man Rechtsprechung und Lehre in Deutschland und Europa, ist das Beeinflussungsverbot eher ein Programmsatz geblieben.[37] Das Trennungsprinzip ist hingegen kein Papiertiger, die Zahl der Verwaltungsverfahren und vor allem der Wettbewerbsprozesse, bei denen es um Verstöße gegen das Trennungsgebot geht, ist groß.[38]

Warum sollte die **Autonomie der Medien** geschützt werden? Die Autonomie dient der Meinungsvielfalt. Würden fiktional Inhalte grds auf die Bedürfnisse der Werbetreibendenindustrie eingestellt, gäbe es wohl noch mehr Serien wie „Sex in the City", die sich vor allem hervorragend als Werberplattform eigneten. Im redaktionellen Bereich wären die Folgen noch gravierender. Niemand wüsste mehr genau, ob der entsprechende journalistische Beitrag mehr auf Einschätzungen des Journalisten oder seines Werbepartners beruhte. Selbst wenn auf integrierte Werbung hingewiesen würde, müsste der Rezipient Ausmaß und Detail der Beeinflussung selbst herausfinden. Man kann das Ziel der Medienautonomie im Übrigen noch grundsätzlicher fassen: Grundlegende Systeme der Gesellschaft müssen zumindest im Kern ihrer Autonomie bewahren. Nehmen wir das Beispiel der Wissenschaft. Ihr autonom verwalteter „Code" ist die Wahrheit bzw die objektive Erkenntnis. Was dies bedeutet (dh, wann eine Aussage „wahr" ist), wird wissenschaftsintern im Bereich der Methodologie und Erkenntnistheorie debattiert und intersubjektiv festgelegt. Eine Gesellschaft wäre schlecht beraten, wenn sie akzeptierte, dass wissenschaftliche Wahrheit käuflich würde. Damit ist nicht gesagt, dass es keine Auftragsforschung geben dürfe. Problematisch ist nur, wenn innerhalb des Systems der Wissenschaft autonom definierte Standards, Methoden und Wahrheiten im Interesse des zahlenden Auftraggebers verbogen oder gar außer Kraft gesetzt werden. Sehr pointiert formuliert: wenn man mit Geld oder mit politischer Macht dafür sorgen könnte und dürfte, dass zwei plus zwei gleich 4,1 ist, würden sich die Menschen irgendwann mehr für die Frage interessieren, wer dieses Ergebnis bezahlt hat, als für die mathematischen Lehrsätze. Zum Schluss sei nochmals darauf hingewiesen, dass die Erkennbarkeit der Autonomieverletzung an dieser grundlegenden Problematik nichts ändern würde. **41**

VII. Verfassungsrechtliche Basis

Rundfunkwerbung ist von **zwei Seiten verfassungsrechtlich** geschützt.[39] Zunächst dient sie insb dem privaten Rundfunk als **Finanzierungsquelle**. Wenn der Gesetzgeber privaten Rundfunk zulasse – so das Bundesverfassungsgericht, dürfe er nicht gleichzeitig Bedingungen aufstellen, die die Veranstaltung des privaten Rundfunks erschweren oder sogar unmöglich machen würden.[40] Bei der verfassungsrechtlichen Prüfung bzw der verfassungskonformen Auslegung rundfunkwerberechtlicher Normen ist des- **42**

---

[37] Ein konkreter gerichtsbekannter Fall eines Verstoßes ist mir nicht bekannt.
[38] *Köhler* WRP 1998, 349 ff.
[39] So auch Hahn/Vesting/*Ladeur* § 7 Rn 4 ff;

Sachs/*Bethge* Art 5 Rn 108 ff; Umbach/Clemens/*Zöbeley* Art 5 Rn 90 ff.
[40] BVerfGE 73, 118 – Niedersachsen, Rn 154.

halb auf diese grundlegende Funktion zu achten, unter anderem mit Bezug auf das Übermaßverbot.[41] Für den öffentlich-rechtlichen Rundfunk ist die Rundfunkwerbung keine erhebliche Finanzierungsform mehr, da sie nur noch ca 5 % der Gesamteinnahmen ausmacht. Dennoch wird sie – gerade auch von Vertretern des öffentlich-rechtlichen Rundfunks – für verfassungsrechtlich sinnvoll, teilweise sogar geboten, gehalten. Ihr zentrales Argument ist die größere Unabhängigkeit von der durch die Länderparlamente bestimmten Rundfunkgebühr. Die Rundfunkwerbung garantiere ein Stück **Staatsfreiheit**. Angesichts des inzwischen – nach zwei Urteilen des Bundesverfassungsgerichts zur Rundfunkfinanzierung[42] – sehr staatsfreien Entscheidungsprozessen trägt dieses Argument nicht mehr weit. Das zweite, eher **wettbewerbspolitische Argument** lautet, dass andernfalls das Duopol der RTL und der ProSiebenSat.1 Gruppe noch verstärkt würde.[43]

43 Obwohl die Rundfunkwerbung als **zentrale Finanzierungsquelle** zumindest für die privaten Sender verfassungsrechtlich abgesichert ist, versäumt das Bundesverfassungsgericht nicht, gleichzeitig auf die Programm und Vielfalt verengenden Tendenzen der Werbung durch den Zwang zur Massenattraktivität hinzuweisen, die von der Werbefinanzierung ausgehen.[44] Damit ist die Rundfunkwerbung auf dieser funktionalen Betrachtungsebene der Rundfunkfreiheit ein Grund für die **besonders intensive Regulierung**, die sog „positive Ordnung" im Rundfunk[45].

44 Für den öffentlich-rechtlichen Rundfunk sind im Bereich der Werbung noch **stärkere Beschränkungen** gefordert. In der Guldenburg-Entscheidung hat der Bundesgerichtshof es dem ZDF verwehrt, die Marke Guldenburg für rundfunkferne Warenklassen anzumelden. Damit hat es den **kommerziellen Aktivitäten** des öffentlich-rechtlichen Rundfunks gewisse Grenzen gesetzt.[46] Die Begründung war verfassungsrechtlicher Natur und wurde vom – vom ZDF angerufenen – Bundesverfassungsgericht bestätigt; das Kernargument war einfach und prägnant:

„(...) Anders als ursprünglichere Formen der Nebenverwertung von Sendungen (Vergabe von Sende- oder Buchverlagsrechten gegen Lizenzen uä), die in engem Zusammenhang mit der eigentlichen Aufgabe der Rundfunkanstalten stehen und mit dieser Aufgabe regelmäßig nicht kollidieren, besteht beim Merchandising in einem weiteren Umfang eine nicht zu vernachlässigende Gefahr der Kollision mit tragenden Grundsätzen des Medienrechts, nämlich mit den Geboten der Neutralität im Wettbewerb und der Bewahrung der Unabhängigkeit der Programmgestaltung sowie der Abwehr sachfremder Einflüsse Dritter auf diese.

(...) Jedenfalls besteht aber die zusätzliche und nicht unbedeutende Gefahr, dass bei unbegrenzter Zulassung des Merchandising für eine breite Palette unterschiedlicher, keinen engen Sachzusammenhang mit der Sendung selbst und den Aufgaben der Sendeanstalten aufweisenden Waren ein erhebliches Interesse – und ein durch dieses Interesse geschürter Druck – zahlreicher Lizenznehmer erzeugt werden kann, die Sendung, von der allein die Werbewirkung ausgeht, entweder (als Serie) fortzusetzen oder möglichst oft und zu günstigen Sendezeiten zu wiederholen.

---

[41] *Ricker/Schiwy* 122.
[42] BVerfGE 87, 181 ff – Hessen 3; BVerfGE 90, 60 ff – Gebührenurteil.
[43] BVerfGE 87, 181 – Hessen 3, Rn 81.
[44] BVerfG 1 BvR 341/93 – Guldenburg; BVerfGE 90, 60 ff – Gebührenurteil.
[45] Ständige Rechtsprechung des Bundesverfassungsgerichts: BVerfGE 74, 297 ff – Baden-Württemberg; BVerfGE 83, 238 ff – WDR; BVerfGE 90, 60 ff – Gebührenurteil; BVerfGE 97, 298 ff – Extra Radio Hof.
[46] BVerfG ZUM 1999, 71 ff; BGH NJW 1993, 892 ff; von Hartlieb/Schwarz/*Castendyk* Kap 240 Rn 23.

(...) Darüber hinaus kann ein stärker werdendes Interesse der Sendeanstalten, sich über die Gebühren und die beschränkten Werbeeinnahmen hinaus zusätzliche Einnahmequellen zu verschaffen, auch zur Folge haben, daß schon Planung und Gestaltung von Sendungen – mindestens auch – im Blick auf deren künftige Verwertbarkeit unter Merchandising-Gesichtspunkten vorgenommen werden, wobei wiederum die Gefahr einer Kontaktaufnahme mit bzw einer Einflussnahme von potentiellen Interessenten aus der an Fernsehwerbung im weitesten Sinne interessierten Wirtschaft entstehen kann (...)."[47]

Damit sind dem öffentlich-rechtlichen Rundfunk bestimmte Formen des Medienverbunds, des Merchandising und der Cross-Promotion verfassungsrechtlich erschwert.[48] **45**

Die Rundfunkwerbung ist nicht nur als Finanzierungsbestandteil der Rundfunkgebühr über die Rundfunkfreiheit gem Art 5 Abs 2 GG abgesichert. Die einzelne Werbebotschaft im Rundfunk ist daneben auch als **Meinungsäußerung** gem Art 5 Abs 1 S 1 GG geschützt. Das Bundesverfassungsgericht hat mehrfach bekräftigt, dass auch kommerzielle Meinungsäußerungen sowie reine Wirtschaftswerbung, die einen wertenden, meinungsbildenden Inhalt haben, vom Schutzbereich der Meinungsfreiheit umfasst sind. Besonders großen Schutz genießen Werbeaussagen, die von allgemeinem **gesellschaftlichen oder politischen Interesse** sind. Werbeaussagen genießen, wie das Gericht treffend formuliert, auch den Schutz der Presse- oder Rundfunkfreiheit als darin **eingebettete** Meinungsäußerungen Dritter. Sie sind also nicht nur durch Art 5 Abs 1 S 1 GG geschützt, sondern auch von der Presse- und Rundfunkfreiheit in Art 5 Abs 1 S 2 GG. **46**

Daneben ist die Entscheidung, eine möglicherweise werbewirksame Meinung zu äußern, etwa in Form der positiven Bewertung eines Produkts in einer Ratgebersendung oder in der Entscheidung, einen Tatort-Kommissar zB einen BMW fahren zu lassen, ein Ausdruck der **Programmfreiheit** eines Senders. Werbebeschränkungen grenzen deshalb den Handlungsspielraum der Rundfunkveranstalter ein, dem Zuschauer in Erfüllung des verfassungsrechtlichen Funktionsauftrags ein umfassendes Bild einer auch durch Werbung geprägten Lebenswirklichkeit zu vermitteln. Verfassungsrechtlich befindet sich das Trennungs- und Erkennbarkeitsgebot folglich in einem Spannungsverhältnis einander begrenzender Elemente des Programmauftrags, den der Rundfunk zur Erfüllung seiner Aufgabe für die öffentliche und individuelle Meinungsbildung wahrzunehmen hat.[49] **47**

So kann es zu einer **Grundrechtskollision** kommen. Meinungsfreiheit bzw die die „eingebettete" Meinungsäußerung schützende – Medienfreiheit kann in Widerspruch geraten mit den Anforderungen an die Ausgestaltung der Rundfunkfreiheit als einem funktionalen Grundrecht. Mit anderen Worten: Es kann verfassungsrechtlich geboten sein, zur Sicherung der Meinungsvielfalt im Rundfunk, die vielfaltsverengenden Tendenzen der Rundfunkwerbung regulierend einzuhegen, etwa durch besondere Beschränkungen der Werbung für den öffentlich-rechtlichen Rundfunk. **48**

Wie bei allen Grundrechtskollisionen ist ein Ausgleich der gegenläufigen Interessen im Einzelfall unter Berücksichtigung der **Verhältnismäßigkeit** zu suchen. So steigt der Wert der Programmautonomie mit der Bedeutung einer Programmgattung für den demokratischen Meinungsbildungsprozess. Nachrichtensendungen, Sendungen zum **49**

---

[47] BVerfG ZUM 1999, 71 ff; BGH ZUM 1993, 363 Rn 34–37.
[48] *Volpers/Herkströter/Schnier* 53 ff.
[49] *Greffenius/Fikentscher* ZUM 1992, 526, 528; *Volpers/Herkströter/Schnier* 112.

politischen Zeitgeschehen, Informations- und Magazinsendungen oder Dokumentarfilme sind deshalb als schutzbedürftiger einzustufen als reine Unterhaltungssendungen, Spielfilme oder Serien. Letztere sind wiederum als urheberrechtlich geschützte Werke stärker zu schützen als – idR nur als sog „Laufbilder" geschützte – Unterhaltungsshows. Zu berücksichtigen ist auch, ob es sich bei der Sendung um eine **Fremdproduktion** oder eine **Eigen-, Auftrags- oder Koproduktion** handelt. Nur bei letzteren kann der Programmverantwortliche auf die konkrete Produktionsgestaltung Einfluss nehmen. Ein striktes Verbot der Schleichwerbung bei Fremdproduktionen wie etwa „James Bond" – Filmen, würde die autonome Programmentscheidung, einen solchen Film auszustrahlen, völlig unmöglich machen, während es bei Eigenproduktionen dem Sender frei stünde, programmintegrierte Werbung zu vermeiden.

50 Die dritte verfassungsrechtliche Fragestellung im Kontext der Rundfunkwerbung betrifft die Unterscheidung in **Ausgestaltungs- und Eingriffsgesetze**. Das Bundesverfassungsgericht unterscheidet seit langem und in ständiger Rechtsprechung zwischen die Rundfunkfreiheit lediglich ausgestaltenden Regelungen und Eingriffen, die durch die Schrankenregelung in Art 5 Abs 2 GG gerechtfertigt sein müssen.[50] Die sog dienende Funktion der Rundfunkfreiheit hat zur Folge, dass der Gesetzgeber Regelungen treffen muss, die das Ziel der Rundfunkfreiheit, die Meinungsvielfalt im Rundfunk sichern. Mit Bezug auf ausgestaltende, aber nicht beschränkende Regelungen hat der Gesetzgeber einen weiten Gestaltungsspielraum[51]. Bei einer ausgestalten Norm reicht es für die Verfassungsmäßigkeit nach bisher hM aus, wenn mit der Norm die Meinungsvielfalt gefördert wird (Eignung), wobei dem Gesetzgeber ein großer Entscheidungsspielraum gegeben wird.[52] Nach einer im Vordringen befindlichen Meinung ist auch bei einer Ausgestaltung die Erforderlichkeit und Verhältnismäßigkeit zu prüfen; im Unterschied zum Eingriff gem Art 5 Abs 2 GG soll jedoch der Entscheidungsspielraum des Gesetzgebers größer sein.[53]

51 Die Frage, ob eine **Ausgestaltung** oder ein **Eingriff** in das Grundrecht der Meinungsfreiheit gegeben ist, wird anhand des **Gesetzeszwecks** entschieden: Dient der Zweck des Gesetzes überwiegend der **Meinungsvielfalt**, handelt es sich um eine Ausgestaltung.[54] Bezweckt der Gesetzgeber den Schutz **anderer Rechtsgüter**, zB des Verbraucherschutzes oder urheberrechtlicher Werkintegrität, handelt es sich um einen Eingriff. Eine Begrenzung der Werbemenge oder der Werbeunterbrechung dient bspw überwiegend dem Verbraucher- und Urheberschutz und wäre daher an Art 5 Abs 2 GG zu messen. Es ist deshalb verfehlt, jegliche Werbebeschränkung pauschal als Ausgestaltung der oder als Eingriff in die Rundfunkfreiheit einzustufen bzw nicht zwischen Trennungs- und Kennzeichnungsgebot zu differenzieren.[55]

52 Wie gezeigt, dient das **Trennungsprinzip** überwiegend der Autonomie der Medien, so dass es vertretbar erscheint, eine Ausgestaltung anzunehmen.[56] Einige Autoren[57]

---

[50] Grundlegend krit mit schwer widerlegbaren Argumenten, *Cornils* Die Ausgestaltung von Grundrechten, passim.
[51] Vgl Jarass/Pieroth/*Jarass* Art 5 Rn 46; Hahn/Vesting/*Ladeur* § 7 Rn 7; ausf – auch zu den Gegenpositionen – *Engels* 108 ff; BVerfGE 90, 60, 94 jeweils mwN.
[52] Jarass/Pieroth/*Jarass* Art 5 Rn 46a.
[53] *Ricker/Schiwy* 392.
[54] Ähnl Einordnung als Ausgestaltung nehmen vor: *Volpers/Herkströter/Schnier* 112; *Gounalakis* WRP 2005, 1476, 1478.
[55] So aber ua VG Berlin ZUM 1998, 1049 ff – Feuer Eis und Dynamit; *Gounalakis* WRP 2005, 1476, 1478.
[56] In diese Richtung auch *Gounalakis* WRP 2005, 1476, 1478.
[57] *Schultze* 44; *Sack* AfP 1991, 704, 706; inzident auch *Hartstein/Ring/Kreile/Dörr/Stettner* § 7 Rn 46; differenzierend Hahn/Vesting/*Ladeur* § 7 Rn 35.

nehmen jedoch an, das Trennungsprinzip und das Schleichwerbeverbot sei eine gesetzliche Schranke der Rundfunkfreiheit. Das VG Berlin argumentiert in ähnliche Richtung, dass selbst bloße Kennzeichnungsverpflichtungen einen Verstoß gegen die Programmfreiheit des Rundfunkveranstalters enthalten können.

„Eine (…) Einordnung als Dauerwerbesendung stellt einen Eingriff in die Rundfunkfreiheit dar; redaktionelle Unabhängigkeit eines Produzenten sowie Programmgestaltungsfreiheit eines Senders stehen unter dem Schutz der Rundfunkfreiheit im Sinne von Art 5 Abs 1 S 2 GG. Findet die Rundfunkfreiheit zwar ihrerseits ihre Schranken in den allgemeinen Gesetzen (Art 5 Abs 2 GG) … so muss doch das allgemeine Gesetz seinerseits im Lichte der Bedeutung der auf dem Spiel stehenden Rundfunkfreiheit gesehen und so interpretiert werden, dass der Wertgehalt des Grundrechts gewahrt bleibt."[58]

Das Gericht übersieht, dass die Programmfreiheit nicht das einzige Element ist, welches in die verfassungsrechtliche Abwägung einzustellen ist. Der weitere Gesichtspunkt der Autonomie sowie die verfassungsrechtliche Forderung, die vielfaltsverengenden Tendenzen der Rundfunkwerbung einzugrenzen und damit letztlich die Kollisionslage werden vom VG Berlin nicht ausreichend gewürdigt.

Das hinter dem **Beeinflussungsverbot** stehende verfassungsrechtliche Prinzip ist ebenfalls das der Programmautonomie bzw Programmfreiheit. Diese gehört zum Kern der Rundfunkfreiheit:[59]

„Die Rundfunkfreiheit ist vor allem Programmfreiheit (BVerfGE 59, 231, 258; 87, 181, 201; 90, 60, 87). Sie gewährleistet, dass Auswahl, Inhalt und Gestaltung des Programms Sache des Rundfunks bleiben und sich an publizistischen Kriterien ausrichten können. Es ist daher der Rundfunk selbst, der aufgrund seiner professionellen Maßstäbe bestimmen darf, was der gesetzliche Rundfunkauftrag in publizistischer Hinsicht verlangt. Eine Indienstnahme des Rundfunks für außerpublizistische Zwecke ist damit unvereinbar. Das gilt nicht nur für unmittelbare Einflussnahmen Dritter auf das Programm, sondern auch für Einflüsse, welche die Programmfreiheit mittelbar beeinträchtigen können."

Das Beeinflussungsverbot als ein im Rundfunkrecht zentrales Prinzip steht **nicht zur Disposition** des Gesetzgebers.

Besondere Schwierigkeiten ergeben sich bei **Werbebeschränkungen im Hörfunk**, die zu Gunsten der Presse bestehen. Betrachtet man den Rundfunk isoliert, würden sie nicht der Meinungsvielfalt im Rundfunk dienen und führten zu einem Eingriff. Sieht man die Medienvielfalt als Ganzes, wäre ein zugunsten lokaler Pressevielfalt bestehendes Werbeverbot im regionalen Hörfunk hingegen eher als Ausgestaltung zu betrachten.[60]

VIII. Europarechtlicher Schutz

Rundfunkwerbung ist schließlich auch auf **europarechtlicher Ebene** durch Regelungen geschützt, die Art 5 GG entsprechen.[61] Dazu gehört vornehmlich Art 10 EMRK, die – als Teil des sog „acquis communitaire" ihre Wirkung auch als Maßstab und Aus-

---

[58] VG Berlin AfP 1999, 398, 402.
[59] BVerfG ZUM 1999, 71, 74.
[60] Vgl *Castendyk/Woesler* JURA 2007, 791 ff.
[61] Ausf Überblick bei *von Danwitz* AfP 2005, 417 ff; *Laukemann* 58 ff; vgl auch *Engel* 67 ff.

legungshilfe des Primär- und Sekundärrechts der EU entfaltet.[62] Art 10 EMRK erlaubt allerdings mindestens so starke Beschränkungen der Meinungsfreiheit wie Art 5 Abs 2 GG.[63] Art 10 Abs 2 EMRK ist damit dem Ausgestaltungsvorbehalt der Rundfunkfreiheit durchaus vergleichbar. Zu guter Letzt fällt die Rundfunkwerbung, wenn sie eine grenzüberschreitende Komponente enthält, unter die **Dienstleistungsfreiheit**. Beschränkungen müssen ebenfalls den Anforderungen entsprechen, die der Verhältnismäßigkeitsprüfung nach deutschem Verfassungsrecht nahe kommen. Beschränkungen der Dienstleistungsfreiheit müssen dabei wiederum im Lichte von Art 10 EMRK bewertet werden.[64]

IX. Verantwortlichkeit Dritter

58 Es wird diskutiert, inwieweit Dritte als **Beteiligte oder Störer** haften können, wenn der Rundfunkveranstalter gegen rundfunkwerberechtliche Vorschriften verstößt. In Betracht kommt vor allem der „Zulieferer" des Senders, der Fernsehproduzent. Das Problem lässt sich nicht dadurch lösen, dass man den Fernsehproduzenten als „Veranstalter" im Sinne des RStV ansieht, denn die Legaldefinitionen in § 2 Abs 2 Nr 14 RStV fordert, dass ein Veranstalter ein Rundfunkprogramm anbietet. Außerdem spricht § 1 Abs 2 RStV zB von der „jeweiligen Rundfunkanstalt oder dem jeweiligen privaten Veranstalter" oder § 2 Abs 2 Nr 5 „von einem öffentlich-rechtlichen oder privaten Veranstalter", § 2a RStV von einem „Veranstalter bundesweit verbreiteter Fernsehprogramme". Die einzige Ausnahme ist § 5 RStV zum Recht auf Kurzberichterstattung, in der als Veranstalter auch der Veranstalter des übertragenen Ereignisses gilt. Dies entspricht auch dem allgemeinen Sprachgebrauch (Konzertveranstalter, Zirkusveranstalter, usw). Einen Fernsehproduzent wird hingegen weder im allgemeinen Sprachgebrauch, noch im RStV, noch in einem einzigen Landesrundfunk- oder -mediengesetz als Veranstalter bezeichnet. Es spricht deshalb schon vom Wortlaut der Regelung sehr viel dafür, dass Veranstalter nur derjenige sein kann, der ein Rundfunkprogramm und nicht lediglich eine Sendung herstellt und ausstrahlt sowie Inhaber der rundfunkrechtlichen Zulassung ist[65]. Drittbeauftragte sind deshalb rundfunkrechtlich nicht verantwortlich. Sie sind keine Veranstalter, andernfalls bräuchten sie eine Rundfunksendelizenz. Eine Haftungserstreckung auf Auftragsproduzenten wäre auch systemwidrig, da es beim RStV um Rundfunkregulierung geht und die Verantwortung nicht auf Dritte abgewälzt werden darf.[66] Noch wenig untersucht ist hingegen die Frage, ob sie als (Mit-)Störer haften.[67]

59 Demgegenüber wird unter Hinweis auf die Rechtsprechung des Bundesverfassungsgerichts als Veranstalter unabhängig von seiner Bezeichnung oder Zulassung derjenige verstanden, der die Entscheidungsbefugnis bzgl des Inhalts und der Ausstrahlung einer Sendung hat.[68] Nach einer ähnlichen Auffassung in der Literatur kann der Fernsehveranstalter die Sendeentscheidung einem Dritten, etwa einer Produktionsfirma überlassen.[69] Folglich kommt es nach dieser Auffassung darauf an, in welchem Ausmaß

---

[62] Castendyk/Dommering/Scheuer/*Dommering* Art 10 EHCR Rn 74.
[63] So auch *von Danwitz* AfP 2005, 418.
[64] EuGH Slg 1991 I, – 4007, Rn 23 – Collectieve Antennevoorzinienig Gouda; EuGH Slg 1997 I, – 3689, Rn 18 – Familiapress.
[65] *Lesch* ZUM 2003, 44, 47.
[66] So zu Recht *Ladeur* ZUM 2001, 643, 648.

[67] *Ladeur* ZUM 2001, 643 ff; *Lesch* ZUM 2003, 44 ff.
[68] OLG Celle ZUM 2003, 54, 55 und wohl auch OLG München ZUM 2004, 312.
[69] Hahn/Vesting/*Schulz* § 2 Rn 80; dagegen *Sack* AfP 1991, 704, 706 und *Sack* ZUM 1987, 103, 111.

einem **Auftragsproduzenten** entsprechende Entscheidungsbefugnisse eingeräumt waren. In aller Regel kann ein Auftragsproduzent nicht über den Inhalt und schon gar nicht über die Ausstrahlung seiner Produktion entscheiden. Im Gegenteil gehört es zum Standard eines typischen Auftragsproduktionsvertrages, dass der auftraggebende Sender den Inhalt bestimmt und ausdrücklich eine Ausstrahlungsverpflichtung ausschließt. Etwas anderes kann gelten, wenn es um eine Live-Sendung geht (bei der die inhaltliche Kontrolle des Senders naturgemäß eingeschränkt ist), und wenn der Sender die Sendung nicht vollständig finanziert hat, so dass der Produzent zur Refinanzierung auf eine Ausstrahlung angewiesen ist.[70]

Nach allgemeiner Meinung haftet das Sendeunternehmen auch für **Organe**, wie Geschäftsführer oder andere Programmverantwortliche.[71] Dies ergibt sich aus den allgemeinen Grundsätzen (ua § 31 BGB analog). Ein Auftragsproduzent fällt unter diese Kategorien jedoch nicht. § 831 BGB passt nicht, weil es nach hM ein eigener Anspruch ist und keine Zurechnungsnorm darstellt, mit der man Verstöße gegen das Rundfunkrecht Dritten zurechnen könnte. Außerdem ist der Produzent dem Sender gegenüber nicht weisungsgebunden, etwa in dem Sinne, dass der Sender vorschreibt, wann welche Szene zu drehen ist. Eine Zurechnung der Absicht des Produzenten über § 166 BGB scheitert daran, dass er nicht als Vertreter des Senders handelt.

60

Eine weitere, hier nicht zu beantwortende Frage ist schließlich, ob der **Auftragsproduzent** über § 49 RStV in Verbindung mit § 9 Abs 2 Gesetz über Ordnungswidrigkeiten (OWiG) verantwortlich gemacht werden könnte. Zwar ist überwiegend anerkannt, dass auch juristische Personen „**Beauftragte**" im Sinne dieser Norm sein können. Allerdings bestehen erhebliche Zweifel, ob der Auftragsproduzent in der Regel als eine Art Erfüllungsgehilfe des Senders gelten kann, was nach richtiger Auffassung Voraussetzung für eine Anwendung des § 9 Abs 2 OWiG ist.[72]

61

§ 2
Rundfunkwerberecht – Besonderer Teil

I. Definitionen

Die Definitionen zu „Werbung", „Schleichwerbung", „Sponsoring" und „Teleshopping" sind von hoher dogmatischer aber auch praktischer Relevanz. Sie sind das Eingangstor zum Rundfunkwerberecht. Nur wenn die jeweilige kommerzielle Botschaft unter eine der vier genannten Definitionen fällt, sind rundfunkstaatsvertragliche Regelungen anwendbar. Wie bereits dargestellt, sind sie allesamt der Fernseh-RL entnommen und müssen deshalb richtlinienkonform ausgelegt werden.

62

---

[70] Dies erscheint im Fall Big Brother zumindest denkbar. Insoweit ist die Entscheidung des OLG Celle ZUM 2003, 54, 55, zumindest teilweise nachvollziehbar, und ist auch der Hinweis des OLG München ZUM 2004, 312, nicht verallgemeinerungsfähig.

[71] *Hartstein/Ring/Kreile/Dörr/Stettner* § 7 Rn 8.
[72] *Ladeur* ZUM 2001, 643, 648; *Lesch* ZUM 2003, 44, 48; aA OLG Celle ZUM 2003, 54 ff.

II. Der Begriff der Fernsehwerbung

63 Der **Begriff der Fernsehwerbung** ist in § 2 Abs 2 Nr 7 RStV **definiert** als „*jede Äußerung bei der Ausübung eines Handels, Gewerbes, Handwerks oder freien Berufs, die im Rundfunk von einem öffentlich-rechtlichen oder privaten Veranstalter entweder gegen Entgelt oder eine ähnliche Gegenleistung oder als Eigenwerbung gesendet wird mit dem Ziel, den Absatz von Waren oder die Erbringung von Dienstleistungen, einschließlich unbeweglicher Sachen, Rechte und Verpflichtungen, gegen Entgelt zu fördern.*" Diese Definition ist wortgetreu[73] aus Art 1 (i) der AVMDR übernommen. Die Definition hat fünf Elemente:
- „*jede Äußerung*"
- *bei der Ausübung eines Handels, Gewerbes, Handwerks oder freien Berufs,*
- *die im Rundfunk von einem öffentlich-rechtlichen oder privaten Veranstalter*
- *entweder gegen Entgelt oder eine ähnliche Gegenleistung oder als Eigenwerbung gesendet wird*
- *mit dem Ziel, den Absatz von Waren oder die Erbringung von Dienstleistungen, einschließlich unbeweglicher Sachen, Rechte und Verpflichtungen, gegen Entgelt zu fördern.*"

1. Jede Äußerung

64 Der Begriff der „Äußerung" beinhaltet ein intentionales Element. So wenig, wie man bei einer automatischen Reaktion eines Menschen (zB bei einer Reflexbewegung) von einer „Äußerung" sprechen würde, so wenig kann man dies bei – aus Sicht des Rundfunkveranstalters – nicht kontrollierbaren, zufälligen Botschaften Dritter. Wenn also bei einer Live-Sendung über den Kölner Straßenkarneval plötzlich jemand ein Werbeplakat hochhalten würde, wäre dies keine Äußerung des Senders. In diesem Sinne hat der EuGH in der Bacardi-Entscheidung[74] eine **Bandenwerbung**, die bei einer Sportübertragung sichtbar wurde, nicht dem Sender als Äußerung zugerechnet. Dieser Auslegung ist grds zuzustimmen. Die Schlussfolgerung des EuGH in diesem Fall, wonach diese Form der Werbung überhaupt nicht von der Richtlinie koordiniert gewesen sei und deshalb von den Mitgliedsstaaten ohne Bezug zur Fernseh-RL geregelt werden kann, geht jedoch zu weit. Die Regelung über „Schleichwerbung" (vgl Art 1(j) der AVMDR) ist für diese Formen der programmintegrierten Werbung einschlägig. Andernfalls bestünde die Gefahr, dass der Sender sich bei jeder von Dritten veranlassten Schleichwerbung darauf berufen könnte, es handele sich um eine Äußerung Dritter, die ihm nicht zurechenbar sei.[75]

65 Interpretiert man den Begriff der „Äußerung" intentional wie der EuGH, so kann man daran auch das Verhältnis von „Werbung" iSv § 2 Abs 2 Nr 7 und „Schleichwerbung" iSv Nr 8 RStV festmachen (s näher unten Rn 84).

2. Bei der Ausübung eines Handels, Gewerbes, Handwerks oder freien Berufs

66 Während AVMDR und RStV Werbung auf **Wirtschaftswerbung** beschränken, ist in Art 2 f des Europäischen Übereinkommens zum grenzüberschreitenden Fernsehens

---

[73] Der Unterschied in der Formulierung liegt lediglich darin, dass die Fernseh-RL nur für Fernsehen, der Rundfunkstaatsvertrag aber für Rundfunk einschließlich des Hörfunks Geltung beansprucht.

[74] Vgl Schlussanträge des Generalanwalts Tizzano Rs C-429/02, Slg 2004 I-06613 – Bacardi France, Rn 27, 28, 46–53.
[75] Vgl auch Urteil des OVG Rheinland-Pfalz ZUM 2009, 507, 512.

(FsÜ) auch „jede öffentliche Äußerung zur Unterstützung einer Sache oder Idee oder zur Erzielung einer anderen vom Werbetreibenden gewünschten Wirkung (...)" umfasst. Die darauf gestützten abweichenden Auffassungen sind seit dem 4. RStV, der die gesetzliche Definition der Fernsehwerbung aus der damaligen Fernseh-RL und nicht dem FsÜ übernahm, nicht mehr vertretbar.[76]

Noch relativ wenig untersucht wurde der Bereich der „ideellen Werbung". Werbung kann nicht bejaht werden, wenn keine gewerbliche Tätigkeit vorliegt. Ein Beispiel dafür wäre die Platzierung des Themas „Entwicklungshilfe".[77] Selbst wenn bspw für die Erhöhung der Entwicklungshilfe in einem 30-Sekunden-Werbespot geworben würde, müsste der Spot nicht abgetrennt vom Programm im Werbeblock ausgestrahlt werden.[78] Der Spot wäre allerdings unzulässig, weil er verbotene politische Werbung beinhalten würde. **67**

Die Abgrenzung von Wirtschaftswerbung und ideellen Botschaften ist nicht immer einfach; es ist nach dem Schwerpunkt der Aussage zu entscheiden.[79] Die Aussage „Milch ist gesund" ist im Schwerpunkt eine ideelle Aussage. „Kaufen Sie H-Milch!" im Schwerpunkt eine Wirtschaftswerbung für die Produktgruppe H-Milch, ein sog Generic Placement (s unten Rn 84). Ideelle Werbung ist zulässig, wenn das Thema keinen klaren Produktbezug aufweist, zB wenn allgemein für Fitness geworben würde („Trimm mal wieder"). **68**

Die – gem § 7 Abs 9 S 1 RStV verbotene – politische, weltanschauliche oder religiöse Werbung gehorcht auch ansonsten nicht denselben Gesetzen wie die Wirtschaftswerbung. Wird bspw in einer TV-Serie sehr deutlich für die Erhöhung der bundesdeutschen Entwicklungshilfe geworben, kann dies zulässig sein. Eine „redaktionell nicht begründbare werbliche Herausstellung" würde im Gegensatz zur Wirtschaftswerbung nicht ausreichen, um die Werbeeigenschaft des Dialogs zu begründen. Ein Rundfunksender und seine Mitarbeiter dürfen eigene Meinungen vertreten, auch wenn sie nicht ausgewogen sind.[80] Das bedeutet, eine politische, weltanschauliche oder religiöse Werbung gem § 7 Abs 9 RStV ist nur gegeben, wenn Geld oder ähnliche Gegenleistungen fließen, obwohl es dem Wortlaut nach auf die Frage einer Geldzahlung nicht ankommt. **69**

Wenn man die Werbeeigenschaft (bei Nachweis eines Entgelts oder ähnlichen Leistung) bejaht, lässt sich vertreten, ideelle Werbung sei insgesamt untersagt und das Ver- **70**

---

[76] *Hesse* Kap 3 Rn 50; *Hartstein/Ring/Kreile/Dörr/Stettner* § 7 Rn 3; *Hahn/Vesting/Ladeur* § 7 Rn 14; die aA von *Hoffmann-Riem* 159 und *Engels/Giebel* ZUM 2000, 265, 268 mwN ist inzwischen überholt: Im 4. Rundfunkstaatsvertrag wurde die Definition der Fernseh-RL übernommen, die wiederum bestimmte Eingriffe in die Dienstleistungsfreiheit iSd EG-Vertrags harmonisiert, nicht aber die weitere Definition der Werbung im Fernsehübereinkommen.
[77] Vgl der Fall „Klinik unter Palmen", zit nach *Lilienthal* epd medien 42/05, 3, 5.
[78] Man könnte allerdings auch argumentieren, dass zumindest das Trennungsgebot eingehalten werden müsste, in dem man eine Analogie zum „Social Sponsoring" (= unentgeltliche Beiträge im Dienste der Öffentlichkeit gem § 7 Abs 8 S 2 RStV) zieht, die im Umkehrschluss zu § 15 Abs 4 RStV als Werbung eingestuft werden und für die lediglich die Mengenhöchstgrenzen in § 15 Abs 1 und 2 (bzw § 45 Abs 1 und 2 RStV für private Sender) nicht gelten. Unabhängig von der Frage, ob ideelle Werbung abgetrennt werden müsste: Schleichwerbung kann nur vorliegen, wenn es um Wirtschaftswerbung geht; vgl *Schwarz/Eichler* AfP 1996, 228 ff, die sich mit einer seit dem 4. RÄndStV veralteten Begründung dafür aussprechen, dass ideelle Werbung unter den Werbebegriff fällt: krit dazu in von Hartlieb/Schwarz/*Castendyk* Kap 240 Rn 9 und *Hartstein/Ring/Kreile/Dörr/Stettner* § 7 Rn 67.
[79] Parallele: Die Differenzierung des BVerfG und des BGH zwischen Meinungsäußerung und Tatsachenaussage.
[80] Zum Niedergang der „Ausgewogenheitslehre", vgl *Hesse* Kap 4 Rn 102 f, Kap 5 Rn 83 ff.

Kapitel 3 Rundfunkwerberecht

bot politischer, religiöser oder weltanschaulicher Werbung in § 7 Abs 9 RStV müsse analog auf alle Fälle der ideellen Werbung ausgedehnt werden. Oder man argumentiert mit der hM[81] *e contrario*, ideelle Werbung sei zulässig, wenn es nicht um die Sonderfälle politischer, religiöser oder weltanschaulicher Werbung iSv § 7 Abs 8 RStV geht. In diesem Fall gilt weder das Trennungsgebot, noch das Schleichwerbeverbot.

71 In Ausnahme dazu werden jedoch **Soziale Appelle (sog Social Advertising)** im Rundfunkstaatsvertrag geregelt (vgl § 7 Abs 9 S 3 RStV, Ziff 5 der DLM-Werbe-RL). Hierbei handelt es sich um Sendungen oder Beiträge, die Aufforderungen zu sozial erwünschtem Verhalten enthalten oder über Folgen eines bestimmten Verhaltens aufklären. Zulässig sind deshalb zB Aufrufe, die die Gesundheit, die Sicherheit der Verbraucher oder den Schutz der Umwelt fördern sowie unentgeltliche Aufrufe zu wohltätigen Zwecken. Diese galten bisher als Teil des Programms und fielen nicht unter die Werberegelungen. In § 7 Abs 9 S 3 und § 45 Abs 2 des RStV wird klargestellt, dass nur **unentgeltliche Beiträge** im Dienst der Öffentlichkeit (Social Advertising) sowie **unentgeltliche Spendenaufrufe zu Wohlfahrtszwecken** keine Werbung sind. Die **Grenze** zwischen Entgeltlichkeit und Unentgeltlichkeit ist bei einem Entgelt oberhalb der mit der Ausstrahlung verbundenen Selbstkosten des Senders anzusetzen.

3. Die im Rundfunk von einem öffentlich-rechtlichen oder privaten Veranstalter

72 Dieses Merkmal stellt klar, dass sich die Regelungen an Rundfunkveranstalter wenden.

4. Gegen Entgelt oder eine ähnliche Gegenleistung oder als Eigenwerbung gesendet wird

73 Der Rundfunkstaatsvertrag unterscheidet in zwei Kategorien von Werbung: Werbung und Eigenwerbung. Für beide Kategorien gelten grds dieselben Regeln, zB Kennzeichnungs- und Trennungsgebot. Die Eigenwerbung ist lediglich von den Werbemengenbegrenzungen ausgenommen (§§ 16 Abs 4, 45 Abs 2 RStV).

74 Der Werbebegriff verlangt „**Entgeltlichkeit**" auf **zwei Stufen**. Zum einen muss die werbliche Leistung des Senders mit einem Entgelt oder einer sonstigen Gegenleistung vergütet werden. Zum anderen muss (s unten Rn 82) für Produkte und Dienstleistungen geworben werden, die ihrerseits entgeltlich sind. Klassische Werbeleistungen im Rundfunk, wie etwa Werbespots, werden in aller Regel gegen Entgelt erbracht. Bei der sog „instrumentellen" Werbung (s oben Rn 6), ist das Tatbestandsmerkmal der Entgeltlichkeit auf der ersten Stufe in aller Regel gegeben, denn insb klassische Spotwerbung wird vom Sender nicht unentgeltlich ausgestrahlt. Die Problembereiche finden sich sehr viel mehr bei der „medialen" oder „programmintegrierten" Werbung. Formen des Product Placements werden hier erst später diskutiert (s unten Rn 84).

75 Die **Eigenwerbung** wurde erstmals in der revidierten Fernseh-RL von 1997 definiert als eine Form der Werbung, bei der der „Veranstalter seine eigenen Produkte, Dienstleistungen, Programme oder Sender vertreibt".[82] Die Formenvielfalt der Eigenwerbung reicht von Merchandising-Produkten (Plüschtier zu „Käpt'n Blaubär), über

---

[81] S oben Rn 68.
[82] Erwägungsgrund 39 der RL 97/36/EG des Europäischen Parlaments und des Rates v 30.6.1997 zur Änderung der RL 89/552/EWG des Rates zur Koordinierung bestimmter Rechts- und Verwaltungsvorschriften der Mitgliedstaaten über die Ausübung der Fernsehtätigkeit.

Begleitmaterialien (das Geschichtsbuch zu einer Dokumentation), entgeltlichen Hotlines, bis hin zu Programmankündigungen („Morgen um 20.15 Uhr: die Free-TV-Premiere von *Herr der Ringe III*") und Station-Promotion („NDR – Das Beste im Norden"). Die Kategorie der Eigenwerbung wurde hinzugefügt, weil sie in der Regel nicht *„gegen Entgelt oder eine ähnliche Gegenleistung"* erfolgt; der Sender bezahlt nicht sich selbst, damit er Werbung macht. Die Eigenwerbung wurde im 4. RÄndStV in § 2 Abs 2 Nr 5 RStV eingefügt. Damit hatte sich der Meinungsstreit darüber erledigt, ob die Eigenwerbung überhaupt von den Werbebestimmungen des Rundfunkstaatsvertrags erfasst wird[83].

Der Richtliniengeber hat allerdings übersehen, dass es die Entgeltlichkeit noch auf einer zweiten Stufe im Tatbestand der Rundfunkwerbung gibt: Die Werbung muss das Ziel haben, *„den Absatz von Waren oder die Erbringung von Dienstleistungen gegen Entgelt zu fördern"*. Obwohl dieses Tatbestandsmerkmal erst im nächsten Unterabschnitt näher erläutert wird, spielt es bereits für die Eigenwerbung eine Rolle, denn es zwingt zur **Differenzierung**: 76

Eigenpromotion kann überhaupt nur zur Fernsehwerbung zählen, wenn sie dem **Absatz** von **Waren** oder **Dienstleistungen gegen Entgelt** dient (zB Hinweise auf sendereigene Merchandisingprodukte).[84] *Diese* Eigenwerbung für eigene Produkte und Dienstleistungen wird gem § 45 Abs 2 RStV von der Regelung über die stündliche Werbehöchstdauer in § 45 RStV ausgenommen. Auf unentgeltliche Begleitmaterialien ist § 45 Abs 2 RStV strenggenommen nicht anwendbar, da diese keine Fernsehwerbung darstellen können; insoweit hat die Regelung klarstellenden Charakter. Diese **Eigenwerbung**, die **weder** aus **Programmauszügen** besteht (und damit als Teil des Programms gilt, s unten Rn 80), **noch** für **entgeltliche Produkte, Dienstleistungen** oder **Programme** des Senders wirbt, ist damit weder Werbung, noch Programm. Werbevorschriften können auf diese **Mischkategorie**[85] nur ausnahmsweise analog angewendet werden. Die Handhabung dieser Kategorie im Rahmen der Richtlinien ist jedoch vergleichsweise undifferenziert. 77

Für **Hinweise des Rundfunkveranstalters auf Begleitmaterial** gelten damit folgende Maßgaben: Wenn die Begleitmaterialien unentgeltlich vertrieben werden, liegt ohnehin keine Werbung oder Eigenwerbung vor. Wenn sie entgeltlich vermarktet werden, kommt es darauf an, ob sie direkt vom jeweiligen Programm abgeleitet sind. Dies ist der Fall, wenn durch sie der Inhalt des Programms erläutert, vertieft oder nachbearbeitet wird (vgl die zutreffende Formulierung in Ziff 15 der DLM-Werbe-RL). Nicht darunter fallen Hinweise, die nur dem Zweck dienen, die Kaufentscheidung des Zuschauers herbeizuführen, ohne redaktionell veranlasst zu sein.[86] Wenn redaktionell veranlasste Hinweise auf entgeltlich angebotene Begleitmaterialien vorliegen, dann handelt es sich zwar um Eigenwerbung, jedoch wird sie gem § 45 Abs 3 RStV nicht auf die Werbemengen (Stunden- und Tageshöchstmengen) angerechnet. Die Hinweise müssen jedoch im oder am Ende des Werbeblocks platziert werden oder sie können, wenn sie direkt im Anschluss an die Sendung erfolgen sollen, zB als split-screen abgetrennt werden. 78

Die **Richtlinien** überschneiden sich nicht vollständig mit der gesetzlichen Regelung, sondern setzen eigene Akzente: ARD- bzw ZDF-Werberichtlinie verlangen, dass die Informationen sachlich bleiben und werbliche Effekte vermeiden. Die Entgegennahme 79

---

[83] Hahn/Vesting/*Schulz* § 2 Rn 81 mwN.
[84] Hahn/Vesting/*Schulz* § 2 Rn 83.
[85] Krit *Platho* MMR 2002, 21, 22.
[86] ZB passende Angebote eines Reisebüros im Anschluss an eine Reiseberichterstattung, vgl *Hochstein* AfP 1991, 696, 702.

Kapitel 3 Rundfunkwerberecht

von Entgelten für die Platzierung eines solchen **Hinweises auf Begleitmaterial** ist ebenfalls unzulässig.[87] Ziff 15 Abs 5 der DLM-Werbe-RL ist zu undifferenziert. Denn Hinweise auf entgeltliche Produkte oder Dienstleistungen des Senders (zB Merchandisingprodukte) werden nach der DLM-Werbe-RL generell nicht als Werbung behandelt.

80 **Programmhinweise** müssten theoretisch der Eigenwerbung zugeordnet werden.[88] Dafür spricht vor allem das systematische Argument aus § 45 Abs 2 RStV. Danach gelten Programmhinweise (neben ua „unentgeltlichen Beiträgen im Dienste der Öffentlichkeit") nicht als Werbung iSd. Sie wären damit nur von den Werbemengenbegrenzungen ausgenommen, nicht von anderen Regeln, wie dem Trennungsgebot. Streng genommen dürften daher Programmhinweise oder die Werbung zB für eine UNICEF-Gala nur im oder am Ende eines Werbeblocks ausgestrahlt werden. Obwohl das Ergebnis folgerichtig ist, ergibt sich aus Erwägungsgrund Nr 39 S 2 der Fernseh-RL etwas anderes: Danach gelten „Programmhinweise (...), insb Trailer, *die aus Programmauszügen* [Hervorhebung durch den Verf.] bestehen", als Programm. In der Tat überwiegt der informatorische und programmliche Aspekt. Deswegen wird – entgegen § 45 Abs 2 RStV – der Programmhinweis, der aus **Programmauszügen** besteht, mit Recht als Teil des Programms und nicht als Werbung angesehen.[89]

5. **Das Ziel, den Absatz von Waren oder die Erbringung von Dienstleistungen gegen Entgelt zu fördern**

81 Ähnlich wie bei der Entgeltlichkeit ist die **Werbeabsicht** bei der programmintegrierten Werbung wesentlich häufiger problematisch; deshalb wird der Leser auch hier auf die Ausführungen zur Schleichwerbung (s unten Rn 84) verwiesen.

82 Die **Produkte bzw Dienstleistungen** müssen dem Verbraucher gegenüber **entgeltlich** angeboten werden, um von Fernsehwerbung im Sinne des RStV sprechen zu können (s bereits oben beim Begriff der Eigenwerbung, Rn 75 ff). Der Begriff der Entgeltlichkeit kann allerdings unterschiedlich ausgelegt werden. Sieht man zB das Free-TV (im Gegensatz zum Pay-TV) als für den Zuschauer unentgeltliche Leistung an[90], so wäre Werbung für ein solches Programm keine Fernsehwerbung im Sinne der Definition des RStV. Die Gegenmeinung argumentiert mit einer richtlinienkonformen Auslegung. Ihr

---

[87] Krit Hahn/Vesting/*Schulz* § 2 Rn 83, der eine Aushöhlung der gesetzlichen Werbebestimmungen befürchtet. Er hält mit *Beucher/Leyendecker/von Rosenberg* § 7 Rn 13, den Hinweis auf Programmbegleitmaterial nur dann für redaktionell, wenn er mit dem Programm eine Einheit in der Weise bildet, dass das Programm ohne das Begleitmaterial gar nicht sinnvoll genutzt werden kann, zB bei Sprachkursen. Ansonsten handele es sich um Eigenwerbung. Dem ist zuzustimmen, allerdings nur für den Fall, dass es sich um Produkte oder Dienstleistungen handelt, die der Sender selbst vertreibt. Bei Fremdprodukten reicht es aus, wenn keine Gegenleistung für den Hinweis gezahlt wird und der Hinweis ohne werbliche Effekte bleibt.
[88] Ausf zu dieser Frage *Jahn* 104 ff.
[89] Im Ergebnis auch Hahn/Vesting/*Schulz* § 2 Rn 81. *Jahn* 104 ff, missversteht mE den Erwägungsgrund 39 S 2, mit „insb Trailer, *die aus Programmauszügen* [Hervorhebung durch den Verf] bestehen", gelten jedoch als Programm" sind nur Trailer (dh Programmankündigungen) gemeint und nicht Trailer als Beispiel für Programmhinweise oder gar Eigenwerbung generell. Das Wort „insbesondere" bezieht sich nur auf die Tatsache, dass manche Trailer keine Programmauszüge enthalten. Erwägungsgrund 39 S 2 kann jedenfalls nicht als Argument dafür herhalten, dass Eigenwerbung – entgegen § 16 Abs 4 bzw § 45 Abs 3 RStV – überhaupt nicht unter die Werbebestimmungen des Rundfunkstaatsvertrags fällt.
[90] So Hahn/Vesting/*Schulz* § 2 Rn 82; *Engels/Giebel* ZUM 2000, 265, 279; von Hartlieb/Schwarz/*Castendyk* 654; VG Berlin ZUM-RD 2001, 48 ff; VG Berlin ZUM 2002, 933 ff.

Hauptargument lautet, dass mit der Formulierung „gegen Entgelt" nur die Dienstleistungsfreiheit des Art 50 EGV gemeint ist, die keinen synallagmatischen Zusammenhang zwischen **Leistung** und **Gegenleistung** verlangt. Es sei daher unerheblich, ob der Leistungsempfänger direkt vom Leistungserbringer, mittelbar über einen Dritten oder ob ein Dritter die Gegenleistung erbringe.[91] Free-TV sei daher zumindest mittelbar eine „entgeltliche Dienstleistung". Werbung für Free-TV-Programme, die nicht unter die Ausnahme der aus Programmauszügen bestehenden Trailer fällt, ist nach dieser Auffassung Eigen- oder sogar Fremdwerbung.

Beim sog „**Bartering**" werden Produktionen, die von dritter Seite produziert wurden, den Rundfunkveranstalten nicht gegen Bezahlung, sondern gegen Überlassung von Werbeplätzen überlassen. Bartering-Produktionen werden deshalb auch von Werbetreibenden in Auftrag gegeben. Bartering ist weder eine Form der Werbung noch der Programmbeeinflussung, sondern ein Tausch „Programm gegen Werbezeit". Soweit der Fernsehsender in seiner Entscheidung, das Programm zu kaufen bzw zu tauschen und in Einsatz und Platzierung des Programms frei ist, liegt kein unzulässiger Einfluss des Produzenten bzw des auftraggebenden Werbetreibenden auf das Programm vor. 83

III. Schleichwerbung

1. Einführung

Schleichwerbung ist im Fernsehen wie auch in verschiedenen anderen Medien (zB der Presse) untersagt. Sie ist in § 2 Abs 2 Nr 8 RStV definiert als *die Erwähnung oder Darstellung von Waren, Dienstleistungen, Namen, Marken oder Tätigkeiten eines Herstellers von Waren oder Dienstleistungen in Programmen, wenn sie vom Veranstalter absichtlich zu Werbezwecken vorgesehen ist und mangels Kennzeichnung die Allgemeinheit hinsichtlich des eigentlichen Zwecks dieser Erwähnung oder Darstellung irreführen kann. Eine Erwähnung oder Darstellung gilt insb dann als zu Werbezwecken beabsichtigt, wenn sie gegen Entgelt oder sonstige Gegenleistung erfolgt.* **Der Sonderfall der „Produkplatzierung"** wird zT fälschlich als Synonym für Schleichwerbung verwendet. Sie erfüllt als solche jedoch zunächst nur die erste Voraussetzung der Schleichwerbung, die Erwähnung bzw Darstellung von Marken und Produkten oder von Produktgruppen bzw -gattungen (Generic Placement) oder Unternehmensnamen (Corporate Placement). Seit dem 1.4.2000 ist Schleichwerbung nach § 49 Abs 1 Nr 7 RStV **als Ordnungswidrigkeit** verfolgbar. Für Produktplatzierungen gelten besondere Vorschriften (siehe unten, Rn 94 ff). 84

2. Die Erwähnung oder Darstellung

Der Begriff der Erwähnung oder Darstellung entspricht nicht völlig der „Äußerung" in der Definition der „Werbung" in § 2 Abs 2 Nr 5 RStV, denn die Zurechenbarkeit oder „Intentionalität" der Werbung wird bei der Schleichwerbung erst im Zusammenhang mit dem vierten Tatbestandsmerkmal „vom Veranstalter absichtlich zu Werbezwecken vorgesehen" und der Vermutungsregel in S 2 geprüft. 85

---

[91] *Jahn* 105; *Großkopf* AfP 1995, 464, 467.

3. Von Waren, Dienstleistungen, Namen, Marken oder Tätigkeiten eines Herstellers von Waren oder Dienstleistungen in Programmen

86 Dieses Tatbestandsmerkmal ist identisch mit dem in § 2 Abs 2 Nr 5 RStV, es kann deswegen zunächst darauf verwiesen werden. Dort offen gelassen wurde die Frage, ob Generic Placements,[92] dh Werbung für Produkt- oder Dienstleistungs**gattungen** den Tatbestand der Rundfunkwerbung erfüllen können. Wie wäre ein Spot zu beurteilen, in dem Werbung für eine gesamte Branche gemacht wird, zB, „Fragen Sie den Apotheker Ihres Vertrauens!" oder sogar branchenübergreifend „Aus deutschen Landen frisch auf den Tisch!"?

87 Sinn und Zweck der Vorschrift sprechen dafür, dass **Generic Placement** erfasst ist.[93] So ist es ebenso im Interesse der Programmautonomie, wenn Einflüsse ganzer Branchen auf das Programm untersagt sind, als Einflüsse einzelner Hersteller; die Irreführung der Verbraucher ist auch in diesen Fällen des Generic-Placements gegeben, denn die Zuschauer werden über den wahren Grund des Placements getäuscht. Selbst der Zweck der Neutralität im Wettbewerb kann betroffen sein. So wären etwa bei einer Werbung für Apotheken „um die Ecke" die Wettbewerber aus dem Kreis der Online-Apotheken betroffen. Auch im Wettbewerbsrecht schließt der BGH bei unterschiedlichen Branchen ein konkretes Wettbewerbsverhältnis nicht aus.[94] Generic Placement ist deshalb auch nicht vom Schleichwerbeverbot ausgenommen.[95]

4. Vom Veranstalter absichtlich zu Werbezwecken vorgesehen

88 Die Erwähnung bzw Darstellung muss **vom Veranstalter absichtlich zu Werbezwecken vorgesehen** sein. Daran können aus zwei Gründen Zweifel bestehen. Zum einen geht es um die Frage, ob **Absicht** vorliegt (dolus directus), zum anderen darum, ob sie beim **Veranstalter** oder bei Dritten vorliegt und in letzterem Falle, ob die Absicht des Dritten dem Veranstalter dennoch zuzurechnen ist.

89 a) **Werbeabsicht/Indizien.** Die Darstellung muss zu Werbezwecken erfolgen (**Werbeabsicht**). Die Werbeabsicht ist das zentrale Merkmal zur Unterscheidung zwischen zulässigen und unzulässigen Werbeeffekten. Dabei muss dem Umstand Rechnung getragen werden, dass das Abbilden der Lebenswirklichkeit, gleich ob in einem fiktiven oder in einem dokumentarischen Rahmen, wesentlicher Bestandteil der Aufgabe des Rundfunks ist. Produkte, Marken und Werbung sind Teil der realen Umwelt, deren Darstellung nicht künstlich ausgespart werden kann. Damit verbundene werbliche Nebeneffekte sind deshalb grundsätzlich hinzunehmen.[96] Wo hingegen nicht das Abbilden der Lebenswirklichkeit, sondern der Werbeeffekt im Vordergrund steht, ist zugleich die Schwelle überschritten, bis zu der werbewirksame Darstellungen noch durch den verfassungsrechtlichen Programmauftrag gedeckt sind. Hierin findet zugleich der dienende Charakter der Rundfunkfreiheit für die individuelle und öffentliche Meinungsbildung seinen Ausdruck, der sie von den anderen Freiheitsrechten des Grundgesetzes unterscheidet. – Die Werbeabsicht ist gesetzliches Tatbestandsmerkmal

---

[92] Zu den verschiedenen Formen des Product Placements aus der Sicht der werbetreibenden Wirtschaft, vgl *Völkel* ZUM 1992, 55 ff.
[93] Ausf dazu *Castendyk* ZUM 2005, 857 ff.
[94] BGH GRUR 1972, 553 ff – Statt Blumen ONKO-Kaffee; Hefermehl/Köhler/Bornkamm/ *Köhler* § 2 Rn 64.
[95] Vgl *Hartstein/Ring/Kreile/Dörr/Stettner* § 7 Rn 47 mwN.
[96] Vgl BVerfGE 87, 181, 197; 74, 297, 323 f; BGHZ 110, 278, 287; *Gounalakis* WRP 2005, 1476, 1480 f.

und muss im Einzelfall unter Beachtung der verfassungsrechtlich geschützten Rundfunkfreiheit anhand objektiver **Indizien** festgestellt werden. Dieser Schluss muss indes derartig eindeutig sein, dass er dem Gericht die Überzeugung verschafft, dass das gesetzliche Tatbestandsmerkmal erfüllt ist.[97] So nehmen die Gerichte eine Werbeabsicht an, wenn das Product Placement eine **Intensität** erreicht, die dramaturgisch oder redaktionell nicht mehr zu rechtfertigen ist. Dies ist regelmäßig gegeben, wenn Produkte oder Marken **auffällig** oder **unnötig lange** gezeigt werden. Die EU-Kommission definiert diese unzulässige Hervorhebung als „undue prominence".[98] Etwas strenger ist die Auffassung, die nur bei **Unvermeidbarkeit** der Produktpräsentation die Werbeabsicht verneint.[99] Die Darstellung des Produkts muss danach entweder aus redaktionellen, journalistischen oder aus dramaturgischen Gründen notwendig sein.

Auch im Wettbewerbsrecht gilt eine solche „**Werbung im Übermaß**" als ein starkes, allerdings nicht zwingendes Indiz für das Vorliegen der Wettbewerbsförderungsabsicht.[100] Es müssen alle Umstände des Einzelfalls, insb Inhalt, Anlass und Aufmachung des redaktionellen Beitrags berücksichtigt werden.[101] Mit dem Gebot, redaktionelle Beiträge und Werbung zu trennen, darf keine unverhältnismäßige Beschränkung der Meinungs- bzw Medienfreiheiten einhergehen.[102] Nicht jede positive Berichterstattung darf als einseitig werbend qualifiziert werden[103]: Soweit Waren in informativen Beiträgen wie in Ratgeber- oder Magazinsendungen dargestellt werden, ist maßgeblich, ob ein werblicher oder ein informatorischer Aspekt im Vordergrund steht. Soweit es sich um die unentgeltliche Berichterstattung über bestimmte Unternehmen oder ihre Produkte und/oder Dienstleistungen handelt, wird das Gebot der Trennung von Programm und Werbung nicht verletzt, wenn die sachliche Information im Vordergrund steht und die Werbewirkung dabei nur als unvermeidliche Nebenfolge erscheint[104]. Dieses Verständnis des Begriffs der Schleichwerbung hat Eingang gefunden in die Gemeinsamen Richtlinien der Landesmedienanstalten für die Werbung, zur Durchführung der Trennung von Werbung und Programm und für das Sponsoring im Fernsehen in der Fassung vom 23.2.2010 (vgl Ziff 4.1).

Nach S 2 der Definition der Schleichwerbung gilt „*eine Erwähnung oder Darstellung (...) insb dann als zu Werbezwecken beabsichtigt, wenn sie gegen Entgelt oder sonstige Gegenleistung erfolgt*".[105] Streitig ist die Frage, ob eine Erwähnung oder Darstellung gegen Entgelt oder ähnliche Gegenleistung zwingend die Werbeabsicht des Veranstalters nach sich zieht[106] oder ob sie ein – allerdings selten **widerlegbares** – **Indiz** darstellt.

90

---

[97] Vgl OVG Berlin-Brandenburg ZUM 2007, 765, 767; VG München ZUM 2009, 690, 694.
[98] Mitteilung der Kommission zu Auslegungsfragen in Bezug auf bestimmte Aspekte der Bestimmungen der Richtlinie „Fernsehen ohne Grenzen" über die Fernsehwerbung, ABl 2004/C 102/02, Nr 33: „Die Unzulässigkeit kann sich insb aus dem wiederholten Auftreten der betreffenden Marken, Waren oder Dienstleistungen oder aus der Art und Weise der Hervorhebung ergeben."
[99] OVG Rheinland-Pfalz ZUM 2009, 507, 512 – „Jetzt geht's um die Eier"; vgl auch Ziff 8 Abs 3 der ARD- bzw ZDF-Werberichtlinien.
[100] Statt vieler: Hefermehl/Köhler/Bornkamm/ *Köhler* § 4 Rn 3.27.

[101] Hefermehl/Köhler/Bornkamm/*Köhler* § 4 Rn 3.27.
[102] BVerfG NJW 2005, 3201 ff.
[103] OLG München ZUM 2006, 425, 426.
[104] Vgl *Hartstein/Ring/Kreile/Dörr/Stettner* § 7 Rn 53; VG Berlin ZUM-RD 2007, 446, 449 – Schleichwerbung in Ratgeber-Magazin, jew mwN.
[105] Auch im Wettbewerbsrecht begründet die Gegenleistung für den „redaktionellen" Beitrag in aller Regel die Wettbewerbswidrigkeit, Hefermehl/Köhler/Bornkamm/*Köhler* § 4 Rn 3.27.
[106] Für ein zwingendes unwiderlegliches Indiz ist *Hartstein/Ring/Kreile/Dörr/Stettner* § 7 Rn 48.

91 Beide Auffassungen liegen nicht weit von einander entfernt. Denn auch die Auffassung, die von der Unwiderleglichkeit der Vermutung ausgeht, muss prüfen, ob ein **Entgelt gerade für die werbliche Darstellung** im Programm gezahlt wurde oder ohne Zusammenhang dazu geflossen ist. Es muss eine kausale Beziehung, ein „do ut des", ein „ich gebe, damit du gibst" zwischen Entgelt und Erwähnung bestehen. Erwähnt wird, weil eine Gegenleistung erfolgt. Fehlt es an der **Konnexität** oder jeglichem kausalen Zusammenhang zwischen Zahlung und werblicher Präsentation, liegt kein Entgelt iSd Schleichwerbedefinition vor. Das Erfordernis einer Konnexität zwischen Erwähnung und Entgelt ergibt sich also bereits aus dem Begriff der „Gegenleistung" und ist unabhängig davon, ob man die Vermutung der Werbeabsicht bei einer Entgeltzahlung für widerlegbar hält oder nicht.[107] Für eine Konnexität mag der „erste Anschein" sprechen, dieser ist jedoch widerlegbar.

92 b) **Werbeabsicht des Veranstalters.** Vom Fernsehveranstalter nicht vorgesehen ist eine Werbung, wenn sie in Lizenzproduktionen (zB einem Kinofilm wie etwa „James Bond") enthalten ist. Er hat mit den bezahlten Placements in einem unabhängig von ihm produzierten Film grds nichts zu tun.[108] Bei einer solchen Fremdproduktion hat der Fernsehsender idR keine eigene Werbeabsicht, weil er die Platzierung der Werbung weder bestimmten kann, noch dafür ein Entgelt erhält. Er erwirbt eine Lizenz an dem jeweiligen Programm, ohne auf dessen Entstehung Einfluss nehmen zu können. Der Sender kann nur entscheiden, das Programm nicht zu senden. Bei dieser Entscheidung geht nach der vom BGH im Fall „Wer erschoß Boro?" geforderten Abwägung des Irreführungsgebotes mit den Interessen des Publikums, das bestimmte (zB im Kino gezeigte) Programme auch im Fernsehen sehen möchte, idR die Programmfreiheit vor dem Irreführungsverbot.[109] Liegt eine Eigenproduktion des Senders vor, wird ihm die Werbeabsicht seiner Mitarbeiter nach allgemein zivilrechtlichen Grundsätzen des Organisations- und Überwachungsverschuldens zugerechnet. Bei einer Auftragsproduktion rechnet die Rechtsprechung die Werbeabsicht ebenfalls zu. Für erlaubte **Produktplatzierungen** gilt in § 7 Abs 7 S 4 RStV eine ähnliche Zurechnungsregel: Auf den erforderlichen Warnhinweis kann nur verzichtet werden, wenn die Produktion weder eine Eigen- noch eine **Auftragsproduktion** des Senders ist, wenn nicht mit zumutbarem Aufwand ermittelbar ist, ob in der Produktion Produktplatzierungen enthalten sind. Damit werden dem Sender ebenfalls Auftragsproduktionen wie eigene zugerechnet (Näheres siehe unten Rn 94 ff). **Bandenwerbung** oder andere integrierte Werbung bei vom Rundfunksender übertragenen **Veranstaltungen** wird dem Sender zugerechnet, wenn der Sender oder mit ihm verbundene Unternehmen für diese Werbung Entgelte erhalten[110], oder wenn die Veranstaltung und Sendung wie Eigen- oder Auftragsproduktionen behandelt werden kann, bei der der Fernsehsender das Ausmaß der Werbung kontrollieren kann. Zu weit ginge die Auffassung, die eine Werbeabsicht nur

---

[107] Diese Überlegung klingt auch in der „ars-vivendi"-Entscheidung des VG Berlin an. Das von den Gaststätten gezahlte Entgelt wurde vom Gericht nur als Gegenleistung für die Herstellung der Promotionvideos angesehen; die Tatsache, dass sich der Produzent auch verpflichtete, ein solches Promotionvideo für die Sendung „ars-vivendi" zu verwenden, wurde nur als Nebenzweck angesehen, VG Berlin ZUM 1999, 751, 755.

[108] Hahn/Vesting/*Schulz* § 2 Rn 103; von Hartlieb/Schwarz/*Castendyk* Kap 251 Rn 20, jeweils mwN.
[109] BGHZ 110, 278, 286 – Wer erschoss Boro?
[110] OVG Rheinland-Pfalz ZUM 2009, 507, 512; VG Berlin ZUM-RD 2009, 292, 296 f – WOK-WM.

dann nicht dem Sender zurechnet, wenn der Sender auf den Inhalt der Sendung keinen irgendwie gearteten **Einfluss** hat, weil diese in *völliger* Unabhängigkeit[111] von ihm erstellt wurde und sich seine Entscheidung – mithin auch seine Programmverantwortung – daher darauf beschränkt, das Programm auszustrahlen oder nicht. Würde zB die EBU als Lizenznehmerin von Sportveranstaltungen in ihren Lizenzverträgen mit Sportveranstaltern Bandenwerbung verbieten, könnte sie dies angesichts des großen finanziellen Gewichts ihrer Lizenzgebühren für die Finanzierung der Sportveranstaltungen möglicherweise bewirken. Trotzdem ist eine Sportveranstaltung nicht wie eine Eigen- oder Auftragsproduktion eines Senders zu betrachten. Ähnliches gilt für TV-Sendern als Koproduzenten von Kinofilmproduktionen (siehe auch unten 101 f). Damit würde die Sorgfaltspflicht des Senders überspannt und der Begriff der „Werbeabsicht" zu einem Begriff der „fahrlässigen Zulassung von Werbung" umdefiniert. Außerdem kann sich die Werbeabsicht des Fernsehsenders auch aus der Art der Übertragung der Veranstaltung ergeben. Hier geht es wiederum um das o.g. Kriterium der „undue prominence" (s Rn 81).[112]

5. Irreführung

Die Allgemeinheit muss weiterhin über den eigentlichen – nicht redaktionellen bzw nicht dramaturgischen – Grund der Erwähnung bzw Darstellung **irregeführt** werden.[113] Es reicht ein nicht unerheblicher Teil der angesprochenen Verkehrskreise.[114] Die Gerichte gehen grds von einer möglichen Irreführung der Zuschauer aus, wenn werbliche Aussagen in fiktionale Handlungen oder in redaktionelle Zusammenhänge eingebaut werden. Ausnahmen von diesem Grundsatz kommen nur dann in Betracht, wenn wie zB in dem Film „Feuer, Eis und Dynamit" Namen und Marken so offen und karikierend gezeigt werden, dass das Moment des „Schleichenden" und damit der Irreführung fehlt.[115] Ob es sich bei der Sendung um ein Kunstwerk handelt oder nicht, oder ob die satirische Behandlung der Werbung einer der künstlerischen Hauptzwecke der Sendung war, kann für diese Frage keine Rolle spielen.[116] Auch das Argument, damit könne man das Schleichwerbeverbot durch besonders dreiste Werbung umgehen, sticht nicht, denn eine „nicht-schleichende", erkennbare Werbung stellt außerdem einen Verstoß gegen das Trennungsverbot dar. Handelt es sich um eine – seit 1.4.2010 zulässige – Produktplatzierung, so gilt etwas anderes: Auch eine drastische, sehr offensichtliche Werbung im Programm ersetzt nicht den gesetzlich vorgeschriebenen Warnhinweis. Umgekehrt kann ein gekennzeichnetes Placement nicht irreführen und ist damit auch keine Schleichwerbung, selbst wenn andere Vorgaben für eine erlaubte Produktplatzierung nicht eingehalten sind; so wäre eine entgegen § 7 Abs 7 S 2 Nr 3 RStV zu offensichtliche, zu drastische Produktplatzierung nur eine unzulässige Produktplatzierung, aber keine Schleichwerbung.

93

---

[111] So die Formulierung in OVG Rheinland-Pfalz ZUM 2009, 507, 512; allerdings heisst es an anderer Stelle präziser, für eine Zurechnung müsse der Sender in einer Position wie ein Auftraggeber sein und zB „Teilnehmer benennen, Vorgaben für den Inhalt der Veranstaltung machen und Vermarktungsrechte einräumen" können.
[112] OVG Rheinland-Pfalz ZUM 2009, 507, 513.
[113] Es handelt sich hierbei um ein eigenes Tatbestandsmerkmal und nicht um ein Indiz für die Werbeabsicht bzw die Werblichkeit einer Äußerung, vgl OVG Berlin-Brandenburg NVwZ-RR 2007, 681, 683.
[114] Hahn/Vesting/*Schulz* § 2 Rn 116 geht von 10–15 % aus.
[115] VG Berlin ZUM 1999, 742, 751.
[116] AA VG Berlin ZUM-RD 2009, 292, 299.

IV. Produktplatzierung[117]

1. Einführung

94 Produktionen, die **nach dem 19.12.2009** fertig gestellt wurden, dürfen seit dem 1.4.2010 **Produktplatzierungen** enthalten. Mit Bezug auf die wirtschaftlichen Rahmenbedingungen tasten sich die Beteiligten noch an mögliche neue Geschäftsmodelle heran: Es gibt bisher nur wenige Preismodelle, keine von allen Sendern akzeptierte Pauschale für den Mehraufwand bei Produktion und Handling und für die intensivere Nutzung eines urheberrechtlich geschützten Werks. Rechtlich ist der Bereich hingegen schon stärker konturiert; die Maßstäbe ergeben sich aus Gesetz, amtlicher Begründung und DLM-Werbe-RL bzw den Werberichtlinien von ARD und ZDF.

2. Der Begriff der Produktplatzierung

95 Produktplatzierung wird in § 2 Abs 2 Nr 11 RÄndStV legal definiert. Der Begriff enthält vier Tatbestandsmerkmale: (1) die gekennzeichnete Erwähnung und Darstellung von Produkten, Dienstleistungen, Namen oder Marken, (2) eines Herstellers von Waren oder Erbringers von Dienstleistungen, (3) in Sendungen, (4) zum Ziel der Absatzförderung. Der deutsche Gesetzgeber orientiert sich damit an der bisherigen Begrifflichkeit, ohne den von der Richtlinie für audiovisuelle Mediendienste vorgegebenen Rahmen der „kommerziellen Kommunikation" zu verlassen. Die **Kennzeichung** der Darstellung ist der einzige Unterschied zur Definition der Schleichwerbung.[118]

96 Die von der AVMDR nicht vorgesehene „Hineinnahme" der Kennzeichnung in die Definition der Produktplatzierung hat ihre Schattenseiten: Die **Definition** der Schleichwerbung unterscheidet sich nicht nur durch die fehlende Kennzeichnung von der Produktplatzierung. Schleichwerbung muss über die werbliche Intention irreführen. Dieses Merkmal kann bei sehr offensichtlichen Platzierungen – wie etwa in dem Film „Feuer, Eis & Dynamit", bei der die integrierte Werbung nicht „schleichend" daherkommt, fehlen.[119] Damit läge in einem solchen Fall weder eine Schleichwerbung vor noch eine Produktplatzierung, weil sie nicht gekennzeichnet ist. Um solche Regelungslücken zu vermeiden, wäre eine Produktplatzierung besser ohne das Merkmal der Kennzeichnung definiert worden.

97 In Satz 2 der **Legaldefinition** heißt es: „Die kostenlose Bereitstellung von Waren oder Dienstleistungen ist Produktplatzierung, sofern die betreffende Ware oder Dienstleistung von bedeutendem Wert ist." Der Unterschied zwischen entgeltlicher Produktplatzierung und **unentgeltlicher Produktionshilfe** ist relevant, weil dem öffentlich-rechtlichen Rundfunk lediglich diese zweite Form der Platzierung erlaubt ist. Der Begriff „Produktionshilfe" für die unentgeltliche Bereitstellung von Produkten oder Dienstleistungen wird vom Gesetzgeber nur in § 44 RÄndStV verwendet; es spricht jedoch nichts dagegen, den Begriff darüber hinaus generell für diesen Sonderfall der unentgeltlichen Produktplatzierung zu nutzen, wenn man die Sachpreise, die unentgeltlich zur Verfügung gestellt werden, davon umfasst sieht.

---

[117] Ausf zum neuen seit 1.4.2010 geltenden Recht der Produktplatzierung *Castendyk* ZUM 2010, 29 ff.
[118] Dieses Merkmal ist in der Definition der AVMDR (Art 1 lit m) nicht enthalten.
[119] VG Berlin ZUM 1999, 742, 751; *Behrens/Esch/Leischner/Neumaier* 302; *Henning-Bodewig* GRUR Int 1987, 538, 539.

Es ist streitig, ob der **Wert der Produkthilfe** absolut oder relativ zu bestimmen **98**
ist.[120] Beispiel für eine absolute Bestimmung ist die österreichische Regelung, wonach
nur Produkte mit einem Marktwert von € 1000,– von „bedeutendem Wert" sind.[121]
Für eine absolute Definition spricht, dass sie für die Aufsichtsbehörden leichter zu
handhaben ist. Die relative Definition setzt den Wert des platzierten Produkts ins Verhältnis zu den Herstellungskosten der audiovisuellen Produktion.[122] Argument für
diese zweite Variante ist die ratio legis der Regelung zur Produktplatzierung. Ihr Ziel
ist es, den Verbraucher vor Irreführung und die Produktionsverantwortlichen vor
übermäßiger Beeinflussung durch die Werbetreibenden zu schützen. Da das erstgenannte Ziel durch die Kennzeichnungspflicht abgesichert ist, bleibt nur noch die zweite
Funktion übrig. Der Einfluss auf den Produktionsverantwortlichen ist umso größer, je
wesentlicher die Einsparung der Produktionskosten durch die Produktionshilfe ist. Ein
geliehenes Fahrzeug, das man andernfalls für die Dauer der Dreharbeiten für € 2 000,–
hätte mieten müssen, fiele bei einem Budget von € 100 000,– durchaus ins Gewicht,
bei Produktionskosten von € 2 Mio wäre es eine zu vernachlässigende Größe. ARD,
ZDF und Landesmedienanstalten haben sich in ihren Richtlinien für eine **Kombination** beider Modelle entschieden. Gemäß Ziff 1 Abs 2 der DLM-Werbe-RL (Ziff 9.1
der ARD – bzw ZDF-Werbe-RL) ist ein Produkt (oder eine Dienstleistung) von **bedeutendem Wert**, wenn sie ab einer Untergrenze von € 1000,– ein Prozent (1 %) oder
mehr des Produktionsbudgets beträgt. Spendet ein Beteiligter mehr als eine Ware
und/oder Dienstleistung für eine Sendung, werden seine Beiträge addiert.

3. Grundsätzliche Zulässigkeit von Produktplatzierungen

Produktplatzierungen ebenso wie ihre Sonderform der Produktionshilfe sind ent- **99**
sprechend den Vorgaben der AVMDR nur in bestimmten Genres erlaubt: Kino-, Fernsehfilme und -serien, Sendungen der leichten Unterhaltung und Sportprogramme.
Ausgenommen sind zB Nachrichtensendungen oder Sendungen für Kinder. Keine Sendungen der leichten Unterhaltung sind Sendungen, die zwar auch unterhaltende Elemente aufweisen, im Wesentlichen jedoch informierenden Charakter haben, zB Ratgebersendungen mit Unterhaltungselementen.

In **privaten Sendeunternehmen** sind (unentgeltliche) Produkthilfen und (entgelt- **100**
liche) Produktplatzierungen zulässig. Bei **öffentlich-rechtlichen Rundfunkanstalten** sind
gem. § 15 RStV bezahlte Platzierungen nur bei sog. Fremdproduktionen zulässig,
wenn es sich nicht um Kindersendungen handelt; **bei Eigen- und Auftragsproduktionen** sind hingegen nur Produkthilfen (wie etwa die Zurverfügungstellung der MS
Deutschland für die Produktion „Traumschiff") erlaubt.

Die Abgrenzung zwischen Fremdproduktionen einerseits und Eigen- und Auftrags- **101**
produktionen andererseits ist nicht immer leicht, zB bei **Koproduktionen**: Eine Koproduktion liegt von vornherein nicht vor, wenn das Verhältnis von Sender und Produzent als unechte Koproduktion oder wie ein Lizenzvertrag (zB Pre-Sale-Lizenzvertrag)
ausgestaltet ist. Wenn also der Vertragstypus des Kaufvertrags bzw Pachtvertrags vorliegt, handelt es sich um Fremdproduktionen, es sei denn, es handelt sich um eine

---

[120] Vgl zum Meinungsstreit ausf *Mallick* 234 ff.
[121] *Kogler/Kramler/Traimer* § 14 ORF-Gesetz, Nr 48.

[122] Castendyk/Dommering/Scheuer/*Castendyk*, Art 3 g, Rn 18, AVMSD Art 1 Rn 146. Vorgeschlagen ist eine Grenze von 0,25 % des Herstellungsbudgets.

Umgehung.[123] Eine Koproduktion liegt vor, wenn der Sender an der Produktionsgesellschaft (idR eine GbR oder OHG)[124] beteiligt ist („echte Koproduktion"). Laut der amtlichen Begründung, die auf die Differenzierung zwischen majoritärem und minoritärem Koproduzenten verweist, sind „Ko-Produktionen ... dann als Fremdproduktionen zu behandeln, wenn der Veranstalter nur einen untergeordneten Teil der finanziellen Mittel bereitstellt und daher im Regelfall kein entscheidendes Mitspracherecht bei der Gestaltung der Produktion, etwa der Besetzung der Rollen und Auswahl des Produktionsteams hat (Minderheitsproduzent)." Nur wenn der Sender majoritärer Koproduzent ist und deshalb mit Bezug auf die Besetzung von Darstellern und Auswahl der Crew im Regelfall überwiegende Einflussmöglichkeiten hat, ist die Koproduktion wie eine Eigenproduktion zu behandeln. Geht man von diesem Ansatz aus und sucht nach einer handhabbaren Faustformel, so könnte man diese wie folgt formulieren: Es besteht eine Anscheinsvermutung für eine Eigenproduktion iSd § 15 S 1 RStV, wenn der Sender als Koproduzent mehr als 50 % der Herstellungskosten trägt.

4. Erfordernisse für eine zulässige Produktplatzierung

102 Die Werbeverbote für **Tabak**produkte und rezeptpflichtige **Medikamente** gelten auch für das „product placement". Entsprechende Platzierungen sind demnach unzulässig.

103 Der Werbetreibende darf **keinen Einfluss** auf Inhalt oder Sendplatz der jeweiligen Sendung erhalten. Es ist schwierig zu bestimmen, ab wann unzulässiger Einfluss ausgeübt wird. Dies soll im **Verhaltenskodex** „Produktplatzierung" geklärt werden, der zurzeit (Stand 12/2010) zwischen Sendern, werbetreibender Wirtschaft und Produzenten diskutiert wird und den die Länder in einer Protokollerklärung zum 13. RÄndStV angemahnt haben. Ein Beispiel für unzulässigen Einfluss ist auch die Platzierung eines Themas, etwa „Vorzüge des Teppichbodens gegenüber Dielen" (so passiert bei „Marienhof") ohne konkreten Produktbezug. **Themenplatzierung** beeinträchtigt stets die redaktionelle Verantwortung und Unabhängigkeit des Senders (vgl so der Erwägungsgrund 63 der AVMD-RL). Deshalb sieht § 7 Abs 7 RStV ein ausdrückliches Verbot der Themenplatzierung vor. Unter Themenplatzierung versteht man die Platzierung von konkreten Inhalten und Aussagen, die einen Produktbezug aufweisen.[125]

104 Die Platzierung des Produkts darf **nicht zu offensichtlich** sein („undue prominence") und sie darf **keinen unmittelbar werblichen Charakter** haben, zB indem unmittelbar zum Kauf des Produkts aufgefordert wird. Die DLM-Werbe-RLen verlangen deswegen eine „redaktionelle Rechtfertigung". Bei der Interpretation der Neuregelung sollte man jedoch aufpassen, dass man nicht einfach auf alte Interpretationsmuster zurückgreift: Nach altem Recht lag von vorneherein kein Product Placement (als Schleichwerbung) vor, wenn eine Platzierung redaktionelle Gründe hatte. Verlangt man heute nach seit 1.4.2010 geltenden Recht eine redaktionelle Rechtfertigung für ein gezeigtes Produkt, dann legt man die Latte möglicherweise so hoch, dass am Ende gar keine Produktplatzierungen mehr möglich sind, für die die dargestellten Regelungen (Kennzeichnung, Einflussverbot etc) gelten können.

---

[123] Vgl zB OVG Rheinland-Pfalz ZUM 2009, 507 ff.
[124] Von Hartlieb/Schwarz/*Schwarz*/*Reber* § 83 Rn 7 mwN.
[125] *Castendyk* ZUM 2005, 875, 877.

Auf die Produktplatzierung muss mit einem **Warnhinweis** (vor und nach der Sendung und nach jedem Unterbrecherwerbeblock) hingewiesen werden. Dafür reicht nach der DLM-Werbe-RL ein für 3 Sekunden eingeblendetes „P". Diese Pflicht zur Kennzeichnung gilt für **Eigen- und Auftragsproduktionen** der Sender und – wenn die Tatsache, dass Produktplatzierungen enthalten sind, für den Sender als Lizenznehmer **mit zumutbarem Aufwand** eruierbar ist – **auch für Fremdproduktionen**. Zumutbar ist es für den Lizenznehmer/Sender, den Lizenzgeber schriftlich um Auskunft über mögliches Product Placement in der lizenzierten Produktion zu bitten. **105**

Zur Verantwortlichkeit des **Auftragsproduzenten** kommt es ua auf die Frage an, in welchem Verhältnis UWG und Rundfunkstaatsvertrag zueinander stehen (s oben Rn 23 ff). **106**

5. Konkurrenzen/Verhältnis Werbung zu Schleichwerbung

Der Begriff der Rundfunkwerbung gem § 2 Abs 2 Nr 7 RStV regelt die instrumentelle Werbung (zum Begriff der instrumentellen und mediale Werbung, s oben Rn 6), Schleichwerbung in Nr 8 und Produktplatzierung in Nr 11 betreffen die mediale bzw programmintegrierte Werbung. Schleichwerbung bzw Produktplatzierung sind nur auf den ersten Blick ein **Unterfall** des Oberbegriffs „Werbung". Dies würde implizieren, dass man zunächst sämtliche Voraussetzungen des Begriffs der Werbung bejahen müsste, um danach die zusätzlichen Voraussetzungen der Schleichwerbung zu prüfen. Schleichwerbung und erlaubte Produktplatzierung erforderern jedoch keine Entgeltzahlung des Dritten an den Sender dafür, dass das Placement erfolgt. Es reicht zB eine übermäßig werbliche Darstellung für die Werbeabsicht aus. Würde man Schleichwerbung oder Produktplatzierung als (Unter-)Fall der Rundfunkwerbung begreifen, müsste ein Entgelt oder eine sonstige Gegenleistung immer nachgewiesen werden; dies würde der Vermutungsregelung in Nr 8 S 2 klar zuwider laufen. Es wäre überdies wenig sinnvoll, wenn ein schleichwerbender Sender – etwa in einem Bußgeldverfahren – **doppelt sanktioniert** würde, einmal wegen der Schleichwerbung und zum anderen wegen Verstoßes gegen das Trennungs- und Kennzeichnungsgebot. Im Übrigen wäre es auch schwierig, die EuGH-Entscheidung im Bacardi-Fall zu begreifen. Hier hatte das Gericht deutlich zu verstehen gegeben, dass eine gewisse „Intentionalität" seitens des Rundfunksenders gegeben sein müsse, um von „Werbung" sprechen zu können.[126] Die Regelungen zu Schleichwerbung und Produktplatzierung sind deshalb *lex specialis* für integrierte Werbung. **107**

V. Sponsoring

Sponsoring im Rundfunk ist eine **eigene Finanzierungsform** mit Werbecharakter. Der Sponsor erhält als Gegenleistung für seine Förderung eine Sponsornennung, mit der er die Bekanntheit seiner Firma, seiner Marke oder seiner Produkte steigert und vom positiven Image der gesponserten Sendung profitiert. Dem Produzenten, Sender oder Veranstalter dient sie als Finanzierungsquelle. Der Zuschauer erhält Aufklärung **108**

---

[126] Anders als *Scherer* 110 und *Volpers/Herkströter/Schnier* 123 halte ich deshalb die hergebrachte Differenzierung zwischen instrumenteller und medialer/integrierter Werbung (vgl *Bork* ZUM 1990, 11 ff; *Sack* AfP 1991, 704 ff) für nach wie vor sinnvoll.

über die Mitfinanzierung und damit mögliche Gefahren der Einflussnahme des Sponsors auf die Sendung bzw Veranstaltung.

109 Sponsoring existiert als Förderung von Rundfunksendungen (**Programmsponsoring**), von Veranstaltungen zB Sportveranstaltungen, Musikkonzerten, Kunstausstellungen, Fun-Events etc (**Veranstaltungssponsoring**) und als längerfristige Förderung zB ökologischer, sozialer oder wissenschaftlicher Zwecke über eine einzelne Veranstaltung hinaus (**Sozialsponsoring**). Das Sponsoring ist häufig Teil eines integrierten Werbe- und Marketingkonzepts eines Sponsors.

110 Die **Umsätze** im Sponsoring sind in den letzten Jahren **gestiegen**. Das Gesamtvolumen des Sponsorings einschließlich des Programmsponsorings wurde in Deutschland 2006 über € 4 Mrd geschätzt; es lag 1997 noch bei 3,5 Mrd DM. Auf die Medien (Print, Rundfunk, Internet) entfallen etwa 23 % (rund € 1 Mrd); internetbasiertes Sponsoring nimmt auf Kosten der Printmedien zu.[127]

111 Programmsponsoring ist im RStV **definiert** als *Beitrag einer natürlichen oder juristischen Person oder einer Personenvereinigung, die an Rundfunktätigkeiten oder an der Produktion audiovisueller Werke nicht beteiligt ist, zur direkten oder indirekten Finanzierung einer Sendung, um den Namen, die Marke, das Erscheinungsbild der Person, ihre Tätigkeit oder ihre Leistung zu fördern* (vgl § 2 Abs 2 Nr 9 RSt). Abzugrenzen ist das Programmsponsoring zunächst vom **Mäzenatentum**, bei dem das Hauptziel nicht der Kommunikationseffekt ist, sondern die altruistische Unterstützung der Sache selbst. Indiz ist das Verhältnis von Förderbetrag zum Marktwert des mit der Sponsornennung verbundenen Werbeeffekts für das fördernde Unternehmen. Je zurückhaltender die Sponsornennung im Verhältnis zur Sponsorsumme ist, desto eher spricht dies für eine mäzenatische Förderung.

112 Die Abgrenzung zwischen echtem und mäzenatischem Sponsoring führt auch zu einer **steuerlich unterschiedlichen Behandlung:** Laut BMF-Schreiben vom 9.7.1997[128], abgeändert durch BMF-Schreiben vom 5.3.1998[129], können Aufwendungen für die Förderung von Personen, Gruppen oder Organisationen im sportlichen, kulturellen oder wissenschaftlichen Bereich entweder als Betriebsausgaben oder als Spenden abzugsfähig sein oder zu den nicht abzugsfähigen Aufwendungen der Lebensführung bzw verdeckten Gewinnausschüttung gehören. Der Abzug als **Betriebsausgabe** erfordert, dass der Sponsor durch die Aufwendung wirtschaftliche Vorteile anstrebt. Dabei ist es ausreichend, wenn durch Hinweise auf den Sponsor sein unternehmerisches Ansehen erhöht und seine Bekanntheit gesteigert wird. Liegen die Voraussetzungen für den Betriebsausgabenabzug vor, stellen die Ausgaben des Sponsors keine Geschenke iSd § 4 Abs 5 S 1 Nr 1 EStG dar. Es sind weder Höchstgrenzen noch besondere Aufzeichnungspflichten zu beachten. **Spenden** liegen hingegen vor, wenn mit dem Sponsoring keine Gegenleistung verbunden ist und keine direkten wirtschaftlichen Vorteile erwartet werden können. Ein steuerlicher Abzug erfordert dann ua, dass der Empfänger die Voraussetzungen zum Empfang steuerbegünstigter Spenden erfüllt (vgl § 10b EStG) und dass die entsprechenden Spendenbescheinigungen vorliegen. Liegen diese Voraussetzungen nicht vor, handelt es sich bei den Aufwendungen des Sponsors um – nicht abzugsfähige – Aufwendungen der allgemeinen Lebensführung, bei Kapitalgesellschaf-

---

[127] ZAW Werbung in Deutschland 2006, 337 ff; ZAW Werbung in Deutschland 2007, 394.
[128] BMF-Schreiben v 9.7.1997 IV B 2-S 2144-118/97, BStBl I 1997 S 726, BB 1998, 679 ff.
[129] BMF-Schreiben v 5.3.1998 IV B 2-S 2144-40/98.

ten werden in diesen Fällen verdeckte Gewinnausschüttungen angenommen, wenn ein Gesellschafter durch die Aufwendungen begünstigt wird, zB weil er sich eigene Aufwendungen erspart.

Das BMF-Schreiben vom 5.3.1998 ergänzt das BMF-Schreiben vom 9.7.1997 hinsichtlich der steuerlichen Behandlung des steuerbegünstigten Empfängers. Danach können die im Zusammenhang mit dem Sponsoring erhaltenen Leistungen entweder steuerfreie Einnahmen im ideellen Bereich, aus der Vermögensverwaltung sein oder **steuerpflichtige** Einnahmen eines wirtschaftlichen Geschäftsbetriebes sein. Nach dem zweiten BMF-Schreiben liegt ein wirtschaftlicher Geschäftsbetrieb auch dann **nicht** vor, „wenn der Empfänger der Leistungen zB auf Plakaten, Veranstaltungshinweisen, in Ausstellungskatalogen oder in anderer Weise auf die Unterstützung durch einen Sponsor lediglich hinweist (…). Ein wirtschaftlicher Geschäftsbetrieb liegt dagegen vor, wenn die Körperschaft an den Werbemaßnahmen mitwirkt (…)." Die umsatzsteuerliche Behandlung folgt den einkommensteuerrechtlichen Wertungen.[130] **113**

Beim **Veranstaltungs- oder Eventsponsoring** unterstützt der Sponsor eine bestimmte Veranstaltung, zB Sportveranstaltung. Es fällt nicht unter die Regelungen der §§ 2 Abs 2 Nr 9 RStV. Der Veranstaltungssponsor darf daher nicht vor oder nach der Sendung als solcher genannt werden[131]. Für das Veranstaltungssponsoring gelten daher nur die allgemeinen Regeln des Fernsehwerberechts und des Rechts des unlauteren Wettbewerbs, insb das Gebot der Trennung von Werbung und Programm. Bei Schleichwerbung des **Veranstalters** ist das Verbot der Schleichwerbung aus § 7 Abs 5 RStV nicht anwendbar, da sich dieses nach der Legaldefinition nur auf die Darstellung von Namen, Marken etc bezieht, wenn sie **vom Fernsehveranstalter für Werbezwecke vorgesehen** ist. Aber auch wenn der TV-Sender (Mit-)Veranstalter ist, kann der Grundsatz der Trennung von Werbung und Programm für eine Sendung über eine gesponserte Veranstaltung nicht vollständig durchgehalten werden. Würde man die üblichen werblichen Hinweise auf Sponsoren der Veranstaltung als einen Verstoß gegen das Trennungsgebot ansehen, könnten derartige Ereignisse nicht mehr im Fernsehen übertragen werden. Deshalb darf nach allgemeiner Auffassung aus Rücksicht auf das Informationsinteresse der Zuschauer das Ereignis selbst dann übertragen werden, wenn die Veranstaltung oder der Ort der Veranstaltung den Namen des Sponsors trägt (zB „Allianz Arena"). Allerdings dürfen die **Sponsorhinweise** nicht im Vordergrund stehen. Ziel muss die Berichterstattung über das Ereignis und nicht über den Sponsor sein. Diese Grenze wäre überschritten, wenn zB werbliche Hinweise bei der Veranstaltung von der Kamera ohne programmliche bzw dramaturgische Gründe häufig und auffällig ins Bild gesetzt würden. **114**

Zulässig ist das sog **Doppelsponsoring**, bei dem sowohl die Veranstaltung als auch die Sendung gesponsert wird, und zwar entweder von demselben Sponsor oder von jeweils verschiedenen Sponsoren. Relativ unproblematisch ist der Fall, bei dem Sendungs- und Veranstaltungssponsor nicht identisch sind. Hier muss, um die Irreführung des Zuschauers zu vermeiden, lediglich klargestellt werden, dass der Programmsponsor nicht der Eventsponsor ist. Wenn die Sponsoren von Programm und Veranstaltung identisch sind, sind die Regeln zum Sendungssponsoring in § 8 RStV zu beachten. Danach dürfen die Hinweise auf Waren, Dienstleistungen, Namen, Marken **115**

---

[130] Vgl Verfügung betr. umsatzsteuerliche Behandlung des Sponsoring v 22.5.2007 (OFD Frankfurt S 7100 A – 203 – St 11).

[131] BGH ZUM 1993, 93 ff – Agfa.

oder Tätigkeiten des Sponsors nicht im Vordergrund stehen (vgl Ziff 12 Abs 6 der DLM-Werbe-RL).

116 Sponsoring ist nach seinem Wortlaut nur bezogen auf die Unterstützung einer Sendung. Man könnte Zweifel daran hegen, ob die Unterstützung der **Produktion** einer Sendung auch unter diese Regelung fällt. Mit dem Begriff der Sendung könnte, wenn man ihn eng versteht, nur die **Ausstrahlung** der Produktion im Fernsehen gemeint sein. Von der Regelung umfasst wäre dann nur der Geldfluss zum Fernsehsender, nicht aber zu einem Auftragsproduzenten. Gegen eine solche enge Auslegung spricht jedoch Sinn und Zweck der Regelung: Die Beeinflussung der Medien durch die werbetreibende Wirtschaft ist verfassungsrechtlich problematisch unabhängig davon, ob sie unmittelbar oder mittelbar erfolgt. Würde man das Sponsoring nur auf Geldflüsse unmittelbar zwischen Wirtschaft und Fernsehsender reduzieren, könnte ua die Warnfunktion des Sponsorhinweises durch Verlagerung von Eigenproduktionen hin zu Auftragsproduktionen leicht umgangen werden. Schließlich kommt ein „Produktionssponsoring" in der Regel auch dem Sender zugute, da er weniger Mittel aufwenden muss, um die Produktion zu finanzieren. Das war in der Vergangenheit auch der Grund, warum gerade öffentlich-rechtliche Sender ihren Auftragsproduzenten gelegentlich empfohlen haben, Drittmittel einzuwerben.

117 Ein Sponsor kann Programme nicht nur finanziell, sondern auch durch **Sachleistungen** (zB Sachpreise für eine Gameshow oder ein Fahrzeug für eine Krimiserie) unterstützen und damit einen indirekten Beitrag zur Finanzierung einer Sendung leisten. Um zu verhindern, dass Vor- und Abspann mit Sponsorhinweisen (hier sog Ausstatterhinweise) überladen werden, wenn zB sämtliche Requisiten eines Film von einer Vielzahl von Sponsoren kostenlos zur Verfügung gestellt worden sind, wurden die Kennzeichnungspflicht in § 8 Abs 2 RStV nur eingeschränkt angewandt: Bei geringwertigen Ausstattungshilfen wurde der **Ausstatterhinweis** weggelassen, bei höherwertigen reichte ein Hinweis im Abspann aus. Für diese einschränkte Anwendung des § 8 RStV auf kostenlose Beistellungen sprach, dass die Regelung über das Sponsoring auf diese branchenübliche Praxis besser passten, als die „Alles oder Nichts" – Regelung der Schleichwerbung. Nunmehr gilt auch für unentgeltliche Produktbeistellungen die Regelungen zur **Produktplatzierung** (s Rn 94 ff). Das Ergebnis ist ähnlich, aber präziser. Für unentgeltliche Produkthilfen und Sachpreise gibt es zB eine klare Wertgrenze, unterhalb derer die Regeln für die Produkthilfen nicht gelten (s Rn 97, 98).

118 **Titelsponsoring:** Die Verwendung eines Produkts oder Firmennamens als **Sendetitel** (zB das Pirelli Automagazin, Stern-TV) ist für sich genommen kein Sponsoring. Auch eine analoge Anwendung der Sponsoringvorschriften ist nicht sinnvoll, da die Gestattung des Titelgebrauchs nicht als indirekte Finanzierung einer Sendung gesehen werden kann. Gerade die in Deutschland bekannten Beispiele wie Stern TV oder Focus TV zeigen, dass mit derartigen Sendetiteln beide Seiten, Sender und Verlag, ihre Interessen gleichermaßen fördern. Eine einseitige (versteckte) Leistung an den Sender kann darin nicht gesehen werden.

§ 3
Die sechs Säulen des Fernsehwerberechts

119 Wie bei den Grundlagen im Allgemeinen Teil (III) herausgearbeitet[132], hat das Rundfunkwerberecht sechs Säulen: (1) das **Beeinflussungsverbot**, (2) das **Trennungsgebot**, (3) das **Kennzeichnungs- bzw Erkennbarkeitsgebot**. (4) **Inhaltliche Werbebeschränkungen** dienen dazu, bestimmte entweder von den beworbenen Produkten oder der Werbung selbst ausgehende Gefahren zu verringern. (5) **Werbehöchstmengen** dienen dem Schutz der Verbraucher vor einem Übermaß an Werbung. Die Tendenz in der AVMDR (der Nachfolgerrichtlinie zur Fernseh-RL, s oben Rn 17) ging in eine andere Richtung: Regeln zu Werbehöchstmengen wurden reduziert; man vertraute darauf, dass die Verbraucher (Zuschauer, Zuhörer, Nutzer) durch ihr Nutzungsverhalten verhindern, dass übermäßig geworben wird. (6) Ähnliches gilt für die Beschränkungen der **Unterbrecherwerbung**. Diese Liberalisierungen wurden ins deutsche Rundfunkrecht übernommen, ohne dass die Grundsätze über Bord geworfen wurden.

I. Das Verbot der Programmbeeinflussung

120 Das **Beeinflussungsverbot** findet sich in § 7 Abs 2 RStV, „Werbung oder Werbetreibende dürfen das übrige Programm inhaltlich und redaktionell nicht beeinflussen (…)." und in § 8 Abs 2 RStV: „Inhalt und Programmplatz einer gesponserten Sendung dürfen vom Sponsor nicht in der Weise beeinflusst werden, dass die Verantwortung und die redaktionelle Unabhängigkeit des Rundfunkveranstalters beeinträchtigt werden."

121 Es verfolgt ein über den Verbraucher- und Wettbewerbsschutz hinausgehendes Ziel: die Unabhängigkeit des Rundfunks von werblichen Aussagen oder, etwas abstrakter formuliert, die **Autonomie der Medien** gegenüber der ökonomischen Sphäre[133]. Es bezweckt die Autonomie der Programmgestaltung, schützt das Vertrauen des Zuschauers in eben diese Autonomie und fördert somit die Aufgabe des Rundfunks, zu einer umfassenden öffentlichen und individuellen Meinungsbildung beizutragen[134]. Weil das Beeinflussungsverbot der Meinungsvielfalt dient, handelt es sich verfassungsrechtlich um eine Ausgestaltung des Grundrechts der Rundfunkfreiheit[135]. Die Autonomie eines Mediums ist verletzt, wenn es nicht mehr nach eigenen Regeln und Maßstäben über redaktionelle oder programmliche Inhalte entscheidet.

122 Wann wird die Grenze zur **unerlaubten Beeinflussung** überschritten? Bisher gibt es dazu keine einschlägige Rechtsprechung und auch die Kommentarliteratur begnügt sich mit wenigen Beispielen.[136] Wie schwierig die Frage zu beurteilen ist, zeigt folgendes Beispiel: Sender und Drehbuchautor entscheiden sich dafür, dass in einer Serie über ein Krankenhaus eine Reihe von lustigen Vorfällen um einen nur teilweise funktionierenden Getränkeautomat kreisen zu lassen. Getränke und damit bestimmte Marken gehören zur Realität eines Getränkeautomaten. Ob dieser nun mit Coca Cola oder Pepsi gefüllt ist, spielt redaktionell keine Rolle. Ist die Entscheidung für eine der

---

[132] S oben Rn 9 ff.
[133] So auch *Gounalakis* WRP 2005, 1476 ff; in ähnl Richtung *von Danwitz* AfP 2005, 417, 419.
[134] S oben Rn 42 ff.
[135] S oben Rn 50 ff.
[136] *Beucher/Leyendecker/von Rosenberg* § 7 Rn 25.

beiden Marken nicht mehr redaktionell, wenn sie von einem Entgelt des Markeninhabers und Getränkeherstellers motiviert ist? Liegt eine Beeinflussung vor, wenn man sich aufgrund eines Entgelts für einen Getränkehersteller entscheidet? Sollte der Werbetreibende iSd § 7 Abs 2 RStV überhaupt nicht beeinflussen oder geht es nur um die Wahrung der redaktionellen Unabhängigkeit des Rundfunkveranstalters iSv § 8 Abs 2 RStV? Mit anderen Worten: Es geht um die Frage, wann die Programmfreiheit des Rundfunks beeinträchtigt wird.

123 Um den Inhalt des Autonomieprinzips deutlich zu machen, könnte man eine Parallele zur **Autonomie von Systemen**[137] ziehen. Danach sind Systeme unabhängig voneinander, wenn das zentrale Prinzip des Systems, die sog „Leitdifferenz", bestehen bleibt[138]. So ist bspw die **Leitdifferenz** des Systems der Wissenschaft die Wahrheit. Die wissenschaftliche Wahrheit, die im System der Wissenschaft in vielen Details aber nicht als Prinzip umstritten ist, entscheidet darüber, ob eine Theorie, eine empirische Tatsache oder ein Theorem von der Scientific Community anerkannt wird oder nicht. Würde ein Wirtschaftsunternehmen, zB im Rahmen eines Gutachtenauftrags, das Ergebnis bestimmen, wäre die Wahrheit „käuflich". Die wissenschaftlichen Kriterien, nach denen sich bestimmt, ob die Aussage wissenschaftlich vertretbar ist oder nicht, wären weniger bedeutsam. Man würde sich als Leser nicht mehr fragen „Ist die Aussage richtig?", sondern nur noch „Wer hat sie bezahlt?". Würde dies in einer Vielzahl von Fällen geschehen, wäre die Autonomie des Systems „Wissenschaft" und damit letztlich seine Funktion für die gesamte Gesellschaft in Gefahr.

124 Wendet man diesen Gedanken zB auf die **Trikotwerbung** im Sport an, wird deutlich, dass die Trikotwerbung die Leitdifferenz des Sports nicht betrifft. Die für ein Fußballspiel entscheidende Frage, wann ein Spiel gewonnen oder verloren ist, ob ein Spieler sich im Abseits befindet oä, wird nicht dadurch beeinflusst, dass Trikots von Werbebotschaften geziert sind. Das „System" des Sports, konkretisiert in den Regeln einer Sportart, ist durch Placements nicht gefährdet.

125 An diesem Beispiel zeigt sich auch, dass eine Beeinflussung nicht schon dann vorliegt, wenn – im Sinne einer **einfachen Kausalität** – der Inhalt der Sendung in irgendeiner Form beeinflusst wird. Eine Beeinflussung, die die Autonomie eines Massenmediums gefährden kann, muss die **Darstellung** und die **Auswahlkriterien** betreffen, nach denen mediale Inhalte ausgesucht und dargestellt werden.[139] Bei non-fiktionalen Inhalten handelt es sich zB um Auswahl- und Darstellungskriterien, die in den Landespressegesetzen und Selbstverpflichtungskatalogen der Journalisten genannt sind. In diesem Zusammenhang ist es zwar bedauerlich, wenn Journalisten Pressemitteilungen von Unternehmen als Vorlagen verwenden und – kaum verändert – als redaktionelle Beiträge veröffentlichen. Es ist jedoch rechtlich zulässig, weil sie selbst nach redaktionellen Kriterien entscheiden, ob und in welcher Form sie den Beitrag bringen. Ohne an dieser Stelle detailliert auf Agenda-Setting und ähnliche Medientheorien[140] einzugehen, müssen Medien selbst entscheiden können, welche Themen sie für wichtig halten. Dabei sind sie aufgrund ihrer Abhängigkeit von Marktanteilen, Auflagen und Anklickhäufigkeiten an das Publikumsinteresse rückgebunden. Das Kriterium der Leitdifferenz könnte deswegen als eine weitere „de minimis"-Schwelle dienen, die manche Produkt- oder Markenplatzierungen – in Bezug auf das Beeinflussungsverbot – zulässt, da sie die systeminternen Kriterien der Stoffauswahl und -behandlung nicht

---

[137] *Luhmann* 19, 57, 105.
[138] *Luhmann* 250, 254.
[139] Vgl BVerfGE 90, 60, 87.

[140] *Gleich/Groebel* Media Perspektiven 1994, 517 ff mwN.

beeinflussen. **Fazit:** Die Formulierung in § 7 Abs 2 RStV, wonach jeglicher Einfluss des Werbetreibenden unzulässig ist, muss iSd § 8 Abs 2 RStV ausgelegt werden. Um das **Beeinflussverbot** einzuhalten, reicht es aus, wenn die redaktionelle Unabhängigkeit des Rundfunkveranstalters nicht beeinträchtigt wird.

Um diese Grenze am Beispiel des klassischen **Product Placements** zu illustrieren, stellen wir uns das private Fahrzeug eines Kommissars vor, der eine Schwäche für teure schnelle Autos hat. Die Entscheidung, den Protagonisten einen teuren Sportwagen fahren zu lassen, ist eine dramaturgische Entscheidung. Geschieht sie unabhängig vom Einfluss der werbetreibenden Industrie, ist das medieninterne Auswahlkriterium autonom geblieben. Die Frage, ob der Protagonist einen Porsche oder einen BMW fährt, ist dramaturgisch ohne Bedeutung. Sie wird nicht dadurch beeinflusst, dass die Firma Porsche der Produktion ein Fahrzeug unentgeltlich zur Verfügung stellt. Die redaktionelle Unabhängigkeit, die § 7 Abs 7 S 2 Nr 1 RStV für Produktplatzierungen fordert, wäre in diesem Beispiel gewahrt.

126

§ 7 Abs 7 S 1 RStV verbietet ausdrücklich die **Themenplatzierung**. Das Verbot ist Ausfluss des **Beeinflussungsverbot**: Entscheidend für die Medien ist die **Freiheit**, über Themen bzw die Agenda selbst und unabhängig von Dritten **zu entscheiden**. Hätte sich zB ein Filmhersteller, oder wie geschehen, das ZDF, verpflichtet, das Thema „Entwicklungshilfe" zu platzieren, käme eine Beeinflussung in Betracht. Die Drehbuchautoren, Producer und Redakteure könnten, gebunden durch die vom Produzenten oder Sender geschlossenen Placement-Vereinbarung, nicht mehr selbst entscheiden, ob sie in ihrer Krankenhausserie dieses politische Thema aufgreifen. Ein Verstoß liegt selbst dann vor, wenn „nur" das Thema platziert würde, die Kreativen jedoch frei darin wären, bestimmte Meinungen dazu zu entwickeln. Denn im **Kampf um Aufmerksamkeit** in der Mediengesellschaft ist schon die Platzierung eines Themas ein Erfolg, der nicht durch Geld erkauft werden darf. Ein **Werbetreibender** oder **Sponsor** ist allerdings nicht daran gehindert, den Sender zu beraten, Ideen einzubringen oder Informationsmaterial zur Verfügung zu stellen. So hat die mächtige American Medical Association über viele Jahre die Produktion „Dr. Markus Med. Welby" mit Ideen und Anregungen zu Krankheitsbildern und dramatischen Geschichten rund um das Krankenbett versorgt.[141] Der Sponsor (von derartigen Sachleistungen) darf seine Leistungen lediglich nicht davon abhängig machen, dass bestimmte Inhalte in die Sendung eingebaut werden. Die Redaktion bzw der Drehbuchautor müssen frei entscheiden können, ob sie die Anregungen aufgreifen oder nicht. In disem Rahmen ist Themenplacement.

127

II. Das Trennungsgebot

Trennungs- und **Kennzeichnungs- bzw Erkennbarkeitsgebot** sind unterschiedliche Prinzipien. Den Unterschied haben wir[142] am Beispiel eines Showmasters illustriert, der während der Show ein Produkt bewirbt und am Ende mit einem Augenzwinkern verrät, dies gegen Entgelt getan zu haben. Das Trennungsprinzip ist in diesem Beispiel verletzt, weil Programm und werbliche Aussage verbunden sind. Das Erkennbarkeitsgebot hingegen ist nicht verletzt, weil erkennbar ist, dass es sich um eine werbliche Botschaft handelt. Die Differenzierung zwischen beiden Prinzipien ist auch deswegen wichtig, weil nach der neuen AVMDR Product Placement zugelassen wird, wenn es

128

---

[141] *Castendyk* ZRP 1992, 63 ff.   [142] S oben Rn 33.

gekennzeichnet wird. Damit wird das Trennungsprinzip aufgegeben, nicht das Erkennbarkeitsprinzip. Wie im Allgemeinen Teil ausführlich begründet,[143] sind auch die **Ziele** des **Trennungsprinzips** mit denen des **Erkennbarkeitsgebots** nur teilweise identisch. Soweit man die Trennung von Werbung und Programm als (eine) Methode, Werbung erkennbar zu machen ansieht, dient das Trennungsgebot dem gleichen Zweck wie das Erkennbarkeitsgebot. Es verfolgt jedoch neben dem Verbraucher- und Wettbewerbsschutz das Ziel des fairen Wettbewerbs und der Programmautonomie. Für letzteres Ziel gilt das zum Beeinflussungsverbot Gesagte.[144]

129 Das **Trennungsgebot** wird im Rundfunk in § 7 Abs 3 S 3 RStV statuiert: „*… durch optische Mittel und im Hörfunk durch akustische Mittel oder räumlich eindeutig von anderen Sendungsteilen getrennt sein.*" Genaugenommen vermischt dieser Satz Trennungs- und Erkennbarkeitsprinzip, denn Programm und Werbung wären auch dann getrennt, wenn Programm und Werbeblock getrennt wären, ein Werbejingle jedoch fehlen würde. Eine Vermischung von Werbung entgegen dem Trennungsprinzip wird in zwei Fällen durchbrochen. Ein Fall ist die Produkplatzierung. Aber auch die Dauerwerbesendung ist ein Fall der Vermischung von Programm und Werbung. Die Vermischung ist nur akzeptiert, wenn sie insgesamt mit Dauerwerbelogo dem Bereich der werblichen Aussage zugeordnet wird.

III. Kennzeichnungs- bzw Erkennbarkeitsgebot

130 Das **Erkennbarkeitsgebot** wird in der Regel durch Kennzeichnung der werblichen Inhalte eingehalten. Es hat, wie bereits oben[145] herausgearbeitet, **ein zentrales Ziel**: Es schützt die **Entscheidungsfreiheit** des **Verbrauchers**. Der Medienrezipient (sei es als Zuschauer, Zuhörer, oder Leser) soll nicht darüber getäuscht werden, ob er oder sie eine werbliche oder redaktionelle Botschaft wahrnimmt. Konsumenten tendieren dazu, werbliche Aussagen kritischer zu würdigen und ihnen weniger Glauben zu schenken als redaktionellen. Schutzobjekt ist der Konsument.[146]

131 Ausfluss des Kennzeichnungsgebots ist vor allem das **Verbot der Schleichwerbung**. Produktplatzierungen sind nur zulässig, wenn durch den Warnhinweis die Platzierung erkennbar wird.

132 Auch die gesetzliche Behandlung von **Dauerwerbesendungen** folgt dem Erkennbarkeitsgebot. § 7 Abs 5 S 1 RStV verlangt, dass der Werbecharakter erkennbar im Vordergrund steht und die Werbung einen wesentlichen Bestandteil der Sendung ausmacht. Als weitere Absicherung der Erkennbarkeit verlangt S 2 der Vorschrift, dass die Dauerwerbesendung als solche gekennzeichnet wird. Während der Sendung muss diese durchgehend mit der Einblendung „Dauerwerbesendung" oder „Werbesendung" oder „Werbung" gekennzeichnet werden. Auch Sendungen mit vielen werblichen Elementen, wie zB der Film „Feuer, Eis und Dynamit", können nicht als Dauerwerbesendungen qualifiziert werden, wenn die Werbung nicht im Vordergrund steht.[147] Dauerwerbesendungen sind bei der Bestimmung der innerhalb eines Einstundenzeitraums zulässigen Menge von Spotwerbung nicht zu berücksichtigen.

---

[143] S oben Rn 31 ff.
[144] So auch *Gounalakis* WRP 2005, 1476 ff; in ähnl Richtung *von Danwitz* AfP 2005, 417, 419.
[145] S Rn 36 f.

[146] BGH GRUR 1990, 611, 615 – Wer erschoss Boro?; *Ahrens* GRUR 1995, 306, 308.
[147] VG Berlin ZUM 1999, 742 ff – Feuer, Eis und Dynamit, m Anm *Hartel* ZUM 1999, 750 f.

Infomercials fallen in der Regel in die Kategorie der Dauerwerbesendungen.[148] Steht der werbliche Charakter im Vordergrund, gilt § 7 Abs 5 RStV, unabhängig von der Tatsache, ob der Beitrag – wie es häufig der Fall ist – vom Werbetreibenden selbst zur Verfügung gestellt wurde oder vom Sender selbst bzw in dessen Auftrag produziert wurde. Infomercials sind zulässig, wenn sie während der ganzen Sendung durch ein entsprechendes Logo gekennzeichnet werden.[149]

133

Eine **Teilbelegung** des ausgestrahlten Bildes (sog „**Split Screen**") ist gem § 7 Abs 4 RStV zulässig, wenn die Werbung eindeutig optisch vom redaktionellen Teil getrennt wird und die Werbung als solche gekennzeichnet wird (zB durch den Schriftzug Werbung). Sie ist auch in Form der Laufbandwerbung (sog „**Crawl**") zulässig (vgl Ziff 3 Abs 2 DLM-Werbe-RL). Die Werbeform wird durch § 7 Abs 4 S 2 RStV für den Sender dadurch unattraktiver gemacht, dass der Split Screen in seiner gesamten Dauer auf die Werbezeiten (Werbehöchstgrenzen) anzurechnen ist.

134

Bei der **virtuellen Werbung** werden in der Realität bestehende Werbeflächen (zB Bandenwerbung) nachträglich digital bearbeitet und ausgetauscht. Auf diese Weise können zB bei Übertragung von Fußballspielen bestehende Werbeflächen durch Werbung für andere Produkte ausgetauscht werden. Technisch möglich ist auch die Einfügung von Werbung in Bildflächen, in denen vorher keine reale Werbung zu sehen war (zB den Mittelkreis beim Fußballfeld). Nach § 7 Abs 6 S 2 RStV wird virtuelle Werbung jedoch nur zugelassen, wenn sie die am Ort der Übertragung bestehende Werbung lediglich ersetzt und am Anfang und Ende der Sendung darauf hingewiesen wird. Das Gebot der Erkennbarkeit ist nicht verletzt, weil auf die virtuelle Werbung hingewiesen wird. Obwohl Programm und Werbung in einem Bild (dh ohne Trennbalken wie etwa beim Split Screen) vermischt werden, liegt kein Verstoß gegen das Trennungsprinzip vor, weil die untrennbare Vermischung von Werbung und Programm bereits in der Realität existierte (zur Bandenwerbung s auch Rn 92). Virtuelle Werbung wird bei der stündlichen Werbeauslastung von max 12 Minuten pro Stunde gem § 45 RStV bzw der 20 Minuten gem § 15 RStV nicht berücksichtigt.

135

Daneben enthält der Rundfunkstaatsvertrag eine Vorschrift, die es **Kindern erleichtern soll, zwischen Werbung und Programm zu trennen.** Es handelt sich um das Verbot der Unterbrecherwerbung in Kindersendungen gem § 7a Abs 1 RStV. Kindersendungen in diesem Sinne, sind Sendungen, die sich an Zielgruppen unter 14 Jahren wenden. **Familiensendungen**, die sich an alle Altersgruppen einschließlich der unter 14-jährigen wenden, sog „Auch-Kindersendungen", sind keine Kindersendungen in diesem Sinne. Aufgrund verbindender Programmelemente zwischen einzelnen Kindersendungen (zB Zwischenmoderation desselben Moderators in einem wiederkehrendem Setting) können die verschiedenen Sendungen rechtlich zu einer einzigen (sog **einheitlichen**) **Kindersendung** werden (vgl Ziff 6 der DLM-Jugendschutz-RL). Eine solche einheitliche Kindersendung darf dann insgesamt nicht durch Werbung unterbrochen werden. Das ist bei der Gestaltung von Kinderschienen etwa am Morgen oder am Nachmittag, die durch eine wiederkehrende Studiomoderation verbunden werden, zu beachten. Die DLM-Jugendschutz-RL verbietet, in den flankierenden Werbeblöcken zu einer Kindersendung keine prägenden Elemente zu verwenden, die auch Bestandteil der Kindersendung sind. Deswegen dürfen zB keine Schlumpf-Figuren oder sonstige Schlumpf-Motive (zB Eis in Schlumpfform) in Werbeblöcken vor oder nach der Sendung „Die Schlümpfe" auftauchen. Diese Beschränkung bezieht sich jedoch nicht auf die programmbegleitenden Maßnahmen.

136

---

[148] Hahn/Vesting/*Ladeur* § 7 Rn 39.   [149] Vgl Ziff 8 DLM-Werbe-RL.

IV. Inhaltliche Werbebeschränkungen

137 § 7 Abs 1 Nr 3 RStV verbietet eine **Irreführung durch Werbung**. Das darin auch enthaltene Verbot der Irreführung über den Werbecharakter wird durch die spezielleren Vorschriften des Trennungs- und des Erkennbarkeitsgebots verdrängt. Durch das Irreführungsverbot soll verhindert werden, dass Rundfunkteilnehmer **über Eigenschaften des beworbenen Produkts getäuscht werden**. Dies entspricht dem wettbewerbsrechtlichen Irreführungsverbot in § 5 UWG. Irreführend ist danach eine Angabe, wenn die Vorstellungen der angesprochenen Verkehrskreise bzw Adressaten nicht mit den wirklichen Verhältnissen übereinstimmen.[150] Damit können sogar für sich genommen objektiv richtige Angaben irreführend sein, wenn die Fernsehzuschauer bzw Radiohörer damit unrichtige Vorstellungen verbinden.[151]

138 Zusätzlich verbietet § 7 Abs 1 Nr 3 RStV ganz allgemein, **Interessen der Verbraucher** zu schaden und (**in Nr 4**) Verhaltensweisen zu fördern, die die **Gesundheit** oder die **Sicherheit der Verbraucher** sowie den **Schutz der Umwelt** gefährden. Dies verweist auf spezialgesetzliche Regelungen zur Werbung und zum Verbraucherschutz und zum Schutz der Umwelt sowie zum allgemeinen Wettbewerbsrecht. Ergänzend für den Bereich der Alkoholwerbung finden die einschlägigen **Verhaltensregelungen des deutschen Werberates über die Werbung für alkoholische Getränke** Anwendung[152]. Außerdem verweist die Regelung auf das **Verbot der Tabakwerbung in § 22 Abs 1 LMG 1974**[153] und die **Beschränkung der Werbung für Medikamente und Heilmittel** in § 4 HWG.[154] Die Alternative der „Gefährdung des Schutzes der Umwelt", also Fälle, in denen die Werbung Personen zeigt, die sich umweltschädigend verhalten, und die dieses Verhalten als positiv und nachahmenswert schildert, ist bislang nicht relevant geworden.

139 **Kinder und Jugendliche** werden im Fernsehwerberecht besonders geschützt. Der Gesetzgeber ging dabei davon aus, dass Kinder und Jugendliche weniger als Erwachsene in der Lage sind, das Waren- und Leistungsangebot kritisch zu beurteilen. Sie seien durch ihre Unerfahrenheit und Beeinflussbarkeit leicht zu unwirtschaftlichen Ausgaben und Anschaffungen über den Bedarf hinaus zu motivieren. Insb jüngere Kinder sollten vor der Manipulation durch Werbung geschützt werden. Daraus ergibt sich das werbeinhaltliche Verbot aus § 6 Abs 2–6 JMStV, wonach Werbung, die sich auch an Kinder und Jugendliche richtet oder bei der Kinder und Jugendliche als Sympathieträger eingesetzt werden, nicht ihren Interessen schaden oder ihre Unerfahrenheit ausnutzen darf. Das Gesetz nennt Beispiele: direkte Kaufappelle an Kinder oder Jugendliche, die deren Unerfahrenheit und Leichtgläubigkeit ausnutzen, Werbung, die Kinder

---

[150] Hefermehl/Köhler/Bornkamm/*Bornkamm* § 5 Rn 2.64; Piper/Ohly/*Piper* § 5 Rn 114 f, 195 ff.
[151] BGH GRUR 1961, 193, 196 – Cupresa; BGH GRUR 2000, 73, 75 – Tierheilpraktiker; BGH GRUR 1996, 910, 912 – Der meistverkaufte Europas; BGHZ 28, 1, 6 – Buchgemeinschaft II; BGH GRUR 57, 600 – Westfalen Blatt I; Hefermehl/Köhler/Bornkamm/*Bornkamm* § 5 Rn 2.67; Piper/Ohly/*Piper* § 5 Rn 195 ff.
[152] Abgedr in *Hartstein/Ring/Kreile/Stettner* § 7 Rn 107.

[153] Vorläufiges Tabakgesetz in der Fassung der Bekanntmachung v 9.9.1997 (BGBl I S 2296), zuletzt geändert durch Art 1 des Gesetzes v 21.12.2006 (BGBl I S 3365) (zuvor Lebensmittel- und Bedarfsgegenständegesetz – LMBG).
[154] Gesetz über die Werbung auf dem Gebiete des Heilwesens in der Fassung der Bekanntmachung v 19.10.1994 (BGBl I S 3068), zuletzt geändert durch Art 2 des Gesetzes v 26.4.2006 (BGBl I S 984).

und Jugendliche unmittelbar auffordert, ihre Eltern oder Dritte zum Kauf der beworbenen Waren oder Dienstleistungen zu bewegen, Werbung, die das besondere Vertrauen ausnutzt, das Kinder oder Jugendliche zu Eltern, Lehrern und anderen Vertrauenspersonen haben, und Werbung, die, Kinder oder Minderjährige ohne berechtigten Grund in gefährlichen Situationen zeigt.[155] Werbung, die sich auch an Kinder richtet, ist insb unzulässig, wenn sie **direkte Kaufaufforderungen** enthält oder besondere Vorteile oder Eigenarten des Produktes beschreibt, die **nicht den natürlichen Lebensäußerungen der Kinder entsprechen**.

V. Werbemengenbeschränkungen

140 **Werbemengenbegrenzungen** sind für die öffentlich-rechtlichen Sender in § 15 und für die privaten Sender in § 45 RStV geregelt. Zweck der Regelung ist der Schutz des Zuschauers vor einem Übermaß an Werbung im Programm. Sie basieren auf Art. 18 der AVMDR. Im privaten Fernsehen darf der Anteil der **Spotwerbung 20 %** der **stündlichen Sendezeit** nicht überschreiten (§ 45 Abs 1 RStV). **Innerhalb einer Stunde** dürfen also **max 12 Minuten Spotwerbung** gezeigt werden. Der Beginn der täglichen Sendezeit und damit auch des Ein-Stunden-Zeitraumes konnte von den Sendern bisher selbstständig festgelegt und den Landesmedienanstalten monatlich mitgeteilt werden. An dieser Praxis hat sich trotz der Formulierung „gerechnet ab einer vollen Stunde" nichts ändert (vgl AmtlBegr zum 4. RÄndStV, zu § 45 Abs 3 S 4). Die Begrenzung der Werbezeit pro Stunde auf 20 % gilt nur für Spotwerbung (Werbe- und Teleshoppingspots) unter 90 Sekunden, nicht aber für Dauerwerbesendungen. Die Begrenzung der täglichen Werbezeit auf 15 % der täglichen Sendezeit ist mit dem 13. RÄndStV zum 1.4.2010 weggefallen. Dadurch konnte auch die Sonderregelung für die maximale tägliche Sendezeit von Teleshoppingfenstern in § 45a RStV aF wegfallen.

141 Zur **Berechnung** der **Dauer der Werbung** ist nur die Werbung selbst heranzuziehen. **Werbetrenner**, zwischen den Werbespots geschaltete **Schwarzbilder** von ca. $1/3$ Sekunden Länge oder trennende Programmelemente wie die „**Mainzelmännchen**" werden nicht berücksichtigt. Teleshoppingspots, die nicht im Rahmen von Teleshoppingfenstern ausgestrahlt werden, fallen hingegen unter die stündliche Maximalmenge für Spotwerbung von 12 Minuten pro Stunde. Teleshoppingsendungen bzw Teleshoppingfenster müssen jedoch eine Mindestnettolänge von 15 Minuten aufweisen und als solche gekennzeichnet werden (§ 45a RStV).

142 Für die öffentlich-rechtlichen Sender setzt § 16 RStV engere Grenzen. **ARD** und **ZDF** dürfen an **Werktagen vor 20 Uhr max 20 Minuten Werbung** ausstrahlen.[156] Diese 20 Minuten sind allerdings im Jahresdurchschnitt zu berechnen. In den dritten Programmen, arte, 3SAT, Phoenix, BR-Alpha und Kinderkanal ist Werbung nicht zulässig (§ 16 Abs 2 RStV), **Teleshopping** ist im **öffentlich-rechtlichen Rundfunk** zu keiner Zeit erlaubt (§ 18 RStV).

---

[155] Die DLM-Werbe-RL ergänzt diese Fallbeispiele um weitere in Ziff 4; § 6 Abs 5 JMStV wird durch die Verhaltensregeln des deutschen Werberates für die Werbung mit und für Kinder in Werbefunk und Werbefernsehen ergänzt.

[156] Zur Frage, ob das Verbot der Werbung im öffentlich-rechtlichen Fernsehen um 24 Uhr endet, vgl OLG Hamburg NJW-RR 1993, 1012 ff – Vampir-Werbeblöcke.

VI. Werbeunterbrechungen

143 Der Rundfunkstaatsvertrag enthält in § 7a RStV **Regelungen zur möglichen Unterbrechung von Sendungen.** Vor dem 1.4.2010 waren die einschlägigen früheren Vorschriften kompliziert und im Detail oft umstritten. Der Grundsatz lautete: „**Werbung ist in Blöcken und zwischen einzelnen Sendungen** einzufügen (vgl §§ 15 Abs 2 und 44 Abs 2 S 1 RStV aF)". Bei Sendungen, die aus **eigenständigen Teilen** bestanden (zB einem Theaterstück in drei Akten) oder die natürliche Pausen enthielten (zB einem Fußballspiel) durften die Werbeblöcke bzw Teleshopping-Spots nur in diesen Pausen ausgestrahlt werden. Gab es keine **natürlichen Pausen, eigenständige Teile** oder natürliche Gliederungen, schrieb § 15 Abs 3 S 2 bzw § 44 Abs 3 S 2 RStV aF einen **Sollabstand von 20 Minuten** zwischen zwei aufeinanderfolgenden Unterbrechungen vor. Nach altem Recht konnten **Spielfilme** und **TV-Movies** je nach Länge nur durch eine begrenzte Zahl von **Werbeblöcken unterbrochen** werden.

144 Der neue RStV regelt die Zahl der **Unterbrechungen** nicht mehr; TV-Movies, Nachrichten und Filme dürfen für jeden Zeitraum von mindestens 30 Minuten einmal für Fernsehwerbung oder Teleshopping unterbrochen werden. **Alle anderen Programmgenres** dürfen nach Belieben unterbrochen werden: Serien, Reihen und Sendungen der leichten Unterhaltung sowie Dokumentarsendungen. Am konkreten Beispiel erläutert, heißt das in der **Praxis**: Bisher konnte ein Film, dessen **Bruttolänge** (also inklusive Programmankündigungen, Werbung etc) 110–155 Minuten dauerte, nur dreimal unterbrochen werden. Heute kann ein Film, der brutto 120 Minuten und länger dauert, viermal unterbrochen werden. Damit können Filme und TV-Movies mit einer **Nettolänge** von 100 Minuten (zB mit vier Werbeblöcken à 5 Minuten) einmal häufiger unterbrochen werden als zuvor. Dies könnte Auswirkungen auf die Bedürfnisse der privaten Sender mit Bezug auf die typischen Längen eines TV-Movies oder kofinanzierten Kinofilms haben. Es ist zumindest denkbar, dass sich die „Nettonormlänge" eines TV-Movies von derzeit knapp über 90 auf 100 Minuten einpendelt. Bestimmte **Programmgenres** dürfen allerdings nach wie vor **nicht durch Werbung unterbrochen** werden: Gottesdienstübertragungen unabhängig von ihrer Länge sowie Kindersendungen.[157]

145 Eine Reihe ist gem der DLM-Werbe-RL definiert als eine Mehrheit von Sendungen, die durch gemeinsame thematische, inhaltliche und formale Schwerpunkte ein gemeinsames Konzept aufweisen und in einem zeitlichen Zusammenhang ausgestrahlt werden. In der Regel enthalten die einzelnen Sendungen eine in sich abgeschlossene Handlung, die durch die genannten Gemeinsamkeiten, wie zB die Identität handelnder Figuren, ein ähnliches Setting und gleiches Genre an die vorherigen Folgen anknüpfen. Rein formale Anknüpfungspunkte wie die eines gleichen Sendeplatzes, eines einheitlichen Filmgenres oder der Identität des Regisseurs reichen nicht aus. Auch die Zusammenfassung eigenständiger Spielfilme unter bestimmten Obertiteln wie „Familienschicksale", „Der große TV-Roman" oder ähnliches fallen gleichfalls nicht unter den **werbetechnischen** Begriff der **Reihe**.[158]

---

[157] Zum Begriff der Kindersendung s oben Rn 139.
[158] Vgl zu „Der große TV-Roman" von RTL: OVG Niedersachsen ZUM 1994, 661 ff, OLG Celle AfP 1998, 226 f und AG Hannover ZUM 1997, 838 ff; VG Hannover ZUM-RD 1998, 186 ff, sowie EuGH Slg 2003 I-12489, Rn 58 ff – RTL Television GmbH gegen die Niedersächsische Landesmedienanstalt für privaten Rundfunk.

146 Die berühmteste Streitfrage im Bereich der Werbeunterbrechung war lange Zeit die Frage, wie sich die Länge einer Sendung berechnet. Nach dem **Bruttoprinzip** bemisst sich die Sendungslänge unter Einrechnung der An- und Abmoderationszeit, etwaiger Sponsorhinweise (Billboards und Reminder), der eigentlichen Programmzeit (inkl Vor- und Abspann) sowie darin enthaltener Werbespots, programmbegleitender Maßnahmen, Programmtrailer und Senderpromotion. Die Bruttolänge ist damit die Zeit zwischen dem Anfang der Sendung und dem Ende des Abspanns. Nur wenn die Sendung durch andere Sendungen (zB Nachrichten oä) unterbrochen wird, zählt deren Länge nicht zur Bruttolänge der Sendung. Nach dem **Nettoprinzip** wird die für die Zahl der zulässigen Unterbrecherwerbeblöcke entscheidende Länge ohne zwischengeschaltete Werbung und anderen Programmelemente und somit nach der reinen Filmlänge berechnet. Die Berechnung der Länge nach dem Nettoprinzip würde dazu führen, dass bei etwa 75 % der entsprechenden Kinospielfilme, Fernsehfilme und Dokumentationen ein Werbeblock weniger geschaltet werden könnte. Die Frage, ob die Sendelänge nach der früheren Rechtslage nach dem Brutto- oder dem Nettoprinzip zu berechnen ist, war Gegenstand eines Rechtsstreites, den die ARD gegen ProSieben und andere Privatsender führte. Im Rahmen eines Vorabentscheidungsverfahrens entschied der EuGH, dass die Fernseh-RL das Bruttoprinzip vorsieht, die einzelnen Mitgliedstaaten jedoch strengere Regelungen und damit auch das Nettoprinzip (im Rahmen einer sog Inländerdiskriminierung) einführen dürfen. Der deutsche Gesetzgeber hat erstmals im 4. RÄndStV eine Klarstellung im Sinne des Bruttoprinzips vorgenommen.

147 Zur Bruttolänge einer Sendung können auch unmittelbar vor oder im Anschluss an die Sendung ausgestrahlte kurze Erläuterungen zu dieser Sendung hinzuzuzählen sein, wenn dieser Programmteil keinen eigenständigen Sendungscharakter aufweist, nicht gesondert ausgewiesen und angekündigt wird, keinen eigenständigen **Opener** oder **Closer** hat und er eine inhaltliche Vor- oder Nachbereitung der erläuterten Sendung darstellt. Dieser **unselbstständige erläuternde Programmteil** sollte vorwiegend aus eigenproduziertem Material zusammengestellt sein und fünf Minuten grds nicht überschreiten. Nicht zur Bruttolänge einer Sendung hinzuzuzählen sind in die Sendung eingefügte eigenständige Sendungen wie etwa Nachrichten, Wetter- oder Straßenberichte, Teleshopping- bzw Dauerwerbesendungen, die nicht Bestandteil eines Unterbrecherwerbeblocks sind.

§ 4
Sponsoring

148 Gem § 8 Abs 1 RStV können nur **Sendungen gesponsert** werden. Dies gilt auch für **Kurzsendungen** (vgl Ziff 7 Abs 2 DLM-Werbe-RL). Geduldet wird derzeit auch ein **Rubrikensponsoring**, wenn die Rubrik sich optisch und akustisch vom Rest der Sendung ausreichend abhebt. Auch das Sponsern einer Mehrheit von Sendungen, zB einer Serie oder einer Programmschiene ist möglich, wenn der Sendungsbezug gewahrt bleibt. Das Sponsoring einer Dauerwerbesendung ist vom RStV nicht untersagt, allerdings besteht daran seitens der Sponsoren bislang kein Interesse. Programmankündigungen dürfen nicht gesponsert werden, da sie auf Grund ihrer geringen Dauer und fehlenden Abgegrenztheit nicht die Voraussetzung einer Sendung erfüllen. Im Programmhinweis darf jedoch erwähnt werden, dass die Sendung von einem Sponsor unterstützt wird. Die Länge dieser Sponsorerwähnung darf nach einer Faustregel 5 Sekunden bzw 30 % der Länge des Spots nicht überschreiten.

149 Der **Sponsorhinweis** muss am Anfang und am Ende der Sendung erfolgen (vgl § 8 Abs 2 RStV), er kann auch vor und nach der Werbeunterbrechung geschaltet werden (sog **Sponsor-Reminder**).[159] Der Sponsor-Reminder ist idR kürzer (ca vier bis sechs Sekunden) als der Sponsor-Opener und Sponsor-Closer. Der Sponsor-Closer kann auch vor dem Abspann gezeigt werden, um auch die Zuschauer zu erreichen, die während der Endtitel auf ein anderes Programm umschalten. Der Sponsorhinweis ist in den letzten 15 Jahren selbst eine eigene Form der Werbung geworden, mit denen ua die Auswirkungen des für die öffentlich-rechtlichen Sender geltenden Werbeverbots nach 20.00 Uhr abgemildert werden können. Diese **werbliche Nebenfunktion** hat die Hauptfunktion des Sponsorhinweises etwas in den Hintergrund treten lassen: Seine Hauptfunktion ist es, den Zuschauer zu warnen und ihm oder ihr mit der Warnung die Möglichkeit zu geben, selbst zu beurteilen, ob der Sponsor über Gebühr Einfluss auf den Inhalt oder den Programmplatz der Sendung genommen hat. Die Funktion der Regelung liegt also nicht, wie häufig geschrieben[160] darin, die Irreführung des Zuschauers zu verhindern, sondern darin, das **Beeinflussungsverbot** abzusichern.

150 Gem § 8 Abs 3 RStV dürfen gesponserte Sendungen nicht **zum Kauf von Waren** oder der **Inanspruchnahme von Dienstleistungen des Sponsors** in der gesponserten Sendung **anregen**. Nach Ziff 7 Abs 4 der DLM-Werbe-RL wird zum Kauf angeregt, wenn Erzeugnisse oder Dienstleistungen vorgestellt, allgemein empfohlen oder in anderer Weise als vorzugswürdig dargestellt werden. Dies entspricht der Rechtsprechung des BGH zur „werblichen Hervorhebung".[161] Um es am Beispiel des „normalen" Product Placements deutlich zu machen: Wenn BMW einen 3er BMW für die Krimiserie unentgeltlich zur Verfügung stellt und damit mittelbar sponsert, darf der BMW gezeigt werden. Nicht zulässig wäre aber die werbliche Herausstellung, etwa durch vermeidbare close-ups, oder gar einen Dialog über die Vorzüge des BMW gegenüber Konkurrenzprodukten.[162]

151 **Konkurrenz** zwischen Schleichwerbung, Produktplatzierung und Sponsoring: Bei der Schleichwerbung reicht eine bloße Erwähnung oder Darstellung eines Produktes aus, um – zusammen mit einer für die Darstellung geleisteten Zahlung des Werbetreibenden – eine Werbeabsicht und damit eine verbotene Schleichwerbung zu begründen. Betrachtet man denselben Vorgang unter dem Aspekt „Sponsoring", ist die Darstellung zulässig, wenn auf den Sponsor zumindest im Abspann hingewiesen wird. Die Definitionen von Produktplatzierung und Sponsoring sind verwandt. Dies mag auch an der Gesetzgebungsgeschichte der entsprechenden Vorschrift in der Richtlinie für audiovisuelle Mediendienste liegen; denn in den ersten Entwürfen der Kommission wurde die Regelung zur Produktplatzierung als Ergänzung der Vorschrift zum Sponsoring entwickelt.[163] Produktplatzierung und Sponsoring haben gemeinsam, dass in beiden Fällen für Produkte oder Dienstleistungen eines Unternehmens geworben

---

[159] So der EuGH ZUM 1997, 198 ff – RTI, zur Frage, ob nach der Richtlinie „Fernsehen ohne Grenzen" Sponsorhinweise nur am Anfang und Ende der Sendung oder auch vor und nach Unterbrecherwerbeblöcken zulässig sind (in Deutschland erstmals vom ZDF im Mehrteiler „Der Schattenmann" ausprobiert).
[160] So *Hartstein/Ring/Kreile/Dörr/Stettner* § 8 Rn 30; richtig hingegen Hahn/Vesting/*Ladeur* § 8 Rn 22 mwN.
[161] BGH GRUR 1995, 744, 746 f – Feuer Eis und Dynamit.
[162] Teilweise engere Grenzen (iS der Vermeidbarkeitsformel in den ARD-Werberichtlinien) ziehen *Bork* 16 f; *Henning-Bodewig* BB Beilage 1986, 2, 8; *Ullmann* GRUR 1996, 948, 955.
[163] Vgl Castendyk/Dommering/Scheuer/*Kabel/Böttcher*, European Media Law, AVMSD Art 3 f, Rn 2.

wird.[164] Der Unterschied liegt vor allem darin, dass der Sponsor die **Sendung** unterstützt (damit er oder sein Produkt genannt wird), während das platzierende Unternehmen für die **konkrete Platzierung** zahlt. In der Praxis ist der Unterschied jedoch nicht immer leicht feststellbar, weil es letztlich von den für die Aufsichtsbehörden schwer feststellbaren Intentionen der Parteien abhängt, wofür das Entgelt geleistet wird.

Gem § 8 Abs 4 und Abs 5 RStV gelten die **Werbeverbote** auch **für** das **Sponsoring**: § 7 Abs 6 RStV, § 22 LMG 1974 (Verbot der Zigarettenwerbung), §§ 4, 10, 11 HWG (Werbeverbot für verschreibungspflichtige Medikamente). Ein Medikamentenhersteller, der überwiegend nicht-verschreibungspflichtige Medikamente herstellt bzw vertreibt, darf Sponsor sein. Auch ein Hersteller oder Vertreiber von verschreibungspflichtigen Medikamenten und Behandlungen darf sponsern, allerdings nicht für Arzneimittel und medizinische Behandlungen, die nur auf ärztliche Verordnung erhältlich sind. **Nachrichten** und **Sendungen zum politischen Zeitgeschehen** dürfen überhaupt nicht gesponsert werden.

152

---

[164] Beim Sponsoring geschieht dies idR durch den Sponsorhinweis, zulässig ist im Umkehrschluss zu § 8 Abs 3 RStV aber auch die Platzierung von Produkten des Sponsors, wenn sie nicht ausdrücklich zum Kauf anregen.

Kapitel 4
Heilmittelwerberecht

Literatur

Bruggmann Abgrenzung 2008 – Aktuelles zur Unterscheidung von Arzneimitteln und Lebensmitteln LMuR 2008, 53; *Bruggmann/Hohmann* Leben mit der Health Claims Verordnung – Chancen und Risiken anhand von Anwendungsbeispielen aus der Praxis; *Buchner/Rehberg* Wann ist ein Verbraucher ein mündiger Verbraucher? Zur Diskussion um die Nutrition & Health Claims Verordnung der EU GRUR Int 2007, 394; *Bülow/Ring* Heilmittelwerbegesetz, 3. Aufl München 2005 (zit Bülow/Ring/*Bearbeiter* HWG); *Coppens* Health Claims in Europe ZLR 1999, 743; *von Czettritz* Pharma Online-Rechtliche Probleme der Pharmawerbung im Internet PharmaR 1997, 88; *ders* Pflichtangaben in modernen Medien PharmaR 2003, 301; *von Danwitz* Nähr- und gesundheitsbezogene Angaben im Visier des Gesetzgebers GRUR 2005, 896; *Degenhart* Testberichte und Werbebeschränkungen im Recht der Arzneimittel: Äußerungsfreiheit, Recht am eigenen Unternehmen und Gesundheitsschutz PharmaR 2010, 261 *Dettling* Vorsorgeprinzip, Zweifelsregelung und Korridorprodukte ZLR 2008, 441; *ders* Cholesterinsenker: Arzneimittel, Medizinprodukte oder Lebensmittel – zugleich Anm zum Erfokol-Kapseln-Urteil des BGH LMuR 2009, 73; *Diekmann* Die aktuelle Rspr zu Zugaben und Rabatten im Rahmen des § 7 HWG APR 2008 1; *Doepner* Heilmittelwerbegesetz, 2. Aufl Köln 2000 (zit *Doepner* HWG); *Doepner/Hüttebräuker* Der neue europäische Lebensmittelbegriff ZLR 2001, 515; *Engler/Geserich/Räpple/Rieger* Werben und Zuwenden im Gesundheitswesen, 2000 (zit Engler/Gesrich/Räpple/Rieger/*Bearbeiter*); *Epping/Greifeneder* Die Health Claims Verordnung auf der Zielgeraden- eine erste kritische Auseinandersetzung mit den praktischen Problemen eines Kompromissvorschlags WRP 2006, 830; *Fulda* PR ist keine Werbung – zum Verhältnis von Unternehmenskommunikation und Heilmittelwerberecht, PharmaR 2010, 225; *Gorny* Nähr- und gesundheitsbezogene Angaben der internationale Hintergrund GRUR 2005, 892; *ders* Die neue Welt der Werbung und des Wettbewerbs zwischen Basisverordnung, „Health Claims"-Vorstellungen der Kommission, LFGB und „Benetton"-Urteil des Bundesverfassungsgerichts ZLR 2004, 143; *ders* Der Abschied vom verständigen Durchschnittsverbraucher im Lebensmittel-Werberecht ZLR 2003, 253; *Gröning/Weihe-Gröning* Heilmittelwerbegesetz, Loseblattsammlung Stand 2005 (zit Gröning); *Hahn/Teufer* Versprochen ist versprochen!" Zur wissenschaftlichen Absicherung von Wirkaussagen für Lebensmittel unter besonderer Berücksichtigung von Interventionsstudien am Menschen ZLR 2008, 663; *Hagenmeyer* Kurze Beleuchtung der ersten Rechtsprechung zu VO (EG) Nr 1924/2006 über nährwert- und gesundheitsbezogene Angaben WRP 2009, 554; *Hasselblatt* (Hrsg) Münchener Anwaltshandbuch Gewerblicher Rechtsschutz, 2. Aufl München 2005; *Heil/Klümper* Die Werbung mit der sozialen Verantwortung – „Social Sponsoring" im Bereich der Arzneimittelwerbung PharmaR 2008, 226; *Hildebrandt* Heilmittelwerberecht: Informationspflichten vs Werbeverbot, Hamburg 2004; *von Hoff* Zulässigkeit des Einstellens von Beiträgen über Arzneimittel bei Wikipedia und diesbezügliche Überwachungspflichten und Löschungsansprüche pharmazeutischer Unternehmen PharmaR 2010, 49; *Holle* Health Claims kompakt – die europäischen Regeln für Lebensmittelwerbung, Köln 2007 (zit *Holle*); *Hüttebräuker* Vorschlag für eine EU-Verordnung über nährwert- und gesundheitsbezogene Angaben in Bezug auf Lebensmittel- eine kritische Bestandsaufnahme WRP 2004, 188; *Jung* Gesundheitsbezogene Werbung im Umbruch MDP 2007, 453; *Kieser* Rabatte beim Kauf apothekenpflichtiger nicht preisgebundener Arzneimittel und Heilmittelwerbegesetz PharmaR 2004, 129; *Koch* Anmerkung zu OVG Rheinland-Pfalz ZLR 2009, 761; *Köhler* Zur Objektivierung der Abgrenzung von Arzneimittel und Lebensmittel nach der L-Carnitin Entscheidung des Bundesgerichtshofs WRP 2001, 363; *ders* Gesundheitsversprechen in der Lebensmittel-

Kapitel 4 Heilmittelwerberecht

werbung: Die wettbewerbsrechtliche Sicht ZLR 2008, 135; *Kraus* Die Health Claims VO – erste Konsequenzen für die Rechtsanwendung EWS 2009, 261; *Loosen* „Großer Bruder" statt „schöne neue Welt" – nährwert- und gesundheitsbezogene Werbung für Lebensmittel nach Verabschiedung der Health Claims Verordnung ZLR 2006, 521; *Mand* Arzneimittelrabatte, Deutsche Apothekerzeitung 2006, 72; *ders* Rabatte und Zugaben durch Apotheken NJW 2010, 368; *Maur* Die aktuelle Rspr des BGH zur Bewertung Geldwerter Zuwendungen für den Erwerb verschreibungspflichtiger Arzneimittel PharmaR 2011, 33; *A Meyer* Das neue Lebensmittel- und Futtermittelgesetzbuch – eine Mogelpackung WRP 2005, 1437; *ders* Krankheitsbezogene Werbung verboten – aber wie? WRP 2008, 596; *ders* Gesundheits- und krankheitsbezogene Werbung für Lebensmittel in Fezer, UWG-Lauterkeitsrecht, 2. Aufl München 2010; *A Meyer/Streinz* LFGB-Basis VO, Lebensmittel- und Futtermittelgesetzbuch – Verordnung Nr 178/2002, München 2007 (zit Meyer/Streinz/*Bearbeiter*); *F Meyer* Das strenge deutsche Heilmittelwerberecht – ein Fall für den europäischen Gerichtshof PharmaR 2007, 230; *ders* Health Claims Verordnung, 2007; *ders* Health Claims in Europa und den USA, Jena 2007; *ders* Das Arzneimittelwerberecht nach der Gintec Entscheidung des EuGH PharmaR 2008, 407; *Meisterernst* Zur Abgrenzung von Arzneimitteln und Lebensmitteln – die „L-Carnitin" Entscheidung des BGH und ihre Folgen GRUR 2001, 111; *ders* Anmerkung zu BVerwG „Tibetische Kräutertabletten II" und „Red Rice III" ZLR 2007, 387; *ders* Zum Begriff der Packungsbeilage im Sinne von § 4a HWG PharmaR 2002, 171; *ders* Ein Jahr VO (EG) 1924/2006 über nährwert- und gesundheitsbezogene Angaben WRP 2008, 755; *Meisterernst/Haber* Die VO (EG) 1924/2006 über nährwert- und gesundheitsbezogene Angaben WRP 2007, 363; *Meisterernst/Haber* Health and Nutrition Claims, Berlin 2007; *Möller* Die vorgesehenen Änderungen des Heilmittelwerberechts durch das Gesetz zur Verbesserung der Wirtschaftlichkeit in der Arzneimittelversorgung – Verschärfung oder Abschaffung eines Verbots WRP 2006, 428; *Mühl* Die Abgrenzung zwischen Lebensmittel und Arzneimittel im Lichte der europäischen Neuregelungen der Jahre 2001/2002, WRP 2003, 9; *Plassmeier/Höld* Die Rabattgewährung der Pharmaunternehmen im Arzneimittelhandel PharmaR 2007, 309; *Preuß* Alte Zöpfe, gordisch verknotet: Zweckbestimmung und pharmakologische Wirkung bei der Abgrenzung von Lebensmitteln zu den Arzneimitteln ZLR 2007, 435; *Rempe* Verbraucherschutz durch die Health Claims VO Baden-Baden 2009; *Riegger* (zit Riegger), Heilmittelwerberecht, München 2009; *Sosnitza* Das Verhältnis von § 12 LFGB zu den Regelungen der VO (EG) Nr 1924/2006 – Gesetzgeberischer Handlungsbedarf? ZLR 2007, 423; *ders* Der Verordnungsvorschlag über nährwert- und gesundheitsbezogene Angaben für Lebensmittel, KOM (2003) 424, vom 16.7.2003 ZLR 2004, 1; *ders* Anm zu BGH-Gurktaler Kräuterlikör, ZLR 2011, 231; *Stallberg* Information und Werbung in und auf Arzneimittelverpackungen – rechtliche Gestaltungsmöglichkeiten und Grenzen PharmaR 2010, 214; *Stoll* Das Publikumswerbeverbot für verschreibungspflichtige Arzneimittel – erste Anzeichen einer Auflockerung PharmaR 2004, 100; *Winters/Hahn* Auf das innere Gleichgewicht achten! Eine Bewertung des Homöostase Modells des Europarats zur Abgrenzung von Arznei- und Lebensmitteln ZLR 2010, 23; *Zechmeister* Verkannt und unterschätzt? Chancen bei der Verwendung nährwertbezogener Angaben in der Werbung ZLR 2009, 677; *Ziegler* Die Relevanz der Health Claims VO für die Markenstrategie ZLR 2007, 529; *Zipfel/Rathke* Lebensmittelrecht, Loseblattsammlung Stand 2010 (zit Zipfel/Rathke/*Bearbeiter*).

Übersicht

	Rn			Rn
§ 1 Einführung	1	2.	Arzneimittel	16
		a)	Präsentationsarzneimittel	18
§ 2 Heilmittelwerberecht	3	b)	Funktionsarzneimittel	20
I. Allgemeines	3	c)	Entwicklung in der Praxis	23
II. Anwendbarkeit des HWG	4	3.	Sonstiger Anwendungsbereich	25
1. Werbung	4	III.	Werbung für Arzneimittel	28
a) Imagewerbung	5	1.	Irreführungsverbot gem § 3 HWG	28
b) Redaktionelle Beiträge	6	a)	Nicht vorhandene therapeutische Wirkungen gem § 3 S 2 Nr 1 HWG	32
c) Allgemeine Informationen	9			
d) Packungsbeilage und Verpackung	10	b)	Schädliche Wirkungen gem § 3 S 2 Nr 2b HWG	35
e) Pflichtangaben	15			

		Rn
c)	„Getarnte Werbung" gem § 3 S 2 Nr 2c HWG	36
d)	Zusammensetzung oder Beschaffenheit gem § 3 S 2 Nr 3a HWG	37
e)	Fehlende arzneimittelrechtliche Zulassung gem § 3a HWG	38
2.	Gutachtenwerbung	43
3.	Informationspflichten	46
a)	Werbung in audiovisuellen Medien	51
b)	Werbung im Internet	52
c)	Erinnerungswerbung	54
d)	Kollision mit anderen Vorschriften des HWG	56
4.	Verbot der Werbung in der Packungsbeilage gem § 4a HWG	59
5.	Homöopathische Arzneimittel	60
IV.	Werbegaben gem § 7 HWG	61
1.	Regelungsgehalt des § 7 HWG	61
2.	Ausnahmen vom Zuwendungsverbot	65
3.	Anwendbarkeit der Vorschriften zur Rabattgewährung auf den Pharmahersteller	71
4.	Bonussysteme in der Apotheke	72
V.	Werbung gegenüber dem Publikum und den Fachkreisen	75
1.	Fachkreise	75
2.	§ 10 HWG: Verbot der Werbung für bestimmte Arzneimittel gegenüber Laien	76
a)	Werbebegriff in § 10 HWG	76
b)	Werbung für verschreibungspflichtige Arzneimittel	83
c)	Werbung für Schlafmittel, Psychopharmaka	84
3.	Einzelne Werbeverbote des § 11 HWG	86
a)	Werbung mit wissenschaftlichen Veröffentlichungen, Gutachten und Zeugnissen	89
b)	Werbung mit Krankengeschichten	92
c)	Bildliche Darstellungen von Personen in Berufskleidung	94
d)	Verbot der Werbung mit bestimmten bildlichen Darstellungen	96
e)	Fremdsprachliche Bezeichnungen	99

		Rn
f)	Angstwerbung	100
g)	Werbung mit Veröffentlichungen, deren Werbezweck nicht deutlich erkennbar ist	101
h)	Verbot von Werbung, die zur Selbstmedikation anleitet	102
i)	Werbung mit Empfehlungen Dritter	103
j)	Werbung mit Preisausschreiben bzw aleatorischen Anreizen	105
k)	Vergleichende Werbung	106
4.	Hinweise auf Krankheiten iSv § 12 HWG	107
§ 3	**Gesundheitsbezogene Werbung für Lebensmittel- Neuregelungen durch die Health Claims Verordnung**	110
I.	Allgemeines	110
II.	Inhalt der Health Claims Verordnung	115
1.	Anwendungsbereich und Begriffsbestimmungen	115
2.	Allgemeine Bedingungen für die Verwendung nährwert- oder gesundheitsbezogener Angaben	125
a)	Werbebeschränkungen	126
b)	Nährwertprofile	127
c)	Anforderungen aus Art 5 und Health Claims VO	132
d)	Nährwertkennzeichnung gem Art 7 Health Claims VO	138
3.	Nährwertbezogene Angaben	139
4.	Gesundheitsbezogene Angaben	143
a)	Allgemeine gesundheitsbezogene Angaben	149
b)	Werbeverbote	154
c)	Aussagen zur Verringerung von Krankheitsrisiken	155
d)	Angaben zur Entwicklung und Gesundheit von Kindern	158
5.	Vergleichende Werbung	160
6.	Sonderproblem: Marken-, Handels- und Phantasiebezeichnungen	165
III.	Verhältnis zwischen Health Claims Verordnung und allgemeinem Wettbewerbs- und Lebensmittelrecht	167

§ 1
Einführung

Wirtschaftswerbung wird grundsätzlich durch das Gesetz gegen unlauteren Wettbewerb reguliert.[1] Auf dem Gebiete der Heilmittelwerbung existieren jedoch etwa seit der Jahrhundertwende Sonderbestimmungen.[2] Gesetz- und Verordnungsgeber haben regelte erstmals einheitlich in Deutschland die Vorgaben zur Heilmittelwerbung.

---

[1] *Von Walter* Kap 1 Rn 4 f.
[2] Die Polizeiverordnung über die Werbung auf dem Gebiete des Heilwesens (HWVO) von 1941

es immer für nötig erachtet, Gefahren durch Werbung im Gesundheitsbereich gesondert zu regeln und mit Straf- und Bußgeldandrohungen zu untermauern. Dahinter steht die nicht unbegründete Annahme, dass Krankheiten bzw seelische Leiden den Verbraucher besonders empfänglich für gesundheitsbezogene Werbeversprechen machen und dementsprechende geschäftliche Anreize bieten. Neben dem Schutz der Gesundheit der Verbraucher haben die jeweiligen Normen aber auch eine wirtschaftlich-marktbezogene Schutzrichtung. Die Gebote und Verbote sind iSd § 4 Nr 11 UWG ebenfalls dazu bestimmt, im Interesse der Marktteilnehmer das Marktverhalten zu regeln. Das Wettbewerbsrecht hat in diesem Zusammenhang eine besondere Bedeutung, da die Vorschriften des Heilmittelwerbegesetzes (HWG), Arzneimittelgesetzes (AMG) oder der Health Claims VO keine zivilrechtlichen Klagemöglichkeiten eröffnen, sondern lediglich verwaltungs- bzw strafrechtliche Sanktionen enthalten.

2 Das Heilmittelwerberecht sowie die Vorschriften zur gesundheitsbezogenen Bewerbung von Lebensmitteln haben in den zurückliegenden Jahren im Zuge der Europäisierung eine rasante Entwicklung erfahren. Einige wesentliche Impulse der Weiterentwicklung dieser Rechtsgebiete sind auch dem wettbewerbsrechtlichen Vorgehen von Konkurrenten und Verbänden zu verdanken. Die komplexe Materie der werblichen Darstellung im Gesundheitsbereich beschränkt sich nicht auf die heilmittelwerberechtlichen Vorschriften. Letztere müssen im Zusammenhang mit den lebensmittelrechtlichen, arzneimittelrechtlichen und wettbewerbsrechtlichen Normen gesehen werden.

§ 2
Heilmittelwerberecht

I. Allgemeines

3 Der Gesetzgeber hat vorgesehen, dass die Werbung mit krankheitsbezogenen Angaben für spezielle Produktgruppen, wie zB Arzneimittel oder Medizinprodukte, den besonderen Zulässigkeitsvoraussetzungen des Heilmittelwerberechts unterliegt. Beim Heilmittelwerberecht handelt es sich um eine vollständig gemeinschaftsrechtlich harmonisierte Rechtsmaterie, so dass die entsprechenden Normen des HWG im **Lichte des Gemeinschaftsrechts**, dh insb der verschiedenen Richtlinien wie zB RL 2001/83/EG, RL 2004/27/EG (Gemeinschaftskodex für Humanarzneimittel), RL 84/450/EG oder RL 92/28/EG, ausgelegt werden müssen.[3] Dies entschied der EuGH erst am 8.11.2007 in einem Verfahren zu rotem Ginseng, der bereits seit 5.000 Jahren als Heilmittel bekannt ist.[4] Neben dem HWG existieren noch andere Kodifikationen im Bereich der Heilmittelwerbung, die jedoch meist keine Gesetzesqualität besitzen. Beispielhaft wäre der sogenannte „Verhaltenskodex der Mitglieder des Vereins Freiwillige Selbstkontrolle für die Arzneimittelindustrie e.V."[5] zu nennen. Die Ursprungsfassung dieses Kodexes wurde den aktuellen Anforderungen des Kodex EFPIA (European Federation of Pharmaceutical Industries and Associations) angepasst.

---

[3] EuGH Urt v 8.11.2007, Az C-374/05 – Gintec.
[4] EuGH Urt v 8.11.2007, Az C-374/05 – Gintec.
[5] Durch diesen Kodex werden ua Richtlinien zur Werbung aufgestellt. Er ist unter folgendem Link abrufbar: http://www.fs-arzneimittelindustrie.de/ (Internetseite zuletzt am 8.11.2010 besucht).

II. Anwendbarkeit des HWG

1. Werbung

Der Begriff der Werbung iSd HWG meint jede Produktinformation, die sich an das Publikum oder die Fachkreise mit dem Ziel wendet, den Absatz von Produkten und/oder Dienstleistungen zu fördern.[6] Werbung umfasst nicht nur reklamehafte Aussagen. In der Gesundheitswerbung kann eine objektiv gehaltene Sachinformation oftmals noch bessere Werbewirkungen entfalten. Daher werden auch solche Aussagen vom Werbebegriff umfasst.[7] Bestimmendes Merkmal von Wirtschaftswerbung ist das **subjektive Ziel der Absatzförderung**, das auch von der Rspr zur Abgrenzung angewendet wird.[8] Es ist jedoch möglich, dass mehrere Motivationsgründe für eine Handlung vorliegen, die zumindest objektiv auch werbewirksam ist (zB ist die Arzneimittelkennzeichnung in § 10 AMG gesetzlich vorgeschrieben und von den Unternehmen zu befolgen). In derartigen Fällen darf die Absicht zur Absatzförderung nicht völlig hinter andere Beweggründe zurücktreten, um den Werbebegriff des HWG zu erfüllen.[9]

a) **Imagewerbung.** Die Vorschriften des HWG beziehen sich ausschließlich auf die **Absatzwerbung**, dh im Mittelpunkt der Werbung muss die Produkt- oder Dienstleistungsinformation stehen.[10] Davon zu unterscheiden ist die Werbung für ein Unternehmen, zB eine Apotheke. In letzterem Fall stehen das Unternehmen bzw. Informationen über das Unternehmen im Mittelpunkt. Eine derartige **Imagewerbung** fällt nicht in den Anwendungsbereich des HWG.[11] Bei einer Firmenwerbung dürfen die vom Unternehmen angebotenen Produkte bzw Dienstleistungen allerdings nicht im Einzelnen beworben werden. Dh soll die Aufmerksamkeit der Adressaten einer Werbemaßnahme nicht auf ein bestimmtes Heilmittel, sondern auf Qualität und Bekanntheitsgrad der Produktpalette gerichtet werden, ist das HWG nicht einschlägig.[12] So sah der BGH eine Hörfunkwerbung, in der nach Benennung einzelner Anwendungsgebiete allgemein auf Arzneimittel eines bestimmten Unternehmens verwiesen wurde, nicht als produktbezogene Wirtschaftswerbung an.[13] Der BGH verneinte das Vorliegen produktbezogener Werbung auch als ein Unternehmen mit der generellen Preiswürdigkeit seiner ganzen Produktpalette geworben hat.[14] Die Abgrenzung kann im Einzelfall allerdings schwierig sein, da eine Vertrauens- oder Imagewerbung auch für die Produkte des Unternehmens wirbt.[15] Auch ein mit „**Pressemitteilung**" überschrie-

---

[6] Die RL 92/28/EG zur Werbung für Humanarzneimittel definiert Werbung in Art 1 Abs 3 als sämtliche Maßnahmen zur Information, Marktuntersuchung und zur Schaffung von Anreizen mit dem Ziel, die Verschreibung, die Abgabe, den Verkauf oder den Verbrauch von Arzneimitteln zu fördern. Davon umfasst sind zB die Öffentlichkeits- bzw Fachwerbung, Besuch von Arzneimittelvertretern/ Pharmareferenten oder auch das Sponsoring von Kongressen bzw Tagungen, an denen Fachkreise beteiligt sind.
[7] Vgl *Riegger* 2. Kap Rn 31.
[8] ZB BGH WRP 1995, 701.
[9] *Gröning* § 1 Rn 16. Parallel kann das allgemeine Lauterkeitsrecht zur Einordnung der einzelnen Maßnahme herangezogen werden (vgl BGH WRP 1993, 106).
[10] BGH NJW 1995, 1617; BGH WRP 1993, 473; BGH GRUR 1992, 70, 71.
[11] BGH GRUR 1995, 223; *Mand* Deutsche Apothekerzeitung 2006, 72.
[12] BGH WRP 1993, 473. Bei diesem Fall ging es um einen Werbespot, indem ein Arzt und Apotheker die Produkte eines bestimmten Unternehmens allgemein als qualitativ hochwertig und gleichzeitig preisgünstig anpriesen.
[13] BGH GRUR 1995, 223 – Pharma-Hörfunkwerbung; *Riegger* 1. Kap Rn 33 ff.
[14] BGH WRP 1993, 473 – Pharma-Werbespot.
[15] Zur Illustration dieser Aussage sollen Urteile zu Heilmittelrabatten aus der neueren Rspr herangezogen werden. Das OLG Düsseldorf (WRP 2005, 135) entschied, dass eine Werbeaktion eines Apothekers, mit der auf einen

bener Text, in dem Informationen über ein Arzneimittel gegeben werden aber zugleich durch Hervorhebung bestimmter Vorteile auf eine Beeinflussung der Leser abgezielt wird, dass das Präparat besonders wirksam, zuverlässig oä ist, hat werbenden Charakter – unabhängig von seiner Überschrift.[16] Zu weit gehend wäre allerdings eine Forderung, Pressemitteilungen im Heilmittelbereich nur in geschützten Bereichen zu präsentieren. Schwierig wird die Abgrenzung, wenn sich die Unternehmenskommunikation auf Investor Relations bezieht und dabei auch auf einzelne Produkte Bezug nimmt.[17] Für Investoren sind Mitteilungen sehr relevant, die über Neuentwicklungen des Herstellers Auskunft geben – bspw ob ein Präparat kurz vor der Zulassung steht.[18]

6 b) **Redaktionelle Beiträge.** Redaktionelle Beiträge in Zeitungen bzw Zeitschriften zu Arzneimitteln, Behandlungsmethoden oä Verfahren von unabhängigen Dritten, die dafür nicht von einem Unternehmen beauftragt wurden, fallen als reine Berichterstattung in den Bereich der allgemeinen Pressefreiheit des Art 5 GG. Grundsätzlich zulässig ist auch, dass von einem Unternehmen zum Zwecke der **freien Berichterstattung** Produktinformationen, die ihrerseits keine Werbung darstellen dürfen, zur Verfügung gestellt werden, damit sich die Redaktion eine freie Meinung bilden kann.[19] Sobald durch die Redaktion über den Abdruck eines Berichtes aber nicht mehr unabhängig entschieden werden kann (zB aufgrund finanzieller Anreize durch das Unternehmen), handelt es sich nicht mehr um eine freie Berichterstattung, sondern redaktionelle Werbung. In diesem Fall sind die Normen des HWG anwendbar und es liegt ggf auch ein Verstoß gegen §§ 3, 4 Nr 3 UWG wegen **getarnter Werbung** vor. Der BGH hat festgestellt, dass ein entsprechender finanzieller Anreiz schon dann vorliegt, wenn ein pharmazeutisches Unternehmen einen bereits vorbereiteten Bericht zum Abdruck im redaktionellen Teil einer Zeitschrift versendet, mit dem auch ein Inseratsauftrag erteilt wird.[20] Der EuGH hat geurteilt, dass der Gemeinschaftskodex (RL 2001/83/EWG) dahingehend auszulegen sei, dass auch Äußerungen Dritter als Werbung angesehen werden können – auch wenn der Dritte in völliger Unabhängigkeit handelt – soweit die Verbreitung der Äußerungen sich als Maßnahme zur Information, Marktuntersuchung und zur Schaf-

---

Jokercoupon ein 10 %iger Rabatt auf ein rezeptfreies Medikament nach Wahl des Kunden gewährt wurde, nicht gegen § 7 HWG verstieß, da der Apotheker nicht für ein bestimmtes Medikament warb. Die Verknüpfung zwischen Rabatt und Medikament wird in diesem Fall durch den Kunden und nicht den Apotheker vorgenommen. Anders entschied das OLG Naumburg (Beschl v 11.7.2006, Az 10 U 12/06). In diesem Fall wurde der Joker Coupon über 10 % Sonderrabatt auf einen Artikel nach Wahl innerhalb eines mehrseitigen Werbeflyers abgebildet, in dem sowohl Arznei- als auch Kosmetikprodukte beworben wurden. Das Gericht befand, dass aufgrund der räumlichen Verknüpfung zwischen Rabattcoupon und den darunter beworbenen Waren, der Kunde den Joker Coupon mit den Artikeln verbindet und somit eine produktbezogene Werbung vorliegt. Das OLG Frankfurt (GRUR-RR 2005, 393) geht noch weiter und hält jede Rabattaktion immer für produktbezogene Werbung. Dieser Auffassung hat sich der BGH angeschlossen und geurteilt, dass das Ausloben/gewähren von Prämien produktbezogene Werbung darstellt, auch wenn eine nicht näher eingegrenzte Zahl von Produkten oder sogar das gesamte Sortiment mit der Aktion beworben wird (BGH GRUR 2006, 949). In ganz aktuellen Entscheidungen des BGH hat er Geldgutscheine und vergleichbare Zuwendungen für unzulässig erklärt, wenn sie beim Kauf preisgebundener Arzneimittel gewährt werden – dies allerdings nicht wegen einer Verletzung des HWG, sondern wegen Verstoßes gegen das Arzneimittelpreisrecht (BGH PharmaR 2011, 18). Ein Verstoß gegen das HWG wird verneint, weil der Bonus nicht für den Kauf bestimmter Arzneimittel gewährt wird. Daher mangele es am Produktbezug.

[16] LG Hamburg PharmaR 2010, 248.
[17] LG Hamburg PharmaR 2010, 225.
[18] Vgl dazu auch Urt des OLG Hamburg GRUR-RR 2003, 352.
[19] Vgl *Gröning* § 1 Rn 39.
[20] BGH GRUR 1981, 835.

fung von Anreizen mit dem Ziel darstellt, die Verschreibung, Abgabe, den Verkauf oder den Verbrauch von Arzneimitteln zu fördern.[21] Der Fall betraf Äußerungen eines Dritten, der sich als Journalist ausgab und über ein Arzneimittel berichtete.

Jede noch so neutral gehaltene Erwähnung eines Produktes ist objektiv geeignet, den Absatz zu fördern. Eine redaktionelle Berichterstattung wird daher nicht allein dadurch zur unlauteren getarnten Werbung, weil sie ein Heilmittel bespricht bzw beurteilt.[22] Objektive Werbewirksamkeit allein genügt also noch nicht zur Annahme eines Verstoßes, sondern es muss als Unlauterkeitsmerkmal die Absatzförderungsabsicht hinzutreten.[23]   **7**

Das Gebot der **Trennung** von **redaktionellem Teil** und **Werbung** wird von der Rspr ernst genommen, so dass es grundsätzlich nur für zulässig erachtet wird, über Arzneimittel bzw Verfahren in neutraler Form zu berichten und Produktnamen nur im notwendigem Umfang zu verwenden. Dh wird die sachliche Information des Lesers zugunsten der Werbung vernachlässigt, indem zB Unternehmen oder ihre Produkte übermäßig herausgestellt werden, liegt ebenfalls ein Wettbewerbsverstoß vor.[24]   **8**

c) **Allgemeine Informationen.** Einen weiteren Grenzbereich der Werbung bilden **allgemeine Informationen**, die je nach ihrer Ausgestaltung unter den Begriff der Wirtschaftswerbung fallen können. Ärztliche Empfehlungen gehören zur ärztlichen Behandlung und stellen daher noch keine Heilmittelwerbung dar, es sei denn der Arzt empfiehlt ein bestimmtes Heilmittel, um dafür Zuwendungen zu erhalten.[25] Patientenmerkblätter, die für den Laien verständliche Informationen zu bestimmten Krankheiten und ggf auch Verhaltensempfehlungen enthalten, sind zumindest dann als Werbung einzuordnen, wenn der Name eines bestimmten Arzneimittels genannt wird oder aus dem Gesamtzusammenhang hervorgeht.[26] Bei wissenschaftlichen Informationen muss sich der Beitrag zudem nach Inhalt und Form als „*ernsthafter Versuch zur Ermittlung von Wahrheit*" darstellen.[27] Eine Darstellung in plakativer Form ohne wissenschaftliche Substanz genügt diesen Anforderungen nicht.[28]   **9**

d) **Packungsbeilage und Verpackung.** Arzneimitteln ist gem § 11 AMG eine **Packungsbeilage** beizufügen[29]. Darin sind unter der gesetzlich vorgegebenen Überschrift „Gebrauchsinformation" die nach § 11 AMG notwendigen Informationen aufzuführen. Überwiegende Rspr[30] und Lit[31] verstehen unter einer Packungsbeilage allerdings alles, was dem Arzneimittel beigefügt ist. Andere Stimmen[32] vertreten eine strengere Auffassung, die nur die Gebrauchsinformationen darunter subsumiert. Im Gemeinschaftskodex (RL 2001/83/EWG) ist der Begriff in Art 1 Nr 26 als der „dem Arzneimittel für den Verbraucher beigefügte Beipackzettel" legal definiert. Da nach der Gintec Entscheidung das Arzneimittelrecht als vollharmonisiert anzusehen ist, sprechen die besseren Argumente für letztere Ansicht.[33]   **10**

---

21 EuGH Urt v 2.4.2009, Rs C-421/07.
22 BGH WRP 1993, 478 ff; *Gröning* § 1 Rn 34.
23 Dazu ausf *Gröning* § 1 Rn 35 ff.
24 So entschieden durch den BGH in „Produktinformation II" GRUR 1994, 819.
25 *Gröning* § 1 Rn 26.
26 OLG München Urt v 11.5.1990, Az 6 U 3617/90.
27 BVerfG NJW 1978, 1621.
28 KG GRUR-RR 2005, 162: Krebs ist heilbar! Natürlich. Krebs ist kein Todesurteil mehr".

29 Ausf zum Begriff Packungsbeilage *Stallberg* PharmaR 2010, 214, 218 f.
30 BGH Beschl v 5.4.2001 Az I ZR 78/00; OLG Schleswig WRP 2001, 1359 ff; OLG Celle WRP 2000, 1197.
31 *Bülow/Ring/Bülow* § 4a Rn 3; *Meisterernst* PharmaR 2002, 171.
32 *Doepner* § 4a Rn 6; zweifelnd *Gröning* WRP 2001, 899, 903.
33 So auch *Stallberg* PharmaR 2010, 214, 219.

Kapitel 4 Heilmittelwerberecht

11 Die gesetzlich vorgeschriebenen Informationen der Packungsbeilage dienen der Arzneimittelsicherheit. Daher ist sowohl im deutschen als auch europäischen Zulassungsverfahren von neuen Arzneimitteln der Text der Gebrauchsinformation ebenfalls Gegenstand der Zulassung.[34] Neben diesen Gebrauchsinformationen, die auch der jeweiligen Zulassungsbehörde bekannt sind, werden teilweise noch weitere Aussagen in der Packungsbeilage getroffen. Diese Angaben dienen der näheren Information über das Arzneimittel. Streng genommen sind diese Aussagen werbegeeignet. Allerdings fehlt es subjektiv an einer Absatzförderungsabsicht, weil die Unternehmen mit der Packungsbeilage einer gesetzlichen Verpflichtung nachkommen. Gleiches gilt für die nach § 10 AMG vorgeschriebenen Kennzeichnungen auf Arzneimittelverpackungen.[35] Der BGH hat in der Entscheidung „Katovit" geurteilt, dass der Text einer Packungsbeilage auch an den Vorgaben des Heilmittelwerberechts gemessen werden kann.[36] Dieses missverständliche obiter dictum hat eine Instanz-Rspr ausgelöst, die auch die Packungsbeilage als Werbung und damit in den Anwendungsbereich der Werbeverbote des HWG einordnete.[37] Mit der Entscheidung „Neurotrat forte" stellte der BGH klar, dass die nach § 11 AMG vorgeschriebenen Angaben der Packungsbeilage keine Werbung darstellen.[38] Allerdings wurden die scharfen Konturen der „Neurotrat forte" Entscheidung durch das Urteil des BGH im Fall „Myalgien" wieder etwas aufgeweicht.[39]

12 Richtigerweise wird heutzutage die Auffassung vertreten, dass die Angaben auf der Packungsbeilage bzw Verpackung eines Arzneimittels nicht unter den Begriff der Werbung fallen können.[40] Zur Begründung wird angeführt, dass sowohl Packungsbeilage als auch Verpackung den Anforderungen der §§ 10, 11, 11a AMG genügen müssen. Es würde daher zu einem Wertungswiderspruch führen, wenn in der Packungsbeilage bestimmte **Indikationen** enthalten sein müssen, gleichzeitig unter Verweis auf die Vorschriften des HWG nicht mit diesen Indikationen geworben werden darf. Nach richtiger Auffassung sind daher zumindest die Angaben, die nach den Normen des AMG zwingend vorgeschrieben sind, nicht an den Vorschriften des HWG zu messen.[41]

13 Nach den Vorgaben der RL 92/27/EG darf die Packungsbeilage keine Angaben mit werbendem Charakter enthalten. Daher hat der Gesetzgeber im fünften AMGÄndG ausführlich geregelt, welche Angaben noch in der Packungsbeilage zulässig sind.[42] Zusätzlich wurde der § 4a HWG eingeführt, nach dem in der Packungsbeilage nicht mehr für andere Arzneimittel oder Mittel geworben werden darf.[43] Eine Packungsbeilage mit Zusatzinformationen, so wie sie noch der BGH Entscheidung „Myalgien"[44]

---

[34] Bei den iSd § 105 AMG als zugelassen geltenden Arzneimitteln benachrichtigt das Unternehmen die zuständige Behörde über den Text der verwendeten Gebrauchsinformation.
[35] BGH WRP 1998, 983 – Neurotrat forte; BGH GRUR 2008, 1014 – Amlopidin.
[36] BGH WRP 1993, 469.
[37] S hierzu *Gröning* § 1 Rn 50.
[38] BGH WRP 1998, 983.
[39] BGH WRP 2000, 1410; vgl hierzu auch *Hildebrandt* Heilmittelwerberecht: Informationspflichten vs Werbeverbot, 280.
[40] Vgl hierzu Engler/Geserich/Räpple/Rieger/*Engler* Rn 11; Münchner Anwaltshdb Gewerblicher Rechtsschutz/*Grundmann* 1137.
[41] *Gröning* führt zu Recht aus, dass mit der Neuregelung des AMG in der Packungsbeilage nur noch solche Angaben zugelassen sind, die den therapeutischen Erfolg fördern, oder die Eigenschaften des Arzneimittel bzw der Indikationsgruppe oder die Wirkungsweise erläutern. Er ist der Auffassung, dass diese Angaben, so wie die Gebrauchsinformationen, konsequenterweise vom Begriff der Werbung auszunehmen sind (*Gröning* § 1 Rn 54).
[42] Dazu ausf *Gröning* § 1 Rn 51 ff.
[43] Allerdings ist umstr, ob es zulässig ist, dass neben der Gebrauchsinformation weitere Unterlagen mit Werbung für andere Arzneimittel beigefügt werden können (Darstellung des Meinungsstreits in der Kommentierung von *Gröning* zu § 4a).
[44] BGH WRP 2000, 1410.

zugrunde lag, ist für Arzneimittel, bei denen § 11 AMG einschlägig ist, nach heutiger Rechtslage nicht mehr zulässig.⁴⁵

Wird eine Packungsbeilage allerdings nicht in der gesetzlich vorgeschriebenen bzw zulässigen Weise verwendet, ist eine derartige Verwendung als Werbemittel an den Vorschriften des HWG zu messen. Dies ist bspw der Fall, wenn der Abdruck der Packungsbeilage in Werbeanzeigen oder im Internet erfolgt.⁴⁶

e) **Pflichtangaben.** Die Pflichtangaben des § 4 HWG fallen unter den Begriff der Wirtschaftswerbung. Dieses Ergebnis ergibt sich aus dem Wortlaut des § 4 Abs 4 HWG, denn diese Norm schreibt vor, dass die Pflichtangaben von den *anderen* Werbeaussagen deutlich abgegrenzt sein müssen.⁴⁷ Der BGH sieht die Pflichtangaben daher in st Rspr als Bestandteil der Werbung an.⁴⁸

2. Arzneimittel

Gem § 1 Abs 1 Nr 1 HWG findet das Gesetz Anwendung auf alle Arzneimittel⁴⁹ iSd § 2 AMG. Im Regelfall besteht kein Problem festzustellen, ob für ein Arzneimittel geworben wird. Dies ist immer der Fall, wenn Gegenstand der Werbung ein Produkt ist, das über eine arzneimittelrechtliche Zulassung verfügt. Schwieriger wird es allerdings bei Zweifelsfällen. Mit aller Schärfe stellt sich die Abgrenzungsproblematik nur bei den sog dual-use Produkten, die sowohl lebensmittel- als auch arzneimitteltypischen Zwecken dienen können.⁵⁰ Die **Abgrenzung** zwischen **Arznei- und Lebensmitteln** ist ein juristischer Dauerbrenner und dementsprechend Gegenstand vielfältiger Gerichtsverfahren sowie Anlass lebendiger Diskussionen in der Fachliteratur, wobei sogar eigens Theorien entworfen und widerlegt werden.⁵¹ In seinen Grundzügen stellt sich der aktuelle Sachstand wie folgt dar:

Der Begriff des Lebensmittels ist in Art 2 BasisVO 178/2002 vorgegeben und umfasst alle Stoffe und Erzeugnisse, *„die dazu bestimmt sind oder von denen nach vernünftigem Ermessen erwartet werden kann, dass sie in verarbeiteten, teilweise verarbeiteten oder unverarbeiteten Zustand von Menschen aufgenommen werden."* Im Negativkatalog des Art 2 BasisVO ist außerdem enthalten, dass Arzneimittel gem der RL 65/65/EG (jetzt RL 2001/83/EG geändert durch RL 2004/27/EG) nicht zu den Lebensmitteln gehören. Damit sind aber noch keine Abgrenzungskriterien zwischen beiden Kategorien definiert. Auch die Zweifelsregelung aus RL 2001/83/EG nach der ein Produkt, das sowohl die Definition eines Lebensmittels als auch eines Arzneimittels erfüllen kann, zu letzterem zu rechnen ist, hilft nur bedingt bei der Abgrenzung.⁵² Zahlreiche Stimmen in Rspr und Lit⁵³ vertraten, dass der Zweifelsregelung nur deklaratorische Bedeutung zukommt, weil sie lediglich als Bestätigung der EuGH Rspr zu

---

⁴⁵ *Gröning* § 1 Rn 54.
⁴⁶ Vgl BGH GRUR 2008, 1014 – Amlopidin.
⁴⁷ Vgl auch BT-Drucks 7/3060, 67.
⁴⁸ BGH NJW 1983, 2087; BGH WRP 1993, 469 mwN; BGH GRUR 1996, 806 – HerzASS. In der Literatur war die Einordnung der Pflichtangaben jedoch lange umstr (s *Doepner* HWG § 4 Rn 21).
⁴⁹ Grundlegend zum Arzneimittelbegriff für antroposophische Mittel EuGH Urt v 20.9.2007, Rs C-84/06 – Antroposana.

⁵⁰ *Doepner/Hüttebräuker* ZLR 2001, 515, 518 f.
⁵¹ *Dettling* ZLR 2008, 441; vgl *Meisterernst* ZLR 2007, 387, 389 f; *Preuß* ZLR 2007, 435; *Doepner/Hüttebräuker* ZLR 2001, 515. Auch das Homöostase Modell des Europarats wurde bereits als ungeeignet verworfen (*Winters/Hahn* ZLR 2010, 23 ff).
⁵² *Meyer* WRP 2005, 1437, 1441.
⁵³ OLG Köln ZLR 2008, 230, 241; bspw *Bruggmann* LMuR 2008, 53, 57; *Meyer/Streinz/Meyer* Art 7 Rn 97 f.

verstehen sei, der in Anwendung des sog Strengeprinzips und des Spezialitätsgrundsatzes eine Vorrangregel für das Arzneimittelrecht geschaffen hatte.[54] Die aA[55] spricht dieser Regelung konstitutive Wirkung zu. Sie komme daher auch bei in tatsächlicher Hinsicht verbleibenden Zweifeln zur Anwendung.[56] Der EuGH[57] hat nunmehr festgestellt, dass die Zweifelsregelung deklaratorische Wirkung hat. Sie sei lediglich als Bestätigung der vom EuGH vertretenen Auffassung zu verstehen, dass das arzneimittelrechtliche Regime vor dem anderer Produktkategorien anzuwenden ist.[58]

18 a) **Präsentationsarzneimittel.** Nach Art 2 Nr 1 lit a der RL 2001/83/EG sind Arzneimittel „*alle Stoffe oder Stoffzusammensetzungen, die als Mittel mit Eigenschaften zur Heilung oder zur Verhütung menschlicher Krankheiten bestimmt sind.*" Die neue Definition in § 2 Abs 1 AMG nimmt diese maßgebliche gemeinschaftsrechtliche Regelung auf. Für so ein Bestimmungsarzneimittel ist also die Zweckbestimmung ausschlaggebendes Kriterium bei der Qualifizierung eines Produkts. Mit Aufnahme der Definition des Bestimmungsarzneimittels reagierte der Gesetzgeber auf die Rspr des EuGH zu Präsentationsarzneimitteln. Durch den EuGH wurde die Arzneimitteldefinition einschränkend ausgelegt, dh es handelte sich bei einem Produkt nur noch um ein **Präsentationsarzneimittel**, wenn „*bei einem durchschnittlich informierten Verbraucher auch nur schlüssig, aber mit Gewissheit der Eindruck entsteht, dass dieses Erzeugnis als Mittel zur Heilung oder Verhütung menschlicher oder tierischer Krankheiten dienen kann.*[59]" Informationen über die Anwendung eines Produkts können Indizien für die Einordnung als Arzneimittel sein, soweit sie vom Hersteller selbst mit dem Produkt zusammen erteilt werden.[60] Die äußere Form kann ebenfalls ein Hinweis sein, ebenso wie der Vertriebsweg. Dabei darf es sich aber nicht um die einzigen Umstände handeln, die für eine Einordnung als Arzneimittel sprechen.[61]

19 Bei der Bestimmung, ob es sich bei einem Produkt um ein Präsentationsarzneimittel handelt, spielt die Zweckbestimmung mit der das Erzeugnis in den Verkehr gebracht wird eine Rolle. Geht die Verkehrsanschauung dahin, dass durch seine Anwendung Krankheiten geheilt oder verhütet werden können, handelt es sich um ein Arzneimittel.[62] Dies gilt auch, wenn das betreffende Produkt tatsächlich über keinerlei therapeutische Wirkung verfügt oder diese nur in der Werbung behauptet wird.[63] Ein typischer Fall ist, wenn das Produkt annähernd wie ein Arzneimittel aufgemacht wird (bspw durch Beifügen einer Art Packungsbeilage). Die Darreichungsform als Kapsel ist jedoch zutreffend nicht als arzneimitteltypisch gewertet worden, weil auch Lebensmittel und Nahrungsergänzungsmittel in dieser Form vertrieben werden.[64] Ebenso

---

[54] *Doepner* ZLR 2009, 201, 202.
[55] OVG Niedersachsen ZLR 2006, 721 ff; OVG Nordrhein-Westfalen ZLR 2006, 96, 99; *Dettling* ZLR 2008, 441, 447; *Gröning* Art 2 Rn 5 ff.
[56] Vgl *Doepner* ZLR 2009, 201, 202.
[57] EuGH ZLR 2009, 224.
[58] Ausf zur Entscheidung *Doepner* ZLR 2009, 201, 207 f.
[59] EuGH NJW 1985, 541 ff; *Meyer* WRP 2005 1435, 1442. Der BGH formuliert in st Rspr, dass für die Einordnung eines Produkts als Arzneimittel seine an objektive Merkmale anknüpfende Zweckbestimmung entscheidend ist, wie sie sich für den verständigen Durchschnittsverbraucher darstellt (BGH WRP 2000, 510; BGH WRP 2001, 542; BGH WRP 2002, 1141). Anknüpfungspunkt für die Abgrenzung sind also sowohl objektive wie subjektive Kriterien. Zur Ermittlung der Verkehrsauffassung s *Gröning* § 1, Rn 152 ff.
[60] *Meyer* WRP 2005, 1435, 1442.
[61] EuGH NJW 1985, 541 ff; BGH GRUR 2000, 528.
[62] Daher wurden offenbar Granulate der Traditionellen Chinesischen Medizin als Präsentationsarzneimittel gewertet (BVerwG Urt v 3.3.2011 Az 3 C 8.10).
[63] EuGH PharmR 2008, 59; *Riegger* 2. Kap Rn 14.
[64] *Riegger* 2. Kap Rn 14.

wenig reicht allein der Hinweis in der Produktbeschreibung o Werbung auf eine „antioxidative Wirkung" aus, um zu Einstufung als Präsentationsarzneimittel zu führen.[65]

b) **Funktionsarzneimittel.** Neben einem Präsentationsarzneimittel kann es sich bei einem Produkt auch um ein Funktionsarzneimittel handeln. Gem Art 1 Nr 2 lit b RL 2001/83/EG sind **Funktionsarzneimittel** *„alle Stoffe oder Stoffzusammensetzungen, die im oder am menschlichen Körper verabreicht werden oder einem Menschen verabreicht werden können, um entweder die menschlichen physiologischen Funktionen durch eine pharmakologische, immunologische oder metabolische Wirkung wiederherzustellen, zu korrigieren oder zu beeinflussen oder eine medizinische Diagnose zu erstellen."* Daran lehnt sich jetzt der Arzneimittelbegriff in § 2 Abs 2 AMG an. **20**

Nach der Rspr des EuGH müssen bei der Beurteilung, ob ein Funktionsarzneimittel vorliegt, alle Merkmale eines Produktes berücksichtigt werden.[66] Entscheidender Faktor sind die pharmakologischen Eigenschaften. Auch wenn dieses Prüfkriterium in der Lit umstr ist[67], wird es vom Gesetzgeber als Abgrenzungskriterium normativ vorgegeben. Es ist daher wenig hilfreich, wenn in der Rspr oder Lit dieser Begriff durch einen anderen ebenso ausfüllungsbedürftigen ersetzt wird (so geschehen zB in einer Entscheidung des OVG Nordrhein-Westfalen, wo die pharmakologische Wirkung durch den therapeutischen Zweck ersetzt wurde[68]). In der für die Abgrenzung zwischen Lebens- und Arzneimitteln maßgeblichen „L-Carnitin" Entscheidung des BGH stellte das Gericht zutreffend fest, dass ein Produkt ohne pharmakologische Wirkung ein Lebensmittel ist.[69] Dieses Urteil hat insgesamt zu einer stärkeren Objektivierung der Abgrenzung von Lebensmitteln/Arzneimitteln beigetragen, allerdings herrscht über die Auslegung des Begriffs „pharmakologische Wirkung" keine Klarheit.[70] Pharmakologisch leitet sich vom Wort Pharmakologie ab, das die Lehre von den Wechselwirkungen zwischen Stoffen und dem Organismus beschreibt, so dass mit dem Begriff pharmakologisch noch nichts über die Wirkungen als Arzneimittel ausgesagt wird.[71] Denn: Auch jede Nahrungsaufnahme beeinflusst die Körperfunktionen. Funktionsarzneimittel können daher nur solche Produkte sein, deren Auswirkungen auf Körperfunktionen über die Wirkungen hinausgehen, die ein in angemessener Menge verzehrtes Lebensmittel auf diese Körperfunktionen haben kann.[72] Unerheblich ist dabei, ob die entsprechende Menge des betreffenden Stoffes mit der normalen Ernährung aufgenommen werden kann oder nicht.[73] Der gesamte Ansatz zur Bestimmung pharmakologischer Wirkungen wird in der Lit dafür kritisiert, dass er zirkelschlussverdächtig ist, weil es gerade um die Frage geht, wann eine Nahrungsaufnahme, dh die Aufnahme eines Lebensmittels vorliegt.[74] Die Knoblauchkapselentscheidung des EuGH[75] brachte **21**

---

[65] BVerwG Urt v 25.7.2007, Az 3 C 21.06 – OPC.
[66] St Rspr EuGH, vgl nur EuGH WRP 2005, 863.
[67] S *Meisterernst* ZLR 2007, 387, 389.
[68] OVG Nordrhein-Westfalen ZLR 2006, 96 – Tibetische Kräutertabletten.
[69] BGH GRUR 2000 528, 529; s zur „L-Carnitin" Entscheidung auch *Meisterernst* GRUR 2001, 111, 115 f.
[70] S *Gröning* § 1 Rn 181 ff; *Bruggmann* LMuR 2008, 53, 54; *Köhler* WRP 2001, 510, 512.
[71] *Meyer* WRP 2005, 1435, 1443.
[72] EuGH PharmaR 2008, 59; BVerwG PharmaR 2008, 67; BGH GRUR 2000, 528; vgl auch BGH Urt v 1.7.2010, Az I ZR 19/08 – Gingko Biloba, sowie BGH GRUR 2010, 259 – Zimtkapseln (vgl dazu auch Anm *Rempe* ZLR 2008, 273); *Riegger* 2. Kap Rn 13.
[73] So der BGH (GRUR 2010, 259, 261) unter Verweis auf das EuGH Urteil „Knoblauchkapseln", wo die Richter auch davon ausgingen, dass es zu den normalen Essgewohnheiten gehören kann, eine Menge von 7,4 g rohen Knoblauch aufzunehmen.
[74] *Bruggmann* LMuR 2008, 53, 55.
[75] BGH Urt v 15.11.2007, Rs C-319/05 – Knoblauchkapseln; EuGH GRUR 2008, 271 mwN.

Kapitel 4 Heilmittelwerberecht

nur bedingt Erhellung zur pharmakologischen Wirkung. Der EuGH stellte fest, dass auch Lebensmitteln „therapeutische Zwecke" innewohnen können – sie also einen Beitrag zur Reduzierung von Krankheitsrisiken leisten dürfen ohne dadurch zum Arzneimittel zu werden (Diesen Ansatz bestätigen die Vorgaben in Art 14 Health Claims VO[76]). Der EuGH hat als Charakteristikum für ein Arzneimittel in dieser Entscheidung auf die Funktion zur Verhütung und Heilung abgestellt.[77] In einem weiteren Schritt hat der EuGH in der „Weihrauch" Entscheidung geurteilt, dass ein Produkt, das einen Stoff enthält, der in einer bestimmten Dosierung eine physiologische Wirkung haben kann, kein Funktionsarzneimittel ist, wenn er in Anbetracht seiner Wirkstoffdosierung bei normalem Gebrauch zwar gesundheitsgefährdend ist, ohne jedoch die menschlichen physiologischen Funktionen wiederherstellen, korrigieren oder beeinflussen zu können.[78]

22 Neben den pharmakologischen Eigenschaften sind auch die Zusammensetzung eines Produktes[79] und seine Anwendungsvorschriften für die Einordnung als Funktionsarzneimittel zu berücksichtigen.[80] Relevante Risiken und Nebenwirkungen sprechen ebenfalls für eine pharmakologische Wirkung des Produkts.[81] Durch sein "Red Rice" Urteil hat der EuGH[82] einen weiteren Pflock bei der Auslegung des Funktionsarzneimittelbegriffs eingeschlagen. Das BVerwG wollte in seinem Vorlagebeschluss wissen, ob die in der Rspr des EuGH genannten zusätzlichen Tatbestandsmerkmale wie Modalitäten des Gebrauchs, Umfang seiner Verbreitung, Bekanntheit bei den Verbrauchern und Risiken, die seine Verwendung mit sich bringen kann, nach der Neufassung des Funktionsarzneimittelbegriffs noch von Bedeutung sind. In einer weiteren Vorlagefrage beschäftigte sich das BVerwG damit, ob ein Produkt als Funktionsarzneimittel qualifiziert werden könne, dass bei Verwendung nach Verzehrempfehlung pharmakologisch unwirksam sei, aber bei einer möglichen Überdosierung pharmakologisch wirksam werden könne.[83] Der EuGH urteilte, dass der Funktionsarzneimittelbegriff restriktiv auszulegen und anzuwenden wäre.[84] Dies soll über die an das Tatbestandsmerkmal „pharmakologische Wirkung" zu stellenden Anforderungen erreicht werden (positive wissenschaftliche Feststellung der pharmakologischen Wirkung sowie die Erheblichkeitsschwelle – dh nennenswerte Auswirkungen auf den Stoffwechsel).[85] Diese restriktivere Anwendung des Funktionsarzneimittelbegriffs wird mit dem Verhältnismäßigkeitsprinzip und der Gefahr einer Verwässerung der Begriffe für Nahrungsergänzungsmittel, Novel Food oder diätetische Lebensmittel begründet.[86] Letzteres könnte dazu führen, dass die entsprechenden Sonderregelungen ihres Zwecks beraubt würden, was zu einer Ausweitung des Arzneimittelregimes führen könne und damit zu Lasten des freien Warenverkehrs gehen würde.[87] Sicherheitsbedenken begegnet der EuGH mit dem Argument, das sich mit Inkrafttreten der Lebensmittel Basis-VO ein hohes Niveau der Lebensmittelsicherheit erreicht würde.[88] In der Lit wird

---

[76] Rn 149.
[77] Krit kommentiert bei *Bruggmann* LMuR 2008, 53, 56.
[78] EuGH PharmaR 2009, 334.
[79] Zur Einstufung von Enzymen s OLG Frankfurt ZLR 2010, 97 mit Anm *Oelrichs/Hahn*. Zu Cholesterinsenkern *Dettling* LMuR 2008, 73 ff.
[80] St Rspr EuGH, vgl nur EuGH WRP 2005, 863.
[81] *Mühl* WRP 2003, 1088, 1091 mwN.
[82] EuGH ZLR 2009, 224.

[83] Ausf zu diesem Verfahren *Doepner* ZLR 2009, 201 ff.
[84] EuGH ZLR 2009, 224.
[85] EuGH ZLR 2008, 48, 60 – „Knoblauchkapseln" im Anschluss daran BGH WRP 2008, 1209; ebenso BVerwG ZLR 2008, 80, 87 f.
[86] Vgl *Doepner* ZLR 2009, 201, 211.
[87] Vgl *Doepner* ZLR 2009, 201, 211.
[88] EuGH Slg 2005, I 5147, 5186 – Lactobat Omni Fos.

dieser liberale Kurs zT mit Bedenken gesehen, weil er den gesundheitlichen Verbraucherschutz vernachlässige und zu Schutzlücken führe[89]. Bzgl der Vorlagefrage zu den bestimmenden Merkmalen eines Funktionsarzneimittels vertritt der EuGH weiterhin, dass die bereits ergangene Rechtsprechung zu den Gebrauchsmodalitäten weiterhin gelte. Diese Haltung ist etwas im Widerspruch zur Konkretisierung des Funktionsarzneimittelbegriffs durch die Änderungs-RL als auch der neueren Rechtsprechung mit ihrer Konzentration auf das Merkmal der pharmakologischen Wirkung und der damit einhergehenden Objektivierung des Funktionsarzneimittelbegriffs.[90] Die pharmakologische Wirkung soll der bestimmende Faktor nach der EuGH Rechtsprechung sein. Diese Schlüsselfunktion wird auch in der nationalen Rspr widergespiegelt – bspw durch den BGH, der Gebrauchsmodalitäten bzw Zweckbestimmung eher als „Hilfskriterium" genutzt hat.[91] Im Anschluss an den EuGH hat das BVerwG entschieden, dass der Nachweis, dass die physiologischen Funktionen durch eine pharmakologische, immunologisch oder metabolische Wirkung des Produkts wiederhergestellt, beeinflusst oder korrigiert werden nicht durch die weiteren in der Rspr entwickelten Kriterien ersetzt werden kann.[92]

23 c) **Entwicklung in der Praxis.** Mit der Übernahme der Arzneimitteldefinition in die Negativliste der BasisVO für Lebensmittel verdeutlichte der Gesetzgeber, dass der Gemeinschaftskodex (RL 2001/83/EG idF der RL 2004/27/EG) für Arzneimittel lex specialis zur BasisVO ist.[93]

Die deutsche Rspr vor der „L-Carnitin" Entscheidung war oft dadurch gekennzeichnet, dass subjektive Merkmale, wie Werbung oder Präsentation eines Produktes, überbetont wurden, ohne genügend auf die pharmakologische Wirkung zu achten.[94] ZT wurde die pharmakologische Wirkung vereinfacht damit erklärt, dass alles, was nicht der Ernährung diene, letztlich Arzneimittel sein müsse. Auf den Ernährungszweck kommt es jedoch nicht an. Bei gleichwertigem Zweck ist daher von einem Lebensmittel auszugehen, solange sich nicht aus den Umständen (zB der Dosierungsanleitung) etwas anderes ergibt, oder belastbare wissenschaftliche Erkenntnisse belegen, dass die Produkte die Funktionsbedingungen des menschlichen Körpers erheblich beeinflussen.[95]

24 Bei all dem darf außerdem nicht vergessen werden, dass die Arzneimitteldefinition der RL 2004/27/EG und 2001/83/EG (Gemeinschaftskodex) europaweit einheitlich gilt und als vollharmonisiert anzusehen ist.[96] Daher überrascht etwas[97], dass der EuGH anklingen lässt trotz Verabschiedung des Gemeinschaftskodexes sei es möglich, dass bei der Einstufung von Erzeugnissen als Arznei- oder Lebensmittel Unterschiede zwischen den Mitgliedstaaten bestehen.[98] Den Mitgliedstaaten komme insoweit noch eine Einschätzungsprärogative zu. Diese Haltung des EuGH wirft die Frage auf, welche Aktivitäten des Gemeinschaftsgesetzgebers noch erwartet werden müssten, damit Vollharmonisierung effektiv einträte. Daher erscheint es nicht konsequent, wenn der

---

[89] *Doepner* ZLR 2009, 201, 211 f.
[90] *Doepner* ZLR 2009, 201, 219 f.
[91] BGH ZLR 2008, 619, 627 – L-Carnitin II.
[92] BVerwG Urt v 26.5.2009, Az 3 C 5/09.
[93] *Meyer* WRP 2005, 1437, 1444; *Mühl* WRP 2003, 1088, 1091.
[94] S BGH GRUR 1995, 419; OLG München ZLR 1999, 639; *Köhler* WRP 2001, 363, 364.
[95] BVerwG v 27.7.2007, Az 3 C 21.06, 3 C 22.06, 3 C 23.06 zur Abgrenzung von Nahrungsergänzungsmitteln und Arzneimitteln; BayVGH NJW 1998, 845; KG ZLR 2001, 576.
[96] BGH ZLR 2006, 411.
[97] Krit dazu *Doepner* ZLR 2009, 211, 218.
[98] EuGH ZLR 2009, 224.

EuGH einerseits von einer Einschätzungsprärogative ausgeht, aber andererseits an (Knoblauchkapselfall)[99] demonstriert, dass er sie aufhebt.[100]

3. Sonstiger Anwendungsbereich

25 Neben Arzneimitteln findet das HWG auch auf Medizinprodukte iSd § 3 Medizinproduktegesetzes (MPG) Anwendung. Die in § 3 MPG genannten Instrumente erhalten ihren Charakter als Medizinprodukt durch eine entsprechende Zweckbestimmung des Herstellers.[101] Es gelten nicht alle Restriktionen des HWG auch in gleichem Maß für Medizinprodukte.

26 Darüber hinaus ist das HWG gem § 1 Abs 1 Nr 2 HWG auch für „*andere Mittel, Verfahren, Behandlungen und Gegenstände, soweit sich die Werbeaussage auf die Erkennung, Beseitigung oder Linderung von Krankheiten, Leiden, Körperschäden oder krankhaften Beschwerden bei Mensch und Tier bezieht ...*" anwendbar. Darunter können zB **Kosmetika** fallen, sofern krankheitsbezogene Werbeaussagen für sie getroffen werden. Gleiches gilt für **Gegenstände**.[102] 2005 hat der Gesetzgeber das HWG auf operative Eingriffe der plastischen Chirurgie erstreckt, die nicht medizinisch indiziert sind (schönheitschirurgische Eingriffe wie bspw Fettabsaugung). Ihre Durchführung ist mit erheblichen Gesundheitsrisiken verbunden, so dass die Werbung dafür konsequenterweise dem HWG unterstellt wurde. In der Definition des § 1 Abs 1 Nr 2 HWG wird ebenfalls die gesetzgeberische Intention deutlich das Heilmittelwerberecht auch für **Therapien** gelten zu lassen, da ausdrücklich nicht nur die Werbung für körperliche Gegenstände umfasst ist. Dadurch vergrößert sich der Kreis der Normadressaten des HWG. Neben den Herstellern und Vertreibern von Arzneimitteln, Medizinprodukten etc sind zB auch Ärzte, Krankenhäuser, Heilpraktiker oder Krankengymnasten zur Beachtung der entsprechenden Vorgaben des HWG verpflichtet.

27 Lebensmittelwerbung fällt nicht in den Anwendungsbereich des HWG. Die Zulässigkeit von gesundheitsbezogenen Werbeaussagen für Lebensmittel fällt in den Anwendungsbereich des Lebensmittel- und Futtermittelgesetzbuches (LFGB) sowie der Health Claims VO.

III. Werbung für Arzneimittel

1. Irreführungsverbot gem § 3 HWG

28 Das allgemeine Verbot mit **irreführenden Angaben** zu werben ist bereits in §§ 3, 5 UWG geregelt.[103] Dieser Verbotstatbestand wird durch § 3 HWG für die Heilmittelwerbung konkretisiert, wobei § 5 UWG **in kumulativer Normenkonkurrenz** erhalten bleibt[104]. Ein Verstoß gegen das Irreführungsverbot liegt bereits vor, wenn die betreffende **Werbeaussage geeignet** ist, beim Adressaten einen falschen Eindruck zu er-

---

[99] EuGH ZLR 2008, 48 ff – Knoblauchkapseln.
[100] So auch *Doepner* ZLR 2009, 211, 218.
[101] Beispielhaft wären Kontaktlinsen, Brillen oder Hörgeräte zu nennen.
[102] Dazu zählen auch Bedarfsgegenstände iSd § 5 Abs 1 Nr 4 LFGB, die zur Körperpflege bestimmt sind.

[103] *Von Walter* Kap 1 Rn 102 ff.
[104] Bülow/Ring/*Bülow* HWG § 3 Rn 2. Die Sondertatbestände des § 3 HWG sind bereits durch die Vorschriften der §§ 3, 5 UWG erfasst, da der Begriff der Irreführung gleich zu verstehen ist. S zur Abgrenzung beider Tatbestände auch *Doepner* HWG § 3 Rn 14.

wecken und deswegen seine Entscheidung zu beeinflussen (bspw Verordnung eines bestimmten Arzneimittels). Bei der Auslegung des § 3 HWG, insb zum Begriff der Irreführung, gelten die gleichen Grundsätze wie für den § 5 UWG.[105] Ergänzend kann zB auch der „Verhaltenskodex zur freiwilligen Selbstkontrolle[106]" herangezogen werden, um eine Branchenüblichkeit bzgl einzelner Aussagen festzustellen.[107] Der Adressat einer Werbung ist irregeführt, wenn eine Divergenz zwischen Vorstellung und Wirklichkeit besteht.[108] Die Irreführung meint also den Irrtum, der durch die Handlung eines anderen hervorgerufen wird. Dazu muss der Adressat einer Werbung überhaupt Vorstellungen haben oder sich aufgrund der Aussage machen.[109]

Im Heilmittelwerberecht muss diese Formel dahingehend präzisiert werden, dass auch formal wahre Werbeaussagen sich als irreführend darstellen können, wenn sie von den angesprochenen Verkehrskreisen missverstanden werden.[110] Wird eine **objektiv richtige Aussage** als irreführend beanstandet, setzt die Verurteilung zur Unterlassung allerdings eine höhere Irreführungsquote voraus als eine Werbung mit objektiv unrichtigen Aussagen.[111] Dh für die Beurteilung, ob bspw eine Werbegabe zur Irreführung geeignet ist, kommt es auf das Verständnis der Verkehrskreise an. Die größte Prognoseunsicherheit besteht also bei der Feststellung des Verkehrsverständnisses. Je nachdem welches Vorwissen oder welcher Aufmerksamkeitsgrad den angesprochenen Verkehrskreisen zugeschrieben wird, kann die Beurteilung ganz unterschiedlich ausfallen. Daher ist zu unterscheiden, ob Adressat der jeweiligen Werbung das Publikum oder die Fachkreise sind, denn Aussagen gegenüber Fachkreisen sind zT anders zu beurteilen als gegenüber Laien.[112] Zur Bestimmung der Irreführung einer Heilmittelwerbung außerhalb der Fachkreise ist das gemeinschaftsrechtliche Verbraucherleitbild eines „durchschnittlich informierten, aufmerksamen und verständigen Durchschnittsverbrauchers" anzuwenden.[113] Die Abkehr der Rechtsprechung vom Leitbild des „flüchtigen Verbrauchers" kann allerdings nicht uneingeschränkt auf den Bereich der Heilmittelwerbung übertragen werden. Bei der Werbung über menschliche Gesundheit legt die Rechtsprechung seit jeher einen strengen Maßstab an Richtigkeit und Eindeutigkeit der Aussage an.[114] Anders kann es sich bei der an Fachkreise gerichteten Werbung verhalten, wenn diese ein wirklich spezifisches Fachwissen erfordert. Von diesen Werbeadressaten kann nicht nur ein umfangreicheres Vorwissen erwartet werden, sondern auch dass sie sich aufgrund ihrer beruflichen Verantwortung zu einer genaueren Prüfung von Werbeaussagen veranlasst sehen. Zum Verkehrsverständnis innerhalb der Rechtsprechung sei auf 2 Beispiele aus der Rechtsprechung des OLG Hamburg verwiesen. Der Werbeslogan „Wirkt sehr schonend" bei einem Schnupfenpräparat wurde nicht als irreführend eingestuft, weil der Durchschnittsverbraucher auch bei einem sehr schonend wirkenden Arzneimittel nicht davon ausgeht, dass es zu keinerlei

29

---

[105] Vgl Bülow/Ring/*Bülow* HWG § 3 Rn 2; *von Walter* Kap 1 Rn 102 ff.
[106] S auch Rn 3.
[107] ZB die Beantwortung der praxisrelevanten Frage, wie lange ein Produkt als „neu" beworben werden darf, fällt je nach der beworbenen Branche unterschiedlich aus. Im Kodex ist sie in § 7 Abs 7 geregelt. Arzneimittel dürfen nur ein Jahr nach dem ersten Inverkehrbringen auf dem Markt als „neu" beworben werden.
[108] Bülow/Ring/*Bülow* HWG § 3 Rn 5.
[109] Bülow/Ring/*Bülow* HWG § 3 Rn 6.
[110] S Bülow/Ring/*Bülow* HWG § 3 Rn 8.
[111] BGH GRUR 1995, 512 – Sauerstoff-Mehrschritt-Therapie; *Gröning* Vor § 3 Rn 5; *Doepner* § 3 Rn 31; *Riegger* 3. Kap Rn 15.
[112] Bei einer Werbung gegenüber Ärzten oder Apothekern kann der Werbende zB auf besonderen Kenntnisstand als Hintergrundinformation vertrauen.
[113] S EuGH Slg 1998, I 4657; BGH GRUR 2000, 619 – Orient-Teppichmuster.
[114] Vgl BGH GRUR 2002, 182 – Das Beste jeden Morgen; s auch *Riegger* 3. Kap Rn 7.

Nebenwirkungen kommen kann.[115] Die Aussage „Alles bleibt bis auf Name und Preis" für ein Generikum wird nach Auffassung der Hamburger Richter von den Beteiligten der Fachkreise dahingehend verstanden, es habe sich nichts gegenüber dem Originalarzneimittel geändert.[116] Die Werbung wurde als irreführend eingestuft, wenn die Anwendungsgebiete für Original und Generikum nur teilweise gegeben oder die Inhalatoren zur Anwendung nicht baugleich sind.[117]

30 Eine Irreführung ist nicht nur durch aktives Tun sondern auch durch Unterlassen möglich. Zur Offenlegung bestimmter Informationen ist der Werbende nur verpflichtet, wenn eine entsprechende **Aufklärungspflicht** besteht oder wenn dies zum Schutz des Werbeadressaten erforderlich ist, weil ein entsprechender Hinweis erwartet wird.[118] Bei der Arzneimittelwerbung bestehen Aufklärungspflichten zu Gegenanzeigen, Warnhinweisen oder Nebenwirkungen, auf die in den **Pflichtangaben** hingewiesen werden muss. Über diese braucht der Werbende nicht nochmals aufzuklären.[119]

31 § 3 S 1 HWG legt fest, dass jede irreführende Werbung verboten ist. Dieser allgemeine Tatbestand wird in § 3 S 2 HWG durch eine nicht abschließende[120] Aufzählung von Fallbeispielen, die sich als abstrakte Gefährdungstatbestände darstellen, ergänzt.[121] Danach ist es zB unzulässig Arzneimitteln, Verfahren etc therapeutische Wirkungen zuzusprechen, die sie nicht haben. Es darf auch nicht der Eindruck erweckt werden, dass ein Erfolg mit Sicherheit erwartet werden kann, oder bei bestimmungsmäßigem bzw längerem Gebrauch eines Produkts keine schädlichen Wirkungen eintreten können.

32 a) **Nicht vorhandene therapeutische Wirkungen gem § 3 S 2 Nr 1 HWG.** Eine therapeutische Wirksamkeit wird ausgelobt, wenn einem Arznei- bzw Heilmittel Wirkungen zugeschrieben werden, die bezogen auf eine bestimmte Indikation zu Therapieerfolgen führen sollen.[122] Nach hM liegt daher eine Irreführung vor, wenn die dem Heilmittel zugeschriebene **Wirkung** bzw Wirksamkeit nicht **hinreichend nachgewiesen** ist.[123] Die Anforderungen an einen hinreichenden Nachweis können nur einzelfallbezogen festgestellt werden. Generell gilt, dass eine Einzelmeinung, die die beworbene Wirkung attestiert, nicht ausreicht, es sei denn die Meinung ist in der Fachwelt unbestritten.[124] Es gibt aber auch Fälle, wo eine Werbung bei den Adressaten nicht die Erwartung wissenschaftlich gesicherter Wirkungsaussagen erweckt. Bspw bei homöopathischen Arzneimitteln ist weiten Kreisen der Bevölkerung bekannt, dass die Homöopathie eine besondere Therapierichtung ist, bei der regelmäßig keine wissenschaftlichen Nachweise wie in der Schulmedizin vorliegen.[125] Deshalb kann die Werbung für ein homöopathisches Arzneimittel nicht allein deswegen beanstandet werden, dass das Präparat aufgrund seiner Wirkstoffverdünnung – die charakteristisch für die Homöopathie ist – unwirksam sei.[126]

---

[115] OLG Hamburg NJOZ 2006, 5162.
[116] Ähnl OLG Hamburg PharmaR 2010, 135 für ein biotechnologisch hergestelltes Generikum, das mit äquivalentem Sicherheitsprofil zum Originalarzneimittel beworben wurde. Diese Aussage wurde als irreführend eingestuft, weil sie nur auf Wirksamkeitsstudien aber nicht wissenschaftlich validen Untersuchungen beruhte.
[117] OLG Hamburg NJOZ 2007, 1604.
[118] BGH GRUR 1999, 757 – Auslaufmodelle I.
[119] *Gröning* § 3 Rn 41; *Riegger* 3. Kap Rn 11.
[120] S *Doepner* HWG § 3 Rn 8, 10.

[121] Dieser Beispielkatalog ist in der Literatur verschiedentlich kritisiert worden. Ua wurde er als zu eng gefasst angesehen. Vgl *Doepner* HWG § 3 Rn 9.
[122] *Doepner* § 3 Rn 68 f; *Gröning* § 3 Rn 11.
[123] BGH GRUR 2002, 273 – Eusovit; *Gröning* § 3 Rn 14; *Riegger* 3. Kap Rn 23.
[124] OLG Stuttgart Urt v 16.3.2006, Az 2 U 226/05; *Doepner* § 3 Rn 72; *Riegger* 3. Kap Rn 24.
[125] *Riegger* 3. Kap Rn 25.
[126] OLG Hamburg NJOZ 2002, 1581.

Die notwendige Faktensicherung der Werbeaussage kann auf verschiedene Grundlagen gestützt werden. Geworben werden kann mit den Angaben der Arzneimittelzulassung. Geht die Werbung über die Zulassung hinaus, kann diese allerdings nicht als Beleg für die wissenschaftliche Absicherung genutzt werden.[127] Bewegt sich die Werbeaussage im Rahmen der Arzneimittelzulassung, kann eine Irreführung allenfalls dann eintreten, wenn neuere wissenschaftliche Erkenntnisse, die erst nach Zulassung bekannt wurden, gegen die Wirksamkeit des Präparats in der zugelassenen Indikation sprechen.[128] Für homöopathische Arzneimittel, die lediglich nach § 38 AMG registriert sind, darf nicht mit Anwendungsgebieten geworben werden. Belege für oder gegen eine hinreichende Absicherung lassen sich häufig auch aus der entsprechenden Fach- oder Gebrauchsinformation entnehmen. Häufig wird sich der Nachweis einer werblich herausgestellten Wirkung bzw Wirksamkeit eines Heilmittels nur durch wissenschaftliche Studien führen lassen. Ist dies der Fall, wird erwartet, dass die betreffenden Studienergebnisse hinreichend aussagekräftig sind.[129] Valide Studienergebnisse erfordern, dass die Studie nach den Regeln und Grundsätzen wissenschaftlicher Forschung erstellt und ausgewertet wurde und ihr Ergebnis die in der Werbung transportierte Aussage fundiert.[130]

33

Die Beweislast für das **Nichtvorhandensein bestimmter Wirkungen** trägt im Wettbewerbsprozess grundsätzlich der Kläger, der die Unterlassung begehrt. Da die Beurteilung der Irreführung jedoch der freien Beweiswürdigung des Richters unterliegt, muss der Werbetreibende faktisch die Richtigkeit seiner Werbeaussage belegen können. Unterlässt er die Glaubhaftmachung der Richtigkeit einer Werbung, steht es dem Gericht offen zu befinden, dass ein solcher Beleg nicht erbracht werden kann und die Werbung deswegen irreführend ist.[131] Die Rechtsprechung erleichtert dem Kläger das wettbewerbsrechtliche Vorgehen. Der BGH vertritt, dass derjenige, der im Gesundheitsbereich mit einer **fachlich umstrittenen Wirkaussage** wirbt, in der Werbung klarstellen muss, dass die Aussagen nicht der einhelligen Lehrmeinung entsprechen.[132] In der Praxis stellt sich oft das Problem, dass unterschiedliche wissenschaftliche Aussagen zur Wirksamkeit bzw Wirkungen von Arzneimittel oder Therapien bestehen. Können sich sowohl Kläger als auch Beklagter auf Lehrmeinungen stützen, gehen die Gerichte von **fachlich umstrittenen Aussagen** aus. Der Irreführungsaspekt wird damit vom Inhalt der Aussage auf das Unterlassen der Feststellung, dass die Angabe in Fachkreisen umstritten ist, vor verlagert.[133]

34

Besteht zwischen den Parteien allerdings nur darüber Streit, wie eine Werbeaussage in den angesprochenen Verkehrskreisen verstanden wird, bleibt es grundsätzlich bei

---

[127] BGH GRUR 2002, 273. In dem entschiedenen Fall wurde für ein Vitamin E Präparat (Anwendungsgebiete Leistungssteigerung, Vitamin E Mangelzustände) mit der Aussage „Wichtige Information für Arthrose Patienten" geworben. Dadurch wurde suggeriert, dass das Mittel auch bei Arthrose helfe. Diese Wirkungsaussage sah der BGH als nicht hinreichend wissenschaftlich gesichert an.
[128] *Doepner* § 3 Rn 72; *Riegger* 3. Kap Rn 28; aA *Gröning* § 3 Rn 15.
[129] OLG Hamburg NJOZ 2007, 5179.
[130] Ausf zum Beweiswert wissenschaftlicher Studien *Riegger* 3. Kap Rn 32 ff.
[131] So zB OLG Hamburg Urt v 21.12.2006, Az 3 U 77/06.
[132] BGH GRUR 1958, 458 – Odol; BGH GRUR 1991, 848 – Rheumalind.
[133] Münchner Anwaltshdb Gewerblicher Rechtsschutz/*Grundmann* 1151. Bsp aus der Rechtsprechung OLG Stuttgart Urt v 16.3.2006, Az 2 U 226/05, wo eine gesicherte wissenschaftliche Erkenntnis verneint wurde, weil die Mehrheit der in der Fachrichtung tätigen Wissenschaftler den Eintritt der beworbenen Wirkung für ausgeschlossen oder unwahrscheinlich hielt.

der Darlegungs- und Beweislast für den Kläger für das von ihm behauptete Verkehrsverständnis.[134]

35 **b) Schädliche Wirkungen gem § 3 S 2 Nr 2b HWG.** Der Begriff „schädliche Wirkungen" wird üblicherweise in Anlehnung an die Begriffsbestimmung § 5 AMG (Verbot bedenklicher Arzneimittel) definiert. Dazu gehören vor allem Nebenwirkungen aber auch Gegenanzeigen, die gegen den Gebrauch des Heilmittels sprechen. Ob auch Wechselwirkungen darunter fallen sollen, ist str.[135] Dass die Grenzziehung in der Praxis sehr eng ausfallen kann, zeigt das folgende Beispiel aus der Rspr. Die blickfangmäßig herausgestellte Aussage „gut verträglich" für Kopfschmerztabletten hat das KG[136] mit dem Argument untersagt, dass diese Aussage zu undifferenziert sei und bei den angesprochenen Verkehrskreisen so verstanden werden könne, dass eine gute Verträglichkeit auch bei längerem Gebrauch noch gegeben sei. Die gleiche Angabe hielten die Richter allerdings für zulässig, wenn sie nicht blickfangmäßig hervorgehoben werde. In diesem Fall findet der Grundsatz Geltung, dass einzelne Äußerungen einer in sich geschlossenen Darstellung nicht aus dem Zusammenhang gerissen werden dürfen. Im Pflichtangabenteil der Werbung folgte die Aufklärung, dass ein längerer Gebrauch oder Gebrauch in höheren Dosen nicht ohne Befragen eines Arztes erfolgen soll.

36 **c) „Getarnte Werbung" gem § 3 S 2 Nr 2c HWG.** Es ist im Heilmittelwerberecht ausdrücklich untersagt, dass der Eindruck erweckt wird, die Werbung diene nicht Zwecken des Wettbewerbs. Die Regelung des § 3 S 2 Nr 2c HWG ist dafür gedacht, **getarnte Werbemaßnahmen**, wie zB neutral verfasste Vorträge oder Mitteilungen zu Therapien oder Mitteln, die trotzdem Werbezwecken dienen, zu unterbinden. Die Aufklärung über einzelne Verfahren oder Arzneimittel soll klar von deren Anpreisung getrennt werden. Häufiger Anwendungsfall ist, wenn Pharmaunternehmen oder Medizinproduktehersteller Broschüren abgeben, die Patienten über bestimmte Erkrankungen und deren Behandlungsmöglichkeiten informieren sollen, in denen aber auch die Produkte der jeweiligen Hersteller erwähnt werden. In diesem Fall muss über den Werbezweck der Broschüre aufgeklärt werden. Der Anwendungsbereich des § 3 S 2 Nr 2c HWG überschneidet sich partiell mit dem des § 11 Abs 1 Nr 9 HWG. Letztere Vorschrift betrifft aber nur Werbung außerhalb der Fachkreise sowie speziell mit Veröffentlichungen, deren Werbezweck nicht deutlich erkennbar ist.

37 **d) Zusammensetzung oder Beschaffenheit gem § 3 S 2 Nr 3a HWG.** Bei dieser Fallgruppe geht es um die stoffliche Qualität der beworbenen Mittel. Unter Zusammensetzung wird vor allem die stoffliche Zusammensetzung von Arzneimitteln verstanden[137]. Die Beschaffenheit umfasst darüber hinaus alle qualitativen Merkmale wie bspw Wirkstärke, Haltbarkeit, Einsatzgebiete.[138] Daher hat zB das KG die Werbung für ein Arzneimittel „Knoblauchkapseln" mit der Aussage „Heilkräfte aus frischem Knoblauch" als irreführend untersagt, weil das Präparat nur das ätherische Öl des Knoblauchs (Knoblauch Ölmazerat) enthielt.[139] Das OLG Hamburg urteilte, dass der Zusatz „forte" bei den angesprochenen Verkehrskreisen (in dem Fall spezialisierte Allergologen) nur als Hinweis verstanden werde, dass ein hoch dosiertes Präparat vor-

---

[134] OLG Hamburg NJOZ 2002, 398; *Riegger* 3. Kap Rn 45.
[135] Dafür *Riegger* 3. Kap Rn 64; dagegen *Gröning* § 3 Rn 37.
[136] KG NJW-RR 1992, 301.
[137] *Riegger* 3. Kap Rn 74.
[138] *Doepner* § 3 Rn 104.
[139] KG NJW-RR 1990, 54.

liegt.[140] Die Ärzte wüssten nach Auffassung der Richter, dass eine höhere Dosierung nicht zwingend mit einer höheren Wirksamkeit einhergehe. Eine Werbung mit dem Zusatz „forte" für ein homöopathisches Arzneimittel wurde vom OLG Düsseldorf als irreführend erachtet, weil der Eindruck erweckt wird, dass sich das so beworbene Mittel hinsichtlich der Wirkstoffdosierung mit wirkstoffgleichen allopathischen Arzneimittel messen lassen kann.[141] Auch das OVG Nordrhein-Westfalen stellte fest, dass ein freiverkäufliches Arzneimittel mit dem Zusatz „forte" beim Verbraucher die Erwartung stärkerer Wirksamkeit erweckt, die es auch erfüllen muss.[142] Wenn es lediglich höher dosiert ist, ohne dass sich eine höhere Wirkung nachweisen lässt, ist nach Auffassung des Gerichts die Bezeichnung „forte" irreführend.[143]

e) Fehlende arzneimittelrechtliche Zulassung gem § 3a HWG. Durch § 3a HWG wird verboten, dass für Arzneimittel, die der Zulassungspflicht unterliegen, aber nicht zugelassen sind oder als zugelassen gelten, geworben wird. Damit handelt es sich bei dieser Norm um eine besondere Konkretisierung des Irreführungsverbotes aus § 3 HWG. Die Vorschrift wird als **abstraktes Gefährdungsdelikt** verstanden.[144] Daher kommt es für die Anwendung des § 3a HWG nicht darauf an, ob die Adressaten über den Zulassungsstatus getäuscht werden oder nicht. Ein nicht zugelassenes aber zulassungspflichtiges Arzneimittel darf nicht beworben werden, egal ob die Werbeaussage zutreffend ist oder nicht. Im Internet kann das Verbreitungsgebiet einer Werbung für ein Arzneimittel, dass in Deutschland nicht zugelassen ist, durch einen **Disclaimer** beschränkt werden, aber nur wenn dieser eindeutig gestaltet und aufgrund seiner Aufmachung als ernst gemeint aufzufassen ist.[145] Ein Disclaimer hat jedoch keine Wirkung, wenn der Werbende entgegen seiner Mitteilung die beworbenen Produkte doch nach Deutschland liefert.[146]

38

Häufig kommt § 3a S 1 HWG bei Werbemaßnahmen für Produkte zum Tragen, deren rechtliche Einordnung als Lebensmittel- oder Arzneimittel schwierig ist (insb Nahrungsergänzungsmittel).[147] Ähnliche Abgrenzungsprobleme bestehen an der Schnittstelle zwischen Medizinprodukten und kosmetischen Mitteln. Weitere Anwendungsfälle entstehen, wenn Werbung für Arzneimittel erfolgt, die erst vor der Zulassung stehen (verbotenes Vorab-Marketing). Hier können Abgrenzungsprobleme entstehen, wenn Wissenschaftler die Gelegenheit nutzen, das neue Präparat auf Fachkongressen bereits zu besprechen. Wird der Fachkongress durch den Hersteller finanziert, wären derartige Aussagen vor dem Hintergrund des § 3a HWG problematisch.

39

§ 3a S 2 HWG beschreibt die Fälle, in denen für zugelassene Arzneimittel geworben wird, jedoch mit Indikationen, die nicht von der Zulassung erfasst sind. Dabei muss die Werbung für „Indikationen" oder „Anwendungsgebiete" von der reinen Wirkaussage abgegrenzt werden. Unter „Indikationen" versteht man die dem Arzneimittel gegebene Zweckbestimmung. Dazu gehören insb die körperlichen und seeli-

40

---

[140] OLG Hamburg GRUR-RR 2008, 100.
[141] OLG Düsseldorf Entscheidungssammlung HWG § 3 Nr 173.
[142] OVG Nordrhein-Westfalen PharmaR 2008, 383.
[143] OVG Nordrhein-Westfalen PharmaR 2008, 383.
[144] *Doepner* § 3a Rn 8.
[145] BGH PharmaR 2006, 329 – Arzneimittelwerbung im Internet.
[146] BGH PharmaR 2006, 329 – Arzneimittelwerbung im Internet.
[147] Daher gibt es dazu eine Vielzahl von Entscheidungen wie zB BGH NJW 2001, 3414 – Franzbranntweingel; BGH NJW-RR 2000, 1284 – L-Carnitin; BGH GRUR 2004, 793 – Sportlernahrung; BGH PharmaR 2008, 425 – L Carnitin II.

schen Zustände, die durch das betreffende Arzneimittel beeinflusst werden sollen.[148] Wenn eine beanstandete Aussage unter den Anwendungsbereich des § 3a S 2 HWG fallen soll, muss sie als „Empfehlung zur Anwendung"[149] verstanden werden können.[150] Daher bejahte OLG Hamburg[151], dass in der Werbeaussage „Primärtherapie der Osteoporose" ein Hinweis auf ein Anwendungsgebiet zu sehen ist und sah darin einen Verstoß, weil das Präparat nur zur unterstützenden Behandlung von Osteoporose zugelassen war.

41 Im Gemeinschaftskodex (RL 2001/83/EG) findet sich keine dem § 3a S 2 HWG entsprechende Vorschrift. Das HWG geht damit über Wortlaut der RL hinaus, die das Werbeverbot allein auf die Werbung für nicht zugelassene Werbung beschränkt. Nachdem der EuGH[152] in der „Gintec" Entscheidung klargestellt hat, dass die Mitgliedstaaten keine Anforderungen an die Arzneimittelwerbung stellen dürfen, die über den Gemeinschaftskodex hinausgeht, stellt sich die Frage der europarechtlichen Fundierung des § 3a HWG. Der BGH bejahte diese ausdrücklich in seiner „Amlopidin" Entscheidung.[153] Gegenstand des Falles war eine über die Zulassung hinausgehende Indikationsangabe auf der Arzneimittelpackung, die zugleich irreführend war. Die europarechtliche Grundlage kann jedoch bezweifelt werden, soweit § 3a HWG als abstraktes Gefährdungsdelikt verstanden wird, dass auch bei Vorliegen aufklärender Hinweise erfüllt ist, wenn für nicht zugelassene Anwendungsgebiete geworben wird.[154]

42 Daher wird diskutiert, ob eine Werbung für ein in Deutschland zugelassenes Arzneimittel mit einer Indikation, auf die sich die arzneimittelrechtliche Zulassung nicht erstreckt, gem § 3a HWG verboten ist.[155] Nach einer Ansicht[156] soll der § 3a HWG nur dann zur Anwendung kommen, wenn das Arzneimittel insgesamt in Deutschland nicht zugelassen ist. Eine weitergehende Auslegung des § 3a HWG wäre eine unzulässige Analogie. Die herrschende Meinung[157] vertritt die Auffassung, dass § 3a HWG bereits zur Anwendung kommt, wenn für eine Indikation geworben wird, für die die Zulassung nicht erteilt wurde, da es in dieser Konstellation an der medizinisch-pharmakologischen Überprüfung der nicht zugelassenen Indikation durch die Zulassungsbehörde mangelt. Damit besteht das Risiko eines Arzneimittelfehlgebrauchs ebenso wie bei einem insgesamt nicht zugelassenen Arzneimittel.[158] Bei einer Werbeaussage ist daher genau zu prüfen, ob es sich um eine nicht zugelassene Indikation handelt, oder ob die Aussage inhaltlich auf einer zugelassenen Indikation beruht, allerdings eine medizinisch-pharmakologische Folge beschreibt. In letzterem Fall kann § 3a HWG keine Anwendung finden.

2. Gutachtenwerbung

43 § 6 Nr 1 HWG stellt klar, dass eine Werbung mit **Gutachten** oder **Zeugnissen** unzulässig ist, die nicht von wissenschaftlich oder fachlich dazu berufenen Personen erstattet worden sind und keine persönliche Angaben zum Gutachter sowie zur Erstellung des

---

148 OLG Hamburg NJOZ 2007, 5174.
149 *Riegger* 3. Kap Rn 93.
150 OLG Hamburg GRUR-RR 2008, 97; OLG Hamburg Urt v 29.3.2007, Az 3 U 153/06.
151 OLG Hamburg PharmaR 2000, 270.
152 EuGH GRUR 2008, 267.
153 BGH GRUR 2008, 1014.
154 *Meyer* PharmaR 2008, 407, 411; *Riegger* 3. Kap Rn 82.
155 Offen geblieben OLG Frankfurt LRE 46, 262, 268.
156 LG Bielefeld Urt v 13.7.2001, Az 11.0121/99; *Gröning* § 3a Rn 5.
157 Vgl BGH GRUR 2008, 267; Bülow/Ring/ *Bülow* HWG § 3a Rn 9; *Doepner* HWG § 3a Rn 11.
158 S auch OLG Hamburg PharmaR 2009, 633.

Gutachtens enthalten. Weiterhin darf gem § 6 Nr 2 HWG nicht auf wissenschaftliche oä Veröffentlichungen Bezug genommen werden, ohne dass die Quelle und der Verfassers eindeutig erkennbar sind. Zudem ist die Erklärung erforderlich, ob die Veröffentlichung das jeweils beworbene Mittel bzw Therapie betrifft.[159] Dem Wortlaut nach bezieht sich § 6 HWG auf jegliche Werbung. Allerdings ist in § 11 Abs 1 Nr 1 und 2 HWG geregelt, dass gegenüber der Allgemeinheit grundsätzlich nicht mit Gutachten, Zeugnissen etc bzw. fachlichen Empfehlungen geworben werden darf. Wird eine der formalen Voraussetzungen des § 6 Abs 1 bis 3 HWG nicht beachtet, ist die Werbung grundsätzlich unzulässig. Die **Europarechtskonformität** des § 6 HWG steht nicht im Zweifel. Art 92 des Gemeinschaftskodexes (RL 2001/83/G) bestimmt, dass alle Informationen in Werbeunterlagen „genau, aktuell, überprüfbar und vollständig genug sein müssen, um dem Empfänger die Möglichkeit zu geben, sich persönlich ein Bild von dem therapeutischen Wert des Arzneimittels zu machen." Dies rechtfertigt Informationen zur Person des Gutachters, zur Aktualität des Gutachtens sowie bei einer wissenschaftlichen Veröffentlichung den Hinweis auf Verfasser und Fundstelle.[160]

Zwischen Gutachten und Zeugnissen ist kaum eine klare Abgrenzung möglich. Sie ist aber auch entbehrlich, wenn feststeht, dass bestimmte Aussagen entweder als Gutachten oder Zeugnis einzustufen sind. Für Gutachten und Zeugnisse ist die schriftliche Niederlegung kennzeichnend. Nach wohl hM sollen unter den Begriff Gutachten sprachlich auch **wissenschaftliche Studien**, klinische Prüfungen oder Feldstudien fallen.[161] Dies wird in der Lit zT kritisch gesehen[162], weil sie in der Praxis zu Informationspflichten führen kann, die für den Werbenden nur schwer erfüllbar sind. Dies beträfe bspw Beruf oder Wohnort des Studienverfassers. Daher wird für eine schärfere Abgrenzung zwischen § 6 Nr 1 und Nr 2 plädiert. Gutachten bzw Zeugnisse werden regelmäßig nur auf Anforderung erstellt – dieses einschränkende Merkmal sollte daher zur Abgrenzung verwendet werden.[163]

44

Gem § 6 Nr 3 HWG müssen der Fachliteratur für Werbung entnommene **Zitate**, **wortgetreu** wiedergegeben werden. Da es sich um Fachliteratur handeln muss, ist eine schriftliche Veröffentlichung der Quelle Voraussetzung. Bei Tabellen oder sonstigen Darstellungsformen ist eine originalgetreue Wiedergabe Pflicht. Werden Zitate, Tabellen oä Gestaltungselemente nur auszugsweise dargestellt, muss der Werbende darauf ausdrücklich hinweisen.[164]

45

3. Informationspflichten

Eine Werbemaßnahme für Arzneimittel iSd § 2 AMG muss gem § 4 HWG gewisse **Pflichtangaben** enthalten. Die Norm verdeutlicht den gesetzgeberischen Willen, Verbraucherschutz durch Aufklärung zu betreiben. Generell sind Pflichtangaben immer dann notwendig, wenn die Werbung Aussagen zur „medizinisch-gesundheitlichen Bedeutung des Präparats" enthält.[165]

46

In Folge der Gintec Entscheidung des EuGH[166] muss auch für die Pflichtangaben ihre europarechtliche Konformität überprüft werden.[167] Der Bereich Öffentlichkeits-

47

---

[159] S dazu LG Baden-Baden MD 2007, 601 ff.
[160] *Doepner* § 6 Rn 44; *Bülow/Ring* § 6 Rn 4a; *Riegger* 6. Kap Rn 3.
[161] *Riegger* 6. Kap Rn 8 mwN.
[162] *Riegger* 6. Kap Rn 8.
[163] *Riegger* 6. Kap Rn 9.
[164] OLG Hamburg GRUR-RR 2001, 115.
[165] BGH GRUR 1982, 684 – Arzneimittelpreisangabe; BGH GRUR 1996, 806 – HerzASS.
[166] BGH GRUR 2008, 1014.
[167] Daran zweifelnd *Meyer* PharmaR 2008, 407, 411.

werbung ist in Art 89 Gemeinschaftskodex geregelt. Der Kodex gibt an dieser Stelle ausdrücklich nur einen Mindeststandard an Sachinformationen vor, die in der Werbung enthalten sein müssen. Die Umsetzung im HWG entspricht also den Kodexvorgaben.[168] Die Werbung gegenüber Fachkreisen ist in Art 91 Gemeinschaftskodex geregelt, der auf die wesentlichen Fachinformationen (§ 11a AMG) abstellt. Die Informationspflichten des § 4 HWG halten diesen Rahmen ein. Bei der Erinnerungswerbung hat der europäische Gesetzgeber den Mitgliedstaaten die Möglichkeit gegeben, im nationalen Recht Öffnungsklauseln vorzusehen. Fraglich könnte die Richtlinienkonformität allerdings für die detailliert vorgegebenen **Modalitäten der Pflichtangaben** sein, die im Gemeinschaftskodex kein Pendant finden.[169]

48 Die Pflichtangaben nach § 4 HWG lassen sich entsprechend der Adressatenkreise in 3 Gruppen einteilen: eine ausführliche Fassung (Abs 1) für Angehörige der Fachkreise, eine Kurzversion (Abs 3) für das Laienpublikum und eine Minimalversion (Abs 5) für die Werbung in audiovisuellen Medien. Zu den Pflichtangaben gem § 4 Abs 1 HWG gehören zB Name und Zusammensetzung des Arzneimittels, Anwendungsgebiete, Nebenwirkungen oder Gegenanzeigen. Zu beachten ist, dass für verschreibungspflichtige Arzneimittel nur innerhalb eines eng begrenzten Adressatenkreises geworben werden darf.[170] Der Pflichttext „verschreibungspflichtig" des § 4 Abs 1 S 1 Nr 7a HWG hat daher notwendigerweise nur für bestimmte Fachkreise Bedeutung.

49 Gegenüber dem Verbraucher ist eine Versachlichung der Arzneimittelwerbung Zweck der Vorschrift[171]. Eine Werbung, die sich nicht an die Fachkreise richtet, muss die Angaben des § 4 Abs 3 HWG enthalten[172] und kann auf einige Angaben des § 4 Abs 1 HWG verzichten. Bei apothekenfreien Arzneimitteln ist der Pflichthinweis des § 4 Abs 3 HWG allerdings entbehrlich.[173]

50 Die gesamten Pflichtangaben nach § 4 Abs 1 und Abs 3 HWG müssen gut lesbar und von den anderen Werbeaussagen deutlich abgegrenzt und abgesetzt dargestellt werden. Die Einhaltung der Tatbestandsmerkmale „abgegrenzt und abgesetzt" erfordert sowohl eine räumliche Trennung als auch eine optisch wahrnehmbare Grenzlinie zwischen den Pflichtangaben und den weiteren Werbeaussagen.[174] Das bedeutet, die Pflichtangaben müssen zwar kein Blickfang, aber auch nicht erst nach intensivem Studium einer Anzeige auffindbar sein.[175] Als ungeschriebenes Tatbestandsmerkmal verlangen die Gerichte, dass die Pflichtangaben der jeweiligen Werbung eindeutig zugeordnet werden können.[176] In der Printwerbung empfiehlt sich auch dafür eine klare räumliche Zuordnung.[177] Für die Werbung im Internet wird auf Rn 52ff verwiesen. Vereinzelt wurde die Auffassung vertreten, dass bei der Beurteilung der Lesbarkeit ggü

---

[168] BGH Urt v 9.10.2008, Az I ZR 100/04 – Schoenenberger Artischockensaft; *Riegger* 4. Kap Rn 5.
[169] Ablehnend *Meyer* PharmaR 2008, 407, 411.
[170] S auch Rn 44.
[171] *Doepner* HWG § 4 Rn 9.
[172] Dabei handelt es sich um die Aussage „*Zu Risiken und Nebenwirkungen lesen Sie die Packungsbeilage und fragen Sie Ihren Arzt oder Apotheker.*"
[173] Vgl *Gröning* § 4 Rn 95.
[174] Bülow/Ring/*Bülow* HWG § 4 Rn 119 f.

Eine optische Grenzziehung kann zB durch eine bestimmte Überschrift (OLG Düsseldorf WRP 1987, 36), ein anderes Schriftbild oder einen farblichen Hintergrund erfolgen.
[175] *Gröning* § 4 Rn 96.
[176] BGH NJWE-WettbR 1996, 265.
[177] Das OLG Frankfurt sah daher Pflichtangaben für mehrere Werbeanzeigen innerhalb einer 166-seitigen Broschüre, die erst am Ende alphabetisch aufgeführt wurden, nicht als ausreichend an (WRP 2001, 1111).

Fachkreisen ein großzügigerer Maßstab angelegt werden könne.[178] Dafür findet sich im Gesetz jedoch keine Stütze.[179]

a) Werbung in audiovisuellen Medien. Für die Werbung in **audiovisuellen Medien** hat der Gesetzgeber in § 4 Abs 5 HWG eine Erleichterung bzgl der Pflichtangaben geschaffen. Es ist lediglich erforderlich, den nach § 4 Abs 3 HWG erforderlichen Pflichttext deutlich erkennbar beizufügen. Im Fernsehen ist der Text zB gut lesbar vor neutralem Hintergrund[180] wiederzugeben und gleichzeitig zu sprechen.[181] Zweifel an der Anwendbarkeit von § 4 Abs 5 HWG für die Fachkreiswerbung äußert OLG Hamburg.[182] Werden audiovisuelle Medien für die Werbung ggü Fachkreisen genutzt, sollte der Werbende auch die Informationen nach § 4 Abs 1 HWG bereithalten.[183]

51

b) Werbung im Internet. Insb in der Literatur wurde die Frage diskutiert, wie sich **Multimedia- oder Internetwerbung** in das Gefüge des § 4 HWG einordnen lässt. Die Entstehungsgeschichte des § 4 Abs 5 HWG verdeutlicht, dass der Begriff „audiovisuelle Medien" nicht nur die Art der Transmission umfassen soll, sondern auch die für diese Übertragung typische Form der Rezeption durch den Werbeadressaten (fehlende Steuerungsmöglichkeit und Schwierigkeiten bei der Übermittlung einer großen Vielfalt von Informationen in einem engen zeitlichen Rahmen) umfasst.[184] Geht man also von Entstehungsgeschichte und Sinn und Zweck der Vorschrift aus, ist der Wortlaut „audiovisuelle Medien" daher eher als Synonym für die flüchtigen, vom Verbraucher nicht steuerbaren Werbebotschaften gedacht.[185] Im Vergleich zur Hörfunk- oder Fernsehwerbung ergibt sich für die Internetwerbung eine entscheidende Abweichung: sie kann sowohl auf einer Internetseite als auch in einer E-Mail beliebig lange betrachtet werden. Diese werbliche Kommunikation im Onlinebereich hat große Ähnlichkeit zur Werbung in den Printmedien, so dass die vollumfängliche Angabe der Pflichtangaben nahe liegt.[186] Einzelne Stimmen in der Lit waren trotzdem der Auffassung, dass Werbung im Internet oder per Mail generell unter das Privileg des § 4 Abs 5 HWG fällt.[187] Die Einordnung als audiovisuelles Medium erscheint allerdings dann geboten, wenn es sich um kurzzeitig eingeblendete bewegliche Werbespots im Internet handelt, die einem Fernsehspot ähnlich sind.[188]

52

Bei der Wiedergabe der Pflichtangaben im Internet ist darauf zu achten, dass sie in engem Zusammenhang mit der jeweiligen Werbung stehen und dem Betrachter kein besonderer Aufwand zur Kenntnisnahme abverlangt wird.[189] Der notwendige Zusam-

53

---

[178] OLG Schleswig Urt v 16.3.2001, AZ 6 W 12/01; *Doepner* § 4 Rn 63.
[179] *Riegger* 4. Kap Rn 23.
[180] Das Kriterium der Neutralität schließt eine farbliche Unterlegung nicht aus, allerdings dürfen keine bildlichen oder sonstigen dekorativen Elemente enthalten sein, die die Lesbarkeit beeinträchtigen. In einer Entscheidung des OLG Frankfurt (WRP 1993, 490) wurde die Einblendung von Unternehmensfarben oder eines Logos als unzulässig angesehen. Die Zulässigkeit allgemeiner bildlicher Darstellungen mit gesundheitlichem Bezug wie zB einem Äskulapstab, die die Lesbarkeit nicht beeinträchtigen ist umstr (dafür Bülow/Ring/*Bülow* HWG § 4 Rn 129; dagegen *Doepner* HWG § 4 Rn 65).
[181] HM s nur *Doepner* HWG § 4 Rn 65.
[182] OLG Hamburg GRUR-RR 2003, 121.
[183] Bülow/Ring/*Bülow* § 4 Rn 131; *Riegger* 4. Kap Rn 33.
[184] Vgl *Doepner* HWG § 4 Rn 19.
[185] So *Doepner* HWG § 4 Rn 19.
[186] Ebenso die Rspr und einschlägige Kommentarliteratur: OLG München PharmaR 2002, 254; OLG Hamburg GRUR-RR 2003, 121; *Doepner* HWG § 4 Rn 19, 69; *Gröning* § 4 Rn 103; Bülow/Ring/*Bülow* HWG § 4 Rn 127a.
[187] So zB *von Czettritz* PharmaR 1997, 88, 89.
[188] Ebenso *Doepner* HWG § 4 Rn 19; *Gröning* § 4 Rn 103.
[189] Zu den Pflichtangaben im Internet s auch *von Czettritz* PharmaR 2003, 301.

menhang ist nicht mehr gegeben, wenn 3 Zwischenschritte erforderlich sind um zu den Pflichtangaben zu gelangen.[190] Die Erreichbarkeit in Form eines **Links** mit einem entsprechenden Hinweis dürfte den Anforderungen des § 4 HWG genügen.[191]

54   c) **Erinnerungswerbung.** Im Falle der **Erinnerungswerbung** kann sowohl auf die Pflichtangaben gem § 4 Abs 1 HWG als auch auf den Informationstext gem Abs 3 verzichtet werden. Typisch für die Erinnerungswerbung iSv § 4 Abs 6 S 2 HWG ist, dass ausschließlich mit der Bezeichnung eines Arzneimittels oder zusätzlich mit dem Namen des Unternehmens oder dem Hinweis „Wirkstoff:" geworben werden darf. Bei **Monopräparaten** schadet die zusätzliche Angabe des Wirkstoffs nicht. Die Ausnahmeregelung für diese nur schlaglichtartige Werbung[192] beruht auf der Erwägung, dass eine Werbemaßnahme, die allein aus der Bezeichnung eines Arzneimittels ohne zusätzliche medizinisch-relevante Angaben besteht, zum überwiegenden Teil nur die Erinnerung der Adressatenkreise anspricht, dh nur diejenigen Verbraucher, für die das beworbene Mittel ohnehin etwas bedeutet. Aus diesem Grund erscheint die Information über die Pflichtangaben entbehrlich.[193] Es ist für die Einordnung einer Werbemaßnahme als Erinnerungswerbung gleichgültig, ob die Werbung tatsächlich geeignet ist, allein die Erinnerung an ein Arzneimittel hervorzurufen.[194] Voraussetzung für das Vorliegen einer Erinnerungswerbung ist lediglich, dass sich die Werbung auf die Bezeichnung von Arzneimittel, Unternehmen oder Wirkstoff beschränkt. Wird aber statt der Bezeichnung des Arzneimittels gem § 4 Abs 1 Nr 2 HWG ein Gattungsbegriff wie zB „Kneipp Pflanzensaft" verwendet, handelt es sich nicht mehr um eine von der Kennzeichnungspflicht befreite Erinnerungswerbung.[195]

55   Die Rechtsprechung hat die als Ausnahme formulierte Vorschrift des § 4 Abs 6 HWG erweiternd ausgelegt. Demnach können auch weitergehende werbliche Aussagen noch als Erinnerungswerbung gelten, wenn der Sinn der gesetzlichen Pflichtangaben nicht tangiert ist.[196] Von der Privilegierung sind daher keine Aussagen erfasst, die sich auf Anwendungsgebiete, Gegenanzeigen oder Nebenwirkungen beziehen. In diesem Fall sind die vollständigen Pflichtangaben erforderlich. Der Hinweis auf ein Anwendungsgebiet kann auch durch bildhafte Gestaltung erfolgen.[197] Enthält die Bezeichnung eines Arzneimittels allerdings einen Hinweis auf sein Anwendungsgebiet, schließt das Erinnerungswerbung nicht aus.[198]

56   d) **Kollision mit anderen Vorschriften des HWG.** Im HWG sind eine Vielzahl von Gebots- und Verbotsnormen unterschiedlichen Rangs enthalten. Werden die heilmittelwerberechtlichen Pflichtangaben als Teil der Absatzwerbung angesehen[199], sind potentielle Konflikte zwischen dem Informations- und dem Verbotsprinzip des HWG

---

[190] OLG Hamburg Beschl v 3.5.2002, Az 3 U 355/01; OLG München Urt v 7.3.2002, Az 29 U 5688/01). Es genügt auch nicht, der Seite zum jeweiligen Artikel den Button „Warenkorb" beizufügen um die Pflichtangaben zu vermeiden, denn allein dieser Link macht eine Internetseite noch nicht zu einem Bestellformular (OLG Sachsen-Anhalt Urt v 24.3.2006, Az 10 U 58/05).
[191] So entschieden zumindest für Werbung, die sich an Fachkreise richtet: KG PharmaR 2004, 23.
[192] Bülow/Ring/*Bülow* HWG § 4 Rn 133.
[193] BGH WRP 1983, 608 – Kneipp Pflanzensaft; WRP 1996, 1018 – HerzASS.
[194] Deshalb ist auch die Erinnerungswerbung für neue, noch nicht beworbene Arzneimittel möglich (Bülow/Ring/*Bülow* HWG § 4 Rn 136; *Doepner* HWG § 4 Rn 70).
[195] So BGH WRP 1983, 608.
[196] BGH GRUR 1982, 684 – Arzneimittelpreisangaben.
[197] OLG Köln GRUR-RR 2008, 445.
[198] BGH GRUR 1996, 806 – HerzASS.
[199] Vgl hierzu Rn 15.

zu befürchten. Zur Vermeidung tatsächlicher Normenkollisionen werden von Rspr und Lit verschiedene Lösungsansätze vertreten. Nach einer Auffassung in der Lit ist dem Informationsinteresse der Verbraucher bezogen auf die Pflichtangaben Vorrang zu geben.[200] Die Rspr versucht die Konfliktproblematik nicht allzu sehr in den Vordergrund zu stellen. Der BGH hat entschieden, dass Pflichtangaben den Verbraucher vollständig unterrichten müssten, soweit die Werbung überhaupt Angaben in dieser Richtung enthält.[201] Da das Gericht in dieser Entscheidung die Auffassung vertrat, dass das Werbeverbot aus § 12 HWG Vorrang vor den Informationspflichten genießt, müsste die Formulierung wohl dahingehend konkretisiert werden: Pflichtangaben sind vollständig zu erbringen, soweit eine Werbung überhaupt Angaben in dieser Richtung enthalten *darf*.[202]

Besonders zu zwei Verbotsnormen des HWG besteht Konfliktpotential mit den Informationspflichten des § 4 HWG. Zum einen entzündet sich die Debatte in der Praxis am Verbot des § 11 Abs 1 Nr 6 HWG[203] fremd- oder fachsprachliche Begriffe zu verwenden, wenn Begrifflichkeiten aus der Packungsbeilage entsprechend der Vorgabe aus § 4 Abs 2 HWG für die Pflichtangaben übernommen werden.[204] Hier ist in Wirklichkeit kein Widerspruch zwischen gesetzlichen Regelungen zu sehen, da auch die Gebrauchsinformationen der Packungsbeilage in allgemeinverständlicher Sprache abgefasst sein müssen (vgl auch die Vorgaben des § 11 Abs 1 AMG).[205] Der BGH löst diese Konfliktlage, indem er darauf hinweist, dass keine wörtliche sondern nur eine sinngemäße Übereinstimmung der Pflichtangaben mit den Angaben der Packungsbeilage erforderlich ist.[206]

57

Zum anderen stellt sich das Publikumswerbeverbot der §§ 10 Abs 2 und 12 HWG in Bezug auf Anwendungsgebiete als kollisionsträchtig im Verhältnis zu den Informationspflichten des § 4 HWG dar. Die Rspr hat bei der Angabe von Anwendungsgebieten in der Publikumswerbung gem § 4 Abs 1 Nr 4 HWG dem Werbeverbot des § 12 HWG ausdrücklich Vorrang vor der Gebotsbestimmung des § 4 HWG beigemessen, da der Gesetzgeber die im Katalog zu § 12 HWG aufgeführten Krankheiten als so schwerwiegend und damit potentiell gesundheitsgefährdend eingestuft hat, dass die Selbstmedikation dem Verbraucher grundsätzlich entzogen sein soll.[207] Dh gegenüber dem Laienpublikum darf nur mit solchen Anwendungsgebieten geworben werden, die nicht unter § 12 HWG fallen und dementsprechend dürfen auch nur die danach zulässigen Anwendungsgebiete in den Pflichtangaben aufgeführt werden. Insb für Anbieter von Mehrzweckpräparaten stellt sich damit Frage nach dem Umfang der Informationspflichten bzw möglichen Vermarktungsnachteilen durch den Vorrang der Werbeverbote. Nach der hM sollen die Kollisionsprobleme durch eine normative Korrektur des § 4 Abs 1 Nr 4 HWG gelöst werden. Der Werbende muss demnach nur dann Anwendungsgebiete im Pflichtangabenkatalog aufführen, soweit diese Indikationen auch beworben werden können.[208] Allerdings wurde in einer neueren OLG-Entscheidung ausgeführt, dass dem verständigen Verbraucher die rein sachliche Information

58

---

[200] *Gröning* § 4 Rn 32 ff.
[201] BGH WRP 1983, 337.
[202] *Gröning* § 4 Rn 26.
[203] S hierzu auch Rn 47.
[204] Vgl *Doepner* HWG § 4 Rn 22; *Gröning* § 4 Rn 31.
[205] *Doepner* HWG § 4 Rn 22; *Gröning* § 4 Rn 31.
[206] BGH GRUR 1991, 860 – Katovit.
[207] BGH GRUR 1983, 333, 334; GRUR 1996, 606, 607; OLG Karlsruhe GRUR 1995, 510, 512.
[208] BGH GRUR 1983, 333; s auch *Doepner* HWG § 4 Rn 23. *Doepner* will allerdings im Gegensatz zur hM bei dieser Problematik weitergehend differenzieren.

über bestimmte verschreibungspflichtige Arzneimittel nicht vorenthalten werden darf, soweit sie den Vorschriften der §§ 11, 12 AMG entspricht.[209]

4. Verbot der Werbung in der Packungsbeilage gem § 4a HWG

59 Die in der Packungsbeilage zulässigen Informationen regelt nicht das HWG sondern § 11 AMG.[210] Die Informationen in der Packungsbeilage sind gesetzlich vorgeschrieben und daher keine Werbung.[211] Der Werbebegriff muss in diesem Zusammenhang also einschränkend ausgelegt werden. Zusätzlich zu den in der Packungsbeilage gesetzlich vorgeschriebenen Informationen dürfen weitere Angaben gem § 11 Abs 1 S 5 AMG nur enthalten sein, wenn sie „mit der Anwendung des Arzneimittels in Zusammenhang stehen, für die gesundheitliche Aufklärung des Patienten wichtig sind und den Angaben nach § 11a AMG nicht widersprechen". § 4a Abs 1 setzt Art 62 des Gemeinschaftskodexes (RL 2001/83/EG) um. Danach sind Angaben in der Packungsbeilage unzulässig, wenn sie Werbecharakter haben können. Von der Lit wird § 4a HWG daher richtlinienkonform dahingehend ausgelegt, dass jegliche Werbung in der Packungsbeilage untersagt ist – sei es für das betreffende Arzneimittel oder andere Produkte – unabhängig von ihrer rechtlichen Einordnung.[212] Die nach § 11 Abs 1 S 5 AMG zulässigen weiteren Angaben dürfen nach diesem Maßstab keinen werbenden Charakter haben. Dh weitere Aussagen sind auf eine sachlich-informative Darstellung ohne werbenden bzw anpreisenden Charakter zu beschränken.[213] Solche freiwilligen Angaben müssen nicht in jeder Hinsicht vollständig sein, sondern es soll genügen, wenn die Angabe einzelner Anwendungsgebiete erfolgt.[214] Dh die Angaben müssen den Fachinformationen nicht in jeder Hinsicht entsprechen, sie dürfen ihr jedoch keinesfalls widersprechen.[215]

5. Homöopathische Arzneimittel

60 Das AMG trägt der Besonderheit homöopathischer Arzneimittel Rechnung. Homöopathische Mittel zeichnen sich durch einen hohen Grad an Verdünnung der enthaltenen Wirkbestandteile aus. Die Wirkstoffe sind so ausgewählt, dass sie in höheren Dosen beim Menschen Krankheitssymptome hervorrufen. Nach homöopathischer Behandlungsmethode sollen diese Bestandteile in verdünnter Form Selbstheilungskräfte aktivieren. Für **homöopathische Arzneimittel** darf gem § 5 HWG nicht mit der Angabe von Anwendungsgebieten geworben werden. Bei der Anwendbarkeit des § 5 HWG kommt es allerdings nicht allein auf die Therapieform Homöopathie an, sondern das Mittel muss außerdem nach § 38 AMG registriert bzw gem § 39 Abs 3 AMG freigestellt sein. Zulässig sollen allerdings Hinweise auf die „Zweckbestimmung

---

[209] OLG München PharmaR 2004, 308. In dieser Entscheidung ging es um einen Internetauftritt für ein verschreibungspflichtiges Medikament, der auch allgemein zugängliche Gebrauchsinformationen, die sich eigentlich nur an Fachkreise richten durften, enthielt. Allerdings musste der Interessierte gezielt mit dem Namen des Arzneimittels recherchieren um zu diesen Informationen zu gelangen.
[210] Grundlegend zu den Möglichkeiten von Werbung auf Arzneimittelpackungen *Stallberg* PharmaR 2010, 214.
[211] BGH WRP 1998, 983 – „Neurotrat forte".
[212] Bülow/Ring/*Bülow* § 4a Rn 6, *Gröning* § 4a Rn 1; *Riegger* 4. Kap Rn 44; unklar *Doepner* § 4a Rn 3, 7 f.
[213] *Gröning* § 4a Rn 1, im Ergebnis auch Bülow/Ring/*Bülow* § 4a Rn 6; *Doepner* § 4a Rn 3; *Stallberg* PharmaR 2010, 214, 216.
[214] BGH WRP 2009 1098, 1099 – Metoprolol.
[215] BGH WRP 2009, 1098, 1100; *Stallberg* PharmaR 2010, 218, 218.

des Arzneimittels" sein.[216] Die Werbebeschränkung des § 5 HWG resultiert aus den Kennzeichnungsvorschriften der §§ 10 Abs 4, 11 Abs 3 AMG, nach denen aufgrund des Verzichts der Wirksamkeitsprüfung im AMG bei der präperatbezogenen Kennzeichnung Abstriche bzgl der Anwendungsgebiete zu machen sind. Falls ein homöopathisches Arzneimittel das Zulassungsverfahren für „echte" Arzneimittel durchlaufen hat, gelten die Beschränkungen des § 5 HWG nicht. Das gleiche gilt für die homöopathischen Mittel, die iSd § 105 AMG als zugelassen gelten.

IV. Werbegaben gem § 7 HWG

1. Regelungsgehalt des § 7 HWG

61 Es ist gem § 7 Abs 1 HWG[217] grundsätzlich unzulässig, Zuwendungen und sonstige Werbegaben anzukündigen oder zu gewähren bzw als Angehöriger der Fachkreise anzunehmen (Verkaufsförderungsmaßnahmen). Mit dem grundsätzlichen Verbot der Wertreklame für Heilmittel will der Gesetzgeber insb die Therapiefreiheit der Ärzte schützen.[218] Nach der Gintec Entscheidung des EuGH[219] muss sich aber auch diese Norm an den europarechtlichen Vorgaben des Gemeinschaftskodexes messen lassen. Für Werbung ggü Fachkreisen enthält der Gemeinschaftskodex in Art 94 Abs 1 eine dem § 7 HWG entsprechende Regelung. Ein spezieller Verbotstatbestand, der § 7 HWG für die Werbung ggü Laienpublikum spiegelt, fehlt allerdings. Das Verbot für Zuwendungen und Werbegaben ggü fachunkundigen Verbrauchern wird nach einigen Stimmen in Lit und Rspr auf Art 87 Abs 3 Gemeinschaftskodex gestützt.[220] Nach dieser Auffassung soll die Gewähr geldwerter Vergünstigungen dem in Art 87 enthaltenen Grundsatz widersprechen, nachdem eine Arzneimittelwerbung einen „zweckmäßigen Einsatz des Arzneimittels fördern muss, indem die Eigenschaften objektiv und ohne Übertreibung" dargestellt werden.[221]

62 Die Begriffe „**Zuwendungen und Werbegabe**" sind weit zu verstehen und umfassen alle tatsächlich oder vorgeblich unentgeltlich gewährten geldwerten Vergünstigungen.[222] Darunter fällt unzweifelhaft die Gratisabgabe von Produkten an Werbeadressaten, insb **Werbegeschenke**.[223] Das Angebot einer Apotheke, für jede Arzneimittelbestellung ein Kosmetikum im Wert von € 9,30 gratis dazugeben zu wollen, erfüllt die Voraussetzungen für eine Zuwendung.[224] Die Adressaten der Werbung müssen nicht zwingend auch Empfänger der Zuwendung sein. Es handelt sich begrifflich auch um

---

[216] OLG Hamburg LMRR 1999, 142 für die Hinweise „Auch in den Wechseljahren Lust am Leben" bzw „So kommen Körper und Seele wieder ins Gleichgewicht".
[217] Überblick zur Rspr zu § 6 bei *Diekmann* APR 2008, 1.
[218] *Riegger* 7. Kap Rn 3.
[219] EuGH GRUR 2008, 267.
[220] Mit dieser Erwägung Richtlinienkonformität bejahend LG München NJOZ 2008, 4134; *Gröning* § 7 Rn 5; zweifelnd Bülow/Ring/*Bülow* § 7 Rn 10b und *Meyer* PharmaR 2008, 407, 411.
[221] Vgl *Riegger* 7. Kap Rn 4.
[222] S BGH GRUR 1990, 1041 – Fortbildungskassetten; *Doepner* HWG § 7 Rn 22. Mit Aufhebung der ZugabeVO wurde es notwendig, den § 7 HWG anzupassen. Der Inhalt der alten ZugabeVO fand daher Eingang in den § 7 Abs 1 HWG (vgl BT-Drucks 14/5594, 10; BGH Urt v 4.7.2002, Az I ZR 38/00; Bülow/Ring/*Bülow* § 7 Rn 10d).
[223] Für eine Arzneimitteldatenbank lehnte OLG München den Charakter einer Zugabe oder Werbegabe jedoch ab (Urt v 3.12.2009, Az 29 U 3781/09), da für die Richter kein produktbezogener Zusammenhang mit einem oder mehreren Arzneimitteln des Herstellers erkennbar war. Dh der Werbezweck muss für den Empfänger erkennbar sein – war es nach Auffassung des Gerichts in diesem Fall jedoch nicht.
[224] LG Augsburg PharmaR 2007, 520.

eine Zuwendung, wenn bestimmte soziale Projekte unterstützt werden. Der BGH hatte zu § 1 ZugabeVO entschieden, dass auch Dreiecksverhältnisse erfasst sind.[225] Die Werbung eines Pharmaunternehmens für jede gekaufte Arzneimittelpackung eine von ihm ins Leben gerufene soziale Initiative zu unterstützen, fällt daher als **social sponsoring**[226] in den Anwendungsbereich des § 7 HWG.[227] In dem entschiedenen Fall hielt sich die Zuwendung allerdings noch unter der Geringfügigkeitsschwelle des § 7 Abs 1 Nr 1 HWG. Es wird also in diesem Zusammenhang als ausreichend angesehen, wenn es sich um eine Leistung handelt, die nicht Teil der Hauptleistung im wirtschaftlichen Sinne ist, ihren eigenen wirtschaftlichen Wert hat, ihr Äquivalent also auch nicht in der vereinbarten Gegenleistung findet, aber trotzdem geeignet ist, den Verbraucher in seiner Entscheidung über den Erwerb der Hauptware zu beeinflussen.[228] Um eine Zuwendung handelt es sich auch, wenn **Werbeprämien an Dritte** ausgelobt werden. Dies ist bspw gegeben, wenn während einer Werbeaktion bestehenden Kunden eine Zuwendung für den Fall versprochen wird, dass sie neue Kunden werben.[229] Fordert eine Werbung auf, an einem **Preisausschreiben**[230] teilzunehmen, wird diese Aufforderung als Zuwendung gewertet, wenn der Werbeadressat von der Teilnahme am Preisausschreiben einen geldwerten Vorteil erlangt. Daran kann es fehlen, wenn zur Teilnahme eine Leistung erbracht werden muss, die ihrerseits geldwert ist, weil ein gewisses Maß an Kreativität, Wissen oder Erfahrung erforderlich ist und sie deshalb für den Werbenden auch von wirtschaftlichem Interesse ist (Ermittlung eines neuen Werbeslogans oder einer Produktbezeichnung).[231] Diese Fälle sind in der Praxis eher selten und meistens wird eine Absatzwerbung vorliegen. In diesem Fall stellt der ausgelobte Gewinn eine Zuwendung dar.[232] **Rabatte** für Arzneimittel oder Arzneimittelkategorien fallen nunmehr wohl unstr in den Anwendungsbereich des § 7 HWG.[233]

63 Im Einzelfall ist genau abzugrenzen, ob Unentgeltlichkeit vorliegt.[234] Wird ein **geldwerter Vorteil** gewährt, handelt es sich um eine Zuwendung. Etwas anderes gilt dann, wenn eine adäquate Gegenleistung des Zuwendungsempfängers erfolgt. Das kann zB ein angemessenes Geschenk dafür sein, das Ärzte einen Fragebogen ausfüllen und über die Therapiezufriedenheit ihrer Patienten berichten.[235]

64 Wie auch bei den anderen Tatbeständen des HWG ist § 7 nur einschlägig, wenn es sich bei der Werbeaktion um eine produktbezogene Absatzwerbung und keine Imagewerbung bzw allgemeine Unternehmenswerbung handelt. Mit dem Argument es werde kein bestimmtes Produkt beworben, sondern eine Gewährung von Rabatten auf das gesamte Sortiment oder weite Teilbereiche gewährt, wurden solche Aktionen mangels

---

[225] BGH GRUR 1991, 933, 934.
[226] Grundlegend zum social sponsoring *Heil/ Klümper* PharmaR 2008, 226.
[227] LG Ulm GRUR-RR 2007, 300.
[228] Heil/Klümper PharmaR 2008, 226, 232.
[229] BGH GRUR 2006, 949 – Kunden werben Kunden.
[230] Vgl OLG Köln PharmaR 2011, 63.
[231] OLG Köln GRUR-RR 2008, 446; *Doepner* § 7 Rn 27.
[232] OLG Karlsruhe PharmaR 2001, 400; LG Berlin Urt v 15.1.2008, Az 15 O 1018/06.
[233] OLG Hamburg GRUR-RR 2004, 219, OLG Düsseldorf WRP 2005, 135.
[234] Die tatsächliche Unentgeltlichkeit ist nicht Voraussetzung, da der Preis einer Zuwendung oftmals als Werbekosten in den Preis der entgeltlichen Leistung des Empfängers einkalkuliert wird (*Doepner* HWG § 7 Rn 25). Nur scheinbare Unentgeltlichkeit ist also auch ausreichend. Zur Abgrenzung des Merkmals Unentgeltlichkeit sollen folgende Bsp dienen: Ein Gesamtangebot kann zB nicht in Haupt- und Nebenleistung aufgeteilt werden und fällt nicht unter § 7 HWG, auch wenn ein Teil der Leistung besonders preiswert angeboten wird (BGH WRP 2003, 886). Eine Zuwendung liegt aber vor, wenn ein Kunde ein Blutzuckertestsystem bestellt ohne das die gleichzeitig bestellten Teststreifen berechnet werden (LG Konstanz Urt v 24.2.2004, Az 9 O 119/03 KfH).
[235] OLG Hamburg Urt v 19.7.2007, Az 3 U 53/07; OLG Köln GRUR-RR 2008, 446.

Produktbezug zT für zulässig erachtet.²³⁶. Da der klassische Einkaufsgutschein regelmäßig nicht für ein spezielles Produkt erteilt wird, sollte eine Anwendbarkeit des § 7 HWG nur in Sonderfällen zu bejahen sein.²³⁷ Die Ansicht, dass § 7 HWG lediglich Zuwendungen mit unmittelbarem Bezug zu einem oder mehreren Heilmitteln untersage²³⁸, so dass eine Zuwendung für nur abstrakt, etwa rezeptfrei beschriebene Heilmittel nicht erfasst werde, ist allerdings verschiedentlich verworfen worden.²³⁹ Die Entscheidung des BGH im Fall „Kunden werben Kunden" hat für Klarstellung gesorgt, da sie Werbung eines Augenoptikers für Gleitsichtgläser ohne Unterscheidung nach Hersteller oä Eingrenzungen als dem HWG unterfallend wertete²⁴⁰. Es ist sicherlich sachgerecht, dass Sortimentsrabatte nicht aus dem Anwendungsbereich des § 7 HWG herausfallen.²⁴¹

2. Ausnahmen vom Zuwendungsverbot

Vom Grundsatz des Zuwendungsverbotes des § 7 Abs 1 HWG existieren mehrere Ausnahmen. Exemplarisch seien nur die Möglichkeiten zur Zugabe von geringwertigen Gegenständen/Kleinigkeiten und Kundenzeitschriften oder Geld- und Naturalrabatten genannt. Geringwertige Gegenstände müssen als Werbeträger gekennzeichnet sein. Voraussetzung für die Abgabefähigkeit ist der geringe Wert des Gegenstandes, wobei der Verkehrswert und nicht die Herstellungskosten oder der Einkaufspreis entscheidend sind.²⁴² Vom diesem Verkehrs- oder Marktwert ist die Wertminderung abzuziehen, die durch die Reklamekennzeichnung entsteht. Im Unterschied zu geringwertigen Gegenständen unterscheiden sich die Kleinigkeiten dadurch, dass der Werbeaufdruck fehlt. Eine geringwertige Kleinigkeit zeichnet sich dadurch aus, dass sie über keinen sonderlichen Gebrauchswert verfügt und daher wirtschaftlich als Gegenstand nicht sonderlich geachtet wird²⁴³. Die Wertgrenze schwankt in der Rspr. Der BGH ging bspw für ein Zugabenbündel von 1,75 DM aus²⁴⁴, das LG Berlin sah sie bei 1 Euro.²⁴⁵ Im Zusammenhang einer an § 7 HWG angelehnten Spürbarkeitsschwelle für Verstöße gegen das Arzneimittelpreisrecht ging der BGH davon aus, dass ein Wertgutschein von 1 € geringwertig sei, nicht jedoch die Gewähr eines Bonus von 5 €.²⁴⁶

65

Die wichtigste Ausnahme bilden sicherlich § 7 Abs 1 S 1 Nr 2a und 2b HWG, wonach Rabatte erlaubt sind, soweit sie in einem bestimmten oder in einer auf bestimmte Art zu berechnenden Geldbetrag bestehen oder aus einer auf eine bestimmte Art zu berechnenden Menge gleicher Ware.²⁴⁷

66

---

²³⁶ OLG Düsseldorf PharmaR 2004, 416; OLG Rostock GRUR-RR 2005, 391.
²³⁷ OLG Oldenburg WRP 2006, 913. In dem der Entscheidung zugrunde liegenden Sachverhalt gewährte ein Apotheker einen Einkaufsgutschein für mehrere speziell bezeichnete Produktkategorien wie zB Medikamente zur Gewichtsreduktion oder gegen Haarausfall. Vgl auch die Entscheidung des OLG München v 22.3.2007, wo in einem Bonusversprechen für zuzahlungsfreie Generika zwar kein Verstoß gegen § 7 HWG, aber gegen § 4 Abs 1 UWG gesehen wurde.
²³⁸ OLG Naumburg WRP 2006, 1393; OLG Düsseldorf WRP 2005, 135, 136.
²³⁹ OLG Hamburg GRUR-RR 2005, 397; OLG Hamburg MD 2009, 772; OLG Frankfurt GRUR-RR 2005, 393; OVG Münster PharmaR 2008, 561; OLG Oldenburg APR 2007, 73; OLG München GRUR-RR 2007, 297 für Medizinprodukte s auch BGH WRP 2009, 1385.
²⁴⁰ BGH GRUR 2006, 949, 952; s auch BGH WRP 2009, 1385.
²⁴¹ In dieser Richtung OLG München GRUR-RR 2007, 297; OLG Frankfurt GRUR-RR 2007, 299; OLG Hamburg MD 2009, 772.
²⁴² S zB BGH Urt v 4.7.2002, Az I ZR 38/00.
²⁴³ *Doepner* HWG § 7 Rn 38; *Riegger* 7. Kap Rn 19.
²⁴⁴ BGH GRUR 2002, 1088.
²⁴⁵ LG Berlin Urt v 30.1.2008 Az 1 HK O 13279/07.
²⁴⁶ BGH PharmaR 2011, 11 ff.
²⁴⁷ In der Lit wird auch argumentiert, dass im Ergebnis keine Unterscheidung zwischen Bar-

Kapitel 4 Heilmittelwerberecht

67 Zu diesem Grundsatz gibt es allerdings wichtige Rückausnahmen. Im Zuge der Änderung durch das AVWG[248] kam es zu einer Neuregelung des Rabattverbotes in § 7 HWG. Barrabatte sind gem § 7 Abs 1 S 2 HS 2 HWG unzulässig *„soweit sie entgegen den Vorschriften gewährt werden, die aufgrund des AMG gelten."* Damit soll für Arzneimittel die Arzneimittelpreisverordnung (AmPreisVO) den Rahmen erlaubter Barrabatte abstecken, dh für nicht preisregulierte Arzneimittel[249] können grundsätzlich Barrabatte gewährt werden.[250] OTC[251] Produkte, die von der gesetzlichen Krankenversicherung erstattet werden, sind trotz der Neufassung des § 78 Abs 3 AMG barrabattfähig.[252] Die Vorschrift des § 7 HWG unterscheidet nicht zwischen den einzelnen Handelsstufen und der Abgabe an Endverbraucher, so dass auch Apotheken die Möglichkeit von Barrabatten offen steht.[253] Bei der Abgabe verschreibungspflichtiger Arzneimittel durch Apotheken gilt das Verbot von Barrabatten, weil sonst die durch AmPreisVO gewährleistete Einheitlichkeit der Apothekenabgabepreise aufgehoben und der Preiswettbewerb eröffnet würde.[254]

68 Für Arzneimittel, die von der AmPreisVO erfasst werden, ist also grundsätzlich ein einheitlicher Abgabepreis sicherzustellen. Der Großhandelszuschlag gem § 2 AmPreisVO ist als Höchstzuschlag bei der Berechnung des Apothekenabgabepreises vollständig zu erheben. Die AmPreisVO gibt also für über den Großhandel zu beziehende Arzneimittel den Rahmen zulässiger Rabatte vor. Der Verzicht auf den Großhandelszuschlag kann auch beim Direktbezug durch den Hersteller genutzt werden. Allerdings ist fraglich, ob der Verzicht auf den Großhandelszuschlag für den Pharmahersteller die zulässige Höchstgrenze für Barrabatte darstellt.[255] Die Möglichkeit der Gewährung von Barrabatten für nicht preisgebundene Arzneimittel eröffnet außerdem kaum kontrollierbare Möglichkeiten zur Umgehung von Rabattbeschränkungen preisgebundener Arzneimittel.[256]

69 Das Verbot, Geldrabatte für verschreibungspflichtige Arzneimittel zu gewähren, gilt nach einer Ansicht auch für ausländische Versand-Apotheken[257], denn die Arzneimittelpreisverordnung stellt zwingendes öffentliches Recht iSv Art 34 EGBGB dar.[258] Diese Auffassung teilt das BSG nicht.[259] Der BGH möchte sich erstgenannter Auffassung anschließen und hat daher dem Gemeinsamen Senat der Obersten Gerichtshöfe die Frage zur Entscheidung vorgelegt, ob das deutsche Arzneimittelpreisrecht auch für Arzneimittel gilt, die über Versandhandel nach Deutschland gelangen.[260]

---

und Naturalrabatten möglich ist, so dass sich die Frage der Wirksamkeit der Rückausnahme in § 7 Abs 1 S 2. HS HWG für die Gewährung von Naturalrabatten in der Praxis stellt (*Möller* WRP 2006, 428, 430 f).
[248] Arzneimittelversorgungs-Wirtschaftlichkeitsgesetz.
[249] Dazu zählen insb nicht verschreibungspflichtige Arzneimittel und die von Krankenhäusern abgegebenen Arzneimittel.
[250] Die exakten Grenzen von Barrabatten sind anhand des Wortlauts des Gesetzes nicht leicht auszumachen. Ausf Erläuterungen zur Zulässigkeit von Barrabatten Mand Deutsche Apothekerzeitung 2006, 72 ff; *Möller* WRP 2006, 428, 432 ff; *Plassmeier/Höld* Pharma 2007, 309, 312 ff.
[251] Over the Counter.
[252] Vgl *Plassmeier/Höld* PharmaR 2007, 309, 312.

[253] Damit hat sich der Streit um die Zulässigkeit von Rabatten in Apotheken zT erledigt (vgl OLG Naumburg WRP 2006, 613; OLG Düsseldorf WRP 2005, 135 f; *Kieser* PharmaR 2004, 129, 132).
[254] OLG München GRUR-RR 2007, 297.
[255] S dazu auch Rn 40.
[256] *Mand* nennt zB die Möglichkeit, dass Barrabatte auf OTC Produkte bei der Abnahme verschreibungspflichtiger Arzneimittel gewährt werden (*Mand* Deutsche Apothekerzeitung 2006, 72, 75).
[257] LG München I NJOZ 2008, 4133; OLG Hamburg Urt v 19.2.2009, Az 3 U 225/06.
[258] OLG Hamburg MD 2009, 722; OLG Frankfurt WRP 2008, 969.
[259] BSGE 101, 161.
[260] BGH PharmaR 2010, 634.

In § 7 Abs 1 S 2 HS 3 HWG ist noch eine weitere Rückausnahme enthalten. Naturalrabatte sind im Bereich der apothekenpflichtigen Arzneimittel nicht zulässig. Für den Rechtsanwender stellt sich die Vorschrift des § 7 HWG also insgesamt kompliziert dar, denn er muss ggf nicht nur zwischen Natural- und Geldrabatten, sondern auch zwischen verschreibungspflichtigen und apothekenpflichtigen Arzneimitteln unterscheiden. **70**

3. Anwendbarkeit der Vorschriften zur Rabattgewährung auf den Pharmahersteller

Umstr und höchstrichterlich noch nicht geklärt ist die Frage, ob die Rückausnahme in § 7 Abs 1 S 2 HS 2 HWG sich auch auf den **Pharmahersteller** bezieht. In der Lit wird dies zT verneint. Argumentiert wird, dass der pharmazeutische Unternehmer nicht vom Sinn und Zweck des Preisbestimmungssystems in § 78 AMG erfasst wird.261 Durch den Verweis in § 7 Abs 1 S 2 HWG auf das AMG kann der Regelungsgehalt der AMPreisVO nicht weiter gehen als es Inhalt, Zweck und Ausmaß des § 78 AMG vorgeben. Dieser liegt darin, einen einheitlichen Apothekenabgabepreis zu gewährleisten um auf dieser Stufe einen Preiswettbewerb zu unterbinden.262 Es wurde auch vertreten, dass die AmPreisVO keine Preisvorschriften, sondern nur Preisspannenvorschriften enthält und daher im Hinblick auf überhöhte Barrabatte des Pharmaherstellers leer läuft.263 Dementsprechend müsste ein eigenständiges Rabattverbot geschaffen werden, um auch die Marktstufe der Hersteller an ihre eigenen Preisvorgaben zu binden.264 Das OLG Köln urteilte allerdings gegenteilig und bezog auch den Hersteller in den Anwendungsbereich des § 7 HWG ein, so dass das Gericht im Ergebnis zu einer Beschränkung von Barrabatten auf den Großhandelshöchstzuschlag kommt.265 **71**

4. Bonussysteme in der Apotheke

Bonussysteme werden auch in Apotheken seit mehreren Jahren als Kundenbindungssystem genutzt. Mit der Neuregelung des Rabattverbotes in § 7 HWG sind einige Probleme zur Gewährung von Einkaufsvorteilen in der Apotheke geklärt, allerdings bleiben auch Fragen offen. Auch bei **Gutscheinen oder Bonusprogrammen** gilt das Transparenzgebot des § 4 Nr 4 UWG266, dh die Bedingungen zu denen Bonuspunkte gewährt werden, sind im Detail aufzuführen, wobei auch der Hinweis an den Kunden für erforderlich erachtet wird, dass beim Kauf von Arzneimitteln, die der AMPreisVO unterliegen, aus gesetzlichen Gründen kein Bonus gewährt werden darf.267 **72**

Von den Gerichten wurde unterschiedlich beurteilt, ob Gutschein- oder Bonusaktionen für rezeptfreie Waren die AMPreisVO tangieren können.268 Zum Teil wird dies mit dem Argument verneint, dass der wirtschaftliche Vorteil sich erst beim Zweitgeschäft, dh dem günstigeren Erwerb der rezeptfreien Ware verwirklicht269. Andere Gerichte sind der Auffassung, dass die Einteilung in ein Erstgeschäft mit der Gewährung eines Bonusses und ein Zweitgeschäft mit der Einlösung des Bonusses lebens- **73**

---

261 So auch *Plassmeier/Höld* PharmaR 2007, 311; *Möller* WRP 2006, 428, 434; aA OLG Köln Urt v 8. 12. 2006, Az 6 U 115/06.
262 *Plassmeier/Höld* PharmaR 2007, 311.
263 *Möller* WRP 2006, 428.
264 *Möller* WRP 2006, 428.
265 OLG Köln Urt v 8.12.2006, Az 6 U 115/06.

266 S auch *von Walter* Kap 1 Rn 76.
267 So entschieden durch OLG Frankfurt WRP 2006, 913; OLG Naumburg WRP 2006, 1393.
268 S dazu auch Rn 62.
269 OLG Rostock Urt v 4.5.2005, Az 2 U 54/04; OLG Naumburg WRP 2006, 132.

fremd ist.[270] Für den Verbraucher stellt sich der gesamte Lebenssachverhalt als Eröffnung eines generellen Preiswettbewerbs für das Apothekensortiment dar, und gerade dies wollte der Gesetzgeber nicht. Die Linie der Rspr ist jetzt eindeutiger produktbezogenen Rabatten die Anwendbarkeit des HWG (Gewährung eines Bonus für **bestimmte** Arzneimittel). Sortimentsrabatte anlässlich des Kaufs preisgebundener Arzneimittel unterfallen zwar mangels Produktbezug nicht dem HWG. Sie stellen allerdings einen Verstoß gegen das Arzneimittelpreisrecht dar und bejaht bei Rabatten.[271] Bei den trotz mangelnder Anwendbarkeit des HWG bestehenden wettbewerbsrechtlichen Ansprüchen, die auf der Verletzung der Arzneimittelpreis VO und § 78 AMG fußen, zieht der BGH in Anlehnung an § 7 HWG eine Spürbarkeitsschwelle ein.[272]

74 Es fehlt allerdings an einer produktbezogenen Absatzwerbung, wenn eine Apotheke bei Vorlage von Gutscheinen einen Barrabatt gewährt, diese Gutscheine von den Kunden jedoch nur als Entschädigung für bestimmte Unannehmlichkeiten ausgegeben werden (zB wenn ein gewünschter Artikel nicht vorrätig ist).[273]

V. Werbung gegenüber dem Publikum und den Fachkreisen

1. Fachkreise

75 Da im HWG an verschiedenen Stellen Werbebeschränkungen (zB §§ 11 Abs 1, 12 HWG) gegenüber anderen Adressaten als den **Fachkreisen** enthalten sind, hat der Gesetzgeber in § 2 HWG eine Legaldefinition dieses Begriffs geschaffen um die Abgrenzung zu ermöglichen, ob eine Werbung außerhalb der Fachkreise vorliegt. § 2 HWG verwendet einen weiten Heilberufsbegriff[274], so dass nicht nur die Heilberufe im engeren Sinne (zur Berufsausübung ist eine Approbation erforderlich) erfasst sind, sondern bspw auch Heilpraktiker sowie *„alle selbstständigen und abhängigen Berufe, deren Tätigkeitsmerkmal darin besteht, dass sie unmittelbar oder assistierend, wenn auch nur in handwerklicher- instrumentaler Form, einen Dienst für die Gesundheit der Menschen erbringen.*[275]*"* Die §§ 10–12 HWG enthalten einen Katalog an Verboten, die ausschließlich für Werbemaßnahmen ggü dem fachunkundigen Publikum gelten. Diese werden im Folgenden vorgestellt.

2. § 10 HWG: Verbot der Werbung für bestimmte Arzneimittel gegenüber Laien

76 a) **Werbebegriff in § 10 HWG.** Der Tatbestand der Werbung ist erfüllt, wenn eine produktbezogene Aussage durch den Werbenden getroffen wird, die der Absatzförderung dient. Steht ein Verstoß gegen § 10 HWG im Raum, prüfen die Gerichte im Regelfall sehr genau, ob eine produktbezogene Werbung vorliegt oder eine zulässige unternehmensbezogene Imagewerbung. Im konkreten Fall wird eine Werbemaßnahme danach eingeordnet, wo der unter Berücksichtigung aller Umstände der Schwerpunkt der Werbung liegt.[276] Für die Annahme einer Absatzwerbung reicht es nicht aus, dass

---

[270] OLG Köln WRP 2006, 130; OLG Frankfurt WRP 2006, 613.
[271] S Rn 16.
[272] Ausf Darstellung Mand, Rabatte und Zugaben durch Apotheken NJW 2010, 3681; Maur Die aktuelle Rspr des BGH zur Bewertung geldwerter Zuwendungen für den Erwerb verschreibungspflichtiger Arzneimittel PharmaR 2011, 33.
[273] OLG Hamburg NJW-RR 2008, 61.
[274] Bülow/Ring/*Ring* HWG § 2 Rn 5; *Doepner* HWG § 2 Rn 3.
[275] Bülow/Ring/*Ring* HWG § 2 Rn 5.
[276] BGH GRUR 1992, 871 – Femovan.

die angesprochenen Adressaten mit der Werbung lediglich verschiedene austauschbare Produkte eines Herstellers in Verbindung bringen.[277] Anders sieht es aus, wenn in der Anzeige ein bestimmtes Produkt namentlich genannt wird. Darin wird regelmäßig eine Absatzwerbung gesehen. Der Werbewert der Namensnennung ist dafür irrelevant.[278] Die Möglichkeit, dass der Arzneimittelname in einer Aufzählung mehrerer Präparate übersehen werden kann, ändert nach neuerer Rspr nichts am Charakter der Absatzwerbung.[279] Wird für ein Monopräparat mit der Angabe des darin enthaltenen Wirkstoffs geworben, soll nach hM eine Absatzwerbung vorliegen.[280]

Am subjektiven Element des Werbetatbestands (Absatzförderungsabsicht) kann es im Einzelfall fehlen, so dass die Anwendbarkeit von § 10 HWG nicht gegeben ist. Dazu gehören vor allem redaktionelle Beiträge, die über Krankheiten oder Behandlungsmethoden berichten. Die Berichterstattung muss durch das Informationsinteresse der Leser gerechtfertigt sein.[281] Daher wurde vom Gericht die Absatzförderungsabsicht für eine Veröffentlichung einer Arzneimittel-Datenbank mit ca. 7.300 (zT verschreibungspflichtigen) gelisteten Präparaten im Internet verneint.[282] Das Gericht stellte darauf ab, dass die Informationen wertungsfrei und nach sachlichen Kriterien zusammengestellt wurden. Die daneben bestehende geringe objektive Werbeeignung wurde von den Datenbankbetreibern nicht beabsichtigt.[283]

77

Um das widerspruchsfreie Nebeneinander von AMG und HWG zu ermöglichen, ist allerdings eine normative Korrektur des Werbebegriffs notwendig. Erforderlich ist eine einschränkende Auslegung dahingehend, dass alle Angaben, die arzneimittelrechtlich für Packung und Packungsbeilage vorgeschrieben oder gestattet sind, nicht als heilmittelwerberechtliche Werbung anzusehen sind – unabhängig von ihrer objektiven Werbeeignung.[284] Erst wenn die Informationen über gebrauchssichernde Hinweise und damit über den nach § 11 Abs 1 AMG zulässigen Rahmen hinausgehen, liegt eine heilmittelwerberechtliche relevante Werbung vor.

78

Umstritten ist, ob die Nutzung einer Packung oder Packungsbeilage außerhalb ihrer gesetzlichen Funktion Werbung iSd HWG darstellt. Das OLG Hamburg bejahte dies im Fall, dass die Packungsbeilage im Internet ohne entsprechenden Passwortschutz veröffentlicht wurde.[285] Zur Begründung wird angeführt, dass der klare Wortlaut und Gesetzeszweck des § 10 HWG keine Ausnahme zulassen, wenn die Packungsbeilage als Werbeträger genutzt wird.[286] In einer anderen Entscheidung kam das OLG München allerdings zum Ergebnis, dass ein Internetauftritt mit einem allgemeinen Zugriff auf die Gebrauchsinformationen für ein verschreibungspflichtiges Arzneimittel unter der Domainadresse mit dem Produktnamen, nicht gegen § 10 Abs 1 HWG verstößt, wenn er exakt den Vorgaben der §§ 11, 12 AMG entspricht.[287] Die Darstellung im Internet sei nicht mit der Darstellung in Printmedien vergleichbar, denn auf letztere treffe der Verbraucher zufällig, für erstere müsse er gezielt unter dem Namen des Arzneimittels im Internet recherchieren. Diese Frage wird letzlich der EuGH entschei-

79

---

[277] BGH GRUR 1992, 871 – Femovan.
[278] BGH GRUR 9183, 393 – Novodigal/temagin.
[279] BGH GRUR 1999, 1128 – Hormonpräparate; OLG Hamm WRP 2003, 543; OLG Stuttgart WRP 2002, 131 jeweils für „Botox".
[280] LG München WRP 2003, 1466; *Doepner* HWG § 10 Rn 14; *Riegger* 10. Kap Rn 17.
[281] *Riegger* 10. Kap Rn 19.
[282] OLG Frankfurt GRUR-RR 2005, 95.

[283] OLG Frankfurt GRUR-RR 2005, 95.
[284] BGH GRUR 1998, 959 – Neurotrat forte; OLG Hamburg Urt v 23.11.2006, Az 3 U 43/05.
[285] OLG Hamburg Urt v 23.11.2006, Az 3 U 43/05.
[286] *Riegger* 10. Kap Rn 23; aA Bülow/Ring/ *Ring* § 10 Rn 2b.
[287] OLG München PharmaR 2004, 308; vgl auch *Stoll* PharmaR 2004, 100.

den, nachdem ihm der BGH[288] die Vorlagefrage gestellt hat, ob eine Öffentlichkeitswerbung für ein verschreibungspflichtiges Arzneimittel, wenn sie allein Angaben enthält, die der Zulassungsbehörde vorgelegen haben und jedem sowieso zugänglich werden, der das Präparat erwirbt, von Art 88 Abs 1a) des Gemeinschaftskodexes (RL 2001/83/EG) erfasst wird, wenn der Verbraucher nach diesen Informationen gezielt im Internet suchen muss.[289] Inzwischen wurden die Schlussanträge[290] in diesem Verfahren gestellt. Die Generalanwältin favorisiert eine enge Auslegung des Begriffs „Öffentlichkeitswerbung" und verweist dafür auf den Schutzzweck der Norm. Sie soll Verbraucher vor unsachlicher Beeinflussung bewahren. Wenn jedoch die Information keine Gefahr für die Gesundheit der Verbraucher beinhaltet. Soll es an einer sachlichen Rechtfertigung für das Verbot fehlen. Entscheidend sei, ob mit dem Einstellen der Informationen eine Absatzförderungsabsicht verbunden sei.

80 Die Rechtslage zur Veröffentlichung von sachlichen Informationen ist also nicht eindeutig. Daher fällt auch das Verfassen eines Wikipedia Beitrags für ein verschreibungspflichtiges Arzneimittel durch ein pharmazeutisches Unternehmen mit hoher Wahrscheinlichkeit (noch) unter den Heilmittelwerbebegriff.[291] Auch für nichtverschreibungspflichtige Produkte ist die Rechtslage kompliziert. Ein Wikipedia Beitrag für so ein Arzneimittel könnte gegen § 11 Abs 1 Nr 9 HWG[292] verstoßen, weil der Werbezweck nicht deutlich erkennbar wäre. Das Verfassen eines Wikipediabeitrags durch Dritte wäre hingegen keine Werbung, da es am subjektiven Element für eine Absatzwerbung fehlte.[293] Stellt ein Unternehmen fest, dass ein unzutreffender Wikipedia Beitrag über eines seiner Produkte eingestellt wurde, wäre ein gangbarer Weg die Meldung der falschen Inhalte verbunden mit einer Löschungsaufforderung.[294]

81 Eine weitere Korrektur des Werbebegriffs wird vor dem Hintergrund grundrechtlicher Gewährleistungen vorgenommen. Von der Rspr wurden Ausnahmen vom Äußerungsverbot in 2 Situationen bejaht. Zum einen gilt es in Fällen, wenn mit den Aussagen nicht vordergründig Produktwerbung betrieben werden soll, sondern sie als Meinungsäußerungen in (agressiven) öffentlichen Debatten genutzt werden (**Meinungskampf**). Bei derartigen publizistischen Kampagnen verletzt das Werbeverbot des § 10 Abs 1 HWG das Grundrecht des Herstellers aus Art 5 Abs 1 GG.[295] Für die Annahme einer Ausnahme müssen jedoch die **berechtigten Interessen** des Werbenden die Beeinträchtigung des Schutzzwecks **deutlich überwiegen**.[296]

82 Zum anderen wird eine Einschränkung des Werbeverbots aus § 10 HWG aus verfassungsrechtlichen Gründen (Art 12 Abs 1 GG) für die **Selbstdarstellung** von **Ärzten** befürwortet. Einem Arzt soll die Möglichkeit offen stehen, für die von ihm durchgeführten Behandlungen zu werben, wenn für eine sachgerechte Darstellung auch der Hinweis über einen bestimmten Arzneimitteleinsatz gehört.[297]

---

[288] Revision der Entscheidung vor dem OLG Hamburg. Urt v 23.4.2006 Az 3 U 43/05.
[289] BGH Vorlage v 16.7.2009, Az I ZR 223/06.
[290] Schlussanträge v 24.4.2010, Rs C 316/09.
[291] Vgl *von Hoff* PharmaR 2010, 49.
[292] Ausf dazu Rn 96.
[293] *Von Hoff* PharmaR 2010, 49, 50. Ähnl ist der Fall des OLG Frankfurt, das die Zulässigkeit einer Arzneimitteldatenbank zu beurteilen hatte und den Tatbestand der Werbung nicht als erfüllt ansah, weil es an der Absatzförderungsabsicht fehle (GRUR-RR 2005, 95 ff).

[294] Zum Bestehen dieses Anspruchs und den Möglichkeiten der Durchsetzung *von Hoff* PharmaR 2010, 49, 52 ff.
[295] BGH GRUR 1999, 1128 – Hormonpräparate; OLG Karlsruhe PharmaR 2007, 373 bestätigt durch BGH Urt v 26.3.2009, Az I ZR 213/06.
[296] BGH GRUR 1999, 1128 – Hormonpräparate.
[297] BVerfG NJW 2004, 2660.

b) Werbung für verschreibungspflichtige Arzneimittel. § 10 Abs 1 HWG enthält **83** eine Restriktion für die Werbung mit **verschreibungspflichtigen Arzneimitteln.** Mit ihnen darf ua nur bei Ärzten, Apothekern oder Personen, die damit erlaubterweise Handel treiben, geworben werden. Im Vergleich zu den Fachkreisen des § 2 HWG ist der Adressatenkreis dieser Vorschrift wesentlich begrenzter. Hintergrund der Regelung ist die Annahme, dass verschreibungspflichtige Arzneimittel einen höheren Patientengefährdungsgrad aufweisen und daher nur bei Personen beworben werden dürfen, die aufgrund ihrer Kenntnisse und Ausbildung einen sachgerechten Umgang mit diesen Arzneimitteln erwarten lassen.[298]

c) Werbung für Schlafmittel, Psychopharmaka. Schlafmittel und Psychopharmaka **84** können gem § 10 Abs 2 HWG nur gegenüber den Fachkreisen iSd § 2 HWG beworben werden. Bei Verbrauchern kann die Einnahme derartiger Mittel ohne ärztliche Verordnung und Überwachung über lange Zeit die Einsicht verstellen, dass zur Behandlung dieser Beschwerden ein Arztbesuch erforderlich ist.[299] Da es sich bei diesen Präparaten oft ebenfalls um verschreibungspflichtige Mittel handelt, fallen sie bereits unter das strenge Werbeverbot des § 10 Abs 1 HWG. Im Einzelfall kann sich allerdings die Einordnung, ob Schlafmittel oder Psychopharmaka vorliegen, als problematisch darstellen. Das Publikumswerbeverbot besteht nach hM nur für Schlafmittel im pharmakologischen Sinn, dh Mittel, die ein Einschlafen erzwingen, aber nicht für solche Sedativa, die nur die Schlafbereitschaft fördern, wie zB Baldrian- oder Johanniskrautpräparate.[300] Letztere Kategorie von Schlafmitteln fällt nur dann den Anwendungsbereich des § 10 HWG, wenn sie gezielt so beworben werden, dass sie auch zur Beseitigung von Schlaflosigkeit dienen.[301]

Die Auslegung des Begriffs „psychische Störungen" ist schwierig. In der Lit wird **85** vertreten, dass davon nur Erscheinungsbilder mit „echtem" Krankheitswert erfasst werden sollen, die dadurch charakterisiert sind, dass das „menschliche Erleben und Verhalten über eine Toleranzgrenze hinaus relativ dauerhaft von der Norm abweiche.[302]" Auch der Begriff „Stimmungslage" ist sehr unbestimmt. Dabei soll es sich um Gefühlszustände handeln, die durch Arzneimittel beeinflusst werden.[303] Nach hM wird von § 10 Abs 2 Alt 3 HWG nur die Werbung für Psychopharmaka erfasst, die über eine pharmakologische Wirkung verfügen.[304] Rein pflanzliche Mittel, die keine Abhängigkeit erzeugen und dazu dienen vorübergehende Zustände, wie bspw Nervosität, zu lindern, werden nicht erfasst.[305]

3. Einzelne Werbeverbote des § 11 HWG

Neben den verschiedenen generellen Werbebeschränkungen des HWG hat der Ge- **86** setzgeber in § 11 HWG für Publikumswerbung (Werbung außerhalb der Fachkreise) verschiedene Einzelformen von Werbemaßnahmen untersagt. Sie werden mit besonderen Irreführungsgefahren bzw Möglichkeiten der Einflussnahme in Verbindung ge-

---

[298] *Doepner* HWG § 10 Rn 9.
[299] BGH PharmaR 2000, 179 – Johanniskraut-Präparat.
[300] BGH GRUR 1979, 1937 – Klosterfrau Melissengeist; Bülow/Ring/*Ring* HWG § 10 Rn 12.
[301] BGH GRUR 1979, 1937 – Klosterfrau Melissengeist.
[302] *Riegger* 10. Kap Rn 34.
[303] *Doepner* HWG § 10 Rn 46.
[304] BGH PharmaR 2000, 179 – Johanniskraut.
[305] BGH PharmR 2000, 179 – Johanniskraut; *Riegger* 10. Kap Rn 37.

bracht, die die Befürchtung nahe legen, dass fachunkundige Verbraucher derartiger Werbung kritiklos vertrauen und daher unsachlich beeinflusst werden könnten. Für die Arzneimittelwerbung sind sämtliche Tatbestände des § 11 HWG zu beachten. Gleiches gilt für andere Mittel, Verfahren, Gegenstände und Behandlungen. Bei Medizinprodukten gelten gem § 11 Abs 1 S 2 HWG nur die Verbote der Nr 6–9, 11 und 12.

87 Aufgrund der neueren Rechtsprechung des BVerfG[306] zum Heilmittelwerberecht hat der BGH entschieden, dass die Verbotstatbestände des § 11 HWG nur noch einschlägig sein sollen, wenn die Werbung im konkreten Fall geeignet ist, Verbraucher unsachlich zu beeinflussen und damit mindestens eine mittelbare Gesundheitsgefahr hervorzurufen.[307]

88 Durch die „Gintec" Entscheidung des EuGH[308] stellen sich auch europarechtliche Fragen. Der EuGH stellte in diesem Urteil klar, dass der Gemeinschaftskodex (RL 2001/83/EG) zu einer vollständigen Harmonisierung des Arzneimittelrechts geführt hat. Nicht für alle Verbotstatbestände des § 11 HWG lassen sich entsprechende Pendants im Gemeinschaftskodex finden. Abweichungen von den Richtlinienvorgaben ergeben sich bspw für § 11 Abs 1 Nr 1, 2 und 11 HWG. Es ist nicht unwahrscheinlich, dass der EuGH die Richtlinienkonformität weiterer Tatbestände des § 11 HWG zu klären hat. Bei alldem darf nicht vergessen werden, dass sich der Gemeinschaftskodex nur auf Arzneimittel bezieht. Die Verbotsnormen des § 11 HWG gelten jedoch auch für die weiteren in § 1 HWG genannten Mittel, Verfahren, Gegenstände. Im Folgenden werden einzelne Formen verbotener Werbung aus der abschließenden Liste des § 11 HWG exemplarisch vorgestellt.

89 a) **Werbung mit wissenschaftlichen Veröffentlichungen, Gutachten oder Zeugnissen.** Gem § 11 Abs 1 Nr 1 HWG darf außerhalb der Fachkreise nicht mit „Gutachten, Zeugnissen, wissenschaftlichen oder fachlichen Veröffentlichungen sowie mit Hinweisen darauf" geworben werden. Für die Begrifflichkeiten wird auf die Ausführungen unter Rn 43 ff verwiesen. Erfasst werden auch klinische Studien. Im Gemeinschaftskodex findet sich kein Verbot, das diese Vorgabe direkt spiegelt. Allerdings enthält er spezifische Vorgaben für Angaben zu Fundstellen gegenüber Fachkreisen. Da der Kodex keine Vorgaben für die Öffentlichkeitswerbung enthält, könnte man folgern, dass derartige Hinweise an Verbraucher nicht zulässig werden.[309] Dagegen spricht, dass sich im Gemeinschaftskodex ein detaillierter Verbotskatalog für Publikumswerbung findet.

90 In der Rspr wurde zB die Aussage „Allein in den letzten 10 Jahren wurde die Bedeutung von Ginseng in über 470 wissenschaftlichen Publikationen dokumentiert" als unzulässig angesehen.[310] Als zulässig wurde wiederum die Werbung für ein Lebertranprodukt mit folgenden Aussagen angesehen: „Lebertran: Natürliches Heilmittel im Blickpunkt der Wissenschaft" sowie „Zunehmend richtet sich das Interesse der Wissenschaft auch auf die vorbeugende Wirkung des Lebertrans bei der allgemeinen Arterienverkalkung".[311] Nach Auffassung des BGH enthalten diese Äußerungen keine direkte Bezugnahme oder Hinweis auf wissenschaftliche Veröffentlichungen, sondern die Werbung beschränkt sich auf die Feststellung, dass Lebertran im wissenschaftlichen Interesse steht. Es wird auch nicht behauptet, dass bereits bestimmte wissen-

---

[306] S BVerfG GRUR 2004, 797 – Botox.
[307] BGH GRUR 2004, 799 – Lebertran; BGH GRUR 2007, 809 – Krankenhauswerbung.
[308] EuGH GRUR 2008, 267.
[309] Vgl *Meyer* PharmaR 2008, 407, 408.
[310] LG Berlin Beschl v 20.5.1989, Entscheidungssammlung HWG § 11 Nr 1/5.
[311] BGH GRUR 1998, 495 – Lebertran II.

schaftliche Ergebnisse vorlägen. § 11 Abs 1 Nr 1 HWG kann sich für ein Unternehmen als Problem erweisen, wenn es sich mit eigenen Tests (zB aus der Arzneimittelzulassung) gegen Testberichte in der Öffentlichkeitswerbung wehren will (ÖkoTest, Stiftung Warentest). Rein nach dem Wortlaut wäre das ein Verstoß gegen § 11 Abs 1 Nr 1 HWG. In der Lit wird vertreten, dass diese Art der Verteidigung auch von der Meinungsfreiheit erfasst wird[312] – erkennbar soll die Rspr zu Art 10 HWG[313] auf diese Fälle übertragen werden. Ob diese Argumentation tragen kann, hängt von der Schwere des Grundrechtseingriffs durch den Testbericht ab. Die Interessen des Unternehmens müssen den Schutzzweck des § 11 HWG deutlich überwiegen.

Der Tatbestand des § 11 Abs 1 Nr 1 wird durch Nr 2 ergänzt. Mit Nr 2 soll Irreführungsgefahren vorgebeugt werden, die aus der Inanspruchnahme fachlicher Autorität gegenüber Verbrauchern entstehen. Dabei muss sich die betreffende Angabe gem § 11 Abs 1 Nr 2 auf das beworbene Produkt beziehen. Keine Einigkeit herrscht in der Rspr bzgl der Werbung mit Testurteilen. Das OLG München[314] gestattete eine Publikumswerbung mit einem Testurteil der Zeitschrift Ökotest während das OLG Hamburg[315] eine Werbung gegenüber der Öffentlichkeit mit einem Testurteil der Stiftung Warentest als Verstoß gegen § 11 Abs 1 Nr 2 HWG gewertet hat. Im Mittelpunkt der beiden sich widersprechenden Entscheidungen steht die Frage, ob ein Verstoß gegen § 11 Abs 1 Nr 2 voraussetzt, dass die beanstandete Werbung eine zumindest mittelbare Gesundheitsgefährdung darstellt. Der BGH hat dieses ungeschriebene Tatbestandmerkmal vor der Gintec Entscheidung des EuGH im Anschluss an die Rspr des BVerfG nach Maßgabe des Art 12 Abs 2 GG vorgenommenen verfassungskonformen Auslegung in einzelne Tatbestände des § 11 HWG hineingelesen. Das OLG sah in der Werbung mit Testurteilen bei richtlinienkonformer Auslegung einen Verstoß unabhängig von einer (mittelbaren) Gesundheitsgefährdung.[316] Sie werteten § 11 Abs 1 Nr 2 als abstraktes Gefährdungsdelikt und nicht als konkretes Gefährdungsdelikt, da eine Auslegung des Gemeinschaftskodexes keine überzeugenden Anhaltspunkte für letztere Einordnung erbrachte.[317] Aufgrund der Vollharmonisierung durch den Gemeinschaftskodex (RL 2001/83/EG) kam das OLG Hamburg zu dem Ergebnis, dass für eine verfassungskonforme Auslegung kein Raum mehr sei.[318]

b) Werbung mit Krankengeschichten. Zusätzlich zu der bereits in Rn 77 und Rn 85 angesprochenen Beschränkung von Gutachtenwerbung bestimmt § 11 Abs 1 Nr 3 HWG, dass es außerhalb der Fachkreise ebenfalls untersagt ist mit **Krankengeschichten** zu werben. Krankengeschichten oder Hinweise darauf können den Verbraucher jedenfalls animieren, bestimmte Mittel oder Therapien in Anspruch zu nehmen, ohne die jeweilige persönliche Aussage zum Krankheitsverlauf wegen mangelnder Fachkenntnisse in den richtigen wissenschaftlichen Kontext stellen zu können.[319] Zum Sinn und Zweck der Regelungen gehört es deshalb zu verhindern, dass der Verbraucher aufgrund der persönlichen Krankengeschichten dem beworbenen Produkt eine höhere Wirksamkeit beimisst, als ihm tatsächlich innewohnt.

---

[312] *Degenhart* PharmaR 2010, 261, 267 ff. Zur Begründung will er den Gedankengang des BGH, dass die abstrakten Gefährdungsdelikte des § 11 HWG nunmehr anders gewertet werden und für ihre Erfüllung eine mittelbare Gesundheitsgefährdung erforderlich ist, für diesen Fall fruchtbar machen.
[313] S Rn 77.
[314] OLG München PharmaR 2009, 173.
[315] OLG Hamburg Urt v 30.6.2009, Az 3 U 13/09 mit Anm *Klappich/Klages*.
[316] OLG Hamburg Urt v 30.6.2009, Az 3 U 13/09.
[317] OLG Hamburg Urt v 30.6.2009, Az 3 U 13/09.
[318] OLG Hamburg Urt v 30.6.2009, Az 3 U 13/09.
[319] BGH GRUR 1981, 435, 436.

Kapitel 4 Heilmittelwerberecht

93 Zur Auslegung des Rechtsbegriffs „Krankengeschichte" ist erforderlich, den Sinn und Zweck der Verbotsnorm einzubeziehen. Es ist daher angezeigt, die werbliche Aufbereitung einer Krankengeschichte (Dokumentation über Befund, Krankheitsverlauf und Therapie) unter den Verbotstatbestand fallen zu lassen.[320] In der Lit wird allerdings auch vertreten, dass nur Darstellungen in „sachkundiger Sprache" den Tatbestand des § 11 Abs 1 Nr 3 erfüllen können.[321] Es wird zu recht dagegen angeführt, dass gerade Schilderungen in einfachen Worten an die Vorstellungskraft der Verbraucher appellieren[322]. Erforderlich ist zudem, dass eine Geschichte erzählt wird.[323] Dh, es muss sich um eine Abfolge von Ereignissen aus dem Krankheitsverlauf handeln. Isolierte, punktuelle Darstellungen, wie bspw Meldungen über Heilungserfolge, erfüllen daher nicht § 11 Abs 1 Nr 3 HWG.[324] Werden derartige Äußerungen Patienten in den Mund gelegt, käme jedoch § 11 Abs 1 Nr 11 HWG in Betracht.[325] Zu beachten ist jedoch, dass auch der Hinweis auf Krankheitsgeschichten, also den Krankheitsverlauf spezieller Patienten, unter den Verbotstatbestand des § 11 Abs 1 Nr 3 HWG fällt.

94 c) **Bildliche Darstellungen von Personen in Berufskleidung.** Die Aussagekraft bildlicher Darstellungen ist für die Werbewirkung einer Maßnahme nicht zu unterschätzen. Bilder sind meistens besonders einprägsam. Aus diesem Grund ist es gem § 11 Abs 1 Nr 4 HWG untersagt, außerhalb der Fachkreise mit bildlichen Darstellungen von Personen in Berufskleidung oder bei der Ausübung einer Tätigkeit von Angehörigen der Heilberufe, des Heilgewerbes oder des Arzneimittelhandels zu werben. Hintergrund des Verbots ist der Gedanke, dass durch die bildliche Darstellung beim Adressaten die Assoziation hervorgerufen wird, der Arzt o andere Personen halten das beworbene Produkt für besonders wirksam. Es muss an dieser Stelle jedoch genau abgegrenzt werden, ob es sich um eine Absatzwerbung handelt, weil die Abbildung von Ärzten oder Schwestern in Berufskleidung in ihrem Alltag auch Teil einer Unternehmenswerbung sein kann – bspw für eine Klinik. Steht die Unternehmenswerbung im Vordergrund, scheidet ein Verstoß gegen § 11 Abs 1 Nr 4 HWG aus.[326]

95 Von diesem Verbotstatbestand sind neben Abbildungen von Angehörigen der Heilberufe auch Abbildungen von Angehörigen der Heilhilfsberufe erfasst. Auch eine Werbung mit einem Schauspieler in Arztkleidung erfüllt die Tatbestandsvoraussetzungen.[327] Über die Gemeinschaftsrechtskonformität dieses Verbotstatbestands hat sich die Lit Gedanken gemacht.[328] Art 90f) Gemeinschaftskodex könnte herangezogen werden, sofern in der bildlichen Darstellung eine Empfehlung von Wissenschaftlern, von im Gesundheitswesen tätigen Personen oder von Personen, die zwar weder zu den beiden vorgenannten Personengruppen gehören, aber aufgrund ihrer Bekanntheit zum Arzneimittelmissbrauch anregen können, zu sehen ist.[329]

96 d) **Verbot der Werbung mit bestimmten bildlichen Darstellungen.** Es ist untersagt, gegenüber Laien bildliche Darstellungen von Veränderungen des menschlichen Körpers oder seiner Teile durch Krankheiten, Leiden oder Körperschäden werblich zu nutzen.

---

[320] *Riegger* 11. Kap Rn 23.
[321] *Gröning* § 11 Nr 3 Rn 5.
[322] *Riegger* 11. Kap Rn 23.
[323] Ein besonders plastisches Beispiel für die unzulässige Werbung mit einer Krankengeschichte ist der Fall des KG PharmR 2005, 196.
[324] *Riegger* 11. Kap Rn 24.
[325] *Doepner* HWG § 11 Nr 3 Rn 13.
[326] BGH GRUR 2007, 809 – Krankenhauswerbung.
[327] AA *Doepner* HWG § 11 Nr 4 Rn 6 für den Fall, dass es sich um einen bekannten Schauspieler handelt, wo es für jeden erkennbar sei, dass es sich nicht um einen Arzt handele.
[328] *Meyer* PharmaR 2008, 407, 408.
[329] *Meyer* PharmaR 2008, 407, 408.

§ 11 Abs 1 Nr 5 HWG enthält das Verbot, durch vergleichende Darstellung eines Körperzustandes bzw. des Aussehens die Wirkung eines Heilmittels hervorzuheben. Sinn und Zweck der Vorschriften ist die Vermeidung der Selbstmedikation durch den Verbraucher. In allen drei Alternativen des § 11 Abs 1 Nr 5 HWG muss mit einer bildlichen Darstellung geworben werden. Die Art der Visualisierung ist dabei unerheblich.[330] Dabei muss stets ein Körperbezug vorhanden sein. Für die Alternative in Buchstabe a) ist darüber hinaus auch ein Krankheitsbezug erforderlich. Gegenstand des Verbots in Alternative b) ist die bildliche Darstellung der Wirkung eines Heilmittels anhand eines bildlichen Vergleichs des Körperzustandes oder Aussehens des Patienten.

Das Verbot einer vergleichenden Darstellung nach Alternative b) ist weitergehender als Alternative a), da es sich nicht auf äußerlich sichtbare Veränderungen des menschlichen Körpers oder seiner Teile beschränkt, sondern auch das Körperinnere erfasst[331]. Keine Probleme bzgl der Anwendbarkeit von § 11 Abs 1 Nr 5b HWG ergeben sich, wenn der Vorher-Nachher Vergleich suggeriert, dass Krankheiten beseitigt werden. Ist letzteres zweifelhaft, so ist fraglich, ob der Anwendungsbereich der Norm überhaupt eröffnet ist. Der BGH entschied bspw, dass die Werbung mit einem Vorher-Nachher Vergleich für Eigenhaartransplantationen keinen Verstoß gegen das Werbeverbot darstellt, weil es sich bei anlagebedingtem Haarausfall (bei Männern) nicht um eine Krankheit oder einen Körperschaden handelt.[332] Alternative c) erfasst ergänzend alle Darstellungen mit einem Bezug zum menschlichen Körper, die den Wirkungsvorgang eines Arzneimittels demonstrieren.

97

Soweit es um die Europarechtskonformität dieser Norm in Bezug auf Arzneimittel geht, bestehen seit der Gintec Entscheidung des EuGH[333] einige Bedenken.[334] Art 90k des Gemeinschaftskodexes (RL 2001/83/EG) lässt ein Verbot bildlicher Darstellungen von Veränderungen des menschlichen Körpers – verursacht durch Krankheiten oder die Behandlung mit Arzneimitteln – zu, wenn sie in „missbräuchlicher, abstoßender oder irreführender Weise" erfolgen. Anders als im deutschen Recht kennt das europäische Recht also kein Totalverbot in der Öffentlichkeitswerbung.[335] Daher hat das OLG Hamburg die Werbung für eine Lippenherpescreme, in der Krankheitssymptome dezent in einem Werbespot gezeigt wurden nicht als unlauter gesehen und § 11 Abs 1 Nr 5 HWG richtlinienkonform ausgelegt.[336]

98

e) **Fremdsprachliche Bezeichnungen.** Mit fremd- oder fachsprachlichen Bezeichnungen darf gem § 11 Abs 1 Nr 6 HWG nicht geworben werden, soweit diese nicht in den allgemeinen deutschen Sprachgebrauch eingegangen sind. Es soll auf diese Weise sichergestellt werden, dass dem wissenschaftlich nicht vorgebildeten Verbraucher die Informationen der Werbung in verständlicher Sprache zur Verfügung gestellt werden. Die Werbung mit fremd- oder fachsprachlichen Begriffen ist jedoch nicht ausnahmslos unzulässig. Der BGH verneint ausnahmsweise einen Verstoß, wenn die entsprechenden Bezeichnungen in der Werbung hinreichend erläutert werden, so dass die Adressaten der Werbung ihre wesentliche Bedeutung verstehen.[337] Dieser Grundsatz gilt insb für Pflichtangaben.[338]

99

---

[330] *Doepner* HWG § 11 Nr 5a Rn 6.
[331] *Bülow/Ring/Bülow* § 11 Nr 5b Rn 3; *Doepner* HWG § 11 Nr 5b Rn 5b.
[332] BGH GRUR 2003, 255.
[333] EuGH GRUR 2008, 267.
[334] Vgl *Meyer* PharmaR 2008, 407, 408.

[335] *Bülow/Ring/Bülow* § 11 Nr 5a Rn 2a.
[336] OLG Hamburg NJOZ 2008, 3794.
[337] BGH NJW 1992, 750 – Chelat-Infusionstherapie.
[338] BGH GRUR 1991, 860 – Katovit.

100 f) **Angstwerbung.** Das Risiko einer Werbemaßnahme, die geeignet ist, **Angstgefühle** hervorzurufen oder auszunutzen, darf gerade im Gesundheitsbereich nicht unterschätzt werden. Als Konkretisierung des allgemeinen Verbots in § 4 Nr 2 UWG[339] existiert daher die Regelung in § 11 Abs 1 Nr 7 HWG.[340] Nach der Rspr ist ein Hervorrufen von Angstgefühlen insb dann anzunehmen, wenn auf lebensgefährliche oder sonst besorgniserregende Zustände hingewiesen wird, die geeignet sind, einen gegen Werbemethoden weder besonders abgestumpften noch besonders empfindlichen Adressaten zu beunruhigen.[341] Gegen sachliche Hinweise auf den Anwendungsbereich oder die Wirkungsweise eines Arzneimittels bestehen allerdings solange keine Bedenken (auch wenn die Aussagen grundsätzlich geeignet sind Ängste zu verstärken oder zu wecken), wenn die Werbung in ihrer Gesamtheit darauf angelegt ist, solchen Angstgefühlen entgegenzuwirken.[342] Ein Verstoß gegen das Verbot der Angstwerbung liegt daher insb dann vor, wenn unterschwellig bestehende Ängste beim Verbraucher durch reißerische oder dramatisierende Beschreibungen verstärkt werden. Der BGH bejahte daher einen Verstoß gegen § 11 Abs 1 Nr 7 HWG für die Überschrift „Bakterien schlagen aufs Herz" einer Werbeanzeige für ein Knoblauchpräparat.[343]

101 g) **Werbung mit Veröffentlichungen, deren Werbezweck nicht deutlich erkennbar ist.** Für Werbende besteht ein Anreiz darin, den Werbezweck einer Veröffentlichung zu verschleiern, weil Publikationen, die einen vermeintlich objektiven bzw unabhängigen wissenschaftlich oder journalistischen Hintergrund haben, größeres Vertrauen bei den Werbeadressaten genießen. Eine Verschleierung des Werbezwecks ist gem § 4 Nr 3 UWG generell unlauter und im HWG in § 11 Abs 1 Nr 9 HWG direkt untersagt. Getarnte Werbung kann auch gem § 3 Nr 2c HWG unzulässig sein – aber nur, wenn die Werbung irreführend ist. § 11 Abs 1 Nr 9 HWG setzt bereits vorher an. Eine Irreführung der Verbraucher ist nicht erforderlich, sondern es genügt, wenn der Werbezweck der Veröffentlichung nicht deutlich erkennbar ist. Der Tatbestand ist nur erfüllt, wenn es sich um Veröffentlichungen von Druckerzeugnissen handelt.[344] Audiovisuelle Medien sind nicht erfasst.

102 h) **Verbot von Werbung, die zur Selbstmedikation anleitet.** Durch § 11 Abs 1 Nr 10 HWG soll nicht die Selbstmedikation an sich untersagt werden, sondern nur Anleitungen zur Selbstmedikation, die zu Werbezwecken veröffentlicht werden. Von dieser Vorschrift sind sowohl Veröffentlichungen in Druckerzeugnissen als auch entsprechende Anleitungen in audiovisuellen Medien erfasst. Der Tatbestand ist inhaltlich erfüllt, wenn die Anleitung dazu dient gewisse Krankheiten, Leiden oä selbst zu diagnostizieren und dann entsprechend mit denen in der Werbung bezeichneten Heilmitteln zu behandeln. Diese Voraussetzungen müssen beide kumulativ vorliegen.[345]

103 i) **Werbung mit Empfehlungen Dritter.** In eine ähnliche Richtung wie § 11 Abs 1 Nr 2 geht das Verbot des § 11 Abs 1 Nr 11 HWG auf **Dank-, Empfehlungs- oder Anerkennungsschreiben** Bezug zu nehmen. Allerdings handelt es sich nicht um Äußerungen Dritter, die den Anschein fachlicher Kompetenz erwecken sollen, sondern um

---

[339] S *von Walter* Kap 1 Rn 59 ff.
[340] BGH NJW-RR 1987, 163.
[341] BGH NJW-RR 1999, 1565; OLG Stuttgart NJW 1982, 2064.
[342] Bülow/Ring/*Bülow* HWG § 11 Abs 1 Nr 7, Rn 8; *Doepner* HWG § 11 Nr 7 Rn 9.
[343] BGH GRUR 2001, 529.
[344] *Riegger* 11. Kap Rn 66.
[345] Bülow/Ring/*Bülow* § 11 Nr 10 Rn 5.

Aussagen von Dritten ohne fachkompetenten Hintergrund. Unzulässig sind positive Äußerungen Dritter über die beworbenen Heilmittel. Eine ausdrückliche Produktempfehlung muss jedoch nicht vorliegen – der Eindruck einer solchen Empfehlung reicht aus.[346] Ein reiner Verweis auf Absatzerfolge des beworbenen Produkts soll jedoch nicht genügen, den Tatbestand zu erfüllen. Argument ist, dass allein damit noch keine positive Empfehlung für das Heilmittel abgegeben wird.[347] Es ist ebenfalls nicht erforderlich, dass die Person, der die Äußerung in den Mund gelegt wird, real existiert. Denn für den Adressaten der Werbung ergibt sich kein Unterschied in der Wahrnehmung, ob die positiven Aussagen von einer realen oder fiktiven Person stammen.[348] Gleiches gilt für den Inhalt der Aussage: auch er kann fiktiv sein.[349]

104 Festzuhalten ist, dass die Vorschrift des § 11 Abs 1 Nr 11 HWG für Arzneimittel keine entsprechende Regelung im Gemeinschaftskodex (RL 2001/83/EG) findet. Daher entschied der EuGH, dass diese Norm für Arzneimittel anhand des Wortlauts und Zwecks der RL auszulegen sei.[350] In diesem Zusammenhang versteht der EuGH „Genesungsbescheinigung" als Maßnahmen zur Information unabhängig von ihrer Darstellung oder ihrem Urheber, in denen angegeben wird, dass die Verwendung des Arzneimittels zu einer Genesung führt, dh zur Wiederherstellung der Gesundheit.[351] Eine positive Gesamtbewertung des Arzneimittels, die lediglich auf die allgemeine Unterstützung des Wohlbefindens hinweise, genügt nach Auffassung des EuGH diesem Wortverständnis nicht, sondern es müsse sich um Hinweise handeln, die die therapeutische Wirksamkeit erwähnen.[352] Wo in diesem Kontext eine Konsumentenbefragung angesiedelt sei, die der Beklagte für sein Arzneimittel basierend auf rotem Ginseng durchgeführt hatte, überließ der EuGH dem nationalen Gericht. Der BGH urteilte im Anschluss an den EuGH, dass die Konsumentenbefragung nicht in Form einer Genesungsbescheinigung erfolgte, deren Hinweise in missbräuchlicher, abstoßender oder irreführender Art und Weise erfolgten und der Unterlassenanspruch des Klägers insoweit nicht begründet war.[353] Im Gemeinschaftskodex finden sich zwei Vorschriften, die vergleichbare Sachverhalte adressieren: Art 90f und Art 90j. Anhand dieser Vorschriften ist § 11 Abs 1 Nr 11 HWG entsprechend den Vorgaben des EuGH richtlinienkonform auszulegen. Nach diesem Maßstab sind nicht alle Werbemaßnahmen, die auf Äußerungen Dritter Bezug nehmen unzulässig, sondern nur solche die a) von Wissenschaftlern, von im Gesundheitswesen tätigen Personen oder von Personen, die zwar weder zu den beiden vorgenannten Personengruppen gehören, aber aufgrund ihrer Bekanntheit zum Arzneimittelmissbrauch anregen können, stammen oder b) missbräuchliche, abstoßende oder irreführende Bezugnahme auf Genesungsbescheinigungen nehmen.[354]

105 j) **Werbung mit Preisausschreiben bzw aleatorischen Anreizen.** Verboten ist die Werbung mit Preisausschreiben bzw Anreizen, die die Spielleidenschaft der Verbraucher ausnutzt, gem § 11 Abs 1 Nr 13 HWG. Das Verbot gilt mit Ausnahme der Medizinprodukte. In diesem Zusammenhang hat der EuGH entschieden, dass eine Auslosung im Internet, bei deren Teilnahme als Preis ein Medikament ausgelobt wurde, auch ohne ausdrückliche Regelung im gemeinschaftsrechtlichen Arzneimittelwerberecht

---

[346] OLG Hamburg GRUR-RR 2002, 363; *Riegger* Kap 11 Rn 84.
[347] *Doepner* HWG § 11 Nr 11 Rn 11.
[348] *Riegger* 11. Kap Rn 83.
[349] BGH GRUR 1992, 874 – Hyanit.
[350] EuGH GRUR 2008, 267 – Gintec; zum Verfahrensgang s auch *Meyer* PharmaR 2007, 230; *Meyer* PharmaR 2008, 407, 408.
[351] EuGH GRUR 2008, 267 – Gintec.
[352] EuGH GRUR 2008, 267 – Gintec.
[353] BGH PharmaR 2009, 184.
[354] *Riegger* 11. Kap Rn 85.

verboten ist.[355] Der EuGH sah in Art 87 Abs 3 Gemeinschaftskodex eine ausreichende Rechtsgrundlage für die Regelung in § 11 Abs 1 Nr 13 HWG. Damit wurde die Europarechtskonformität dieser Vorschrift ausdrücklich durch den EuGH bestätigt.

106   k) **Vergleichende Werbung.** § 11 Abs 2 HWG regelt das Verbot vergleichender Werbung außerhalb der Fachkreise. Die Norm umfasst aufgrund ihres Wortlauts allerdings nur Arzneimittel und nicht Medizinprodukte, Therapien oder sonstige Gegenstände. Unzulässig sind Angaben, nach denen die Wirkung eines Arzneimittels einem anderen entspricht (therapeutische Äquivalenz) oder sogar überlegen ist.

4. Hinweise auf Krankheiten iSv § 12 HWG

107   Die Vorschrift des § 12 HWG enthält eine weitere Beschränkung für die Heilmittelwerbung außerhalb der Fachkreise. Hintergrund des § 12 HWG ist der gesetzgeberische Wille, einer Selbstmedikation bzw des Arzneimittelmissbrauchs durch den Verbraucher entgegenzuwirken.[356] Art 12 Abs 1 HWG regelt die Werbung für Arzneimittel und Medizinprodukte. Sie darf sich nicht auf das Erkennen, Verhüten, Beseitigen oder die Linderung der enumerativ in der Anlage zum HWG genannten Krankheiten beziehen. Art 12 Abs 2 HWG konkretisiert die Anforderungen für Mittel, Verfahren, Gegenstände und Behandlungen. Dieser Absatz untersagt Werbung, die sich auf das Erkennen, Beseitigen oder Lindern der genannten Krankheiten und Leiden der genannten Krankheiten bezieht.

108   Beim § 12 Abs 2 HWG unterliegt die Werbung von Ärzten gesonderten Anforderungen. Eine berufswidrige Werbung ist ihnen nach Berufsrecht untersagt.[357] Daher vertritt die hM, dass § 12 Abs 2 HWG für die Selbstdarstellung von Ärzten nicht einschlägig ist, wenn die Werbung im Einklang mit den ärztlichen Berufsregeln steht[358]. Werbung für Kliniken und Sanatorien ist aus verfassungsrechtlichen Gründen ebenfalls privilegiert. Ärzten, die Kliniken oder Sanatorien betreiben, ist es aufgrund Art 12 GG (Berufsausübungsfreiheit) trotz der Vorgaben in § 12 Abs 2 HWG gestattet unter Angabe der Indikationsgebiete und Behandlungsmethoden zu werben[359]. Ausdrücklich vom Werbeverbot der Vorschrift ausgenommen sind die Werbung für Therapien in Heilbädern, Kurorten und Kuranstalten zu den in der Anlage genannten Krankheiten. Der Grund für die Privilegierung besteht darin, dass die dort angebotenen Maßnahmen von Ärzten durchgeführt bzw überwacht werden. Dadurch wird der Schutzzweck des § 12 HWG – Verhinderung der Selbstmedikation – im Regelfall nicht berührt.

109   Das BVerfG hat jüngst zum § 12 HWG entschieden, dass es verfassungsrechtlich nicht zu beanstanden ist, Werbung iSd dieser Norm bereits dann anzunehmen, wenn ein Präparat so eindeutig beschrieben und angepriesen wird, dass der Verkehr dadurch zu einer Entscheidung der Behandlung mit diesem Mittel verleitet würde.[360] Dabei ist der Hinweis, die Therapie nicht ohne ärztlichen Rat zu beginnen, nicht ausreichend dafür, Patienten von einer Selbstbehandlung abzuhalten. Denn mit der Beeinträchtigung des Schutzzwecks des HWG ist die Gesundheitsvorsorge als ein wichtiger Allgemeinwohlbelang betroffen.

---

[355] EuGH GRUR 2008, 267 – Gintec; vgl dazu auch *Meyer* PharmaR 2007, 230.
[356] BGH WRP 1971, 469, 471; *Doepner* HWG § 12 Rn 4.
[357] *Riegger* 12 Kap Rn 10.
[358] BVerfG NJW 2003, 2818 – Internetwerbung

einer Klinik; Bülow/Ring § 12 Rn 6; *Doepner* HWG § 12 Rn 36; *Riegger* 12. Kap Rn 10.
[359] BVerfG GRUR 1986, 387 – Sanatoriumswerbung.
[360] BVerfG PharmaR 2008, 123.

§ 3
Gesundheitsbezogene Werbung für Lebensmittel-Neuregelungen durch die Health Claims Verordnung

I. Allgemeines

„Stärkt die Abwehrkräfte" oder „Hält vital" – seit Jahren versprechen viele moderne Lebensmittel einen wie auch immer gearteten Zusatznutzen. Der Markt für diese funktionellen Lebensmittel ist noch längst nicht ausgeschöpft – sie erzielen allein in Deutschland bereits über € 5 Mrd Umsatz.[361] Nach jüngeren Umfragen achten ca 43 % der deutschen Verbraucher auf einen gesundheitsfördernden Zusatznutzen beim Kauf von Lebensmitteln.[362] Daher kam es nicht ganz überraschend, dass sich auch die EU des Themas nährwert- und gesundheitsbezogene Angaben annahm.

Sowohl die rechtswissenschaftliche Diskussion als auch das Gesetzgebungsverfahren der Health Claims VO waren mehr als turbulent. Die Kritik bezog sich sowohl auf inhaltliche Fragen, als auch auf die Rechtsetzungskompetenz des Gemeinschaftsgesetzgebers. Zu ersterem Komplex wurde angemerkt, dass die durch die VO einzuführenden Nährwertprofile eine Einteilung in „gute" und „schlechte" Lebensmittel zur Folge hätten[363], und in den Werbeverboten für zutreffende Angaben eine unzulässige Beschränkung der passiven Meinungsfreiheit des Verbrauchers zu sehen ist, die gegen Art 6 Abs 2 EU Vertrag iVm Art 10 EMRK verstößt.[364] Bzgl der Gesetzgebungskompetenz wurden Bedenken geäußert, dass die VO sich in erster Linie mit dem Gesundheitsschutz auseinandersetze, für dessen Regelung aber keine Rechtsetzungskompetenz der Europäischen Gemeinschaft bestehe.[365]

Mit der Health Claims VO fand ein Paradigmenwechsel im Recht der Lebensmittelwerbung statt. Nach bisheriger deutscher Rechtslage war im LFGB lediglich die Werbung mit krankheitsbezogenen Aussagen untersagt. Für gesundheitsbezogene Angaben galt, dass sie grundsätzlich zulässig waren, jedoch den allgemeinen gesetzlichen Vorgaben unterlagen. Dieses Regel-/Ausnahmeprinzip wird nunmehr umgekehrt. Für alle nährtwert- und gesundheitsbezogenen Angaben gilt jetzt stattdessen ein **präventives Verbot mit Erlaubnisvorbehalt**.[366] Der bei der Kommission gebildete ständige Ausschuss für die Lebensmittelkette und Tiergesundheit hat Ende 2007 einen Leitfaden zur Anwendung der Health Claims VO beschlossen. Dieses „Guidance Dokument"[367] hat jedoch keine Rechtsnormqualität und bildet nur eine Interpretationshilfe.

---

[361] Und es geht doch: Essen als Therapie, Wirtschaftswoche v 18.10.2010, 108.
[362] Und es geht doch: Essen als Therapie, Wirtschaftswoche v 18.10.2010, 108.
[363] Das war angeblich von der Kommission so nicht erwünscht, vgl Begr der Kommission zum VO Vorschlag v 16.7.2003, KOM (2003) 424 endg, Nr 14. Die Kritik der Lit an den Nährwertprofilen bezog sich darauf, dass es keine sinnvolle Einteilung der Lebensmittel in gut und schlecht gäbe, sondern nur in gute und schlechte Ernährungsweisen (vgl *von Danwitz* ZLR GRUR 2005, 896; wohl aA *Buchner/Rehberg* GRUR Int 2007, 394, 397).
[364] So *Hüttebräuker* WRP 2004, 188, 196; *Meisterernst/Haber* WRP 2007, 364, 365.
[365] *Hüttebräuker* WRP 2004, 188, 193 ff; *Loosen* ZLR 2006, 531, 532; GRUR Fachausschuss für Arznei- und Lebensmittelrecht GRUR 2004, 306, 310.
[366] Vgl auch LG Berlin MD 2008, 325.
[367] Guidance on the implementation of Regulation No 1924/2006 on nutrition and health claims made on foods, conclusion of the standing committee on the food chain and animal health, http://ec.europa.eu/food/food/labellingnutrition/claims/guidance_claim_14-12-2007.pdf.

113 Nicht außer Acht gelassen werden darf der internationale Hintergrund der Health Claims VO[368]. Viele Vorschriften der VO zu nährwert- und gesundheitsbezogenen Angaben beruhen auf Vorschlägen der Codex Alimentarius Kommission, an der auch die EU-Kommission beteiligt war.[369] Der Codex Alimentarius ist eine Sammlung von international angenommenen Standards, der ua auch Bestimmungen zu praktischen Verfahrensregeln enthält.[370] Das Verfahrenshandbuch der Codex Alimentarius Kommission meint mit dem Begriff „Standard" Kommissionsempfehlungen, die den Regierungen der Mitgliedstaaten zur Annahme vorgelegt werden[371]. Im Jahr 2004 wurden die vom Codex Komitee Lebensmittelkennzeichnung erarbeiteten „Leitlinien für nährwert- und gesundheitsbezogene Angaben bei Lebensmitteln" von der Kodex Alimentarius Kommission angenommen. Der Anwendungsbereich dieser Leitlinien umfasst im Wesentlichen die Etikettierung von Lebensmitteln, aber auch deren Werbung.[372] Im Gegensatz zur Health Claims VO enthalten die Leitlinien nicht die die VO kennzeichnenden Verbotstatbestände und haben auch von der Einführung von Nährwertprofilen Abstand genommen.[373]

114 Mit der Health Claims VO betrat man innerhalb der EU größtenteils Neuland.[374] Im nichteuropäischen Ausland existierten zT Regulierungsansätze. In Japan gibt seit 1989 eine spezielle gesetzliche Regelung für funktionelle Lebensmittel.[375] Seit 1991 können Lebensmittel, deren ernährungsphysiologischer Nutzen in einem speziellen Zulassungsverfahren ermittelt wurde, mit bestimmten gesundheits-/krankheitsbezogenen Angaben in den Verkehr gebracht werden. Diese Produkte sind durch ein spezielles Logo gekennzeichnet. In den USA wurde 1990 mit dem Nutritional Labelling Education Act das amerikanische Lebensmittelrecht reformiert.[376] Danach können Lebensmittel mit ernährungsbezogenen Angaben versehen werden und bestimmte Werbeaussagen zum Zusammenhang zwischen Ernährung und Gesundheit sind erlaubt, sofern sie wissenschaftlich nachgewiesen wurden. Maßgebliche Kriterien dafür liefert der Dietary Supplement Health Education Act aus dem Jahr 1994.

II. Inhalt der Health Claims Verordnung

1. Anwendungsbereich und Begriffsbestimmungen

115 Die VO ist grundsätzlich auf alle **Lebensmittel** – verpackt oder unverpackt – anwendbar.[377] Für unverpackte Lebensmittel gelten allerdings viele Befreiungen bei den

---

[368] Ausf zu dieser Thematik *Gorny* GRUR 2005, 892.
[369] Vgl auch *Gorny* GRUR 2005, 892, 893.
[370] *Gorny* GRUR 2005, 892, 893.
[371] Codex Alimentarius Commission Procedural Manual, 1.
[372] *Gorny* GRUR 2005, 892, 894.
[373] Vgl *Gorny* GRUR 2005, 892, 894 ff.
[374] Erfahrungen mit der (freiwilligen) Regulierung von Health Claims bestehen bspw in UK (Code of Practise aus dem Jahr 2000 unter www.jhci.co.uk), Schweden (Selbstregulierungsprogramm der Wirtschaft zur Verwendung gesundheitsbezogener Aussagen – s *Coppens* ZLR 1999, 743, 749) oder auch Frankreich (gesetzliche Vorgaben).

[375] *Rempe* 72 ff mit Details zum Anwendungsbereich dieser sog FOSHU Regelung.
[376] *Rempe* 74 f; ausf zur Rechtssituation in den USA *Meyer* Health Claims in den USA und Europa.
[377] Die Sonderregelungen für nähr- und gesundheitsbezogene Angaben bei diätetischen Lebensmitteln, Mineralwässern und Wässern für den menschlichen Gebrauch sowie Nahrungsergänzungsmitteln finden vorrangig zur Health-Claims-Verordnung Anwendung. Zum Verhältnis zu diesem Vorschriften ausf *Bruggmann/Hohmann* ZLR 2007, 51, 56 ff.

Kennzeichnungsverpflichtungen. So besteht keine Verpflichtung zur Nährwertkennzeichnung nach Art 7 VO und bei gesundheitsbezogenen Angaben kann der Hinweis auf die Bedeutung einer ausgewogenen und abwechslungsreichen Ernährung entfallen. Gleiches gilt für vorverpackte Ware, die zur sofortigen Abgabe an den Verbraucher bestimmt ist. Die Ausnahme für diese Lebensmittel wird zT kritisch hinterfragt, weil der auf der Packung zur Verfügung stehende Raum für derart vorverpackte Ware identisch ist mit dem von Fertigpackungen und daher kein sachlicher Grund für die Differenzierung erkennbar ist.[378]

Vom Anwendungsbereich der VO ebenfalls umfasst sind Marken, Handels- oder Phantasiebezeichnungen. In diesem Zusammenhang zeigen sich mögliche Abgrenzungsprobleme, da fraglich ist, ob bspw Produktbezeichnungen mit „vita", „akti" oä Bestandteilen als allgemeine gesundheitsbezogene Angaben qualifiziert werden müssen, die nur mit einer beigefügten speziellen gesundheitsbezogenen Angabe zulässig wären.[379]

In Art 1 Abs 2 VO (EG) 1924/2006 wird klargestellt, dass die Verordnung auf **kommerzielle Mitteilungen** bei der Kennzeichnung oder Aufmachung sowie bei der Bewerbung von Lebensmitteln Anwendung findet.[380] Alle werblichen Aussagen, die unmittelbar oder mittelbar besondere Eigenschaften eines Lebensmittels enthalten, müssen also den Vorgaben der VO genügen[381]. Dies gilt auch für Pressemitteilungen von Unternehmen, die einen Vermarktungsbezug aufweisen und nährwert- bzw gesundheitsbezogene Angaben enthalten. Empfehlungen oder Richtlinien von Gesundheitsbehörden sowie neutrale Presseberichterstattung gehören nicht zum Geltungsbereich der VO.[382] Das gleiche gilt für Angaben zu „negativen Nährwerteigenschaften".[383] In der Lit wurde die Frage aufgeworfen, wie eine Bezugnahme auf nichtkommerzielle Aussagen, wie bspw wissenschaftliche Ernährungsrichtlinien, in einer kommerziellen Mitteilung zu bewerten ist. Der verständige Durchschnittsverbraucher wird darin einen Hinweis auf die Zusammensetzung des Produkts nach den in den einschlägigen Ernährungsempfehlungen genannten Nährstoffen sehen, der bzgl dieser Nährstoffe als nährwertbezogene Angabe zu qualifizieren wäre.[384] Seine Ausgestaltung muss den Vorgaben aus dem Anhang der VO entsprechen. Aufgrund der Übereinstimmung mit den Ernährungsempfehlungen wird vertreten, dass kein gesonderter Nachweis der ernährungsphysiologischen Wirkung gem Art 5 VO erforderlich ist.[385]

Nicht anwendbar ist die VO auch für Angaben, die gesetzlich vorgeschrieben sind, wie zB Verkehrsbezeichnungen (Halbfettbutter) oder Pflichtangaben wie die nach DiätVO.[386]

Für die Begriffe *Lebensmittel, Lebensmittelunternehmer, Inverkehrbringen* oder *Endverbraucher* wird auf die VO (EG) 178/2002 Bezug genommen, hinsichtlich des Begriffes *Kennzeichnung* auf die RL 2000/13/EG sowie für die Begriffe *Nährwertkenn-*

---

[378] *Holle* 6 f.
[379] S auch Rn 158.
[380] Durch die VO werden also nur freiwillige Angaben reguliert. Pflichtangaben nach nationalem oder europäischem Recht gehören nicht dazu.
[381] Dazu gehören Prospekte, Produktbeschreibungen, Bilder (Werbespots), Symbole oder grafische Elemente. Der weite Angabenbegriff sichert der VO einen größtmöglichen Anwendungsbereich zu (s *Gorny* ZLR 2004, 143, 154).
[382] *Loosen* ZLR 2006, 521, 526.
[383] Erwägungsgrund 6 VO (EG) 1924/2006; *Loosen* ZLR 2006, 521, 529 f. *Bruggmann/Hohmann* diskutieren ausf die Anwendbarkeit der VO auf diese Angaben (ZLR 2007, 51, 53 ff).
[384] *Holle* 7.
[385] *Holle* 8.
[386] *Kraus* EWS 2009, 261, 263.

zeichnung, Eiweiß, Zucker, Fett, Kohlehydrat, gesättigte Fettsäuren, einfach und mehrfach ungesättigte Fettsäuren, Ballaststoffe auf die RL 90/496/EG verwiesen.

120 Eine **nährwertbezogene Angabe** umfasst jede Aussage, mit der erklärt oder auch nur mittelbar suggeriert wird, dass ein Lebensmittel besondere positive Nährwerteigenschaften aufgrund des Brennwerts oder der Nährstoffe bzw anderer Stoffe und Substanzen[387] besitzt, die in erhöhten bzw. verringertem Maße vorhanden bzw nicht vorhanden sind. „Nährstoff" erfasst gem Art 2 Abs 2 Health Claims VO Proteine, Kohlenhydrate, Fette, Ballaststoffe, Natrium und die im Anhang der Nährwertkennzeichnungs-RL 90/496/EWG aufgeführten Vitamine und Mineralstoffe. Dazu gehören auch jeder Stoff, der zu einer dieser Kategorien zählt, bzw Teile dieser Stoffe. „Andere Substanz" ist in Abs 3 definiert und erfasst Stoffe, die eine ernährungsbezogene oder physiologische Auswirkung haben, aber kein Nährstoff sind. Erwägungsgrund 8 nennt bspw Kräuter- bzw Pflanzenextrakte. Die Definition einer nährwertbezogenen Angabe basiert auf der Definition in Art 1 Abs 4b) Nährwertkennzeichnungsrichtlinie 90/496/EWG. Die positive Nährwerteigenschaft bestimmt sich auch nach dem Verwendungszweck des Lebensmittels.[388]

121 Nährwertbezogene Angaben beziehen sich also auf den Gehalt eines Lebensmittels an Energie, Nährstoffen oder anderen Substanzen mit ernährungsbezogener oder physiologischer Wirkung (wie viel).[389] Sie treffen eine Aussage über den Beitrag, den das Lebensmittel zu einer gesunden und ausgewogenen Ernährung leisten kann. Beschreibungen der positiven Wirkungen eines Stoffes (wie) zählen zu den gesundheitsbezogenen Angaben (bspw „Calcium stärkt ihre Knochen") – auch wenn Art 2 Nr 4 Health Claims VO in dieser Hinsicht etwas missverständlich formuliert ist.[390] Diese Einordnung entspricht auch den Vorgaben des Codex Alimentarius.[391] Im Guidance Document der Kommission finden sich jedoch Abgrenzungen zwischen nährwert- und gesundheitsbezogenen Angaben, die in der Lit[392] kritisch gesehen werden. Nach der im Guidance Document geäußerten Auffassung soll „enthält Lycopin/Lutein" eine nährwertbezogene Angabe sein, der Hinweis „enthält Probiotica/Prebiotica" jedoch eine gesundheitsbezogene, da sie einen Gesundheitsnutzen implizieren würde. „Implizierter" Gesundheitsnutzen ist jedoch keine Vorgabe der VO. Daher sollte danach abgegrenzt werden, ob die Angabe tatsächlich Bezug auf die Körperfunktionen nimmt, denn auch bei nährwertbezogenen Angaben schwingt immer eine positive Auswirkung auf die Gesundheit/Wohlbefinden mit.[393] Auf das Guidance Dokument bezieht sich eine jüngere Gerichtsentscheidung, die die Angabe „mit probiotischen Kulturen" nicht nur als nährwertbezogene sondern auch gesundheitsbezogene Angabe werten will.[394]

122 **Gesundheitsbezogene Angaben**[395] bringen zum Ausdruck, dass ein Zusammenhang zwischen einem Lebensmittel, einem seiner Bestandteile oder einer Lebensmittel-

---

[387] Die Begriffe „Stoff und Substanz" sind so zu verstehen, dass es sich dabei um natürliche oder hinzugefügte Bestandteile von Lebensmitteln handelt (vgl *Meisterernst/Haber* WRP 2007, 363, 373).
[388] *Holle* 41.
[389] S dazu auch Rn 133.
[390] *Holle* 43.
[391] Codex Dokument CAC/GL 23-1997, Rev 1-2004, Ziff 2.2.1.
[392] *Meisterernst* WRP 2008, 755, 758.
[393] *Meisterernst* WRP 2008, 755, 758.
[394] LG Hamburg Urt 26.3.2010, Az 408 O 154/09.
[395] Definitionen gesundheitsbezogener Angaben in der naturwissenschaftlichen Lit stellt *Rempe* (117 ff) vor. Nutrition function claims beziehen sich auf die physiologische Bedeutung eines Nährstoffs für Wachstum, Entwicklung sowie die Stoffwechselprozesse im Körper. Aussagen in Bezug auf eine funktionssteigernde Wirkung eines Stoffs unterscheiden sich von den eben genannten funktionsbezogenen Aussagen durch ihre Spezifität der zu beeinflussen-

kategorie einerseits und der Gesundheit andererseits besteht, zB Senkung des Risikofaktors für eine bestimmte Krankheit durch Konsum eines bestimmten Lebensmittels.[396] In der Health Claims VO werden 2 Arten gesundheitsbezogener Angaben unterschieden: allgemeine gesundheitsbezogene Aussagen (Art 2 Abs 2 Nr 5) und Angaben bzgl der Verringerung eines Krankheitsrisikos (Art 2 Abs 2 Nr 6). Damit sind funktionsbezogene und funktionsverbessernde Aussagen von der Health Claims VO erfasst. Der Begriff Gesundheit ist in der VO nicht genauer ausgestaltet. Er wird nach der WHO als ein Zustand des allgemeinen körperlichen, seelischen und sozialen Wohlbefindens verstanden.[397] Diese sehr weite Definition der WHO ist aber wohl nicht der Health Claims VO zu Grunde gelegt worden.[398] Vom Begriff der Gesundheit werden aber jedenfalls die mit einem Lebensmittel verbundenen Wirkungen auf den Körper und dessen Funktionen erfasst.[399] Die Legaldefinition von „Angabe" in Art 2 Abs 2 Nr 5 iVm Abs 1 Nr 1 Health Claims VO umfasst nach ihrem Wortlaut nur solche Aussagen, die erklären, suggerieren oder mittelbar zum Ausdruck bringen, dass das Lebensmittel besondere Eigenschaften besitze.[400] Allgemeinaussagen zur Gesundheit, die sich nicht auf besondere Eigenschaften eines Lebensmittels beziehen, fallen dementsprechend nicht unter den Begriff „Angabe" iSd Health Claims VO und erfüllen daher auch nicht Anforderungen für gesundheitsbezogene Angaben.[401]

In Art 10 Abs 3 Health Claims VO wird den allgemeinen gesundheitsbezogenen Angaben das „gesundheitsbezogene" Wohlbefinden gleichgestellt. Daraus folgt jedoch nicht, dass Hinweise auf das allgemeine, nicht gesundheitsbezogene Wohlbefinden verboten sein sollen. Die Entstehungsgeschichte der Health Claims VO zeigt, dass dies nicht der Fall sein sollte. Zunächst war im Verordnungsentwurf vorgesehen, dass auch Angaben einbezogen sein sollten, die sich auf das allgemeine Wohlbefinden/Gesundheit beziehen. Nachdem dieser Vorschlag abgelehnt wurde, ist vor das Wort „Wohlbefinden" noch das Adjektiv „gesundheitsbezogen" ergänzt worden.[402]

In Art 13 und Art 14 der VO (EG) 1924/2006 werden weitere Unterarten gesundheitsbezogener Angaben aufgeführt. Art 13 Abs 1 Health Claims VO nennt exemplarisch einige Arten von gesundheitsbezogenen Angaben. Dazu gehören:
a) die Bedeutung eines Nährstoffs oder einer anderen Substanz für Wachstum, Entwicklung oder Körperfunktionen
b) psychische Funktionen oder Verhaltensfunktionen
c) schlankmachende oder gewichtskontrollierende Eigenschaften des Lebensmittels wie bspw Verringerung des Hungergefühls, Stärkung des Sättigungsgefühls oder verringerte Energieaufnahme

---

den Funktionen ebenso wie den dabei wirksamen Substanzen (bspw Senkung Cholesterinspiegels oder Funktionsverbesserung einzelner Organe – wie zB Darmflora). Eine weitere Gruppe bilden die Aussagen zur Senkung von Krankheitsrisiken. ZT wird in der Lit auch vertreten, dass auch allgemeine Ernährungsempfehlungen zu gesundheitsbezogenen Aussagen zählen (vgl *Rempe* 125).
[396] *Bruggmann/Hohmann* (ZLR 2007, 51, 58) und *Hüttebräuker* (WRP 2004, 188, 189) machen darauf aufmerksam, dass die Abgrenzung bislang erlaubter gesundheitsbezogener Werbung von krankheitsbezogener problematisch ist und in Teilen der deutschen Rspr strenge Maßstäbe angelegt wurden. Als unzulässig wurden zB angesehen „für stabile Knochen" (OLG Hamm MD 1996, 754) oder „zur Stärkung des Immunsystems"(OLG Hamburg ZLR 1995, 60).
[397] *Meyer* Health Claims Verordnung, 24; vgl auch *Meisterernst/Haber* WRP 2007, 363, 375.
[398] OVG Rheinland-Pfalz ZLR 2009, 752, 754; *Meisterernst/Haber* WRP 2007, 363, 375.
[399] OVG Rheinland-Pfalz ZLR 2009, 752, 755; vgl auch Zipfel/Rathke/*Rathke* Lebensmittelrecht, C 111 Art 2 Rn 42.
[400] *Koch* ZLR 2009, 758, 761.
[401] Zipfel/Rathke/*Rathke* Lebensmittelrecht, C 111, Rn 39.
[402] *Meisterernst/Haber* Health and Nutrition Claims Art 2 Rn 24, Art 10 Rn 19.

Im Rahmen der Kategorien von Art 13 und 14 werden sich ua die Angaben über die Entwicklung und die Gesundheit von Kindern als problematisch herausstellen, da nicht nur eine Begriffsbestimmung fehlt, sondern auch die Abgrenzung zu den übrigen gesundheitsbezogenen Angaben schwierig erscheint.[403] In der Lit wurde daher zutreffend ausgeführt „ die – letztlich vom EuGH vorzunehmende – Auslegung der Begriffsbestimmung des Art 2 Abs 2 Nr 2 der sog Health Claims VO, nämlich die Definition der gesundheitsbezogenen Angabe, werde noch manche Schwierigkeit aufwerfen.[404]

2. Allgemeine Bedingungen für die Verwendung nährwert- oder gesundheitsbezogener Angaben

125 Grundlage für die Lebensmittelwerbung bilden die wettbewerbsrechtlichen Vorschriften (UWG),[405] das Lebensmittelkennzeichnungsrecht sowie die Lebensmittel Basis VO. Art 3 ff der Health Claims VO (EG) 1924/2006 gestalten dabei das allgemeine wettbewerbsrechtliche Irreführungsverbot für nährwert- und gesundheitsbezogene Angaben genauer aus.

126 a) Werbebeschränkungen. In Art 3 der Health Claims VO werden allgemeine Grundsätze zur Verwendung aller nährwert- und gesundheitsbezogenen Angaben aufgestellt. Die Angaben dürfen
– nicht falsch, mehrdeutig, oder irreführend sein[406],
– keine Anregung zum übermäßigen Verzehr bilden,
– nicht darstellen, dass mit einer ausgewogene Ernährung nicht notwendige Nährstoffmenge aufgenommen werden kann,
– kein Auslösen oder Ausnutzen von Ängsten beim Verbraucher durch Hinweise auf mögliche Änderungen bei Körperfunktionen hervorrufen,
– und keinen Zweifel über die Sicherheit oder ernährungsphysiologische Geeignetheit anderer Lebensmittel erwecken.

Die Verpflichtung nicht zu übermäßigem Verzehr zu ermutigen wurde aus Gründen der staatlichen Gesundheitsfürsorge aufgenommen. Sie soll nach Erwägungsgrund 9 einer wissenschaftlichen Empfehlungen widersprechenden Aufnahme von einzelnen Nährstoffen durch den Verbraucher entgegenwirken. Hintergrund ist, dass der Anteil übergewichtiger Menschen in der EU stark zugenommen hat und noch weiter zunimmt.[407] Die weiteren Anforderungen des Art 3 Health Claims VO sind beispielhafte Konkretisierungen des allgemeinen Verbots unlauterer Geschäftspraktiken sowie der in Art 1 RL 2000/13/EG und Art 16 VO EG 178/2002 fixierten Irreführungsverbote. Bzgl der Eignung zur Irreführung ist auf das gemeinschaftsrechtliche Verbraucherleitbild eines „durchschnittlich informierten, aufmerksamen und verständigen Durchschnittsverbrauchers" abzustellen.[408]

---

[403] Vgl *Loosen* ZLR 2006, 521, 531.
[404] *Köhler* ZLR 2008, 135, 136.
[405] S dazu die Ausführungen in Kap 1 Rn 4 f.
[406] Ob daneben das allgemeine lebensmittelrechtliche Irreführungsverbot Geltung finden kann wird näher bei *Meisterernst/Haber* Health and Nutrition Claims Art 10 Rn 30 beleuchtet.
[407] Schon im Jahr 2006 wurde ein EU-Aktionsprogramm für den Bereich der öffentlichen Gesundheit (2003–2008) verabschiedet (KOM (2006) 234 endg). Es beschäftigt sich mit Gesundheitsinformationen, Reaktionen auf Gesundheitsgefahren und der Gesundheitsförderung. Seit 2005 existiert ein Grünbuch zur „Förderung gesunder Ernährung und körperlicher Bewegung: Eine europäische Dimension zur Verhinderung von Übergewicht, Adipositas und chronischen Krankheiten".
[408] EuGH Slg 1998, I 4657; *Meyer* Health Claims Verordnung, 41.

b) **Nährwertprofile.** Um nährwert- oder gesundheitsbezogene Angaben tragen zu **127** können, müssen die beworbenen Lebensmittel gem Art 4 Abs 1 Health Claims VO den spezifischen Nährwertprofilen entsprechen[409]. Erwägungsgrund 11 gibt Eckpunkte für die Erarbeitung derartiger Profile vor. Nährwertprofile sollen sich auf wissenschaftliche Erkenntnisse über Ernährung und ihre Bedeutung für die Gesundheit stützen. Dabei sind folgende Kriterien zu berücksichtigen:
1) die Mengen bestimmter Nährstoffe und anderer Substanzen, die in einem Lebensmittel enthalten sind (bspw Fett, gesättigte Fettsäuren, Salz, Zucker)
2) die Rolle und Bedeutung des Lebensmittels/Lebensmittelkategorie und seines Beitrags zur Ernährung der Bevölkerung oder bestimmter Risikogruppen
3) gesamte Nährstoffzusammensetzung des Lebensmittels sowie das Vorhandensein bestimmter Nährstoffe, deren Wirkung auf die Gesundheit wissenschaftlich anerkannt ist (zB einfach/mehrfach ungesättigte Fettsäuren, Vitamine, Mineralstoffe, Ballaststoffe).

Lt Europäischer Behörde für Lebensmittelsicherheit (EFSA) ist der wichtigste wissenschaftliche Gesichtspunkt bei der Klassifizierung, ob Lebensmittel nährwert- oder gesundheitsbezogene Angaben tragen dürfen, das Potenzial des Lebensmittels die Gesamternährungsbilanz ungünstig zu beeinflussen.[410] Die geplanten Nährwertprofile werden durch die EFSA erstellt und endgültig durch Kommission und Mitgliedstaaten im Ausschussverfahren bestimmt.[411] EFSA steht dabei vor der Herausforderung in sich stimmige Profile zu erarbeiten. Da dies für alle Lebensmittel praktisch unmöglich ist, wird es auf Profile für Lebensmittelkategorien hinauslaufen oder auf ein allgemein anwendbares Nährwertprofil mit Ausnahmen für die Produktkategorien, wo dieses Nährwertprofil nicht zu sachgerechten Ergebnissen führen kann. Die Mitgliedstaaten waren aufgerufen, Grundprinzipien für die Erstellung von Nährwertprofilen an EFSA zu übermitteln. Das Bundesinstitut für Risikobewertung hat in seiner Stellungnahme für eine nach Lebensmittelkategorien spezifische Erstellung von Nährwertprofilen votiert.[412] Die EFSA hat bisher eine „Scientific Opinion" verfasst, die der Festlegung von Nährwertprofilen dient.[413] Die Kommission hat darauf basierend einen Vorschlag unterbreitet.[414] Das Nährwertprofilkonzept der Kommission berücksichtigt den Gehalt von Natrium, Zucker und gesättigten Fettsäuren. Allerdings wurden die Vorschläge in der Öffentlichkeit kritisch diskutiert und haben die Kommission zum Einlenken bei den Nährwertprofilen gebracht.[415] Die Kommission führt in ihren Erwä-

---

[409] Vom Erfordernis bestimmter Nährwertprofile können grundsätzlich Ausnahmen für bestimmte Lebensmittel und Lebensmittelkategorien festgelegt werden. Allerdings scheint diese Möglichkeit weder verpflichtend zu sein, noch wird konkretisiert, um welche Ausnahmen es sich dabei handeln könnte.
[410] www.efsa.europa.eu/de/scdocs/scdoc/644.htm (zuletzt besucht am 5.11.2010).
[411] Grundüberlegungen zur Erstellung von Nährwertprofilen finden sich bei *Rempe* 85 ff.
[412] Positionspapier „Nährwertprofile als Voraussetzung für Health Claims" v 12.3.2007.
[413] www.efsa.europa.eu/de/scdocs/scdoc/644.htm (zuletzt besucht am 5.11.2010).
[414] Zunächst als Working document on the setting of nutrient profiles v 21.10.2008. Weitere Fassung Working document on the setting of nutrient profiles – preliminary draft legal proposal v 13.2.2009.
[415] S Artikel Lebensmittelzeitung v 20.3.2009: Nach Aussage des Kommissionspräsidenten Barroso soll es keine Nährwertprofile für Grundnahrungsmittel wie Obst, Gemüse, Fleisch, Fisch, Eier und traditionelle Brotsorten (Ballaststoffanteil von 3 %) geben. Nach Diskussionen in der Kommission wurden daher weitere unbehandelte Lebensmittel von der Erstellung von Nährwertprofilen ausgenommen und die Grenzwerte bei einigen Produktkategorien an Natrium, gesättigten Fettsäuren und Zucker verändert. Kritisiert wird, dass die wissenschaftliche Ableitung der festgelegten Grenzwerte fehlt (vgl Ausschuss DS 17 (10) 253-AS von Prof Dr Erbersdobler und Bundesamt für Risikobewertung in Ausschuss DS 17

gungsgründen zu dem Verordnungsvorschlag zu Nährwertprofilen aus, dass Lebensmittel, die einen wichtigen Beitrag zur Ernährung leisten, von Nährwertprofilen ausgenommen werden sollen. ZT wird gezweifelt, ob die Kommission überhaupt in der Lage ist, geeignete Nährwertprofile zu verabschieden.[416] In der Rechtswissenschaft wurde die Erstellung von Nährwertprofilen unter verschieden Gesichtspunkten kritisch gesehen. Zweifel wurden an der Vereinbarkeit mit dem Bestimmtheitsgebot,[417] dem Verhältnismäßigkeitsprinzip[418] und aus kompetenzrechtlichen Gründen[419] angemeldet. Davon abgesehen wird es mit hoher Wahrscheinlichkeit inhaltliche Abgrenzungsschwierigkeiten geben, weil mit Vitaminen, Mineralien oä Stoffen angereicherte Produkte Wettbewerbsvorteile gegenüber herkömmlichen Produkten erlangen könnten. In der Lit[420] wurde das Bsp Vollmilch genannt. Mit ihrem hohen Kalziumgehalt wäre sie ein Anwärter für eine nährwertbezogene Angabe, müsste aber wahrscheinlich wegen ihres hohen Fettgehalts einen entsprechenden Hinweis gem Art 4 Abs 2 b) Health Claims VO tragen. Ein mit Calcium angereicherter Fruchtsaft könnte hingegen ohne diese ergänzende Angabe beworben werden.

128 Bis die Festlegung von Nährwertprofilen erfolgt ist, sind die im Anhang aufgeführten nährwertbezogenen Angaben für alle Produkte zulässig, die die übrigen Anforderungen der Health Claims VO erfüllen. Auch Anträge für die Zulassung gesundheitsbezogener Angaben nach Art 13 und 14 Health Claims VO können gestellt und beschieden werden. Die Zulassung erfolgt ohne Berücksichtigung solcher Profile. Sobald die Nährwertprofile erlassen sind, kann für die Produkte, die dem für sie einschlägigen Nährwertprofil nicht entsprechen, die zugelassene gesundheitsbezogene Angabe noch maximal 24 Monate weiter verwendet werden.[421]

129 Ausnahmsweise sind gem Art 4 Abs 2a Health Claims VO 1924/2006 trotz schlechtem **Nährwertprofil** oder ohne Bezugnahme darauf bestimmte Angaben zulässig. Diese Möglichkeit besteht zum einen für Reduktionsangaben. Dabei darf auf die Reduktion von Fett, gesättigten und trans- Fettsäuren, Zucker und Salz/Natrium hingewiesen werden. Grundvoraussetzung dieser Ausnahmeregelung ist, dass das Nährwertprofil für den Nährstoff, der reduziert wurde, überschritten wird. Zum anderen sind nährwertbezogene Angaben auch bei ungünstigem Lebensmittelprofil erlaubt, wenn nur ein Stoff das Nährwertprofil übersteigt und für diesen Bestandteil zusätzlich der Hinweis „Hoher Gehalt an…" erfolgt.

130 Für **alkoholische Getränke** mit einem Alkoholgehalt von mehr als 1,2 Volumenprozent[422] enthält Art 4 Abs 3 VO (EG) 1924/2006 ein Werbeverbot.[423] Es umfasst

---

(10) 253-F). Das Bundesamt für Risikobewertung sieht zudem einen Widerspruch zwischen dem Anspruch der Kommission allgemeine Nährwertprofile zu formulieren und doch eine große Anzahl an Ausnahmen von Lebensmittel, für die kein Nährwertprofil gilt, zuzulassen.
[416] *Kraus* EWS 2009, 261, 264; *Meyer* Gesundheits- und krankheitsbezogene Werbung für Lebensmittel § 4 Rn 300. Krit auch die Stellungnahme von Unland vor dem Bundestagsausschuss für Ernährung, Landwirtschaft u Verbraucherschutz zur öffentlichen Anhörung am 6.10.2010 (Ausschuss DS 17 (10) 253-C). Sie kritisiert ua die spezifischen Bedingungen, die je nach Produktkategorie gelten am Beispiel von Pizza.
[417] *Sosnitza* ZLR 2004, 1, 11.

[418] *Gorny* ZLR 2003, 253, 257.
[419] *Loosen* ZLR 2006, 521, 527; *Hüttebräuker* LMuR 2004, 17, 21; *Sosnitza* ZLR 2004, 1, 11.
[420] *Rempe* 83 f.
[421] S Übergangsregelung in Art 28 Abs 6 Health Claims VO.
[422] Die Brauerei Krombacher ließ sich für ihr Biermischgetränk mit dem Label „Dragon Power" nicht auf eine Entscheidung vor dem LG Siegen ein, ob ihr Produkt mit der Angabe „Energy" beworben werden könne (Fallschilderung bei *Hagenmeyer* WRP 2009, 551, 560 f). S auch für die Bewerbung eines Fruchtlikörs.
[423] Allerdings darf bei Getränken mit einem Alkoholgehalt von mehr als 1,2 Volumenprozent eine nährwertbezogene Angabe ver-

nicht nur die Etikettierung des Produkts sondern auch die Werbung für das Lebensmittel mit der gesundheitsbezogenen Angabe.[424] Herangezogen wird folgender Gedanke: Die Formulierung „Informationen tragen" in Art 10 Abs 2 Health Claims VO bezieht sich nicht nur auf die Aufmachung von Lebensmitteln sondern auch auf die Lebensmittelwerbung. Vor dem VG Frankfurt (Oder) war über die Erteilung einer Ausnahmegenehmigung für ein „Anti-Aging Bier" zu entscheiden.[425] Neben diesem Markennamen sollte auch ein Werbetext auf der Verpackung angebracht werden, der dem Verbraucher mitteilte, dass das „Anti-Aging Bier" einen kleinen Beitrag zum Wohlbefinden leiste und ua die Zellen vor dem schädlichen Angriff freier Radikale schütze. Von der Klägerin wurde die Health Claims VO nicht für einschlägig gehalten, da für das Anti-Aging Bier bereits seit 2003 Markenschutz bestehe. Zudem war sie der Auffassung, dass sie weder nährwert- noch gesundheitsbezogene Angaben mache. Dies war entscheidungserheblich, da sich die Behörde ausdrücklich auf das Verbot aus Art 4 Abs 3 Health Claims VO berief. Das VG entschied sich für einen Mittelweg. Es verpflichtete die Behörde, die Ausnahmegenehmigung zu erteilen, schränkte aber den Werbetext ein. Der Verweis auf den Schutz vor dem Angriff freier Radikale wurde dem Unternehmen untersagt. Sie wurde vom Gericht als gesundheitsbezogene Angabe verstanden, die nach Art 4 Abs 3 für alkoholische Getränke unzulässig ist.[426] Eine weitere Ausnahme gilt für Nahrungsergänzungsmittel, die in flüssiger Form dargereicht werden und unter RL 2002/46/EG fallen. Sie werden nicht als Getränke iSd Health Claims VO gewertet. Für Spirituosen interessant könnte die Ausnahme der VO für „traditionelle Bezeichnungen" interessant werden. Das OLG Düsseldorf legte dem EuGH jetzt die Frage vor, ob ein Digestif, den es seit 1876 gibt, von dieser Ausnahme profitieren kann.[427]

131 Aus den Begründungserwägungen 10–12 zu Art 4 Health Claims VO (EG) 1924/2006 ergeben sich die Motive des Gesetzgebers für die Notwendigkeit der Einführung von Nährwertprofilen nur bedingt. Offenbar ist der Gemeinschaftsgesetzgeber der Auffassung, dass das gemeinschaftsrechtliche Verbraucherleitbild des informierten und aufgeklärten Verbrauchers im Bereich der gesundheitsbezogenen Lebensmittelwerbung korrigiert werden müsste, da dem Verbraucher scheinbar nicht zugetraut wird, sich anhand der Nährwertkennzeichnung über die Zusammensetzung und den Nährwert eines beworbenen Lebensmittels zu informieren.

132 c) **Anforderungen aus Art 5 und 6 Health Claims VO.** Neben der Erfüllung der Nebenwertprofile sind nährwert- und gesundheitsbezogene Angaben noch an weitere Bedingungen gem Artt 5, 6 Health Claims VO (EG) 1924/2006 geknüpft. Es wird ua verlangt, dass die behauptete **ernährungsbezogene** oder **physiologische Wirkung** nach wissenschaftlichen Erkenntnissen wirklich gegeben ist und der entsprechende Stoff in **ausreichender Menge** in dem beworbenen Lebensmittel in einer für den Körper verwertbaren Weise vorhanden ist. Die Begriffe „ernährungsbezogen" und „physiologisch" sind in der VO nicht definiert, so dass letztlich die Praxis beide Begrifflichkeiten konkretisieren muss. Die Gerichte können sich dabei an dem in der Wissenschaft anerkannten Begriffsverständnis orientieren, sie müssen es aber nicht. Der Begriff „physiologische Wirkung" sagt zunächst nur aus, dass Auswirkungen auf die Körper-

---

wendet werden, die sich auf einen geringen oder reduzierten Alkoholgehalt bezieht.
[424] OVG Rheinland-Pfalz ZLR 2009, 752, 757.
[425] VG Frankfurt Oder Urt v 7.2.2008, Az 4 K 455/04.

[426] Vgl hierzu auch *Meisterernst/Haber* Health and Nutrition Claims Art 4 Rn 37.
[427] OLG Düsseldorf GRUR-RR 2010, 291 – Underberg.

funktionen bestehen müssen. Diese weite Definition führt dazu, dass alle Körpervorgänge, die durch Ernährung beeinflusst werden können, physiologische sind.[428] Dadurch kann es bei gesundheitsbezogenen Angaben, die sich auf Reduzierung eines Krankheitsrisikos beziehen, zu Abgrenzungsproblemen zu Arzneimitteln gem § 2 AMG kommen.[429] Zu den Grundlagen der Abgrenzung zwischen Arznei- und Lebensmitteln wird auf Rn 20 verwiesen.

133 Neben den Begriffen „ernährungsbezogen" und „physiologisch" bedarf auch die Vorgabe „ausreichende Menge" weiterer Konkretisierung. Erwägungsgrund 14 präzisiert, dass durch den Verzehr einer realistisch möglichen Menge des Lebensmittels eine wesentliche Menge des wirksamen Nährstoffs bzw der wirksamen Substanz bereitgestellt werden muss. Für Vitamine und Mineralstoffe ergibt sich aus dem Anhang der Health-Claims VO für die Verwendung nährwertbezogener Aussagen, dass die signifikante Menge bei 15 % des Tagesbedarfs des Nährstoffs liegt. In der Lit wurde die Frage gestellt, ob die gesetzliche Fiktion, dass 15 % stets ausreichend sind, um die behaupteten physiologischen bzw ernährungsbezogenen Wirkungen zu erreichen, aus wissenschaftlicher Sicht unterstützt werden kann.[430] Nahe liegend wäre, dies von der behaupteten Wirkung abhängig zu machen.[431] So ein Vorgehen würde auch dem entsprechen, was die Health Claims VO bei anderen Substanzen als Vitaminen und Nährstoffen vorsieht. Für gesundheitsbezogene Angaben ist es grundsätzlich erforderlich nachzuweisen, dass für die spezielle gesundheitsbezogene Wirkung die im Lebensmittel enthaltene Menge der wirksamen Substanz ausreicht.

134 Neben den eben genannten Voraussetzungen muss sich die Angabe für den durchschnittlichen Verbraucher verständlich darstellen und auf das verzehrfertige Produkt beziehen. Verzehrfertig ist in Art 5 Abs 3 Health Claims VO konkretisiert. Es meint den Zustand, den das Produkt nach der Zubereitung durch den Verbraucher entsprechend den Zubereitungshinweisen hat. Die Praxis wird daher wohl höheren Anforderungen an die Formulierung von Zubereitungshinweisen zu genügen haben, da diese gewährleisten müssen, dass die für die behauptete Wirkung ausreichende Menge der jeweiligen Substanz noch im Lebensmittel vorhanden ist, wenn der Verbraucher das Produkt konsumiert. Für die Voraussetzung „durchschnittlichen Verbraucher" kann auf das Leitbild der st Rspr als „durchschnittlich aufmerksam, informiert und verständig" zurückgegriffen werden.[432] Bei der Verständlichkeit ist es möglich, auf den Wissens- und Informationsstand, den der Verwender der Angabe bei einem durchschnittlichen Verbraucher voraussetzen darf, zu verweisen. Der Verwender muss den Verbraucher objektiv informieren, ist jedoch nicht verpflichtet ihm sämtliche Informationen zu geben bzw sie ihm aufzubereiten, die er für eine sachliche Entscheidung anhand seiner Bedürfnisse benötigt.[433] So darf davon ausgegangen werden, dass der durchschnittlich verständige Verbraucher, der seine Kaufentscheidung nach der Zusammensetzung eines Lebensmittels richtet, das Zutatenverzeichnis liest.[434]

135 Eine nährwert- oder gesundheitsbezogene Angabe ist nur zulässig, wenn die behauptete Wirkung anhand allgemein anerkannter wissenschaftlicher Erkenntnisse nachgewiesen ist.[435] Bei der **wissenschaftlichen Absicherung** gem Art 6 Health

---

[428] Holle 20.
[429] Vgl auch Holle 20.
[430] Holle 33.
[431] Holle 33.
[432] Vgl bspw EuGH C-313/94 – Gut Springenheide BGH GRUR 2000, 619 – Orient-Teppichmuster.
[433] Holle 35.
[434] S EuGH Slg 2000, I-2297 Rn 22.
[435] Zur wissenschaftlichen Absicherung: OLG Düsseldorf Urt v 7.9.2010, Az U 129/09 und LG Berlin MD 2010, 417.

Claims VO (EG) 1924/2006 sind alle verfügbaren wissenschaftlichen Daten zu berücksichtigen. Der Gesetzgeber hat den Begriff des wissenschaftlichen Nachweises nicht näher ausgeführt. In Erwägungsgrund 13 findet sich lediglich die Feststellung, dass „jedenfalls dann der Nachweis einer positiven Wirkung nicht erbracht sei, wenn derzeit noch keine ausreichende Einigkeit in der Wissenschaft bestehe." Bei Umfang und Methodik des wissenschaftlichen Nachweises ist zwischen nährwert- und gesundheitsbezogenen Angaben zu unterscheiden.[436] Auf Details dazu wird an dieser Stelle verzichtet.[437] Der BGH hat zu gesundheitsbezogenen Werbeangaben in seiner „Priorin" Entscheidung[438] konkretere Anforderungen für Wirksamkeitsnachweise getroffen. Sie haben aber nur begrenzte Aussagekraft, da gesundheitsbezogene Werbung für Lebensmittel, die unter die Health Claims VO fällt, nach den Anforderungen der EFSA bewertet wird. Der EFSA genügt grds nicht irgendeine wissenschaftliche Studie, sondern es muss sich um eine randomisierte, placebo-kontrollierte Doppelblindstudie mit einer statistischen Auswertung handeln.[439] Da EFSA inzwischen eine Reihe negativer Gutachten aufgrund unzureichender wissenschaftlicher Nachweise erstellt hat, die in der Wirtschaft für Verunsicherung gesorgt haben, will sie den Dialog mit den Betroffenen fortsetzen und zusätzliche Orientierungshilfen geben.[440] Wie heikel die Anmeldung von Werbeaussagen ausfallen kann, zeigt der Fall Danone, wo die Anmeldung für die Werbeaussagen für Actimel und Activia bereits zum zweiten Mal zurückgezogen wurden, um einer drohenden Ablehnung durch die EFSA zuvorzukommen.[441] Die Werbung mit Probiotika gilt als besonders dynamisches Marktsegment und verschafft Danone große Zuwachsraten.[442]

136 Probleme wirft die Vorgabe des Art 5 Abs 1a) Health Claims VO zur wissenschaftlichen Absicherung bei der nährwertbezogenen Auffangangabe „enthält" auf. Nach dem Wortlaut des Art 5 Abs 1a) müssen auch diese Angaben den Anforderungen genügen. Allein mit der Angabe „enthält" wird jedoch keine ernährungsbezogene oder physiologische Wirkung behauptet.[443] Sachgerechtes Ergebnis kann daher nur sein, dass dieser Teil aus Art 5 Health Claims VO für die Auffangangabe „enthält" nicht anwendbar ist.[444]

137 Zudem existiert die Verpflichtung, die Verwendung der gewünschten Angabe zu begründen. Hinsichtlich dieses Begründungserfordernisses ist nicht klar, ob es sich dabei um ein zusätzliches Rechtfertigungserfordernis handelt. Unbestritten ist, dass eine allgemeine anerkannte wissenschaftliche Absicherung nicht damit gleichbedeutend sein kann, dass die jeweiligen wissenschaftlichen Erkenntnisse völlig unumstritten sind. Welche Bedeutung Gegenmeinungen zukommen darf, ist jedoch noch nicht erschöpfend beantwortet.[445]

---

[436] Zu Anforderungen an wissenschaftlichen Nachweis von gesundheitsbezogenen Angaben s auch *Rempe* 150 ff.
[437] Ausf dazu *Holle* 25 ff.
[438] BGH Urt v 2.10.2008, Az I ZR 51/06 – Priorin.
[439] *Meyer* Goldstandard für Health Claims, Lebensmittelzeitung v 3.4.2009; s auch: Und es geht doch: Essen als Therapie, Wirtschaftswoche v 18.10.2010, 108.
[440] Ab Dezember 2010 finden Konsultationen zu spezifischen Themen statt.
[441] Vgl zB Und es geht doch: Essen als Therapie, Wirtschaftswoche v 18.10.2010, 108; Sprung mit Risiko, Lebensmittelzeitung 8.5.2009; Danone macht erneuten Rückzieher, Lebensmittelzeitung v 23.4.2010.
[442] Danone zieht Health Claims zurück, Lebensmittelzeitung v 24.4.2009; Danone macht erneuten Rückzieher, Lebensmittelzeitung v 23.4.2010.
[443] *Zechmeister* ZLR 2009, 677, 686.
[444] *Zechmeister* ZLR 2009, 677, 686.
[445] Erwägungsgrund 14 der VO spricht nur allgemein von „ausreichender Einigkeit in der Wissenschaft." *Meisterernst/Haber* (WRP 2007, 363, 370) formulieren, dass „keine gewichtigen Gegenmeinungen" bestehen dürfen.

138   **d) Nährwertkennzeichnung gem Art 7 Health Claims VO.** Aus Art 7 VO (EG) 1924/2006 ergibt sich, dass bei Verwendung nährwertbezogener Angaben die Verpflichtung zur **Nährwertkennzeichnung** gem Art 2 Abs 2 RL 90/496/EWG unverändert bestehen bleibt. Bei Angaben zu Brennwert, Eiweiß, Kohlenhydraten oder Fett sind diese 4 Nährstoffe anzugeben („Big Four"). Sofern sich die nährwertbezogene Angabe bspw auf Ballaststoffe, Natrium, Zucker oder gesättigte Fettsäuren bezieht, muss entsprechend nach den „Big Eight" gekennzeichnet werden. Für gesundheitsbezogene Angaben finden die Vorschriften entsprechende Anwendung, allerdings müssen die sog „Big Eight" (Brennwert, Proteine, Kohlenhydrate, Zucker, Fette, gesättigte Fettsäuren, Ballaststoffe, Natrium) gekennzeichnet werden[446]. Stoffe, die nicht zu den „Big Eight" gehören und beworben werden, sind außerdem in unmittelbarer Nähe der Nährwertkennzeichnung anzugeben (zB Vitamine).

3. Nährwertbezogene Angaben

139   Kapitel III der Health Claims VO widmet sich den **nährwertbezogenen Angaben**. Dabei sind nur solche Angaben zulässig, die im Anhang der Verordnung gelistet sind (zB energiereduziert, fettarm, Ballaststoffquelle, leicht, natürlich).[447] Diese Vorgaben orientieren sich weitgehend an den Vorschlägen des Codex Alimentarius. Allerdings wurde die nährwertbezogene Angabe „cholesterinarm/-frei" nicht übernommen.[448] Bzgl. der einzelnen erlaubten Angaben werden Vorgaben für die Benutzung vorgeschrieben, zB ist die Angabe „leicht" nur erlaubt, wenn eine Reduzierung entsprechenden Nährstoffs um mindestens 30 %, eines Mikronährstoffs um mindestens 10 % oder für Natrium/Salz um mindestens 25 % gegenüber einem vergleichbaren Produkt erfolgt.[449] Neben den im Anhang aufgeführten Angaben können auch gleichwertige Bezeichnungen verwendet werden, da die Formulierungen des Anhangs auch für Angaben gelten, die für den Verbraucher wahrscheinlich dieselbe Bedeutung haben.[450] Bei der Ermittlung des voraussichtlichen Verbraucherverständnisses ist wiederum auf das vom EuGH entwickelte Verbraucherleitbild eines durchschnittlich verständigen und informierten und aufmerksamen Verbrauchers abzustellen[451]. In der Lit wird allerdings auch vertreten, das nur auf den durchschnittlichen Verbraucher abzustellen sei und damit auf einen etwas niedrigeren Standard.[452] Zur Begründung wird angeführt, dass Art 5 Abs 2 Health Claims VO analog heranzuziehen sei, der nur auf einen „durchschnittlichen Verbraucher" abstelle.[453] In Erwägungsgrund 16 der Health Claims VO wird allerdings klargestellt, dass genereller Maßstab für die Verordnung der „normal informierte, aufmerksame und verständige Durchschnittsverbraucher unter Berücksichtigung sozialer, kultureller und sprachlicher Faktoren" ist. Legt man dieses

---

[446] Von dieser Verpflichtung ausgenommen sind produktübergreifende Aussagen.
[447] Diese Angaben basieren auf den Leitlinien der Codex Alimentarius Kommission.
[448] Der Katalog wird jedoch weiter ausgebaut. Für den Anhang zugelassen werden die Angaben „Source of Omega-3 Fatty Acids", „High Omega-3 Fatty Acids", „High Mono Unsaturated Fat" „high Unsaturated Fat" und „High Poly Unsaturated Fat".
[449] Eine ausf Darstellung der Verwendung nährwertbezogener Angaben findet sich bei Holle 48–54.

[450] Vgl Meyer Health Claims Verordnung, 54; Loosen ZLR 2006, 521, 539; Meisterernst/Haber Health and Nutrition Claims Art 8 Rn 8; differenzierend Zechmeister ZLR 2009, 677, 680.
[451] EuGH C-313/94 – Gut Springenheide BGH GRUR 2000, 619 – Orient-Teppichmuster.
[452] Zipfel/Rathke/Rathke C 111, Art 8 Rn 7 und Art 5 Rn 24.
[453] Zipfel/Rathke/Rathke C 111, Art 8 Rn 7 und Art 5 Rn 24.

Verbraucherleitbild zu Grunde, kann erwartet werden, dass sich der Verbraucher mit den Nuancen bzw Details einer nährwertbezogenen Angabe auseinandersetzt.[454] Erwägungsgrund 16 verdeutlicht jedoch auch, dass die Figur des Durchschnittsverbrauchers iSd der EuGH Rechtsprechung nicht auf einer statistischen Grundlage beruht und die nationalen Gerichte und Behörden daher das Verbraucherverständnis individuell nach eigenem Ermessen zu beurteilen haben. Das voraussichtliche Verbraucherverständnis ist für die Lebensmittelunternehmen, die eine nährwertbezogene Angabe nutzen wollen, mit einigen Unwägbarkeiten verbunden. Sie ließen sich evtl dadurch ausräumen, dass die Unternehmen die voraussichtliche Interpretation in einer Verbraucherumfrage ermitteln.[455]

140 Das LG Hamburg[456] musste sich mit den Bedingungen der Verwendung der nährwertbezogenen Angabe „ohne Zuckerzusatz" für ein Erfrischungsgetränk auseinandersetzen. Diese Angabe ist erlaubt, wenn das beworbene Lebensmittel weder zugesetzte Mono- noch Disaccharide noch andere wegen ihrer süßenden Wirkung verwendeten Lebensmittel enthält.[457] Im Gegensatz dazu beziehen sich die Angaben „zuckerfrei" und „zuckerarm" auf den enthaltenen Zucker.[458] Die Angabe „ohne Zuckerzusatz" reduziert das Gericht zu Recht auf den Zusatz isolierter Zuckerarten und schließt natürliche Bestandteile/Zuckergehalt eines Lebensmittels aus.[459] Bzgl sonstiger süßender Bestandteile vertritt das LG Hamburg im Wege normsystematischer Auslegung in historischer Parallele zu Art 1 Abs 3 RL 94/35/EG (Süßungsmittel), dass ein wegen seiner süßenden Wirkung verwendetes Lebensmittel „eine annähernd starke Süßungskraft" wie isolierte Mono- oder Disaccharide haben muss.[460] Als Bsp für solche Lebensmittel werden Honig oder Sirup, deren süßende Kraft im Vordergrund steht, genannt.[461] Folglich ist die Verwendung der nährwertbezogenen Angabe „ohne Zuckersatz" bei Zusatz von Fruchtsaft/Fruchtsaftkonzentrat (zu einem Erfrischungsgetränk) möglich. Für die Verpflichtung der zusätzlichen Angabe „enthält von Natur aus Zucker" sahen die Richter keinen Anlass, weil dieser zusätzliche Hinweis nach dem Wortlaut der VO nur angebracht werden sollte und nicht muss[462].

141 Als Reaktion auf das Verfahren vor LG Hamburg hat das verklagte Unternehmen seinen Wettbewerber vor dem LG Düsseldorf[463] angegriffen. Diesmal waren die Auslobungen „viel Calcium und Magnesium" bzw „calciumreich" Gegenstand des Verfahrens. In der Zutatenliste für das Erfrischungsgetränk wurden Magnesium- und Calciumcarbonat genannt. Die Nährwerttabellen ergaben 10 mg Magnesium bzw 20 mg Calcium pro 100 ml, was 3,5 % bzw 2,5 % der Tagesdosis entspricht. Dadurch waren die nährwertbezogenen Angaben nach Auffassung der Richter nicht gerechtfertigt. Das Gericht legte die Bedingungen für die Nutzung der nährwertbezogenen Angaben „Mineralstoffquelle" bzw „hoher Mineralstoffgehalt" nach dem Anhang der Health Claims VO genau aus.[464] Erstere Angabe verlangt eine „signifikante Menge"

---

[454] *Zechmeister* ZLR 2009, 677, 681.
[455] *Zechmeister* ZLR 2009, 677, 682.
[456] LG Hamburg Urt v 9.5.2008, Az 408 O 55/08 – bios.
[457] LG Hamburg Urt v 9.5.2008, Az 408 O 55/08.
[458] LG Hamburg Urt v 9.5.2008, Az 408 O 55/08; vgl auch *Hagenmeyer* WRP 2009, 554, 557.
[459] *Hagenmeyer* WRP 2009, 554, 557.
[460] LG Hamburg Urt v 9.5.2008, Az 408 O 55/08; vgl auch *Hagenmeyer* WRP 2009, 554, 557.
[461] LG Hamburg Urt v 9.5.2008, Az 408 O 55/08; vgl auch *Hagenmeyer* WRP 2009, 554, 557.
[462] LG Hamburg Urt v 9.5.2008, Az 408 O 55/08.
[463] LG Düsseldorf GRUR-RR 2008, 439 ff.
[464] Vgl hierzu *Meisterernst/Haber* Health and Nutrition Claims Art 8 Rn 48 ff; Zipfel/Rathke/ *Rathke* C 111 Art 8 Rn 17 f.

letztere eine mindestens doppelt so hohe „signifikante Menge" der beworbenen Stoffe.[465] Aus dem Anhang ergibt sich, dass eine signifikante Menge bei 15 % des Tagesbedarfs liegt. Danach berechneten die Richter, dass das beworbene Lebensmittel diese Anforderungen nicht erfüllte.[466] Das LG Frankfurt verbot inzwischen auch einem Reformhaus den Hinweis auf eine Extraportion Kalzium bei einem Sojadrink, der statt der erforderlichen 240 mg pro 100 ml nur 120 mg enthielt.[467]

142 Sollte keine der speziellen nährwertbezogenen Angaben passen, wird auf die allgemeinen Angaben verwiesen, die ermöglichen, dass nährwertbezogene Angaben auch in Bezug auf Substanzen und Nährstoffe gemacht werden können, für die keine speziellen Vorgaben existieren. Dazu gehören zB die Angaben „Name des Vitamins/Mineralstoffs" oder „hoher (Name des Vitamins/Mineralstoffs) Gehalt", dh für Vitamine und Mineralstoffe können Gehaltsangaben oder hohe Gehaltsangaben getätigt werden. Die Angabe „enthält" ist im System der nährwertbezogenen Angaben als eine Art Auffangangabe zu verstehen.[468] Mit ihr kann zumindest auf die Existenz eines bestimmten Stoffes hingewiesen werden. In Erwägungsgrund 22 der Health Claims VO wird klargestellt, dass die Bedingungen für die Verwendung der Bezeichnungen „laktosefrei" und „glutenfrei" nicht Gegenstand der Health Claims VO sondern der RL 89/398/EG sind, soweit sie sich an eine Verbrauchergruppe mit bestimmten Gesundheitsstörungen richten.

4. Gesundheitsbezogene Angaben

143 Kapitel IV beschäftigt sich mit den **gesundheitsbezogenen Angaben**. Sie sind grundsätzlich verboten und nur noch erlaubt, wenn sie nach der Verordnung zugelassen werden bzw in die Liste der zugelassenen Angaben aufgenommen wurden (präventives Verbot mit Erlaubnisvorbehalt). Bis zur Verabschiedung der **Gemeinschaftsliste** sind in Deutschland gem Art 28 Abs 6 Health Claims VO (EG) 1924/2006 gesundheitsbezogene Angaben im Rahmen der Möglichkeiten der §§ 11, 12 LFGB weiter generell zulässig.[469] Bestimmte gesundheitsbezogene Angaben, die in der Gemeinschaftsliste zulässiger Angaben enthalten sein werden, dürfen ohne Einzelzulassungsverfahren genutzt werden. Sie unterliegen der allgemeinen Zulassung gem Art 13 Health Claims VO (EG)1924/2006.[470] Sofern Angaben iSd Art 13 Abs 1 Health Claims VO in der Gemeinschaftsliste gem Art 13 Abs 3 enthalten sind, bedürfen sie keiner Zulassung nach Art 15 ff Health Claims VO. Vor Verabschiedung der Gemeinschaftsliste stellt sich für Lebensmittelunternehmer das Problem, das sie nicht vorhersehen können, welche Angaben Eingang in die Gemeinschaftsliste finden werden, weil sie als wissenschaftlich anerkannt gelten. Der Grat zu den auf neuen wissenschaftlichen Erkenntnissen beruhenden Angaben gem Art 13 Abs 5 Health Claims VO dürfte schmal ausfallen.[471]

144 Es wird erwartet, dass die nach Art 13 Health Claims VO zu erstellende Liste nur allgemeine Zusammenhänge zwischen Stoffen oder Lebensmitteln und einer positiven Wirkung auf die Gesundheit festlegen wird, die als allgemein wissenschaftlich anerkannt gelten.[472] Daher wird den Lebensmittelunternehmern überlassen bleiben, die

---

[465] LG Düsseldorf GRUR-RR 2008, 439 ff.
[466] Im Urteil wird nicht deutlich, was die Referenzmenge für die 15 % des Tagesbedarfs ist – die 100 ml oder eine Portion von 0,33 l.
[467] OLG Nürnberg Beschl v 5.10.2009, Az 3 U 1237/08.
[468] *Loosen* ZLR 2006, 521, 539.
[469] Vgl Rn 71.
[470] Zur Listenaufstellung s *Meisterernst/Haber* WRP 2007, 363, 382.
[471] So *Holle* 60.
[472] *Holle* 61.

§ 3 Gesundheitsbezogene Werbung für Lebensmittel-Neuregelungen durch die Healt Claim VO

konkreten Formulierungen der gesundheitsbezogenen Angaben vorzunehmen.[473] Die damit einhergehende Abstraktheit kann im Vollzug der VO durch die nationalen Überwachungsbehörden allerdings zu faktischen Unterschieden führen. Zudem muss für jeden Einzelfall geklärt werden, ob die konkrete Formulierung auf dem Lebensmittel von der in der Liste zugelassenen allgemeinen Aussage gedeckt ist. Mit Zulassung der ersten gesundheitsbezogenen Claims durch die Kommission per VO werden zugleich die ersten Claims auch offiziell verboten.[474] Gem Art 28 Health Claims VO dürfen die betroffenen Produkte bis zu 6 Monate nach Inkrafttreten der VO verwendet werden. Umstr ist, ob diese Formulierung „inverkehrbringen" oder „abverkaufen" bedeutet.[475] Wirtschaftlich ist sehr bedeutsam, ob nach 6 Monaten der Verkauf im Handel gestoppt oder „nur" die Produktion mit dem entsprechenden Label beendet werden muss. In der Health Claims VO existiert keine Definition für „verwenden". ZT wird für eine weite Auslegung plädiert.[476] Danach sollte „verwenden" nur für den Ersten, der die Lebensmittel in Verkehr bringt, gelten. Alle weiteren Stufen, insb der Einzelhandel, könnten die betroffenen Produkte nach dieser Lesart auch nach Ablauf der 6-Monatsfrist weiter verkaufen. Nach Inkrafttreten der Gemeinschaftsliste ist für Angaben, die nicht in der Gemeinschaftsliste enthalten sind, das jeweils einschlägige Zulassungsverfahren gem Artt 15–19 Health Claims VO (EG) 1924/2006 zu durchlaufen.[477]

EFSA hat im Oktober 2009 die ersten Gutachten zu Health Claims veröffentlicht. Dabei erhielten nur ca ein Drittel der Angaben eine positive Bewertung. Dies betraf bspw Claims zu Vitaminen und Mineralstoffen, die Wirkung von Fluorid gegen Karies, Fettsäuren zur Regulierung des Blutspiegels oder den Zusammenhang einer Aufnahme von Kalzium und einer normalen Ausprägung von Knochen. Als wissenschaftlich unzureichend wurden die meisten probiotischen Claims verworfen – aber sie sind wirtschaftlich besonders interessant.[478] Mit der dritten Tranche von Gutachten im Oktober 2010 hat EFSA bislang 1745 der 4637 gesundheitsbezogenen Angaben, die von den Mitgliedstaaten und der Kommission in einer Liste zusammengestellt wurden, beurteilt. EFSA will die Bewertung aller gesundheitsbezogenen Angaben über allgemeine Funktionen (Ausnahme: Angaben über pflanzliche Stoffe) bis Ende Juni 2011 abschließen.[479]

145

---

[473] *Holle* 61; aA *Epping/Greifeneder* WRP 2006, 830, 837, die vertreten, dass eine gesundheitsbezogene Angabe nur in der im Zulassungsverfahren gewählten konkreten Form aber nicht in einer sinngemäßen Formulierung verwendet werden darf. Diese Auffassung berücksichtigt nicht ausreichend, dass der Gemeinschaftsgesetzgeber im Gesetzgebungsverfahren zum Ausdruck gebracht hat, dass er allgemeine Prinzipien und beispielhafte Formulierungen festlegen will (s Anhang VO zu nährwertbezogenen Angaben, wo es heißt, dass auch Formulierungen gestattet sind, die für den Verbraucher die gleiche Bedeutung haben. Eine Einzelzulassung ließe sich auch anhand der Flut von Anträgen (44.000), die gestellt wurden und zur Bearbeitung durch EFSA in Kategorien zusammengefasst werden mussten, in der Praxis nicht bewältigen (vgl auch *Natz/Zumdick* Bericht aus Brüssel LMuR 2009, 13).
[474] Die Zulassung in Tranchen durch die Kommission wird kritisiert, s Antwort zur kleinen Anfrage (DS 17/2504, Antwort Bundesregierung DS 17/2644) o Lebensmittelzeitung v 20.11.2009.
[475] Health Claims bleiben Ärgernis, Lebensmittelzeitung v 20.8.2010.
[476] Health Claims bleiben Ärgernis, Lebensmittelzeitung v 20.8.2010.
[477] *Loosen* ZLR 2006, 521, 544 f; *Meisterernst/Haber* WRP 2007 363, 384 ff. *Von Danwitz* kritisiert die Verfahrensweise der Einzelzulassung als besonders hinderlich für kleine und mittlere Unternehmen, die, wie er zu Recht anmerkt, Mühe haben werden, die notwendigen Unterlagen zur wissenschaftlichen Absicherung beizubringen (GRUR 2005, 896, 901).
[478] EFSA lässt Hersteller zittern, Lebensmittelzeitung v 9.10.2009.
[479] Pressestatement v 19.10.2010 www.efsa.europa.eu/de/press/news/nda101019.htm.

Maja Murza

146 Vor dem OLG Schleswig[480] war über den Claim „Anti Aging wissenschaftlich dokumentiert" und ein Nahrungsergänzungsmittel mit dem Namen „Zell Energie Kapseln", das das Coenzym Q10 enthält, zu befinden. Zur Rechtfertigung ihrer Werbung führten die Beklagten an, dass sich ihre Werbung auf den Listen befände, die am Ende des Bewertungsverfahrens in eine Gemeinschaftsliste zulässiger gesundheitsbezogener Angaben münden solle. Diese Argumentation hatte vor dem OLG Schleswig keinen Erfolg, denn wer mit Wirkaussagen wirbt, braucht eine wissenschaftlich hinreichend gesicherte Datenlage für sein Lebensmittel. Dies ergibt sich ganz unabhängig von der Health Claims VO auch aus § 11 Abs 1 Nr 2 LFGB.[481] Die Vorschlaglisten können daher keine Rechtssicherheit für die Lebensmittelhersteller bringen – so sehr das auch von der Branche beklagt werden mag.

147 Gesundheitsbezogene Angaben, die auf neuen wissenschaftlichen Daten beruhen oder sich auf geschützte Daten des antragstellenden Unternehmen stützen, werden nach Art 13 Abs 5 Health Claims VO durch das in Art 18 VO beschriebene Verfahren genehmigt. Gesundheitsbezogene Angaben, die auf geschützten wissenschaftlichen Daten eines Antragstellers beruhen, dürfen nach Art 21 Health Claims VO für einen Zeitraum von 5 Jahren bei einem späteren Zulassungsverfahren nicht zu Gunsten eines anderen Antragstellers genutzt werden. Auf Probleme, die eine enge am Wortlaut orientierte Auslegung für den Umgang mit neuen wissenschaftlichen Daten bedeuten würde, wurde in der Lit hingewiesen.[482] Sie befürchtete Schwierigkeiten bei der notwendigen wissenschaftlichen Absicherung, wenn keine Veröffentlichung der neuen Erkenntnisse in wissenschaftlichen Gremien möglich wäre, ohne den Schutz nach Art 21 Health Claims VO zu verlieren. Der Gemeinschaftsgesetzgeber hatte offenbar auch keinen derart exklusiven Umgang mit den Daten im Sinne, da in Art 16 Abs 6 Health Claims VO (EG) 1924/2006 vorgesehen ist, dass eine Veröffentlichung der Stellungnahme der EFSA zu den Zulassungsanträgen mit der Möglichkeit von Kommentaren durch die Öffentlichkeit erfolgen kann. Daher liegt es nahe, dass sich das Zulassungsverfahren bspw an den Vorgaben zur Zulassung im Gemeinschaftskodex für Arzneimittel orientieren soll.[483] Die Zulassung eines individuellen Health Claims nach Art 13 Abs 5 oder Art 14 Health Claims VO ist für die Unternehmen ein teures Unterfangen. Bis zu € 5 Mio soll ein aus mehreren wissenschaftlichen Studien bestehendes Dossier kosten.[484] Fällt ein Claim bei der EFSA durch, kann das Marketing für dieses Produkt schnell darunter leiden, weil die Ergebnisse von EFSA öffentlich zugänglich gemacht werden.

148 Für gesundheitsbezogene Angaben bestehen gem Art 10 Abs 2 VO (EG) 1924/2006 **Sonderkennzeichnungspflichten**. Dazu ist der Hinweis auf die Bedeutung einer gesunden Ernährung und Lebensweise ebenso erforderlich, wie die Schilderung der Voraussetzungen für das Erreichen der positiven Wirkung durch das jeweilige Lebensmittel (notwendige Verzehrmenge und Verzehrmuster). Ggf ist ein geeigneter Warnhinweis für Gesundheitsgefahren bei übermäßigem Verzehr oder für vom Verzehr beeinträchtigte Personengruppen notwendig. Handelt es sich um Angaben zur Verringerung eines Krankheitsrisikos ist gem Art 14 Abs 2 noch ein gesonderter Hinweis erforderlich, der besagt, dass die Krankheit, auf die sich die Angabe bezieht, durch mehrere Risikofaktoren bedingt ist und dass die Veränderung eines dieser Risiko-

---

[480] OLG Schleswig MD 2008 533 und 1344.
[481] *Hagenmeyer* WRP 2009, 554, 559; *Hahn/ Teufer* ZLR 2008, 663 ff.
[482] *Holle* 70 f.

[483] Art 10 Abs 1 RL 2001/83/EG.
[484] Sprung mit Risiko, Lebensmittelzeitung v 8.5.2009.

faktoren eine positive Wirkung haben kann oder auch nicht. Für lose Ware muss dieser Hinweis über Aufmachung oder Werbung kommuniziert werden. Das LG Nürnberg[485]/OLG München[486] haben die Warnhinweise aus Art 10 Abs 2 Health Claims VO für probiotische Fruchtgummis, die mit Namen und Unterschrift von Wissenschaftlern beworben wurden, seit Geltung der VO für anwendbar erklärt, weil der Wortlaut der Übergangsvorschrift des Art 28 Abs 5 iVm Art 13 Abs 1 Health Claims VO sich auch auf Art 10 Abs 2 Health Claims VO erstrecke.[487] Dh gesundheitsbezogene Angaben müssen auch in der Übergangszeit der VO bereits ihren Vorgaben entsprechen.

a) **Allgemeine gesundheitsbezogene Angaben.** Die Bewerbung allgemeiner gesundheitsbezogener Angaben ist gem Art 10 Abs 3 Health Claims VO nur zulässig, wenn eine spezielle gesundheitsbezogene Angabe beigefügt wird.[488] Als Beispiel werden in der Kommissionsbegründung Aussagen wie „sehr gut für Ihren Organismus" „stärkt die Abwehrkräfte des Körpers" oder „wirkt sich positiv auf Ihr Wohlbefinden aus" genannt.[489] Vage Bezeichnungen wie „Wellness" „vital" oder „Balance" erscheinen nach den eben genannten Vorgaben auch nur verwendungsfähig, wenn ihnen eine spezielle gesundheitsbezogene beigefügt wird. Nicht vom Anwendungsbereich der VO umfasst sind Angaben ohne Ernährungs- oder Gesundheitsbezug (zB „Red Bull verleiht Flügel", „Haribo macht Kinder froh"), wobei die Abgrenzung im Einzelfall sicherlich schwer werden wird. Denn: Angesichts der Aufzählung erscheint es fragwürdig, ob der im VO-Text enthaltenen Beschränkung auf das gesundheitsbezogene Wohlbefinden noch eine gesonderte Bedeutung zukommen kann. Der von der Kommission beispielhaft zitierten Aussage „wirkt sich positiv auf Ihr Wohlbefinden aus" steht der Gesundheitsbezug nicht auf die Stirn geschrieben.[490] Das die Abgrenzung von Aussagen über „allgemeines" Wohlbefinden zu Aussagen über „gesundheitsbezogenes Wohlbefinden nicht unproblematisch ist, zeigt ein Vorlagebeschluss des BGH an den EuGH.[491] Je nachdem wie „gesundheitsbezogen" ausgelegt wird, fällt der Anwendungsbereich der Health Claims VO enger weiter aus. Der Begriff „Gesundheit" ist in der VO nicht näher definiert.[492] Lebensmittel haben grds die Zweckbestimmung sich positiv ernährungsphysiologisch auf die Gesundheit auszuwirken – dann würde eine weite Auslegung dazu führen, dass praktisch alle Aussagen erfasst wären.[493] Dies sieht der BGH in seinem Vorlagebschluss allerdings nicht als verhältnismäßig an.[494]

Das Urteil des OVG Rheinland-Pfalz[495] zur Einordnung der Angabe „bekömmlich" zeigt die Abgrenzungsschwierigkeiten, die bei derart allgemeinen Angaben ent-

149

150

---

[485] LG Nürnberg ZLR 2008, 727 – Trolli mit Anm *Oelrichs*.
[486] OLG München ZLR 2008, 731, mit Anm *Oelrichs*.
[487] LG Nürnberg ZLR 2008, 727, 729 – Trolli, unter Berufung auf *Sosnitza* ZLR 2007, 423, 430 f, zust *Hagenmeyer* WRP 2009, 554, 555; *Meyer* WRP 2008, 596, 598; aA *Kraus* EWS 2009, 261, 266; *Meistererst/Haber* sehen in dieser Wortlautauslegung einen Bruch im System (Health and Nutrition Claims Art 6 Rn 2–29).
[488] *Bruggmann/Hohmann* machen zu Recht darauf aufmerksam, dass in einzelnen Fällen die Abgrenzung zwischen verbotenen krankheitsbezogenen Angaben und in Verbindung mit einer speziellen Angabe zulässigen allgemeinen gesundheitsbezogenen Angaben schwer werden kann (ZLR 2007, 51, 644 ff).
[489] KOM (2003) 424 endg, 7.
[490] S auch *Holl* 59.
[491] BGH ZLR 2011, 226.
[492] Vgl Rn 122.
[493] *Sosnitza* Anm zu BGH – Gurktaler Kräuterlikör ZLR 2011, 231, 232.
[494] BGH ZLR 2011, 226, 228 f.
[495] OVG Rheinland-Pfalz ZLR 2009, 752 – Weintor.

stehen können. Die Richter waren der Auffassung, dass „bekömmlich" eine gesundheitsbezogene Angabe ist, weil sie im Zusammenhang mit der Etikettierung eines Weins eine, die menschliche Gesundheit betreffende, Bedeutung erlangt. Denn dem Begriff werden Synonyme wie „gesund", „leicht verdaulich", „nicht belastend" oder „den Magen schonend" zugeordnet.[496] Damit werde zum Ausdruck gebracht, dass das Lebensmittel – wenn schon nicht gesundheitsfördernd, so doch wenigstens nicht belastend oder beeinträchtigend sei.[497] Dem lässt sich entgegenhalten, dass der Begriff „bekömmlich" so allgemein und unspezifisch ist, dass er sich nicht Gesundheitsbezogen auf das Wohlbefinden bezieht.[498] Die verwandte Angabe „wohltuend" wird von der Lit zu Recht als eine Angabe zum allgemeinen, nicht gesundheitsbezogenen Wohlbefinden und damit als erlaubt angesehen.[499] Eine andere rechtliche Einordnung erscheint nur dann gerechtfertigt, wenn diese allgemeinen Angaben im Zusammenhang mit eindeutig gesundheitsbezogenen Angaben gebraucht werden. In der Revision vor dem BVerwG haben die Richter die Frage zur Einordnung der Angabe „bekömmlich" jetzt in die Hände des EuGH gelegt.[500] Das OLG Düsseldorf nahm in einem vergleichbaren Fall eine ähnliche Haltung ein. Die Werbung für eine Kräuterspirituose mit den Aussagen „Wohlbefinden für den Magen" oder „verdauungsfördernd" wurde dem EuGH zur Entscheidung vorgelegt. Nach Auffassung der Richter sei nicht jeder Bezug zum Wohlbefinden als gesundheitsbezogen anzusehen, die Grenzen des Erlaubten zu ziehen sei daher schwierig, weil die Health Claims VO an vielen Stellen „in höchstem Maße unklar" sei.[501] Etwas anders hat sich der BGH in seiner Vorlageentscheidung bzgl der Angabe „wohltuend" positioniert.[502] Er ordnet sie als gesundheitsbezogen ein, weil sie suggeriert o mindestens mittelbar zum Ausdruck bringt, dass das Lebensmittel geeignet ist, den Gesundheitszustand zu verbessern.[503] Dies erscheint nicht ganz konsequent, weil ein spezifischer Zusammenhang zur Gesundheit nicht unbedingt erkennbar ist.

151 In einer weiteren Entscheidung musste sich das LG Hamburg[504] mit der Angabe „gut für den Körper" im Zusammenhang mit einem Erfrischungsgetränk auseinandersetzen. Die Richter begründeten knapp aber zutreffend, dass es sich dabei um eine gesundheitsbezogene Angabe handelt, da sie vom Verbraucher so verstanden wird, dass sich der Genuss des Erfrischungsgetränks aufgrund seines isotonischen Charakters oder aus anderen Gründen positiv auf den körperlichen Organismus auswirkt.[505]

152 Auch das LG München[506] ließ sich nicht davon überzeugen, dass die Angaben „OPC Naturprodukte für ihr Wohlbefinden in jedem Alter", „… die Kraft der roten Traube für ein besseres und erfüllteres Leben" und „… mit OPC zu einem bewussten Leben" nur von der Health Claims VO nicht erfasste Allgemeinangaben darstellen, die sich nicht auf das gesundheitsbezogene Wohlbefinden beziehen. Das Gericht hat leider nicht genauer die Einordnung der werblichen Aussagen als gesundheitsbezogene Angaben begründet. In dem Verfahren wurde zudem moniert, dass die getroffenen

---

[496] OVG Rheinland-Pfalz ZLR 2009, 752, 755.
[497] OVG Rheinland-Pfalz ZLR 2009, 752, 755.
[498] S *Meisterernst/Haber* Health and Nutrition Claims Art 2 Rn 24; *Zipfel/Rathke* Lebensmittelrecht, C III Art 2 Rn 42.
[499] *Meisterernst/Haber* WRP 2007, 363, 376; *Hagenmeyer* WRP 2009, 554.
[500] BVerwG Beschl v 23.9.2010, Az 3 C 36.09.
[501] OLG Düsseldorf GRUR-RR 2010, 291 – Underberg; s auch Lebensmittelzeitung v 1.4.2010.
[502] BGH ZLR 2011, 226, 230.
[503] BGH ZLR 2011, 226, 230.
[504] LG Hamburg Urt v 9.5.2008, Az 408 O 55/08.
[505] LG Hamburg Urt v 9.5.2008, Az 408 O 55/08.
[506] LG München Urt v 12.2.2009, Az 4 HK O 17977/08 – Z.E.L.L. Putzer.

Aussagen zur Wirkung von OPC und damit des beworbenen Lebensmittels wissenschaftlich nicht hinreichend gesichert sind.

In der Health Claims VO ist nicht geklärt, wie bis zur Verabschiedung der Gemeinschaftsliste gesundheitsbezogener Angaben mit diesen allgemeinen Angaben umgegangen werden soll. Konsequenterweise bleibt für die Konkretisierung dieser Angaben nur der Rückgriff auf solche gesundheitsbezogenen Angaben, die nach Art 28 Health Claims VO aufgrund der Übergangsbestimmungen auch weiterhin zulässig sind. 153

b) **Werbeverbote.** Die Health Claims VO enthält in Art 12 VO (EG) 1924/2006 verschiedene weitere gesundheitsbezogene **Werbeverbote**[507]. Sie bestehen für Angaben, die den Eindruck erwecken, der Verzicht auf das Lebensmittel führt zu Gesundheitsbeeinträchtigungen. Die Werbung mit einer möglichen Gesundheitsbeeinträchtigung war bereits vor Inkrafttreten der Health Claims VO praktisch im deutschen Recht untersagt, da § 12 Abs 1 Nr 6 LFGB Werbung mit Angst verbietet. Allerdings galt im deutschen Recht das **Empfehlungsverbot** gem § 12 Abs 1 Nr 2 LFGB bisher nur für krankheitsbezogene Aussagen und wird mit der Health Claims VO nunmehr auch auf gesundheitsbezogene Angaben erweitert. Außerdem sind Aussagen über Dauer und Ausmaß der Gewichtsabnahme verboten[508] sowie Angaben, die auf Einzelempfehlungen von Vertretern der Heilberufe beruhen und nicht zu den in den spezifisch gemeinschaftsrechtlichen bzw nationalen Regelungen aufgeführten Angaben gehören. Das LG Nürnberg[509] urteilte, dass Unterschriften von Professoren auf Tüten mit probiotischen Fruchtgummis unter das Werbeverbot mit ärztlichen Empfehlungen aus Art 12 Health Claims VO fallen. Nach Auffassung der Richter können diese Unterschriften als Empfehlungen der Süßigkeiten verstanden werden. Zu den Voraussetzungen einer Schlankheitswerbung hat sich jüngst das OLG Frankfurt Gedanken gemacht.[510] Nach Auffassung der Richter sei das Werbeverbot mit Angaben über „Ausmaß und Dauer der Gewichtsabnahme" restriktiv auszulegen. Es seien daher nur solche Aussagen untersagt, die mengenmäßig ein bestimmtes Maß an Gewichtsabnahme über einen bestimmten Zeitraum versprechen. Werbeaussagen oder Testimonials, wonach „etliche Zentimeter oder Kilos" verloren wurden und „unglaubliche Ergebnisse" erzielt wurden, beurteilt das OLG Frankfurt als zulässig. Das Gericht legt dementsprechend den Anwendungsbereich dieses Werbeverbots aus Art 12 Health Claims VO restriktiv aus. 154

c) **Aussagen zur Verringerung von Krankheitsrisiken.** Angaben zur **Verringerung Krankheitsrisikos** sind gem Art 14 Health Claims VO (EG) 1924/2006 erlaubt, wenn sie den allgemeinen Anforderungen des Kapitels II der VO entsprechen, in der Ge- 155

---

[507] Bei diesen Werbeverboten handelt es sich um abstrakte Irreführungsverbote. Ihre europarechtliche Zulässigkeit ist durchaus zweifelhaft. Der EuGH entschied 2004, dass ein abstraktes belgisches Irreführungsverbot, dass sich auf ärztliche Empfehlungen, Bescheinigungen etc untersagte, europarechtswidrig ist (ZLR 2004, 600, 608 ff). Das Gericht sah in der Untersagung von wahrer Werbung einen erheblichen Eingriff die Freiheit der Werbenden, die auch Verbrauchern wichtige Informationen vorenthalten kann. Allerdings wurde vom EuGH auch das abstrakte Irreführungsverbot des Art 2 RL 2000/13/EG nicht angegriffen, so dass für abstrakte Irreführungsverbote des europäischen Sekundärrechts eine andere Bewertung gelten kann (so *Sosnitza* ZLR 2007, 423, 432).
[508] Damit sind zB Angaben gemeint wie „12 Kilo in 3 Wochen!"; so auch OLG Celle MD 2009, 1130.
[509] LG Nürnberg ZLR 2008, 727, 729 f.
[510] OLG Frankfurt Urt v 16.4.2009, Az 6 U 238/08.

meinschaftsliste enthalten sind und die Erklärung aufgeführt wird, dass eine Krankheit durch verschiedene Risikofaktoren beeinflusst wird und daher Veränderungen eines dieser Faktoren nicht notwendigerweise zu positiven Effekten führen.[511] Der Anknüpfungspunkt an die Senkung eines Risikofaktors führt in der Praxis zu Abgrenzungsproblemen zu den anderen gesundheitsbezogenen Angaben. Auch gesundheitsbezogene Angaben, die lediglich auf die positive Beeinflussung einer Körperfunktion hinweisen, betreffen de facto die Reduzierung von Risikofaktoren für das Entstehen einer Krankheit.[512] Daher wird vertreten, dass die Abgrenzung danach erfolgen soll, ob die Krankheit, deren jeweiliger Risikofaktor reduziert werden soll, in der gesundheitsbezogenen Angabe genannt wird oder nicht.[513] Zur Begründung werden die im Codex Alimentarius genannten Bsp herangezogen, die auch als Grundlage für die Definitionen in Erwägungsgrund 6 der Health Claims VO dienten.[514] Die Zulassung von Angaben zur Reduzierung eines Krankheitsrisikos erfolgt auf Antrag nach den Vorgaben in Art 15–17 und 19 Health Claims VO.

156 Mit Art 2 Abs 2 Nr 6, Art 12 Abs 1 Nr 1 Health Claims VO hatte sich auch das LG Berlin auseinanderzusetzen.[515] Für das streitige Magnesiumpräparat wurde ua mit Details zu Mangelerscheinungen geworben, die angeblich zu koronaren Herzkrankheiten, Fettleibigkeit, Müdigkeit, Epilepsie und einer verschlechterten Gehirnfunktion führen können oder das Risiko für Herzinfarkt und Schlaganfall steigern.[516] Die Beklagte wollte darin keine verbotenen krankheitsbezogenen Aussagen erkennen. Dem stimmten die Berliner Richter jedoch nicht zu. Sie führten aus, dass diese Aussagen beim Durchschnittsverbraucher den Eindruck erwecken können, dass das beworbene Produkt vorbeugende Wirkungen gegen bestimmte aus der Werbung erkennbare Krankheiten hat.[517] Dem Urteil liegt auch die Erkenntnis zu Grunde, dass Risikoreduktionsangaben zugleich auch gesundheitsbezogene Angaben iSd Health Claims VO sind.[518] In eine ähnliche Richtung geht ein weiteres Urteil des LG Berlin zu Granatapfelkapseln, denen ua physiologische Wirkungen bei Herz-/Kreislauferkrankungen, Arteriosklerose, Krebs, Alzheimer, Arthritis und Diabetes zugeschrieben werden.[519]

157 In § 12 LFGB existierte ein umfassenderes Werbeverbot für krankheitsbezogene Angaben.[520] Insofern enthält die Health Claims VO an dieser Stelle eine Lockerung des bisherigen Verbots im deutschen Recht. Aussagen zur Linderung und Beseitigung einer Krankheit sind nicht von der Verordnung umfasst und daher auch weiterhin im deutschen Recht untersagt.

158 d) **Angaben zur Entwicklung und Gesundheit von Kindern.** Angaben, die sich auf die Entwicklung und Gesundheit von Kindern beziehen, fallen zwar in den Anwendungsbereich der Health Claims VO. Allerdings enthält Art 14 VO 1924/2006 keine speziellen näheren Erläuterungen zu den Voraussetzungen.[521] Offen geblieben ist

---

511 Zu den möglichen Risiken bei der Verwendung derartiger Angaben vgl *Bruggmann/Hohmann* ZLR 2007, 51, 58 ff.
512 *Holle* 75.
513 *Holle* 75.
514 Codex Dokument CAC/GL 23-1997, Rev 1-2004, Ziff 2.2.3.
515 LG Berlin MD 2008, 325 – Dr H Magnesium Retard.
516 LG Berlin MD 2008, 325.
517 LG Berlin MD 2008, 325, 327.
518 *Hagenmeyer* WRP 2009, 551, 560; *Meisterernst/Haber* WRP 2007 363, 370.
519 LG Berlin Urt v 21.1.2010, Az 52 O 211/09.
520 In § 11 LFGB ist außerdem geregelt, dass die Werbung für ein Lebensmittel nicht den Anschein eines Arzneimittels vermitteln darf.
521 Zur näheren Erläuterung vgl *Bruggmann/Hohmann* ZLR 2007, 51, 69 ff; *Meisterernst/Haber* WRP 2007, 363, 380.

§ 3 Gesundheitsbezogene Werbung für Lebensmittel-Neuregelungen durch die Healt Claim VO

bspw die Altersgrenze für den Begriff „Kinder". Eine einheitliche europäische Altersgrenze existiert nicht und in den Mitgliedstaaten existieren dazu unterschiedliche Regelungen.[522] Angaben, die sich auf die Entwicklung und Gesundheit von Kindern beziehen, werden in Art 14 Abs 1 den Angaben zur Reduzierung eines Krankheitsrisikos gleichgestellt und dem umfassenden Zulassungsverfahren nach Art 15–17 sowie Art 19 Health Claims VO unterworfen.

Art 14 Abs 1 Health Claims VO erfasst allerdings nur Angaben, die sich speziell und ausschließlich auf Kinder beziehen. Daher reicht es nicht aus, wenn die jeweilige gesundheitsbezogene Angabe <u>auch</u> die Entwicklung und Gesundheit von Kindern betrifft.

159

5. Vergleichende Werbung

Vergleichende Werbung muss neben den allgemeinen Anforderungen zur Vermeidung einer Irreführung des Adressaten[523], so wie sie in RL 84/850/EWG niedergelegt sind, auch die Voraussetzungen des Art 9 VO (EG) 1924/2006[524] erfüllen. Aus der systematischen Stellung von Art 9 in Kapitel III der Health Claims VO ergibt sich, dass sich diese Regelung nur auf nährwertbezogene Angaben bezieht. Dies bedeutet jedoch nicht, dass keine vergleichende Werbung für Lebensmittel, die gesundheitsbezogene Angaben tragen, möglich wäre.[525] Darauf deutet auch die Formulierung „unbeschadet" in Art 9 Health Claims VO hin. Dh diese Werbung muss die in nationales Recht umgesetzten Anforderungen der RL 84/850/EWG erfüllen.

160

Nach den Vorgaben des Art 9 Health Claims VO dürfen Vergleiche nur innerhalb einer Lebensmittelkategorie und bezogen auf die gleiche Menge des Lebensmittels erfolgen, wobei eine Reihe von Lebensmitteln einer Kategorie berücksichtigt werden muss. Der Begriff „Kategorie" ist nicht definiert, so dass wahrscheinlich auf die Lebensmittelkategorien der Nährwertprofile zurückgegriffen wird. Ansonsten wäre auch denkbar auf Produktbezeichnung und Funktion des Lebensmittels abzustellen.[526] Da die Health Claims VO den Verbraucher bei einer ausgewogenen und abwechslungsreichen Ernährung unterstützen will[527], erscheint die Einstufung eines Lebensmittels in eine Produktkategorie nach ernährungswissenschaftlichen Gesichtspunkten gerechtfertigt. Produkte können auch als austauschbar gewertet werden, wenn sie aus Verbrauchersicht im Hinblick auf ihre Ernährungsfunktion austauschbar sind.[528] In der Lit wird jedoch angeführt, dass in Erwägungsgrund 24 deutlich enthalten ist, dass die verglichenen Produkte eindeutig benannt werden müssten[529]. Dieser Ansatz wäre allerdings nicht mit den durch die Rspr bisher entwickelten Grundsätzen zur vergleichenden Werbung in Einklang zu bringen.[530] Danach müssen selbst beim Vergleich von Warensortimenten die verglichenen Produkte nicht Gegenstand der Werbeaussage sein.[531]

161

---

[522] In Frankreich liegt die allgemeine gesetzliche Altersgrenze, bis zu der eine Person als Kind angesehen wird, bei 12 Jahren. In § 2 BGB ist geregelt, dass Volljährigkeit mit 18 Jahren eintritt. Auch in Italien oder Ungarn werden Personen bis zur Vollendung des 18. Lebensjahres als Minderjährige gewertet.
[523] Vgl *von Walter* Kap 1 Rn 114 ff.
[524] Ausf zu dieser in der Lit zu Recht als verunglückt gewerteten Vorschrift *Meisterernst/Haber* Health and Nutrition Claims Art 9 Rn 21–39; *Zipfel/Rathke/Rathke* C III Art 9 Rn 6–19.

[525] *Holle* 85.
[526] *Holle* 86.
[527] Erwägungsgründe 1, 11 und 29.
[528] *Holle* 86.
[529] *Kraus* EWS 2009, 261, 265.
[530] EuGH Rs C-112/99 – Toshiba; EuGH Rs C-356/04 Lidl Belgium/Colruyt.
[531] EuGH Rs C-356/04 Lidl Belgium/Colruyt; *Kraus* EWS 2009, 261, 265; *Jung* MDP 2007, 453, 455.

162 Diese Ausführungen verdeutlichen, dass Art 9 Health Claims VO eine Vorschrift ist, die zu rechtlichen Unsicherheiten führt und erst durch Gerichtsurteile Schärfe gewinnen kann. Auch das Guidance Document der Kommission zur Health Claims VO wirkt nicht erhellend. Es will die Vorgaben des Art 9 Health Claims VO ausschließlich auf die im Anhang der VO genannten nährwertbezogenen Angaben begrenzen und andere vergleichende Angaben offenbar als verboten gem Art 8 Health Claims VO werten. In dieser Absolutheit wird diese Einschätzung in der Lit kritisch gesehen.[532]

163 Der Unterschied in der Menge des verglichenen Nährstoffe/Brennwerts ist bezogen auf die gleiche Menge der Lebensmittel zu benennen. Aufgrund unterschiedlicher Verzehrmengen und unterschiedlichem Gewicht von Lebensmitteln kann es in der Praxis zu Anwendungsproblemen kommen. Auch eine Bezugnahme auf Portionsgrößen hilft nicht weiter, weil es hierzu an einheitlichen Bestimmungen fehlt.

164 Durch den Verwender ist die Zusammensetzung des Lebensmittels mit einer Reihe von Lebensmitteln der gleichen Kategorie, deren Zusammensetzung die Verwendung einer nährwertbezogenen Angabe nicht erlaubt, vergleichend zu berücksichtigen. Diese in Art 9 Abs 2 Health Claims VO getroffene Regelung ist inhaltlich nur schwer sinnvoll zu begründen. Sie sagt im Prinzip aus, dass eine vergleichende Werbung mit nährwertbezogenen Angaben eines Produkts nur in Relation zu Produkten, die die Anforderungen des einschlägigen Nährwertprofils nicht erfüllen, also keine durchgehend günstige Nährwertzusammensetzung haben, zulässig sein soll. Ein vergleichender Wettbewerb zwischen Produkten mit positiven Nährwerteigenschaften soll dagegen nicht erlaubt sein.

6. Sonderproblem: Marken, Handels- und Phantasiebezeichnungen

165 Der Kopplungsansatz aus Art 1 Abs 3 und Art 10 Abs 3 VO 1924/2006, der für allgemeine gesundheitsbezogene Angaben gilt[533], findet auch für Markennamen bzw Geschäftsbezeichnungen, die eine unspezifische nährwert- oder gesundheitsbezogene Angabe (zB „Vitalis", „Viva Vital") enthalten, Anwendung.[534] Die Verwendung dieser Bezeichnungen ist erlaubt, wenn ihr eine spezielle nach der Health Claims VO zulässige nährwert- oder gesundheitsbezogene Angabe beigefügt wird.[535] Der Kopplungsansatz gilt ebenfalls für vage Werbeslogans oä Aussagen mit Gesundheitsbezug, die sich auf das allgemeine Wohlbefinden oder sonstige Verhaltensfunktionen beziehen (zB „hält jung", „gesunde Vitamine naschen").[536] Nach der Intention des Gemeinschaftsgesetzgebers sollen derartige Angaben untersagt werden, weil sie für den Verbraucher nicht nachvollziehbar und nachprüfbar sind. Noch ungeklärt ist, ob die beizufügende spezifische Angabe einen inhaltlichen Bezug zur Marke bzw Geschäftsbezeichnung oder der allgemeinen gesundheitsbezogenen Angabe aufweisen muss. In der deutschen Fassung der Health Claims VO findet man auf diese Frage keine Antwort. Die englische Fassung der VO spricht zwar von „related health claim", aber ein Vorrang einzelner Sprachfassungen bei europäischen Rechtsakten existiert nicht.[537] Zudem ist zu bedenken, dass die Schilderung allgemeiner Vorteile eines Lebensmittels

---

[532] S *Meisterernst* WRP 2008, 755, 757f mit erläuternden Beispielen.
[533] S auch Rn 143 ff.
[534] Zur Verwendung der Health Claims VO für Marken s *Ziegler* ZLR 2007, 529 f.

[535] *Meisterernst/Haber* WRP 2007, 363, 382; dies Health and Nutrition Claims Art 1 Rn 77.
[536] Vgl zu allgemeinen gesundheitsbezogenen Angaben auch § 3 Rn 67.
[537] *Meisterernst/Haber* WRP 2007, 363, 378.

eben inhaltlich nicht eindeutig ist und daher auch nicht genau auf eine zugelassene spezifische Aussage Bezug genommen werden kann.[538]

166 Für die Verwendung von Marken gilt gem Art 28 Abs 2 eine Übergangsfrist bis zum 19.1.2022. Daher urteilten die Richter vom VG Frankfurt (Oder), dass für ein Anti-Aging Bier, für das seit 2003 Markenschutz besteht, eine Ausnahmegenehmigung zum Inverkehrbringen zu erteilen sei. Sollte „Anti-Aging" als gesundheitsbezogene Angabe gewertet werden, laufe jedenfalls die lange Übergangsfrist.[539]

III. Verhältnis zwischen Health Claims Verordnung und allgemeinem Wettbewerbs- und Lebensmittelrecht

167 Das Konkurrenzverhältnis zwischen der Health Claims VO und dem allgemeinen Wettbewerbs- und Lebensmittelrecht wird in Art 3 S 2 Health Claims VO genauer erläutert: „Unbeschadet der RL 2000/13/EG und 84/450/EWG dürfen die verwendeten nährwert- und gesundheitsbezogenen Aussagen …". Die Anwendung der Etikettierungs-RL und RL über irreführende und vergleichende Werbung soll also nicht ausgeschlossen werden. Das Verhältnis zur Etikettierungs-RL wird in Erwägungsgrund 3 erläutert: „Mit der vorliegenden VO sollen die allgemeinen Grundsätze der RL 2000/13/EG ergänzt und spezielle Vorschriften … festgelegt werden." Daraus wurde der Schluss gezogen, dass die Health Claims VO die speziellere Vorschrift gegenüber der Etikettierungs-RL darstellt, aber im Übrigen die Etikettierungs-RL nicht eingeschränkt werden soll.[540] Dementsprechend ist auch § 12 LFGB im Lichte der Health Claims VO auszulegen.

168 Dh auf der einen Seite sind in Deutschland die Vorgaben der Health Claims VO seit dem 1.7.2007 direkt anwendbar, auf der anderen Seite existiert parallel dazu das Verbot der krankheitsbezogenen Werbung des § 12 LFGB.[541] Beide Regelungen sind grundsätzlich gleichberechtigt anwendbar, so dass das Nichteingreifen der einen Vorschrift ein Verbot nach der anderen Regelung nicht ausschließt. Eine Ausnahme gilt allerdings für die nach der VO zulässigen Risikoreduzierungsangaben, die nach § 12 LFGB nicht zulässig sind. Sie können nach nationalem Recht nicht mehr unterbunden werden, da der Vorrang des Gemeinschaftsrechts gilt und die VO im Verhältnis zur Etikettierungs-RL die speziellere Norm darstellt.[542] Sosnitza spricht insofern für das Verhältnis von § 12 LFGB und Health Claims VO in Anlehnung an das Kartellrecht von einer „modifizierten Schrankentheorie".[543] § 12 LFGB stellt das Verhältnis zur Health Claims VO nunmehr in Abs 3 klar.

169 Der Schutz der Verbraucher ist von RL 84/450/EWG nicht erfasst, sondern sie bezweckt den Schutz des Gewerbetreibenden vor Irreführung. Art 3 S 2 Health Claims VO ist daher so zu verstehen, dass die VO keinen Anspruch erhebt, den Irreführungs-

---

[538] Ebenso *Meisterernst/Haber* WRP 2007, 363, 378; aA *Epping/Greifeneder* WRP 2006, 831, 834; *Loosen* ZLR 2006, 521, 527, die immer einen inhaltlichen Bezug fordern. *Meisterernst/Haber* (WRP 2007, 363) differenzieren zu Recht zwischen allgemeinen gesundheitsbezogenen Angaben für Lebensmittel und derartigen Aussagen für einen speziellen Nährstoff. In letzterem Fall ist zu fordern, dass der allgemeinen Aussage eine spezifische, die sich auf den beworbenen Nährstoff bezieht, beigefügt wird.
[539] VG Frankfurt Oder Urt v 7.2.2008, Az 4 K 455/04 Rn 73.
[540] *Köhler* ZLR 2008, 135, 126.
[541] Für eine vollständige Neufassung des § 12 LFBG plädiert *Meyer* WRP 2008, 596 ff.
[542] *Sosnitza* ZLR 2007, 423 429.
[543] *Sosnitza* ZLR 2007, 423, 433.

schutz auch gegenüber dem Gewerbetreibenden zu regeln, da sie nur den Schutz der Verbraucher bezweckt. Der Schutz der Verbraucher ist in der RL zu unlauteren Geschäftspraktiken 2005/29/EG (UGP-RL) geregelt. Dieses Ergebnis wird von folgenden Erwägungen getragen[544]: Die UGP-RL nicht in Art 3 Health Claims VO zu erwähnen, wird kaum ein Versehen des Gesetzgebers gewesen sein. Zudem enthält die Health Claims VO ein präventives Verbot mit Erlaubnisvorbehalt, während die UGP-RL abgesehen von der „Schwarzen Liste" auch Wertungsmöglichkeiten im Einzelfall bei der Feststellung von Irreführung kennt.

---

[544] *Köhler* ZLR 2008, 135, 126.

Kapitel 5
Marken-/Kennzeichenrecht

Literatur

Deutsch Die »Tagesschau«-Urteile des Bundesgerichtshofs GRUR 2002, 308; *Deutsch/Ellerbrock* Titelschutz, 2. Aufl München 2004; *Eisenführ/Schennen* Gemeinschaftsmarkenverordnung, 2. Aufl Köln 2007; *Fabry* Rotkäppchen und der böse Wolf – Von wertvollen Besitzständen und bösgläubigen Markenanmeldern GRUR 2010, 566; *Goldmann* Der Schutz des Unternehmenskennzeichens, 2. Aufl Köln 2005; *Hoffmann/Kleespies/Adler* (Hrsg) Formularkommentar Markenrecht, Köln 2008; *Richter/Stoppel* Die Ähnlichkeit von Waren und Dienstleistungen, 14. Aufl Köln 2008; *Schirmbacher* Google-Adwords – Wie geht es weiter für Werbetreibende nach den EuGH-Urteilen GRUR-Prax 2010, 165; *Tsoutsanis* The Biggest Mistake of the European Trade Mark Directive and Why the Benelux is wrong again EIPR 2006, 74.

Übersicht

		Rn				Rn
§ 1	Begriffsdefinitionen und Grundfunktionen des Kennzeichenrechts	1	ββ)		Eintragungshindernis: Übliche Bezeichnungen	47
I.	Begriff des Kennzeichenrechts	1	γγ)		Eintragungshindernis: Fehlen der Unterscheidungskraft	49
II.	Kennzeichenbegriff, Bedeutung und Funktion von Kennzeichenrechten	2	δδ)		Erwerb von Unterscheidungskraft infolge Benutzung	56
III.	Rechtsgrundlagen	7	β)		Eintragungshindernisse hinsichtlich der Form der Ware	59
1.	Staatsverträge	8				
2.	Europarechtliche Vorschriften	13	γ)		Eintragungshindernis: Bösgläubige Markenanmeldung	60
3.	Nationale Vorschriften	15				
IV.	Prioritätsprinzip und Territorialitätsprinzip	16	δ)		Sonstige Eintragungshindernisse	61
			c)		Relative Eintragungshindernisse	63
V.	Arten von Kennzeichen	20	3.		Markenschutz ohne Eintragung	65
§ 2	Das Recht der Marken	21	II.		Inhalt des Markenrechts	67
I.	Entstehung des Markenrechts	21	1.		Allgemeines	67
1.	Allgemeines	21	2.		Der markenrechtliche Anspruch nach Art 9 GMV und § 14 MarkenG	68
2.	Materielle Voraussetzungen des Markenschutzes durch Eintragung	23	a)		Allgemeines	68
a)	Markenfähigkeit	24	b)		Benutzung im geschäftlichen Verkehr	69
aa)	Zeichen	27				
bb)	Grafische Darstellbarkeit	28	c)		Rechtsverletzende Benutzung als Marke	71
cc)	Abstrakte Unterscheidungseignung	31				
b)	Absolute Eintragungshindernisse	32	d)		Identitätsschutz	76
aa)	Allgemeines	32	e)		Verwechslungsschutz	79
bb)	Prüfungsgrundsätze der absoluten Schutzhindernisse	34	aa)		Kennzeichnungskraft	84
			bb)		Zeichenähnlichkeit	86
cc)	Die absoluten Schutzhindernisse im Einzelnen	42	α)		Allgemeines	86
			β)		Wahrnehmungsrichtungen	87
α)	Unterscheidungskraft, beschreibende Angaben, übliche Bezeichnung	42	αα)		Prüfung der klanglichen Ähnlichkeit	88
			ββ)		Prüfung der bildlichen Ähnlichkeit	90
αα)	Eintragungshindernis: Merkmalsbeschreibende Angaben	44	γγ)		Prüfung der begrifflichen Ähnlichkeit (Ähnlichkeit im Bedeutungsgehalt)	93

Kapitel 5 Marken-/Kennzeichenrecht

		Rn
δδ)	Abweichende Ergebnisse in einzelnen Wahrnehmungsrichtungen und ihre Konsequenzen	94
γ)	Zeichenähnlichkeit aufgrund prägender Bestandteile	97
δ)	Selbstständig kennzeichnende Stellung eines Elements	105
cc)	Produktähnlichkeit	111
dd)	Wechselbeziehung zwischen Kennzeichnungskraft, Zeichen- und Produktähnlichkeit	114
f)	Bekanntheitsschutz	115
aa)	Schutzobjekt „bekannte Marke"	117
bb)	Zeichenähnlichkeit	119
cc)	Ausnutzung oder Beeinträchtigung der Wertschätzung oder Unterscheidungskraft in unlauterer Weise ohne rechtfertigenden Grund	120
III.	Verjährung	125
IV.	Verwirkung	126
V.	Schranken des Markenrechts	129
1.	Allgemeines	129
2.	Gebrauch von Name und Anschrift	131
3.	Merkmalsangaben	133
4.	Bestimmungsangaben	135
5.	Anerkannte Gepflogenheiten in Gewerbe oder Handel	137
VI.	Erschöpfung	139
VII.	Rechtserhaltende Benutzung	146
1.	Allgemeines	146
2.	Voraussetzungen der rechtserhaltenden Benutzung	148
3.	Anforderungen bei Abweichung von eingetragener Marke und benutzter Form	155
§ 3	Beendigung des Markenrechts	160
I.	Erlöschen wegen Nichtverlängerung oder Verzichts	160
II.	Löschung wegen Verfalls	161
III.	Löschung wegen Eingreifens absoluter Schutzhindernisse	164
IV.	Löschung wegen Bestehens älterer Rechte	165

		Rn
§ 4	Eintragungs- und Widerspruchsverfahren	166
I.	Verfahren vor dem Harmonisierungsamt für den Binnenmarkt	167
II.	Verfahren vor dem Deutschen Patent- und Markenamt	170
III.	Verfahren nach dem Madrider System zur internationalen Registrierung	172
§ 5	Geschäftliche Bezeichnungen	175
I.	Allgemeines	175
II.	Unternehmenskennzeichen	176
1.	Entstehung des Rechts an einem Unternehmenskennzeichen	176
a)	Prüfung des Vorliegens namensmäßiger Unterscheidungskraft	177
b)	Entstehung durch Benutzungsaufnahme	178
c)	Entstehung durch Verkehrsdurchsetzung	179
2.	Inhalt des Unternehmenskennzeichenrechts	180
3.	Schutzumfang des Unternehmenskennzeichens	182
4.	Erlöschen des Rechts an einem Unternehmenskennzeichen	184
III.	Werktitel	186
1.	Allgemeines	186
2.	Entstehung des Titelschutzes	187
3.	Reichweite des Titelschutzes	196
a)	Allgemeines	196
b)	Verwechslungsschutz	197
aa)	Kennzeichnungskraft	200
bb)	Zeichenähnlichkeit	201
cc)	Werknähe	204
c)	Bekanntheitsschutz	206
4.	Untergang des Titelschutzes	208
§ 6	Namen	209
§ 7	Domains	216
§ 8	Geografische Herkunftsangaben	228

§ 1
Begriffsdefinitionen und Grundfunktionen des Kennzeichenrechts

I. Begriff des Kennzeichenrechts

1 Das Kennzeichenrecht bildet die Summe der Rechtsnormen, die die im geschäftlichen Verkehr verwendeten Kennzeichen behandeln. Kennzeichen in diesem Sinne sind insb Marken, Unternehmensbezeichnungen, Werktitel und geografische Herkunftsbezeichnungen. Das Kennzeichenrecht ist Teilgebiet des gewerblichen Rechtsschutzes, zu dem außerdem insb das Wettbewerbsrecht, das Patentrecht sowie das Musterrecht zählen.

II. Kennzeichenbegriff, Bedeutung und Funktion von Kennzeichenrechten

Kennzeichenrechte dienen als spezielle Eigentumsrechte der Unterscheidung von Produkten, Unternehmen, Werken und anderem. In zahlreichen Entscheidungen wird diese Unterscheidungsfunktion hervorgehoben.[1] Erst durch Kennzeichen wird der Verkehr in die Lage versetzt, Produkte oder Unternehmen zu unterscheiden und damit eine bestimmte Person oder ein bestimmtes Unternehmen für die Qualität eines gekennzeichneten Produkts verantwortlich zu machen.[2]

2

So könnte der Verbraucher einer silbernen CD in einer handelsüblichen Hülle dieser nicht ansehen, welcher Inhalt sich auf ihr befindet. Die CD wäre unverkäuflich. Steht aber „BMG" oder „The Beatles" auf der CD oder der Hülle oder zeichnet sich diese durch eine andere bestimmte Aufmachung aus, ist dem Verbraucher eine Zuordnung in der Regel möglich.

Aus dieser Herkunfts-/Unterscheidungsfunktion leiten sich die weiteren Funktionen der Kennzeichenrechte ab. Am bedeutsamsten dürfte dabei die Vertrauens- bzw Qualitäts- oder Garantiefunktion sein. So erwartet der Verbraucher zumeist, dass ein mit einer bestimmten Marke gekennzeichnetes Produkt eine gleich bleibende Qualität aufweist und gibt unter Umständen im Vertrauen hierauf auch künftig den Angeboten des Markeninhabers den Vorzug.

3

Daneben kommt dem Kennzeichenrecht aber auch eine Kommunikations-, Investitions- und Werbefunktion zu.[3] Der genaue Inhalt dieser Funktionen sowie deren Verhältnis zueinander ist allerdings im Detail bislang unklar. Die größte Bedeutung dürfte jedenfalls der Werbefunktion zukommen,[4] welche eng mit der Investitionsfunktion verknüpft ist. Die Werbefunktion der Kennzeichenrechte beschreibt die Möglichkeit, Kennzeichenrechte als Elemente der Verkaufsförderung bzw Instrumente der Handelsstrategie eines Unternehmens zu benutzen.[5] Durch Kennzeichenrechte kann ein Unternehmen in die Lage versetzt werden, die Qualität eines bestimmten Produktes zu preisen,[6] Verbraucher zu informieren und zu überzeugen.[7] Demgegenüber beschreibt die Kommunikationsfunktion die eigentlich selbstverständliche Funktion der Kennzeichenrechte als Kommunikationsmittel. Regelmäßig wird mit einer Marke nämlich auch eine Information vermittelt. Dies kann unmittelbar durch in der Marke selbst enthaltene Informationen über das Produkt oder Unternehmen geschehen aber auch mittelbar durch das Hervorrufen von Assoziationen, welche zuvor durch Werbung und Verkaufsförderung beim Adressaten vermittelt wurden.[8] Der Investitionsfunktion, welche eng mit der Werbefunktion verknüpft ist, liegt schließlich der Gedanke zugrunde, dass Investitionen zur Förderung des Absatzes eines Erzeugnisses um eine Marke herum aufgebaut werden und diese Investitionen Schutz genießen sollen.[9] Dieser Schutz wird in gewissen Grenzen vom Kennzeichenrecht gewährleistet.[10]

4

---

[1] Vgl etwa schon EuGH Urt v 23.5.1978, Az 102/77 – Hoffmann-La Roche Rn 7; aus jüngerer Zeit EuGH Urt v 15.9.2005, Az C-37/03 P – BioID Rn 27; EuGH Urt v 26.4.2007, Az C-348/04 Boehringer (II) Rn 14.
[2] Vgl etwa EuGH Urt v 29.9.1998, Az C-39/97 – Canon Rn 28; EuGH Urt v 6.10.2005, Az C-120/04 – Medion Rn 23.
[3] EuGH Urt v 18.6.2009, Az C-487/07 – L'Oréal/Bellure, Rn 58; BGH Urt v 14.1.2010, Az I ZR 88/08 – Opel Blitz II Rn 27.
[4] Ingerl/Rohnke § 14 MarkenG Rn 299.
[5] EuGH Urt v 23.3.2010, Az C-236/08 bis C-238/08 – Google France und Google Rn 92.
[6] EuGH Urt v 21.10.2004, Az C-64/02 P – HABM/ERPO Möbelwerk Rn 35.
[7] EuGH Urt v 23.3.2010, Az C-236/08 bis C-238/08 – Google France und Google Rn 91.
[8] Schlussanträge von Generalanwalt *Mengozzi* im Verfahren EuGH Urt v 10.2.2009, Az C-487/07 – L'Oréal Rn 54.
[9] *Ingerl/Rohnke* § 14 MarkenG Rn 303 mwN.
[10] Vgl EuGH Urt v 23.3.2010, Az C-236/08

Kapitel 5 Marken-/Kennzeichenrecht

5 Damit Kennzeichen diese Funktionen erfüllen können, gewährt der Gesetzgeber ihnen einen besonderen Schutz. Dieser Schutz beinhaltet zunächst, dass ein bestimmtes Unternehmen ein Kennzeichen für sich in einem bestimmten Produktbereich monopolisieren kann.

So kann etwa der Inhaber der Marke "Sony" dagegen vorgehen, wenn diese von einem Dritten für Studiotechnik verwendet wird.

6 Um der Gefahr entgegenzuwirken, dass unterschiedliche Kennzeichen verwechselt werden, wird über diesen reinen Identitätsschutz hinaus aber auch der Ähnlichkeitsbereich sowohl hinsichtlich der Produkte als auch hinsichtlich des Zeichens abgesichert. Außerdem genießen bekannte Marken einen besonderen Schutz, der sich sogar auf ihre Verwendung für Produkte erstreckt, die den geschützten Produkten nicht ähnlich sind.

So kann der Inhaber der Marke Sony dagegen vorgehen, wenn diese für Dienstleistungen im Musikeventbereich verwendet wird oder eine Marke "Soni" für Studiotechnik. Hier liegt eine Produktähnlichkeit bzw Zeichenähnlichkeit und damit eine Verwechslungsgefahr vor. Darüber hinaus könnte der Inhaber der bekannten Marke Sony wohl sogar dagegen vorgehen, wenn die Marke zB auf Bekleidungsstücken verwendet wird.

III. Rechtsgrundlagen

7 Dem Kennzeichenrecht liegt eine Vielzahl multinationaler, europäischer und nationaler Rechtsvorschriften zugrunde.

1. Staatsverträge

8 Das wohl bedeutendste Abkommen auf dem Gebiet des gewerblichen Rechtsschutzes und damit auch auf dem Gebiet des Kennzeichenrechts bildet auf internationaler Ebene das **TRIPs-Abkommen**,[11] ein Zusatzabkommen der WTO. Dort finden sich neben zentralen Verfahrensregelungen (Art 41 ff) auch materiellrechtliche Vorschriften (Art 15 ff) – etwa über die Eintragungsfähigkeit von Marken, die Reichweite ihres Schutzes, den Benutzungszwang und die Verlängerung.

9 International von ähnlich großer Bedeutung wie das TRIPs-Abkommen ist die **Pariser Verbandübereinkunft** (PVÜ),[12] die vor allem auch dadurch aufgewertet wurde, dass Art 2 Abs 1 TRIPs alle TRIPs-Mitglieder verpflichtet, die zentralen Vorschriften der PVÜ zu berücksichtigen. In der Sache enthält die PVÜ vor allem Vorschriften über die Eintragungsfähigkeit von Marken. Außerdem gebietet die PVÜ einen Sonderschutz für besonders bekannte (notorisch bekannte) Marken, einen Schutz des Handelsnamens sowie ganz bestimmte auf den internationalen Handelsverkehr zugeschnittene Ansprüche.

10 Anders als TRIPs und PVÜ, die der materiellrechtlichen Vereinheitlichung des internationalen Markenschutzes dienen, wurde neben diesen Regelungswerken durch

---

bis C-238/08s – Google France und Google Rn 91 ff.
11 Übereinkommen über handelsbezogene Aspekte der Rechte des geistigen Eigentums v 15.4.1994, abrufbar über die Website der World Trade Organization: http://www.wto.org.

12 Pariser Verbandsübereinkunft zum Schutz des gewerblichen Eigentums v 20.3.1883 in der Fassung v 28.9.1979, abrufbar über die Website der World Intellectual Property Organization: http://www.wipo.int.

das **Madrider Markenabkommen** (MMA)[13] mitsamt dem **Protokoll zum Madrider Markenabkommen** (PMMA)[14] ein System internationaler Registrierung installiert. Hiermit wurden internationale Markenanmeldungen erheblich vereinfacht, da man über eine einzige nationale angemeldete oder auch schon eingetragene Marke in jedem Staat des Abkommens für diese Marke über nur einen Antrag Schutz beantragen kann. Aufwand und Kosten sind dabei erheblich geringer, als wenn jeweils nationale Anmeldungen vorgenommen würden.

Der Sache nach weniger um internationale Verträge als vielmehr um (teilweise verbindliche) Empfehlungslisten handelt es sich bei der **Nizzaer**[15] und der **Wiener Klassifikation**.[16] Die Nizzaer Klassifikation[17] mitsamt Nizzaer Klassifikationsabkommen dient dazu, alle denkbaren Waren und Dienstleistungen, die mit einer Markenanmeldung beansprucht werden können, in eine systematische Ordnung zu fassen. Hierfür stehen mittlerweile 45 sachlich geordnete Klassen zur Verfügung. Die praktische Relevanz dieser Klasseneinteilung liegt vor allem darin, dem Markenanmelder einen Überblick über die Produktgruppen zu vermitteln für die eine Marke eingetragen werden kann. Darüber hinaus dient die Klassifikationseinteilung aber auch als Bemessungsgrundlage für die Gebühren einer Markenanmeldung, so dass mit zunehmender Zahl der Klassen auch die Gebühren für die Markenanmeldung steigen.

11

Anders als die Nizzaer Klassifikation dient die Wiener Klassifikation[18] dazu, bestimmte Bildelemente der Wiedergabe von Marken in ein recherchetaugliches System zu bringen. So existiert etwa ein Zahlencode für Abbildungen von Waffen oder ein anderer Zahlencode für Pferdeabbildungen.

12

2. Europarechtliche Vorschriften

Zentrale Grundlage der europäischen Harmonisierung im Markenrecht ist die **Markenrechts-RL** (MRR).[19] Diese gibt den Mitgliedstaaten vergleichsweise präzise – überwiegend obligatorische – Vorgaben im Hinblick auf das materielle Markenrecht. Vereinheitlicht werden damit die Eintragungshindernisse, der Schutzumfang von Marken, die Lizenz, die Verwirkung von Ansprüchen sowie die Benutzungserfordernisse.

13

---

[13] Madrider Abkommen über die internationale Registrierung von Marken v 14.4.1891 in der Fassung v 2.10.1979, abrufbar über die Website der World Intellectual Property Organization: http://www.wipo.int.
[14] Protokoll zum Madrider Abkommen über die internationale Registrierung von Marken v 27.6.1989 in der Fassung v 1.9.2008, abrufbar über die Website der World Intellectual Property Organization: http://www.wipo.int.
[15] Internationale Klassifikation von Waren und Dienstleistungen aufgrund des Nizzaer Übereinkommens über die Internationale Klassifikation von Waren und Dienstleistungen für die Eintragung von Marken v 15.6.1957 in der Fassung v 28.9.1979, abrufbar über die Website der World Intellectual Property Organization: http://www.wipo.int.
[16] Internationale Klassifikation der Bildbestandteile von Marken aufgrund des Wiener Übereinkommens zur Errichtung einer Internationalen Klassifikation der Bildbestandteile von Marken v 12.6.1973 in der Fassung v 1.10.1985, abrufbar über die Website der World Intellectual Property Organization: http://www.wipo.int.
[17] Deutscher Text abrufbar über die Website des deutschen Patent- und Markenamts (DPMA): http://www.dpma.de.
[18] Deutscher Text abrufbar über die Website des deutschen Patent- und Markenamts (DPMA): http://www.dpma.de.
[19] Erste Richtlinie des Rates v 21.12.1988 zur Angleichung der Rechtsvorschriften der Mitgliedstaaten über die Marken (89/104/EWG) in der Fassung der RL 2008/95/EG des Europäischen Parlaments und des Rates v 22.10.2008 zur Angleichung der Rechtsvorschriften der Mitgliedstaaten über die Marken, ABl 2008 Nr L 299/25.

Kapitel 5 Marken-/Kennzeichenrecht

14 Daneben wurde mit der **Gemeinschaftsmarkenverordnung**[20] (GMV) zum Jahr 1996 das System der Gemeinschaftsmarke geschaffen. Die GMV enthält hierfür nicht nur umfangreiche Verfahrensvorschriften, sondern auch materiellrechtliche Vorschriften mitsamt eigenständigen Anspruchsgrundlagen. Die materiellrechtlichen Vorschriften der GMV stehen mit der MRR in Einklang und werden von der Rechtsprechung gleich ausgelegt. Aus diesem Grunde ergeben sich hier keine wesentlichen Besonderheiten zum nationalen Recht. Die formellen Vorschriften, insb zum Verfahren des Gemeinschaftsmarkensystems, enthält die **Durchführungsverordnung zur GMV**[21] (GMDV), die zu zahlenden Gebühren sind schließlich in einer gesonderten Gebührenverordnung (GMGebV)[22] geregelt.

3. Nationale Vorschriften

15 Das nationale deutsche Kennzeichenrecht ist im **Markengesetz**[23] (MarkenG) zusammengefasst. Hier finden sich nicht nur die nach den Vorgaben der MMR umgesetzten nationalen Vorschriften zu Marken sowie markenrechtliche Verfahrensvorschriften. Vielmehr regelt das MarkenG auch das nur mittelbar harmonisierte Recht der Unternehmenskennzeichen, der Werktitel und der geografischen Herkunftsangaben. Ausführungsvorschriften formeller Art zum MarkenG enthält die **Markenverordnung**[24] (MarkenVO), die in der Sache in etwa der DV bei der Gemeinschaftsmarke entspricht. Regelungen zu den Gebühren schließlich finden sich für Deutschland im **Patentkostengesetz**[25] (PatKostG).

IV. Prioritätsprinzip und Territorialitätsprinzip

16 Dem gesamten Kennzeichenrecht liegen das Prioritätsprinzip und das Territorialitätsprinzip zugrunde. Das Prioritätsprinzip bedeutet, dass jeweils derjenige, der sein Kennzeichenrecht früher erworben hat, also Inhaber eines älteren Rechts ist, seine Ansprüche gegen jüngere Kennzeichen durchsetzen kann. Der Priorität eines Zeichens – auch Zeitrang genannt – kommt daher ausschlaggebende Bedeutung zu.

17 Eine **Priorität** von eingetragenen Marken wird normalerweise dadurch begründet, dass eine Anmeldung, die den wesentlichen Anforderungen (Art 26, 27 GMV; § 32

---

[20] Verordnung (EG) Nr 40/94 des Rates über die Gemeinschaftsmarke v 20.12.1993 in der Fassung der Verordnung (EG) Nr 207 des Rates über die Gemeinschaftsmarke v 26.2.2009, ABl 2009 Nr L 78/1.
[21] Verordnung (EG) Nr 2868/95 der Kommission v 13.12.1995 zur Durchführung der Verordnung (EG) Nr 40/94 des Rates über die Gemeinschaftsmarke.
[22] Verordnung (EG) Nr 2869/95 der Kommission v 13.12.1995 über die an das Harmonisierungsamt für den Binnenmarkt (Marken, Muster und Modelle) zu entrichtenden Gebühren v 13.12.1995 in der Fassung v 30.4.2009, konsolidierte Fassung abrufbar über die Website des Harminosierungsamtes für den Binnenmarkt: http://www.oami.europa.eu.
[23] In der Fassung v 25.10.1994, zuletzt geändert durch Art 3 des Gesetzes zur Vereinfachung und Modernisierung des Patentrechts vom 31.7.2009, BGBl I S 2521, abrufbar über die Website des deutschen Patent- und Markenamts (DPMA): http://www.dpma.de.
[24] In der Fassung v 11.5.2004, zuletzt geändert durch Verordnung zur Änderung der Markenverordnung v 15.10.2008, BGBl I S 1995, abrufbar über die Website des deutschen Patent- und Markenamts (DPMA): http://www.dpma.de.
[25] In der Fassung v 13.12.2001, zuletzt geändert durch Art 4 des Gesetz zur Vereinfachung und Modernisierung des Patentrechts v 31.7.2009, BGBl I S 2521, abrufbar über die Website des deutschen Patent- und Markenamts (DPMA): http://www.dpma.de.

MarkenG) genügt, beim zuständigen Amt eingeht. Der Tag der Eintragung ist insoweit bedeutungslos. Bei Benutzungsmarken ist der Zeitpunkt des Erwerbs von Verkehrsgeltung bzw notorischer Bekanntheit maßgeblich.

Gem Art 4 PVÜ, Art 2 Abs 1 TRIPs, Art 29, 30, 31 GMV, § 34 MarkenG kann der Anmelder einer Marke die Priorität einer **älteren Anmeldung** – meist im Ausland – in Anspruch nehmen. Dies setzt ua voraus, dass die ältere Anmeldung identisch ist oder im Hinblick auf die geschützten Produkte die jüngere Anmeldung umfasst und dass seit der älteren Anmeldung nicht mehr als 6 Monate verstrichen sind. Als ältere Anmeldung kommt jede ausländische Anmeldung aus einem Mitgliedstaat der PVÜ oder des TRIPs-Abkommens in Betracht. Dabei werden nationale Marken und Gemeinschaftsmarken wechselseitig wie ausländische Marken behandelt. **18**

Hat etwa ein Anmelder am 3.4.2010 eine deutsche Marke angemeldet und will er am 4.10.2010 eine Gemeinschaftsmarke anmelden, so kann er an die Inanspruchnahme der Priorität der deutschen Anmeldung vom 3.4.2010 denken.

Neben dem Prioritätsprinzip ist auch der **Territorialitätsgrundsatz** im Kennzeichenrecht von tragender Bedeutung. Dieser besagt, dass Kennzeichenrechte stets auf ein bestimmtes Territorium begrenzt sind. So ist der Schutzbereich einer Gemeinschaftsmarke auf die Europäische Union, der einer deutschen Marke auf Deutschland beschränkt. Bei ausländischen Verletzungshandlungen helfen diese Marken – vorbehaltlich etwaiger Import- oder Exportkonstellationen – folglich nicht weiter. Weltweiter Markenschutz bedarf daher der Anmeldung einer Vielzahl von nationalen Einzelmarken. **19**

So kann der Inhaber der deutschen Marke „Grundig" einem japanischen Hersteller solange nicht verbieten, seine Geräte mit genau dieser Marke zu kennzeichnen, wie dieser keinerlei Berührungspunkte zur Bundesrepublik aufweist. Stellt der japanische Hersteller insoweit ausschließlich in Japan her und vertreibt die Produkte auch nur dort, bestehen keinerlei Ansprüche des Inhabers der deutschen Marke Grundig. Wird die Ware hingegen zum Zwecke des Vertriebs nach Deutschland importiert, bestehen sehr wohl Unterlassungs-, ggf auch Schadensersatzansprüche.

V. Arten von Kennzeichen

Die in der Praxis bedeutendsten Kennzeichen sind **Marken** und **Unternehmenskennzeichen**. Weiter kommt **Werktiteln**, **Namensrechten** und **geografischen Herkunftsbezeichnungen** eine gewisse Bedeutung zu. Eine gewisse Nähe zu den Kennzeichen weisen schließlich auch **Domains**[26], **Bezeichnungen von Pflanzensorten** sowie die **olympischen Ringe** auf. Von besonderer Bedeutung hierbei ist, dass die verschiedenen Kennzeichen nicht isoliert zu betrachten sind, sondern sich unter Umständen wechselseitig gefährlich werden können. So kann aus einer Marke gegen Unternehmenskennzeichen, Werktitel oder Domains vorgegangen werden. Ebenso können Unternehmenskennzeichen einer Marke, einem Titel oder einer Domain entgegenstehen. Gleichwohl kommt Marken die wohl größte Bedeutung im Kennzeichenrecht zu. **20**

---

[26] Zum Domainrecht Band 3 Kap 8.

§ 2
Das Recht der Marken

I. Entstehung des Markenrechts

1. Allgemeines

21 Die Entstehung des Markenrechts ist in Art 6 GMV, Art 4 MRR und § 4 MarkenG geregelt. Danach kann Markenschutz durch Eintragung in ein Markenregister und auf nationaler Ebene außerdem duch Verkehrsgeltung infolge Benutzung (§ 4 Abs 1 Nr 2 MarkenG) oder durch notorische Bekanntheit (§ 4 Abs 1 Nr 3 MarkenG) erworben werden.

22 In aller Regel entsteht das Markenrecht und damit der Schutz für eine Marke durch **Eintragung** in ein Markenregister, das alle wesentlichen Daten und die Wiedergabe der Marke enthält. Das Register für Gemeinschaftsmarken führt das Harmonisierungsamt für den Binnenmarkt (HABM) in Alicante. Auf deutscher Ebene wird das Register vom Deutschen Patent- und Markenamt (DPMA) geführt, welches seinen Hauptsitz in München hat. Die Eintragung erfolgt auf Anmeldung hin, wenn die Voraussetzungen der Eintragung erfüllt sind und das Zeichen damit markenfähig ist und keine Eintragungshindernisse bestehen.

2. Materielle Voraussetzungen des Markenschutzes durch Eintragung

23 Da durch die Markeneintragung immer ein begrenztes, rechtlich abgesichertes Monopol für ein bestimmtes Unternehmen geschaffen wird, kann allerdings nicht jedes beliebige Zeichen als Marke eingetragen werden. Vielmehr sind das Interesse des Markenanmelders auf der einen Seite sowie verschiedene Interessen der Allgemeinheit und insb Interessen anderer Marktteilnehmer auf der anderen Seite in Einklang zu bringen.

24 a) **Markenfähigkeit.** Den Interessen der Allgemeinheit wird dabei zunächst dadurch Rechnung getragen, dass nicht jedes Zeichen eine Marke sein kann, sondern vielmehr bestimmte Voraussetzungen erfüllen muss, um überhaupt markenfähig zu sein. Rechtsgrundlagen zur Markenfähigkeit eingetragener Marken sind für die Gemeinschaftsmarke Art 4 GMV und auf nationaler Ebene §§ 3 Abs 1 und 8 Abs 1 MarkenG.

25 Die Markenfähigkeit eingetragener Marken ist dabei an **drei Voraussetzungen** geknüpft. Erstens muss es sich um ein **Zeichen** handeln. Zweitens muss sich dieses Zeichen **grafisch darstellen** lassen, und drittens muss es geeignet sein, Waren oder Dienstleistungen eines Unternehmens von denjenigen anderer Unternehmen zu unterscheiden, also **Unterscheidungseignung** besitzen.[27]

26 Art 4 GMV erwähnt als markenfähige Zeichen insb **Wörter** einschließlich **Personennamen**,[28] **Abbildungen, Buchstaben, Zahlen** und die **Form** oder **Aufmachung** einer Ware. Das Wort *„insbesondere"* im Gesetzestext weist allerdings darauf hin, dass die

---

[27] EuGH Urt v 6.5.2003, Az C-104/01 – Libertel, Rn 23; EuGH Urt v 24.6.2004, Az C-49/02 – Heidelberger Bauchemie Rn 22; auch EuGH Urt v 8.4.2003, Az C-53/01 bis C-55/01 – Linde Rn 37; EuGH Urt v 23.10.2003, Az C-191/01 P – Doublemint Rn 28.
[28] Hierzu EuGH Urt v 16.9.2004, Az C-404/02 – Nichols Rn 22.

Aufzählung nicht abschließend ist.[29] § 3 Abs 1 MarkenG nennt zusätzlich **dreidimensionale Gestaltungen** und **Hörzeichen**.

In der Praxis haben Wortmarken und – aus einer Kombination von Wort und Bild bestehende – Wort-/Bildmarken, gefolgt von reinen Bildmarken, die bei weitem größte Bedeutung. Daneben hat sich inzwischen eine geringere Zahl dreidimensionaler Marken etabliert, mit Hilfe derer Unternehmen nicht selten versuchen, unmittelbar für ihre Produktgestaltung Schutz zu erlangen. Ferner existieren einige wenige Hörmarken (etwa der Jingle der Deutschen Telekom) und sog abstrakte Farbmarken (zB das Telekom-magenta), mit denen für eine Farbe oder Farbkombination unabhängig von einer konkreten Produktgestaltung Schutz beansprucht wird. Eine neue Markenform bilden darüberhinaus die sog Bewegungsmarken als Folge von bewegten Bildern. Eine solche Marke in Kombination mit einer Hörmarke bildet etwa der brüllende Löwe des Unternehmens Metro-Goldwyn-Meyer.

aa) Zeichen. Erste Voraussetzung der Markenfähigkeit bei eingetragenen Marken ist, dass es sich bei der zur Anmeldung gebrachten Marke überhaupt um ein Zeichen handelt. Hierbei genügt freilich die bloße Möglichkeit, in Bezug auf eine beliebige Ware oder Dienstleistung ein Zeichen sein zu können. 27

Wird insoweit eine abstrakte Farbe zur Anmeldung gebracht, so kann zwar nicht generell davon ausgegangen werden, dass eine Farbe als solche ein Zeichen ist. Denn gewöhnlich ist eine Farbe eine bloße Eigenschaft von Gegenständen. Sie kann allerdings dann ein Zeichen sein, wenn sie hierzu gezielt eingesetzt wird. Eine abstrakte Farbe erfüllt damit grds die erforderliche Zeicheneigenschaft.[30] *Kein Zeichen wäre demgegenüber mangels Konkretisierung eine allgemeine und abstrakte Anmeldung für alle denkbaren Formen eines durchsichtigen CD-Spielers. Eine solche Anmeldung erschöpft sich in Wirklichkeit in einer bloßen Eigenschaft der betreffenden Ware.*[31]

bb) Grafische Darstellbarkeit. Zweite Voraussetzung der Markenfähigkeit bei eingetragenen Marken ist die grafische Darstellbarkeit. Diese setzt voraus, dass das Zeichen insb mit Hilfe von Figuren, Linien oder Schriftzeichen sichtbar wiedergegeben werden kann. Die **Darstellung muss dabei klar, eindeutig, in sich abgeschlossen, leicht zugänglich, verständlich, dauerhaft und objektiv sein.**[32] 28

Das Erfordernis der grafischen Darstellbarkeit, dient dabei vor allem dazu, die Marke selbst festzulegen[33] und damit den genauen Gegenstand ihres Schutzes zu bestimmen. Daher muss die grafische Darstellbarkeit derart beschaffen sein, dass Behörden und Wirtschaftsteilnehmer die genaue Ausgestaltung der Marke und damit das Risiko ihrer Verletzung in Erfahrung bringen können.[34] Eine unmittelbare Verständlichkeit der grafischen Darstellung ist nicht erforderlich, solange die Darstellung 29

---

[29] EuGH Urt v 12.12.2002, Az C-273/00 – Sieckmann Rn 44; EuGH Urt v 27.11.2003, Az C-283/01 – Shield Mark Rn 35.
[30] EuGH Urt v 6.5.2003, Az C-104/01 – Libertel Rn 27; EuGH Urt v 24.6.2004, Az C-49/02 – Heidelberger Bauchemie Rn 23 f.
[31] Vgl EuGH Urt v 25.1.2007, Az C-321/03 – Dyson Rn 35 ff.
[32] EuGH Urt v 12.12.2002, Az C-273/00 – Sieckmann Rn 55; EuGH Urt v 6.5.2003,

Az C-104/01 – Libertel Rn 28 f; EuGH Urt v 27.11.2003, Az C-283/01 – Shield Mark Rn 55; EuGH Urt v 24.6.2004, Az C-49/02 – Heidelberger Bauchemie Rn 25 ff.
[33] Bei einer Diskrepanz von Anmeldung und Eintragung ist deswegen die eingetragene Gestaltung maßgeblich: BGH GRUR 2005, 1044 – Dentale Abformmasse.
[34] EuGH Urt v 12.12.2002, Az C-273/00 – Sieckmann Rn 48 ff.

den zuständigen Stellen und Verkehrskreisen ermöglicht, zu erkennen, für welches Zeichen die Eintragung als Marke beantragt wird.[35]

30 Zusätzlich zur grafischen Darstellung kann der Anmeldung eine **Beschreibung** (Art 3 Abs 3 S 2 DV; §§ 8 Abs 5, 9 Abs 5, 10 Abs 2, 11 Abs 4, 12 Abs 3 MarkenVO) beigefügt werden, um ein nicht genügend deutliches Zeichen zu erläutern. Eine Beschreibung kann auch erforderlich sein, um klarzustellen, um welchen Markentyp es sich bei der Anmeldung handelt.

Gibt etwa der Anmelder bei der Anmeldung eines Hörzeichens nicht an, dass es sich hierbei um ein Hörzeichen handelt, können die für die Eintragung zuständige Stelle und die Verkehrskreise, insb die Wirtschaftsteilnehmer, davon ausgehen, dass es sich bei der Notenschrift um eine Bildmarke handelt.

31 cc) **Abstrakte Unterscheidungseignung.** Dritte Voraussetzung der Markenfähigkeit ist die Unterscheidungseignung des Zeichens. Hierunter versteht man die prinzipielle Eignung eines Zeichens, Produkte eines Unternehmens von denjenigen anderer Unternehmen zu unterscheiden. In dieser Hinsicht ist ausreichend, wenn nicht ausgeschlossen werden kann, dass es Situationen gibt, in denen das Zeichen auf die Herkunft der Produkte eines Unternehmens hinweist.[36] Bei der Prüfung der Unterscheidungseignung im Rahmen der Markenfähigkeit ist dabei nicht auf die konkret unter der Marke beanspruchten Produkte abzustellen. Die hier zu prüfende Unterscheidungseignung wird daher auch als „**abstrakte Unterscheidungskraft**" bezeichnet.[37] Die höchstrichterliche Rechtsprechung hat eine abstrakte Unterscheidungseignung im Rahmen der Markenfähigkeit bislang in keinem einzigen Fall verneint.

So ist selbst das Bildnis der verstorbenen Schauspielerin Marlene Dietrich dem Markenschutz grundsätzlich zugänglich.[38]

32 b) **Absolute Eintragungshindernisse. aa) Allgemeines.** Neben den genannten Voraussetzungen der Markenfähigkeit tragen auch die absoluten Eintragungshindernisse den **Interessen der Allgemeinheit** Rechnung. Auch diese sind vor der Eintragung einer Marke zu prüfen. Greift ein Eintragungshindernis ein, darf ein grds markenfähiges Zeichen gleichwohl nicht eingetragen werden. Gesetzliche Grundlage für diese absoluten Eintragungshindernisse bilden im Wesentlichen die Vorschriften des Art 7 GMV und des § 8 MarkenG.

33 Hiernach darf eine Marke bspw nicht zur Beschreibung bestimmter Merkmale der durch sie gekennzeichneten Produkte geeignet sein. Denn andernfalls wäre der Begriff für Konkurrenten gesperrt. Diese könnten dann die Eigenschaften ihrer Produkte nur unter erschwerten Bedingungen beschreiben. Auch ist zu prüfen, ob eine Marke im Hinblick auf die konkret beanspruchten Produkte überhaupt über hinreichende Unterscheidungskraft verfügt. Nur dann nämlich kann die Marke ihrer Funktion als Unterscheidungszeichen nachkommen.

So ist bspw die Registrierung der Marken „Liebesfilm" für die Ware „Filme" oder „Rockmusik" für „kulturelle Veranstaltungen" unzulässig, da die Bezeichnungen weiterhin auch von anderen Marktteilnehmern benutzt werden sollen.

---

[35] EuGH Urt v 27.11.2003, Az C-283/01 – Shield Mark Rn 63.
[36] EuGH Urt v 6.5.2003, Az C-104/01 – Libertel Rn 41.
[37] BGH GRUR 2001, 240, 241 – Swiss Army.
[38] BGH Urt v 24.4.2008, Az I ZB 21/06 – Marlene-Dietrich-Bildnis.

bb) **Prüfungsgrundsätze der absoluten Schutzhindernisse.** Die einzelnen in Art 7 GMV, § 8 MarkenG genannten Eintragungshindernisse sind **voneinander unabhängig** und müssen daher getrennt geprüft werden.[39] Ein Zeichen ist bereits dann von der **Eintragung als Marke ausgeschlossen, wenn nur eines der Schutzhindernisse vorliegt** (vgl Art 8, 51 GMV, § 8 Abs 2 MarkenG). **34**

Eintragungshindernisse sind stets **in Bezug auf die Waren oder Dienstleistungen** zu beurteilen, für die die Marke angemeldet worden ist.[40] Liegt ein Grund für die Zurückweisung einer Marke von der Eintragung nur für einen Teil der Waren oder Dienstleistungen vor, für die die Marke angemeldet ist, so wird sie nur für diese Waren oder Dienstleistungen zurückgewiesen (Art 13 MRR, Art 38 Abs 1 GMV, § 37 Abs 5 MarkenG). Wird die Eintragung einer Marke für verschiedene Waren oder Dienstleistungen beantragt, so ist daher zu prüfen, ob die Marke in Bezug auf jede dieser Waren oder Dienstleistungen unter kein Eintragungshindernis fällt. Diese Prüfung kann bei den betreffenden Waren oder Dienstleistungen zu unterschiedlichen Ergebnissen führen.[41] **35**

So ist etwa die Marke „Film" zwar eine Produktbezeichnung für die Ware „Spielfilme", nicht jedoch für „Erfrischungsgetränke". Für „Filme" wäre „Film" daher nicht als Marke eintragungsfähig, wohl aber für „Erfrischungsgetränke". Dass das Zeichen „Film" und damit eine andere Ware als „Erfrischungsgetränke" bezeichnet, ist unschädlich.

Ob ein Zeichen als solches als Marke eintragungsfähig ist, ist darüber hinaus immer von der **Warte des maßgeblichen Publikums** aus zu beurteilen.[42] In einem ersten Schritt ist daher zunächst das maßgebliche Publikum zu bestimmen. Die praktisch wichtigste Differenzierung erfolgt hierbei danach, ob die unter der Marke beanspruchten Produkte lediglich für Fachkreise oder (auch) für alle Verbraucher bestimmt sind. **36**

Fachkreise werden dabei etwa bei Marken in den speziellen Bereichen wie Studiotechnik angesprochen. Demgegenüber richten sich allgemeine Produkte der Unterhaltungselektronik und der Unterhaltungsmedien in erster Linie an den allgemeinen Verbraucher.

Geht es um Waren und Dienstleistungen, die für alle Verbraucher bestimmt sind, so ist vom **durchschnittlich informierten, durchschnittlich aufmerksamen und durchschnittlich verständigen Verbraucher** als dem maßgeblichen Publikum auszugehen.[43] **37**

Zu berücksichtigen ist dabei allerdings, dass sich dem Durchschnittsverbraucher nur selten die Möglichkeit bietet, verschiedene Marken unmittelbar miteinander zu vergleichen und er sich daher auf das unvollkommene Bild verlassen muss, das er von **38**

---

[39] Etwa EuGH Urt v 8.4.2003, Az C-53/01 bis C-55/01 – Linde Rn 67; EuGH Urt v 12.1.2006, Az C-173/04 P – Deutsche SiSi-Werke Rn 59.
[40] Etwa EuGH Urt v 18.6.2002, Az C-299/99 – Philips/Remington Rn 59; EuGH Urt v 12.1.2006, Az C-173/04 P – Deutsche SiSi-Werke Rn 25; EuG Urt v 7.6.2001, Az T-359/99 – EuroHealth Rn 23; EuG Urt v 19.1.2005, Az T-387/03 – BIOKNOWLEDGE Rn 48 ff; BGH GRUR 2002, 261, 262 – AC mwN.
[41] EuGH Urt v 12.2.2004, Az C-363/99 – Postkantoor Rn 73; auch Art 13 MRR; vgl etwa EuG Urt v 20.3.2002, Az T-355/00 – TELE AID Rn 30 ff.
[42] Etwa EuGH Urt v 6.5.2003, Az C-104/01 – Libertel Rn 45; EuGH Urt v 12.1.2006, Az C-173/04 P – Deutsche SiSi-Werke Rn 25.
[43] Etwa EuGH Urt v 6.5.2003, Az C-104/01 – Libertel Rn 46; EuGH Urt v 16.9.2004, Az C-329/02 P – SAT.2 Rn 24; EuGH Urt v 23.9.2004, Az C-107/03 P – Form einer Seife Rn 30, 39; EuGH Urt v 7.10.2004, Az C-136/02 P – Mag Instrument Rn 19.

ihnen im Gedächtnis behalten hat.⁴⁴ Die Aufmerksamkeit des Verbrauchers kann hierbei je nach betreffender Warenart unterschiedlich sein.⁴⁵

*So wird die Aufmerksamkeit des Publikums gegenüber Warenkennzeichnungen bei Medienprodukten des täglichen Bedarfs, wie Zeitungen, zwar je nach deren Art und Wert unterschiedlich sein, im Allgemeinen aber wohl allenfalls einen durchschnittlichen Grad erreichen. Bei Studio- oder Bühnentechnik wird demgegenüber insb wegen des Preises und des sehr technischen Charakters der Grad der Aufmerksamkeit der maßgeblichen Verkehrskreise beim Kauf eher hoch einzustufen sein.*⁴⁶

39 Häufig ist die Verkehrsauffassung zudem nicht einheitlich, sondern es existieren verschiedene Verbrauchergruppen mit unterschiedlichem Verständnis der Marke (sog **geteilte Verkehrauffassung**).⁴⁷ Dies ist etwa bei **fremdsprachigen Markenwörtern**⁴⁸ der Fall, wenn nur Teile des Verkehrs Kenntnisse der fraglichen Fremdsprache aufweisen. Hierbei sind jedoch Fremdsprachenkenntnisse des inländischen Verbrauchers – vor allem der englischen Sprache⁴⁹, in geringerem Umfang auch der französischen, spanischen und italienischen Sprache – zu berücksichtigen.

40 Die Schutzfähigkeit einer nationalen Marke kann allein aufgrund des jeweiligen **inländischen Verkehrsverständnisses** beurteilt werden.⁵⁰ Bei Gemeinschaftsmarken gilt aber nach Art 7 Abs 2 GMV konsequenterweise die Besonderheit, dass ein Zeichen bereits dann von der Eintragung ausgeschlossen ist, wenn Eintragungshindernisse nur in einem Teil der Gemeinschaft vorliegen, es etwa in der Sprache eines Mitgliedstaats beschreibend oder nicht unterscheidungskräftig ist.

Ist also etwa die Bezeichnung „Film" im deutschen Sprachraum für „Spielfilme" beschreibend, so ist eine Gemeinschaftsmarkenanmeldung zurückzuweisen, ohne dass es darauf ankäme, dass Filme in anderen Mitgliedstaaten anders bezeichnet werden.

41 Bei der Prüfung einer Marke im Hinblick auf ihre Schutzfähigkeit ist, wie auch in allen übrigen Bereichen des Kennzeichenrechts, schließlich auch zu beachten, dass Marken **auf verschiedene Weise wahrgenommen** werden können. Üblicherweise unterscheidet die Rechtsprechung insofern in **bildlicher** (visueller), **klanglicher** (akustischer) und **begrifflicher Hinsicht**.⁵¹ Eine Marke muss in jeder dieser Wahrnehmungsrichtungen schutzfähig sein. Im Hinblick auf Wortmarken aus mehreren Bestandteilen, die sowohl gehört als auch gelesen werden sollen, ist der EuGH insoweit davon ausgegangen, dass die Voraussetzungen an die Schutzfähigkeit sowohl in Bezug auf den akus-

---

⁴⁴ Etwa EuGH Urt v 22.6.1999, Az C-342/97 – Lloyd Schuhfabrik Meyer Rn 26.
⁴⁵ EuGH Urt v 22.6.1999, Az C-342/97 – Lloyd Schuhfabrik Meyer Rn 26; EuGH Urt v 12.1.2006, Az C-361/04 P – Picasso Rn 38; vgl etwa EuG Urt v 22.6.2004, Az T-185/02 – PICASSO/PICARO Rn 59 f; EuG Urt v 6.7.2004, Az T-117/02 – CHUFI/CHUFAFIT Rn 42; BGHZ 139, 340, 345 – Lions.
⁴⁶ In diese Richtung zumindest EuG Urt v 22.6.2004, Az T-185/02 – PICASSO/PICARO Rn 59, bestätigt durch EuGH Urt v 12.1.2006, Az C-361/04 P – Picasso Rn 20, 23, 39.
⁴⁷ Vgl BGH GRUR 2004, 947 – Gazoz.
⁴⁸ Hierzu BGH GRUR 2004, 947 – Gazoz; BGH GRUR 2005, 60 – Gazoz (Leitsatzberichtigung); EuG Urt v 23.10.2002, Az T-6/01 – Matratzen/Matratzen Markt Concord Rn 27;
zu den Besonderheiten im Benelux-Gebiet vgl auch EuGH Urt v 7.9.2006, Az C-108/05 – Bovemij Verzekeringen.
⁴⁹ Etwa BGH WRP 1998, 495, 496 – Today; BGH GRUR 1999, 1089 – YES; EuG Urt v 22.6.2005, Az T-34/04 – POWER/Turkish Power Rn 48.
⁵⁰ So zur Unterscheidungskraft EuGH Urt v 12.2.2004, Az C-218/01 – Henkel, Rn 65; BGH GRUR 2000, 502, 503 – St Pauli Girl; ähnl BVerfG GRUR 2005, 52 – Unvollständige EuGH-Rechtsprechung; vgl aber die zurückhaltende Formulierung in EuGH Urt v 9.3.2006, Az C-421/04 – Matratzen Concord/Hukla-Germany.
⁵¹ Im Rahmen der Verwechslungsgefahr EuGH Urt v 22.6.1999, Az C-342/97 – Lloyd Schuhfabrik Meyer Rn 27; BGHZ 139, 340 – Lions.

tischen als auch den visuellen Eindruck von der Marke erfüllt sein müssen.[52] Nichts anderes dürfte für Marken mit nur einem Bestandteil gelten.

So dürfte eine Marke „Vilm" für Spielfilme schutzunfähig sein. In klanglicher Hinsicht ist „Vilm" identisch mit dem Begriff „Film" und bezeichnet damit die Ware. Dass in schriftbildlicher Hinsicht eine Abweichung vorliegt, ist unzureichend.

cc) Die absoluten Schutzhindernisse im Einzelnen. α) Unterscheidungskraft, beschreibende Angaben, übliche Bezeichnung. Die praktisch bei weitem bedeutendsten absoluten Schutzhindernisse sind die der fehlenden Unterscheidungskraft, der beschreibenden Angaben und der üblichen Bezeichnung bzw des allgemeinen Sprachgebrauchs nach Art 3 Abs 1 Buchst b, c und d MRR, Art 6^{quinquies} B Nr 2 PVÜ, Art 7 Abs 1 Buchst b, c und d GMV bzw § 8 Abs 2 Nr 1–3 MarkenG.

42

Nach der Rechtsprechung des EuGH sind die betreffenden Schutzhindernisse zwar voneinander unabhängig und müssen daher getrennt geprüft werden;[53] dennoch **überschneiden** sich ihre jeweiligen **Anwendungsbereiche** erheblich. So fehlt bspw einer Wortmarke, die Merkmale von Produkten beschreibt, aus diesem Grund zwangsläufig auch die Unterscheidungskraft.[54] Entsprechendes gilt für das Eintragungshindernis üblicher Bezeichnungen.[55] Die Eintragungshindernisse der beschreibenden Angabe und der üblichen Bezeichnung erfassen also spezielle Fälle fehlender Unterscheidungskraft, ohne im Anwendungsbereich über das Schutzhindernis fehlender Unterscheidungskraft hinauszugehen. Gemeinsam ist den drei Eintragungshindernissen zudem, dass sie keine Anwendung finden, wenn die Marke infolge ihrer Benutzung Unterscheidungskraft erlangt hat (Art 3 Abs 3 MRR, Art 7 Abs 3 GMV bzw § 8 Abs 3 MarkenG).

43

αα) Eintragungshindernis: Merkmalsbeschreibende Angaben. Mit dem Verbot beschreibender Angaben nach Art 7 Abs 1 Buchst c GMV bzw § 8 Abs 2 Nr 2 MarkenG werden Zeichen oder Angaben, die im Verkehr zur Bezeichnung der Merkmale der beanspruchten Produkte dienen können, ihrem Wesen nach als ungeeignet angesehen, die Herkunftsfunktion der Marke zu erfüllen.[56] Denn solche beschreibenden Angaben sollen **nicht monopolisiert** werden, und der Verkehr rechnet hier auch nicht mit einer Monopolisierung und damit nicht mit einem Herkunftshinweis. Beispielhaft und nicht abschließend nennt das Schutzhindernis als mögliche Merkmale die Art, die Beschaffenheit, die Menge, die Bestimmung, den Wert, die geografische Herkunft und die Zeit der Herstellung der Waren oder der Erbringung der Dienstleistungen. Das Schutzhindernis verfolgt das im Allgemeininteresse liegende Ziel, dass Zeichen oder

44

---

[52] EuGH Urt v 12.2.2004, Az C-363/99 – Postkantoor Rn 99; EuGH Urt v 12.2.2004, Az C-265/00 – Campina Melkunie Rn 40; überholt damit wohl die Entscheidung vom selben Tag BPatG GRUR 2004, 873 – FRISH.
[53] Vgl insb EuGH Urt v 8.5.2008, Az C-304/06 P – Eurohypo; auch etwa EuGH Urt v 8.4.2003, Az C-53/01 bis C-55/01 – Linde Rn 67; EuGH Urt v 12.1.2006, Az C-173/04 P – Deutsche SiSi-Werke Rn 59.
[54] Etwa EuGH Urt v 12.2.2004, Az C-363/99 – Postkantoor Rn 86; EuGH Urt v 12.2.2004, Az C-265/00 – Campina Melkunie Rn 19; überholt etwa BGH GRUR 1993, 43 – Römigberg; BGH GRUR 2004, 329, 331 – Käse in Blütenform; BGH GRUR 2004, 503, 504 f – Gabelstapler II; BGH GRUR 2004, 506, 507 – Stabtaschenlampen II.
[55] EuGH Urt v 5.10.2044, Az C-192/03 P – BSS Rn 29; EuGH Urt v 21.10.2004, Az C-64/02 P – DAS PRINZIP DER BEQUEMLICHKEIT Rn 38, jeweils unter Hinweis auf EuGH Urt v 4.10.2001, Az C-517/99 – Bravo Rn 37.
[56] EuGH Urt v 20.9.2001, Az C-383/99 P – Baby-dry, Rn 37; EuGH Urt v 5.2.2004, Az C-150/02 P – Streamserve Rn 24.

Angaben, die die Waren- oder Dienstleistungsgruppen beschreiben, für die die Eintragung beantragt wird, von allen frei verwendet werden können. Die Bestimmung erlaubt es daher vorbehaltlich eines Erwerbs von Unterscheidungskraft durch Benutzung[57] nicht, dass solche Zeichen oder Angaben durch ihre Eintragung als Marke einem einzigen Unternehmen vorbehalten werden.[58] Dies gilt insb für solche Zeichen, die sich darin erschöpfen, die äußere Form der Ware widerzugeben.[59] Allerdings ist nicht schon jeder noch so **entfernte Anklang an Produkteigenschaften** eine schutzunfähige Merkmalsbeschreibung.

So hielt der BGH etwa den Begriff „PREMIERE" für Dienstleistungen eines Fernsehsenders,[60] und „HOUSE OF BLUES" für Tonträger[61] nicht für unmittelbar beschreibend. Der erforderliche Grad an Unmittelbarkeit war demgegenüber gegeben bei der Wortfolge „Bücher für eine bessere Welt", die die durch sie gekennzeichneten Bücher oder Broschüren unmittelbar sachlich als Druckwerke beschreibt, die der Schaffung einer besseren Welt dienen sollen.[62] Auch „Winnetou" sei beschreibend für Druckereierzeugnisse, Filmproduktion sowie die Herausgabe von Büchern und Zeitschriften. Denn der Name „Winnetou" habe sich – wohl übertrieben – auf Grund der Bekanntheit der Romanfigur von Karl May zum Synonym für einen rechtschaffenen Indianerhäuptling entwickelt und sei geeignet als Sachhinweis auf den Inhalt oder Gegenstand der fraglichen Produkte dienen zu können, die sich mit dieser Romanfigur befassten.[63] Beschreibend war weiter auch „DeutschlandCard" für eine Kundenkarte[64] oder „Pure Digital" für elektronische Geräte und Telekommunikation.[65] Schließlich konnte sich auch „Eurohypo" durch die Aneinanderreihung der Abkürzungen „Euro" für „europäisch" und „Hypo" für „Hypothek" nicht vor der Schutzunfähigkeit retten.[66]

45 Ist ein Zeichen in seiner Begrifflichkeit **mehrdeutig**, so steht einer Eintragung bereits entgegen, wenn es zumindest in einer seiner möglichen Bedeutungen ein Merkmal der in Frage stehenden Waren oder Dienstleistungen bezeichnet. Ist ein Zeichen aber – gegebenenfalls auch wegen seiner Mehrdeutigkeit – derart unscharf, dass seine Verwendung zur Beschreibung von Merkmalen vernünftigerweise nicht zu erwarten ist, so wird es wohl in der Regel eintragungsfähig sein. Für die Annahme eines merkmalbeschreibenden Charakters eines Zeichens ist es aber nicht erforderlich, dass das Zeichen bereits eine feste begriffliche Kontur erlangt und sich eine einhellige Auffassung zum Sinngehalt daher noch nicht herausgebildet hat.[67]

46 Entscheidend ist zudem nicht, ob das fragliche Zeichen bereits zur **Beschreibung** von Merkmalen des fraglichen Produktes verwendet wird. Vielmehr greift das Eintragungshindernis bereits ein, wenn **vernünftigerweise für die Zukunft zu erwarten** ist, dass das Zeichen zur Merkmalsbeschreibung verwendet wird.[68]

---

[57] Hierzu unten Rn 55 ff.
[58] Etwa EuGH Urt 4.5.1999, Az C-108/97 und C-109/97 – Chiemsee Rn 25; EuGH Urt v 5.2.2004, Az C-326/01 P – Universaltelefonbuch/Universalkommunikationsverzeichnis Rn 27, 32.
[59] BGH Urt v 3.4.2008, Az I ZB 2/06, I ZB 3/06 und I ZB 4/06 sowie I ZB 46/05 – Käse in Blütenform.
[60] BGH GRUR 1999, 728, 729 – PREMIERE II.
[61] BGH GRUR 1999, 988, 989 – HOUSE OF BLUES.
[62] BGH GRUR 2000, 882, 883 – Bücher für eine bessere Welt.
[63] BGH GRUR 2003, 342, 343 – Winnetou.
[64] BGH Urt v 22.1.2009, Az I ZB 52/08 – DeutschlandCard.
[65] Vgl EuGH Urt v 11.6.2009, Az C-542/07 P – Imagination Technologies.
[66] Vgl EuGH Urt v 8.5.2008, Az C-304/06 P – Eurohypo.
[67] BGH Urt v 13.3.2008, Az I ZB 53/05 – SPA II.
[68] EuGH Urt v 4.5.1999, Az C-108/97 und C-109/97 – Chiemsee Rn 31, 37; EuGH Urt v

Die Zeichen „Universaltelefonbuch" und „Universalkommunikationsverzeichnis" werden zwar gegenwärtig nicht verwendet, stehen aber im Deutschen den Begriffen „universales Telefonbuch" bzw „universales Kommunikationsverzeichnis" gleich. Sie können daher die Art von Datenträgern und Druckereierzeugnissen die Bestimmung der Dienstleistungen eines Verlages oder eines Redakteurs bezeichnen.[69]

ββ) Eintragungshindernis: Übliche Bezeichnungen. Das Schutzhindernis der üblichen Bezeichnung nach Art 7 Abs 1 Buchst d GMV bzw § 8 Abs 2 Nr 3 MarkenG ist so auszulegen, dass es der Eintragung einer Marke nur dann entgegensteht, wenn die Zeichen oder Angaben, aus denen die Marke ausschließlich besteht, im allgemeinen Sprachgebrauch oder in den redlichen und ständigen Verkehrsgepflogenheiten zur Bezeichnung der Waren oder Dienstleistungen, für die diese Marke angemeldet wurde, üblich geworden sind. Ob die Bezeichnung schon immer üblich war oder – wie der Wortlaut von GMV und MarkenG nahe legt – üblich „geworden" ist, spielt keine Rolle. Denn andernfalls würde das der Vorschrift zugrunde liegende Allgemeininteresse nicht gewahrt, eine Monopolisierung von Produktbezeichnungen zu verhindern. **47**

So ist die ursprünglich als Marke eingeführte Bezeichnung „Walkman" in Österreich zur üblichen Produktbezeichnung geworden.[70]

Dabei ist jedoch in Abgrenzung zu dem Schutzhindernis der merkmalsbeschreibenden Angaben nicht erforderlich, dass mit dem fraglichen Zeichen zugleich auch Eigenschaften oder Merkmale der Produkte beschrieben werden. Vielmehr kommt es darauf an, ob das **Produkt selbst bezeichnet** wird. **48**

So mag eine Marke „BRAVO" durchaus positive Assoziationen wecken. Mit „BRAVO" bezeichnet der Verkehr jedoch kein bestimmtes Produkt.

γγ) Eintragungshindernis: Fehlen der Unterscheidungskraft. Gesetzliche Grundlage für das Eintragungshindernis allgemein fehlender Unterscheidungskraft bilden Art 7 Abs 1 Buchst b GMV bzw § 8 Abs 2 Nr 1 MarkenG. Mit Blick auf die Hauptfunktion der Marke[71] bedeutet hierbei Unterscheidungskraft, dass die **Marke geeignet ist, die Ware, für die die Eintragung beantragt wird, als von einem bestimmten Unternehmen stammend zu kennzeichnen und diese Ware somit von denjenigen anderer Unternehmen zu unterscheiden.**[72] Die Prüfung der Unterscheidungskraft verlangt daher die **Prognose**, ob es ausgeschlossen erscheint, dass das fragliche Zeichen geeignet ist, in den Augen der angesprochenen Verkehrskreise die betreffenden Waren oder Dienstleistungen von denen anderer Herkunft zu unterscheiden.[73] Maßgeblich ist das Verkehrsverständnis im Zeitpunkt der Entscheidung über den Antrag auf Eintragung des Zeichens.[74] Dabei ist es nicht notwendig, dass die Marke genaue Angaben über die Identität des Herstellers der Ware oder des Erbringers der Dienstleistungen vermittelt. Es genügt vielmehr, dass sie den angesprochenen Verkehrskreisen eine Unterschei- **49**

12.2.2004, Az C-363/99 – Postkantoor Rn 56; auch EuGH Urt v 5.2.2004, Az C-326/01 P – Universaltelefonbuch/Universalkommunikationsverzeichnis Rn 31; lehrreich auch BGH GRUR 2002, 884, 885 – B-2 alloy.
[69] EuGH Urt v 5.2.2004, Az C-326/01 P – Universaltelefonbuch/Universalkommunikationsverzeichnis Rn 30.
[70] ÖsterrOGH WRP 2002, 841, 842 f – SONY WALKMAN I.

[71] Vgl oben Rn 2.
[72] Etwa EuGH Urt v 8.4.2003, Az C-53/01 bis C-55/01 – Linde Rn 40.
[73] So etwa EuG Urt v 5.4.2001, Az T-87/00 – EASYBANK Rn 40; EuG Urt v 19.9.2001, Az T-335/99 – Tablette für Wasch- oder Geschirrspülmaschinen I Rn 44; EuG Urt v 7.2.2002, Az T-88/00 – Form von Taschenlampen Rn 34.
[74] BGH Urt v 15.1.2009, Az I ZB 30/06 – Streetball.

dung der mit ihr bezeichneten Produkte von den Produkten anderer betrieblicher Herkunft ermöglicht und den Schluss zulässt, dass alle mit ihr bezeichneten Produkte unter der Kontrolle des Inhabers dieser Marke hergestellt bzw erbracht worden sind, der für ihre Qualität verantwortlich gemacht werden kann.[75]

So lässt etwa die Bezeichnung „Kuschelrock" jedenfalls ohne Einsichtnahme in das Markenregister oder besondere Kenntnisse nicht erkennen, wer die bezeichneten Sampler hergestellt hat. Das Zeichen ermöglicht dem Verbraucher aber grds die Unterscheidung der bezeichneten Sampler von denjenigen anderer Hersteller und verfügt damit über die erforderliche Unterscheidungskraft.[76]*Demgegenüber fehlt dem Bildnis von Marlene Dietrich jedenfalls für solche Waren und Dienstleistungen jegliche Unterscheidungskraft, bei denen der Verkehr einen thematischen oder sonstigen sachlichen Bezug zu der abgebildeten Person herstellt und deshalb als (bloß) beschreibenden Hinweis auf diese und nicht als Hinweis auf die Herkunft der betreffenden Produkte aus einem bestimmten Unternehmen versteht.*[77]

50 Bei **Wortmarken** gelangt die Praxis der Gerichte bei der Beurteilung des Eintragungshindernisses des Fehlens der Unterscheidungskraft meist zu ähnlichen Ergebnissen wie beim Eintragungshindernis der merkmalsbeschreibenden Angabe.

So wiesen etwa die Zeichen „DigiFilm" sowie „DigiFilmMaker" im Filmbereich oder die Zeichen „My World" bzw „Willkommen im Leben" im Medienbereich keine Unterscheidungskraft auf.[78] *Unterscheidungskräftig war demgegenüber die Marke „SAT.2" für satellitenbezogene Dienstleistungen. Zwar mag der Bestandteil „SAT" die gebräuchliche Abkürzung für Satellit darstellen, und die Ziffer „2" ebenso wie der Zeichenbestandteil „." im geschäftlichen Verkehr gewöhnlich verwendet werden. Doch zeigt der im Telekommunikationssektor häufige Gebrauch von Marken, die aus einem Wort- und einem Zahlenbestandteil zusammengesetzt sind, dass derartigen Kombinationen nicht grds Unterscheidungskraft abgesprochen werden kann.*[79] *Längere Wortfolgen entbehren regelmäßig jeglicher Unterscheidungskraft.*[80] *Andererseits können auch Slogans wie „Das Prinzip der Bequemlichkeit" für Möbel unterscheidungskräftig sein.*[81] *Den Slogan „Vorsprung durch Technik" hielt der EuGH nicht zuletzt deswegen für unterscheidungskräftig, weil Audi diesen Slogan bereits langjährig verwendet hatte und er daher dem Verkehr schon geläufig war.*[82]

51 Bei kombinierten **Wort-/Bildmarken** kann eine bildliche Gestaltung einem an sich nicht unterscheidungskräftigen Wortzeichen insgesamt die erforderliche Unterscheidungskraft verleihen. Voraussetzung ist dabei, dass ein merklicher Unterschied zwischen dem schutzunfähigen Wort und der Summe seiner begrifflichen und bildlichen Bestandteile besteht.[83]

---

[75] EuG Urt v 19.9.2001, Az T-335/99 – Tablette für Wasch- oder Geschirrspülmaschinen I Rn 43.
[76] Vgl EuGH Urt 20.9.2001, Az C-383/99 P – Baby-dry Rn 44.
[77] BGH Urt v 24.4.2008, Az I ZB 21/06 – Marlene-Dietrich-Bildnis.
[78] EuG Urt v 8.9.2005, Az T-178/03 und T-179/03 – DigiFilm/DigiFilmMaker Rn 30 ff; BGH Urt v 22.1.2009, Az I ZB 34/08 – My World; BGH Urt v 4.12.2008, Az I ZB 48/08 – Willkommen im Leben.
[79] EuGH Urt v 16.9.2004, Az C-329/02 P – SAT.2 Rn 30 ff, gegen EuG Urt v 2.7.2002, Az T-323/00 – SAT.2.
[80] BGH Urt v 1.7.2010, Az I ZB 35/09 – Die Vision.
[81] EuG Urt v 11.12.2001, Az T-138/00 – DAS PRINZIP DER BEQUEMLICHKEIT Rn 44; im Ergebnis ebenso EuGH Urt 21.10.2004, Az C-64/02 P – DAS PRINZIP DER BEQUEMLICHKEIT.
[82] EuGH Urt 21.1.2010, Az C-398/08 P – Audi.
[83] Vgl EuGH Urt 12.2.2004, Az C-363/99 – Postkantoor Rn 99, 104; EuGH Urt 12.2.2004,

Obwohl die Zahl „1" für die Dienstleistungen eines Fernsehsenders ohne Unterscheidungskraft ist, kann die bekannte, konkret vom Fernsehsender ARD verwendete Zahl „1" Schutz aufgrund ihrer spezifischen grafischen Gestaltung erlangen.[84]

Bei **Bildmarken** gilt allgemein der Grundsatz, dass einfachste geometrische Formen oder sonstige einfache grafische Gestaltungselemente, die – wie dem Verkehr aus Erfahrung bekannt ist – in der Werbung aber auch auf Warenverpackungen oder sogar Geschäftsbriefen üblicherweise in bloß ornamentaler, schmückender Form verwendet werden, nicht geeignet sind, die Ware ihrer Herkunft nach zu individualisieren.[85] Darüber hinaus wird einer Bildmarke die nötige Unterscheidungskraft aber auch dann fehlen, wenn das Bild auf die Art oder die Verwendungsweise des Produkts hinweist. **52**

So fehlt etwa einer fotografischen Abbildung eines Bürogebäudes, das als Angabe des Ortes aufgefasst werden kann, an dem die Dienstleistungen erbracht werden, jegliche Unterscheidungskraft.[86]

Im Hinblick auf andere Kategorien als Wort- oder Bildmarken ist folgendes zu beachten: Das Gesetz unterscheidet bei der Beurteilung der Unterscheidungskraft zwar nicht zwischen verschiedenen Kategorien von Marken.[87] Auch dass ein Zeichen – etwa als **Form der Ware** – gleichzeitig mehrere Funktionen erfüllt, ist für seine Unterscheidungskraft grds unerheblich.[88] Die Unterscheidungskraft einer Marke, gleich zu welcher Kategorie sie gehört, muss vielmehr Gegenstand einer konkreten Beurteilung sein.[89] **53**

So dürfen etwa bei Marken, die aus einem Personennamen bestehen, keine strengeren allgemeinen Beurteilungskriterien angewandt werden. Eine schematische Prüfung, ob eine bestimmte Zahl von Personen mit dem gleichen Namen existiert, ist daher nicht ausreichend.[90]

Allerdings werden bestimmte Kategorien von Zeichen vom Publikum nicht notwendig in der gleichen Weise wahrgenommen werden wie eine Wort- oder Bildmarke, die das Publikum gewohnheitsmäßig unmittelbar als Zeichen auffasst, das auf eine bestimmte Herkunft der Ware hinweist. **54**

So sind es die Verbraucher in der Regel nicht gewöhnt, aus der Farbe von Waren oder ihrer Verpackung ohne grafische oder Wortelemente auf die Herkunft der Waren zu schließen, da eine Farbe als solche nach den derzeitigen Gepflogenheiten des Handels grds nicht als Mittel der Identifizierung verwendet wird.[91]

Az C-265/00 – Campina Melkunie Rn 43; vgl auch EuG Urt v 12.1.2000, Az T-19/99 – Companyline Rn 25; EuG Urt v 26.10.2000, Az T-345/99 – Trustedlink Rn 37.
[84] BGH GRUR 2000, 608, 610 – ARD-1.
[85] BGH GRUR 2000, 502, 503 – St Pauli Girl; BGH GRUR 2001, 56, 57 – Likörflasche; BGH GRUR 2001, 334, 336 – Gabelstapler I; BGH GRUR 2001, 413, 415 – SWATCH; BGH GRUR 2001, 734, 735 – Jeanshosentasche; BGH GRUR 2001, 1153 – anti KALK; BGH GRUR 2004, 594, 597 – Ferrari-Pferd.
[86] BGH GRUR 2005, 257, 258 – Bürogebäude.
[87] Etwa EuGH Urt v 8.4.2003, Az C-53/01 bis C-55/01 – Linde Rn 42.
[88] EuG Urt v 6.3.2003, Az T-128/01 – Kühlergrill Rn 43, unter Hinweis auf EuG Urt v 9.10.2002, Az T-36/01 – Glass Pattern Rn 24; vgl auch EuGH Urt v 23.9.2004, Az C-107/03 P – Form einer Seife Rn 53.
[89] EuGH Urt v 16.9.2004, Az C-404/02 – Nichols Rn 27.
[90] EuGH Urt v 16.9.2004, Az C-404/02 – Nichols Rn 26 ff.
[91] EuGH Urt v 6.5.2003, Az C-104/01 – Libertel Rn 65; EuGH Urt v 23.9.2004, Az C-107/03 P – Form einer Seife Rn 49 f; EuGH Urt v 21.10.2004, Az C-447/02 P – Farbe Orange Rn 78; ähnl schon EuG Urt v 25.9.2002, Az T-316/00 – Grün und Grau Rn 27; EuG Urt v 9.10.2002, Az T-173/01 – Orange Rn 29.

55 Bei **abstrakten Farbmarken** wird ein relativ strenger Maßstab angelegt. Der Grund hierfür besteht darin, dass ein Zeichen, das aus einer Farbe als solcher besteht, vom maßgeblichen Publikum nicht notwendig in der gleichen Weise wahrgenommen wird wie eine Wort- oder Bildmarke, die aus einem Zeichen besteht, das unabhängig vom Erscheinungsbild der gekennzeichneten Ware ist. Die Verbraucher sind es nämlich nicht gewöhnt, aus der Farbe von Waren oder ihrer Verpackung ohne grafische oder Wortelemente auf die Herkunft der Waren zu schließen, da eine Farbe als solche nach den derzeitigen Gepflogenheiten des Handels grds nicht als Mittel der Identifizierung verwendet wird.[92]

So ist es der Deutschen Telekom nur mit größtem Werbeaufwand gelungen, die ungewöhnliche Farbe Magenta als Unterscheidungszeichen zu etablieren. Die Deutsche Post war mit der gebräuchlicheren Farbe Gelb unter geringerem Werbeaufwand weniger erfolgreich.

56 δδ) **Erwerb von Unterscheidungskraft infolge Benutzung.** Die vorstehend erläuterten absoluten Eintragungshindernisse der merkmalsbeschreibenden Angaben, der üblichen Bezeichnung und des sonstigen Fehlens von Unterscheidungskraft – und zwar nur diese – können gem Art 7 Abs 3 GMV bzw § 8 Abs 3 MarkenG überwunden werden, wenn sich die Marke vor ihrer Eintragung **infolge intensiver Benutzung** in den beteiligten Verkehrskreisen **als Unterscheidungszeichen durchgesetzt** hat. Entscheidend ist hierbei, ob die Marke aus Sicht der beteiligten Verkehrskreise nunmehr geeignet ist, das beanspruchte Produkt als von einem bestimmten Unternehmen stammend zu kennzeichnen und diese Ware somit von denjenigen anderer Unternehmen zu unterscheiden.[93] Eine solche Unterscheidungskraft kann insb die Folge eines normalen Prozesses der Gewöhnung der beteiligten Verkehrskreise sein.[94]

So kann bspw eine geografische Bezeichnung wie Chiemsee als Marke eingetragen werden, wenn sie infolge ihrer Benutzung die Eignung als Herkunftshinweis erlangt hat. In einem solchen Fall hat die geografische Bezeichnung eine neue Bedeutung erlangt, die nicht mehr nur beschreibend ist, was ihre Eintragung als Marke rechtfertigt.[95]

57 Bei der **Gemeinschaftsmarke** setzt Art 7 Abs 3 GMV dabei voraus, dass die Marke infolge ihrer Benutzung Unterscheidungskraft in all den – wesentlichen[96] – Teilen der Union erlangt hat, in denen ein Schutzhindernis einschlägig wäre.

Ist eine Gemeinschaftsmarke bspw in Rumänien beschreibend, in der übrigen Gemeinschaft jedoch nicht, so kann diese Marke selbst dann nicht eingetragen werden, wenn sie bspw in anderen Teilen der Gemeinschaft mit Ausnahme Rumäniens infolge

---

[92] Etwa EuGH Urt v 6.5.2003, Az C-104/01 Libertel Rn 47 ff; auch EuGH Urt v 24.6.2004, Az C-49/02 – Heidelberger Bauchemie Rn 41; EuGH Urt v 21.10.2004, Az C-447/02 P – Farbe Orange Rn 78 f.
[93] EuGH Urt v 4.5.1999, Az C-108/97 und C-109/97 – Chiemsee Rn 46, 54; EuGH Urt v 18.6.2002, Az C-299/99 – Philips/Remington Rn 35; EuG Urt v 15.12.2005, Az T-262/04 – BIC-Feuerzeug I Rn 61; EuG Urt v 15.12.2005, Az T-263/04 – BIC-Feuerzeug II Rn 61.
[94] EuGH Urt v 4.5.1999, Az C-108/97 und C-109/97 – Chiemsee Rn 49, 54; EuGH Urt v 6.5.2003, Az C-104/01 – Libertel Rn 67; EuGH Urt v 7.10.2004, Az C-136/02 P – Mag Instrument Rn 47.
[95] EuGH Urt v 4.5.1999, Az C-108/97 und C-109/97 – Chiemsee Rn 47.
[96] EuG Urt v 29.4.2004, Az T-399/02 – Flasche mit Limettenscheibe Rn 43; EuG Urt v 15.12. 2005, Az T-262/04 – BIC-Feuerzeug I Rn 62; EuG Urt v 15.12.2005, Az T-263/04 – BIC-Feuerzeug II Rn 62; entsprechend zur bekannten Marke auch EuGH Urt 14.9.1999, Az C-375/97 – Chevy Rn 28.

intensiver Benutzung Unterscheidungskraft erworben hat. Das Gebiet Rumäniens macht ebenso wie jeder andere Mitgliedstaat der EU einen wesentlichen Teil der Union aus.[97]

Bei der Feststellung, ob eine Marke infolge ihrer Benutzung Unterscheidungskraft erlangt hat, kommt es auf **sämtliche Gesichtspunkte** an, die zeigen können, dass die Marke die Eignung als Herkunftshinweis erlangt hat.[98] Berücksichtigt werden können der von der Marke gehaltene Marktanteil, die Intensität, die geografische Verbreitung und die Dauer der Benutzung dieser Marke, der Werbeaufwand des Unternehmens für die Marke, der Teil der beteiligten Verkehrskreise, der die Ware aufgrund der Marke als von einem bestimmten Unternehmen stammend erkennt sowie Erklärungen von Industrie- und Handelskammern oder von anderen Berufsverbänden.[99]

β) Eintragungshindernisse hinsichtlich der Form der Ware. Neben den genannten absoluten Eintragungshindernissen bestehen nach Art 7 Abs 1 Buchst e GMV, § 3 Abs 2 MarkenG[100] auch noch weitere Eintragungshindernisse für solche Zeichen, die aus der Form der Ware bestehen. Nach diesen Vorschriften sind Zeichen von der Eintragung ausgeschlossen, die ausschließlich bestehen
– aus der Form, die durch die **Art der Ware selbst** bedingt ist,[101] oder
– aus der Form der Ware, die zur Herstellung einer **technischen Wirkung** erforderlich ist,[102] oder
– aus der Form, die der Ware einen **wesentlichen Wert** verleiht.

Hintergrund dieser Eintragungshindernisse ist es zu verhindern, dass der Schutz des Markenrechts seinem Inhaber ein Monopol für technische Lösungen oder Gebrauchseigenschaften einer Ware einräumt, die der Benutzer auch bei den Waren der Mitbewerber suchen können soll.

So wurde bspw die Eintragung eines roten Legosteins als Marke gelöscht. Die Gestaltung des Steins beruht auf technischen Markmalen.[103] *Markenschutz für die bekannte Süßware Rocher-Kugel wurde hingegen anerkannt, weil deren ästhetische Gestaltung nicht allein wertverleihend sei.*[104]

γ) Eintragungshindernis: Bösgläubige Markenanmeldung. Ein weiteres absolutes Eintragungshindernis liegt zudem vor, wenn eine Marke bösgläubig angemeldet wurde. Rechtsgrundlage sind hier § 8 Abs 2 Nr 10 MarkenG, der den Fall als Eintragungshindernis behandelt, sowie Art 51 Abs 1 lit b GMV, welcher den Fall lediglich als Nichtigkeitsgrund ausgestaltet. Rechtsprechung seitens der Europäischen Gerichte existiert hierzu nur in beschränktem Umfang.[105] Der EuGH hat allerdings inzwischen

---

[97] EuGH Urt v 22.6.2006, Az C-25/05 P – Storck II Rn 83 ff.
[98] EuGH Urt v 4.5.1999, Az C-108/97 und C-109/97 – Chiemsee Rn 49, 54; EuGH Urt v 6.5.2003, Az C-104/01 – Libertel, Rn 67; EuGH Urt v 7.10.2004, Az C-136/02 P – Mag Instrument Rn 48; EuGH Urt v 7.7.2005, Az C-353/03 – Nestlé Rn 31; auch BGH GRUR 2004, 331, 332 – Westie-Kopf sowie BGH Urt v 21.2.2008, Az I ZR 24/05 – VISAGE.
[99] Etwa EuGH Urt 4.5.1999, Az C-108/97 und C-109/97 – Chiemsee Rn 51 ff.
[100] Der deutsche Gesetzgeber hat die Vorschrift der Markenfähigkeit zugeordnet, um auch nicht eingetragene Marken zu erfassen.
[101] Vgl BGH Urt v 25.10.2007, Az I ZB 22/04 – Milchschnitte.
[102] Vgl hierzu etwa BGH Urt v 25.10.2007, Az I ZB 22/04 – Milchschnitte.
[103] EuGH Urt v 14.9.2010, Az C-48/09 P – Lego Juris; BGH Urt v 16.7.2009, Az I ZB 53/07 und 55/07 – Legostein.
[104] BGH Urt v 9.7.2009, Az I ZB 88/07 – ROCHER-Kugel.
[105] EuGH Urt v 11.6.2009, Az C-529/07 – Chocoladefabriken Lindt & Sprüngli; s auch EuGH Urt v 3.6.2010, Az C-569/08 – Internetportal und Marketing zum Begriff der Bösgläubigkeit nach Art 21 Abs 1 lit b) der VO (EG) Nr 874/2004 der Kommission v 28.4.2004 zur

klargestellt, dass der massgebliche Zeitpunkt für die Beurteilung der Bösgläubigkeit des Anmelders der Zeitpunkt der Anmeldung durch den Betreffenden ist.[106] Nach der Rechtsprechung des BGH ist von einer Bösgläubigkeit des Anmelders jedenfalls dann auszugehen, wenn die Anmeldung **rechtsmissbräuchlich oder sittenwidrig** erfolgt ist. Praktisch besonders bedeutsam sind dabei die Fallgruppen der **Markenanmeldung zu Spekulationszwecken** und der **Störung eines schutzwürdigen Besitzstandes**. Erstere setzt eine Vielzahl von Markenanmeldungen ohne Benutzungswillen voraus, mit der Zielrichtung, andere mit Unterlassungs- und Schadensersatzansprüchen zu überziehen.[107] Letztere ist durch Fallgestaltungen geprägt, bei denen eine Markenanmeldung in Kenntnis eines schützenswerten Besitzstandes ohne sachlich gerechtfertigten Grund erfolgt und einen vorsätzlichen Eingriff in den Wettbewerb darstellt.[108] Die Beurteilung der subjektiven Einstellung des Anmelders kann aufgrund objektiver Umstände erfolgen.[109] Für die Bösgläubigkeit wird es daher reichen, dass der Anmelder aufgrund der langjährigen Nutzung des gleichen oder ähnlichen Zeichen für verwechselbar ähnliche Waren in mindestens einem Mitgliedsstaat von dem früheren Zeichen hätte wissen müssen.[110] Auch wenn das betreffende Zeichen in der Gesamtform einer Ware besteht und die Wahlfreiheit der Mitbewerber aufgrund technischer oder kommerzieller Erwägungen beschränkt ist, kann eine Markenanmeldung bösgläubig sein, wenn durch die Anmeldung die Vermarktung vergleichbarer Waren behindert wird.[111] So deutet die Monopolisierung einer von zwei vermarktbaren Grundformen eines Schokoladen (Oster-) Hasen durch eine Markenanmeldung auf Bösgläubigkeit des Anmelders hin.

61 δ) **Sonstige Eintragungshindernisse.** Sonstige Eintragungshindernisse haben in der Praxis kaum Bedeutung erlangt. Zu nennen sind hier zunächst die Eintragungshindernisse hinsichtlich Zeichen, die gem Art 7 Abs 1 Buchst f GMV, § 8 Abs 2 Nr 5 MarkenG gegen die **öffentliche Ordnung** verstoßen oder **sittenwidrig** sind oder die gem Art 7 Abs 1 Buchst g GMV bzw § 8 Abs 2 Nr 4 MarkenG zur **Täuschung** geeignet sind. Weiter bestehen mit Art 7 Abs 1 Buchst h und i GMV, § 8 Abs 2 Nr 6, 7 und 8 MarkenG Eintragungshindernisse bzgl solcher Zeichen, die **amtliche Hoheitszeichen, Prüf- und Gewährzeichen, Abzeichen, Embleme** oder **Wappen** enthalten, denen ein öffentliches Interesse zukommt. Listen relevanter Zeichen, denen ein öffentliches Interesse zukommt, veröffentlicht das DPMA regelmäßig.[112]

Festlegung von allgemeinen Regeln für die Durchführung und die Funktionen der Domäne oberster Stufe „.eu" und der allgemeinen Grundregeln für die Registrierung, ABl 2004 Nr L 162/40 ff.
[106] EuGH Urt v 11.6.2009, Az C-529/07 – Chocoladefabriken Lindt & Sprüngli Rn 35 und 41.
[107] BGH GRUR 2001, 242, 244 – Classe E; auch BGH Urt v 2.4.2009, Az I ZB 8/06 – Ivadal.
[108] EuGH Urt v 11.6.2009, Az C-529/07 – Chocoladefabriken Lindt & Sprüngli; BGH GRUR 2004, 510 – S100; hierzu *Fabry* GRUR 2010, 566 ff, 568; s auch BGH Urt v 10.1.2008, Az I ZR 38/05 – AKADEMIKS.
[109] EuGH Urt v 11.6.2009, Az C-529/07 – Chocoladefabriken Lindt & Sprüngli Rn 42.
[110] EuGH Urt v 11.6.2009, Az C-529/07 – Chocoladefabriken Lindt & Sprüngli Rn 39: Kenntnis kann aufgrund langjähriger Nutzung unterstellt werden.
[111] EuGH Urt v 11.6.2009, Az C-529/07 – Chocoladefabriken Lindt & Sprüngli Rn 50.
[112] Zusammenschau im vom DPMA herausgegebenen Taschenbuch des gewerblichen Rechtsschutzes (Loseblattsammlung) unter Nr 218, 219, 223.

Die links abgebildete Marke mit Wortbestandteil „ECA" war bspw als Nachahmung des Europa-Emblems

anzusehen. Eine Anmeldung auf Eintragung wurde daher zurückgewiesen.[113] *Auch die schwarz-weiß angemeldete Marke*

konnte trotz der hinzugefügten Buchstaben »RW« als Nachahmung der kanadischen Flagge gedeutet werden, da die schwarz-weiße – damit quasi farblose – Wiedergabe auch in roter Farbe abgebildet werden könnte.[114]

Schließlich sehen Art 6^{quinquies} B Nr 3 PVÜ, Art 3 Abs 2 Buchst a MRR und § 8 Abs 2 Nr 9 MarkenG generalklauselartig ein Verbot von Zeichen vor, deren Benutzung nach anderen Rechtsvorschriften als denen des Markenrechts im öffentlichen Interesse[115] untersagt werden kann. Allgemein wird die Vorschrift eng ausgelegt. **62**

c) **Relative Eintragungshindernisse.** Während die absoluten Eintragungshindernisse den Interessen der Allgemeinheit dienen und daher beim Eintragungsverfahren von Amts wegen zu berücksichtigen sind, dienen die relativen Eintragungshindernisse dazu, die privaten Interessen des Inhabers eines kollidierenden älteren Zeichens zu berücksichtigen. Relative Eintragungshindernisse werden dabei in Deutschland und bei der Gemeinschaftsmarke anders als etwa in den USA nicht von Amts wegen berücksichtigt, sondern **müssen** vielmehr von der entsprechenden Person **geltend gemacht werden**. **63**

Ist ein Zeichen insoweit markenfähig und greifen keine absoluten Eintragungshindernisse ein, so wird eine Gemeinschaftsmarkenanmeldung zunächst veröffentlicht, eine angemeldete deutsche Marke sogar gem § 41 MarkenG zunächst in das Markenregister eingetragen und die Eintragung veröffentlicht. Nun kann allerdings von einem Inhaber älterer Rechte innerhalb von drei Monaten gegen die Eintragung Widerspruch oder aber zu einem späteren Zeitpunkt Löschungsklage nach § 51 Abs 1 MarkenG erhoben werden. Ob der Widerspruch erfolgreich verlaufen wird, hängt in ers- **64**

---

[113] EuG Urt v 21.4.2004, Az T-127/02 – ECA Rn 39 ff.
[114] EuG Urt v 28.2.2008, Az T-215/06 – Ahornblatt, Tz 63 ff, bestätigt durch EuGH Urt 16.7.2009, Az C-208/08 P – American Clothing.
[115] BGH GRUR 2005, 258, 260 – Roximycin.

ter Linie davon ab, ob das jüngere Zeichen tatsächlich vom Schutzbereich des älteren Rechts erfasst ist.[116]

3. Markenschutz ohne Eintragung

65 Ohne Eintragung entsteht Markenschutz an einer deutschen Marke entweder durch die Benutzung eines Zeichens im geschäftlichen Verkehr, soweit das Zeichen innerhalb beteiligter Verkehrskreise als Marke **Verkehrsgeltung** erworben hat (§ 4 Nr 2 MarkenG),[117] oder durch **notorische Bekanntheit** der Marke (§ 4 Nr 3 MarkenG)[118]. Durch bloße Inbenutzungnahme entstehen hingegen keine Markenrechte – unter Umständen aber Rechte an einer geschäftlichen Bezeichnung.[119] Durch die MRR wurde entsprechend ihrem vierten Erwägungsgrund sowie Art 1 MRR ausdrücklich keine Harmonisierung der Benutzungsmarke herbeigeführt. Auch eine Benutzungsgemeinschaftsmarke existiert nicht. Entscheidend sind folglich die nationalen Vorschriften.

66 In Deutschland setzt der Erwerb von Markenrechten ohne Eintragung voraus, dass das Zeichen einen **hohen Bekanntheitsgrad** erwirbt. Dies wiederum erfordert umfangreiche Investitionen. Unternehmen, die derartige Investitionen tätigen können, werden es in der Praxis aber nur selten versäumen, entsprechende Marken zur Anmeldung zu bringen. Markenschutz ohne Eintragung spielt daher in der Praxis eine immer geringere Rolle. Während dieser früher eine gewisse Bedeutung bei solchen Kennzeichnungsformen hatte, die – wie die Form der Ware – nicht eintragungsfähig waren, hat in der Zwischenzeit die Beseitigung einschlägiger Eintragungshindernisse dazu geführt, dass entsprechende Marken eingetragen wurden. Lediglich bei den neuen Markenformen sind Unternehmen aufgrund schleppender Eintragungsverfahren gelegentlich noch gezwungen, aus Benutzungsmarken vorzugehen.[120] Auch soweit nur für Teilgebiete der Bundesrepublik Markenschutz geltend gemacht wird, können Benutzungsmarken relevant werden.[121] Schließlich kommt Benutzungmarken auch insoweit Bedeutung zu, als durch sie Markenschutz selbst für solche Zeichen erlangt werden kann, die grafisch nicht darstellbar sind.[122] Erforderlich ist in diesem Falle aber, dass die fragliche Benutzungsmarke hinreichend bestimmt ist.[123]

II. Inhalt des Markenrechts

1. Allgemeines

67 Wie bereits eingangs erwähnt, erwirbt der Inhaber mit seiner Marke ein ausschließliches Recht in Form eines Verbietungsrechts. Er kann einerseits gegen die Registrierung eines vergleichbaren oder identischen Zeichens vorgehen (vgl Art 8 GMV, § 9 MarkenG), andererseits aber auch schon die bloße Benutzung des Zeichens durch Dritte untersagen und bspw gegebenenfalls Schadensersatz verlangen (Art 9 GMV, § 14 MarkenG). Hierfür stellt das Markenrecht dem Inhaber eines Kennzei-

---

[116] Zum Schutzbereich von Marken unten Rn 66 ff.
[117] BGH Urt v 26.6.2008, Az I ZR 190/05 – EROS.
[118] Hierzu EuGH Urt v 22.11.2007, Az C-328/06 – Nuño.
[119] Hierzu unten Rn 175 ff.
[120] Vgl etwa BGHZ 156, 126 – Farbmarkenverletzung I; auch BGH GRUR 2004, 514, 516 – Telekom.
[121] Vgl BGHZ 16, 82, 91 – Örtlich begrenzte Verkehrsgeltung.
[122] Siehe hierzu auch *Hildebrandt* § 6 Rn 3.
[123] BGH GRUR 2009, 783 – UHU.

chens in erster Linie **Unterlassungs- und Schadensersatzansprüche** gegen Dritte zur Verfügung, hält daneben aber auch eine Vielzahl von **Hilfsansprüchen** bereit (vgl etwa §§ 17 ff MarkenG).[124]

2. Der markenrechtliche Anspruch nach Art 9 GMV und § 14 MarkenG

a) Allgemeines. Wichtigste Anspruchsgrundlage im Markenrecht bilden die von Art 5 MRR vorgezeichneten Art 9 GMV und § 14 Abs 5 iVm Abs 2 MarkenG. Hiernach kann der Inhaber einer Marke es Dritten insb untersagen: **68**
1. ein mit der Marke identisches Zeichen für Waren oder Dienstleistungen zu benutzen, die mit denjenigen identisch sind, für die sie Schutz genießt (**Identitätsschutz**),
2. ein Zeichen zu benutzen, wenn wegen der Identität oder Ähnlichkeit des Zeichens mit der Marke und der Identität oder Ähnlichkeit der durch die Marke und das Zeichen erfassten Waren oder Dienstleistungen für das Publikum die Gefahr von Verwechslungen besteht, einschließlich der Gefahr, dass das Zeichen mit der Marke gedanklich in Verbindung gebracht wird (**Verwechslungsschutz**), oder
3. ein mit der Marke identisches Zeichen oder ein ähnliches Zeichen für Waren oder Dienstleistungen zu benutzen, die nicht mit denen ähnlich sind, für die die Marke Schutz genießt, wenn es sich bei der Marke um eine bekannte Marke handelt und die Benutzung des Zeichens die Unterscheidungskraft oder die Wertschätzung der bekannten Marke ohne rechtfertigenden Grund in unlauterer Weise ausnutzt oder beeinträchtigt (**Bekanntheitsschutz**).

b) Benutzung im geschäftlichen Verkehr. Gemeinsame Voraussetzung der Untersagungstatbestände aus Art 9 GMV bzw § 14 MarkenG ist die Benutzung des fraglichen Zeichens durch einen Dritten im geschäftlichen Verkehr. Eine Benutzung außerhalb des geschäftlichen Verkehrs kann allenfalls namensrechtliche Unterlassungsansprüche begründen.[125] Eine allgemeine Definition des Begriffs des geschäftlichen Verkehrs fehlt bislang. Der EuGH hat aber die Benutzung im geschäftlichen Verkehr als eine **auf einen wirtschaftlichen Vorteil gerichtete kommerzielle Tätigkeit** von der Benutzung im privaten Bereich abgegrenzt.[126] **69**

So stellt die Benutzung der Marke „Arsenal" auf Schals, die als Fanartikel an einem Verkaufsstand verkauft werden, eine Benutzung im geschäftlichen Verkehr dar.[127] *Entsprechendes gilt für die Benutzung einer Marke in Anzeigen.*[128] *Auch die Verwendung eines Kennzeichens als Keyword durch einen Werbenden beim Kewordadvertising,*[129] *um Internetnutzern eine Alternative zum Angebot des Inhabers des fraglichen Kennzeichens anzubieten, stellt eine Benutzung im geschäftlichen Verkehr dar.*[130]

---

[124] Zu den einzelnen Ansprüchen im Markenrecht s *Hildebrandt* § 27.
[125] S hierzu noch unten Rn 205 ff.
[126] EuGH verb Rs C-236/08 v 23.3.2010 – C-238/08 – Google France und Google Rn 50; EuGH Urt v 12.11.2002, Az C-206/01 – Arsenal/Reed Rn 39 f; EuGH Urt v 25.1.2007, Az C-48/05 – Adam Opel Rn 18.
[127] EuGH Urt v 12.11.2002, Az C-206/01 – Arsenal/Reed Rn 39 f; vgl auch EuG Urt v 10.4.2003, Az T-195/00 – Offizielles Euro-Symbol Rn 93.
[128] EuGH Urt v 23.2.1999, Az C-63/97 – BMW Rn 41, unter Hinweis auf Art 5 Abs 3 MRR.
[129] Hierzu *Ingerl/Rohnke* nach § 15 MarkenG Rn 194.
[130] EuGH verb Rs C-236/08 – C-238/08 v 23.3.2010 – Google France und Google Rn 51, 70 f; EuGH Urt v 8.7.2010, Az C-558/08 – Protakabin/Primakabin Rn 27 f.

70 Problematisch wird die Frage eines Handelns im geschäftlichen Verkehr in der Praxis vor allem bei Gelegenheitsverkäufen über Internet-Plattformen wie Ebay. Ob hier noch im privaten oder schon im geschäftlichen Verkehr gehandelt wird, ist eine Frage des Einzelfalls.[131]

71 c) **Rechtsverletzende Benutzung als Marke.** Die Verletzungstatbestände erfordern neben einem Handeln im geschäftlichen Verkehr zudem, dass die Marke durch die Benutzung in ihrem Funktionsbereich berührt wird. Während dies beim Schutz der bekannten Marke automatisch der Fall ist, wenn die übrigen Tatbestandsvoraussetzungen des Bekanntheitsschutzes vorliegen, setzt der Identitätsschutz die Möglichkeit einer Beeinträchtigung einer der Markenfunktionen, also insb der Herkunfts-, der Qualitäts- oder der Werbefunktion voraus.[132] Beim Schutz gegen Verwechslungsgefahr[133] schließlich sind nur solche Beeinträchtigungen relevant, die die Herkunftsfunktion der Marke berühren können. Hier ist es also erforderlich, dass die Benutzung in einem Zusammenhang mit der Unterscheidung von Produkten eines Unternehmens von denen anderer Unternehmen steht und damit die Benutzung des Zeichens durch einen Dritten die Funktionen der Marke beeinträchtigt oder zumindest beeinträchtigen könnte. Dies erfordert grds, dass das fragliche Zeichen vom Dritten als Marke – für seine Produkte[134] – benutzt wird[135] und damit auch der **Unterscheidung der Produkte eines Unternehmens von denen anderer Unternehmen dient.**[136]

Wird ein Zeichen von einem Dritten etwa zu rein beschreibenden Zwecken hinsichtlich der Merkmale der angebotenen Ware verwendet, so stellt dies keine rechtsverletzende Benutzung dar. Aus diesem Grunde stellen etwa Bezugnahmen auf eine Marke im Rahmen eines Verkaufsgesprächs, die lediglich dazu dienen, über die Merkmale der angebotenen Ware zu kommunizieren, keine rechtsverletzende Benutzung im Sinne der Untersagungstatbestände dar. Auch im Falle einer dekorativen Verwendung, etwa des DDR-Logos auf einem Bekleidungsstück fehlt es an einer funktionswidrigen Benutzung.[137]

72 Lange umstritten war die Frage, unter welchen Umständen die Verwendung einer Marke als Keyword beim Keywordadvertising im Internet eine rechtsverletzende Benutzung darstellt. Hier ermöglichen jüngst mehrere Entscheidungen des EuGH eine erste Annäherung an die Problematik. Im Einzelnen ist jedoch noch vieles ungeklärt.

Wird das Kennzeichen eines Dritten von einem Werbenden als Keyword beim Keywordadvertising benutzt, liegt eine rechtsverletzende Benutzung aufgrund Beeinträchtigung der herkunftshinweisenden Funktion von Kennzeichen etwa dann vor, wenn durch die Verwendung suggeriert wird, dass zwischen dem Kennzeicheninhaber und

---

131 BGH Urt v 4.12.2008, Az I ZR 3/06 – Ohrclips; unklar noch BGHZ 158, 236, 249 – Internet-Versteigerung; vgl aber OLG Frankfurt GRUR-RR 2005, 317; OLG Frankfurt GRUR-RR 2006, 48; aA OLG Köln GRUR-RR 2006, 50, wogegen allerdings der BGH (Az I ZR 73/05) am 3.11.2005 auf Nichtzulassungsbeschwerde hin die Revision zugelassen hat.
132 EuGH Urt v 18.6.2009, Az C-487/07 – L'Oreal/Bellure Rn 58.
133 Anders bei der bekannten Marke EuGH Urt v 25.1.2007, Az C-48/05 – Adam Opel; BGH GRUR 2005, 583, 584 f – Lila-Postkarte.
134 EuGH Urt v 12.6.2008, Az C-533/06 – O 2 Holdings, Rn 34.
135 Nicht ausreichend ist insoweit grundsätzlich die bloße Anmeldung und Eintragung eines Zeichens als Marke. Allerdings kann in solchen Fällen ein vorbeugender Unterlassungsanspruch unter dem Gesichtspunkt der Erstbegehungsgefahr einschlägig sein, vgl BGH Urt v 13.3.2008, AzI ZR 151/05 – Metrosex.
136 EuGH Urt v 23.2.1999, Az C-63/97 – BMW Rn 38.
137 BGH Urt v 14.1.2010, Az I ZR 92/08 – DDR-Logo.

dem Werbenden eine wirtschaftliche Verbindung besteht oder aber dies von einem normal informierten und angemessen aufmerksamen Internetnutzer auf der Grundlage des Werbelinks und der ihn begleitenden Werbebotschaft nicht ausgeschlossen werden kann.[138] *Eine solche Beeinträchtigung der herkunftshinweisenden Funktion kann durch das Hinzufügen von Wörtern wie „Gebraucht" oder „aus zweiter Hand" ausgeschlossen werden.*[139] *Weil bei einer Verwendung einer bekannten Marke als Keyword darüber hinaus zB auch ein Ausnutzen der Werbefunktion von Bedeutung ist, ist hier für den Werbenden besondere Vorsicht geboten. Solange die Rechtsprechung insofern noch keine konkreten Kriterien herausgearbeitet hat, wird man daher von der Verwendung einer bekannten Marke als Keyword im Regelfall vorsorglich abraten müssen.*

Ob eine Benutzung als Marke und damit eine rechtsverletzende Benutzung vorliegt, ist unter Zugrundelegung eines durchschnittlich informierten, aufmerksamen und verständigen Durchschnittverbrauchers von der **Warte der beteiligten Verkehrskreise** aus zu beurteilen.[140] Die Rechtsprechung verneint dabei eine rechtsverletzende Benutzung insb dann, wenn die angegriffenen Zeichen oder ihre Wortbestandteile für die maßgeblichen Verkehrskreise beschreibend waren.[141] Andererseits steht es der Wertung als rechtsverletzende Benutzung nicht entgegen, wenn die Marke (auch) dergestalt benutzt wird, dass eine Verbundenheit mit dem Markeninhaber dokumentiert wird.

73

So würde etwa die Benutzung der Marke einer Band, etwa des Logos von Pink Floyd auf von einem Dritten angebotenen Fanartikel eine rechtsverletzende Benutzung darstellen.[142]

Soll aus einer Marke **gegen ein Unternehmenskennzeichen** vorgegangen werden, so stellt die Verwendung des Unternehmenskennzeichens nicht in jedem Fall automatisch eine rechtsverletzende Benutzung dar. Hier liegt eine rechtsverletzende Benutzung erst dann vor, wenn ein Dritter das Zeichen, das seine Gesellschaftsbezeichnung, seinen Handelsnamen oder sein Firmenzeichen bildet, auf den Waren anbringt, die er vertreibt. Zudem liegt auch ohne Anbringung eine rechtsverletzende Benutzung vor, wenn der Dritte das Zeichen in der Weise benutzt, dass eine Verbindung zwischen dem Zeichen, das die Gesellschaftsbezeichnung, den Handelsnamen oder das Firmenzeichen des Dritten bildet, und den vom Dritten vertriebenen Waren oder den von ihm erbrachten Dienstleistungen hergestellt wird.[143]

74

Benutzt daher etwa ein Dienstleistungsunternehmen sein Unternehmenskennzeichen zugleich ausnahmslos für sämtliche Dienstleistungen, so wird eine rechtsverlet-

---

[138] EuGH Urt v 25.3.2010, Az C-278/08 – Bergspechte Rn 35 f; EuGH verb Rs C-236/08 – C-238/08 v 23.3.2010 – Google France und Google Rn 89 f; hierzu *Schirmbacher* GRUR-Prax 2010, 165 ff; s hierzu auch BGH Urt v 22.1.2009, Az I ZR 30/07 – Beta Layout; BGH Urt v 22.1.2009, Az I ZR 139/07 – pcb.
[139] EuGH Urt v 8.7.2010, Az C-558/08 – Protakabin/Primakabin Rn 84.
[140] EuGH Urt v 25.1.2007, Az C-48/05 – Adam Opel Rn 23 ff; BGHZ 153, 131, 139 – Abschlussstück; BGHZ 156, 126, 136 – Farbmarkenverletzung I; BGH GRUR 2002, 814, 815 – Festspielhaus I; BGH GRUR 2002, 812, 813 – FRÜHSTÜCKS-DRINK II; BGH GRUR 2003, 963, 964 – AntiVir/AntiVirus; BGH GRUR 2004, 154, 155 – Farbmarkenverletzung II; BGH GRUR 2004, 947, 948 – Gazoz; BGH GRUR 2005, 419, 421 – Räucherkate.
[141] BGH GRUR 2002, 814, 815 – Festspielhaus I; BGH GRUR 2002, 812, 813 – FRÜHSTÜCKS-DRINK II.
[142] In diesem Sinne für Fußballfanartikel EuGH Urt v 12.11.2002, Az C-206/01 – Arsenal/Reed Rn 39, 41, 55 ff.
[143] EuGH Urt v 11.9.2007, Az C-17/06 – Céline Rn 22 f; auch BGH Urt v 13.9.2007, ZR 33/05 – THE HOME DEPOT Rn 22 f; großzügig nun aber BGH Urt v 3.4.2008, Az I ZR 49/05 – *Schuhpark*.

Kapitel 5 Marken-/Kennzeichenrecht

zende Benutzung zu bejahen sein. Demgegenüber dürfte bei einer Mehrmarkenstrategie ohne explizite Verwendung des Unternehmenskennzeichens eines Dienstleistungsunternehmens ein markenrechtlicher Anspruch gegen das Unternehmenskennzeichen ausscheiden.

75 Art 9 Abs 2 GMV und § 14 Abs 3 MarkenG enthalten schließlich einen nicht abschließenden[144] **Beispielkatalog** für typische Benutzungshandlungen als Marke. Danach kann insb verboten werden, das Zeichen auf Waren oder deren Aufmachung anzubringen, unter dem Zeichen **Waren anzubieten, in den Verkehr zu bringen oder zu den genannten Zwecken zu besitzen** oder unter dem Zeichen **Dienstleistungen anzubieten oder zu erbringen,** Waren unter dem Zeichen **ein- oder auszuführen**[145] oder das Zeichen in den **Geschäftspapieren** und in der **Werbung**[146] zu benutzen.

76 d) **Identitätsschutz.** Der erste der drei markenrechtlichen Eingriffstatbestände setzt eine Identität der sich jeweils gegenüberstehenden Zeichen und Produkte voraus – auch „doppelte Identität" genannt. Regelungsgrundlage sind Art 16 Abs 1 TRIPs, Art 4 Abs 1 Buchst a, 5 Abs 1 Buchst a MRR, Art 8 Abs 1 Buchst a, 9 Abs 1 Buchst a GMV, §§ 9 Abs 1 Nr 1, 14 Abs 2 Nr 1 MarkenG. Anwendbar ist der Eingriffstatbestand vor allem in den klassischen „**Pirateriefällen**", die gerade darauf abzielen, eine identische Marke für ein möglichst identisches Produkt zu verwenden. Unerheblich ist dabei, wenn bei dem Angebot darauf hingewiesen wird, dass es sich um eine Produktfälschung handelt.[147]

77 Der Begriff der **Zeichenidentität** ist hierbei grds eng auszulegen. Gleichwohl verlangt der Begriff nicht, dass die sich gegenüberstehenden Zeichen in sämtlichen Punkten übereinstimmen. Vielmehr liegt eine Zeichenidentität bereits dann vor, wenn ein Zeichen ohne Änderung oder Hinzufügung alle Elemente wiedergibt, die die ältere Marke bilden, oder wenn es als Ganzes betrachtet Unterschiede gegenüber der Marke aufweist, die so geringfügig sind, dass sie einem Durchschnittsverbraucher entgehen können. Maßgeblich kommt es also auf die **Wahrnehmung des Durchschnittsverbrauchers** der betreffenden Produkte an, dem unbedeutende Unterschiede zwischen dem Zeichen und der Marke entgehen können.[148]

Identisch sind daher etwa trotz unterschiedlicher Schreibweise die Zeichen „pc69" und „PC 69".[149]

78 Der Begriff der **Produktidentität** bereitet in der Praxis kaum Probleme. Von Bedeutung ist, dass Produktidentität bereits dann besteht, wenn ein Zeichen für Produkte unter einem **Oberbegriff** Schutz beansprucht und das andere Zeichen nur einen Teil der unter den Oberbegriff fallenden Produkte betrifft.[150] Hierbei ist belanglos, welches der beiden Zeichen älter ist. Ausreichend ist insoweit stets, dass auch nur in einem kleinen Bereich eine Überschneidung der Produkte vorliegt.

---

[144] EuGH Urt v 16.7.1998, Az C-355/96 – Silhouette Rn 17; auch EuGH Urt v 17.3.2005, Az C-228/03 – Gillette Rn 28.
[145] Die bloße Durchfuhr von Waren stellt demgegenüber keine Markenverletzung dar, vgl EuGH Urt v 9.11.2006, Az C-281/05 – Montex Rn 23.
[146] Auch in der vergleichenden Werbung: EuGH Urt v 12.6.2008, Az C-533/06 – O 2 Holdings, Rn 33 ff.
[147] BGH Urt v 30.4.2008, Az I ZR 73/05 – Internet-Versteigerung III.

[148] EuGH Urt v 20.3.2003, Az C-291/00 – LTJ Diffusion/Sadas Vertbaudet Rn 44 ff.
[149] BGH GRUR 2004, 790, 792 – Gegenabmahnung.
[150] EuG Urt v 7.7.2005, Az T-385/03 – MILES/Biker Miles Rn 32; EuG Urt v 24.11.2005, Az T-346/04 – Arthur/ARTHUR ET FELICIE Rn 34; EuG Urt v 8.12.2005, Az T-29/04 – CRISTAL/CRISTAL CASTELLBLANCH Rn 51.

e) **Verwechslungsschutz.** Der Tatbestand der Verwechslungsgefahr ist der zentrale markenrechtliche Verletzungstatbestand. Regelungsgrundlage sind die Art 6bis Abs 1 PVÜ; Art 16 Abs 1 S 1 TRIPs; Art 4 Abs 1 Buchst b, 5 Abs 1 Buchst b MRR; Art 8 Abs 1 Buchst b, 9 Abs 1 Buchst b GMV; §§ 9 Abs 1 Nr 2, 14 Abs 2 Nr 2 MarkenG. Der Tatbestand ist umfassend harmonisiert und durch die Rechtsprechung des EuGH präzisiert. 79

Allgemein besteht eine **Verwechslungsgefahr** dann, wenn die angesprochenen Verkehrskreise sich in Bezug auf die Herkunft der betreffenden Produkte täuschen könnten.[151] Hierbei genügt es, wenn die angesprochenen Verkehrskreise glauben könnten, dass die betreffenden Produkte aus demselben Unternehmen oder gegebenenfalls aus wirtschaftlich miteinander verbundenen Unternehmen stammen.[152] 80

Das Vorliegen einer Verwechslungsgefahr ist unter **Berücksichtigung aller Umstände des Einzelfalls** umfassend zu beurteilen.[153] Zwingende kumulative Voraussetzungen sind die **Identität oder Ähnlichkeit der Zeichen** und eine **Identität oder Ähnlichkeit der Produkte**.[154] 81

Sind die in Rede stehenden Produkte – wie etwa Blasinstrumente und Fotografien – nicht ähnlich, so scheidet eine Verwechslungsgefahr von vornherein aus. Entsprechendes gilt, wenn schon die Zeichen nicht ähnlich sind, wie etwa bei den Zeichen „Sony" und „Universal". Auf eine etwaige bestehende Produktähnlichkeit kommt es dann nicht mehr an.

Neben Zeichen- und Produktähnlichkeit ist aber auch die **Kennzeichnungskraft** der älteren Marke, insb ihre Bekanntheit, ein dritter, wichtiger Faktor.[155] Zwar mag die Gefahr tatsächlicher Verwechslungen mit zunehmendem Bekanntheitsgrad des Zeichens sogar sinken, weil das Zeichen dem Verkehr so häufig begegnet, dass er Fehlvorstellungen über sein tatsächliches Aussehen weniger unterliegen wird. Andererseits neigt der Verkehr jedoch gleichzeitig dazu, ihm bekannte Kennzeichnungen in einer anderen Kennzeichnung wiederzuerkennen.[156] 82

So wird der Verkehr etwa bei dem Zeichen DONLINE aufgrund der hohen Kennzeichnungskraft des Zeichens T-Online dazu neigen, das D in DONLINE ebenso wie bei T-online von dem Teil Online getrennt auszusprechen: D-Online.[157]

Die drei Faktoren der Zeichenähnlichkeit, der Produktähnlichkeit und der Kennzeichnungskraft stehen untereinander in einer gewissen **Wechselbeziehung**. 83

So kann ein geringer Grad der Produktähnlichkeit durch einen höheren Grad der Zeichenähnlichkeit ausgeglichen werden und umgekehrt. Die Eintragung einer Marke kann also auch trotz eines eher geringen Grades der Produktähnlichkeit ausgeschlossen sein, wenn die Zeichenähnlichkeit groß und die Kennzeichnungskraft der älteren Marke, insb ihr Bekanntheitsgrad, hoch sind.[158]

---

[151] EuGH Urt v 29.9.1998, Az C-39/97 – Canon Rn 26 ff; EuGH Urt v 28.4.2004, Az C-3/03 P – Matratzen Concord Rn 27; EuGH Urt v 12.1.2006, Az C-361/04 P – Picasso Rn 36.
[152] Etwa EuGH Urt v 29.9.1998, Az C-39/97 – Canon Rn 29 f; s auch BGH Urt v 5.2.2009, Az I ZR 167/06 – Metrobus.
[153] Etwa EuGH Urt v 11.11.1997, Az C-251/95 – Springende Raubkatze Rn 22; EuGH Urt v 12.1.2006, Az C-361/04 P – Picasso Rn 18.
[154] Etwa EuGH Urt v 12.10.2004, Az C-106/03 P – SAINT-HUBERT 41/HUBERT Rn 51.
[155] Vgl den zehnten Erwägungsgrund der MRR.
[156] Etwa BGH GRUR 2002, 171, 175 – Marlboro-Dach.
[157] Vgl BGH GRUR 2004, 239 – DONLINE.
[158] EuGH Urt v 29.9.1998, Az C-39/97 – Canon Rn 17, 19; EuGH Urt v 22.6.1999, Az C-342/97 – Lloyd Schuhfabrik Meyer Rn 21.

84 **aa) Kennzeichnungskraft.** Um die Kennzeichnungskraft eines Zeichens zu ermitteln, ist in erster Linie zu fragen, in welchem Maße die Marke geeignet ist, die Produkte, für die sie eingetragen worden ist, als von einem bestimmten Unternehmen stammend zu kennzeichnen und damit diese Produkte von denen anderer Unternehmen zu unterscheiden.[159] Kennzeichnungskraft ist damit in der Sache nichts anderes als **Unterscheidungskraft**, umfasst jedoch insb auch jede **durch Benutzung erworbene Bekanntheit**. Während der Begriff der Unterscheidungskraft dabei im Eintragungsverfahren verwendet wird, hat der Begriff der Kennzeichnungskraft seinen Platz im Bereich der Zeichenkollisionen. Bei der Beurteilung der Kennzeichnungskraft gelten unabhängig von dieser begrifflichen Unterscheidung aber ähnliche Faktoren wie bei der Frage, ob eine Marke infolge Benutzung Unterscheidungskraft besitzt.[160] Von Bedeutung sind insoweit,

- die Eigenschaften, die die **Marke von Haus aus** besitzt, einschließlich des Umstands, ob sie beschreibende Elemente in Bezug auf die Waren oder Dienstleistungen, für die sie eingetragen worden ist, aufweist,
- der von der Marke gehaltene **Marktanteil**,
- die **Intensität**, die geografische **Verbreitung** und die **Dauer der Benutzung** der Marke,
- der **Werbeaufwand** des Unternehmens für die Marke, sowie
- der **Teil der beteiligten Verkehrskreise**, der die Waren oder Dienstleistungen aufgrund der Marke als von einem bestimmten Unternehmen stammend erkennt.[161]

85 Auszugehen ist in der Regel von **durchschnittlicher Kennzeichnungskraft**. Besondere Umstände können jedoch die Kennzeichnungskraft entweder schwächen oder erhöhen. Von **geringerer Kennzeichnungskraft** ist dabei in zwei Fallgruppen auszugehen, nämlich zum einen bei einer Anlehnung der Marke an beschreibende Begriffe,[162] zum anderen im Falle einer Schwächung durch Drittkennzeichen.[163] Eine besonders einprägsame Markenkonzeption kann demgegenüber einem Zeichen von Hause aus **erhöhte Kennzeichnungskraft** verleihen.[164] Gleiches gilt in Fällen einer infolge umfangreicher Benutzung erworbenen Bekanntheit.[165]

86 **bb) Zeichenähnlichkeit. α) Allgemeines.** Ist die Kennzeichnungskraft des prioritätsälteren Zeichens festgestellt, stellt sich als nächstes die Frage, ob und inwieweit sich die in Frage stehenden Zeichen ähneln. Nach der Rechtsprechung des EuGH ist auch die Zeichenähnlichkeit unter **Berücksichtigung aller Umstände des Einzelfalls** zu beurteilen. Eine besondere Rolle spielen dabei die Prüfung der Ähnlichkeit der Marken in den verschiedenen Wahrnehmungsrichtungen – **klanglich, bildlich, begrifflich**.[166] Sodann ist bei der Prüfung auf den **Gesamteindruck** abzustellen, den die Mar-

---

[159] EuGH Urt v 22.6.1999, Az C-342/97 – Lloyd Schuhfabrik Meyer Rn 22, 28, unter Hinweis auf EuGH Urt v. 4.5.1999, Az C-108/97 und C-109/97 – Chiemsee Rn 49.
[160] Vgl hierzu bereits Rn 55 ff.
[161] Etwa EuGH Urt v 22.6.1999, Az C-342/97 – Lloyd Schuhfabrik Meyer Rn 23, 28.
[162] Etwa BGHZ 156, 112, 122 – Kinder; s hierzu auch BGH Urt v 3.4.2008, Az I ZR 49/05, Rn 26 – Schuhpark sowie BGH Urt v 29.5.2008, Az I ZB 54/05 – Pantohexal.
[163] Etwa BGHZ 45, 131, 140 – Shortening; BGH GRUR 2002, 626, 628 – IMS; EuG Urt v

4.11.2003, Az T-85/02 – EL CASTILLO/CASTILLO Rn 45, 47.
[164] Etwa EuG Urt v 9.3.2005, Az T-33/03 – SHARK/Hai Rn 60 f; EuG Urt v 14.7.2005, Az T-126/03 – ALADDIN/ALADIN Rn 92.
[165] Etwa EuG Urt v 13.12.2004, Az T-8/03 – EMIDIO TUCCI/EMILIO PUCCI Rn 68; EuG Urt v 12.7.2006, Az T-277/04 – VITAKRAFT/VITACOAT Rn 34.
[166] EuGH Urt v 22.6.1999, Az C-342/97 – Lloyd Schuhfabrik Meyer Rn 27; EuGH Urt v 12.1.2006, Az C-361/04 P – Ruiz-Picasso ua/HABM Rn 37; EuGH Urt v 27.4.2006, Az

ken hervorrufen, wobei **insb die unterscheidungskräftigen und dominierenden Elemente zu berücksichtigen** sind.[167] Schließlich kann **ausnahmsweise** auch dann eine Zeichenähnlichkeit bestehen, wenn ein Zeichenbestandteil in einer jüngeren Marke übernommen wird und dort eine **selbstständig kennzeichnende Stellung** behält.[168]

β) **Wahrnehmungsrichtungen.** Insb wenn ein jüngeres Zeichen als Variation einer älteren Marke erscheint, kommt es darauf an, ob die Zeichen in den verschiedenen Wahrnehmungsrichtungen, also klanglich, bildlich oder begrifflich, ähnlich sind.   **87**

αα) **Prüfung der klanglichen Ähnlichkeit.** Vorfrage der Prüfung der klanglichen Ähnlichkeit ist grds die Untersuchung, wie der Verkehr die Zeichen unter Zugrundelegung der maßgeblichen Ausspracheregeln aussprechen wird. Denn bei der klanglichen Ähnlichkeit sind **Sprachgewohnheiten, Ausspracheregeln** und **Lesegewohnheiten** der beteiligten Verkehrskreise von erhöhter Relevanz.   **88**

So ähnelt die Marke O.C. bspw in klanglicher Hinsicht – sofern man auf den deutschen Verbraucher abstellt – eher nicht der Marke „Hohes C". Würde man aber demgegenüber auf den französischen Verbraucher abstellen, welcher ein „h" am Anfang eines Wortes nicht ausspricht und die Endsilbe „es" bei „hohes" wahrscheinlich ebenfalls „verschlucken" würde, so müsste eine klangliche Ähnlichkeit der Zeichen wohl bejaht werden. In (schrift-)bildlicher Hinsicht wäre hingegen unabhängig vom maßgeblichen Verbraucher eine Ähnlichkeit zu verneinen.

Weiter kann es von Bedeutung sein, an welcher **Position** die in Frage stehenden Zeichen Ähnlichkeiten aufweisen. Hier ist eine Tendenz der Rechtsprechung auszumachen, Ähnlichkeiten im Zeichenbeginn größere Bedeutung beizumessen, als solchen in der Zeichenmitte oder am Zeichenende.   **89**

So hielt das EuG wegen des übereinstimmenden Beginns die Zeichen „MUNDICOR" und „MUNDICOLOR" für ähnlich.[169] *Nicht ähnlich waren für das EuG bei einem Fachpublikum aufgrund des unterschiedlichen Zeichenbeginns demgegenüber die Zeichen „ASTERIX" und „STARIX".*[170]

ββ) **Prüfung der bildlichen Ähnlichkeit.** Die bildliche Ähnlichkeit kann nicht nur dann geprüft werden, wenn sich zwei Wort-/Bildmarken oder Bild- oder Farbmarken gegenüberstehen, sondern auch dann, wenn es sich um einen Konflikt einer Wortmarke gegen eine andere **Wortmarke** oder gegen eine (Wort-)Bildmarke handelt. Meist gelangt die Rechtsprechung zu dem Ergebnis, dass Zeichen, die sich einander klanglich ähneln, auch schriftbildlich ähnlich sind.   **90**

C-235/05 P – L'Oréal/HABM Rn 40; EuGH Urt v 12.6.2007, Az C-334/05 P – HABM/Shaker Rn 36.
[167] EuGH Urt v 11.11.1997, Az C-251/95 – Springende Raubkatze Rn 23; EuGH Urt v 22.6.1999, Az C-342/97 – Lloyd Schuhfabrik Meyer Rn 25; EuGH Urt v 28.4.2004, Az C-3/03 P – Matratzen Concord Rn 29; EuGH Urt v 6.10.2005, Az C-120/04 – Medion Rn 28; EuGH Urt v 12.1.2006, Az C-361/04 P – Picasso Rn 19, 37; auch EuG Urt v 23.10.2002, Az T-104/01 – Miss Fifties/Fifties Rn 34; BGH GRUR 2000, 506, 509 – ATTACHÉ/TISSERAND; BGH Urt v 3.4.2008, Az I ZR 49/05, Rn 33 – Schuhpark.
[168] EuGH Urt v 6.10.2005, Az C-120/04 – Medion; s auch BGH Urt v 3.4.2008, Az I ZB 61/07 – Sierra Antiguo.
[169] EuG Urt v 17.3.2004, Az T-183/02 und T-184/02 – MUNDICOLOR/MUNDICOR Rn 82 f.
[170] EuG Urt v 22.10.2003, Az T-311/01 – ASTERIX/Starix Rn 53.

So führt auch in schriftbildlicher Hinsicht bei der Kollision der Zeichen „MUNDI-COLOR" und „MUNDICOR" die zusätzliche Silbe „LO" nicht dazu, dass die Zeichen nicht mehr ähnlich wären.[171]

91 Andererseits kann vor allem die Tatsache, dass eines der Zeichen **getrennt**, das andere **zusammen geschrieben** wird, einer bildlichen Ähnlichkeit entgegenstehen.

So spricht bei den Zeichen „OLLY GAN" und „HOOLIGAN" die unterschiedliche Schreibweise in einem bzw zwei Wörtern gegen eine schriftbildliche Ähnlichkeit.[172]

92 Bei der Kollision einer Wortmarke mit einer Wort-/Bildmarke ist entsprechend zu prüfen, ob sich die Wortbestandteile der Zeichen ähneln und – wenn dies zu bejahen ist – ob die **zusätzlichen Schrift- oder Bildbestandteile** das Zeichen aus dem Ähnlichkeitsbereich hinausführen.[173] Insb spezielle und originell gestaltete Bildbestandteile können dabei einer Ähnlichkeit entgegenwirken.

So sind bei der Kollision der Marken „NABER" und

die Wortbestandteile in bildlicher Hinsicht zwar gerade noch ähnlich. Durch die besondere grafische Gestaltung wird diese geringe Ähnlichkeit jedoch hinreichend ausgeräumt.[174]

93 γγ) **Prüfung der begrifflichen Ähnlichkeit (Ähnlichkeit im Bedeutungsgehalt).** Eine Prüfung der begrifflichen Ähnlichkeit wird dann in der Regel von vornherein nicht sachdienlich sein, wenn die **Zeichen** in der Sprache der angesprochenen Verkehrskreise **keine Bedeutung** haben.[175] Das EuG lässt es jedoch für eine begriffliche Ähnlichkeit regelmäßig[176] genügen, wenn die sich gegenüberstehenden Zeichen übereinstimmende **semantische Anklänge** aufweisen.

So waren die Begriffe „LINDERHOF" und „LINDENHOF" begrifflich ähnlich, zumal nicht zu erwarten war, dass der Durchschnittsverbraucher in Deutschland das Schloss „Linderhof" kennen und daher eher an einen „Hof" oder ein „Landgut" denken wird.[177]

94 δδ) **Abweichende Ergebnisse in einzelnen Wahrnehmungsrichtungen und ihre Konsequenzen.** Ist in einer oder zwei der Wahrnehmungsrichtungen eine Ähnlichkeit zwar zu bejahen, in einer anderen Richtung jedoch zu verneinen, ist das Ergebnis eine Frage des Einzelfalls.

95 Zunächst einmal können die einzelnen **Wahrnehmungsrichtungen** dabei **unterschiedliches Gewicht** haben.

---

[171] EuG Urt v 17.3.2004, Az T-183/02 und T-184/02 – MUNDICOLOR/MUNDICOR Rn 81.
[172] EuG Urt v 1.2.2005, Az T-57/03 – OLLY GAN/HOOLIGAN Rn 55 f.
[173] Vgl etwa EuG Urt v 20.4.2005, Az T-211/03 – NABER/Faber Rn 37 ff.
[174] EuG Urt v 20.4.2005, Az T-211/03 – NABER/Faber Rn 40 ff.

[175] Etwa EuG Urt v 23.10.2002, Az T-388/00 – ILS/ELS Rn 74.
[176] Erheblich zurückhaltender aber EuG Urt v 24.11.2005, Az T-3/04 – KINNIE/KINJI by SPA Rn 53.
[177] EuG Urt v 15.2.2005, Az T-296/02 – LINDERHOF/LINDENHOF Rn 65 ff.

Insoweit ist etwa beim Kauf von Bekleidungsstücken der bildliche Aspekt von größerer Bedeutung. In den Bekleidungsgeschäften können die Kunden die Kleidung, die sie kaufen möchten, im Allgemeinen entweder selbst auswählen oder sich von einem Verkäufer helfen lassen. Ein Gespräch über die Ware und die Marke ist zwar nicht ausgeschlossen, die Auswahl des Bekleidungsstücks erfolgt jedoch im Allgemeinen nach seinen äußeren Merkmalen.[178]

Auch kann zwar schon allein die **Ähnlichkeit in einer Richtung** eine Verwechslungsgefahr hervorrufen.[179] Allerdings **neutralisieren** Unterschiede in einer Wahrnehmungsrichtung unter Umständen Ähnlichkeiten in einer anderen Richtung. Von praktischer Bedeutung sind vor allem die Fälle, in denen eine klangliche und schriftbildliche Ähnlichkeit besteht, die aber durch begriffliche Unterschiede zurückgedrängt wird. In diesem Fall führt der begriffliche Unterschied in der Regel zu einer Aufhebung der Verwechslungsgefahr. Für eine solche Neutralisierung ist erforderlich, dass zumindest eines der Zeichen in der Wahrnehmung der maßgebenden Verkehrskreise eine eindeutige und bestimmte Bedeutung hat, so dass die Verkehrskreise sie ohne Weiteres erfassen können (Neutralisierungstheorie)[180]. **96**

So weist bei der Kollision der Marken „PASH" und „BASS" das Wort „BASS" eine für den deutschen Verbraucher erkennbare Bedeutung auf, wodurch eine Verwechslungsgefahr ausgeschlossen ist.[181] *Auch die Bedeutungsunterschiede zwischen den Zeichen „PICASSO" – bekannt als Name des berühmten Malers – und „PICARO" sind so beschaffen, dass sie die geringen optischen und klanglichen Ähnlichkeiten neutralisieren.*[182]

γ) **Zeichenähnlichkeit aufgrund prägender Bestandteile.** Gerade bei der Prüfung der Zeichenähnlichkeit mehrteiliger Marken steht die Frage im Vordergrund, welche der Zeichenelemente **unterscheidungskräftig und dominierend** sind, also die jeweiligen Marken prägen. **97**

Die Beurteilung nach dem Gesamteindruck schließt dabei nicht aus, dass unter Umständen ein oder mehrere Bestandteile einer zusammengesetzten Marke für den durch die Marke im Gedächtnis der angesprochenen Verkehrskreise hervorgerufenen Gesamteindruck prägend sein können.[183] Vor allem dieser Bestandteil ist dann der Prüfung der Zeichenähnlichkeit zugrunde zu legen und ist mit dem kollidierenden Zeichen zu vergleichen (sog **Prägelehre**). **98**

---

[178] EuG Urt v 14.10.2003, Az T-292/01 – PASH/BASS Rn 55; auch EuG Urt v 6.10.2004, Az T-117/03 bis T-119/03 und T-171/03 – NL Rn 49 ff; EuG Urt v 1.2.2005, Az T-57/03 – OLLY GAN/HOOLIGAN Rn 66; auch BGHZ 139, 340 – Lions.
[179] EuGH Urt v 22.6.1999, Az C-342/97 – Lloyd Schuhfabrik Meyer Rn 28; EuG Urt v 23.10.2002, Az T-104/01 – Miss Fifties/Fifties Rn 34; EuG Urt v 15.1.2003, Az T-99/01 – Mystery/Mixery Rn 42, 48; BGHZ 139, 340 – Lions; BGH GRUR 1999, 990, 991 – Schlüssel; BGH GRUR 2003, 1044, 1046 – Kelly; BGH GRUR 2004, 779, 782 – Zwilling/Zweibrüder; BGH GRUR 2004, 783, 784 – NEURO-VIBOLEX/NEURO-FIBRAFLEX.
[180] EuGH Urt v 18.12.2008, Az C-16/06 P – René, mwN.
[181] EuG Urt v 14.10.2003, Az T-292/01 – PASH/BASS Rn 54.
[182] EuG Urt v 22.6.2004, Az T-185/02 – PICASSO/PICARO Rn 57 f, bestätigt durch EuG Urt v 12.1.2006, Az C-361/04 P – Picasso Rn 20.
[183] EuGH Urt v 28.4.2004, Az C-3/03 P – Matratzen Concord Rn 32; auch EuG Urt v 23.10.2002, Az T-6/01 – Matratzen/Matratzen Markt Concord Rn 31 ff; EuG Urt v 23.10.2002, Az T-104/01 – Miss Fifties/Fifties Rn 47; EuG Urt v 11.5.2005, Az T-31/03 – Sadia/GRUPO SADA Rn 49, 67; BGHZ 131, 122, 125 – Innovadiclophlont; BGH GRUR 2004, 865, 866 – Mustang.

Kapitel 5 Marken-/Kennzeichenrecht

So ist etwa im Falle einer Kollision der Marken »GRUPO SADA« und »Sadia« in der Marke »GRUPO SADA« der Bestandteil »GRUPO« für den spanischen Verbraucher als Bezeichnung für eine Unternehmensgruppe beschreibend, die Marke daher durch »SADA« geprägt und der Bestandteil »GRUPO« als Hinweis auf eine etwaige Unternehmenszugehörigkeit eher noch geeignet, eine Verwechslungsgefahr der beiden Zeichen zu vergrößern.[184]

99 Ob ein einzelner Bestandteil eines Zeichens unterscheidungskräftig und dominierend – also prägend – sein kann, beurteilt sich letztlich nach denselben Maßstäben wie sie auch bei der Beurteilung der Kennzeichnungskraft einer Marke im Rahmen der Verwechslungsgefahr angelegt werden.[185] Während jedoch bei der Prüfung der Kennzeichnungskraft[186] im Hinblick auf das Gesamtzeichen untersucht wird, welche Eigenschaften das Zeichen als Ganzes von Hause aus aufweist und welchen Bekanntheitsgrad es durch Benutzung erworben hat, werden im Rahmen der Prüfung der Zeichenähnlichkeit dieselben Grundsätze auf die Einzelelemente eines Zeichens angewandt.[187] Es kann daher grds ergänzend auf die oben vorgestellten Grundsätze zur Beurteilung der Kennzeichnungskraft einer Marke verwiesen werden.

Dabei mag es aber zB sein, dass bei einer Marke „Barbara Becker" der Verkehr dem Nachnamen grundsätzlich eine größere Bedeutung beimisst als dem Vornamen. Gerade aber bei häufigen Namen wie dem Namen „Becker" führt dies nicht automatisch dazu, dass der Nachname das Zeichen prägt. Die Marken „Becker" einerseits und „Barbara Becker" andererseits sind daher nicht ähnlich.[188]

100 Letztlich wird damit auch bei der Ermittlung der unterscheidungskräftigen und dominierenden Elemente in erster Linie darauf abgestellt, ob ein Zeichenelement eine **herkunftshinweisende Bedeutung** aufweist.[189] Wie fast immer im Kennzeichenrecht kommt es bei der Frage, ob eine prägende **Fantasiebezeichnung** oder eine lediglich **beschreibende oder anpreisende Angabe** vorliegt, auf die Sichtweise der maßgeblichen Verkehrskreise im Hinblick auf das konkrete Produkt an.

So kann der Bestandteil »MATRATZEN« selbst bei einer für Matratzen geschützten Marke »MATRATZEN markt CONCORD« einem spanischen Verbraucher als Fantasiebestandteil erscheinen, weil das Wort »Matratzen« im Spanischen keine Bedeutung aufweist.[190]

101 Aus der Tatsache, dass bei der Frage der Prägung ähnliche Maßstäbe angelegt werden, wie bei der Prüfung der Kennzeichnungskraft, folgt, dass (unterscheidungskräftige) Fantasiezeichen am ehesten ein Zeichen dominieren können,[191] nicht aber schutzunfähige, insb beschreibende Elemente. Dabei kommt es stets auf die in Rede stehenden Waren oder Dienstleistungen an.

So wird ein Zeichen wie »BLEIFREI«[192] *im Bekleidungsbereich nicht beschreibend verstanden. Andererseits sind Elemente wie »negra« als ein dem spanischen Verbrau-*

---

[184] EuG Urt v 11.5.2005, Az T-31/03 – Sadia/GRUPO SADA Rn 52 ff, 69.
[185] Zu unterscheiden ist die Frage jedoch davon, ob ein Zeichen überhaupt über hinreichende Unterscheidungskraft verfügt: EuG Urt v 12.7.2006, Az T-277/04 – VITAKRAFT/ VITACOAT Rn 55.
[186] Zur Kennzeichnungskraft vgl oben Rn 82 f.
[187] Vgl auch EuGH Urt v 27.4.2006, Az C-235/05 P – L'Oréal Rn 43.
[188] EuGH Urt v 24.6.2010, Az C-51/09 P – Barbara Becker.
[189] BGHZ 153, 131, 143 – Abschlussstück.
[190] EuG Urt v 23.10.2002, Az T-6/01 – Matratzen/Matratzen Markt Concord Rn 38.
[191] EuG Urt v 6.10.2004, Az T-356/02 – VITAKRAFT Rn 52, bestätigt durch EuGH Urt v 1.12.2005, Az C-512/04 P – Vitakraft Werke.
[192] BGH GRUR 1999, 52, 53 – EKKO BLEIFREI.

cher bekannter Hinweis auf dunkles Bier[193] oder die geografischen Angaben »New York«[194] oder »American«[195] als geografische Angabe schutzunfähig und damit nicht prägend. Ähnliches gilt für typische werbemäßige Anpreisungen wie etwa »Spezial«[196]. Der Begriff „Micro" in der Marke „Micro Focus" kann als Hinweis auf eine geringe Größe des Produkts verstanden werden, prägt daher das Gesamtzeichen nicht mit, das deswegen gegen die Marke „Focus" erfolgreich war.[197] Wegen der Schwäche des übereinstimmenden Bestandteils „Gateway" im EDV-Bereich kann sich dagegen umgekehrt eine Wort-/Bildmarke „GATEWAY" nicht gegen eine jüngere Marke „ACTIVY Media Gateway" durchsetzen.[198]

Demgegenüber erfordert die Beurteilung von Bestandteilen, die **an schutzunfähige Zeichen angelehnt** sind ebenso wie die Beurteilung von **Bildelementen** eine Einzelfallabwägung. Dabei werden die an schutzunfähige Zeichen angelehnten Bestandteile häufig nicht die unterscheidungskräftigen und dominierenden Elemente darstellen.[199] Auch bei Marken mit Bildelementen sind diese in den meisten Fällen unbeachtlich. Dies gilt jedenfalls dann, wenn der Verkehr darin lediglich eine werbeübliche grafische Ausgestaltung einer Wortmarke erblickt. Dies ist zunächst bei Zeichen der Fall, die wie übliche **Etiketten** wirken.

So vermutet der Verkehr insb bei Etiketten – vor allem von Getränkeflaschen –

eine bloße grafische Ausgestaltung.[200] Bei der Kollision der Marken „Sun" und „Sunplus" hielten die Gerichte hingegen den Bestandteil „Plus" für kennzeichnungsschwach und haben eine Ähnlichkeit bejaht.[201]

Auch bei anderen Zeichen als Etiketten prägt ein Bildbestandteil aus wenig aussagekräftigen **geometrischen Grundformen**, die vom Verkehr allenfalls als **schmückendes Beiwerk**, nicht aber als den kennzeichnenden Charakter mitbestimmender Bestandteil verstanden werden, ein Zeichen nicht mit.[202] Insgesamt besteht bei den Gerichten eine Tendenz, eine Mitprägung durch Bildbestandteile abzulehnen. Während das EuG mehr oder weniger von Fall zu Fall entscheidet, arbeitet der BGH mit

---

[193] EuG Urt v 15.2.2005, Az T-169/02 – Modelo/negra modelo Rn 36.
[194] EuG Urt v 28.6.2005, Az T-301/03 – CANALI/CANAL JEAN CO NEW YORK Rn 48 ff.
[195] BGH GRUR 2002, 167, 170 – Bit/Bud mwN.
[196] EuG Urt v 14.7.2005, Az T-312/03 – Selenium Spezial A-C-E/SELENIUM-ACE Rn 35.
[197] Vgl EuGH Urt v 11.4.2008, Az C-344/07 P – Focus Magazin Verlag.
[198] Vgl EuGH Urt v 11.12.2008, Az C-57/08 P – Gateway.
[199] BGH GRUR 1999, 995, 997 – HONKA mwN; BGH GRUR 1996, 775, 777 – Sali Toft; BGH GRUR 2000, 1031, 1032 – Carl Link; BGH GRUR 2004, 775, 776 – EURO 2000; BGH GRUR 2004, 778, 779 – URLAUB DIREKT.
[200] BGH GRUR 2002, 809, 811 – FRÜHSTÜCKS-DRINK I.
[201] Vgl EuGH Urt v 26.3.2009, Az C-21/08 P – Sunplus.
[202] Etwa EuG Urt v 11.5.2005, Az T-31/03 – Sadia/GRUPO SADA Rn 56 f, 60 f; BGH GRUR 2004, 778, 779 – URLAUB DIREKT.

einem Erfahrungssatz. Danach gilt bei kombinierten Wort-/Bildzeichen jedenfalls bei normaler Kennzeichnungskraft des Wortbestandteils der Grundsatz, dass der Verkehr sich eher an dem Wortbestandteil als an dem Bildbestandteil orientiert, weil der Wortbestandteil in der Regel die einfachste Form ist, um die Ware zu bezeichnen.[203]

So waren etwa bei den Wort-/Bildmarken

die Bildbestandteile stets unbeachtlich.[204] Umgekehrt aber hat das Gericht bei dem Zeichenpaar

berücksichtigt, dass auf dem maßgeblichen spanischen Markt das Bildmotiv einer im Olivenhain sitzenden Frau auf Olivenölflaschen ungewöhnlich war, sogar Alleinstellung besaß. Da außerdem der Bestandteil »La Española« in Spanien häufig anzutreffen war (und der Bestandteil »Carbonell« zugleich ein Unternehmenskennzeichen darstellte), bejahte das Gericht sogar eine Zeichenähnlichkeit.[205]

104 Stellt sich bei der Prüfung der prägenden Elemente heraus, dass das Zeichen aus **mehreren gleichstarken Elementen** zusammengesetzt ist, kann letztlich keines dieser Elemente das Zeichen prägen.[206] Es kann nur dann für die Beurteilung der Ähnlichkeit allein auf den dominierenden Bestandteil ankommen, wenn alle anderen Markenbestandteile zu vernachlässigen sind.[207]

105 δ) **Selbstständig kennzeichnende Stellung eines Elements.** Auch dann, wenn in einer zusammengesetzten Marke ein Zeichenbestandteil den Gesamteindruck nicht prägt, kann dieser Bestandteil gleichwohl eine selbstständig kennzeichnende Stellung behalten. Denn in einem solchen Fall kann das Publikum immer noch glauben, dass

---

[203] Vgl BGHZ 139, 59, 64 – Fläminger; BGH Urt v 22.9.2005, Az I ZB 40/03 – coccodrillo Rn 20; BGH Urt v 5.2.2009, Az I ZR 174/06, Tz 30.
[204] EuG Urt v 31.3.2004, Az T-20/02 – HAPPIDOG/HAPPY DOG Rn 42 ff; EuG Urt v 4.5.2005, Az T-359/02 – STAR TV Rn 44 ff; EuG Urt v 5.10.2005, Az T-423/04 – BK RODS/BKR Rn 61.
[205] EuG Urt v 12.9.2007, Az T-363/04 – Carbonell/La Española, Tz 78 ff, bestätigt durch EuGH Urt v 3.9.2009, Az C-498/07 P – Aceites del Sur-Coosur.
[206] EuGH Urt v 20.9.2007, Az C-193/06 P – Nestlé/HABM Rn 44 ff.
[207] EuGH Urt v 12.6.2007, Az C-334/05 P – HABM/Shaker Rn 42; EuGH Urt v 20.9.2007, Az C-193/06 P – Nestlé/HABM Rn 43.

die gekennzeichneten Produkte zumindest aus wirtschaftlich miteinander verbunden Unternehmen stammen. Folglich kann ausnahmsweise auch die Übereinstimmung in einem solchen, das Zeichen nicht dominierenden Bestandteil, eine Verwechslungsgefahr begründen.

Als typische Beispielsfälle dafür, dass ein Zeichenbestandteil das Zeichen zwar nicht dominiert, aber gleichwohl eine Verwechslungsgefahr begründen kann, gelten nach der Rechtsprechung die **Kombination einer älteren Marke eines Dritten mit einer bekannten Marke oder mit einem Unternehmenskennzeichen.** Zwar wird hier der Gesamteindruck meistens von der bekannten Marke oder eventuell der Unternehmensbezeichnung als Bestandteil des zusammengesetzten Zeichens dominiert. Gleichwohl kann Verwechslungsgefahr bestehen.[208]

106

Dies gilt etwa dann, wenn die Deutsche Telekom durch die Kombination mit ihrem bekannten Zeichenbeginn »T-« eine ältere Marke »Flexitel« in der Form »T-Flexitel« okkupieren will.[209] *Auch wenn die Firma Thomson eine ältere Marke »Life« mit ihrer Unternehmensbezeichnung zu »Thomson Life« kombiniert, kann der Bestandteil »Life« seine selbstständig kennzeichnende Stellung behalten. Anders kann demgegenüber ein Fall zu beurteilen sein, in dem einer Unternehmensbezeichnung ein kennzeichnungsschwaches älteres Zeichen hinzugefügt wird.*[210]

Dabei muss die ältere Marke in dem jüngeren Zeichen **nicht unbedingt identisch** übernommen werden. Vielmehr kann auch bei einer Variation des Zeichens noch eine Verwechslungsgefahr bestehen.

107

Ähnlich waren sich daher die Marken

und zwar trotz der Abwandlung der grafischen Elemente der Kreuzdarstellung.[211]

Einen weiteren Anwendungsfall, in dem ein Zeichenbestandteil eine selbstständige kennzeichnende Stellung behält, stellt die Verwendung einer **Zweitmarke** bei zusammengesetzten Zeichen dar. Denn hier geht der Verkehr von vornherein davon aus, dass es sich gar nicht um eine einzige, sondern um zwei Marken handelt (Zweitmarke). Aufgrund dessen wird er in der Regel aber auch beiden Kennzeichenbestandteilen eine selbstständig kennzeichnende Funktion beimessen; andernfalls nämlich wäre die Zweitmarke überflüssig. Wird daher eine Marke in eine Kombinationsmarke aufgenommen, die auf den Verkehr wirkt wie mehrere selbstständige Marken, so droht auch hier eine Verwechslungsgefahr.

108

---

[208] EuGH Urt v 6.10.2005, Az C-120/04 – Medion Rn 34; vgl aber auch BGH Urt v 19.11.2009, Az I ZR 142/07 – MIXI.
[209] Vgl BPatG GRUR 2003, 64 – T-Flexitel/Flexitel; in diesem Sinne auch BGH GRUR 2005, 515 – FERROSIL.
[210] Vgl EuGH Urt v 6.10.2005, Az C-120/04 – Medion.
[211] BGH Urt v 11.5.2006, Az I ZB 28/04 – Malteserkreuz.

So wäre etwa bei untenstehender Gestaltung der Zigarettenschachtel

zu prüfen, ob der Verkehr trotz des überlagernden Schriftzugs »CABINET« das bekannte rote Marlboro-Dach als Zweitmarke wiedererkennt.[212] *Bei einer Wort-/Bildmarke »Sixty Seven by Mustang Inter Sl Spain« könnte der Verkehr vor allem wegen der Verwendung des Worts »by« die Bezeichnung »Mustang« als selbstständig kennzeichnende Zweitmarke auffassen.*[213]

109 Eine weitere Fallgruppe des Behaltens einer selbstständig kennzeichnenden Stellung kann sich zudem in solchen Fällen ergeben, in denen Zeichenbestandteile verwendet werden, die dem Verkehr als **Stammbestandteil einer Zeichenserie** bekannt sind.[214]

Kennt der Verkehr etwa den Zeichenbestandteil »T-« als Stammbestandteil einer Vielzahl von Marken der Deutschen Telekom, so wird er vermuten, dass auch andere ihrer Struktur nach wesensgleiche[215] *mit dem Zeichenbestandteil »T-« gebildete Zeichen der Deutschen Telekom zuzuordnen sind.*[216]

110 Eine selbstständig kennzeichnende Stellung werden normalerweise schließlich auch bekannte oder erkennbare Unternehmenskennzeichen behalten. Da nämlich Unternehmenskennzeichen dazu dienen, ein Unternehmen von einem anderen Unternehmen zu unterscheiden, kann der Verkehr regelmäßig mittelbar über das Unternehmen auch auf die unternehmerische Herkunft gekennzeichneter Produkte schließen. In diesem Sinne haben EuG und BGH im Fall einer **Übernahme von Unternehmenskennzeichen** eine Verwechslungsgefahr im weiteren Sinne angenommen. Hierbei genügt es, wenn der Verkehr zwar erkennt, dass die Zeichen zu zwei verschiedenen Unternehmen gehören, aber wirtschaftliche oder organisatorische Verbindungen zwischen den Zeicheninhabern vermutet.[217]

Steht daher etwa verschiedenen Marken »Mustang« ein Kennzeichen »Sixty Seven 67 by Mustang Inter SI Spain« entgegen, so wird der Verkehr dieses Zeichen zwar nicht mit den Mustang-Marken verwechseln. Weil der Verkehr jedoch wirtschaftliche Zusammenhänge vermutet, besteht gleichwohl Verwechslungsgefahr.[218]

111 cc) **Produktähnlichkeit.** Neben der Zeichenidentität oder -ähnlichkeit zweite unverzichtbare[219] Voraussetzung der Verwechslungsgefahr ist die Identität oder Ähnlichkeit der Waren und Dienstleistungen (Produktähnlichkeit). Nach der Canon-Entscheidung des EuGH sind bei der Beurteilung der Ähnlichkeit der betroffenen Produkte

---

[212] BGH GRUR 2002, 171, 175 – Marlboro-Dach.
[213] BGH GRUR 2004, 865, 866 – Mustang.
[214] S hierzu auch BGH Urt v 5.2.2009, Az I ZR 167/06 – Metrobus.
[215] Zu diesem Kriterium BGHZ 131, 122, 127 – Innovadiclophlont mwN.
[216] Vgl BGH Urt v 28.6.2007, Az I ZR 132/04 – INTERCONNECT/T-InterConnect.
[217] EuG Urt v 9.4.2003, Az T-224/01 – TUFFTRIDE/NU-TRIDE Rn 62; BGH GRUR 2004, 598, 599 – Kleiner Feigling; BGH GRUR 2004, 779, 783 – Zwilling/Zweibrüder, jeweils mwN; BGH GRUR 2004, 865, 867 – Mustang.
[218] BGH GRUR 2004, 865, 867 – Mustang.
[219] EuGH Urt v 29.9.1998, Az C-39/97 – Canon Rn 22.

alle erheblichen Faktoren zu berücksichtigen, die das Verhältnis zwischen den Produkten kennzeichnen. Zu diesen Faktoren gehören insb deren
- Art,
- Verwendungszweck und
- Nutzung sowie
- ihre Eigenart als miteinander konkurrierende oder einander ergänzende Waren oder Dienstleistungen.[220]

Andererseits reicht die bloße Tatsache, dass ein Produkt als **Einzelteil, Zubehör** oder **Komponente** einer anderen Ware verwendet werden kann, noch nicht als Beweis dafür aus, dass die solche Komponenten enthaltenden Endprodukte ähnlich sind. Art, Verwendungszweck und Abnehmerkreis der fraglichen Produkte können nämlich ohne Weiteres verschieden sein.[221]

112

So genügt zur Begründung einer Ähnlichkeit vor allem nicht, dass die sich gegenüberstehenden Produkte jeweils auf Software angewiesen sind. In der heutigen hochtechnisierten Gesellschaft gibt es nahezu keine elektronischen oder digitalen Anlagen oder Geräte, die ohne Computer verschiedener Art funktionieren, so dass der Verkehr hieraus noch nicht auf eine Ähnlichkeit schließt.[222]

Die Rechtsprechung zur Produktähnlichkeit ist im Einzelnen unübersichtlich und nicht immer einheitlich.[223] Einen Überblick verschafft das **Nachschlagewerk** von *Richter/Stoppel*,[224] wobei jedoch hinsichtlich älterer, vor der Canon-Entscheidung des EuGH ergangener Entscheidungen größte Zurückhaltung geboten ist. In der Tendenz haben die Gerichte in jüngerer Zeit eine Ähnlichkeit meist bejaht.

113

So waren „Fernsehprogramme der Sparte Cineastik" und die „Ausstrahlung interaktiver elektronischer Fernsehprogramme" teils identisch, teils ähnlich. Gleiches gilt im Verhältnis von „Produktion von Fernsehprogrammen" und „Produktion, Vertrieb, Aufzeichnung und Entwicklung von Fernsehprogrammen, Videos, Bändern, CDs, CD-ROMs und Computerplatten", die jedenfalls komplementär oder alternativ einsetzbar sind.[225] *Ähnlich sind auch das „Leasing von Computern und Computerprogrammen" und die Waren „Computer und Computerprogramme".*[226] *Wiederum aufgrund ähnlichen Verwendungszwecks sind die Dienstleistungen „Entwicklung und Durchführung von Korrespondenzkursen" und die Waren „Lehrbücher und Druckereierzeugnisse" ähnlich.*[227]

dd) **Wechselbeziehung zwischen Kennzeichnungskraft, Zeichen- und Produktähnlichkeit.** Die umfassende Beurteilung der Verwechslungsgefahr impliziert schließlich nach der Rechtsprechung des EuGH eine Wechselbeziehung zwischen den in Betracht

114

---

[220] EuGH Urt v 29.9.1998, Az C-39/97 – Canon Rn 23; auch EuG Urt v 23.10.2002, Az T-104/01 – Miss Fifties/Fifties Rn 31; BGH GRUR 1999, 496 – TIFFANY.
[221] EuG Urt v 27.10.2005, Az T-336/03 – OBELIX/MOBILIX Rn 61, bestätigt durch EuGH Urt v 18.12.2008, Az C-16/06 – Rene.
[222] EuG Urt v 27.10.2005, Az T-336/03 – OBELIX/MOBILIX Rn 69, bestätigt durch EuGH Urt v 18.12.2008, Az C-16/06 – Rene.
[223] Vgl nur EuG Urt v 14.10.2003, Az T-292/01 – PASH/BASS Rn 44 einerseits und EuG Urt v 13.12.2004, Az T-8/03 – EMIDIO TUCCI/EMILIO PUCCI Rn 42 ff andererseits.

[224] *Richter/Stoppel* Die Ähnlichkeit von Waren und Dienstleistungen: Sammlung der Spruchpraxis des Reichspatentamts, des Deutschen Patent- und Markenamts und der Gerichte der Europäischen Gemeinschaften.
[225] EuG Urt v 4.5.2002, Az T-359/02 – STAR TV Rn 34 ff.
[226] EuG Urt v 27.10.2005, Az T-336/03 – OBELIX/MOBILIX Rn 70, bestätigt durch EuGH Urt v 18.12.2008, Az C-16/06 – Rene.
[227] EuG Urt v 23.10.2002, Az T-388/00 – ILS/ELS Rn 54 ff.

kommenden Faktoren, insb der Ähnlichkeit der Marken und der Ähnlichkeit der von ihnen erfassten Waren oder Dienstleistungen.[228] So kann etwa ein geringer Grad der Ähnlichkeit der gekennzeichneten Produkte durch einen höheren Grad der Ähnlichkeit der Marken **ausgeglichen werden** und umgekehrt.[229] Auch kann der Eintragung einer Marke im Widerspruchsverfahren entgegenstehen, wenn zwar eher ein geringer Grad bei der Produktähnlichkeit besteht, dafür aber die Ähnlichkeit zwischen den Marken groß und die Kennzeichnungskraft der älteren Marke, insb ihr Bekanntheitsgrad, hoch ist.[230]

Die Wechselwirkung der verschiedenen Faktoren führt dabei etwa dazu, dass sich die hochgradig bekannte Marke „Ferrero" gegen eine jüngere Marke „Ferro" durchsetzen konnte, während bei normaler Kennzeichnungskraft die Verwechslungsgefahr wohl zu verneinen gewesen wäre.[231]

115 f) **Bekanntheitsschutz.** Der erweiterte Schutz bekannter Marken ist in Art 8 Abs 5, 9 Abs 1 Buchst c GMV bzw §§ 9 Abs 1 Nr 3, 14 Abs 2 Nr 3 MarkenG[232] geregelt. Geschützt sind bekannte Marken davor, dass ein mit der Marke identisches Zeichen oder ein ähnliches Zeichen benutzt wird, wenn die Benutzung des Zeichens die Unterscheidungskraft oder die Wertschätzung der bekannten Marke ohne rechtfertigenden Grund in unlauterer Weise ausnutzt oder beeinträchtigt. Entgegen dem Gesetzeswortlaut kommt es dabei auf das Bestehen oder Nichtbestehen einer **Produktähnlichkeit oder -identität** nicht an.[233]

Die Inhaberin der für Tonaufnahmegeräte bekannten Marke „TDK" konnte sich daher erfolgreich gegen eine für Bekleidung angemeldete Marke „TDK" durchsetzen.[234]

116 Voraussetzung für das Eingreifen des erweiterten Schutzes der bekannten Marke ist damit, dass die Angriffsmarke bekannt ist, dass Angriffsmarke und angegriffenes Zeichen ähnlich sind und dass die Benutzung des Zeichens die Unterscheidungskraft oder die Wertschätzung der bekannten Marke ohne rechtfertigenden Grund in unlauterer Weise ausnutzt oder beeinträchtigt. Eine darüber hinausgehende Beeinträchtigung der Herkunftsfunktion ist dagegen – anders als beim Identitätsschutz und beim Schutz vor Verwechslungsgefahr – nicht erforderlich.[235]

117 aa) **Schutzobjekt „bekannte Marke".** Bekannt ist eine Marke dann, wenn sie eine bestimmte **Bekanntheitsschwelle** überwunden hat. In territorialer Hinsicht ist die Voraussetzung der Bekanntheit grundsätzlich als erfüllt anzusehen, wenn das Kennzeichen im Falle einer nationalen Marke in einem wesentlichen Teil des Mitgliedstaats[236]

---

[228] EuGH Urt v 29.9.1998, Az C-39/97 – Canon Rn 17; EuGH Urt v 22.6.1999, Az C-342/97 – Lloyd Schuhfabrik Meyer Rn 19; EuGH Urt v 22.6.2000, Az C-425/98 – Marca/Adidas Rn 40.
[229] EuGH Urt v 29.9.1998, Az C-39/97 – Canon Rn 17; auch BGH GRUR 2000, 506, 508 – ATTACHÉ/TISSERAND.
[230] EuGH Urt v 29.9.1998, Az C-39/97 – Canon Rn 19; EuGH Urt v 22.6.1999, Az C-342/97 – Lloyd Schuhfabrik Meyer Rn 21; EuGH Urt v 22.6.2000, Az C-425/98 – Marca/Adidas Rn 40; vgl schon BGH GRUR 1996, 774, 775 – falke-run/Le Run.
[231] Vgl EuGH Urt v 17.4.2008, Az C-108/07 P – Ferrero Deutschland.
[232] Zur einheitlichen Auslegung EuGH Urt v 9.1.2003, Az C-292/00 – Davidoff/Gofkid Rn 17.
[233] EuGH Urt v 9.1.2003, Az C-292/00 – Davidoff Rn 30.
[234] EuGH Urt v 12.12.2008, Az C-197/07 P – Aktieselskabet af 21. november 2001.
[235] EuGH Urt v 25.1.2007, Az C-48/05 – Adam Opel Rn 37.
[236] EuGH Urt v 6.10.2009, Az C-301/07 – Pago Rn 28.

bzw bei Gemeinschaftsmarken in einem wesentlichen Teil des Gemeinschaftsgebiets bekannt ist. Dafür reicht es regelmäßig aus, wenn die Gemeinschaftsmarke im gesamten Gebiet auch nur eines Mitgliedstaats bekannt ist.[237] Dabei wird allerdings nicht verlangt, dass die Marke einem bestimmten Prozentsatz[238] des Publikums bekannt ist. Der erforderliche Bekanntheitsgrad ist vielmehr als erreicht anzusehen, wenn die ältere Marke einem bedeutenden Teil des Publikums bekannt ist, das von den durch diese Marke erfassten Waren oder Dienstleistungen betroffen ist.[239] Bei der Prüfung kommt es auf **alle relevanten Umstände des Einzelfalls** an. Besonders bedeutsam sind insb
– der **Marktanteil** der Marke,
– die **Intensität, die geografische Ausdehnung und die Dauer** ihrer Benutzung sowie
– der Umfang der **Investitionen**, die das Unternehmen zu ihrer Förderung getätigt hat.[240]

So haben etwa die europäischen Gerichte einen Bekanntheitsschutz der Marke „Nasdaq" bejaht, ohne dass eine Verkehrbefragung zum Bekanntheitsgrad vorgelegt worden war.[241] Die deutschen Gerichte sind hier zurückhaltender.

Je nach der vermarkteten Ware oder Dienstleistung kann hierbei auf die breite Öffentlichkeit oder ein spezielleres **Publikum** abzustellen sein.[242] Demgegenüber kann nicht auf Verbraucher mit höherem Bildungsstand und überdurchschnittlichem Einkommen abgestellt werden, weil die betreffende Marke auf Käufer von Luxusgütern zielt. Vielmehr sind die Produkte und damit das Verkehrsverständnis nach dauerhaften charakteristischen Kriterien zu beurteilen, nicht nach Werbekonzeptionen, die jederzeit geändert werden können.[243]

118

bb) **Zeichenähnlichkeit.** Der Begriff der Zeichenähnlichkeit beim erweiterten Schutz der bekannten Marke **entspricht** nach der Rechtsprechung des EuGH **nicht dem Begriff der Zeichenähnlichkeit bei der Verwechslungsgefahr.** Denn bei der bekannten Marke setzt der Schutz nicht voraus, dass zwischen der bekannten Marke und dem Zeichen ein Grad der Ähnlichkeit festgestellt wird, der so hoch ist, dass für die beteiligten Verkehrskreise eine Verwechslungsgefahr zwischen beiden besteht. Es genügt vielmehr, dass der Grad der Ähnlichkeit zwischen der bekannten Marke und dem Zeichen bewirkt, dass die beteiligten Verkehrskreise das Zeichen und die Marke gedanklich miteinander verknüpfen – neudeutsch plastisch: „brings to the mind".[244] **Entgegen** der Auffassung des **BGH**[245] sind danach bei der Beurteilung der Zeichenähnlichkeit jeweils unterschiedliche Maßstäbe anzuwenden. Die Zeichenähnlichkeit beim Bekanntheitsschutz ist allerdings ebenso wie bei der Zeichenähnlichkeit im Rahmen der Verwechslungsgefahr unter Berücksichtigung aller relevanten Umstände

119

---

[237] EuGH Urt v 14.9.1999, Az C-375/97 – Chevy Rn 27; EuGH Urt v 6.10.2009, Az C-301/07 – Pago Rn 29.
[238] BGH GRUR 2002, 340, 341 – Fabergé.
[239] EuGH Urt v 14.9.1999, Az C-375/97 – Chevy Rn 22 ff; auch EuG Urt v 25.5.2005, Az T-67/04 – SPA/SPA-FINDERS Rn 34; BGH GRUR 2002, 340, 341 – Fabergé.
[240] EuGH Urt v 14.9.1999, Az C-375/97 – Chevy Rn 27; EuGH Urt v 6.10.2009, Az C-301/07 – Pago Rn 25.
[241] Vgl EuGH Urt v 12.3.2009, Az C-320/07 P – Antartica.

[242] EuGH Urt v 14.9.1999, Az C-375/97 – Chevy Rn 22 ff; auch BGH GRUR 2002, 340, 341 – Fabergé.
[243] BGH GRUR 2002, 340, 341 – Fabergé.
[244] EuGH Urt v 23.10.2003, Az C-408/01 – Adidas/Fitnessworld Rn 31; EuGH Urt v 27.11.2008, Az C-252/07 – Intel.
[245] BGH GRUR 2004, 594, 596 – Ferrari-Pferd, mit zahlreichen Nachweisen zum Meinungsstand; BGH GRUR 2004, 598, 599 – Kleiner Feigling.

des konkreten Falles umfassend zu beurteilen.[246] Maßgeblich sind jedoch im Einzelnen andere Faktoren als bei der Prüfung der Zeichenähnlichkeit im Rahmen der Prüfung der Verwechslungsgefahr.[247]

120 cc) **Ausnutzung oder Beeinträchtigung der Wertschätzung oder Unterscheidungskraft in unlauterer Weise ohne rechtfertigenden Grund.** Weitere Voraussetzung für das Eingreifen des Bekanntheitsschutzes ist, dass die Benutzung des in Frage stehenden Zeichens durch einen Dritten die Unterscheidungskraft oder die Wertschätzung der bekannten Marke ohne rechtfertigenden Grund in unlauterer Weise ausnutzt oder beeinträchtigt.[248] Durch das Unlauterkeitsmerkmal ist der erweiterte Schutz der bekannten Marke letztlich **Lauterkeitsschutz**.[249] Es ist eine umfassende Unlauterkeitsprüfung vorzunehmen.[250]

So ist ein etwa beschreibender Charakter der bekannten Marke zu berücksichtigen.[251] *Auch kann eine witzige und humorvolle Verwendung einer bekannten Marke durch die Kunstfreiheit gedeckt sein; dies ist im Hinblick auf die bekannten Milka-Marken etwa beim Verkauf einer lila Postkarte mit dem Text „Über allen Wipfeln ist Ruh', irgendwo blökt eine Kuh, Muh! – Rainer Maria Milka" der Fall.*[252]

121 Je größer dabei die Unterscheidungskraft und die Wertschätzung der bekannten Marke sind, desto eher wird eine Beeinträchtigung vorliegen.[253] Insb bei der identischen oder ähnlichen Benutzung einer bekannten Marke zu dem Zweck, die mit ihrer Verwendung verbundene Aufmerksamkeit auszubeuten, ist regelmäßig von einem die Unlauterkeit begründenden Verhalten auszugehen.[254]

Lässt man bspw Rolls Royce Restaurants und Rolls Royce Cafés, Rolls Royce Hosen und Rolls Royce Bonbons zu, dann wird es in 10 Jahren die Marke Rolls Royce nicht mehr geben.[255]

122 Für die Begründung einer Rufbeeinträchtigung genügt allerdings nicht allein die abstrakte Gefahr einer Schwächung der Klagemarke aufgrund der Verwendung der angegriffenen Kennzeichnung;[256] vielmehr bedarf es unter Heranziehung der **konkreten tatsächlichen Umstände** des Streitfalls der Auseinandersetzung mit dem Maß der Markenähnlichkeit und deren Beziehung zu der erforderlichen Unlauterkeit sowie der Frage eines rechtfertigenden Grundes.[257] Je geringer der Branchenabstand zwischen den erfassten Waren oder Leistungen ist, desto eher ist eine Beeinträchtigung zu erwarten.[258]

---

[246] EuGH Urt v 23.10.2003, Az C-408/01 – Adidas/Fitnessworld Rn 30 mwN; auch EuG Urt v 25.5.2005, Az T-67/04 – SPA/SPA-FINDERS Rn 41.
[247] Ausf EuGH Urt v 27.11.2008, Az C-252/07 – Intel.
[248] Hierzu ausf EuGH Urt v 18.6.2009, Az C-487/07 – L'Oreal.
[249] Vgl BGH GRUR 2004, 239, 240 – DONLINE.
[250] BGH GRUR 1999, 992, 994 – BIG PACK; vgl auch BGH 2002, 613 – GERRI/KERRY Spring.
[251] BGH GRUR 1999, 992, 994 – BIG PACK; vgl auch BGH 2002, 613 – GERRI/KERRY Spring.
[252] BGH GRUR 2005, 583, 584 f – Lila-Postkarte.
[253] EuGH Urt v 14.9.1999, Az C-375/97 – Chevy Rn 30.
[254] BGH GRUR 2005, 583, 584 – Lila-Postkarte.
[255] Schlussanträge von Generalanwalt *Jacobs* im Verfahren EuGH Urt v 10.7.2003, Az C-408/01 – Adidas/Fitnessworld Rn 37, mwN.
[256] EuGH Urt v 27.11.2008, Az C-252/07 – Intel.
[257] BGH GRUR 2000, 608, 611 – ARD-1.
[258] BGH GRUR 2001, 507, 509 – EVIAN/REVIAN; zu weitgehend aber und wohl den Besonderheiten des Werbeverbots für Tabakerzeugnisse geschuldet: EuGH Urt v 30.4.2009, Az C-136/08 P – Japan Tobacco.

Eine unlautere Benutzung liegt darüber hinaus auch in solchen Fällen vor, in denen die Wertschätzung einer Marke beeinträchtigt wird. Erfasst sind hiervon vor allem solche Fälle, in denen die Waren, für die das kollidierende Zeichen verwendet wird, auf die Öffentlichkeit in einer solchen Weise wirken, dass die **Anziehungskraft der Marke in Mitleidenschaft gezogen** wird.[259]

123

Wird etwa die Zahl „4711" nach Art einer Marke als Telefonnummer von einer Gülletransportfirma verwendet, so wird die Wertschätzung der berühmten Kosmetikmarke beeinträchtigt, weil der Verkehr künftig bei „4711" an Gülle denkt.[260]

Ein unlauteres Ausnutzen der Unterscheidungskraft oder Wertschätzung schließlich liegt immer dann vor, wenn ein Dritter in unlauterer Weise einen Vorteil aus der Benutzung der Marke zieht. Der Tatbestand umfasst insb die Fälle, in denen aufgrund der Übertragung des Bildes der Marke oder der durch sie vermittelten Merkmale auf die mit dem identischen oder ähnlichen Zeichen gekennzeichneten Waren eine eindeutige Ausnutzung der bekannten Marke gegeben ist.

124

Dies ist zum Beispiel dann der Fall, wenn das Imitat eines Luxusparfums absichtlich in Schachteln und Flakons verpackt wird, das dem Original ähnlich ist, um eine gedankliche Verbindung zwischen Original und Imitat herzustellen, und wenn hierdurch ein wirtschaftlicher Vorteil verschafft werden soll.[261]

III. Verjährung

Die Verjährung des Markenrechts regelt § 20 MarkenG. Dieser verweist auf die allgemeinen Verjährungsvorschriften des Bürgerlichen Gesetzbuches (§§ 194 ff BGB). Die **regelmäßige** Verjährungsfrist beträgt damit **drei Jahre**, § 195 BGB und beginnt in der Regel mit Ende des Jahres, in dem der Anspruch entstanden ist und in dem der Gläubiger von den anspruchsbegründenden Umständen und der Person des Schuldners Kenntnis erlangt hat oder ohne grobe Fahrlässigkeit hätte erlangen müssen, vgl § 199 BGB. Da die Ansprüche aus der Marke jedoch so lange nicht verjähren, wie der Störungszustand andauert (vgl § 199 Abs 5 BGB), spielen die Verjährungsregelungen bei den Unterlassungsansprüchen in der Praxis kaum eine Rolle. Von Bedeutung sind sie demgegenüber für Auskunfts- und Schadensersatzansprüche.

125

IV. Verwirkung

Aufgrund der geringen Bedeutung der Verjährungsregelungen im Kennzeichenrecht kommt dem Einwand der Verwirkung eine gesteigerte Bedeutung zu. Die Verwirkung ist geregelt in Art 53 Abs 1 GMV und § 21 Abs 4 MarkenG. Das nationale Recht sieht hierbei weitergehende Fallgestaltungen der Verwirkung als die gemeinschaftsrechtlichen Regelungen vor. Folge der Verwirkung ist, dass der Inhaber des Markenrechts ein kollidierendes jüngeres Zeichen weder für ungültig erklären lassen noch dessen Benutzung untersagen kann.

126

---

[259] Schlussanträge von Generalanwalt *Jacobs* im Verfahren EuGH Urt v 10.7.2003, Az C-408/01 – Adidas/Fitnessworld Rn 38.
[260] Vgl BGH GRUR 1990, 711 – Telefonnummer 4711.
[261] EuGH Urt v 18.6.2009, Az C-487/07 – *L'Oréal ua*, Tz 46 ff.

127 Nach den Art 9 Abs 1 MRR, Art 53 Abs 1 GMV und § 21 Abs 1, 51 Abs 1 MarkenG können Ansprüche zunächst dann verwirken, wenn der Inhaber einer älteren Marke **die Benutzung einer jüngeren eingetragenen Marke während eines Zeitraumes von fünf Jahren in Kenntnis dieser Benutzung geduldet** hat und die Anmeldung der jüngeren Marke nicht bösgläubig[262] vorgenommen wurde.

128 Das **deutsche Recht** geht über den Anwendungsbereich dieser gemeinschaftlichen Verwirkungsregelungen in zweierlei Hinsicht hinaus: Zum einen gilt die Verwirkungsregelung hier auch für Angriffe aus geschäftlichen Bezeichnungen (§ 21 Abs 1, 2 MarkenG) gegen Benutzungsmarken und geschäftliche Bezeichnungen (§ 21 Abs 2 MarkenG). Zum anderen ordnet § 21 Abs 4 MarkenG – wohl **richtlinienwidrig**[263] – an, dass die harmonisierten Vorschriften die Anwendung allgemeiner Grundsätze über die Verwirkung von Ansprüchen unberührt lassen, wodurch hergebrachte, am Grundsatz von Treu und Glauben nach § 242 BGB orientierte Verwirkungsregelungen ebenfalls angewandt werden können. Nach der Rechtssprechung hierzu ist Verwirkung auch dann gegeben, wenn bei dem Inhaber des jüngeren Zeichens infolge eines länger dauernden ungestörten Gebrauchs der angegriffenen Bezeichnung ein schutzwürdiger Besitzstand entstanden ist, der ihm nach Treu und Glauben erhalten bleiben soll, weil er aufgrund des Verhaltens des Rechtsinhabers darauf vertrauen konnte, dass dieser die Verwendung des Zeichens dulde.[264]

V. Schranken des Markenrechts

1. Allgemeines

129 Das Recht an der Marke ist nicht schrankenlos. Vielmehr ist es zuweilen erforderlich, dass Marken von Dritten benutzt werden.

So muss ein Elektrofachgeschäft bspw darauf hinweisen dürfen, dass es sich auf Reparaturdienstleistungen für Geräte der Marke Sony spezialisiert hat. Ebenso muss ein Zubehörhersteller seine Produkte mit dem vorgesehenen Verwendungszweck, insb den Produkten, für die das Zubehör geeignet ist, versehen können.

130 Art 12 GMV bzw § 23 MarkenG regeln daher die **Beschränkungen der Wirkungen der Marke**, die dem Recht des Markeninhabers im Geschäftsleben gezogen sind. Die Vorschriften tragen widerstreitenden Interessen an einer freien Verwendung von Marken und dem freien Waren- und Dienstleistungsverkehr Rechnung.[265] Bei allen dort geregelten Tatbeständen greift die Beschränkung dabei nur ein, sofern die **Benutzung** den **anständigen Gepflogenheiten in Gewerbe oder Handel entspricht**. Im Gegensatz zu den absoluten Eintragungshindernissen betreffen die Beschränkungen der Wirkungen der Marke jeweils nur den Einzelfall, ohne die Schutzfähigkeit grds in Frage zu stellen.[266] Der Anmelder einer Marke, die Verwechslungsgefahr begründet, kann sich daher nicht auf diese Regelungen berufen.[267]

---

[262] Hierzu bereits oben Rn 60.
[263] Vgl *Hildebrandt* § 14 Rn 18 f.
[264] Vgl BGH Urt v 21.7.2005, Az I ZR 312/02 – BOSS-Club Rn 45.
[265] Vgl EuGH Urt v 23.2.1999, Az C-63/97 – BMW Rn 62; EuGH Urt v 7.1.2004, Az C-100/02 – Gerolsteiner Brunnen Rn 16; EuGH Urt v 17.3.2005, Az C-228/03 – Gillette Rn 29.
[266] Vgl EuGH Urt v 4.5.1999, Az C-108/97 und C-109/97 – Chiemsee Rn 28; EuGH Urt v 28.4.2004, Az C-3/03 P – Matratzen Concord Rn 35; EuGH Urt v 16.9.2004, Az C-404/02 – Nichols Rn 32 f.
[267] Vgl hierzu EuGH Urt v 28.4.2004, Az C-3/03 P – Matratzen Concord Rn 35; EuG Urt v 23.10.2002, Az T-6/01 – Matratzen/Matratzen Markt Concord Rn 49.

2. Gebrauch von Name und Anschrift

Art 6 Abs 1 Buchst a MRR, Art 12 Buchst a GMV, § 23 Nr 1 MarkenG stellen den lauteren Gebrauch des eigenen Namens und der eigenen Anschrift frei. **131**

Von praktischer Relevanz ist insb der Namensgebrauch. Ein Dritter kann sich grds auf die Ausnahme berufen, um ein mit einer Marke identisches oder ihr ähnliches Zeichen zur Angabe seines Namens zu benutzen, auch wenn es sich um eine Benutzung handelt, die der Markeninhaber aufgrund seiner ausschließlichen Rechte grds verbieten könnte. Die Vorschrift erfasst nicht nur **Namen natürlicher Personen**, sondern auch **Namen juristischer Personen** und damit **Handelsnamen** bzw **Unternehmenskennzeichen**.268 **132**

Auf die Beschränkung des Markenrechts dürfte sich daher trotz existierender Labelmarke „Verve" nicht nur ein Kaufmann mit dem bürgerlichen Namen „Lucius Verve" berufen, sondern grds auch eine juristische Person unter entsprechender Phantasiefirma. Insb bei Neugründungen wird die Benutzungsaufnahme indes nur selten den anständigen Gepflogenheiten in Gewerbe oder Handel entsprechen.

3. Merkmalsangaben

Art 12 Buchst b GMV bzw § 23 Nr 2 MarkenG269 stellen die lautere Benutzung von Merkmalsangaben frei. Die Vorschriften unterscheiden nicht nach den verschiedenen möglichen Verwendungen der dort genannten Angaben.270 Um in ihren Anwendungsbereich zu fallen, genügt es, wenn eine Angabe sich auf eines der Merkmale bezieht.271 **133**

So soll die Benutzung der Marke „Gazoz", des türkischen Wortes für Limonade, an hervorgehobener Stelle auf Limonadenflaschen zulässig sein, wenn der Verkauf in Geschäften erfolgt, die auf das türkische Publikum zugeschnitten sind und in denen tatsächlich überwiegend – jedoch nicht ausschließlich – die türkischsprachige Bevölkerung einkauft.272

Weiterer Anwendungsfall der Schrankenregelung ist der **Umbau gebrauchter Produkte** unter Hinweis auf den Hersteller der Originalware durch Nennung seiner Marke. Voraussetzung ist hierbei, dass auch auf den Umbau und die Person hingewiesen wird, die den Umbau durchgeführt hat. **134**

So darf derjenige, der einen nicht mehr als Geldspielgerät zugelassenen Spielautomaten zu einem Punktespielgerät unter Beibehaltung des Spiel- und Gewinnplans umbaut, unter Nennung der Marke und des Namens des Vertreibers der Originalware auf sich und die neue Bezeichnung des Geräts hinweisen.273

---

268 EuGH Urt v 16.11.2004, Az C-245/02 – Anheuser-Busch/Budějovický Budvar Rn 78 ff.
269 Vgl hierzu auch BGH Urt v 5.6.2008, Az I ZR 169/05 – Post.
270 BGH Urt v 5.6.2008, Az I ZR 108/05, Rn 19 mwN – Deutsche Post/City Post.
271 EuGH Urt v 7.1.2004, Az C-100/02 – Gerolsteiner Brunnen Rn 19, s hierzu auch BGH Urt v 5.6.2008, Az I ZR 108/05 – Deutsche Post/City Post.
272 BGH GRUR 2004, 947 – Gazoz.
273 BGH GRUR 1998, 697, 699 – VENUS MULTI; vgl auch BGH GRUR 2005, 162 – SodaStream, wo die Problematik als Frage der markenmäßigen Benutzung behandelt wird.

4. Bestimmungsangaben

135 Art 12 Buchst c GMV bzw § 23 Nr 3 MarkenG privilegieren schließlich die lautere und notwendige Benutzung einer Marke als Hinweis auf die Bestimmung eines Produkts, insb als **Zubehör** oder **Ersatzteil.**

Aufgrund der Vorschrift ist es daher unter Umständen etwa möglich, beim Vertrieb von DVD-Rohlingen darauf hinzuweisen, dass diese mit bestimmten DVD-Brennern etwa von Sony oder HP kompatibel sind.[274]

136 Die Regelung verlangt, dass die Benutzung der Marke **notwendig** ist, um auf eine solche Bestimmung des Produkts hinzuweisen. Die Benutzung einer Marke durch einen Dritten, der nicht deren Inhaber ist, ist als Hinweis auf die Bestimmung einer von diesem Dritten vertriebenen Ware notwendig, wenn eine solche Benutzung praktisch das einzige Mittel dafür darstellt, der Öffentlichkeit eine verständliche und vollständige Information über diese Bestimmung zu liefern.[275]

Gibt es etwa technische Standards oder Normen, die für die betreffende Warenart allgemein verwendet werden, dem angesprochenen Publikum bekannt und obendrein geeignet sind, eine verständliche und vollständige Information über die Bestimmung der vertriebenen Ware zu liefern, so ist die Verwendung einer Marke nicht notwendig.[276]

5. Anerkannte Gepflogenheiten in Gewerbe oder Handel

137 Mit Blick auf die Weite der drei Tatbestände in Art 12 GMV bzw § 23 MarkenG wird die Zulässigkeit der Benutzung häufig davon abhängen, ob die Benutzung den anständigen Gepflogenheiten in Gewerbe oder Handel entspricht.[277] Die in diesem Zusammenhang verwendeten unterschiedlichen Formulierungen „anständig", „anerkannt"[278], „lauter" oder „nicht gegen die guten Sitten verstößt" bedeuten keinen sachlichen Unterschied. Das Tatbestandsmerkmal normiert der Sache nach die Pflicht, den berechtigten Interessen des Markeninhabers nicht in unlauterer Weise zuwiderzuhandeln.

Die Benutzung der Marke entspricht den anständigen Gepflogenheiten in Gewerbe oder Handel insb dann nicht, wenn sie in einer Weise erfolgt, die den **Eindruck** erwecken kann, dass eine Verbindung zwischen Markeninhaber und Drittem besteht, insb **eine Handelsbeziehung oder eine Zugehörigkeit zu einem Vertriebsnetz.**[279] Hierbei ist auch zu berücksichtigen, inwieweit der **Dritte** sich dessen hätte **bewusst** sein müssen.[280]

Erweckt etwa eine Werkstatt, die auf die Instandsetzung und Wartung von Fahrzeugen der Marke BMW spezialisiert ist, im Zuge der Nennung der BMW-Marken den Eindruck, Vertragswerkstatt zu sein, ist dies unlauter.[281]

---

[274] Vgl BGH GRUR 2005, 423 – Staubsaugerfiltertüten.
[275] EuGH Urt v 17.3.2005, Az C-228/03 – Gillette Rn 31, 35, 39, 51.
[276] EuGH Urt v 17.3.2005, Az C-228/03 – Gillette Rn 36.
[277] Vgl EuGH Urt v 7.1.2004, Az C-100/02 – Gerolsteiner Brunnen Rn 23 f, 27; EuGH Urt v 16.11.2004, Az C-245/02 – Anheuser-Busch/Budějovický Budvar Rn 84.
[278] EuGH Urt v 4.5.1999, Az C-108/97 und C-109/97 – Chiemsee Rn 28.

[279] EuGH Urt v 23.2.1999, Az C-63/97 – BMW Rn 64; EuGH Urt v 16.11.2004, Az C-245/02 – Anheuser-Busch/Budějovický Budvar Rn 83; EuGH Urt v 17.3.2005, Az C-228/03 – Gillette Rn 42, 49, unter Hinweis auf EuGH Urt v 23.2.1999, Az C-63/97 – BMW Rn 51.
[280] EuGH Urt v 16.11.2004, Az C-245/02 – Anheuser-Busch/Budějovický Budvar Rn 83.
[281] EuGH Urt v 23.2.1999, Az C-63/97 – BMW Rn 64.

Die Benutzung einer Marke ist ferner auch dann unlauter, wenn die **Marke** durch **138**
die Benutzung **herabgesetzt oder schlechtgemacht** wird.²⁸² Hierbei ist zu berücksichtigen, ob es sich gegebenenfalls um eine Marke handelt, die von einer gewissen
Bekanntheit ist, die der Dritte beim Vertrieb seiner Erzeugnisse ausnutzen könnte.²⁸³

*Bei einer unbekannten Marke wird eine unlautere Beeinträchtigung des Wertes kaum möglich sein. Auch ein unterschiedliches Image der sich gegenüberstehenden Produkte wird nicht ohne weiteres zu einer Unlauterkeit führen.*²⁸⁴ *Demgegenüber geht vor dem Hintergrund der bekannten Marke „Meißen" ein zur Bezeichnung eines bestimmten Musters verwendeter Hinweis auf ein „original Meißner Dekor" weit über das Notwendige hinaus.*²⁸⁵

VI. Erschöpfung

Mit den kennzeichenrechtlichen Verboten (Art 9 GMV, §§ 14, 15 MarkenG) **139**
könnte grds jeder Vertrieb von gekennzeichneten Waren verhindert werden. Auch nachdem die Waren vom Zeicheninhaber in Umlauf gesetzt wurden, wäre deren Weitervertrieb betroffen. Wer gekennzeichnete Waren vertreibt, dürfte dies nur aufgrund einer ihm erteilten Lizenz. Der **Weitervertrieb von Waren** und damit insgesamt die Warenverkehrsfreiheit würden durch eine so verstandene Ausschließlichkeit der Markenrechte stark beeinträchtigt.

Aus diesem Grunde greift hier der sog Erschöpfungsgrundsatz ein und schränkt die **140**
Rechte der Zeicheninhaber ein. Nach dem Erschöpfungsgrundsatz hat der Zeicheninhaber nicht das Recht, einem Dritten zu untersagen, das Zeichen für Waren zu benutzen, die unter seinem Zeichen von ihm oder mit seiner Zustimmung in einem Vertragsstaat des Abkommens über den Europäischen Wirtschaftsraum in den Verkehr gebracht worden sind (Art 13 Abs 1 GMV; § 24 Abs 1 MarkenG). Einer zu weitgehenden Beeinträchtigung seiner Rechte kann der Zeicheninhaber entgegentreten, wenn hierfür berechtigte Gründe sprechen, insb wenn der Zustand der Waren nach ihrem Inverkehrbringen verändert oder verschlechtert wurde (Art 13 Abs 2 GMV; § 24 Abs 2 MarkenG).

Wie Art 28, 30 EG verfolgen die Erschöpfungsregelungen den **Zweck**, die grund- **141**
legenden Belange des Markenschutzes mit denen des freien Warenverkehrs im Gemeinsamen Markt in Einklang zu bringen. Das Markenrecht soll nicht dazu missbraucht werden können, den Markeninhabern die Möglichkeit zu eröffnen, die nationalen Märkte abzuschotten und dadurch die Beibehaltung von Preisunterschieden zwischen den Mitgliedstaaten zu begünstigen.²⁸⁶

Voraussetzung für eine Erschöpfung des Markenrechts ist das **Inverkehrbringen** **142**
der Ware durch den Rechtsinhaber oder durch einen Dritten **im EWR** mit seiner

---

²⁸² EuGH Urt v 17.3.2005, Az C-228/03 – Gillette Rn 43 f u 49; auch EuGH Urt v 16.11.2004, Az C-245/02 – Anheuser-Busch/Budějovický Budvar Rn 83.
²⁸³ EuGH Urt v 16.11.2004, Az C-245/02 – Anheuser-Busch/Budějovický Budvar Rn 83.
²⁸⁴ Vgl einerseits BGH GRUR 1999, 992, 995 – BIG PACK; andererseits BGHZ 138, 349, 358 – MAC Dog.

²⁸⁵ BGH GRUR 2002, 618, 619 – Meißner Dekor I.
²⁸⁶ EuGH Urt v 11.7.1996, Az C-71 bis 73/94 – Eurim Pharm, Rn 33; EuGH Urt v 11.7.1996, Az C-427/93, C-429/93 u C-436/93 – Bristol-Myers Squibb Rn 46; EuGH Urt v 11.7.11996, Az C-232/94 – MPA Pharma Rn 19; EuGH Urt v 11.11.1997, Az C-349/95 – Loendersloot/Ballantine Rn 23.

Zustimmung. Die Zustimmung kann ausdrücklich oder konkludent erteilt werden. Eine konkludente Zustimmung liegt dann noch nicht vor, wenn der Markeninhaber ohne Eigentumsübertragung kostenlose Werbemittel zur Verkaufsberatung an seine Wiederverkäufer abgibt. Regelmäßig wird schon aus der geringwertigeren Aufmachung der Werbemittel erkennbar sein, dass die Produkte nicht in den Verkehr gelangen sollen.[287]

143 Von besonderer praktischer Bedeutung ist dabei, dass ein Inverkehrbringen der Ware nur dann zur Erschöpfung führt, wenn dies im Gebiet des EWR erfolgt. Wo die Ware hergestellt wurde, ist hingegen ohne Bedeutung. Zum EWR gehören neben den Staaten der Europäischen Union die drei weiteren EWR-Staaten Liechtenstein, Norwegen und Island.

144 Liegt ein Inverkehrbringen im EWR vor, so gewähren Art 13 Abs 1 GMV bzw § 24 Abs 1 MarkenG nicht nur das Recht, mit einer Marke versehene Waren weiterzuverkaufen, sondern auch das Recht, die Marke zu benutzen, um der Öffentlichkeit den weiteren Vertrieb dieser Waren anzukündigen.

So kann der Inhaber von BMW-Marken einem Gebrauchtwagenhändler die Benutzung der Marken nicht verbieten, wenn dieser die Öffentlichkeit darauf hinweist, dass er Fachmann für den Verkauf von BMW-Gebrauchtfahrzeugen oder darauf spezialisiert sei. Die Werbung muss hierbei Fahrzeuge betreffen, die unter der Marke BMW von deren Inhaber oder mit dessen Zustimmung im EWR in den Verkehr gebracht wurden.[288]

145 Auch der Erschöpfungsgrundsatz gilt allerdings **nicht uneingeschränkt**. Art 13 Abs 2 GMV, § 24 Abs 2 MarkenG sehen vor, dass sich der Markeninhaber dem weiteren Vertrieb der Waren unabhängig von einer etwaigen Erschöpfung widersetzen kann, wenn ein berechtigter Grund vorliegt, insb wenn der Zustand der Waren nach ihrem Inverkehrbringen verändert oder verschlechtert wurde. Die Verwendung des Begriffes „insbesondere" zeigt, dass der genannte Fall nur beispielhaften Charakter hat.[289] Neben der **Veränderung oder Verschlechterung des Originalzustands** der Ware kann auch dann eine Erschöpfung ausscheiden, wenn die Verwendung der Marke zu einer **Schädigung des Rufs** des Markeninhabers führt oder den **Eindruck** erweckt, dass zwischen dem Wiederverkäufer und dem Markeninhaber **Handelsbeziehungen** bestehen.

So darf ein Händler gebrauchter Bekleidungsstücke diese vor dem Verkauf dann nicht verändern, etwa die Jeans umfärben, wenn hierdurch die Eigenart der Ware berührt wird. Dies wäre etwa dann der Fall, wenn der Markeninhaber für die Jeans qualitativ hochwertige Farbstoffe verwendet, sog reaktive Farben, deren Moleküle beim Färbevorgang eine unmittelbare Verbindung mit den Molekülen des Stoffes eingehen und dadurch eine hohe Farbfestigkeit bewirken und wenn diese nach einem Bleichen und Umfärben durch Dritte nicht mehr gewährleistet ist. Ebenso kann es unzulässig sein, wenn das Umfärben den (modischen) Charakter der Ware verändert.[290] *Eine erhebliche Schädigung des Rufs der Marke kann außerdem vorliegen, wenn der Wiederverkäufer nicht dafür sorgt, dass die Marke in seinem Werbeprospekt in einer dem Markenimage unangemessenen Umgebung erscheint.*[291] *Gerade bei Waren mit*

---

[287] Vgl zu Parfumtestern EuGH Urt v 3.6.2010, Az C-127/09 – Coty Prestige Lancaster Group GmbH/Simex Trading AG.
[288] EuGH Urt v 23.2.1999, Az C-63/97 – BMW Rn 50, unter Hinweis auf EuGH Urt v 4.11.1997, Az C-337/95 – Parfums Christian Dior Rn 36, 43.
[289] EuGH Urt v 11.7.1996, Az C-427/93, C-429/93, C-436/93 – Bristol-Myers Squibb ua Rn 26, 39 f; EuGH Urt v 4.11.1997, Az C-337/95 – Parfums Christian Dior Rn 42.
[290] Vgl BGHZ 131, 308, 316 – Gefärbte Jeans.
[291] EuGH Urt v 4.11.1997, Az C-337/95 – Parfums Christian Dior Rn 43 ff.

Luxus- und Prestigecharakter wird regelmäßig zu prüfen sein, ob der Adressatenkreis der Ware und die konkreten Vertriebsmodalitäten dem Charakter der Ware gerecht werden.[292]

VII. Rechtserhaltende Benutzung

1. Allgemeines

Markenrechtliche **Ansprüche** können grds **nur** dann geltend gemacht werden, **wenn** die Angriffsmarke innerhalb der letzten fünf Jahre vor der Geltendmachung des Anspruchs **ernsthaft benutzt** wurde (Art 15,[293] 43 Abs 2 GMV; §§ 25, 26, 43 MarkenG).[294] Ziel dieser Regelungen ist es, die Anzahl der in der Gemeinschaft eingetragenen und geschützten Marken und damit die Anzahl der zwischen ihnen möglichen Konflikte zu verringern.[295] Nur solche Marken die tatsächlich benutzt werden, sollen über längere Zeit Bestand haben. Der Gesetzgeber gesteht hierbei dem Markeninhaber jeweils eine anfängliche **Schonfrist** zu. Innerhalb der ersten fünf Jahre[296] nach dem Tag des Abschlusses des Eintragungsverfahrens muss die Marke daher grds nicht benutzt werden (Art 15, 43 Abs 2 S 1 GMV bzw §§ 26, 49 Abs 2 S 1 MarkenG).

146

Praktisch bedeutsame Einschränkungen erfährt diese Schonfrist jedoch dadurch, dass bereits am Tag nach Ablauf der Fünf-Jahres-Frist der volle Nachweis einer ernsthaften Benutzung verlangt werden kann. Maßgeblich für den Beginn der Frist ist bei der Gemeinschaftsmarke der Tag der Eintragung. Dies gilt auch für die deutsche Marke, sofern kein Widerspruch gegen die Anmeldung eingelegt wurde; dann nämlich beginnt die Frist erst mit dem Abschluss des Widerspruchsverfahrens (§ 26 Abs 5 MarkenG).

147

Wird etwa aus einer deutschen Marke, die zwar am 31.12.1998 eingetragen wurde, aber ihrerseits noch bis zum 31.12.2003 mit Widerspruch eines Dritten angegriffen wurde, am 31.12.2004 Widerspruch gegen eine jüngere Marke eingelegt, so kann sich der Markeninhaber im Widerspruchsverfahren auf § 26 Abs 5 MarkenG berufen und muss (zunächst) keine Benutzung nachweisen.

2. Voraussetzungen der rechtserhaltenden Benutzung

Für eine rechtserhaltende Benutzung genügt nicht jede Benutzung der Marke. Vielmehr verlangen Art 15 GMV bzw § 26 MarkenG, dass die Marke ernsthaft benutzt wird.[297] Dies ist dann der Fall, wenn die Marke entsprechend ihrer Hauptfunktion – die Ursprungsidentität der Produkte, für die sie eingetragen wurde, zu garantieren – benutzt wird, um für diese Produkte einen Absatzmarkt zu erschließen oder zu sichern. Eine solche Benutzung setzt voraus, dass die **Marke auf dem Markt** der durch

148

---

[292] EuGH Urt v 23.4.2009, Az C-59/08 – Copad, Rn 58.
[293] Art 15 GMV gilt nur für die Gemeinschaftsmarke, nicht auch für eine nationale Widerspruchsmarke EuG Urt v 17.3.2004, Az T-183/02 und T-184/02 – MUNDICOLOR/MUNDICOR Rn 35.
[294] Gem Art 12 Abs 1 MRR; Art 50 GMV; § 49 Abs 1, 3 MarkenG kann eine Marke, die

für längere Zeit als fünf Jahre nicht benutzt wurde zudem auf Antrag gelöscht werden.
[295] Vgl den 8. Erwägungsgrund der MRR.
[296] Zur Berechnung der Frist im Einzelnen vgl *Hildebrandt* § 8 Rn 51 ff.
[297] Zur Benutzung für einen Teil der geschützten Waren oder Dienstleistungen vgl Art 43 Abs 2 S 3 GMV; §§ 43 Abs 1 S 3, 49 Abs 3 MarkenG sowie *Hildebrandt* § 8 Rn 41 ff.

sie geschützten Waren oder Dienstleistungen **benutzt** wird und nicht nur innerhalb des betreffenden Unternehmens.[298] Die Benutzung der Marke muss sich dabei **auf Produkte beziehen**, die bereits vertrieben werden oder deren Vertrieb von dem Unternehmen zur Gewinnung von Kunden insb im Rahmen von **Werbekampagnen** vorbereitet wird und unmittelbar bevorsteht.[299]

Eine Gewinnerzielungsabsicht ist dabei zwar nicht erforderlich, so dass grundsätzlich auch ein gemeinnütziger Verein eine Marke rechtserhaltend benutzen kann.[300] *Andererseits soll die kostenlose Verteilung von mit der Marke versehenen Werbegeschenken für die rechtserhaltende Benutzung nicht genügen.*[301]

149 Die Frage, ob die Benutzung der Marke ernsthaft ist, ist von Gerichten und Ämtern anhand sämtlicher Umstände zu prüfen, die belegen können, dass die Marke tatsächlich geschäftlich verwertet wird. Hierzu gehören insb Verwendungen, die im betreffenden Wirtschaftszweig als gerechtfertigt angesehen werden, um **Marktanteile** für die durch die Marke geschützten Waren oder Dienstleistungen zu behalten oder zu gewinnen, die **Art dieser Waren oder Dienstleistungen**, die **Merkmale des Marktes**, der **Umfang und die Häufigkeit der Benutzung** der Marke, die Frage, ob die Marke benutzt wird, **alle identischen Produkte des Inhabers** zu bezeichnen oder nur einen Teil von ihnen und die **Nachweismöglichkeiten** sowie die Produktions- und Vertriebskapazitäten[302] des Markeninhabers.[303] Die einzelnen Faktoren stehen hierbei in einer gewissen Wechselbeziehung. So kann ein geringes Volumen von unter der Marke vertriebenen Waren durch eine große Häufigkeit oder zeitliche Konstanz der Benutzungshandlungen dieser Marke ausgeglichen werden und umgekehrt.[304]

Die Benutzung der Marke braucht auch nicht immer umfangreich zu sein, um als ernsthaft eingestuft zu werden, da eine solche Einstufung von den Merkmalen der betreffenden Produkte auf dem entsprechenden Markt abhängt. Sogar eine **minimale Benutzung** kann insoweit für eine ernsthafte Benutzung genügen, wenn sie auf dem relevanten Markt dazu dient, für diese Produkte einen Absatzmarkt zu erschließen oder zu sichern.[305]

So genügte dem EuG etwa ein Verkauf von ungefähr 300 Einheiten mit je zwölf Stück konzentrierter Säfte verschiedener Früchte an nur einen Kunden mit einem Umsatz von annähernd € 4 800,– in einem Zeitraum von etwa einem Jahr.[306] Auf der

---

[298] EuG Urt v 7.6.2005, Az T-303/03 – Lidl Rn 36.
[299] EuGH Urt v 11.3.2003, Az C-40/01 – Ansul/Ajax Rn 37; EuGH Urt v 27.1.2004, Az C-259/02 – La Mer Rn 19.
[300] EuGH Urt v 9.12.2008, Az C-442/07 – Verein Radetzky-Orden.
[301] EuGH Urt v 15.1.2009, Az C-495/07 – Silberquelle.
[302] Auch die Produktions- und Vertriebskapazitäten des Inhabers: EuGH Urt v 8.7.2004, Az T-334/01 – HIPOVITON Rn 36; EuGH Urt v 8.7.2004, Az T-203/02 – VITAFRUIT Rn 42, bestätigt durch EuGH Urt v 11.5.2006, Az C-416/04 P – The Sunrider.
[303] EuGH Urt v 11.3.2003, Az C-40/01 – Ansul/Ajax Rn 38 f, 43; EuGH Urt v 27.1.2004, Az C-259/02 – La Mer Rn 19, 22 f, 27; EuGH Urt v 11.5.2006, Az C-416/04 P – The Sunrider
Rn 70 f; EuG Urt v 8.7.2004, Az T-334/01 – HIPOVITON Rn 34 ff; überholt dagegen EuG Urt v 9.7.2003, Az T-156/01 – GIORGI/GIORGIO AIRE Rn 40.
[304] EuGH Urt v 8.7.2004, Az T-334/01 – HIPOVITON Rn 36; EuGH Urt v 8.7.2004, Az T-203/02 – VITAFRUIT Rn 42, bestätigt durch EuGH Urt v 11.5.2006, Az C-416/04 P – The Sunrider; ähnl zur Wechselbeziehung von Umfang und Dauer der Benutzung BGH GRUR 1999, 995, 996 – HONKA.
[305] EuGH Urt v 27.1.2004, Az C-259/02 – La Mer Rn 21 ff.
[306] EuG Urt v 8.7.2004, Az T-203/02 – VITAFRUIT Rn 48 ff, bestätigt durch EuGH Urt v 11.5.2006, Az C-416/04 P – The Sunrider; EuG Urt v 9.7.2003, Az T-156/01 – GIORGI/GIORGIO AIRE Rn 45 ff.

gleichen Linie soll der Umstand allein, dass die Marke lediglich auf einer ganz geringen Anzahl von Waren – es handelte sich im Streitfall um zehn jährlich bzw monatlich erscheinende Druckschriften – angebracht wird, dann nicht auf eine Scheinbenutzung sondern auf eine ernsthafte Benutzung schließen lassen, wenn es für die Waren nur einen sehr speziellen Abnehmerkreis gibt.[307]

Rechtserhaltend wirkt aber immer nur eine Benutzung in einer Form, die der Verkehr aufgrund der ihm objektiv entgegentretenden Umstände als einen **zeichenmäßigen Hinweis auf die Herkunft der Produkte** ansieht.[308] Nicht ausreichend ist insoweit die Benutzung eines Zeichens als **Unternehmensbezeichnung**, solange der Verkehr in dem Zeichen nicht zumindest auch einen Hinweis auf die von ihm vertriebenen Produkte sieht.[309] Entsprechend setzt die rechtserhaltende Benutzung einer Dienstleistungsmarke voraus, dass der Verkehr aus der Benutzung des Zeichens erkennen kann, dass mit der Verwendung der Bezeichnung nicht nur der Geschäftsbetrieb benannt, sondern auch eine konkrete Dienstleistung bezeichnet wird, die aus ihm stammt.[310]

150

So fordert der BGH bislang – jedenfalls bei Warenmarken – in der Regel das Versehen der Ware selbst, ihrer **Verpackung oder Umhüllung** mit dem Zeichen.[311] In ähnlicher Weise hat das EuG die Benutzung einer Marke **auf einer Messe** nicht genügen lassen.[312] Da es der EuGH allerdings für ausreichend erachtet, wenn sich die Benutzung der Marke auf Waren und Dienstleistungen bezieht, die bereits vertrieben werden oder deren Vertrieb von dem Unternehmen zur Gewinnung von Kunden insb im Rahmen von Werbekampagnen vorbereitet wird und unmittelbar bevorsteht,[313] wird sich diese Forderung nach einer körperlichen Verbindung von Ware und Marke nicht aufrechterhalten lassen.

151

Problematisch ist es daher, wenn der BGH eine Benutzung auf Umverpackungen,[314] *in Katalogen, Warenbegleitpapieren, Rechnungen, im Bestellverkehr mit den Kunden oder eine nur mündliche Werbekampagne*[315] *nicht genügen lässt.*

Allerdings soll nach der Rechtsprechung des EuGH eine kostenlose Verteilung von Werbegeschenken keine rechtserhaltende Benutzung für die Warengruppe darstellen, der die Geschenke angehören, da hiermit kein neuer Absatzmarkt erschlossen werden solle.[316]

In **territorialer Hinsicht** muss die Marke dort benutzt werden, wo sie geschützt ist. Bei der Gemeinschaftsmarke stellt bereits die Benutzung in einem einzigen Land der Gemeinschaft oder in einem entsprechend großen supranationalen Territorium eine ernsthafte Benutzung dar.[317] Wird umgekehrt gegen eine Gemeinschaftsmarke aus einer nationalen Marke Widerspruch eingelegt, so ist zu prüfen, ob die nationale

152

---

[307] BGH Urt v 6.10.2005, Az I ZB 20/03 – GALLUP Rn 24 f.
[308] BGH GRUR 1995, 583 – MONTANA; BGH GRUR 2000, 890 – IMMUNINE/IMUKIN; BGH GRUR 2002, 1072, 1073 – SYLT-Kuh; auch BT-Drucks 12/6581, 83.
[309] EuG Urt v 12.12.2002, Az T-39/01 – HIWATT Rn 44 f; BGH GRUR 2005, 1047, 1049 – OTTO; BGH Urt v 15.9.2005, Az I ZB 10/03 – NORMA; vgl hierzu aber auch EuGH Urt v 11.9.2007, Az C-17/06 – Céline Rn 22 f.
[310] Vgl BGH Urt v 18.10.2007, Az I ZR 162/04 – AKZENTA.
[311] BGH GRUR 1995, 267, 268 – AQUA; BGH GRUR 1995, 347, 348 – TETRASIL.
[312] EuG Urt v 12.12.2002, Az T-39/01 – HIWATT Rn 44 f.
[313] EuGH Urt v 11.3.2003, Az C-40/01 – Ansul/Ajax Rn 37; EuGH Urt v 27.1.2004, Az C-259/02 – La Mer Rn 19.
[314] BGH GRUR 2005, 1047 – OTTO.
[315] BGH GRUR 1995, 347 – TETRASIL.
[316] EuGH Urt v 15.1.2009, Az C-495/07 – Silberquelle, Rn 19 ff.
[317] Gemeinsame Protokollerklärung von Rat und Kommission (ABl-HABM 5/96, 607).

Marke in dem betreffenden Mitgliedstaat rechtserhaltend benutzt wurde.[318] Als relevante Benutzungshandlung wird hierbei ausdrücklich das Anbringen der Marke für den Export qualifiziert (Art 15 Abs 2 Buchst b GMV bzw § 26 Abs 4 MarkenG).

Selbst wenn also etwa der Markeninhaber mit der Marke gekennzeichnete Waren nicht im Inland vertreibt, sondern lediglich exportiert, kann dies eine rechtserhaltende Benutzung darstellen.[319]

153 Die rechtserhaltende Benutzung muss dabei nicht unbedingt durch den Inhaber der Marke selbst, sondern kann auch **durch** einen zur Benutzung der Marke befugten[320] **Dritten** erfolgen (Art 19 Abs 2 TRIPs; Art 10 Abs 3 MRR; Art 15 Abs 3 GMV; § 26 Abs 2 MarkenG).[321]

154 Zu beachten ist schließlich, dass vom Benutzungszwang dann eine Ausnahme gemacht wird, wenn der Inhaber der Marke **berechtigte Gründe** für die Nichtbenutzung vorzuweisen hat (Art 43 Abs 2, 50 Abs 1 Buchst a GMV bzw § 26 Abs 1 MarkenG). Hierbei ist unter Berücksichtigung der Umstände des Einzelfalls zu prüfen, ob die Nichtbenutzung gerechtfertigt ist.[322] Maßgeblich kommt es dabei darauf an, ob die Nichtbenutzung auf Umständen beruht, die vom Markeninhaber unabhängig sind; aber auch dann, wenn die Inbenutzungnahme der Marke aufgrund solcher Umstände **unzumutbar** wird, bejaht die Rechtsprechung berechtigte Gründe.[323]

Keinen berechtigten Grund stellen etwa wirtschaftliche Schwierigkeiten des Markeninhabers dar.[324] *Als berechtigte Gründe in Betracht kommen demgegenüber Tatbestände höherer Gewalt, etwa Naturkatastrophen, Krieg oder Kriegsfolgen,*[325] *ein staatliches Einfuhrverbot,*[326] *die Unmöglichkeit, mit der Marke gekennzeichnete Waren vor Abschluss eines vorgeschriebenen behördlichen Zulassungsverfahrens in den Verkehr zu bringen,*[327] *oder ein vorübergehendes staatliches Werbeverbot.*[328]

3. Anforderungen bei Abweichung von eingetragener Marke und benutzter Form

155 In der Praxis werden Marken häufig nicht in der Form verwendet, die mit der im Register eingetragenen Wiedergabe identisch ist. Die Praxis trägt dem dadurch Rechnung, dass auch die Benutzung einer Marke in einer Form rechtserhaltend sein kann, die von der Eintragung nur in Bestandteilen abweicht. Erforderlich ist hier aber, dass dadurch **nicht** die **Unterscheidungskraft der Marke beeinflusst** wird (Art 15 Abs 2 Buchst a GMV; § 26 Abs 3 MarkenG). Wann dies der Fall ist, konnte der EuGH bis-

---

[318] EuG Urt v 12.12.2002, Az T-39/01 – HIWATT Rn 39.
[319] Ähnl schon BGHZ 112, 316 – Silenta.
[320] Die Zustimmung kann auch konkludent erteilt und im Rechtsstreit behauptet werden: EuG Urt v 8.7.2004, Az T-203/02 – VITAFRUIT Rn 24 f, bestätigt durch EuGH Urt v 11.5.2006, Az C-416/04 P – The Sunrider.
[321] EuGH Urt v 11.3.2003, Az C-40/01 – Ansul/Ajax Rn 37; EuGH Urt v 27.1.2004, Az C-259/02 – La Mer Rn 19; speziell zur Kollektivmarke Art 68 GMV; § 100 Abs 2 MarkenG.
[322] BGH Urt v 28.9.2006, Az I ZB 100/05 – COHIBA Rn 36.
[323] EuGH Urt v 14.6.2007, Az C-246/05 – Häupl Rn 46 ff.

[324] EuG Urt v 9.7.2003, Az T-156/01 – GIORGI/GIORGIO AIRE Rn 41.
[325] BGH GRUR 1997, 747, 749 – Cirkulin, unter Hinweis auf die AmtlBegr BT-Drucks V/714, 45, 46; auch BGH GRUR 2000, 890, 891 – IMMUNINE/IMUKIN; BGH Urt v 28.9.2006, Az I ZB 100/05 – COHIBA Rn 30.
[326] Art 19 Abs 1 S 2 TRIPs; BGH GRUR 1994, 512 – Simmenthal; BGH Urt v 28.9.2006, Az I ZB 100/05 – COHIBA Rn 30; zur Restitution eines enteigneten Unternehmens nach dem Vermögensgesetz vgl aber BGHZ 136, 11 L.
[327] BGH GRUR 2000, 890, 891 – IMMUNINE/IMUKIN; BGH Urt v 28.9.2006, Az I ZB 100/05 – COHIBA Rn 30.
[328] BGH Urt v 28.9.2006, Az I ZB 100/05 – COHIBA Rn 32.

lang nicht höchstrichterlich klären. Die Entscheidungspraxis orientiert sich daher stark am Einzelfall.

So ist die Rechtsprechung im Falle eines **Hinzufügens weiterer Wortbestandteile** zur streitgegenständlichen Marke vergleichsweise streng.[329] Dann aber, wenn das zusätzliche Kennzeichen vom Verkehr als Zweitmarke aufgefasst wird[330] oder wenn lediglich eine Unternehmensbezeichnung oder eine mehr oder weniger beschreibende Angabe hinzugefügt ist, wird eine rechtserhaltende Benutzung zu bejahen sein.

So kann auf einer Weinflasche die Marke »CRISTAL« rechtserhaltend zusammen mit der Herstellerbezeichnung »Louis Roederer« sowie der Herkunftsangabe »Champagne« benutzt werden.[331]

156

Auch durch die geringfügig **abgewandelte Schreibweise** einer Wortmarke unter Hinzufügung eines **grafischen Elements** wird die Unterscheidungskraft der Marke nicht beeinflusst.

Werden etwa bei der Benutzung der Wortmarke »John Lobb« die jeweiligen Anfangsbuchstaben »J« und »L« grafisch hervorgehoben, so ist dies ohne Relevanz.[332] *Auch wurde etwa die Marke*

157

„Karolus-Magnus"
der rheinische Riesling-Sekt

durch Verwendung des Etiketts

rechtserhaltend benutzt. Der in den Worten »Karolus-Magnus« verkörperte Gesamtbegriff bleibt auch in der geänderten Schreibweise ohne weiteres erkennbar. Auch die rein beschreibende Wortfolge »der rheinische Riesling-Sekt« konnte auf die ebenfalls beschreibende Angabe »Riesling« verkürzt werden. Die hinzugefügte bildliche Darstellung wird der Verkehr nicht notwendig als Markenbestandteil ansehen.[333]

Der BGH ging dabei mit § 26 Abs 3 S 2 MarkenG bislang davon aus, dass bei der Beurteilung der Beeinflussung der Unterscheidungskraft der Umstand keine Rolle spielt, ob die benutzte Form neben der fraglichen Marke **selbst auch als Marke einge-**

158

---

[329] Etwa EuG Urt v 9.7.2003, Az T-156/01 – GIORGI/GIORGIO AIRE Rn 45.
[330] BGH GRUR 2000, 510 f – Contura; BGH Urt v 8.2.2007, Az I ZR 71/04 – bodo Blue Night.
[331] EuG Urt v 8.12.2005, Az T-29/04 – CRISTAL/CRISTAL CASTELLBLANCH Rn 33 ff; auch BGH Urt v 6.10.2005, Az I ZB 20/03 – GALLUP Rn 25.
[332] BGH GRUR 1999, 164, 165 – JOHN LOBB; auch BGH GRUR 2000, 1038, 1039 – Kornkammer.
[333] BGH GRUR 1999, 167, 168 – Karolus-Magnus.

tragen ist.³³⁴ Dies ist durch eine jüngere Entscheidung des EuGH in Frage gestellt worden.

*War dort neben einer älteren Marke „Bridge" auch eine jüngere Benutzungsform „The Bridge" als Marke eingetragen, so kam es für den EuGH von vornherein nicht mehr darauf an, ob die Unterscheidungskraft beeinflusst wurde. Schon die Eintragung der eventuell benutzten Form „The Bridge" als Marke verhindere von vornherein eine rechtserhaltende Benutzung der Marke „Bridge".*³³⁵

159 Würde sich diese – vom EuGH eher beiläufig geäußerte – Auffassung dauerhaft durchsetzen, würde jede **Modernisierung einer existierenden Marke** praktisch deutlich erschwert. Bevor der Markeninhaber nämlich eine in dieser Weise modernisierte Fassung der Marke selbst als neue Marke anmeldet, müsste sichergestellt werden, wie ein Verfall der älteren Marke verhindert werden kann. Insoweit dürfte die Auffassung des EuGH dahingehend zu verstehen sein, dass nur in Fällen, in denen ein Kennzeicheninhaber ein ganzes Portfolio von Defensivmarken um eine einzige benutzte Marke aufbaut, um deren Schutz zu erweitern, ein Missbrauch der Ausnahmevorschrift des § 26 Abs 3 S 2 MarkenG vorliegt. In Fällen, in denen in einer natürlichen Fortentwicklung einer Marke diese modernisiert und die neu gestaltete Form als Marke eingetragen wird, dürfte § 26 Abs 3 S 2 MarkenG demgegenüber Anwendung finden.³³⁶

§ 3
Beendigung des Markenrechts

I. Erlöschen wegen Nichtverlängerung oder Verzichts

160 Gem Art 46 GMV bzw § 47 Abs 1 MarkenG beträgt die Schutzdauer einer Gemeinschaftsmarke ebenso wie die einer eingetragenen nationalen Marke zehn Jahre. Sie beginnt mit dem Anmeldetag und endet bei der Gemeinschaftsmarke nach genau zehn Jahren, bei der deutschen Marke mit Ablauf des Monats, in den der Anmeldetag fällt. Die **Schutzdauer** kann aber unbegrenzt um jeweils zehn Jahre verlängert werden (Art 47 GMV, § 47 Abs 2 MarkenG). Die Modalitäten der Verlängerung bestimmen Art 47 GMV, § 47 Abs 3 MarkenG. Mit jeder Verlängerung wird eine Verlängerungsgebühr fällig, deren Höhe sich nach der Zahl der Produktklassen bestimmt.

Wird keine Verlängerung beantragt oder die Verlängerungsgebühr nicht in der vorgesehenen Frist entrichtet, erlischt das Markenrecht mit Ablauf der Schutzdauer (Art 46 GMV, § 47 Abs 6 MarkenG). Daneben kann der Inhaber des Markenrechts aber auch jederzeit auf sein Recht **verzichten** und die Löschung der Marke beantragen (Art 49 GMV, § 48 MarkenG).

---

[334] BGH GRUR 1999, 54 f – Holtkamp; BGH GRUR 2000, 1040, 1041 – FRENORM/FRENON; BGH GRUR 2002, 167, 168 – Bit/Bud, in Abgrenzung zur früheren Rechtsprechung.

[335] EuGH Urt v 13.9.2007, Az C-234/06 P – Il Ponte Finanziaria/HABM Rn 86.
[336] Hildebrandt § 8 Rn 30.

II. Löschung wegen Verfalls

Eine Marke kann neben den eben genannten Gründen auch dadurch erlöschen, dass sich Dritte gegen die Marke aufgrund fehlender Schutzvoraussetzungen wenden. Wichtigste Vorschriften sind hierbei Art 50 GMV bzw § 49 MarkenG, die bestimmte Verfallsgründe regeln.

161

Den bedeutsamsten Löschungsgrund stellt hierbei die **Nichtbenutzung** innerhalb der Schonfrist von fünf Jahren seit der Eintragung der Marke dar (Art 50 Abs 1 lit a) GMV, § 49 Abs 1 MarkenG).[337]

162

Ein weiterer Löschungsgrund besteht nach Art 50 Abs 1 lit b) GMV, § 49 Abs 2 Nr 1 MarkenG dann, wenn sich die Marke nach ihrer Eintragung zu einer **Gattungsbezeichnung** entwickelt hat. Für die Praxis empfiehlt es sich daher, insb bei der Einführung neuer Produkte aus einer Monopolstellung heraus, mehrere unterschiedliche Marken für das neue Produkt zu verwenden.

So bemühte sich Sony in der Vergangenheit, neben dem Zeichen „Walkman" weitere Bezeichnungen für tragbare Kassettenspieler zu etablieren, um einer Herabstufung der Marke „Walkman" zu einer Gattungsbezeichnung entgegenzuwirken.

Gem Art 50 Abs 1 lit c) GMV, § 49 Abs 2 Nr 2 MarkenG schließlich kann eine Marke auch deshalb wegen Verfalls gelöscht werden, wenn sie sich nach ihrer Eintragung zu einem **täuschenden Kennzeichen** entwickelt hat, das geeignet ist, das maßgebliche Publikum insb über die Art, die Beschaffenheit oder die geografische Herkunft der gekennzeichneten Produkte zu täuschen.

163

III. Löschung wegen Eingreifens absoluter Schutzhindernisse

Nach Art 51 Abs 1 GMV bzw § 50 Abs 1 MarkenG kann eine Marke zudem auf Antrag oder in begrenzten Ausnahmefällen (vgl § 50 Abs 3 MarkenG) auch von Amts wegen gelöscht werden, wenn sie entgegen der Voraussetzungen einer Eintragung (Markenfähigkeit, absolute Schutzhindernisse)[338] in das Markenregister eingetragen wurde. Erforderlich ist hierbei allerdings, dass zum Zeitpunkt der Entscheidung über den Antrag auf Löschung der Marke das Schutzhindernis immer noch besteht. Ist dies insoweit nachträglich weggefallen, etwa weil die Marke infolge Benutzung Unterscheidungskraft erlangt hat, so kommt eine Löschung der Marke nicht mehr in Betracht (Art 51 Abs 2 GMV, § 50 Abs 2 S 1 MarkenG).

164

IV. Löschung wegen des Bestehens älterer Rechte

Nach Art 52 Abs 1 GMV, § 51 Abs 1 MarkenG kann eine Marke darüber hinaus auch deshalb angegriffen werden, weil ihrer Eintragung relative Schutzhindernisse, also ältere Rechte Dritter entgegenstehen. Während der Löschungsantrag gegen eine Gemeinschaftsmarke grds beim HABM zu stellen ist, sind für die Löschung deutscher Marken die ordentlichen Gerichte zuständig.

165

---

[337] Zum Benutzungszwang s oben Rn 146 ff.   [338] S hierzu bereits oben Rn 23 ff.

§ 4
Eintragungs- und Widerspruchsverfahren

166 Markenschutz kann in der Regel nur durch Eintragung erworben werden.[339] Je nachdem, welcher Markenschutz erlangt werden soll (Gemeinschaftsmarke, nationale Marke oder internationale Registrierung), sind hierfür unterschiedliche Eintragungsverfahren maßgebend und unterschiedliche Ämter zuständig.[340]

I. Verfahren vor dem Harmonisierungsamt für den Binnenmarkt

167 Für **Gemeinschaftsmarken**[341] ist das Harmonisierungsamt für den Binnenmarkt (HABM) mit Sitz in Alicante/Spanien zuständig. **Amtssprachen** sind Deutsch, English, Französisch, Italienisch und Spanisch, Art 115 Abs 2 **GMV**. Das Verfahren ist in den Art 25 ff und Art 73 ff GMV sowie in der **GMDV** geregelt. Das Anmelde- und Eintragungsverfahren für Gemeinschaftsmarken regeln die Art 25 ff GMV. Neben dem ausgefüllten **Anmeldeformular**, welches über die Website[342] des HABM abgerufen werden kann, ist innerhalb eines Monats nach Anmeldung eine **Anmeldegebühr** von derzeit € 1.050,–[343] plus jeweils einer Klassengebühr von derzeit € 150,– für jede weitere Klasse ab der vierten Klasse zu entrichten. Stehen der Anmeldung keine absoluten Eintragungshindernisse entgegen, so wird die Anmeldung veröffentlicht. Von diesem Zeitpunkt ab können Dritte innerhalb einer Frist von drei Monaten Widerspruch einlegen, der jedoch erst mit Zahlung der Widerspruchsgebühr als erhoben gilt, Regel 17 Abs 1 GMDV. Wird **Widerspruch** eingelegt, so übermittelt das HABM diesen dem Anmelder und bestimmt die weiteren Fristen. Typischerweise beginnt das Verfahren mit einer *cooling-off-period*, einer Frist zwecks außerordentlicher Einigung gegebenenfalls mit dem Privileg der Kostenerstattung, Regel 18 GMDV. Sodann wird dem Widersprechenden eine Frist für das weitere Vorbringen und dem Anmelder hieraufhin ebenfalls eine Erwiderungsfrist von zwei Monaten gesetzt, Regel 19, 20 GMDV. Die Prüfung des HABM hinsichtlich des Bestehens älterer Rechte ist auf das Vorbringen und die Anträge der Parteien beschränkt (Art 74 Abs 1 S 2 GMV). Zu weiteren Verfahrensschritten insb zu Rücknahme von **Anmeldung**, **Widerspruch** und **Kosten** vgl Art 43 ff, 81 GMV, Regel 94 GMDV. Zur Teilung und Umwandlung der Anmeldung vgl Art 44a GMV, Regel 13a GMDV, Art 48a GMV, Regel 21a GMDV, Art 108 ff GMV, Regeln 44 ff GMDV. Zum Verfahren bei Umwandlung siehe Art 109 GMV.

168 Die **allgemeinen Verfahrensgrundsätze** des Verfahrens vor dem HABM sind in den Art 73 ff GMV geregelt, wobei insb auf Art 79 GMV hinzuweisen ist, der subsidiär allgemein anerkannte Verfahrensgrundsätze für verbindlich erklärt. Hinsichtlich der **Fristen** sind Regeln 70 und 71 GMDV zu beachten, da die Fristenregelung des HABM sich in wesentlichen Punkten vom deutschen Recht unterscheidet. Nach Regel 70 Abs 2 GMDV wird die Fristberechnung mit dem Tag begonnen, der auf den Tag folgt, an dem das Ereignis eingetreten ist, aufgrund dessen die Frist festgesetzt wird. Die im

---

[339] Zur Erlangung von Markenschutz ohne Eintragung s oben Rn 64 f.
[340] Wichtige Hinweise finden sich in *Hoffmann/Kleespies/Adler*.
[341] Umfassend zur Gemeinschaftsmarke *Eisenführ/Schennen*.
[342] oami.europa.eu.
[343] Im Falle der elektronischen Anmeldung (e-filing) reduziert sich diese Grundgebühr auf derzeit € 900,–.

Zusammenhang mit Fristen für das Amt maßgeblichen Feiertage werden durch den Präsidenten des Amts bestimmt und im Internet veröffentlicht. Maßgeblich sind meist spanische Feiertage. Bei Versäumung einer Frist besteht die Möglichkeit auf **Wiedereinsetzung in den vorigen Stand** nach Art 78 GMV oder die Möglichkeit des Antrags auf Weiterbehandlung gegen Zahlung einer Gebühr, Art 78a GMV. Letztere Möglichkeit ist auch dann eröffnet, wenn die Fristversäumung schuldhaft erfolgte.

Die Entscheidungen des HABM sind nach Art 73 1 GMV zu begründen. Rechtsmittel gegen Entscheidungen des HABM ist die **Beschwerde** zur Beschwerdekammer des HABM, Art 57 ff GMV, Regeln 48 ff GMDV und gegen deren Entscheidungen **Klage zum EuG und später zum EuGH**, Art 63 GMV.[344] **169**

II. Verfahren vor dem Deutschen Patent- und Markenamt

Für **deutsche Marken** ist das Deutsche Patent- und Markenamt (DPMA) mit Sitz in München zuständig. Das Verfahren ist vor allem in den §§ 32 ff, 56 ff und 91 ff MarkenG sowie der **MarkenV** und die Organisation des Amtes in der Verordnung über das Deutsche Patent- und Markenamt (**DPMAV**) geregelt. Das Eintragungsverfahren bestimmen die §§ 32 ff MarkenG iVm § 2 ff MarkenV. Das **Anmeldeformular** kann über die Website[345] des DPMA abgerufen werden. Innerhalb von drei Monaten nach Anmeldung ist eine **Anmeldegebühr** von derzeit € 300,–, gegebenenfalls zuzüglich einer Klassengebühr von derzeit € 100,– für jede weitere Klasse ab der vierten Klasse zu entrichten. Freiwillig kann zudem eine **Beschleunigungsgebühr** von derzeit € 200,– gezahlt werden, wodurch die reguläre Dauer des Eintragungsverfahrens von etwa 10 bis 12 Monaten auf drei bis vier Monate gesenkt werden kann. Nach Eingang der Anmeldung prüft das DPMA absolute Eintragungshindernisse. Bestehen keine absoluten Eintragungshindernisse, so wird die Marke eingetragen und die Eintragung veröffentlicht, § 41 MarkenG. Gegen die Eintragung der Marke kann innerhalb einer Frist von drei Monaten vom Inhaber einer Marke mit älterem Zeitrang Widerspruch erhoben werden, § 42 Abs 1 MarkenG. Wie auch beim HABM muss mit Einlegung des Widerspruchs die Widerspruchsgebühr bezahlt werden, anderenfalls gilt der **Widerspruch** als nicht eingelegt. Das Widerspruchsverfahren ist ein summarisches Verfahren. Widerspruchsgrund ist allein das Bestehen eines älteren Rechts. Komplexere Sachverhalte sind daher sinnvoller mit der **Eintragungsbewilligungsklage** des Anmelders nach § 44 MarkenG bzw der **Löschungsklage** nach § 55 MarkenG vor den ordentlichen Gerichten zu betreiben. Daneben besteht nach §§ 50, 54 MarkenG die Möglichkeit Dritter, aufgrund Eingreifens absoluter Eintragungshindernisse Löschung beim DPMA zu beantragen.[346] **170**

Gegen Entscheidungen des DPMA ist die Erinnerung beim DPMA oder **Beschwerde** zum BPatG gegeben, §§ 64, 66 MarkenG. Gegen Entscheidungen des BPatG ist unter engen Voraussetzungen die **Rechtsbeschwerde** zum BGH möglich, § 83 MarkenG. **171**

---

[344] Hierzu *Hoffmann/Kleespies/Adler-Schneider* Rn 1757 ff.
[345] www.dpma.de/index.htm.
[346] S hierzu bereits oben Rn 32 ff.

III. Verfahren nach dem Madrider System zur internationalen Registrierung

172 Mittels des Madrider Systems zur internationalen Registrierung ist es möglich, aufgrund eines einzigen Gesuchs Markenschutz in einer ganzen Reihe von Staaten zu erhalten. Durch dieses System wird nicht wie bei der Gemeinschaftsmarke ein einziges supranationales Markenrecht erworben, sondern vielmehr eine Vielzahl einzelner quasi nationaler Marken. Vorteil des Madrider Systems sind einerseits Verfahrens-, andererseits Kostenerleichterungen. Das Verfahren zum Madrider System ist im Madrider Markenabkommen (**MMA**) vom 14.4.1891, im Protokoll zum Madrider Markenabkommen (**PMMA**) vom 27.6.1989 sowie in der zugehörigen gemeinsamen Ausführungsverordnung (**AusfO**) geregelt. Auf Gemeinschaftsebene finden die Art 140 ff GMV und auf deutscher Ebene die §§ 107 ff MarkenG ergänzende Anwendung. Zuständig für internationale Registrierungen ist die **WIPO** mit Sitz in Genf, die mit den jeweils betroffenen nationalen Ämtern zusammenarbeitet. Voraussetzung für eine internationale Registrierung ist das Bestehen einer sog **Basismarke**, welche entweder eine Gemeinschaftsmarke oder eine nationale Marke sein kann. Je nachdem, ob das Gesuch nach dem MMA oder PMMA erfolgt, muss die Marke bereits eingetragen sein (MMA) oder es reicht das Vorliegen einer Anmeldung (PMMA). Die internationale Registrierung ist von dieser Basismarke für einen Zeitraum von fünf Jahren abhängig, Art 6 Abs 3 MMA; Art 6 Abs 3 PMMA. Wird die Basismarke in diesem Zeitraum angegriffen, so gilt dieser Angriff gleichzeitig auch der internationalen Registrierung.

Das Gesuch[347] auf internationale Registrierung ist im Fall einer Gemeinschaftsmarke als Basismarke beim HABM, im Falle einer deutschen Basismarke beim DPMA einzureichen. Zudem sind die sowohl beim HABM (derzeit € 300,-) bzw beim DPMA (derzeit € 180,-) als auch die bei der WIPO (je nach Fallgestaltung)[348] anfallenden Gebühren zu entrichten. Nach Prüfung bestimmter Formalien leitet das jeweilige Amt das Gesuch an die WIPO weiter. Diese leitet sodann das Gesuch nach weiterer Prüfung an die jeweils betroffenen **nationalen Ämter** weiter, welche den Antrag entsprechend einem Antrag auf Registrierung einer nationalen Marke behandeln. Ein etwaiges **Widerspruchsverfahren** erfolgt dabei ebenfalls nach dem jeweiligen nationalen Recht. Bei Bestehen etwaiger Eintragungshindernisse wird der Anmelder über die WIPO vom jeweiligen nationalen Amt informiert.

173 Ob die internationale Registrierung nach dem MMA oder dem PMMA erfolgt, hängt vor allem davon ab, ob sowohl der Staat in dem die Basisregistrierung erfolgte, als auch der Staat, auf den der Schutz der internationalen Registrierung ausgedehnt werden soll, dem PMMA angehören. In diesem Fall genießt seit dem 1.9.2008[349] das **PMMA** nach Art 9[sexies] Abs 1 PMMA gegenüber dem MMA **Anwendungsvorrang**. Dem PMMA sind deutlich mehr Staaten beigetreten als dem MMA. Dies gilt insb für die USA und die EU, welche ausschließlich Mitglieder des PMMA sind. Anders als unter dem MMA ist unter dem PMMA zudem nach Art 9[quinquies] PMMA, Art 154, 156 GMV, § 125 MarkenG die prioritätswahrende Umwandlung der internationalen Registrierung in nationale Marken möglich, etwa dann, wenn ein erfolgreicher Zentralangriff auf die Basismarke erfolgte.

---

[347] Das Formular kann jeweils über die Website des HABM und des DPMA abgerufen werden.

[348] Auf der Internetseite der WIPO www.wipo.org findet sich ein fee calculator.

[349] Zuvor war das Verhältnis umgekehrt.

174 Ist eine Marke international registriert und soll der Schutz auf weitere Staaten erstreckt werden, so ist keine weitere nationale Registrierung mehr erforderlich. Vielmehr existiert hierfür das Instrument der **nachträglichen Schutzerstreckung** (Art 3ter Abs 2 MMA, Art 3ter Abs 2 PMMA, Art 144 GMV, § 111 MarkenG).

§ 5
Geschäftliche Bezeichnungen

I. Allgemeines

175 Die §§ 5 und 15 MarkenG regeln den Schutz der geschäftlichen Bezeichnungen. Unter den Begriff der geschäftlichen Bezeichnung fallen **Unternehmenskennzeichen**[350] und **Werktitel**[351] (§ 5 MarkenG). Nach der Legaldefinition in § 5 Abs 2 S 1 MarkenG erfasst der Begriff des Unternehmenskennzeichens dabei solche Zeichen, die im geschäftlichen Verkehr als Name, als Firma oder als besondere Bezeichnung eines Geschäftsbetriebes oder eines Unternehmens verwendet werden. Während demnach Marken unmittelbar auf das Produkt oder die Dienstleistung und nur mittelbar auf das dahinter stehende Unternehmen hinweisen, weisen Unternehmenskennzeichen unmittelbar auf das Unternehmen und allenfalls nur mittelbar auf die daraus stammenden Produkte oder Dienstleistungen hin.[352] Der Rechtserwerb ist dabei unabhängig von der Rechtsform, in der der Träger der Bezeichnung betrieben wird. Insoweit können auch Unternehmenskennzeichen von Gesellschaften bürgerlichen Rechts oder von gemeinnützigen Vereinen nach § 5 MarkenG Schutz genießen.[353] Unter Werktiteln sind demgegenüber die Namen oder besonderen Bezeichnungen von Druckschriften, Filmwerken, Tonwerken, Bühnenwerken oder sonstigen vergleichbaren Werken zu verstehen (§ 5 Abs 3 MarkenG).

II. Unternehmenskennzeichen

1. Entstehung des Rechts an einem Unternehmenskennzeichen

176 Im Regelfall entsteht das Recht an einem Unternehmenskennzeichen durch jede befugte Ingebrauchnahme eines Unternehmenskennzeichens, das namensmäßige Unterscheidungskraft aufweist. Weist ein Unternehmenskennzeichen hingegen keine namensmäßige Unterscheidungskraft auf, so kann dennoch ein Recht erworben werden, soweit es sich im Verkehr durchgesetzt hat.

177 a) **Prüfung des Vorliegens namensmäßiger Unterscheidungskraft.** Entscheidendes Kriterium ist hierbei zunächst, ob ein Unternehmenskennzeichen namensmäßige Unterscheidungskraft aufweist. Die Rechtsprechung greift bei der Prüfung der namensmäßigen Unterscheidungskraft im Wesentlichen auf dieselben Kriterien zurück, die bei

---

350 Umfassend zu Unternehmenskennzeichen *Goldmann*.
351 Umfassend zum Titelschutz *Deutsch/Ellerbrock*.
352 Vgl aber EuGH Urt v 11.9.2007, Az C-17/06 – Céline.
353 BGH Urt v 31.7.2008, Az I ZR 171/05 – Haus & Grund II; BGH Urt v 31.7.2008, Az I ZR 158/05 – Haus & Grund I.

der Prüfung der absoluten Eintragungshindernisse, insb der konkreten Unterscheidungseignung von Marken eine Rolle spielen.[354] Ob namensmäßige Unterscheidungskraft gegeben ist, ist folglich immer in **Bezug auf die konkrete Branche** zu prüfen. Insb darf ein Zeichen nicht beschreibend für die Geschäftstätigkeit des Unternehmens sein. Das ein Zeichen aus einem gängigen Familiennamen gebildet wurde ist für die Entstehung des Rechts an einem Unternehmenskennzeichen grundsätzlich irrelevant, beeinflusst aber unter Umständen die Kennzeichnungskraft.[355] Eine besondere Originalität, etwa durch eigenartige Wortbildung oder eine sonstige Heraushebung aus der Umgangssprache ist für den Schutz insoweit nicht Voraussetzung.[356]

So fehlt es dem Begriff „Festspielhaus" für den Betrieb eines Veranstaltungsortes und -raumes mit dem Ziel, kulturelle Dienstleistungen zu planen, zu organisieren und durchzuführen an der erforderlichen Unterscheidungskraft. Die Bezeichnung beschreibt vielmehr nur die Örtlichkeit der Erbringung der Dienstleistungen.[357] „Star Entertainment" ist als Bezeichnung für ein Unternehmen, das als Gegenstand die Produktion, Durchführung, Vermittlung und Vermarktung von Veranstaltungen der Unterhaltungsbranche hat, nicht unterscheidungskräftig.[358] Demgegenüber hat der BGH bei der Bezeichnung „Haus & Grund" originäre Unterscheidungskraft bejaht, da sie heute nicht mehr zeitgemäß bzw überkommen wirke und damit zugleich originell sei.[359]

178 b) **Entstehung durch Benutzungsaufnahme.** Weist ein Unternehmenskennzeichen hinreichende namensmäßige Unterscheidungskraft auf, so entsteht das Recht an ihm durch die Aufnahme der Benutzung. Voraussetzung hierfür sind **Benutzungshandlungen im Inland**, die auf den **Beginn einer dauerhaften wirtschaftlichen Betätigung** schließen lassen, ohne dass es dabei darauf ankommt, dass die Kennzeichnung bereits im Verkehr eine gewisse Anerkennung gefunden hat.[360] Für die Benutzungsaufnahme ausreichend ist schon die Eintragung des Unternehmenskennzeichens ins Vereinsregister oder ins Handelsregister.[361] Der Zeitpunkt der Benutzungsaufnahme in der spezifischen Branche[362] bestimmt den Zeitrang des Rechts, wie er insb bei Kollisionen von Bedeutung ist.[363]

179 c) **Entstehung durch Verkehrsdurchsetzung.** Weist das Unternehmenskennzeichen von Hause aus keine hinreichende namensmäßige Unterscheidungskraft auf, so kann dennoch ein Recht an ihm erworben werden, wenn die fehlende namensmäßige Unterscheidungskraft mit Hilfe der Durchsetzung des Kennzeichens innerhalb der angesprochenen Verkehrskreise – unter Umständen räumlich begrenzt – überwunden werden kann.[364] Die Verkehrsdurchsetzung ist dabei auf der Grundlage konkreter Tatsachen festzustellen. Es gelten hierbei vergleichbare Grundsätze wie beim Erwerb von Benutzungsmarken.[365]

---

[354] Vgl hierzu oben Rn 32 ff.
[355] BGH Urt v 30.1.2008, Az I ZR 134/05 – Hansen-Bau.
[356] BGH GRUR 1999, 492 – Altberliner.
[357] BGH GRUR 2002, 814, 816 – Festspielhaus I; BGH GRUR 2003, 792, 793 – Festspielhaus II.
[358] BGH GRUR 2005, 873 – Star Entertainment.
[359] BGH Urt v 31.7.2008, Az I ZR 171/05 – Haus & Grund II Rn 31.
[360] BGH GRUR 1997, 903, 905 – GARONOR; auch BGHZ 130, 276, 280 – Torres; BGHZ 150, 82, 89 – Hotel Adlon; BGH GRUR 2003, 428, 431 – BIG BERTHA; vgl auch BGH GRUR 2005, 419, 422 – Räucherkate.
[361] BGH Urt v 31.7.2008, Az I ZR 171/05 – Haus & Grund II.
[362] BGH GRUR 2005, 871, 873 – Seicom.
[363] BGH GRUR 2005, 871, 872 – Seicom.
[364] BGHZ 147, 56, 62 – Tagesschau; BGH GRUR 2001, 1054, 1056 – Tagesreport mwN.
[365] Hierzu oben Rn 64 f.

2. Inhalt des Unternehmenskennzeichenrechts

Unternehmenskennzeichen sind in der Regel **im gesamten Geltungsbereich des MarkenG geschützt**.[366] Ausnahmen gelten bei **Unternehmen von nur örtlicher Bedeutung** sowie unter Umständen bei Kennzeichen, die kraft **Verkehrsdurchsetzung** erworben wurden. **180**

Einen territorial beschränkten Schutzbereich genießen Bezeichnungen von Unternehmen, die nach Zweck und Zuschnitt nur lokal oder regional tätig und auch nicht sichtbar[367] auf Expansion ausgelegt sind. **181**

Ein territorial beschränktes Recht erwerben regelmäßig etwa Restaurants[368], Hotels[369] oder regional tätige Händler[370] oder Dienstleister[371].

3. Schutzumfang des Unternehmenskennzeichens

Entsprechend den Regelungen des Art 9 GMV, § 14 MarkenG genießt durch § 15 MarkenG auch die geschäftliche Bezeichnung Identitätsschutz, Verwechslungsschutz und einen erweiterten Schutz der bekannten geschäftlichen Bezeichnung. Wie bei Marken ist insoweit auch bei Unternehmenskennzeichen die Verwechslungsgefahr insb anhand der drei Faktoren der **Kennzeichnungskraft** der Klagekennzeichnung, des **Ähnlichkeitsgrads** der einander gegenüberstehenden **Bezeichnungen und** der Ähnlichkeit der **Tätigkeitsgebiete** der Parteien zu beurteilen. Auch hier besteht zwischen diesen Faktoren, eine **Wechselwirkung**, die eine Berücksichtigung aller insoweit maßgebenden Umstände erfordert.[372] Der Sache nach gelten hier daher vergleichbare Grundsätze wie bei Marken.[373] Anstelle der Produktähnlichkeit ist hierbei aber auf die Branchenähnlichkeit abzustellen, bei der es in erster Linie auf die Produktbereiche und Arbeitsgebiete ankommt, die nach der Verkehrsauffassung typisch für die Beteiligten sind. Anhaltspunkte für eine Branchennähe können hierbei Berührungspunkte der Waren oder Dienstleistungen der Unternehmen auf den Märkten sowie Gemeinsamkeiten der Vertriebswege und der Verwendbarkeit der Produkte und Dienstleistungen sein. **182**

So besteht etwa zwischen der Beschaffung, Installation und Wartung von PC-Netzwerken einerseits und dem Vertrieb von PC-Hard- und Software andererseits nicht nur Branchennähe, sondern sogar Branchenidentität.[374]

Darüber hinaus unterliegt auch der Schutz der Unternehmenskennzeichen den **Schranken** der §§ 20 ff MarkenG. Auf die entsprechenden Ausführungen zum Markenrecht wird verwiesen.[375] **183**

---

[366] BGH GRUR 2005, 262, 263 – soco.de.
[367] BGH GRUR 1993, 923 – Pic Nic mwN.
[368] BGH GRUR 1993, 923, 924 – Pic Nic.
[369] BGH GRUR 1977, 165, 166 – Parkhotel; BGH GRUR 1984, 378, 379 – Hotel Krone; BGH GRUR 1995, 507, 508 – City Hotel.
[370] BGH GRUR 2005, 262, 263 – soco.de.
[371] BGH GRUR 1986, 475 – Wach- und Schließ; BGH GRUR 2005, 262, 263 – soco.de;

BGH Urt v 23.6.2005, Az I ZR 288/02 – hufeland.de Rn 15.
[372] BGH GRUR 2004, 865, 867 – Mustang; BGH GRUR 2005, 61 – CompuNet/ComNet II.
[373] S oben Rn 77 ff.
[374] BGH GRUR 2001, 1161, 1162 – CompuNet/ComNet I; BGH GRUR 2005, 61 – CompuNet/ComNet II.
[375] S oben Rn 125 ff, 129 ff.

4. Erlöschen des Rechts an einem Unternehmenskennzeichen

184 Das Recht an einem Unternehmenskennzeichen kann auf verschiedene Weise erlöschen. Beispiele sind der **Wegfall des Rechtsträgers**, der **Wegfall der Unterscheidungskraft** oder der Verkehrsdurchsetzung oder die **Trennung des Kennzeichens von dem zugrunde liegenden Unternehmen**, die zum Erlöschen der ursprünglichen Priorität führt.[376] Der in der Praxis häufigste Fall des Rechtsuntergangs ist die **Einstellung der geschäftlichen Tätigkeit**.

185 Dabei muss eine **Umfirmierung** nicht zwangsläufig zum Verlust einer Kennzeichnung führen. Der Schutz eines langjährig benutzten Firmenschlagworts bleibt mit seiner bisherigen Priorität auch im Fall einer wesentlichen Veränderung der zugrunde liegenden Gesamtkennzeichnung bestehen, wenn das Firmenschlagwort auch in der neuen Gesamtkennzeichnung unverändert enthalten ist und weiterhin als solches benutzt wird.[377] Ein Verlust der Priorität kann erst angenommen werden, wenn durch die Änderungen die Unterscheidungskraft und die Identität der Gesamtbezeichnung berührt wird.[378]

So bleibt im Falle der Umfirmierung einer *„CompuNet Computer Vertriebs-GmbH"* in *„CC CompuNet AG & Co. OHG"* die ursprüngliche Priorität am Schlagwort *„CompuNet"* gewahrt.[379]

III. Werktitel

1. Allgemeines

186 Neben Unternehmenskennzeichen werden vom MarkenG auch Werktitel als geschäftliche Bezeichnungen geschützt, vgl § 5 Abs 1 MarkenG.[380] Werktitel sind die Namen oder besonderen Bezeichnungen von **Druckschriften, Filmwerken, Tonwerken, Bühnenwerken** oder **sonstigen vergleichbaren Werken** (§ 5 Abs 3 MarkenG).[381] Die gesetzlichen Vorgaben zum Werktitelschutz entsprechen im Wesentlichen den Vorschriften zu Unternehmenskennzeichen. In der Praxis gibt es jedoch bedeutende Unterschiede. So bezeichnen Titel anders als Unternehmenskennzeichen kein Unternehmen, sondern ein Werk. Sie sind insoweit Marken vergleichbar, die ein Produkt bezeichnen.[382] Zudem werden an den Grad der zum Rechtserwerb erforderlichen Unterscheidungskraft in der Regel nur extrem geringe Anforderungen gestellt. Dies hat zur Folge, dass die nur wenig unterscheidungskräftigen Titel auch nur über einen entsprechend kleinen Schutzbereich verfügen. Schließlich besteht durch die Ankündigung eines geplanten Titels vor Erscheinen des Werks (**Titelschutzanzeige**) die Möglichkeit, den Zeitrang des Titelschutzes vorzuverlagern.

---

[376] Vgl *Ingerl/Rohnke* § 5 MarkenG Rn 72; zu Kennzeichen im Rechtsverkehr auch Band 1 Kap 6.
[377] BGH GRUR 1995, 505 – APISERUM.
[378] BGHZ 130, 134, 138 – Altenburger Spielkarten mwN.
[379] BGH GRUR 2005, 61 – CompuNet/ComNet II.

[380] Umfassend zum Titelschutz *Deutsch/Ellerbrock*.
[381] Vgl *Ingerl/Rohnke* § 5 MarkenG Rn 75.
[382] Vgl aber BGH GRUR 2000, 504, 505 – FACTS I.

2. Entstehung des Titelschutzes

187 § 5 Abs 3 MarkenG erwähnt als Schutzobjekte des Titelschutzes ausdrücklich Druckschriften,[383] Filmwerke,[384] Tonwerke und Bühnenwerke.[385] Die Aufzählung ist nicht abschließend, wie unmittelbar aus dem Wortlaut der Vorschrift »sonstigen vergleichbaren Werken« folgt. Geschützt sind damit etwa auch Titel von **Rundfunksendungen**,[386] **Spielen**,[387] **Computerprogrammen**[388], **Internetseiten**[389], **Veranstaltungen**[390] oder **Warenkatalogen**.[391] Der Werkbegriff in § 5 Abs 3 MarkenG entspricht nicht dem urheberrechtlichen Werkbegriff des § 2 UrhG. Voraussetzung ist lediglich, dass das betitelte Werk einen umsetzungsfähigen geistigen Gehalt aufweist, der für den Verkehr das Wesen des Werks ausmacht und der den Warencharakter der konkreten Verkörperung in den Hintergrund treten lässt.

Nicht titelschutzfähig ist damit etwa ein Geschicklichkeitsspiel, bei dem es nur darum geht, mittels einer vibrierenden Schöpfkelle Fischfiguren aus einer flachen Schale herauszuschöpfen.[392]

188 Schutz erlangt ein Titel nur, wenn er über **hinreichende Unterscheidungskraft**[393] verfügt oder sich **im Verkehr durchgesetzt**[394] hat.

So verfügt der Titel „SmartKey" für eine Computersoftware von Hause aus über hinreichende Unterscheidungskraft.[395] *Andererseits mag dem Titel »Tagesthemen« für eine Nachrichtensendung zwar die Unterscheidungskraft fehlen. Mit Blick auf seinen hohen Bekanntheitsgrad ist jedoch von Verkehrsdurchsetzung auszugehen.*[396]

189 Unterscheidungskraft hat die Bezeichnung eines Werks, wenn ihr die Eignung zur Werkindividualisierung, also zur Unterscheidung eines Werks von anderen Werken zukommt.[397] Hierbei hat die Rechtsprechung zunächst für Titel von Zeitungen,[398] später auch für Zeitschriften-[399] und Buchtitel[400] sowie für Titel von Rundfunksendungen[401] den Mindestgrad erforderlicher Unterscheidungskraft extrem abgesenkt.

---

[383] Vgl etwa BGH GRUR 1991, 153 – Pizza & Pasta; BGH GRUR 2002, 1083 – 1, 2, 3 im Sauseschritt; BGH GRUR 2005, 264 – Das Telefon-Sparbuch.
[384] Vgl etwa BGHZ 147, 56 – Tagesschau; BGH GRUR 1958, 354 – Sherlock Holmes; BGH GRUR 1977, 543 – Der 7. Sinn; BGH GRUR 2001, 1054 – Tagesreport.
[385] Nicht aber ein Musikfestival, das aus einer Reihe von Aufführungen besteht: BGH GRUR 1989, 626 – Festival europäischer Musik.
[386] BGH GRUR 1982, 431 – Point; BGH GRUR 1993, 769 – Radio StuttgArt.
[387] BGH GRUR 1993, 767 – Zappel-Fisch.
[388] BGHZ 135, 278 – PowerPoint; BGH GRUR 1997, 902, 903 – FTOS; BGH GRUR 1998, 1010 – WINCAD; BGH Urt v 27.4.2006, Az I ZR 109/03 – SmartKey Rn 16.
[389] BGH Urt v 18.6.2009, Az I ZR 47/07 – EIFEL-ZEITUNG.
[390] BGH Urt v 12.11.2009, Az I ZR 183/07 – WM-Marken.
[391] BGH GRUR 2005, 959 – FACTS II.
[392] BGH GRUR 1993, 767 – Zappel-Fisch.
[393] Zum Begriff der Unterscheidungskraft bei Marken vgl oben Rn 49 ff.
[394] Zum Erwerb von Unterscheidungskraft infolge Benutzung vgl oben Rn 56 ff.
[395] BGH Urt v 27.4.2006, Az I ZR 109/03 – SmartKey Rn 16.
[396] BGHZ 147, 56, 62 – Tagesschau mwN.
[397] BGH GRUR 2002, 1083 – 1, 2, 3 im Sauseschritt; BGH GRUR 2003, 440, 441 – Winnetous Rückkehr.
[398] BGH GRUR 1963, 378 – Deutsche Zeitung; BGH GRUR 1992, 547, 548 – Berliner Morgenpost; BGH GRUR 1997, 661 – BZ/Berliner Zeitung.
[399] BGH GRUR 1999, 235, 237 – Wheels Magazine; BGH GRUR 2000, 504, 505 – FACTS I; BGH GRUR 2002, 176 – Auto Magazin.
[400] BGH GRUR 1991, 153 – Pizza & Pasta.
[401] BGHZ 147, 56, 61 f – Tagesschau; BGH GRUR 1988, 377 – Apropos Film; BGH GRUR 1993, 769 – Radio Stuttgart; BGH GRUR 2001, 1054, 1055 – Tagesreport.

Kapitel 5 Marken-/Kennzeichenrecht

Hinreichend unterscheidungskräftig sind damit die Titel »Wheels Magazine«,[402] »SZENE Hamburg«,[403] »FACTS«,[404] »Auto Magazin«,[405] »Tagesschau«[406] oder »Das Telefon Sparbuch«.[407]

190 Ob dabei der Titel auch **als Marke schutzfähig** wäre, spielt – wegen explizit geringerer Anforderungen an die Unterscheidungskraft bei Titeln – keine Rolle.

Auch wenn daher etwa der Bezeichnung »Winnetou« die Unterscheidungskraft als Marke abgesprochen wurde,[408] *weil sie vom Verkehr allein als Synonym für die von Karl May geschaffene fiktive Figur beschreibend verstanden wird, verfügt die Bezeichnung als Werktitel über hinreichende Unterscheidungskraft.*[409]

191 Titelschutz entsteht grds mit der – **titelmäßigen**[410] – **Ingebrauchnahme** des unterscheidungskräftigen[411] Titels für das jeweilige Werk. Ausnahmsweise kann der Schutz früher entstehen, wenn das Werk fertig gestellt ist und die alsbald folgende Auslieferung werblich angekündigt wird.[412]

Existiert bspw erst eine – unter anderem Titel vertriebene – englischsprachige Version eines Computerprogramms so kann die Ankündigung der alsbald folgenden Auslieferung der deutschen Version unter dem beabsichtigten Titel noch keinen Titelschutz bewirken, solange die deutsche Version noch nicht fertig gestellt ist.[413]

192 Möglich ist jedoch den **Zeitrang** des Titelschutzes durch das Instrument der (formalisierten) **Titelschutzanzeige** vorzuverlagern, indem der Titel in bestimmter Weise der Öffentlichkeit bekannt gemacht wird. Da die Titelschutzanzeige selbst noch keine Benutzung des Titels darstellt, begründet sie noch kein Titelrecht. Sie führt lediglich zu einer Vorverlagerung des Zeitrangs, wenn das Werk später tatsächlich erscheint.[414]

Erscheint etwa nach Anzeige des Titels, aber vor Veröffentlichung des Werks ein identisch gekennzeichnetes Werk eines Dritten, so wird ein Angriff erst dann Erfolg haben, wenn das angekündigte Werk tatsächlich auch erschienen ist.

193 Die Titelschutzanzeige ist an zwei Voraussetzungen geknüpft. Erstens muss das **Erscheinen** des Werks unter dem jeweiligen Titel bzw den möglicherweise gewählten Titeln[415] **öffentlich und in branchenüblicher Weise angekündigt** werden. Zweitens muss das eigentliche Werk innerhalb angemessener Zeit unter dem Titel **tatsächlich erscheinen**.

194 Die branchenübliche Ankündigung erfolgt hierbei etwa für Druckschriften oder Filme im »Börsenblatt des Deutschen Buchhandels«[416] oder im »Titelschutzanzeiger«, für Computerprogramme in der Publikation »Der Softwaretitel«, nicht aber schlicht auf der eigenen Internetseite[417]. Der übliche **Text einer Titelschutzanzeige** lautet zumeist: »Unter Hinweis auf die §§ 5, 15 MarkenG nehmen wir Titelschutz in Anspruch für den folgenden Titel: [...].«

---

[402] BGH GRUR 1999, 235, 237 – Wheels Magazine.
[403] BGH GRUR 2000, 70, 72 – SZENE.
[404] BGH GRUR 2000, 504, 505 – FACTS I.
[405] BGH GRUR 2002, 176 – Auto Magazin.
[406] BGHZ 147, 56, 62 – Tagesschau.
[407] BGH GRUR 2005, 264, 265 – Das Telefon-Sparbuch.
[408] BGH GRUR 2003, 342 – Winnetou.
[409] BGH GRUR 2003, 440, 441 – Winnetou Rückkehr.
[410] BGH GRUR 2005, 959 – FACTS II mwN.
[411] Andernfalls mit Verkehrsdurchsetzung.
[412] BGH GRUR 1997, 902 – FTOS; BGH GRUR 1998, 1010 – WINCAD.
[413] BGH GRUR 1998, 1010 – WINCAD.
[414] BGH GRUR 2001, 1054, 1055 – Tagesreport mwN.
[415] Eine Sammeltitelschutzanzeige ist zulässig: BGHZ 108, 89 – Titelschutzanzeige.
[416] BGHZ 108, 89, 98 – Titelschutzanzeige; BGH GRUR 1998, 1010, 1012 – WINCAD.
[417] BGH Urt v 14.5.2009, Az I ZR 231/06 – airdsl.

Die Angemessenheit des zeitlichen Abstands zum Inverkehrbringen des Werks unter dem angezeigten Werktitel als zweite Voraussetzung der Vorverlagerung des Schutzes beurteilt sich nach der konkreten Art des Werks sowie der Werkkategorie und den üblichen Produktionszeiten.[418] Der Zeitraum ist hierbei durch eine Abwägung der beteiligten Interessen zu ermitteln.[419] In der Regel wird die Obergrenze bei sechs, in Ausnahmefällen – insb bei langen Produktionszeiten – bei zwölf Monaten liegen.[420]

195

3. Reichweite des Titelschutzes

a) Allgemeines. Der Umfang des Titelschutzes richtet sich nach § 15 MarkenG. Titel sind damit wie Unternehmenskennzeichen gegen Verwechslungsgefahr (§ 15 Abs 2 MarkenG), bekannte Titel darüber hinaus gegen bestimmte unlautere Verhaltensweisen (§ 15 Abs 2 MarkenG) geschützt. Die allgemeinen markenrechtlichen Einreden und Einwendungen – insb die §§ 20–24 MarkenG – gelten zudem auch hier.[421]

196

b) Verwechslungsschutz. Anders als bei dem Verwechslungsschutz von Marken wird aufgrund der Tatsache, dass die Anforderungen an den Titelschutz relativ gering sind, Werktiteln seitens der Rechtsprechung im Regelfall nur ein sehr enger Schutzbereich zuerkannt. Dieser geht häufig kaum über den **Identitätsbereich** hinaus.[422] Titelschutz besteht außerdem nach § 15 MarkenG grds nur dann, wenn auf Verletzerseite eine titelmäßige Verwendung vorliegt.[423] Eine solche liegt vor, wenn eine Kennzeichnung in einer Weise benutzt wird, dass ein nicht unerheblicher Teil des angesprochenen Verkehrs in ihr die Bezeichnung eines Werkes zur Unterscheidung von anderen Werken sieht.

197

Eine titelmäßige Verwendung kann daher auch bei einem Rubrikentitel[424] *oder dem optisch hervorgehobenen Titel einer Zeitschriftenbeilage*[425] *vorliegen. Demgegenüber liegt in einer Titelschutzanzeige noch keine (rechtsverletzende) Benutzung des Titels, so dass sie allenfalls eine Erstbegehungsgefahr hinsichtlich der Benutzung begründet.*[426]

Nur in Ausnahmefällen genügt darüber hinaus auch eine Verwendung als Unternehmens- oder Produktkennzeichen, wobei diese aber jedenfalls eine kennzeichenmäßige, also rechtsverletzende[427] Verwendung sein muss.[428]

198

Nach § 15 Abs 2 MarkenG ist es Dritten untersagt, den Titel in einer Weise zu benutzen, die geeignet ist, Verwechselungen hervorzurufen. Der Begriff der Verwechslungsgefahr entspricht im Grundsatz der Verwechslungsgefahr bei Markenverletzun-

199

---

[418] Vgl *Ingerl/Rohnke* § 5 MarkenG Rn 88 mwN.
[419] OLG Hamburg AfP 1997, 815.
[420] Vgl OLG Hamburg AfP 1997, 815 (zehn Monate unangemessen); OLG Köln GRUR 1989, 690, 692 – High Tech (zwölf Monate unangemessen); OLG Hamburg AfP 2002, 59, 60 – Bremer Branchen (neun Monate für Internet- und zwölf Monate für Printversion eines Branchentelefonbuchs als Obergrenze).
[421] Vgl hierzu oben Rn 122 ff, 125 ff, 135 ff.
[422] Für die Praxis empfielt es sich daher – soweit dies möglich ist – einen Titel zusätzlich als Marke anzumelden; so auch *Deutsch* GRUR 2004, 642 ff.
[423] BGH Urt v 12.11.2009, Az I ZR 183/07 – WM-Marken.
[424] BGH GRUR 2000, 70, 72 – SZENE.
[425] BGH GRUR 2005, 264, 265 – Das Telefon-Sparbuch.
[426] BGH GRUR 2001, 1054, 1055 – Tagesreport mwN.
[427] Hierzu oben Rn 70 ff.
[428] BGH Urt v 27.4.2006, Az I ZR 109/03 – SmartKey Rn 17.

gen.[429] Für die Frage der Verwechslungsgefahr ist folglich auch hier auf drei Faktoren der **Kennzeichnungskraft** des älteren Titels, der **Ähnlichkeit** der sich gegenüberstehenden **Werktitel sowie** auf die Identität oder **Ähnlichkeit** der jeweiligen **Werke** abzustellen. Auch hier besteht zwischen einzelnen Faktoren eine Wechselwirkung.[430] Da es bei Titeln um Zeichen geht, die durch Benutzung entstehen, ist allerdings bei der Beurteilung der Verwechslungsgefahr stets auf die konkreten Benutzungsverhältnisse abzustellen.

Für die Beurteilung der Verwechslungsgefahr zwischen Zeitschriftentiteln kommt es bspw daher auch auf die Marktverhältnisse und zwar insb auf Charakter und Erscheinungsbild der Zeitschriften an. Insb Gegenstand, Aufmachung, Erscheinungsweise und Vertriebsform haben hierbei Einfluss auf die Verwechslungsgefahr.[431]

200 aa) **Kennzeichnungskraft.** Wie bei Marken[432] richtet sich die Kennzeichnungskraft eines Werktitels danach, welche Unterscheidungskraft er von Hause aus aufweist und wie intensiv seine Kennzeichnungskraft durch Benutzung gesteigert wurde. Hierbei ist auf die konkrete Eignung zur Unterscheidung unterschiedlicher Werke voneinander, also auf eine titelspezifische Kennzeichnungskraft, abzustellen. Zu berücksichtigen ist dabei, dass bei Titeln im Rahmen ihrer Schutzfähigkeit nur extrem geringe Anforderungen an den Grad erforderlicher Unterscheidungskraft gestellt werden. Auch solche Titel, die – gemessen an den Kriterien für Marken – nur eine vergleichsweise schwache Unterscheidungskraft aufweisen, können daher als Titel über durchschnittliche Kennzeichnungskraft verfügen.

So kann die Unterscheidungskraft des Titels »Wheels Magazine« nicht als gering angesehen werden. Denn der Bestandteil »Wheels« – auf deutsch »Räder« – hebt sich von einer rein beschreibenden Angabe durch die Verwendung der englischen Sprache sowie insb dadurch ab, dass er nur auf einen eher unbedeutenden Teil des Gegenstandes der Berichterstattung Bezug nimmt.[433]

201 bb) **Zeichenähnlichkeit.** Bei der Beurteilung der Verwechslungsgefahr von Titeln ist die Zeichenähnlichkeit, wie bei Marken danach zu bestimmen, welchen Gesamteindruck die beiderseitigen Bezeichnungen im Verkehr erwecken.[434] Auch hier ist zu beachten, dass der **Verkehr** regelmäßig nicht beide Titel gleichzeitig betrachten und vergleichen kann, sondern sich auf seine undeutliche Erinnerung verlassen muss.

So begegnet es bei den Bezeichnungen »Das neue Telefon-Sparbuch« bzw »Das frische Telefon-Sparbuch« keinen rechtlichen Bedenken, dem Weglassen der Adjektive »neues« bzw »frisches« keine für den Gesamteindruck im Verkehr wesentliche Bedeutung beizumessen. Auch der Verkehr wird nämlich diese Details kaum in Erinnerung behalten.[435]

202 Die Rechtsprechung geht weiter davon aus, dass der Verkehr dazu neigt, längere Bezeichnungen in einer die Merkbarkeit und Aussprechbarkeit erleichternden Weise

---

[429] Zur markenrechtlichen Verwechslungsgefahr vgl oben Rn 79 ff.
[430] Etwa BGHZ 147, 56, 63 – Tagesschau; BGH Urt v 27.4.2006, Az I ZR 109/03 – Smart-Key Rn 20.
[431] Etwa BGH GRUR 2005, 264, 266 – Das Telefon-Sparbuch.
[432] Vgl hierzu oben Rn 82 f.

[433] BGH GRUR 1999, 235, 237 – Wheels Magazine.
[434] BGH GRUR 2000, 504, 505 – FACTS I; BGH GRUR 2002, 1083, 1084 – 1, 2, 3 im Sauseschritt; BGH GRUR 2005, 264, 265 – Das Telefon-Sparbuch.
[435] BGH GRUR 2005, 264, 265 – Das Telefon-Sparbuch.

zu **verkürzen**. Hierbei genügt es, wenn die abgekürzte Bezeichnung für einen nicht unbeachtlichen Teil des Verkehrs nahe liegt.[436]

So wird der Titel »Wheels Magazine« in seinem Gesamteindruck durch »Wheels« geprägt.[437] *Demgegenüber wird der Verkehr die Titel »1, 2, 3 im Sauseschritt« und »Eins, zwei, drei im Bärenschritt« nicht auf die Ziffernfolge »1, 2, 3« reduzieren, da die Wörter »Sauseschritt« einerseits und »Bärenschritt« andererseits sowie deren erkennbarer Bedeutungsgehalt die Titel maßgeblich mitprägen.*[438]

Bei Titeln, die nur **geringe Kennzeichnungskraft** aufweisen, kann bereits eine verhältnismäßig geringfügige Abweichungen ausreichen, um eine Verwechslungsgefahr auszuschließen. Denn der Verkehr achtet hier genau auf bestehende Unterschiede.[439]

So begründen die Titel

jedenfalls dann keine Verwechslungsgefahr, wenn der Verkehr im betreffenden Zeitschriftenbereich an ähnliche Titel gewöhnt ist.[440] *Entsprechendes gilt für die Titel »Tagesschau« bzw »Tagesthemen« einerseits und »Tagesreport« andererseits.*[441]

cc) **Werknähe.** Eine wichtige Besonderheit von Werktiteln gegenüber Marken und Unternehmenskennzeichen besteht darin, dass Werktitel iSd § 5 Abs 3 MarkenG grds (nur) **der Unterscheidung eines Titels von anderen** dienen. Einen Hinweis auf den Hersteller oder Inhaber des Werkes und damit auf eine bestimmte betriebliche Herkunft geben Werktitel hierbei normalerweise nicht. Aus Titelrechten kann daher normalerweise **nicht gegen Marken und Unternehmenskennzeichen** vorgegangen werden.[442] Auch sind Titel in der Regel nur gegen eine unmittelbare Verwechslung im engeren Sinne geschützt.[443] Es muss demnach für eine Verletzung der Titelrechte die

203

204

---

[436] BGH GRUR 1999, 235, 237 – Wheels Magazine; BGH GRUR 2000, 504, 505 – FACTS I mwN.
[437] BGH GRUR 1999, 235, 237 – Wheels Magazine.
[438] BGH GRUR 2002, 1083, 1084 f – 1, 2, 3 im Sauseschritt, unter Hinweis auf BGHZ 28, 320, 325 – Quick/Glück; BGH GRUR 1992, 130, 132 – Bally/BALL.
[439] BGH GRUR 1999, 235, 237 – Wheels Magazine; BGH GRUR 2002, 176, 177 – Auto Magazin.
[440] BGH GRUR 2002, 176, 177 – Auto Magazin; auch BGH GRUR 1991, 331, 332 – Ärztliche Allgemeine; BGH GRUR 1992, 547, 549 – Morgenpost; BGH GRUR 1997, 661, 663 – BZ/Berliner Zeitung.
[441] BGHZ 147, 56, 64 – Tagesschau; BGH GRUR 2001, 1054, 1056 – Tagesreport.
[442] Vgl BGHZ 68, 132, 139 ff – Der 7. Sinn (bekannte Verkehrs-Fernsehsendung und Verkehrs-Würfelspiel); BGH GRUR 1982, 431, 432 f – POINT, insoweit nicht in BGHZ 83, 52; s aber auch BGHZ 120, 228, 232 f – Guldenburg (Fernsehserie und Schmuck bzw Lebensmittel). Wichtigster Anwendungsfall bilden hierbei bekannte Titel. Denn gerade bei solchen verbindet der Verkehr unter Umständen gleichzeitig auch die Vorstellung einer bestimmten betrieblichen Herkunft, vgl BGHZ 147, 56, 61 f – Tagesschau; BGH GRUR 1999, 235, 237 – Wheels Magazine mwN; BGH GRUR 1999, 581, 582 – Max mwN; BGH GRUR 2000, 70, 72 f – SZENE; BGH GRUR 2000, 504, 505 – FACTS I mwN; BGH GRUR 2001, 1054, 1056 – Tagesreport mwN; BGH GRUR 2002, 1083, 1085 – 1, 2, 3 im Sauseschritt; BGH GRUR 2005, 264, 266 – Das Telefon-Sparbuch.
[443] BGHZ 147, 56, 61 f – Tagesschau; BGH GRUR 1999, 235, 237 – Wheels Magazine; BGH GRUR 1999, 581, 582 – Max; BGH GRUR 2000, 70, 72 f – SZENE; BGH GRUR 2000, 504, 505 – FACTS I; BGH GRUR 2001,

Gefahr bestehen, dass der Verkehr den einen Titel für den anderen hält, dass also ein nicht nur unerheblicher Teil des angesprochenen Verkehrs als Folge der Identität oder Ähnlichkeit der beiden verwendeten Bezeichnungen über die Identität der bezeichneten Werke irrt. Betreffen daher die zu vergleichenden Titel unterschiedliche Werkgattungen, so scheidet die Annahme einer unmittelbaren Verwechslungsgefahr mangels Werknähe regelmäßig aus, wenn der angesprochene Verkehr das eine Werk aufgrund der Unterschiede nicht für das andere hält.[444]

So handelt es sich bei einem Sachbuch einerseits und einem als Zeitschriftenbeilage verteilten Heftchen über Telefontarife andererseits nicht um dieselbe Werkkategorie »Buch«. Die Werknähe ist daher zu verneinen.[445]

205 Allerdings ist der Verkehr bei bestimmten Werkgattungen daran gewöhnt, dass **unterschiedliche Fassungen desselben Werks** erscheinen können.

So ist die Werknähe zwischen einem Roman und einem Film nicht zu gering zu bewerten. In Filmen werden nämlich häufig Romanvorlagen umgesetzt.[446] *Demgegenüber wird der Verkehr bei einer Zeitschriftenbeilage ohne einen ausdrücklichen Hinweis nicht annehmen, dass es sich bei den Broschüren um Auszüge oder Sonderausgaben eines Buches handelt.*[447]

206 c) **Bekanntheitsschutz.** Bekannte Titel genießen in zweierlei Hinsicht erweiterten Schutz: Zum einen geht die Rechtsprechung davon aus, dass der Verkehr den bekannten Titel eher als **Hinweis auf die betriebliche Herkunft** verstehen und deswegen mit der Folge einer Verwechslungsgefahr im weiteren Sinn auf wirtschaftliche oder organisatorische Verbindungen zwischen den Beteiligten schließen wird. Zum anderen genießen bekannte Titel wie bekannte Marken originären **Schutz gegen bestimmte unlautere Verhaltensweisen**, vgl § 15 III MarkenG. Die Bekanntheit eines Titels ist bei diesem originären Bekanntheitsschutz wie die Bekanntheit einer Marke[448] zu ermitteln.

So kann eine hinreichende Bekanntheit im Verkehr bei einer Bekanntheitsquote von 14,1 % ohne sonstige in Richtung Bekanntheit weisende Tatsachen noch nicht angenommen werden.[449]

207 Bekannten Titeln kommt ein erweiterter Schutz hierbei nur zugute, wenn die Benutzung des Titels durch einen Dritten seine Unterscheidungskraft oder Wertschätzung ohne rechtfertigenden Grund in unlauterer Weise ausnutzt oder beeinträchtigt, § 15 Abs 3 MarkenG. Für die Annahme einer Rufausnutzung oder -beeinträchtigung verlangt der BGH hierbei **konkrete Umstände**.[450] Die Vorschrift ist dem Schutz bekannter Marken gem § 14 Abs 2 Nr 3 MarkenG nachgebildet. Auf die entsprechenden Ausführungen zum Schutz bekannter Marken kann insoweit verwiesen werden.[451]

1054, 1056 – Tagesreport; BGH GRUR 2002, 1083, 1085 – 1, 2, 3 im Sauseschritt; auch BGH GRUR 2003, 440, 441 – Winnetous Rückkehr; BGH GRUR 2005, 264, 265 f – Das Telefon-Sparbuch.
[444] BGH GRUR 2005, 264, 266 – Das Telefon-Sparbuch; auch BGHZ 147, 56, 64 f – Tagesschau.
[445] BGH GRUR 2005, 264, 265 f – Das Telefon-Sparbuch.

[446] BGH GRUR 2003, 440, 441 – Winnetous Rückkehr.
[447] BGH GRUR 2005, 264, 265 f – Das Telefon-Sparbuch.
[448] Vgl hierzu oben Rn 115 f.
[449] BGH GRUR 1999, 581, 582 – Max.
[450] BGH GRUR 2000, 70, 73 – SZENE.
[451] Zum erweiterten Schutz bekannter Marken oben Rn 115 ff.

4. Untergang des Titelschutzes

208 Der Werktitelschutz endet grds[452] wenn die Benutzung des Titels für das zu Grunde liegende Werk **endgültig aufgegeben** wurde.[453] Bei einer Unterbrechung der Benutzung wird man wie bei Unternehmenskennzeichen[454] darauf abstellen müssen, ob die Unterbrechung nur vorübergehend ist.

So erlischt bei einem Buch das Titelrecht nicht schon dann, wenn das Buch vergriffen ist. Der Verkehr weiß nämlich, dass zwischen einzelnen Auflagen ein längerer Zeitraum verstreichen kann.[455]

Wird das zu Grunde liegende Werk urheberrechtlich gemeinfrei, so führt dies nicht zum Erlöschen des Titelschutzes.[456] Allerdings bedeutet dies nicht, dass Dritte mit **Gemeinfreiwerden** nicht auch den Titel für identische Nachdrucke des betroffenen Werks verwenden dürften; lediglich eine Benutzung des Titels für ein anderes Werk bleibt unzulässig.

§ 6
Namen

209 Anders als Marken und geschäftliche Bezeichnungen, welche von der Rechtsordnung nur im geschäftlichen Verkehr geschützt werden, ist der Schutz des Namens vom geschäftlichen Verkehr unabhängig. Der Schutz des Namens ist in § 12 BGB geregelt und damit gegenüber dem speziellen kennzeichenrechtlichen Schutz subsidiär. Der Namensschutz des BGB besteht damit nur, soweit die Vorschriften des Kennzeichenrechts, etwa mangels Benutzung im geschäftlichen Verkehr, keine Anwendung finden.[457]

Namensschutz kann also etwa dann eingreifen, wenn das Unternehmenskennzeichen »shell« für eine private Internetadresse benutzt wird.[458]

210 Namen iSd § 12 BGB sind nicht nur bürgerliche **Vor- und Nachnamen,**[459] sondern auch **Pseudonyme,**[460] **Bezeichnungen von BGB-Gesellschaften,**[461] **Unternehmenskennzeichen,**[462] **Gewerkschaften**[463] oder **Bezeichnungen juristischer Personen des öffentlichen Rechts**[464] sowie **Wappen und Siegel.**[465] Der Namensschutz **entsteht** bei bürgerlichen Namen mit der Geburt. Bei Vornamen,[466] Unternehmenskennzeichen oder

---

[452] Wurde der Titelschutz durch Verkehrsgeltung erlangt, erlischt das Recht mit dem Wegfall der Verkehrsgeltung.
[453] Vgl BGH GRUR 1960, 346 – Naher Osten.
[454] BGHZ 136, 11, 21 – L; BGHZ 150, 82, 89 – Hotel Adlon.
[455] BGH GRUR 1960, 346 – Naher Osten.
[456] BGH GRUR 2003, 440, 441 – Winnetous Rückkehr mwN.
[457] BGH GRUR 1998, 696, 697 – Rolex-Uhr mit Diamanten; BGHZ 149, 191 – shell.de; BGH GRUR 2002, 706, 707 – vossius.de; BGH GRUR 2005, 430 – mho.de.
[458] BGHZ 149, 191 – shell.de.
[459] Etwa BGHZ 143, 214, 230 – Marlene Dietrich.
[460] BGHZ 155, 273 – maxem.de.
[461] Etwa BGH GRUR 2002, 706, 707 – vossius.de.
[462] Etwa BGHZ 149, 191 – shell.de.
[463] BGH GRUR 1965, 377, 379 – GdP.
[464] Etwa BGHZ 161, 216 – Pro Fide Catholica; BGH GRUR 1964, 38 – Dortmund grüßt; BGH Urt v 9.6.2005, Az I ZR 231/01 – segnitz.de Rn 13.
[465] BGH GRUR 1994, 844, 845 – Rotes Kreuz; BGH GRUR 2002, 917, 918 – Düsseldorfer Stadtwappen.
[466] Vgl BGHZ 143, 214, 230 f – Marlene Dietrich mwN.

Bezeichnungen von Gesellschaften, juristischen Personen sowie anderen Rechtssubjekten entsteht der Schutz mit Benutzungsaufnahme, sofern die Bezeichnung individualisierende Unterscheidungskraft aufweist, andernfalls mit Verkehrsgeltung als namensmäßiger Hinweis.[467] Auch bei Pseudonymen entsteht der namensrechtliche Schutz nach der Rechtsprechung durch Verkehrsgeltung grds mit Benutzungsaufnahme, sofern die Bezeichnung individualisierende Unterscheidungskraft aufweist, andernfalls mit Verkehrsgeltung als namensmäßiger Hinweis.[468]

211 Die Rechtsordnung schützt den Namensträger in dreierlei Richtung:

Nach § 12 1. Alt BGB wird der Namensträger zum einen vor der **Namensleugnung** geschützt. Hierunter ist zu verstehen, dass dem Namensträger das Recht abgesprochen wird, seinen Namen zu führen. Eine Namensleugnung liegt etwa vor, wenn ein Dritter den Namen des Namensträgers als Marke anmeldet und hieraus versucht, gegen den Namensträger Unterlassungsansprüche durchzusetzen. Ferner liegt eine Namensleugnung auch dann vor, wenn dem Berechtigten grds sein Name versagt und er mit einem ihm nicht zustehenden Namen belegt wird.[469]

212 Nach § 12 2. Alt BGB wird der Namensträger zudem vor der **Namensanmaßung** geschützt. Hiernach ist es Dritten untersagt, unbefugt den Namen des Berechtigten zu gebrauchen und dadurch schutzwürdige Interessen des Berechtigten zu verletzen.[470] Nach der Rechtsprechung wird von dieser Fallgruppe allerdings nur der Name in seiner Funktion als Identitätsbezeichnung geschützt.[471] Von § 12 2. Alt BGB wird damit der Namenträger nur vor solchen Namensanmaßungen geschützt, die geeignet sind, gerade eine namensmäßige Identitäts- oder Zuordnungsverwirrung hervorzurufen und schutzwürdige Interessen des Namensträgers zu verletzen.[472] Die Feststellung, ob eine solche Identitäts- oder Zuordnungsverwirrung gegeben ist, folgt dabei vergleichbaren Grundsätzen, wie die Verwechselungsgefahr im Markenrecht. Eine Identitäts- bzw Zuordnungsverwirrung ist damit nicht nur dann gegeben, wenn der Name identisch übernommen wird, sondern unter Umständen auch dann, wenn es sich nur um eine ähnliche Wiedergabe handelt.

Ein solcher Fall der Identitäts- oder Zuordnungsverwirrung liegt etwa dann vor, wenn sich ein Dritter den Namen eines im selben Ort ansässigen Prominenten gibt und daraufhin womöglich Fanpost bekommt.

213 Von einer Zuordnungsverwirrung ist ferner dann auszugehen, wenn der Name derart verwandt wird, dass der Namensträger zu bestimmten Einrichtungen, Gütern oder Erzeugnissen in Beziehung gesetzt wird, mit denen er nichts zu tun hat. Hierfür genügt es auch, dass im Verkehr der falsche Eindruck entsteht, der Namensträger habe dem Benutzer ein Recht zu entsprechender Verwendung des Namens erteilt.[473]

---

[467] BGHZ 119, 237, 245 – Universitätsemblem; BGH GRUR 2002, 917, 919 – Düsseldorfer Stadtwappen; auch BGH GRUR 2005, 517 – Literaturhaus.
[468] BGHZ 155, 273, 277 f – maxem.de, bestätigt von BVerfG Urt v 21.6.2006, Az 1 BvR 2047/03; krit *Hildebrandt* § 21 Rn 7.
[469] OLG Frankfurt GRUR 1982, 319, 320 – Lusthansa.
[470] BGHZ 155, 273, 276 – maxem.de mwN; BGHZ 161, 216, 220 f – Pro Fide Catholica.
[471] BGHZ 119, 237, 245 – Universitätsemblem; BGHZ 161, 216, 221 – Pro Fide Catholica;

BGH GRUR 1960, 550, 553 – Promonta; BGH GRUR 2002, 917, 919 – Düsseldorfer Stadtwappen.
[472] BGHZ 30, 7, 10 – Caterina Valente; BGHZ 81, 75, 78 – Carrera/Rennsportgemeinschaft; BGHZ 91, 117, 120 – Mordoro; BGHZ 119, 237, 245 – Universitätsemblem; BGH GRUR 1996, 422, 423 – J C Winter; BGH GRUR 2002, 917, 919 – Düsseldorfer Stadtwappen; BGH Urt v 14.6.2006, Az I ZR 249/03 – Stadt Geldern Rn 16.
[473] BGHZ 119, 237, 245 f – Universitätsemblem; BGHZ 143, 214, 230 – Marlene Dietrich;

Verwendet etwa ein Dritter das Emblem einer Universität auf Bekleidungsstücken, so soll – so die Rechtsprechung – der Verkehr annehmen, die Universität habe dem zugestimmt; folglich ist dies ein Fall der Zuordnungsverwirrung.[474] *Auch die Verwendung eines Stadtwappens auf der Titelseite eines lokalen Anzeigenblatts soll beim Verkehr die Vorstellung erwecken, die Stadt habe der Nutzung zugestimmt.*[475]

Nach § 823 Abs 1 BGB iVm dem allgemeinen Persönlichkeitsrecht wird der Namensträger schließlich vor dem **Gebrauch** seines Namens durch einen Dritten **zu Werbezwecken** geschützt. Unter diese Fallgruppe fallen vor allem die Konstellationen, bei denen der Name eines Prominenten zur Förderung des Absatzes eines Produkts verwendet wird. Derartige Fälle stellen grundsätzlich ein unbefugtes Gebrauchmachen des in Frage stehenden Namens dar. Es sei denn die Verwendung des Namens ist auch unter Berücksichtigung der Schwere des Eingriffs in das Persönlichkeitsrecht von der Meinungsäußerungsfreiheit gedeckt. Dies kann etwa dann der Fall sein, wenn sich die Werbeanzeige einerseits in satirisch-spöttischer Form mit einem in der Öffentlichkeit diskutierten Ereignis auseinandersetzt, an dem der Namensinhaber beteiligt gewesen ist und wenn andererseits der Image- oder Werbewert des Namensinhabers durch die Verwendung seines Namens nicht ausgenutzt und nicht der Eindruck erweckt wird, als identifiziere er sich mit dem beworbenen Produkt oder empfehle es.[476]

214

So liegt ein unbefugtes Gebrauchmachen des Namens von Marlene Dietrich vor, wenn der Namenzug »Marlene Dietrich« in einer Werbeanzeige zu sehen ist. Auch die Nennung des Vornamens in Alleinstellung kann genügen, wenn der Verkehr diesen – etwa durch ein Foto des Namensträgers in der Anzeige – mit dem Namensträger verbindet.[477] *Kein unbefugtes Gebrauchmachen stellte demgegenüber die Werbung eines Tabakkonzerns in Anlehnung an die Verfehlungen des Prinzen von Hannover dar, bei der eine leicht eingedrückte Zigarettenschachtel mit der Textzeile „War das Ernst? Oder August?" abgebildet wurde.*[478]

Eine Beeinträchtigung des Persönlichkeitsrechts einer juristischen Person kommt schließlich nur insoweit in Betracht, als deren sozialer Geltungsanspruch in ihrem Aufgabenbereich, also ihre Funktion als Handelsunternehmen betroffen ist.[479]

215

BGH GRUR 2002, 917, 919 – Düsseldorfer Stadtwappen, jeweils mwN; BGH Urt v 14.6.2006, Az I ZR 249/03 – Stadt Geldern Rn 16; auch BGH GRUR 2004, 619, 621 f – kurt-biedenkopf.de.
[474] BGHZ 119, 237 – Universitätsemblem.
[475] BGH GRUR 2002, 917, 919 – Düsseldorfer Stadtwappen; auch BGH Urt v 14.6.2006, Az I ZR 249/03 – Stadt Geldern Rn 17.
[476] BGH Urt v 5.6.2008, Az I ZR 96/07 – Zerknitterte Zigarettenschachtel; s auch BGH Urt v 5.6.2008, Az I ZR 223/05.

[477] BGHZ 143, 214, 230 f – Marlene Dietrich; BGH Urt v 5.6.2008, Az I ZR 96/07 – Zerknitterte Zigarettenschachtel; s auch BGH GRUR 1983, 262, 263 – Uwe.
[478] BGH Urt v 5.6.2008, Az I ZR 96/07 – Zerknitterte Zigarettenschachtel.
[479] BGH GRUR 1998, 696, 697 – Rolex-Uhr mit Diamanten mwN; vgl auch OLG Rostock GRUR-RR 2005, 352 – Schöner Wohnen in W; zur diesbezüglichen Problematik im Hinblick auf Art 5 Abs 5 MRR auch *Tsoutsanis* EIPR 2006, 74.

§ 7
Domains

216 Das Recht zur Nutzung einer bestimmten Internetadresse beruht auf einem schuldrechtlichen Anspruch infolge eines Vertragsschlusses mit der DENIC[480] bzw einer anderen Vergabestelle.[481] Obgleich es sich bei einer Internetadresse insoweit **nicht** um ein **Immaterialgüterrecht** wie eine Marke oder eine geschäftliche Bezeichnung handelt, kann doch ausnahmsweise durch die Benutzung einer Domain ein Unternehmenskennzeichen, ein Wertitelrecht[482] oder eine Benutzungsmarke erworben werden. Dies setzt aber voraus, dass der Verkehr in der als Domain gewählten Bezeichnung nichts Beschreibendes, sondern nur einen Herkunftshinweis erkennen kann. Der Rechtserwerb stellt damit die Ausnahme dar.[483]

217 Welche Möglichkeiten bestehen, eine konkrete Domain zu beseitigen, hängt wesentlich davon ab, um welchen **Top-Level-Domain-Typ** es sich handelt – .eu, .de oder ein anderer (etwa .com, .org, .int).

218 Ansprüche gegen Top-Level-Domains des Typs ».**eu**« richten sich zunächst nach den Art 22 ff der Verordnung (EG) Nr 874/2004.[484] Hiernach kommt der Widerruf, also die Löschung einer einmal vergebenen Domain aufgrund älterer Rechte insb in Fällen einer spekulativen oder missbräuchlichen Registrierung in Betracht. Ansprüche können hierbei sowohl gerichtlich als auch in einem alternativen Streitbeilegungsverfahren nach Art 22 der VO Nr 874/2004 durchgesetzt werden. Im Einzelnen setzt der Anspruch nach Art 21 Abs 1 der VO Nr 874/2004 voraus, dass die Domain mit einer anderen Bezeichnung identisch ist oder dieser verwirrend ähnlt, für die Rechte bestehen, die nach nationalem und/oder Gemeinschaftsrecht anerkannt oder festgelegt sind, und dass die Domain entweder von einem Inhaber registriert wurde, der selbst keinerlei Rechte oder berechtigte Interessen an der Domain geltend machen kann, oder in böser Absicht registriert oder benutzt wird. Zentrale Tatbestandsmerkmale sind damit – neben der Identität oder verwirrenden Ähnlichkeit der Zeichen – die Nichtberechtigung des Domaininhabers oder (alternativ) dessen böse[485] Absicht. Die Nichtberechtigung sowie die böse Absicht werden in Art 21 Abs 2 und 3 VO Nr 874/2004 näher definiert. Die VO Nr 874/2004 ist dabei nicht abschließend; vielmehr kann nationales Recht ergänzend eingreifen, so dass jedenfalls mit Zielrichtung auf den deutschen Markt verwendete Top-Level-Domains des Typs ».eu« auch unter den nachstehend beschriebenen Umständen angegriffen werden können, die für Top-Level-Domains des Typs ».de« gelten.

219 Als Anspruchsgrundlagen gegen Top-Level-Domains des Typs ».**de**« kommen sowohl kennzeichenrechtliche als auch namensrechtliche Ansprüche in Betracht.

---

[480] BVerfG GRUR 2005, 261 – ad-acta.de, das zugleich klarstellt, dass das Nutzungsrecht an einer Domain gleichwohl eine eigentumsfähige Position iSv Art 14 Abs 1 S 1 GG darstellt.
[481] Zur Pfändung einer Domain BGH GRUR 2005, 969 – Domain-Pfändung.
[482] BGH Urt v 18.6.2009, Az I ZR 47/07 – EIFEL-ZEITUNG; konkretisierend BGH Urt v 14.5.2009, Az I ZR 231/06 – airdsl.
[483] Vgl BGH GRUR 2005, 262, 263 – soco.de.
[484] Verordnung (EG) Nr 874/2004 der Kommission v 28.4.2004 zur Festlegung von allgemeinen Regeln für die Durchführung und die Funktionen der Domäne oberster Stufe ».eu« und der allgemeinen Grundregeln für die Registrierung, ABl 2004 Nr L 162/40, zuletzt geändert durch Verordnung (EG) Nr 1255/2007 der Kommission v 25.10.2007 zur Änderung der Verordnung (EG) Nr 874/2004 zur Festlegung von allgemeinen Rgeln für die Durchführung und die Funktionen der Domäne oberster Stufe „.eu" und der allgemeinen Grundregeln für die Registrierung, ABl 2007 Nr L 282/16.
[485] Hierzu EuGH Urt v 3.6.2010, Az C-569/08 – Internetportal und Marketing.

Erforderlich ist in diesen Fällen aber, dass das Namens- oder Kennzeichenrecht des Dritten bereits vor der Registrierung des Domainnamens entstanden ist.[486] Kennzeichenrechtliche Ansprüche (§§ 14, 15 MarkenG) kommen dabei, anders als namensrechtliche Ansprüche, nur bei einer Verwendung der Domain im geschäftlichen Verkehr[487] und auch nur bei einer Produkt- bzw Branchennähe in Betracht.

Will also etwa das Unternehmen defacto GmbH die Beseitigung der Domain »defacto.de« durchsetzen, so scheitert dies dann, wenn der Domaininhaber die Domain für ein Unternehmen in einer anderen Branche oder – etwa Träger des bürgerlichen Namens »Defacto« – für private Zwecke berechtigt nutzen kann. Demgegenüber steht es einem Anspruch nicht schon entgegen, wenn die Domain lediglich auf eine andere Internetseite automatisch weiterleitet.[488]

Etwas anderes gilt demgegenüber ausnahmsweise, wenn aus einem **bekannten Kennzeichen** angegriffen wird. Verwendet nämlich ein Nichtberechtigter ein bekanntes Kennzeichen als Domain im geschäftlichen Verkehr, liegt darin eine Beeinträchtigung der Kennzeichnungskraft des bekannten Zeichens nach § 14 Abs 2 Nr 3 bzw § 15 Abs 3 MarkenG. Denn der Werbewert des bekannten Zeichens wird schon dadurch deutlich beeinträchtigt, dass der Inhaber an einer entsprechenden Verwendung seines Zeichens als Internetadresse gehindert und das an seinem Internetauftritt interessierte Publikum auf eine falsche Fährte gelockt wird.[489]

220

Eine Benutzung des bekannten Kennzeichens »Shell« als Domain ist daher im geschäftlichen Verkehr unabhängig von der Branche unzulässig. Nur gegen eine private Nutzung kann aus kennzeichenrechtlichen Vorschriften nicht vorgegangen werden.

Wird die Domain ausschließlich **privat oder außerhalb des Produktähnlichkeitsbereichs genutzt** kommen immer noch auf ein Namensrecht gestützte Ansprüche nach § 12 BGB in Betracht. Da aber Marken – anders als Unternehmenskennzeichen – nicht zugleich Namensrechte begründen, kann aus einer Marke in der Regel nicht gegen eine private Nutzung vorgegangen werden. Lediglich in Ausnahmefällen kann hier der Schutz des eingerichteten und ausgeübten Gewerbebetriebs gem § 823 Abs 1 BGB[490] eingreifen oder eine vorsätzliche sittenwidrige Schädigung gem § 826 BGB vorliegen.

221

Verwendet etwa ein Dritter die bekannte Marke »Persil« als private Domain, so ist mangels Handelns im geschäftlichen Verkehr weder § 14 MarkenG, noch mangels Namensrechts § 12 BGB einschlägig. Ob auf die §§ 823 I, 826 BGB zurückgegriffen werden kann, wird von den Umständen des Einzelfalls abhängen.

Im Rahmen namensrechtlicher Ansprüche gegen Domains geht die Rechtsprechung unter bestimmten Umständen von einer **Namensanmaßung** aus.[491] Diese setzt hier voraus, dass der Dritte unbefugt den gleichen Namen für die Domain gebraucht, dadurch eine **Zuordnungsverwirrung** auslöst und schutzwürdige Interessen des Namensträgers verletzt. Im Falle der Verwendung eines fremden Namens als Internetadresse liegen diese Voraussetzungen im Allgemeinen vor. Ein solcher Gebrauch des fremden Namens führt im Allgemeinen zu einer Zuordnungsverwirrung und zwar auch dann, wenn der Internet-Nutzer beim Betrachten der geöffneten Homepage als-

222

---

[486] BGH Urt v 24.4.2008, Az I ZR 159/05 – afilias.de.
[487] BGH GRUR 2002, 706, 709 – vossius.de.
[488] BGH Urt v 14.5.2009, Az I ZR 231/06 – airdsl.

[489] BGHZ 149, 191, 202 f – shell.de.
[490] Vgl BGH GRUR 2004, 790, 792 – Gegenabmahnung, unter Hinweis auf BGHZ 155, 273 – maxem.de; BGH NJW 2003, 1040, 1041.
[491] Zur Namensanmaßung oben Rn 210 f.

bald bemerkt, dass er nicht auf der Internet-Seite des Namensträgers gelandet ist. Selbst wenn eine Registrierung des fremden Kennzeichens als Domain nur zu privaten Zwecken erfolgt, wird daher der Berechtigte von einer entsprechenden eigenen Nutzung seines Zeichens ausgeschlossen. Ihm wird die Möglichkeit genommen, dem interessierten Internet-Nutzer auf einfache Weise Informationen über das Unternehmen zu verschaffen.[492]

So kann etwa die Shell AG auf Grundlage von § 12 BGB von einem Nichtberechtigten die Beseitigung der privat genutzten Domain »shell.de« verlangen.

223 Kann der angegriffene **Domaininhaber selbst** eine **Berechtigung** hinsichtlich der streitgegenständlichen Domain vorweisen, etwa weil er die Domain in einer anderen Branche nutzt[493] oder als stationärer Betrieb in einem räumlich unterschiedlichen Territorium tätig ist,[494] so besteht im Regelfall kein Anspruch gegen den Domaininhaber; es bleibt beim Grundsatz der Priorität der Registrierung der Domain. Diesem Prinzip muss sich grds auch der Inhaber eines relativ stärkeren oder älteren Rechts unterwerfen, dessen Name oder sonstiges Kennzeichen bereits von einem Gleichnamigen als Domain registriert worden ist.[495] Zudem gelten diese Grundsätze unter Umständen auch bei solchen Domains, die mit den zugrunde liegenden Kennzeichen nicht identisch sind, sondern diese variieren. Es ist hierbei nämlich dem Umstand Rechnung zu tragen, dass für eine Domain eine kurze, knappe Bezeichnung häufig attraktiver ist, als das vollständige Kennzeichen.

So kann eine »Hufeland Krankenhaus GmbH Bad Langensalza« eine Domain »hufeland.de« wählen und sich hierbei gegenüber einem Inhaber älterer Rechte auf ihr Unternehmenskennzeichen als Gegenrecht berufen.[496]

224 Ausnahmsweise kann allerdings eine Verwechslungsgefahr eine **Pflicht zur Rücksichtnahme** – insb seitens des Prioritätsjüngeren – bewirken, was sich darin äußert, dass auf der Internetseite klarstellende Hinweise aufzunehmen sind.[497] So kann etwa der Internetnutzer auf der ersten sich öffnenden Seite darüber aufgeklärt werden, dass es sich nicht um die Homepage des anderen Namensträgers handelt.

So hat bspw ein Angriff aus der prioritätsälteren geschäftlichen Bezeichnung »Vossius & Partner« gegen die Domain »vossius.de« nur Erfolg, wenn der Unterlassungsanspruch auf Fälle beschränkt wird, in denen dem Benutzer auf der ersten sich öffnenden Internet-Seite nicht deutlich gemacht wird, dass es sich nicht um die Homepage von Vossius & Partner handelt.[498]

225 Wird demgegenüber aus einem wesentlich besseren Recht – etwa einer **überragend bekannten Kennzeichnung** – angegriffen, besteht ausnahmsweise trotz der Berechtigung des Angegriffenen ein Löschungsanspruch.[499] Hierbei ist – unabhängig davon, ob aus Namens- oder Kennzeichenrecht angegriffen wird – aufgrund einer Interessen-

---

[492] BGHZ 149, 191, 198 f – shell.de; BGHZ 155, 273, 276 – maxem.de, jeweils mwN; auch BGH Urt v 9.6.2005, Az I ZR 231/01 – segnitz.de Rn 13.
[493] Vgl BGH GRUR 2002, 898, 900 – defacto mwN; BGH GRUR 2005, 430 – mho.de.
[494] BGH GRUR 2005, 262, 263 f – soco.de; BGH Urt v 23.6.2005, Az I ZR 288/02 – hufeland.de Rn 18.
[495] Etwa BGHZ 149, 191, 200 f – shell.de; BGH Urt v 23.6.2005, Az I ZR 288/02 – hufeland.de Rn 20.
[496] BGH Urt v 23.6.2005, Az I ZR 288/02 – hufeland.de Rn 19.
[497] BGHZ 149, 191, 200 – shell.de mwN.
[498] BGH GRUR 2002, 706, 708 – vossius.de; vgl auch BVerfG GRUR 2005, 261, 262 – ad-acta.de.
[499] BGH GRUR 2002, 706, 709 – vossius.de; BGH GRUR 2004, 619, 620 – kurt-biedenkopf.de.

abwägung zu entscheiden, ob dem Domaininhaber die Verwendung untersagt werden kann.

So genießt etwa die Shell AG eine überragende Bekanntheit, und der Verkehr erwartet ihren Internet-Auftritt unter diesem Namen. Ein privater Nutzer namens »Shell« kann sich daher gegen diese wesentlich besseren Rechte nicht durchsetzen und muss seinem Namen in der Internetadresse einen unterscheidenden Zusatz beifügen. Hierbei ist auch zu berücksichtigen, dass die Nutzer einer privaten Internet-Seite als ein eher kleiner, homogener Benutzerkreis leicht über eine Änderung der Domain informiert werden können.[500] *Etwas anderes gilt jedoch dann, wenn lediglich eine variierte Domain – etwa »weltonline.de« gegenüber dem Titel »Die Welt« – verwendet wird.*[501]

226 Grds kann zudem auch gegen ausländische, .com-, .org-, .int- oder .biz-Domains vor einem deutschen Gericht ein Titel erwirkt werden. In der Praxis bestehen jedoch unter Umständen vollstreckungsrechtliche Probleme, wenn der Beklagte oder die betroffene Domain-Vergabestelle den Sitz im Ausland hat. So können vor allem Löschungsansprüche praktisch undurchsetzbar sein, so dass bei der Antragsfassung besondere Sorgfalt geboten ist.

So kann es etwa im Hinblick auf Domains mit der Endung ».com« sinnvoll sein, zu beantragen, dass der Domaininhaber bei der Firma Network Solutions, USA, darauf hinzuwirkt, dass als so genannter Registrant, als Administrative Contact und als Billing Contact für eine bestimmte Internetdomain kein anderer als der Angreifer eingetragen wird.[502]

227 Insb bei .com-Domains, aber auch bei einer zunehmenden Zahl weiterer Domain-Typen, bietet es sich zur Meidung **vollstreckungsrechtlicher Probleme** auch an, ein eigens zur Lösung von Domain-Streitigkeiten eingerichtetes **Schiedsgerichtsverfahren** zu bestreiten. Die Grundsätze dieses Schiedsverfahrens ähneln den Regelungen zu Top-Level-Domains ».eu«. Voraussetzung sind nach § 4 der Uniform Domain Name Dispute Resolution Policy (UDRP)[503] Zeichenidentität oder jedenfalls Verwechslungsgefahr sowie kumulativ eine fehlende Berechtigung des Domaininhabers und dessen Bösgläubigkeit. In der europäischen Praxis wird zumeist auf die bei der WIPO eingerichtete Schiedsstelle zurückgegriffen. Im Internet veröffentlicht die WIPO ausführliche Informationen zum Schiedsverfahren.[504]

§ 8
Geografische Herkunftsangaben

228 Neben Marken, geschäftlichen Bezeichnungen, Namen und Domains werden von der Rechtsordnung auch geografische Herkunftsangaben geschützt. Hierunter zu verstehen sind im Allgemeinen die **Namen von Orten, Gegenden, Gebieten oder Ländern** sowie sonstige Angaben und **Zeichen, die im geschäftlichen Verkehr zur Kennzeichnung der geografischen Herkunft von Produkten** benutzt werden. Möglich sind so-

---

[500] BGHZ 149, 191, 201 f – shell.de.
[501] BGH GRUR 2005, 687, 689 – weltonline.de.
[502] BGH GRUR 2004, 790, 792 – Gegenabmahnung.
[503] Vgl www.icann.org/udrp/udrp-policy-24oct99.htm.
[504] Vgl arbiter.wipo.int/domains.

wohl unmittelbare (etwa Lübecker Marzipan) als auch mittelbare (Boxbeutelflasche) Herkunftsangaben.

229 Rechtsgrundlagen des Schutzes geografischer Herkunftsangaben finden sich sowohl **auf internationaler**[505]**, europäischer**[506] als auch **bilateraler**[507] und **nationaler Ebene**. In Deutschland sind dies vor allem die §§ 126 ff MarkenG.[508] Während auf europäischer Ebene der Schutz durch Eintragung erworben wird, ist dies im deutschen Recht nicht erforderlich. Der nationale Schutz der geografischen Herkunftsangaben gründet sich dabei auf wettbewerbsrechtliche Überlegungen. Zweck ist es vor allem, Irreführungen zu vermeiden und, unter weiteren Voraussetzungen, einer Rufausbeutung oder Verwässerung entgegen zu wirken.[509]

230 Ausgehend vom Schutzumfang lassen sich im deutschen Recht **einfache, qualifizierte und Herkunftsangaben mit besonderem Ruf** unterscheiden. Während einfache geografische Herkunftsangaben nur einen Schutz dahingehend genießen, dass ihre Verwendung untersagt ist, wenn das fragliche Produkt nicht aus dem entsprechenden Ort, Gebiet oder Land kommt und damit die Gefahr der Irreführung über die geografische Herkunft besteht, wird bei qualifizierten Herkunftsangaben zusätzlich der Gefahr einer Irreführung über Eigenschaften und die Qualität der fraglichen Produkte entgegen gewirkt. Voraussetzung für diesen Schutz ist allerdings, dass nach der maßgeblichen Vorstellung der angesprochenen Verkehrskreise Produkte, die mit der fraglichen Herkunftsangabe gekennzeichnet sind, besondere Eigenschaften oder eine besondere Qualität aufweisen. Nur dann handelt es sich um eine qualifizierte geografische Herkunftsangabe. Genießt eine Herkunftsangabe zudem einen besonderen Ruf, so wird sie zusätzlich wie auch die bekannte Marke[510] vor Rufausbeutung und Verwässerung in Form der Einbuße von Unterscheidungskraft geschützt.

231 Die **Anspruchsberechtigung** im Falle einer Klage wegen der Verletzung einer geografischen Herkunftsangabe richtet sich nach nationalem Recht. Anspruchsberechtigt sind die gem § 8 Abs 3 UWG berechtigten Personenkreise, vgl § 128 Abs 1 MarkenG. Anspruchsberechtigt sind demnach Mitbewerber, bestimmte Interessen- sowie Verbraucherschutzverbände, Industrie- und Handelskammern oder Handwerkskammern (§ 135 Abs 1 MarkenG). Im Falle schuldhaften Handelns bestehen außerdem Schadensersatzansprüche (§§ 135 Abs 2, 128 Abs 2, 3 MarkenG).

---

[505] Vgl Art 23 TRIPs.
[506] Vgl Verordnung (EG) Nr 510/2006 des Rates v 20.3.2006 zum Schutz von geografischen Angaben und Ursprungsbezeichnungen für Agrarerzeugnisse und Lebensmittel, ABl Nr L 93 v 31.3.2006, 12 ff; Verordnung (EG) Nr 1493/1999 des Rates über die Gemeinsame Marktorganisation für Wein v 17.5.1999, ABl Nr L 179 v 14.7.1999, 1; Verordnung (EWG) Nr 1576/89 zur Festlegung der allgemeinen Regeln für die Begriffsbestimmung, Bezeichnung und Aufmachung von Spirituosen, ABl Nr L 160 v 12.6.1989, 1.
[507] Deutsch-Französisches Abkommen über den Schutz von Herkunftsangaben, Ursprungsbezeichnungen und anderen geografischen Bezeichnungen v 8.3.1960, BGBl 1961 II S 482.
[508] S auch die Verordnung v 16.12.1994, BGBl I 2833 (sog Solingen-VO).
[509] Zum Wettbewerbsrecht vgl Band 3 Kap 1.
[510] S hierzu bereits oben Rn 115 ff.

Kapitel 6
Urheber- und wettbewerbsrechtlicher Werktitelschutz

Literatur

Bork Titelschutz für Rundfunksendungen UFITA 110 (1989), 35; *Deutsch* Die „Tagesschau"-Urteile des Bundesgerichtshofs GRUR 2002, 308; *ders* Zusätzlicher Schutz für Werktitel durch Markeneintragung GRUR 2004, 642; *Deutsch/Ellerbrock* Titelschutz, 2. Aufl München 2004; *Dreier/Schulze* Urheberrecht Kommentar, 3. Aufl München 2008 (zit Dreier/Schulze/*Bearbeiter*); *Fezer* Markenrecht, 4. Aufl München 2009; *Hertin* Schutz des Titels an urheberrechtlich gemeinfrei gewordenen Werken und fiktiven Figuren? WRP 2000, 889; *Hotz* Der Schutz des Werktitels gegen Verwechslungsgefahr GRUR 2005, 304; *Ingerl/Rohnke* Markengesetz Kommentar, 3. Aufl München 2010; *Lehmann* Der Schutz der geschäftlichen Bezeichnungen im neuen Markengesetz, in Krieger/Schricker (Hrsg) Gewerblicher Rechtsschutz und Urheberrecht in internationaler Sicht, Festschrift für Friedrich-Karl Beier zum 70. Geburtstag, Weinheim 1996, 279 (zit *Lehmann* FS Beier); *Mittas* Der Schutz des Werktitels nach UWG, WZG und MarkenG, Berlin 1995; *W Nordemann* Entstehung des Titelschutzes, in Ahrens/Bornkamm/Gloy/Starck (Hrsg) Festschrift für Willi Erdmann zum 65. Geburtstag, Köln 2002, 437 (zit *Nordemann* FS Erdmann); *Oelschlägel* Der Titelschutz von Büchern, Bühnenwerken, Zeitungen und Zeitschriften, Baden-Baden 1997; *Reupert* Der urheberrechtliche Schutz des Filmtitels UFITA 125 (1994), 27; *Schabenberger* Sind Werktitel isoliert übertragbar? in Bopp/Tilmann (Hrsg) Recht und Wettbewerb, Festschrift für Horst Helm zum 65. Geburtstag, München 2002, 219 (zit *Schabenberger* FS Helm); *Schmid* Überlegungen zum Sinn und zu den Rechtsfolgen von Titelschutzanzeigen, in Ahrens/Bornkamm/Gloy/Starck (Hrsg) Festschrift für Willi Erdmann zum 65. Geburtstag, Köln 2002, 469 (zit *Schmid* FS Erdmann); *Schmieder* Der Titel als Werk zweiter Hand – Neue Gedanken zum urheberrechtlichen Titelschutz GRUR 1965, 468; *Schricker* Der Schutz des Werktitels im neuen Kennzeichenrecht, FS Vieregge, Berlin 1995, 775; *Schricker/Loewenheim* (Hrsg) Urheberrecht, Kommentar, 4. Aufl München 2010 (zit Schricker/Loewenheim/*Bearbeiter*); *Ströbele/Hacker* Markengesetz Kommentar, 9. Aufl München 2009 (zit Ströbele/Hacker/*Bearbeiter*); *Teplitzky* Aktuelle Fragen beim Titelschutz AfP 1997, 450; *Wandtke/Bullinger* Praxiskommentar zum Urheberrecht, 3. Aufl München 2009 (zit Wandkte/Bullinger/*Bearbeiter*); *Wirth* Die Titelschutzanzeige und ihre Rechtswirkung AfP 2002, 303.

Übersicht

		Rn			Rn
§ 1	Grundlagen des Werktitelschutzes	1	VI.	Behinderung durch Missbrauch der Titelschutzanzeige?	23
§ 2	Schutzobjekte des Werktitelschutzes	5	VII.	Rechtswirkung der Titelschutzanzeige	30
§ 3	Entstehung und Dauer des Werktitelschutzes	12	VIII.	Kennzeichenrechtliche Erfordernisse für Titelschutz	34
I.	Allgemeines	12	IX.	Durchsetzung des Werktitelschutzes	45
II.	Entstehung des Schutzes bei einzelnen Werkarten	13	X.	Ende des Titelschutzes	54
III.	Geographische und quantitative Erfordernisse	15	§ 4	Persönlicher und räumlicher Schutzbereich des Werktitelschutzes	60
IV.	Wann liegt Inverkehrbringen vor?	17	I.	Inhaber des Werktitelschutzes	60
V.	Vorverlagerung der Priorität durch Titelschutzanzeige	20	II.	Räumlicher Schutzbereich	62

Kapitel 6 Urheber- und wettbewerbsrechtlicher Werktitelschutz

	Rn		Rn
§ 5 Übertragbarkeit des Werktitels	63	§ 6 Werktitelschutz außerhalb des Kennzeichenrechts?	69
I. Übertragung des Werktitelrechts mit Nutzungsrechten an dem zugrunde liegenden Werk	65	I. Urheberrechtlicher Werktitelschutz	70
		II. Wettbewerbsrechtlicher Titelschutz	71
II. Isolierte Übertragbarkeit von Werktiteln ohne zugrunde liegendes Werk	66	III. Zivilrechtlicher Titelschutz	72

§ 1
Grundlagen des Werktitelschutzes

1 Der **Schutz des Werktitels als Identifikationsmerkmal** für ein mediales Werk ist für Rechtsinhaber von wesentlicher Bedeutung. Allgemeiner markenrechtlicher, urheberrechtlicher oder zivilrechtlicher Schutz trägt dem nicht in hinreichendem Maß Rechnung. Das deutsche Recht schützt daher Werktitel eigenständig.

2 Bis zum Jahr 1995 war der Titelschutz in § 16 Abs 1 UWG geregelt. Es bestand mithin ein wettbewerbsrechtlicher Schutz, der dem Wortlaut des Gesetzes zufolge damals jedoch nur für Titel von Druckschriften gewährt wurde. Dieser Schutz wurde von der Rechtsprechung im Lauf der Jahre zwar in analoger Anwendung auf andere Werkarten ausgedehnt. Dennoch war der gesetzliche Werktitelschutz im deutschen Recht insoweit unzureichend. Die Einordnung in das Recht des unlauteren Wettbewerbs erschien zudem fragwürdig.

3 Der Gesetzgeber hat dem Rechnung getragen und in dem neuen Markengesetz vom 25.10.1994 **Werktitel** nach **§ 5 Abs 1 MarkenG als geschäftliche Bezeichnungen** unter **besonderen kennzeichenrechtlichen Schutz** gestellt. Nach § 5 Abs 3 MarkenG handelt es sich bei Werktiteln um **Namen oder besondere Bezeichnungen von Druckschriften, Filmwerken, Tonwerken, Bühnenwerken oder sonstigen vergleichbaren Werken.** Zwar hat der Werktitel anders als eine Marke nicht die primäre Funktion, auf die Herkunft einer Ware oder Dienstleistung aus einem bestimmten Unternehmen hinzuweisen. Der Werktitel weist aber regelmäßig auf den Inhalt des betreffenden Werks hin und soll dazu dienen, ein Werk von anderen Werken (mit anderen Titeln) zu unterscheiden, was den Werktitelschutz insoweit dem Kennzeichenrecht annähert.

4 **Administrative Erfordernisse** zur Erlangung von Werktitelschutz **bestehen** anders als beim regelmäßig durch Anmeldung und Eintragung erworbenen Markenschutz **nicht**. Der Schutz des Werktitels entsteht vielmehr durch die schlichte **Aufnahme der Benutzung** des Titels. Dies schließt einen weitergehenden Schutz durch eine zusätzliche Eintragung eines Titels als Marke bei Vorliegen der hierfür erforderlichen Voraussetzungen[1] jedoch nicht aus.[2]

---

[1] Hierzu Band 3 Kap 5. [2] Hierzu ausf *Deutsch* GRUR 2004, 642.

§ 2
Schutzobjekte des Werktitelschutzes

Als Werktitel werden **Namen oder besondere Bezeichnungen von Werken** geschützt, die urheberrechtlichem Schutz im Grundsatz zugänglich sind. Erforderlich ist für den Werktitelschutz jedoch nicht, dass das mit dem Titel bezeichnete Werk urheberrechtlich ebenfalls (noch) geschützt ist.[3] Der Werktitelschutz besteht vielmehr unabhängig vom urheberrechtlichen Schutz des Werks. § 5 Abs 3 MarkenG nennt als Objekte des Werktitelschutzes **Druckschriften, Filmwerke, Tonwerke, Bühnenwerke und sonstige vergleichbare Werke.** 5

Druckschriften sind zunächst alle Arten von Printmedien, und zwar unabhängig vom presserechtlichen Begriff des Druckwerks. Darunter fallen insb **Bücher** und Buchreihen,[4] **Zeitungen** und **Zeitschriften**,[5] **Kalender**,[6] **Kataloge**,[7] Partituren und andere **Musikalien**.[8] Auch **Untertitel** in einem Druckwerk können für Titelschutz in Betracht kommen.[9] Dies gilt auch für Titel von Rubriken.[10] Hingegen sind bloße Überschriften bspw innerhalb des Verzeichnisses auf einer Homepage nicht isoliert titelschutzfähig.[11] 6

Filmwerke wurden erst mit dem Katalog des § 5 Abs 3 MarkenG ausdrücklich in die Kategorie der titelschutzfähigen Werke mit aufgenommen. Allerdings hat der BGH schon früher die ausdrücklich nur für Druckschriften geltende Vorgängervorschrift in § 16 UWG für Filmwerke analog angewandt und auch Filmtiteln entsprechenden Schutz zuerkannt.[12] Als Filmwerk im titelschutzrechtlichen Sinn gilt auch eine Fernsehsendung.[13] Bei Filmwerken gilt wie bei Druckwerken, dass **Reihentitel** als solche schutzfähig sein können. Dies soll, wie der BGH unter anderem im Fall der „Tagesschau" entschieden hat, selbst dann gelten, wenn zwischen einzelnen Folgen einer Sendereihe kein inhaltlicher Zusammenhang besteht.[14] Mithin sind auch Titel von Nachrichtensendungen, Dokumentarsendungen und Talkshows dem Titelschutz grds zugänglich. 7

Tonwerke sind, sofern sie grafisch notiert sind, zugleich Druckschriften. Der separate Schutz für Tonwerke wird daher vornehmlich bei der Wiedergabe musikalischer Werke und sonstiger **Hörwerke** relevant, sowie bei der Aufnahme von Musikwerken und Sprachwerken auf Tonträgern. Titelschutz wird insoweit aber auch gewährt für **Rundfunksendungen** und Rundfunksendereihen.[15] 8

Sonstige vergleichbare Werke sind mit der BGH-Entscheidung „Zappel-Fisch" aus dem Jahr 1993 „geistige Leistungen, soweit sie nach der Verkehrsanschauung bezeich- 9

---

[3] BGH GRUR 2003, 440, 441 – Winnetous Rückkehr; BGH GRUR 1980, 227, 230 – Monumenta Germaniae Historica; Schricker/Loewenheim/*Katzenberger* § 64 UrhG Rn 74; aA *Hertin* WRP 2000, 889, 896.
[4] BGH GRUR 2002, 1083 – 1, 2, 3 im Sauseschritt.
[5] BGH GRUR 1999, 581 – Max.
[6] OLG München GRUR 1992, 327 – Osterkalender.
[7] KG AfP 2001, 124 – toolshop.
[8] OLG Frankfurt WRP 1978, 892 – Das bisschen Haushalt.
[9] OLG Nürnberg NJWE – WettbR 1999, 256 – Die Schweinfurter.
[10] OLG München NJWE – WettbR 1999, 257 – Dr Sommer; OLG München GRUR-RR 2008, 402 – Leichter leben.
[11] OLG Dresden CR 1999, 102, 104.
[12] BGH GRUR 1958, 354 – Sherlock Holmes.
[13] BGH GRUR 1993, 692 – Guldenburg; OLG München ZUM 1994, 651 – Die da.
[14] BGH GRUR 2001, 1050, 1051 – Tagesschau.
[15] BGH GRUR 1982, 431 – Point; Ströbele/Hacker/*Hacker* § 5 MarkenG Rn 77; *Ingerl*/*Rohnke* § 5 MarkenG Rn 75, 78.

nungsfähig erscheinen, einer Kennzeichnung im Rechtsverkehr zugänglich sein müssen, durch die sie von anderen Leistungen geistiger Art unterscheidbar werden."[16] Diese Definition erscheint sehr abstrakt. Gegenstand der genannten Entscheidung war die Frage, ob auch **Spiele** titelschutzfähig sind.

10 Der BGH hat anerkannt, dass dies nicht grds ausgeschlossen sei. Er hat jedoch verlangt, dass das betreffende Spiel einen umsetzungsfähigen geistigen Gehalt aufweist, der das Wesen des Spiels ausmacht. Bei Spielen, die lediglich aus im Wesentlichen manuell handhabbarem Spielzeug bestehen, sei dieses Erfordernis hingegen nicht erfüllt.[17] Solche Spiele seien einem Titelschutz daher nicht zugänglich.

11 In mehreren jüngeren Entscheidungen hat der BGH zudem den Werktitelschutz für **Computer-Software** anerkannt, der zuvor in der instanzgerichtlichen Rechtsprechung nicht unumstritten war.[18]

§ 3
Entstehung und Dauer des Werktitelschutzes

I. Allgemeines

12 Bei Werktiteln handelt es sich **nicht** um **Registerrechte**. Das MarkenG sieht für Werktitel kein separates Anmelde- und Eintragungsverfahren vor. Der Schutz des Werktitels beginnt daher nicht mit Eintragung in ein öffentliches Register. Deshalb stellt sich die Frage, auf welche Weise Werktitelschutz begründet wird. Das Gesetz beantwortet in § 5 Abs 1, 3 MarkenG nicht die Frage, wann und auf welche Weise der rechtliche Schutz des Werktitels beginnt. Bei den Unternehmenskennzeichen, die nach § 5 Abs 1 MarkenG neben den Werktiteln zur Obergruppe der kennzeichenrechtlich geschützten geschäftlichen Bezeichnungen gezählt werden, ist dies anders: Für diese sagt § 5 Abs 2 MarkenG, dass es sich bei Unternehmenskennzeichen um Zeichen handelt, die im geschäftlichen Verkehr benutzt werden. Es ist jedoch allgemein anerkannt, dass dies auch auf den Werktitelschutz zutrifft. Grds gilt mithin, dass Werktitelschutz **mit der tatsächlichen Aufnahme der Benutzung** des Werktitels entsteht, vorausgesetzt der Werktitel besitzt ein Minimum an Unterscheidungskraft[19] und es liegt ein befugter Gebrauch des Titels vor.[20]

II. Entstehung des Schutzes bei einzelnen Werkarten

13 Bei **gedruckten Werken** entsteht daher der Werktitelschutz regelmäßig mit dem **Erscheinen** des Werks. Bei **Filmwerken** entsteht der Werktitelschutz, wenn der Film **öffentlich wiedergeben** wird. Bei **Fernsehsendungen** entsteht der Werktitelschutz mit der **Ausstrahlung**.[21] Bei **musikalischen Werken** oder sonstigen Tonwerken ist der Zeitpunkt der **öffentlichen Wiedergabe** oder der **Aufführung** relevant.

---

[16] BGH GRUR 1993, 767, 768 – Zappel-Fisch.
[17] BGH GRUR 1993, 767, 768 – Zappel-Fisch.
[18] BGH GRUR 1998, 155 – Power Point; BGH GRUR 1997, 902 – FTOS.
[19] BGH GRUR 1998, 1010, 1012 – WINCAD; *Nordemann* FS Erdmann 437, 439.
[20] BGH GRUR 2010, 156 – EIFEL-ZEITUNG.
[21] BGH GRUR 1993, 692, 693 – Guldenburg.

Für Werktitelschutz von **Computersoftware** ist es erforderlich, dass das Werk (und **14** zwar die im Inland zu vertreibende deutschsprachige Version des Programms) unter seinem Titel **existent** ist. Dies setzt nach der insoweit strengen Rechtsprechung des BGH voraus, dass entweder bereits ein Vertrieb des fertigen, mit der fraglichen Bezeichnung versehenen Produkts erfolgt, oder eine der Auslieferung unmittelbar vorangehende werbende Ankündigung. Rein intern bleibende Vorbereitungs- und Herstellungsmaßnahmen reichen für Werktitelschutz nicht aus.[22]

III. Geographische und quantitative Erfordernisse

Erforderlich ist eine **Benutzung** des Werktitels **im Inland**. Ein vorausgehender Vertrieb im **Ausland genügt** zur Begründung von Werktitelschutz in Deutschland **nicht**. **15** Dies gilt naheliegender Weise erst recht, wenn das Werk im Ausland zuvor in einer fremdsprachigen Version vertrieben wird.[23]

An den **Umfang der Benutzung** werden jedoch keine allzu scharfen Maßstäbe **16** angelegt: Es genügt regelmäßig eine **ernst zu nehmende, nicht völlig minimale Benutzung** im geschäftlichen Verkehr. Bei Druckschriften kann zur Erlangung von Werktitelschutz bereits eine Benutzung in einer Größenordnung von wenigen 100 Stück in Deutschland ausreichend sein, insb dann, wenn im Ausland eine Benutzung in deutlich größerem Umfang stattfindet.[24]

IV. Wann liegt Inverkehrbringen vor?

Das **Erfordernis des tatsächlichen Inverkehrbringens** des Werks als Voraussetzung **17** für die originäre Entstehung des Werktitelschutzes ist in der untergerichtlichen Rechtsprechung bisweilen großzügiger gehandhabt worden.[25] Dort wurden zum Teil auch Vorbereitungshandlungen mit Außenwirkung als genügend erachtet.[26] Der **BGH** ist dem jedoch nicht gefolgt.

Wesentliche Stimmen in der Literatur kritisieren daher, dass entgegen der Rechtsprechung des BGH externe Vorbereitungshandlungen zur Markteinführung dem **18** Erfordernis der Existenz des Werks zur Begründung von Werktitelschutz genügen sollten.[27] Diese Kritiker der Rechtsprechung des BGH tragen nicht zu unrecht vor, dass sich **Wertungswidersprüche** daraus ergeben können, dass für den Werktitelschutz nach § 5 MarkenG ein veröffentlichtes Werk verlangt wird, während für den – beschränkteren – Schutz des Titels eines Werks nach § 39 UrhG bspw bereits der Abschluss des Verlagsvertrages ausreicht.[28]

Aus der **restriktiven Rechtsprechung des BGH** zur Entstehung des Titelschutzes **19** ergibt sich für Urheber und Verwerter ein **nicht unerhebliches Risiko**. Sie wären hinsichtlich des Titels des Werks während der gesamten Entwicklung und Vorbereitung zunächst schutzlos und hätten bis zur Markteinführung das volle Risiko, dass ein

---

[22] BGH GRUR 1998, 1010, 1013 – WINCAD; Nordemann FS Erdmann 437, 439.
[23] BGH GRUR 1998, 1010, 1012 – WINCAD.
[24] Ingerl/Rohnke § 5 MarkenG Rn 83.
[25] OLG Hamburg GRUR 1986, 555 – St. Pauli-Nachrichten.
[26] Fezer § 15 MarkenG Rn 315 mwN.
[27] Fezer § 15 MarkenG Rn 315, 317; Nordemann FS Erdmann 437, 440.
[28] Nordemann FS Erdmann 437, 440.

Dritter kurz zuvor einen identischen oder ähnlichen Titel am Markt verwendet. Dieses Risiko ist angesichts des erheblichen wirtschaftlichen Aufwandes der Produktion eines Druckwerks, eines Films oder eines Softwareprodukts nicht hinnehmbar. Es lässt sich allerdings nur dadurch reduzieren, dass Urheber oder Lizenznehmer die von der Rechtsprechung in begrenztem Umfang akzeptierten **Maßnahmen** ergreifen, **um die Priorität des Titelschutzes vorzuverlagern**, insb indem rechtzeitig eine sog Titelschutzanzeige veröffentlicht wird (hierzu nachfolgend).

V. Vorverlagerung der Priorität durch Titelschutzanzeige

20 Angesichts der zuvor beschriebenen restriktiven Rechtsprechung des BGH zur Entstehung des Titelschutzes und der damit verbundenen Risiken im Fall einer später erforderlich werdenden Änderung eines Werktitels wegen Kollision mit einem anderen Kennzeichen erscheint es sachgerecht, bei hinreichender öffentlicher Ankündigung einer bevorstehenden Werkveröffentlichung **Titelschutz bereits ab dem Zeitpunkt dieser Veröffentlichung** zu gewähren. Der BGH akzeptiert, dass für die Entstehung des Titelschutzes die öffentliche Ankündigung des Werks unter seinem Titel durch eine sog **Titelschutzanzeige** der tatsächlichen Benutzungsaufnahme durch Erscheinen gleichzustellen sein soll, wenn das Werk in angemessener Frist unter dem Titel erscheint. Dabei müsse die **öffentliche Ankündigung in branchenüblicher Weise** erfolgen.[29] Die Titelankündigung auf der eigenen Internetseite der werktitelbeanspruchenden Partei reicht jedoch nicht aus.[30] Dies ist sowohl in der Rechtsprechung und der Literatur bereits seit langem anerkannt. Ausgehend von der Verlagspraxis besteht Einverständnis darüber, dass sowohl für den einen Titel ankündigenden Verleger als auch für die Mitbewerber ein erhebliches wirtschaftliches Interesse daran besteht, **möglichst frühzeitig über den Titel** eines geplanten Verlagsobjekts **informiert zu werden**.[31]

21 Im Bereich der **Druckschriften** werden Titelschutzanzeigen regelmäßig in der Zeitschrift „Der Titelschutzanzeiger" oder bspw im Börsenblatt für den deutschen Buchhandel vorgenommen. Regelmäßig wird dabei etwa folgendermaßen formuliert:

„Unter Hinweis auf die §§ 5, 15 MarkenG nehmen wir Titelschutz in Anspruch für den/die folgenden Titel ... [für die folgenden Werkarten ...] ..."

22 Auch bei anderen Werkarten sind öffentliche Ankündigungen von Werktiteln zur Vorverlegung des Werktitelschutzes möglich, wobei im Einzelfall geprüft werden muss, wie eine branchenübliche Ankündigung für die jeweilige Werkkategorie zu erfolgen hat. Bei **Kinofilmen** etwa erfolgt die Ankündigung regelmäßig durch Eintragung des Titels in das **Titelregister bei der Spitzenorganisation der Filmwirtschaft e.V. (SPIO)** und einer nachfolgenden Bekanntmachung in der Fachzeitschrift „Blickpunkt: Film". Bei **Computerprogrammen** und **Computerspielen** werden Titel bspw in der Publikation „Der Softwaretitel" angekündigt.[32]

---

[29] BGH GRUR 1989, 760 – Titelschutzanzeige.
[30] BGH GRUR 2009, 1055 – airdsl.
[31] BGH GRUR 1989, 760, 761 – Titelschutzanzeige.

[32] Vgl hierzu jeweils *Fezer* § 15 MarkenG Rn 323.

VI. Behinderung durch Missbrauch der Titelschutzanzeige?

23 Häufig erfolgen Titelschutzanzeigen in einer Weise, die es dem Leser **schwer** macht **zu erkennen, welcher konkrete Titel** tatsächlich **für welche** konkrete **Werkart geplant ist** und wer Verwender dieses Titels sein wird. In der Verlagspraxis ist es seit langem üblich, sog **Sammeltitelschutzanzeigen** zu schalten. Dabei wird in einer Anzeige nicht lediglich ein Titel erwähnt, sondern ein ganzes Bündel von Titeln, wobei in der Anzeige zusätzlich oft eine große Zahl möglicher Werkarten genannt wird, für die die zahlreichen angegebenen Titel Verwendung finden sollen.

24 Ferner kommt hinzu, dass Verlage und andere Medienunternehmen häufig externe Rechtsanwälte damit beauftragen, Titelschutzanzeigen für sie zu schalten, wobei der Name der Rechtsanwaltskanzlei in der Titelschutzanzeige genannt wird, nicht jedoch der Name des Medienunternehmens.

25 Der BGH akzeptiert diese Praxis, sofern durch die Verwendung einer Vielzahl von Titeln in einer Sammelanzeige nicht eine **unzumutbare Behinderung** von Mitbewerbern in der Wahl ihrer eigenen Titel ausgelöst wird. Dem möchte der BGH dadurch begegnen, dass er zum einen verlangt, dass der Ankündigende sich innerhalb einer angemessenen Zeit durch **Benutzungsaufnahme** für einen Titel entscheiden muss. Insoweit seien **strenge Anforderungen** zu stellen. Zudem könne von dem Ankündigenden gegebenenfalls verlangt werden, dass er bekannt gebe, welche der ursprünglich in einer Sammelanzeige enthaltenen Titel nicht mehr beansprucht werden. Eine **Titelblockade** durch eine übergroße Anzahl von Titeln in einer Sammelanzeige, gemeinhin als „Titelhamsterei" bezeichnet, möchte der BGH nicht tolerieren.[33]

26 **In der Praxis** werden diese Hinweise des BGH weitgehend **ignoriert**. Insb ist es **unüblich,** dass der Ankündigende öffentlich bekannt gibt, welche von ursprünglich mehreren in einer Sammelanzeige veröffentlichten Titeln er nicht mehr beansprucht. Hinzu kommt, dass in der Praxis der Titelschutzanzeigen häufig die **Werkarten,** für die die angezeigten Titel verwendet werden sollen, **nicht genannt** werden. Diese Vorgehensweise erscheint zweifelhaft. Insb ist es dem Leser einer solchen Titelschutzanzeige bei fehlender Angabe der Werkkategorien oft nicht möglich festzustellen, ob überhaupt eine Verwechslungsgefahr zwischen einem der in der Titelschutzanzeige enthaltenen Titel und einem bereits verwendeten Titel besteht.[34]

27 Ein wesentlicher **Zweck der Titelschutzanzeige** wird damit **vereitelt:** Wettbewerbern ist es nicht möglich zu erkennen, ob sie sich einem Risiko aussetzen, wenn sie denselben oder einen ähnlichen Titel für eine bestimmte Werkkategorie verwenden. Nicht zu Unrecht wurde daher insb in der Literatur angeregt, solchen unklaren Sammeltitelschutzanzeigen eine Rechtswirkung zu versagen. Derartige Anzeigen sind eher dazu geeignet, **Rechtsunsicherheit** zu verursachen, als Sicherheit für das eigene Unternehmen und Mitbewerber hervorzubringen.[35]

28 Zwar ist nachvollziehbar, dass ein Unternehmen daran interessiert sein kann, bei noch nicht feststehendem Titel mehrere in die engere Wahl genommene Varianten in eine Titelschutzanzeige aufzunehmen. Ebenso erscheint es legitim, dass ein Unternehmen die Möglichkeit haben möchte, im Fall einer sich nach der Titelschutzanzeige herausstellenden Kollision mit einem prioritätsälteren Titel auf einen anderen, ebenfalls bereits angezeigten Titel ausweichen zu können. Für die Praxis ist jedoch zu emp-

---

[33] Hierzu umfassend BGH GRUR 1989, 760, 761 – Titelschutzanzeige.
[34] *Deutsch/Ellerbrock* Rn 80 mwN.
[35] *Deutsch/Ellerbrock* Rn 83 mwN.

fehlen, Titelschutzanzeigen in der Weise abzufassen, dass **nur wirklich beabsichtigte oder in die engere Auswahl genommene Titel** in einer Titelschutzanzeige **veröffentlicht werden** und zudem die vorgesehene **Werkkategorie mit angegeben wird.** Auch dann werden die zuvor genannten Ziele erreicht, ohne dass die Gefahr besteht, sich später dem Vorwurf behindernder oder nicht hinreichend klarer Titelschutzanzeigen gegenüberzusehen.

29 Tatsächlich hat sich die **Praxis** der Titelschutzanzeige mit Billigung des BGH zu **einer bloßen abstrakten, anonymen Sammelanzeige** entwickelt.[36] Urteile, in welchen die Rechtsprechung einer Titelschutzanzeige wegen mangelnder Klarheit oder wegen unzumutbarer Behinderung von Mitbewerbern die Rechtswirkung versagt hätte, hat es, soweit ersichtlich, bislang jedoch nicht gegeben. In dem **Urteil „Titelschutzanzeige"** des BGH war eine Titelschutzanzeige mit neun verschiedenen eher schwachen, auf eine Ärztezeitung hindeutenden Titeln zu beurteilen.[37] Der **BGH** konnte in diesem Fall **keine unzumutbare Behinderung** feststellen.[38] Zum einen habe die Beklagte sich bereits zweieinhalb Monate nach der Titelschutzanzeige für einen der veröffentlichten Titel entschieden, zum anderen sei den Mitbewerbern noch ausreichender Freiraum für die Wahl eines abweichenden Titels für eine an die Ärzteschaft gerichtete Zeitschrift verblieben.[39]

VII. Rechtswirkung der Titelschutzanzeige

30 Die **Titelschutzanzeige** als solche stellt **noch keine Benutzung** des Werks dar und ersetzt diese auch nicht.[40] Die Ankündigung des Titels wird lediglich rückwirkend so behandelt, als hätte zum Zeitpunkt des Erscheinens der Titelschutzanzeige eine Benutzung bereits stattgefunden.[41] Die Titelschutzanzeige wirkt also gleichsam **wie eine kennzeichenrechtliche Vorverlagerung der Priorität.** Der angemessene Zeitraum zwischen Titelankündigung und tatsächlicher Benutzungsaufnahme ist dabei nach Werkkategorien unterschiedlich zu beurteilen. Es muss im Einzelfall geprüft werden, wie lange die übliche Vorbereitungsdauer für die Realisierung des jeweiligen Werks ist. In der Regel gilt, dass ein **Zeitraum von nicht mehr als sechs Monaten** zwischen der Ankündigung des Titels und der tatsächlichen Benutzungsaufnahme liegen sollte. Insb für **Periodika** ist eine **Zeitspanne von zehn Monaten** oder gar zwölf Monaten zwischen der ersten öffentlichen Ankündigung und dem tatsächlichen Erscheinen **zu lang**, um eine Vorverlagerung des Titelschutzes auf das Datum der Ankündigung noch beanspruchen zu können.[42] **Dies mag bei Filmen,** die häufig eine längere Vorberei-

---

[36] So *Schmid* FS Erdmann 469.
[37] Nämlich die Titel „Arzt-Nachrichten", „Ärztliche Nachrichten", „Ärztliche Allgemeine", „Ärzte-Umschau", „Ärzte-Post", „Ärzte-Welt", „Trends der Medizin", „Arztprofil" und „Ärztliche Morgenpost". Die Beklagte hat schließlich den Titel „Ärztliche Allgemeine" verwendet.
[38] BGH GRUR 1989, 760, 761 – Titelschutzanzeige.
[39] BGH GRUR 1989, 760, 761 – Titelschutzanzeige. Dies, so der BGH, ergebe sich auch daraus, dass in derselben Ausgabe der Zeitschrift, in welcher die Titelschutzanzeige veröffentlicht wurde, eine weitere Titelschutzanzeige enthalten war, die elf weitere Titel mit Arzt-Bezug enthielt, darunter „Arzt aktuell", „Arztanzeiger", „Ärztliche Rundschau" und „Ärzte-Express". Deshalb könne nicht von einer Titelblockade gesprochen werden. Der BGH lässt die Frage unbeantwortet, ob die beiden an demselben Tag in derselben Zeitschrift veröffentlichten Titelschutzanzeigen zusammengenommen zu einer unzumutbaren Behinderung von Wettbewerbern führen können.
[40] BGH GRUR 1989, 760, 761 – Titelschutzanzeige.
[41] *Wirth* AfP 2002, 303.
[42] OLG Köln GRUR 1989, 690, 692 – High Tech; *Schabenberger* FS Helm 219, 224.

tungs- und Produktionsphase haben, **ebenso anders sein wie bei mehrbändigen wissenschaftlichen Veröffentlichungen.** Soll ein längerer zeitlicher Abstand zwischen der öffentlichen Ankündigung des Titels und dem Erscheinen des Werkes gerechtfertigt werden, muss der Anspruchsteller substantiiert vortragen, wann mit den Arbeiten für das betreffende Werk begonnen wurde, welchen Umfang diese Arbeiten hatten und welcher zeitliche Aufwand sich hieraus für die Vorbereitung des Erscheinens des Werkes ergab.[43]

Erscheint das angekündigte Werk nicht innerhalb eines vernünftigen Zeitraums nach der Ankündigung, **fehlt es an** einer Voraussetzung, die die Rechtsprechung an die Vorverlagerung des Titelschutzes knüpft. In der Literatur ist umstritten, ob in Fällen, in denen das angekündigte Werk nicht in hinreichender zeitlicher Nähe nach der Ankündigung erscheint, **Titelschutz** mit Wirkung zum Zeitpunkt der Ankündigung niemals entstanden ist oder durch die Ankündigung zunächst vollwertiger Schutz entstanden ist, der nachträglich ex tunc wegfällt.[44] In der Entscheidung „Titelschutzanzeige" des BGH blieb diese Frage unbeantwortet.[45] Der BGH spricht dort nur von einer „Vorverlegung des Titelschutzes auf den Zeitpunkt der Veröffentlichung der Titelschutzanzeige".[46]

31

In der 2001 ergangenen Entscheidung „Tagesreport" hat der BGH hingegen zu Recht darauf hingewiesen, dass die Titelschutzanzeige für sich genommen noch nicht genügt, um Ansprüche nach §§ 5, 15 MarkenG gegen Verletzer geltend zu machen. Hierfür ist es vielmehr **erforderlich, dass das Werk erschienen ist.**[47] Die rechtliche Wirkung der Titelschutzanzeige gleicht mithin der Inanspruchnahme einer kennzeichenrechtlichen Priorität: **Schutz wird erst mit Benutzung** (bei Marken regelmäßig: mit Eintragung) **gewährt**, die Priorität reicht aber zurück auf den Zeitpunkt der Titelschutzanzeige.

32

Entscheidend ist, dass der Anzeigende sich sowohl im Fall des Nichterscheinens als auch im Fall des verspäteten Erscheinens des geplanten Werkes auf Titelschutz mit der Priorität des Zeitpunkts der Anzeige nicht berufen kann und er Gefahr läuft, in einem Konflikt mit einem Dritten, der zu einem späteren Zeitpunkt eine Titelschutzanzeige geschaltet hat, die Benutzung des Titels aber rechtzeitig aufgenommen hat, zu unterliegen.[48]

33

VIII. Kennzeichenrechtliche Erfordernisse für Titelschutz

1. Allgemeines

Titelschutz entsteht originär dann, wenn der betreffende Titel ein **Mindestmaß an Individualität** aufweist, das dem Verkehr die Unterscheidung des mit diesem Titel versehenen Werks von anderen Werken gleicher oder ähnlicher Art erlaubt.[49] Besteht in einem bestimmten Segment eine **große Zahl ähnlicher Titel,** kann dies sowohl die

34

---

[43] OLG Köln GRUR 1989, 690, 692 – High Tech.
[44] So *Schabenberger* FS Helm 219, 225; *Teplitzky* AfP 1997, 450, 453.
[45] BGH GRUR 1989, 760, 761 – Titelschutzanzeige.
[46] BGH GRUR 1989, 760, 762 – Titelschutzanzeige.
[47] BGH GRUR 2001, 1054, 1055 – Tagesreport; *Deutsch/Ellerbrock* Rn 77.
[48] OLG Köln GRUR 1989, 690, 692 – High Tech.
[49] BGH GRUR 2002, 176 – Automagazin; *Ingerl/Rohnke* § 5 MarkenG Rn 91.

Kennzeichnungskraft als auch den **Schutzumfang** eines Titels beeinflussen. Der Verkehr mag dann dazu veranlasst sein, auf Unterschiede besonders zu achten.[50] Dies kann dazu führen, dass eher **generische Bezeichnungen** für Titelschutz ausreichen. Zugleich können geringfügige Abweichungen dann genügen, um Verwechslungsgefahr und damit eine Titelverletzung ausschließen zu können. Da der Titel anders als eine Marke **keine Herkunftsfunktion** haben muss, bestehen **weitergehende Erfordernisse** als minimale Individualität **nicht**.[51] Es ist allerdings nicht ausgeschlossen, dass der Verkehr unter bestimmten Voraussetzungen mit einem Werktitel gleichzeitig auch die Vorstellung einer bestimmten betrieblichen Herkunft verbindet.[52]

35 Die **Anforderungen**, die die Rechtsprechung **an die originäre Kennzeichnungskraft** eines Werktitels stellt, **sind** im Vergleich zu den Anforderungen an die Unterscheidungskraft einer Marke oder die Kennzeichnungskraft eines Unternehmenskennzeichens sehr **gering**. Ein absolutes Mindestmaß an Unterscheidungskraft ist jedoch erforderlich.

2. Erfordernisse bei unterschiedlichen Werkkategorien

36 Bei **Zeitungen** ist die Rechtsprechung großzügig, weil sie davon ausgeht, dass mehr als bei Titeln anderer Werke **geografische Bestandteile** in Zeitungstiteln **üblich** sind und der Verkehr hieran gewöhnt ist. Zugleich ist davon auszugehen, dass Verbraucher bei Zeitungen auch auf nur geringe Abweichungen bei Titeln sehr genau achten. Eine ausreichende titelmäßige Kennzeichnungskraft hat die Rechtsprechung daher bspw anerkannt für die „Berliner Zeitung"[53], die „Berliner Morgenpost"[54], die „Deutsche Zeitung"[55] und die WAZ[56].

37 Auch bei **Zeitschriftentiteln** ist die Rechtsprechung bei der Bejahung der Kennzeichnungskraft **großzügig**. So wurde Kennzeichnungskraft bejaht für die Titel „Szene"[57], „Facts"[58], „Auto Magazin"[59], „High Tech"[60], „Family"[61] und „PC-Welt".[62] Allerdings hat es gerade bei Zeitschriftentiteln immer wieder Fälle gegeben, in denen die Rechtsprechung **allzu generischen Titeln** die Kennzeichnungskraft abgesprochen hat. Einige dieser Entscheidungen sind jedoch schon recht betagt. Für **nicht hinreichend kennzeichnungskräftig** wurden unter anderem die Titel „Snow-Board"[63], „Deutsche Illustrierte"[64] und „Das Auto" gehalten.[65] In jüngerer Zeit wurde die Schutzfähigkeit des Titels „Apotheke-Online" in Zweifel gezogen.[66]

38 Auch im Bereich der **Sachbücher** ist die Rechtsprechung seit dem Urteil des BGH aus dem Jahr 1990 zu einem Kochbuch mit dem Titel „Pizza & Pasta" **eher großzügig**. In diesem Rechtsstreit hatte das OLG Frankfurt in der Berufungsinstanz die Auffassung vertreten, die beiden im Titel verwendeten Begriffe wiesen zwar auf den

---

50 BGH GRUR 2002, 176 – Automagazin.
51 *Fezer* § 15 MarkenG Rn 274.
52 BGH GRUR 1993, 692, 693 – Guldenburg.
53 BGH GRUR 1997, 661 – B.Z./Berliner Zeitung.
54 BGH NJW-RR 1992, 1128 – Berliner Morgenpost.
55 BGH GRUR 1963, 378, 379 – Deutsche Zeitung.
56 OLG Hamm GRUR 1988, 477 – WAZ/WAS.
57 BGH GRUR 2000, 70, 72 – Szene.
58 BGH GRUR 2000, 504 – Facts.
59 BGH GRUR 2002, 176 – Auto Magazin.
60 OLG Köln GRUR 1989, 690 – High Tech.
61 OLG Köln GRUR 1997, 663 – Family.
62 OLG Köln GRUR 1997, 63 – PC-Welt.
63 OLG Hamburg AfP 1992, 160 – Snow-Board.
64 BGH GRUR 1959, 45 – Deutsche Illustrierte.
65 OLG Stuttgart GRUR 1951, 38 – Das Auto.
66 OLG Düsseldorf GRUR-RR 2001, 230 – Apotheke-Online.

Inhalt des Kochbuchs hin, hätten also in erster Linie warenbeschreibenden Charakter. Bei Sachbuchtiteln sei die Interessenlage jedoch ähnlich wie bei Zeitungen und Zeitschriften. **Das Publikum sei** hier **an das Nebeneinander von ähnlichen,** mehr oder minder nur die Gattung und den Inhalt der Druckschrift beschreibenden **Angaben gewöhnt.** Dennoch betrachte das Publikum eine solche Beschreibung auch als Namen oder Benennung des Sachbuchs.[67] Der BGH hat diese Auffassung im Ergebnis bestätigt, allerdings zu Recht eingewandt, dass es bedenklich erscheine, wenn von einer ähnlichen Interessenlage bei Sachbuchtiteln wie bei Zeitungs- und Zeitschriftentiteln ausgegangen werde. Dass sich bei Sachbuchtiteln in gleicher Weise wie bei Zeitungs- und Zeitschriftentiteln eine Gewöhnung des Publikums an deskriptive Bezeichnungen feststellen lasse, hält der BGH zurecht zumindest für zweifelhaft. Der BGH hat die Entscheidung aber bestätigt, weil das Berufungsgericht ausgeführt hatte, dass jedenfalls bei Kochbüchern von einer solchen Gewöhnung des Publikums auszugehen sei.[68] Dies ist bei Heranziehung dieses Urteils zu beachten. Die großzügige Aussage des OLG Frankfurt hätte der BGH bei anderen Sachbüchern möglicherweise nicht akzeptiert. Dennoch ist die untergerichtliche Rechtsprechung nachfolgend bei der Bejahung der Schutzfähigkeit von Sachbuchtiteln zunehmend großzügig geworden. Beispiele hierfür sind die Titel „Deutsch im Alltag"[69] und „Spice Girls – Girl Power"[70].

Bei **Rundfunkprogrammen** scheidet Titelschutz mangels hinreichender Kennzeichnungskraft regelmäßig nur dann aus, wenn der Titel der Sendung ausschließlich den Inhalt des Programms wiedergibt.[71] Originell-kreative Titel für Rundfunksendungen wie „Point"[72] und „Jetzt red i." sind ohne weiteres titelschutzfähig.[73] Auch bei weniger kreativen Titeln **ist die Rechtsprechung großzügig.** Dies galt bspw für die „Tagesschau"[74] und „Radio Stuttgart"[75]. Lediglich **rein historische Bezeichnungen oder reine Sachbezeichnungen** können **nicht** für sich in Anspruch nehmen, **dazu geeignet** zu sein, die so betitelte **Rundfunksendung von anderen zu unterscheiden** und hierfür ein Monopolrecht zu beanspruchen. Dies gilt bspw für eine Sendung mit dem Titel „Der 20. Juli".[76] **39**

Für **Filmtitel** gelten insoweit dieselben Maßstäbe wie für Rundfunksendungen.[77] **40**

Für **sonstige Werkgattungen** ist jeweils im Einzelnen zu prüfen, ob der verwendete Titel eine **ausreichende titelmäßige Kennzeichnungskraft** besitzt. Dies wurde für die Bezeichnungen „European Classics" und „European Classic" für Tonträger ebenso verneint[78] wie für die Bezeichnung „Trek Service" für ein auf einem Datenträger gespeichertes Informationsangebot zur Fernsehserie „Star Trek".[79] **41**

---

[67] BGH GRUR 1991, 153, 154 – Pizza & Pasta.
[68] BGH GRUR 1991, 153, 154 – Pizza & Pasta.
[69] OLG München GRUR 1993, 991 – Deutsch im Alltag.
[70] OLG Hamburg NJWE WettbR 2000, 15 – Spice Girls (außergewöhnlich, weil hierbei der Name des Autors Bestandteil des Titels war, die Kombination von „Spice Girls" mit „Girl Power" jedoch zur Schutzfähigkeit ausreiche).
[71] Hierzu ausf *Bork* UFITA 110 (1989) 35, 42.
[72] BGH GRUR 1982, 431, 432 – Point.
[73] OLG München ZUM 1985, 218, 220 – Jetz red i.
[74] BGH GRUR 2001, 1050, 1051 – Tagesschau; hierzu *Deutsch* GRUR 2002, 308.
[75] BGH GRUR 1993, 769 – Radio Stuttgart.
[76] OLG München GRUR 1955, 588.
[77] Hierzu ausf *Reupert* UFITA 125 (1994) 27, 28.
[78] OLG Köln NJWE – WettbR 2000, 93 – European Classics.
[79] OLG Köln GRUR 2000, 906 – Trek Service.

3. Werktitelschutz kraft Verkehrsgeltung

42 Sofern ein Werktitel trotz der zuvor beschriebenen geringen Anforderungen der Rechtsprechung ein Mindestmaß an originärer Kennzeichnungskraft vermissen lässt, kann **Werktitelschutz** dennoch **aufgrund** großer Bekanntheit und daraus resultierender **nachgewiesener Verkehrsgeltung** erworben werden.[80]

43 Dabei ist es anders als im Kennzeichenrecht **nicht erforderlich, dass die** angesprochenen **Verkehrskreise den Titel einem bestimmten Inhaber zuordnen**. Erforderlich ist nur das Verständnis des Verkehrs, dass der rein beschreibende Titel ein bestimmtes Werk bezeichnet.[81] Ein ursprünglich nicht unterscheidungskräftiger Werktitel kann mithin schutzfähig werden, **wenn der Verkehr** in maßgeblichem Umfang **die Überzeugung gewinnt,** dass **der betreffende Titel ein bestimmtes Werk** und nicht lediglich eine Werkkategorie **bezeichnet.**[82]

44 Nach der jüngeren Rechtsprechung des BGH ist dabei weiterhin davon auszugehen, dass im Regelfall ein **Mindestdurchsetzungsgrad von 50 %** bei den angesprochenen Verkehrskreisen erforderlich ist, um Werktitelschutz aufgrund von Verkehrsgeltung in Anspruch nehmen zu können.[83]

IX. Durchsetzung des Werktitelschutzes

45 Besteht wirksamer Titelschutz, so ist es **Dritten untersagt,** den **Werktitel oder** eine **ähnliche Bezeichnung im geschäftlichen Verkehr** unbefugt in einer Weise **zu benutzen,** die dazu geeignet ist, **Verwechslungen** mit dem geschützten Werktitel hervorzurufen (§ 15 Abs 2 MarkenG). Handelt es sich um einen im Inland **bekannten Werktitel,** ist es Dritten zudem untersagt, diesen oder einen ähnlichen Titel im geschäftlichen Verkehr **auch** dann zu benutzen, **wenn keine Verwechslungsgefahr** besteht, sofern nur die Benutzung die Unterscheidungskraft oder die Wertschätzung des geschützten Werktitels ohne rechtfertigen Grund in unlauterer Weise ausnutzen oder beeinträchtigen würde (§ 15 Abs 3 MarkenG). Für bekannte Werktitel besteht insoweit mithin ein erweiterter Schutzbereich unabhängig von bestehender Verwechslungsgefahr.

46 Lässt sich eine rechtsverletzende Werktitelbenutzung feststellen, hat der Inhaber des Werktitelrechts zunächst einen **Anspruch auf Unterlassung** (§ 15 Abs 4 MarkenG). Bei schuldhaftem Handeln besteht zudem **Anspruch auf Schadenersatz** (§ 15 Abs 5 MarkenG). Ferner bestehen auch bei Verletzungen des Werktitelrechts die allgemeinen markenrechtlichen **Ansprüche auf Vernichtung** widerrechtlich gekennzeichneter Gegenstände im Besitz oder Eigentum des Verletzers (§ 18 MarkenG) **und auf Auskunft** über die Herkunft und den Vertriebsweg der widerrechtlich gekennzeichneten Gegenstände (§ 19 MarkenG).[84]

47 Zu beachten ist zudem, dass angesichts der systematischen Einordnung des Werktitelschutzes in das Kennzeichenrecht im Markengesetz **Titelverletzungen** nicht nur durch die Verwendung identischer oder ähnlicher Bezeichnungen als Werktitel, sondern **auch durch** die Verwendung einer identischen oder ähnlichen Bezeichnung als **Unternehmenskennzeichen oder** als **Marke** verursacht werden können.[85] Gleiches gilt

---

[80] BGH GRUR 2001, 1050, 1051 – Tagesschau; BGH NJW-RR 1988, 877 – Hauer's Autozeitung.
[81] Ingerl/Rohnke § 5 MarkenG Rn 101.
[82] Deutsch/Ellerbrock Rn 132 mwN.
[83] Deutsch/Ellerbrock Rn 135 mwN.
[84] Hierzu Band 3 Kap 5.
[85] Ingerl/Rohnke § 15 MarkenG Rn 130.

umgekehrt: Die **Verwendung eines Werktitels kann eine Marke oder ein Unternehmenskennzeichen verletzen.** Für Fälle der Verletzung des Werktitelrechts durch einen anderen Titel ist es erforderlich, dass der **Verletzer** einen **identischen oder ähnlichen Titel im** geschäftlichen Verkehr unbefugt **titelmäßig verwendet** und hierdurch **Verwechslungsgefahr** hervorgerufen wird.

Titelmäßig wird eine Bezeichnung nur dann verwendet, wenn die angesprochenen Verkehrskreise in ihm die **Bezeichnung eines Werkes** zur Unterscheidung von anderen Werken sehen.[86] Dabei ist erneut zu beachten, dass anders als im allgemeinen Markenrecht auch die Verwendung inhaltsbeschreibender Werkbezeichnungen titelmäßig sein kann. Auch die Verwendung eines Titels im redaktionellen Teil einer Zeitung kann titelmäßig sein.[87]

48

Für die Frage der **Verwechslungsgefahr** gilt im Kennzeichenrecht ein **einheitlicher Maßstab.** Werktitel werden hierbei nicht grds anders beurteilt als Marken oder Unternehmenskennzeichen. Insofern kann auf die Ausführungen zur markenrechtlichen Verwechslungsgefahr verwiesen werden.[88] Auch beim Werktitelschutz ist auf drei Faktoren abzustellen, zwischen welchen eine Wechselwirkung besteht: die **Kennzeichnungskraft** des Titels, für den Schutz begehrt wird, die **Identität oder Ähnlichkeit der** betroffenen **Werkkategorien** und die **Ähnlichkeit der** sich gegenüberstehenden **Werktitel.**[89] Dabei ist zu beachten, dass die Rechtsprechung bei fehlender Verkehrsgeltung eines wenig kreativen Titels häufig nur einen begrenzten Schutzumfang zugesteht, so dass geringe Abweichungen bereits ausreichen können, um Verwechslungsgefahr und damit eine Titelverletzung auszuschließen.[90]

49

Auch die übrigen allgemeinen Grundsätze des BGH zur Beurteilung der markenrechtlichen Verwechslungsgefahr gelten für den Werktitelschutz gleichermaßen. Dies gilt einerseits für die **Relevanz des Gesamteindrucks** des Titels bei Beurteilung der Verwechslungsgefahr. Es gilt ferner für den Grundsatz der **Maßgeblichkeit des undeutlichen Erinnerungseindrucks** bei den angesprochenen Verbrauchern und schließlich für die **Prägetheorie** bei teilweiser Übereinstimmung sich gegenüberstehender Titel. Auch insoweit kann auf die allgemeinen Ausführungen zum Kennzeichenrecht verwiesen werden.[91]

50

So wurde in der Rechtsprechung bspw **Verwechslungsgefahr angenommen** zwischen den Kochbuchtiteln „Pizza & Pasta" und „Pasta & Pizza",[92] zwischen „Radio Stuttgart" und „Stadtradio Stuttgart" für lokale Radiosendungen,[93] zwischen „B.Z." und „Berliner Zeitung" für Tageszeitungen,[94] zwischen „Screen" und „Screen Basics" für Computer-Zeitschriften,[95] zwischen dem Titel der Wochenzeitschrift „Stern" und dem Titel „Star" für eine türkischsprachige Boulevard-Zeitung,[96] und zwischen den Titeln „Tiger und Tom" sowie „Gut gemacht, Tigertom" jeweils für Kinderbücher.[97]

51

---

[86] BGH GRUR 2002, 71 – Szene.
[87] OLG Köln GRUR 1997, 663 – Family.
[88] Hierzu Band 3 Kap 5.
[89] BGH GRUR 2001, 1050, 1051, 1052 – Tagesschau.
[90] OLG Köln NJWE – WettbR 2000, 214 – Blitzrezepte: Nur schwache Kennzeichnungskraft für den Titelbestandteil „Blitzrezepte"; keine Titelverletzung durch ein Buch mit dem Titel „Das große Buch der Blitzrezepte".
[91] Band 3 Kap 5.
[92] BGH GRUR 1991, 153, 155 – Pizza & Pasta.
[93] BGH GRUR 1993, 769, 770 – Radio Stuttgart.
[94] BGH WRP 1997, 751, 754 – B.Z./Berliner Zeitung: Aufgrund der Bestimmungen des Einigungsvertrages wurde hier allerdings eine Koexistenz auf Grundlage des Rechts der Gleichnamigen gewährt.
[95] OLG Hamburg GRUR-RR 2001, 31 – Screen/Screen Basics.
[96] OLG Hamburg AfP 2001, 398 – Stern/Star.
[97] OLG Hamburg GRUR-RR 2002, 231 – Tigertom.

52 Hingegen wurde **Verwechslungsgefahr verneint** zwischen den Titeln „Ärztliche Allgemeine" und „Die neue Ärztliche Allgemeine Zeitung",[98] Zwischen „Berliner Morgenpost" und „Hamburger Morgenpost" für Tageszeitungen,[99] zwischen dem Titel für die Fernsehsendung „Das Erbe der Guldenburgs" und der Marke „Guldenburg" für Schmuck und landwirtschaftliche Erzeugnisse,[100] zwischen dem Titel für ein Stadtmagazin „Szene Hamburg" und dem Rubriktitel „Szene" in der Bildzeitung,[101] und zwischen den Titeln „Tagesschau" und „Tagesbild" für Nachrichtensendungen.[102] Die Judikatur deutscher Zivilgerichte zum Werktitelrecht ist sehr umfangreich und soll hier nicht vollständig dargestellt werden.[103]

53 Umstritten ist, ob der Schutz des Werktitels ähnlich wie bei Marken soweit reicht, dass Schutz auch gegen **mittelbare Verwechslungsgefahr** oder gegen **Verwechslungsgefahr im weiteren Sinne** gewährt wird.[104] Hiermit sind Fälle gemeint, in welchen trotz fehlender unmittelbarer Verwechslungsgefahr aufgrund der Verwendung identischer Bezeichnungen der Eindruck entsteht, es bestünden organisatorische, wirtschaftliche oder vertragliche Beziehungen zwischen den Titelbenutzern und den Verwendern derselben Bezeichnung für andere Gegenstände.[105] Die Rechtsprechung ist insoweit zurückhaltend. Da Werktitel grds keine Herkunftsfunktion haben, soll der Verkehr **nur in Ausnahmefällen** solche Beziehungen zwischen einem Dritten, der einen bekannten Titel branchenfern verwendet, und dem Titelbenutzer annehmen. Denkbar ist dies vor allem dann, **wenn ausnahmsweise** mit einem Werktitel **doch die Vorstellung einer** bestimmten **betrieblichen Herkunft verbunden ist,** insb bei bekannten Zeitungen oder Zeitschriften.[106]

X. Ende des Titelschutzes

54 Wie bei Unternehmenskennzeichen endet auch der durch Benutzung entstehende Werktitelschutz mit der **Aufgabe der weiteren Verwendung.** Grds gilt mithin, dass Titelschutz ab Beginn der Benutzung bis zu deren Ende gewährt wird. Titelschutz endet allerdings erst dann, **wenn redlicherweise davon ausgegangen werden kann,** dass die **Verwendung** durch den Inhaber des Titelschutzrechts **aufgegeben worden sei.**[107] Zu prüfen ist dabei im Einzelfall, wann die angesprochenen Verkehrskreise bei der jeweils betroffenen Werkart von einer Aufgabe der Verwendung ausgehen können.

55 Dies ist nicht für alle Werkarten gleich zu beurteilen. Vielmehr muss differenziert werde: Bei **Büchern** kommt es nicht selten vor, dass zwischen einzelnen Auflagen größere Abstände liegen. Die bloße Tatsache, dass ein Buch vergriffen ist, genügt daher nicht für ein Erlöschen des Titelschutzes.[108]

56 Bei **Periodika** geht der Verkehr hingegen davon aus, dass sie regelmäßig erscheinen. Erscheint eine Zeitschrift vier Jahre lang nicht, darf der angesprochene Verkehr von einer Aufgabe der Benutzung ausgehen.[109] Der Titelschutz ist dann erloschen.

---

[98] BGH GRUR 1991, 331, 332 – Ärztliche Allgemeine.
[99] BGH GRUR 1992, 547, 548 – Morgenpost.
[100] BGH GRUR 1993, 692 – Guldenburg.
[101] BGH GRUR 2000, 70 – Szene.
[102] BGH GRUR 2001, 1050 – Tagesschau.
[103] Vgl etwa die Übersicht bei *Deutsch/Ellerbrock* Rn 182.
[104] *Hotz* GRUR 2005, 304, 305.
[105] *Deutsch/Ellerbrock* Rn 97.
[106] BGH GRUR 2001, 1054, 1056 – Tagesreport; *Deutsch/Ellerbrock* Rn 97; *Hotz* GRUR 2005, 304, 305.
[107] *Ingerl/Rohnke* § 5 MarkenG Rn 104.
[108] *Ingerl/Rohnke* § 5 MarkenG Rn 104.
[109] OLG Köln GRUR 1997, 63 – PC-Welt.

Bei **Fernsehsendungen** besteht Titelschutz jedenfalls solange fort, wie Wiederholungen der Sendung gesendet werden.[110] Für Spielfilme gilt dies gleichermaßen. Der Titelschutz besteht zudem solange fort, wie die Fernsehsendung oder der Film auf DVD oder ähnlichen Bildträgern im Handel erhältlich ist.

Sofern **Werktitelschutz aufgrund von Verkehrsgeltung** erworben wurde, stellt sich die zusätzliche Frage, ob der Werktitelschutz bereits in dem Zeitpunkt entfällt, in welchem der Inhaber des Titelschutzrechts die Verwendung des Titels einstellt, oder ob dies erst dann gilt, wenn aufgrund längerer Nichtbenutzung die Verkehrsgeltung verloren geht, indem die beteiligten Verkehrskreise in der Bezeichnung keinen Werktitel mehr sehen, sondern lediglich noch einen Hinweis auf eine Gattung.[111] Dies erscheint deshalb problematisch, weil das Ende des betreffenden Titelschutzes nach Aufgabe der Benutzung einer verkehrsdurchgesetzten Bezeichnung dann im Unklaren bliebe, sofern nicht in regelmäßigen Abständen Verkehrsbefragungen durchgeführt werden bis zu einem Zeitpunkt, zu dem die Verkehrsbefragung ein Verkehrsverständnis ergibt, welches eine Werkkennzeichnung durch die Bezeichnung ausschließt. Auch **bei** aufgrund von **Verkehrsdurchsetzung** geschützten Werktiteln sollte daher an dem Grundsatz festgehalten werden, wonach der **Werktitelschutz dann entfällt, wenn** ein **hinreichender Zeitraum nach der letzten Benutzung des Titels verstrichen ist**, so dass davon ausgegangen werden darf, dass mit einer weiteren Verwendung nicht zu rechnen ist. Dabei ist ebenfalls, wie dargestellt, nach Werkarten zu differenzieren.

Zu beachten ist, dass der **Ablauf der urheberrechtlichen Schutzdauer** des Werks den **Titelschutz nicht unmittelbar beeinflusst.** Der Titelschutz nach §§ 5, 15 MarkenG erlischt nicht etwa simultan, wenn das zugrunde liegende Werk nach § 64 UrhG gemeinfrei wird. Entscheidend ist nur, ob der Titel weiterhin Unterscheidungskraft besitzt und benutzt wird.[112]

§ 4
Persönlicher und räumlicher Schutzbereich des Werktitelschutzes

I. Inhaber des Werktitelschutzes

Inhaber des Werktitelrechts nach § 5 MarkenG ist zunächst der **Hersteller des Werks**. Bei Büchern ist dies der **Autor**.[113] Bei Zeitungen oder Zeitschriften stehen die Titelrechte regelmäßig dem **Verlag** zu.[114] Bei Musikwerken ist zunächst der **Komponist** Berechtigter, bei Filmen der **Regisseur** und bei Rundfunksendungen entweder die Produktionsfirma oder die produzierende Rundfunkanstalt.[115]

Berechtigter Verwender des Titels ist darüber hinaus jeder, der den Titel für das betreffende Werk rechtmäßig nutzt, so bspw der **Verleger**, der **Herausgeber** oder der **Produzent**.[116] Gibt es mehrere Titelberechtigte, so können diese aus dem Titelrecht unabhängig voneinander gegen Verletzer vorgehen.[117]

---

[110] OLG Hamburg AfP 1999, 170, 171 – Aber Hallo!
[111] BGH GRUR 1959, 45 – Deutsche Illustrierte; *Deutsch/Ellerbrock* Rn 136.
[112] BGH GRUR 2003, 440 – Winnetous Rückkehr.
[113] BGH GRUR 2005, 264, 265 – Das Telefon-Sparbuch.
[114] BGH GRUR 1997, 661, 662 – Berliner Zeitung.
[115] Vgl hierzu KG GRUR 2000, 906, 907 – Gute Zeiten, schlechte Zeiten.
[116] BGH GRUR 2003, 440 – Winnetous Rückkehr; Ströbele/Hacker/*Hacker* § 5 MarkenG Rn 105.
[117] *Deutsch/Ellerbrock* Rn 67.

II. Räumlicher Schutzbereich

62 Wie beim Schutz von Unternehmenskennzeichen[118] ist auch beim Titelschutzrecht zu prüfen, ob Schutz im gesamten **Bundesgebiet oder** nur in einem räumlich beschränkten **Teilgebiet** besteht. Werden Werke überregional vertrieben, besteht Titelschutz grds im gesamten Bundesgebiet.[119] Handelt es sich hingegen um ein Werk mit von vornherein nur regionaler Verbreitung, besteht auch der Werktitelschutz nur im Verbreitungsgebiet.[120]

§ 5
Übertragbarkeit des Titelschutzes

63 Ob und in welcher Weise das Werktitelrecht übertragbar ist, ist **umstritten**. Vor Einführung des Markengesetzes wurde fast ausnahmslos die Auffassung vertreten, dass Werktitel untrennbar mit dem Werk, das sie bezeichnen, verbunden sind, und das Titelrecht mithin nicht ohne das Recht an dem zugrunde liegenden Werk übertragbar war.[121] Wurde das Recht am Werk übertragen, ging automatisch auch das Recht am Werktitel auf den Erwerber über.

64 Vor Inkrafttreten des neuen Markengesetzes war in einem Gesetzentwurf eine Bestimmung vorgesehen, der zu Folge das Recht an einem Werktitel unabhängig von der Übertragung des Geschäftsbetriebs, zu dem der Werktitel gehört, übertragbar sein sollte.[122] Diese Vorschrift wurde im Laufe des Gesetzgebungsverfahrens jedoch gestrichen. § 27 Abs 1 MarkenG bestimmt nun zwar, dass Rechte aus einer Marke auf andere übertragen werden können. Für Werktitel enthält das Gesetz jedoch keine ausdrückliche Vorschrift. Ob und in welcher Weise Werktitel übertragbar sind, ist daher weiterhin umstritten.

I. Übertragung des Werktitelrechts mit Nutzungsrechten an dem zugrunde liegenden Werk

65 Es besteht Einigkeit darüber, dass Rechte an dem Werktitel **gemeinsam mit einem Vertrag über Nutzungsrechte** an dem zugrunde liegenden Werk auf einen Dritten übertragen werden können, bspw also durch den Autor auf den Verlag mittels eines **Verlagsvertrags**.[123] Enthält die vertragliche Vereinbarung über die Einräumung von Nutzungsrechten nicht zugleich eine Regelung in Bezug auf das Werktitelrecht, so wird teilweise angeregt, § 27 Abs 2 MarkenG analog anzuwenden.[124] Diese Bestim-

---

[118] Band 3 Kap 5.
[119] BGH GRUR 1997, 661, 662 – B.Z./Berliner Zeitung.
[120] *Ingerl/Rohnke* § 5 MarkenG Rn 103; aA *Oelschlägel* 139: Räumlicher Schutz unterscheidungskräftiger Titel immer im gesamten Bundesgebiet, aber möglicherweise keine Verwechslungsgefahr außerhalb des Verbreitungsgebiets.
[121] Hierzu ausf *Schabenberger* FS Helm 219, 227.
[122] Abgedruckt in GRUR 1993, 599, 624; hierzu *Schabenberger* FS Helm 219, 228.
[123] OLG Nürnberg WRP 2000, 1168, 1169 – Winnetou; vom BGH in dem nachfolgenden Revisionsverfahren offen gelassen: BGH GRUR 2003, 440 – Winnetous Rückkehr.
[124] *Ingerl/Rohnke* § 5 MarkenG Rn 108.

mung sieht vor, dass bei Übertragung eines Geschäftsbetriebs auf einen Dritten im Zweifel auch Marken, die zu diesem Geschäftsbetrieb gehören, von der Übertragung mit erfasst sein sollen. Ob eine solche Analogie zulässig ist, erscheint fraglich. Der Gesetzgeber hat bewusst von einer Regelung der Übertragbarkeit von Werktiteln im Markengesetz abgesehen. Die Gesetzesbegründung enthält die Aussage, dass das Gesetz davon absehe, die Übertragung von geschäftlichen Bezeichnungen zu regeln. Insoweit solle das geltende Recht nicht verändert werden.[125] Sachgerecht erscheint es eher, den Werktitel als Teil des urheberrechtlich geschützten Werks zu betrachten und daher die Rechte am Werktitel als Teil der Einräumung der Nutzungsrechte an dem zugrunde liegenden Werk zu behandeln.

II. Isolierte Übertragbarkeit von Werktiteln ohne zugrunde liegendes Werk

Sehr umstritten ist die Frage, ob Werktitel auch unabhängig von dem zugrunde liegenden Werk übertragen werden können und dabei in prioritätserhaltender Weise das Recht aus §§ 5, 15 MarkenG an dem Werktitel auf einen Dritten übergehen kann. Einige wesentliche Stimmen in der Literatur vertreten die Auffassung, es sei notwendig, die **früher** geltende **strenge Akzessorietät** von Werk und Werktitel aufzugeben und die freie Übertragbarkeit des Werktitelrechts zuzulassen.[126]

66

In diesem Zusammenhang wird insb darauf verwiesen, dass der BGH in einer Entscheidung aus dem Jahr 1988[127] die Übertragbarkeit des Werktitelrechts ausdrücklich festgestellt habe. In dieser Entscheidung, die das Werktitelrecht an Untertiteln einzelner Gedichtbände betraf, stellte der BGH zunächst zu Recht fest, dass Inhaber des Titelrechts der Verfasser sei. Der klagende Verlag könne daher ein Recht an den Untertiteln der Einzelbände nur durch Übertragung erlangt haben. Eine solche Übertragung, so der BGH, sei grds zulässig. Sie sei in den Verlagsverträgen stillschweigend mit der Übertragung der Rechte am Werk erfolgt.[128] Betrachtet man diese Feststellung des BGH im Zusammenhang, stellt man fest, dass sich aus dieser Entscheidung für die Frage der isolierten Übertragbarkeit von Werktiteln nichts entnehmen lässt.[129] Der **BGH** hat zutreffend die Auffassung vertreten, das **Werktitelrecht** sei als **Teil der Übertragung der Nutzungsrechte** an dem Grundwerk **ebenfalls übertragen** worden. Dem ist zuzustimmen.

67

Ob, wie die Befürworter einer isolierten Übertragbarkeit des Werktitelrechts meinen, ein **praktisches Bedürfnis für die freie Übertragbarkeit des Werktitelrechts** bspw im Zeitschriftenbereich besteht, wenn Rechte an einer Zeitschrift von einem Verlag an einen anderen Verlag veräußert werden,[130] **erscheint zweifelhaft**. Die Befürworter dieser Auffassung führen insb an, dass bei Veräußerung der Rechte an einer Zeitschrift der Erwerber inhaltliche Veränderungen an der Zeitschrift vornehmen könne, weshalb sich das Gesicht der Zeitschrift ändern könne.[131] Der **Werktitel ist** jedoch **an die**

68

---

[125] Begründung zu § 27 des Entwurfs des Markenrechtsreformgesetzes; BT-Drucks 12/6581; hierzu *Schabenberger* FS Helm 219, 228.
[126] *Fezer* § 5 MarkenG Rn 332, 333; *Ingerl/Rohnke* § 5 MarkenG Rn 108; *Schricker* FS Vieregge 757, 788; *Lehmann* FS Beier 279, 285.
[127] BGH GRUR 1990, 218 – Verschenktexte.
[128] BGH GRUR 1990, 218, 220 – Verschenktexte.
[129] So zu Recht *Schabenberger* FS Helm 219, 230.
[130] *Ingerl/Rohnke* § 5 MarkenG Rn 108.
[131] *Ingerl/Rohnke* § 5 MarkenG Rn 108.

schlichte **Fortsetzung des Werks** (der Zeitung, Zeitschrift oder des sonstigen Werks) **geknüpft**. Inhaltliche und gestalterische Veränderungen sind dabei nicht ausgeschlossen. Dies erfordert nicht eine Aufgabe der **Akzessorietät von Werktitel und Werk**. Vernünftig und realistisch erscheint es, eine Vereinbarung zu verlangen, der zu Folge der bisherige Inhaber des Titelrechts an einer Zeitung oder Zeitschrift sich dazu bereit erklärt, dieses periodisch erscheinende Werk nicht mehr fortzuführen, wohingegen der Erwerber das Recht erhält, dies künftig zu tun. Damit wird der Titel dann gemeinsam mit dem zugrunde liegenden periodisch erscheinenden Werk übertragen.[132]

§ 6
Werktitelschutz außerhalb des Kennzeichenrechts?

69 Es stellt sich die Frage, ob außerhalb des nunmehr im Markengesetz kennzeichenrechtlich geregelten Werktitelschutzes zusätzlicher Titelschutz auch urheberrechtlich, wettbewerbsrechtlich oder zivilrechtlich bestehen kann.

I. Urheberrechtlicher Werktitelschutz

70 Urheberrechtlich ist der Titel Teil des Gesamtwerks. § 39 UrhG sieht vor, dass auch Inhaber von Nutzungsrechten den Titel des Werks ohne Zustimmung des Urhebers nicht ändern dürfen, es sei denn, die Änderungen sind solche, zu welchen der Urheber seine Einwilligung nicht nach Treu und Glauben versagen kann. Ein isoliertes Monopolrecht des Urhebers gegen die Verwendung des Titels durch Dritte für andere Werke ergibt sich hieraus jedoch nicht. Urheberrechtlich könnte der Titel gegen Dritte nur dann durchgesetzt werden, wenn er selbst isoliert urheberrechtlich schutzfähig wäre.[133] Dies würde erfordern, dass der **Titel** für sich genommen eine **persönliche geistige Schöpfung** nach § 2 Abs 2 UrhG darstellt.[134] Es besteht allgemeine Einigkeit darüber, dass dies auch für Werktitel denkbar ist, dass aber insb Titel, die nur aus einem Wort oder aus nur wenigen Worten bestehen, **regelmäßig nicht** die erforderliche Schöpfungshöhe erreichen, um urheberrechtlich schutzfähig zu sein.[135] Zwar wird gerne ein älteres Urteil des Oberlandesgerichts Köln zitiert, in dem der Titel „Der Mensch lebt nicht vom Lohn allein" für eine Rundfunksendung für schöpferisch und urheberrechtlich schutzfähig gehalten wurde.[136] Diese Entscheidung ist zu Recht kritisiert worden. Richtigerweise ist auch bei längeren Titeln regelmäßig davon auszugehen, dass sie nicht hinreichend schöpferisch sind, um alleinstehend urheberrechtlichen Schutz beanspruchen zu können.[137]

---

[132] So auch *Schabenberger* FS Helm 219, 234.
[133] Dreier/Schulze/*Schulze* § 39 UrhG Rn 7.
[134] Zum urheberrechtlichen Titelschutz ausf *Schmieder* GRUR 1965, 468.
[135] Wandtke/Bullinger/*Bullinger* § 2 UrhG Rn 65.
[136] OLG Köln GRUR 1962, 534, 535.
[137] *Deutsch/Ellerbrock* Rn 246; aA *Reupert* UFITA 125 (1994), 27, 45.

II. Wettbewerbsrechtlicher Titelschutz

Nachdem der Werktitelschutz früher in § 16 UWG geregelt war und erst mit Inkrafttreten des neuen Markengesetzes in das Markengesetz aufgenommen wurde, stellt sich die Frage, ob nun noch Raum für einen Rückgriff auf Bestimmungen des UWG in Fällen der Verletzung von Titelrechten bleibt. Die Rechtsprechung ist insoweit in mehreren Entscheidungen zurückhaltend gewesen.[138] Richtigerweise kann ein Rückgriff auf Bestimmungen des UWG nur dann in Betracht kommen, wenn über den Regelungsbereich des kennzeichenrechtlichen Titelschutzes im Markengesetz hinaus ein **wettbewerbswidriges Verhalten** feststellbar ist, welches zu Herkunftstäuschungen, zu gezielten Behinderungen oder anderen wettbewerbsrechtlich relevanten Handlungen führt.[139]

71

III. Zivilrechtlicher Titelschutz

Subsidiär ist zudem denkbar, dass Ansprüche auch in Fällen von Titelverletzungen nach § 12 BGB geltend gemacht werden. Zwar schützt § 12 BGB in erster Linie gegen den unbefugten Gebrauch des Namens einer natürlichen oder juristischen Person durch einen Dritten. Überschneidungen mit titelschutzrechtlichen Fragen kommen jedoch vor allem dann in Betracht, wenn ein bestimmter Titel sich zugleich zum Kennzeichen eines Unternehmens entwickelt hat und deshalb neben einer möglichen Titelverletzung ein **unbefugter Namensgebrauch** vorliegt.[140] Dies ist insb dann denkbar, wenn bspw im Titel einer Zeitschrift Namen, Wappen oder Embleme einer natürlichen oder juristischen Person oder einer Gebietskörperschaft unerlaubt verwendet werden.[141] In der titelschutzrechtlichen Praxis sind solche Konstellationen, in welchen neben Ansprüchen aus §§ 5, 15 MarkenG zusätzlich Ansprüche aus § 12 BGB in Betracht kommen, jedoch **eher selten**.

72

---

[138] BGH GRUR 1999, 992, 995 – Big pack; BGH GRUR 2001, 1050, 1051 – Tagesschau.
[139] *Deutsch/Ellerbrock* Rn 251, 252.
[140] Hierzu BGH GRUR 1979, 564, 565 – Metall-Zeitung; OLG Düsseldorf GRUR 1983, 794 – Rheinische Post.
[141] *Deutsch/Ellerbrock* Rn 264.

Kapitel 7
Rechtlicher Schutz von Signets und Logos

Literatur

Bornkamm Markenrecht und wettbewerbsrechtlicher Kennzeichenschutz GRUR 2005, 97; *Brückmann/Günther/Beyerlein* Kommentar zum Geschmacksmustergesetz, Heidelberg 2007 (zit Brückmann/Günther/Beyerlein/*Bearbeiter*); *Bulling/Langöhrig/Hellwig* Geschmacksmuster, 2. Aufl Köln 2006; *Dreier/Schulze* Urheberrecht Kommentar, 3. Aufl München 2008 (zit Dreier/Schulze/ *Bearbeiter*); *Eichmann* Gemeinschaftsgeschmacksmuster und Gemeinschaftsmarken: Eine Abgrenzung MarkenR 2003, 10; *Eichmann/von Falckenstein* Geschmacksmustergesetz, 4. Aufl München 2010 (zit Eichmann/von Falckenstein/*Bearbeiter*); *Fezer* Markenrecht, 4. Aufl München 2009; *Fouquet* Gewerblicher und bürgerlicher Rechtsschutz des Behördenlogos GRUR 2002, 35; *Gottschalk* Der Schutz des Designs nach deutschem und europäischem Recht, Baden-Baden 2005; *Ingerl/Rohnke* Markengesetz Kommentar, 3. Aufl München 2010; *Köhler/Bornkamm* Gesetz gegen den unlauteren Wettbewerb UWG, 29. Aufl München 2011 (zit Köhler/Bornkamm/ *Bearbeiter*); *Palandt* Bürgerliches Gesetzbuch, 70. Aufl München 2011 (zit Palandt/*Bearbeiter*); *Ruijsenaars* Merchandising von Sportemblemen und Universitätslogos – ein markenrechtliches Lösungsmodell für Europa? GRUR 1998, 110; *Schlötelburg* Musterschutz an Zeichen GRUR 2005, 123; *Wandtke/Bullinger* Praxiskommentar zum Urheberrecht, 3. Aufl München 2009 (zit Wandtke/Bullinger/*Bearbeiter*).

Übersicht

	Rn		Rn
§ 1 Einführung	1	§ 4 Geschmacksmusterrechtlicher Schutz .	25
§ 2 Markenrechtlicher Schutz	8	§ 5 Wettbewerbsrechtlicher Schutz	36
§ 3 Urheberrechtlicher Schutz	17	§ 6 Zivilrechtlicher Schutz	46

§ 1
Einführung

Signets und Logos zur **Kennzeichnung von Waren** oder der **Identifikation eines Unternehmens** sind im heutigen Wirtschaftsleben von erheblicher Bedeutung. Ein gut eingeführtes Logo kann von ähnlichem Wert sein wie der Name eines Unternehmens oder Produkts. Dies gilt für Signets und Logos mit Wortelement, es gilt aber auch für rein grafische Signets und Logos. Ein dreiarmiger Stern im Kreis, ein stilisierter Kranich, ein springender Jaguar oder ein angebissener Apfel können prägnanter als ein langer Unternehmens- oder Produktname die Herkunft eines Produkts aus einem bestimmten Unternehmen mitteilen und, bei gutem Marketing, dauerhaft positive Empfindungen bei den Personen auslösen, die das betreffende Signet oder Logo wahrnehmen. 1

Dies bedingt zugleich, dass die Investition in die Außendarstellung des Unternehmens mittels Signets und Logos durch rechtliche Maßnahmen abgesichert werden 2 muss. Die **Imitation des gut eingeführten Signets oder Logos** durch Wettbewerber muss unterbunden werden. Wünschenswert ist es aus Sicht des Unternehmens in diesen Fällen daher regelmäßig, mögliche **Registerrechte zum Schutz solcher Signets und Logos** zu erwerben. Hilfsweise kann versucht werden, Rechtsschutz ohne eingetragene Schutzrechte zu erhalten, sofern die Voraussetzungen zur Erlangung eingetragener Schutzrechte nicht oder nicht mehr vorliegen.

3   Juristisch kann **Schutz gegen die Verwendung identischer oder ähnlicher Signets oder Logos** durch Dritte unter Zuhilfenahme verschiedener Schutzrechte in Betracht kommen. Das **Markenrecht** als Recht zum Schutz von Kennzeichen, die dem Hinweis auf die Herkunft einer Ware oder Dienstleistung aus einem bestimmten Unternehmen oder einer geschäftlichen Bezeichnung dienen, **liegt unmittelbar nahe.**

4   Zu denken ist bei besonders kreativen und ausgefallen Signets und Logos jedoch auch an **urheberrechtlichen Schutz**, der allerdings insoweit **gewisse Unsicherheiten** mit sich bringt, als er **kein Registerschutz** ist. Der Verwender eines Logos wird daher im Regelfall bis zu einem ersten Verletzungsprozess nicht sicher wissen, ob die Gerichte das jeweilige Signet oder Logo für hinreichend schöpferisch und damit urheberrechtlich schutzfähig halten. Zudem sind die **Hürden** für den urheberrechtlichen Schutz bei Signets und Logos regelmäßig **eher hoch**.

5   Als **weiteres mögliches Registerrecht** (welches aber auch in nicht eingetragener Form Schutz genießen kann) zum Schutz von Signets und Logos kommt das **Geschmacksmusterrecht** in Betracht, das nicht nur dreidimensionale Gestaltungen schützen kann, sondern auch zweidimensionale Muster.

6   Besteht kein Sonderrechtschutz aus einem der drei zuvor genannten Gebiete, stellt sich sodann die Frage, ob auf der Grundlage des **Rechts des unlauteren Wettbewerbs** Schutz gegen die Nachahmung von Signets und Logos erreicht werden kann.

7   Schließlich ist zu prüfen, ob **allgemeiner bürgerlich-rechtlicher Schutz** auch hinsichtlich der Verwendung von Signets und Logos neben oder statt der zuvor genannten Sondergesetze aus dem Bereich des Geistigen Eigentums in Betracht kommen kann.

§ 2
Markenrechtlicher Schutz

8   Ein Signet oder Logo kann zunächst markenrechtlichen Schutz genießen. Dieser Schutz wird **regelmäßig durch Anmeldung und nachfolgende Eintragung** des Signets oder Logos als Marke begründet. § 3 MarkenG sieht vor, dass als Marken auch Abbildungen, mithin auch Signets und Logos,[1] geschützt werden können. Erforderlich ist für den markenrechtlichen Schutz von Signets und Logos wie für alle Marken, dass diese die **allgemeinen markenrechtlichen Schutzvoraussetzungen** erfüllen.[2]

9   Das Signet oder Logo muss insb **grafisch darstellbar** sein, § 8 Abs 1 MarkenG. Dies bereitet bei Signets und Logos regelmäßig keine Schwierigkeiten.

---

[1] *Ingerl/Rohnke* § 3 MarkenG Rn 29; zum markenrechtlichen Schutz für Sportembleme und Universitätslogos *Ruijsenaars* GRUR Int 1998, 110.

[2] Zu den markenrechtlichen Schutzvoraussetzungen allgemein Band 3 Kap 5.

Das Signet oder Logo muss ferner zumindest ein Minimum an **Unterscheidungskraft** aufweisen und darf nicht rein beschreibend sein. Einfachste geometrische Formen scheiden daher für Markenschutz ebenso aus wie beschreibende Bildzeichen (Piktogramme).3

10

Schließlich sind auch hier die **übrigen absoluten Schutzhindernisse** des § 8 Abs 2 MarkenG zu beachten.4

11

Neben der Entstehung des Markenschutzes durch Eintragung gem § 4 Nr 1 MarkenG ist es auch bei Signets und Logos möglich, Markenschutz durch Erlangung von **Verkehrsgeltung** (§ 4 Nr 2 MarkenG) oder durch **notorische Bekanntheit** eines Signets oder Logos (§ 4 Nr 3 MarkenG) zu erwerben.5

12

Kennzeichenrechtlicher Schutz von Signets oder Logos kann zudem neben originär markenrechtlichem Schutz auch mittels des **Rechtsschutzes für geschäftliche Bezeichnungen, nämlich Unternehmenskennzeichen,** nach § 5 Abs 2 MarkenG erlangt werden. Wird das Signet oder Logo als besondere Bezeichnung eines Geschäftsbetriebs oder eines Unternehmens benutzt, entsteht der Schutz als Schutz der geschäftlichen Bezeichnung ohne Eintragung, Verkehrsdurchsetzung oder notorische Bekanntheit **durch die Ingebrauchnahme im geschäftlichen Verkehr** als tatsächliche Handlung.6

13

Zu beachten ist dabei allerdings, dass im Rahmen des § 5 Abs 2 MarkenG in erster Linie Bezeichnungen Schutz genießen, die ihrerseits **Namensfunktion** haben.7 Bei Signets und Logos ist dies nicht immer der Fall, insb dann nicht, wenn das Signet oder Logo keinen Wortbestandteil enthält. Es stellt sich daher in diesen Fällen die Frage, ob **auch rein bildliche Darstellungen** als besondere Bezeichnung eines Geschäftsbetriebs oder Unternehmens iSv § 5 Abs 2 MarkenG Schutz genießen können. Der BGH hat schon in zwei sehr alten Entscheidungen die Auffassung vertreten, dass auch bildliche Darstellungen ohne Namensfunktion als besondere Bezeichnung des Betriebs oder Unternehmens Schutz genießen können.8 In der Literatur wird zurecht die Auffassung vertreten, dass **auch Bildzeichen als Unternehmenskennzeichen geschützt** werden müssen, sofern sie eine allgemeine kennzeichenrechtliche Unterscheidungskraft besitzen.9 Dies ist nur dann nicht der Fall, wenn dem Signet oder Logo für die Unternehmensbranche jegliche **Unterscheidungskraft** fehlt, es rein beschreibend oder innerhalb der Branche gebräuchlich oder verkehrsüblich ist.10 Für den Schutz von Signets oder Logos als besondere Bezeichnung eines Unternehmens sollen insofern keine strengeren Anforderungen gelten, als bspw bei der Verwendung von Wappen oder Emblemen, welchen Namensschutz zuerkannt wird.11

14

Selbst wenn dem Signet oder Logo die individualisierende Unterscheidungskraft fehlen sollte, kann kennzeichenrechtlicher Schutz begründet werden, wenn das Signet oder Logo **Verkehrsgeltung** erworben hat.12

15

Zusammenfassend lässt sich somit festhalten, dass **kennzeichenrechtlicher Schutz für Signets und Logos die nächstliegende Option** ist. Dabei kann Schutz am sichersten durch Markeneintragung erworben werden, alternativ aber auch durch die bloße Verwendung als Unternehmenskennzeichen, sofern das Signet oder Logo unterschei-

16

---

3 *Ingerl/Rohnke* § 8 MarkenG Rn 166, 167.
4 Hierzu Band 3 Kap 5.
5 Hierzu Band 3 Kap 5.
6 Zum kennzeichenrechtlichen Schutz der geschäftlichen Bezeichnungen Band 3 Kap 5.
7 *Ingerl/Rohnke* § 5 MarkenG Rn 29.
8 BGH GRUR 1956, 172, 175 – Magirus-Logo;

BGH GRUR 1964, 71, 73 – personifizierte Kaffeekanne.
9 *Fezer* § 15 MarkenG Rn 189 f.
10 *Fezer* § 15 MarkenG Rn 189 f.
11 *Ingerl/Rohnke* § 5 MarkenG Rn 29.
12 *Fezer* § 15 MarkenG Rn 207.

Kapitel 7 Rechtlicher Schutz von Signets und Logos

dungskräftig ist oder Verkehrsgeltung erworben hat. Besteht ein solcher markenrechtlicher Schutz des Signets oder Logos, stehen dem Inhaber desselben die allgemeinen markenrechtlichen Ansprüche auf Unterlassung, Auskunft, Schadenersatz und Vernichtung zu.[13]

§ 3
Urheberrechtlicher Schutz

17   Neben markenrechtlichem Schutz kann auch bei Signets und Logos urheberrechtlicher Schutz in Betracht kommen. Dies ist allerdings mit gewissen Risiken verbunden und – wie allgemein im Urheberrecht – nur dann der Fall, wenn das fragliche Signet oder Logo **Werkqualität** aufweist, also gem § 2 Abs 2 UrhG als **persönliche geistige Schöpfung** anzusehen ist.[14] Ob dies der Fall ist, muss in jedem Einzelfall geprüft werden, was deshalb risikobehaftet ist, weil die **Bestätigung** der Schöpfungshöhe durch ein Gericht **erst in einem Verletzungsverfahren** erfolgen wird.

18   Grafische Darstellungen, als welche auch Signets und Logos zu betrachten sind, können **Werke der bildenden Kunst** (§ 2 Abs 1 Nr 4 UrhG) sein.[15] Bei solchen Werken ist die Rechtsprechung tendenziell streng, was die **Anforderungen an die Schutzfähigkeit** angeht.[16] Es sind nur solche Gegenstände als Werke der bildenden Kunst geschützt, deren **ästhetischer Gehalt** einen solchen Grad erreicht, dass nach den im Leben herrschenden Auffassungen von Kunst gesprochen werden kann; maßgeblich dafür ist die Auffassung der für Kunst empfänglichen und mit Kunstanschauungen einigermaßen vertrauten Verkehrskreise.[17] Keine Werke der bildenden Kunst sind banale, alltägliche und vorbekannte Gestaltungen ohne ein Mindestmaß an Individualität und Aussagekraft für den Betrachter.[18] Handelt es sich hingegen um bildende Kunst mit hinreichendem ästhetischem Gehalt, wird auch die sog „**kleine Münze**" geschützt, die einfache, aber gerade noch schutzfähige Schöpfungen umfasst.[19]

19   Bei sog **angewandter Kunst,** also Gebrauchskunst, ist die Rechtsprechung deutlich strenger: Die Anforderungen an das Vorliegen einer persönlichen geistigen Schöpfung sind höher als bei Werken der reinen Kunst.[20] Zudem wird Werken der Gebrauchskunst der **Schutz der „kleinen Münze"** nicht gewährt.[21] Dies wird insb damit begründet, dass die entsprechenden Gestaltungen angewandter Kunst als solche grds dem Geschmacksmusterschutz zugänglich sind.[22]

20   Um Geschmacksmusterrechtsschutz für grafische Darstellungen anzunehmen, müssen diese sich von Mustern des vorbekannten Formenschutzes unterscheiden. Da es nunmehr für die Schutzfähigkeit nicht mehr auf Überdurchschnittlichkeit ankommt, fallen unter den geschmacksmusterrechtlichen Schutz auch durchschnittliche Gestal-

---

[13] Zu den markenrechtlichen Ansprüchen Band 3 Kap 5.
[14] Zum Erfordernis der Schöpfungshöhe allgemein Band 2 Kap 1.
[15] OLG Hamburg MMR 2004, 407, 408 – Handy-Logos.
[16] Hierzu Band 2 Kap 1.
[17] OLG Hamburg MMR 2004, 407, 408 – Handy-Logos.
[18] OLG Hamburg MMR 2004, 407, 408 – Handy-Logos; Wandtke/Bullinger/*Bullinger* § 2 UrhG Rn 105.
[19] *Gottschalk* 121; hierzu Band 2 Kap 1.
[20] Wandtke/Bullinger/*Bullinger* § 2 UrhG Rn 97 mwN.
[21] Dreier/Schulze/*Schulze* § 2 UrhG Rn 153; hierzu Band 2 Kap 1.
[22] Hierzu nachfolgend § 4.

tungen. Die Rechtsprechung behält trotz Neufassung der geschmacksmusterrechtlichen Voraussetzung der Eigenart[23] für die Gewährung urheberrechtlichen Schutzes die Forderung eines deutlich überdurchschnittlichen Abstands der zu schützenden von einer lediglich durchschnittlichen Gestaltung bei. Um urheberrechtlichen Schutz in Anspruch nehmen zu können, muss daher auch ein Signet oder Logo regelmäßig deutlich schöpferischer sein, als es ein nur geschmacksmusterrechtlich geschütztes Logo wäre. Der Abstand zwischen beiden darf dabei nicht zu gering sein.[24]

21 Für eher simple **Signets und Logos** gewähren die deutschen Gerichte daher **regelmäßig keinen urheberrechtlichen Schutz.** Dies galt bspw für die grafisch gestaltete „1" der ARD,[25] für das früher von der Partei der Grünen verwendete Sonnenblumenlogo,[26] für das Logo für die Verpackung eines Natursalzprodukts[27] und für Handy-Logos, also grafische Darstellungen, die auf dem Display eines Handys wiedergegeben werden.[28]

22 **Nur** in wenigen **Ausnahmefällen** haben die Gerichte **anders** entschieden: So hat der BGH für den seinerzeit von der Deutschen Bundesbahn verwendeten rosaroten Elefant urheberrechtlichen Schutz ebenso für möglich gehalten,[29] wie das OLG München für ein gezeichnetes Sonnengesicht,[30] allerdings mit dem Hinweis, dass die Gestaltung des Klägers an der untersten Grenze des als „kleine Münze" noch Schutzfähigen liege und daher nur über einen **sehr begrenzten Schutzbereich** verfüge, der nur ein Verbot identischer oder nahezu identischer Gestaltungen ermögliche. Ferner hat das OLG Hamburg für eine schöpferische Nachbildung eines Weinblatts nach dem Vorbild der Natur zugunsten des Pharmaunternehmens Boehringer urheberrechtlichen Schutz als Werk der bildenden Kunst nach § 2 Abs 1 Nr 4 UrhG bejaht und eine fast identische Übernahme dieser Gestaltung untersagt.[31]

23 Es ist daher festzuhalten, dass ein besonders schöpferisch-künstlerisch gestaltetes Signet oder Logo urheberrechtlichen Schutz genießen kann. Allerdings sind diese Fälle eher selten. **Grds** sind **abstrakte Signets oder Logos** (anders bspw als Comicfiguren) **urheberrechtlich nicht geschützt.**

24 Für den Verwender eines Signets oder Logos, der sich zur Verteidigung gegen Nachahmungen auf urheberrechtlichen Schutz verlassen möchte, besteht ein **nicht unerhebliches Risiko.** Zu empfehlen ist dies daher zumindest als alleinige Basis für ein Vorgehen im Verletzungsfall nicht. Vorzugswürdig erscheint es, kennzeichenrechtlichen Schutz der Signets oder Logos und – wie nachfolgend erläutert – geschmacksmusterrechtlichen Schutz zu erwerben.

---

[23] Vgl dazu näher Band 2 Kap 7.
[24] BGH GRUR 1995, 181, 582 – Silberdistel.
[25] OLG Köln GRUR 1986, 889, 890 – ARD-1.
[26] OLG München ZUM 1989, 423, 425.
[27] KG ZUM 2005, 230 – Verpackungsgestaltung.
[28] OLG Hamburg MMR 2004, 407, 408 – Handy-Logos.
[29] BGH ZUM 1995, 482 – rosaroter Elefant.
[30] OLG München ZUM 1993, 490, 491.
[31] OLG Hamburg NJOZ 2005, 124, 125 – Weinlaubblatt.

§ 4
Geschmacksmusterrechtlicher Schutz

25 Als weitere Schutzmöglichkeit für Signets und Logos kommt das **Geschmacksmusterrecht** in Betracht.[32] Dabei stellt sich zunächst die Frage, ob auch zweidimensionale grafische Darstellungen als solche dem Geschmacksmusterschutz zugänglich sind. Ausgehend vom Schutzzweck des Geschmackmusterrechts, das eigentlich der Förderung der Innovation bei der Entwicklung neuer Erzeugnisse und der Förderung der Investitionen für die Herstellung solcher Erzeugnisse dienen soll,[33] könnte man zweifeln, ob auch Signets und Logos, die diesen Zwecken nicht unmittelbar dienen, geschmacksmusterrechtlich geschützt werden können. Zudem sollen nur **Erscheinungsformen von industriellen oder handwerklichen Gegenständen** musterfähig sein, § 1 Nr 2 GeschMG und Art 3 GemGeschMVO. Dass **auch Zeichen musterfähig** sind, ist jedoch allgemein anerkannt.[34]

26 Als Geschmacksmuster werden Muster geschützt, die **neu und eigenartig** sind, § 2 Abs 1 GeschMG und Art 4 Abs 1 GemGeschMVO. Muster sind Erscheinungsformen eines Erzeugnisses, § 1 Nr 1 GeschMG und Art 3a) GemGeschMVO. Erzeugnis wiederum kann auch ein grafisches Symbol sein, § 1 Nr 2 GeschMG und Art 3b) GemGeschMVO. Mithin können auch Signets und Logos, sofern sie die Schutzvoraussetzungen der Neuheit und Eigenart erfüllen,[35] geschmacksmusterrechtlich schutzfähig sind.[36] Da die Neuheit und Eigenart der Gestaltung **im Anmeldeverfahren** allerdings **nicht geprüft** werden, ist es zügig und mit geringem tatsächlichem und finanziellem Aufwand möglich, geschmacksmusterrechtlichen Schutz zu erlangen.

27 Zu beachten ist lediglich, dass im Anmeldeverfahren das **Erzeugnis**, in welches das Geschmacksmuster aufgenommen oder bei dem es verwendet werden soll, **mit anzugeben** ist, § 11 Abs 2 Nr 4 GeschMG und Art 36 Abs 2 GemGeschMVO. Bei Anmeldung eines Signets oder Logos zum Geschmacksmuster könnte daher bspw die Erzeugnisangabe „**Werbeschild**"[37] oder „**grafisches Symbol**"[38] gemacht werden. Einzelne Anmelder, deren Signets oder Logos aufgrund der von dem Unternehmen hergestellten Produkte regelmäßig nur auf einem bestimmten Erzeugnis verwendet werden, geben konsequenterweise dieses Erzeugnis in der Anmeldung an.[39] Für den Schutzumfang eines Geschmacksmusters hat diese Angabe freilich – anders als im Markenrecht – **keine beschränkende Wirkung**, § 11 Abs 5 GeschMG und Art 36 Abs 4 GemGeschMVO.

28 Die **Vorteile**, die Geschmacksmusterschutz eines Signets oder Logos **gegenüber markenrechtlichem Schutz** bietet, sind zum einen die Tatsache, dass das Geschmacksmusterrecht anders als das Kennzeichenrecht **keine Benutzungsschonfrist** kennt (oder gar, wie beim kennzeichenrechtlichen Schutz geschäftlicher Bezeichnungen, die Schutzgewährung von der tatsächlichen Verwendung des Signets oder Logos im geschäft-

---

[32] Allgemein und ausf zum Geschmacksmusterschutz Band 2 Kap 7.
[33] GemGeschMVO Erwägungsgrund 7; Eichmann/von Falckenstein/*Eichmann* Allg Rn 7.
[34] *Bulling/Langöhrig/Hellwig* Rn 673; Eichmann/von Falckenstein/*Eichmann* § 1 GeschMG Rn 28, 31; *Schlötelburg* GRUR 2005, 123, 124.
[35] Hierzu ausf Band 2 Kap 7.
[36] *Schlötelburg* GRUR 2005, 123, 124.

[37] Diese Erzeugnisangabe findet sich in der Locarno-Klassifikation in der Klasse 20-03.
[38] So *Schlötelburg* GRUR 2005, 123, 124. Diese Erzeugnisangabe findet sich in der Locarno-Klassifikation in der Klasse 99-00.
[39] Wie bspw der Chip-Hersteller Intel Corporation, der für die Anmeldungen bestimmter Logos als Geschmacksmuster die Erzeugnisangabe „Laptop Computer" angibt.

lichen Verkehr abhängt) und zum anderen der **Schutzumfang**: Im Geschmacksmusterrecht kommt es für eine Verletzung auf Waren-, Dienstleistungs- oder Branchenähnlichkeit nicht an. Entscheidend ist allein, **ob das** angebliche verletzende **Muster** gegenüber dem geschützten Muster **beim informierten Benutzer keinen anderen Gesamteindruck erweckt**, § 38 Abs 2 S 1 GeschMG und Art 10 Abs 1 GemGeschMVO.

Hinzu kommt ferner, dass das Geschmacksmusterrecht ein **Widerspruchsverfahren nicht** kennt, und der Inhaber des Geschmacksmusterrechts die **Vermutung der Rechtsgültigkeit** für sich beanspruchen kann, § 39 GeschMG und Art 85 Abs 1 GemGeschVO. Durch diese Vermutung tritt eine Beweiserleichterung nach § 292 ZPO ein, die dem Rechtsinhaber die Durchsetzung seiner Ansprüche erleichtert. Zugunsten des Rechtsinhabers wird vermutet, dass die Voraussetzungen, die für die Entstehung des Geschmacksmusterschutzes notwendig sind, insb die Neuheit und Eigenart, gegeben sind. Der Verletzer muss nach § 292 ZPO dartun und beweisen, dass die Anforderungen nicht erfüllt sind.[40] Der Schutz eines eingetragenen Geschmacksmusters kann nur durch **Nichtigkeitsantrag oder Nichtigkeitsklage** angegriffen werden.

29

Nachteil des geschmacksmusterrechtlichen Schutzes von Signets und Logos gegenüber markenrechtlichem Schutz ist allerdings, **dass** Letzterer bei hinreichender Verlängerung und/oder Benutzung zeitlich unbegrenzt gewährt wird, während der **Geschmacksmusterschutz spätestens nach 25 Jahren endet.** Um von den Vorteilen beider Schutzrechte zu profitieren, haben insb unmittelbar nach Inkrafttreten der Gemeinschaftsgeschmacksmusterverordnung einige Unternehmen mit der Praxis begonnen, ihre Signets oder Logos auch als Gemeinschaftsgeschmacksmuster schützen zu lassen.[41] Einige dieser nun als Gemeinschaftsgeschmacksmuster geschützten Signets und Logos waren Verbrauchern in Europa bereits vor der Anmeldung als Gemeinschaftsgeschmacksmuster bekannt. Es darf vermutet werden, dass sich unter den ersten Gemeinschaftsgeschmacksmusteranmeldungen daher zahlreiche Signets und Logos befinden, die die von Amts wegen nicht geprüfte Schutzvoraussetzung der Neuheit nicht erfüllen und im Nichtigkeitsverfahren daher zu löschen wären.

30

Ein neues und eigenartiges Signet oder Logo kann mithin nach Anmeldung und Eintragung als nationales oder als Gemeinschaftsgeschmacksmuster bis zu 25 Jahren Schutz genießen, und zwar **unabhängig davon, ob es zugleich Markenschutz genießt**. Ein Verbot des Doppelschutzes gibt es nicht.[42] Um die Neuheitsschädlichkeit der Veröffentlichung einer Markenanmeldung für den (eingetragenen) Geschmacksmusterschutz zu vermeiden, ist zu empfehlen, das **Signet oder Logo** möglichst **gleichzeitig sowohl als Marke als auch als Geschmacksmuster anzumelden,** sofern beide Schutzrechte gewünscht sind.

31

Ein Signet oder Logo kann aber auch als **nicht eingetragenes Gemeinschaftsgeschmacksmuster** den begrenzten dreijährigen Schutz, den ausschließlich das Gemeinschaftsgeschmacksmusterrecht (Art 11 GemGeschMVO), nicht hingegen das deutsche Geschmacksmusterrecht, vorsieht, beanspruchen. Dies setzt ebenfalls Neuheit und Eigenart der Gestaltung voraus. Da das nicht eingetragene Gemeinschaftsgeschmacksmuster durch Veröffentlichung in der Gemeinschaft entsteht, kann es **als Nebenprodukt einer Veröffentlichung der Markenanmeldung** des betreffenden Signets oder Logos erwachsen, ohne dass hierfür weitere Schritte erforderlich sind.[43] Da Unterneh-

32

---

[40] Brückmann/Günther/Beyerlein/*Günther* § 39 GeschMG Rn 1.
[41] Hierzu auch *Schlötelburg* GRUR 2005, 123, 124.
[42] Eichmann/von Falckenstein/*Eichmann* Allg

Rn 46: Jede Bildmarke kann als Geschmacksmuster eingetragen werden.
[43] *Bulling/Langöhrig/Hellwig* Rn 674; *Schlötelburg* GRUR 2005, 123, 124: Durch die amtlichen Veröffentlichungen von Markenanmeldun-

men Signets oder Logos regelmäßig längerfristig zu benutzen beabsichtigen, wird der Schutz des nicht eingetragenen Gemeinschaftsgeschmacksmusters, der eigentlich dem Schutz der Gestaltung von Saisonartikeln namentlich in der Modebranche zugedacht ist, ihnen von Ausnahmen abgesehen **keinen wesentlichen Mehrwert** bringen.

33 Insgesamt ist daher festzuhalten, dass insb **eingetragene Geschmacksmuster** eine **zügige und kostengünstige Möglichkeit** zur Erlangung zusätzlichen Registerschutzes **für Signets und Logos** sein können. Als einziges Schutzrecht sollten sie jedoch nur dann erwogen werden, wenn das anmeldende Unternehmen sicher weiß, dass die Zeitdauer der Verwendung des betreffenden Signets oder Logos die **maximale Schutzdauer des Geschmacksmusters von 25 Jahren** nicht übersteigen wird. Dieser Zeitraum wird insb bei wesentlichen Unternehmenslogos regelmäßig nicht ausreichen.

34 Trotz der Tatsache, dass die Schutzvoraussetzungen der Neuheit und Eigenart im Anmeldeverfahren nicht geprüft werden, muss der Anmelder eines solchen Geschmacksmusters sich dessen bewusst sein, dass insb **bei allzu offensichtlichem Fehlen dieser Voraussetzungen die Gefahr von Nichtigkeitsanträgen oder Nichtigkeitsklagen Dritter** besteht.

35 Besteht geschmacksmusterrechtlicher Schutz für ein Signet oder Logo, bestehen auch insoweit die allgemeinen geschmacksmusterrechtlichen Untersagungsansprüche.[44]

§ 5
Wettbewerbsrechtlicher Schutz

36 Sofern zum Schutz eines Signets oder Logos weder ein Kennzeichenrecht existiert noch Geschmacksmusterrechte geltend gemacht werden können und das Signet oder Logo mangels Schöpfungshöhe auch nicht erfolgreich mit dem Instrumentarium des Urheberrechts gegen Nachahmer verteidigt werden kann, stellt sich die weitergehende Frage, ob der **ergänzende wettbewerbsrechtliche Leistungsschutz**, den das UWG vorsieht, **oder andere Bestimmungen des UWG** in derartigen Fällen nutzbar gemacht werden kann.

37 Nach §§ **4 Nr 9a, 3 UWG** ist es unlauter, Waren oder Dienstleistungen anzubieten, die eine Nachahmung der Waren oder Dienstleistungen eines Mitbewerbers sind, wenn der Anbietende dadurch eine **vermeidbare Täuschung der Abnehmer über die betriebliche Herkunft** herbeiführt. Nach §§ **4 Nr 9b, 3 UWG** ist es zudem wettbewerbswidrig, Waren oder Dienstleistungen eines Mitbewerbers nachzuahmen, wenn dabei die **Wertschätzung der nachgeahmten Ware oder Dienstleistung unangemessen ausgenutzt oder beeinträchtigt** wird.

38 Fraglich ist, inwieweit diese Bestimmungen neben dem sondergesetzlich geregelten Markenrecht zum Schutz gegen die unerlaubte Verwendung von identischen oder ähnlichen Signets und Logos durch Dritte Anwendung finden können. Als Grundsatz gilt hierbei, dass **wettbewerbsrechtliche Ansprüche neben (möglichen) markenrechtlichen Ansprüchen nur dann** bestehen können, **wenn sie sich gegen ein wettbewerbswidriges**

---

gen werden laufend Musterrechte in Form von nicht eingetragenen Gemeinschaftsgeschmacksmustern geschaffen, ohne dass der Markeninhaber darauf Einfluss hätte.

[44] Hierzu Band 2 Kap 7.

Verhalten richten, das als solches **nicht Gegenstand der markenrechtlichen Regelung ist**.[45] Gerade bei den Bestimmungen in § 4 Nr 9a und b UWG ist dies problematisch, da die Regeln des Markenrechts auch Fragen der Herkunftstäuschung und der Rufausbeutung betreffen.

Regelmäßig scheidet wettbewerbsrechtlicher Kennzeichenschutz daher auch in Fällen **aus**, in welchen markenrechtlicher Schutz deshalb nicht in Betracht kommt, weil das nachgeahmte Signet oder Logo keinen Markenschutz genießt oder nicht den hierfür erforderlichen Bekanntheitsgrad aufweist.[46] Im Regelfall ist daher davon auszugehen, dass **fehlender Markenschutz** für ein Signet oder Logo **nicht durch Rückgriff auf den ergänzenden wettbewerbsrechtlichen Leistungsschutz des UWG behoben werden kann**.[47]

39

Allerdings hat sich der **BGH in einer Entscheidung aus dem Jahre 2003** noch zum alten UWG **etwas großzügiger** geäußert und dort angenommen, dass in Fällen, in welchen markenrechtliche Ansprüche mangels Bestehens von Markenrechten nicht in Betracht kommen, die Übernahme eines fremden, nicht unter Sonderrechtsschutz stehenden Leistungsergebnisses, das auch in der Kennzeichnung von Produkten liegen kann, als unzulässige Ausbeutung nach § 1 UWG a.F. wettbewerbswidrig sein kann, **sofern besondere Umstände hinzutreten, die das Verhalten unlauter erscheinen lassen**.[48]

40

Nur in Ausnahmefällen kann daher mit Erfolg auf den ergänzenden **wettbewerbsrechtlichen Leistungsschutz** zurückgegriffen werden, auch wenn markenrechtlicher Schutz eines Signets oder Logos nicht oder noch nicht besteht. Dies ist zum einen dann der Fall, wenn das Signet oder Logo bei den beteiligen Verkehrskreisen in gewissem Umfang bereits Bekanntheit erlangt hat und grds dazu geeignet ist, aufgrund der Benutzung als betriebliches Herkunftszeichen zu wirken.

41

Ferner ist erforderlich, dass die **Anlehnung** an ein solches Signet oder Logo ohne hinreichenden Grund **in der verwerflichen Absicht** geschieht, **Verwechselungen herbeizuführen oder den Ruf des anderen** Wettbewerbers zu beeinträchtigen oder auszunutzen.[49] In der Literatur wird abweichend von der bisweilen etwas großzügigeren Auslegung der Rechtsprechung die Auffassung vertreten, dass dies nur dann gelten solle, wenn zugleich die mit dem Signet oder Logo gekennzeichnete Ware oder Dienstleistung nachgeahmt wird, nicht hingegen dann, wenn ausschließlich das Signet oder Logo imitiert wird.[50]

42

Neben den Fallvarianten in § 4 Nr 9 UWG ist ein gleichsam ergänzender Schutz gegen die unlautere Aneignung des eigenen Signets oder Logos durch Dritte in Fällen denkbar, in welchen solches Handeln als **gezielte Behinderung eines Mitbewerbers** angesehen werden kann, die nach §§ 4 Nr 10, 3 UWG unlauter ist. Dies ist bspw dann der Fall, wenn ein Dritter ein Signet oder Logo, für welches (noch) kein formaler Kennzeichenschutz in Deutschland besteht, in Kenntnis des Besitzstandes des Vorbenutzers ohne sachlichen Grund das Signet oder Logo oder eine hiermit verwechslungsfähige Kennzeichnung für gleiche oder ähnliche Waren oder Dienstleistungen für sich

43

---

[45] BGH GRUR 2003, 332, 335 – Abschlussstück.
[46] *Bornkamm* GRUR 2005, 97, 102.
[47] Köhler/Bornkamm/*Köhler* § 4 UWG Rn 9.11.
[48] BGH GRUR 2003, 973, 974 – Tupperwareparty.

[49] BGH GRUR 1997, 754, 755 – grau/magenta; OLG Köln GRUR-RR 2003, 26, 27.
[50] Köhler/Bornkamm/*Köhler* § 4 UWG Rn 9.11.

anmeldet, um die weitere Verwendung des Signets oder Logos durch den Vorbenutzer zu verhindern.[51]

44 Für die Wettbewerbswidrigkeit eines solchen Verhaltens ist es bspw ausreichend, wenn der **Dritte das Signet oder Logo mit der Absicht für sich anmeldet**, das **Eindringen des** möglicherweise bereits im Ausland aktiven **Verwenders des Signets oder Logos auf den deutschen Markt zu verhindern**.[52] In derartigen Fällen kann der berechtigte Vorbenutzer neben der Möglichkeit, nach den Bestimmungen des Markengesetzes die Löschung der Marke wegen bösgläubiger Markenanmeldung zu verlangen, aus § 8 Abs 1 S 1 UWG wegen des Verstoßes gegen § 4 Nr 10 UWG die **Rücknahme der Markenanmeldung oder die Einwilligung in die Löschung der bereits eingetragenen Marke** verlangen.[53]

45 Ein **Rückgriff auf die Bestimmungen des UWG** ist zum Schutz eigener Signets oder Logos mithin **nur in Ausnahmefällen denkbar**. **Grds** haben die Bestimmungen des Kennzeichenrechts, die das **Markengesetz** vorsieht, **Vorrang**. Nutzt ein Wettbewerber Lücken im kennzeichenrechtlichen Schutz eines Signets oder Logos hingegen in wettbewerbswidriger Absicht aus, oder treten sonst Unlauterkeitselemente zu dem Handeln des Verletzers hinzu, kann ein Rückgriff auf Bestimmungen des UWG in Betracht kommen.

§ 6
Zivilrechtlicher Schutz

46 Schließlich stellt sich die Frage, ob neben dem zuvor beschriebenen Sonderrechtsschutz aus dem Marken-, Urheber-, Geschmacksmuster- und Wettbewerbsrecht zudem ein **allgemein zivilrechtlicher Schutz** gegen die unbefugte Verwendung eines Signets oder Logos durch Dritte beansprucht werden kann.

47 Nach § **12 BGB** wird der **Gebrauch des Namens eines Berechtigten** gegen ein Bestreiten des Namensrechts durch Dritte oder die unbefugte Verwendung durch Dritte geschützt. Wird dieses Recht verletzt, kann der Berechtigte **Beseitigung und Unterlassung** verlangen. Auch hier stellt sich jedoch die Frage, ob diese Bestimmung des zivilrechtlichen Namensschutzes auf Signets oder Logos übertragen werden kann.

48 Grds gilt, dass **Geschäftsbezeichnungen und Kennzeichen**, die unabhängig vom Namen einer natürlichen oder der Firma einer juristischen Person geführt werden, **nur dann unter den Schutz des** § **12 BGB** fallen, wenn sie ihrerseits **Namensfunktion** haben und **unterscheidungskräftig** sind.[54] Bei Signets und Logos ist **fraglich**, ob diesen eine solche Namensfunktion zukommt, wenn sie nicht zugleich namensbildende Wortbestandteile enthalten.

49 Auf **reine Bildzeichen** ist § 12 BGB nur dann unmittelbar anwendbar, wenn das Bildzeichen **durch ein Wort ausgedrückt** werden kann (Salamander, Apple). Ist dies hingegen nicht möglich, bleibt nur eine entsprechende Anwendung des § 12 BGB.[55]

---

[51] BGH GRUR 2000, 1032, 1034 – EQUI 2000; BGH GRUR 2005, 414, 417 – Russisches Schaumgebäck.
[52] Köhler/Bornkamm/*Köhler* § 4 UWG Rn 10.84.
[53] BGH GRUR 2000, 1032, 1034 – EQUI 2000.

[54] Palandt/*Heinrichs/Ellenberger* § 12 BGB Rn 10.
[55] Palandt/*Heinrichs/Ellenberger* § 12 BGB Rn 11.

50 Einen solchen **Schutz in entsprechender Anwendung des § 12 BGB** hat der BGH für das Wahrzeichen des Roten Kreuzes[56] wie auch für unterscheidungskräftige Wappen und Vereinsembleme[57] angenommen. Dies gilt in gleicher Weise **für Signets und Logos**. Sofern diese Namensfunktion haben und unterscheidungskräftig sind, stellt eine ungenehmigte Verwendung des Signets oder Logos eine zivilrechtliche Namensanmaßung dar, die eine Zuordnungsverwirrung hervorrufen kann, weil der unrichtige Eindruck erweckt wird, der berechtigte Träger der Bezeichnung habe deren Verwendung zugestimmt.[58]

51 Insb in Fällen, in denen die unerlaubte Verwendung des Signets oder Logos im nichtgeschäftlichen Bereich geschieht, können deshalb in Fällen wie den zuvor genannten Ansprüche aus § 12 BGB analog bestehen.

---

[56] BGH GRUR 1994, 844 – Rotes Kreuz.
[57] BGH GRUR 1993, 151 – Universitätsemblem; BGH GRUR 1976, 644, 646 – Kyffhäuser.
[58] *Fouquet* GRUR 2002, 35, 37.

Kapitel 8
Rechtsprobleme beim Erwerb von Domains

Literatur

Abel Generische Domains. Geklärte und ungeklärte Fragen zur Zulässigkeit beschreibender second-level-Domains nach dem Urteil des BGH WRP 2001, 1426 – mitwohnzentrale.de; *Allmendinger* Probleme bei der Umsetzung namens- und markenrechtlicher Unterlassungsverpflichtungen im Internet GRUR 2000, 966; *Apel/Große-Ruse* Markenrecht versus Domainrecht. Ein Plädoyer für die Paradigmen des Markenrechts im Rechtsvergleich WRP 2000, 816; *Baetzgen* Internationales Wettbewerbs- und Immaterialgüterrecht im EG-Binnenmarkt. Kollisionsrecht zwischen Marktspaltung („Rom II") und Marktintegration (Herkunftslandprinzip), Köln 2007; *Baum* Die effiziente Lösung von Domainkonflikten – Eine ökonomische Analyse des Internet-Domain-Rechts, München 2005, 177; *Bähler/Lubich/Schneider/Widmer* Internet-Domainnamen, Zürich 1996; *Beater* Internet-Domains, Marktzugang und Monopolisierung geschäftlicher Kommunikationsmöglichkeiten JZ 2002, 275; *Berger* Pfändung von Domains RPfleger 2002, 181; *Bettinger* Abschlussbericht der WIPO zum Internet Domain Name Process CR 1999, 445; ders ICANN's Uniform Domain Name Dispute Resolution Policy CR 2000, 234; ders Kennzeichenkollisionen im Internet, in: Mayer-Schönberger ua (Hrsg) Das Recht der Domain-Namen, Wien 2001, 139; *ders* Internationale Kennzeichenkonflikte im Internet, in: Lehmann (Hrsg) Electronic Business in Europa. Internationales, europäisches und deutsches Online-Recht, München 2002, 201; *ders* Werbung und Vertrieb im Internet, Bettinger/Leistner (Hrsg) Köln 2002; *ders* Domain Name Law and practice, Oxford 2005; *ders* Alternative Streitbeilegung für „.eu" WRP 2006, 548; *ders* Handbuch des Domainrechts – Nationale Schutzsysteme und internationale Streitbeilegung, Bettinger (Hrsg) Köln 2008, DE 69; *Bettinger/Freytag* Verantwortlichkeit der DENIC eG für rechtswidrige Domains CR 1999, 14; *Boecker* Der Löschungsanspruch in der registerkennzeichenrechtlich motivierten Domainstreitigkeit GRUR 2007, 32; *ders* „de-Domains" – Praktische Probleme bei der Zwangsvollstreckung MDR 2007, 1234; *Bröcher* Domainnamen und das Prioritätsprinzip im Kennzeichenrecht MMR 2005, 203; *Burgstaller* Domainübertragung auch im Provisionalverfahren? MR 2002, 49; *Burgställer* Die neue „doteu"-Domain Medien & Recht 2004, 214; *Buchner* generische Domains GRUR 2006, 984; *Bücking* Namens- und Kennzeichenrechte im Internet (Domainrecht), Stuttgart 2002; *ders* Update Domainrecht: Aktuelle Entwicklung im deutschen Recht der Internetdomains MMR 2000, 656; *Bücking/Angster* Domainrecht, 2. Aufl Stuttgart 2010, Rn 40 ff; *Danckwerts* Örtliche Zuständigkeit bei Urheber-, Marken- und Wettbewerbsverletzungen im Internet GRUR 2007, 104; *de Selby* Domain name disputes – a practical guide American Journal of Entertainment Law 22 (2001), 33; *Dieselhorst* Marken und Domains Moritz/Dreier (Hrsg) Rechtshandbuch E-Commerce, Köln 2002, 260; *Eckhard* Das Domain-Name-System. Eine kritische Bestandsaufnahme aus kartellrechtlicher Sicht, Frankfurt 2001; *Eichelberger* Benutzungszwang für .eu-Domains? K&R 2007, 453; *Engler* Der Übertragungsanspruch im Domainrecht, Münster 2002; *ders* Das Verhältnis von alternativem Streitbeilegungsverfahren zum Zivilprozess bei Streitigkeiten über .eu-Domains K&R 2008, 410; *Erd* Probleme des Online-Rechts, Teil 1: Probleme der Domainvergabe und -nutzung KJ 2000, 107; *Erdmann* Gesetzliche Teilhabe an Domain-Names. Eine zeichen- und wettbewerbsrechtliche Untersuchung GRUR 2004, 405; *Ernst* Zur Zulässigkeit der Verwendung von Gattungsbegriffen und Branchenbezeichnungen als Domains MMR 2001, 181; *ders* Gattungsnamen als Domains DuD 2001, 212; *ders* Verträge rund um die Domain MMR 2002, 709; *Ernstschneider* Zeichenähnlichkeit, Waren-/Dienstleistungsähnlichkeit, Branchennähe im Domain-Rechtsstreit Jur PC Web-Dok 219/2002; *Essl* Freihaltebedürfnis bei generischen und beschreibenden Internet-

Kapitel 8 Rechtsprobleme beim Erwerb von Domains

Domains? öBl 2000, 100; *Fallenböck/Kaufmann/Lausegger* Ortsnamen und geografische Bezeichnungen als Internet-Domain-Namen ÖBl 2002, Heft 04, 164; *Fezer* Die Kennzeichenfunktion von Domainnamen WRP 2000, 669; *Florstedt* www.kennzeichenidentitaet.de. Zur Kollision von Kennzeichen bei Internet-Domain-Namen, Frankfurt 2001; *Forgó* Das Domain Name System, Mayer-Schönberger ua (Hrsg) Das Recht der Domain Namen, Wien 2001, 1; *Fraiss* Domain-Grabbing von Gattungsbegriffen nur bei Verkehrsgeltung! Rdw 2004, 203; *Froomkin* Wrong Turn in Cyberspace: Using ICANN to Route around the APA and the Constitution, Duke University Law Journal, October 2000, 17; *Geist* Fair.com?: An Examination of the Allegations of Systemic Unfairness in the ICANN UDRP, *http://aix1.uottawa.ca/~geist/geistadrp.pdf*; *Gibson* Digital Dispute Resolution CRi 2001, 33; *Gräbig* Domain und Kennzeichenrecht MMR 2009, Beilage Nr 6, 25; *Haar/Krone* Domainstreitigkeiten und Wege zu ihrer Beilegung Mitteilungen der deutschen Patentanwälte 2005, 58; *Hagemann* Rechtsschutz gegen Kennzeichenmissbrauch unter Berücksichtigung der Internet-Domain-Problematik, Frankfurt 2001; *Hanloser* Unzulässigkeit der Domain-Pfändung, CR 2001, 344; *ders* Die Domain-Pfändung in der aktuellen Diskussion CR 2001, 456; Die Rechtsnatur der Domain-Anmerkung zur *BGH*-Entscheidung „Domain-Pfändung"; *ders* Kennzeichenrechtliche Ansprüche im Domainrecht, ITRB 2008, 38; GRUR 2006, 299; *ders* Zur Zulässigkeit der Verwendung beschreibender Angaben BB 2001, 491; *Hellmich/Jochheim* Domains im Agenturgeschäft nach der grundke.de Entscheidung K&R 2007, 494; *Hismann/Schmittmann* Steuerliche Aspekte des Domainhandels MMR 2003, 635; *Hoeren* Löschung eines Domain-Namens auf Veranlassung des Namensinhabers bewirkt keine Sperrpflichten der DENIC – kurt-biedenkopf.de LMK 2004, 136; *Hoeren/Sieber* Handbuch Multimedia-Recht, 23. Aufl München 2010; *Hoffmann* Alternative dispute resolution dot.com, Mitteilungen der deutschen Patentanwälte 2002, 261; *Hombrecher* Domains als Vermögenswerte – Rechtliche Aspekte des Kaufs, der Lizenzierung, der Beleihung und der Zwangsvollstreckung MMR 2005, 647; *Huber/Dingeldey* Ratgeber Domain-Namen, Starnberg 2001; Hülsewig Rechtsschutz gegen die unberechtigte Nutzung von Domains im Internet – ein systematischer Überblick unter Berücksichtigung aktueller Rechtsprechung JA 2008, 592; *Jaeger-Lenz* Marken- und Wettbewerbsrecht im Internet: Domains und Kennzeichen, in: Lehmann (Hrsg) Electronic Business in Europa. Internationales, europäisches und deutsches Online-Recht, München 2002, 161; *dies* Die Einführung der .eu-Domains – Rechtliche Rahmenbedingungen für Registrierung und Streitigkeiten WRP 2005, 1234; *Joller* Zur Verletzung von Markenrechten durch Domainnames Markenrecht 2000, 10; *Karies/Niesert* Aus- und Absonderung von Internet-Domains in der Insolvenz ZInsO 2002, 510; *Kazemi* Schutz von Domainnamen in den Beitrittsstaaten MMR 2005, 577; *Kazemi/Leopold* Die Internetdomain im Schutzbereich des Art 14 Abs 1 GG MMR 2004, 287; *Kieser* Shell.de – Ende des Domainübertragungsanspruchs? K&R 2002, 537; *Kleinwächter* ICANN als United Nations der Informationsgesellschaft? Der lange Weg zur Selbstregulierung des Internets MMR 1999, 452; *ders* ICANN between technical mandate and political challenges, Telecommunications Policy, No 24, 2000, 553; *ders* The Silent Subversive: ICANN and the new Global Governance, „info: the journal of policy, regulation and strategy for communications, information and media", Vol 3, No 4, August 2001, 259; *ders* ICANN as the „United Nations" of the Global Information Society?: The Long Road Towards the Self-Regulation of the Internet, Gazette, Vol 62, No 6, p 451; *ders* ICANN lehnt „.xxx"-TLD ab MMR 2007, Heft 8; *Kleespies* Die Domain als selbständiger Vermögensgegenstand in der Einzelzwangsvollstreckung GRUR 2002, 764; *Körner* Der Schutz der Marke als absolutes Recht – insbesondere die Domain als Gegenstand markenrechtlicher Ansprüche GRUR 2005, 33; *Koos* Die Domain als Vermögensgegenstand zwischen Sache und Immaterialgut – Begründung und Konsequenzen einer Absolutheit des Rechts an Domain MMR 2004, 359; *Kort* Namens- und markenrechtliche Fragen bei der Verwendung von Domain-Namen DB 2001, 249; *Kotthoff* Die Anwendbarkeit des deutschen Wettbewerbsrechts auf Werbemaßnahmen im Internet; *Kulajewski* Der Anspruch auf Domainübertragung, Münster 2003; Rechtsschutz bei Missbrauch von Internet-Domains WRP 1997, 497; *Kur* Territorialität versus Globalität – Kennzeichenkonflikte im Internet WRP 2000, 935; *Lehmann* Domains – weltweiter Schutz für Name, Firma, Marke, geschäftliche Bezeichnung im Internet? WRP 2000, 947; *Leible* Rom I und Rom II – Neue Perspektiven im Europäischen Kollisionsrecht, Bonn 2009; *Mankowski* Internet und Internationales Wettbewerbsrecht GRUR Int 1999, 909; *ders* Kennzeichenbenutzung durch ausländische Nutzer im Internet MMR 2002, 817; *Maher* The UDRP: The Globalization of Trademark Rights IIC 2002, 924; *Martinek* Die Second-Level-Domain als Gegenstand des Namensrechts in Deutschland, Festschrift für Käfer 2009, 197; *Marwitz* Domainrecht schlägt Kennzeichenrecht? WRP 2001, 9; *dies* Das System der Domainnamen ZUM 2001, 398; *Mayer-Schönberger/Galla/Fallenböck* (Hrsg) Das Recht der Domain-Namen, Wien 2001; *Meier* Zur Zulässigkeit der Pfändung einer Internet-Domain KKZ 2001, 231; *Meyer* Neue Begriffe in Neuen Medien – Eine Herausforderung für das Markenrecht GRUR 2001, 204; *Meyer* Die Zukunft der Internetadressierung, DFN-Infobrief 01/2007; *Mietzel* Die ersten 200 ADR-Entscheidungen zu .eu-Domains – Im Spagat zwischen Recht und Gerechtigkeit MMR 2007, 282; *Mietzel/Hero* Sittenwidriger Domainhandel: Gibt es die „Hinterhaltsdomain"? MMR 2002, 84; *Mietzel/Orth* Quo vadis .eu-ADR? – Eine erneute Bestandsaufnahme nach 650 Entscheidungen MMR 2007, 757; *Müller* Internet-Domains von Rechtsanwaltskanzleien WRP 2002, 160; *Mueller* Rough Justice: An Analysis of ICANN's Uniform Dispute Resolution Policy, November 2000, http://dcc.syr.edu/roughjustice. htm; Sorkin Judicial Review of ICANN Domain Name Dispute Decisions, 18 Santa Clara Computer & High Tech. L.J. 637 (2001); *Müller* Alternative Adressierungssysteme für das Internet – Kartellrechtliche Probleme MMR 2006, 427; *Müller* .eu-Domains – Erkenntnisse aus dem ersten Jahr Spruchpraxis GRUR Int 2007, 990; *Müller* Das neue alternative Streitbeilegungsverfahren für eu.Domains: Einführung und erste Erkenntnisse aus der Praxis SchiedsVZ 2008, 76; *Müller* „.eu"-Domains: Widerruf aufgrund zweijähriger Nichtbenutzung ab Domainregistrierung GRUR Int 2009, 653; *Nägele* Die Rechtsprechung des Bundesgerichtshofs zu Internet-Domains WRP 2002, 138; *Oberkofler* (Ver-)Pfändung von Internet-Domains Medien und Recht 2001, 185; *Nitzel* Die ersten zweihundert ADR-Entscheidungen zu .eu-Domains – Im Spagat zwischen Recht und Gerechtigkeit MMR 2007, 282; *Nordemann/Czychowski/Grüter* The Internet, the Name Server and Antitrust Law ECLR 1998, 99; *Palandt* Bürgerliches Gesetzbuch, 70. Aufl München 2011 (zit Palandt/*Bearbeiter*); *Pfeiffer* Cyberwar gegen Cybersquatter GRUR 2001, 92; *Pothmann/Guhn* Erste Analyse der Rechtsprechung zu .eu-Domains in ADR-Verfahren K&R 2007, 69; *Racz* Second-Level-Domains aus kennzeichenrechtlicher Sicht, Frankfurt 2001; *Rayle* Die Registrierungspraktiken für Internet-Domain-Namen in der EU, München 2003; *Reinhart* Kollisionen zwischen eingetragenen Marken und Domain-Namen WRP 2001, 13; *ders* Bedeutung und Zukunft der Top-Level-Domains im Markenrecht einerseits und im Namen- und Wettbewerbsrecht andererseits WRP 2002, 628; *Remmertz* Alternative dispute Resolution (ADR) – An alternative for .eu-Domain name disputes? CRi 2006, 161; *Renck* Scheiden allgemeine Begriffe und Gattungsbegriffe als Internet-Domain aus? WRP 2000, 264; *Ruff* DomainLaw: Der Rechtsschutz von Domain-Namen im Internet, München 2002; *Rüßmann* Wettbewerbshandlungen im Internet – Internationale Zuständigkeit und anwendbares Recht K&R 1998, 422; *Sack* Internationales Lauterkeitsrecht nach der Rom II-VO WRP 2008, 845; *Samson* Domain-Grabbing in den USA: Ist die Einführung des „Trademark Cyberpiracy Prevention Act" notwendig? GRUR 2000, 137; *Schack* Internationale Urheber-, Marken- und Wettbewerbsverletzungen im Internet MMR 2000, 59 und 135; *Schafft* Die systematische Registrierung von Domain-Varianten. Nicht sittenwidrig, sondern sinnvoll CR 2002, 434; *ders* Streitigkeiten über „.eu-Domains GRUR 2004, 986; *Schieferdecker* Die Haftung der Domainvergabestelle, Köln 2003; *Schmidt-Bogatzky* Zeichenrechtliche Fragen im Internet GRUR 2000, 959; *Schmitz/Schröder* Streitwertbestimmung bei Domainstreitigkeiten K&R 2002, 189; *Schönberger* Der Schutz des Namens vor Gerichten gegen die Verwendung als oder in Domain-Namen GRUR 2002, 478; *Schröder* Zur Zulässigkeit von Gattungsbezeichnungen als Domains MMR 2001, 238; *Schumacher/Ernstschneider/Wiehager* Domain-Namen im Internet, Berlin/Heidelberg 2002; *Selby* Domain law and internet governance, Bourbaki Law Review 34 (2008), 325; *Sobola* Homepage, Domainname, Meta-Tags – Rechtsanwaltswerbung im Internet NJW 2001, 1113; *dies* Ansprüche auf .eu-Domains ITRB 2007, 259; *Sosnitza* Gattungsbegriffe als Domain-Namen im Internet K&R 2000, 209; *Stadler* Drittschuldnereigenschaft der DENIC bei der Domainpfändung MMR 2007, 71; *Stotter* Streitschlichtung bei UK-Domains MMR 2002, 11; *Strömer* Das ICANN-Schiedsverfahren – Königsweg bei Domainstreitigkeiten K&R 2000, 587; *ders* Das ICANN-Schiedsverfahren, Heidelberg 2002; *Thiele* US-amerikanisches Gesetz gegen Domaingrabbing, Wirtschaftsrechtliche Blätter 2000, 549; *ders* Internet-Domain-Namen und Wettbewerbsrecht, Gruber/Mader (Hrsg), Internet und eCommerce. Neue Herausforderungen im Privatrecht, Wien 2000, 75; *ders*

Kapitel 8 Rechtsprobleme beim Erwerb von Domains

Internet Provider auf Abwegen – Zur Rechtsnatur der Domainbeschaffung, ecolex 2004, 777; *Thiele/Rohlfing* Gattungsbezeichnungen als Domain-Names MMR 2000, 591; *Ubber* Markenrecht im Internet, Heidelberg 2002; *Ullmann* Wer suchet der findet – Kennzeichenrechtsverletzungen im Internet GRUR 2007, 663; *Ulmer* Domains in Zwangsvollstreckung und Insolvenz ITRB 2005, 112; *Viefhues* Zur Übertragbarkeit und Pfändung vom Domain-Names MMR 2000, 286; *ders* Domain-Name-Sharing MMR 2000, 334; *ders* Folgt die Rechtsprechung zu den Domain-Names wirklich den Grundsätzen des Kennzeichenrechtes NJW 2000, 3239; *ders* Domain-Names. Ein kurzer Rechtsprechungsüberblick MMR-Beilage 8/2001, 25; *ders* Wenn die Treuhand zum Pferdefuß wird MMR 2005, 76; *Voegeli-Wenzl* Internet Governance am Beispiel der Internet Corporation of Assigned Names and Numbers (ICANN) GRUR Int 2007, 807; *Wendlandt* Gattungsbegriffe als Domainnamen WRP 2001, 629; *Weisert* Rechtsanspruch auf Übertragung einer Internet-Adresse ITRB 2001, 17; *ders* Die Domain als namensgleiches Recht? Die Büchse der Pandora öffnet sich WRP 2009, 128; *Welzel* Zwangsvollstreckung in Internet-Domains MMR 2001, 131; *Weston* Domain Names CSLR 2000, 317; *Wibbeke* Online-Namensschutz, Organisation der Domainverwaltung in Zeiten der Globalisierung ITRB 2008, 182.

Wer im Internet erreichbar sein will, braucht eine **eindeutige Adresse**. Ansonsten erreicht ihn weder die elektronische Post noch kann der Nutzer sein Informationsangebot abrufen. Internet-Adressen sind ein äußerst knappes Gut. Sie können nur einmal vergeben werden; der Run auf diese Kennzeichnungen ist deshalb vorgegeben. Schon bald machten sich erste digitale Adressenhändler auf die Suche nach wertvollen Kennzeichnungen, die sie reservieren ließen, um sie nachher gegen teures Geld zu verkaufen. Markenrechtliche Auseinandersetzungen waren vorprogrammiert und es häuften sich im In- und Ausland Gerichtsentscheidungen zu diesem Problembereich.

Übersicht

		Rn			Rn
§ 1	**Praxis der Adressvergabe**	1	VI.	Rechtsfolgen einer Markenrechts-	
I.	ICANN	2		verletzung	107
II.	Die .EU-Domain	11	1.	Unterlassungsanspruch	107
III.	Die DENIC eG	20	2.	Schadensersatz durch Verzicht	111
IV.	Ausblick: Neuregelung der Domain-		VII.	Verantwortlichkeit der DENIC für	
	Vergabe	25		rechtswidrige Domains	117
V.	Domainrecherche im Internet	27	VIII.	Schutz von Domains nach	
				dem MarkenG	126
§ 2	**Kennzeichenrechtliche Vorgaben**	33	1.	Domain als Marke iSd § 3 MarkenG	126
I.	Kollisionsrechtliche Vorfragen	33	2.	Domain als Unternehmenskennzeichen	
II.	§§ 14, 15 MarkenG	39		iSd § 5 Abs 2 MarkenG	129
1.	Kennzeichenmäßige Benutzung	39	3.	Titelschutz	133
2.	Benutzung im geschäftlichen Verkehr	41	4.	Afilias und die Konsequenzen	136
3.	Verwechslungsgefahr	44			
4.	Gleichnamigkeit	55	§ 3	**Pfändung und Bilanzierung**	
5.	Gattungsbegriffe	63		**von Domains**	140
6.	„com"-Adressen	76			
7.	Regional begrenzter Schutz	79	§ 4	**Streitschlichtung nach der UDRP**	150
III.	Titelschutz nach § 5 Abs 3 MarkenG	80			
IV.	Reichweite von §§ 823, 826 BGB		§ 5	**Streitschlichtung rund um die**	
	und § 3 UWG	83		**EU-Domain**	164
V.	Allgemeiner Namensschutz über				
	§ 12 BGB	91			

§ 1
Praxis der Adressvergabe

Bei der Durchsetzung der markenrechtlichen Vorgaben sind die **faktischen Besonderheiten** der Adressvergabe im Internet zu beachten. Nur eine offiziell gemeldete Adresse kann ordnungsgemäß geroutet werden, dh am Internet teilnehmen.

I. ICANN

Die für die Kommunikation zwischen den einzelnen Rechnern erforderlichen IP-Adressen werden nicht vom Staat vergeben. Als Oberorganisation ist vielmehr die **ICANN** (Internet Corporation for Assigned Names and Numbers) zuständig.[1] Die ICANN wurde im Herbst 1998 als private non-profit-public benefit organization iSd §§ 5110–6910 des California Corporation Code in den USA gegründet.[2] Der Sitz ist in Kalifornien.

Die ICANN hat weitreichende Kompetenzen im Domainbereich, ua
- die Kontrolle und Verwaltung des **Root-Server-Systems** (mit Ausnahme des obersten A-Root-Server, der lange Zeit unter der Kontrolle der US-Regierung stand und heute von VeriSign Global Registry Services verwaltet wird)
- die **Vergabe und Verwaltung von IP-Adressen**, mit Hilfe der Numbering Authorities ARIN (für Amerika), RIPE (für Europa), Afrinic (für Afrika) oder APNIC (für die Regionen Asien und Pazifik)
- die **Vergabe und Verwaltung von Top-Level-Domains**, sowohl hinsichtlich der länderbasierten Kennungen (country-code Top-Level-Domains; ccTLDs) als auch der generischen Top-Level-Domains (gTLDs); hierzu akkreditiert ICANN sog. Registrars, bei denen dann die einzelnen Domains registriert werden können.

Derzeit bestehen folgende **gTLDs**:[3]
- arpa (ARPANET; diese TLD wird von der IANA[4] als „Infrastrukturdomain" bezeichnet)
- biz (Unternehmen)
- com („Commercial")
- info (Informationsdienste)
- int (Internationale Organisationen)
- name (Natürliche Personen oder Familien)
- net (für Angebote mit Internetbezug)
- org (für nichtkommerzielle Organisationen)
- pro (Bestimmte Berufsgruppen (Anwälte, Steuerberater, Ärzte, Ingenieure) in USA, Kanada, Deutschland und dem Vereinigten Königreich)

---

[1] S dazu *Kleinwächter* MMR 1999, 452 ff.
[2] S dazu auch die Articles of Incorporation des ICANN vom 28.1.1998, abrufbar unter http://www.icann.org/general/articles.htm.
[3] Um die zuständigen Registrierungsstellen für diese Kennungen festzustellen s http://www.icann.org/registries/listing.html.
[4] Bei der IANA handelt es sich um die Internet Assigned Numbers Organisation, die die Vergabe von IP-Adressen, Top Level Domains und IP-Protokollnummern regelt. Die IANA ist eine organisatorische Unterabteilung der ICANN; s dazu http://www.iana.org/about/ und *Meyer*, DFN-Infobrief, 01/2007.

5 Außerdem bestehen folgende sog Sponsored gTLDs:[5]
- aero (Luftverkehr)
- asia (Region Asien)
- cat (Region Katalonien)
- coop (Genossenschaftlich organisierte Unternehmen)
- edu (Bildungsorganisationen)
- gov (US-Regierung)
- jobs (Internationaler Bereich des Human Resource Management)
- mil (US-Militär)
- mobi (Mobilfunkanbieter bzw Inhalte, die durch mobile Endgeräte genutzt werden können)
- museum (für Museen)
- name (individuelle Nutzer mit ihrem Namen)
- pro (Freiberufler: Ärzte, Rechtsanwälte, Buchhalter)
- tel (vereinfachtes Anrufen bei Firmen und Unternehmen)
- travel (Reiseanbieter)

6 Der Einfluss der USA zeigt sich bei der Diskussion um die „.xxx"-Kennung für Pornoanbieter; die Verhandlungen über die Einführung einer solchen TLD wurden auf Druck der US-Regierung zunächst suspendiert.[6] Die ICANN hat die Einführung mittlerweile abgelehnt. Hiergegen hat ICM Registry als das Unternehmen, das sich um die TLD „.xxx" beworben hatte, aber Widerspruch eingelegt. Auf der ICANN-Tagung Ende März 2007 in Lissabon wurde die Einführung nun aber endgültig abgelehnt.[7]

7 Für die „.biz"- und die „.info"-Kennung hat die ICANN Mitte Mai 2001 eine Vergabeprozedur festgelegt. Für die Vergabe von „.biz" ist Neulevel.com zuständig. Ähnlich ist die Regelung zur Domain „.info". Vergeben wird diese von Afilias.com.

„.name" wird vergeben durch Global Name Registry Ltd (GNR), wobei dieses Unternehmen – neben nationalen Registrierungsstellen – auch das Recht zur Verwaltung der Second Level Domain (zB hoeren.name) und der E-Mail-Adressen hat. „.museum" wird von der Museum Domain Management Association (MuseDoma) bereitgestellt. „.aero" wird vergeben von der Société Internationale de Télécommunications Aéronautiques SC (SITA). Für „.pro" ist die RegistryPro Ltd zuständig. Bei „.coop" liegt die Vergabe in Händen der National Cooperative Business Association (NCBA).

8 Länderspezifisch bestehen heute über 200 verschiedene Top-Level-Domains.[8] Wichtig sind die **ccTLDs**
- at (Österreich)
- ch (Schweiz)
- de (Deutschland)
- es (Spanien)
- fr (Frankreich)
- jp (Japan)
- nl (Niederlande)
- no (Norwegen)
- uk (Großbritannien)

---

[5] S dazu http://www.icann.org/registrars/accredited-list.html.
[6] http://www.icann.org/minutes/resolutions-15sep05.htm.
[7] *Kleinwächter* MMR 2007, Heft 8, XXVII.
[8] S dazu die Liste unter http://www.iana.org/root-whois/index.html.

Die Kennung „.us" (für die USA) existiert zwar, ist aber nicht gebräuchlich. Einen besonderen Reiz üben Kennungen aus, die über ihren Länderbezug hinaus eine Aussagekraft haben, wie zB: „.tv" (für Tuvalu; begehrt bei Fernsehsendern) und „.ag" (für Antigua; gleichzeitig Ausdruck für Aktiengesellschaft). Besondere Probleme bestanden mit der Zulassung von Domains auf der Basis des chinesisch-japanischen Schriftsystems; diese Probleme wurden im Juni 2003 durch die Einführung eigener ICANN-Standardisierungsrichtlinien gelöst.[9]

9

In der Diskussion ist die Einführung weiterer Regio-TLDs wie „.bayern", „.berlin" oder „.nrw". Der Deutsche Bundestag hat sich im Januar 2008 für solche Kennungen ausgesprochen.[10] ICANN selbst plant die völlige Freigabe aller TLDs. Wegen kartellrechtlicher Bedenken soll die Gestaltung von TLDs frei möglich sein, so dass TLDs wie „.Siemens" denkbar sind. Erste Vorschläge für ein solches System wurden unter dem Stichwort „Openness Change Innovation" im Oktober 2008 veröffentlicht.[11] In der Zwischenzeit liegt ein „Applicant guidebook" vor, das die weiteren Details des Verfahrens beschreibt. Zu entrichten sind $ 185 000,– als Registrierungsgebühr. Antragsberechtigt sind Unternehmen, Organisationen und Institutionen „von gutem Ansehen" („in good standing"). Privatpersonen oder Einzelkaufleute können sich nicht registrieren. Verfügbar sind ASCII-Code-Zeichen und gTLDS aus nicht lateinischen Zeichen. Nach der Anmeldung folgt eine Überprüfung der technischen und finanziellen Kompetenz des Antragstellers („Evaluation Procedere"). Danach können Dritte Einsprüche gegen einen Registrierungsantrag vorbringen („Dispute Resolution Procedere"). Bei mehreren Anträgen für eine TLD soll der Zuschlag nach Auktionsregeln oder nach Maßgabe einer vergleichenden Evaluierung erfolgen („comparative evaluation"). Angedacht ist auch eine Einbeziehung einer „Globally Protected Marks List" (GPML), die ex officio geprüft wird; auf diese Weise wird die Registrierung von Domains verhindert, die mit berühmten Marken kollidieren. Zu den berühmten Marken zählen nur die, die durch mehr als 200 Markenregistrierungen in neun Staaten abgesichert sind. Das gesamte Verfahren soll Anfang 2010 starten. Bekannt ist, dass sie Unternehmen wie Apple (.mac), Hewlett Packard (.hp) oder Microsoft (.msn) an dem Verfahren beteiligen werden.

10

II. Die .EU-Domain

Nachdem die ICANN im Jahre 2000 die Einführung einer neuen ccTLD „.eu" beschlossen hat, ist diese ab dem 7.12.2005 sehr erfolgreich gestartet. Seit diesem Zeitpunkt war es für die Inhaber registrierter Marken[12] und öffentlicher Einrichtungen im Rahmen der sog. „landrush-period" möglich, die Vergabe der „.eu"-Domains zu beantragen. Zwei Monate später, also ab dem 7.2.2006, konnten dann sonstige Rechteinhaber eine Domain unter der TLD „.eu" beantragen („landrush-period II"). Innerhalb dieser Zeiträume galt für Rechteinhaber das sog „Windhundprinzip"; wer als erster seinen Registrierungsantrag bei der zuständigen Behörde EuRID[13] ein-

11

---

[9] http://www.icann.org/general/idn-guidelines-20jun03.htm.
[10] http://dip21.bundestag.de/dip21/btp/16/16136.pdf.
[11] http://www.icann.org/en/topics/new-gtld-program.htm.
[12] Hierzu zählten neben reinen Wortmarken (nationale Marken, europäische Gemeinschaftsmarken oder internationale Registrierungen mit Schutzwirkung in einem Mitgliedsland der EU) auch Wort-Bild-Marken, bei denen der Wortbestandteil vorrangige Bedeutung hat.
[13] http://www.eurid.be.

reichte, der erhielt die Domain. Die jeweiligen kennzeichenrechtlichen Positionen mussten innerhalb einer Frist von 40 Tagen bei dem Unternehmen Price Waterhouse Coopers zur Prüfung vorgelegt werden.[14] Die Dokumentation der entsprechenden kennzeichenrechtlichen Positionen erforderte eine besondere Sorgfalt, da bereits formale Fehler (fehlendes Deckblatt der Anmeldung etc) zu einer Abweisung führten. Eine solche Abweisung bedeutete zwar noch keinen vollständigen Verlust der Domain, jedoch war eine Nachbesserung nicht möglich und zwischenzeitlich eingereichte Registrierungswünsche für die Domain erhielten eine bessere Priorität.

12 Bei Streitigkeiten über eine **EU-Domain** gibt es sechs verschiedene Wege, tätig zu werden. Zunächst empfiehlt sich als Hauptweg die Anrufung einer Streitschlichtungsinstanz, in diesem Fall des tschechischen Schiedsgerichtshofes, der zentral alle Aufgaben der Streitschlichtung für die EU-Domain wahrnimmt. Art 21 der Verordnung 2004 bestimmt, dass sich eine Streitschlichtung ausschließlich auf Marken- oder Namensrechte beziehen kann, gegen die die EU-Domain verstößt. Der entsprechende Rechtsinhaber muss vortragen, dass die Gegenseite kein Gegenrecht oder legitimes Interesse geltend machen kann oder die entsprechende Domain bösgläubig registriert oder nutzt. Das Streitschlichtungsverfahren unterscheidet sich hier fundamental von der UDRP, die das Fehlen eines Gegenrechtes kumulativ zur Bösgläubigkeit prüft und eine Bösgläubigkeit bei Registrierung und bei der Nutzung verlangt. Ein legitimes Interesse liegt vor, wenn die entsprechende Bezeichnung bereits vorher vom Domain-Inhaber genutzt worden war. Zu beachten sind insb die Interessen von Händlern, die mit der Benutzung der Domain auf ihre Waren hinweisen wollen. Eine Bösgläubigkeit der Registrierung oder Nutzung liegt vor, wenn die entsprechenden Vorgänge unlauter sind, insb wenn die Domain zur wettbewerbswidrigen Verunglimpfung oder Unterdrucksetzung des Markenrechtsinhabers genutzt werden soll. Neu ist auch gegenüber der UDRP, dass eine zweijährige Nichtbenutzung ebenfalls unter die bösgläubige Registrierung fällt und zum nachträglichen Widerruf der Domain führt.

13 Der EuGH stellte mit der Entscheidung in der Sache reifen.eu klar, dass die Auflistung der Bösgläubigkeitsfälle in Art 21 Abs 3 VO (EG) 874/2004 nicht abschließend ist.[15] So muss die Beurteilung des nationalen Gerichts vielmehr aufgrund einer umfassenden Würdigung der Umstände erfolgen. Dabei ist nach Auffassung des Gerichts insb zu berücksichtigen, ob der Markeninhaber beabsichtige, die Marke auf dem Markt zu benutzen, für den Schutz beantragt wurde, und ob die Marke so gestaltet wurde, dass eine Gattungsbezeichnung kaschiert wurde. Bösgläubigkeit könne darüber hinaus durch die Registrierung einer Vielzahl vergleichbarer Marken, sowie deren Eintragung kurz vor Beginn der ersten Phase für die Registrierung von EU-Domains indiziert werden.[16]

14 Zusammen mit 33 anderen aus Gattungsbegriffen bestehenden Marken hatte die Klägerin die Marke &R&E&I&F&E&N& für Sicherheitsgurte angemeldet. Dabei fügte sie jeweils das Sonderzeichen „&" vor und nach jedem Buchstaben ein. Die Klägerin beabsichtigte nicht, die Marke &R&E&I&F&E&N& für Sicherheitsgurte tatsächlich zu benutzen. In der ersten Phase der gestaffelten Registrierung ließ sie auf der Grundlage der Marke &R&E&I&F&E&N& die Domain „reifen.eu" registrieren, da nach den in der VO Nr 874/2004 vorgesehenen Übertragungsregeln Sonderzeichen entfernt wurden. Sie plante unter der Domain reifen.eu ein Portal für Reifenhändler aufzubauen. Zudem ließ die Klägerin die Wortmarke kurz vor Beginn der ersten Phase

---

[14] S hierzu www.validation.pwc.be.
[15] EuGH MMR 2010, 538 – reifen.eu.
[16] EuGH MMR 2010, 538 – reifen.eu.

der gestaffelten Registrierung der Domain „.eu" eintragen. Somit erfolgte die Registrierung der Domain reifen.eu für die Klägerin bösgläubig iSv Art 21 Abs 1 lit b VO (EG) 874/2004. Dem stand nicht entgegen, dass keine der beispielhaften Tatbestandsalternativen des Art 21 Abs 3 erfüllt war.[17]

Daneben bleibt noch der normale Gerichtsweg mit der klassischen kennzeichenrechtlichen Prüfung je nach Landesrecht (Art 21 Abs 4 der Verordnung 2004).[18] Auch an die Streitschlichtung selbst kann sich ein Gerichtsverfahren anschließen (Art 22). Bei formalen Verstößen gegen die Registrierungsbedingungen, etwa bei der Angabe falscher Adressen, kommt ein Widerruf von Amts wegen in Betracht (Art 20). Schließlich bleibt auch die Möglichkeit, je nach Landesrecht bei unsittlichen Registrierungen einen Widerruf vorzunehmen (Art 18). **15**

In der Zwischenzeit liegen auch **erste deutsche Gerichtsentscheidungen** zum „.eu"-System vor. Das OLG Düsseldorf hat mit Urteil vom 11.9.2007 in der Sache „last-minute.eu"[19] die Verordnungen der EU zur „.eu"-Domain als unmittelbar geltendes Recht angewendet. Ferner hat das OLG bekräftigt, dass die Entscheidung eines Schiedsgerichts der tschechischen Landwirtschaftskammer zu „.eu"-Domain nichts an der Zuständigkeit staatlicher Gerichte für kennzeichenrechtliche Streitigkeiten um „.eu"-Domains ändere. Der Begriff „last-minute" sei in der Touristikbranche rein beschreibend und daher nicht schutzfähig. Dementsprechend sei die Nutzung der Domain „last-minute.eu" mit Berufung auf eine Marke für Bekleidungsprodukte nicht missbräuchlich im Sinne der EU-Verordnungen zu „.eu"-Domains. **16**

Das OLG Hamburg hat mit Urteil vom 12.4.2007[20] in Sachen **original-nordmann.eu** entschieden, dass eine .eu-Domain frei wählbar sei und von einem Nichtmarkeninhaber registriert werden könne, auch wenn für eine beschreibende Internetadresse mit dem Top-Level „.eu" in einem Mitgliedsstaat der EU eine identische Marke eingetragen sei. Hintergrund für diese Wertung sei das Territorialitätsprinzip, wonach eine nationale Wortmarke nur im Anmeldeland ihre Wirkung entfalte. Im konkreten Fall stand die Domain „original-nordmann.eu" in Streit, die ein deutscher Staatsangehöriger angemeldet hatte, der sich erfolgreich gegen einen britischen Bürger zur Wehr setzte, für den in Britannien die Wortmarke „Original Nordmann" eingetragen ist. **17**

Da für den Bereich der Top-Level-Domain „.eu" im Falle von Rechtsstreitigkeiten **kein Dispute-Verfahren** besteht, müsse einem Antragsteller im Streit um eine Domain zumindest ein Verfügungsverbot zugesprochen werden, wenn er glaubhaft machen kann, dass er über entsprechende Rechte an der Internetadresse verfügt und sich der derzeitige Domaininhaber auf keine Anspruchsgrundlagen berufen kann. Dies hat das KG[21] entschieden. Damit gab das KG dem Antrag auf Erlass einer einstweiligen Verfügung statt und verpflichtete den Domaininhaber, es zu unterlassen, über die in Streit stehende „.eu"-Adresse entgeltlich oder unentgeltlich zu verfügen, es sei denn, es erfolge eine Übertragung auf den Antragsteller oder ein gänzlicher Verzicht. **18**

Im Übrigen hat das LG München[22] darauf hingewiesen, dass die „.eu"-Festlegungsverordnung **kein Schutzgesetz** iSv § 823 Abs 2 BGB sei. **19**

---

[17] EuGH MMR 2010, 538 – reifen.eu.
[18] Dazu zum Beispiel OLG Hamburg CR 2009, 512 mit Verweis darauf, dass auch eine Kennung mit .eu-Domain gegen das deutsche Markenrecht verstoßen kann.
[19] OLG Düsseldorf MMR 2007, 107.
[20] OLG Hamburg K&R 2007, 414.
[21] KG MMR 2008, 53 m Anm *Rössel* WRP 2007, 1245.
[22] LG München I Urt v 10.5.2007, Az 17 HKO 19416/06.

IV. Die DENIC eG

20 Über die Einrichtung einer deutschen Domain[23] unterhalb der Top-Level-Domain „.de" und ihre Anbindung an das Internet wacht seit dem 17.12.1996 die **DENIC eG**.[24] Im August 2008 hatte sie 264 Mitglieder[25] (davon 13 per Amt), einschließlich der Deutschen Telekom AG. Aufgaben der DENIC sind der Betrieb des Primary-Nameservers für die Top-Level-Domain „.de", die bundesweit zentrale Vergabe von Domains unterhalb der Top-Level-Domain „.de" und die Administration des Internet in Zusammenarbeit mit internationalen Gremien.[26]

21 Die Tätigkeit der DENIC erfolgt auf **rein zivilrechtlicher Grundlage**; insb ist die DENIC weder als Beliehener noch als untergeordnete Behörde etwa im Verhältnis zur Bundesnetzagentur anzusehen.

22 Die DENIC eG hat genau festgelegt, wie ein Domain-Name beschaffen sein muss. Ein gültiger Domain-Name besteht aus mindestens drei[27] und maximal 63 Buchstaben, Ziffern und dem Bindestrich. Er beginnt und endet mit einem Buchstaben oder einer Ziffer, wobei er mindestens einen Buchstaben beinhalten muss.[28] Zwischen Groß- und Kleinschreibung wird nicht unterschieden. Nicht zulässig sind die Namen bestehender Top-Level-Domains (arpa, com, int, gov, mil, nato, net, org, edu …), 1- und 2-buchstabige Abkürzungen sowie deutsche Kfz-Kennzeichen[29]. Umlaute und Sonderzeichen sind seit dem 1.3.2004 erlaubt. Eine weitere, eigene Unterteilung (Subdomain) ist möglich, wird jedoch nicht von der DENIC eG, sondern vom Provider oder vom Nutzer eingerichtet. In der Zwischenzeit ist auch klar, dass die DENIC Domains mit zwei Buchstaben zulassen muss. Nach Auffassung des OLG Frankfurt[30] hat der Automobilhersteller Volkswagen gegen die DENIC einen kartellrechtlichen Anspruch (§ 20 GWB) auf Zuteilung einer zweistelligen „.de"-Domain (hier: „vw.de"). Es könne nicht darauf abgestellt werden, dass die DENIC gemäß ihren Richtlinien Second-Level-Domains, die lediglich aus zwei Buchstaben bestehen, nicht vergibt. Eine Ungleichbehandlung von VW liege im Verhältnis zu solchen Automobilunternehmen vor, deren Marke als Second-Level-Domain unter der Top-Level-Domain „.de" eingetragen wurde. Allerdings gebe es nur einen auflösend bedingten

---

[23] In Österreich ist die NIC.AT GmbH zuständig, in der Schweiz SWITCH (Swiss Academic and Research Network). Adressen: nic.at, Jakob-Haringer-Str 8 IV, A-5020 Salzburg, Tel.: 0043/662/46690, Fax: 0043/662/466919, E-Mail: service@nic.at, http://www.nic.at; für das SWITCH, Limmatquai 138, Postfach, CH-8021 Zürich, Tel 0041/848/844080, Fax 0041/848/844081, E-Mail helpdesk@nic.ch, http://www.switch.ch.
[24] Die DENIC darf von sich behaupten, sie sei ohne Gewinnabsicht tätig und eine Non-Profit-Organisation; siehe LG Frankfurt aM MMR 2002, 126.
[25] Zu den einzelnen Mitgliedern siehe http://www.denic.de/de/denic/mitgliedschaft/mitgliederliste/index.jsp.
[26] Die DENIC ist erreichbar unter der Adresse Wiesenhüttenplatz 26, 60329 Frankfurt aM, Tel 069/27235270, Fax 069/27235235, E-Mail Info@DENIC.de, www.DENIC.de.

[27] Ausnahmen gelten traditionell für die folgenden aus Bestandsschutzgründen nutzbaren zweisilbige Kennungen, nämlich diejenige der Bundesbahn (http://www.db.de) sowie ix.de.
[28] S dazu LG Frankfurt aM MMR 2000, 627 m Anm *Welzel*, wonach kein Anspruch aus §§ 19 Abs 1, 20 Abs 2 GWB gegen die DENIC auf Registrierung einer Domain gegeben ist, wenn nach den Registrierungsbedingungen sachliche Gründe, insb technischer Natur, gegen die Erteilung sprechen (hier die Domain „01051.de").
[29] Zur Unvereinbarkeit von Domains mit Kfz-Zeichen auch LG Frankfurt aM MMR 2009, 274.
[30] OLG Frankfurt.aM MMR 2008, 609 m Anm *Welzel* GRUR-RR 2008, 321 m Anm *Rössel* K&R 2008, 449 m Anm *Dingeldey*; Anm *Jaeschke* JurPC 2008, Web-Dok 113/2008; Anm *Breuer/Steger* WRP 2008, 1487.

Anspruch, da technische Änderungen weiterhin möglich bleiben sollen.[31] In einer weiteren Entscheidung hat das LG Frankfurt[32] darauf hingewiesen, dass eine Verpflichtung der DENIC zur Registrierung von Zwei-Zeichen-Domains, die einem KFZ-Zulassungsbezirk entsprechen, nicht besteht. Ein beachtenswerter sachlicher Grund im Sinne des Kartellrechts sei gegeben, wenn der bloße Plan der Regionalisierung des Domainraums „.de" durch Einführung von Second-Level-Domains, die KFZ-Zulassungsbezirken entsprechen, noch in Zukunft realisiert werden könnte, auch wenn eine gewisse Anzahl der dafür benötigten Domains derzeit vergeben ist. Abgelehnt wurde ferner seitens der Gerichte ein kartellrechtlicher Anspruch auf einstellige „.de"-Domains („x.de").[33] Trotzdem hat DENIC mit Wirkung vom 23.10.2009 den Namensraum für ein- und zweistellige Domains zur Registrierung freigegeben.

Die **Registrierung** der freien Domains erfolgt selten direkt über die DENIC. Meistens sind Zwischenhändler tätig, zB Discount Provider wie Strato oder Puretec/1&1. **23**

Nach den Vergabebedingungen der DENIC[34] liegt die Verantwortung für marken- und namensrechtliche Folgen aus der Registrierung des Domain-Namens beim Kunden.[35] Der Kunde versichert der DENIC gegenüber, dass er die Einhaltung kennzeichenrechtlicher Vorgaben geprüft hat und keine Anhaltspunkte für die Verletzung von Rechten Dritter vorliegen (§ 3 Abs 1). Doppelte Adressvergabe kann folglich von der DENIC nicht verhindert werden. Wer einen freien Namen gefunden hat, kann ihn bei der DENIC als Second-Level-Domain registrieren lassen.[36] Er riskiert dann allerdings, dass er nachträglich markenrechtlich auf Unterlassung in Anspruch genommen wird. Um eine schnelle Übertragung der Domain von einem Domain-Grabber auf den anderen zu verhindern, sieht die DENIC einen sog. Dispute-Eintrag vor, sofern ein Dritter glaubhaft macht, dass er ein Recht auf die Domain hat und dieses gegenüber dem Domain-Inhaber geltend macht (§ 2 Abs 3 S 1 der Registrierungsbedingungen). Dieser Eintrag wirkt für ein Jahr und wird auf Antrag verlängert. Ist bereits ein Dispute-Antrag für einen anderen eingetragen, besteht keine Möglichkeit mehr, einen zweiten Dispute-Eintrag vornehmen zu lassen. Eine Domain, die mit einem Dispute-Eintrag versehen ist, kann vom Inhaber weiter genutzt, jedoch nicht übertragen werden. Weiterhin gewährleistet der Dispute-Eintrag, dass der Berechtigte des Eintrags automatisch neuer Domain-Inhaber wird, wenn der bisherige Domain-Inhaber die Domain freigibt. Bis August 2000 kannte die DENIC auch noch einen sog WAIT-Eintrag, aufgrund dessen sich ein Kunde auf eine Warteliste für den Fall der Freigabe einer Domain setzen lassen konnte. Diese Liste gibt es nicht mehr. Gegen einen unberechtigten Dispute-Eintrag steht einem Betroffenen die negative Feststellungsklage zu, mit Verweis auf einen Eingriff in den eingerichteten und ausgeübten Gewerbebetrieb (§ 823 Abs 1 BGB).[37] Der Domaininhaber einer Domain mit einem Gattungsbegriff (welle.de) kann aus § 823 Abs 1 BGB gerichtlich gegen den Dispute-Eintrag vorgehen, den ein Namensrechtsinhaber (die Gemeinde Welle in Niedersachsen) bei der DENIC hat eintragen lassen.[38] **24**

---

[31] Zulässig sind allerdings Ablehnungen von Domains aus reinen Ziffern; OLG Frankfurt MMR 2008, 614 m Anm *Welzel* CR 2008, 742–11880.
[32] LG Frankfurt aM MMR 2009, 274.
[33] LG Frankfurt aM Urt v 20.5.2009, Az 2-6 O 671/08.
[34] Die Bedingungen datieren aus dem Jahr 2004 (im Internet abrufbar unter http://www.denic.de/de/bedingungen.html).
[35] Absatz „Domain-Namen", I. (5).
[36] Er beantragt daneben noch ein IP-Netz beim NIC im Rahmen dessen 254 Nummern zur weiteren Vergabe zur Verfügung stehen (ClassC-Netz).
[37] OLG Köln ZUM 2006, 573.
[38] LG Köln GRUR-RR 2009, 260.

IV. Ausblick: Neuregelung der Domain-Vergabe

25 Zu klären ist die Frage nach einer (angesichts der Globalität des Internet möglichst internationalen) **Neuregelung** des Systems der **Domain-Vergabe**. Zuständig für die Koordinierung des Domainraums ist die oben bereits erwähnte ICANN. Deren Kompetenzen beruhen letztendlich nur auf historischen Zufälligkeiten und entbehren jedweder rechtlichen Grundlage. Solange der Kreis der Provider klein und überschaubar war, konnte die Registrierung von Domains auch im Wege des Gentlemen Agreements geregelt werden. Durch das immense Wachstum des Internets und der Anzahl der Provider droht dieser stillschweigende Konsens aufzubrechen. Es muss eine Lösung gefunden werden, die Wettbewerbsfreiheit und technische Stabilität miteinander verbindet. Eine zentrale Organisation nicht-kommerzieller Natur sollte das Management der IP-Adressen und die Funktionen der ICANN übernehmen. Die Registrierung der Second-Level-Domains und das Management der Top-Level-Domain-Nutzung sollte in freiem Wettbewerb durch verschiedene Organisationen übernommen werden. Auch wäre der Einfluss der US-Regierung auf die ICANN zu hinterfragen.

26 Aktuell erweist es sich wettbewerbsrechtlich als problematisch, dass die ICANN auf der einen Seite die gesamte technische Gestaltung des Internet kontrolliert, sich anderseits aber auf dem Gebiet der Vergabe von IP-Adressen mit UnifiedRoot einem ersten Konkurrenten gegenüber sieht.[39] UnifiedRoot ist ein privatrechtliches Unternehmen mit Sitz in Amsterdam, das mittels eines eigenständigen Adressierungssystems selbst definierte geschäftliche und öffentliche TLDs zur Verfügung stellt.

V. Domainrecherche im Internet

27 Noch freie Domains lassen sich über Suchmaschinen finden, etwa
- http://www.denic.de
- http://www.speednames.com.

28 Will ein Unternehmen also feststellen, ob die gewünschte Domain-Bezeichnung noch frei ist, kann es über die Homepage der DENIC eine Suche nach vergebenen, reservierten oder aktivierten Domain-Names starten (http://www.denic.de/de/whois/free.jsp). In der Who-Is Datenbank kann **jedermann** recherchieren und eine Fülle persönlicher Informationen, insb über den Domaininhaber, ziehen. Die in der Who-Is-Abfrage ersichtlichen Domaindaten sind allerdings **datenschutzrechtlich geschützt**. Sie dürfen nur zum Zwecke der technischen oder administrativen Notwendigkeiten des Internetbetriebs oder zur Kontaktaufnahme mit dem Domaininhaber bei rechtlichen Problemen genutzt und ohne ausdrückliche schriftliche Erlaubnis der DENIC eG weder elektronisch noch in anderer Art gespeichert werden.[40] Abgeschafft wurde von der DENIC ferner eine „reverse" Abfrage nach Domaininhabern (Aufführung aller Domainnamen eines bestimmten Anmelders) sowie die alphabetische Auflistung aller registrierten Domainnamen. Möglich ist nur noch die Abfrage nach dem Inhaber eines bestimmten Domainnamens, da diese Information bei Rechtsstreitigkeiten benötigt wird.

---

[39] Vgl *Müller* MMR 2006, 427; vgl auch *Utz* MMR 2006, 789.
[40] Siehe dazu auch den 13. Bericht der Landesregierung über die Tätigkeit der für den Datenschutz im nicht-öffentlichen Bereich in Hessen zuständigen Aufsichtsbehörden vom 30.8.2000, DrS 15/1539 des Hessischen Landtages, Abschnitt 9.2.

Hinzu kommen Angaben zum **29**
- admin-c: Der administrative Ansprechpartner (admin-c) ist die vom Domaininhaber benannte natürliche Person, die als sein Bevollmächtigter berechtigt und gegenüber der DENIC auch verpflichtet ist, sämtliche z.B. die Domain „hoeren.de" betreffenden Angelegenheiten verbindlich zu entscheiden.
- Tech-c: Der technische Ansprechpartner (tech-c) betreut die Domain in technischer Hinsicht.
- Zone-c: Der Zonenverwalter (zone-c) betreut die Nameserver der Domain.

Anders verhält sich für die „**.com**"-**Adressen** die NSI, die Datenbestände mit detaillierten Kundeninformationen zum Kauf anbietet, darunter Namen, Adressen und Telefonnummern sowie Informationen darüber, welche Sicherheitsvorkehrungen für bestimmte Webseiten getroffen werden, ob eine Seite aktiv betreut wird, oder ob eine Seite ein E-Commerce-Angebot bereithält. **30**

Für die Markenrecherche im Internet bietet sich an: **31**
- https://dpinfo.dpma.de/ (Deutsche Marken)
- http://www.patent.bmwa.gv.at/ (Österreich)
- http://www.ige.ch (Schweiz)
- http://oami.eu.int/search/trademark/la/de_tm_search.cfm
- (Europäisches Markenamt)

Auch Titelschutzregister sind online abrufbar, so etwa: **32**
- Titelschutzanzeiger (www.presse.de)
- Softwareregister (www.software-register.de).

§ 2
Kennzeichenrechtliche Vorgaben

Domains lösen eine Vielzahl kennzeichenrechtlicher Konflikte aus. Insb kann die Registrierung und/oder Nutzung einer Domain mit marken-, namens- oder wettbewerbsrechtlichen Vorgaben kollidieren. Im Weiteren werden deshalb die wichtigsten Rechtsfragen des Domainerwerbs skizziert. **33**

I. Kollisionsrechtliche Vorfragen

Das Markenrecht steht an der **Schnittstelle von Wettbewerbs- und Immaterialgüterrecht.** Kollisionsrechtlich wird das **Territorialitätsprinzip** angewendet,[41] obwohl dies mit dem wettbewerbsrechtlichen Gedanken des finalen Markteingriffs nicht vereinbar ist. In diesem Sinne sieht Art 8 Rom II eine Anknüpfung an das sog. Schutzlandprinzip (*lex loci protectionis*)[42] vor. Demnach ist das „Recht des Staates anzuwenden, für den der Schutz beansprucht wird".[43] Es entscheidet folglich die reine Möglichkeit des technischen Abrufs über das anzuwendende Recht; für das Markenrecht gilt insofern das Recht eines beliebigen Abrufstaates.[44] Die Werbung eines Her- **34**

---

[41] Palandt/*Thorn* BGB Art 6 Rom II (IPR) Rn 4; JurisPK/*Wurmnest* BGB Art 6 Rom II-VO Rn 5; vgl auch: *Sack* WRP 2008, 845, 858 ff.

[42] Hk-BGB/*Dörner* Art 8 Rom II-VO Rn 2; jurisPK/*Heinze* BGB Art 8 Rom II-VO Rn 1.
[43] Art 8 Abs 1 Rom II-VO.
[44] KG NJW 1997, 3321 – Concert Concept.

stellers für ein markenrechtsverletzendes Produkt im Internet macht diesen daher zu einem Mittäter, selbst wenn die Werbung unter einer im Ausland registrierten „.com"-Domain erfolgt.[45] Diese starre Haltung wird jedoch zunehmend von Obergerichten durchbrochen. So sahen bereits mehrere Gerichte[46] zu Recht Anlass, die Anwendung der allgemeinen kennzeichenrechtlichen Kollisionsregeln auf Kennzeichenkonflikte im Internet einzuschränken. Dabei soll die Einschränkung nicht kollisionsrechtlich, sondern **materiell-rechtlich**, durch eine normative Einschränkung des Kennzeichenrechts vorgenommen werden. Eine Verletzungshandlung im Inland soll erst dann gegeben sein, wenn die Internetinformation einen über die bloße Abrufbarkeit im Inland hinausreichenden Inlandsbezug aufweist. Nach Auffassung des OLG Düsseldorf[47] kann das Territorialitätsprinzip nicht unbesehen in Domainrechtsfällen übernommen werden. Eine inländische Kennzeichenbenutzung kann in der Tat nicht schon allein deshalb bejaht werden, weil Internetseiten von jedem Ort der Welt abrufbar sind. Wäre dies der Fall, würde dies zu einer uferlosen Ausdehnung des Schutzes nationaler Kennzeichenrechte und zu einer unangemessenen Beschränkung der Selbstdarstellung ausländischer Unternehmen führen. Daher ist es erforderlich, dass das kennzeichenverletzende Internetangebot einen hinreichenden wirtschaftlich relevanten Inlandsbezug („commercial effect")[48] aufweist.

35   Ähnliches gilt traditionell schon immer für die nicht-markenrechtlichen Kennzeichenrechte, etwa nach §§ 12, 823 BGB. Hier soll der **Grundsatz des bestimmungsgemäßen Abrufs** zum Tragen kommen.[49] Demnach ist nicht das Recht jedes Abrufstaates, sondern nur das Recht desjenigen Staates zu beachten, dessen Staatsangehörige zu den intendierten Nutzern des Angebots zählen. Zu klären ist dann, ob die Verbreitung nicht nur zufällig, sondern gewollt in dem Land erfolgt ist. Die „Bestimmung" einer Homepage ist aber in vielen Fällen nur schwierig festzustellen. Als Ansatzpunkte werden ua herangezogen:
- die Sprache der Website[50] (problematisch ist insofern die englische Sprache[51]),
- die Staatsangehörigkeit von Kläger und Beklagtem,[52]
- die Verwendung von Währungen[53] (allerdings meist ein schwaches Indiz[54]),
- Werbung für die Website im Land,[55]

---

[45] Österreichischer Oberster Gerichtshof GRUR Int 2002, 265.
[46] OLG Karlsruhe MMR 2002, 814 m Anm *Mankowski* CR 2003, 375; BGH GRUR 2005, 431, 433; OLG München MMR 2005, 608, 609; OLG Hamm MMR 2004, 177.
[47] OLG Düsseldorf Urt v 22.4.2008, Az I 20 U 140/07.
[48] Vgl WIPO: Joint Recommendation (Publication 845), Part II: Use of a sign on the internet.
[49] So etwa OLG Karlsruhe K&R 1999, 423 – Bad-Wildbad.com.
[50] BGH GRUR Int 2005, 433, 434; OLG Hamburg GRUR-RR 2003, 332, 335 – nimm2.com; OLG Hamm MMR 2004, 177 – nobia.se.
[51] *Hoeren* Handbuch MMR Teil 25 C Rn 214 – gleiche Diskussion zur int Zuständigkeit; so ausdrücklich auch OLG Frankfurt aM CR 1999, 450; vgl aus der Literatur nur *Rüßmann* K&R 1998, 422, 424; *Mankowski* GRUR Int 1999, 909, 917.

[52] LG Braunschweig CR 1998, 364 – delta.com.
[53] OLG Hamburg GRUR-RR 2003, 332, 335; ZUM-RD 2003, 567, 573 – nimm2.com; OLG Hamm MMR 2004, 177 – nobia.se.
[54] *Hoeren* Handbuch MMR Teil 25 Rn 214 – gleiche Diskussion zur int Zuständigkeit; so auch *Kotthoff* CR 1997, 676, 682; *Mankowski* GRUR Int 1999, 909, 918 (schwaches Indiz); *Mankowski* CR 2000, 763, 764.
[55] LG Hamburg CR 2000, 617 m Anm *Bettinger* MMR 2000, 763 – last-minute.com; vgl auch OLG Frankfurt aM CR 1999, 450; LG Hamburg MMR 1999, 612, 613 – Animal Planet; *Kotthoff* CR 1997, 676, 682; LG Hamburg GRUR Int 2002, 163, 164 – hotel-maritime.dk; bestätigt durch OLG Hamburg MD 2002, 899 – hotel-maritime.dk und BGH GRUR 2005, 431, 432.

- der Geschäftsgegenstand betrifft typischerweise auch das Land[56]
- Top Level Domain (insb positive Indizwirkung)[57]

Wichtig sind **Disclaimer** auf der Homepage, die darauf verweisen, dass sich die Homepage nur an Kunden aus bestimmten Ländern richtet. Die Wirksamkeit eines solchen Disclaimers ist aber gerade hinsichtlich der Domainfrage mehr als zweifelhaft.[58] Der BGH hat einen solchen Disclaimer im Rahmen einer Streitigkeit über die Lieferung einer Online-Apotheke für zulässig erachtet.[59]

36

Die **örtliche Zuständigkeit** des Gerichts ergibt sich aus § 32 ZPO, sofern nicht der allgemeine Gerichtsstand des §§ 12, 13 ZPO (Wohnsitz des Beklagten) in Betracht kommt. Für den deliktischen Gerichtsstand des § 32 ZPO wird darauf abgestellt, wo die Domain über das Internet abrufbar ist.[60] Für **die internationale Zuständigkeit** werden die Zuständigkeitsregeln der ZPO analog angewendet, sofern nicht bi- oder multilaterale Staatsverträge (insb die EuGVVO) zur Anwendung kommen.[61] Die EuGVVO über die gerichtliche Zuständigkeit geht ähnlich von einem allgemeinen Gerichtsstand am Wohnsitz des Beklagten (Art 2) und vom deliktischen Gerichtsstand am Handlungs- oder Erfolgsort (Art 5 Nr 3)[62] aus. Gerade die Möglichkeit, am Erfolgsort zu klagen, läuft somit auf einen fliegenden Gerichtsstand, ähnlich wie im Presserecht, hinaus.[63] Die Vornahme einer Eingrenzung auf solche Erfolgsorte, welche von der bestimmungsgemäßen Ausrichtung der Webseite erfasst sind, ist in diesem Zusammenhang umstritten.[64]

37

Der BGH hat in neueren Entscheidungen[65] zur Reichweite der internationalen Zuständigkeit bei Domainstreitigkeiten folgende Stellung bezogen: Zur Begründung der internationalen Zuständigkeit deutscher Gerichte nach Art 5 Nr 3 EuGVVO reiche es aus, dass die Verletzung des geschützten Rechtsguts im Inland behauptet wird und diese nicht von vornherein ausgeschlossen ist. Die Zuständigkeit sei nicht davon abhängig, dass eine Rechtsverletzung tatsächlich eingetreten ist. Materiellrechtlich sei aber zu beachten, dass nicht jedes im Inland abrufbare Angebot ausländischer Dienstleistungen im Internet bei Verwechslungsgefahr mit einem inländischen Kennzeichen iSv § 14 Abs 2 Nr 2 MarkenG kennzeichenrechtliche Ansprüche auslösen könne. Erforderlich sei, dass das Angebot einen wirtschaftlich relevanten Inlandsbezug aufweist.[66]

38

---

[56] OLG Hamburg GRUR-RR 2005, 383, 385.
[57] *Hoeren* Handbuch MMR Teil 25 Rn 214 mwN – gleiche Diskussion zur int Zuständigkeit.
[58] S dazu KG GRUR Int 2002, 448, 449 – Knoblauch; LG Frankfurt aM CR 2002, 222, 223 m Anm *Dieselhorst* KuR, WRP 2000, 935, 938; *Mankowski* MMR 2002, 817, 819; OLG München MMR 2002, 611.
[59] BGH GRUR 2006, 513, 517; ähnl auch LG Köln NJOZ 2006, 1506; OLG Hamburg CR 2006, 278 – abebooks; OLG München GRUR-RR 2005, 375 – 800-flowers.
[60] LG Köln Mitt 2006, 183 – postbank24.
[61] S dazu auch die Überlegungen am Ende des Skriptums.
[62] Zur Anwendbarkeit im Kennzeichenrecht KG RIW 2001, 611, 613; OLG Karlsruhe MMR 1999, 604 – bad wildbad; öOGH GRUR Int 2000, 795 – Thousand Clowns.
[63] Vgl OLG Karlsruhe MMR 2002, 814, 815; OLG München MMR 2002, 166, 167 = CR 2002, 449, 450 m Anm *Mankowski* – literaturhaus.de; OLG Hamburg MMR 2002, 822 – hotel-maritime.dk; s auch öOGH GRUR Int 2002, 265, 266 – Red Bull; *Danckwerts* GRUR 2007, 104.
[64] Vgl jurisPK/*Heinze* BGB Art 8 Rom II-VO, Rn 12 mwN.
[65] Noch etwas unentschlossen BGH MMR 2005, 239 – Hotel Maritime; dagegen klar BGH NJW 2009, 3371.
[66] BGH MMR 2005, 239 – Hotel Maritime; so auch OLG München MMR 2005, 608.

II. §§ 14, 15 MarkenG

1. Kennzeichenmäßige Benutzung

39 Seitdem die Domains aus Gründen der Anwenderfreundlichkeit eingeführt worden sind, erkannte der Markt rasch das enorme Potential für ein globales Marketing. Domains sind heutzutage **Marketinginstrumente**, die bewusst zur Kennzeichnung eines Unternehmens oder eines Produktes im WWW ausgesucht und eingesetzt werden. Im Übrigen muss auch ein Blick auf die vergleichbare Rechtsprechung zur Verwendung von unternehmensbezogenen Telegrammen und Telexkennungen vorgenommen werden. Tat sich die ältere Rechtsprechung noch mit Einräumung eines kennzeichnungsrechtlichen Schutzes in diesem Bereich schwer,[67] ging der BGH in der „Fernschreiberkennung"-Entscheidung[68] davon aus, dass jedenfalls die Benutzung einer (verwechslungsfähigen) Fernschreibkennung dann in das prioritätsältere Kennzeichen eingreife, wenn diese Benutzung kennzeichenmäßig erfolge. Letzteres nahm das Berufungsgericht bei der Benutzung einer aus dem Firmenschlagwort bestehenden Fernschreibkennung an. Als bedeutsam hat es das Gericht angesehen, dass der Fernschreibteilnehmer die Kennung selbst auswähle und damit auch eine Kennung auswählen könne, deren Buchstabenzusammenstellung geeignet sei, auf ihn hinzuweisen. Auch die Verwendung der Fernschreibkennung auf dem Geschäftspapier rechtfertige es, eine Kennung als kennzeichenmäßigen Hinweis auf das Unternehmen zu verstehen.[69] Auch bei der Verwendung eines Namens als Third-Level-Domain handele es sich bei Anwendung dieser Gedanken um eine kennzeichenmäßige Benutzung.[70] Das Recht an einem Unternehmenskennzeichen erlischt jedoch mit Aufgabe des Unternehmens, unabhängig von einer eventuellen Fortführung der Domain.[71]

40 Nach § 16 WZG, dem Vorgänger des Markengesetzes, war die Benutzung eines fremden Warenzeichens zulässig, wenn der Gebrauch „nicht warenzeichenmäßig" erfolgte. Daraus wurde von der herrschenden Meinung gefolgert, dass lediglich die kennzeichenmäßige Benutzung durch das WZG geschützt sei. Das MarkenG hat diese Beschränkung aufgegeben.[72] §§ 14, 15 MarkenG sprechen nur noch allgemein von der „Benutzung" des Zeichens, ohne dies zu beschränken. Nicht unter das Marken- und Namensrecht fällt allerdings die **bloße Namensnennung**: So darf zB ein Fußballfan den Namen „Arminia Bielefeld" als Suchbegriff im Internet verwenden.[73] Diese Benutzung steht der (ebenfalls freien) Nennung des Namens in Presseveröffentlichungen, im Index eines Sportbuchs oder als Stichwort in einem Lexikon gleich. Erlaubte schlichte Namensnennung ist also gegeben, wenn für jedermann deutlich ist, dass nicht der Namensträger selbst spricht, sondern Dritte über ihn berichten.

---

[67] S RGZ 102, 89 – EKA; BGHZ 8, 387 – Telefonnummern; BGH GRUR 1955, 481, 484 – Telegrammadressen.
[68] BGH GRUR 1986, 475; vgl hierzu auch OLG Hamburg GRUR 1983, 191.
[69] Ähnl auch US-amerikanische Entscheidungen wie Morrim vom Midco Communication 726 F Supp 1195 (D Minn 1989).
[70] LG Duisburg MMR 2000, 168.

[71] Wobei diese Fortführung jedoch als Unternehmensschlagwort selbständig ein Unternehmenskennzeichenrecht begründen könnte, BGH NJW-RR 2005, 1350 – seicom.de.
[72] Anderer Ansicht allerdings Sack GRUR 1995, 81.
[73] So LG Detmold – 2 S 308/96 (unveröffentlicht).

2. Benutzung im geschäftlichen Verkehr

Um dem Schutz des MarkenG zu unterfallen, muss die Domain **im geschäftlichen** **41** **Verkehr benutzt** werden. Sie muss also der Förderung eines Geschäftszweckes dienen oder die Teilnahme am Erwerbsleben ausdrücken. Eine Verwendung von Kennzeichnungen durch private Anwender fällt damit grundsätzlich nicht in den Schutzbereich des MarkenG.[74] Eine Nutzung der Marke durch Private kann jedoch eine Benutzung im geschäftlichen Verkehr sein, wenn die Nutzung einen gewissen Umfang annimmt und über das hinausgeht, was im privaten Verkehr üblich ist.[75] So liegt nach einer Entscheidung des OLG Frankfurt eine private Verkaufstätigkeit nicht mehr vor, wenn ein eBay Mitglied die privaten Verkaufsinteressen einer größeren Anzahl dritter Personen bündelt und damit ein Handelsvolumen erreicht, das ihm auf der Handelsplattform eBay eine besondere Beachtung verschafft.[76] Domains, die von juristischen Personen oder Personenhandelsgesellschaften gehalten werden, sind nie privat genutzt.[77] Im Übrigen ist auch die Vermutung des § 344 Abs 1 HGB zu beachten.[78]

Fraglich ist allerdings, ob die Zuweisung von **Domains an Private zum Zwecke des** **42** **Weiterverkaufs** an Unternehmen unter das MarkenG fällt. Da die Zuweisung an eine Privatperson in der Regel zur rein privaten Nutzung erfolgt, kann das MarkenG nur Anwendung finden, wenn Anhaltspunkte dafür vorliegen, dass eine geschäftliche Nutzung geplant ist.[79] Die bloße Reservierung einer Domain oder Verwendung mit „Baustellenschild" ist noch keine Benutzung im markenrechtlichen Sinne und kann daher auch nicht nach dem MarkenG geahndet werden.[80] Zur geschäftlichen Benutzung reicht es aus, wenn sich auf der streitgegenständlichen Internetseite Werbung befindet.[81] In dem Angebot des Privatmannes zum (entgeltlichen) Rückerwerb kann dann ein Indiz für eine Gewerbsabsicht liegen. Zumindest reicht dies für eine vorbeugende Unterlassungsklage aus. Losgelöst vom Merkmal des geschäftlichen Verkehrs kann in diesen Fällen subsidiär auf § 12 BGB zurückgegriffen werden, sofern es um Unternehmenskennzeichen geht. Bei der Benutzung fremder Marken als Teil einer Domain bleibt aber eine empfindliche Schutzlücke. Denn selbst wenn man die Reservierung einer solchen Domain als Benutzung iSv § 14 MarkenG ansieht,[82] lassen sich hinsichtlich der Verwechslungsgefahr keine Aussagen zur Waren-/Dienstleistungsähnlichkeit machen.

Mit Urteil vom 13.3.2008[83] hat der BGH in der Entscheidung Metrosex über die **43** rechtliche Beurteilung von Domains entschieden, die nur reserviert, aber nicht genutzt werden. Eine solche „Baustellen-Domain" sei als solche noch keine markenmäßige

---

[74] So auch OLG Köln MMR 2002, 167 – lotto-privat.de; LG München I MMR 2008, 267 – studi.de; LG Berlin MMR 2008, 484 – naeher.de.
[75] LG Berlin GRUR-RR 2004, 16.
[76] OLG Frankfurt aM GRUR 2004, 1042.
[77] BGH WRP 2007, 1193 – Euro Telekom.
[78] OLG Hamburg MMR 2006, 476 – metrosex.
[79] S auch *Kur* Festgabe Beier 1996, 265, 273.
[80] BGH Urteil vom 13.3.2008 – I ZR 151/05 – metrosex.
[81] LG Hamburg MMR 2000, 436 – luckystrike.
[82] Dafür *Ubber* WRP 1997, 497, 507; ähnl jetzt auch BGH WRP 2003, 1215 – maxem.de; dagegen mit guten Gründen OLG Dresden CR 2001, 408 – kurt-biedenkopf.de; OLG Köln MMR 2002, 167 – lotto-privat.de; OLG Karlsruhe MMR 2002, 118 – dino.de; LG München I Az 17 HKO 16815/03 – sexquisit.de.; *Bücking* NJW 1997, 1886, 1888; *Völker/Weidert* WRP 1997, 652, 657; OLG Hamburg GRUR-RR 2006, 14 – metrosex.de. Eigenartig die Hinweise des BGH MMR 2005, 534 – welt; BGH NJW 2005, 32, 2315 – weltonline.de. Dort will der BGH einen Schutz gegen die Registrierung nur zulassen, wenn damit eine erhebliche Beeinträchtigung des Namensrechts verbunden ist.
[83] BGH MMR 2008, 609.

Verwendung. Aus der Tatsache, dass die Domainnamen von einem kaufmännischen Unternehmen angemeldet worden seien, könne nicht hergeleitet werden, dass bei einer Verwendung der Domain-Namen neben dem Handel im geschäftlichen Verkehr notwendig auch die weiteren Voraussetzungen der §§ 14 Abs 2 oder 15 Abs 2 MarkenG erfüllt seien. Hier sei der Begriff Metrosex nur beschreibend verwendet worden, nämlich für einen neuen Männertyp (heterosexuell veranlagt, modisch gekleidet, in Düfte gehüllt und vornehmlich in Metropolen lebend). Im Übrigen sei die bloße Anmeldung einer solchen Domain als Marke noch keine kennzeichenmäßige Benutzung. In der Entscheidung „ahd"[84] hat der BGH präzisiert, dass die Registrierung einer Domain nur bei Vorliegen besonderer Umstände als unlautere Mitbewerberbehinderung iSv § 4 Nr 10 UWG anzusehen ist. Ein solcher besonderer Umstand liege noch nicht in der bloßen Massenregistrierung von Domains zu deren Verkauf.

3. Verwechslungsgefahr

44   Benutzt jemand unbefugt eine Domain, die das Kennzeichen eines anderen Unternehmens oder ein ähnliches Zeichen gem § 5 Abs 2 MarkenG enthält und schafft er dadurch eine **Verwechslungsgefahr**, so kann er auf **Unterlassung** in Anspruch genommen werden (§§ 14, 15 Abs 2 und 4 MarkenG). Aber auch ohne Verwechslungsgefahr ist es Dritten untersagt, fremde Zeichen zu benutzen, sofern es sich um im Inland bekannte Unternehmenskennzeichen handelt und durch die Nutzung des fremden Zeichens deren Unterscheidungskraft oder Wertschätzung ohne rechtfertigenden Grund **in unlauterer Weise ausgenutzt oder beeinträchtigt** werden (§ 15 Abs 3 MarkenG). Handelt der Schädiger vorsätzlich oder fahrlässig, so ist er dem Inhaber der Bezeichnung zum Ersatz des entstehenden Schadens verpflichtet (§ 15 Abs 5 MarkenG). Ein Betriebsinhaber haftet für Fehlverhalten seiner Angestellten oder Beauftragten (§ 15 Abs 6 iVm § 14 Abs 7 MarkenG). Die Beurteilung der Verwechslungsgefahr ist unter Berücksichtigung aller Umstände des Einzelfalles vorzunehmen. Dabei besteht eine Wechselwirkung zwischen den in Betracht zu ziehenden Faktoren, insb der Ähnlichkeit der Marken und der Ähnlichkeit der mit ihnen gekennzeichneten Waren sowie der Kennzeichnungskraft der älteren Marke, so dass ein geringerer Grad der Ähnlichkeit der Waren durch einen höheren Grad der Ähnlichkeit der Marken ausgeglichen werden kann und umgekehrt.[85] Folge dieser Wechselwirkung ist es, dass bei Warenidentität ein wesentlich deutlicherer Abstand der Zeichen selbst erforderlich ist, um Verwechslungsgefahr auszuschließen, als bei einem größeren Warenabstand.[86]

45   Überträgt man diese Vorgaben auf das Internet, so kann jedes Unternehmen nach § 15 Abs 2 und 4 MarkenG die Verwendung ihres Kennzeichens in einer Internet-Adresse durch einen Konkurrenten verbieten. Das Konkurrenzverhältnis kann bereits dadurch zustande kommen, dass der Eindruck entsteht, Markenrechtsinhaber und Domaininhaber könnten zusammenarbeiten. Auch die ansonsten privilegierte Benutzung einer Marke gem § 23 Nr 3 MarkenG, um auf den Vertrieb von Ersatzteilen hinzuweisen, stellt eine Markenverletzung dar, wenn die verletzte Marke lediglich mit dem Zusatz „Ersatzteile" als Domain geführt wird, da eine solche Nutzung nicht notwendig iSd § 23 Nr 3 MarkenG ist, weil auch eine andere Domainbezeichnung ge-

---

[84] BGH WRP 2009, 803.
[85] EuGH NJW 1999, 933 – Canon; BGH GRUR 2000, 608 – ARD1; BGH GRUR 2000, 506 – Attachè/Tisserand.
[86] OGH 4 Ob 238/04k – sexnews.at (unveröffentlicht).

wählt werden könnte.[87] Gefährlich sind Verweise auf der Homepage. Eine Zurechnung liegt bereits darin, dass der User die Homepage – etwa aufgrund von Links oder Frames zu branchennahen Unternehmen – mit dem Rechteinhaber verbindet.[88] Selbst wenn keine Links vorhanden sind, soll ein Verweis auf eine fremde Website zur Zurechnung ausreichen.[89] Bei Serienzeichen reicht im Übrigen bereits das gedankliche in Verbindung bringen der jüngeren mit der älteren Marke, so zB der Domain „immobilien24" mit der Deutschen Bank 24.[90] Erforderlich ist bei grenzüberschreitenden Fällen, dass diese einen wirtschaftlich relevanten Inlandsbezug aufweisen.[91] Bei Gleichnamigkeit kann die Verwechslungsgefahr durch klarstellende Hinweise auf der ersten Seite der Homepage ausgeschlossen werden.[92]

Bei **Branchenverschiedenheit** der Unternehmen bzw der durch die Marken angesprochenen Verkehrskreise scheidet eine Verwechslungsgefahr idR aus.[93] Dies gilt insb für lediglich registrierte Domains, bei denen ein Bezug zu einer Branche fehlt.[94] Allerdings ist auch nicht-konkurrierenden Unternehmen nach §§ 14 Abs 2 Nr 1, 2, 15 Abs 3 MarkenG die Benutzung fremder bekannter Kennzeichen als Bestandteil ihrer Adresse verboten, soweit dies zu einer Ausnutzung der Wertschätzung („Rufausbeutung") bzw zu einer Behinderung führt. **46**

Streitigkeiten gibt es immer noch wegen der Verwendung von **VZ-Domains**. Das Landgericht Hamburg hat sich der Auffassung des Landgerichts Köln angeschlossen, wonach der Zusatz VZ in einer Domain eine Verwechslungsgefahr im weiteren Sinne mit den Social Networks der VZ-Gruppe begründen könne.[95] **47**

Hinsichtlich der **Rufausbeutung** reicht es aus, dass der/ein Internet-Nutzer zum Aufrufen einer Homepage verleitet wird, für die er sich sonst – ohne die inkriminierte Kennzeichenverwendung – nicht entschieden hätte. Dies gilt jedenfalls bei bekannten Kennzeichen.[96] Kritisch ist allerdings zu vermerken, dass die bloße Ausnutzung einer erhöhten Aufmerksamkeit noch keine Rufausbeutung darstellt. Dazu müsste durch die Domainnutzung auch die Wertschätzung der eigenen Produkte des Domaininhabers gesteigert worden sein. Doch müsste man hierzu die jeweilige Homepage des Domaininhabers und die dort angekündigten Produkte betrachten. **48**

Eine Behinderung der unternehmerischen Ausdehnung wird bejaht, wenn der Domainname für den Inhaber des Kennzeichens blockiert ist.[97] Eine Registrierung ohne sachlichen Grund gilt als vorwerfbar.[98] Ähnliches gilt für unmittelbare Umleitung **49**

---

[87] LG Düsseldorf NJW-RR 2007, 617 – catersatzteile.de.
[88] S zur Verwechslungsgefahr durch Links auf Homepages der gleichen Branche LG Mannheim MMR 2000, 47; ferner zur Zeichenähnlichkeit bei identischen Dienstleistungen LG München CR 2007, 536 – GoYellow.
[89] LG Berlin 16 O 236/97 (unveröffentlicht).
[90] BGH NJW-RR 2002, 829 Bank 24.
[91] BGH NJW 2005, 1435 – maritime.dk.
[92] BGH GRUR 2007, 259, 260 – solingen.info.
[93] OLG Frankfurt aM NJW-RR 2001, 547.
[94] AA aber LG Düsseldorf CR 1996, 325 – epson. Das LG wollte auf die Prüfung der Produktähnlichkeit in diesen Fällen gänzlich verzichten; ähnl auch OLG Rostock MMR 2001, 128; LG München I, NJW-CoR 1998, 111; LG Bochum – 14 O 152/97 – hellweg; *Biermann* WRP 1999, 999; *Wagner* ZHR 1998, 712 f, aA aber zu Recht Mayer/Schönberger/Bettinger 138, 147 f; *Fezer* WRP 2000, 669.
[95] LG Hamburg MMR 2009, 135; ähnl LG Köln MMR 2009, 201.
[96] OLG München NJW-RR 1998, 394 – Freundin; OLG Karlsruhe ZUM 1998, 944 – Zwilling; OLG Düsseldorf WRP 1998, 343 – UFA; OLG Hamburg MD 2001, 315; ähnl LG München I 4 HKO 14792/96 (unveröffentlicht); LG Hamburg 315 O 478/98 (unveröffentlicht); LG Mannheim K&R 1998, 558 – Brockhaus; LG München I MMR 2003, 677 – freundin.de.
[97] OLG Dresden K&R 1999, 133, 136; LG Hamburg MD 2001, 376; LG Köln ZUM-RD 2000, 195.
[98] OLG München MMR 1998, 668, 669; OLG Karlsruhe MMR 1999, 171, 172.

einer Website auf eine andere zentrale Homepage des Domaininhabers.[99] Auch die Massenregistrierung von Domains mit Bezug auf bekannte Kennzeichen (sog Domain Name Trafficking) reicht aus.[100] Ähnliches gilt für die Inanspruchnahme deutlich über den Registrierungskosten liegender Vergütungen für die Übertragung der Domain auf den Markenrechtsinhaber (sog Cyber-Squatting).[101]

50 Ausreichen soll es ferner, wenn für die Kunden der Markenrechtsinhaberin durch die fehlende Benutzung der konnektierten Website der Eindruck entstehen könnte, die Inhaberin stecke in geschäftlichen Schwierigkeiten.[102]

51 Das OLG Hamm[103] hat in der „Krupp"-Entscheidung allerdings trotz der Verschiedenheit der Branchen – Stahlindustrie contra Online-Agentur – nicht nur die Verwässerungs –, sondern auch die Verwechslungsgefahr aufgrund der überragenden Verkehrsgeltung des Unternehmens Krupp, das, so der Senat, für eine ganze Epoche deutscher Industriegeschichte stehe und fast zum Synonym für die Stahlindustrie schlechthin geworden sei, bejaht.

52 Für das deutsche Recht ist bei einem solchen Kennzeichenschutz **das besondere Freihaltebedürfnis der Mitbewerber** zu bedenken. Adressen sind im Internet ein knappes Gut; dies gilt vor allem für die Angaben auf der Second-Level-Domain.[104] Schon für den früheren Ausstattungsschutz nach § 25 WZG ging die Rechtsprechung davon aus, dass bei einfachen Beschaffenheits- und Bestimmungsangaben ein überwiegendes Freihaltebedürfnis der Allgemeinheit zu bejahen sei.[105] Geschützt sind daher Unternehmen auf jeden Fall, soweit Konkurrenten eine mit ihrer Unternehmenskennzeichnung identische Adresse auf der Second- oder Third-Level-Domain-Ebene[106] verwenden (zB „ibm.de" oder „ibm.eunet.de").

53 In einem solchen Fall wird das NIC oder der jeweilige Provider häufig auch den Namen nachträglich ändern. Streitig ist, ob ein Rechtsinhaber gegen **ähnlich lautende Domains** vorgehen kann. Ein Teil der Rechtsprechung lehnt dies ab. So hat das OLG Frankfurt in seiner Entscheidung vom 13.2.1997[107] betont, dass eine registrierte Online-Adresse lediglich einer <u>identischen</u> Verwendung durch einen anderen entgegenstehe, so dass schon durch geringfügige Abwandlungen oder Zusätze die tatsächliche Sperrwirkung überwunden werden könne. Hier gilt jedoch mE **die allgemeine Rechtsprechung zur Verwechslungsgefahr**.[108]

54 In Anwendung dessen hat das LG Koblenz die Nutzung des Domain-Namens „allesueberwein.de" trotz eines einstweiligen Verbotes der Domain „alles-ueberwein.de" nicht verboten.[109] Ähnlich großzügig argumentierte das LG Düsseldorf, das

---

[99] OLG München MMR 2000, 100, 101.
[100] OLG München MMR 2000, 100, 101; LG Hamburg 315 O 417/98 (unveröffentlicht).
[101] LG München I CR 1998, 434; LG Bonn 1 O 374/97 (unveröffentlicht).
[102] LG Bremen MMR 2000, 375.
[103] OLG Hamm MMR 1998, 214 m Anm *Berlit*.
[104] Aus diesem Grund besteht auch kein schutzwürdiges Interesse eines Kennzeicheninhabers an der Erlangung sämtlicher, mit dem eigenen Kennzeichen verwechslungsfähiger Domains, vgl OLG Hamm MMR 2007, 391.
[105] BGH GRUR 1960, 541 – „Grüne Vierkantflasche"; BGH GRUR 1960, 83 – „Nährbier";
BGH GRUR 1971, 305, 308 – „Konservendosen II; BGH GRUR 1979, 470 – „RBB/RBT".
[106] S LG Duisburg MMR 2000, 168 – kamplintfort.cty.de.
[107] OLG Frankfurt aM WRP 1997, 341 f.
[108] ÖOGH GRUR Int 2002, 450; OLG Düsseldorf MMR 2004, 491 – mobell.de; so auch *Biermann* WRP 1999, 999, 1000; ähnl auch *Bettinger* GRUR Int 1997, 402, 415; *Kur* CR 1996, 590, 593; *Viefhues* NJW 2000, 3239, 3241; *Ernstschneider* Jur PC WebDok. 219/2002.
[109] LG Koblenz MMR 2000, 571; ähnl OLG Hamburg GRUR-RR 2009, 323 und LG Hamburg Urt v 16.7.2009, Az 327 O 117/09.

zwischen „T-Online" und der Domain „donline.de" eine Verwechslungsgefahr aufgrund der geringen Kennzeichenkraft der Bezeichnung „T-Online" verneint hat.[110] Verwechslungsfähig ist auch die Domain „siehan.de" im Vergleich zum Firmenschlagwort „Sieh an!".[111] Auch die Domain „kompit.de" wurde als verwechslungsfähig mit dem Unternehmenskennzeichen und der Marke „combit" angesehen.[112] Verneint wurde die Verwechslung zwischen der Domain „pizza-direkt.de" und der (als fast beschreibend angesehenen) Marke „pizza-direct".[113] Ebenso verneint wurde eine Markenrechtsverletzung bei der Internetdomain „mbp.de" im Verhältnis zur Marke „MB&P"[114], sowie bei der Domain „test24.de"; hier bestehe keine Verwechslungsgefahr mit der Wort-Bild-Marke „test" der Stiftung Warentest, da das Wort „test" allein (ohne die geschützten grafischen Elemente) nicht eindeutig auf die Stiftung Warentest hinweise.[115] Anders sieht es das OLG Rostock in der Entscheidung „mueritz-online.de".[116] Hiernach soll ein Markenrechtsverstoß vorliegen, wenn Domain-Name und Marke sich nur in Umlauten und der Groß-/Kleinschreibung unterscheiden. Auch wurde eine Verwechslungsgefahr zwischen „Intershop" und „Intershopping" bejaht,[117] sowie zwischen „G-Mail" und „GMail"[118]. Das OLG Hamburg stellt auf die klangliche Ähnlichkeit ab, weil Domains auch in mündlichen Gesprächen genannt werden, und bejahte mit dieser Begründung die Verwechslungsfähigkeit von „be-mobile.de" zu „T-Mobile".[119] Der Schutz geht im Übrigen auch in Richtung Umlautdomains. So hat das LG Köln[120] zB dem Domaininhaber von „touristikbörse24.de" die Nutzung als Domain-Grabbing untersagt.

4. Gleichnamigkeit

Fraglich ist, ob ein in lauterer Weise aus dem eigenen Namen abgeleiteter Domain-Name benutzt werden darf, wenn er mit einer anderen Bezeichnung kollidiert. Teilweise wird in der Literatur hierzu auf das **Recht der Namensgleichen** abgestellt (§ 23 Nr 1 MarkenG).[121] Dies hätte zur Folge, dass derjenige, der zuerst seine Domain hat registrieren lassen, zum Zuge kommt. Ihm gegenüber hätte auch der Inhaber eines prioritätsälteren Kennzeichens, der die Domain noch nicht hat registrieren lassen, nur dann Unterlassungsansprüche, wenn die Benutzung des Domain-Namens gegen die guten Sitten verstößt.

55

Dagegen haben das LG Bochum und das OLG Hamm[122] als Berufungsinstanz entschieden, dass der Inhaber eines bekannten Firmenschlagwortes aufgrund der hier erfolgten Anwendung des Gleichnamigenrechts aus dem Kennzeichenrecht gegenüber dem prioritätsjüngeren Anwender bei Gleichnamigkeit einen Unterlassungsanspruch

56

---

[110] LG Düsseldorf 34 O 56/99 (unveröffentlicht); anders aber LG Frankfurt aM 2-06 O 409/97 (unveröffentlicht) zum Fall t-online versus t-offline.
[111] OLG Hamburg MMR 2002, 682 – siehan, Anm *Florstedt* CR 2002, 833.
[112] OLG Hamburg MMR 2006, 226.
[113] OLG Hamm NJW-RR 1999, 632.
[114] OLG München MMR 2002, 170 – mbp.de.
[115] OLG München MMR 2002, 170 – mbp2007, 384; K&R 2007, 271 – test24.de.
[116] OLG Rostock MMR 2001, 128 Ls.
[117] OLG München MMR 2000, 277 = NJW-CoR 2000, 308 Ls.
[118] OLG Hamburg GRUR-RR 2007, 319 – GMail. In diesem Verfahren unterlag der Internetriese Google einem in Deutschland agierenden Unternehmen, welches sich bereits im Jahr 2000 die Wort-Bild-Marke „G-Mail... und die Post geht richtig ab" gesichert hatte. Google bietet seinen E-Mail-Dienst seit der Entscheidung unter dem Namen „Google Mail" an.
[119] OLG Hamburg MMR 2003, 669.
[120] LG Köln 31 O 155/04 (unveröffentlicht).
[121] *Kur* Festgabe Beier 1996, 265, 276.
[122] OLG Hamm MMR 1998, 214 m Anm *Berlit*.

hat. Der Einzelhandelskaufmann hatte seinen Familiennamen, der mit dem schon vorhandenen Firmenschlagwort identisch war, als Domain-Namen gewählt. Das Gericht hielt es nach Abwägung der Interessen für zumutbar, dass er seine Adresse durch Hinzufügen geringfügiger Zusätze, die die ursprüngliche Kennzeichnungskraft nicht aufheben, ändert. Auf die von ihm gewählte Domain-Adresse musste er in jedem Fall verzichten, um eine Verwechslungs- bzw Verwässerungsgefahr zu vermeiden.[123]

57 Handelt es sich allerdings nicht um eine bekannte Firma (wie bei der Bezeichnung „Krupp" im Falle des OLG Hamm), gilt der Grundsatz **„first come, first served"** zu Gunsten desjenigen, der einen mit einer Firma identischen Familiennamen als erster als Domain hat registrieren lassen.[124] Diese Rechtsprechung ist von anderen Gerichten fortentwickelt worden, etwa im Hinblick auf den Firmennamen „Wolfgang Joop".[125] Diese Grundsätze gelten jedoch nur im Hinblick auf bekannte Marken oder Unternehmenskennzeichen, nicht für kleine Unternehmen und deren Namen.[126] Das OLG Koblenz vertritt die Auffassung, dass auch bei normalen Städtenamen bei Gleichnamigkeit das Prinzip „first come, first served" gelten soll.[127] Als Namensträger, der – wenn er seinen Namen als Internetadresse hat registrieren lassen – einem anderen Namensträger nicht weichen muss, kommt auch der Träger eines ausgefallenen und daher kennzeichnungskräftigen Vornamens (hier: Raule) in Betracht (raule.de).[128]

58 Dies hat auch der BGH in der Entscheidung **Hufeland** bekräftigt.[129] Wenn zwei Unternehmen die mit ihrem Firmenschlagwort identische Internetadresse begehren, liege ein Fall der Gleichnamigkeit vor. Dies habe zur Folge, dass bei der Vergabe weiterhin das Prioritätsprinzip gilt und die Domain jenem Unternehmen zusteht, das zuerst die Anmeldung vorgenommen hat. Daran ändere sich auch nichts, wenn das derzeit bei der Vergabestelle eingetragene Unternehmen nur regional tätig ist.

59 Das OLG Stuttgart hat diese Überlegungen dann wieder relativiert.[130] Streiten zwei Parteien um eine mit ihrem Unternehmensnamen identische Webadresse (so genanntes Recht der Gleichnamigen) sei zwar grundsätzlich auf das Prioritätsprinzip abzustellen, wonach demjenigen Namensträger die Domain zusteht, der sie als Erster bei der Vergabestelle registriert hat. Innerhalb der vorzunehmenden Interessenabwägung haben jedoch auch andere Fakten Berücksichtigung zu finden, die dazu führen können, dass dem Prioritätsälteren die Adresse doch nicht zusteht. Dem tatsächlichen Domaininhaber stehe die Kennung zB nicht zu, wenn er durch die Reservierung **etwas suggeriere, was nicht der Realität entspreche**. Dies sei der Fall, wenn der Anmelder eine Domain mit dem Schlagwort „Unternehmensgruppe" in Verbindung mit seinem Namen wähle, aber über gar keine derartige Gruppe verfüge. Im Rahmen der Interessenabwägung seien auch weitere tatsächliche Faktoren zu berücksichtigen. So etwa, ob ernsthaft damit zu rechnen sei, dass der Domaininhaber bei fehlendem Content die Adressen mit Inhalt ausstatten wird. Dabei sei auch die Abgabe einer eidesstattlichen Versicherung des Domaininhabers von Bedeutung.

---

[123] So auch in der Schweiz siehe Schweizerisches Bundesgericht MMR 2005, 366 m Anm *Mietzel* – www.maggi.com.
[124] LG Paderborn MMR 2000, 49.
[125] LG Hamburg MMR 2000, 622 m Anm *Bottenschein*.
[126] S LG Paderborn ZUM-RD 2000, 344.
[127] OLG Koblenz MMR 2002, 466 – vallendar.de; LG Osnabrück MMR 2006, 248.
[128] BGH Urt v 23.10.2008, Az I ZR 11/06 Vorname.de gegen Nachname.de.
[129] BGH WRP 2006, 238.
[130] LG Stuttgart MMR 2008, 178.

60 Denkbar wäre auch eine Lösung über eine Abgrenzungsvereinbarung (sog. **Domain-Name-Sharing**)[131], aufgrund derer für beide Kennzeichenrechtsinhaber ein einheitliches Portal geschaffen wird (siehe etwa „http://www.winterthur.ch"). Der BGH hat in der Vossius-Entscheidung[132] über solch alternative Lösungsmöglichkeiten nachgedacht. Die Gefahr der Verwechslung könne bei Gleichnamigkeit auch auf andere Weise ausgeschlossen werden. Man könne als Domaininhaber zum Beispiel durch Hinweis auf der zentralen Einstiegsseite deutlich machen, dass es sich nicht um das Angebot des klagenden Namensinhabers handele. Zweckmäßigerweise könne man angeben, wo das Angebot des Namensträgers im Internet zu finden sei. Allerdings gelte dies nicht, wenn die berechtigten Interessen des Namensträgers das Interesse des Domaininhabers deutlich überwiegen. Diese Entscheidung gilt jedoch in der obergerichtlichen Entscheidungspraxis als Sonderfall.

61 In dem Rechtsstreit zwischen den gleichnamigen Bekleidungsunternehmen „Peek & Cloppenburg KG" über die Gestaltung des Internetauftritts hielt der BGH die Priorität der Kennzeichenrechte für nicht entscheidungserheblich, da eine Gleichgewichtslage bestehe.[133] Aufgrund der zwischen den Parteien geschlossenen Abrede, jeweils ausschließlich im norddeutschen Raum bzw im übrigen Bundesgebiet tätig zu werden, existierten die gleichnamigen Unternehmen nahezu 40 Jahre unbeschadet nebeneinander. Für die Frage, ob der Klägerin ein Anspruch gegen die Beklagte zustehe, die Verwendung der Internetadressen „p-und-c.de", „puc-online.de", „peek-und-cloppenburg.de" und „peek-und-cloppenburg.com" zu unterlassen, müssten deshalb andere als zeitliche Überlegungen herangezogen werden. Wie in den Fällen der Gleichnamigkeit sei die infolge der Nutzung der Internetadressen entstandene Verwechselungsgefahr grundsätzlich hinzunehmen. Die Klägerin müsse die damit einhergehende Störung der Gleichgewichtslage jedoch nur insoweit dulden, als die Beklagte ein schutzwürdiges Interesse an der Benutzung habe und alles Erforderliche und Zumutbare getan habe, um einer Erhöhung der Verwechslungsgefahr weitestgehend entgegenzuwirken.[134] Da die Beklagte die eigene Unternehmensbezeichnung zuerst als Domain-Namen in den konkreten Formen registriert habe, besitze sie ein schutzwürdiges Interesse, diese tatsächlich auch zu benutzen. Sie könne sich gegenüber anderen Inhabern der Unternehmensbezeichnung auf das unter Gleichnamigen wirksame Gerechtigkeitsprinzip der Priorität berufen. Zwar sei mit dem Internetauftritt der Beklagten unter den oben genannten Adressen keine automatische Ausdehnung ihres räumlichen Tätigkeitsbereichs verbunden. Die Gefahr von Verwechslungen werde jedoch durch den Internetauftritt erhöht. Die Beklagte hätte deshalb auf der ersten Seite verdeutlichen müssen, dass es zwei Bekleidungsunternehmen „Peek & Cloppenburg KG" gibt, und sie selbst in ihrer wirtschaftlichen Tätigkeit auf ein bestimmtes Gebiet beschränkt ist. Diese Verpflichtung treffe in gleichem Maße die Klägerin, welche unter den Adressen „peekundcloppenburg.de", „peekundcloppenburg.com", „peek-cloppenburg.de" sowie „pundc.de" und „p-und-c.com" erreichbar ist. Die Beklagte hatte im Wege der Widerklage eine spiegelbildliche Unterlassung begehrt.

62 Unklar ist die Reichweite von § 24 MarkenG und dem dort enthaltenen Einwand der Erschöpfung in Bezug auf Domainregistrierungen. Der BGH hat in der Entscheidung Aidol[135] darauf hingewiesen, dass der Grundsatz der Erschöpfung auch das

---

[131] Ausf zum Domain-Name-Sharing vgl *Haar/Krone* Mitt. 2005, 58 ff.
[132] BGH MMR 2002, 456 m Anm *Hoeller*; BGH CR 2002, 674 mit Anm *Koschorreck*.
[133] BGH WRP 2010, 880–888 – Peek & Cloppenburg.
[134] BGH WRP 2010, 880–888 – Peek & Cloppenburg.
[135] BGH NJW-RR 2007, 1262.

Ankündigungsrecht umfasse. Insofern dürften Waren, die mit einer Marke gekennzeichnet sind, bei ihrem Weitervertrieb durch Dritte grundsätzlich unter ihrer Marke beworben werden.[136] Für das Ankündigungsrecht sei es nicht erforderlich, dass der Händler im Zeitpunkt seiner Werbung die betreffende Ware bereits vorrätig hat. Ausreichend sei vielmehr, dass der Händler über die Ware im vorgesehenen Zeitpunkt ihres Absatzes ohne Verletzung der Rechte des Markeninhabers verfügen könne.[137] Ein Ankündigungsrecht lehnt der BGH allerdings ab, wenn die konkrete Bezugnahme auf Originalprodukte erfolge. Insofern wird man eine Domain nicht unter Berufung auf den Erschöpfungsgrundsatz verwenden können, wenn die markenbezogene Domain unternehmensbezogen verwendet wird.[138] Ähnlich wird es der Fall sein, wenn überhaupt keine Originalprodukte auf der Seite angeboten werden. Im Übrigen lässt § 24 Abs 2 MarkenG auch zu, dass der Inhaber der Marke aus berechtigten Gründen trotz Erschöpfung der Benutzung der Marke widersprechen kann. Dies gilt insb, wenn eine Handelsbeziehung zwischen dem Domainverwender und dem Kennzeichenrechtsinhaber vorgetäuscht wird.[139] Das OLG Düsseldorf hat die Auffassung vertreten, dass ein Anbieter von Fahrzeugtuning-Dienstleistungen nicht die Internet-Domain www.peugeot-tuning.de verwenden dürfe. Diese Dienstleistung sei nämlich der geschäftlichen Tätigkeit der Klägerin, nämlich dem Vertrieb von Peugeot-Kraftfahrzeugen und zugehörigen Serviceleistungen für diese Fahrzeuge sehr ähnlich. Aus diesem Grund sei die Verwendung des Zeichens in der Domain geeignet, eine Verwechslungsgefahr im weiteren Sinne zu begründen. Der Verkehr nehme an, dass jemand, der Tuning-Leistungen unter Verwendung des Zeichens «Peugeot» erbringt, hierzu von Peugeot autorisiert worden ist und daher zumindest rechtliche und wirtschaftliche Beziehungen bestehen.[140]

5. Gattungsbegriffe

63 Schwierig ist schließlich auch die Frage, ob **Gattungsbegriffe** und **beschreibende Angaben** als Domain-Namen registriert werden können.[141] Solche Angaben könnten markenrechtlich wegen fehlender Unterscheidungskraft (§ 8 Abs 2 Nr 1 MarkenG) oder wegen eines besonderen Freihaltebedürfnisses (§ 8 Abs 2 Nr 2 MarkenG) nie einer Person zugewiesen werden. Zulässig ist daher die Verwendung von Domains wie „anwalt.de", „messe.de" oder „notar.de".[142]

64 Allerdings ist in all diesen Fällen zu beachten, dass die Kennzeichnung nicht gegen andere standes- oder wettbewerbsrechtliche Vorgaben verstoßen darf. So wäre die Benutzung des Kennzeichens „Anwalt" einem Anwalt vorbehalten. Ein Nicht-Anwalt würde gegen Standesrecht oder, wegen der damit verbundenen Kanalisierung von Kundenströmen, gegen §§ 3, 4 Nr 10 UWG bzw §§ 3, 5 UWG verstoßen.

65 In diesem Sinne hat auch das OLG Frankfurt[143] betont, dass bei rein beschreibenden und daher freihaltebedürftigen Begriffen wie „Wirtschaft" und „Wirtschaft-On-

---

[136] S dazu auch EuGH GRUR Int 1998, 140 – DIOR; EuGH GRUR Int 1999, 438 – BMW.
[137] S dazu auch BGH GRUR 2003, 807, 879 f – Vier Ringe über Audi.
[138] S dazu auch LG Hamburg Mitt 2001, 83 zur Verwendung der Bezeichnung Ferrari-official-merchandise.de zur Kennzeichnung eines Geschäftsbetriebs auf Briefumschlägen.
[139] So etwa im Fall LG Düsseldorf GRUR-RR 2007, 14-cat-Ersatzteile.de; ähnl LG Düsseldorf MMR 2008, 268 – hapimag-a-aktien.de.
[140] OLG Düsseldorf GRUR-RR 2007, 102 – Peugeot-Tuning.
[141] Vgl hierzu Kur CR 1996, 325, 328.
[142] BGH MMR 2001, 666, 670 – mitwohnzentrale.de.
[143] OLG Frankfurt WRP 1997, 341 f; ähnl auch OLG Braunschweig MMR 2000, 610 –

line" ein markenrechtlicher Schutz nicht in Betracht komme. Allenfalls aus §§ 3, 4 Nr 10 UWG bzw §§ 3, 5 UWG könnten sich Grenzen für die Wahl solcher Beschreibungen ergeben. Zu beachten sei dabei vor allem die „Kanalisierungsfunktion" der Domain-Namen, sofern der User der Einfachheit halber das Online-Angebot mit der umfassendsten Adressbezeichnung wähle und anderen Angeboten keine Beachtung mehr schenke. Dieser Effekt sei aber ausgeschlossen, wenn die Online-Adresse lediglich in der Werbung des jeweiligen Unternehmens benutzt werde. Im Übrigen müsse auf die besonderen Nutzergewohnheiten abgestellt werden.

Das OLG Hamburg, das über die Domain „mitwohnzentrale.de" zu entscheiden hatte, schloss eine entsprechende Anwendung der Regelung des § 8 MarkenG auf die Domainregistrierung ebenfalls aus.[144] Bei der wettbewerbsrechtlichen Beurteilung kam es aber zu einem anderen Ergebnis als die vorgenannte Entscheidung. Es sah die Verwendung der Domain durch einen Verband von Wohnungsvermittlungsagenturen unter dem Gesichtspunkt der Kanalisierung von Kundenströmen als wettbewerbswidrig an. Kunden, die sich das Leistungsangebot im Bereich der Mitwohnzentralen erschließen wollten, würden durch die Domain „abgefangen". Zur Begründung ging das Gericht auf die Nutzergewohnheiten bei der Suche nach Internetangeboten ein. Ein nicht unerheblicher Teil der Nutzer verwende hierzu nicht nur Suchmaschinen, sondern gebe versuchsweise eine Domainadresse mit dem gesuchten Unternehmens- oder Markennamen ein. Diese Praxis dehne sich immer mehr auf Branchen-, Produkt- und Gattungsbezeichnungen aus. Wesentliche Teile der Verbraucher, die auf diese Weise zu einer Website gefunden hätten, verzichteten aus Bequemlichkeit darauf, anschließend nach Alternativangeboten zu suchen. Der Hamburger Linie folgten weitere Gerichte, etwa hinsichtlich der Bezeichnungen „Rechtsanwalt",[145] „rechtsanwaelte. de",[146] „zwangsversteigerung.de"[147], „hauptbahnhof.de"[148] oder „deutsches-handwerk.de"[149]. Auch zahlreiche Literaturstimmen haben die Hamburger Leitlinien weiterverfolgt.[150] Andere Gerichte widersprachen der Hamburger Linie, zum Beispiel in Bezug auf die Termini „stahlguss.de",[151] „lastminute.com",[152] „zeitarbeit.de",[153] „autovermietung.com",[154] „fahrplan.de",[155] „sauna.de",[156] „rechtsanwalt.com"[157] oder „kueche.de".[158] Hierbei wurde darauf abgestellt, dass für den Tätigkeitsbereich eine Vielzahl beschreibender Kennzeichnungen vorhanden waren.[159] Noch deutlicher

66

Stahlguss.de. Unzutreffend OLG München ZUM 1999, 582 – buecher.de, das die Frage des Gattungsbegriffs mit dem Problem der kennzeichenmäßigen Benutzung verwechselt.
144 OLG Hamburg MMR 2000, 40; OLG Hamburg CR 1999, 779 m Anm *Hartmann*; OLG Hamburg K&R 2000, 190 m Anm *Strömer*; siehe auch *Hoeren* EWiR 2000, 193; anders *Mankowski* MDR 2002, 47, 48, der für eine analoge Anwendung von § 8 MarkenG plädiert.
145 OLG Stuttgart MMR 2000, 164 in Bezug auf eine Vanity-Nummer, aufgehoben durch BGH CR 2002, 729.
146 LG München I MMR 2001, 179 m Anm *Erns*; LG München I K&R 2001, 108 m Anm *Sosnitza*. Zu Domains mit Anwaltsbezug siehe auch OLG Celle MMR 2001, 179; OLG Hamburg MMR 2002, 824; OLG München MMR 2002, 614.
147 LG Köln MMR 2001, 55.
148 LG Köln MMR 2000, 45.
149 OLG Hamburg, CR 2007, 258.
150 Ähnl auch *Bettinger* CR 1997, 273; *Sosnitza* K&R 2000, 209, 212; *Ubber* WRP 1997, 497.
151 OLG Braunschweig MMR 2000, 610.
152 LG Hamburg CR 200, 617 m Anm *Bettinger* MMR 2000, 763, 765.
153 LG Köln MMR 2001, 197.
154 LG München MMR 2001, 185.
155 LG Köln 31 O 513/99 (unveröffentlicht).
156 OLG Hamm MMR 2001, 237; ähnl bereits LG Münster 23 O 60/00.
157 LG Mannheim MMR 2002, 635; aA OLG Hamburg MMR 2002, 824.
158 LG Darmstadt MMR 2001, 559.
159 LG München MMR 2001, 185.

ist das OLG Braunschweig in der oben genannten Entscheidung, das die Kanalisierung durch Registrierung rein beschreibender Domainnamen für sich allein nicht als wettbewerbswidrig angesehen hat.[160] Das LG Hamburg stellt darauf ab, ob der Eindruck entstanden ist, es handle sich um ein Portal für eine originelle und neue Leistung. Eine Kanalisierungsgefahr sei ausgeschlossen, wenn interessierte Kreise wüssten, dass es diese Leistung von zahlreichen Anbietern gibt.[161] Das LG Darmstadt hat in der oben erwähnten Entscheidung „kueche.de" darauf abgestellt, ob ein umsichtiger, kritisch prüfender und verständiger Verbraucher beim Aufruf der Webseite ohne weiteres erkennen kann, dass es sich um das Angebot eines Einzelunternehmens handelt. Die Begründung, dass der Internetnutzer den von ihm gewünschten Domainnamen direkt in die Browserzeile eingebe, könnte jedoch durch die zunehmende Nutzung von Suchmaschinen, insb der Suchmaschine „google", nicht mehr zeitgemäß sein. Eine Untersuchung über die Nutzergewohnheiten der betroffenen Nutzerkreise ist wohl noch nicht durchgeführt worden, zumindest wurde eine Abkehr von der Methode der Direkteingabe noch in keinem Urteil angesprochen. Dies bedeutet, dass weiterhin davon ausgegangen werden muss, dass zumindest ein Teil der Internetnutzer (auch) nach dieser Methode vorgehen.

67   Der BGH hat in Sachen „**mitwohnzentrale.de**" am 17.5.2001 entschieden.[162] Die Verwendung von Gattungsbegriffen sei grundsätzlich zulässig; insb liege keine Unlauterkeit iSv § 3 UWG vor. Der Domaininhaber habe nur einen sich bietenden Vorteil genutzt, ohne auf Dritte unlauter einzuwirken. Ein Anlass für eine neue Fallgruppe speziell für Domains bestehe nicht. Die Parallele zum Markenrecht und dem dortigen Freihaltebedürfnis von Gattungsbegriffen sei nicht zu ziehen, da kein Ausschließlichkeitsrecht drohe. Grenzen sieht der BGH dort, wo Rechtsmissbrauch drohe, etwa wenn der Gattungsbegriff sowohl unter verschiedenen TLDs als auch in ähnlichen Schreibweisen vom Verwender blockiert werde. Auch müsse noch geprüft werden, ob die Kennung mitwohnzentrale.de nicht eine relevante Irreführungsgefahr heraufbeschwöre, weil der Eindruck entstehen könne, dass es sich um das einzige oder maßgebliche Angebot unter der Gattungsbezeichnung handle.[163] Die Notwendigkeit dieser beiden Einschränkungen sind in der Literatur mit Recht bezweifelt worden.[164] Diese Leitlinien hat der BGH in der Entscheidung „weltonline.de" bekräftigt.[165] Die Registrierung von Gattungsbegriffen sei dem Gerechtigkeitsprinzip unterworfen und erfolge nach dem Prinzip „wer zuerst kommt, mahlt zuerst" und stelle kein unlauteres Verhalten dar. Im entschiedenen Fall sei gleichfalls festzuhalten, dass der Axel Springer Verlag die genannte Domain nicht benötige, da er sich bereits unter „welt-online.de" präsentiere.

68   Dennoch machten diese Zusätze die Runde: So hat das LG Düsseldorf[166] entschieden, dass die Verwendung des Gattungsnamens „**literaturen.de**" nach § 826 BGB sittenwidrig sein könnte, wenn allein die formalrechtliche Stellung dazu benutzt werden soll, Gewinne zu erzielen, deren Höhe nicht mit irgendeiner Leistung des Rechtsinhabers in Zusammenhang steht. Das LG Frankfurt sah – anders als dann die Oberinstanz[167] – in dem Angebot, unter der Domain „drogerie.de" Subdomains zu er-

---

[160] OLG Braunschweig MMR 2000, 610.
[161] LG Hamburg MMR 2000, 763, 765.
[162] BGH MMR 2001, 666 m Anm *Hoeren* WRP 2001, 1286, m Bespr *Abel* WRP 2001, 1426, m Anm *Mankowski* CR 2001, 777, m Anm *Jaeger-Lenz* NJW 2001, 3262.
[163] *Mankowski* MDR 2002, 47, 48 sieht in jeder Aneignung von Branchenbezeichnungen durch einen einzelnen Wettbewerber die irreführende Behauptung einer Spitzenstellung.
[164] S *Abel* WRP 2001, 1426, 1429 ff; *Beater* JZ 2002, 275, 278 f.
[165] BGH MMR 2005, 534 m Anm *Wiebhues*.
[166] LG Düsseldorf MMR 2002, 126.
[167] OLG Frankfurt aM MMR 2002, 811.

werben, eine Irreführung iSv § 5 UWG.[168] Ähnlich entschied das OLG Nürnberg hinsichtlich der Verwendung der Domain „steuererklaerung.de" für einen Lohnsteuerhilfeverein.[169] Das OLG Hamburg verbot die Verwendung von „rechtsanwalt.com" durch Nicht-Anwälte als irreführend iSv § 5 UWG.[170]

69 Für besondere Aufregung haben das LG Dortmund[171] und das OLG Hamm[172] gesorgt, als sie die Verwendung der Domain „**tauchschule-dortmund.de**" wegen impliziter Spitzenstellungsbehauptung für unlauter iSv §§ 3, 5 UWG erklärten.[173] Diese Rechtsprechung hat das OLG Hamm dann allerdings jüngst aufgegeben.[174] Das Oberlandesgericht Hamm hat seine alte Rechtsprechung aufgegeben, wonach die Verwendung einer Kombination und Ortsname als Domain als unzulässige Spitzenstellungsbehauptung anzusehen sei. Es gelte stattdessen der Grundsatz „first come, first served". Der Ortsname alleine könne nicht als Herausstellung im Sinne des Wettbewerbsrechts anzusehen sein. Dem Verkehr sei regelmäßig bekannt, dass es in großen Städten eine Fülle von Rechtsanwaltskanzleien gebe. Auch unter dem Gesichtspunkt des Umleitens von Kundenströmen, etwa aufgrund entsprechender Suchmaschinenangaben wurde vom Gericht abgelehnt.

70 Verboten ist auch die Domain „Deutsches-Anwaltverzeichnis.de" nach § 5 UWG, da dadurch der falsche Eindruck erweckt wird, das Verzeichnis enthalte die meisten Namen der in Deutschland tätigen Anwälte.[175] Die Domain „deutsches-handwerk.de" kann von erheblichen Teilen des Verkehrs dahingehend verstanden werden, dass es sich um eine offizielle Seite einer berufsständischen Organisation des deutschen Handwerkes handelt, so dass zumindest auf der ersten Seite durch einen deutlichen Hinweis dieser Irreführung begegnet werden muss, um wettbewerbsrechtliche Ansprüche abwehren zu können.[176] Auch die Verwendung der TLD „.ag" kann wegen Irreführung verboten sein, wenn eine entsprechende Domain von einer GmbH verwendet wird; denn dann müsse ein beträchtlicher Teil des Verkehrs annehmen, es handele sich bei dem Domaininhaber um eine Aktiengesellschaft.[177] Unklar ist die Haltung der Gerichte zu Anwaltsdomains, wie „anwalt-hannover.de" oder „rechtsanwaelte-dachau. de". Zum Teil wird eine solche Domain wegen Irreführungsgefahr generell für verboten erachtet.[178] Teilweise wird bei Verwendung des Singulars „anwalt" von der wettbewerbsrechtlichen Unbedenklichkeit ausgegangen.[179]

71 Das OLG Stuttgart hat den Begriff „Netz" als nicht schutzfähigen Gattungsbegriff angesehen, auch wenn jemand den Nachnamen „Netz" führt.[180] Ähnlich sah die Köl-

---

[168] LG Frankfurt aM MMR 2001, 542 m Anm *Buecking*.
[169] OLG Nürnberg GRUR 2002, 460.
[170] OLG Hamburg NJW-RR 2002, 1582; aA LG Mannheim MMR 2002, 635; anders auch LG Berlin CR 2003, 771 für die Domain „Rechtsbeistand.info".
[171] LG Dortmund MMR 2003, 200.
[172] OLG Hamm CR 2003, 522 m Anm *Beckmann*.
[173] Die Revision ist inzwischen vom BGH wegen fehlender grundsätzlicher Bedeutung nicht angenommen worden; s BGH MMR 2003, 471 m Anm *Karl*.
[174] OLG Hamm MMR 2009, 50 m Anm *Kuhr* K&R 2008, 755 – anwaltskanzlei – dortmund.de.
[175] LG Berlin CR 2003, 937; LG Berlin MMR 2003, 490; ähnl für deutsche-anwalthotline.de LG Erfurt MMR 2005, 121.
[176] OLG Hamburg CR 2007, 258 – deutsches-handwerk.de; OLG Hamburg GRUR-RR 2007, 93.
[177] LG Hamburg MMR 2003, 796 – tipp.ag; bestätigt durch OLG Hamburg MMR 2004, 680.
[178] OLG Celle NJW 2001, 21000 – rechtsanwalt-hannover.de.
[179] LG Duisburg NJW 2002, 2114 – anwalt-muelheim.de; OLG München Urteil vom 10. Mai 2001 – 29 U 1594/01; ähnl auch OLG München CR 2002, 757 – rechtsanwaelte-dachau.de.
[180] OLG Stuttgart MMR 2002, 388.

ner Justiz die Rechtslage bei den Gattungsbegriffen „bahnhoefe"[181] und „mahngericht".[182] Für die generischen Umlautdomains gelten ähnliche Regeln. So hat das LG Leipzig[183] betont, dass ein Hersteller von Waren keinen Anspruch auf Unterlassung der Registrierung oder Nutzung einer IDN-Domain hat, die nur Waren beschreibt. In Anwendung von §§ 3, 4 Nr 10 UWG soll die Registrierung von Gattungsbegriffen verboten sein, wenn diese Namen zum Zweck der Behinderung eines Konkurrenten angemeldet worden sind.[184] Dies gilt insb dann, wenn die Gattungsdomains auf die eigene Domain umgeleitet werden.

72 Keine rechtlichen Probleme sah das *OLG Wien* bei der Registrierung der Domain „kinder.at" im Verhältnis zu einer (generischen) Wort/Bildmarke „kinder".[185] Auch wurde ein Unterlassungsanspruch einer juristischen Zeitschrift gegen die Verwendung der Domain „versicherungsrecht.de" durch einen Dritten vom LG und OLG Düsseldorf mangels Unlauterkeit abgelehnt.[186] Der BGH hat inzwischen auch keine Probleme mehr in der Verwendung der Adressen „presserecht.de"[187] und „rechtsanwaelte-notar.de"[188] gesehen; diese sei weder irreführend noch verstoße sie gegen anwaltliches Berufsrecht. In Sachen Mitwohnzentrale liegt auch die zweite Entscheidung des OLG Hamburg vor.[189] Hiernach ist für die Beurteilung der Frage, ob sich die Verwendung eines generischen Domainnamens (hier: „mitwohnzentrale.de") nach § 5 UWG als irreführend wegen einer unzutreffenden Alleinstellungsberühmung darstellt, nicht allein auf die Bezeichnung der Domain, sondern maßgeblich (auch) auf den dahinter stehenden Internetauftritt, insb die konkrete Gestaltung der Homepage abzustellen. Der Hinweis eines Vereins, dass auf seiner Homepage nur Vereinsmitglieder aufgeführt sind, kann nach den Umständen des Einzelfalls ausreichen, um irrtumsbedingten Fehlvorstellungen entgegenzuwirken, die angesichts der generischen Domain-Bezeichnung bei Teilen des Verkehrs entstehen können. Eine ausdrückliche Bezugnahme auf Konkurrenzunternehmen ist nicht erforderlich.

73 Zu den Gattungsbegriffen zählen im Übrigen **lateinische Bezeichnungen** nicht. Laut einer Entscheidung des LG München[190] können lateinische Begriffe durchaus im allgemeinen Sprachgebrauch angesiedelt sein. Daraus folge aber nicht automatisch ein Freihaltebedürfnis als Gattungsbegriff, da die deutsche Übersetzung nur Personen mit Lateinkenntnissen möglich ist, also nur einer Minderheit der Bevölkerung. Demnach hat das LG dem Kläger Recht gegeben, der mit Familiennamen Fatum (*lat* Schicksal) heißt und die Freigabe der bereits reservierten gleichnamigen Webadresse verlangt hatte.

74 Seit dem 1.3.2004 besteht die Möglichkeit, Domains mit Umlauten registrieren zu lassen. Alleine die Registrierung eines bereits registrierten Gattungsbegriffs mit Um-

---

[181] LG Köln GRUR-RR 2006, 292 – bahnhoefe.de.
[182] OLG Köln NJW-RR 2006, 187, 1224.
[183] LG Leipzig MMR 2006, 113, 114 – kettenzüge.de; ähnl LG Frankenthal GRUR-RR 2006, 13, 14 – günstig.de.
[184] OLG Hamburg MMR 2006, 328.
[185] OLG Wien WRP 2003, 109; ähnl liberal öOGH MMR 2006, 667 – rechtsanwaltsportal.at.
[186] LG Düsseldorf MMR 2002, 758; OLG Düsseldorf MMR 2003, 177.

[187] BGH MMR 2003, 252 m Anm *Schulte* ZUM 2003, 302, m Anm *Hoß* NJW 2009, 662.
[188] BGH MMR 2003, 256; anders wiederum die österreichische Oberste Berufungs- und Disziplinarkommission für Rechtsanwälte in ihrer Entscheidung vom 28.4.2003, MMR 2003, 788 m Anm *Karl*, in der die Kommission die Verwendung der Domain scheidungsanwalt.at als rechtswidrig ansah.
[189] OLG Hamburg MMR 2003, 537, 538.
[190] LG München I MMR 2005, 620, 621.

lauten stelle jedoch noch keine wettbewerbswidrige Handlung dar,[191] auch wenn der Begriff mit Umlauten einfacher zu erreichen und vom Verkehr gemerkt werden kann. Ein Wettbewerber, der Inhaber der Domain ohne Umlaute ist (und somit vor der Registrierungsmöglichkeit von Domains mit Umlauten einziger Inhaber des Gattungsbegriffes als Domain war), kann daher nicht gegen den neuen Inhaber von Umlautdomains vorgehen. Es handle sich bei einem solchen Vorgehen nicht um eine gezielte Behinderung, da der Wettbewerber weiterhin in der Lage sei, seine bisherige Domain zu benutzen und daher nicht behindert würde.[192]

Zu beachten gilt es, dass eine Domain auch gegen markenrechtliche Angriffe geschützt ist, wenn der Verkehr in der Domain überhaupt keine Marke, sondern sogleich einen Gattungsbegriff sieht. Dies gilt selbst dann, wenn eine entsprechende europäische Marke eingetragen war.[193]

75

6. „com"-Adressen

Ungeklärt ist die Rechtslage auch bei den „com"-Adressen. Grundsätzlich kann sich ein Markenrechtsinhaber gegen die Verwendung seines Kennzeichens in einer „com"-Adresse in gleicher Weise zur Wehr setzen wie bei einer „de"-Adresse.[194] Ähnliches gilt für die Verwendung anderer gTLDs, wie etwa im Falle von „WDR.org" für ein Portal zum Thema „Fachjournalismus".[195] Den gTLDs fehlt es an der kennzeichnenden Wirkung; entscheidend ist daher die Second-Level-Domain.[196]

76

Hier drohen **oft Kollisionen zwischen den Inhabern ausländischer und deutscher Kennzeichnungen**, etwa bei Verwendung der Bezeichnung „persil.com" für die (im britischen Rechtskreis berechtigte) Unilever. Das Hauptproblem liegt in diesen Fällen in der Durchsetzung von Unterlassungsansprüchen. Denn sofern sich nur die Top-Level-Domain ändert, haben oft beide Domain-Inhaber für ihren kennzeichenrechtlichen Schutzbereich eine Berechtigung. So kann der amerikanische Inhaber der Domain „baynet.com" sich auf das ihm nach US-Recht zustehende Markenrecht in gleicher Weise berufen wie die bayerische Staatsregierung auf die deutschen Rechte zur Nutzung der Domain „baynet.de". Wollte man hier einen Unterlassungsanspruch sauber tenorieren, müsste man den Anspruch auf die Nutzung der Domain im jeweiligen Heimatstaat beschränken. Eine solche Beschränkung ist jedoch technisch nicht durchsetzbar. Die Anbieter der Seite baynet.com könnten schon von der technischen Ausgestaltung des WWW her der bayerischen Staatsregierung nicht aufgeben, zu verhindern, dass deren baynet.de-Angebot in den USA abgerufen werden kann. Das KG hat daraus in der Concept-Entscheidung[197] die Konsequenz gezogen, einem Störer die Berufung auf die Einschränkungen für den weltweiten Abruf zu verweigern.

77

Im Übrigen wird zunehmend die Auffassung vertreten, dass die Verwechslungsgefahr mit zunehmender Verbreitung der neuen TLDs herabgesetzt sei. So soll es künftig möglich sein, zB Kommunen auf die Domain „XX.info" oder „XX.museum" zu verweisen, während die mit dem Städtenamen identische „de"-Domain dem bisherigen Domaininhaber verbleibt.[198]

78

---

[191] OLG Köln MMR 2005, 763.
[192] OLG Köln MMR 2005, 763.
[193] OLG Düsseldorf MMR 2007, 187 – professional-nails.de.
[194] OLG Karlsruhe MMR 1999, 604.
[195] LG Köln MMR 2000, 625.
[196] So auch das Hanseatische OLG 3 W 8/02; http://www.jurpc.de/rechtspr/20020153.htm.
[197] KG NJW 1997, 3321.
[198] So etwa *Reinhart* WRP 2002, 628, 634 f.

Kapitel 8 Rechtsprobleme beim Erwerb von Domains

7. Regional begrenzter Schutz

79 Der Kennzeichenschutz eines Unternehmens, welches nur regional, aber nicht bundesweit tätig ist, beschränkt sich auf das räumliche Tätigkeitsfeld.[199] Daher hat der BGH einem in Bayern ansässigen und ausschließlich dort tätigen Sprachinstitut („Cambridge Institut") einen Unterlassungsanspruch gegen die Verwendung der Domain „cambridgeinstitute.ch" durch ein Schweizer Sprachinstitut versagt.[200]

III. Titelschutz nach § 5 Abs 3 MarkenG

80 Wichtig ist auch der spezielle Schutz, den § 5 Abs 3 MarkenG für **den Titel von Zeitschriften oder Büchern** vorsieht.[201] Der Titelschutz hat im digitalen Markt dadurch eine besondere Bedeutung erlangt, dass der BGH in den Entscheidungen FTOS und PowerPoint[202] einen Titelschutz auch für Software zugelassen hat. Damit wird ein allgemeiner Namensschutz für alle bezeichnungsfähigen geistigen Produkte eingeführt, der auch Homepages und CD-ROMs einschließen kann.

81 Zur Bestimmung der **Reichweite des Titelschutzes** gegen Provider ist die Entscheidung „Karriere" des Landgerichts Köln einschlägig.[203] Die Antragsstellerin, die Verlagsgruppe Handelsblatt, setzte sich hier erfolgreich gegen die Verwendung des Wortes „Karriere" als Teil einer Domain zur Wehr („www.karriere.de"). Sie stützte sich auf den Titelschutz, den das LG Köln bereits Jahre zuvor dem Handelsblatt für deren Zeitungsbeilage „Karriere" zugebilligt hatte.[204] Ein Teilnehmer im Internet werde zumindest organisatorische Zusammenhänge zwischen den Parteien annehmen, die tatsächlich nicht bestünden. Das Landgericht hat dem Begehren in vollem Umfang stattgegeben; die Antragsgegnerin hat dem Beschluss nicht widersprochen. Ähnlich großzügig argumentierte das LG Mannheim hinsichtlich der Bezeichnung „Bautipp"[205] und das OLG Düsseldorf in Bezug auf „Diamantbericht".[206] Auch der Begriff „America" soll für ein gleichnamiges Computerspiel geschützt sein.[207]

82 Anders sieht das LG Hamburg die Reichweite des Titelschutzes. In seinem Urteil[208] betont das Landgericht, dass ein Titelschutz nur dann gegenüber Domain-Adressen geltend gemacht werden könne, wenn der Titel dermaßen bekannt sei, dass die Verwendung der Internet-Adresse für die angesprochenen Verkehrskreise ein Hinweis auf die Zeitschrift sei. Mit dieser Begründung lehnte es das Landgericht ab, die Verwendung der Adresse bike.de für ein Werbeforum zu untersagen. Das Wort „bike"

---

[199] BGH NJW-RR 2008, 57 – cambridgeinstitute.de; vgl auch OLG Köln MMR 2008, 119 – 4e.de.
[200] BGH NJW-RR 2008, 57 – cambridgeinstitute.de.
[201] Nur am Rande erwähnt sei der besondere Schutz geographischer Herkunftsangaben nach § 127 MarkenG, der allerdings nicht gegen die Nutzung einer Herkunftsangabe zum Aufbau einer Informationsplattform hilft; so auch OLG München MMR 2002, 115; s auch BGH NJW-RR 2008, 57 – cambridgeinstitute.ch: berechtigte Benutzer einer geografischen Herkunftsangabe, die für Dienstleistungen verwendet wird, sind nur diejenigen Personen und Unternehmen, die in dem durch die geografische Herkunftsangabe bezeichneten Gebiet geschäftsansässig sind und von dort ihre Dienstleistungen erbringen (Ls).
[202] BGH CR 1998, 5 – PowerPoint m Bespr *Lehmann* MMR 1998, 52 m Anm *Hoeren* MMR 1998, 52 – FTOS.
[203] LG Köln AfP 1997, 655, 656.
[204] LG Köln AfP 1990, 330, 331.
[205] LG Mannheim CR 1999, 528; ähnl auch der OGH Wien MR 2001, 1987, 198 – „deKrone.at".
[206] OLG Düsseldorf I 20 U 127/04 (unveröffentlicht).
[207] KG MarkenR 2003, 367, 369.
[208] LG Hamburg MMR 1998, 46 – bike.de.

sei erkennbar beschreibender Natur und für eine Bekanntheit der Zeitschrift „bike" sei nichts vorgetragen. Auch kommt ein Schutz nur in Bezug auf ein konkretes Werk in Betracht.[209] Mit ähnlicher Begründung hat das OLG Hamburg der Fachzeitschrift „Schuhmarkt" Schutz gegen eine Internetagentur versagt, die sich mehrere tausend Domains, darunter „schuhmarkt.de", registrieren lassen hatte. Wenn die Agentur unter der Domain eine E-Commerce-Plattform betreibe, fehle es an der erforderlichen Verwechslungsgefahr mit einer Fachzeitschrift, die nur gering verbreitet und in einem beschränkten Fachkreis bekannt sei.[210] An dem Zeitschriftentitel „Der Allgemeinarzt" soll ein Titelschutzrecht bestehen, das sich aber wegen begrenzter Unterscheidungskraft nicht gegen eine Domain „allgemeinarzt.de" durchsetzt.[211] Auch der bekannte Zeitungstitel „Die Welt" konnte sich nicht gegen eine Domain „weltonline.de" durchsetzen, da diese Domain nicht geschäftsmäßig benutzt wurde.[212]

IV. Reichweite von §§ 823, 826 BGB und § 3 UWG

Neue Wege beschritt das OLG Frankfurt in der Entscheidung „Weideglück"[213] Hiernach kann wegen unlauterer Behinderung in Anspruch genommen werden, wer sich ohne nachvollziehbares eigenes Interesse eine Domain mit fremden Namensbestandteilen registrieren lässt, die mit dem eigenen Namen und der eigenen Tätigkeit in keinem Zusammenhang steht. Im vorliegenden Fall hatte ein Student die Kennung „weideglueck.de" für sich registrieren lassen. Zur Begründung gab er im Prozess widersprüchliche und kaum nachvollziehbare Begründungen ab. Das OLG entschied aus diesem Grund zu Gunsten des Klägers, der auf eine Reihe von eingetragenen Marken mit der Bezeichnung „Weideglueck" verweisen konnte. Über die Anwendung des § 826 BGB schließt der Senat eine gefährliche Schutzlücke. Denn bei der nicht-wettbewerbsmäßigen Nutzung einer Domain, die als Bestandteil eine fremde Marke enthält, greift § 14 MarkenG nicht ein. Auch § 12 BGB hilft nicht,[214] da hiernach nur der Namen eines Unternehmens, nicht aber eine Produktbezeichnung geschützt ist. Dennoch muss die Entscheidung des OLG vorsichtig zu Rate gezogen werden; sie betraf einen besonderen Fall, in dem der Beklagte zur offensichtlichen Verärgerung des Gerichts sehr widersprüchlich vorgetragen hatte.

83

Im Übrigen hat das OLG Frankfurt § 826 BGB auch dann herangezogen, wenn jemand sich Tausende von Domains zu Verkaufszwecken reservieren lässt und von Dritten Entgelt dafür erwartet, dass sie eigene Angebote unter ihren Kennzeichen ins Internet stellen.[215] Im vorliegenden Fall klagte die Zeitung „Die Welt" gegen den Domaininhaber von „welt-online.de". Nach Auffassung der Frankfurter Richter müsse die Zeitung es hinnehmen, dass jemand die Bezeichnungen „Welt" und „Online" als beschreibende Angaben innerhalb ihrer Domain verwendet. Dies gelte aber nicht für einen Spekulanten, der ohne eigenes Nutzungsinteresse durch die Registrierung den Zeicheninhaber behindern und/oder ihn dazu bringen wolle, die Domain anzukaufen. Ähnlich soll nach Auffassung des *LG München I* eine Registrierung iSv

84

---

[209] OLG Hamburg MMR 1999, 159, 161 m Anm *Hackbart* NJW-RR 1999, 625.
[210] OLG Hamburg MMR 2003, 668.
[211] LG Hamburg MMR 2006, 252.
[212] BGH MMR 2005, 534 – weltonline.de; ähnl auch OLG Hamburg MMR 2007, 384 – test24.de.
[213] OLG Frankfurt aM MMR 2000, 424; ähnl auch OLG Nürnberg CR 2001, 54; sowie OLG Frankfurt aM MMR 2001, 532 – praline-tv.de.
[214] S zu § 12 BGB unten Rn 69 ff.
[215] OLG Frankfurt aM MMR 2001, 696 – Weltonline.de.

§ 826 BGB sittenwidrig sein, wenn sie planmäßig auf Grund einer Suche nach versehentlich frei gewordenen Domainnamen erfolgt.[216]

85 Dem widerspricht das OLG Hamburg in seiner Entscheidung „Schuhmarkt", in der der Senat betont, dass die bloße Registrierung zahlreicher Domains noch keinen Schluss auf die Sittenwidrigkeit zulasse.[217]

86 Weiterhin bejaht das LG München I einen Unterlassungsanspruch nach §§ 826, 1004 BGB unter dem Gesichtspunkt des „Domain-Grabbings", wenn eine Domain, die sowohl aufgrund der konkreten Gestaltung als auch aufgrund einer bereits zuvor erfolgten jahrelangen Benutzung einer bestimmten Person eindeutig zugeordnet werden kann, ohne Zustimmung für Inhalte genutzt wird, die geeignet sind, den Ruf der Person negativ zu beeinflussen.[218]

87 Auch der BGH wandte sich in seiner Revisionsentscheidung im Fall „**weltonline.de**" gegen das OLG Frankfurt und hob dessen Entscheidung auf.[219] Alleine in der Registrierung eines Gattungsbegriffes läge noch keine sittenwidrige Schädigung, auch wenn es nahe liegen würde, dass ein Unternehmen diesen für seinen Internetauftritt benutzen wolle. Ein Vorgehen gegen diese Registrierung sei, auch wenn die Registrierung durch einen Spekulanten erfolge, erst dann möglich, wenn Anhaltspunkte dafür bestehen würden, dass diese Domain im geschäftlichen Verkehr in einer das Kennzeichen verletzenden Weise erfolge.[220]

88 Neben § 826 BGB wird manchmal auch ein Schutz über § **823 Abs 1 BGB** thematisiert (etwa unter dem Gesichtspunkt des eingerichteten und ausgeübten Gewerbebetriebs). Eine Anwendung dieses Grundgedankens wird jedoch bei Domain-Fällen ausgeschlossen, wenn aufgrund des Produktes und des beschränkten Kundenkreises weder eine Verwechslungs- noch eine Verwässerungsgefahr besteht.[221]

89 Unabhängig von kennzeichenrechtlichen Vorgaben existiert ein Recht auf Nutzung einer Domain, das über § 823 Abs 1 BGB als sonstiges Recht geschützt ist. Verlangt jemand unberechtigterweise eine Löschung der Domain, wird in dieses Recht eingegriffen. Das Recht bringt auch einen Schutz gegen unberechtigte Dispute-Einträge.[222]

90 § 3 UWG kommt wegen dessen Subsidiarität im Bereich des **ergänzenden Leistungsschutzes** selten zum Tragen. Voraussetzung eines Behinderungswettbewerbs nach §§ 3, 4 Nr 10 UWG ist stets eine Beeinträchtigung der wettbewerblichen Entfaltungsmöglichkeiten der Mitbewerber. Da eine solche Beeinträchtigung jedem Wettbewerb eigen ist, muss freilich noch ein weiteres Merkmal hinzutreten, damit von einer wettbewerbswidrigen Beeinträchtigung und – eine allgemeine Marktbehinderung oder Marktstörung steht im Streitfall nicht zur Debatte – von einer unzulässigen individuellen Behinderung gesprochen werden kann: Wettbewerbswidrig ist die Beeinträchtigung im Allgemeinen dann, wenn gezielt der Zweck verfolgt wird, den Mitbewerber in seiner Entfaltung zu hindern und ihn dadurch zu verdrängen. Ist eine solche Zweckrichtung nicht festzustellen, muss die Behinderung doch derart sein, dass der beeinträchtigte Mitbewerber seine Leistung am Markt durch eigene Anstrengungen nicht mehr in angemessener Weise zur Geltung bringen kann.[223] Dies lässt sich nur

---

[216] LG München MMR 2006, 8, 24, 692 und 484; ebenso OLG München MMR 2007, 115.
[217] OLG Hamburg MMR 2003, 668, 669; so auch LG Berlin MMR 2008, 484 – naeher.de: Voraussetzung für den Vorwurf des Domain-Grabbings sei zumindest, dass die konkrete streitige Domain zum Verkauf angeboten wird.
[218] LG München I MMR 2006, 823.
[219] BGH MMR 2005, 534.
[220] BGH MMR 2005, 534.
[221] So etwa OLG Hamm CR 2003, 937.
[222] OLG Köln MMR 2006, 469 m Anm *Utz*.
[223] *Brandner/Bergmann* UWG, § 1 Rn A 3.

auf Grund einer Gesamtwürdigung der **Einzelumstände** unter Abwägung der widerstreitenden Interessen der Wettbewerber beurteilen,224 wobei sich die Bewertung an den von der Rechtsprechung entwickelten Fallgruppen orientieren muss. Eine unlautere Behinderung kann im Falle der Domainreservierung vorliegen, wenn der Zweck der Reservierung darin besteht, Dritte zu behindern bzw zur Zahlung zu veranlassen, und ein eigenes schützenswertes Interesse des Reservierenden nicht greifbar ist.225 Als missbräuchlich kann es sich erweisen, wenn der Anmelder die Verwendung eines Gattungsbegriffs durch Dritte dadurch blockiert, dass er gleichzeitig andere Schreibweisen des registrierten Begriffs unter derselben Top-Level-Domain oder dieselbe Bezeichnung unter anderen Top-Level-Domains für sich registrieren lässt.226 Allerdings kommt ein Eingriff in deliktsrechtlich geschützte Positionen in Betracht, wenn die Domain als solche beleidigend ist.227

V. Allgemeiner Namensschutz über § 12 BGB

§ 12 BGB ist die Quelle des namensrechtlichen Kennzeichnungsschutzes außerhalb des geschäftlichen Verkehrs. Als lex generalis umfasst er das MarkenG und § 37 HGB. Geschützt sind sowohl die Namen natürlicher Personen, Berufs- und Künstlernamen228 als auch die Namen juristischer Personen, insb der Firmen. Auch und gerade öffentlich-rechtliche Körperschaften sind gegen eine unbefugte Nutzung ihres Namens im privatrechtlichen Verkehr durch § 12 BGB geschützt.229 Der Name eines rechtsfähigen Vereins genießt allenfalls den Schutz des § 12 BGB, sofern dessen Namen hinreichende Unterscheidungskraft zukommt.230 Der Funktionsbereich eines Unternehmens kann auch durch eine Verwendung des Unternehmenskennzeichens außerhalb des Anwendungsbereichs des Kennzeichenrechts berührt werden. Insofern kommt einem Unternehmen ein Namensschutz zu, wenn in einem Domainnamen das Unternehmenskennzeichen mit dem Begriff „Blog" zusammengeführt wird.231

91

Nicht geschützt sind Gattungsbezeichnungen, wie „Marine",232 „Volksbank",233 „Datenzentrale"234 oder eine allgemein bekannte geographische Bezeichnung wie „Canalgrande".235 Ein namensrechtlicher Anspruch des Namensträgers kommt regelmäßig nicht in Betracht, wenn der Name zugleich einen Gattungsbegriff darstellt.236

92

Das Namensrecht erlischt – anders als das postmortale Persönlichkeitsrecht – mit dem Tod des Namensträgers.237
Inzwischen ist in der Rechtsprechung gefestigt, dass Domain-Namen trotz ihrer freien Wählbarkeit dem **Schutz des** § 12 BGB unterstehen.238 So sieht das LG Frank-

93

---

224 *Baumbach/Hefermehl* WettbewerbsR, 22. Aufl, § 1 UWG Rn 208; Köhler/Piper/ *Köhler* UWG, 2. Aufl., § 1 Rn 285.
225 OLG München NJW-RR 1998, 984; OLG München GRUR 2000, 518 – 519; OLG München GRUR 2000, 519–520; OLG Karlsruhe MMR 1999, 171; OLG Dresden NJWE-WettbR 1999, 133 – 135; OLG Frankfurt aM NJW-RR 2001, 547; Köhler/Piper § 1 Rn 327 mwN.
226 BGH NJW 2001, 3262 – Mitwohnzentrale.de.
227 LG Frankfurt MMR 2006, 561 – lotto-betrug.de.
228 Zu Pseudonymen s LG Köln CI 2000, 106.
229 BGH GRUR 1964, 38 – Dortmund grüßt.

230 OLG München MMR 2002, 166 – Literaturhaus.
231 OLG Hamburg MMR 2008, 118; ähnl OLG Hamburg MMR 2009, 401.
232 LG Hamburg MMR 2001, 196.
233 BGH NJW-RR 1992, 1454.
234 BGH GRUR 1977, 503.
235 LG Düsseldorf CR 2002, 839; ähnl für die Domain Schlaubetal: Brandenburgisches OLG NJW-RR 2008, 490.
236 LG Berlin MMR 2008, 484 – naeher.de.
237 BGH MMR 2007, 106 GRUR 2007, 178; BGH NJW 2007, 224 – Klaus-Klinski.de.
238 OLG Köln MMR 2001, 170; vgl aber zuvor: LG Köln NJW-RR 1998, 976.

furt aM[239] gerade in der freien Wählbarkeit des Domain-Namens zB durch beliebige Zahlen- und/oder Buchstabenkombinationen deren Eignung als Kennzeichnungsfunktion mit Namensfunktion, wenn dabei eine Unternehmensbezeichnung gewählt werde, so wie in diesem Fall, wo die L.I.T. Logistik-Informations-Transport Lager & Logistik GmbH den Domain-Namen lit.de benutzen wollte. Ebenso sieht es das LG Bonn[240] und unterstellt den Domain-Namen detag.de dem Schutz des § 12 BGB, da sich die Buchstabenkombination aus den Anfangsbuchstaben der Firmenbezeichnung, nämlich Deutsche Telekom AG, zusammensetze.

94 Zweifelhaft ist, ob auch durch die **Verwendung eines fiktiven Namens** speziell für das Internet ein Namensschutz begründet werden kann; das OLG Köln hatte dies bejaht,[241] der BGH dann aber in der Revision abgelehnt.[242] Als Faustregel kann gelten: Pseudonyme sind – auch wenn sie im Personalausweis eingetragen sind – nur dann namensrechtlich geschützt, wenn sie Verkehrsgeltung erlangt haben.[243] Dazu reicht es nicht aus, unter dem Pseudonym nur vorübergehend Websites zu gestalten.[244]

95 Zu weit geht jedenfalls das OLG Hamburg in der Entscheidung „Emergency",[245] in der der Senat jedweder Domain ein allgemeines Namensrecht – auch ohne Bezug auf ein konkretes Unternehmen oder Produkt – zubilligen will.[246]

96 Allgemein anerkannt ist, dass die **Bezeichnungen von Kommunen** auch bei Verwendung als Bestandteil einer Domain namensrechtlich geschützt sind.[247] Nach herrschender Auffassung macht derjenige, der sich einen Stadtnamen für die Domain seiner Homepage auswählt, von einem fremden, durch § 12 BGB geschützten Namen Gebrauch und erweckt den Eindruck, dass unter seiner Domain die Stadt selbst als Namensträgerin im Internet tätig werde. Der Schutz erstreckt sich auf Stadtteilnamen,[248] die Gesamtbezeichnung „Deutschland"[249] oder die Namen staatlicher Organisationen.[250] Der Schutz erstreckt sich auch auf deutsche Übersetzungen ausländischer Staatsnamen.[251] Für Furore hat in diesem Zusammenhang die Entscheidung des Landgerichts Mannheim in Sachen „Heidelberg" gesorgt.[252] Hiernach hat die

---

[239] LG Frankfurt aM NJW-RR 1998, 974.
[240] LG Bonn NJW-RR 1998, 977.
[241] OLG Köln MMR 2001, 170 – maxem.de; ähnl LG München I K&R 2001, 224 – nominator.de.
[242] BGH K&R 2003, 563 m Anm *Schmittmann* – maxem.de; bestätigt durch das BVerfG CR 2006, 770; ähnl OLG Hamm MMR 2005, 381 – juraxx.
[243] BVerfG NJW 2007, 671.
[244] AG Nürnberg ZUM-RD 2004, 600 – kerner.de.
[245] OLG Hamburg MMR 1999, 159.
[246] Hinzuweisen ist auch darauf, dass nach 4 (a) (ii) der UDRP legitimate interests die Verwendung einer Domain legitimieren können. Zu den „legitimate interests" zählt die Bekanntheit einer Domain in der Szene; siehe Toyota vom J. Alexis, D 2003-0624 und Digitronics vom Sixnet D 2000-0008.
[247] S etwa BGH CR 2006, 678; OLG Karlsruhe K&R 1999, 423 – Bad.Wildbad.com;

OLG Brandenburg K&R 2000, 406 m Anm *Gnielinski*; OLG Köln MMR 1999, 556 m Anm *Biere* K&R 1999, 234.
[248] S dazu LG Flensburg K&R 2002, 204 – sandwig.de (in der Entscheidung wird allerdings wegen Gleichnamigkeit einer natürlichen Person ein Anspruch der Stadt abgelehnt); LG München I CR 2002, 840 m Anm *Eckhardt*.
[249] LG Berlin MMR 2001, 57.
[250] LG Nürnberg MMR 2000, 629 – Pinakothek.
[251] LG Berlin MMR 2007, 60 – tschechische-republik.at.
[252] LG Mannheim ZUM 1996, 705 m Anm *Flechsig* CR 1996, 353, m Anm *Hoeren*; ähnl LG Braunschweig NJW 1997, 2687 – („Braunschweig") und OLG Hamm MMR 1998, 214 m Anm *Berlit*; LG Lüneburg CR 1997, 288; LG Ansbach NJW 1997, 2688 – („Ansbach"); OLG Köln GRUR 2000, 799; so auch die Rechtslage in Österreich vgl etwa öOGH MMR 2002, 452 – Graz2003.at.

Verwendung der Internet-Adresse „heidelberg.de" durch die Heidelberger Druckmaschinen GbR das Namensrecht der Stadt Heidelberg aus § 12 BGB verletzt.

Ausgenommen sind allerdings kleine Gemeinden, deren Namen nicht von überragender Bedeutung sind,[253] zumindest wenn die Domain dem Familiennamen des Geschäftsführers der GmbH entspricht, die die Domain nutzt.[254] Geschützt ist die Kommune auch nicht gegen Domainbezeichnungen, die den Städtenamen unter Hinzufügung eines erklärenden Zusatzes (zB duisburg-info.de) oder einer branchen- und länderübergreifenden Top-Level-Domain (zB .info) verwenden.[255] Auch kann eine Kommune nur dann einen Anspruch aus § 12 BGB geltend machen, wenn die angegriffene Bezeichnung deckungsgleich mit ihrem regionalen Gebiet ist; beinhaltet eine Domain eine geographische Angabe, die über die Gebietsgrenzen der Kommune hinausgeht, so kann die Kommune eine Namensrechtsverletzung daher nicht geltend machen.[256] Allerdings gehört die Domain mit dem Top-Level-Zusatz „.info" (zB duisburg.info) der jeweiligen Kommune.[257] Auch in der Nutzung eines (übersetzten) Staatsnamens mit unterschiedlichen TLDs (zB tschechische-republik.at/.ch) sieht die Rechtsprechung eine unzulässige Namensanmaßung, da aufgrund der Einmaligkeit eines jeden Staates davon auszugehen ist, dass dieser sich jeweils selbst präsentiert. Daran ändert auch eine an sich widersprüchliche TLD nichts.[258] Privatpersonen, deren Namen keinen besonderen Bekanntheitsgrad aufweisen (zB der Name Netz),[259] können sich nicht dagegen zur Wehr setzen, dass ihr „Allerweltsname" Teil einer Domain wird.

97

Eine weitere interessante Entscheidung[260] über die Streitigkeiten bzgl der Benutzung von **Gebietsbezeichnungen** in Domain-Namen hat das OLG Rostock gefällt. Der Kläger, ein regionaler, privater Informationsanbieter, wollte seine als Marke anerkannte Bezeichnung „Müritz-Online" gegenüber der Benutzung des Domain-Namens „mueritz-online.de" durch das Land Mecklenburg-Vorpommern schützen. Das OLG hat einen Unterlassungsanspruch des Klägers bejaht. Der Kläger sei als Inhaber des Namens in das vom Patentamt geführte Register eingetragen gewesen, bevor das Land sich für „mueritz-online" interessierte. Er sei also zuerst da gewesen. Das Land habe als Gebietskörperschaft an dem Namen „Müritz" nicht die gleichen Rechte, wie eine Stadt an ihrem Namen. Hier habe eine große Verwechslungsgefahr bestanden, so dass

98

---

[253] LG Osnabrück MMR 2006, 248, das darauf abstellt, dass die Kommune einem nennenswerten Teil der Bevölkerung bekannt sein muss, damit ein Anspruch aus § 12 BGB gerechtfertigt sei; ähnl auch LG Köln GRUR-RR 2009, 260 zur Domain Welle, in der der Name einer kleinen Gemeinde mit einem Gattungsbegriff kollidiert.
[254] LG Augsburg MMR 2001, 243 – boos m Anm *Florstedt* 825; bestätigt durch OLG München MMR 2001, 692; ähnl auch LG Erfurt MMR 2002, 396 – Suhl.de; LG Düsseldorf MMR 2002, 398 – bocklet.de. Anders allerdings OLG Oldenburg MMR 2004, 34, das der kleinen Gemeinde Schulenburg einen Unterlassungsanspruch gegen den gleichnamigen Domaininhaber zugestanden hat.
[255] Dazu OLG Düsseldorf CR 2002, 447; BGH NJW 2007, 682; Anm *Marly/Jobke* LMK 2006, 204530.

[256] Vgl OLG Brandenburg NJW-RR 2008, 490 – schlaubetal.de.
[257] BGH NJW 2007, 682 – solingen.info; vgl auch die Vorinstanz OLG Düsseldorf MMR 2003, 748, 749 – solingen.info; Die TLD „info" ändert hier nichts an der Zuordnung der als SLD verwendeten Bezeichnung „solingen" zu der gleichnamigen Stadt als Namensträger. Siehe in diesem Zusammenhang auch die Entscheidung des Cour d'Appel de Paris vom 29.10.2004 – 2003/04012 (unveröffentlicht), wonach die Agence France-Presse (AFP) als Markeninhaberin auch einen Anspruch auf die info-Domain www.afp.info hat.
[258] So etwa KG MMR 2007, 600.
[259] So OLG Stuttgart CR 2002, 529.
[260] OLG Rostock MMR 2001, 128.

der Anspruch auf Unterlassung bejaht wurde. Insofern ist eine Gefahr der Verwechslung auch dann anzunehmen, wenn ein Unterschied in geringen Abweichungen der Schreibweise besteht.[261]

99 Neben der **Namensleugnung**[262] schützt § 12 BGB vor allem vor der **Namensanmaßung**. Zu Letzterer zählt insb die sog Zuordnungsverwirrung.[263] Eine Zuordnungsverwirrung ist gegeben, wenn der unrichtige Eindruck hervorgerufen wird, der Namensträger habe dem Gebrauch seines Namens zugestimmt.[264] Grundsätzlich ist jeder zur Verwendung seines Namens im Wirtschaftsleben berechtigt, auch Unternehmen steht ein Namensrecht nach § 12 BGB zweifellos zu.[265] Eine Ausnahme gilt jedoch außerhalb bürgerlicher Namen. Insb bei den Bezeichnungen juristischer Personen ist entscheidend, wann eine Bezeichnung zu einem Namen iSd § 12 BGB geworden ist. Je nachdem, welcher Name zuerst Verkehrsgeltung hatte, bestimmt sich auch das Recht zur namensmäßigen Benutzung. Diese Leitlinien prägen vor allem die Rechtsprechung zu den Städtenamen, wonach in jeder Verwendung eines Städtenamens als Teil einer Domain eine Namensanmaßung liegen soll.[266] Entscheidend ist aber stets, was der überwiegende Teil der Internet-Nutzer aus dem gesamten Sprachraum der Top-Level-Domain unter dem Begriff der Second-Level-Domain verstehe. Eine Gemeinde mit dem Namen „Winzer" kann daher nicht gegen die Verwendung dieses Begriffs vorgehen, den die meisten als Gattungsbegriff verstehen.[267] Auch durch das Anhängen von Zusätzen an einen Namen (etwa xy-blog.de) kann der Eindruck erweckt werden, es handle sich um ein Angebot des Namensinhabers, insofern liegt eine Namensanmaßung dann ebenfalls vor[268]. Bei Gleichnamigkeit von Namensträgern kommt die Prioritätsregel dann nicht zur Anwendung, wenn auf eine überragende Verkehrsbedeutung verwiesen werden kann, oder kein schützenswertes Interesse an der Verwendung der Domain besteht.[269] Ansonsten gilt der Grundsatz „Wer zuerst kommt, mahlt zuerst".[270]

100 Unabhängig von der Frage, ob bestimmte widersprüchliche TLDs einer Zuordnung zu einem bestimmen Namensträger widersprechen können und damit eine Zuordnungsverwirrung ausgeschlossen ist, ist dies bei der Kombination eines Staatsnamens als SLD mit der auf einen anderen Staat hinweisenden TLD nicht der Fall, da letztere den Betrachter lediglich auf das Land der Registrierung hinweist.[271]

101 Eine Catch-All-Funktion kann zu einer Namensanmaßung auch in einen Fall führen, in dem die Verwendung der Second-Level-Domain keine Namensanmaßung darstellt.[272]

---

261 OLG Rostock MMR 2001, 128.
262 Diese kommt bei Domainstreitigkeiten nicht zum Tragen; so etwa OLG Düsseldorf WRP 2002, 1085 – Duisburg-info; anders noch derselbe Senat in OLG Düsseldorf NJW-RR 1999, 626 – ufa.de.
263 BGHZ 91, 117, 120; BGHZ 98, 95.
264 BGHZ 119, 237, 245; BGH NJW 1983, 1186.
265 So das OLG Hamburg MMR 2008, 118.
266 OLG Köln MMR 1999, 556; ähnl auch OLG Karlsruhe MMR 1999, 604; OLG Rostock K&R 2000, 303 m Anm *Jaeger*.
267 LG Deggendorf CR 2001, 266; so auch LG Berlin MMR 2008, 484 – neaher.de.

268 OLG Hamburg MMR 2008, 118.
269 OLG Stuttgart MMR 2008, 178; OLG Hamburg Beschluss vom 10.6.2008 – 3 W 67/08 – Pelikan- und partner.
270 LG Osnabrück CR 2006, 283; das Prioritätsprinzip soll nach dem LG Osnabrück nur wegen einem überragenden Interesse an Rechtssicherheit eingeschränkt werden können.
271 KG MMR 2007, 600, wonach auch in der Nutzung der Internetdomain „tschechische-republik" in Kombination mit den TLDs „com", „ch" oder „at" eine unzulässige Namensanmaßung liegt.
272 OLG Nürnberg MM7R 2006, 465.

102 Die Verwendung des fremden Namens für eine Domain, die zu einem **kritischen Meinungsforum** führt, kann jedoch durch die grundrechtlich geschützte Meinungsfreiheit legitimiert sein. Zwar hat das LG Berlin der Organisation Greenpeace die Verwendung der Domain „oil-of-elf.de" wegen Verwechslungsfähigkeit untersagt.[273] Diese Entscheidung ist jedoch durch das KG mit Hinweis auf die besonderen Interessen von Greenpeace aufgehoben worden.[274] Ähnlich hat das OLG Hamburg ein Meinungsforum über einen Finanzdienstleister mit der Kennung „awd-aussteiger.de" zugelassen.[275] Wird eine kritisierende Website betrieben (hier: bund-der-verunsicherten.de), die unter einer an den Namen der kritisierten Persönlichkeit angeglichen Domain geschaltet wird, liegt darin kein Namensgebrauch, solange distanzierende Zusätze innerhalb der Second-Level-Domain (hier: „un") ohne Weiteres erkennen lassen, dass der Betreiber nicht im „Lager" des Berechtigten steht und zudem der Name so gewählt ist, dass dem Berechtigten die Möglichkeit erhalten bleibt, seinen eigenen Namen als Domain registrieren zu lassen. Dies gilt auch für die Verwendung fremder Namen als Keyword bei Suchmaschinenwerbung.[276]

Ebenfalls Meinungsäußerung sind Domains, die sich mit Vorwürfen an bestimmte Stellen richten, sofern die Grenze zur Schmähkritik nicht überschritten wird.[277]

103 Schon in der bloßen **Reservierung einer Domain** mit fremden Namensbestandteilen kann eine Namensanmaßung liegen.[278] Dies ist etwa dann der Fall, wenn Bestandteile angehängt werden (etwa -unternehmensgruppe), die nicht bloß beschreibenden Charakters sind, sondern vielmehr Ausdruck einer besonderen Qualität oder Stellung des Namensträger sind.[279] Die Verwendung einer generischen Domain verletzt jedoch nicht die Namensrechte eines zufällig mit dem generischen Namen identischen Familiennamens (hier im Falle des Begriffs „Säugling").[280] Auch die Verwendung der Domain „duisburg.info.de" durch einen Stadtplanverlag führt nicht zu einer Zuordnungsverwirrung zu Lasten der Stadt Duisburg.[281] Im Übrigen soll es an einer Namensanmaßung fehlen, wenn die Registrierung des Domainnamens einer – für sich genommen rechtlich unbedenklichen – Benutzungsaufnahme als Unternehmenskennzeichen in einer anderen Branche unmittelbar vorausgeht.[282] In der Entscheidung „weltonline.de"[283] hat der BGH darauf abgestellt, ob mit der Registrierung eine erhebliche Beeinträchtigung des Namensrechts verbunden sei. Eine solche Konstellation liege nicht vor, wenn der Namensinhaber selbst vergessen habe, die Domain zu registrieren.

104 Das LG München I[284] hat einen Unterlassungsanspruch der Juris-GmbH gegen ein Datenverarbeitungsunternehmen bejaht, das sich die Bezeichnung „juris.de" hatte reservieren lassen. Auch hier wird eine Verletzung des Namensrechts aus § 12 BGB bejaht. Der Begriff „juris" stelle zwar nur eine aus der Betreiberfirma abgeleitete

---

[273] LG Berlin MMR 2001, 630, 631.
[274] KG MMR 2002, 686; ähnl inzwischen LG Hamburg MMR 2003, 53 in Sachen „Stopesso".
[275] OLG Hamburg MMR 2004, 415, 418.
[276] OLG Braunschweig Urt v 10.11.2009, Az 2 U 191/09.
[277] LG Frankfurt MMR 2006, 561.
[278] OLG Düsseldorf MMR 1999, 369 – nazar; anders LG München I MMR 2004, 771, 772 – sexquisit; LG Düsseldorf MMR 2004, 700, 701 – Ratiosoft.
[279] OLG Stuttgart MMR 2008, 178.
[280] LG München I CR 2001, 555 – Saeugling.de.
[281] OLG Düsseldorf WRP 2002, 1085 und LG Düsseldorf MMR 2001, 626, 628.
[282] BGH MMR 2005, 313 – mho.
[283] BGH MMR 2005, 534.
[284] LG München I WM 1997, 1455; LG München I NJW-RR 1998, 973.

Abkürzung dar, aber auch die Firma einer GmbH, selbst wenn sie nicht als Personenfirma gebildet sei, sowie alle anderen namensartigen Kennzeichen, insb auch aus der Firma abgeleitete Abkürzungen und Schlagworte, unterfielen dem Schutz des § 12 BGB. Bei der Abkürzung „juris" handele es sich zudem um den einzigen unterscheidungskräftigen Bestandteil der Firma, so dass sie geeignet sei, vom Verkehr her als Abkürzung des Firmennamens verstanden zu werden.

105 Fraglich ist, ob ein Dritter mit Einverständnis eines Berechtigten für diesen eine Domain registrieren dürfte. Das OLG Celle ist der Ansicht, dass in einem solchen Falle eine Namensanmaßung vorliege. Registriere eine Webagentur einen Firmennamen als Domain für einen Kunden, könne nach erfolgtem Dispute-Eintrag die eingetragene Webagentur Rechte namensgleicher Dritter verletzen und verpflichtet sein, die Domain herauszugeben.[285] Der BGH hat diese Entscheidung aufgehoben. Ein Namensrecht kann auch von einem Namensträger hergeleitet werden und daher die Domain von einem Nichtnamensträger betrieben werden,[286] so lange für Gleichnamige die Möglichkeit besteht, zu überprüfen, ob die Domain für einen Namensträger registriert wurde.[287] Diese Möglichkeit kann darin bestehen, dass der DENIC die Treuhänderstellung des Domaininhabers mitgeteilt wird. Großzügig reagierte daraufhin das OLG Celle.[288] Da der Entertainer Harald Schmidt dem Fernsehsender SAT.1 die Reservierung der Webadresse „schmidt.de" gestattet hatte, dürfe der Sender die Domain weiterhin reserviert halten. Eine Freigabe-Klage eines Herrn Schmidt aus Berlin wurde abgewiesen. Trotz der fehlenden Namensidentität des Privatsenders mit der in Streit stehenden Internetadresse lehnte das Gericht wegen der Gestattung durch den Namensträger Harald Schmidt eine unberechtigte Namensanmaßung iSv § 12 S 1, Fall 2 BGB ab. Die Gestattung sei auch für jedermann ersichtlich gewesen. Mit Verweis auf die Rechtsprechung des BGH zu so genannten Treuhand-Domains führte das OLG aus, dass von einer Überprüfungsmöglichkeit der Gestattung auszugehen sei, „wenn ein durch einen Namen geprägter Domainname für einen Vertreter des Namensträgers registriert und dann alsbald – noch bevor ein anderer Namensträger im Wege des Dispute-Eintrags ein Recht an dem Domainnamen anmeldet – für eine Homepage des Namensträgers genutzt wird". Diese Voraussetzungen sah das Gericht im entschiedenen Fall als erfüllt an, da sich vor dem Dispute-Eintrag unter der Adresse „schmidt.de" der Internetauftritt für die „Harald-Schmidt-Show" befand.

106 Der Namensträger kann auch Dritten die Registrierung seines Namens gestatten.[289] Dieser Dritte kann dann prioritätsbegründend eine Domain anmelden[290] und verwendet eine abgeleitete Rechtsposition zur Führung des Namens und zur Registrierung der Domain.[291] Innerhalb eines Konzerns kann eine Holdinggesellschaft die Unternehmensbezeichnung einer Tochtergesellschaft mit deren Zustimmung als Domain registrieren lassen. Sie ist dann im Domainrechtsstreit so zu behandeln, als sei sie selbst berechtigt, die Bezeichnung zu führen.[292]

---

[285] OLG Celle MMR 2004, 486 – grundke.de; OLG Celle MMR 2006, 558 – raule.de; ähnl LG Hamburg MMR 2005, 254 – mueller.de; aA OLG Stuttgart MMR 2006, 41, 46; OLG Stuttgart ZUM 2006, 66; LG München I MMR 2006, 56; s dazu auch *Rössel* ITRB 2007, 255.
[286] BGH NJW 2007, 2633 – grundke.de; vgl auch OLG Stuttgart CR 2006, 269.
[287] BGH NJW 2007, 2633.
[288] OLG Celle K&R 2008, 111.
[289] LG Hannover MMR 2005, 550.
[290] OLG Stuttgart MMR 2006, 41.
[291] LG München I MMR 2006, 56.
[292] BGH MMR 2006, 104 – segnitz.de.

VI. Rechtsfolgen einer Markenrechtsverletzung

1. Unterlassungsanspruch

Zunächst ist zu bedenken, dass das Kennzeichenrecht von einem Anspruch auf Unterlassung ausgeht. Der Verletzer hat eine **Unterlassungserklärung** abzugeben. Tut er dies nicht, kann er dazu über § 890 ZPO gezwungen werden. Wer zur Unterlassung verurteilt worden ist, hat umfassend dafür Sorge zu tragen, dass die Domain bei der DENIC gelöscht und in Suchmaschinen ausgetragen wird.[293] Der Hinweis darauf, dass die Homepage „wegen Serverumstellung" nicht erreichbar sei, reicht nicht.[294] Das OLG Köln relativiert die Pflichten des Domaininhabers in Bezug auf Suchmaschinen; diesem sei es nicht zuzurechnen, wenn später noch über Suchmaschinen auf die verbotene Domain verwiesen werde.[295] Es ist keine Zuwiderhandlung gegen das Verbot der Benutzung einer Internet-Domain, wenn die Internetseiten gelöscht worden sind und unter der Domain nur noch ein Baustellen-Hinweis ohne weitere Inhalte aufzufinden ist. Enthält die Verfügung kein Dekonnektivierungsgebot, greift auch das Argument einer möglichen Zuordnungsverwirrung nicht.[296]

107

Neben dem Unterlassungsanspruch sind auch der **Beseitigungs- und Löschungsanspruch** problematisch. Bislang waren die Gerichte bei der Anwendung des Löschungsanspruchs in Bezug auf Domains großzügig. Selbst wenn die Domain in einer nicht-kennzeichnungsrechtlichen Art und Weise genutzt werden könnte, wurde der Löschungsanspruch nicht versagt.[297] Nunmehr vertritt der BGH eine andere Haltung.[298] Hiernach soll ein Löschungsanspruch nur dann in Betracht kommen, wenn jede Verwendung, auch wenn sie im Bereich anderer Branchen erfolgt, zumindest eine nach § 15 Abs 2 MarkenG unlautere Ausnutzung oder Beeinträchtigung der Unterscheidungskraft oder Wertschätzung des Kennzeichens darstellt. Die Registrierung eines Domainnamens kann nur bei Vorliegen besonderer Umstände den Tatbestand einer unlauteren Mitbewerberbehinderung erfüllen und einen Anspruch auf Einwilligung in die Löschung des Domainnamens begründen.[299] Anderes kann nach Auffassung des OLG Hamburg dann gelten, wenn die im Vordergrund stehende Behinderungsabsicht ein etwaiges schützenswertes Interesse des Domaininhabers zurücktreten lasse.[300] Im Übrigen dürfte es trotz des obigen Urteils des BGH in Sachen Euro Telekom möglich sein, aus dem allgemeinen Namensrecht heraus eine Löschung der Domain zu bewirken; denn insoweit gilt die ältere Rechtsprechung des BGH in Sachen „Shell" und „Krupp" fort. Wer allerdings seine Ansprüche auf eine Domain nur auf eine Marke stützt, wird künftig keine Domainlöschung mehr verlangen können.[301]

108

Nach Auffassung des LG Hamburg[302] liegt der Fall eines Domaingrabbings nur dann vor, wenn bereits der Domain-Erwerb als solcher darauf gezielt sei, sich die

109

---

[293] LG Berlin MMR 2000, 495; ähnl auch LG Berlin K&R 2000, 91; LG München I MMR 2003, 677 – freundin.de.
[294] LG Berlin K&R 2000, 91.
[295] OLG Köln MMR 2001, 695.
[296] OLG Hamburg GRUR-RR 2008, 61.
[297] S OLG Hamburg MMR 2006, 476, 480 – Metrosex.
[298] BGH MMR 2007, 702 – Euro Telekom.
[299] BGH Urt v 19.2.2009, Az I ZR 135/06 ahd.de
[300] OLG Hamburg MMR 2006, 608 – AHD.de für den Fall eines offensichtlichen Missbrauchs der Domain; anders noch OLG Hamburg GRUR-RR 2004, 77; ähnl schon das KG GRUR-RR 2003, 372 – Amerika zwei mit Verweis auf das Schikaneverbot der §§ 823, 826 BGB.
[301] OLG Köln Urt v 1.6.2007, Az 6 U 35/07; anders zugunsten eines Löschungsanspruchs OLG Hamburg MMR 2008, 118.
[302] LG Hamburg MMR 2009, 70.

Domain vom Kennzeicheninhaber abkaufen zu lassen. Indizien für ein solches unlauteres Domain-Grabbing lägen vor allem dann vor, wenn unmittelbar nach Erhalt einer auf die kommende Domain bezogenen Abmahnung der Abgemahnte weitere Domain-Varianten des Begriffs für sich registrieren lasse. Im Übrigen lehnt das Gericht einen lediglich auf Markenrecht gestützten Domain-Löschungsanspruch ab. Verwiesen wird auf die oben erwähnte Rechtsprechung des BGH in Sachen Euro Telekom, wonach ein kennzeichenrechtlicher Löschungsanspruch bei Domains nur dann gegeben sei, wenn schon das Halten des Domain-Namens für sich gesehen eine Rechtsverletzung darstelle. Ein solcher Fall liege nur dann vor, wenn jede Verwendung – auch dann, wenn sie im Bereich anderer als der vom Markenschutz betroffenen Branchenerfolge – als markenrechtliche Ausnutzung oder Beeinträchtigung der Unterscheidungskraft oder Wertschätzung des Zeichens anzusehen sei. Da ein solcher Fall aber nach der allgemeinen Lebenserfahrung kaum vorkommt, scheide ein nur auf Markenrecht begründeter Löschungsanspruch regelmäßig aus. Wenn überhaupt, komme ein Löschungsanspruch nur aus UWG, insb aus dem Gesichtspunkt des § 4 Nr 10 UWG und hier insb bei Vorliegen eines Domain-Warrings vor.

110 Ähnlich hat auch der österreichische OGH[303] die Rechtslage gesehen. Soweit die Nutzung einer Domain nach materiellem Recht nicht gänzlich untersagt werden könne, bestehe in der Regel auch kein Anspruch auf Einwilligung in deren Löschung. Auch wenn der Inhaber die Domain in einer Weise genutzt hat, die in Markenrechte eines Dritten eingriff, begründe ihre Existenz als solche noch nicht die typische Gefahr, dass er dieses Verhalten wiederholt. Vielmehr bestehen von vornherein unzählige Möglichkeiten einer rechtmäßigen Nutzung. Dieser Unterschied schließt es im Regelfall aus, die Löschung einer Domain zu verlangen.

2. Schadensersatz durch Verzicht

111 Hinzu kommt der Anspruch des Betroffenen auf Schadensersatz. Es ist der Zustand herzustellen, der ohne das schädigende Ereignis bestünde (§ 249 Abs 1 BGB).[304] Insofern kann der Betroffene auf jeden Fall verlangen, dass der Verletzer eine **Verzichtserklärung** gegenüber der DENIC abgibt. Bei einer Löschung im DENIC-Register besteht jedoch das Risiko, dass Dritte sich die freigewordene Domain sichern und der Rechtsinhaber dagegen neue gerichtliche Schritte einleiten muss. Verlangte der Rechtsinhaber eine Übertragung der Domain auf sich selbst, so wäre der Schädiger verpflichtet, gegenüber dem jeweiligen Mitglied der DENIC, von dem er die Domain zugewiesen bekommen hat, die Zustimmung zu einer solchen **Namensübertragung** zu erklären.[305]

112 Ob ein solcher Anspruch besteht, ist sehr umstritten, da der kennzeichenrechtliche Störer dann zu einer Verbesserung der Rechtsstellung des Kennzeicheninhabers verpflichtet würde und nicht bloß zur Beseitigung der Störung. So geht das OLG Hamm in der „krupp.de"-Entscheidung[306] davon aus, dass § 12 BGB keinen Anspruch auf die Übertragung der Domain gewährt. Dafür spricht, dass sich der Unterlassungsan-

---

[303] ÖGH LSK 2008, 270119.
[304] Abmahnkosten kann der Betroffene bei der Durchsetzung von Rechten aus einer durchschnittlichen Markenposition gegenüber einem Privaten nicht verlangen; so das LG Freiburg MMR 2004, 41.
[305] So etwa LG Hamburg K&R 1998, 365.
[306] OLG Hamm MMR 1998, 214 m Anm *Berlit*; ähnl auch OLG Frankfurt aM MMR 2001, 158; OLG Hamburg MMR 2002, 825, 826.

spruch regelmäßig negatorisch im „Nichtstun" erschöpft. Allenfalls die Löschung der Domain ließe sich noch als Teil eines Beseitigungsanspruchs rechtfertigen. Wieso der Schädiger aber auch zur Übertragung der Domain verpflichtet sein soll, ist in der Tat unklar.

Anders entschied das OLG München im März 1999 zu der Domain „shell.de".307 Die Situation des Kennzeicheninhabers sei vergleichbar mit der eines Erfinders. Hat eine unberechtigte Patentanmeldung bereits zum Patent geführt, so kann der Berechtigte gem § 8 Abs 1 PatG nicht lediglich Löschung, sondern Übertragung des Patents verlangen. Ähnlich gewährt § 894 BGB demjenigen, dessen Recht nicht oder nicht richtig eingetragen ist, einen Anspruch auf Zustimmung zur Berichtigung des Grundbuchs gegen den durch die Berichtigung Betroffenen. Da die mit dem Internet zusammenhängenden Rechtsfragen noch nicht gesetzlich geregelt seien, könne man die vorgenannten Regelungen zur Lösung des Domainkonflikts heranziehen. Der Kennzeicheninhaber habe daher gegen den Schädiger einen Anspruch auf Übertragung der Domain bzw auf Berichtigung der Domainregistrierung Zug um Zug gegen Erstattung der Registrierungskosten. In einer Entscheidung vom August 1999308 allerdings wandte das OLG München die von ihm aufgestellten Grundsätze nicht an und lehnte einen Übertragungsanspruch ab. Das LG Hamburg wiederum hat den Übertragungsanspruch als Folgenbeseitigungsanspruch bejaht, wenn hierdurch alleine die entstandene Rechtsbeeinträchtigung wieder aufgehoben wird.309 Der BGH hat sich inzwischen im Streit zwischen Hamm und München der Auffassung aus Hamm angeschlossen und in Sachen Shell einen Übertragungsanspruch abgelehnt.310 Dem Berechtigten steht demnach gegenüber dem nichtberechtigten Inhaber eines Domain-Namens kein Anspruch auf Überschreibung, sondern nur ein Anspruch auf Löschung des Domain-Namens zu.

113

Mit Urteil vom 25.3.2010 hat der BGH311 einen Streit um die Domain braunkohle-nein.de auf Grundlage des Schuldrechts entschieden, indem er dem Treugeber einen Herausgabeanspruch gegen den Domaininhaber aus § 667 BGB zusprach. Treugeber und Kläger war der Verein Braunkohle Nein eV, der aus einer 2005 vom Beklagten mitbegründeten Bürgerinitiative hervorgegangen ist. Im Rahmen der Organisation der Bürgerinitiative hatte sich der Beklagte angeboten, eine Internet-Homepage für die Bürgerinitiative zu erstellen und registrierte nach Zustimmung des Organisationskomitees zu diesem Zweck die Domain braunkohle-nein.de auf eigene Kosten und auf seinen Namen bei der DENIC. Die Homepage wurde daraufhin zur Veröffentlichung von Informationen über die Bürgerinitiative genutzt, wobei der Verein die Domain auch im Impressum seiner Flugblätter angab. Als der Beklagte 2006 aus dem Verein schied, lehnte er die Freigabe der Domain ab und nutzte sie zur Veröffentlichung eigener Inhalte weiter.

114

Dem Verein Braunkohle Nein eV sprach der BGH nun einen Herausgabeanspruch gegen den Domaininhaber aus § 667 BGB zu, wonach der Beauftragte verpflichtet ist,

115

---

307 OLG München MMR 1999, 427 m Anm *Hackbart* WRP 1999, 955; ähnl auch LG Hamburg K&R 2000, 613. – „audi-lamborghini" (mit Hinweis auf einen Folgenbeseitigungsanspruch aus §§ 823, 1004 BGB).
308 OLG München MMR 2000, 104 – rolls-royce.de.
309 LG Hamburg K&R 2000, 613 – „audi lamborghini"; ähnl das LG Hamburg K&R 2000,

613 – marine; anders in LG Hamburg MMR 2000, 620 – „joop.de".
310 BGH MMR 2002, 382 m Anm *Hoeren*; MMR 2002, 386, m Anm *Strömer* K&R 2002, 306, m Anm *Foerstl* CR 2002, 525; ebenso LG Hamburg K&R 2009, 61; s dazu auch *Ubber* BB 2002, 1167; *Thiele* MR 2002, 198 ff.
311 BGH GRUR 2010, 944 – braunkohle-nein.de.

dem Auftraggeber alles, was er aus der Geschäftsbesorgung erlangt, herauszugeben. Es kam daher auf die Frage an, ob die Domain vom Beklagten treuhänderisch registriert wurde. Der BGH bejahte dies mit Hinweis auf den Geschehensablauf, die Übereinstimmung von Vereins- und Domainnamen sowie die Nutzung der Website zur Veröffentlichung von Vereinsinhalten. Der Beklagte habe trotz seines Verzichts auf Ersatz der für die Registrierung gemachten Aufwendungen nicht für eigene Zwecke, sondern im Auftrag der Bürgerinitiative gehandelt, worauf sich auch der aus der Bürgerinitiative hervorgegangene Verein berufen könne. Da der Beklagte die Domain lediglich treuhänderisch hielt, sei er dem Verein aus § 667 BGB zur Herausgabe des Erlangten verpflichtet. Der Herausgabeanspruch ziele dabei anders als bei namens- oder markenrechtlichen Ansprüchen gegen einen Domaininhaber nicht nur auf Freigabe, sondern auch auf Umschreibung oder Übertragung der Domain. Ob dem Verein zusätzlich auch ein Schutzrecht aus § 12 BGB zusteht, wie es das OLG Rostock als Vorinstanz feststellte, wurde vom BGH offen gelassen.

116 Unklar ist, wie die Beseitigung der rechtswidrigen Lage gegenüber der DENIC durchzusetzen ist.[312] Teilweise gehen die Gerichte[313] davon aus, dass die **Zwangsvollstreckung nach § 890 ZPO** laufe. Durch das Aufrechterhalten der Registrierung behalte sich der Nutzer das Anbieten einer Leistung vor, so dass bei einem Verstoß gegen eine Unterlassungsverpflichtung ein Ordnungsgeld zu verhängen sei. Andere Gerichte verurteilen einen Schädiger meist zur Abgabe einer „Willenserklärung" gegenüber der DENIC, aufgrund derer die Domain-Reservierung gelöscht werden soll.[314] In einem solchen Fall erfolgt die Zwangsvollstreckung über § 894 ZPO analog, so dass mit rechtskräftiger Verurteilung eine weitere Vollstreckung (etwa über Ordnungsgelder) unnötig wird. Streitig ist allerdings dann noch die Frage, inwieweit die Verpflichtung zur Abgabe einer Verzichtserklärung auch durch Beschluss ohne mündliche Verhandlung ausgesprochen werden kann.[315] Fest steht, dass wegen der Gefahr einer Vorwegnahme der Hauptsache eine vorläufige Übertragung aufgrund einer einstweiligen Verfügung nur ausnahmsweise in Betracht kommt.[316] Ansonsten kann die Einwilligung in die Änderung der Eintragung grundsätzlich nicht im Eilverfahren geltend gemacht werden.[317] Der Klageantrag sollte daher darauf lauten, die Domain durch geeignete Erklärung gegenüber der DENIC eG freizugeben. Zur Vermeidung einer Registrierung der Domain auf dritte Personen besteht die Möglichkeit, bereits nach Geltendmachung des Anspruchs bei der DENIC eG einen Dispute-Eintrag zu beantragen. Dieser verhindert einerseits eine Übertragung der Domain während des laufenden Verfahrens, andererseits führt er zu einer direkten Registrierung des Antragstellers bei Freiwerden der Domain.

---

[312] Zu den technischen Details der Vergabe von Domains s *Bähler/Lubich/Schneider/Widmer*.
[313] So etwa LG Berlin MMR 2001, 323 in Sachen Deutschland.de.; OLG Frankfurt aM MMR 2002, 471.
[314] So etwa OLG München CR 2001, 406 – kuecheonline.de; LG Wiesbaden MMR 2001, 59.

[315] Dafür LG Wiesbaden MMR 2001, 59 f; dagegen OLG Nürnberg CR 2001, 54; OLG Frankfurt aM GRUR-RR 2001, 5 – mediafacts; LG München I MMR 2001, 61.
[316] S zur Rechtslage in Österreich Burgstaller MMR 2002, 49.
[317] OLG Hamm MMR 2001, 695; OLG Frankfurt aM MMR 2000, 752, 753.

VII. Verantwortlichkeit der DENIC für rechtswidrige Domains

Die DENIC ist die Vergabestelle für Domain-Namen mit der auf Deutschland hinweisenden Top-Level-Domain (TLD) „.de". Verletzt die Verwendung einer Second-Level-Domain die Rechte Dritter aus Wettbewerbs-, Marken-, Namens-, Unternehmens- oder Titelrecht, stellt sich die Frage der Haftbarkeit der DENIC gegenüber dem Geschädigten.

117

Da bei Vorliegen einer Verletzung in erster Linie der Domaininhaber haftet, hat der BGH in seiner „**ambiente.de**"-Entscheidung[318] eine Haftung der DENIC nach markenrechtlichen Gesichtspunkten größtenteils abgelehnt. Eine Haftung als Täter oder Teilnehmer kommt nicht in Betracht, so dass die DENIC allenfalls als Störer haften kann, weil sie mit der Registrierung eine zurechenbare Ursache für die Rechtsverletzung gesetzt hat. Als Störer haftet, wer auch ohne Verschulden oder Wettbewerbsabsicht in irgendeiner Weise willentlich und adäquat kausal zur Verletzung eines geschützten Rechts oder Rechtsguts beiträgt, sofern er die rechtliche Möglichkeit zur Verhinderung dieser Handlung hat und Prüfungspflichten verletzt.

118

Der Umfang dieser Prüfungspflichten richtet sich danach, ob und inwieweit dem als Störer Inanspruchgenommenen nach den Umständen eine Prüfung zuzumuten ist. In Sachen „**ambiente.de**" entschied der BGH, dass die DENIC bei der Erstregistrierung keine Pflicht treffe zu prüfen, ob an dem einzutragenden Domain-Namen Rechte Dritter bestehen. Dem entspricht auch das LG Hamburg, soweit es eine Haftung der DENIC ablehnt, wenn sich jemand entgegen der Registrierungsbedingungen (etwa unter falschem Namen) registrieren lässt.[319] Der BGH nimmt an, dass der DENIC eine Prüfung erst nach Hinweisen Dritter auf mögliche Rechtsverletzungen und selbst dann **nur bei offenkundigen, aus ihrer Sicht eindeutigen, Rechtsverstößen** zuzumuten ist. Die Ablehnung oder Aufhebung eines Domain-Namens soll folglich nur dann erfolgen, wenn für den zuständigen Sachbearbeiter unschwer zu erkennen ist, dass die Nutzung Rechte Dritter beeinträchtigt. Unschwer zu erkennen ist eine Verletzung von Kennzeichenrechten nur dann, wenn ihr ein rechtskräftiger gerichtlicher Titel bzw. eine unzweifelhaft wirksame Unterwerfungserklärung des Domaininhabers vorliegt oder wenn die Rechtsverletzung derart eindeutig ist, dass sie sich dem Sachbearbeiter aufdrängen muss. Bei Markenrechtsverletzungen muss noch hinzukommen, dass der Domain-Name mit einer berühmten Marke identisch ist, die über eine überragende Verkehrsgeltung auch in allgemeinen Verkehrskreisen verfügt.[320]

119

Aus diesen Gründen kann die DENIC auch nicht zur Führung von sogenannten **Negativlisten** verpflichtet werden, durch die bestimmte Kennzeichen für eine Registrierung gesperrt werden. Dies würde voraussetzen, dass jede denkbare Benutzung

120

---

[318] BGH MMR 2001, 671 m Anm *Welzel*; MMR 2001, 744, m Anm *Meissner/Baars* JR 2002, 285, 288.
[319] LG Hamburg MMR 2009, 708 – primavit.
[320] Ebenso OLG Frankfurt MMR 2003, 333 – viagratip.de; LG Frankfurt MMR 2009, 272; ähnl auch der österreichische OGH in seinem Urteil K&R 2000, 328, 332, in dem es die Prüfungspflichten der österreichischen Vergabestelle bei der Zuweisung der Domain fpoe.at an einen Anbieter rechtsradikaler Inhalte geht und der *OGH* eine Haftung auf den Fall beschränkt hat, dass der Verletzte ein Einschreiten verlangt und die Rechtsverletzung auch für einen juristischen Laien ohne weitere Nachforschungen offenkundig ist. Die gleichen Überlegungen gelten der Verantwortlichkeit der Service-Provider. Das OLG Hamburg GRUR-RR 2003, 332, 335, hat mit seinem Urteil klargestellt, dass die Regeln aus der Ambiente-Entscheidung auch für die Haftung der Service-Provider gelten.

eines Kennzeichens als Domain einen erkennbaren offensichtlichen Rechtsverstoß darstellt, was allerdings nie der Fall ist.[321] Eine ähnliche Zielrichtung vertritt das LG Wiesbaden[322] für die Geltendmachung von Löschungsansprüchen gegen die DENIC wegen beleidigender Äußerungen auf einer Homepage. Die Nassauische Sparkasse hatte von der DENIC die Löschung der Domain r-e-y.de verlangt, da auf der Homepage angeblich Beleidigungen („Hessische Sparkassenluemmel") geäußert würden. Nach Auffassung der Richter sei eine inhaltliche Überprüfung von Webangeboten weder möglich noch wünschenswert, da die Aufgabe der DENIC allein die Verwaltung von Domain-Namen sei. Andernfalls könnte man auch von Dienstleistern wie der Telekom die Sperrung eines Anschlusses verlangen, wenn in einem Telefonat Beleidigungen geäußert werden. Im Falle einer Rechtsverletzung müsse man sich daher direkt an den Domaininhaber wenden.

121 Die Grundsätze der „ambiente.de"-Entscheidung übertrug das OLG Frankfurt in einem kürzlich ergangenen Urteil[323] vom Marken- auf das Namensrecht. Geklagt hatte der Freistaat Bayern gegen die Verwendung mehrerer Domain-Namen mit Bezug zu den bayrischen Regierungsbezirken, darunter die Adressen „regierung-mittelfranken.de" und „regierungunterfranken.de". In dieser Entscheidung stellte das Gericht klar, dass ein **rechtskräftiger Titel gegen den Admin-C**[324] nicht ausreicht, um das Kriterium der Offensichtlichkeit zu erfüllen und eine Störerhaftung der DENIC anzunehmen. Der Titel muss vielmehr gegen den Domaininhaber selbst vorliegen. Dennoch entschied das OLG Frankfurt zu Gunsten des Freistaates Bayern und nahm einen Verstoß gegen § 12 BGB an, weil sich bei der Bezeichnung „Regierung" in Verbindung mit allgemein bekannten geographischen Regionen jedem Sachbearbeiter aufdrängen muss, dass es nur einen bestimmten Namensträger, nämlich die Regierung selbst, geben kann, während gleichnamige Dritte nicht existieren können. Auf das noch im Fall „ambiente.de" vom BGH geforderte Kriterium einer berühmten Marke verzichtete das OLG und führte lediglich an, dass es sich um die Namen der offiziellen Regierungsbezirke des Freistaates handelt. Ob es bei diesen Feststellungen bleibt ist abzuwarten, denn die Revision ist beim BGH anhängig.

122 **Kartellrechtlich** gesehen handelt es sich bei der DENIC um ein **marktbeherrschendes Unternehmen iSv § 19 Abs 2 S 1 Nr 1 GWB**, das deshalb dem Verbot einer missbräuchlichen Ausnutzung dieser Stellung unterliegt. Die DENIC wurde daher vom OLG Frankfurt verurteilt, die zweistellige Domain „vw.de", deren Registrierung nach den ursprünglichen DENIC-Richtlinien nicht möglich war, für den Automobilkonzern zu registrieren.[325] Einer dagegen erhobenen Nichtzulassungsbeschwerde gab der BGH nicht statt, so dass die DENIC daraufhin ihre Richtlinien änderte. Seit dem 23.10. 2009 können deshalb auch ein- und zweistellige Domains, reine Zifferndomains sowie Domains, die Kfz-Kennzeichen oder anderen TLDs entsprechen, registriert werden. Die beiden Entscheidungen des LG Frankfurt[326] zur Registrierung von Kfz-Domains sind deshalb als überholt anzusehen. Das OLG Frankfurt entschied außerdem, dass sich die DENIC nicht kartellrechtswidrig verhält, wenn sie eigene Bedingungen für die Vergaberichtlinien entwirft, solange sie dabei nicht einzelne Teilnehmer oder Kunden

---

[321] BGH GRUR 2004, 619, m Anm *Hoeren*; MMR 2004, 467 – „kurt-biedenkopf.de".
[322] LG Wiesbaden NJW 2001, 3715.
[323] OLG Frankfurt aM K&R 2010, 602.
[324] Ist laut Ziffer VIII. der DENIC-Richtlinien die vom Domaininhaber benannte natürliche Person, die als sein Bevollmächtigter berechtigt und gegenüber der DENIC auch verpflichtet ist sämtliche die Domain betreffenden Angelegenheiten verbindlich zu entscheiden.
[325] OLG Frankfurt MMR 2008, 609 m Anm *Welzel*.
[326] LG Frankfurt aM MMR 2009, 703; LG Frankfurt K&R 2009, 278 m Anm *Störing*.

bevorzugt und ihr Verhalten deshalb als willkürlich gewertet werden könnte.[327] Insb durch die Festlegung eines bestimmten Zeitpunktes für eine Änderung der Vergaberichtlinien und die Vergabe nach dem Prinzip „First come, first served" werden jedem Kunden dieselben Möglichkeiten einer Registrierung eingeräumt.

123 Streitig ist, ob die DENIC im Rahmen der Zwangsvollstreckung in Domains unter der TLD „.de" als **Drittschuldnerin** im Sinne der ZPO haftet. Drittschuldner ist jeder Dritte, dessen Leistung zur Ausübung des gepfändeten Rechts erforderlich ist oder dessen Rechtsstellung von der Pfändung sonst wie berührt wird. Das AG Frankfurt verneint eine Drittschuldnereigenschaft der DENIC.[328] Sie ist Vertragspartei des Domainvertrages und erweckt die Domains in ihren Nameservern zum Leben, einer anderen zusätzlichen Leistung der DENIC bedarf es jedoch nicht. Die unmittelbare Einbeziehung von Drittschuldnern in das Pfändungsverfahren sieht ferner nur § 829 ZPO für die Zwangsvollstreckung in Geldforderungen vor. Nach § 857 ZPO kommt nur eine entsprechende Anwendung dieser Vorschrift auf die Pfändung in Domain-Namen in Betracht. Bei der Domainpfändung ist allerdings kein Raum für eine entsprechende Anwendung des § 829 ZPO. Die Pfändung von Geldforderungen führt zum sogenannten Arrestatorium und damit zum Verbot der Zahlung an den Schuldner, um das Erlöschen der gepfändeten Forderung zu verhindern. Überträgt man dies auf die Domainpfändung wäre das Zahlungsverbot als Leistungsverbot zu verstehen mit der Folge, dass die DENIC die Konnektierung der Domain beenden müsste. Das aber ist weder nötig, um den Pfändungsgegenstand zu erhalten, noch sinnvoll, weil eine nicht funktionsfähige und damit nicht genutzte Domain sehr schnell an Wert verliert, etwa indem sie in Suchmaschinenrankings zurückfällt. Deshalb lehnte das AG eine entsprechende Anwendung des § 829 ZPO ab und folgerte, dass von der DENIC nicht verlangt werden kann die Konnektierung der Domain oder eine Übertragung der Domain zu verhindern.

124 Anderer Ansicht ist das LG Zwickau, das in einem kürzlich ergangenen Urteil eine entsprechende Anwendung des § 829 ZPO auf die Domainpfändung bejaht und mithin im Ergebnis eine Drittschuldnereigenschaft der DENIC annimmt.[329] Dabei lehnt das LG seine Entscheidung an einen Beschluss des BGH[330] an, dem wiederum laut der Gegenansicht keine explizite oder implizite Aussage über die Drittschuldnereigenschaft der DENIC zu entnehmen ist. Klar ist, dass in den Gründen des BGH-Beschlusses an keiner Stelle auch nur das Wort „Drittschuldner" vorkommt.[331]

VIII. Schutz von Domains nach dem MarkenG

125 Eine Domain ist für sich genommen kein schutzfähiges Recht.[332] Sie repräsentiert nur einen schuldrechtlichen Anspruch gegen die Vergabestelle auf Konnektierung sowie eine faktische Sperrposition. Beides steht unter dem verfassungsrechtlichen Schutz des Eigentums iSv Art 14 GG.[333] Eine Domain kann allerdings **Gegenstand**

---

[327] OLG Frankfurt Urt v 18.5.2010, Az 11 U 36/09.
[328] AG Frankfurt aM MMR 2009, 709 m Anm *Welzel*.
[329] LG Zwickau MMR 2010, 72; so auch *Stadler* Drittschuldnereigenschaft der DENIC bei der Domainpfändung, MMR 2007, 71–73.

[330] BGH MMR 2005, 685 m Anm *Hoffmann*.
[331] BGH MMR 2005, 685 m Anm *Hoffmann*.
[332] BGH WM 2005, 1849; OLG Hamm MMR 2005, 381.
[333] BVerfG NJW 2005, 589 – adacta.de; ähnl der EGMR MMR 2008, 29 m Anm *Kazemi* MR-Int 2008, 33.

eigener **Kennzeichenrechte** werden und folglich dem Schutz des MarkenG unterfallen. Im Folgenden wird geklärt, wann eine Anwendbarkeit des MarkenG auf Domains gegeben ist und in welchem Umfang das MarkenG Schutz bietet.

1. Domain als Marke iSd § 3 MarkenG

126 Wird ein Domain-Name aus einer eingetragenen Marke abgeleitet, so stellt diese Vorgehensweise eine Anwendungsform der Marke dar. Rechte können also unmittelbar aus der eingetragenen Marke geltend gemacht werden.

127 Zu beachten ist aber, dass Markenschutz nicht nur durch Registrierung beim DPMA, sondern auch durch **Verkehrsgeltung** entstehen kann. Benutzt jemand eine Domain, kann damit durchaus die Entstehung eines Markenschutzes kraft Verkehrsgeltung einhergehen.[334] Die Domain wird dann Gegenstand eigener Kennzeichenrechte. Zu bedenken ist allerdings, dass die bloße Abrufbarkeit einer Homepage noch nicht zu einer (bundesweiten) Verkehrsgeltung führt. Unternehmen mit einem regionalen Wirkungskreis erreichen durch eine Website noch keine bundesweite Verkehrsgeltung.[335] Vielmehr hängt die Verkehrsgeltung davon ab, ob die Domain markenmäßig benutzt wird und wie weit der Bekanntheitsgrad der auf diese Weise genutzten Domain ist. Die Verkehrsgeltung wird über eine Gesamtbetrachtung ermittelt, bei der die Unterscheidungskraft und die regionale Bedeutung des Kennzeichens ermittelt werden. Als Indizien für die Bedeutung können internetspezifische Hilfsmittel herangezogen werden, wie zB Hits, Click per view, Links (wie bei Google), Selbstdarstellung (Altavista).[336] Hinzu kommen Überlegungen zum Zeitraum der Benutzung, zur Höhe der für die Werbung eingesetzten Mittel, zu den Umsätzen bei gekennzeichneten Produkten sowie Umfrageergebnisse.[337] Die Verkehrsgeltung ergibt sich nicht automatisch aus Medienberichten und der eigenen Präsentation im Internet.[338]

128 Fehlt es an der Verkehrsgeltung, geschieht es durchaus häufig, dass eine prioritätsältere Domain einer prioritätsjüngeren Marke weichen muss. Nicht kennzeichnungskräftig ist das Zeichen „@"[339] sowie der Zusatz „e" für „electronic".[340] Schutzfähig sind auch nicht „interconnect"[341] und „online".[342]

2. Domain als Unternehmenskennzeichen iSd § 5 Abs 2 MarkenG

129 Als besonders bedeutsam in der Diskussion erweist sich die umstrittene Einordnung von **Domains als Unternehmenskennzeichen**. Darunter fallen nach der Legaldefinition des § 5 Abs 2 S 1 MarkenG Zeichen, die im geschäftlichen Verkehr als Name, als Firma oder als besondere Kennzeichnung eines Geschäftsbetriebs oder eines Unter-

---

[334] OLG München ZUM 2000, 72; LG Rostock K&R 1999, 90 – mueritz-online.de.
[335] BGH GRUR 2005, 262 – soco.de; ähnl bereits der Nichtannahmebeschluss des BGH vom 15.5.2000 – I ZR 289/99 – tnet.de; BGH WRP 2002, 537 – Bank24.
[336] Dabei ist jedoch zu beachten, dass diese internetspezifischen Nachweise bei generischen Domains nur beschränkt zum Nachweis der Bekanntheit oder der Verkehrsgeltung benutzt werden können, vgl OLG Köln MMR 2007, 326 – internationalconnection.de.
[337] LG Düsseldorf MMR 2003, 131 – urlaubstip.de.
[338] LG Rostock K&R 1999, 90 – mueritz.online.
[339] BPatG CR 2000, 841.
[340] LG München I CR 2001, 48.
[341] OLG Karlsruhe 6 U 222/99 (unveröffentlicht).
[342] OLG Köln GRUR 2001, 525.

nehmens geschützt werden.³⁴³ Nach § 5 Abs 1 MarkenG werden Unternehmenskennzeichen als geschäftliche Bezeichnungen geschützt. Auch im Internet genießen sie den Schutz des Markenrechts.

Obwohl anerkannt ist, dass die Domain-Namen eine Individualisierungs- und Identifizierungsfunktion erfüllen, tun sich manche Autoren schwer, sie als Unternehmenskennzeichen im markenrechtlichen Sinne anzuerkennen. Hintergrund dafür ist die **technische Funktion der Domain-Namen**. Internet-Adressen sind eigentlich mehrstellige Nummern, die man sich aber kaum merken kann. Deshalb werden diese Nummern durch Buchstabenkombinationen überschrieben. Bei Eingabe dieser Buchstabenkombination wird diese in eine IP-Adresse (Nummernkombination) umgewandelt und dient dann der Kennung für einen bestimmten Rechner. Aus diesem Grunde wird teilweise eine unmittelbare Anwendbarkeit kennzeichen- und namensrechtlicher Grundsätze abgelehnt, weil der Domain-Name in erster Linie Zuordnungsfunktion für einen bestimmten Rechner und nicht für eine bestimmte Person habe.³⁴⁴

130

Diese Auslegung verkennt jedoch, dass Domains, die einen Namen enthalten oder namensartig anmuten, in der heutigen Form kennzeichenmäßig genutzt werden.³⁴⁵ Das OLG München hat aus diesem Grund entschieden, dass ein Internet-Domain-Name ein Unternehmenskennzeichen sein kann, wenn das verwendete Zeichen originäre Kennzeichnungskraft oder Verkehrsgeltung besitzt. Dies sei gegeben, wenn der Domain-Name das Dienstleistungsunternehmen bezeichne und in dieser Form im geschäftlichen Verkehr genutzt werde.³⁴⁶ Dieser Auffassung ist auch der BGH in der Entscheidung soco.de gefolgt,³⁴⁷ der einem Unternehmen dann ein Unternehmenskennzeichen aus der Benutzung einer Domain zuspricht, wenn der Verkehr in der (Unternehmens-)Domain nicht lediglich die Adress-, sondern auch die Herkunftsfunktion erkennt.

131

Zu berücksichtigen sind zudem alle **zur Unterscheidung des Geschäftsbetriebs bestimmten Zeichen** iSd § 5 Abs 2 S 2 MarkenG, die ebenfalls Unternehmenskennzeichen darstellen. Solche Zeichen sind geschützt aufgrund originärer Kennzeichnungskraft oder kraft Verkehrsgeltung. Die Benutzung einer Domain kann also Kennzeichenrechte generieren, sofern sie vom Verkehr als namensmäßige Bezeichnung einer Person oder als besondere Bezeichnung eines Unternehmens aufgefasst wird.³⁴⁸ Erworben wird das Recht an einer geschäftlichen Bezeichnung durch die Aufnahme der Benutzung. Der Schutz für unterscheidungskräftige geschäftliche Bezeichnungen entsteht durch namensmäßigen Gebrauch und zwar unabhängig vom Umfang der Benutzung. Grundsätzlich genügt jede Art einer nach außen gerichteten Tätigkeit,

132

---

³⁴³ Zur Rechtslage in Österreich siehe die Grundsatzentscheidung des OGH MMR 2000, 352 m Anm *Haller*.
³⁴⁴ *Kur* Internet Domain namens – Brauchen wir strengere Zulassungsvorschriften für die Datenautobahn? CR 1996, 325, 327; ähnl auch *Gabel* Internet: Die Domain-Namen NJW-CoR 1996, 322; *Graefe* Marken und Internet MA 3/96.
³⁴⁵ So auch KG CR 1997, 685 – Concert Concept; OLG Karlsruhe WRP 1998, 900; OLG Düsseldorf WRP 1999, 343, 346; OLG Hamm CR 1998, 241, 242; OLG Stuttgart CR 1998, 621; OLG Köln NJW-CoR 1999, 171; LG Hamburg CR 1997, 157; OLG Hamburg MMR 2006, 608 – ahd.de. Auf die streitige Frage, ob das MarkenG überhaupt eine kennzeichenmäßige Benutzung voraussetzt, braucht hier nicht eingegangen zu werden; siehe hierzu befürwortend *Sack* Sonderschutz bekannter Marken GRUR 1995, 81, 93; *Keller* Die zeichenmäßige Benutzung im Markenrecht GRUR 1996, 607. Krit allerdings *Fezer* Rechtsverletzende Benutzung einer Marke als Handeln im geschäftlichen Verkehr GRUR 1996, 566; *Strack* Markenmäßiger Gebrauch – Besondere Voraussetzung für die Annahmen einer Markenverletzung GRUR 1996, 688.
³⁴⁶ OLG München ZUM 2000, 71.
³⁴⁷ BGH NJW 2005, 1198 – soco.de.
³⁴⁸ LG München I GRUR 2000, 800 – fnet.

sofern sie auf eine dauernde wirtschaftliche Betätigung schließen lässt.[349] Jede nach außen in Erscheinung tretende Benutzungsform, also zum Beispiel die Verwendung der Kennzeichnung auf Geschäftspapieren, im Zusammenhang mit der Anmietung oder dem Bau von Fabrik- oder Büroräumen, die Schaltung eines Telefonanschlusses, der Aufbau eines Vertriebsnetzes, oder aber der An- und Verkauf von Waren oder Dienstleistungen wie auch die Benutzung in Vorbereitung der Geschäftseröffnung, zählen hierzu. Nicht ausreichend sind nur interne Vorbereitungshandlungen, zB der Abschluss eines Gesellschaftsvertrages und die Ausarbeitung einer geschäftlichen Konzeption. Entscheidend ist aber, dass die Domain eine Unterscheidungskraft in Bezug auf ein konkretes Unternehmen aufweist.[350] Der Schutz greift nur dann, wenn die Kennung erkennbar mit dem Namen oder einer Kurzform des Namens des Rechtsträgers übereinstimmt und damit über die Kennung hinaus auf den Rechtsträger selbst hinweist.[351]

3. Titelschutz

133 Für Domains kommt ein Titelschutz in Betracht, soweit diese titelschutzfähige Produkte kennzeichnen.[352] Durch die Benutzung eines Domainnamens kann grundsätzlich Titelschutz (§ 5 Abs 3 MarkenG) erworben werden, wenn der Verkehr in der als Domainnamen gewählten Bezeichnung nicht lediglich eine Adressbezeichnung sieht, sondern ein Zeichen zur Unterscheidung von Werken.[353]

134 Der Titelschutz entsteht bei originärer Kennzeichnungskraft durch die Ingebrauchnahme in namensmäßiger Form, bei nachträglicher Kennzeichnungskraft aufgrund nachgewiesener Verkehrsgeltung.[354] In der Verwendung eines Domainnamens kann eine Benutzung als Werktitel liegen, wenn der Verkehr in dem Domainnamen ein Zeichen zur Unterscheidung eines Werks von einem anderen sieht.[355] Aus diesem Grunde stellte der BGH fest, dass der Verleger einer unter der Domain eifel-zeitung.de herausgegebenen Internetzeitung Titelrechte an der Bezeichnung Eifel-Zeitung erworben habe. Das Titelrecht konnte jedoch nicht in vollem Umfang wirksam werden, da die Ingebrauchnahme des Titels unbefugt erfolgte.[356] Zum Zeitpunkt der Benutzungsaufnahme war gegenüber dem Verleger ein Unterlassungstitel bestandskräftig, Druckerzeugnisse unter der Bezeichnung Eifel-Zeitung herauszugeben. So konnte er kein prioritätsälteres Titelrecht erwerben. Bemerkenswert an dieser Entscheidung war zudem, dass der BGH in der Veröffentlichung einer Internetzeitung mit dem Titel Eifel-Zeitung eine gegenüber der Veröffentlichung in gedruckter Form im Kern gleichartige Verletzungshandlung erblickte.[357]

135 Der Titelschutz kann durch Veröffentlichung im Titelschutzanzeiger auf einen Zeitraum von 2–5 Monate vorverlagert werden. Bei einer Internet-Zeitschrift entsteht

---

[349] LG Düsseldorf 4 O 101/99 – infoshop.de (unveröffentlicht).
[350] OLG München ZUM 2000, 71 – tnet; KG NJW-RR 2003, 1405 – arena-berlin; LG Frankfurt aM CR 1999, 190 – warez.de; LG Braunschweig MMR 1998, 272 – deta.com; unzutreffend insofern LG München I GRUR 2000, 800 – fnet.
[351] LG Düsseldorf NJW-RR 1999, 629 – jpnw.de; BGH NJW 2005, 1198 – soco.de.
[352] OLG München CR 2006, 414.
[353] BGH Urt v 19.6.2009, Az I ZR 47/07 – EIFEL-ZEITUNG.
[354] OLG Hamburg ZUM 2001, 514 – sumpfhuhn.de.
[355] BGH Urt v 18.6.2009, Az I ZR 47/07 – EIFEL-ZEITUNG.
[356] BGH Urt v 18.6.2009, Az I ZR 47/07 – EIFEL-ZEITUNG.
[357] BGH Urt v 18.6.2009, Az I ZR 47/07 – EIFEL-ZEITUNG.

der Titelschutz erst mit der Erstellung des fertigen Produkts und nicht schon mit der Werbung etwa mittels Inhaltsverzeichnissen.[358] Für Domains wird eine Vorverlagerung des Titelschutzes über Titelschutzanzeiger abgelehnt. Ein Schutz der Domain als Titel komme nur in Betracht, wenn ein fertiges Werk vorliege. Eine Titelschutzanzeige gebe es im Internet oder bei T-Online (noch) nicht. Unzureichend seien auch bloße Inhaltsverzeichnisse, der alleinige Verweis auf Eigenwerbung oder eine Internetzeitschrift mit nur wenigen Beiträgen.[359] Im Übrigen soll ein Titelschutz bei Domains nicht in Betracht kommen, die ein Portal bezeichnen;[360] anders sieht das LG Stuttgart die Lage, wenn die Domain der Unterscheidung von anderen Internet-Portalen dient.[361] Ein Titelschutz kommt auch in Betracht, wenn der Titel nur einer von mehreren Untergliederungspunkten unterhalb einer anders lautenden Domain ist.[362]

4. Afilias und die Konsequenzen

136 In der Entscheidung afilias.de[363] hat der BGH bekräftigt, dass auch eine Domain einen in sich bestehenden Wert habe. Zwar beruhe die Domain nur auf einen schuldrechtlichen Anspruch und sei als solcher kein eigenständiger Vermögenswert. Insofern setze sich eine Marke oder ein Unternehmenskennzeichen gegen eine gleichnamige Domain durch. Allerdings gebe es davon Ausnahmen. Eine erste sei anzunehmen, wenn die Registrierung des Domainnamens durch den Nichtberechtigten nur der erste Schritt im Zuge einer späteren Benutzung als Unternehmenskennzeichen sei[364]. Eine weitere Ausnahme sei geboten, wenn das Kennzeichen- bzw Namensrecht des Berechtigten erst nach der Registrierung des Domain-Namens durch den Domain-Inhaber entstanden sei. Anders verhalte es sich nur, wenn es dem Domain-Inhaber wegen Rechtsmissbrauchs versagt sei, sich auf seine Rechte aus der Registrierung des Domain-Namens zu berufen. Dies sei insb dann der Fall, wenn der Domaininhaber den Domain-Namen ohne ernsthaften Benutzungswillen in der Absicht registrieren lasse, sich diesen von dem Inhaber eines entsprechenden Kennzeichen- oder Namensrechts abkaufen zu lassen.

137 Eine solche Ausnahme hat das OLG Hamburg[365] jüngst bejaht. Die Registrierung der Domain www.stadwerke-uetersen.de stelle eine unberechtigte Anmaßung des Namens eines erst nach der Registrierung gegründeten namensgleichen kommunalen Versorgungsunternehmens dar, wenn sie lediglich dem Ziel dient, eine verkaufbare Vorratsdomain zu erlangen. Gibt der Domaininhaber an, „zu einem späteren Zeitpunkt die Geschichte der ehemaligen Stadtwerke im Internet" bzw „Bauwerke der Stadt Uetersen" präsentieren zu wollen und ergibt sich aus der vorgerichtlichen Korrespondenz ein klares, auf die Veräußerung der Domain gerichtetes Erwerbsinteresse, so handele es sich lediglich um vorgeschobene, die Namensanmaßung verschleiernde Zwecke.

---

[358] OLG München CR 2001, 406 – kuecheonline; ähnl auch LG Stuttgart MMR 2003, 675 – snowscoot; *Fezer* WRP 2000, 969, 973.
[359] BGH MMR 2009, 738 m Anm Hackbarth – airdsl; OLG München MMR 2001, 381 – kuecheonline.de.
[360] LG Düsseldorf MMR 2003, 131 – urlaubstip.de; aA OLG München CR 2006, 414 – österreich.de.
[361] LG Stuttgart MMR 2003, 675 – snowscoot.
[362] OLG Dresden NJWE-WettbewerbsR 1999, 130 – dresden-online.
[363] BGH NJW 2008, 3716.
[364] S auch BGH GRUR 2005, 430, 431 – mho.de.
[365] OLG Hamburg Urt v 24.9.2009, Az 3 U 43/09.

Kapitel 8 Rechtsprobleme beim Erwerb von Domains

138 In der Entscheidung „ahd"[366] hat der BGH erneut darüber entschieden, inwieweit Unternehmen dagegen vorgehen können, dass ihre Geschäftsbezeichnung von Dritten als Domainname registriert und benutzt wird. Die Klägerin, die ihren Kunden die Ausstattung mit Hard- und Software anbietet, benutzt seit Oktober 2001 zur Bezeichnung ihres Unternehmens die Abkürzung „ahd". Die Beklagte (eine GmbH) hat mehrere tausend Domainnamen auf sich registrieren lassen, um sie zum Kauf oder zur entgeltlichen Nutzung anzubieten, darunter seit Mai 1997 auch den Domainnamen „ahd.de". Vor dem Sommer 2002 enthielt die entsprechende Internetseite nur ein „Baustellen"-Schild mit dem Hinweis, dass hier „die Internetpräsenz der Domain ahd.de" entstehe. Danach konnten unterschiedliche Inhalte abgerufen werden, jedenfalls im Februar 2004 auch Dienstleistungen der Beklagten wie zB das Zurverfügungstellen von E-Mail-Adressen oder das Erstellen von Homepages. Der BGH entschied, dass die Klägerin aufgrund ihres nach der Registrierung des Domainnamens entstandenen Rechts an der Unternehmensbezeichnung der Beklagten verbieten könne, die Buchstabenkombination „ahd" als Kennzeichen für die im Schutzbereich der Geschäftsbezeichnung der Klägerin liegenden Waren und Dienstleistungen zu benutzen. Die Registrierung des Domainnamens führe nur dazu, dass der Inhaber eines erst nach der Registrierung entstandenen Namens- oder Kennzeichenrechts vom Domaininhaber regelmäßig nicht die Löschung des Domainnamens verlangen oder ihm jedwede Nutzung des Domainnamens untersagen könne. Sie berechtige als solche den Domaininhaber dagegen nicht dazu, unter dem Domainnamen das Kennzeichenrecht des Dritten verletzende Handlungen vorzunehmen. Der Domainname sei von der Beklagten vor Oktober 2001 auch nicht so verwendet worden, dass an der Bezeichnung „ahd" ein gegenüber der Geschäftsbezeichnung der Klägerin vorrangiges Kennzeichenrecht der Beklagten entstanden sei.

139 Einen Anspruch der Klägerin auf Löschung des Domainnamens hat der BGH dagegen verneint. Auf eine Kennzeichenverletzung könne das Löschungsbegehren nicht gestützt werden, weil das Halten des Domainnamens nicht schon für sich gesehen eine Verletzung der Geschäftsbezeichnung der Klägerin darstelle. Ein Löschungsanspruch sei auch nicht unter dem Gesichtspunkt der wettbewerbswidrigen Mitbewerberbehinderung gegeben. Dass die Klägerin ihre Geschäftsbezeichnung „ahd" nicht in Verbindung mit der Top-Level-Domain „.de" als Domainnamen nutzen könne, habe sie grundsätzlich hinzunehmen, weil sie die Abkürzung „ahd" erst nach der Registrierung des Domainnamens auf die Beklagte in Benutzung genommen habe. Nach Auffassung des BGH handelt die Beklagte im Streitfall nicht rechtsmissbräuchlich, wenn sie sich auf ihre Rechte aus der Registrierung des Domainnamens beruft.

§ 3
Pfändung und Bilanzierung von Domains

140 Im Zusammenhang mit der Anerkennung einer Domain als vermögenswertes Gut steht auch die Frage ihrer **Pfändbarkeit in der Zwangsvollstreckung**. Hierzu bestehen unterschiedliche Aussagen einzelner Gerichte. Das LG München I[367] hat eine Pfänd-

---

[366] BGH Urt v 19.2.2009, Az I ZR 135/06 – ahd.de.
[367] LG München I MMR 2001, 319; noch offengelassen in LG München I ZUM 2000, 875 m Anm *Hanloser* 703.

barkeit nach § 857 ZPO ausgeschlossen. Das LG Essen hat hingegen eine Pfändung zugelassen.[368] Folgt man dem LG Essen, ist eine Domain nach §§ 844, 857 ZPO pfändbar und freihändig durch Versteigerung seitens des Gerichtsvollziehers im Internet verwertbar.[369] Der Streit zwischen dem LG München I und dem LG Essen wurde durch den BGH aufgelöst. Danach ist eine Domain zwar nicht pfändbar, die Gesamtheit der schuldrechtlichen Ansprüche des Domaininhabers gegenüber der Domainvergabestelle fällt dagegen unter § 857 Abs 1 ZPO.[370] Eine Verwertung der gepfändeten Ansprüche gegen die Vergabestelle erfolgt also im Wege der Überweisung an Zahlungs statt.

Unter Umständen ist auch denkbar, dass die **Domain als Arbeitsmittel iSv § 811 Nr 5 ZPO** unpfändbar ist. Die Vorschrift bezieht sich zwar allein auf „Sachen" und ist deshalb nicht unmittelbar einschlägig. Es kommt jedoch eine analoge Anwendung in Betracht.[371] Ein darauf basierender Pfändungsschutz setzt allerdings voraus, dass die Domain zur Fortsetzung der Erwerbstätigkeit des Schuldners „erforderlich" ist. Das ist allerdings nur dann der Fall, wenn sich die Domain im Rechtsverkehr bereits durchgesetzt hat und nicht (mehr) ohne weiteres gegen eine andere ausgetauscht werden kann.[372] **141**

Unabhängig von diesem Streit ist eine **Pfändbarkeit der Konnektierungsansprüche** des Domaininhabers gegen die DENIC im Wege der Forderungspfändung inzwischen anerkannt.[373] Schwierig ist dann aber die Verwertung dieser Forderung, da eine Überweisung mangels Leistungsinteresse des Vollstreckungsgläubigers nicht in Betracht kommt. **142**

Wichtig sind im Übrigen auch Vorkehrungen gegen die Insolvenz des Access Providers. Muss ein Provider Insolvenz beantragen, wird die DENIC tätig. Wenige Wochen nach Insolvenz-Antrag sind fast immer alle Domains erstmal direkt bei der DENIC gehostet und auf deren eigenen Nameservern und im Zone-c der Domains eingetragen. In einem Fall, in dem die Zone-c bereits bei der DENIC liegt (erkennbar am HD4-RIPE im Zone-c beim Denic-Who-is), braucht man also nur die Kündigung an den alten Provider schicken und an die DENIC das KK-Fax. **143**

Auch stellt sich in diesem Zusammenhang die Frage nach der Bewertung von Domains. Gängig ist insofern die **RICK-Formel**. Entscheidend abzustellen ist hiernach auf **144**
- das Risiko, rechtliche Probleme bei der Verwendung der Domains zu bekommen = R
- das Image der Domain = I
- die Frage der kommerziellen Verwendbarkeit der Domain = C
- die Kürze der Domain = K.

Differenzierter arbeitet die sog. **Horatius-Formel**, die eine Vielzahl von Indikatoren heranzieht, unter anderem **145**
- die Visits
- die Eintragungen in Suchmaschinen
- die Pflege der Domain
- das Bestandsalter.

---

[368] LG Essen MMR 2000, 286 m Anm *Viefhues* CR 2000, 247; ähnl auch AG Lindau M 192/00 (unveröffentlicht); AG Langenfeld CR 2001, 477; LG Düsseldorf ZUM 2002, 155.
[369] So auch AG Berleburg MMR 2002, 848 (Ls).
[370] BGH GRUR 2005, 969.
[371] Berger Rpfleger 2002, 185; ähnl LG Mönchengladbach ZUM 2004, 935.
[372] *Welzel* MMR, 2001, 131, 135.
[373] *Hanloser* Rechtspfleger 2000, 525, 527; *Hanloser* CR 2001, 344, 345; *Welzel* MMR 2001, 131, 132.

Kapitel 8 Rechtsprobleme beim Erwerb von Domains

146 Noch variantenreicher sind die Kriterien des **SCHARF-Modells**, das mit über vierzig Indikatoren arbeitet.[374]

147 Bei der **Streitwertberechnung** im Rahmen von § 12 Abs 1 GKG berücksichtigt das Gericht im Rahmen seines freien Ermessens den wirtschaftlichen Wert der Domain für den Berechtigten, wobei insb die erwartete Zahl der Visits und sonstige Indizien für erzielbare Umsätze und Marketingeffekte zu berücksichtigen sind. Das OLG Frankfurt[375] scheint den Wert tendenziell gering anzusetzen. Bei der Bemessung des wirtschaftlichen Wertes der Domainnamen sei zu berücksichtigen, dass sie sämtlich nicht geeignet seien, einen unmittelbaren oder auch nur mittelbaren (assoziativen) Bezug zu Waren oder Dienstleistungen herzustellen, insoweit fehlt ihnen die inhaltliche Aussagekraft sowie ein prägnanter Anklang an marktgängige Waren, Dienstleistungen etc. Daher kämen Internetadressen, die Zufallsfunde im Netz surfender Interessenten sind, kaum in Betracht.

148 Andere Gerichte sind großzügiger. Das LG Köln lässt bei der Nutzung einer Domain als Teil einer E-Mail-Adresse € 75 000,- ausreichen.[376] Das LG Hamburg geht von € 50 000,- aus.[377] Das OLG Köln bejahte einen Streitwert in Höhe von € 135 000,-,[378] konstatierte aber in einem anderen Fall, dass sich der Streitwert nach dem Interesse des Klägers richte (hier: € 25 000,-).[379] Dabei wurden gerade auch bei bedeutenderen Unternehmen Streitwerte bis zu € 500 000,- festgesetzt.[380] Bei Gattungsbegriffen hat sich der Streitwert auf € 50 000,- eingependelt.[381] Zum Teil wird in der Literatur für alle Domainstreitigkeiten ein Betrag in Höhe von € 50 000,- als Regelstreitwert angenommen.[382]

149 Der BFH[383] sieht in den Aufwendungen zum Erwerb einer Internetadresse (Domain) **keine sofort abzugsfähige Betriebsausgabe** und auch kein abschreibfähiges Wirtschaftsgut, so dass die entstandenen Kosten im Rahmen einer Überschussrechnung gem § 4 Abs 3 EStG keine Berücksichtigung finden. Eine Domain stelle nach Auffassung des FG zwar ein immaterielles Wirtschaftsgut dar. Anders als bei Software finde hingegen kein Wertverzehr statt, da die Internetadresse dauerhaft und in ungeschmälerter Art und Weise genutzt werden könne und dem Domaininhaber zeitlich unbeschränkte wirtschaftliche Vorteile biete.

---

[374] http://www.bewertungsformel.de.
[375] OLG Frankfurt aM 25 W 33/02 (unveröffentlicht).
[376] LG Köln MMR 2000, 437 – maxem.de.
[377] LG Hamburg BeckRS 2005 00859, http://www.aufrecht.de/2903.html; ähnl LG Düsseldorf 2a O 35/04 (unveröffentlicht).
[378] OLG Köln GRUR-RR 2005, 82.
[379] OLG Köln GRUR-RR 2006, 67 – Mahngericht.de.
[380] LG Düsseldorf 34 O 118/97 in Sachen crrtroinc.de (unveröffentlicht); ähnlich LG Hamburg 315 O 448/97 – d-info.de (unveröffentlicht); LG Mannheim WRP 1998, 920 – zwilling.de; s dazu auch *Schmidt/Schröder* K&R 2002, 189 ff.
[381] LG Düsseldorf 38 O 22/01 – versteckte-toscana.de (unveröffentlicht); LG Düsseldorf MMR 2002, 126 – literaturen.de.
[382] So bei *Schmittmann* MMR 2002, Heft 12, VIII.
[383] BFH Urt v 19.10.2006, Az III R 6/05, BStBl II 2007, 301; ähnl FG Rheinland-Pfalz MMR 2005, 336 mit Anm *Terhaag*.

§ 4
Streitschlichtung nach der UDRP

150 Das ICANN hat sich Gedanken zur **Streitschlichtung** gemacht. So wurde im August 1999 die „**Uniform Dispute Resolution Policy**" (UDRP) verabschiedet.[384] Dieses Regelwerk sieht eine Streitschlichtung bei missbräuchlicher Registrierung von Namen in den Top Level Domains .com, .org und .net vor. Hinzu kommen die länderspezifischen Codes von 31 meist kleineren Staaten (wie zB Tuvalu).[385] Die DENIC hat sich noch nicht dazu durchringen können, eine solche Streitschlichtung zu akzeptieren.

151 Auch neue gTLDs fallen unter die UDRP.[386] Die Verbindlichkeit der UDRP basiert auf rein vertragsrechtlicher Grundlage; wer eine Domain registriert, unterwirft sich rechtsgeschäftlich den UDRP. Da dies aber regelmäßig durch einen Hinweis in den AGB des jeweiligen Access Providers geschieht, stellt sich die Frage nach der AGB-rechtlichen Zulässigkeit einer solchen „Schiedsabrede". Die AGB-rechtliche Wirksamkeit ist hochgradig problematisch. Im Übrigen wenden zB US-amerikanische Gerichte ohnehin im Zweifel ihre eigenen Regeln an und lassen es dem Betroffenen offen, bei einer Niederlage nach der UDRP US-Gerichte anzurufen.[387] Auch Gerichte in anderen Staaten haben die UDRP hinterfragt.[388] Die Streitschlichtung erfolgt über vier verschiedene, von der ICANN lizenzierte Organisationen, darunter
- die Schiedsstelle der WIPO (http://arbiter.int/domains)[389]
- das National Arbitration Forum (http://www.arb-forum.com/domains)
- das CPR – Institut for Dispute Resolution (http://www.cpradr.org).
- das ADNDRC, das Asian Domain Name Dispute Resolution Centre (http://www.adndrc.org).[390]

152 Es besteht die freie Wahl, entweder vor ordentlichen Gerichten zu klagen oder die UDRP-Schlichtungsorganisation anzurufen. Auch können staatliche Gerichte trotz einer Streitschlichtungsentscheidung nachträglich tätig werden (Art 4 (k) UDRP).[391] Eine UDRP-interne Berufungsinstanz besteht nicht.[392] Über die **Frage der Kostenerstattung** wird nicht entschieden. Allerdings hat der österreichische oberste Gerichtshof entschieden, dass bei einer Entscheidung innerhalb der UDRP zu Lasten des Beschwerdegegners ein Auslagenersatz nach nationalem Recht verlangt werden kann.[393]

153 Die Internet-Verwaltung ICANN ändert derzeit die Regelungen für das Schiedsverfahren[394]: mit Wirkung ab 1.3.2010 stellt ICANN das Verfahren auf weitgehend elek-

---

[384] Hinzu kommen die „Rules for Uniform Domain Name Dispute Policy", die im Oktober 1999 verabschiedet worden sind.
[385] S dazu die Liste unter http://www.arbiter.wipo.int/domains/ccTLD/index.html.
[386] S http://arbiter.wipo.int/domains/decisions/index-info.html; hierzu zählen: .info; .biz; .aero; .coop; .museum; .name; .travel.
[387] So Section 1114(2)(D)(v) des US Anticybersquatting Act und U.S. Court of Appeals for the First Circuit, Entscheidung v 5.12.2001 – JAY D. SALLEN vom CORINTHIANS LICENCIAMENTOS LTDA et al., GRUR Int 2003, 82.
[388] S die Liste bei der WIPO http://arbiter.wipo.int/domains/challenged/index.html.
[389] S dazu auch die WIPO-Borschüre http://arbiter.wipo.int/center/publications/guide-en-web.pdf.
[390] Ausgeschieden ist das kanadische eResolution Consortium (http://www.resolution.ca).
[391] Zu den gerichtlichen Verfahren nach UDRP-Entscheidung siehe http://aribter.wipo.int/domains/challenged/index.html.
[392] S allerdings den Vorschlag von M. Scott Donahey zur Einführung eines UDRP Appelatte Panel in: Journal of International Arbitration 18 (1) 2001, 131 ff.
[393] öOGH MMR 2004, 747.
[394] http://wipo.int/amc/en/domains/rules/eudrp.

tronische Abwicklung um. Die Änderungen, die mit Wirkung ab 1.3.2010 verpflichtend in Kraft treten, jedoch schon seit 14.12.2009 zur Anwendung kommen, betreffen vor allem verfahrenstechnische Regelungen. Sie sollen das Verfahren für beide Parteien kosten- und zeitsparender gestalten. Hierzu gehört es bspw, dass Klagen einschließlich der Anlagen künftig **ausschließlich in elektronischer Form** eingereicht werden können, wobei eine E-Mail an domain.disputes@wipo.int genügt. Als Dateiformat ist das Word- wie das .pdf-Format zugelassen; auch Excel-Dateien akzeptieren die Schiedsgerichte. Allerdings sollten einzelne Dateien nicht größer als zehn MB sein, die Klage insgesamt eine Größe von 50 MB nicht überschreiten. Diese Regelungen gelten für die Klageerwiderung entsprechend. Schriftsätze in Papierform akzeptieren die Gerichte nur noch bis zum 28.2.2010.

154 Mit dieser Änderung entfällt bspw die Regelung, mehrere Abschriften der eigenen Schriftsätze einzureichen, damit sie dem Gegner übersandt werden können. Das spart nicht nur Papier, sondern auch Zeit, da die Schriftsätze per E-Mail zugestellt werden können. Der Beklagte erhält jedoch weiterhin eine Nachricht über das UDRP-Verfahren an seine im WHOIS angegebene Postanschrift, um sicherzustellen, dass er ordnungsgemäß über das Verfahren in Kenntnis gesetzt wird. Nicht zuletzt aus diesem Grund empfiehlt es sich, die eigenen WHOIS-Daten regelmäßig auf Validität zu prüfen.

155 Die Verbindlichkeit der Streitschlichtung und ihrer Entscheidungen beruht nicht auf staatlichem Recht; insb handelt es sich nicht um Schiedsgerichte. Die Kompetenz der Schlichtungsorgane ist vielmehr **vertraglicher Natur.** Lässt sich jemand eine Domain registrieren, verpflichtet er sich im Voraus, Streitschlichtungsentscheidungen im Rahmen der UDRP zu akzeptieren. Ob eine solche Verpflichtung auch in AGB übernommen werden kann, ist im Hinblick auf das Verbot überraschender Klauseln fraglich.

156 Die Beschwerde kann **elektronisch** über die Homepage des ausgewählten Schiedsgerichts eingereicht werden; die dort befindlichen Formulare müssen aber auch schriftlich ausgefüllt und auf dem Postwege verschickt werden (Original und vier Abschriften). Zu zahlen sind die **Schlichtungskosten** durch den Beschwerdeführer (zwischen $ 1 500,– und 4 000,–). Der Beschwerdegegner hat zwanzig Tage Zeit zu reagieren. Ein „case administrator" prüft die formellen Voraussetzungen der Beschwerde und Erwiderung und bestimmt dann einen Schlichter. Dieser hat nach seiner Ernennung vierzehn Tage Zeit, seine Entscheidung zu erstellen; insgesamt dauert das Verfahren selten länger als zwei Monate. Entscheidungen werden im Volltext und mit voller Namensangabe aller Beteiligten auf der Homepage des Gerichts veröffentlicht. Probleme bereitet den Schiedsrichtern auch die Frage, wie mit nachgereichten Schriftsätzen umzugehen ist. Deren Berücksichtigung liegt im Ermessen des Panels. Die meisten Schiedsrichter lassen nachgereichte Schriftsätze nur dann zu, wenn plausibel gemacht wird, dass die entsprechenden Argumente und Beweismittel nicht bereits in der Beschwerde beziehungsweise der Erwiderung vorgetragen werden konnten.[395] Unzulässig ist die Einbringung neuer Tatsachen, wenn die Beschwerdeführerin den fehlenden Vortrag bereits schon zum Zeitpunkt der Einreichung der Beschwerde hätte vorbringen können.[396] Wichtig ist es, nur klare Fälle zur Entscheidung des Schiedsge-

---

[395] Balidiscovery.org, D 2004 – 0299; noch strenger mtvbase.com, D 2000 – 1440, wonach eine Zulassung nur bei besonderer Anforderung der Unterlagen vom Panel möglich ist.

[396] WIPO Case No. D 2005/0485 – Vincotte.com.

richts zu bringen. Alle wesentlichen Argumente sollten vollständig und sachbezogen in einem einzigen Schriftsatz vorgetragen werden. Dabei sollte von vornherein gleich in diesem Schriftsatz alles schriftliche Beweismaterial beigefügt werden. Als sinnvoll hat es sich erwiesen, die Panelists auch auf ähnlich gelagerte Entscheidungen anderer Panelists hinzuweisen. Die Anrufung eines Dreipanels lohnt sich nur dann, wenn noch kein einheitliches Fallrecht existiert und Rechtsfragen in der Vergangenheit streitig waren.

Die Streitschlichtungsgremien entscheiden **nicht nach Maßgabe staatlichen Rechts**. Vielmehr nehmen sie – in Anlehnung an US-amerikanische Gesetzesvorgaben – nur einen eingeschränkten Bereich der Markenpiraterie wahr. Entscheidend ist hierbei Art 4 (a) der UDRP: **157**

"You are required to submit to a mandatory administrative proceeding in the event that a third party (a "complainant") asserts to the applicable Provider, in compliance with the Rules of Procedure, that
   (I) your domain name is identical or confusingly similar to a trademark or service mark in which the complainant has rights; and
   (II) you have no rights or legitimate interests in respect of the domain name; and
   (III) your domain name has been registered and is being used in bad faith."

Jedes dieser drei Merkmale bedarf näherer Erläuterung. Zunächst ist beim ersten Merkmal zu beachten, dass der Begriff des „**trademark or service mark**" weit ausgelegt wird. Darunter fallen zum Beispiel auch Zeichen, die nach dem US Common Law geschützt sind. Dann muss allerdings eine entsprechende Benutzung im geschäftlichen Verkehr nachgewiesen werden („secondary meaning").[397] Abzugrenzen sind die geschützten Zeichen von Kennzeichen, die lediglich auf Unternehmen verweisen oder persönliche Namen – selbst bei Berühmtheit des Namensträgers – umfassen.[398] Entscheidend kommt es nicht auf den territorialen Schutzbereich der Marke an. Selbst wenn kein Markenschutz im Land des Beschwerdegegners besteht, kann die entsprechende Marke herangezogen werden. Allerdings wird man das Fehlen des Markenschutzes im Rahmen der Bösgläubigkeit zu erörtern haben.[399] Der Zeitpunkt des Schutzerwerbs ist unerheblich. Insofern setzt sich die Marke auch durch, wenn sie „jünger" ist als der Domainname. Auch hier wird man allerdings dann bei der Frage der Bösgläubigkeit des Domaininhabers Zweifel anmelden dürfen.[400] Auch nicht registrierte Markenrechte, wie Benutzungsmarken oder Common-Law Trademarks fallen unter die UDRP. Ähnliches gilt für berühmte Personennamen, wenn diese mit einer gewerblichen Nutzung verbunden sind. Berühmtheit als solches reicht nicht aus, um die UDRP anwenden zu können.[401] Geografische Angaben entfallen als solche nicht unter die UDRP.[402] Ein Schutz kommt allerdings in Betracht, wenn die geografische Angabe auch Teil einer Wort-Bild-Marke ist.[403] Streitig ist, ob die Rechte auch nicht ausschließlicher Lizenznehmer unter das Schutzsystem fallen.[404] Im Übrigen müssen **158**

---

[397] NAOP LLC v. Name Administration Inc., FA0808001220825, NAF 7 October 2008.
[398] Margarat C Whitman v. Domains for Sale, D 2008 – 1645 („Merely having a „famous name" is not sufficient to establish common law trademark or service mark rights in the name").
[399] S Early Learning Centre.com – D 2005 – 0692.
[400] Aljazeera.com – D 2005 – 0309.
[401] Juliaroberts.com – D 2000 – 0210; Charlierapier.com – D 2004 – 0221.
[402] Sachsen-Anhalt.com – D 2002 – 0273; New Zealand.com – D 2002 – 0754.
[403] Potsdam.com, D 2002 – 0856; Meißen.com, D 2003 – 0660.
[404] Dafür Telcelbellsouth.com, D 2002 – 1027; dagegen Knicks.com, D 2000 – 1211.

die Eintragungen der Marken vor der Registrierung des Domainnamens durch den Beschwerdegegner erfolgt sein.[405]

159 Zu prüfen ist dann noch die Verwechslungsfähigkeit im Verhältnis der Marke zum Domainnamen („**likelihood of confusion**"). Generische Zusätze werden hier nicht berücksichtigt.[406] Kritische Zusätze wie „Sucks" oder „Fuck" können unter Umständen die Verwechslungsgefahr ausschließen, was allerdings zwischen den einzelnen Panelists streitig ist.[407]

160 Auf „**legitimate interests**" kann verweisen, wer eine Domain nachweislich für ein Fan-Forum[408] oder für kritische Meinungsäußerungen[409] nutzt. Die bloße Absicht einer solchen Nutzung reicht nicht aus. Dem Domainnutzer obliegt insofern die Darlegungs- und Beweislast. Der Hinweis auf die Namensgleichheit reicht nicht aus.[410] Ein eigenes Markenrecht begründet ebenfalls ein legitimes Interesse zur Benutzung der Domain.[411] Dies gilt allerdings nur dann, wenn dieses Markenrecht gutgläubig erworben worden ist.[412] Besonders streitig ist die Frage des legitimen Interesses beim Vertrieb von Markenwaren durch Vertragshändler. Hier plädiert eine überwiegende Zahl von Panelists für eine händlerfreundliche Auslegung der Regeln. Ein Verstoß gegen die UDRP soll danach nicht vorliegen, wenn der Händler sich auf den tatsächlichen Vertrieb beschränkt, keine Konkurrenzprodukte anbietet und es nicht zu einer übermäßigen Behinderung des Markeninhabers kommt.[413] Diese Freiheit der Benutzung soll auch für unabhängige Händler gelten.[414]

161 Am schwierigsten zu konkretisieren ist das Merkmal „**bad faith**". Nachzuweisen ist hier seitens des Beschwerdeführers, dass eine Adresse registriert und benutzt wurde „in bad faith".[415] In Anlehnung an die deutsche „Afilias"-Rechtsprechung gilt auch bei der UDRP, dass eine jüngere Marke nicht gegen eine ältere Domain geltend gemacht werden kann; in einem solchen Fall fehlt dem Domaininhaber bei der Registrierung die Bösgläubigkeit.[416] Zur Konkretisierung dieses allgemeinen Rechtsbegriffs muss Art 4 (b) der UDRP herangezogen werden:

"For the purposes of Paragraph 4(a)(iii), the following circumstances, in particular but without limitation, if found by the Panel to be present, shall be evidence of the registration and use of a domain name in bad faith:

---

[405] WIPO Case No D 2001/0074 – ode.com; WIPO Case No D 2001/0101 – e-mortage.com; WIPO Case No D 2 002/0943 – Ezcommerce.com; WIPO Case No D 2001/1228 – planetarysociety.com.
[406] *Faketrgheuer* D 2004 – 0871.
[407] Für Verwechselungsgefahr: Bayersucks.org, D 2002 – 1115; Berlitzsucks.com, D 2003 – 0465; keine Verwechselungsgefahr: fucknetzcape.com, D 2000 – 0918; Asdasucks.net. D 2002 – 0857.
[408] patbenatar.com, D2004-0001 gegen geerthofstede.com, D2003-0646.
[409] legal-and-general.com, D2002 – 1019 gegen Fadesa.net, D2001-0570.
[410] S die Entscheidung in Sachen Peter Frampton http://arbiter.wipo.int/domains/decisions/html/2002/d2002-0141.html.
[411] Geizhals.com, D 2005 – 0121.
[412] So etwa nicht im Falle als Grundlage für die Domain Madonna.com, D 2000 – 0847; ähnl Cebit.com, D 2003 – 0679.
[413] Okidataparts.com, D 2001 – 0903. Anderer Ansicht allerdings Talkabout.com, D 2000 – 0079.
[414] Porschebuy.com, D 2004 – 0481.
[415] Das Merkmal stammt aus dem US Cybersquatting Act 1999, Pub L No 106–133, § 3002 (a), 113 Stat 1501, 1537, der eine entsprechende Änderung von lit d § 43 Lanham Act vorsieht.
[416] Phoenix Mortgange Corp V Toggas D 2001 – 0101; Abnuela Company LLC v Arisu Tech, FA0808001222449, NAF 21 October 2008.

(I) circumstances indicating that you have registered or you have acquired the domain name primarily for the purpose of selling, renting, or otherwise transferring the domain name registration to the complainant who is the owner of the trademark or service mark or to a competitor of that complainant, for valuable consideration in excess of your documented out-of-pocket costs directly related to the domain name; or
(II) you have registered the domain name in order to prevent the owner of the trademark or service mark from reflecting the mark in a corresponding domain name, provided that you have engaged in a pattern of such conduct; or
(III) you have registered the domain name primarily for the purpose of disrupting the business of a competitor; or
(IV) by using the domain name, you have intentionally attempted to attract, for commercial gain, Internet users to your web site or other on-line location, by creating a likelihood of confusion with the complainant's mark as to the source, sponsorship, affiliation, or endorsement of your web site or location or of a product or service on your web site or location."

162 Diese Liste denkbarer „bad faith"-Fälle ist nicht abschließend („in particular but without limitation"). Im Laufe der Zeit hat sich gerade im Bereich der WIPO eine eigene Judikatur entwickelt, die weitere Fälle von „bad faith" herausgearbeitet hat. An der Bösgläubigkeit soll es fehlen, wenn andere legitime Benutzungsmöglichkeiten denkbar sind. Dies gilt etwa bei generischen Begriffsinhalten.417 Kritiker werfen der WIPO allerdings vor, dass zu schnell ein „bad faith" zu Gunsten des Beschwerdeführers bejaht werde.418

163 Weiß die Beschwerdeführerin bei Einreichung der Beschwerde, dass sie keine besseren Rechte gegenüber dem Beschwerdegegner geltend machen kann, dass die Beschwerde auch sonst offensichtlich unbegründet ist, kann der Beschwerdegegner gem § 15 (e) UDRP Feststellung beantragen, dass es sich bei der Beschwerde um einen Versuch des **Reverse Domain Name Hijacking** handelt.419

§ 5
Streitschlichtung rund um die EU-Domain

164 Als Zeichen für die Identität des europäischen Wirtschaftsraums hat die europäische Kommission schon seit Ende der 90er Jahre über die Einführung einer eigenen „.eu" TLD nachgedacht. Im Jahre 2002 war es dann so weit. Verabschiedet wurden die Verordnung (EG) Nr 733/2002 des europäischen Parlaments und des Rates vom 22.4.2002 zur Einführung der Domain oberster Stufe „.eu" sowie die weitere Verordnung (EG) Nr 874/2004 vom 28.4.2004 der Kommission mit allgemeinen Regeln für die Durchführung und die Funktionen der „.eu" TLD.420 Aufgrund der Rahmenverordnung des Parlamentes wurde nach einer Ausschreibung ein Registrar bestellt. Als Registrierungsorganisation tritt EURid auf, eine gemeinnützige Organisation mit Sitz in Diegem (Belgien). Im April 2005 wurde die Zuständigkeit für die Streitschlich-

---

417 Zeit.com, D 2005 – 0725.
418 S http://www.icannot.org und http://www.icannwatch.org.
419 S WIPO Case No. D 2006/0855 – Trailblazer.com.
420 Amtsblatt Nr L162 v 30.4.2004, 40. Zu weiteren Richtlinien und Vorgaben für die .eu-Domain siehe http://europa.eu.int/information_society/policy/doteu/background/index_en.htm.

Kapitel 8 Rechtsprobleme beim Erwerb von Domains

tungsverfahren in diesem Bereich an die Landwirtschaftskammer der Tschechischen Republik (Tschechisches Schiedsgericht) übertragen. In der Zwischenzeit existieren mehr als zwei Millionen aktive Domains mit der .eu-Kennung. Der tschechische Schiedsgerichtshof kann auf mehr als zweihundert Entscheidungen zurückblicken.

165 In der ersten Phase der Entscheidungspraxis ging es vornehmlich um Auseinandersetzungen zwischen Markenrechtsinhabern und EURid im Hinblick auf die ordnungsgemäße Durchführung des Sunrise- und des weiteren Registrierungsverfahrens. Diese Streitigkeiten haben dann sehr schnell an Bedeutung verloren. Heute wird im Wesentlichen direkt zwischen Markenrechtsinhaber und Domaininhaber gestritten, insb im Hinblick auf die Missbräuchlichkeit einer Domaineintragung. Wichtig ist, dass die Inhaber des Schutzrechts außerhalb der europäischen Union nicht beschwerdeberechtigt sind; sie können nur auf den staatlichen Rechtsweg verwiesen werden. Es erfolgt insofern keine volle Prüfung der Verwechslungsgefahr im markenrechtlichen Sinne, sondern nur ein Vergleich der Zeichenähnlichkeit zwischen Marke und Domainname. Hierzu muss nach Art 22 Abs 1 der Grundregeln jemand vortragen, dass „eine Domainregistrierung spekulativ oder missbräuchlich iSv Art 21 der Verordnung" ist.

166 Im Einzelnen ist dazu vorzutragen, dass die Domain verwechslungsfähig in Bezug auf einen geschützten Namen sei. Das Verfahren setzt voraus, dass ein Recht iSv Art 10 der Verordnung nach nationalem oder Gemeinschaftsrecht an einem Namen anerkannt ist und der Domainname mit diesem identisch ist oder ihm verwirrend ähnelt. Die Endung .eu wird dabei ebenso wenig berücksichtigt[421] wie Sonderzeichen[422]. Das Verfahren unterscheidet sich also insofern auch von der UDRP, als nicht nur ein Warenzeichen/eine Marke Gegenstand des Verfahrens sein kann. Vielmehr reicht jeder nach nationalem Recht geschützter Name als Schutzgegenstand aus. Eine Domain als solche gibt aber noch kein Namensrecht, allenfalls über die jeweiligen Grundregeln für nicht eingetragene Marken. Probleme gibt es auch bei den Namen von Städten, da einzelne EU-Mitgliedstaaten diese Städtenamen nicht schützen. Dies gilt zum Beispiel in Schweden und Finnland. Hier haben dann einzelne Schiedsrichter unterschiedlich entschieden, als zum Beispiel die Städte Stockholm und Helsinki die Verwendung ihres Städtenamens in einer EU-Domain gerügt haben. In Bezug auf Stockholm war man der Auffassung, dass eine Beschwerde keine Aussicht auf Erfolg hat, wenn nach schwedischem Recht kein Rechtsschutz für Städtenamen besteht. Anders entschied der Schiedsrichter in Sachen Helsinki, wo aus der Regelung für Sunrise-Bevorrechtigte die Konsequenz gezogen wird, dass man Städtenamen losgelöst von nationalem Recht einen Schutz nicht verwehren dürfe. Einig sind sich die Schiedsrichter, dass die Top-Level-Domain „.eu" nicht bei der Betrachtung der Ähnlichkeit von Domain und Namen einbezogen werden muss. Auch die manchmal verwendeten Sonderzeichen fließen in die Betrachtung der Verwechslungsgefahr nicht ein. Als schwierig erwies es sich, dass nicht klar ist, ob das geltend gemachte Recht von jedermann zu einer Beschwerde genutzt werden kann. Der Wortlaut der Grundregeln lässt es eigentlich zu, dass eine Popularklage mit Berufung auch auf Kennzeichenrechte eines Dritten erfolgen kann.[423] Andere Schiedsrichter verwiesen zu Recht darauf, dass eine Popularklage mit dem Sinn und Zweck des Verfahrens, insb im Hinblick auf eine Übertragung der Domain, nicht zu rechtfertigen sei. Falsch gelöst wurde der Fall der Gleichnamigkeit in einer Entscheidung zu Wüstenrot.eu.[424] Hier hatte die Gemeinde

---

[421] S c-283 Lastminute; c-1959-LOT; c-453 (Web); c-227 (Kunst); c-1693-Gastojobs; c-2035 Waremahr.
[422] S dazu c-453-Web; c-2733-Hotel-Adlon.
[423] So auch die Auslegung in dem Fall 0717ARZT.
[424] Fall 00120.

Wüstenrot als erste den Domainnamen erhalten und wurde von der großen Bausparkasse Wüstenrot verklagt. Der Schiedsrichter war der Auffassung, dass hier die Gemeinde der viel bekannteren Beschwerdeführerin weichen müsse. Dabei verkennt er, dass die Gemeinde selbst auf ein eigenes Namensrecht verweisen kann und die in Deutschland bekannte Shell-Rechtsprechung zum Vorrang bekannter Namen wohl nicht auf den Konflikt mit einer Gemeinde übertragen werden kann.[425]

Anders als die UDRP schützt die EU-Domain den Kennzeichenrechtsinhaber in zwei alternativen Fällen. Er kann zum einen vortragen, dass der Domaininhaber kein berechtigtes Interesse bzw kein eigenes Recht an der Domain habe. Er kann aber auch alternativ darauf verweisen, dass die Domainregistrierung bösgläubig gewesen sei. Im Rahmen der UDRP werden beide Dinge additiv geprüft. Bei der Frage des bestehenden Rechtes oder Schutzinteresses stritten die Schiedsrichter darüber, ob bereits die Eintragung einer Benelux-Marke ausreiche, um ein eigenes Schutzrecht zu bejahen. Dies wurde in einigen Fällen angenommen, insb in der berühmten Last-Minute-Entscheidung.[426] Andere Schiedsrichter verwiesen darauf, dass die entsprechende Marke dann auch im Webauftritt genutzt werden müsse; im Falle einer Nichtbenutzung der Domain scheide die Annahme eines berechtigten Interesses aus.[427] Als Benutzung soll der bloße Verweis auf eine Web-Baustelle „under construction" nicht ausreichen.[428] Vielmehr soll es erforderlich sein, unter der Domain Grafiken und Texte integriert zu haben.[429] Die Beweislast für das Fehlen eines berechtigten Interesses oder Rechts trägt – entgegen dem Wortlaut der Grundregeln – der Beschwerdeführer. Angesichts der Tatsache, dass es sich um negative Tatsachen handelt, soll er jedoch nur eine Pflicht zur Prüfung der denkbaren Schutzinteressen der Gegenseite in Bezug auf offensichtliche Umstände haben.

167

Im Fall Lastminute.eu hatte der Domaininhaber eine deutsche nationale Marke für Lacke für gewerbliche Zwecke eintragen lassen und auf dieser Grundlage die entsprechende Domain bekommen. Er hatte auf diese Weise zusätzlich Zugriff auf 55 weitere aus generischen Zeichen bestehende EU-Namen besorgt. Aus der Sicht des Schiedsgerichts[430] und später auch des OLG Düsseldorf[431] konnte man nicht nachweisen, dass hier eine bösgläubige Markenanmeldung beabsichtigt gewesen ist. Allein die Markenanmeldung mit dem Ziel der Registrierung des Domainnamens reiche noch nicht aus für Bösgläubigkeit. Eine Behinderungsabsicht könne nicht nachgewiesen werden. Es könne auch nicht als rechtswidrig angesehen werden, wenn jemand einen Gattungsbegriff auf diese Weise als Domainnamen registrieren lasse. Nach den in Art 21 Abs 3 der Verordnung (EG) Nr 874/2004 aufgeführten Beispielsfälle liegt ein böser Glaube insb vor, wenn

168

   a) aus den Umständen ersichtlich wird, dass der Domainname hauptsächlich registriert wurde, um diesen an den Rechtsinhaber zu verkaufen, zu vermieten oder anderweitig zu übertragen,
   b) der Domainname registriert wurde, um zu verhindern, dass der Inhaber eines Rechts an dem Namen diesen verwenden kann, oder
   c) der Domainname hauptsächlich registriert wurde, um die berufliche oder geschäftliche Tätigkeit eines Wettbewerbers zu stören, sowie wenn
   d) der Domainname absichtlich benutzt wird, um Internetnutzer aus Gewinnstreben auf eine Webseite zu locken, oder

---

[425] S dazu auch *Nitzel* MMR 2006 Heft 9, XIII.
[426] S dazu auch 01196-Memorx sowie XXX – Reifen.
[427] 01959-LOT.
[428] 0910-Reifen.
[429] 0052-JAGA.
[430] Ähnl Reifen.eu c-910 und Memorx.eu für eine Beneluxmarke.
[431] OLG Düsseldorf MMR 2008, 107.

e) der Domainname der Name einer Person ist und keine Verbindung zwischen dem Domaininhaber und dem registrierten Domainnamen nachgewiesen werden kann.

169 Es reiche aus, dass der Domainname registriert worden sei, um ihn an irgendeinen Rechteinhaber zu übertragen.[432] Als Zeichen für die Verhinderungsabsicht wurde angesehen, wenn ein Domaininhaber mehrere Domainnamen mit klarem Bezug zu Marken Dritter aufweist und die entsprechende streitgegenständliche Marke hinter der Domain gar nicht benutzt wird.[433]

170 Bei der Frage der Bösgläubigkeit wird ebenfalls darum gestritten, ob der Erwerb einer Benelux-Marke ohne entsprechende Nutzung als bösgläubig angesehen werden kann.[434] Anders als bei der UDRP führt jede Verkaufs-, Vermietungs- oder Übertragungsabsicht gegen Entgelt einen Dritten zur Vermutung der Bösgläubigkeit. Es ist nicht mehr entscheidend, ob der Domaininhaber einen entsprechenden Verkauf an den Markenrechtsinhaber selbst plant. Nach einem Zeitraum von zwei Jahren der Nichtbenutzung besteht eine unwiderlegbare Fiktion für die Bösgläubigkeit. Nutzt jemand eine Domain trotz bestehenden eigenen Rechts oder berechtigten Interesses über diesen langen Zeitraum nicht, soll der Markenrechtsinhaber die Chance haben, die Domainübertragung wegen Bösgläubigkeit zu beantragen. Schwierig zu behandeln ist der ebenfalls in den Grundregeln genannte Fall, dass der Domaininhaber vor Beginn des Streitschlichtungsverfahrens eine Benutzungsabsicht bekannt gibt und trotzdem die Benutzung nicht binnen sechs Monaten vornimmt. Eine solche fehlende Benutzung kann in laufenden ADR-Verfahren kaum geltend gemacht werden. Man wird hier das ADR-Verfahren aussetzen müssen, um dann nach Ablauf der sechs Monate wieder neu in die Prüfung einzusteigen. Gibt der Beschwerdegner etwa bei einer Verhandlung beim Handelsgericht Wien zu, dass er Rechtsverletzer ist, kann dies auch im Streitschlichtungsverfahren gewürdigt werden.[435] Bei Gleichnamigkeit zählt der Grundsatz „Wer zu erst kommt, mahlt zu erst".[436] Als berechtigtes Interesse angesehen wurde zum Beispiel die Gründung von Beschwerdeforen oder ein tatsächlich existierender Fanclub für einen Fußballverein.[437] Der Kennzeichenrechtsinhaber muss sein eigenes Recht klar nachweisen und wird bei diffusem Vortrag zu Recht abgewiesen.[438] Der 92. Verwaltungsbezirk in Frankreich hat keine eigenen Rechte an der Bezeichnung 92.eu, die sich ein pfiffiger estnischer Dichter mit Verweis auf den Titelschutz für ein sehr eigenartiges, in Estland veröffentlichtes Gedicht hat sichern lassen.

171 Der EuGH stellte mit der Entscheidung in der Sache reifen.eu klar, dass die Auflistung der Bösgläubigkeitsfälle in Art 21 Abs 3 VO (EG) 874/2004 nicht abschließend ist.[439] So muss die Beurteilung des nationalen Gerichts vielmehr aufgrund einer umfassenden Würdigung der Umstände erfolgen. Dabei ist nach Auffassung des Gerichts insb zu berücksichtigen, ob der Markeninhaber beabsichtige, die Marke auf dem Markt zu benutzen, für den Schutz beantragt wurde, und ob die Marke so gestaltet wurde, dass eine Gattungsbezeichnung kaschiert wurde. Bösgläubigkeit könne darüber hinaus durch die Registrierung einer Vielzahl vergleichbarer Marken, sowie ihrer Eintragung kurz vor Beginn der ersten Phase für die Registrierung von EU-Domains indiziert werden.[440]

---

[432] KSB-c1584.
[433] LOT-c1959. Reifen ist auch veröffentlicht in GRUR Int 2006, 947.
[434] Dagegen 00283-Lastminute.
[435] NGRAM.
[436] Alpha.
[437] Panathinaikos FC.
[438] LABRADA.
[439] EuGH MMR 2010, 538 – reifen.eu.
[440] EuGH MMR 2010, 538 – reifen.eu.

Zusammen mit 33 anderen, aus Gattungsbegriffen bestehenden Marken hatte die Klägerin die Marke &R&E&I&F&E&N& für Sicherheitsgurte angemeldet. Dabei fügte sie jeweils das Sonderzeichen „&" vor und nach jedem Buchstaben ein. Die Klägerin beabsichtigte nicht, die Marke &R&E&I&F&E&N& für Sicherheitsgurte tatsächlich zu benutzen. In der ersten Phase der gestaffelten Registrierung ließ sie auf der Grundlage der Marke &R&E&I&F&E&N& die Domain „reifen.eu" registrieren, da nach den in der VO Nr 874/2004 vorgesehenen Übertragungsregeln Sonderzeichen entfernt wurden. Sie plante unter der Domain reifen.eu ein Portal für Reifenhändler aufzubauen. Zudem ließ die Klägerin die Wortmarke kurz vor Beginn der ersten Phase der gestaffelten Registrierung der Top-Level-Domain „.eu" eintragen. Somit erfolgte die Registrierung der Domain reifen.eu für die Klägerin bösgläubig iSv Art 21 Abs 1 lit b VO (EG) 874/2004, obwohl keine der beispielhaften Tatbestandsalternativen des Art 21 Abs 3 erfüllt war.[441] **172**

Die Registrierung und der Betrieb der „.eu" TLD wird insgesamt als zufriedenstellend eingestuft, wie die europäische Kommission im Rahmen einer Evaluation festgestellt hat.[442] Allerdings ist hier nicht alles Gold, was glänzt. Die Sunrise-Registrierungen waren sehr stark dadurch belastet, dass Provider aus Zypern und Lettland das Verfahren zu ihren Gunsten missbraucht haben. Insb wurde versucht, durch die Eintragung von Scheinmarken im Schnellverfahren an eine bevorrechtigte Position für die Eintragung von Domains zu kommen. Auch fiel auf, dass bei dem Wettlauf um die schnelle Registrierung die genannten zypriotischen und lettischen Provider fast immer den Sieg errungen haben. Dabei kam diesen exotischen Providern zugute, dass nach Art 22 Abs 4 der Grundregeln das alternative Streitbeilegungsverfahren in der Sprache des Registrierungsvertrags durchzuführen war; insofern führten Beschwerden gegen die genannte Praxis immer zu Verfahren in zypriotischer oder lettischer Verfahrenssprache. Neben der Streitschlichtung besteht immer noch die Möglichkeit staatliche Gerichte anzurufen, da die Streitschlichtung als solche nicht zu einer Rechtshängigkeit des Verfahrens führt. Insb können die Parteien auch nach Erlass der Entscheidung an einem Gericht der staatlichen Gerichtsbarkeit ein Verfahren einleiten; erfolgt die Einleitung dieses Verfahrens innerhalb einer Frist von 30 Kalendertagen wird die Bindungswirkung der Streitschlichtungsentscheidung beseitigt (Art 22 Abs 12). Erstaunlich ist, dass die materiellen Bestimmungen des Art 21 auch von den staatlichen Gerichten anzuwenden sein sollen.[443] Art 21 soll auf diese Weise ein eigenständiges EU-Domainrecht etablieren. Allerdings stellt sich hier die Frage, auf welcher europarechtlichen Grundlage dies geschieht. Die genannte Verordnung ist im europarechtlichen Sinne keine Verordnung, da sie nur von der europäischen Kommission verabschiedet worden ist; es fehlt für eine Verordnung im materiellen rechtlichen Sinne die Einhaltung des Verfahrens unter Einbindung des Europäischen Parlamentes. **173**

---

[441] EuGH MMR 2010, 538 – reifen.eu.
[442] Mitteilung der Kommission an das Europäische Parlament und an den Rat. Bericht über die Implementierung, Betrieb und Effektivität der „.eu" TLD v 6.7.2007 – KON (2007) 385.
[443] S dazu auch *Schafft* GRUR 2004, 9869, 989; *Jäger-Lenz* WRP 2005, 1234 ff.

Stichwortverzeichnis

Die fetten Zahlen verweisen auf die Kapitel, die mageren Zahlen verweisen auf die Randnummern

Abgrenzungsvereinbarungen **2** 158
Abmahnung **1** 158
Absatzbehinderung **1** 96
Absatzförderungsabsicht **4** 77
Absatzwerbung **4** 5
Absicherung, wissenschaftliche **4** 135
Absprachen **2** 295
Abzeichen **5** 61
Adressvergabe **8** 1, 24
Adword **5** 72
Adword-Anzeige **1** 96
Adword-Werbung **1** 120
Ähnlichkeit im Bedeutungsgehalt **5** 93
Ähnlichkeit, begriffliche **5** 93
Ähnlichkeit, bildliche **5** 90
Ähnlichkeit, klangliche **5** 88
Aktivitäten, kommerzielle **3** 44
Alleinstellungswerbung **1** 114
Allianzen **2** 235
Amtssprachen **5** 167
Angabe, nährwertbezogene **4** 120
Angaben, gesundheitsbezogene **4** 112, 122
Angaben, krankheitsbezogene **4** 3
Angaben, mehrdeutige und unklare **1** 111
Angaben, unwahre **1** 108
Angstwerbung **4** 100
Ankündigungsrecht **8** 62
Anmeldegebühr **5** 167, 170
Anmeldung, rechtsmissbräuchlich **5** 60
Anmeldung, sittenwidrig **5** 60
Anschwärzung **1** 85
Ansprechen in der Öffentlichkeit **1** 138
Anstifter **1** 171
Anzeige **1** 70
Anzeigenmärkte **2** 123
Appelle, soziale **3** 71
Arzneimittel **4** 3, 16
Arzneimittel, homöopathische **4** 60
Arzneimittel, verschreibungspflichtige **4** 83
Arzneimittelwerbung **3** 16
Ärzte **4** 82
Aufgreifkriterien **2** 43
Auflagen-Anzeigen-Spirale **2** 107
Auflagenhöhe **1** 117
Auftragsproduktion **3** 49, 100

Auftragsproduzenten **3** 59
Ausbeutungsmissbrauch **2** 62, 209
Ausgestaltung **3** 51
Ausgestaltungsgesetze **3** 50
Ausnutzung oder Beeinträchtigung der Wertschätzung **5** 120
Äußerung Dritter **1** 115
Äußerung **3** 64
Ausstatterhinweis **3** 117
Autonomie der Medien **3** 39
AVMDR **3** 17

B2B-Marktplätze **2** 291
Bacardi-Fall **3** 107
Bagatellklausel **2** 74
Bandenwerbung **3** 64, 92
Bartering **3** 83
Beauftragte **3** 61
Bedarfsmarktkonzept **2** 59, 136
Beeinflussungsverbot **3** 10, 54, 119, 149
Beendigung des Markenrechts **5** 160
Begleitmaterial **3** 78
Begriff der Reihe, werbetechnischer **3** 145
Behinderungsmissbrauch **2** 62
Beiträge im Dienst der Öffentlichkeit, unentgeltliche **3** 71
Beiträge, redaktionelle **4** 6
Bekanntheit, notorische **5** 65
Bekanntheitsschutz **5** 68, 115
Belästigung, unzumutbare **1** 135
Benutzung des Werktitels **6** 15
Benutzung im geschäftlichen Verkehr **5** 69
Benutzung, rechtserhaltende **5** 146
Berichterstattung auf Internetseiten, redaktionelle **1** 72
Berichterstattung, freie **4** 6
Beschleunigungsgebühr **5** 170
Beschränkung der Werbung für Medikamente und Heilmittel in § 4 HWG **3** 138
Beseitigung **1** 152
Beseitigungsanspruch **8** 108
Bestandteile, aufgrund prägender **5** 97
Beteiligte **3** 58
Betriebsausgabe **3** 112
Bezeichnungen, fremdsprachliche **4** 99
Bezeichnungen, geschäftliche **5** 175

473

Stichwortverzeichnis

Bildmarken 5 52
Bildmarken, kombinierte 5 51
BKartA 2 169
BMF-Schreiben 3 112
Botschaften, ideelle 3 68
Boykott 1 98
Bruttolänge 3 144
Bruttoprinzip 3 146
Bücher 2 121, 175
Buchpreisbindung 2 78
Bündelung von Angebots- und Nachfragemacht 2 298

Closer 3 147
Computerprogramme 2 328
Cross-Promotion 3 45
Cyber Squatting 8 49

Darstellbarkeit, grafische 5 28
Darstellungen, bildliche 4 94
Datenbanken 2 127
Datenschutzrichtlinie für elektronische Kommunikation 1 20
Datenübertragung 2 349
Dauerwerbesendungen 3 132
Definitionen, gesetzliche 3 15
de-minimis-Schwelle 3 125
DENIC 8 20, 117, 122, 142
Dienstleistungen 3 82
Digital Rights Management-Systeme 2 248
Direct-Response-Anbieter 3 4
Disclaimer 8 36
Diskriminierung 2 348
Diskriminierungsverbot 2 69, 348
Dispute-Eintrag 8 24, 89, 105, 116
Dispute-Verfahren 8 18
Distributionsmärkte 2 99
Domain Name Trafficking 8 49
Domain-Grabbing 8 86, 109
Domainrecherche 8 27
Domains 5 216
Domain-Sharing 2 336
Domain-Vergabe 8 25
Doppelsponsoring 3 115
DPMA 5 170
DRM-Techniken 2 346, 347
DR-TV 3 5
Dual Pricing 2 288
Duopol 2 197
Durchführungsverordnung zur GMV 5 14

Ebene, europarechtliche 3 57
Effizienzverlust 2 57
Eigenproduktion 3 49, 100

Eigenschaftsvergleich 1 125
Eigenwerbung 3 75
Einfluss, unsachlicher 1 58
Eingreifkriterien 2 52, 170
Eingriff 3 51
Eingriffsgesetze 3 50
Einkaufsgemeinschaft 2 298
Einspeisemarkt 2 184
Eintragungshindernis, bösgläubige Markenanmeldung 5 60
Eintragungshindernis, Fehlen der Unterscheidungskraft 5 49
Eintragungshindernis, merkmalsbeschreibende Angaben 5 44
Eintragungshindernis, übliche Bezeichnungen 5 47
Eintragungshindernisse hinsichtlich der Form 5 59
Eintragungshindernisse, absolute 5 32
Eintragungshindernisse, relative 5 63
Eintragungsverfahren 5 166
Einwilligung durch vorformulierte Erklärungen 1 145
Einwilligung 1 144
Embleme 5 61
Endkundenmarkt 2 183
Entgeltlichkeit 3 74
Entscheidungsfreiheit des Verbrauchers 3 36, 130
Entstehung des Markenrechts 5 21
Entstehung des Rechts an einem Unternehmenskennzeichen 5 176
Entstehung des Titelschutzes 5 187
Erinnerungswerbung 4 54
Erkennbarkeit 3 34
Erkennbarkeitsgebot 3 10, 33, 119, 128
Ersatzteil 5 135
Erschöpfung 2 153; 5 139
essential facility-Doktrin 2 7, 207, 218, 219, 220, 222, 223, 224, 232, 323, 327
essential facility-Rechtsprechung 2 332
Eu Domain 8 11, 12, 13
Eventsponsoring 3 114

Fachkreise 4 4
Fachliteratur 2 120
Familiensendungen 3 136
Feedback-Effekt, positiver 2 242
Fernsehen 2 181
Fernsehwerbemarkt 2 142, 205
Fernsehwerbung 3 63
Finanzierungsquelle 3 42, 43
Funktion von Kennzeichenrechten 5 2
Funktionsarzneimittel 4 20
Fusionskontrolle 2 39, 166, 290

Stichwortverzeichnis

Gameshow 3 117
Garantiefunktion 5 3
Gattungsbegriff 8 24, 63, 67, 71, 74, 172
Gattungsbezeichnung 5 162
Gebietsbezeichnung 8 98
Gegenstände, geringwertige 4 65
Geheimwettbewerb 2 296
Gehilfe 1 171
Gemeinschaftsmarken 5 167
Gemeinschaftsmarkenverordnung 5 14
Generalklausel, lauterkeitsrechtliche 1 38
Generic Placement 3 87
Genesungsbescheinigung 4 104
Gepflogenheiten in Gewerbe und Handel, anerkannte 5 137
Geschäftsbezeichnungen 4 165
Geschäftsverweigerung 2 216
Gesetzgebungsgeschichte 3 27
Getränke, alkoholische 4 130
Gewährzeichen 5 61
Gewinnabschöpfung 1 155
Gewinnspiel 1 75, 81, 82
Glücksspiel 1 47
Grad der Integration 3 6
Grundrechtskollision 3 48
Gruppenfreistellungsverordnung 2 34, 146, 300
Gutachten 4 43
Gütezeichen 1 45
GVO-Vertikal 2 37, 285

HABM 5 165, 168
Handelsnamen 5 132
Handlung, geschäftliche 1 31
Harmonisierungsamt für den Binnenmarkt 5 167
Haustürwerbung 1 137
Health Claims VO 4 111
Heilmittel 4 3
Heilmittelwerberecht 4 3
Herabsetzung 1 83, 129
Herkunftsangaben mit besonderem Ruf 5 230
Herkunftsangaben, einfache 5 230
Herkunftsangaben, geografische 5 228
Herkunftsangaben, qualifizierte 5 230
Herkunftsfunktion 5 3, 44, 71
Herkunftslandprinzip 1 15
Hoheitszeichen, amtliche 5 61
Horatius-Formel 8 145
Hörbücher 2 129
Hörfunk 3 19

Identitätsschutz 5 68, 76
Imagewerbung 4 5
Imitation 2 9

Immaterialgüterrechte 2 147
Immaterialgüterrechte, unentbehrliche 2 207
Indizien 3 89
Informationsaustausch 2 295
Infrastruktureinrichtungen 2 67
Ingebrauchnahme, titelmäßige 5 191
Innovation 2 3, 9
Innovationswettbewerb 2 329
Internationalisierung des Wettbewerbsrechts 2 70
Internetmärkte 2 247
Internetökonomie 2 233, 236, 238
Internet-Plattformen 2 258; 5 70
Internetvertrieb 2 287
Internetwerbung 4 52
Internetzugangsmärkte 2 253, 269
Interoperabilität 2 326
Interstitial 1 140
Inverkehrbringen der Ware 5 142
Inverkehrbringen 6 17
Investitionen 2 3
Investitionsfunktion 5 4
IPTV 2 111
Irreführung durch Unterlassung 1 118
Irreführung durch Werbung 3 137
Irreführung 3 93

Kampf um Aufmerksamkeit 3 127
Kampfpreisunterbietung 2 214
Kartellverbot 2 27
Kaufaufforderungen, direkte 3 139
Kausalität 3 125
Kennzeichen 5 20
Kennzeichen, täuschende 5 163
Kennzeichenbegriff 5 2
Kennzeichenrecht 5 1
Kennzeichnungsgebot 3 10, 33, 119
Kennzeichnungskraft 5 82, 84; 6 34
Kernbeschränkung 2 29, 152
Keyword 1 96; 5 72
Kinder 1 52, 59; 3 139
Kindersendung 3 136
Kommission zur Ermittlung der Konzentration im Medienbereich 2 169
Kommunikationsfunktion 5 4
Kommunikationsmittel, elektronische 1 148
Kompatibilität 2 8, 344, 345, 347
Komplementärprodukte 2 242
Konditionenmissbrauch 2 63
Konferenz der Direktoren der Landesmedienanstalten 2 169
Konkurrenz 3 151
Konnexität 3 91
Konsumentenbefragung 4 104
Konvergenz der Medien 2 115

475

Stichwortverzeichnis

Konvergenz 2 8, 267
Kooperationen 2 235
Kopplung 2 63, 212, 320
Koproduktion 3 49, 101
Krankengeschichten 4 92
Kurzsendungen 3 148

Landesmediengesetze 3 20
Landesrundfunkgesetze 3 20
Laufbandwerbung 3 134
Lauterkeitsschutz 5 120
Legalausnahme 2 300
Leistungswettbewerb 2 3, 37, 206
Leitdifferenz 3 123
Lesermärkte 2 123
leverage 2 222
leveraging 2 250
Liste, schwarze 1 42
Literatur, schöngeistige 2 128
Lizenzgebühren 2 211
Lizenzierung 2 206
Lizenzverträge 2 39, 148
Lock-In-Effekt 2 240, 315, 342, 346
Logo 7 1, 46
Löschungsanspruch 8 108, 109, 120, 139

Machtzuwachs, externer 2 166
Madrider Markenabkommen 5 10
Mainzelmännchen 3 141
Marke, bekannte 5 117
Marken 4 165
Markenanmeldung zu Spekulationszwecken 5 60
Markenartikel 2 287
Markenfähigkeit 5 24
Markengesetz 5 15
Markenrechts-RL 5 13
Markenschutz durch Eintragung 5 23
Markenschutz ohne Eintragung 5 65
Markenverordnung 5 15
Markenwörter, fremdsprachige 5 39
Markt für Bildbearbeitungssoftware 2 312
Markt für Breitbandinhalte 2 261, 265
Markt für die Bereitstellung von Top-Level-Verbindungen 2 256
Markt für die Herstellung von Websites 2 261, 264, 273
Markt für Fernsehwerbung 2 188
Markt für Free-TV 2 141
Markt für Internetportale 2 261, 263, 273
Markt für Internetwerbung 2 261, 262
Markt für Internetzugangsdienste 2 305, 307
Markt für Internetzugangsdienstleistungen 2 255
Markt für kostenpflichtige Inhalte 2 307

Markt für Musikabspiel-Software 2 304
Markt für Online-Computer-Spiele 2 261, 266
Markt für Online-Musik 2 279
Markt für Suchmaschinen 2 261
Markt für Vektorgrafiksoftware 2 313
Markt für Webdesign-Software 2 311
Markt, nachgelagerter 2 325
Markt, räumlich relevanter 2 26
Markt, regionaler 2 272
Markt, sachlich relevanter 2 24, 26
Marktabgrenzung 2 4, 22, 247
Marktabgrenzung nach Musikgenres 2 131
Marktabgrenzung, räumliche 2 268
Marktabgrenzung, sachliche 2 249
Marktabschottung 2 159, 321
Marktdefinition 2 137
Märkte für B2B-Marktplätze 2 258, 271
Märkte für bespielte Tonträger 2 194
Märkte für Internetinhalte 2 261, 273
Märkte, hybride 2 236
Märkte, medienrelevante verwandte 2 203
Marktinformationssysteme 2 296
Marktmacht 2 4
Marktmachtkonzept 2 59
Marktstrukturmissbrauch 2 62
Marktzutrittsschranken 2 149, 342
Mäzenatentum 3 111
Medien, audiovisuelle 4 51
Medien, soziale 1 66
Medienautonomie 3 41
Medienkonzentrationskontrolle 2 15, 16
Medienmacht, ökonomische 2 11, 14
Medienvertrieb 2 145
Medikamente 3 102
Medizinprodukte 4 3
Meinung, publizistische 2 11
Meinungsäußerungen 3 46
Meinungsbildung, pluralistische 2 14
Meinungsfragen 1 65
Meinungskampf 4 81
Meinungsmacht 2 168, 200
Meinungsmacht, vorherrschende 2 201, 203
Merkmalsangaben 5 133
Micro-Payment 2 307
Missbrauch einer marktbeherrschenden Stellung 2 57
Missbrauchsaufsicht 2 57
Missbrauchsverbot 2 65
Mitbewerber 1 160
Mitbewerberbehinderung 1 93
Mitteilungen, kommerzielle 4 117
Mobilfunkroaming 2 317
Monopol 2 82
Monopoltest, hypothetischer 2 24
Multimediawerbung 4 52

Stichwortverzeichnis

Multiplikationsregel 2 75
Münze, kleine 7 19
Musikplattformen 2 281
Musikproduktion 2 130, 192
Musikverlagswesen 2 130, 133
Musikvertrieb 2 130

Nachahmungsschutz 1 87
Nachrichten 3 152
Nährwertkennzeichnung 4 115, 138
Nährwertprofile 4 114, 127
Namen 5 209
Namen von Bühnenwerken 5 175
Namen von Druckschriften 5 175
Namen von Filmwerken 5 175
Namen von sonstigen vergleichbaren Werken 5 175
Namen von Tonwerken 5 175
Namensanmaßung 8 97, 99, 101, 103, 105, 137
Namensleugnung 8 99
Namensschutz, allgemeiner 8 91
Namensübertragung 8 111
Nebenabreden-Doktrin 2 150
Negativlisten 8 120
Nettolänge 3 144
Nettoprinzip 3 146
Netzeffekt 2 239, 242
Netzeffekt, direkter 2 239
Netzeffekt, indirekter 2 239
Netz-Effekte 2 315
Netzeffekte 2 329, 334
Netzneutralität 2 349, 350, 351, 352, 353, 354, 355
Nichtbenutzung 5 162
Nichtverlängerung 5 160
Nizzaer Klassifikation 5 11

One-Stop-Shop 2 45
Online-Handelsplattformen 2 243
Online-Musik 2 251, 303
Online-Musikmarkt 2 194
Online-Produkte 2 275, 276
Opener 3 147
Opt-Out-Klausel 1 455
Opt-Out-Regelung 1 149

Packungsbeilage 4 10
Pariser Verbandübereinkunft 5 9
Patentkostengesetz 5 15
Patentrechte 2 206
Pay-TV 2 140, 141
Personen, juristische 5 132
Personen, natürliche 5 132
Pflichtangaben 4 15, 46

Pioniergewinne 2 6
Plattformen, digitale 2 159
Plattformen, elektronische 2 127
Plattformregulierung 2 111
Pop-Up-Fenster 1 140
Prägelehre 5 98
Präsentationsarzneimittel 4 18
predatory pricing 2 214
Preisausschreiben 1 48, 81; 4 62
Preisbindung 2 77
Preisdruck, zweifacher 2 318
Preis-Kosten-Schere 2 215, 318
Preismissbrauch 2 63, 316
Preisrätsel 1 75
Preisunterbietung, gezielte 2 214
Presse 2 178
Pressemitteilung 4 5
Pressezusammenschlusskontrolle 2 166
Prioritätsprinzip 5 16
Product Placement 3 8, 126
Produktähnlichkeit 5 111
Produktbewertungen 1 66
Produkte 3 82
Produkte, digitalisierte 2 251
Produkte, hybride 2 275, 278
Produkthilfe 3 98
Produktidentität 5 78
Produktinformationen 4 6
Produktionshilfe, unentgeltliche 3 97
Produktplatzierung 3 84, 92, 95, 117
Programmauszüge 3 80
Programmfreiheit 3 47
Programmgenres 3 144
Programmhinweise 3 80
Programmsponsoring 3 109
Programmteil 3 147
Promotion, crossmediale 2 197
Protokoll zum Madrider Markenabkommen 5 10
Prüfzeichen 5 61
Psychopharmaka 4 84
Publikum, maßgebliches 5 36

Qualitätsfunktion 5 3
Qualitätskennzeichen 1 45

Rabatte 4 62
RAND-Standard 2 206
Rechtsbruch 1 100
Reduktionsangaben 4 129
Regelbeispiel 3 27
Retail Internet Access Market 2 254
Rezipientenmärkte 2 99
Richtlinie über audiovisuelle Mediendienste 1 18

Stichwortverzeichnis

Richtlinie über elektronischen Geschäftsverkehr 1 17
Richtlinie über irreführende und vergleichende Werbung 1 16
Richtlinie über unlautere Geschäftspraktiken 1 21
RICK-Formel 8 144
Rom II-Verordnung 1 22
Rubrikensponsoring 3 148
Rufausbeutung 8 48
Rufausnutzung 1 128
Rufbeeinträchtigung 1 128
Rundfunk 2 139
Rundfunk, öffentlich-rechtlicher 3 44, 142
Rundfunkfusionskontrolle 2 166
Rundfunkmärkte 2 108
Rundfunkrecht 2 93, 97
Rundfunksystem, duales 2 12
Rundfunktmärkte 2 76
Rundfunkwerberecht 3 9, 16
Rundfunkwerbung 3 43

Sachleistungen 3 117
Sachpreise 3 117
Sanierungsfunktion 2 190
Schadensersatz 1 153
Schlafmittel 4 84
Schleichwerbung 3 23, 28
Schnittstellen-Information 2 326, 327, 345
Schranken des Markenrechts 5 129
Schutz für Signets und Logos, kennzeichenrechtlicher 7 16
Schutz, geschmacksmusterrechtlicher 7 25
Schutz, markenrechtlicher 7 8
Schutz, urheberrechtlicher 7 17
Schutz, wettbewerbsrechtlicher 7 36
Schutz, zivilrechtlicher 7 46
Schutzrechtshinterhalt 2 208
Schutzrechtsübertragungen 2 156
Schutzumfang eines Titels 6 34
Schwarzbilder 3 141
Schwellenwert 2 50
Selbstdarstellung 4 82
Selbstverpflichtungskataloge 3 20
Sendelandsprinzip 3 24
Sendetitel 3 118
Sendungen zum politischen Zeitgeschehen 3 152
Sendunternehmen, private 3 100
Sicherung der Meinungsvielfalt 2 14, 167
Signallieferungsmarkt 2 185
Signet 7 1, 46
Skaleneffekte 2 241
social sponsoring 4 62
Software 2 151

Sonderkennzeichnungspflichten 4 148
Sozialsponsoring 3 109
Spenden 3 112
Spendenaufruf zu Wohlfahrtszwecken 3 71
Spitzengruppenwerbung 1 114
Split Screen 3 134
Sponsorhinweis 3 114, 149
Sponsoring 3 14, 108, 148
Sponsor-Reminder 3 149
Sportübertragung 3 64
Spotwerbung 3 140
Sprachbarrieren 2 277
Spürbarkeit 2 30
SSNIP-Test 2 24
Staatsfreiheit 3 42
Stammbestandteil einer Zeichenserie 5 109
Standard 2 324, 326, 346
Standard, multilateraler 2 9
Standard, offener 2 338
Standard, proprietärer 2 338, 340, 342, 344
Standard, unilateraler 2 9
Standardisierung 2 207, 328, 338
Standardisierung, multilaterale 2 339
Standardisierung, unilaterale 2 339, 345
Standardmultilateraler 2 340
Standardsetzung, einseitige 2 9
Stellung, marktbeherrschende 2 61
Störer 3 58
Störerhaftung 1 170
Straßenkarneval 3 64
Streitschlichtung 8 150, 164
Streitwertberechnung 8 147
Subventionierung von Musik-Downloads 2 283
Suchmaschine 2 348; 5 72

Tabakprodukte 3 102
Taschenbücher 2 122, 176
Täterschaft 1 168
Technologie-GVO 2 284
Technologieneutralität 2 354
Technologietransfer-Gruppenfreistellungsverordnung 2 73
Technologietransfer-Vereinbarungen 2 73
Teilnehmer 1 171
Telefonwerbung 1 143
Telekommunikation 2 136
Telekommunikationsrecht 2 93, 94
Teleshopping 3 14
Teleshopping-Spots 3 5
Territorialisierung 2 280
Territorialitätsgrundsatz 5 19
Territorialprinzip 5 16
Testberichte 4 90
Themenplatzierung 3 127

Stichwortverzeichnis

Titel 6 2
Titelhamsterei 6 25
Titelschutz 6 2; 8 80, 133
Titelschutzanzeige 5 194; 6 20
Titelsponsoring 3 118
Tonträger 2 131
Transparenzgebot 1 80
Trennung 3 23, 34
Trennungsgebot 3 10, 119, 129
Trikotwerbung 3 124
TRIPs-Abkommen 5 8
Trusted Computing 2 343
TT-GVO 2 151, 152, 153

Übertragbarkeit des Titelschutzes 6 63
Übertragbarkeit von Marktmacht 2 233
Übertragungsrechte 2 162
Übertreibungen 1 113
UGP-RL 1 21
undue prominence 3 89
Unerfahrenheit, geschäftliche 1 59
Uniform Dispute Resolution Policy 8 150
Unterbrecherwerbung 3 13, 119
Unterbrechung von Sendungen 3 143
Untergang des Titelschutzes 5 208
Unterlassung 1 152
Unternehmensinhaber 1 173
Unternehmenskennzeichen 5 132, 176; 8 129, 130, 132, 136
Unterscheidungseignung 5 25
Unterscheidungseignung, abstrakte 5 31
Unterscheidungsfunktion 5 3
Unterscheidungskraft, Bedeutung 5 49
Unterscheidungskraft, namensmäßige 5 177
Untertitel 6 6
Unvermeidbarkeit 3 89
Urheberrecht 2 154, 328, 206
Urheberrechts-Verwertungsgesellschaft 2 210
UWG 3 23

Veranstalter absichtlich zu Werbezwecken 3 88
Veranstaltungssponsoring 3 109, 114
Verbot der Schleichwerbung 3 131
Verbraucherleitbild 4 29
Verfahren vor dem Deutschen Patent- und Markenamt 5 170
Verfahren vor dem Harmonisierungsamt für den Binnenmarkt 5 167
Verfahrensgrundsätze, allgemeine 5 168
Verfall 5 161
Verflechtung von Medienmärkten, globale 2 71
Verhaltenskodex 1 44
Verhältnismäßigkeit 3 49

Verjährung des Markenrechts 5 125
Verkauf, aktiver 2 285
Verkauf, passiver 2 285
Verkaufsgemeinschaften 2 298
Verkehrsauffassung, geteilte 5 39
Verkehrsgeltung 8 127, 131
Verkehrspflichten, wettbewerbsrechtliche 1 169
Verkehrssicherungspflicht 1 131
Verlagserzeugnisse 2 79
Verlagsprodukte 2 120
Vermarktungsmodelle, zentrale 2 162
Vermutungsregel 3 85
Verringerung von Krankheitsrisiken 4 155
Verschleierung des Werbecharakters 1 65
Vertikal-GVO 2 284, 286, 287, 288
Vertrieb, selektiver 2 287
Verunglimpfung 1 84, 129
Verwaltungsvorschriften, norminterpretierende 3 21
Verwaltungsvorschriften, normkonkretisierende 3 21
Verwechslungsgefahr 5 80; 8 44, 53, 78, 98, 165
Verwechslungsschutz 5 68, 79
Verwertungsgesellschaften 2 80, 282
Verzehrmenge 4 148
Verzehrmuster 4 148
verzichten 5 160
Verzichtserklärung 8 111
Voraussetzung der rechtserhaltenden Benutzung 5 148
Vorleistungsmärkte 2 99

Wahrnehmungseinrichtungen 5 87, 94
Wappen 5 61
Waren oder Dienstleistungen, nicht bestellte 1 54
Waren und Dienstleistungen, unbestellte 1 139
Web-TV-Plattform 2 290
Weltmonopol 2 87
Werbeabsicht 3 81, 89
Werbebehinderung 1 97
Werbebeschränkungen 4 126
Werbebeschränkungen, inhaltliche 3 119
Werbeblöcke 3 143
Werbebuchungen 3 4
Werbeeinnahmen 3 2
Werbeformen 3 5
Werbefunktion 5 4
Werbegaben 4 61, 62
Werbegeschenke 4 62
Werbegrenzen, inhaltliche 3 11
Werbehöchstmengen 3 12, 119

Werbemarkt 2 13, 99, 140, 143
Werbeprämien 4 62
Werberichtlinien 3 20
Werbespot, klassischer 3 5
Werbeträgeranalysen 1 117
Werbetreibender 3 127
Werbeverbote 3 152; 4 154
Werbung 3 1, 107; 4 4
Werbung im Internet 1 140
Werbung mit Selbstverständlichkeiten 1 112
Werbung, als Information getarnte 1 46
Werbung, crossmediale 2 109
Werbung, getarnte 1 64; 4 6
Werbung, instrumentale 3 6
Werbung, irreführende 1 106
Werbung, mediale 3 6
Werbung, politische 3 69
Werbung, redaktionelle 1 47, 67
Werbung, religiöse 3 69
Werbung, vergleichende 1 119; 4 160
Werbung, virtuelle 3 135
Werbung, weltanschauliche 3 69
Werkkategorien 6 36
Werktitel 5 175; 6 3
Werktitelschutz 6 4
Werktitelschutz kraft Verkehrsgeltung 6 42
Werktitelschutz, urheberrechtlicher 6 70
Wettbewerb, ökonomischer 2 99

Wettbewerb, publizistischer 2 101
Wettbewerbsverbot 2 157
Who-is Datenbank 8 28
Widerspruchsverfahren 5 172
Wiener Klassifikation 5 11
Wirkungen, therapeutische 4 32
Wirtschaftswerbung 3 66, 68
Wirtschaftszweig 3 1
Wortmarken 5 50
Wortmarken, kombinierte 5 51

Zeichen 5 27, 61
Zeichen, mehrdeutig 5 45
Zeichenähnlichkeit 5 86
Zeichenidentität 5 77
Zeitschriften 2 123
Zeitungen 2 123
Zeugnisse 4 43
Zubehör 5 135
Zugaben 1 80
Zugangsansprüche 2 67
Zuschaueranteil 2 13
Zuschaueranteilsmodell 2 168
Zuschauermärkte 2 140, 143
Zuwendungen 4 62
Zweitmarke bei zusammengesetzten Zeichen 5 108
Zwischenstaatlichkeitsklausel 2 31

Im Lesesaal vom 1 8. AUG. 2011
bis